一切經音義　卷第六十

翻經沙門慧琳撰

根本說一切有部毗奈耶大律三十卷[一]

尼律二十卷

此卷中音大律共五十卷

大唐中興三藏聖教序　御製

茫茫　莽光反。集訓云：茫茫者，闊遠皃也。古今正字：從水芒聲。

激響　經亦反。王注楚辭云：激，感也。考聲：水奔射也。或作㪉。㪉音同上。

竢覺　事滓反。爾雅云：竢，待也。古文從來作𥎸，會意字也。序文從人作俟。俗用，從立矣聲。

閟彩　上悲媚反。毛詩傳曰：閟，閉也。孔注尚書云：閟，慎也。或從比作毖，訓義同也。

漲曰　張亮反。

普該　改來反。廣雅云：該，包也，羅也。賈注國語：備也。從言亥聲也。

品彙　音謂。廣雅：彙，類也。古文作㚔[二]，從市從胃省。序文作彚，俗字也。

瓊編　上葵營反。毛詩傳曰：瓊，美玉也。說文：亦玉也。古今正字：從玉夐聲。夐音𨽻迥反。從人從穴從目從支（攴）[三]。下畢綿反。劉兆注公羊云：編，比連也。顧野王：編，列次簡也。從糸扁聲。

並騖　音務（務）[四]。[文][五]字典說云：馬疾行也。馳，騖也。

駢蹤　上瓶眠反。玉篇云：駢猶羅列也。下足容反。淮南子云：行則有蹤。

至賾　峥革反。韻詮云：幽深也。珠叢云：玄妙也。探賾索隱也。從臣臣音夷責聲。責字從貝從朿作責。

編甿　下麥枋反。廣雅云：甿，氓也。編甿者，民户也。從田從亡省[六]聲。

爰暨　上音袁。廣雅：爰，引。從㸒從於（于）[七]。㸒音披表反。下音忌。爾雅：暨，及。序文從水作洎，非此用也。

邅迴　展連反。楚辭云：轉也。考聲：移也。迍邅，行不前也。從辵亶聲。亶音旦。

羈絆　上音羈。說文：馬絡頭也，絆也。連三足也。拘縶繫縛之義也。從𦉪從革從馬。會意字也。

無垠　魚巾反。廣雅：垠，厓也。從土艮聲。水涯也。

諒屬　上音亮。下種辱反，從尾從蜀。

貂蟬　上音彫，即貂鼠也。下音禪，即蟲名也。其翼薄妙。說文

云：腹下鳴者。晉灼曰：以翠羽飾冠也。形聲字。
恬神　牒兼反。考聲云：恬，安也。静也。從心舌省〔八〕聲。
摘芝　陟革反。蒼頡篇云：摘，取也。採果也。
挹清流　上湮熠反。考聲云：挹，酌也。損也，飲也。從手邑聲。熠音以挹反。在入韻。
鷙影　音至。謂能執服衆鳥也。勇鳥也。
昇航　胡罡〔九〕反。舟船名也。
南溟　音冥。海名也。莊生云：北溟者，極北邊，去日月遠，故謂之溟。南溟准此也。
聖躅　重録反。躅，跡也。
邈矣　尨剥反。楚辭云：邈，遠也，廣也。從辵貌聲。貌音皃。
摭詞　征亦反。方言：取也。拾也。或作柘(拓)〔一〇〕。序文從足作蹠，非也。
跨秦　上誇化反。俗字也。正從夸。夸音誇。蒼頡篇云：跨，踰也。過也。越渡也。從足夸聲也。
届都　上音介。届，至也。
㨹日　上隨鋭反。考聲云：㨹，掃也。掛也。或作篲，即掃帚也。
煒煒　韋鬼反。説文云：煒煒，明盛之皃。形聲字。
于闐　田峴反。胡語國名也，在安西南一千二百里。此國有山，亦名于殿，出美玉，山下有水，名玉河，河側有城，名崑崗城。昔此城人獻玉於帝，故云玉出崑崗。諸胡呼此國爲豁旦，亦名地乳國，於此國界有二天神：一是毗沙門天王，往來居于闐山頂，城中亦有廟，居七重樓上；一是天鼠神，其毛金色，有光，大者如犬，小者如兔，甚有靈，求福皆得，名鼠王神也。

璞玉　普剥反。韻詮云：銅鐵璞也。氣象未分曰璞也。

根本説一切有部毗奈耶律　第一卷

條榦　上掉遼反。集訓云：條，小枝也。下干案反。韻英云：樹身及大枝曰榦。
瀑流　音暴。
芔木　上暉貴反。草木之總名也。説文：從三屮。屮音恥列反。今隸書改爲三十。
鈎策(筞)〔一一〕　上狗侯反。制象用鈎。下楚革反。制馬用鞭策(筞)〔一二〕。從竹從朿(朿)〔一三〕。朿(朿)音此恣反。
隍塹　上音皇。城下壕坑也。下七焰反。壕外土壟也。説文云：城下有水曰池，無水曰隍。築土削成曰牆，土壟之上栽植樹木爲塹。
轡勒　上音秘。馬轡頭也。説文：從絲〔一四〕從叀。從車口，象車軸頭鐵也。叀音衛也。
船襏　下音伐。從木從發。律文作栰，非也。
梯隥　上體低反。賈注國語云：梯，階也。或以竹木爲階級可以登高也。下登鄧反。集訓云：土階層級曰隥。經從山作嶝，非也。
漄際淼難知　上音牙，次音祭，下弭小反。考聲云：水闊大皃也。從三水。不見彼岸也。
瘡疱　上楚霜反。説文云：瘡，傷也。亦俗字也。下彭皃反。瘡之初也。
貯貲貨　上猪吕反，次紫思反，下火卧反。並從貝，形聲字。
若麴　昌沼反。廣雅：麴，食也。埤蒼云：䴵，麥麵也。文字集

略：爀麥屑也。或爀米作。衛宏：或作麪。古今正字：從麥酋聲。律文作麨，俗字也。

若鬻　下終肉反。文字集略云：鬻，淖煮米爲稀鬻也。古從鬲作鬻，正體字也。今隸書從[鬻]〔一五〕省作粥。律文用俗字也。淖音夾，鬲音歷。鬲，釜也。

差舛　上初加反。韻詮：差，錯也。下川兖反。顧野王云：差舛，不齊也。從牛從夕〔一六〕。牛音口寡反，夕音竹瓦反。牛也〔一七〕。

乳哺　蒲慕反。許叔重注淮南子云：口中嚼食吐與孩兒曰哺。從口甫聲也。律文從食作餔，音布孤反。非也。

褓持　音保。古今正字云：褓，褯也。文字典説云：小兒被也。即襁褓也。從衣保聲也。褯音替。

赧〔一八〕容〔一九〕　儜簡反。方言云：赧，愧也。考聲云：羞慙面赤也。從赤𠬝聲。律文從皮作赧，俗字也。𠬝音展。

爬瓟　上白麻反。亦從手作把。考聲云：把，搔也。下鬼碧反。相傳音用，本無正字。以手抓持令損也。

跳躑　上亭遥反。蒼頡篇云：跳，踊也。廣雅：跳，躍也。下呈亦反。踊身投也。騰躍跳躑也。二字並從足，兆、鄭皆聲。

創制　初壯反。俗字也。正從井〔二〇〕作刱〔二一〕。考聲云：刱，始也。初也。會意字也。

聾瘂　上禄東[反]〔二二〕，下鷖賈[反]〔二三〕。

咥哩迦　咥哩二合字。梵語。或云摩怛里迦。唐云本母。

鄔波馱耶　梵語。唐云親教、和上。訛也。

扇侘半擇迦　侘音丑加反，迦音薑佉反。梵語也。唐曰黄門，即男根不全者。其類有五種：一、天生本無男根，設有，如嬰兒微小，不能行欲；二、雖有根，全被除去外腎，設行婬欲而不能生子；三、見他行欲，或見女根，心思欲事，即有根生；不見，即縮在脬中如女；四、半月能男，半月作女；五、本來是男，後漸漸消變，變爲天揵。是爲五種，皆曰黄門也。

褒灑陀　上保毛反，次沙賈反。梵語也。唐云長净半月。半月對衆陳懺，洗滌身語意行，虔聽戒經，增長净業，名爲長净。

窣吐羅底迦　梵語也。第二重罪也。

式叉摩拏　梵語也。持半戒尼也。

滅擯　卑北反。廣雅：擯，棄也。從手。

嗢逝尼國　上烏骨反。

衒色　玄絹反。說文云：行而且賣曰衒賣。

根本説一切有部毗奈耶律　第二卷

貲財　上子思反。廣雅：貲，貨也。蒼頡：貲亦財也。玉篇：貲，産也。說文：從貝此聲。此字正體從止從匕。

嫩草　訥鈍反。新生耎弱也。從女。

鄙媟　先節反。孔注尚書云：媟，慢也。言狎也。説文：嬻亦慢也。從女枼聲。嬻音獨。枼音牒。

抖捒　上音斗，下桑狗反。考聲云：抖擻，振動衣物令去塵垢也。此二字無定體。譯經者隨意作之。

濯足　音濁。濯猶洗也。

洗手　先禮反。

濾水　閭據反。漉水也。

不諳　暗甘反。俗字也。正體從酓作諳。考聲云：記也。集訓云：委知也。

揩泄　上客皆反。廣雅：揩，摩也。下先節反。韻英云：泄，漏也。

萎悴　上音委，下情遂反。案萎悴者，憂愁不悦也。如草木黄死也。並形聲字。

悛改　青緣反。考聲云：悛，覺也。止也。韻英：亦改也。

齲齒　區禹反。考聲云：齒有蟲也。准經義合書齲字。今律文從禹作齲(齲)〔二四〕，音耦溝反。蒼頡篇云：重生齒也。顧野王云：齒不齊平也。説文：齒不正也。兩通，故存之。

扂閉門　上恬玷反。門之小關也。礙門扇令不開也。古文作扊，形聲字也。

蟲齧　上逐融反，下研結反。説文：齧，噬也。從齒㓞聲也。㓞音慳八反。

柵籬　楚革反。象形字。密竪柴木，横令如牆形，以斷人畜往來，名曰柵籬。籬音离。籬，小柵也。或以棘(棘)〔二五〕束，或以樹梢，竪之爲籬。

棚覆　上白盲反。廣雅：棚，閣也。説文：棚，棧也。從木朋聲。下敷救反。賈逵曰：覆猶蓋也。從襾復聲。

桁杆　上紅浪反。考聲云：衣架也。下音干。或作竿。郭注爾雅：搭衣杆也。

牀枮　上狀莊反，下知林反。或作碪。皆坐卧具也。

謗讟　下音獨。考聲云：毁謗也。怨痛也。從誩從讀省聲也。誩音競。

攢眉顰蹙　上殂欒反，下子育反。瞋怒皃也。

根本説一切有部毗奈耶律　第三卷

場篅　市緣〔反〕〔二六〕。考聲云：篅，竹倉也。編竹圓作盛貯穀麥倉篅也。

窖中　上音教。韻英云：穿地藏物也。或作窌。

鈎斲　丁角反。以銅鐵爲鈎，鈎斲其物，俗號爲搭鈎是也。律文從登作鄧，或作斵，並皆誤也。正從㞶，音頭厚反。從斤㞶聲。若從豆，非也。鬭字從此㞶爲正也。

曬衣　生債反。日暴也。

竭地羅木　蹇孽反。梵語。西方堅硬木名也。古譯曰佉陀羅，堪爲橛釘也。

象牙杙　蠅即反。橛也。

衣幞　音服。衣幞也。從巾。

衣櫃　逵位反。盛衣物大木械也。或單作匱。

鞍韉　剪先反。馬鞍之氈替也。或作韀，又作韉，並通用。

五磨灑　莫賀反，下沙下反。並去聲字也。梵語。是西方市金寶之名也。其金一丸如梧桐子許大，名一磨灑。以東西兩國通貨價直約之，可直此方銅錢八十。其五磨灑計當四百。彼國王法，偷盜財物計直五磨灑者，罪當永棄，送於山林任其生死。若盜一二三四磨灑，量罪別科，不至於棄。佛所制戒一准王法，比丘所盜之物價直五磨灑者即名犯重，擯棄出衆，不共住也。古人譯經錯會，將一磨灑同於一錢，錯之甚矣。佛言我之教法隨方國土爲制，若准此國王法，上從五帝三王，下及大唐王制，未聞盜五錢即合至死，乃至盜五匹已上方至流刑，貫百之間有杖，不至

流貶，而言五錢犯重者，傷其太急，難爲護持，不覺破此戒者，其數多矣。有部律文云：四百犯重者，由故嚴峻於此國王制，以挍量寬猛，正得其中，合佛本制也。

腹肋　上音福。肚也。下音勒。肚兩旁脅骨也。

脊腿　上音積。象形字。下土餒反。兩髀也。膝已上腰已下兩股名腿。從肉退聲。

纜繫　上藍淡反。繫，船纜索也。下音計。從系毄聲[二七]。

田畦　惠圭反。王逸注楚辭云：畦，區也。秦孝公以二百四十步爲畝，以二十五畝爲小畦，以五十畝爲大畦。形聲字。

甕船　烏貢反。瓦器大者也。或作瓮，俗字也。

弶鹿　强亮反。考聲云：以弓羂鳥獸曰弶。

渠筌　上即魚反。渠也。下七緣反。捕魚竹器也。形聲字。

門檐　舍擔(檐)[二八]。經從閻作櫩，非也。

根本説一切有部毗奈耶律　第四卷

乞匃　下垓艾反。顧野王云：匃亦乞也。考聲云：求也。古今正字云：人亡財則乞匃。故説文：從人從亾。會意字也。上是古人字。

灑捩　上沙賈反。考聲云：散水如雨也。説文：灑，汛也。從麗從沙省聲也[二九]。下憐涅反。俗字也。古文正體作盭，從幺從幸從支皿，亦音歷計反。訓義同上。或從糸作綟。字書云：以兩人一左一右綟去水也。今取入聲。

縷纈　上力禹反，下音賷。案縷纈者，織餘也。説文：縷，綫也。織了不截餘絲纈頭也。或作繢。

井蛙　泓華反。俗字也。正從黽作鼃，井中蝦蟇也。能鳴者亦名青鼃。或作蛙，青黃色，股長善跳，一名黃淮。顧野王云：鼃即黽也。

磽确　上巧交反，下苦角反。聲類云：磽确，磬薄也。顧野王云：磽，堅也。地堅則瘦，不宜五穀也。瘠，薄也。磬音客，瘠音籍。

畔睇　下音苐。梵語也。唐云作禮也。

詭誑　上音鬼，下俱況反。詭，詐也。誑，惑也。並形聲字也。

蛇蛭鱓　上射遮反，次音質，下音善。蒼頡篇：蛭，水蟲也。郭注山海經云：蟬(鱓)[三〇]魚如蛇。或作蟺字。蒼頡篇云：蛩，蟺，蚓也。此等皆無足，腹行也。或謂之豸，是養蛇人養蟲毒人之所貯畜，將充蛇食。並形聲字。

熟爆　下補各反。音與博同。廣雅：爆，熱也。考聲云：火乾也。韻英云：迫近火也。或作曝，或從皮作皺(皺)[三一]，並音博，皆炙爆令乾也。律文從専作煿，非也。內外墳典並無此字，譯者隨意作之。

麞鹿　上音章，下音禄。四足之類。

蠐螬　上音齊，下音曹。爾雅：蟦，蠐，蝎也。郭注云：在木中蠹蟲也。又云在糞(糞)[三二]土之中。古今之正形。

蝗蛾　上音皇。即螽、蚃、蝨、蠈之類是也。螽音終，蚃音特，蝨音矛，蠈音賊。下我哥反。即蠶、蛾、蛺、蝶、蜂、蠅之類，皆名多足。

蜂蟻　上音豊，下宜豈反。或作螘，亦是多足也。

蜇痛　知列反。

根本説一切有部毗奈耶律　第五卷

腰條　討刀反。爾雅云：素錦條杠[三三]。考聲云：織絲如繩也。

或作絧〔三四〕。文字典説：文辮絲也。從糸條省聲。

嫌隙　上叶兼反，下卿逆反。顧野王云：心憾也。

修葺　下侵入反。杜注左傳：葺，補治也。從草咠聲。

根本説一切有部毗奈耶律　第六卷

澡漱　上遭老反。廣雅：澡，浴也。鄭注禮記云：澡，洗去垢也。説文：洗手也。從水喿聲。下搜皺反。廣雅：漱，瀄也〔三五〕。又云：瀺瀄漱口水聲也。文字典説：水净口盪口也。從水欶聲。瀄音鋤角反，瀺音牀咸反，欶音朔，皺音莊救反。

貪餮　下天結反。古文作飻。杜注左傳云：貪食曰餮。律文從列作餮，書誤也。文字典説：從食殄聲也。殄音殿。

劬勞　上强于反，下老高反。

畋獵　上音田，下廉輒反。何注公羊傳云：畋獵者，獵狩之總名。亦習戰也。取也。

粗獷　上倉胡反，下號〔三六〕猛反。

貞操　草奥反。韻英云：操，志也。或從人作傈。文字典説：從手喿聲也。喿音桑到反。

策（筞）〔三七〕勵　上楚格反。説文：馬箠也。從竹朿（朿）〔三八〕聲。下力曳反。韻英云：勵，勸勉。説文作勱，勉力也。從力厲聲。

彀以　上音搆。説文：彀，張弓也。從弓㱿聲也。

碾殺　上尼展反。俗字也。考聲云：車轢也。或作跟，蹈也。准經義門樞轉處輾殺毒蛇。正從車㞋聲。㞋音同上。

毒螫〔三九〕　始亦反。文字典説：而蜂蠆行毒螫人也。從虫赦聲也。

黐膠　上耻知反。考聲云：黐膠者，擣木皮煎而作之，可以黏捕鳥雀也。似膠。下音交。顧野王云：膠者，黏也。所以連綴物令相黏著也。説文：從肉從翏省〔四〇〕聲也。

根本説一切有部毗奈耶律　第七卷

傲慢　上遨到反。孔注尚書云：慢也。杜注左傳云：不敬也。説文：倨也。從人敖聲。下蠻辨反。考聲云：不敬。惰也，不畏也。或從女，或從人，作嫚、僈。文字典説：怠也。輕也。從心曼聲。曼音万。

踵前　上鍾勇反。聲類：踵，足跟也。楚辭：繼也。説文：追也。從足重聲也。

悛改　七緣反。博雅：悛，更也。方言云：自山已東謂改曰悛。説文：止也。從心夋聲也。夋音七旬反。

髆及㔉　上膀莫反。周禮：髆胳股骨也。集訓云：兩肩及臂也。從骨從尃省〔四一〕聲。經從肉。非也。

急扼　上今立反。説文：褊（褊）〔四二〕也。從心及聲也。下音厄。考聲云：扼，把也。文字典説：持也，取也。從木（扌）〔四三〕戹聲也。戹音同。律文作枙，俗字也。褊（褊）音必演反。

鼈齩　上鞭滅反。説文：介蟲也。外骨而内肉。從黽敝聲。律文從龜、或從虫，作鼈、蟞，並非也。下雅狡反。考聲云：齩，齧也。説文：從齒交聲。律文從口作咬，俗字也。

自縊　伊二反。韻英云：自縊〔四四〕死也。形聲字也。

褒灑陀　上保毛反，次沙假反。梵語也。唐云長净。衆僧和合半月，半月布薩是也。前第一卷已釋。

拳掔　上倦員反，下剜換反。説文：掌後節也。從目從叉叉音爪

從手。雖古且正體字也。律文從宛作捥，或從肉作腕，並俗字，非也。

矛矟　上莫侯反。今之槍是也。象形字。古文作𢦏。下霜捉反。博雅：兵器也。韻詮：長矛也。形聲字也。

輪穳　上輪者，西國有戰輪，以鐵作輪。上施利刀，漂飛遥擊，斷彼命根，或傷手足，或損身分，其輪却迴，巧妙接取名曰鬬輪。遠即弓弩，次近用輪，更近羂索刀棓及用槍矟矛穳。穳音粗亂反。考聲云：穳，短矛也。即之穳刀薩纜子是也。遥投利刀損彼人馬也。

草筳　下音庭。案草筳者，穀麥禾黍穟柄謂之筳。衆草亦爾。從竹廷(廷)聲也。廷(廷)從手(壬)從廴(四五)。

毛緂　貪敢反。考聲云：緂，織毛爲之。出西戎。或五色暈花，或云毛罽，亦曰毛褥席等。今古之正形也。

擲甎　下音專。甋甎也。

璺裂　上音問。考聲云：璺，器物破裂而不相離也。埤蒼云：撕也。文字典説：破也。裂也。從玉從舋省聲也。舋音忻近反也。

根本説一切有部毗奈耶律　第八卷

痰癊　上音談，下邑禁反。考聲云：痰癊者，胸膈中水病也。並從疒，形聲字也。疒音女厄反。

瓦甌　下歐侯反。聲類云：瓦，盌也。説文：小盆也。形聲字也。盌音椀，歐音阿苟反。

僅得　上音近。集訓云：僅，纔也。廣雅：少也。文字典説：從人堇聲。堇音謹。

梯隥　上體泥反，下登鄧反。

叱嗽　上嗔質反，下訶葛反。大聲訶也。

搭鉤　上音荅，下苟侯反。戰具也。竿頭施鉤。

根本説一切有部毗奈耶律　第九卷

黿鼉　上音元。説文：大鼈也。下馱何反。郭注山海經云：鼉，似蜴蜥(四六)，長丈餘，有鱗甲，皮可以爲鼓。從黽音猛單聲。單音那。

瀑流　上袍帽反。文字典説云：江河水泛漲急流也。

足跟　艮恩反。釋名云：足後跟也。説文：跟也(四七)。從足艮聲也。

靉靆　上哀改反，下地愛反。考聲云：靉靆，雲盛皃。楚辭云：日月無光，黑雲垂布也。並形聲字也。

聰叡　上倉紅反。律文從公作聡，俗字也。尚書云：聽曰聰。孔安國云：耳聽明審也。説文：察也。從耳悤聲。悤音同上。從忽忽音楚紅反，象形字也。下悦惠反。洪範曰：叡作聖。鄭注禮記云：思之精也。廣雅：智也。古今正字：深明也。從𣦼從谷省從目。𣦼音殘。

挫折　祖卧反。賈注國語云：折其鋒鋭曰挫。下戰熱反。訓釋與上字同。説文：摧也。並從手坐從斤。

輕躁　遭澇反。顧野王云：躁，動也。論語：不安静也。從足喿聲。

鋒鋭　上音峰，下悦惠反。詞辯捷利若刀鋒也。

謲毒　上楚錦反。考聲云：以言陰相譏毀也。從言參聲。律文從土作墋，非也。下音桐篤反。考聲云：有所害也。害人

草也。恨也。憎也。説文：從屮從毒〔四八〕，毒亦聲也。古文作蚩〔四九〕，從古之字從虫。毒字從土從母。毒音愛。

雙贏　盧禾反。爾雅曰：蚹，贏音夷，蝓音俞也。郭璞云：蝸牛也。案雙贏者，樂器也。海中大蝸牛，磨頂上尖處令穴吹作聲，以和樂音，名曰法贏。從虫贏（羸）〔五〇〕聲也。律文作蠡，非也。贏音魯臥反。雖古，是正體字。

㬉〔五一〕頂　奴管反。説文：温也。從火耎〔五二〕聲。亦作暖，義同。耎音而兖反。

根本説一切有部毗奈耶律　第十卷

飢饉　上几宜反。顧野王云：人畜須食也。穀梁傳云：五穀不升謂之飢。説文：餓也。從食几聲。下音近。爾雅曰：蔬不熟曰饉。穀梁傳云：三穀不升謂之饉。形聲字也。

青瘀　於據反。考聲：中積血也。

膖脹　上朴邦反。埤蒼云：膖亦腫脹也。古今正字作胖。亦作痒。從肉夆聲。下張亮反。杜注左傳云：脹謂腹滿也。古今正字云：膖，肛脹也。從肉長聲，或作痮，形聲字。肛音苦江反。

憔悴　上齊遥反，下情遂反。考聲云：憔悴，瘦惡也。亦從頁作顦顇。毛詩從言作譙誶，班固從疒作癄瘁，方言從心作憔悴，漢武帝李夫人賦從女作嫶婞，左傳從草作蕉萃。蒼頡篇云：憔悴者，憂愁也。亦無定體。諸儒隨意作之，並行於世，未知孰是。

刼掠　上劍業反。鄭注禮記云：刼，脅也。人欲去以刀脅之，或曰以刀止去曰刦。説文：從力。古今正字：從刀從怯省。下良灼反。韻英云：强取也。杜注左傳云：刼掠財物也。顧野王云：鹵掠，奪取物也。又音亮。訓義並同，亦作剠，轉注字也。

樺樹　華跨反。考聲云：樺樹，山木名。或從雩作樗，音同。案樺有赤白兩種，皮堪爲燭，赤者薄妙光净。

畔睇　上音畔，下音弟。梵語也。唐云禮拜。前第四卷已説。

嚻囂　上香妖反。顧野王云：誼譁也。鄭箋毛詩云：衆多皃。説文云：氣出頭也。從頁從㗊。㗊音莊立反。會意字。

鑊内　黄郭反。廣雅：鼎也。案鑊者，大鼎也。鄭注周禮云：煑肉也。有足曰鼎，無足曰鑊。形聲字。説文：雟也〔五三〕。雟音畦也。

根本説一切有部毗奈耶律　第十一卷

箱篋　上想羊反。文字典説文（云）〔五四〕：編織籠竹作之以盛衣服，或盛經書，如奩，或方竹。下謙協反。説文：篋，笥也。從竹匧聲也。匧音同，笥音四，奩音合。

鄙媟　下先烈反。前第二卷中已釋。

繫髽帶　音宗。考聲云：髽，結也。案髽帶者，繫髮之頭繻也。古今正字：從髟忽聲也。髟音必遥反。律作緵，亦通。

自縊　伊計反。自縊〔五五〕死也。

臍膞　上音齊。説文云：臍齎也。從肉齊聲。下船耎反。腓腸也。

撫拍　上敷武反，下普百反。並俗字也。正體從付作拊，從手白聲。考聲云：安慰也。撫亦拍也。愛憐也。

媒娉　上每杯反。周禮：媒，謀也。鄭玄曰：謀，合異姓使和合成親也。下匹併反。考聲：問也。以財娶妻。並從女，某甹皆聲。或從耳作聘。甹音匹丁反。

革屣　上革字正體從三十從臼作革，會意字也。言三十年爲一世，其道更也。下師滓反。今言革屣者。毛詩傳云：革，皮也。西國皮底鞋也。赤色。

傾穨　上犬營反。字書：傾亦隤也。顧野王云：低邪也。鄭注禮記：不正也。古今正字：仄也。從人頃聲也。説文：從阜作頤。訓用並同。下徒雷反。廣雅：隤，壞也。蒼頡篇云：墜落也。集訓云：毀傷也。説文：秃皃也。從秃從隤省聲也。或從阜作隤，亦通。經文從頁作頹，俗用，非也。

瑕隙　上夏加反。廣雅：瑕，翳也。薉也。顧野王云：瑕亦隙也。説文：玉有赤色。從玉叚聲。叚音加雅反。叚借之叚用此字也。

噉嚼　上談濫反。廣雅：噉，食也。或作啖。下匠雀反。正體字也。廣雅：嚼，茹也。字書：咀也。從口爵聲也。

黄曛　暉雲反。日暮時也。俗曰黄昏，即戍(戌)[五六]時也。從日熏聲。

杷钁　誔蔓反。韻英云：钁，斸也。説文：大鉏也。從金從矍省聲也。矍音王矍反。斸音冢録反，鉏音助初反。

絣基　上伯萠反。考聲云：絣，絡也。案絣者，如木匠用墨斗法振繩也，挽繩端直方正爲準以爲基堵也。從糸并聲也。

根本説一切有部毗奈耶律　第十三卷

女醫　意基反。集訓云：醫，意也。以巧慧智思使藥消病也。説文：治病工也。用藥必以酒行藥，故醫字從酉。酉者，古文酒字也。昔巫彭初作毉，或從巫作毉。

褓持　上音保。聲類云：小兒被子名爲繈褓。形聲字也。

醍醐　上音提，下音胡。韻詮云：酥之至精醇者，以細滑故常不凝，如清油香，名曰醍醐。

麋鹿　美悲反。考聲云：麋，似鹿而大。説文云：麋(鹿)[五七]屬也。冬至時解角。從鹿從米省[五八]聲也。

羈絆　上凡[五九]宜反。考聲云：羈，繫也。或從奇作羇。古文從罒從馽作䩠，馽音砧立反。會意字也。下絆音半，即馬絆也。平(形)[六〇]聲字。

絲縈　下於營反。毛詩傳曰：縈，旋也。考[聲云：纏也。繞][六一]也。説文：收[韏也。從糸從營][六二]省聲。韏音[卷][六三]。

[鈹決][六四]　上音[披。醫人之鈹][六五]針也。説[文：大針也。形][六六]聲字也。

水[蛭][六七]　[真][六八]日反。[水][六九]生蟲[也。唼人血也。從虫][七〇]。

[斟][七一]酌　上執[壬反，下][七二]章若[反。字書云：以][七三]意度量也。形聲字。

根本説一切有部毗奈耶律　第十四卷

擯斥　上賓刃反。司馬彪注莊子云：擯，棄也。史記：相與排

擴。從手實聲。下音赤。王逸注楚辭云：㡿，逐也。廣雅：推也。漢書：㡿逐不用也。說文：却也。從广屰聲。屰音逆。

謗讟　下音獨。案謗讟者，非理毀㡿妄。說文：言其惡也。

宜挑　眺彫反。聲類：挑，抉也。說文：從手兆聲也。

鷹窟　上憶矜反。考聲云：鷙鳥也。下坤骨反。說文：從穴屈聲。

根本說一切有部毗奈耶律　第十五卷

坯器　上配杯反。考聲云：瓦器未燒者曰坯。從土從丕省〔七四〕聲也。塼未燒者亦曰塼坯。或作坏〔七五〕。

矯誑　上驕夭反。考聲：矯，妄也。下俱況反。欺惑也。前已說。

枳吒　上吉以反，下摘加反。西國山名也。

阿濕薄迦　梵語人名也。此無正譯。

捕榛伐素　榛音奴葛反。亦人名，無正翻。

半豆盧呬得迦　此譯爲黄赤色，亦人名。律自譯也。

一掬　弓六反。手掬也。

根本說一切有部毗奈耶律　第十六卷　無字音訓。

根本說一切有部毗奈耶律　第十七卷

嗢呾羅僧伽　上温骨反，次單割反。梵語也。唐云七條袈裟也。

舂擣　上東鍾反。顧野王云：舂者，擣粟爲米也。考聲：舂亦擣也。說文：擣粟也。從廾。廾音拱。拱手也。持杵以臨臼上而擣也。杵省爲午。今隸書變體作舂，古者雍父初作舂，掘地爲臼，象形也。篆書上從午，次從廾，下從臼作𦥑。午，古文午字也。

十二肘梯　體提反。平聲。梯，木橙也。前第八卷已具釋。

簫笛　上音霄。樂器名也。說文云：簫，象鳳翼，編小管爲之，二十三管，長一尺四寸。下音狄。羌樂也。七孔吹，象龍聲也。

篦杓　上閉迷反。攪粥攪藥木篦也。律文從𤰞作箄，俗字也。下常斫反。著柄盃也。

剉草　上粗卧反。顧野王云：剉猶斫也。剉，碓。剉草令細餧飤牛馬也。

車軶　音厄。郭璞曰：車轅端撗（横）〔七六〕木壓牛領者。俗呼爲車格，或作輻，曲木是也。戹，正體厄字也。

軾處　上音餙。鄭注儀禮云：古者立乘式〔七七〕，謂小俯以禮主人也。文字典說：車前撗（横）〔七八〕木也。

根本說一切有部毗奈耶律　第十八卷

蠲除　上决緣反。前音義中數訓釋，不繁叙。

煨燼　上猥迴反，下夕進反。鄭箋毛詩云：火燒之餘曰燼。並形聲字。說文作㶳。同。

撩舉　上音遼。案撩舉者，摳衣也。手提衣而走也。古文正字：撩舉二字並從手。摳音口侯反。

髑髀　上總名爲胜，從骨坒聲也。律文從肉作胜，或作髀，並俗字也。毗禮反。韻英云：髀，股外也。即兩股是也。腰已下𦢊已

高詁薄迦　詁音居。梵語。律文自釋訖。

根本説一切有部毗奈耶律　第十九卷

無明鷇　苦角反。考聲云：鷇，鳥卵皮也。言無明鷇者，由(猶)〔七九〕如鳥卵能包含一切煩惱，令不散滅，輪轉五道，受種種形，不能出離三界，皆依無明而住，不得自在，今以佛威神力智慧辯才破壞無明，説正真道，以智慧眼反照無明，如破空㲉，無所任用。

攣躄　上劣專反。俗字也。韻英云：手足筋急拘束不能行步申縮也。正體從疒從攣作癴。攣音劣轉反。下音辟。顧野王云：躄語(謂)〔八〇〕足偏枯不能行也。亦形聲字也，從足辟聲也。

坑穽　上客庚反。蒼頡篇云：坑，壑也。爾雅：墟也。下音靖。或從阜作阱。阱者，穿地如井，陷取諸獸，名之爲穽。從穴井聲。

診毒　上楚錦反。酷虐殺害名爲診毒。前第九卷已釋。

愚騃　下崖駭反，上聲字也。蒼頡篇云：騃謂無所識知也。騃亦愚也。從馬矣聲。

擯斥　上賓刃反，下音赤。前第十四卷已釋。

撚爲　年典反。以二指一去一來相搓曰撚。

撝面　上毀爲反。考聲：謙也。揖也，撝手也。

性袪　去居反。袪猶去也。

根本説一切有部毗奈耶律　第二十卷

桙矟　敗埋反。考聲云：兵仗名也。案桙，即盾也。招〔八一〕戰時蔽翳其身以障刀箭也。律文從片作牌，非也。説文：從木作(從)〔八二〕桙〔八三〕省聲也。下霜捉反。前第七卷已具釋。

攢集　藏桓反。鄭注周禮云：攢，聚也。韻英：集，聚也。從手贊聲也。贊音作旦反。

稟性　上彼錦反。孔注尚書云：稟，受也。考聲：賜也。文字典説：承也。從禾亩聲〔八四〕。亩音力錦反。

貪餮　下音鐵。貪食曰餮。前第六卷已具釋。

縷纏　上録主反，下逵位反。纖餘也。前第四卷已釋。

跬步　上窺癸反。方言云：半步爲跬。禮記云：君子跬步不敢忘也。文字典説：從足圭聲。

揩缺　上客皆反，下犬悅反。前第二卷已具釋。

蠶絲　上雜南反。爾雅：蟓，桑繭。郭注云：食桑葉者，即今之民庶所養蠶也。從䖵從朁省聲也。蟓音象。

衦成　干旱反。説文云：衦者，由(猶)〔八五〕如衦餅。今摩展匹段也。從衣干聲也。

一繭　堅顯反。爾雅：有四繭皆蠶之類也。蟓繭、樗繭、欒繭、蚢繭。説文：蠶衣也。從糸從虫芇聲。芇音眠。象蛾兩角相當也。

或擘　下音伯。顧野王云：擘，裂破也。説文：分也。説文：從手辟聲。

根本説一切有部毗奈耶律　第二十一卷

牻色　上邈邦反。孔注尚書云：尨，亂也。鄭注考工記云：尨，雜也。説文：白黑雜毛牛羊皆曰牻。從牛尨聲。尨字從犬從彡。

磽确　上巧交反，下腔角反。前音義經第四卷中已釋。

鍮石　上音偷。埤倉云：鍮石似金似〔八六〕而非金。西戎蕃國藥，鍊銅所成。有二種鍮石，善惡不等。惡者校白名爲灰折，善者校黄名爲金折，亦名爲金折〔八七〕，亦名真鍮。俗云不博金是也。

根本説一切有部毗奈耶律　第二十二卷

毛毯　貪敢反。前第七卷已釋。

輟己　上轉劣反。鄭注論語云：輟，止也。止己所用惠施他人。從車叕(叕)〔八八〕聲。叕音同上。

襵爲　占葉反。考聲：襵，褺也。從衣聶聲。褺音牒。聶音尼輒反。

摋拍　上生界反。考聲云：有威勢也。韻詮云：急也。顧野王云：猛用力打物也。從手殺聲也。下音魄。前第十一卷已釋。

金鋌　下音定。金銀璞未成器也。

誇誕　上跨華反。謚法曰：華言無實曰誇。説文：誇亦誕也。下壇爛反。孔注尚書云：誕，欺也，慢也。從言延聲也。

鎔瀉　欲鍾反。與容音同。金銷在爐未鑄曰鎔，形聲字。

紫礦　下虢猛反。西國藥名也。練木皮及膠煎成，堪膠黏寶鈿作，皆從外國來。

鐵鍱　上天涅反，下音葉。打銅鐵薄闊如油素片，名爲鍱。

鑽作　纂官反。考聲云：鐫鑿也。説文：穿也。從金贊聲。贊字從貝從兟。兟音所臻反。俗從二夫。

以鋦　恭玉反。韻英云：以鐵縛物也。束令合也。從[金]〔八九〕局聲。

頗詶　彼列反。考聲云：詶謂審其善惡也。或從竹作⿱竹別。⿱竹別(⿱竹別)〔九〇〕猶别也。形聲字。

倢額　上坦怛反，下崖格反。考聲云：倢，休倢也。文字典説：從人達聲。韻英云：額，顙也。正從各作頟。説文：從頁從格省。經從客，俗字，已傳用久矣。江東人呼頟爲訝，幽州人謂頟爲鄂，皆聲訛轉也。

綰髮　彎板反。考聲云：綰，盤結也。説文音夘〔九一〕。今不取。從糸官聲。

根本説一切有部毗奈耶律　第二十三卷

放帚　下周酉反。考聲云：掃地具也。顧野王云：帚，所以掃除糞穢也。古者少康初作箕帚及秫米酒。少康即杜康也。説文：掃糞棄也。從又從巾。掃除冂内也〔九二〕。冂音癸營反。

密緻　下馳利反。廣雅：緻，補也。至也。郭注方言云：縷密謂之緻。文字典説：緻亦密也。從糸致聲。

誸誘　上決充反，下音酉。韻略云：誸諌，誘引也。玉篇云：相勸動也。教也。並從言，形聲字也。

更無遺孑　上音惟。鄭箋毛詩：遺，忘也。鄭注禮記云：遺猶脱落也。説文云：從辵遺(賨)〔九三〕聲。賨正貴字也。下音結。毛詩：靡有孑遺也。傳曰：孑然遺失也。説文：無右臂。從了，[乚]象形〔九四〕。乀〔九五〕聲也。乀音厥。

無鏃箭　上宗祿反。韻英云：箭鏑也。文字典説：箭頭刺也。説文：利也。從金族聲。下精綫反。矢也。從竹前聲。

反旆而歸　裴妹反。爾雅：繼旐曰旆。郭璞曰：帛續旐末爲燕尾者。杜注左傳云：軍門前大旗也。説文云：繼旐之旗，沛然垂下。從㫃(㫃)從巿(朩)省聲也[九六]。

俘虜　上撫無反。孔注尚書云：俘，取也。賈注國語：取人曰俘。顧野王云：俘[九七]所謂取人䤋(馘)[九八]也。䤋(馘)音獷麥反。考聲云：割取人耳也。左傳「獻俘䤋(馘)[九九]」是也。説文：軍所獲也。從人孚聲。下音魯。考聲：虜，掠也。强取也。説文：虜，獲也。從毌從力虍聲。

蜫蟻　上音昆。俗字也。鄭注禮記云：蜫，小蟲也。説文正體作蚰者，蟲之緫名也。從二虫。下宜豈反。

根本説一切有部毗奈耶律　第二十四卷

蓽茇　上音必。蕃語西國藥名也。本出波斯及婆羅門國，形如桑椹，緊[一〇〇]細且長，味極辛辣。

桁竿　航浪反。律文作笐，俗字也。下音干。前第四卷已具釋。

燈炷　下音注。即今之燈心也。西國多撚白氎縷爲燈炷。案炷者，引油爇火爲明者曰燈炷。本無此字，譯經者以意書出，唯集訓切韻新集入韻，玉篇、説文、字林、字統、古今正字等無此字。

粈在　女救反。鄭注儀禮云：粈，雜色[一〇一]。説文：從丑作粈。雜飯也。形聲字也。

根本説一切有部毗奈耶律　第二十五卷

愆咎　上羌乹反。孔注尚書云：愆，過也。杜注左傳云：愆，失也。説文：從心衍聲。衍音演。下音舊。古字也。孔注尚書云：咎，惡也。鄭箋詩云：咎猶罪過也。爾雅：咎，病。説文：灾也。古文尚書以爲罪咎之字，從人從各。人各者相違也。

研覈　上齧堅反。廣雅：研，熟也。説文：研，磨也。從石幵聲。幵音牽。下諧革反。漢書云：其審覈之。説文云：覈，考實事也。文字典説云：凡考事於襾窄之處，邀遮其辭得實覈也。從襾敫聲。敫音擊，襾音呀賈反。

躊躇　上紂流反，下音除。考聲云：躊躇，心不決定不即行也。韓詩外傳云：躊躇猶俳佪不進也。廣雅：猶豫也。文字典説：二字並從足，壽、著皆聲也。

眇目　妙摽[一〇二]反。方言云：一目小也。王注楚辭云：遠視眇然也。周易：眇能視。文字典説：從目少聲。

背傴　杯妹反，下音紆。顧野王云：傴者，身曲也。文字集略：體不申也。廣雅：曲也。背隆也。從人區聲。區音驅。

侏儒　上音朱，下音乳朱反。鄭注禮記云：侏儒者，短人也。韻英：矬小也。古今正字並從人，形聲字。

柺[一〇三]行　乖買反，上聲，俗字也。即老人把頭杖名爲柺子，患脚行不得者柱雙柺策腋行名曰柺行。一切字書並無此字。説文、玉篇、古今正字並作丫，象形，諸字書亦同，又音乖，今不取。從木另(另)[一〇四]聲。另(另)音誇寡反。

哆脣　車者反。韻詮云：哆脣，展垂開口也。詩傳云：口大皃也。蒼頡篇：脣縱緩也。説文：張口也。從口從侈省聲也。

齵齒　上吾鈎反。韻英云：齒生不正也。或内或外，行件不齊名爲齵齒。從齒從偶省聲也。偶音藕。

耕墾　康很反。蒼頡篇：墾，耕種也。從土豤聲。豤音坤穩反。

敞庯　上昌掌反。考聲：敞，露也。明也。開也。説文：平治高土，可遠望也。從攴尚聲。下音押。集訓：庯屆，屋卑小也。屆音斬甲反。

鐮斫　上音廉。考聲云：刈草曲刀也。形聲字。

新秔　下音耕。聲類云：不黏稻也。俗作粳，非此也。從禾亢聲。亢音罡。

廠内　上昌兩反。考聲云：屋之無壁曰廠。

其紖　下陳忍反。廣雅：紖，索也。鄭注禮記云：紖，所謂牽牲犢之係也。牛曰紖，馬曰韁。從糸引聲也。

根本説一切有部毗奈耶律　第二十六卷

排攢　上敗埋反。顧野王云：排，抵捍也。廣雅：推也。文字典説：擠也。從手非聲。擠音即黎反。下蒼亂反。廣雅：攢，鋋也。文字典説：短矛也。俗曰攢刀，遥投矛也。形聲字。鋋音市延反。

餧飤　上音萎爲反，下音寺。廣雅：餧亦飤也。顧野王云：供設以食與人也。並形聲字也。

氍毹　上具愚反，下數蒭反。西戎胡語。考聲云：織毛爲文彩五色，或作鳥獸人物，即毛布也。聲類：毛席也。出西戎，字無定體，或作氀毭，或名毾㲪，即地衣舞筵之類，形聲字也。

斧钁　下鬼籰反。前第十二卷已釋。

鞍韉　上音安，下煎延反。前第三卷已具釋。

繖蓋　上桑懶反。繖即盖也。下正體盖字。

噎饖　上煙結反。食在喉中不下曰噎。從口壹聲。下音穢。或從口作噦。文字集略：噦，氣牾也。説文：飯傷熱也。

鄙媟語　中仙列反。前第二卷已具釋。

爮地　上音庖。俗字也。正體從手作捊。時人多呼爲孚字，非也。言爮地者，是牛王吼嗥之時以前脚捊地。從爪包聲也。

母彪　彼憂反。師[一〇五]子母名也。

善餺　音博。亦師[一〇六]子名也。

食咋殘肉　藏洛反，下在蘭反。

黑黶　伊琰反。考聲云：人身上黑子也。律文從面作黶（黶）[一〇七]，亦通。

諠聒　上香元反，下古活反。蒼頡篇云：驚耳。文字典説：從耳舌聲。

根本説一切有部毗奈耶律　第二十七卷

摩那軛　下卑也反。梵語。此云遍净，亦更有義。

田畦　下惠珪反。王注楚辭云：畦，區也。釋名云：二十五畝爲小畦，五十畝爲大畦也。説文亦同此説。從田圭聲。

特敧拏伽他　上騰得反，次豈宜反，下搦加反。梵語也。此云捋施物供養三寶之義。伽陀即偈頌也，是咒願施主福德資益之意。即以此方表白賢聖，證明此施願增施主所施福田，初引佛經偈頌，後加人意所頌也。

芸荾　上音云，下音雖。即芸臺、胡荾，香菜也。此等名開種，其[種][一〇八]子開析方乃得生。

蜳螽　上音負，下音終。幽州謂春箕，齊魯謂之舂黍，或蜙蝑。

陸機〔一〇九〕毛詩蟲魚疏云：青白色，長股，五六月能鳴，似蝗而小。多有異名，方言不同，文繁不録。蝗蟲之類，兩股，或有斑點者，俗語訛轉，名爲補鍾是也。

蛺蝶 上兼協反，下音牒。即莊周云胡蝶也。其類甚多，或黄，或白，或有五色。

蛇蠍 上音虵。正體字也。下音歇。已前訓釋已多，不能繁述。

羹臛 上音庚，下音郝。已見前釋甚多。

皴皮 上七恂反。樹上黑皮也。劈裂皴起也。

白醭 普卜反。考聲云：物醋其上生白毛謂之白醭。蒼頡篇云：醬敗生衣。文字典説：從酉從撲省聲也。

根本説一切有部毗奈耶律 第二十八卷

我皶 牙絞反。前第八卷已具釋。

雷霆 下音庭。蒼頡篇云：霹靂也。

坐枯 知林反。俗字也。正體從甚作椹。考聲云：椹，質也。机屬也。跗也。今律以爲坐物也。從木甚聲也。

聳茂 息勇反。正從立作竦。悚、竦，上二俱通。下音暮。顧野王云：茂，盛也。考聲：美也。古今正字：豐也。從草戊聲。

根本説一切有部毗奈耶律 第二十九卷

草稕 隹閏反。即縛草爲之，或卧或坐，即如此國草薦、團薦之類是也。

堅鞕 額更反。韻英云：堅也。考聲：牢固也。從革更聲。俗作硬，或作鞕，亦通。

痰癊 上音談，下陰禁反。前第八卷已釋。

躓頓 上知利反。顧野王云：躓亦頓也。廣雅云：蹋也。文字典説云：躓，跲也。從足質聲。跲音其業反。下都鈍〔一一〇〕反。從頁屯聲。

甎墼 上拙縁反。埤蒼云：甎，甋也。案甎即燒成土墼也。下經亦反。顧野王云：甎未燒曰墼。古今正字：從土從毄聲也。

根本説一切有部毗奈耶律 第三十卷

棚上 白萌反。廣雅：棚，閣也。説文：棧也。從木朋聲。朋音蒲登反，棧音柴限反。比木作道也。

用蟲水 逐融反。爾雅曰：有足曰蟲。從三虫。律文從皿作蠱，音古。書寫人錯，不合有蟲水。

盎甕 阿浪反。爾雅：盎，缶器也。江淮吴楚之間謂之鋼。鋼音罡，或去聲。下屋貢〔反〕〔一一一〕。正體字。瓦器之大者，或瓷，或瓦，深而且圓，口小而腹廣。律文從公作瓮，俗字也。

崩隤 上北朋反，下徒回反。鄭箋詩云：崩，毀壞也。穀梁傳：自高而下曰崩。説文：山壞也。形聲字也。隤字從阜。

之廐 九右反。案周禮：六數爲廐，計一廐二百六十二匹也。説文：馬舍也。從广既聲。

駱駝 上音洛，下音陀。俗字也。正體本作驝駝。北方夷狄之地胡畜也。顧野王云：背有宍〔一一二〕鞍。亦有獨峰者，能負重，日行三百，高七尺，四節項下皆有長毛，黄色。亦有

白色者，上好。

門梐　毗米反。門匡是，俗曰門梐。

横居　恬玷反。韻英云：所以止扉也。小關也。

鵂鶹　上音休，下音留。即晝伏夜飛，以鳴聲爲名也。或曰鵂鶹，怪鳥也。並形聲字。

剫剥　上音披。俗字。手執利刀剥取牛皮，與肉相離名爲剫剥也。

一切經音義　卷第六十

校勘記

〔一〕根本說一切有部毗奈耶大律三十卷　獅爲「根本說一切有部毗奈耶大律五十卷　從第一盡三十卷」。
〔二〕叀　據文意似當作「𢀖」、「橐」或「㯻」。
〔三〕支　據文意當作「攴」。
〔四〕洛　據文意似當作「務」。
〔五〕文　各本無，據文意補。
〔六〕省　衍。
〔七〕於　據文意似當作「亐」。今傳本說文：「爰，引也。从𠬪从亐」。
〔八〕省　衍。
〔九〕罡　獅作「罔」。
〔一〇〕柘　據文意當作「拓」。
〔一一〕策　據文意當作「策」。
〔一二〕策　獅作「策」。
〔一三〕束　獅作「束」。下同。
〔一四〕絲　獅作「絲」。今傳本說文：「轡，馬轡也。从絲从𨊠。與連同意。」
〔一五〕轡　麗無，據文意補。
〔一六〕夕　據文意似作「夊」。下同。
〔一七〕牛也　似衍。
〔一八〕赧　即「赧」。
〔一九〕容　獅作「客」。
〔二〇〕井　獅作「并」。
〔二一〕𢪛　獅作「𢪛」。下同。
〔二二〕反　麗無，據文意補。
〔二三〕反　麗無，據文意補。
〔二四〕鷗　獅作「鷗」。
〔二五〕棘　據文意似作「棘」。
〔二六〕反　麗無，據文意補。
〔二七〕轂　今傳本說文：「繫，繫𦃇也，一曰惡絮。从糸毄聲。」
〔二八〕擔　據文意作「檐」。
〔二九〕說文：灑，汛也。從麗從沙省聲也　今傳本說文：「灑，汛也。从水麗聲。」
〔三〇〕蟬　據文意似作「鱓」。
〔三一〕皷　據文意似作「皺」。
〔三二〕奎　據文意似作「奎」，即「夆」，又作「夆」。
〔三三〕爾雅云：素錦條杠　今傳本爾雅：「素錦綢杠。」
〔三四〕綢　據文意似當作「縚」。
〔三五〕廣雅：漱，滫也　今傳本廣雅：「酌，漱也，潠也。」
〔三六〕號　據文意似作「虢」。
〔三七〕策　據文意當作「策」。
〔三八〕束　據文意當作「束」。
〔三九〕螌　即「螌」。
〔四〇〕省　衍。今傳本說文：「膠，昵也。作之以皮。从肉翏聲。」
〔四一〕省　衍。
〔四二〕褊　即「褊」。下同。
〔四三〕木　據文意似作「才」。
〔四四〕絓　據文意似作「經」。
〔四五〕廷　即「廷」。　手　據文意似作「壬」。
〔四六〕蜴蜥　據文意似爲「蜥蜴」。
〔四七〕說文：跟也　今傳本說文：「跟，足踵也。」
〔四八〕毒　中華大藏經作「毒」，似即「毐」。下同。
〔四九〕蚩　據文意似作「蚩」。玉篇虫部：「蚩，徒酷切。古文毒字。」
〔五〇〕羸　據文意似作「羸」。
〔五一〕㷊　據文意似作「煗」。今傳本說文：「煗，温也。从火耎聲。」
〔五二〕耎　據文意似作「耎」。
〔五三〕說文：鐫也　今傳本說文：「鑴，鑴也。」

〔五四〕文　據文意似作「云」。

〔五五〕縊　據文意似作「經」。

〔五六〕戍　獅作「戍」。

〔五七〕麋　據文意當作「鹿」。今傳本説文：「麋，鹿屬。从鹿米聲。麋，冬至解其角。」

〔五八〕省　衍。

〔五九〕凡　獅作「几」。

〔六〇〕平　獅作「形」。

〔六一〕聲云：纏也。繞　麗無，據獅和中華大藏經本補。

〔六二〕鲞也。從糸從營　麗無，據獅和中華大藏經本補。

〔六三〕卷　麗無，據獅和中華大藏經本補。

〔六四〕皴決　麗無，據獅和中華大藏經本補。

〔六五〕披。翳人之皴　麗無，據獅和中華大藏經本補。

〔六六〕文：大針也。形　麗無，據獅補。中華大藏經本補爲「文：大鈹也。形」。

〔六七〕蛭　麗無，據獅和中華大藏經本補。

〔六八〕真　麗無，據獅和中華大藏經本補。

〔六九〕水　麗無，據獅和中華大藏經本補。

〔七〇〕也。咂人血也。從虫　麗無，據獅和中華大藏經本補。

〔七一〕斟　麗無，據獅和中華大藏經本補。

〔七二〕壬反，下　麗無，據獅和中華大藏經本補。

〔七三〕反。字書云：以　麗無，據獅補。中華大藏經本補爲「反。字書云：意」。

〔七四〕省　衍。

〔七五〕坯　獅作「抷」，似當作「坏」。

〔七六〕撗　據文意似當作「横」。

〔七七〕式　據文意似當作「軾」。

〔七八〕擴　據文意似當作「横」。

〔七九〕由　據文意似作「猶」。

〔八〇〕語　獅作「謂」。

〔八一〕招　大正作「招」。

〔八二〕作　據文意似當作「從」。

〔八三〕棑　據文意似當作「排」。

〔八四〕從禾亩聲　今傳本説文：「稟，賜穀也，从亩从禾。」

〔八五〕由　據文意似作「猶」。

〔八六〕似　似衍。

〔八七〕亦名爲金折　似衍。

〔八八〕發　據文意當作「叕」。

〔八九〕金　據文意補。

〔九〇〕蒴　據文意當作「箾」。

〔九一〕説文音夘　今傳本説文：「綰，惡也，絳也。从糸官聲。一曰綃也。讀若雞卵。」

〔九二〕説文：掃糞棄也。從又從巾。掃除门内也　今傳本説文：「帚，糞也。从又持巾埽门内。古者少康初作箕帚、秫酒。少康，杜康也，葬長垣。」

〔九三〕還　據文意當作「睘」。今傳本説文：「亾也。从辵睘聲。」

〔九四〕説文：無右臂。從了象形　今傳本説文：「無右臂也。从了，乚象形。」

〔九五〕一　中華大藏經本無。下同。

〔九六〕説文：繼旐之旗，沛然垂下。從於從市省聲也　今傳本説文：「旆，繼旐之旗也，沛然而垂。从㫃宋聲。」

〔九七〕俘　獅爲「俘虜」。

〔九八〕馘　據文意當作「馘」。下同。

〔九九〕獻俘馘　阮元校刻十三經注疏爲「獻俘授馘」。

〔一〇〇〕緊　據文意當作「莖」。

〔一〇一〕糅，雜色　阮元校刻十三經注疏爲「糅，雜」。

〔一〇二〕穮　獅作「標」。

〔一〇三〕枴　即「枴」。下同。

〔一〇四〕另　據文意當作「另」。下同。

〔一〇五〕師　即「獅」。

〔一〇六〕師　即「獅」。

〔一〇七〕曆　據文意當作「曆」。

〔一〇八〕種　麗無，據獅補。

〔一〇九〕陸機　據文意爲「陸璣」。

〔一一〇〕鈋　獅作「鈍」。「鈋」爲的「鈍」的俗字。

〔一一一〕反　據文意補。

〔一一二〕宊　據文意當作「宍」，即「肉」。

一切經音義　卷第六十一

翻經沙門慧琳撰

音根本說一切有部毗奈耶律　從三十一盡五十
根本說一切有部苾芻尼律二十卷
右二部四十卷同此卷音

根本說一切有部毗奈耶律　第三十一卷

抆摸　上文粉反，下音莫。考聲云：抆，修理也。廣雅：抆，拭也。振也。楚辭：孤子吟而抆泣也。文字典說：並從手，形聲字。

拯濟　拯字無反脚，取蒸字上聲。說文從手從廾[一]作抍[二]，用與拯同。杜注左傳云：拯，抆助也[三]。方言：拔也。廣雅：收也，取也。說文：上舉也。從手丞聲。

嬾惰　上蘭且(旦)[四]反。考聲云：嬾，不勤也。廣雅：疲勞也。文字典說：懈怠也。從女賴[五]聲。下徒臥反。廣雅：不敬也。訓釋與嬾同。從心從墮省聲也。

手扼　下鸎革反。正體字也。律文作扼，俗字也。

畔睇　上音伴，下音弟。梵語。唐云作禮。前第十卷中已釋。

奧箄迦　上如字本音，亦梵語也。唐云可爾，或云應如是。

嗤笑　上齒詩反。韓詩外傳云：嗤者，志意和悅皃也。文字典說云：笑也。從口蚩聲。蚩音同上。

眼瞙　下音莫。韻詮云：瞙，眼病也。文字典說云：如皮間瞙也。從目。

顧眄　下眠遍反。方言云：秦晉之間以視爲眄。說文：眄，邪視也。從目丏聲也。丏音同上。

默赧　上瞢北反。或作嘿，俗字也。聲類：默，静不言也。說文云：犬暫逐人也。從犬黑聲。下儜簡反。考聲：赧，羞慙面赤也。說文從艮作赧，正體字也。律文從皮，非也。亦俗字。小爾雅云：面愧曰赧。說文云：面慙赤也。從赤艮聲。艮音尼展[反][六]。

蝝觸　上呼回反。集訓云：豕蝝地也。文字典說：豕掘地也。從豕從虫。虫音毀。

船艘　下掃遭反。俗字，本正體從木作梭。說文：梭，船之總名也。從木叜聲也。

砂潬　壇懶反。上聲字也。韻詮云：潬，水中沙推(堆)[七]出曰潬。江東語也。從水單聲。

根本說一切有部毗奈耶律　第三十二卷

破舶　下音白。司馬彪注莊子云：海中大船曰舶。廣雅：舶，海舟

也。入〔八〕水六十尺，驅使運載千餘人，除貨物，亦曰崑崙舶，運動此船多骨論，爲水匠用椰子皮爲索，連縛葛覽，糖灌塞令水不入，不用釘鍱，恐鐵熱火生，纍木枋而作之，板薄恐破，長數里，前後三節，張帆使風，亦非人力能動也。

豌豆　上烏丸反。廣雅：豌豆，留(蹓)豆也〔九〕。大於小豆，甘美可食。古今正字：從豆宛聲。

一擔　耽濫反。考聲云：以木荷物也。廣雅：擔，舉也。古今正字：負也。從手詹聲也。

沍〔一〇〕独　上古江字也。下鈍論反。俗字也。正體從豕從肉作豚。古文本作蠢，雖正厭繁已廢不用也。言江豚者，江海水中魚類也，形皃似大猪，故名江豚。風波欲起，此魚先出，水上出没皆迎風而行，須臾即風起也。

海狶　下音希，俗字也。説文：正體從豕作豨。方言云：南楚之人謂猪爲豨。又云豕走聲也。言海狶者，海中魚，其形似猪，故名海豬，亦江豚之類也。

噴嚏　上普悶反。廣雅：噴即嚏也。蒼頡篇：噴，叱也。下丁計反。考聲云：氣奔鼻而嚏也。説文：鼓鼻而氣悟解曰噴嚏。並從口，形聲字也。

穬麥　上古猛反。即今人間所種大麥也。

根本説一切有部毗奈耶律　第三十三卷

崩隮　上北朋反，下徒回反。前第三十卷中已釋。

井蛙　下烏瓜反。説文：正體從黽作鼃。古字也。今從虫作蛙。前第四卷中已釋。

儜惡　上搦耕反。考聲：儜，弱也。

繫纜　上音計，下音濫。顧野王云：繫纜者，繫船纜索也。或麻，或竹，繫於河岸也。

貪饕　下天結反。前第六卷中已釋。

篙棹　上音高。許叔重注淮南子云：篙謂刺船竹也。長二丈，或用木作。下宅效反。方言云：檝謂之櫂。從木從卓。亦從翟作櫂，義同，從手者，非也。

灘磧　上炭丹反。水中沙出曰灘。下音戚。磧即沙灘之大者，兼有石也。廣雅：磧，瀨也。又云：水乾露沙石曰灘磧。並形聲字也。

謦欬　上輕郢反，下開愛反。韻英云：謦，聲也。顧野王云：欬，嗽也。説文云：謦欬，逆氣通而兼有聲也。並形聲字也。

擡裙　上音臺，下音群。考聲云：擡，舉也。廣雅：動也。埤蒼：振也。言擡裙者，摳衣也。下裙字。説文：正體從巾作帬。今律中從衣作裙，時用字。説文：帬，裳也。上曰衣，下曰裳。並合從巾。今並從衣，俗字。

籬柵　上音離，下音策。前第二卷中已具釋。

鹻鹽　上緘斬反。俗字也。説文：正體從僉作鹼。埤蒼云：鹻猶鹵也。文字典説云：鹼，鹹也。從鹵僉聲。下琰占反。俗字也。説文：從臣作鹽。正體字也。顧野王云：煮海水爲鹽。古者宿沙初作鹽，煮海水作之，其形鹽飴。鹽本從地而生，井鹽水中自結也。其河中安邑鹽，亦人力運爲作鹽畦，日暴而成，亦其次上也，其海鹽最下。

根本説一切有部毗奈耶律　第三十四卷

煻煨　上音唐，下隖瓌反。前第十八卷中已具釋。

溉灌　上音記，下音貫。顧野王云：溉謂灌注也。韻詮云：灌亦溉也。兩字互相訓用同，並從水，形聲字。藋音同上。

水罐　官喚反。考聲云：瓦器名也。可以汲水。字統：亦取水器也。從缶藋聲。

孤惸　上音姑。正體字也。考聲云：孤，獨也。負也，遠也。古今正字：從子孑音結從瓜省聲。瓜音同上。下葵營反。亦正體字也。下從子字意也。古文從卂作㷀。孔注尚書云：惸，單也。鄭注周禮云：無兄弟曰惸。古今正字：從女作嬛。

勠力　上音六。賈逵注國語云：勠謂併力。文字典說云：一心也。從力從翏省聲。下從彡。

寠類　上劬縷反。毛詩云：終寠且貧也。詩傳云：寠者，不及依禮也。爾雅云：寠，貧也。古今正字：從宀婁聲也。

麟角　上音鄰。瑞獸也。王者有道則出現，麕身，牛尾，馬蹄，一角，角端有肉。字從鹿。麕音君也。

根本說一切有部毗奈耶律　第三十五卷

鹹鹵　上音咸，下音魯。孔注尚書云：潤下作鹹。爾雅云：鹹，苦也。北方之味也。從鹵咸聲。說文：鹵亦鹹也。苦也。西方謂之鹹地。從古西字省點，象鹽形也。

磽确　上巧交反，下苦角反。前二十一卷中已釋。

疚懷　上鳩又反。爾雅：疚，病也。左傳：君子不爲利回，不爲義疚。古今正字：從疒久聲。疚〔一二〕音搦。

窺覘　上犬規反。考聲：窺，覰也。覰音清預反。周易：窺其户。文字典說：下視也。說文：從穴規聲。下敕焰反。杜注左傳云：覘，伺也。鄭注禮記：覘，闚視也。說文：從見占聲也。

譏誚　上居依反。何注公羊傳云：譏，譴也。鄭注禮記云：呵責也。廣雅：諫也。說文：誹也。從言幾聲。下樵曜反。蒼頡篇：訶也。考聲云：誚，笑也。聲類或作譙。方言：誚，讓也。說文：嬈也。從言焦聲。律從肖，亦通。

孀居　上音霜。考聲云：孀居，寡婦也。楚人謂寡爲孀居。從女霜聲。

根本說一切有部毗奈耶律　第三十六卷

豎匙　上殊主反。上聲。說文云：豎，立也。文字典說：從臤從豆省〔一三〕聲也。有從立作竪，俗字也。豆音竹樹反。下是支反。方言：匙，匕也。古今正字云：飯匙也。從匕是聲。讀與時字同音。

歡讌　下煙見反。集訓云：歡讌者，賓客聚會歡飲酒也。

澡漱　上遭考反，下搜皺反。前第六卷中已具釋。

瓦甌　下惡侯反。方言云：盆之小者謂之甌。今江南謂瓷椀瓦椀總名爲甌。古今正字：從瓦從歐省聲也。

或枯　下縶林反。前第二十八卷中已具釋。

劈破　匹壁反。埤蒼云：剖也。廣雅：劈，裂也。說文云：以刀中破也。從刀辟聲。從力，非也。

蔫乾　上偃言反。廣雅：蔫，黄也。說文：蔫，菸也。從草焉聲。焉字從一從烏。菸音於。

烏觜　下醉髓反。考聲：鳥口也。古今正字：鳥喙也。說文：從此束聲也。束音刺。

唼盡　上晉荅反。考聲云：淺入口而味之也。顧野王云：鳧鴈之類口食謂之唼。古今正字：從口妾聲也。

熊羆　上音雄。説文云：熊，似豕，黑色，山居，冬蟄而䑛其足掌以存命，不食，二月方出。從能從火省聲也[一三]。下音悲。韻英云：羆，似熊而大，黄白色。郭注爾雅云：似熊，頭高，脚長，猛憨多力，善走，能拔樹木。關西呼爲貑。羆字上從罒。

謗讟　音讀。

根本説一切有部毗奈耶律　第三十七卷

盎甕　上阿浪反，下翁貢反。前第三十卷中已釋。

霹靂　上匹壁反。下音歷。顧野王云：大雷震動也。凡霹靂者，破樹壞屋取乖龍也。並從雨，形聲字。

撚劫貝綫　上年典反。撚劫貝綫者，撚劫貝草花絮以爲織縷綫也。織爲白氎布也。方言：撚，續也。蒼頡篇：縒綫也。經而緯之織成氎布。

更添　怗閻反。考聲云：添，益也。從水，形聲字。忝字從心天聲。

整旆　上征郢反。集訓云：整，理也。正也。古今正字：整，齊也。從攵從牙正聲也。下俳妹反。杜注左傳云：旆者，軍門前大旗也。説文云：繼旐之旗也，沛然而垂也。從㫃從沛省聲也。㫃音偃。旐音兆。

僆額　上他割反，下雅格反。俗字也。正從各作頟，從頁從格省聲也。其僆頟，人名。前第一[一四]十二卷中已釋。

矟刃　雙捉反。俗字也。正體從矛作矟，長矛也。前第二十二卷中已釋。

拳肘　倦員反，張柳反。已見前釋。

箭簳　上煎線反。方言：箭，矢也。關西謂之箭，關東謂之矢。下哥懶反。俗字也。正體從可作笴。尚書大傳云：若射儀之笴栝。鄭注云：笴，箭簳也。爾雅曰：東南之美者有會稽之竹箭焉。

帚筳　周守反。掃帚也。前第七、二十三並已釋。筳音庭。

根本説一切有部毗奈耶律　第三十八卷

獷烈　上虢猛反。考聲云：獷，如犬惡不可附近也。下音列。郭注爾雅：嚴猛之皃也。

穅麮[一五]　上可岡[一六]反。聲類云：糓皮也。文字釋要：米皮也。字統：從禾康聲也。下音翼。顧野王云：麥穅也。古今正字：麥皮也。從麥弋聲。[麥][一七]字從來從夊。

根本説一切有部毗奈耶律　第三十九卷

寱(寱)[一八]言　上霓計反。聲類云：睡中妄語也。説文：從㝱省臬聲也。臬音研結反。

愀然　上酋酉反。取就字上聲。考聲云：愀，憂也。禮記曰：孔子愀然作色也。家語云：臨當刑，君愀然不樂。形聲字也。

圊廁　上音青，下初事反。集訓云：廁，圂也。棄穢之所也。

所蜇　下展列反。前第四卷中已具釋訖。

㡿逐　上音尺。前第十四卷中已釋。

緝爲　上七入反。鄭箋毛詩云：緝，續也。爾雅：繼也。説文：績也。從糸咠聲。上咠音同。

鼗鼓　上音桃。説文云：鼗，小鼓也。律文作⿱堯鼓，書誤也。

根本説一切有部毗奈耶律　第四十卷

來襲　音習。鄭注周禮云：襲猶掩捕也。司馬彪注莊子云：入也。轉注字也。

弦⿰弓朁　慚感反。弓弦⿰弓朁也。

堋垛　上音朋。削牆土落聲也。下徒果反。即射垛也。

黶處　上一琰反。韻英云：身上黑子。或有朱黶，赤如朱點，貴相也。

根本説一切有部毗奈耶律　第四十一卷

如燒杌樹　杌音兀。集訓云：殺樹餘株杌。夜望似人而不審，生恐怖也。

釘橛　上丁定反，下權月反。以橛釘於地也。

打杙　上得冷反，下音翼。在牆曰杙，在地曰橛。

璺裂　上音問，下音列。前第七卷中已釋。

喧聒　上毁袁反，下官活反。前第二十六卷中已釋。

決擇　下音宅。考聲云：擇，揀也。古文作睪。從拱，會意字也。

謦欬　上輕郢反，下開愛反。前第三十三卷已具釋。

根本説一切有部毗奈耶律　第四十二卷

乞匃　下音蓋。前第四卷中已釋。

摶若　段欒反。考聲：摶，握也。杜注左傳云：手摶也。古今正字：從手專聲也。律文從耑作揣，非也。

枯燥　下桑到反。説文：燥，乾也。從火喿聲。喿音同上。

羂索　上決兖反。或作罥。案羂索者，鬪戰之處，或羂取人，或羂取馬脚，俗名爲搭索。捉生馬時搭取馬頭名羂索。搭音他荅反。

黧變　上音离。考聲云：黧，黑而且黄。從黑從黎省聲也。

品類　律墜反。品帙種類也。律文作彙，誤用也，非也。彙，古文蝟蟲字，雖訓類，非此用，義乖也。

草庵　暗含反。廣雅：庵，小舍也。鄭注禮記云：廬也。古今正字：從广奄聲也。

小鱓　下音善。郭注山海經云：鱓魚似蛇，長而微斑。説文：鱓，魚。皮可以爲鼓。從魚單聲。

網鞔　莫安反。案網鞔義不在書史，即釋教論中説如來十指間有肉網，猶如鵝足相連。

扼尊者　上音厄。正體字也。從手戹聲。扼者，捏其項也。戹音同上。

自⿰國爪　歸碧反。此字相傳時用，字書本無。自⿰國爪者，以自爪甲抓破身體也。

根本説一切有部毗奈耶律　第四十三卷

喘息　上川耎反。廣雅：喘，息也。説文：疾息。從口耑聲。

角力　上江岳反。角力者，二人説其力，角其强弱也。如牛鹿二角競長之義也。律文從手作捔，非也，無此字，只合多用角，字義如前所言。説文：狩角也。象形。角如刀，故從

刀從負省聲。

駢闐 上便綿反，下殿蓮反。集訓音駢。闐謂溢滿也，盛也。說文：駢，車駕二馬。從馬并聲，亦會意字也。

針箭 下音同。案針箭者，或用竹，或從木，而作以盛針。唯不許骨牙角作者，非也。

根本說一切有部毗奈耶律 第四十四卷

憒鬧 上音會。說文：憒，亂也。下拏効反。俗字也。正體從市從人作吏。集訓云：人處市則諠曰吏。會意字也。

畟方 上楚力反。所謂方停四面齊等。說文：治稼畟畟。從田從人從夊。夊音雖。

孤呫薄迦 呫音昌葉反。梵語也。細妙好白氎布名也。

根本說一切有部毗奈耶律 第四十五卷

媄妍 上天嬌反。考聲云：妖者，婦人巧作姿態也。毛詩云：桃之媄媄。女子壯(狀)〔一九〕皃。馬融曰：媄媄，和舒之皃也。說文：巧態美皃也。下霓堅反。廣雅：好也。美也。說文：慧也。安也。並從女，形聲字也。幵音牽。

翦剋 上煎演反。考聲云：翦，截也。杜注左傳云：翦，削也。盡也。鄭注禮記云：割截也。說文：從羽前聲。或從刀作剪。

謝寶 彼列反。俗傳用字也。正作別。

香秔餅 上正體香字也。說文：從黍從甘。律文從禾從日，俗字也。秔音耿衡反。正體字也。即香稻不黏者。餅，煩萬反。或上聲作飯。說文：粒食也。兩體並通。從食反聲。

轅軛 上音袁。車轅也。下音厄。車輻也。壓牛領木也。

根本說一切有部毗奈耶律 第四十六卷

條幹 上音調，下干懶反。前第一卷中已釋。

悛改 上音詮。前第七卷中已具釋訖。

無明觳 腔角反。前第二十二卷已具釋。腔字口江反。

肉臠 律轉反。上聲字。說文：切肉也。形聲字。

綆亦同棄 庚杏反。上聲字。杜注左傳云：綆，汲水繩也。古今正字：級(汲)〔二〇〕井索也。從糸更聲。

自刎 下勿粉反。何休注公羊傳云：自刎，以刀自割頸落也。形聲字也。

爽塏 上霜兩反。孔注尚書云：爽，明也。下開改反。考聲云：爽塏，高顯皃也。從土從凱省聲。

根本說一切有部毗奈耶律 第四十七卷

貧寠 劬禹反。韻英云：貧，陋也。考聲云：貧，無財以備禮也。說文云：無禮居也。從宀婁聲。

羈絆 紀宜反，下音半。前第一卷序中已釋。

牛蹄搶地 鵲羊反。西國地名也。不取字義。

羮臛 上耿衡反，下訶各反。前第二十七卷中已釋。

鍛(鍛)〔二一〕師 上端亂反。孔注尚書云：鍛(鍛)，捶打金鐵也。說文：小冶也。抏鍛(鍛)打鐵匠也。抏音丁頰反。

伉儷 上康浪反，下音麗。杜注左傳云：匹敵也。賈注國語云：

偶也。埤蒼云：伴也。形聲字也。

老妟　浹厚反。考聲云：妟者，老稱也。方言云：東齊魯衛之間凡尊考謂之妟。廣雅：父也。説文：老人也。從灾又聲也。

祈禱　上音其。考聲云：求也。告也。下刀老反。論語：禱，請也。廣雅：謝也。説文：告事求福曰禱。從示從壽省〔二二〕聲也。

涼燠　上兩張反。韻英云：薄寒也。考聲：微寒也。古今正字：從水京聲。從氷者，非也。下音奧，又音憂六反。爾雅：燠，熱也。説文：熱氣〔二三〕在中也。從火奧聲。

褓持　上音保。律文作袦，非也。褓，襁也。前第十三卷中已釋。

日旰　干旱反。杜注左傳云：日晏也。古今正字曰：晚也。從日干聲。

鼓棹　宅效反。即今之摇撸(櫓)〔二四〕進船也。從木卓聲也。

執拖　唐賀反。船尾也。船師執之以正船也。

鯨鱗　上競迎反。説文云：海中大魚也。從魚京聲。下音鱗(鄰)〔二五〕。説文云：龍魚鱗甲也。形聲字。

彷徉　上音傍，下音羊。楚辭云：聊彷徉以逍遥也。集訓云：彷徉猶徘徊也。屏營也。形聲字也。

縶維　上知立反。杜注左傳：縶猶執也。劉兆注公羊傳云：縶，絆也。古今正字：拘縶也。從糸執聲也。

根本説一切有部毗奈耶律　第四十八卷

騣尾　上音宗。古今正字：馬項上長鬣也。亦馬金冠也。從馬㚇聲也。

騰驤　上特能反。顧野王云：騰，跳躍也。廣雅：奔也。楚辭云：馳也。下音箱，平聲。説文：馬奔走也。並形聲字。

舟檝　下尖葉反。考聲云：駕船具棹類也。即今之篙棹等是也。從木戢聲。戢音簪立反。

群禲　下力滯反。蒼頡篇云：禲，亡國之神也。杜注左傳云：灾〔二六〕鬼也。顧野王云：鬼有所歸則不爲禲。言群禲者有多種，天子七祀曰泰禲，諸侯五祀曰公禲，大夫三祀曰族禲。鄭玄曰：禲，小神也。居人間，司察小過，作譴告者。禲主殺伐之。或作痢、㾐，皆古字也。從礻厲聲也。

陞舶　上音升。蒼頡篇云：陞，上也。廣雅：進也。古今正字：從阜從土升聲也。下音白。大船也。

樺皮　上華化反。或作檴，山中木名也。有赤白二種，赤者勝，皮堪書經爲梵夾，作燭者之類也。

根本説一切有部毗奈耶律　第四十九卷

一敞　摘更反。韻詮：或從人作倀。考聲云：展張形像也。律文作楨，非也。從木敞聲。

梐木　毗禮反。顧野王云：梐，牀梃木也。從木從陛省聲也。

撤去　耻列反。杜注左傳云：撤亦去也。鄭玄云：除也。廣雅：減也。古今正字：剥也。從手徹(敵)〔二七〕聲。

蒲臺　音臺。蒲生水中。臺，花也。花如柳絮也。

該別人　改孩反。韻英云：該，包也。賈注國語云：從言亥聲。

有作垓，非也。

根本説一切有部毗奈耶律　第五十卷

緰襵　下霑躡反。俗字也。正體從聶作襵，音之葉反。或從衣從耴作䙝，亦通。

反壓　伊葉反。王注楚辭云：壓令相著也。經文以指按也。從手厭聲。厭音同上。

拊肩　上音撫。前第十一〔二八〕卷中已釋。下音堅。説文：髆也。從月象形也。律文從户作肩，俗字也。亦通。

仄足　上音側，俗字也。正體從厂作仄。考聲云：仄，傾也。廣雅：漏也。説文：傾側不正也。從人在厂下。

撚放　上索界反。俗字也。古人借殺爲撚。前第二十二卷中已具訓釋。

饕餮　上音滔，下音鐵。貪財曰饕，貪食曰餮。前已釋訖。

嚩嚍　上音博，下精入反。考聲云：嚩嚍，欠羡食也。聲類云：嚩，唇彈舌令作聲美想也。並從口，形聲字也。

手爬〔二九〕　白麻反。正從手作把，爲濫把字。律文從爪〔三〇〕，俗字也。集訓云：把，搔也。亦形聲字也。

舐掠　上音氏，下音略。以舌舐唇口也。

齧半　上研結反。淺咬也。

蘿菔　上音羅，下音匐。方言：紫花根菜也。並從草，形聲字也。

鉢䉶　下厥願反。廣雅：䉶，抒也。抒音張吕反。以鉢舀取也。舀音遥小反。

逋慢　上布孤反，下蠻辦反。

犛牛　音茅。山海經云：西南夷中有長毛牛也，身上四處有長毛，雙䯏上臆前及尾或白或黑。

根本説一切有部苾芻尼律　第一卷

冷煗　上勒打反。寒也。説文：從氷。下奴短反。或作暖。古今正字：煗，温也。從火耎聲。耎音耳兖反。

净缾　並冥反。或作瓶。韻英云：盛净水洗手澡漱器也。

支派　下拍賣反。廣雅：派者，水分流別也。説文：水分也。從反永字也。

祖祢　泥禮反。或作禰。鄭注周禮云：父祖廟也。古今正字：從礻尒〔三一〕聲。礻〔三二〕音祇。

迫窄　上音百，下音責。埤蒼云：窄迫，陜小也。説文：從穴。形聲字也。

苾芻尼律　第二卷

扇侘　下搽加反。梵語也。此曰黄門内侍也。

躭欲　上荅南反。考聲云：躭，嗜也。或從耳作耽。

觝觸　上丁禮反。考聲：觝亦觸也。或從牛作牴。會意字。下衝燭反。廣雅：觸，揬也。説文：牴也。從角蜀聲。

棖觸　上宅耕反。或以手或以物相觸也。或作敞，音同上。

旭旦　上凶獄反。毛詩傳云：日始出大昕之時也。説文亦云：日旦出昦(皃)〔三三〕也。

稗米　上脾賣反。杜注左傳云：草之似穀者。説文：禾之別種。文字共(典)〔三四〕説云：稊屬也。從禾卑聲。

苾芻尼律　第三卷

輟已　轉劣反。見前有部律第一〔三五〕十二卷中已具釋。此不重釋。

牆柵　上匠羊反。顧野王云：牆，垣也。杜注左傳云：人之有牆以蔽醜惡也〔三六〕。説文：垣蔽也。從爿從嗇。爿音同上。下音策。考聲云：竪木爲牆曰柵。從木，形聲字也。

篅窖　上述緣反。字書云：以竹葦編如瓮形貯穀麥曰篅。下絞校反。韻英云：穿地爲匱，盛米麥曰窖。説文：篅字從竹耑聲。窖字從穴告聲。告音谷。

鉤斲　上苟侯反，下竹角反。前有部第三〔三七〕卷中已説。

衣幞　下逢目反。説文：從巾菐聲。菐音卜。

衣桁　何浪反。韻英云：衣竿也。亦衣架也。

杙牀　上蠅即反。韻詮：杙，橛也。從木弋聲。下牀莊反。廣雅云：人之棲託謂之牀。毛詩：載寢之牀也。説文：身所安。從木，形聲字，爿聲。爿音牆。

衣匱　逵位反。説文：匱，匣也。形聲字。

鞍韉　上音安，下剪前反。見前有部第五卷中已解。

腹肋　上音福，下稜得反。説文：腹，肚也。肋，脅也。肚兩傍也。並從肉。

脊骽　上精懌反。顧野王云：脊，背膂。説文：從肉。象脅肋之形。下退猥反。上聲字。考聲云：骽，髀也。玉篇：骽，髖也。髖音寬。髖，胯骨也。髀音鞞米反。妥音唾果反〔三八〕。

於橜　拳月反。韻英云：橛，杙也。前已解。

田畦　下慧圭反。劉熙釋名云：俗以二十五畝爲小畦，五十畝爲大畦。説文亦同，從田圭聲。楚辭云：畦猶區別也。

蛭鱓　上音質，下音善。蛭，水中蟲也。鱓，魚也。似蛇形而黑。

蠐螬　上音齊，下音曹。糞中蟲也。或化爲蟬，能飛能鳴，數般名也。

苾芻尼律　第四卷

大柘林　征夜反。有刺木名也。從木。

自縊　伊計反。或作殪，自刑〔三九〕死也。從糸。

草矛矟　上莫侯反，下霜捉反。前有部律第七卷中已説。

輪鑹　下蒼亂反。第七卷中已具釋。

作穽　下情性反。字書：正從阜作阱。律從穴。

羈絆　上音機，下音半。説文：羈，馬絡也。絆，馬絆也。形聲字也。以繩絆足也。

蹋發　談合反。

腨足　上船耎反。説文云：足腓腸也。從肉耑聲。耑音端。

苾芻尼律　第五卷

捲打　上倦員反。毛詩傳云：捲，用力。無捲無勇也〔四〇〕。説文云：氣勢也。從手卷聲。

抳頭　上音尼。

苾芻尼律　第六卷

椎葦　上墜追反。字從木。説文：擊也。從手者，非也。

指蹴也 下促育反。考聲云：以足蹴蹋也。公羊傳云：以足逆蹋曰蹴。説文：從足就聲也。

磣害 上初錦反。或從土作墋。下正體害字也。

苾芻尼律 第七卷

枳吒 上雞以反，下摘加反。梵語。西國山名也。

摘果 上知革反。手採曰摘。下音果。木子也。

反擲 程剌反。從手。

相黐 耻离反。以膠取鳥也。

訶叱 下嗔室反。嘰也。

腰絛 下音滔。以絲織爲繩也。從糸，形聲字。

暴曬 上袍冒反。説文：會意字也。從日從拱從米。下沙界反。日中曝米也。從日麗聲也。亦形聲字也。

籬壍 上音離，下妾焰反。以土爲壟種樹於上曰壍。從土漸聲。

肘梯 上知柳反，下體兮反。

剉草 上倉過反。切草也。

舂擣 上東龍反。爾雅：擣穀爲米曰舂。韻英：舂，擣也。舂從臼，擣從手。

干犯 説文：干，從倒入從一作丫[四一]。

縛柭 下音伐，俗字也。正從木從發作橃。

牽拽 上遣賢反。玉篇：牽，引也。廣雅：挽也。説文：引前也。從牛從冂。冂音癸營反。象牛縛也。玄聲也。下延結反。廣雅：拽，極挽也。從手曳聲。從戈[四二]。

苾芻尼律 卷第八

贈送 層鄧反。考聲云：以物遺人也。從貝。

撩亂 上音寮，下欒段反。

鈎紐 上苟侯反。律文從巾作帵，亦通。賈注國語云：鈎，帶鈎也。説文：鈎，曲也。下女九反。説文云：紐，糸也。紐，結也。袈裟鈎紐也。

僧脚敧 綺羈反。或作攲。梵語也。唐云掩腋衣。即古譯錯用爲覆髆[四三]者，是恐汙污三衣，先掩其腋。

粗拼 百音[四四]反。考聲：拼，彈也。墨斗繩振絣墨也。

拳搉 上倦員反。拳，手五指爲拳。下坑岳反。以拳擊也。從手隺聲也。

苾芻尼律 卷第九

煨燼 上猥灰反，下徐胤反。説文正體作𤎅，火之餘木也。從火聿省[四五]聲也。

傴肩 上紆禹反。考聲云：曲腰也。玉篇：身曲恭也。説文：從人區聲。下音堅。從肉。

貿易 上矛候反。考聲云：易財物也。玉篇：交易也。説文從丣，古文丣字也。

縷纏 上力主反，下逵位反。前有部律第二十卷中已解。

家貲 下音資。蒼頡篇：貲，財也。玉篇：財産也。從貝此聲也。

苾芻尼律　卷第十

粗鞕　下鞭綿反。顧野王云：以杖木鞕攴罪人也。周禮：馬策也。從革便聲。

怕怖　上滂罵反，下普布反。廣雅：怕、怖，惶，懼也，恐也，心戰也。二字並從心。

擯屛　上賓胤反，下音尺。前律第十九已解。

福爲　上古攝反。前律第二十二已具釋。

撚拍　上生界反。前有部律第二十二已具釋。

券契　上屈願反。乘驛行公券也。誓言書於鐵上爲信也。下輕藝反。買賣之文契也。信文也。

金鋌　下音定。前有部律第二十二卷中已具釋。

栗姑毗　上鄰一反，次昌葉反。梵語也。王之近親也。

隤壞　上唐雷反。前大律第十二卷中已釋。下懷怪反。説文：壞，敗也。從土褱聲也。

賤糴　下庭歷反。買米也。

貴糶　下天吊反。考聲：賣去米。亦會意字也。粟也。説文：出穀也。從翟聲(四六)。翟音狄。

安龕　下坎含反。考聲云：鑿山壁爲坎，安佛像也。廣雅：龕，盛也。説文：從龍從含省聲也(四七)。

密緻　下馳利反。前律第二十二卷中已釋。此不重説。

或挽　下万坂反。聲類：引也。從手免聲。

苾芻尼律　卷第十一

擘口　上迸陌反。考聲云：手裂也。廣雅：手分也。説文：撝擘也。從手辟聲也。

噉他　上談濫反。或作啖。廣雅：啖，食也。説文從口。形聲字。

苾芻尼律　卷第十二

眇目　上妙褾反。少一目也。

癵躄　上力緣反。考聲：足病也。足筋不展也。下並覓反。足癵之異名也。字書：足跛也。亦足病也。

背傴　下紆禹反。集訓云：背曲也。韻英云：腰曲也。從人區聲。

侏儒　上音朱，下乳朱反。前有部律第二十五卷中已具説。

枴行　上乖買反。韻詮云：杷頭杖也。患脚人扶身杖。古文作丫，象形字也。

哆唇　上多馱反。考聲：張口也。不斂唇醜惡皃也。

齵齒　偶侯反。玉篇云：齵齒謂齒生不齊平也。蒼頡篇云：重生齒前却不端直也。説文：齒不正也。從齒從偶省聲也。偶音五苟反。

販樵　蕃万反。鄭注周禮云：販者，朝買夕賣者也。説文：賤買貴賣也。從貝反聲。下齊遥反。杜注左傳云：採薪也。説文：採柴薪也。從木焦聲。形聲字也。

蕉擔　上蕉，音與上同。下耽濫反。考聲云：以木荷物也。説文訓同前。從手詹聲也。詹音占。

青稊　弟奚反。考聲云：草名也。或作苐，古字也。

廠庯　上昌掌反。考聲云：屋無四壁也。下黯甲反。字書云：庯，庯屋下皃也。庯音争甲反。

鐮斫　上斂占反，下章若反。前律第二十五卷中已具釋。
推延　上土雷反。古今正字：以手約物也。
詭設　上歸葦反。考聲：詐也。欺也。廣雅：隨惡也。説文：從言危聲。
新秔　下綆衡反。前律已釋。
縐促　上陳忍反。周禮「牛則挽縐也，馬則執韁」是也。説文：牛系也。從革畺聲。下取欲反。鄭注禮記：促，近也。速也。説文：迫也。從人足聲。
峻坂　上笋俊反。山高也。古文作陖，險也。下音反。考聲：坡也。峻坡曰坂。
斑駮　上八蠻反，下邦邈反。漢書云：黑白相雜謂之斑駮。斑，文彩相間五色謂之斑。考聲：斑，文玉也。從文。
排钄　上敗埋反，下七亂反。前有部大律第二十六卷中已釋。
相扠　丑皆反。韻詮云：以卷(拳)〔四八〕擊人也。
相撲　下龐學反。高舉投地也，令顛仆也。文字典説：二人競力也。從手菐聲也。
緝麻　上侵入反。字書云：細分麻縷相續爲布。形聲字，亦會意字也。
紵衣　除吕反。考聲云：布名也。以苧麻爲之，形聲字。
氍毹　上渠俱反，下數于反。蕃人語也。即今之毛布有文爲地衣是。
衫襖　上沙咸反。上單衣也。下阿稾反。複衣也。有綿夾大小之異也。
斧钁　下誑籰反。籰音王約反。钁者，斸也。鐵刃也。
鞍韉　上音安，下節延反。鞍下氈替也。
甌器　阿鈎反。瓦椀也。或小瓫也。從瓦歐省聲也。

盲瞎　下亨戞反。无目睛也，不見也。亨音赫耕反。戞音聞八反。
噎噦　上煙結反。食不下喉也。下威月反。韻詮云：嘔吐也。氣逆胸中病也。
囂聲　香妖反。考聲：多人衆各語也。説文：氣出頭也。
捷語　潛葉反。考聲云：疾語也。急也。從手疌聲也。疌音同上。
松榦　干岸反。考聲云：强也。本也。端直也。亦作幹，質也。
瘡疣　上叉霜反。韻英云：疾也。肉中傷也。病也。下音尤。風結贉肉也。亦病也。

苾芻尼律　卷第十三

澆草　上皎〔四九〕堯反。考聲云：澆，沃也。説文：從水堯聲也。
芸蓤　上音雲，下音雖。前二十七卷中具釋。
橘柚　上均聿反，下音由就反。江南楚地之果也。並從木。
蛗螽　上音負，下音終。草蟲也。
蛺蝶　上兼協反，下恬叶反。前律第二十七卷中已具釋。虫名也。
和揉　音柔。挼也。手相搓也。
羹臛　上音耕，下呵各反。孔注尚書云：以鹹〔五〇〕醋以和曰羹。臛者，无汁而爒曰臛。從肉，形聲字也。
皴皮　上七詢反。肉上皮起如樹皮曰皴。
地菌　裙隕反。地蕈也，地耳也。
白蹼　下普木反。於濕物上生白毛也。亦白衣也。
棚上　白盲反。棵上鋪板爲地曰棚，亦棲也。
門梐　鼙米反。鼙音瓶迷反。門兩邊豎木也。

摸擊　上音莫，下音擊。

苾芻尼律　卷第十四

劈破　上匹覓反。前律第三十六卷中已具釋訖。

盎瓮　上阿浪反。前第三十七卷中已具釋訖。

相黏　下躡廉反。蒼頡篇云：黏，合也。説文：黏，相著也。從黍占聲。

撲之　龐邈反。手擊高舉已投於地。

鯨魚　上奇京反。前律第三十七卷中已具訓解。

槊刃　上霜捉反。前有部律第三十七卷中已具釋。

鵬翼　上蒲崩反。考聲云：鵬，大鳥也。莊子云：北溟有魚名鯤，化爲鵬，鵬之背數千里。從鳥朋聲。下蠅織反。鳥翅也。形聲字。

打搭　音荅。

胯膝　上誇華反。華字去聲，俗字也。正體從骨作髀。下新七反。亦俗字也。正體從桼從卩(卩)〔五一〕作厀，久不行用，故不書。

棗核　上音早，下行格反。正體字從二朿。朿音刺。核者，棗中實種也。從木。

箭笴　上音薦，下干罕反。箭莖也。亦作簳。

箒筳　上周酉反。掃地具也。下音庭。

奔竄　蒼亂反。玉篇：竄，逃也。説文：匿也。從穴從鼠。

苾芻尼律　卷第十五

圊廁　上請精反，下差胾反。胾音淄使反。前律第三十九卷中已具釋。

錢賄　下音晦貨反。

其黶　伊琰反。身上黑子也。前第四卷中已釋。

水蛙　烏媧反。前律第四卷中已釋竟。

杌樹　上音兀。殺樹餘蘖也。株杌也。前已釋。

苾芻尼律　卷第十六

釘橛　曌裂　朾杙　已上前律第四十一卷中並已具釋訖。

謦欬　上溪頂反。下開愛[反]〔五二〕。前律第四十二卷中已具釋訖。

耳筩　下音同。前四十三卷中已具釋。耳飾也。

小鱓　音善。前律四十二卷已釋。

絧鞔　上音冋，下滿安反。前四十二卷中已釋。

自劚　歸碧反。抓。

栚木　上音陛。牀栚也。牀脚上前後長木也。

應撤　恥列反。春秋：去也。儀禮：除也。古今正字云：從扌音手。

苾芻尼律　卷第十七

褒寵　上保毛反。顧野王云：褒猶揚美。下敕隴反。考聲：寵，貴愛也。饒也。玉篇：恩澤也。形聲字也。

栅籬　上音策，下音離。前律第二卷中已具訓釋訖。

篅內　上音船。笹也。常緣反。

苾芻尼律　卷第十八

窄陿　上争索反。考聲云：窄亦陿小也。古今正字：從穴乍聲也。下咸甲反。禮記：廣則容姦，陿則思欲。玉篇云：迫隘不廣大也。説文：從𨸏匧聲。音同上。

蹲跪　上音存，下逵委反。説文：從足危聲也。

所擒　其吟反。字書：捉也。從手禽聲。

墾掘　上康佷反。耕也。司也。從土豤聲。下郡物反。斸也。穿也。從手屈聲也。

窺窻　上犬規反。考聲云：窺，覰也。覰音蛆預反。竊見也。下齪雙反。俗字。説文正體，象形，囱，牕也。形聲字。

絞尼項　上交巧反。考聲云：縛也，紉也，縊也。古今正字：從糸交聲也。

牽拽　上企堅反，下延結反。從手。

苾芻尼律　卷第十九

鸜鵒　上具愚反，下用足反。或從句作鴝，亦正體字也。考聲：鳥名也。似反舌於頭上，有毛角，翼班(斑)〔五三〕白別也。

車輾　尼展反。俗字也。正體作輾。車轢過車跡也。

骽腨　上退猥反。前律第三卷中已具釋。下船耎反。前律第四卷中已具釋。

齏菜　上濟齊反，下猜代反。從韭從齊。

苾芻尼律　卷第二十

刷批　上栓刮反。栓音數員反，刮音關八反。下音婢。即密𢮦(梳)〔五四〕也，除蝨具也，即批𢮦(梳)也。

灒灑　上音贊，下沙賈[反]〔五五〕。韻英云：濺水也。説文：汛也。從水，形聲字。汛音信。

細氎　下霑躡反。前大律五十卷中已釋。

反擪　伊葉反。前律第五十卷中已釋。從手厭聲，或作擫，亦通。

偏抄　上音篇，下叉交反。

跳行　亭遥反。雙足跳行也。

仄足　上音側。古字也。

摋放　上生界反。用力也。從手。

小摶　音團。從手。

土塊　苦晦反。土堛也。説文：從土從鬼聲。

嚩噍　上音博，下精習[反]〔五六〕。微嚐也。

爬散　上白麻反。以手指爬散也，搔也。

舐掠　上音是，下良約反。以舌取物也。

鉢䥈　下厥願反。前律第五十卷中已釋。從廾䜌聲。

箸屐　京逆反。木履也。

履屨　下俱遇反。革履也。

一切經音義　卷第六十一

校勘記

〔一〕 升 獅作「升」。
〔二〕 抍 獅作「抍」。
〔三〕 拯，抆助也 今傳本左傳爲「拯猶救助也」。
抆 據文意似作「抍」。
〔四〕 且 據文意似作「旦」。
〔五〕 頼 獅作「賴」。
〔六〕 反 麗無，據文意補。
〔七〕 推 據文意似作「堆」。
〔八〕 入 獅作「人」。
〔九〕 廣雅：豌豆，留豆也 今傳本廣雅：豍豆、豌豆，豌豆也。
〔一〇〕 沍 據文意似作「冱」。
〔一一〕 疢 據文意似當作「疒」。
〔一二〕 省 衍。
〔一三〕 說文云：熊……從能從火省聲也 今傳本說文：「熊，獸，似豕，山居，冬蟄。从能炎省聲。」
〔一四〕 一 當作「二」。前第二十二卷中釋此詞。
〔一五〕 𣀈 獅作「敹」。
〔一六〕 罒 獅作「罔」。
〔一七〕 麥 據文意補。
〔一八〕 寱 即「寱」。今傳本說文：「寱，瞑言也。从㝱省臬聲。」
〔一九〕 壯 據文意似當作「狀」。
〔二〇〕 級 據文意似當作「汲」。
〔二一〕 鍛 據文意似當作「鍛」。下同。
〔二二〕 省 衍。今傳本說文：「禱，告事求福也。从示壽聲。」
〔二三〕 氣 似衍。今傳本說文：「燠，熱在中也。从火奧聲。」
〔二四〕 擼 據文意似當作「櫓」。
〔二五〕 鱗 據文意似當作「粼」。
〔二六〕 灾 獅作「火」。
〔二七〕 徹 據文意似當作「敵」。
〔二八〕 一 獅作「二」。
〔二九〕 爬 獅作「把」，似作「爬」。
〔三〇〕 爪 獅作「爬」。
〔三一〕 ネ尒 獅爲「示爾」。
〔三二〕 ネ 獅作「示」。
〔三三〕 㒵 今傳本說文作「皃」。
〔三四〕 共 獅作「典」。
〔三五〕 一 獅作「二」。
〔三六〕 人之有牆以蔽醜惡也 阮元校刻十三經注疏爲「人之有牆以蔽惡也」。
〔三七〕 三 獅作「二」。
〔三八〕 妥音唾果反 據文意此爲釋「餒」的聲旁。
〔三九〕 刑 據文意似作「經」。
〔四〇〕 無捲無勇也 今傳本毛詩傳爲「無拳無勇」。
〔四一〕 說文：干，從倒入從一作丫 今傳本說文：「干，犯也。从反入从一。」
〔四二〕 從戈 據文意似爲「曳從戈」。
〔四三〕 髆 獅作「體」。
〔四四〕 音 據文意似當作「盲」。
〔四五〕 省 衍。今傳本說文：「𤆄，火餘也。从火聿聲。一曰薪也。」
〔四六〕 說文：出穀也。從翟聲 今傳本說文：「糶，出穀也。从出从糴，糴亦聲。」
〔四七〕 說文：從龍從含省聲也 今傳本說文：「龕，龍皃。从龍合聲。」段注：「龕，龍皃。此篆之本義也。……文選注引尚書孔傳曰：『龕，勝也。』从龍今聲。各本作合聲，篆體亦誤，今依九經字樣正。古音在七部，侵韵。今音入八部，覃韵，口含切。」
〔四八〕 卷 獅作「拳」。
〔四九〕 晈 獅作「皎」。
〔五〇〕 鹹 獅作「鹹」。
〔五一〕 𠃑 「卪」的俗寫，又作「卩」。
〔五二〕 反 麗無，據文意補。
〔五三〕 班 據文意似作「斑」。「班」通「斑」。
〔五四〕 揓 據文意當作「梳」。下同。
〔五五〕 反 麗無，據獅補。
〔五六〕 反 麗無，據獅補。

一切經音義　卷第六十二

翻經沙門慧琳撰

音根本說一切有部毗奈耶雜事律四十卷

根本毗奈耶雜事律　第一卷

甎揩　上拙緣反。埤蒼云：甎瓻也。字書云：瓴甓也。從瓦專聲。瓻音鹿，瓴音零，甓音瓶曆反。下客皆反。說文云：揩，摩也，拭也。從手皆聲。

帬應　上郡雲反。方言云：直衿繞腰謂之帬〔一〕。郭璞注云：俗又呼爲接下，江東通言裳也。說文：帬，亦下裳也。從巾君聲。案裳字裙字，說文正體從巾作常〔二〕，帬，今天下時用並從衣作裳、裙，總通。衿音居音反，即衣衿也。郭璞云：婦人初嫁所著上衣也。

栗姑毗園　上隣銍反，次禬懾反，梵語也。古云梨車子，即刹帝梨王公子弟也。彼有果園也。

皴裂　上七旬反。埤蒼云：皴，皵也。文字典說：從皮夋聲。夋音同，皵音鏘藥反。

刱制　上瘡壯反。考聲云：刱，始也。說文云：造法刱業也。從井刅聲。或作創〔三〕，音楚莊反。

齅我　上休救反。說文云：以鼻就臭曰齅。從鼻臭聲。

譏嫌　上居依反。何休注公羊云：譏，譴也。鄭注禮記云：呵責也。說文：譏，誹也。從言幾聲。下叶閻〔四〕反。說文云：嫌，不平於心也。一云疑也。從女兼聲也。

瘿鬼　上纓頂反。說文云：瘿，頸瘤也。從疒嬰聲。瘤音柳由反。

隙中　上卿逆反。顧野王云：隙，猶穿穴也。廣雅云：裂也。說文云：隙，壁孔也。從阝𡭴聲。𡭴音同上，從二小夾一白也。

髑髏　上音獨，下漏侯反。埤蒼云：頭骨也。說文云：頂骨也。形聲字。

曛黃　上訓雲反。王逸注楚辭云：曛黃，黃昏時也。文字典說：從日熏聲。

除刮　下關滑反。鄭注禮記云：刮，摩也。考聲云：横刃剗之曰刮。說文云：刮，掊把也。從刀舌聲。

核鞕〔五〕　上衡革反。顧野王云：果實中核也。說文：從木亥聲。下額更反。考聲云：鞕，堅也。文字典說：鞕，堅（堅）〔六〕牢也。從革㪅聲。或從石作硬，俗字也。

嚼之　上牆藥反，正嚼字也。淮南子云：嚼之而無味，不能入喉也。顧野王云：噍也。廣雅云：茹也。說文：從口㩁聲〔七〕。經本作嚼，俗字。噍音樵曜〔八〕反。

根本毗奈耶雜事律　第二卷

有娠　失真反。杜注左傳云：娠，懷胎〔九〕也。説文云：娠，妊身動也〔一〇〕。從女辰聲。古文作傳字。妊音如甚反。

餅食　上煩晚反。説文云：餅，食也。從食弁聲〔一一〕。俗從反作飯〔一二〕也。

蹂婦　柔守反。蒼頡篇云：蹂，踐也。文字典説：從足柔聲。説文作厹，云獸足蹂地，象形字也。從厹，厹亦聲也。爾雅云：其跡厹。隸文作蹂。

捼腹　上内迴反。説文云：捼，摧也。一云「兩手相切摩」也。從手委聲。

足跟　下艮痕反。釋名云：足後曰跟。説文：跟，足踵也。從足從艮聲。

從臍　濟西反。説文云：肶臍也。從肉齊聲也。

促整　上取〔一三〕欲反，下征領反。整，正也，別也，濟也。説文云：從束從攴正聲。攴音普卜反。

城闉　一真反。毛詩傳曰：闉，曲城也。説文：曲城重門也。從門垔聲。垔音同上。

焚燎　寮鳥反。又去聲，力召反。鄭箋毛詩云：火田爲燎。考聲：輕燒也。説文：燎，放火也。從火尞聲。尞音力召反。

墌〔一四〕裂　上恥革反。廣雅云：墌，分也。考聲：地裂也。説文：從土㡿聲。㡿音尺。下音列。

瘡疱　下炮皃反。考聲云：疱，面上細瘡也。説文作皰（皰）〔一五〕，面生气也。從皮包聲。

擯㡿〔一六〕　上賓刃反。司馬彪注莊子云：擯，棄也。文字典説：從手賓聲。下音尺。劉兆注穀梁傳云：㡿，指也。顧野王云：㡿，遠也。漢書音義云：㡿，不用也。廣雅：㡿，推也。説文：從广屰聲。广音儼，屰音逆。

畔睇　上盤慢反，下提戾反。梵語也。唐言〔一七〕禮。

賫〔一八〕人　上賞章反。鄭注考工記云：賫，販賣之客也。説文：賫，行賈也。從貝從商省聲。

梯隥　上體稽反。賈逵注國語云：梯，階也。古今正字云：木階也。從木弟聲。下登鄧反。説文：從阝登聲。律本從足作蹬，非也。

繖柄　上桑嬾反。顧野王云：繖即蓋也。以帛爲之，可以障雨及日也。從糸散聲。律本作傘，俗字也。下兵命反。説文云：柄，柯也。從木丙聲也。

曬在　上索懈反。方言云：曬，暴也。説文云：從日麗聲也。

根本毗奈耶雜事律　第三卷

炊爨　上音吹，下倉亂反。鄭注周禮云：爨，竈也。杜注左傳云：炊也。前文已解訖。

氤氳　上音因，下藴云反。俗用字也。博雅：正體從火作烟。從糸作絪，天地之氣也。周易云：天地氤氳，萬物化醇。考聲云：雲氣也。

瓦礫　下零的反。考聲云：砂也。説文云：小石也。從石樂聲。

衣斅　讁庚反。考聲云：斅，展也。從木敞聲〔一九〕。律本作掁，非也。

鍛師　上端亂反。孔注尚書云：鍛，鍊也。蒼頡篇云：鍛，椎也。

說文云：小治也。從金段聲。

其鞞　巴罵反。字書云：鞞，柄也。說文：從革巴聲。律本從弓作弝，亦通。或從木作杷。

雞翎　上擊奚反，下歷丁反。考聲云：鳥羽也。

竹籤　妾閻反。說文云：銳也，貫也。從竹韱聲。韱音息閻反。

鑽孔　上纂丸反。顧野王云：鑽謂之鐫鑿也。說文云：鑽，所以穿也。從金贊聲。鐫音卒緣反。

綫繚　上先薦反，下寮鳥反。顧野王云：繚，猶繞也。說文云：繚，纏也。從糸尞聲。糸音覓。

梳刷　上音踈，下踈刮反。廣雅云：刷，利也。說文：刮也。從刀㕞省。㕞音同上。

栗姑毗　中繪涉反。義已釋第一卷。

内迮　爭革反。說文：迫也。從辵乍聲。亦作窄。

置扂　恬琰反。考聲云：今之門扂也。文字典說云：扂，扊也。門小關也。從户占聲。扊音析急反。

鐶鈕　上音還。說文：從玉作環，義同。下尼九反。說文云：鈕，印鼻也。從金丑聲。

坻水　上徒睹反。廣雅云：坻，瓶也。文字典說云：坻，大瓶也。從瓦土聲也。

安垜　多果反。高士也。文字典說：小壘也。說文：堂塾也。從土朵聲。律本作朶，書誤也。朶音都果反。

鐵杴　險嚴反。火杴也。

杙上　蠅即反。韻英：杙，橛也。爾雅云：樴，謂之杙。案律本云：挂爲牙杙上即橜也。從木弋聲也。

作竇　頭侯反。鄭注禮記云：竇，穴也[二〇]。字書云：水突也。說文：竇，空也。從穴賣聲。

根本毗奈耶雜事律　第四卷

蹲踞　上在昆反。說文云：蹲，踞也。從足尊聲。踞音據。

咼衺　上快華反。說文云：咼，口戾也。從口冎聲。冎音瓜瓦反。下謝嗟反。字書云：衺，不正也。說文云：衺，囊也[二一]。從衣牙聲。囊音乃當反。

瑩體　縈暎反。毛詩傳云：瑩，美石也。謂摩拭珠玉使發光明也。說文：玉色也。從玉熒省聲。亦從金作鎣。

瓌偉　上古迴反。司馬彪注莊子云：瑰，美也。方言云：盛也。說文作傀[二二]，云偉也。從人裹聲。裹音懷。律本作瓌，亦通。下韋鬼反。說文云：偉，奇也。從人韋聲也。

妍雅　上齧賢反。廣雅云：妍，好也。考聲：慧也。說文：妍，㛤[二三]也，安也。從女幵聲。幵音牽，㛤音至。下牙賈反。毛詩傳云：雅，正也。韋昭注漢書云：雅，素也。集訓云：閑麗也。說文：從隹牙聲也。

婆羅痆斯　痆音儜軋反。梵語也。古云波羅奈國也。軋音間轄反。

所搏　下傍莫反。杜注左傳云：搏，取也。聲類云：捕也。廣雅云：擊也。說文云：搏，索持也。從手尃聲。

作襻　攀慢反。考聲云：衣，襻也。古今正字：從衣攀聲。

挂髆　上瓜賣反。廣雅云：挂，懸也。說文：從手圭聲。下音搏。周禮云：髆，肩也。鄭注儀禮云：肱骨也。說文：肩甲也。從骨尃聲。律本從肉作膊，非也。

根本毗奈耶雜事律　第五卷

毛㲣　他敢反。考聲云：㲣[二四]，織毛爲之。本無此字，㲣出西戎也。

襯臥　上楚靳反。考聲云：襯，藉也。親身衣也。

鑒察　上監懺反。毛詩傳云：鑒，所以察形。杜注左傳云：炤也，察也。說文：從金監聲。亦作鑑。

醫羅葉　上伊奚反。梵語也。龍名也。

有複　風伏反。蒼頡篇云：複，厚也。說文：復（複）[二五]，重衣也。從衣复聲。复音伏。

不捩　憐涅反。考聲云：捩，絞也。亦作綟，云「紐」也。律本從手作捩，亦通。

擡舉　上代來反。廣雅云：擡，動也。文字典說：從手臺聲也。

餻餅　上音高。考聲云：餻，蒸米屑爲之。字統云：餻，餌也。韻詮云：合蒸曰餌。餌，餅屬也。古今正字：從食羔聲。下並郢反。釋名云：有餬餅、餻餅等，各隨形而名之也。說文：從食并聲。

顦顇　上誚遥反，下情季反。字書云：瘦惡也。蒼頡篇：憂傷也。亦從心作憔悴，或作癄瘁，並同。

羸瘠　上絫危反。杜注左傳云：羸，弱也。賈逵注國語云：病也。許叔重注淮南子云：劣也。說文云：瘦也。從羊羸聲。羸音同上。下情亦反。考聲云：瘠，瘦也。文字典說：從疒脊聲。亦作膌。

貯麴　上猪吕反。杜注左傳云：貯，蓄也。顧野王云：盛也。說文云：積也。從貝寧聲。下昌沼反。廣雅云：麴，食也。埤蒼云：麴麥也。文字典說云：屑，乾麥也。從麥酋聲。律本作麨，俗字。麴音初狡反。

根本毗奈耶雜事律　第六卷

紫礦　上正紫字，下瓜猛反。音義第三十一卷中已具釋。

恙蛘[二六]　羊想反。禮記云「蛘不敢搔」是也。說文云：搔蛘也。從虫羊聲。

把搔　上白麻反。考聲云：把，即搔也。說文：從手巳（巴）[二七]聲。下掃刀反。說文云：括也。從手蚤聲也。蚤音早。

犛牛　上卯包反。山海經云：潘侯之山有狩，狀如牛而四節生毛，名曰犛牛。考聲云：牛名也。說文云：西南夷長髦牛也。從牛𠩺聲也。髦音毛。

祛蚊　上去魚反。考聲云：祛，却也，除也。下音文。

撚芉[二八]毛　上年典反。方言云：撚，續也。顧野王云：謂相接續也。說文云：撚，執也。從手然聲也。

相撲　龐邈反。考聲云：撲，投於地也。字書云：相撲，手搏也。說文作撲，從手菐聲。菐音卜，搏音博[二九]。

腳跌　上腳字也。下田結反。許叔重注淮南子云：跌，作也。郭注云：偃地也。說文云：跌，越也。從足失聲也。

澡罐　上音早，下官喚[反][三〇]。文字集略云：汲水器也。從缶雚聲。雚音同上。

鉸刀　上交巧反。韻英云：鉸，刀也。即今剪刀也。

談覈　下形益反。考聲云：覈，窮也，實也。說文：考實事也。從西（襾）[三一]敫聲也。或從雨作覈。西（襾）音呼下反。敫音經亦反。

根本毗奈耶雜事律　第七卷

羞赧　上秀由反。孔注尚書云：羞，辱也。左傳：無作臣[32]羞。杜注云：羞，耻也。說文：羞，進獻也。從羊，所進也從丑，丑亦聲也。下儜蕳反。方言云：赧，愧也。考聲云：羞慙面赤也。說文：面慙赤也。從赤反聲。律本從皮作䝻，俗字也。反音尼展反。

扣門　上音口。論語云：以杖扣其脛。孔注云：扣，擊也。說文：從手從口。口亦聲也。

絛亦　上討刀反。鄭注周禮云：其樊纓以絛絲飾之。字書云：編絲爲繩也。古今正字云：編諸屬也。從糸從攸省聲也。

句紐　上苟侯反。考聲云：句，留也，牽也，曲也。說文：從勹從口[33]。亦從金作鉤。律文作㽛，非也。下尼九反。考聲云：紐，結而可解也。說文云：系也[34]。從系（糸）[35]丑聲。

蘡薁　上益盈反，下憂六反。考聲云：似葡萄而小子黑也。說文云：蘡，薁也。從艸奧聲。

煖水　上奴管反。說文云：煖，温也。從火耎聲。耎音而兖反。

屆節　上皆薤反。孔注尚書云：屆，至也。文字典說：從尸從由。謂從所由而至。會意字也。

逃遯　上唐勞反。鄭注禮記云：逃，去也。王逸注楚辭云：竄也。廣雅：避也。字書云：走也。說文：亡也。從辵兆聲。辵音丑略反。律本作迯，非也。下伯孟反。考聲云：遯，散走也。亦作迸。文字典說：從走屏聲。律文從辵作迸，俗字也。

剜心　上椀丸反。正體字也。考聲云：剜，曲刻也。埤蒼云：剜，削也。字統云：剜，斗削也。古今正字：從刀夗聲。俗作剜，亦通。削音抉玄反。

根本毗奈耶雜事律　第八卷

有紊　下音問。孔注尚書云：紊，亂也。說文：從糸文聲也。

謦欬　上輕郢反。蒼頡篇云：謦，聲也。說文：欬也。從言殸聲。殸音磬。下開愛反。顧野王云：欬，嗽也。說文云：逆氣也。從欠亥聲。嗽音桑后反。

嚏噴　上音帝。蒼頡篇：噴鼻也。說文云：嚏，悟解氣也。從口疐聲。疐音同上。下歕悶反。戰國策云：驥俛而噴，仰而鳴也。說文云：噴，吒也。從口賁聲。歕音普門反。

顧眄　上孤護反。鄭箋毛詩云：迴首曰顧。廣雅云：顧，眷也。說文：顧，還視也。從頁雇聲。頁音賢結反。下眠遍反。考聲云：眄，衺視也。說文云：目偏合也。從目丏聲。丏音同上。衺音邪。

蘿菔　上音羅，下鵬北反。考聲云：蘿菔，菜名也。說文：蘆菔也。似蕪菁也。並從艹，羅、服皆聲也。

斷敵　上端管反。俗字也。孔注尚書云：斷，絶。說文云：截也。從斤𢇍[36]聲。𢇍音絶。律本作拒，非也。下亭的反。杜注左傳云：敵猶對也。當也。方言云：同力者謂之敵[37]也。說文云：敵，仇也。從攴啇聲。

打撲　下普木反。顧野王云：撲，猶打捶[38]之也。廣雅云：擊也。說文：從手菐聲。菐音卜。

來襲　尋立反。杜注左傳云：掩其不備也。周禮云：襲，謂掩捕

之也。說文：從衣龍聲也。

腋挾　上盈赤反。埤蒼云：腋，胳也。肘後也。古今正字：從肉夜聲。胳音各。下嫌頰反。何休注公羊云：挾，懷也。爾雅云：挾，藏也。說文：從手夾聲。杜注左傳云：除凶之祀也。說文云：除惡祭也。從示犮聲。犮音盤鉢反〔三九〕。

根本毗奈耶雜事律　第九卷

瑕隙　上夏加反。杜注左傳云：瑕，猶過也。鄭注禮記云：瑕，玉病也。廣雅云：裂也。說文：從玉叚聲。下卿逆反。

囂聲　上許嬌反。鄭注周禮云：囂，讙也。毛詩傳云：囂，聲也。說文：聲氣出頭上也。從㗊從頁。頁，首也。㗊音莊立反。

聒地　上官活反。杜注左傳云：聒，讙也。蒼頡篇云：聒，擾耳也。說文：讙語也。從耳舌聲。

鐵栿　下音伏，俗字也。

誇〔四〇〕讚　上跨華反。孔注尚書云：憍恣過制，以自夸大也。謚法云：華言無實曰誇。說文：誇，誕也〔四一〕。從言夸聲。夸音同上。

蜫蟻　上袞魂反。鄭注禮記云：蜫蟲者，陽而生陰而藏者也。說文作蚰，云「蟲總名」也。

鴟梟　上叱脂反。下皎堯反。鄭箋云：惡鳴鳥也。

根本毗奈耶雜事律　第十卷

桁竿　上鶴浪反，下音干。考聲云：桁，衣架也。律本從竹作笐，是樂器也。音鶴郎反。非桁竿字也。

一𣦵　卒髓反。廣雅云：𣦵，口也。字書云：喙也。說文：從此束聲。亦作觜、咮。束音雌四反。喙音暉衛反。

掃篲　上搔老反，下隨銳反。說文作彗，云「掃竹」也。從又持甡(甡)〔四二〕也。甡(甡)音瑟臻反。古文作篲(彗)〔四三〕。

棖觸　上擇庚反。考聲作敞，云「撞」也。玉篇作搷，云「刺」也。或作敦，云「棖觸」也。文字典說：從手長聲。律本作棖，非也。

鈕居　上尼柳反。前第七卷已具釋。下恬店反。前第三卷已釋。

甎垛　上音專，下都果反。前第三卷已釋。

啗嚼　上談濫反。說文云：啗，食也。從口臽聲。臽音陷。律本作噉，俗字也。下牆藥反。前第一卷已訓釋。

扇樞　下觸朱反。韓康伯注周易云：樞機，制動之主也。廣雅云：樞，本也。說文：户樞也。從木區聲。區音曲于反。

鎗子　上策康〔四四〕反。考聲云：鼎類也。或作鐺，俗字也。

鐵鍤　磣甲反。方言云：宋魏之間謂臿爲鍬，江淮南楚之間謂鍤。說文：從金臿聲。臿音同上。鍬音七焦反也。

斲斤　上竹角反。孔注尚書云：斲，削也。說文云：斫也。從斤㽗聲。㽗音豆。

隤毀　上杜雷反。廣雅云：隤，壞也。說文：從阜貴聲。阜音父。

根本毗奈耶雜事律　第十一卷

汝椀　剜喚反。正作盌，義已具釋根本有部律第七卷中。律本

從肉作腕，俗字也。

下帬　郡雲反。前第一卷已釋。古文正作帬。

鉆拔　上强炎反。說文云：鉆，鐵鉗也。可以夾取物也。從金占聲。律本作鉗，是鐵枷（枷）〔四五〕束項也，非夾拔之義。下辨八反。尚書云：大木斯拔。顧野王云：拔，猶引而出之。廣雅云：拔，出也。說文：從手犮聲。犮音盤鉢反。

捩齒　上憐涅反。前第五卷中已具訓釋。

抉目　上恚悦反。左傳云：以戈抉其腸也。莊子云：子胥抉眼也。說文：抉，挑也。從手夬聲。

以鋸　居御反。國語云：中古刑用刀鋸，謂大辟刑也。淮南子云：良匠不以刀鋸不能以制木，鋸者可以截物也。說文：鋸，槍唐也。從金居聲也。

剫解　上音皮。案剫是剥去皮之義也。俗字也。下皆買反。

矛矠　上母侯反。說文云：酋矛也。象形也。古文作戎。亦作鉾。下倉笄反。廣雅云：矠，謂之鋋。考聲：短矛也。文字典說：從矛贊聲也。

鑱身　上仕咸反。淮南子云：刻肌膚，鑱皮革，創血流。又謂針刺也。說文云：鋭，鑱也〔四六〕。從金毚聲也。亦作劖攙。毚音同上。

矟刺　上雙捉反。廣雅云：矟，矛也。埤蒼云：今戟矟也。文字典說：從矛肖聲。下青亦反。顧野王云：謂鋭鑱入人肉中也。說文：刺，直傷也。從刀朿聲。

鎔銅　上勇鍾反。漢書云：猶金之在鎔，唯冶之所鑄也。亦云鎔鎔也。銅屑爲鎔。說文：冶器法也。從金容聲也。

杌木　上吾骨反。韻略云：杌，樹無枝也。字統云：杌，斷木也。一云枯木也。說文：從木兀聲。

痰癊　上音談，下飲禁反。義於有部律中已具釋。

如棩　先節反。說文作揳（楔）〔四七〕，云「攕」（櫼）〔四八〕也。櫼音子廉反。第十三卷已釋。

頞部陀　上安幹反。梵語胎藏名也。

稠酪　上胄流反。毛詩傳云：稠，密也。廣雅云：穊也。說文：從禾周聲。穊音既，酪音洛。

橐扇　上排賣反。義已具前訓釋。

插在　上磣甲反。聲類云：插，刺入也。說文云：刺内也。從手臿聲也。臿音同上。磣音初錦反。

黧黑　上履脂反。考聲云：黑黄色也。古今正字：從黑黎省聲。

臠割　上劣兖反。顧野王云：切肉爲胾之小者也。文字典說：從肉從䜌省聲。胾音緇史反。下干曷反。

根本毗奈耶雜事律　第十二卷

唼喰　上咎荅反。考聲云：唼，嚙也。字統云：唼血也。正作咂字。通俗文云：味入口曰咂也。文字典說：從口妾聲也。咎音市感反。下正食字。

襁褓　上姜仰反。包咸注論語云：負者以器曰襁。博物志云：織縷爲之。廣八寸，長丈二尺，以約小兒於背上也。說文：負兒衣也。從衣强聲。下音保，義根本有部律第十三卷中已具釋。

梗〔四九〕槩　上庚猛反。爾雅云：梗，直也。廣雅云：略也。說文云：從木更聲。下該愛反。鄭注禮記云：可以平斗斛者也。說文：槩，杚斗斛也。從木既聲。杚音昆兀反。

筋脈　上謹銀反。說文云：筋肉之力也。從肉從竹物之多筋者也

從力力象筋也。下音麥，正體字也。説文作衇，云「血理通流，行於體中也」。從血𠂢聲，𠂢音普賣反。律本作脉，俗字也。

次唾　上祥延反。説文云：次，口液也。從欠從水。律文作涎，俗字也。下吐卧反。

糞鍋　上分問反。説文云：棄除也。從拱推華（華）〔五〇〕，棄屎也。從米〔五一〕古文屎字也，似米而非也從華音般，箕屬也從廾音拱，兩手也。律文從米從異，俗字也。下古禾反。亦俗字也。正作鬲，鎗釜之屬也。無足小鑊也。言糞鬲者，胎藏蒸熱不净，穢惡如鬲之煮也。

青瘀　於據反。考聲云：皮肉中凝血也。文字典説：聚積血也。從疒於聲。

鱓蛭　上蟬闡反。上聲字。郭注山海經云：鱓魚似蛇也。説文：皮可以爲鼓。從魚單聲。下真叱反。蒼頡篇云：水蟲也。能唼人血。説文：從虫至聲。虫音虺。

蚌蛤　上龐講反。郭璞注云：蚌，蜃也。周易云：腹有珠者也。吕氏春秋云：月望則蚌蛤實，月晦則蚌蛤虚也。説文：蚌，蠣也。從虫丰聲。下甘荅反。禮記：季秋雀入大水，海也〔五二〕。雀，千歲鴽也。説文云：蛤有三種，皆生於海。蛤蠣，千歲鴽所化。秦謂之牡蠣，海蛤者百歲鷰所化也。魁蛤老，一名蒲螺者，伏翼所化也〔五三〕。從虫合聲。

善軶　音厄，正體字也。經作軛，俗字也。

肉疱　彭皃反。説文：面氣生瘡也。或作皰也。

頷車　含敢反。韻英云：頤也。釋名云：頷車，輔車也。或作顄〔五四〕，南楚謂頤爲頷。從頁含聲。

腭骨　我各反。俗字也。考聲：腭，口上腭也。説文云：口上阿也。從口作𧮫，音强略反。從口，仌象文理也。古云𧮫，今云咢，聲轉也。

胸臆　上勗恭反。説文：胸，膺也。下音憶，胸骨也。古文作肊。

脃〔五五〕危　上清歲反。廣雅：脃，弱也。字統云：肉耎易斷也。文字典説云：易破也。説文：少耎易斷也。從肉從絶省聲。下隗逵反。文字典説云：在高而懼也。人在厂上，自節止也。説文：從卪厃聲〔五六〕。厃音危毁反。從人從厂。

倉與篅　下垂緣反。許叔注淮南子云：篅，⿱竹屯也。文字典説：織竹木圜作，可以盛穀麥也。從竹耑聲。⿱竹屯音鈍。

肪膏　上音方。説文云：肪，肥也。從肉方聲。下音高。釋名曰膏。疑（凝）〔五七〕者曰脂。説文云：肥也。從月高聲也。

豐樂　上正體豊字。下郎各反。

翊從　上蠅即反。顧野王云：翊，輔也。説文：從羽從立。會意字。下才用反。

森竦　上澀金反。説文云：森，多木長皃。從林、木。讀若上黨人參也。參音所林反。下粟勇反。廣雅云：竦，上也。顧野王云：高也。説文：從立從束。束自申〔五八〕，束亦聲也。

屆彼　上皆薤反。義已具釋第七卷中。

屍骸　上始之反。禮記云：死者在牀曰屍。鄭注云：屍，陳也。言形體在也。説文云：屍，死也。從尸從死。下蟹皆反。劉兆注公羊云：骸，骨也。顧野王：骸，體骨總名也。説文：體脛骨也。從骨亥聲也。

根本毗奈耶雜事律　第十三卷

氍毹　上具于反，下數雛反。本胡語也。織毛爲布如麻，以敷牀

褥，出罽賓國。聲類云：毛席也。二字並從毛，瞿、俞皆聲也。或作氍毹。

矸石　上寒幹反。考聲云：矸，玉石白皃也。亦作玕。又音干旱反。律文從禾作秆，非也。

穅岱　上恪剛反。郭璞云：穅，米皮也。下臺賚反。考聲云：囊也。文字典説：從巾代聲也。

爲桁　鶴浪反。考聲云：桁，衣架也。律本作笐，非也。

囪櫺　上齪江反。説文云：在牆曰牖，在屋曰囪。象形字。或從穴作窗。律文從片作牕，俗字也。下瀝丁反。説文云：櫺，楯間子也。從木霝聲。霝音同上。

骾喉　上庚杏反。物在喉中不下也。説文：從骨更聲。律文從魚作鯁，非此義也。下音侯。

刮舌篦　上關滑反。已釋律第一卷中。下壁迷反。考聲云：糜篦等也。亦作箄。

應劈　粤覓反。粤音匹并反。廣雅云：劈，裂也。埤蒼云：剖也。説文：破也。從刀辟聲也。

籤刺(刺)(五九)　上妾閻反。説文云：籤，鋭也，貫也。從竹韱聲。韱音思廉反。下此四反。律文作籤刾，俗字也。

遂扼　罵革反。廣雅云：扼，持也。説文云：把也。從手戹聲。亦作搹。

斗枅　牽見反。蒼頡篇云：柱上方木也。許叔重云：枅，櫨也。説文云：從木幵聲。幵音牽。

细擘　迸麥反。鄭注禮記云：擘，破裂也。説文：從手辟聲也。

根本毗奈耶雜事律　第十四卷

持箒　隨醉反。前第十卷已具訓釋。

蚤虱　上遭老反。説文云：蚤，齧人跳蟲也。從䖵叉聲，叉音側巧反。下詵擳反。説文云：虱，齧人蟲也。從䖵卂聲。卂音信，䖵音昆。

饕餮　上討刀反，下天涅反。杜注左傳云：貪財爲饕，貪食爲餮。

畜筩　上休郁反，下音同。方言云：筩，箸籃筩也(六〇)。説文云：斷竹也。從竹甬聲。甬音勇。

畔睇　上盤漫反，下隄麗反。梵語也。唐云禮拜也。

瘙癢　上桑刀反，又去聲。字統云：瘙，疥也。廣雅云：瘡也。文字典説：從疒蚤聲。疒音女厄反。下羊兩反。蛘不敢搔也。説文作蛘，云搔也。從虫羊聲。亦作痒。

礓石　上音畺，堅土也。如石形似畺，故以爲名。

掇打　所誡反。俗字也。

根本毗奈耶雜事律　第十五卷

蹲地　上徂魂反。前第四卷中已釋。

醭出　上普木反。義已具釋根本有部律第二十七卷中也。

斑駮　上八蠻反，下邦邈反。漢書云：白黑雜合謂之駮。説文作駁。釋云：不純色也。從馬交聲也。

便搭　躭蛤反。已釋根本有部律第二十二卷中。

水搽　内廻反。

大嗽　罕遏反。廣雅云：嗽，怒聲也。蒼頡篇云：訶也。古今正字：從口歇聲。

捉腨　船耎反。説文云：腨，腓腸也。

怐紐　上口侯反，下尼久反。前第七卷中已具釋。

無綆　庚杏反。杜注左傳云：綆，汲繩也。考聲：井索也。説文

云：汲井綆也。

及鑵　官喚反。汲水灌也。

牆柵　上匠羊反，下鎗格反。説文云：編竪木爲牆也。從木册聲。

根本毗奈耶雜事律　第十六卷

安塹　僉艷反。説文：坑也。顧野王云：今謂城池爲塹也。字書云：城隍也。從土斬聲。

馳騁　敕領反。言馳騁者衒曜衆人，如易賁卦：初九賁其趾，捨車而塗。即其義也。從馬甹聲。甹音匹丁反。

僧腳攲　下攲音綺羈反。此句梵語，唐云掩腋衣也。恐汗污三衣，先以此衣掩腋，然後披著三衣。

左髀　鼙米反。説文云：髀，股外也。從骨卑聲。亦作䯗。律本從肉作䏶，非也。

無明觳　腔角反。考聲云：觳，卵空皮也。

粗絣　下百庚反。考聲云：絣，絡也。律本從手作拼，亦通。

⿰土㡿洗　上丑革反。考聲：從手作⿰扌㡿，云撤也。説文云：⿰土㡿，裂也。從土㡿聲。下西禮反。字書云：洗，滌也。説文：從水先聲。㡿音尺。

扣門　上音口。孔注尚書云：扣，擊也。

一㦟　蒙字上聲。考聲云：㦟，不聰慧也。律本作懞，俗字。

詃誘　上涓兖反。文字典説云：詃，亦誘也。從言玄聲。下由久〔六一〕反。考聲云：誘，導也，教也，相勸動也。

手搉　腔角反。考聲云：搉，手擊也。

停憩　卿例反。毛詩傳云：憩，息也。説文作愒〔六二〕，音同上。

跳躑　上笛遥反。蒼頡篇云：跳，踴也。説文：躍也。下呈戟反。

根本毗奈耶雜事律　第十七卷

根梢　稍交反。考聲云：梢，木末也。説文：從木肖聲也。律文從草作莦，誤也。

汙損　上烏故反。考聲云：汙，染也。孔注尚書云：不潔净也。説文：塗也。從水于聲也。

飰⿰麥酋　上煩晚反。禮記云：飯黍無以箸也。韻詮云：炊米乾曰飰，濕曰飧。説文作飯，云食也。下昌少反。文字典説云：⿰麥酋者，熬乾屑麥也。從麥酋聲。律文作麨，俗字。熬音抄絞反。

革屣　上正革字也。下師滓反。西國皮鞋也。

褒灑陀　上保毛反，中沙鮓反。梵語。唐云長净，舊云布薩，略也。

腰髁　誇化反。蒼頡篇云：髁，臋骨也。説文云：髁，髀也。從骨果聲。髀音蒲米反。臋音徒魂反。

去繢　逵位反。説文云：繢，織餘也。從糸貴聲。

壘墼　上律軌反。廣雅云：壘，重也。説文云：軍壁曰壘。古文作垒，像形。下經亦反。土墼不燒者。

逃竄　倉亂反。郭注爾雅云：竄亦逃也。廣雅云：投也〔六三〕。説文：匿也。從鼠在穴中。

踡脊　上權圓反。埤蒼云：踡跼不伸也。文字典説文（云）〔六四〕：行背曲也。從足卷聲。

縷績　上力矩反。説文云：縷，綫也。從糸婁聲。

根本毗奈耶雜事律　第十八卷

燒殯　賓牡反。杜注左傳云：殯，窆棺也。何休注公羊傳云：從棺曰殯。說文云：殯，死在棺，將遷葬尸柩，賓遇之也。夏后氏殯於阼階，殷人殯於兩楹之間，周人殯於賓階也。從歺，賓亦聲也。歺音矜。

草稕　準潤反。埤蒼云：稕，緣也。字書云：束稈草也。從禾。

晡剌拏　上補謩反，中蘭怛反，下梛加反。梵語也。外道名也。見在地獄中受苦未了。

耕墾　上革鶯反，下肯狠反。

足右指蹴　秋六反。何休注公羊云：以足逆蹋之曰蹴。蒼頡篇云：蹴，躡也。說文：逆蹋也。從足㬱聲。

僅有　上音近。賈逵注國語云：僅，猶裁能也。何休注公羊云：僅，猶劣也。廣雅云：僅，少也。說文亦云：裁能也。從人堇聲。堇音謹。

坎窟　上堪敢反，下坤骨反。杜注左傳云：窟，地室也。文字典說：從穴屈聲也。

枝竦　粟勇反。廣雅云：竦，上也。顧野王云：竦，高也。說文：從立從束。束亦聲。律文從耳作聳，假借用，亦通。

慘害　上楚錦反。說文：慘，毒也。從心參聲。律文從石作磣，是沙土之磣，非此義。

賫賈〔六五〕　上賞章反。鄭注考工記云：行賣曰賫。下孤五反。集訓云：居賣曰賈。杜注左傳：坐販也。鄭注禮記云：賈，謂賈物貴賤也。古今正字：坐賈賣售也。從貝襾聲，襾音古。說文云：襾從人，自擁蔽也，左右象蔽形也。經作估，非也。

舩舶　上時緣反。又方言云：自關而西謂舟曰船。說文云：舟也。從舟從鉛省聲。下音白。廣雅云：舶，大船也。埤蒼云：大船也。文字典說：海中大船也。從舟白聲。

根本毗奈耶雜事律　第十九卷

蚊幬　上抆分反。下宙留反。鄭注周禮云：幬，覆也。爾雅云：幬，謂之帳。郭璞注云：今江東人亦謂帳爲幬。詩云：抱衾與幬。幬，單帳也。說文亦云禪帳也。從巾壽聲，亦作㡉。

三股　孤五反。

坻底　上巷江反。史記云：醯醬千坻。蒼頡篇云：缶瓶也。說文云：似罌，長頸，受十升。從瓦士聲。從缶作缸也。

不捩　憐涅反。前第五卷已具釋。

濾漉　上盧箸反，下聾屋反。顧野王云：漉，猶瀝也。郭璞注方言云：漉，滲水極盡也。說文：浚也。一云：水下皃。從水鹿聲。字書亦作𣿖。滲音參禁反。

鞕椹　上額更反。正鞕字也。下縶林反。郭璞注爾雅云：斫木質也。蒼頡篇云：鈇椹也。考聲云：机屬也。古今正字：從木甚聲。亦作枯㪌，義同。

胥絛　討刀反。考聲云：絛，織絲如繩曰絛。

帶韁　鏹良反。漢書云：貫仁誼之羈絆，繫名聲之韁鏁。蒼頡篇云：馬緤也。說文：從糸作繮。亦云緤也。緤音屑。

賭賜　上都古反。埤蒼云：賭，賜也。文字典說云：賭，戲賭物也。從貝從堵省聲。下賜音貨，古文貨字也。廣雅云：賜

亦睹也。説文：從貝爲聲。或作貺。

麋鹿　上美悲反。周禮云：狩人夏獻麋。白虎通云：射侯麋者，亦遠迷惑人者也。麋之言爲迷也。説文云：鹿屬也。以冬至解角。從鹿米聲。

繳羂　上澆了反。考聲云：繳，纏也。行縢也。説文：從糸敫聲。亦從巾作幑。敫音同上。縢音特登反。

根本毗奈耶雜事律　第二十卷

皮綫　仙箭反。鄭注周禮云：綫，縷也。説文：從糸戔聲。戔音殘。古作線。律文從延作綖，音延，非經義也。

屨屨　上音里。説文：從舟從夊〔六六〕。下俱遇反。屨屬也。亦作鞻。

遠袒　壇嬾反。考聲云：去上衣也。露肉袒髆也。字統云：肉袒也。説文：衣縫解也。從衣旦聲。亦作襢、嬗、胆，並通。

闡鐸迦　上昌演反，次唐洛反。梵語也。如來僕使之名。古云車匿也。

廄〔六七〕馬　上鳩宥反。考聲云：廄者馬牛所聚也。説文：廄，馬舍也。廄有僕夫。從广既聲。既音同上。律文從既作廄，非也。

雙眸　暮侯反。廣雅云：目珠子謂之眸。文字典説云：目眸子也。從目牟聲。

瞋息　上戶闊反。

綜習　上宗宋反。宋忠注太玄經云：綜，所以紀也。説文云：綜，機縷持交絲也。從糸宗聲。

縈絡　上瑩營反。毛詩傳云：縈，旋也。説文云：收拳〔六八〕也。從糸從熒省聲。

鵂鶹　上音休，下音流。義已具釋根本有部律第三十卷中釋。

摶不　上段巒反。考聲云：摶，握也。字統云：圜也。廣雅云：善也。顧野王云：摶之令相著也。説文：從手專聲。

蠍所　軒謁反。廣雅云：蠍，螫也。杜伯，蠆蠆，蠍也。埤蒼云：蠚也。古今正字：從虫歇聲。蠚音火各反。螫音式亦反。蠆音雨。蠆音丑介反。

根本毗奈耶雜事律　第二十一卷

毉羅　一兮反。梵語龍王名也。

撓擾　上好高反。聲類云：撓，攪也。説文云：擾也。從手堯聲。下饒少反。孔注尚書云：擾，亂也。説文云：煩也。從手夒聲。夒音惱刀反。

噫氣　上㐫介反。説文云：噫，飽出息也。從口意聲。

刳其　上口甲反。韻英云：刳，入也。案律文於指甲中藏藥，刳其半顆，令藥入中，則以爪甲刳破菴摩勒果，致毒藥於其中也。

炳著　上兵皿反。周易云：大人虎變，其文炳也。説文：明也。從火丙聲。或作苪、昺也。

劈裂　上匹覓反，下連哲反。義已具釋第十三卷中。

駛流　上師截反。蒼頡篇云：駛，疾也。文字典説：從馬史聲。

爲廄　鳩宥反。正體字。義已具釋第二十卷中。

嗤嫌　上齒詩反。字書云：嗤，戲笑皃也。文字典説云：蚩（嗤）〔六九〕，聲也。從口蚩聲。蚩音同上。下叶閻反。説文

云：嫌，不平於心也。一云疑也。從女兼聲。

控御　上空貢反。考聲云：控，持也，接也。説文云：引也。從手空聲。

根本毗奈耶雜事律　第二十二卷

旋旍　井盈反。周禮云：九旗析羽爲旍。鄭注云：析羽以五色繫之於旍上也。王者以田以鄙象文德也。爾雅云旄首曰旍。杜注左傳云：旍，章也。賈逵注國語云：表也。説文作旌，云：遊車載旌，旗〔七〇〕羽注旄首也，所以精進士卒。從㫃生聲也。㫃音偃。

驟䜌　上愁瘦反。賈逵注國語云：驟，疾也。廣雅：驟，奔也。説文：馬疾步也。從馬聚聲。

闥額　上灘怛反，下娙革反。

愧恧　下尼六[反]〔七一〕。方言云：恧，慙。郭注爾雅云：心愧曰恧。古今正字：從心而聲也。

竹篦　閉迷反。俗作箄。前文第十四卷中已具釋也。

刮去　上關滑反。義已具訓釋第一卷中。

小鞠　窮六反。亦作毬，並俗字也。今俗呼音求者。諸字書並無毬字，正作鞠。考聲云：以囊盛糠而蹋之謂之蹴鞠。説文云：蹋鞠也。從革匊聲。或作鞠。睾（鞠）〔七二〕，巨六反。

耕耘　殞君反。毛詩傳云：耘，除草也。説文作䅰，除苗間薉也。從耒員聲。亦作秐。耒音雷對反。

髡彼　音坤。考聲云：刑名髡，去其髮也。説文云：鬄髮也。從髟兀聲。髟音必遥反。鬄音他亦反。

呻吟　上室真反。鄭注禮記云：呻亦吟也。下芨金反。蒼頡篇云：吟，嘆也。説文：二字並從口，申、今皆聲。亦作軟訡。

酬賽　上壽由反。毛詩傳云：酬，報也。鄭注儀禮云：飲食賓客而勸酒也。郭注爾雅云：謂相報荅（答）〔七三〕也。説文作醻，獻酬也。從酉壽聲。下思伐〔七四〕（代）反。文字集略云：賽，酬福祭神也。

誇誕　上跨華反。義已具釋第九卷。下檀爛反。孔注尚書云：誕，欺也，大也。説文云：詭也。從言延聲。

根本毗奈耶雜事律　第二十三卷

詭誑　上歸委反。許叔重注淮南子云：詭，慢也。鄭箋毛詩云：善不肯行而隨人爲惡也。説文云：詭，責也。從言危聲。下俱況反。賈逵注國語云：誑猶惑也。説文：欺也。從言狂聲。

畋遊　上音田。尚書云：畋于有洛之表。孔注尚書云：畋，獵也。顧野王云：從禽也。何休注公羊云：畋，捘狩之總名也。古者肉食，衣服禽狩皮，故謂獵爲田也。説文作田，云：獵取禽狩，爲田除害也。象四囗，十者阡陌之制也。亦從犬作[犭田]。

餬口　上户孤反。郭注爾雅云：糜也。説文：寄食也。從食胡聲。糜音美爲反。

幽縶　下砧立反。毛詩傳云：縶，絆也。杜注左傳云：拘也。文字典説：從糸執聲也。

城闉　下音因。毛詩傳云：闉，曲也。説文云：城曲重門也。從

門亜聲。亜音同上。

坰野　上癸營反。毛詩傳云：坰（坰）〔七五〕，遠也。說文作冂，云：邑外謂之郊，郊外謂之野，野外謂之林，林外謂之冂，象遠界也。又從口作同，象國邑也。俗從土作坰也。

瘨狀　上典憐反。鄭箋詩云：瘨，病也。廣雅云：狂也。聲類云：風病也。說文：從疒真聲。

窺覦　上苦規反。考聲云：窺，覰也。說文云：小視也。從穴規聲。下庾朱反。顧野王云：覦，幸也。左傳云：民無覦心也。說文云：覦，欲也。從俞見聲。覰音七絮反。

躓頓　上知利反。廣雅云：躓，跲也。說文：從足質聲。跲音談臘反。

猜疑　上採來反。廣雅云：懼也。說文云：恨也。從犬青聲也。

翩翻　上匹綿反。考聲云：翩翩，往來皃也。下孚園反。顧野王云：翩翻，便旋輕捷之皃也。說文云：疾飛也。二字並從羽，扁、番皆聲也。

鵰鷲〔七六〕　上鳥聊反，下酋袖反。

震懾　下占涉反。賈逵注國語云：懾，服也。鄭注禮記云：懾，猶恐懼也。說文云：喪氣也。從心聶聲。

根本毗奈耶雜事律　第二十四卷

鶺鴒　上精亦反，下歷丁反。毛詩傳云：鶺鴒，雍渠也。飛則鳴，行則搖尾也。文字典說：似青雀也。二字並從鳥，脊、令皆聲。

欲蜇　展列反。考聲云：蜇，毒蟲螫也。文字典說：從虫折聲。亦從且〔七七〕作蛆〔七八〕也。

蜫蟻　上骨魂反，下宜紀反。已具釋第九卷中也。

觜啄　上遵髓反，下陟角反。廣雅云：啄，齧也。楚辭云：啄害下人。淮南子：鳥窮則啄也。說文云：鳥食也。從口豖聲。豖音丑録反。

瘡痕　紇恩反。說文云：痕，瘢〔七九〕也。從疒良（艮）〔八〇〕聲。艮，正良（艮）字也。

鷦鷯　上音焦，下音遼。廣雅：鷦鷯，食桃虫也。說文作鷦鷚，音訛聲轉也。俗呼爲巧婦鳥，能以萩花絮爲囊作巢，故號爲巧婦鳥。鷚音彌消反。巢於葦枝，食葦中蟲也。

閹豎　上奄炎反，下音樹。說文云：閹，即豎也。宫中閹閽閉門者，今曰宫人，即黄門也。形聲字也。下豎字。說文：從豆。律從立，俗字也。閽音昏。

髭鬢　上紫斯反，下賓牝反。說文云：髭者，口上須也。從須此聲。下鬢字。說文云：頰邊髮也。從髟賓聲。髟音必遥反。

罝兔　上濟耶反。毛詩傳云：罝，兔罟也。郭璞曰：罝，猶遮也。說文：兔網也。從网且聲。

根本毗奈耶雜事律　第二十五卷

鐸敧拏　上唐洛反，中器宜反，下搦加反。梵語也。

打攥　纂活反。考聲云：攥，牽持也。字林云：把也。文字典說云：攥，手取物也。從手纂聲。纂音子管反。亦作撮。

拳毆　上倦圓反。何休注公羊云：拳，掌握指也。說文：從手從卷省聲。亦作捲。下甌吼反。考聲云：毆，擊也。說文：從殳作毆，云捶擊也。

足蹦　下船耎反。考聲云：腓腸也。説文作腨。從月耑聲。

推摩　上退雷反。自後排而進之曰推。

椎胷　上木〔八二〕追反。説文云：推（椎）〔八二〕，擊也。從木隹聲。亦作搥（槌）〔八三〕。

癰痤　上擁恭反，下坐禾反。説文云：痤，小腫也。並從疒，雝、坐皆聲。

根本毗奈耶雜事律　第二十六卷

捔上　江岳反。正作角。

網輓　上亡倣反。下末安反。義已具釋有部律第三十二卷中。

繽紛　上匹民反，下音芬。王逸注楚辭云：繽紛盛皃也。

熠燿　上淫立反，下遥照反。即熒火也。

靦面　上天典反。毛詩云：有靦面目。傳云：靦，姡也。説文：靦，見也。從面見聲也。

根本毗奈耶雜事律　第二十七卷

豐稔　上正豐字，下任審反。賈逵注國語云：稔，熟也。説文云：穀熟也。從禾念聲。

改醮　焦笑反。顧野王云：婚禮婦之再醮也。説文：冠娶禮祭也。從酉、焦。亦作樵。

猜慮　採哀反。前二十三卷中已具訓釋。

傀偉　上鱠迴反。司馬彪注莊子云：傀，美也。方言云：傀，盛也。説文：傀，偉也。從人鬼聲。亦作儴傀。律本從玉作瓌，玉也。下爲鬼反。説文云：偉，奇也。從人韋聲也。

髫髫　上銚遥反。蒼頡篇云：髫，髦也。文字集略云：小兒髮也。文字典説：從髟召聲。律文從齒作齠，俗字也。

抉口　上伊血反。説文云：抉，挑也。從手從決省聲〔八四〕。

流涎　羨延反。正作次。前第十四卷已具釋。

爲阱　情姓反。鄭注周禮云：穿地爲深塹，所以禦暴狩，其或超踰則陷焉，世謂之陷阱也。顧野王云：阱，所以捕猛狩也。廣雅云：阱，阬也。説文亦陷也。從阝井聲也。古文作汬。律文從穴作穽，俗字。

挼繩　上奴和反。説文：挼，以手相切縒〔八五〕也。從手妥聲。妥音唾果反。

仄陋　上俎色反，下婁豆反。説文云：仄，傾側也。從人在厂。下陋陋也。從𨸏丙聲也。厂音罕，丙音同上。

儁人　上遵陖反。考聲云：才出千人也，有威力也。説文作俊。從人夋聲也。夋音清旬反。

舂擣　上束（東）〔八六〕庸反。顧野王云：擣穀爲米也。説文云：擣粟也。從廾持杵臨臼，杵省聲。下刀老反。説文云：擣，推也。一云築也。從手壽聲。字書作舂燾。

撚糠　年典反。

褁覆　上郡雲反。正作帬。已具釋第十一卷中。下孚務反。

繮絆　上搵羊反。已釋第十九卷中。下般漫反。考聲云：絆，繫兩足也。説文云：絆，馽也。從糸半聲。馽音縶。

衮盼　上謝嗟反。已具釋第四卷中。下攀慢反。字書云：盼，動目皃也。詩云：美目盼兮。説文：從目分聲也。

根本毗奈耶雜事律　第二十八卷

彝倫　上以之反。

赤穟　隨類反。毛詩傳云：穟，秀也。蒼頡篇云：禾麥秀也。説文：禾采之皃也。從禾遂聲。亦作采，或作穗。

博綜　宗弄反。前第二十卷中已具訓釋。

躊躇　上宙留反，下直廬反。

篅内　上腨専反。亦作圌。義已具釋第十二卷。

四橛　權月反。廣雅云：橛，杙也。文字典説：從木厥聲也。

杙有　上蠅織反。義已具釋第三卷中。

逆梋　先節反。

貞確　腔角反。韓康伯注周易云：確，堅皃也。文字典説：從石隺聲。隺音鶴也。

毛碽〔八七〕　額更反。亦作鞕。義已具釋第十九卷中。

騫翥　上歇焉反。王逸注楚辭云：騫，舉頭皃。廣雅云：騫，飛也，舉也。説文：飛皃也。從鳥寒省聲。下諸茹反。方言云：翥，舉也。楚謂飛爲翥。説文：飛舉也。從羽者聲。

聯翩　上輦然反。聲類：聯綿不絶也，續也。説文：從耳，連於頰，從絲〔八八〕。下匹綿反。已具釋第二十三卷中。

挍問　上瘦尤反。正搜字也。考聲云：挍，求索也。文字典説：從手叟聲也。

儜鳥　上梛鷺反。或作嬣。義已具釋有部律第三十三卷中。

爇火　上儒拙反。杜注左傳云：爇，燒也。蒼頡篇云：然也。説文：從火蓺聲也。亦作焫、焫。

令焬　祥閆反。俗字也。正作燅。考聲云：煮也，熟也。以湯沃毛令脱也。説文：湯中爚肉也。從炙從執省聲也〔八九〕。亦作錴，或作燂、爓。爚音藥。

飛颺　養詳反。説文云：風所飛也。從風易聲。

搏霄　上奪巒反。考聲云：附也。莊子云：搏扶摇而上九萬里也。説文：從手専聲也。

絲筑　軸陸反。史記云：高漸離擊筑於燕市。蒼頡篇云：樂器也。説文作筑，云：以作擊之成曲五弦之樂。從巩。巩者，巩持之也。從巩竹聲也〔九〇〕。巩音俱隴反。

怯憚　上欺脅反。顧野王云：怯，畏劣也。方言云：難去也〔九一〕。説文作㹤，云多畏也。從犬去聲。下檀爛反。鄭箋詩云：憚，難也，異也。廣雅：驚也。説文：撣，忌惡也。從心單聲。

鳴鼙　下擗迷反。鄭注周禮云：作縵樂，擊鼙以和之。説文云：鼙，綺鼓也。從鼓卑聲。

木枋　音方。字書云：木名也。今案律文云：以一木枋而械其足，則今之以小方木鑿孔，穿足於中梏罪人也。在手曰杻，在足曰械，亦謂之桎梏也。

擯房　上必仞反，下音尺。義已具釋第二卷中。

根本毗奈耶雜事律　第二十九卷

躡瑠璃　上黏輒〔九二〕反。郭注方言云：躡，登也。廣雅云：履也。從足。

伶俜　上歷丁反，下劈冥反。考聲云：單弱皃也。又行無力也。説文：二字並從人，令、甹皆聲也。甹音同上。

樵木　上誚遥反。杜注左傳云：樵，薪也。何休注公羊云：以樵薪燒之，故因謂之樵。説文：木也。從木焦聲。

解擘　上校賣反。考聲云：解，曉也。説文：判也。從刀判牛角。會意字也。下音伯，俗語也。合書擘字，音達丹反。撣箜篌也。考聲云：撣，拼也，觸也。如彈琴也。律文

云：擘箜篌者，閭巷間時俗語也。從手單聲。

綢密　上宙留反。毛詩傳云：綢繆猶纏綿也，密也。

海島〔九三〕　刀老反。說文：海中往往有山可依止曰島。釋名云：島，到也，人所奔到。又音鳥，海中遠山，遙望水上如鳥。

船橃　煩韈反。考聲云：縛竹木浮於水上。大者曰橃，小者曰桴。說文：從木發聲。經作筏、栰，皆非也。

汎漲　上芳梵反。韻英云：浮也。或作汎。下張兩反。韻詮云：水洪大也。

鵄撥　上叱脂反。爾雅云：鳶鳥也。下般末反。鵄撥者，略拍拂物而去也。

根本毗奈耶雜事律　第三十卷

殉死　上巡峻反。以人從死曰殉。古人皆殉葬。今人以泥木樸(楪)〔九四〕素形像以代之，號曰盟器。

皴裂　七旬反。埤蒼云：皴，皵也。又云：凍裂也。古今正字：皴、皵二字並從皮，形聲字也。皵音七藥反。

朙膜　下音莫，內間膜也。

竹籤　下妾閻反。削竹如針，刺小兒喉中曰籤也。

撫拍　上孚武反，下烹麥反。廣雅：撫，擊也。說文：拍，柎(拊)〔九五〕也。並從手，形聲字也。

根本毗奈耶雜事律　第三十一卷

髁䯏　上誇化反。蒼頡篇云：髁，兩股外也。說文云：髁，髀也。從骨果聲。律文作跨，俗字。

不濽　子散反。說文云：濽，汙灑也。一云：水濺人也。從水贊聲。

嚳虛　上空穀反。顧野王云：嚳，暴虐也。白虎通云：嚳者，極也。言其施行窮極也。說文：急苦〔九六〕之甚也。從學省聲。律文從酉作酷，是酒厚味而極美也，非義也。或從人作佶。

根本毗奈耶雜事律　第三十二卷

肘行　上輖有反。說文云：肘，臂節也。從月從寸。寸，手寸口也。肘行者屈肘屈膝，伏地而行也。時人謂之匍匐。

來贖〔九七〕　殊欲反。考聲云：以財償直也。說文：貿也。從二貝從𧶠〔九八〕古文六〔九九〕字。𧶠云育也。

衒色　上玄絹反。俗字也。說文正作衙，云：行且賣也。從行從言。或從貝作眩。

抉其　上淵血反。已具釋第二十七卷中。

昵好　上尼栗反。毛詩傳云：昵，近也。杜注左傳云：親也。說文作暱，云：日近也。從日匿聲。

驀四　上盲白反。考聲云：驀，踰也。說文：從馬莫聲。

多釀　孃亮反。淮南子云：醞釀而成。說文云：醞。得酒曰釀。從酉襄聲也。

根本毗奈耶雜事律　第三十三卷

短襻　怕慢反。襻者，衣內之連帶也。凡婦人帬袴，悉有襻搭兩

肩上。文字集略云：褁系也。考聲云：衣襻也。古今正字：衣桂[一〇〇](挂)肩。襻，從衣攀聲，亦作襻。

羹臛　訶各反。王逸注楚辭云：有菜曰羹，無菜曰臛。説文云：肉羹也。從肉隺聲。隺音荒郭反。

根本毗奈耶雜事律　第三十四卷

欱粥　上訶閤反。考聲云：大歠也。或作哈，俗字也。下之育反。説文：粥，糜也。古文正體從毓從鬲作鬻[一〇一]。毓音育，鬲音歷。

攦攦　藍荅反。字統云：攦攦者，破聲，喫乾胡餅聲也。

驚愕　下昂各反。集訓云：愕亦驚也。文字典説：從心咢聲。亦作顐。律文作愕，俗字也。

黄貁　下由就反。蒼頡篇云：貁似猴，善搏鼠也。文字典説：從豸穴聲。或從犬作狖。律文作狖，俗字。

赭般　上遮惹反。下正般字。鄭注山海經云：赭，赤土也。又亦衣赤也。考聲：赤色也。説文：從赤者聲。

各茸　侵入反。杜注左傳云：茸，補也，治也。考聲云：以草覆屋也。説文：茨也。從艹咠聲。

根本毗奈耶雜事律　第三十五卷

抖擻　上兜口反。下蘇走反。律文作揀，音束。是裝揀字，非抖擻字。義已釋有部律第二卷中。

襞褺　上并辟反。廣雅云：襞，詘也。鄭注儀禮云：襞積，謂衣簡蹴之也。説文云：韏衣也。從衣辟聲。下恬葉反。字書云：疊積也。考聲：襞也。説文：褺，重衣也。從衣執聲。律文作疊，乖此義。韏音卷，詘音屈。

根本毗奈耶雜事律　第三十六卷

馭青　上魚據反。顧野王云：馭者謂指撝使馬也。

根本毗奈耶雜事律　第三十七卷

鍛師　上端亂反。義已具釋第三卷中。

磽确　上巧交反，下腔角反。顧野王云：磽，堅也。地堅則瘦，不宜五穀。孟子云：地有肥磽也。聲類云：磽确，磬薄也。説文並從石，堯、角皆聲也。磬音口厄反。

枅栱　上計奚反。蒼頡篇云：柱上方木也。淮南子云：平椓不斲，𡉏題不枅[一〇二]。許叔重注云：枅，櫨也。埤蒼云：揖[一〇三]也。下龔冢反。爾雅云：樴謂之杙，木大者謂之拱(栱)[一〇四]。郭注云：別杙所在長短也。二字並從木，幵、共皆聲。幵音犂堅反。

輅車　盧故反。

根本毗奈耶雜事律　第三十八卷

共嗤　齒之反。義已具釋第二十一卷中。

浮趒　桃弔反。考聲云：趒，越也。聲類云：跳也。説文云：雀行也。從走兆聲。

以稍　雙捉反。律文作槊[一〇五]，是木名，非也。義已具釋第十

一卷中。

憂慅　騷躁反。考聲云：慅，不安也，負也。毛詩傳云：憂，不樂也。説文：愁不安心。從心喿聲。喿音同上。

裹體　上戈火反。顧野王云：裹猶苞也。説文云：裹，纏也。從衣果聲。

根本毗奈耶雜事律　第三十九卷

健椎　上件連反，下木〔一〇六〕追反。梵語也。即今之静椎也。

根本毗奈耶雜事律　第四十卷

纂集　上鑽管反。考聲云：纂亦集也。大迦攝波纂集如來所説聖教，結爲三藏，名爲纂集。説文云：纂，似組而赤黑也。從糸算聲。算音筭。

隤壞　上兊廻反。廣雅云：隤，壞也。禮記云：太山其隤乎。説文：隊也。從阝貴。亦作穨、隫〔一〇七〕。下懷怪反。説文云：壞，敗也。從土褱聲。籀文作敷。古文作𣫹〔一〇八〕。褱音懷。

欻然　上勳欝反。欻，忽也。説文云：有所吹起也。從欠炎聲。

奢侘　摘加反。梵語也。唐云諂曲，羅漢名也。

一切經音義　卷第六十二

校勘記

〔一〕 帬　即「裙」。
〔二〕 常　今傳本説文：「常，下帬也。」
〔三〕 創　今傳本説文有刱、創二字。刱在井部。創爲刅的重文，在刀部，云「傷也」。段注：「凡刀創及創傷字皆作此，俗變作刅作瘡。多用創爲刱字。」
〔四〕 閶　獅作「閶」。
〔五〕 鞕　即「鞕」。
〔六〕 竪　獅作「竪」。
〔七〕 説文：從口𩫖聲　今傳本説文：「噍，齧也。从口焦聲。嚼，或从爵。」
〔八〕 曜　獅作「耀」。
〔九〕 胎　阮元校刻十三經注疏作「身」。
〔一〇〕 説文云：娠，妊身動也　今傳本説文云：「女妊身動也。」
〔一一〕 從食弁聲　今傳本説文爲「从食从反」。
〔一二〕 飯　段注：「古衹有飯字，後乃分别作餅，俗又作飰。此正如汳水俗作汴也。唐以前書多作餅字，後多譌爲餅字。」
〔一三〕 取　獅作「耴」。
〔一四〕 埲　即「坼」。
〔一五〕 頠　據文意當作「皰」。
〔一六〕 㡯　即「斥」。
〔一七〕 言　獅作「言作」。
〔一八〕 賫　即「商」。
〔一九〕 從木敞聲　據文意當爲「從攴棠聲」。
〔二〇〕 穴也　阮元校刻十三經注疏爲「孔穴也」。
〔二一〕 説文云：衺，囊也　今傳本説文：「衺，囊也。」
〔二二〕 傀　今傳本説文作「傀」。
〔二三〕 帔　今傳本説文：「妍，技也。」獅作「忮」。下同。
〔二四〕 毧　即「毯」。
〔二五〕 復　據文意當作「複」。
〔二六〕 蛘　段注説文：「俗多用『痒』、『癢』、

『養』字。」

〔二七〕巳 獅作「巴」。

〔二八〕芊 即「羊」。

〔二九〕搏 據文意似當作「博」。

〔三〇〕反 麗無，據獅補。

〔三一〕襾 據文意當作「襾」。下同。

〔三二〕臣 獅作「巨」，今傳本尚書作「神」。

〔三三〕説文：從勹從口 今傳本説文：「句，从口丩聲。」

〔三四〕説文云：系也 今傳本説文：「紐，系也。一曰結而可解。」

〔三五〕系 據文意當作「糸」。

〔三六〕鎡 今傳本説文作「䥶」。下同。

〔三七〕方言云：同力者謂之敵 今傳本方言：「自關而西秦晉之間物力同者謂之臺敵。」

〔三八〕捶 獅作「搖」。

〔三九〕杜注左傳云……從示犮聲。犮音盤鉢反 此爲釋「祓」之文，似衍入此條中。

〔四〇〕誇 即「誇」。

〔四一〕説文：誇，誕也 今傳本説文：「誇，譀也。」

〔四二〕牪 據文意似當作「牲」。下同。

〔四三〕簪 説文：「簪，古文彗。」

〔四四〕康 據文意似當作「庚」。

〔四五〕枷 據文意似當作「枷」。

〔四六〕鋭，鑱也 今傳本説文：「鑱，鋭也。」

〔四七〕揳 據文意似當作「楔」。

〔四八〕攕 據文意似當作「櫼」。

〔四九〕梗 即「梗」。

〔五〇〕華 獅作「萃」，據文意似當作「華」。

〔五一〕米 段注説文：「官溥説，似米而非米者，矢字。」

〔五二〕季秋雀入大水，海也 今傳本禮記：「鴻鴈來賓，爵入大水爲蛤。」孔穎達疏：「案國語云：雀入於海爲蛤。故知大水是海也。」

〔五三〕魁蛤老，一名蒲螺者，伏翼所化也 今傳本説文：「魁蛤，一名復累，老服翼所化。」段注：「服翼，蝙蝠也。」

〔五四〕頤 獅作「頤」。

〔五五〕脃 即「脆」。

〔五六〕説文：從卪户聲 今傳本説文：「危，在高而懼也。从户，自卪止之。」

〔五七〕疑 獅作「凝」。

〔五八〕申 據文意似當作「申」。段注説文：「東自申束也。古書多言申束。……申俗作伸，申之使舒，束之使促，常相因互用也。」

〔五九〕剌 據文意似當作「刺」。

〔六〇〕方言云：箳，箸籯箳也 今傳本方言：「箸箳，陳楚宋衛之閒謂之筲，或謂之籯；自關而西謂之桶檧。」

〔六一〕久 獅作「夊」。

〔六二〕愒 段注：「憩者，愒之俗體。」

〔六三〕廣雅云：投也 今傳本廣雅：「竄，藏也。」

〔六四〕文 據文意似當作「云」。

〔六五〕賫賈 即「商賈」。

〔六六〕説文：從舟從夂 今傳本説文：「履，从尸从彳从夊，舟象履形。」段注：「古曰屨，今曰履。古曰屨，今曰鞮。名之隨時不同者也。」

〔六七〕廐 即「厩」。

〔六八〕拳 今傳本説文作「絭」。

〔六九〕蚩 據文意當作「嗤」。

〔七〇〕旗 今傳本説文作「析」。

〔七一〕反 各本無，據文意補。

〔七二〕鞏 據文意當作「鞠」。中華字海引字彙補：「鞾，同鞠。」鞏爲鞾的省體字。獅爲「鞏音」。

〔七三〕荅 據文意當作「答」。

〔七四〕伐 據文意當作「代」。獅本作「代」。

〔七五〕坰 同坰。龍龕手鏡：「坰，垌，二俗；坰，正，古營反。」

〔七六〕鶡鷩 此條獅無。

〔七七〕且 據文意當作「旦」。

〔七八〕蛆 據文意當作「蛆」。

〔七九〕瘢 今傳本説文：「痕，胝瘢也。」

〔八〇〕良 據文意當作「艮」。下同。

〔八一〕木 獅作「朮」。

〔八二〕推 據文意當作「椎」。

〔八三〕搥 據文意當作「槌」。

〔八四〕從手從決省聲 今傳本説文：「从手夬聲。」

〔八五〕縒 今傳本説文作「摩」。

〔八六〕東 據文意當作「束」。

〔八七〕磓 即「硬」。

〔八八〕説文：從耳，連於頰，從絲 今傳本説文：「聯，連也。从耳，耳連於頰也。从

絲，絲連不絶也。」段注：「周人用聯字，漢人用連字，古今字也。」

〔八九〕從炙從執省聲也　今傳本説文：「从炎从熱省。或从炙。」

〔九〇〕説文作……從玐竹聲也　今傳本説文：「以竹曲，五弦之樂也。从竹从巩。巩，持之也。竹亦聲。」

〔九一〕方言云：難去也　今傳本方言：「憚，怛，惡也。」注：「心怛懷，亦惡難也。」

〔九二〕甎　據文意當作「甎」或「甎」。

〔九三〕島　即「島」。

〔九四〕撲　據文意當作「樸」。

〔九五〕柎　據文意當作「拊」。

〔九六〕苦　今傳本説文作「告」。

〔九七〕瓄　即「瓄」。

〔九八〕從二貝從畜　今傳本説文：「从貝賣聲。」

〔九九〕六　段注説文作「睦」。

〔一〇〇〕桂　據文意當作「挂」。

〔一〇一〕鸒　據文意當作「鸒」。

〔一〇二〕淮南子云：平極不斲，搒題不枅　今傳本淮南子：「樸桷不斲，素題不枅。」

〔一〇三〕掮　據文意似當作「棩」。

〔一〇四〕拱　今傳本爾雅作「栱」。

〔一〇五〕捌　據文意似當作「槊」。

〔一〇六〕木　獅作「朮」。

〔一〇七〕撌　據文意似作「墤」。

〔一〇八〕斢　據文意當作「黈」。

一切經音義　卷第六十三

翻經沙門慧琳撰

音根本律攝二十卷　或十四卷
百一羯磨十卷
尼陀那目得迦十卷
大律攝頌五卷
雜事攝頌一卷
尼陀那攝頌一卷
有部苾蒭戒經一卷
有部苾蒭尼戒經一卷
右已上八經四十三卷同此卷音

根本説一切有部律攝　第一卷

扞敵　上寒岸反。左傳云：扞，衛也。又云衞也。考聲：蔽也。説文：忮也。從手干聲。律文從𠦝作捍，亦通也。忮音至。下庭的反。杜注左傳云：敵，對也。方言：同力者謂之敵也[二]。説文云：仇也，輩也。從攴啇聲也。啇音滴。

趒[二]坑　上天弔反。韻集云：趒，越也。説文云：雀行也。從走兆聲。亦作跳。下客庚反。爾雅云：坑，墟也。蒼頡篇云：壍也，陷也。文字典説：壍也。從土亢聲。亢音岡。

雙蹋　下談合反。廣雅云：蹋，履也。蒼頡篇云：蹋，踶也。説文：踐也。從足𦐇聲也。踶音提，𦐇音貪荅反。

若躡　下黏輒反。廣雅云：躡，謂足所履也。方言云：登也。蒼頡篇云：蹀也。説文：蹈也。從足聶聲。聶音上同，蹀音牒。

釘橜　上丁定反，下攉[三](權)月反。前有部律第四十一卷已具釋。

牆栅　上匠羊反，下鏥格反。前苾蒭尼律第三卷已具釋。

畏憚　下彈旦[四]反，去聲字也。鄭箋毛詩云：憚，難也。又云畏也。韓詩外傳：惡也。廣雅：驚也，怒也。説文：忌也。從心單聲也。

百釬　下寒旦反。讀與旱同。考聲云：釬，謂令金鐵使相著也。方言云：鏄，謂之釬也。説文云：臂鎧也。從金干聲。鏄音存困反。鎧音開待反。

猥鬧　上隈隗反。蒼頡篇云：猥，頓也。廣雅云：眾也。考聲云：不正而温也。説文云：犬吠聲也。故從犬畏聲。下拏效反，俗字也。前有部律第四十四卷已具釋也。

根本説一切有部律攝　第二卷

蟣蝨　上飢顗反。考聲云：蟣者，蝨之卵也。説文云：蟣者，蝨

子也。從虫幾聲。下山櫛反。說文云：蝨者，齧人蟲也。從䖵卂聲也。律文從虫作虱，俗字，非也。䖵音昆，卂音信。

瘙痒　上搔躁反。蒼頡篇云：瘙，疥也。廣雅云：瘡也。古今正字：從疒蚤音早。下羊蔣反。考聲云：痒，瘡痒也。痛之微也。詩傳云：痒，病也。說文云：瘍也。從疒羊聲。律文從養作癢，俗用字也。瘍音羊，疒音搦。

貿易　上矛候反。前苾蒭尼律第九卷已釋。

衣纆　逵位反。前苾蒭尼律第九卷中已釋。

蚊幬　上勿分反。考聲云：蚊，飛蟲也。說文作䘇，齧人飛蟲也。蚊音昏時而出也，明旦而藏。從䖵民聲。齧音妍結反。䖵音昆。下宙留反。鄭注周禮云：幬，覆也。爾雅云：幬，謂之帳也。韓詩外傳云：抱衾與幬。幬，單帳也。說文亦單帳也。從巾壽聲。

是帬　下郡雲反。前有部律第四十八卷已具釋。

藺絲　上堅顯反。前有部律第二十卷中已具訓釋。

衦成　上干旱反。前有部律第二十卷中已釋。

或擘　下拼麥反。前有部律第二十卷中已具釋。

尨色　上邈邦反。前有部律第二十一卷已具釋。

𪎊麥　上虢猛反。考聲云：𪎊麥，大麥也。文字典說云：麥𪎊也。從麥廣聲。

粗緂　上醋租反。下貪敢反。前有部律第七卷已具釋。

僞濫　上危𧹐反。廣雅云：僞〔五〕，欺也。鄭注禮記云：假也。說文云：詐也。從人為聲。𧹐音匱。下藍澹反。考聲云：濫，假也。不謹。濡上也。毛詩云：不僭不濫也。顧野王云：汎濫於天下也。說文云：漬也。從水監聲〔六〕。

根本說一切有部律攝　第三卷

鐫題　上祟緣反。方言云：鐫謂之鏨也。博雅云：鐫，鑿琢也。說文云：琢金石也。文字典說云：破木也，刻斲石也。從金雋聲也。鏨音才甘反。雋音泉兗反。

作襻　下攀慢反。文字集略云：襻，帬衣之系也。從衣攀聲。

鉸破　上交效反。韻略云：鉸，刀也。字書云：鉸刀，即今之剪刀也。

釁破　上聞奮反。前有部律第七卷具釋。

無穴　下玄決反。桂苑珠叢云：穴，辭也。說文云：穴，土室也。從宀八聲。宀音綿。

撚綫　上年典反。方言云：續也。顧野王云：謂相接續也。說文：從手然聲。下先箭反。鄭玄注周禮云：綫，縷也。禮記云：右佩箴管綫也。文字典說：綫，針綫。從糸戔聲。戔音殘。律從泉作線，俗字也。

倢額　上儺剌反，下硬格反。前有部律第二十二卷已釋。

密緻　下直利反。前有部律第二十三卷已釋。

鞋屨　上解皆反，俗字也。正體從奚作鞵。釋名云：鞋，解也。文字典說云：革生鞮，今之麻鞋也。從革圭聲。鞮音丁奚反。下俱遇反。蒼頡篇云：屨，即履也。說文：鞮也。從履省從婁。婁音摟。

根本說一切有部律攝　第四卷

爮𠟱　上鮑茅反，下歸碧反。前有部律第一卷已釋。

叏亂　上孥効反。前有部律第四十四卷已釋。

摩那𩊬　卑也反。梵語也。古云摩那埵，僧中責罰之名也。

根本説一切有部律攝　第五卷

醭出　上普木反。前有部律第二十七卷中已具釋。

斑駮　下邦邈反。前有部律第十二卷已具釋。

水挼　下内雷反。考聲云：挼，謂揉摩也。説文云：摧也。又云：兩手相切摩也。從手委聲。

慞惶　上掌商反，下音皇。考聲云：慞惶，言怖懼皃也。字書云：慞惶，憂懼也。説文云：惶，恐也。並從心，章、皇皆聲。

絛編　上討刀反。前有部律第五卷已釋。下褊綿反。前有部律序中已具釋也。

或控　下苦貢反。詩傳云：控，引也。又云：止馬曰控也。考聲云：持也，接也。説文云：匈奴引弓曰控也。從手空聲也〔七〕。

大𠻳　下訶遏反。蒼頡篇云：𠻳，訶也。廣雅云：怒也。文字典説：亦訶也。從口歇聲。

捉腨　下遄耎反。前苾蒭尼律第四卷已釋。

椎脅　上朮追反。前苾蒭尼律第六卷中已釋。下脇邕反。文字典説云：脅，膺也。從肉脅聲。律文從勹作㔓，俗用字也。

鉤紐　上苟侯反，下女九反。前有部律第八卷中已釋。

無綆　下庚杏反。前有部律第四十六卷中已釋。

及罐　下官喚反。前有部律第三十四卷已具釋。

鉆子　上强炎反。説文云：鉆，鐵銸也。又云：持也。從金占聲。律文從甘作鉗，是枷項鉗字，非鉆子字也。

痰癊　上澹藍反，下陰禁反。前有部律第九卷已釋。

刮舌　上關八反。考聲云：横刀曰刮也，減也。説文：從刀舌〔八〕聲。舌音食列反。

應劈　下匹覓反。前有部律第三十六卷中已具釋。

籤刺　上塹閻反。考聲云：籤，小簡也，貫也。廣雅云：籤，謂之鏟也。説文云：鋭也。從竹韱聲。鏟音察限反。籤音息廉反。下青亦反。顧野王云：鋭器入人肉中刺也。説文：直傷也。從刀朿聲。朿音次。

軾座　上升職反。考聲云：車前横木也。廣雅云：軾謂之軾也。説文：車前木也。從車式聲。軷音皮秘〔九〕反。

揚簸　下波我反。考聲云：簸，揚也。音書云：簸之揚之，糠粃在前也。詩云：簸去糠者也。説文：揚米去糠也。從箕皮省〔一〇〕聲。箕音機也。

根本説一切有部律攝　第六卷　第七卷

並無難字可音釋。

根本説一切有部律攝　第八卷

雜糅　下女救反。前有部律第二十四卷中已釋。

楝葉　上蓮奠反。考聲云：楝，木名也。説文亦木名。從木柬聲也。柬音同上。律文從朿作揀，誤也。

髀醯得枳　上陛迷反，下馨雞反。梵語藥名也。

熱饙　下粉文反。詩傳云：饙，餾也。爾雅云：饙、餾，稔也。字書云：蒸米也。説文云：饔〔一一〕飯也。從食賁聲也。餾音流救反。饔音秀由反。賁音墳。

葷辛　上訓雲反。聲類云：葷，野蒜也。鄭注禮記云：葷辛所以辟凶邪也。文字典説：臭菜也。從草軍聲。律文從熏作薰，非也。蒜音筭。

彫飾　上鳥聊反。孔注尚書云：彫，畫也。顧野王云：鐫刻也。廣雅云：鏤也。説文：琢文也。從彡周聲。律文從隹作雕，鳥也，非此義。彡音衫。下升職反。爾雅云：飾，清也〔一二〕。考聲：裝也，彫也，修也。説文：飾，刷也。從巾飤聲。飤音寺。

澂漉　上直陵反。考聲云：澂，水清澂也。説文：清也。從水從徵省聲也。律文從登作澄，俗用字。下聾屋反。顧野王云：漉，猶瀝也。廣雅云：盡也。方言：極也。爾雅：竭也。文字典説：涸也。從水鹿聲。鹿音同上。

攣跛　上戀員反。前有部律第四十六卷中已釋。下波麼反。顧野王云：蹇也。周易：跛能履，不足以與行。文字典説：從足從皮省聲也。麼音莫可反。

侏儒　上主儒反，下乳朱反。前有部律第二十五卷中已釋。

扇侘　下搽家反。梵語黃門也。

語吃　斤乙反。漢書云：司馬相如口吃。聲類云：重言也。揚雄：不能劇談。説文：言難也〔一三〕。從口乞聲。

愚惷　上遇俱反。説文云：戇也。從心禺聲。戇音與下同。下卓降反。鄭注周禮云：惷，愚，生而癡騃（騃）童民（昏）者也〔一四〕。考聲：小兒愚也。説文亦愚也。從心舂聲。騃（騃）音五解反。

根本説一切有部律攝　第九卷

諠譁　上兄袁反。前有部律第二十六卷中已具釋。

鞹躬　上弓匊反。考聲云：謹敬也。論語云：入公門鞹躬如也。孔注云：鞹，斂容也。文字典説：從革匊聲也。

瘨狂　上典年反。聲類云：瘨，風病也。廣雅：瘨亦狂。説文：從疒真聲。疒音女厄反。

青稊　下弟泥反。前苾芻尼律第十二卷中已具釋。

拗拉　上厄絞反。文字集略云：拗，以手摧物折也。從手幼聲。下藍荅反。何休注公羊傳云：拉，折也。古今正字：摧也。從手立聲。亦作擠，又作摺。

皴朽　上七荀反。前有部律第二十七卷中已釋。下休久反。孔注尚書云：朽，腐也。論語云：朽木不可彫。文字典説：從木丂聲。丂音考。

毈壞　上團亂反。呂氏春秋云：鷄卵經時即毈也。考聲云：毈，卵壞也。説文云：毈，卵不孚也。從卵段聲。律文從歹〔一五〕作[歹段]，非也。

詭誑　上歸委反。前苾芻第十二卷已釋。下俱況反。賈逵注國語云：誑，猶惑也。杜注春秋云：欺也。文字典説：從言狂聲。

鏇脚　上旋絢反。考聲云：鏇，轉軸鏇器物也。爾雅云：環，謂之鏇也。説文：圓鑪也。從金旋聲。鑪音力胡反。

拂帚　上芬勿反。詩云：拂，去也。又云：治也。廣雅云：除也。鄭注儀禮云：拭也。又注禮記云：除塵也。説文云：拂，擊也〔一六〕。從手弗聲。下周守反。前有部律第二十三卷中已釋。

氍毹　上具俱反，下數葅反。前有部律第二十六卷中已釋。

木枯　下知林反。前有部律第二卷中已具釋。

曳韁　上移制反。前苾芻尼律第七卷中已釋。下襁良反。考聲

云：韁，馬勒也。漢書云：繫名聲之韁鎖也。文字典説：馬緤也。從革畺聲。緤音先節反。

根本説一切有部律攝　第十卷

逆楔　先節反。韻詮云：所以塞物也。削木令尖，用楔物也。考聲：櫼也。從木契聲。櫼音尖也。

稍刃　上霜捉反。前有部律第七卷中已具釋。

方篅　下膳專反。前有部律三卷中已具釋。

泝[一七]流　上蘇故反。詩傳云：逆流而上曰泝也。又云：泝，向也。孔注尚書云：沿江而上曰泝也。説文云：水欲下違而上也[一八]。從水從訴省聲也。

毉羅跋底　上伊黎反。梵語也。

柁折　上陀箇反。釋名云：船尾曰柁也。正船不使他戾也。文字典説云：舩後正舩木也。從木它聲也。它音陀。律文作柂，是車拖字，非舩柁字也。下善熱反。

聾騃　上鹿東反。蒼頡篇云：聾，謂耳不聞也。杜注左傳云：胸也。説文：無聞也。從龍耳聲。下崖解反。前有部律第十九卷中已具釋。

根本説一切有部律攝　第十一卷

歠欱　上川爇反。蒼頡篇云：歠，啐也。禮記云：無流歠。説文：歙也。從歙省叕聲。啐音山爇反。歙音奄錦反。下憨合反。太玄經云：下欱上欱也。宋忠注云：欱，合也。西京賦云：欱澧吐鄗也。説文：欱亦歠也。從欠合聲。鄗音號。

蘿菔[一九]　上音羅，下朋北反。爾雅云：葖，蘆菔也。郭璞注云：無(蕪)[二〇]菁屬也。紫華大根也。字書云：蘿菔，即菜名蘆菔是也。

鎗鑊　上策耕反。東宮舊事云：鎗，鐵器名也。下黄郭反。周禮云：鼎鑊煑物器也。説文云：鐫也。鼎也。從金蒦聲。鐫音慧珪反。蒦音王矍反。

湧沸　上容腫反。顧野王云：湧，謂水波騰湧也。説文：湧，滕也。從水甬聲。甬音同上。律文從力作勇，俗用字也。下非未反。顧野王云：沸者波湧也。若湯之沸也。詩傳云：沸，湧出也。説文：從水弗聲也。

撓攪　上好高反。考聲云：撓，擾也。廣雅云：亂也。説文：攪也。從手堯聲。下交巧反。詩傳云：攪，亂也。字書云：撓也。説文：從手覺聲。

鑒面　上監陷反。毛詩云：我心匪鑒也。傳云：鑒，所以察形也。左傳云：鑒，謂之鏡也。杜注云：戒也，察也。説文：鑒，可以取明水於月也[二一]。從金臨聲。

樚轤　上聾谷反。律文從車作轆。非也。下魯都反。考聲云：樚櫨，圓轉稱也。顧野王云：汲水桔槔也。文字典説：樚，從木鹿聲。古今正字：轤，從車盧聲。

齗牙　上魚巾反。蒼頡篇云：齗，齒根也。説文：齒肉也[二二]。從齒斤聲。

覿遊　上亭歷反。左傳云：使大夫宗婦覿用幣也。爾雅云：覿，見也。文字典説：從見賣聲也。

草莛　下定靈反。前有部律第三十七卷中已釋。

慴怖　上占葉反。爾雅云：慴，懼也。或作懾字。東都賦云：八

靈為之震慴也。形聲字也。

戲謔　上希意反。爾雅云：謔浪笑傲，戲謔也。詩傳云：戲，逸豫也。文字典說：從戈䖒聲。䖒音希。下香約反。郭注爾雅：謂相啁謔也。說文：謔，戲也。從言虐[二三]聲。

糠麩　上音康，下蠅職反。前有部律第三十八卷中已釋。

廊廡　上朗唐反。許叔重注淮南子云：廊，屋下也。文字典說：廡也。從广郎聲。广音儼。下無甫反。釋名云：大屋曰廡也。說文：堂下周室屋也。從广無聲。

鐵鍤　上天跌反。前有部律二十三卷中已具釋。下初甲反。爾雅云：鍬，謂之鍤也。文字典說云：鍫，鍤也。從金臿聲也。臿字從干從臼。臼音舊。

根本說一切有部律攝　第十二卷

譋言　上丑冉反。亦作諂。何休注公羊傳云：諂，猶佞也。莊子云：睎意道言謂之諂也。說文：從言閻聲。

擐體　上音患。賈逵注國語云：擐，衣甲也。說文又音姑患反[二四]。從手從環省聲也。

彇箭　上祖感反。韻英云：弓弦，彇也。從弓朁聲也。

有鏃　下宗速反。前有部律第二十三卷中已釋。

瘡癧　上楚霜反。前苾蒭尼律第十二卷中已釋。下一焱反。前有部律第二十六卷中已具釋。

根本說一切有部律攝　第十三卷

跛躄　上波麼反，下并覓反。前有部律第十九卷中已具釋。

嚏時　上低計反。前有部律第三十二卷中已釋。

斲掘　上竹角反。孔注尚書云：斲，削也。說文：斲，斫也。從斤豎聲。豎音豆。下羣勿反。廣雅云：掘，穿也。文字典說：從手屈聲也。

謦咳　上輕鼎反，下開䫘反。前有部律第三十三卷中已釋。

根本說一切有部律攝　第十四卷

杙釘　上蠅即反，下丁定反。前有部律第四十一卷中已具釋。

壓下　上伊葉反。前有部律第五十卷中已具釋。

揔攝　下占涉反。苾蒭尼律第十卷中已具訓釋。

饕餮　上討刀反，下天結反。前有部律第五十卷中已釋。

噂噍　上本莫反。下浸立反。前有部律第五十卷中已釋。

濽溢　上則散反。前苾蒭尼律第二十卷中已釋。下寅一反。顧野王云：溢，盈也。賈逵注國語云：餘也。說文：器滿也。從水益聲。亦從皿作溢。

根本說一切有部百一羯磨　第一卷

奧箄迦　上烏告反，中必彌反。梵語也。經文自釋。

疱瘡　上炮皃反。考聲云：疱，面上細瘡也。說文作炮（皰）[二五]，面生氣也。從皮包聲。

痶瘓　上天典反，下湍卵反。案痶瘓，俗語，熱毒風髮落之狀也。字書並無此字也。並從疒，典、奐皆聲。奐音喚。

噎噦　上煙結反。毛詩云：中心如噎也。傳云：噎，不能息也。古今正字：飯窒也，憂也。從口壹聲。下怨月反。禮記

云：不敢噦噫也。文字典説云：噦，氣牾也。從口歲聲。噫音於界反。

諸痔　下池里反。文字集略云：痔，蟲食下部漉血也。文字典説：後病也。從疒寺聲。

癰痤　上於恭反。文字集略云：癰，大癤也。説文：腫也。從疒雝聲。雝音同上。下坐和反。郭璞注山海經云：痤，癰也。文字集略云：痤，小腫也。字書云：癤也。文字典説：從疒坐聲。

草稕[二六]　下之閏反。考聲云：束草以為稕也。埤蒼云：稕，緣也。文字典説云：禾稈也。從禾臺聲。臺音淳，稈音古旱反。

草苫　下攝占反。考聲云：苫，蓋也。編草爲之也。郭注爾雅云：白茅苫也。文字典説：蓋爲苫也。從草占聲。

羈絆　上紀宜反，下音半。前律序中已具訓釋。

根本説一切有部百一羯磨　第二卷　無字可音訓。

根本説一切有部百一羯磨　第三卷

豎石　上殊主反。前有部律第三十六卷中已釋。

跳躑　上徒聊反。蒼頡篇云：跳，踴也。廣雅：上也。考聲：躍也。説文：蹶也。從足兆聲。律中從卓作踔，非也。下呈亦反。前有部律第一卷已釋。

趒[二七]坑　上挑弔反，下客庚反。古今正字云：坑，墟也。從土。

不躡　下黏輒反。方言云：躡，登也。廣雅云：履也。蒼頡篇云：蹀也。説文：蹈也。從足聶聲。聶音同上，蹀音牒。

根本説一切有部百一羯磨　第四卷

擿閱　下緣決反。左傳云：大閱簡車馬也。又云：閱軍實具數於門中也。文字典説：從門兊聲。

圮(圯)[二八]裂　上皮美反。孔注尚書云：圮(圯)，毁也。爾雅云：覆也。郭注云：謂毁覆也。從土巳(己)[二九]聲。下連哲反。前有部律第七卷已釋。

養匃　下陔愛反。前有部律第四卷已釋。

喧喿　上烜袁反。前有部律第二十六卷中已釋。下嫂到反。文字典説云：喿，鳥群鳴也。從品，在木上。律文從口作噪，俗字也。

絣絡　上百萌反。前有部律第十二卷中已釋。下郎各反。郭注山海經云：絡，繞也。爾雅云：絡，纏也。王逸注楚辭云：縛也。文字典説云：經，絡也。從系各聲。

根本説一切有部百一羯磨　第五卷

堅鞕　下額更反。廣雅云：鞕亦堅也。字書云：牢固也。説文：從革叓聲也。或從石作硬，義同。

成鏘　下鵲羊反。文字典説云：鏗，鏘也。從金將聲。鏗音客庚反。

根本説一切有部百一羯磨　第六卷

摩那馳　下卑野反。梵語也。唐云好。

根本説一切有部百一羯磨　第七卷　無字可音訓。

根本説一切有部百一羯磨　第八卷

點黶　上店簟反。王逸注楚辭云：點，汙也。説文云：點，小黑也。從黑占聲。下一琰反。前苾芻尼律第十五卷中已具釋。

流澾〔三〇〕　下灘達反。顧野王云：澾，滑也。説文亦澾，滑跌過也。從水達聲。

爲槊　下霜捉反。前有部律第三十七卷中已具釋。

擯庰　上必胤反，下幽亦反。前有部律第十四卷中已具釋。

慙赧　上雜甘反。尚書云：唯有慙德也。説文云：慙，愧也。從心斬聲。亦作慚。下尼簡反。前有部律第一卷中已釋。

皮屩　下强略反，又音喬。説文云：屩，履也〔三一〕。從履省喬聲也。

不鞭前　邕拱反。遮擁也。

揩摩　客皆反。

栗姑毗　次音襜攝反。楚〔三二〕語也。唐義净譯云彼國皇族貴種也。舊翻云梨車子是也。

次唾　上羡延反。考聲云：次，口中津也。説文云：慕欲口液也。從夂(欠)〔三三〕從水。律文從延作涎，俗字也。下吐貨反。説文云：唾，口律(津)〔三四〕液也。從口垂聲。

瞼翻　上劫掩反。考聲云：眼瞼也。文字集略云：瞼，目外皮也。文字典説：目瞼也。從目僉聲。下孚煩反。韓詩外傳云：翻，飛皃也。孟子：翻然改之也。文字典説：翴翻也。從羽番聲。翴音連。

被帔　下伾被反。釋名云：帔，披也。顧野王云：帔者，披之於背上也。王逸注楚辭：在背曰帔也。説文：弘農人謂帬曰帔也。從巾皮聲。帬音群也。

根本説一切有部百一羯磨　第九卷　第十卷

並無字可音訓。

根本説一切有部尼陀律　第一卷

户鈕　下尼九反。通俗文云：門屈珹也。廣雅作杻。説文云：鈕，印鼻也。從金丑聲也。

根本説一切有部尼陀律　第二卷

篅衣　上腨專反。前有部律第十卷中已具釋。

鑽酪　上纂巒反。前有部律第二十二卷中已具釋。下郎各反。釋名云：酪，乳所作也。廣雅云：酪，漿也。文字典説：乳汁酢凝也。從酉各聲也。

䵃麥　上古猛反。前律攝第二卷中已具釋。

其痔病　真言文句闕少，未詳。

研覈　上齧堅反。廣雅云：研，熟也。説文：研，磨也。從石幵聲。幵音牽。下行革反。説文云：考實事也。從襾敫聲。敫音擊。

幰蓋　上軒偃反。釋名云：幰，所以禦熱也。聲類云：車上幰也。顧野王云：謂布張車上爲幰也。文字典説：從巾憲聲。

闐噎　上音田。毛詩云：振旅闐闐也。文字典説云：塞也。從門真聲。下煙結反。前百一羯磨律第一卷中已釋。

根本説一切有部尼陀律　第三卷

門框　下曲王反。字書云：框，門上下兩旁木也。禮記云：士不虞框也。文字典説：從木匡聲也。
鑿爲　音昨。律文從凿作鑿〔三五〕，非也。
稻麲　下蠅即反。字書云：麲，糠也。文字典説云：穀，麥皮也。從麥弋聲。

根本説一切有部尼陀律　第四卷

歙煙　上歙急反。考聲云：歙亦吸字也。説文云：歙，縮鼻也。從欠翕聲。翕音上同。下鷰賢反。蒼頡篇云：煙，熅也。説文云：火氣也。從火垔聲。垔音因。律文作烟，俗字也。
刱始　上瘡壯反。國語云：刱制天下也。賈逵注云：始也。説文云：造法刱業也。從井刅聲也〔三六〕。俗作創。
茅蔽　上卯包反。考聲云：茅，草名也。説文：菅也。從草矛聲也。菅音間。下乖壞反。聲類云：蔽草可以爲索也。左傳云：雖有絲麻，無棄菅（菅）〔三七〕蔽也。説文：草也。從草㕞聲。㕞音科怪反。律文從朋作蒯，俗字也。
釜篦　必迷反。
絣〔三八〕線　上百萌反。前百一羯磨第四卷中已具釋。下先箭反。前律攝第三卷中已具釋。

根本説一切有部尼陀律　第五卷

貲〔三九〕客　上孤五反。鄭注周禮云：行賣曰商，坐販曰賈也。鄭注禮記：賈謂賈物貴賤也。白虎通：賈，固也。守固物，待民來以求利也。古今正字：坐賈賣售也。從貝兆聲。兆音古。説文：從人自擁蔽也，左右象蔽形也。
有蠱　下沽五反。鄭注周禮云：毒蠱蟲物而病害人者也。説文云：腹中蟲也。從蟲從皿。
灒汙　上則散反。前律攝第十四卷中已釋。下烏故反。廣雅云：汙，濁也。字書云：塗也。顧野王云：汙，猶相染汙也。孔注尚書云：汙，不潔净也。説文：從水于聲也。
耳璫　下黨郎反。釋名云：穿耳施珠曰璫也。文字典説：耳珠也。從玉當聲也。

根本説一切有部尼陀律　第六卷

同愆〔四〇〕　去焉反。考聲云：愆，過也。顧野王云：凡物差過亦謂之愆。文字典説云：緪愆，糾謬也。從心衍聲。衍音寒幹反。律文作僁〔四一〕。其俗愆字亦不成，非也。
白鶴　下何各反。
鵰鷲　上鳥寮反，下音就。

根本説一切有部尼陀律　第七卷

狐貀　上護孤反。説文云：狐，祆獸也。鬼所乘也。從犬瓜聲。

瓜音古花反。下何各反。考聲云：貉，獸名也。似狐而小也。論語云：狐貉之厚以居也。説文云：貉似狐多睡。從豸舟聲。豸音雉。律文從犬作狢，俗字也。

瘳愈 上丑周反。孔注尚書云：瘳，差也。考聲：病損也。文字典説云：疾，愈也。從疒翏聲。翏音力救反。下瑜主反。孔注論語云：愈，猶勝也。賈逵注國語云：病差爲愈也。文字典説：從心俞聲。

葡萄 上步摸反，下道勞反。前有部律第二十四卷中已釋。

捼使 上奴和反。前律攝第五卷中已釋。

駢闐 上便邊反，下鈿憐反。前有部律第四十三卷中已具釋。

躓頓 上知利反。前有部律第二十七卷中已具訓釋。

根本説一切有部尼陀律 第八卷

棧之 上查諫反。考聲云：棧，閣道也。廣雅：棧，閣也。漢書：燒其棧道是也。説文云：棧，棚也。從木戔聲。棚音白萠反。

頹毀 上隊雷反。前有部律第十二卷中已釋。

其纏 下達[四二]位反。白氎纖餘殘纏頭也。説文云：纖餘也。從糸賈聲。

根本説一切有部尼陀律 第九卷

譏誚 上幾希反。下憔笑反。前有部律第三十五卷中已釋。

鉗子 上黏輒反。釋名云：鉗，拔取髮也。文字典説云：拔毛具也。從金聶聲。聶音同上。律文作鑷，俗字也。

脣吻 下聞粉反。鄭注考工記云：吻，口邊也。蒼頡篇云：脣兩邊也。文字典説：口脣兩邊也。從口勿聲也。

根本説一切有部尼陀律 第十卷

却觜 下醉髓反。考聲云：觜，鳥口也。文字典説云：鳥喙也。説文：從朿(束)[四三]此聲。朿(束)音次。律文從角作觜。俗字也。

蠅呞 上翼繒反。考聲云：蠅，蟲名也。鄭箋詩云：蠅之爲蟲，汙白爲黑也。説文云：蟲之大腹者也[四四]。從黽從虫。下音迊。考聲云：唼淺入口而味之也。呞亦嘲也。古今正字：從口從帀聲也。亦作嚐[四五]。經從妾作唼，俗字也。

蹴蹋 上秋育反。前苾蒭尼律第六卷中已釋。下談臘反。前律攝第一卷已具釋。

陿小 上咸甲反。前苾蒭尼律第十八卷中已具釋。

根本説一切有部毗奈耶攝頌 第一卷

剖析 上普后反。孔注尚書云：中分爲剖也。又云：剖，破也。左氏傳云：與汝剖分而食之也。説文云：判也。從刀咅聲。咅音偷厚反。下星積反。考聲云：析，剖木也，亦分也。詩傳云：析，分析也。文字典説：破木也。從木斤聲。

扇侘 下圻[四六]嫁反。梵語也。

癵跛 上劣員反，下波麼反。麼音磨跛反。前有部律第十九卷

中已具釋。

匾匲　上邊辯反，下音梯。考聲云：匾匲，薄闊皃也。並從上(匸)〔四七〕，扁、虒皆聲也。上(匸)音方，扁音辯，虒音天伊反。

齵齒　上耦溝反。前有部律第二卷中已釋。

瞷眼　上音閑。韻英云：目多白也。方言云：瞷，眄也。蒼頡篇云：目病也。說文云：戴目也。從日(目)〔四八〕閒聲也。

抣行　上音引，前有部律第二十五卷中已釋。

壞弶〔四九〕　下强向反。前有部律第三卷中已具釋。

髡劊　上窟昆反。考聲云：刑名，去其髮也。鄭注問(周)〔五〇〕禮云：髡，頭髮也。說文：鬄〔五一〕髮也。從髟九〔五二〕(兀)聲。髟音必遥反。鬄音俤計反。下竿曷反。孔注尚書云：劊，害也。廣雅云：斷也，裁也。文字典說：剥也。從刀害聲。

根本說一切有部毗奈耶攝頌　第二卷

韁棄　上音畺。前苾蒭尼律第九卷中已釋。

婆雌　下此資反。梵語也。唐云守護。律文作雀，亦同。

榛叢　上士臻反。淮南子云：榛，木叢也。考聲：草木密盛也。文字典說：從木秦聲也。下徂紅反。孔注尚書云：叢，聚也。書云：凡物之聚曰叢也。說文云：以草聚生曰叢也。從丵取聲。丵音士角反。律文作藂，不成字。非也。

詀婆　上黏黏反。梵語也。

紅茜　下千霰反。說文云：茜，茅蒐也。可以染絳色也。人血所生。從草西聲。

𥚃婆　上占涉反。梵語也。

畔睇　上音伴，下提戾反。梵語也。唐云禮拜。

帶毦　下辱種反。廣雅云：毦，氄(毴)〔五三〕也。又云：氄(毴)，罽也。文字典說云：繝也。從毛茸聲。茸同上，氄(毴)音思録反。

尨毛　上邈邦反。案尨毛，西國粗惡毛也。說文云：犬之毛也。又云：雜色不純爲尨也。從犬彡聲。

鉢璺　下聞奮反。讀與問同音。前有部律第四十二卷中已釋。

釬鍱　上寒幹反，下音葉。前苾蒭尼律第二卷中已釋。

刷削　上拴刮反。拴音跧員反。前苾蒭尼律第二十卷中已釋。下襄鵲反。廣雅云：削，减也。詩傳云：侵，削也。

根本說一切有部毗奈耶攝頌　第三卷

矛矟　下霜捉反。前苾蒭尼律第四卷中已具釋。

侏儒　上主儒反，下乳珠反。前有部律第二十五卷中已具釋。

口吃　下斤乙反。前律攝第八卷中已釋。

綈綈　下弟泥反。前苾蒭尼律第十二卷中已具釋也。

藷藕　上渚如反。王逸注楚辭云：藷，甘蔗也。顧野王云：薯蕷名爲上〔五四〕藷也。說文亦云：甘蔗也。從草諸聲。下五苟反。考聲云：藕，蓮根也。爾雅云：荷，芙蕖，其根藕也。文字典說云：芙蕖根也。從草從水禺聲。禺音同上。律文作藕，亦通。

蓮梢　下稍巢反。考聲云：梢，末也。文字典說云：稍(梢)〔五五〕，頭也。從木肖聲。

白醭　下普木反。前苾芻尼律第十三卷中已釋。
緻密　上池致反。前有部律第三十三卷中已釋。
洒塗　上西禮反。韓康伯注周易云：洒，濯其心也。說文：洒，滌也。從水西聲也。下杜盧反。詩傳云：塗，附也。廣雅云：汙也。文字典說：泥也。從土塗聲。塗音同上。

根本說一切有部毗奈耶攝頌　第四卷

醦毒　上衫斬反，又初錦反。廣雅云：醦，酢也。埤蒼云：酢，甚也。文字典說：從酉參聲。參音澀簪反。
驚飈　下標遥反。郭注爾雅云：暴風上下謂之飈也。尸子云：暴風頽飈也。說文云：扶摇風也。從風猋聲。猋音同上。
儜惡　上搦耕反。前有部律第三十三卷中已釋。
踡脚　懼員反。顧野王云：踡跼不伸也。說文：踡，謂行背曲也。從足卷聲。
不欱　上訶鴿反。前薩婆多律第十一卷中已具釋。
礴嗛　上榜莫反，下浸入反。前有部律第五十卷中已具釋。
脹䚡　上張亮反。杜注左傳云：脹，腹滿也。文字典說云：飽腹痛也。從肉長聲也。下塞哉反。考聲云：䚡，魚頰中骨也。桂苑珠叢云：魚頰內實也。從魚思聲。
欠㰦　下音去。通俗文云：張口運氣謂之欠㰦。顧野王云：欠㰦，引氣張口也。文字典說：從欠去聲。

根本說一切有部毗奈耶攝頌　第五卷

㪍鼓　上道勞反。前有部律第三十九卷中已具釋。

縈羅　上瑩營反。詩傳云：縈，旋繞也。說文云：收絭也。從糸從熒省聲。絭音倦。
鉤紐　上苟侯反，下尼久反。律文作拘，非也。前薩婆多律第五卷中已釋。
背髈　下誇化反，俗字也，正作髁。考聲云：胜上骨也。蒼頡篇云：跨，兩股外也。古文作屎，亦作髈。律文作跨，非也。
撚打　上生界反。極力打也。前有部律第二十二卷中已具釋。
謦欬　上輕頂反，下開礙反。前有部律第三十三卷中已具釋。
灘過　上坦蘭反。前有部律第三十三卷中已具釋。下烏和反。考聲云：過，辡水旋流也。從水過聲。
圊廁　上音青，下楚事反。韻英云：廁，溷也。棄穢糞坑也。
摩窒哩迦　珍栗反。梵語。唐云論藏也。或云摩怛可迦，分別邪正也。

根本說一切有部毗奈耶雜事攝頌一卷

梳刷　上所初反。考聲云：梳謂櫛也。古今正字云：理髮者也。從木從疏省聲也。下栓刮反。前毗奈耶律第二卷中已釋。
栗姑毗　次憎涉反。梵語王族也。
木杴　下險嚴反。亦作撿[五六]。
氍毹　上具俱反，下數千[五七]反。前有部律第二十六卷中已釋。
研石　上寒幹反。案有部律經文：研石，摩藥磨石也。律文從衣作衦。非也。
襯體　上初覲反。考聲云：襯，藉也。親身衣也。從衣親聲。

斑駮　下邦邈反。前苾芻尼律第十二卷中已釋。

鋻羅鉢　上翳奚反。梵語也。

根本説一切有部毗奈耶尼陀那攝頌一卷

篅衣　上音篅〔五八〕。篅衣者，周帀相連縫合，猶如篅笆，名曰篅衣，即今之女人所著帬是也。

承足椹　知林反。小木砧也。韻英云：斫木質也。或從石作碪，亦從攴作戡。律本從手作拈，非也。

瀉藥　星夜反。凡瀉藥爲除五藏腸胃積熱及宿食不消，故以藥蕩除，去其滓滯，令體氣通暢，即如今之大黄、朴消、巴豆、犀角等是也。

染衣倀　摘更反。或作敹〔五九〕。考聲云：敹，展也。從木敞聲。律中從手從貞作揁，非也。

認衣　人震反。韻詮：認，識也。從言忍聲。或作訒。

草稕　音準，又之閏反。縛稾草爲之也。

氍毹　上音衢，下數俱反。集訓云：毛罽也。出西戎土蕃諸胡國。一云有文毛布也。

根本説一切有部大苾芻戒經一卷

褒灑陀　上保毛反，次沙賈反。梵語也。唐云長養。

學羸　下力爲反。杜注左傳云：羸，弱也。賈逵注國語云：病也。許叔重注淮南子云：劣也。字書云：疲也。説文云：瘦也。從羊羸聲也。羸音力果反。

摩那虵　下畢野反。梵語也。此云治罰也。

澣染　上桓管反。劉兆注公羊傳云：去舊垢曰浣也。鄭箋詩云：浣，謂浣濯也。説文云：浣濯衣垢也。從水幹聲。律文作浣，俗字也。下如琰反。廣雅云：染，汙也。説文云：以繒染爲綵也〔六〇〕。從水雜聲也。

貿易　上莫候反。前苾芻尼律第九卷中已具釋。

漂衣　上匹遥反。顧野王云：漂，猶流也。廣雅云：激也。説文云：漂，浮也。從水票聲。票音飄妙反。

縷線　上力主反。前有部律第二十卷中已釋。下先薦反。前尼陀那律第四卷中已具訓釋。

棚上　上白耕反。廣雅云：棚，門也。聲類云：棚，榭也。説文云：棧也。從木朋聲。

麨飯　上尺沼反。考聲云：熬米麥也。埤蒼云：鬻麥也。文字典説云：熼乾麥屑麪也。從麥酋聲。古作鬻、熼。酋音就由反。

覿遊　上庭曆反。前律攝第十一卷中已釋。

紛擾　上拂文反。廣雅云：眾也。王逸注楚辭云：芬盛皃也。文字典説：紛紜亂也。從糸分聲。下饒沼反。孔注尚書云：擾，亂也。文字典説：煩也。從手憂聲。

跳行　上徒彫反。蒼頡篇云：跳，踴也。廣雅云：上也。説文云：跳〔六一〕也，躍也。從足兆聲也。

内踝　下胡瓦反。鄭注禮記云：踝，足跟也。蒼頡篇云：踝在足側也。聲類云：足外輔骨也。説文：足踝也。從足果聲。

犛牛　上卯包反。前有部律第五十卷中已具釋。

根本説一切有部苾芻尼戒經一卷

媒嫁　上每盃反。説文云：媒，謀合二姓爲婚媾也〔六二〕。從女

某聲。

噉菻[六三] 上談敢反。上聲字也。韻詮云：噉，大也，食也。從口敢聲。或作啖。下酸亂反。說文：菫菜也。從草祘聲。祘音同上也。

樹膠 絞爻反。案樹膠者，樹脂凝結，即如桃膠、杏膠等，形色似皮膠，松脂之類即是也。說文：胒(昵)[六四]也，作之以皮。從肉翏聲。

度娠 下音身。毛詩傳曰：娠，振也。震動於內。說文：從人作傳[六五]。傳，神。集訓云：婦人懷孕也。字書或作㛛，古字也。

洸裙 上先禮反，下郡云反。正作帬，從衣巾。

撚縷 上年典反，下力禹反。綫也。

拊肩 上音撫。從手。

蹲行 音存。坐行也。

仄足行 上音側。古字也。

小團 叚(段)[六六]欒反。經文從手作摶，非也。

著屐 擎戟反。玉篇云：今之有齒草履屨也。說文：屩也。從支從履省。

一切經音義 卷第六十三

校勘記

〔一〕方言：同力者謂之敵也　今傳本方言：「自關而西秦晉之間物力同者謂之臺敵。」

〔二〕趒 即「越」。

〔三〕擢 獅作「權」。

〔四〕旦 獅作「且」。

〔五〕偽 獅作「爲」。

〔六〕說文云：濆也。從水監聲　今傳本說文：「濫，氾也。从水監聲。一曰濡上及下也。詩曰：觱沸濫泉。一曰清也。」

〔七〕說文云：匈奴引弓曰控也。從手空聲也　今傳本說文：「控，引也。从手空聲。詩曰：控于大邦。匈奴名引弓控弦。」

〔八〕舌 今傳本說文作「昏」。

〔九〕秘 獅作「祕」。

〔一〇〕省 衍。

〔一一〕餮 今傳本說文作「滫」。

〔一二〕爾雅云：飾，清也　今傳本爾雅：「拒、拭、刷，清也。」

〔一三〕言難也　今傳本說文：「吃，言蹇難也。」

〔一四〕鄭注周禮云：惷，愚，生而癡髮童民者也　今傳本鄭注周禮：「惷，愚，生而癡騃童昏者。」

〔一五〕夕 據文意當作「歹」。

〔一六〕說文云：拂，擊也　今傳本說文：「拂，過擊也。」

〔一七〕滂 即「泝」。

〔一八〕說文云：水欲下違而上也　今傳本說文：「泝，逆流而上曰泝洄，泝向也，水欲下違之而上也。」

〔一九〕蓏 即「蓏」。

〔二〇〕無 據文意當作「蕪」。

〔二一〕說文：鑒，可以取明水於月也　今傳本說文：「鑑，大盆也。一曰監諸，可以取明水於月。」

〔二二〕說文：齒肉也　今傳本說文：「齗，齒本也。」

〔二三〕虘 今傳本說文作「虐」。

〔二四〕說文又音姑患反　今傳本說文：「擐，貫也。从手瞏聲。胡慣切。」

〔二五〕炮 據文意當作「皰」。

〔二六〕稕 即「稕」。

〔二七〕趒 即「越」。

〔二八〕圯 據文意當作「圮」。下同。

〔二九〕巳 據文意當作「已」。

〔三〇〕澾 獅作「澾」。

〔三一〕說文云：屩，履也　今傳本說文：「屩，屐也。」

〔三二〕楚　據文意當作「梵」。

〔三三〕攵　據文意當作「欠」。

〔三四〕律　據文意當作「津」。今傳本説文：「唾，口液也。」

〔三五〕鑿　獅作「鑿」。

〔三六〕説文云：造法刱業也。從井刅聲也　今傳本説文爲「刅，傷也。从刃从一」。

〔三七〕管　據文意當作「菅」。

〔三八〕緋　即「絣」。

〔三九〕眥　即「貫」。

〔四〇〕愆　即「愆」。

〔四一〕僭　獅作「僣」。

〔四二〕達　據文意似當作「逵」。

〔四三〕束　據文意當作「束」。下同。

〔四四〕説文云：蟲之大腹者也　今傳本説文：「蠅，營營青蠅，蟲之大腹者。」

〔四五〕嗜　據文意似當作「嗜」。

〔四六〕圻　據文意似當作「圻」。

〔四七〕上　據文意當作「匚」。下同。

〔四八〕日　據文意當作「目」。

〔四九〕壞弶　此條獅無。

〔五〇〕問　據文意當作「周」。

〔五一〕鬃　今傳本説文：髡，鬄髮也。从髟兀聲。

〔五二〕九　據文意當作「兀」。

〔五三〕氍　據文意當作「氍」。龍龕手鏡：「氍，正，音粟。氍毷，罽毛也。」

〔五四〕上　據文意似當作「土」。

〔五五〕稍　據文意當作「梢」。

〔五六〕撿　據文意當作「檢」。

〔五七〕千　據文意當作「于」。

〔五八〕篇　據文意當作「遄」。

〔五九〕斅　據文意似同「斅」。

〔六〇〕説文云：以繒染爲綵也　今傳本説文：「染，以繒染爲色。」

〔六一〕跳　今傳本説文作「蹶」。

〔六二〕説文云：媒，謀合二姓爲婚媾也　今傳本説文：「媒，謀合二姓。」

〔六三〕菻　即「蒜」。

〔六四〕眍　今傳本説文作「昵」。

〔六五〕儫　今傳本説文作「娠」。

〔六六〕叚　據文意似當作「段」。

一切經音義　卷第六十四

翻經沙門慧琳撰

已上計三十一經三十八卷

僧祇戒本一卷　沙門[一]玄應撰

刀擬　魚理反。字書：擬，向也。説文：擬，度也。比也。

不嫽　力彫反。謂相嫽敹也。嫽，觸也，弄也。

指攪　古文捁，同。古巧反。字書：攪，撓也。亦亂也。

敕指　又作嗽，同。所角反。通俗文：含吸曰敕。戒文作嗽，俗字也。

嗙㗱　補莫、子立反。說文：嗙㗱，噍聲[二]。

僧祇比丘尼戒本　沙門玄應撰

轡勒　鄙愧反。字書：馬縻也。所以制馭車馬也。勒，馬鑣銜也。字從絲、叀。

遞相　文作递，同。徒禮反。小爾雅：遞、迭、交，更也。爾雅：遞，迭也。郭璞曰：謂更易也。

羯利　數名也。正言迦利沙鉢拏。案八十枚貝珠爲一鉢拏，十六鉢拏爲一迦利沙鉢拏也。

擾[三]亂　如沼反。說文：擾，煩也。廣雅：擾擾，亂也。

適他　尸赤反。爾雅：適，往也。適事他人也。方言：宋魯謂往爲適。適亦歸也。

佉啁　竹交反。佉啁羅，此譯云小長牀，一𣗳諸音猪家反。

百襵　音輒。謂裙襵也。又音之涉反。通俗文云：便縫曰襵也。

偏刳　口孤反。謂空其中也。方言：刳，刳也。說文：刳，判也。

趬脚　丘召反。說文：行輕皃也。一曰舉足戲也。亦高舉足也。戒文作蹺，非也。

十誦僧戒本　沙門玄應撰

如斤　居銀反。說文：斤，斫木也，斤，钁也。戒本作釿，音牛引反。

說文：釿，劑也[四]。劑音子隨反，剪刀也。劑非此義也。

躄行　方尺反。說文：躄，不能行也[五]。字體從辟從止。

十誦比丘尼戒本　沙門玄應撰

門闑　又作臬，同。魚列反。即門限也。亦名閫，音苦本反。

喑噫　於禁反，下乙戒反。喑，嘈也。噫，歎傷也，亦大聲也。戒文作嗌，於亦反。嗌，咽也。嗌非字義。

彌沙塞戒本　沙門玄應撰

依入藏經目次第，合有根本說一切有部僧尼戒本二卷，已入前音義第六十一卷中，爲同一切有部類，故入前卷。

企行　去豉反。說文：企，舉踵也。企亦望也。說文云「企予望之」[六]是也。

五分尼戒本　沙門慧琳撰

轡勒　悲媚反。顧野王云：轡所以制御車中馬也。說文：馬轡也。從絲叀聲。叀與連同。詩曰：六轡如絲。叀音衛。

犛[七]牛　卯包反。考聲：野牛名也。山海經云：潘侯之山有獸，狀如牛而四節生毛名曰犛牛。郭注云：牛背膝及頷皆有長毛。說文：西南夷長髦牛也。即犛牛尾是也。或從毛從犛省聲也。或從於[八]作旄也。

若擯　必刃反。司馬彪注莊子云：擯，棄也。顧野王云：相與排擯也。文字典說：從手賓聲。

媒法　每杯反。鄭注周禮云：媒之言謀也，合異姓使和成者也。說文亦謂合二姓也。從女某聲。某音母，從木甘聲。爾雅作某，誤之。

羸弱　律危反。賈注國語云：羸，病也。許叔重注淮南子云：劣也。說文：瘦也。從羊羸，羸亦聲。或亦作羸。

迦郄那　敕知反。梵語注衣，功德衣名也。

漂衣　匹遥反。或水或風漂失衣也。顧野王云：漂猶流也。說文：從水票聲。票音必肖反。

乞縷雇織　龍主反。考聲：絲縷也。文字集略云：合綫也。說文：亦綫也。從糸婁聲。綫音思箭反。或作線也。

販賣　發萬反。鄭注周禮云：朝買夕賣者曰販也。說文謂：買賤賣貴也。從貝反聲。

擊櫪　上經亦反，下音歷。擊櫪者以指互相刺爲戲也。互是𠄠字也。

兜羅貯　當鈎反。兜羅，梵語草木花〔九〕絮木綿也。猪吕反。

磔手　張革反。考聲：磔，開也。一磔手者，張手五指取大指中指所及爲量也。

革屣　師滓反。考聲云：履之不攝跟者也。說文：躧，亦履也〔一〇〕。文字典說：從尸徙聲。或從足作躧、蹤。蹝、𩌦并古字也。

畜髮　皮媚反。頭髮也。毛詩傳曰：首飾也。說文：從髟皮聲。髟音必遥反。

績縷　上音積。顧野王云：謂緝績麻紵以爲布也。說文：績，緝也。從糸責聲。

細襵　知獵反。腰間小絳也，如女人裙細襵也。

反抄　楚交反。考聲：收也。攬袈裟肩上名爲反抄。古今正字：從手少聲也。

攜手　惠圭反。顧野王云：攜謂持也。何休注公羊傳云：猶提持也。說文：從手巂聲巂音同上。從隹、屮，其冠從冏冏音女滑反。俗從隹從乃作携，誤也。屮音丑列反。

不挑　調了反。考聲：挑謂旋擺手也。古今正字：從手兆聲。擺音補買反。

戲笑　希意反。爾雅云：戲，謔也。說文：從戈䖒聲䖒音希。俗從虛作戲(戱)〔一一〕，非也。

溢鉢　上寅一反。爾雅：溢，盈也。顧野王云：溢者謂滿而出也。說文：器滿也。從水益聲。正從皿作𥁓。

不刳　康姑反。顧野王云：刳謂空其腹也。說文：從刀夸聲也。夸音丘于反。

不摶飯　音團。聲類：摶，握也。禮記亦謂：無摶飯也。說文：從手專聲。經從耑作揣音初累反，非經義也。

四分僧戒本　沙門玄應撰

无崖　又作厓，同。五佳反。說文：岸高邊者也。書有作涯，宜佳反。涯，涘也，无涯際也。

失轄　古文舝〔一二〕、鎋二形，同。胡瞎反。軸端鐵也。說文：轄，鍵也。

磔手　古文厇，同。知格反。廣雅：磔，張也。磔，開也。通俗文「張申曰磔」是也。

分牻　麻邦反。考工記：公圭用牻。注云：牻謂牛也。說文：白黑雜毛牛也。戒文作尨，犬多毛也。詩云「無使尨也吠」

是也。

覆苫　舒鹽反。爾雅：白蓋謂之苫。李巡云：編菅以覆屋曰苫。又音舒錟反。苫亦覆也。

掉臂　徒吊反。廣雅：掉，動搖也。

噏飯　古文歙、噏二形，今作吸，同。許及反。廣雅：吸，歙也。謂氣息入。

犛牛　麻交反。説文：西南夷長髦牛也。今隴西出此牛也。戒文作猫、貓二形，今人家所畜以捕鼠者是也。猫非此義也。

四分比丘尼戒本　沙門玄應撰

門閫　又作梱，同。苦本反。禮記：外言不入於閫。注云：即門限也。

衧髁　口化反。三蒼：髁，尻骨也。字林：腰骨也。

四分僧戒本一卷　或云曇無德戒本　佛陀耶舍譯

依入藏目録此有含注四分戒本兩卷　未音

闕本

解脱戒本　沙門玄應撰

捬草　普胡反。字書：捬，敷也，謂敷舒之也。説文：捬，布也[一三]。今皆作鋪。鋪，陳也。

入陛　蒲米反。説文：升高階也。即「牀陛、階陛」是也。戒文從木作梐補奚反，禁獄之名，非此用也。

攲身　又作崎，同。丘知反。謂攲傾不正也。

蹻脚　丘消反。説文：舉足行高也。漢書：蹻足。文頴曰：蹻，猶翹也。三蒼解詁云：蹻，舉足也。史記作翹。戒文作鄡口彫反，縣名也，鄡非此義。

捏作　乃結反。埤蒼：捏、捺、郁(搦)[一四]，治也。

臘佛　謂坐臘，臘餅也。今七月十五日夏罷獻供之餅也。

沙彌十戒並威儀　沙門慧琳撰

翾飛　上血沿反。廣雅云：翾，飛也。説文：小飛皃也。從羽睘聲。睘音葵營反。經從虫作蠉。郭注爾雅云：井中赤蟲也。與經義乖，故不取也。

蝡動　上閏尹反。考聲云：蝡蝡，蟲動皃。淮南子云「昆蟲蝡動」是也。説文：從虫耎聲。耎音如兗反。經從需作蠕，非也。

蚑行　上音奇，又音祇。説文：蟲行也。從虫支聲也。

瞻盼　上懾廉反。毛詩傳云：瞻，視也。古今正字：從目詹聲。下普患反。鄭注論語云：盼，動目皃也。説文：邪視也。從目分聲。經從兮作盻，非也。

隁塞　上央建反。考聲：從土作堰，云積柴土以斷水也。説文：從匚音系作匽。所以畜水也。文字典説云：隄也，陂隁也。古今正字：從阜匽聲。經從土作堰，亦通用。

派瀆　上普賣反。廣雅云：水自分出爲派。説文云：水之邪流别也。從水𠂢聲。𠂢，反永字也。𠂢音同上也。

攎蒲　上敕猪反。廣雅：攎，張也。老子制攎蒲。案攎蒲者，賭財戲也，攤錢碁陸等是也。古今正字云：攎，舒也。從手慮聲。經作樗，俗字也。

拚舞　上皮變反。帝嚳始令人拚舞。王逸注楚辭云：交手曰拚。說文：拊手也。從手弁聲。經從手作抃，非也。

墾掘　上康狠反。廣雅：墾，治。出方言，謂墾，用力也。古今正字從豤省聲也。經從犬作墾，非也。下群屈反。考聲云：掘，穿斷也。顧野王云：以桶[一五]發地也。說文：掘字從手屈聲。

貿鉢　上莫候反。顧野王云：貿猶交易也。爾雅：貿，賣也，市也。郭注云：廣易名也。古今正字：貿從貝丣也。丣[一六]，古丣字也。經作貿，非也。

軍持　上音君，下音池。梵語水瓶也。經從金作鍕鉷，非也，不成字。

褺被　上恬頰反。文字集略云：褺猶襞捲衣也。說文：重衣也。從衣作褺。襞音壁，捲音厥宛反。經作襞被，非也。

污濺　上烏卧反。顧野王云：污猶相染污也。廣雅云：濁也。亦從宛作涴，亦通。文字典說：從水亏聲。下煎見反。考聲云：謂不净也。文字典說云：濺，濽也。從水賤聲。濽音贊。

抖擻　上都苟反，下蘇走反。考聲云：抖，上舉者也。從手斗聲。擻見廣韻。經作揀，非。

調譺　上庭照反。鄭注周禮云：調猶相合也。古今正字：從言周聲。下魚誡反。考聲云：譺，欺詆也。說文：從言疑聲。

盆盎　上蒲門反。周禮云：陶人爲盆，實二鬴音方矩反。方言：自關而西或謂之盆。古今正字：從皿分聲。下烏朗反。郭注爾雅云：盎亦盆也。說文：從皿央聲。經從瓦作盎瓮，亦通，俗字也。

潘中　上發爰反。杜注左傳云：潘，米汁也，可以沐頭。文字典說：淅米汁也。從水番聲。番音同。

弄上　上祿棟反。考聲：弄玩也。杜注左傳云：弄，欺罔之，亦戲也。古今正字：從廾王聲。廾音拱。或從木作梇，非。經從手作挵，誤也。

⿰火曹畫　上早刀反。考聲云：燒餘柴也。古今正字：從火曹聲。下華跨反。

內甌　下於鉤反。考聲云：小瓦盆也。說文義同。從瓦區聲。區音同也。

芼扮　上毛報反。考聲云：芼，搴也。毛詩云：擇也。說文：芼擇之芼。從艸毛聲。經從木作枆，冬桃也，非。下敷刎反。廣雅云：扮，動也。聲類云：擊也。文字典說：扮，從手分聲。經從芬作梤，非也。

差[一七]跌　上楚宜反。廣雅云：差，衺也。顧野王謂：參差，不齊等也。說文云：貳，差不相值。從左𠂹聲。𠂹音垂。下田節反。許叔重曰：跌，仆也。說文：從足失聲。篆作𧿹，通。

道之　上陶老反。鄭玄注周禮云：道，說也。注禮記云：言也。文字典說云：從首辵聲。經從口作噵，非也。

沙彌威儀經　沙門玄應撰

派瀆　普賣反。說文：派，水之邪流別也。廣雅：水自分出爲派也。

汙湔　子見反，山東音也。江南曰讚，音子旦反。又音子千反。手浣也。

調譺　五戒反。通俗文：大調曰譺。説文：欺調也。

潘中　蒼頡篇作藩，同。敷袁反。泔也。説文：潘，淅米汁也。江北名泔，江南名潘也。

坌却　府墳反。説文：坌，除掃棄也。廣雅：坌，除也。

澆灒　又作濺，同。子旦反。説文：灒，汙灑也。江南曰灒，山東曰湔音子見反。

沙彌尼離戒　沙門玄應撰

箏笛　古文篴[一八]，同。徒的反。説文：七孔籥也。羌笛三孔。戒文作篴，非也。

沙彌尼戒經　沙門慧琳撰

捎拂　上霜巢反。字書云：風拂樹梢也。考聲云：捿(捷)[一九]取上也。方言：自關而西取物上者爲橋[二〇]捎。從手肖聲。下芬勿反。廣雅：拂，除去也。集訓云：拭也。説文：擊過也。從手弗聲也。

肺肝　上妃吠反。金藏也。説文：從肉市聲。市音沸。經文從甫作脯，非也。下音干。説文：木藏也。

圂廁　上魂困反。蒼頡篇云：豕所居也。説文：廁也。從口。口音韋，象形字也，亦會意字也。下初胾反。釋名云：廁亦圂也。説文：圊，廁也。胾音緇使反。從肉從𢦏。𢦏音災。

懷態　下台帶反。考聲云：意變無恒也。説文：常秉意不改也。從心能聲。能音柰。

迦葉禁戒經　沙門慧琳撰

鑊湯　上黄郭反。廣雅：鑊，鼎也。考聲：有足曰鼎，無足曰鑊。説文：鑴也。從金蒦聲也。蒦音烏號反，鑴音熒圭反。鑴亦鑊類也。

鬢髮[二一]　上相逾反。考聲云：鬚也。説文：正作須，面毛也。從頁頁，頭也從彡彡象毛也。今經文從髟作鬚，亦通，亦時俗共用字也。下髮音蕃韈反。説文：頂上毛也。從髟犬(犮)[二二]聲，或從首作𩠐，或作頞，皆古字也。髟音必遥反，犮音蒲末反。犮字從犬而丿之。丿音篇蔑反。

戒消災經　沙門慧琳撰

釃酒　上師滓反。韻英云：以筐漉酒曰釃。考聲云：漉酒具也。説文：下酒也。從酉麗省聲也。或從冈作麗。又音所解反，亦通。

賈販　上音古。説文：坐販也。下發萬反。韻英云：買賤賣貴也。形聲字也。

洒烝　之仍反。左傳：定王享之肴烝。杜預曰：烝，昇也，進也。

負摙　上浮務反。説文：負，恃也。上從人，人守貝有所恃，故人下從貝爲負。下力展反。淮南子云：摙，載也。考聲：摙，運也。許叔重注淮南子：摙，擔負也。説文闕此字，玉篇或作輦，亦通。形聲字，從扶。扶音伴。

餚饌　上效交反。説文單作肴，啖也。從肉爻聲。經文從食作餚，俗字也。下牀戀反。韻英云：饌，具食也。説文：正

作饕，古字也，形聲字。

優婆塞五戒經　沙門玄應撰

衡軶　於革反。車軶也。謂轅端壓牛領者也。

兩舷　胡田反。船兩緣也。埤蒼：船舷也。亦名舥音扶嚴反。

掾[二三]桷　馳宣反，下古學反。掾桷（桷）[二四]、榱橑皆一物而異名也。

及[二五]奥　於耗反。奥，室也。爾雅：室西南隅謂之奥。郭璞曰：室中隱奥之處也。

二叟　古文叜、傍二形，今作叟，同。蘇走反。方言：叟，父長老也。東齊魯衛之間凡尊老謂之叟。南楚曰父，字從叜從又。脉之大候在於寸口，老人寸口脉衰，故從又從災。又音手。災者，衰惡也。

優婆塞五戒威儀經　沙門玄應撰

樓篡　子管反。錫杖下頭鐵也。應作鑽，子亂反。關中名鑽，江南名鐏。鐏音在困反。釋名：矛下頭曰鐏也。

三括　古奪反。括，結束也。括猶索縛之也。此字應誤，宜作摇以招反。摇，動也。

舍利弗問經　沙門玄應撰

督令　字書今作督[二六]，同。都木反。爾雅：督，正也。注云：謂街[二七]正之也。方言：督，理也。說文：督，察也。

颷焰　又作飆、颻，同。比遥反。謂暴風也。字從猋從風。猋從犬，非火也。

亟立　墟記反。爾雅：亟[二八]，數也。數音所角反。

覢鑠　又作睒，同。式冉反。說文：暫見也。不定也。下舒若反。鑠，光明也。

係縛　古文繫、繼二形，同。古帝反。說文：係，絜束也。繫亦連綴也。

慊至　苦簟反。慊慊，言勖勖也，亦慊快也。勖音苦没反。

懇惻　古文詪，同。口很反。通俗文：至誠曰懇。懇，信也，亦堅忍也。下古文測（惻）[二九]，同。楚力反。廣雅：惻，悲也。說文：惻，痛也。

若鏟　又莧反。說文：一曰平鐵也。廣雅謂之鏟也。蒼頡篇：削平也。

圊内　七情反。廣雅：圊，圂屏防正廁也[三〇]。釋名言至穢處修治使潔清也。

大沙門百一羯磨經一卷　無字可音訓。

準入藏目錄此後合有百一羯磨十卷，移在第六十一卷以同類故。

十誦要用羯磨一卷　沙門慧琳撰

作弶　下渠諒反。考聲云：弶，取禽獸具也。古今正字云：施罔著於道也。［從］[三一]弓京聲也。

作雘　下方吠反。桂苑珠叢、古今正字並云：雘射收繳具也。說文義同。從角發聲也。雘音弋[三二]，繳音斫。經從手作撥，非經義也。

牽推　上遣延反。顧野王云：牽亦引也。古今正字：從冂從牛冂象牛之縻也玄聲。下退雷反。顧野王云：自後排進曰推。說文云：推，排也。從手隹聲。

若搯[三三]　下口甲反。考聲云：爪搯也。文字集略云：搯，按爪也。文字典說云：從手舀聲也。舀音滔。

縵衣　上蒲伴反。左傳云：降服乘縵。杜注云：車蓋無文也。說文云：繒無文也。從衣曼聲。

作弶　下渠亮反。與前同，已釋訖。經作掘，非。

瘭疽　上必遙反。廣蒼云：瘭，瘫成也。考聲云：瘭疽，瘡名也。古今正字：從票疒聲。下七余反。說文：久瘫也。疽，從疒且聲。疒音女厄反，且音子余反。

優波離問佛經一卷　沙門慧琳撰

達膩迦　中尼至反。梵語人名也。或名檀尼迦。

蓐几　上儒束反。郭注爾雅云：蓐，席也。桂苑珠叢云：從草作蓐。方衣也。古今正字：從草辱聲。下飢擬反。周禮有五几：玉、彫、形(彤)[三四]、漆、素也。考聲云：按屬也。說文：几，踞也。象形字。經從木作机，木名也，非本字也。

純尨　上殊倫反。鄭注儀禮云：純，不雜也。顧野王案：純，至美也。古今正字：從糸屯聲。下邈邦反。毛詩傳云：尨，長毛狗也。案經云尨者，粗毛也。說文云：犬多毛雜色不純者曰尨。從彡，象形字也。彡音衫。

鍼筩　上執林反。廣雅云：鍼，刺也。顧野王云：綴衣鐵也。說文：鍼，所以縫衣也。從金咸聲。或作針，俗字也。下徒紅反。考聲云：竹筩也。說文云：斷竹也。從竹甬聲。甬音勇。經作筒，亦通。

攢藥　上祖鸞反。鄭注禮記云：攢猶搖也。考聲：攢，穿也。文字典說：從手贊聲。

拂柄　上紛勿反。考聲云：輕擊也。鄭注禮記云：拂，除塵也。下鄙景反。賈逵注國語云：柄，執也。古今正字：從木丙聲。

參差　上楚林反。顧野王云：參差，不齊等也。蒼頡篇作參。參亦差也。古今正字：從厽㐱聲也。經從小作叅，俗字也。厽音壘，㐱音軫。下測宜反。廣雅云：差，哀(衺)[三五]也。說文：從左𠂹聲。𠂹音垂。今隸書從羊作差，訛謬也。㐱字從人從彡。衺音夕嗟反，從牙從衣。

攫堆　上泓獲反。以手攫取也。經從國作𢷬，諸字書並無此字。下都迴反。王逸注楚辭云：魁堆皃也。郭璞云：堆，似沙堆也。古今正字云：從土隹聲。

作摶　下徒鑾反。鄭注周禮謂：摶，握也。顧野王曰：案者握令相著也。說文云：圜[三六]也。從手專聲。

嚩噍　上卜莫反。桂苑珠叢：嚩噍，食聲也。廣雅：從齒作䶈，亦噍聲也。古今正字：從口從博省聲。下子入反。聲類云：噍，歃也。文字典說云：噍，歃噍也。從口集聲。

撩去　上音遼。顧野王謂：將整理也。說文云：撩，理也。從手尞聲。尞音力召反。

著屣　上張略反，下師滓反。集訓云：履之不攝跟者曰屣。說文：舞履也。或從足作躧，又從革作鞻。從尸徙聲也。

著屩　下渠戟反。漢書：袁盎屩步行三十里。謂今有齒履也。孔叢子著高方粗屩見平原君。說文：屩屬也。從履省喬聲。屩音羌驕反，又音腳。

彌沙塞羯磨本　沙門慧琳撰

某摽　上矛厚反。蒼頡篇：某謂設事也。桂苑珠叢云：未有的名而虛設之曰某。顧野王云：凡不知姓不言名者皆曰某。説文：從木從甘。下必遥反。顧野王云：摽謂識處所也。説文：從木票聲。票音同上。從手作摽，謂擊也，非經義。

畜衆　許六反。毛詩傳曰：畜，養也。孟子曰：字而不愛，豕畜之；愛而不敬，獸畜之[三七]。淮南王（子）[三八]曰：玄田爲畜。文字典説：從田從玄。玄，牝也。

治補　上音持。顧野王云：治謂修理也。説文：從水台聲。下逋古反。鄭注周禮云：補謂助不足也。説文：從衣甫聲也。

四分雜羯磨一卷　闕本

四分羯磨一卷　出曇無德律　慧琳音大界爲首

幯器　猪吕[反][三九]。考聲云：以爲筐形貯物也。或作鼦，古字也。亦作褚，亦謂之衣裳。桂苑珠叢：裝也，所謂盛衣物之具也。

白癩　盧大反。文字集略云：癘風病也。字統：惡病也。説文從萬作癘。從疒從萬省[四〇]聲也。經從頼，亦通。

乾痟　上音干。顧野王云：乾，燥也。説文：從乙倝聲倝音幹。經從干[作][四一]𠦃，字書並無，不成字也。下小焦反。埤蒼：痟謂渴病也，亦痟瘦病也。從疒肖聲。經從水作消。考聲：消謂滅也，非經義。

蟻子　宜倚反。爾雅云：蚍蜉，大螘也，小者螘。説文：螘亦蚍蜉也。從虫豈聲。經從義作蟻，俗字，亦通也。

腋巳（已）[四二]下　上音亦。考聲：髆下也。埤蒼謂：胳也，在肘後。胳亦腋也。古今正字與埤蒼義同，從肉夜聲。經從手作掖，是掖亭，字非經義。胳音各。

若捺　難怛反。考聲：捺，按也。字林：搦也。埤蒼：捺，担（担）[四三]也。古今正字：從手奈聲。搦音女格反，担（担）音年迭反，怛音丹達反。

擯擯　必刃反。司馬彪注莊子云：擯，棄也。顧野王云：相與排擯也。古今正字：從手賓聲也。

四分尼羯磨一卷　沙門慧琳撰

果蓏　騾果反。考聲云：蓏，蔓生之子，爪瓠之屬也。應劭注漢書云：木實曰果，草實曰蓏。説文：從草㼌聲。㼌音揄主反。

羶胜　上設延反。杜子春注周禮云：羶，羊脂也。説文：羶亦臭也[四四]。從羊亶聲。經從肉作膻，謂肉袒字也。下性精反。杜子春注周禮云：胜謂豕膏也。孔安國注尚書：胜，臭也。説文：從肉生聲。經從星作腥，亦通。鄭注周禮謂肉中米似星也，並非經義。亶音丹爛反。

蔗芋　上之夜反。考聲：甛草名也。本草云：蔗味甘，利大腸，止渴，去煩熱，解酒毒。下于句反。本草：芋味辛。一名土芝。不可多食，動宿冷病。説文：芋，葉大，實根堪食。二字並從草，庶、亏皆聲也。

堅鞕　額更反。桂苑珠叢云：鞕謂牢固也。古今正字：堅，牢

也。從革更聲。有從石作硬，俗字也。

棚車　白衡反。廣雅：棚，閣也。説文：棧也。從木朋聲。

澡罐　上遭老反。顧野王云：澡猶洗之令潔也。蒼頡篇：澡，盥也。説文：洗手也。從水喿聲。喿音先到反。下工亂反。考聲：罐，瓦器也。文字集略：汲水器也。從缶。

鏡匳　獵霑反。考聲云：匳，似合而上有棱節，所以收斂物也。列女傳云：取珠置鏡籢之中也。古今正字或從竹從斂作籢。經從大從品作匳，不成字也。

反攝　占獵反。

就餐　倉單反。鄭玄注周禮云：餐謂久食也。又注禮記：勸食也。説文：餔也。從㰱食聲。㰱音殘。經從水作湌，俗用字也。餔音補孤反。

貧窶　劬乳反。考聲：窶謂居無財以備禮也。郭注爾雅：窶謂貧陋也。説文：貧無禮居也〔四五〕。從宀婁聲。

餚饌　上效交反。賈注國語：肴，俎也。鄭箋詩云：凡非穀而食之者曰餚。文字集略：肴謂雜膳也。文字典説：亦膳也。從食肴聲。或從肉作肴。下仕患反。鄭注儀禮云：饌，陳也。馬融注論語云：謂飲食也。説文：具食也。從食從篹省聲作籑。經從巽作饌，亦通用也。

盥漱　上古緩反。顧野王云：凡澡洗物皆曰盥。春秋傳曰：奉匜沃盥。説文：盥，澡手也。從臼水臨皿也。匜音以斯反。下踈祐反。考聲：漱謂水盪口也。禮記云：雞初鳴咸盥漱也。説文：漱，盪口也。從水欶聲。欶音所六反。

豆蔻　呼候反。本草云：豆蔻生南海，味溫澁無毒，止腹痛嘔吐，去口臭氣也。異物志云：豆蔻生交阯，如薑子，從根中生，形似益〔四六〕智，皮小厚如石榴，辛且香也。古今正字：從艸寇聲。

糅以　女救反。鄭注儀禮：糅，雜也。古今正字：從丑作粈，或作飷。

咀嚼　上疾與反，下牆爵反。蒼頡篇云：咀，噍也。顧野王云：嚼亦噍也。廣雅：咀亦嚼也。説文：咀謂含味也。並從口，且、爵皆聲也。噍音樵笑反。正從鬯作爵，正體字也，象爵也。鬯音丑亮反。

去癊　邑禁反。胸鬲中痰癊病也。

著柴瓶　上張略反。中子累反。考聲：柴，鳥口也。説文：從此朿聲。朿音七賜反。或作觜。下蒲冥反。顧野王：瓶謂汲水器也。古今正字：從瓦并聲。或從缶作缾。

特敧挐伽他　敧音欺。挐音椈伽反。梵語法偈也，唐云應受施利，與供養主成福田之義也。

白氎　音牒。案氎者，西國木綿花，如柳絮。彼國土俗皆抽撚以紡爲縷，織以爲布，名之爲氎。説文：從毛疊聲。撚音年典反，縷音力主反。

洟唾　上逸之反。周易云：齎咨涕洟。説文：鼻液也。從水夷聲。下土課反。説文：唾，口液也。從口垂〔四七〕聲。

相踵　鍾勇反。王逸注楚辭云：踵，繼也。説文：追也。從足重聲。或從止作歱，亦通。

窺看　犬規反。王弼注周易云：所見者狹，故曰闚觀也。方言：闚猶視也。説文：小視也。從穴規聲。

大比丘三千威儀　卷上　沙門玄應撰

如掐　又作搯，同。口洽反。埤蒼：掐，抓也。謂爪傷也。

盪器　徒朗反。說文：盪，滌也。通俗文：澡器謂之盪滌也。

咤噴　都嫁反。說文：吒，噴也。吒吒，猶呵叱也。下普寸反。說文：鼓鼻也。廣雅：嚏也。文中作噴，非也。

調擬　徒吊反。廣雅：調，欺也。調，賣也。下魚戒反。廣雅：擬亦大調也。謂相嘲調。

頷頭　牛感反。說文：低頭也。廣雅：搖也。謂搖其頭也。

僧迦　正言僧脚差。僧，此云掩覆。脚差，此云腋。名掩腋衣。律文作僧迦支，或作祇支，或作竭支，皆訛也。

尼衛　此譯云裹衣也。

下尻　苦勞反。尻，臀也。臀音徒昆反。

去鉎　所京反。埤蒼：鉎，鏉也，謂鐵衣也。鏉音所霤反。

分衛　此言訛也。正言擯荼波多。擯荼，此云團。波多，此云墮。言食墮在鉢中。或言賓荼夜，此云團。團者，食團，謂何(行)〔四八〕乞食也。

招提　譯云四方也。招，此云四。提，此云方。謂四方僧也。一云招提者，訛也。正言柘鬬提奢，此云四方。譯人去鬬去奢，柘復誤作招，以柘、招相似，遂有斯誤也。

大比丘三千威儀　卷下

挼手　奴和、乃回二反。說文：挼，摧也。一曰兩手相切也。

汙湔　子見反。通俗文：傍沾曰湔。山東名也。江南名灒，音祖旦反。

得擭　烏獲反。謂手握取物也。

氣泄　古文呭，同。思列反。詩云：俾民憂泄。箋云：泄，出也。發也。廣雅：泄，漏也。

掉捎　徒吊反。掉，搖也，振也。下所交反。捎，動也。

四分律刪補隨機羯磨　上卷　沙門慧琳撰

刪〔四九〕補　上産姦反。集訓云：刪，削也。聲類：刪，定也。韻詮云：除也。訓文：剟也。剟由刊也。從刀册聲也。剟音竹劣反。刊音看，册音策。下晡母反。鄭注周禮云：補，助不足也。文字典說云：補，裨衣也。從衣甫聲也。

拯拔　上拯字無疊韻，取蒸字上聲。杜注左傳云：拯，救助也。廣雅：收也。說文：舉也。從手丞聲。下辨八反。考聲云：抽也，救也，出也。文字典說：從手犮聲。犮音盤末反。

二轍　纏列反。考聲：車跡也，道也，通也。從車徹省聲。

撮略　鑽括反。廣雅：撮，持也。孔安國尚書敘云：撮其機要。今律文浩博莫究津涯，撮其樞要以成羯磨，行其事也。

紊亂　上音問。尚書云：若網在綱，有條而不紊。孔安國曰：紊猶亂也。說文：從糸文聲。糸音覓。

鍼鼻　執任反。俗作針，亦同。

四分律刪補隨機羯磨　中卷

幖幟　上必遥反。廣雅：幖，幡也。說文：幖亦幟也。從巾從票。票音匹遥反。下齒志反。廣雅：幟，幡也。亦作㡷。

褋衣　徒協反。王逸注楚辭云：褋，襜褕也。方言云：襌衣也。說文：並從巾，形聲字也。江淮南楚之間謂之衣襟也。襜音昌閻反。褕音余昭反，

又音翼朱反。襌音單，從衣也。

襵衣　上之葉反。博雅：襵，襞也。蒼頡篇：拳也。襞音必益反，拳音卷。

磔手　陟格反。廣雅：磔，張也。博雅：開也。律文從手作搩，非也。

棃棗　上力之反，下遭嫂反。律文作棗(㚓)〔五〇〕，非也。

蕤蔗　上蘂佳反。字書：蕤，草也。本草有萎蕤，草也。考聲：苑(花)〔五一〕垂皃也。說文：草木華盛皃也。或作甤。經文作蕤，俗字也。下之夜反。王逸注楚辭云：蔗，美草名也，汁甘如蜜也。或作蔗。

掃灑　上蘇早反。廣雅：掃，除也。亦作埽。下沙賈反。說文：灑，洗也。律文作洒，非。

四分律刪補隨機羯磨　下卷

一軼　田結反。又音逸。左傳：懼其侵軼我。杜預曰：軼，突也。何注公羊傳：過也。蒼頡篇：從出前也。說文：從車失聲。

氍毹　上具俱反，下數衢反。波斯胡語也。博雅：氍毹，西戎罽也，即是毛錦有文彩如五色花毲也。西域記云：出波利斯國，即波斯國是也。

聯類　上力廷〔五二〕反。博雅：聯，綴也。廣雅：續也。或作連，亦作縺，同。

虛耗　下呼報反。

一槩　古愛反。聲類：槩，摩也。鄭注禮記：槩，量也。禮記：槩，平斗斛者。

四分僧羯磨　上卷　沙門慧琳撰

妙躅　下重録反。漢書云：伏氏之執躅。音義曰：躅，跡也。考聲：躑躅，猶徘徊也。或作𨇽也。

戒橃　下煩韈反。馬注論語：編竹木浮於水上。大者曰橃，小者曰桴。埤蒼：桴，橃也。說文：海中大船也。或作𦪇。律文作筏，俗字也。

敷榮　上撫無反。孔注尚書：敷，布也，又舒也。韓詩：遍也。說文：從攴從尃。尃音同上，攴音普卜反。

韜真　上討刀反。考聲：藏也。或作綢。說文：劍衣也。從韋舀聲。

細氎　上悉計反。說文：從糸從囟。俗文從田作細，俗字訛也。下徒協反。案氎，西國草花絮，撚以爲布也。囟音信。

掩正　上於撿反。鄭箋詩云：揜，覆也。郭注方言：藏也。鄭注禮記：隱翳也。杜注左傳：匿也。或作掩，同也。

浮囊　下諾當反。說文：有底曰囊。浮囊即浮瓠也。

絕紐　下女久反。鄭注禮記：紐，冠上鼻也。廣雅：紖，束也。說文：結而可解曰紐也。

隤綱　上大迴反。廣雅：隤，壞也。說文：墜下也。從阜從貴即古貴字也。下各郎反。考聲：綱，網上繩也。說文：紀也。從糸從岡。

慧炬　上胡桂反。方言：慧，明也。鄭注論語：有才智也。說文：從心從彗。彗音囚歲反。下渠吕反。說文作苣。苣，束草爇火以昭燎也。從草從巨。

弱齡　上而灼反。孔注尚書：弱，尩劣也。杜注左傳：敗也。下

歷丁反。鄭注禮記：齡，人壽之數。博雅：年也。

眇覲　上彌小反。博雅：眇，莫也。王逸注楚辭：遠皃也。方言：小也。

亟歷　矜力反。

鎧律師　上開改反。考聲：鎧，兜鍪也。說文：鎧，甲也。

洛陽　上郎各反。經文作雒，古文字也。

乖舛　上古壞反。字書：乖，背也。說文：戾也。從北從千。下川兗反。孟子：舛，交也。許叔重注淮南子：舛，相背也。字書：互也，謂差互不齊也。或作踳也。

輒述　上陟業反。漢書：輒，專也。說文：從車從耴。律文從取作輒(輙)〔五三〕，訛略不正也。耴音知葉反。下脣聿反。鄭注禮記：述謂訓其義也。孔注尚書：述，修也。

四分僧羯磨　中卷　無字可音。

四分僧羯磨　下卷

駡詈　上馬霸反，下力智反。禮記曰：怒不至詈。言而有罪者網之也。說文並從冈，從馬，從言。經文從罒作駡詈，訛也。

阿㝹婆多　奴侯反。梵語。

韁杙〔五四〕　上居良反。蒼頡篇：韁，馬紲也。說文：馬靮也。或作繮，同。緤音仙列反。下與即反。郭璞注爾雅：杙，橜也。

乾痟病　上葛安反，下小遥反。埤蒼曰：渴病曰痟也。

糞埽　上分問反。說文：棄除也。從拱。推華棄米曰糞。今經作糞，俗字也。或作坌〔五五〕。下桑倒反。說文：埽，除也。從土帚聲也。

逃竄　上道刀反。鄭注禮記云：逃，去也。廣雅：避也。說文：亾也。從辵兆聲。下倉亂反。杜注左傳：竄，匿也。賈注國語：隱也。考聲：藏也。說文闕。古今正字：蔽也，塞藏也。從鼠在穴中，象形字也。

若剝　下邦邈反。鄭箋詩云：剝，削也。廣雅：脫也。蒼頡篇云：去其皮也。說文：裂也，剋割也。從刀彔聲。彔音祿。

腐爛　上扶甫反。廣雅：腐，臭也，敗也。說文：爛也。從肉府聲也。下勒旦反。

稊稗　上弟奚反。郭注爾雅：稊似稗，布地而生，穢草也。下蒲賣反。杜注左傳云：稗草似稻穀。說文：從禾弟聲也。

簁楊〔五六〕　上所擬反。古今正字：從竹從麗作籭。音山皆反，又音師。訓云：竹器也，可以取粗去細也。或從師作篩。說文：簁箄。竹器也。從竹徙聲。徙音死，箄音必迷反，粗音倉胡反。

擯除　上音殯。考聲：擯，棄也，落也。古今正字云：相與排擯之也。從手賓聲也。

而㽄　音西。韻詮云：破聲也。

扣時　上苦狗反。孔注論語云：扣，擊也。或作叩。

粗撲　上倉胡反，下普剝反。

斤剗　察限反。博雅：削也。或作鏟。

四分尼羯磨　上卷　出四分律　沙門慧琳撰

𥙐禱　上於琰反。考聲云：𥙐，禳也。說文：從示從猒。經文作猒，義非也。下乃老反。鄭注周禮：求福曰禱。廣雅：謝也。

瘨狂　上興年反。鄭箋毛詩：瘨，病也。聲類：風病也。廣雅亦狂也。說文：腹脹也。或作癲。

癰疽　上紆恭反。司馬彪注莊子曰：不通爲癰。說文：腫也。下七余反。莊子注曰：浮熱爲疽。說文：疽亦癰也。從疒從且。且音即余反。

洟唾　上以脂反。說文：洟，鼻液也。下吐臥反。說文：口液也。

四分尼羯磨　中卷

輾治　上尼展反。說文：輾，車轢也。轢音歷。案轢〔五七〕車所踐也。律文作報〔五八〕，俗字也。下直之反。

立盪　堂朗反。廣雅：盪，洗也。說文：縧（滌）〔五九〕器也。滌音亭歷反。

四分尼羯磨　下卷

羸老　上力垂反。賈注國語：羸，劣也。說文：廋〔六〇〕也。從羊從羸。羸音落和反。

一切經音義　卷第六十四

校勘記

〔一〕沙門　獅無，下同。
〔二〕說文：嘷噍，噍聲　今傳本說文：「嘷噍，噍皃。」
〔三〕擾　獅作「擾」，下同。
〔四〕說文：釿，劑也　今傳本說文：「釿，劑斷也。」
〔五〕躄，不能行也　今傳本說文：「人不能行也。」
〔六〕企予望之　今傳本說文無。
〔七〕聲　獅作「聲」，下同。
〔八〕於　據文意當作「㫃」。
〔九〕花　獅作「華」。
〔一〇〕說文：躧，亦履也　今傳本說文：「躧，舞履也。」
〔一一〕戲　獅作「戲」。
〔一二〕轚　說文：「轚，車軸耑鍵也。」
〔一三〕說文：㧊，布也　今傳本說文：「㧊，捫持也。」
〔一四〕郁　玄卷十六作「搦」。
〔一五〕桶　據文意似作「捅」。「捅」，通「銿」。
〔一六〕丣　據文意似作「卯」。
〔一七〕差　獅作「㚆」。
〔一八〕遂　玄卷十六、獅作「邃」。
〔一九〕捷　據文意似作「捷」。
〔二〇〕橋　據文意似作「撟」。
〔二一〕髮　即「髮」。
〔二二〕犬　獅作「犮」。
〔二三〕掾　據文意似當作「椽」。下同。
〔二四〕褙　據文意似當作「椭」。
〔二五〕及　玄卷十六釋此詞作「及」，據文意似爲「及」增筆俗寫字。
〔二六〕督　據文意似作「督」。
〔二七〕街　據文意似作「御」。
〔二八〕亟　獅作「亟」。
〔二九〕測　玄卷十六作「恖」。玉篇心部：「恖，古惻字。」
〔三〇〕廣雅：圊，圂屏防正廁也　今傳本廣雅：「圊、圂、屏，廁也。」
〔三一〕從　各本無，據文意補。
〔三二〕弋　獅作「吉」。
〔三三〕掐　據文意似當作「掐」。下同。
〔三四〕形　今傳本周禮作「彤」。
〔三五〕哀　據文意似當作「衺」。
〔三六〕圓　段注說文云各本作「圜」。

〔三七〕孟子曰：「字而不愛，豕畜之；愛而不敬，獸畜之」　今傳本孟子：「食而弗愛，豕交之也；愛而不敬，獸畜之也。」

〔三八〕王　據文意似當作「子」。

〔三九〕反　各本無，據文意補。

〔四〇〕省　衍。

〔四一〕作　各本無，據文意補。

〔四二〕已　據文意當作「已」。

〔四三〕担　據文意似當作「捏」。下同。

〔四四〕説文：羶亦臭也　今傳本説文爲「羴，羊臭也」。「羶，羴或从亶。」

〔四五〕説文：貧無禮居也　今傳本説文：「窶，無禮居也。」

〔四六〕益　大正作「救」。

〔四七〕垂　獅作「垂」。

〔四八〕何　玄卷十六釋此詞作「行」。

〔四九〕刪　即「刪」。

〔五〇〕橐　獅作「爽」。

〔五一〕苑　據文意似當作「花」。

〔五二〕廷　據文意似當作「延」。

〔五三〕輒　據文意似作「輙」。

〔五四〕栊　據文意似當作「杙」。

〔五五〕奋　據文意似當作「弆」。

〔五六〕楊　據文意似當作「揚」。

〔五七〕轢　獅作「二」。

〔五八〕輥　據文意似當作「輾」。

〔五九〕緌　今傳本説文作「滌」。

〔六〇〕庱　據文意似當作「瘦」。

一切經音義　卷第六十五

翻經沙門慧琳撰

音大愛道比丘尼經一卷　玄應
犯戒報應輕重經一卷　無
五百問事經一卷　慧琳
摩得勒伽律十卷　玄應
鼻柰耶律十卷　玄應
善見律十八卷　玄應
佛阿毗曇經二卷　玄應
毗尼母經八卷　玄應
薩婆多毗尼婆沙九卷　玄應
律二十二明了論一卷　玄應
右十經六十二卷同此卷音

大愛道比丘尼經　卷上　玄應撰

精廬　力居反。廬，舍也。精廬，文〔一〕人近名，非古典，即精舍也。

倓然　徒闞反。蒼頡篇：倓，恬也。説文：倓，安也。廣雅：倓，静也。今皆作淡。闞音苦濫反。

踱跣　又作跅，同。徒各反。下西典、千典二反。三蒼云：以脚踐土也。諸書作徒跣。

歔欷　喜居反，下虚既反。字林：涕泣皃也。蒼頡篇：泣餘聲也，亦悲也。

蒺䔧　茨悉反，下力尸反。布地蔓生者也。爾雅「薋，蒺䔧」是也。

漏溢　古文泆，同。弋一反。字林：溢，滿也。

咍笑　呼來反。字書：嗤笑也。楚人謂相調笑爲咍。經文作唉，於來反，應聲也。唉非此義。

撿押　居歛反。括也。括猶索縛也。下古押也（狎反）〔二〕。爾雅：押，轉（輔）〔三〕也。謂押束也。

庶幾　爾雅：庶，幸也。郭璞曰：庶幾，僥倖也。又云：庶幾，尚也。庶，冀也；幾，微也。

蜎飛　一全反。字林：蟲皃也。或作蠉，古文翾，同。呼全反，飛皃。

蚑行　渠支反，又音奇。謂蟲行皃也。周書「蚑行喘息」是也。

圭合　古携反。漢書：多少者不失圭撮。四圭曰撮。孟康曰：六十四黍爲一圭也。

燔燒　扶袁反。字林：燔亦燒。

婬泆　又作劮，同。與一反。蒼頡篇：泆，蕩也。亦樂也。

洋銅　以良反。謂煑之消爛洋洋然也。三蒼：洋，大水皃也。字

略作煬，釋金也。

摸㨶　亡各反。方言：摸，撫也，謂撫循也。下蘇各反。埤蒼：摸㨶，捫搎也。搎音孫。

抵推　都禮反。大戴禮夏小正云：抵猶推也，謂相推排而坐也。

襜衣　昌占反。爾雅：衣蔽前謂之襜。郭璞云：即今蔽牒(膝)〔四〕也。言襜襜然前後出也。

踞牀　記怒反。字林：踞亦蹲也，亦跨也。律文作倨。倨，傲也，不遜也。倨非此義。

巫師　武俱反。事鬼神曰巫，在男曰覡，覡音刑擊反，在女曰巫。說文：能事無形以降神也〔五〕。

變殞　又作隕，同。爲愍反。聲類：殞，没也，墜落也。

媟黷　相列反。下古文𪪋、嬻二形，今作黷，同。徒穀反。方言：媟，狎也。謂親狎也。黷，慢也，傷(傷)〔六〕也，謂相輕傷(傷)也。

犇走　古文驞，今作奔，同。補門反。疾走也。釋名云：奔變也，有急變奔赴之也。

大愛道比丘尼經　卷下

修恂　私巡反。廣雅：恂，敬也。爾雅：恂，信也。亦戰慄也。

周啖　又作啗、噉二形，同。達敢、達濫二反。廣雅：啖，食也。啖亦與也。

妖冶　於驕反，下以者反。周易：冶容誨淫。劉瓛曰：冶，妖冶也。經文作蟲(蠱)〔七〕，蟲行毒害也，非經義。

愵態　穰酌反。弱者，耎弱也。經文從心作愵，古文惄、⿰山惄(惄)〔八〕二形，今作愵，同。奴的反。愵，憂也。

⿰舟京戾　書無此字。宜作⿰舟昆，胡本反，此恐誤作，字宜作很，胡墾反。很，戾也，違也。說文：不聽從也。字從彳從艮(艮)〔九〕聲。

滀在　釋名作滀。諸書作蓄、稸二形，同。抽六反。蓄，止也。廣雅：蓄，聚也。積也。

履鞁　又作韅，同。火見反。著掖者也。今取其義，應作鞙，胡犬反。

嫈瞑　字林：乙莖、莖(茫)〔一〇〕莖反。心態也，亦細視也。經文作瞑暗，未見所出。

鬀⿰月樂　又作剃，同。他計反。說文：鬀，鬄也。盡及身毛曰鬀。文中作涕，他第反。廣雅：涕(涕)〔一一〕，洟也。下力酌反。廣雅：⿰月樂，略治也，亦强取也。文中作⿰月樂。

熹傅　方務反。傅，附也，謂塗附也。漢書「傅脂粉」是也。

珠璣　居衣反。說文：珠不圓者也。字書云：一曰小珠也。

訕貴　所姦反。論語：惡居下流而訕上者。孔安國曰：訕，謗毁也。蒼頡篇：訕，非也。

鴆餌　今作酖，同。除禁反。大如雕，紫緑色，長頸，赤喙，食蛇者也，以羽晝酒飲之煞人也。下而至反。蒼頡篇：餌，食也，凡所食物皆曰餌。

煩苛　賀多反。國語：苛我邊鄙。賈逵曰：苛猶擾也。廣雅：苛，怒也。

禁圄　魚吕反。釋名云：圄，禦也。謂禁禦之。

剖形　普後反。剖，破也。說文：剖，判分也。廣雅：剖，析也。

依目録次第合音根本律攝頌五卷、雜事律攝頌一卷、尼陀那目得迦攝頌一卷，已合入音義第六十一卷中，爲同有部類故。

犯戒報應輕重經　一卷　無字可音訓。

五百問事經　沙門慧琳撰

都籬　里知反。考聲云：籬，蕃也，歷也，或竹或木樹爲柵籬也。從竹離聲。經從木作樆，山梨木名也。

籬裏　下音里。文字典説云：在外謂之表，在内謂之裏。上下從衣，中間從里，里亦聲也。説文：衣内也。

欲償　尚羊反。廣雅：復舊也。説文：還也。從人賞聲。

蛇螫　上音虵，正體字也。經從也作虵，俗字也。下聲隻反。説文云：毒蟲螫蛪也，蟲行毒也。從虫赦聲。經從赤作螏，不成字，非也。

經唄　排賣反。埤蒼云：梵讚聲也。考聲云：僧尼法事梵唄聲也。

凭几　憑證反。周書：凭玉几也。説文：依几也。從任從几。有從馮作憑，俗字也。經文作傗，非也。下音紀。禮記有五几，玉、彫、彤、漆、素几等五種几是也。説文：几，象形字也。經從木作机，俗字也。

有帽　毛報反。字書云：雨中行頂蓋也。説文作冒。蠻夷小兒頭衣也，象形字也。經從衣，非也。

未制　止例反。經文誤書制字從耑，非也。

僥倖　上經遥反，下音幸。案僥倖者，殊其分偶遇得名爲僥倖。考聲云：非分而求曰僥倖。並從人，形聲字。

楗椎　上音乾，下直追反。二字並從木，形聲字也。楗椎者，警衆打静木椎也。經從追作槌，俗字也。

掘坑　上群律反。考聲：穿也，斸也。從手屈聲。下客耕反。蒼頡篇：坑，陷也。爾雅：墟也。郭璞云：壍池也。古今正字：從土亢聲。亢音罡。或從阜作阬。

擯出　上必刃反。爾雅：擯，弃也。史記：相與排擯。古今正字：從手賓聲。或從人作儐。賔字從丏，丏音綿典反，從尸作賔(賓)[一二]，俗字也。

遃請　上音彦。蒼頡篇：遃，迎也。廣雅：行也。古今正字：從辵從彦，或從言作這，亦通。

有貰　尸曳反。顧野王云：貰猶賒也。説文：貸也。從貝世聲。古文作貰也。

一搏　段欒反。説文：搏，握[一三]也。從手專聲。經文從耑作揣，非也。

嫌代去　上叶兼反。文字集略云：嫌，心惡也。説文：嫌，疑也。從女，形聲字也。

攲鉢　綺奇反。説文：攲，不正也。從危支聲。或從山作崎。崎，險也。經文從口作[口奇]，非也。下般末反。

刮取　上關八反。考聲云：横刃掠之曰刮。説文：從刀從适省聲。掠音略。

啗餅　上談敢反。亦作啖。廣雅：噉，吞也。説文：食也。從口臽聲。經文從敢作噉，俗字也。

炊作　出隹反。韻詮云：炊，蒸也。説文：爨也。從火從吹省聲也。

贖不　神辱反。考聲云：以財償直曰贖。韻詮云：收贖也。説文：贖，貿也。從貝從𧶠。𧶠音育。今俗用從賣，誤也。𧶠從冏從貝從宍。宍音陸，古陸字也。

棖食　上宅耕反。韻詮云：棖，觸也。從手長聲。經文從木從尚

作棠，音唐。棠，梨木名也，非經義也。
擗匈　上毗亦反。又考聲云：撫心也。從手辟聲。下勗恭反。說文：匈，膺也。從包省凶聲也。經文從肉作胸，非也。
吹潠　孫寸反。埤蒼云：潠，噴也。顧野王云：以口含水噴也。從水巽聲。經從孫作噀。噴音普門、普悶二反。
推排　上他雷反。說文：推亦排也。從手隹聲也。下白埋反。文字典說：排亦推也。從手非聲也。
販賣　上發萬反。考聲云：販者，買賣以求利也。說文：買賤賣貴也。從貝反聲。下麥拜反。考聲：鬻也，衒也。說文：出物也[一四]。從出買聲也。
鞾鞋　上酗禾反。胡服也。廣雅謂之甲沙，或謂之鞢鞻，皆夷人方言有異也。集訓作鞾，字林從化作靴，並俗字也。考聲正作⿸尸禾，從履省禾聲也。說文闕，無此字。諸字書無。疊韻。韻詮云：有項履也。亦鞻履屬也，本外國夷人服也。自晉魏已來中國尚之，今以爲公服也。
僧友　盤沫反。梵語也。義翻爲等遍，或云食遍，此無正譯，即相傳今之等供是也。
⿰口帚犯　諸字書並無此字，准經義是呪字，即呪咀之呪也。
跳躑　上提彫反。蒼頡篇：跳，踊也。廣雅：上也。說文：蹶起也[一五]。躍也。從足兆聲。下程炙反。俗字也。說文：從商作蹢。住足也。顧野王云：驟舉足而不進也。從足，形聲字。
粗氎　下音牒。西國草花布也。或作緤，又作㲲，古字也。
購贖　上鉤候反。廣雅：購，償也。說文：以財贖物也。形聲字也。下常燭反。尚書：金作贖刑。王肅注云：以金贖罪也。說文：從貝𧶠聲。𧶠音育，從囧從宍。宍，古文陸字也。今從賣誤也，實難改正也。
綜習　上宗送反。列女傳云：織者可以喻治政。推而往引而來者曰綜。說文：機縷持絲交者也。從糸宗聲。下尋入反。顧野王云：習謂積習成之也。尚書曰：習與性成。說文：從羽從白。經從言作謵，非也。謵音獵，殊非經意也。
銅銚　下調曜[一六]反。銅銚者，淺鎗子也。經文從堯作鐃，音撓交反，樂器名也，非但字誤，義亦甚乖，傳寫者請改之。
黤黮　上烏敢反，下談感反。聲類云：黤黮，深黑皃也，不明凈也。說文：如桑椹之黑色也。黤黮二字並從黑，形聲字。
奉法　上逢捧反，上聲字。說文：奉，承也。從丯丯音峰從廾廾音拱從手。今隸書從省略作奉，記也。經文作王法，甚無義，寫誤也。

依目録次第有根本律攝十四卷，已入音義第六十一卷中，以同有部類故。

摩得勒伽律　第一卷　沙門玄應撰

摩得勒伽　或言摩低黎迦，或言摩怛履迦，此譯云母，以生智故也。
爲坫[一七]　或作檐。餘占反。言如屋檐遮堂室也。仍未詳。

摩得勒伽律　第二卷　無字音訓。

摩得勒伽律　第三卷

子驩　三蒼云：此古歡字，同。音呼官反。說文：馬名也。

摩得勒伽律　第四卷第五卷至第十卷　並無字音訓。

鼻柰耶律　第一卷　沙門玄應撰

兼該　古來反。該，備也。方言：該，咸也。
謏然　蘇了反。謏，小也。又修酉反〔一八〕。
緘縢　古咸反，下達曾反。説文：緘，束篋也。廣雅：緘，索也。縢，繩也。亦緘，閉[也]〔一九〕。
諄諄　古文訰，同。之純、之閏二反。説文：告曉之熟也。案諄，誠懇皃也。詩云「誨爾諄諄」是也。
鈐波　胡耽、渠廉二反。
獖者　扶云反。説文：豶豕也，謂揵（犍）〔二〇〕豕也。豶，騬[也]〔二一〕。豶音似。
雞鶚　娥各反。雕屬也，摯鳥也。如雕而黑文，白首赤足，喙如虎爪，音如晨鵠也。
捭（椑）〔二二〕挑（桃）〔二三〕　臂彌反。椑子，果名也，上林苑多烏椑是也。
猳玃　古遐反，下居縛反。説文：大母猴也。似彌猴而大，色蒼黑，善攫持人，好顧眄也。

鼻柰耶律　第二卷

轝出　與居反。蒼頡篇：轝，舉也。對舉曰轝。
如砷　於甲反。自上加下也。
幡倢　且獵、字獵二反。謂口舌往來皃也。詩云：倢倢幡幡，謀欲譖言。傳曰：倢倢，猶緝緝。幡幡〔二四〕，猶翩翩也。

系頭　户帝反。
調達　第五比丘名也。

鼻柰耶律　第三卷

令〔二五〕碩　市亦反。方言：齊宋之間謂大曰碩。亦曰美也。
鑰牡　餘酌反，下莫後反。謂出鏁（鑰）〔二六〕者也。插關下牡也。案鑰與〔二七〕牡所以封固關閉令不可開也。
虺毒　古文虫、蜆二形，同。呼鬼反。毒蟲也。韓非子曰：蟲有虺者，一身兩口，争食相齕，遂相煞也。

鼻柰耶律　第四卷

牝牡　脾忍反。説文：畜母也，雌也。下莫苟反。説文：畜父也，雄也。飛曰雄雌，走曰牝牡，此一義也。
瓦閾　古文閪，同。呼域反。爾雅：柣謂之閾。郭璞曰：門限也。柣音田結反。
瓦楣　靡飢反。爾雅：楣謂之梁。郭璞云：門上横梁也。廣雅：楣，梠也。
四徼　古弔反。四門巷也。即廛（廛）〔二八〕中四徼曰是。
篅成　市緣反。説文：判竹圓以成（盛）〔二九〕穀。笆，篅也。笆音徒損反。

鼻柰耶律　第五卷

囈語　魚世反。眠中不覺妄言也。列子云「眠中痞囈呻呼」是

也。㿻音五合(含)〔三〇〕反。
赦宥　書夜反。説文：赦，置也。周禮三赦：一赦幼弱，二赦老耄，三赦愚惷。下禹救反。宥，寬也，宥亦赦也。周禮三宥：一宥不識，二宥過失，三宥遺忘。
筑笛　知六反。筑，形如箏，刻其頸而握之頸築之，故謂之筑。字從巩者，握持之也。巩音拱，共手爲拱字也。
桎梏　之日反，下古木反。在手曰桎，在足曰梏。蒼頡篇：偏著曰桎，參著曰梏也。
噤切　渠飲反。閉口爲噤，噤謂不開也。
赶尾　巨言反。通俗文：舉尾走曰赶。律文作揵，非體也。
肱挾　又作厷，同。古弘反。下胡頰反。廣雅：臂謂之肱。爾雅：挾，藏也。説文：挾，持也。
烹鴈　普羹反。烹，煮也。方言：烹，熟也。凡煮於鑊中曰烹，於鼎曰升〔三一〕。
敲節　又作敂(敂)〔三二〕，同。口交反。説文：敲，横擿也。謂下打者也。
擲抛　又作擿，同。丈亦反。擲，投也，抵也。下普交反。字林：抛，擊也。通俗文：杖壓曰抛。抛打亦通語也。今有抛車亦作此，音普孝反。律文作砲，非也。
[投夾]〔三三〕　古洽反。夾，膝也。

鼻柰耶律　第六卷

蝨蠹　丁故反。字林：木中蟲也。穿食人器物者，如白魚等並皆是也。
弓鞬　又作韊、靬二形，同。居言、口旦二反。廣雅：弓藏也，謂弓衣曰鞬。釋名：鞬，建也，弓矢並建立其中。
塔婆　或言偸婆，或言藪斗波，皆訛也。正言窣覩波，此言廟也。

鼻柰耶律　第七卷

痱癗　又作疿，同。蒲罪反。下力罪反。案痱癗，小腫也。
撓擾　字林：火刀反。撓，擾也。下如紹反。廣雅：擾，亂也。説文：擾，煩也。
激動　古歷反。流急曰激。激，發也，亦感激也。
如厭　伊琰反。字苑：眠内不祥也。蒼頡篇：伏合人心曰厭。説文：厭，合也。字從厂猒聲。厂音漢。

鼻柰耶律　第八卷

亘然　古鄧反。謂坦(恒)〔三四〕然也。亘亦遍也，竟也。
囁羅　楚快反。梵言阿婆囁羅，天子食地肥者也。
企望　古文跂、定二形，同。墟豉反。謂舉踵曰企。
淰水　江南謂水不流爲淰，音乃點反。關中乃斬反。説文：淰，濁也。埤蒼：淰，水無波也。律文作澹，非也。
捽滅　存没反。説文：手持頭髮也。捽亦擊〔三五〕。

鼻柰耶律　第九卷

掊水　蒲交反。通俗文：手把曰掊。説文：掊，把也。
劦掣　力計反。比丘名劦掣子也。

魁首　苦迴反。魁，帥也，亦首也。廣雅：魁，主也。

荼揭　尊者荼揭妒。渠謁反。人名也。

虵蠆　勑芥反。字林：皆行毒蟲也。關西謂蠍爲蠆蝅，音他達、力曷二反。

鼻柰耶律　第十卷

蚩弄　古文㟴，同。尺之反。廣雅：蚩，輕也。謂輕笑也。

緰襵　知獵、之涉二反。廣雅：襵，屈也，襞也。

噏飯　又作吸，同。希及反。廣雅：吸，飲也。吸猶引也。

盡県　吉堯反。說文：倒首也。賈侍中說：斷首倒懸即県字也。謂懸首於木上竿頭以肆其辜也。廣雅：県，磔也。或作梟，二形通用也。

㷠夜　梵言㷠夜泥，此言打杙封地也。

水竇　徒鬬反。謂水所道也。說文：竇，空也。孔穴也。

豍豆　補迷反。廣雅：豍豆，蹓豆也。

持戟　居逆反。廣雅：偃戟，雄戟也。方言：三刃杖。南楚宛[郢]〔三六〕謂之偃戟。

擭飯　於虢反。廣雅：擭，持也。謂以手擭取也。律文作摑，非也。

嚩噍　又作齰，同。補洛反，子立反。說文：噍皃也。取味也。

善見律　第一卷　沙門玄應撰

鹿野　在波羅柰國。昔日如來與提婆達多俱爲鹿王，各領五百餘鹿在此林中。時王出獵盡欲煞之，中有雌鹿懷子垂產，菩薩鹿王以身代之，王感仁慈，盡免其命，即以此林用施諸鹿，鹿野之號自此興焉也。

大寺　梵言鼻詩(訶)〔三七〕羅，此云遊，謂僧遊履處也。舊來以寺代之。寺，司也，公舍也，有法度也。釋名云：寺，嗣也。治事者相嗣續於其内也。字從寸㞢聲。㞢，古之字也。

衣桁　或作荇，胡浪反。可以架衣也。爾雅「竿謂之榹」是也。榹音移。

坋那　浮云反。阿毗曇藏名也。依字，廣雅：坋，分也。

鋘鈇　胡瓜反。此古文華字，又作鏵。下府于反。莝刃也，亦横斧也。鈇櫍也。

彷徉　婆羊反，下餘章反。廣雅：彷徉，徙倚也。案彷徉，徘徊也。

一尗　又作叔、𠦑二形，同。失六反。廣雅：大豆曰尗，小豆曰荅也。

遷提　淺仙反。言可遷徙提挈也。或作荃提，言以荃草爲之也。非此方物，出崑崙中。律文或作先提。

絜裹　古文絜，同。古纈反。絜，束也，繫也。字林：[麻]〔三八〕一耑也。

和上　經中或作和闍，皆訛也，應言鄔波弟邪。此云近誦。以弟子年小，不離於師，常逐常近，受經而誦也。又云鄔波拕邪，此云親教。舊譯云知罪知無罪，名爲和上也。

阿闍梨　經中或作阿祇利，皆于闐等諸國訛也。應言阿遮利夜，譯云正行。又言阿遮利邪，此云軌範。舊云於善法中教授令知名阿闍梨也。

哂陀　或忍反。摩哂陀者是阿育王子也。

善見律　第二卷

布薩　此訛略也。應云鉢羅帝提舍邪寐，此云我對説，謂相向説罪也。舊云浄住者，義翻也。

鶮鴣　之夜反，下古胡反。埤蒼：鳥，似服鳥而大。字指云：鶮鴣鳥，其鳴自呼，飛得(但)〔三九〕南不北，形如此(雌)〔四〇〕雉也。

企摩　輕以反。人名也。依字，企，立也。從人從止。經文從山作企(㠊)〔四一〕，古文危字，人在山上皃也。

迦螺　勒和反。人名也。律文作蠡，悦專反。爾雅：蠡，覆蜪，蟲名也。蠡非此用。

善見律　第三卷

唱薩　此言訛也。正言娑度，此譯云善哉。

整叜　楚力反。叜謂正方也。

善見律　第四卷

揀(楝)〔四二〕木　力見反。揀(楝)木子如指，白而黏，可以浣衣也。

一蛤　古合反。字林：燕雀所化也。秦曰牡蠣。

鑱刺　仕衫反。廣雅：鑱謂之鈹，謂針刺也。説文：鑱，鋭也。

誌名　字詁今作識。誌，記也。

善見律　第五卷

柴破　今作啋，同。子累反。廣雅：柴，口也。字書：鳥喙也。律文作嘴，徐兖反。嘴非此義也。

一㰅(㰅)〔四三〕　虚奇反。方言：陳楚宋魏之間謂蠡爲㰅(㰅)。郭璞曰：㰅(㰅)、蠡、瓠，勺也。今江東呼勺爲戲(㰅)〔四四〕。律文作桸，假借也。桸正音虚衣反。桸，木名也，汁可食也。桸非此義。

歠糜　古文作吷，同。昌悦反。説文：歠，飲也。歠，欲也。欲音呼荅反。律文作啜，時悦反。啜，茹也，嘗也。啜非今旨。

寄客　奇驕反。廣雅：寄，寄客也。律文作僑，高也。僑非此用。

緘口　古咸反。緘，閉也。字林：束篋也。廣雅：緘，索也。取其義矣。

善見律　第六卷

懟恨　直類反。爾雅：懟，怨也，忿也。

囊襻　又作䙙，同。普諫反。今衣要襻也。

爲鋌　徒頂反。謂銅鐵樸也。

翡翠　肥畏反，且醉反。雄赤曰翡，雌青曰翠，出鬱林。南方異物志云：翡大於鷰，小於烏，腰身通黑，唯匈前背上翼後有赤毛。翠通身青黃，唯六翮上毛長寸餘。其飛即羽鳴翡翠翠，因以名焉。字指云：南方取之，因其生子，漸下其巢，須可取之，皆取其羽也。

善見律　第七卷

癡疙　魚訖反。廣雅：疙，癡也。通俗文：小癡曰疙也。説文：癡，不慧也。埤蒼：癡，騃也。

生肬　又作疣、默二形，同。有流反。廣雅：肬，腫也。古文〔四五〕肬，贅也。小曰肬，大曰贅。贅音之芮反。

蚺蛇　而塩反。字林：大蛇也。可食，大二圍，長二丈餘。異物志云：蚺蛇食灰，吞鹿出鹿，與巴蛇同也。

鵄鳩　音浮，俗多作鴀，渠六反。通俗文：隹其謂之鴀〔四六〕鳩。爾雅：隹鳺鴀〔四七〕。郭璞曰：即鵄鳩也。律文作孚，非體也。

狗獺　他遏、他鎋二反。説文：形如小犬，水居食魚者也。律文多作狚、獭、嬾三形，並非也。

榛牛　疾辛反。字略云：牛名也。

善見律　第八卷

從容　門木〔四八〕也。案：從容，舉動也。今取其義也。

床户　又作槺，同。口減反。通俗文：小户曰床。字書：床，窗也。律文作居，字與扊同，音餘冉反。户鍵也。又音簟，非今所用也。

擺撥　又作捭（擺）〔四九〕，同。補買反。下補沫反。説文：擺，兩手垂下前後揮也。廣雅云：揮，開也。撥，除也，揚也。

虫蛀　俗音注，此應蠹字，丁故反。謂蟲物損壞衣者，如白魚等也。律文有改作住也。

户向　許亮反。三蒼：北出户也。律文作扃，古熒反。關鈕也。扃非此用也。

作繖　又作傘，同。桑爛反。謂繖蓋也。

蟹眼　又作蠏，同。胡買反。説文：水蟲也。八足，二螯，旁行也。

米黏　又作粘，同。户孤反。粘、黏二體也〔五〇〕。

縷茸　如容反。説文：茸，草茸也。亦亂皃也。今取其義也。

三股　又作骰，同。公户反。説文：股，髀也。謂脛本曰股，今取其義。律文作鼓，非體也。

八廉　力占反。廣雅：廉，棱也。方言：箭三廉者謂之羊頭箭也。

弓法　居雄反。世本：揮作弓。宋忠注云：黄帝臣也。山海經：少昊生般始爲弓〔五一〕。此言是也。説文：以近窮遠故曰弓也。律文從木作杛，非體也。

門闑　又作臬，同。魚列反。小爾雅：橛謂之闑。郭璞曰：門梱也。

善見律　第九卷

大瓨　又作堈，同。古郎反。方言：瓨，瞿（甖）〔五二〕也。注云：今江東通言大瓮爲瓨。

无籃　力甘反。笸屬也。字林：大客也。客，抔（杯）〔五三〕籠也。纂文云：大笸也。客音力各反。方言：抔（杯）客也。

及籐〔五四〕　徒登反。廣雅：藤，藟也。今呼草蔓莚如葛之藟者爲藤也。

甘蕉　子姚反。出廣州。子不堪食，生人間籬，搽（援）〔五五〕上作

藤，用薄擣傳匯大驗也。

椰子　聲類作茀，同。以車反。異物志云：椰高十尋，葉居其末[五六]，果名也。子及[葉][五七]席遍中國。

手搦　又作敜。女卓、女革二反。搦猶捉也。說文：搦，按也。

石楮　今作支，同。之移反。爾雅：楮，柱也。說文：柱下也。

及鱷[五八]　五各反。廣雅：魚名也。鱷魚長二丈餘，有四足，似鼉，齒至利，有禽鹿入水，齧腰即斷。

魚笱　古厚反。謂以薄爲魚笱也，曲竹捕魚者也。

攣取　九万反。通俗文：汲取曰攣。說文：攣，抒漏也，舀也。舀音弋少反。

鑰匙　又作䦾，同。餘酌反。下是支反。律文或有從手作提，非也。

善見律　第十卷

麈麖　之庾反。字林：似鹿而大，一角也。麖又作麠（麠）[五九]，同。居英反。爾雅：麖，大麃，牛尾，一角。麃即麞也，色黑，耳[白][六〇]。麃音蒲交反。麞（麞）[六一]別名也。

直賧　又作瞼（賧）[六二]，同。徒感反。通俗文：市買先入曰賧。今言賧錢者也。

粆[六三]糖　又作餹，同。徒郎反。煎甘蔗作之也。

木槿　居隱反。爾雅：椵木槿，櫬木槿。似李花，朝生夕殞，可食者也。

善見律　第十一卷

上湍　土桓反。疾水也。說文：疾瀨也。水流沙上曰瀨。瀨，淺水也。

五篙　古豪反。謂刺船竹也。長二丈，以鐵爲鏃者也。

肪膏　府房反。說文：肪，肥也，脂也。三蒼：有角曰脂，無角曰膏也。

有橐　蒲戒反。謂鍛[六四]家用炊火令熾也。

箛簇　古胡反。以尖竹頭布地也。下楚角反。東京賦云：琫瑁不簇。薛綜曰：不叉簎取之也。廣雅：胡餅家用簇。簇，刺。簎音叉白反，矛屬也。

漫讚　莫半反。漫猶不實也，不分別善惡也。律文作數敚。數，無文彩也。敚非此用也。

遭涂　又作塗（涂）[六五]、涵二形，同。胡南反。方言：涂，沉也。字體作涵，船沒也。

縋煞　又作硾，同。直僞反。謂懸重曰縋也。通俗文「懸鎮曰縋」是也。

拼石　古文抨、絣二形，同。補耕反。謂振繩墨拼彈者也。

壘柵　力癸反，下叉白反。軍壁曰壘，豎木曰柵也。

時笮　側格反。笮猶壓也。今謂笮出汁。

剗草　又作鏟，同。初眼反。廣雅：剗，削也。聲類：剗，平也。

善見律　第十二卷

脚夾　古洽反。夾，取也。三蒼：夾，輔也。

捻置　奴頰反。通俗文：指持爲捻。捻亦程（捏）[六六]也。

善見律　第十三卷

屋霤　又作廇，同。力救反。說文：屋水流下也。凡水流下皆曰

雷。律文作留，非體也。

孱那　士簡、士延二反。比丘名也。

儒耎　而俱反。説文：儒，柔也。術士之猶（稱）〔六七〕也。耎，弱也。

善見律　第十四卷

誘訹　古文羑、誦、詨三形，同。餘手反。説文：誘，道（導）〔六八〕也。引也，教也。亦相勸也。訹，私律反。説文：訹，誘也。廣雅：訹，談（詨）〔六九〕也。律文作哷，非也。下作恤，非體也。

物裨　又作埤、錍二形，同。毗移反。又音畀，補也，助也，增也，益也。

殕壞　敷九反。廣雅：殕，敗也。埤蒼：殕，腐也。

翁親　烏功反。安（案）〔七〇〕鳥頭上毛曰翁。翁，一身之最上；祖，一家之最尊。祖爲翁者，取其尊上之意也。

細綴　又作綴（緻）〔七一〕，同。遲致反。案緻，密也。

善見律　第十五卷

俸禄　扶用反。案俸，與也。膏（稾）〔七二〕米賜錢皆曰俸也。禄，福也。案古者未有耕稼，民食野鹿，在事之人闕於田獵，官賜以物，當其鹿處，後人因之謂爲食鹿。變鹿爲禄者，取其神福之義也。

渥地　烏學反。謂沾濡曰渥也。渥亦厚也。

鼉鱓　又作鱔、䱇二形，同。音善。訓纂云：蛇魚也。

香葶　撫俱反。梵言憂尸羅。此譯言皮也，亦花也。

摒擋　方政反，下多浪反。通俗文：除物曰摒擋。摒，除也。

木摶　字宜作剸。徒端反。剸謂剸截也。

水觚　古胡反。論語：觚哉。馬融曰：觚，禮器也。一升曰爵，二升曰觚是也。律文作觚（觚）〔七三〕，非也。

謇吃　居展反，下居乞反。通俗文：言不通利謂之謇吃。律文作謇（蹇）〔七四〕、蹇（騫）〔七五〕二形，非也。

善見律　第十六卷

穄米　子曳反。説文：穄似黍而不粘者也。關西謂之䵚〔七六〕是也。

物撓　火高反。説文：撓，擾也。謂撓攪也。

撩與　力條反。撩，擲也。説文：撩，理也。

腹羅　或作福羅，或云富羅。正言布羅，此云短靿靴也。

傖吴　仕衡反。晉陽秋曰：吴人爲（謂）〔七七〕中國人爲傖人。俗又總謂江淮間雜楚爲傖。

卷褺　徒頰反，襞也。字林：重衣也。

瘤病　力周反。説文：瘤，腫也。聲類：瘤，瘜肉也。謂腫結不潰散者也。

鐵烙　力各反。謂燒鐵著物也。律文作鉻，非也。

善見律　第十七卷

下矴　都定反。謂柱下石也。經文作碇，近字也。

那蒐　所留反。外國藥名也。

薟子　今作掱〔七八〕，同。汝誰反。蘂草也，核〔七九〕可治眼。字從艹生，豕聲。

除苹　皮兵反。爾雅：苹，萍。其大者蘋。注云：水中浮萍也。

善見律　第十八卷

箱篋　司羊反，下苦協反。箱謂盛衣器也。

指挃　知栗反。廣雅：挃，刺也。謂以手指觸人也。

佛阿毗曇論　上卷　玄應撰

生蕚　又作樗，同。五各反。謂承花者曰蕚。

佛阿毗曇論　下卷

閹人　於儉反。説文：閹竪，宮中閹昏閉門者也。周禮：閹十人。鄭玄曰：閹，精氣閉藏者，今謂之宦〔八〇〕人也。主閉門户故曰閹。

挼不　奴廻、奴和二反。説文：挼，摧也。兩手相切也。

紋身　無分反。謂繒有文章曰紋。又作文，古文作彣。青與赤爲文。説文：錯畫。

𤸷人　於解反。廣雅：𤸷，矬也。

氣嗽　宜作欬瘷。欬音苦代反，江南行此音。又丘既反，山東行此音。下蘇豆反。説文：瘷，逆氣也。上氣疾也。蒼頡篇：齊部謂瘷曰欬。論文作氣，非也。

枯癎　核間反。聲類：今謂小兒瘨曰癎也。

血瘺　宜作瘻，音漏，瘻屬也。身中蟲，頸〔八一〕腋隱處皆有也。或作漏，血如水下也。

陰頽　徒雷反。釋名：陰腫曰頽。字林作瘣，重疾也。

尰血　又作瘇，上隴反。爾雅：腫足爲尰。今巴蜀極多此疾。手臂有者亦呼爲尰也。

毗尼律　第一卷　第二卷　先不音。

瘤癖　力州反。説文：瘤，腫也。聲類：瘤，瘜肉也。

噦吐　於月反。通俗文：氣逆曰噦。説文：噦，氣牾〔八二〕也。

毛冗　如勇反，散也。宜作毦，而容反。謂古貝垂毛者也，毦飾也。

毗尼律　第三卷

銼鑹　才戈、才鹿二反，下力戈反。聲類：小釜也，亦土釜也。名鎢錥，音烏育。

相跋　説文作犮，同。補末反。相跋躐也。躐，踐也。躐音力涉反。

掊汗　蒲交反。通俗文：手把曰掊。説文：掊，把也。律文作刨，近字也。

俟一　古文竢、㸉、𨑹三形，同。事几反。爾雅：俟，待也。

讁阿　知革反。方言：讁，怒也。郭璞曰：謂相責怒也。讁，譴也。譴，訶也，責也。

毗尼律　第四卷

聰喆　又作哲、悊二形，同。知列反。爾雅：哲，智也。方言：齊

宋之間謂智爲哲，明了也。

傳之　方務反。案傳猶附也。謂塗附也。漢書「皆傳脂粉」是也。

鉼土　補赤反。埤蒼：鉼，大犁耳也。

衧之　又作褚，同。知呂反。通俗文：裝衣曰衧。

漉著　或作淥，同。力木反。水下貌也。漉，浚也。律文作濾，近字也。

餐饙　思流反。下又作餴，同。府云反。字書：蒸米也。廣雅：饙謂之餐。爾雅云：饙，稔也，亦餾也。

毗尼律　第五卷

刻鏤　肯則反。爾雅：木謂之刻。注云：治璞之名也。廣雅：刻，書也。鏤，力鬪反。爾雅：金謂之鏤。鏤，刻也。

銅魁　苦迴反。説文：羹斗也。律文作欟，又作鐦，皆非也。

燭樹　時注反。樹猶立也。或作豎，殊庾反。説文：豎，立也。兩通。

相敢　古膽反。三蒼：敢，必行也。不畏爲之也。廣雅：敢，勇也。敢，犯也。亦進也，謂相競。

賜金　古文作貽，同。几髮(髮)〔八三〕反。廣雅：賜，賭也。賭物爲賜也。

稚彀　梵言壹蒭。此云箭也。今作彀，古候反。説文：張弓弩也。

饋汝　古文餽，同。渠魏反。説文：饋，餉也。進物於尊者亦曰饋。饋亦祭名也。

毗尼律　第六卷

淋水　古文瀶，同。力針反。字林：以水沃也。灌也。

師範　又作范，同。音犯。爾雅：範，法也，常也。

搔摸　桑勞反。説文：搔，刮也。搔，抓也。下亡各反。方言：摸，撫也。即摸㨎也。律文作撈，力高反。方言：鉤取也。撈非此義。

欱作　呼合反。説文：欱，歠也。欱，合也。文中作哈，土合反。哈然失所也。字書此與呫字同，徒濫反，並非此義。

攲側　又作攱、崎、攲三形，同。丘知反。説文：攲嘔，傾(傾)〔八四〕側不安也。

毗尼律　第七卷

木柿　敷癈反。説文：削朴也。朴，札也。謂削木皮也。

毗尼律　第八卷

體瘃　又作瘃，同。知録反。謂手足中寒作瘡者也。

籬上　又作攡(欚)〔八五〕、拖(㸰)〔八六〕二形，同體〔八七〕。力支反。通俗文：柴垣曰籬。釋名云：以柴作之，疏離離然也。

薩婆多毗尼婆沙　第一卷　第二卷　先不音。

薩婆多毗尼婆沙　第三卷　玄應撰

作發　府越反。謂機發也。説文：射，發也。廣雅：發，舉也。律文作撥，補沫反。撥，除也。撥，去也。撥非此義也。

飄然　敷遥反。飛揚皃也。飄猶吹也。輕飄也。律文作驃，方召反。馬色也。驃非此用。

波演　梵言波衍那。此云周匝廊舍院也。

以摘　都革反。蒼頡篇：取也。

薩婆多毗尼婆沙　第四卷

漸染　或作瀸，同。子廉反。廣雅：漸，漬也，濕也，相染污也。後漢書「墨子泣乎白絲如〔八八〕漸染之易性」是也。律文作冉，毛也。冉非此用。

稸積　又作蓄，同。恥六反。蒼頡篇：稸，聚也，積也。

甲胄　古文軸，同。除救反。字林：兜鍪也。律文作鈾，非也。

大棒　又作棓，同。蒲講反。説文：棒，大杖也。

一弗　初眼反。字苑：今之炙肉弗也。

駝毛　大河反。河(駞)〔八九〕駝也。律文從馬作駝，非體也。

羖羊　公户反。亦名羯羊。三蒼：羖攊也。

揵稙　直致反。舊經多作揵遲，梵言臂吒揵稚。臂吒，此云打。揵稚，所打之木，或檀或桐。此無正翻。彼無鐘磬故也。今經律多作揵椎，誤也。

薩婆多毗尼婆沙　第五卷　先不音。

薩婆多毗尼婆沙　第六卷

羅芳　郎北反。香菜也。俗言避石勒諱改名羅香也。律文作勒，非體也。

胡荾　又作荽，字苑作葰，同。私規反。韻略云：胡荽，香荽也。博物志云：張騫使西域得胡綏。今江南謂胡葰，亦爲葫䔢，音胡析。閭里間音火孤反。

薩婆多毗尼婆沙　第七卷

鵽鶉　竹刮反。爾雅：鵽鳩，寇雉。郭璞曰：大如鴿，似雌雉，鼠脚，歧尾，爲鳥憨急，群飛，出北方沙漠地也。俗名突厥雀也。憨音呼濫反。

猖狂　齒揚反。謂狂騃也。莊子云「猖狂妄行」是。

薩婆多毗尼婆沙　第八卷

牙旗　渠基反。熊虎爲旗，刻牙爲飾，因以名焉。論文作衙，牛墟反。行皃也。又作衙〔九〇〕，魚家、魚舉二反。馮翊縣名也。並八(非)〔九一〕此用。

薩婆多毗尼婆沙　第九卷

蟻封　府逢反。封謂起土增高也。封亦厚也。如封壇界也。

不喫　口迹反。謂喫，噉。

嚼食　自略反。廣雅：嚼，茹也。字書：咀也。亦即噍嚼也。

明了論　玄應撰

竝起　又作並，同。蒲鞕、蒲茗一[九二]反。爾雅：並，併也。併音蒲茗反。

布沙他　或作甫沙他，此云增長。謂半月叉磨增長戒根。叉磨，此云忍，謂容恕我罪。舊名懺者，訛略也。

欚牆　又作籬、拖（杝）[九三]二形，同。力支反。通俗文：柴垣曰欚。釋名云：以柴作之，疏離離然也。

一切經音義　卷第六十五

校勘記

〔一〕文　獅爲「説文」。檢説文無此條。
〔二〕下古押也　玄卷十六釋此詞爲「下古狎反」。
〔三〕轉　玄卷十六釋此詞作「輔」。
〔四〕牒　玄卷十六釋此詞和今傳本郭璞注作「膝」。
〔五〕能事無形以降神也　今傳本説文爲「祝也，女能事無形以舞降神者也」。
〔六〕傷　玄卷十六釋此詞作「傷」。下同。
〔七〕蟲　玄卷十六釋此詞作「蠱」。
〔八〕⿰山惡　獅和玄卷十六釋此詞作「⿰山忽」。
〔九〕良　玄卷十六釋此詞作「艮」。
〔一〇〕茈　玄卷十六釋此詞作「茫」。
〔一一〕挮　磧本玄卷十六釋此詞作「涕」。
〔一二〕肓　據文意似當作「賓」。
〔一三〕握　今傳本説文作「圜」。
〔一四〕出物也　今傳本説文爲「出物貨也」。
〔一五〕説文：蹶起也　獅和今傳本説文作「跳，蹶也」。
〔一六〕調曜　獅作「徒聊」。
〔一七〕坫　據文意似當作「坫」。
〔一八〕謏，小也。又修酉反　獅爲「音小，説文小也，誘也」。玄卷十六釋此詞爲「謏亦了也」。
〔一九〕也　麗無，據獅補。
〔二〇〕揵　玄卷十六釋此詞作「犍」。
〔二一〕也　麗無，據獅補。
〔二二〕捭　據文意當作「椑」。下同。
〔二三〕挑　玄卷十六釋此詞作「桃」。
〔二四〕憣憣　據文意當爲「幡幡」。
〔二五〕令　獅作「全」。
〔二六〕鎖　獅作「鑰」。
〔二七〕與　獅作「爲牝」。
〔二八〕屆　磧本玄卷十六釋此詞作「屢」。
〔二九〕成　獅作「盛」。
〔三〇〕合　磧本玄卷十六釋此詞作「含」。
〔三一〕升　獅作「煮」。
〔三二〕敲　磧本玄卷十六釋此詞作「敲」。
〔三三〕投夾　麗無，據玄卷十六釋此詞和獅補。
〔三四〕坦　據文意似作「恒」。
〔三五〕捽亦擊　獅爲「捽亦擊地也」。
〔三六〕郢　麗無，據玄卷十六釋此詞和獅補。
〔三七〕詩　獅作「訶」。
〔三八〕麻　麗無，據磧本玄卷十六釋此詞補。
〔三九〕得　獅和玄卷十六釋此詞作「但」。
〔四〇〕此　玄卷十六釋此詞作「雌」。
〔四一〕仚　據文意似作「仚」或「屳」。玉篇：「仚，人在山上。今作危。」
〔四二〕揀　磧本玄卷十六釋此詞作「楝」。下同。
〔四三〕攕　磧本玄卷十六釋此詞作「櫼」。下同。
〔四四〕戲　磧本玄卷十六釋此詞作「櫼」。
〔四五〕古文　玄卷十六釋此詞爲「説文」。
〔四六〕鵻　獅作「鳺」。
〔四七〕爾雅：隹鳺鳲　今傳本爾雅爲「隹其鳺鴀」。
〔四八〕門木　磧玄卷十六釋此詞爲「閑」。
〔四九〕椑　磧本玄卷十六釋此詞作「捭」。
〔五〇〕黏　玄卷十六作「黏」。黏二體也　玄卷十六釋此詞爲「黏也」。
〔五一〕山海經：少昊生般始爲弓　今傳本山海經爲：「少皡生般，般是始爲弓矢。」
〔五二〕瞿　獅作「䀠」。

〔五三〕抷　玄卷十六釋此詞作「杯」。下同。
〔五四〕籐　玄卷十六釋此詞作「籐」。
〔五五〕搎　玄卷十六釋此詞作「援」。
〔五六〕未　疑當作「末」。
〔五七〕葉　麗無，據玄卷十六釋此詞和獅補。
〔五八〕鰐　即「鰐」字，獅作「鰐」。
〔五九〕鼉　獅作「鼉」。
〔六〇〕白　麗無，據玄卷十六釋此詞和獅補。
〔六一〕糜　玄卷十六釋此詞作「糜」。
〔六二〕瞼　玄卷十六釋此詞作「瞼」。
〔六三〕粆　獅作「沙」。
〔六四〕鍛　據文意似當作「鍛」。
〔六五〕塗　玄卷十六釋此詞作「淦」，似作「滀」。
〔六六〕程　獅作「捏」。

〔六七〕猶　玄卷十六釋此詞作「稱」。
〔六八〕道　玄卷十六釋此詞作「導」。
〔六九〕談　玄卷十六釋此詞作「談」。
〔七〇〕安　玄卷十六釋此詞作「案」。
〔七一〕綴　玄卷十六釋此詞作「緻」。
〔七二〕膏　玄卷十六釋此詞作「槀」。
〔七三〕觚　玄卷十六釋此詞作「觗」。
〔七四〕謇　玄卷十六釋此詞作「寋」。
〔七五〕蹇　獅作「騫」。
〔七六〕糜　玄卷十六釋此詞作「糜」，獅作「糜」，據文意似當作「糜」。
〔七七〕爲　玄卷十六釋此詞作「謂」。
〔七八〕捘　獅作「按」，據文意似當作「荾」。
〔七九〕核　獅作「枝」。

〔八〇〕窅　獅作「宫」。
〔八一〕頸　即「頸」。
〔八二〕寤　獅作「娪」，據文意似當作「悟」。
〔八三〕髮　獅作「髮」。
〔八四〕傎　玄卷十六釋此詞作「傾」。
〔八五〕攤　磧本玄卷十六釋此詞作「攤」。
〔八六〕拖　磧本玄卷十六釋此詞作「杝」。
〔八七〕體　玄卷十六釋此詞無，似衍。
〔八八〕如　今傳本後漢書作「知」。
〔八九〕河　玄卷十六釋此詞作「駈」。
〔九〇〕衙　磧本玄卷十六釋此詞作「徛」。
〔九一〕八　玄卷十六釋此詞作「非」。
〔九二〕一　獅作「二」。
〔九三〕拖　玄卷十八釋此詞作「杝」。

一切經音義　卷第六十六

小乘論音

翻經沙門慧琳撰

音阿毗曇八揵度論三十卷　玄應
發智論二十卷　慧琳
法藴足論十二卷　慧琳
集異門足論二十卷　上帙十卷　慧琳　下帙十卷音入後卷

右四論八十二卷同此卷音

阿毗曇八揵度論　第一卷　沙門玄應撰

跋渠　亦言伐伽，此譯云部，亦品之別名也。

首盧　亦名室路迦，或言輸盧迦，彼印度數經皆以三十二字爲一輸盧迦，或名伽陀，即一偈也。

阿毗曇八揵度論　第二卷　先不音。

阿毗曇八揵度論　第三卷

貪饕　又作飸，同。他結反。說文：餮，貪食也。論文或作饕，音他勞反。杜注左傳云：貪財曰饕，貪食曰餮也。

阿毗曇八揵度論　第四卷　第五卷　第六卷

乃至第十六卷　並先不音。

阿毗曇八揵度論　第十七卷

户鬮　古文作鑰，同。余酌反。方言：關東謂之鍵，關西謂之鬮。

鍼筒　古文作箴、針二形，今作鍼，同。支諶反。說文：所以用縫衣者也。

羠形　羠音夷。聲類云：騬羊也。徐廣曰：羯羠，猛健羊也。騬音食陵反。

犛牛形　卯包反。西南夷長毛牛也。論文作猫，非也。

阿毗曇八揵度論　第十八卷已下至第二十七卷總十卷　並先不音。

阿毗曇八揵度論　第二十八卷

無替　他計反。爾雅：替，癈也。替，滅也。言滅絶之也。說文作暜，並而立一偏下曰替。

阿毗曇八揵度論　第二十九卷

樂𤸃　都絳、呼貢二反。字林：愚也。謂貪飫樂[一]覿畔，味著無猒足，若於苦中，如駝食蜜也。新經論中譯爲「躭嗜者」是也。

阿毗曇八揵度論　第三十卷

不孕　古文䏲，同。餘證反。説文：裹子也。廣雅：孕，身也。含實曰孕。

秃騵　音元。三蒼：赤馬白腹曰騵。

三蕅　又作蕅、藕二形，同。五口反。泉名也。依字，芙蓉根也。

渶焦　烏木[反][二]。案郭璞注江賦云：大壑在東海外。渶焦，海所瀉源水注處也。今取無窮無極義也。

阿毗達磨發智論　第一卷　沙門慧琳撰

煗身　上奴管反。廣雅云：煗，温也。爾雅：㬉也。説文作煖，從火耎聲。或作㬉，今通作暖。論作煗，音而珠反，非也。

煙餤　上咽賢反。字書：正從垔作煙。論文從因作烟，俗用字也。蒼頡篇云：煙，煴也。廣雅云：臭也。國語云：焚煙達於上也。説文云：火氣也。從火垔聲。煴音愠雲反。垔音一人反。下閻蹔反。案字書正從炎作燄。論文作焰，俗用字也。孔注尚書云：若火燃燄燄尚微其所及也。字書云：燄，火燄也。説文云：火行微燄也。從炎臽聲也。臽音陷。

羯刺藍　上謇孽反，中蘭怛反，下覽甘反。梵語也。類初受胎精氣之名也。

頞部曇　上安葛反。亦梵語也。即上之胎藏漸變之也。

閉尸鍵南　鍵音其偃反。亦梵語。

哀羅伐拏　下搦加反。梵語云龍王名也。

阿毗達磨發智論　第二卷

輕捷　下潛葉反。考聲云：捷，健疾也。詩傳云：捷，勝也。杜注左傳云：克也。又云成也。説文云：㩕也。軍獲得也。從手疌聲，㩕音藍帀反。疌音同上。

鋸解　上居御反。淮南子云：良匠不能以制木，可截之以鋸也。國語云：刑用刀鋸也。説文云：搶唐也。從金居聲也。下皆蟹反。賈逵注國語云：解，削也。郭璞注方言云：脱也。廣雅云：散也。説文：判也。從刀判牛角也。

輕躁　下遭喿反。喿音搔到反。顧野王云：躁猶動也。賈逵注國語云：擾也。鄭注論語云：不安静也。古今正字：從足喿聲。

焦灼　上勦遥反。廣雅云：焦，黑也。鄭注禮記云：煙於火中也。又云火之臭也。説文云：火所燒也。古文作𤓰，今省爲焦，論作燋，非也。下章若反。考聲云：灼，燒也。方言云：驚也。蒼頡篇云：爆也。文字典説云：炙也。灼龜也。從火勺聲，爆音包皃反。

𧂭瞢　上騰隥反，下墨堋反。並去聲字。考聲云：𧂭瞢，臥初起皃也。瞢音稜蹬反。杜注左傳云：𧂭瞢，悶也。文字典説

云：瞢瞢，目不明也。二字並從夢省，登、目皆聲也。

饕餮　上討刀反，下天跌反。前有部律第五十卷已釋訖。

嘗啜　上尚章反。字書：正從旨作嘗（嘗）〔三〕。論文從口作噇，非也。考聲云：嘗，美也。顧野王云：嘗，口中味之也。白虎通云：言嘗新穀也。文字典説云：秋祭名也。從旨尚聲也。下川爇反。字書：從欠作歠。正體字也。論文從口作啜，俗用字也。廣雅云：啜，食也。爾雅云：茹也。文字典説云：嘗，食也。從口叕聲。叕音陟劣反。

阿毗達磨發智論　第三卷

四輗　下鬻格反。論文作輗（軛）〔四〕，俗字也。鄭注考工記云：謂轅端上壓牛領木也。説文云：輗者，車轅前木也。從車戹聲。戹音上同。

阿毗達磨發智論　第四卷

瀑流　上袍帽反。蒼頡篇云：瀑，潰也。文字典説云：江河水漲急也。説文云：疾雨也。從水暴聲，暴音同上。

阿毗達磨發智論　第五卷

掉舉　上條弔反。賈逵注國語云：掉，摇也。廣雅云：振也。春秋傳云：尾大不掉也。文字典説云：振，訊也。從手卓聲。訊音信。下舉字，下從手。

阿毗達磨發智論　第六卷

惛沈　上呼昆反。孔注尚書云：惛，亂也。鄭箋詩云：童惛謂無所知也。廣雅：癡也。説文：不明憭也。從心昏聲。憭音了，昏音同上。下沈音直林反。

阿毗達磨發智論　第七卷　無字可音。

阿毗達磨發智論　第八卷

塵瞖　下伊計反。考聲云：目中病也。字書云：塵瞖，瘴目也。字林：亦目病也。案瞖字，目障也，無所見也。從目殹聲，殹音同上。

阿毗達磨發智論　第九卷第十卷　並無字可音。

阿毗達磨發智論　第十一卷

穢濁　上萎衛反。字書云：穢，蕪也。顧野王云：穢，不潔清也，惡也。文字典説云：草穢也。從禾歲聲。亦作薉。下撞學反。蒼頡篇云：濁，淖也。顧野王云：濁者不清潔之稱也。文字典説云：載清載濁也。從水蜀聲。淖音撓。

宋嘿　上情曆反，正體字也。論文作寂，俗用字。方言云：寂，安靜也。説文：無人聲也。從宀尗聲。宀音綿，尗音叔。下僣北反。字書正體字。論文從黑作嘿，俗字也。考聲

云：嘿，不言也。漢書云：嚜嚜，不自得意也。文字典說云：嚜，無言也。從口墨聲。

卵㲉 上鸞短反，下苦角反。前有部律第十九卷中已具釋訖。

阿毗達磨發智論 第十二卷

有覆 下孚救反。賈逵注國語云：覆猶蓋也。禮記云：天無私覆也。說文云：覂也。從襾復聲。覂音封奉反。

憙渴 下看遏反。顧野王云：渴謂須飲也。蒼頡篇云：涸也。毛詩云：匪渴也。說文云：盡也。從水曷聲。涸音胡各反。

阿毗達磨發智論 第十三卷

薪積 上信津反。考聲云：薪，析木也。鄭注禮記云：薪，柴也。又注周禮云：木曰薪也。文字典說亦云：柴也。從草新聲。下資賜反。周禮云：遺人掌邦之委積。鄭注云：少曰委，多曰積也。說文：聚也。從禾責聲。論從草作積，非也。

摶如 上奪鸞反。考聲云：令相著也。博雅云：摶猶握也。附持也。杜注左傳云：摶者，手摶也。又云取也。字書云：按圓也。說文云：圜也。從手專聲。

融銷 上育嵩反。考聲云：融，銷也。說文：炊氣上出也。從鬲從蟲省聲也。鬲音曆。下小焦反。鄭注禮記云：銷，散也。說文云：鑠金也。從金肖聲，鑠音商斫反。

阿毗達磨發智論 第十四卷

媅嗜 上荅南反。考聲云：媅亦嗜也，玩也。毛詩云：女之媅兮。說文：媅，樂也。從女從甚，會意字也。論文從身作躭，俗字也。下時至反。考聲云：貪也，欲也，愛也。孔注尚書云：甘嗜無厭足也。鄭注禮記云：慾喜也。又云：貪也。文字典說：從口耆聲。

阿毗達磨發智論 第十五卷

有癡 下耻之反。埤蒼云：癡，騃也。淮南子云：不免於狂癡也。說文云：不慧也。從疒疑聲也。騃音五解反。疒音女戹反。

阿毗達磨發智論 第十六卷 無字可音。

阿毗達磨發智論 第十七卷

靜慮 上情性反。爾雅云：靜，謀也。顧野王云：靜，安也，治也，息也，和也，思也。說文云：審也。從青争聲。下呂據反。鄭箋詩云：慮，謀也。爾雅云：思也。廣雅云：識也，廣也。文字典說：從思虍聲。虍音呼。

阿毗達磨發智論 第十八卷

胎卵 上泰來反。淮南子云：婦孕四月而胎也。蒼頡篇云：胎

謂未生也。廣雅云：三月爲胎也。說文亦云：婦孕三月也。從肉台聲也。下鸞短反。考聲云：鳥子未分也。說文云：凡命無乳者卵生也。象形字也。

淳質　上順倫反。亦作膞、憞。論作淳，俗用字也。案淳質之字正從酉作醇。漢書云：一色成體謂之醇，言不雜也。孔注尚書云：粹也。又云：爲醇一之行也。賈逵云：專也。廣雅：厚也。說文：從酉𦎫聲。𦎫音同上。亦作純。

阿毗達磨發智論　第十九卷

哮吼　上孝交反。埤蒼云：哮嚇，大怒也。古今正字云：豕驚聲也。從口孝聲也。嚇音赫。下訴狗反。字書：正作吽，又作呴也。論文作吼，俗用字也。考聲云：牛虎鳴曰吼也。古今正字云：熊羆子呴嘷也。又謂獸聲也，鳴也，嘷也。從口孔聲也。嘷音豪也。訴音黑搆反。

惛沈　上忽昆反，下朕淋反。前第六卷中已釋訖。

阿毗達磨發智論　第二十卷

檛打　上竹瓜反。考聲云：檛，擊也。馬策也。聲類云：檛，捶也。魏志云：檛，折其脚也。文字典說云：打也。從木過聲也。

妙翅鳥　翅音詩至反。以形色爲名也。背及兩翅皆作金色，亦名金翅鳥，即梵語名迦婁羅王也。

塵坌　下盆悶反。前有部律第四十卷中已釋訖。

鵂鶹　上朽尤反，下音留。考聲云：怪鳥也。集訓云：鵂鶹即鵋鶀，惡鳥也。爾雅：鵅，鵋鶀。郭注云：今江東呼鵂鶹爲鵋鶀，亦謂之鴝鵒。案此鳥晝伏夜飛，巢於崖穴中。鵂鶹與鵋鶀皆以所鳴之聲爲名也。大如角鷹，倉黑班色，食諸小鳥及蛇鼠等。

凶險　下枚奄反。杜注左傳云：險猶惡也。賈逵云：危也。廣雅云：難也。方言云：高邊也。說文云：阻難也。從阝僉聲。論文作獫，非也。

度塹　下鐵艷反。顧野王云：今謂城池爲塹也。字書云：城隍也。周書云：無渠塹而中也。說文云：塹，坑也。從土斬聲。

阿毗達磨法蘊足論　第一卷　沙門慧琳撰

虛誑　下居況反。考聲云：誑，欺之以言也。賈逵注國語云：誑猶惑也。杜注左傳云：欺也。文字典說：亦惑也。從言狂聲。

耽諸　上膽甘反。前發智論第十四卷中已釋訖，正作媅。

策勵　上鐺索反，下力制反。前有部律第六卷已釋訖。

罝弶　上借邪反。郭注爾雅云：罝猶遮也。文字典說云：兔罟謂之罝也。從网且聲也。网音网。下强觖反。字書：正作弶。論文作搉，非也。前有部律第三卷中已具釋訖。

捃多比　上君惲反。惲音緼捃反。梵語也。

隁塞　上蔫憶反。今亦作堰。論文作堰，非也。顧野王云：隁，所以停畜〔五〕水也。考聲云：塞也。文字典說云：從阝匽聲。匽音同上。下僧則反，俗字也。說文：正從𡨄作𡫳。考聲：窒也，滿也，當也。鄭注論語云：塞猶蔽也。說文

云：隔也。從土塞聲。塞音上同。𡍮音展。

抄掠　上初窖反。字書云：抄亦掠也。古今正字云：謂强取物也。從手少聲。下力斫反。前有部律第十卷已釋。

婁媵　上正妻字。下承證反。考聲：媵謂從嫁也。杜注左傳云：送女曰媵也。方言云：媵，寄也。又云託也。文字典說云：媵之以姪娣。從女勝省聲。

麴糵　上穹鞠反。尚書云：若作酒醴。爾雅：麴，糵也。左氏傳云：有麥麴乎。方言云：宋魏陳楚之間謂麴爲茁也。文字典說云：從麥匊聲。茁音曲也。匊音弓六反。下言列反。考聲云：糵者，粟麥牙生也。說文云：牙米也。從米薛聲。

阿毗達磨法蘊足論　第二卷

憺怕　上談濫反，下伻麥反。伻音拍萌反。論文從炎作惔，非也。顧野王云：憺怕，恬靜也。王逸注楚辭云：憺，安也，足也。字書云：怕，無爲也。子虛賦云「怕兮無爲，澹兮自持」也。說文云：憺，安也。怕，無爲也。二字並從心，詹、白聲也。

霖霪　上立砧反。霖霪，正字也。論文從雨作霪，俗字也。考聲云：雨三日已上爲霖也。郭注爾雅云：久雨不止謂之霖霪也。詩傳云：霪，大雨也。賈逵注國語云：滯雨也。從雨林聲。

溪澗　下姦晏反。詩傳云：山夾水曰澗也。說文義與詩傳同。從水間聲。

聰叡　上粗公反。論文作聦，俗字也。尚書云：聽曰聰也。毛詩傳云：聰，聞也。韓詩外傳：明也。說文云：察也。從耳怱聲，怱音上同也。下悅惠反。尚書云：叡作聖也。孔注云：叡，智也。賈逵注國語云：明也。說文云：深明也。從𣦻從目從谷省聲也。𣦻音殘。

僧伽胝　下音知，梵語也。唐云大衣九條也。

不迂　下紆禹反。包咸注論語云：迂猶遠也。鄭注禮記云：廣也，大也。孔注尚書云：避也。文字典說：迴曲也。從辵亐聲。辵音丑略反。紆音憶於反。

阿毗達磨法蘊足論　第三卷

能駃[六]　下師利反。論文作駚，音决，非義也。考聲及蒼頡篇並云：馬行疾也。古今正字亦云：疾速也。從馬史聲。

懊歎　上阿藁反。考聲云：懊惱歎恨也。古今正字：從心奧聲。奧音阿告反。

阿毗達磨法蘊足論　第四卷

如癰　下擁恭反。司馬彪注莊子云：浮熱爲疽，不通爲癰也。說文云：腫也。從疒雝聲。雝音上同。

阿毗達磨法蘊足論　第五卷

機黠　上寄依反。考聲云：機，動也。顧野王云：機謂機變也。周易云：樞機之發，榮辱之主也。說文云：主發謂之機也。從木幾聲也。下閑軋反。郭注方言云：黠謂惠了也。

顧野王云：桀黠姦忒也。說文云：堅黑也。從黑吉聲。桀音乾蘖反。軋音晏八反。

阿毗達磨法蘊足論　第六卷

面皺　下莊瘦反。正從芻作皺。論文作皱，俗字也，因草書略也。考聲云：皺，皮聚也。文字典說云：皮寬聚也。從皮芻聲。芻音惻于反。

膠痛　上昂各反。考聲云：膠，齗也。從肉咢聲也。咢音同上。見考聲。說文無此字。正作谷，口上阿也。象形字也。谷音强略反。亦作噱，亦作臄，並見說文。今俗用作腭、齶，並非也。

瘷病　上桑奏反。古今正字：從疒作瘷，寒病瘷也。論文從口作嗽，非也。考聲云：瘷，氣衝喉病也。埤蒼云：寒熱爲病也。字書云：胸鬲中疾也。文字典說：從疒欶聲。欶音同上。

噫病　上於界反。考聲云：食飽噫氣聲也。鄭注禮記云：噦噫謂胸膺中病也。文字典說云：恨辭也。痛傷之聲也。從口意聲。

癩病　上來帶反。文字集略云：癩者，五藏風病也。廣雅云：癩，大風病也。古今正字：從疒從賴聲也。

痳病　上立砧反。聲類云：痳謂小便數而難出也。文字典說云：痳病也。又云：小便澀病也。從疒林聲。

癲病　上典年反。文字集略：從疒作癲，賊風入五藏狂病也。廣雅云：癲，狂也。聲類云：風病也。文字典說亦云：惡風病也。從疒顛聲。

歐逆　上謳口反。考聲云：歐謂欲吐也。字書云：胃中病也。說文云：歐，吐也。從欠區聲。

⿸疒追癭　上長類反。左傳云：有沉溺重⿸疒追之病也。杜注云：重⿸疒追，腫也，風入小腸也。廣雅云：⿸疒追，陰腫病也。文字典說云：重⿸疒追也。從疒追聲。下嬰郢反。山海經：甘棗之山，有獸名白能，食之治癭〔七〕。古文作⿱賏大字也。說文云：頸腫病也。從疒嬰聲。

⿸疒帶下　上音帶。蒼頡篇云：⿸疒帶下，婦人病也。釋名云：痢下至重，赤白曰⿸疒帶也。廣雅云：腹内瘡也。文字典說云：痢病也。從疒帶聲。疒音女厄反。

漏泄　上樓豆反。考聲云：漏，落也。顧野王云：漏亦泄也。許叔重注淮南子云：穿也，孔也，失也。蒼頡篇云：浸去也。文字典說云：從水屚聲。屚音同上也。下先列反。詩傳云：泄，去也。鄭箋云：出也，發也。杜注左傳曰：泄，減也。方言云：歇也。廣雅云：泄，泆也。文字典說云：舒散皃也。從水世聲。

痃癖　上現堅反。俗用字。諸字書總無此字，亦無本字。案痃病，即腹中冷氣病也。發即脉脹牽急如似弓弦，故俗呼爲痃氣病也。從疒從絃省聲。下匹亦反。考聲云：癖，腹中塊病也。聲類云：宿食不消者也。文字典說：從疒辟聲。

殉逝　上巡俊反。左氏傳云：殉，以人從死也。應劭云：亡身從物曰殉也。文字典說：從歺旬聲。歺音矜。

一剃　下梯帝反。俗字也。正體從髟作鬀。考聲云：鬀，削髮也。廣雅云：鬀，剔也。說文云：鬀髮也。從髟弟聲。剔音聽的反。

打罵　下麻暇反。考聲云：罵，以惡言相詈辱也。左氏傳云：失

弓而罵也。字書云：罵(詈)〔八〕也。文字典說云：從网馬聲。

躭湎 上荅含反。正作媅，前發智論第十四卷已釋訖。下綿褊反。孔注尚書云：沉湎于酒，過差失度也。詩傳云：天不湎爾也。文字典說：從水面聲。

栽杌 上子來反。鄭注禮記云：栽猶植也。春秋傳云：楚圍〔九〕蔡里而栽植也。說文：從木𢦔聲也。𢦔音哉也。下五骨反。考聲云：杌株，髡餘木也。詩云：天之杌我也。文字典說云：杌，椊也。從木兀聲。椊音才兀反。

阿毗達磨法蘊足論　第七卷

扣鉢 上音口。說文：扣，擊也。從手口聲。下半末反，俗用字也。說文中無。玉篇云：交州雜事記云，晋大(太)〔一〇〕康四年，臨邑國王獻鉢及白水晶鉢。般子慎〔一一〕通俗文中從犮從皿作盋，古字也。

警覺 上京影反。孔注尚書云：警，戒也，亦覺也。廣雅云：不安也。鄭注禮記云：警猶起也。文字典說：從言敬聲。

磨瑩 上莫波反。考聲：磨，礪也，亦研也。廣雅：磨珠玉使發光明也。文字典說：從石麻聲。下縈定反。廣雅：瑩亦磨也。說文：玉色也。從玉從熒省聲也。熒音戶扃反。

陿小 上咸甲反。正從阜從口〔一二〕作陿。論文從犬作狹，非。已見前釋。

阿毗達磨法蘊足論　第八卷

漑灌 上紀未反。顧野王云：漑謂灌注也。莊子：水潦之漑於田也。說文：漑猶灌也。從水既聲也。下官換反。顧野王云：灌猶沃澍也。說文：從水雚聲。雚音同上。

畦壠 惠圭反。前文已重釋。下龍腫反。畦之壃畔也。論文從阜作隴，亦通用。

慳垢 上苦間反。文字集略云：慳謂愛惜財也。文字典說云：悋惜也。從心堅聲也。下鈎厚反。顧野王云：垢謂不潔清也。文字典說云：垢，穢濁也。從土后聲。

阿毗達磨法蘊足論　第九卷

觝揬 上低禮反。聲類云：觝，觸也，至也。古今正字：從角氐聲。下屯訥反。廣雅云：揬，搪揬也，衝也。字書云：揩也。文字典說：從手突聲。論文作突，音同上，是大竇也，深也。與論文義乖，不取也。

罩网 上嘲校反。毛詩傳云：罩，篧也。郭注爾雅云：捕魚籠也。文字典說：從网卓聲。篧音苦郭反。下亡昉反。鄭注禮記云：鳥罟曰羅网也。顧野王：网者，羅罟之總名也。說文：庖羲所結繩㠯田㠯漁也。從冂象网交文也。或作罔。籀文作网，古文作冈，論文從糸作[網]〔一三〕，俗通用字也。

頑騃 上五關反。考聲：頑，愚也。廣雅云：頑，鈍也。文字典說：從頁元聲。頁音頡。下崖蟹反。前律攝第十卷中已具釋訖。

蛆螫 上展列反。考聲云：蛆，毒蟲螫也。廣雅云：蛆，痛也。文字集略作蜇，亦云痛也。古今正字：從虫且聲。下聲亦反。毛詩云：自求辛螫也。說文云：蟲行毒也。從虫赦

聲，赦音舍。

施詑　下丑亞反。文選云：鳥有無生評詑也。郭注爾雅云：詑，詑〔一四〕也。又云告也。文字典説云：過詑也。從言宅聲。

燅髭　上祥閻反。正體字也。鄭注禮記云：沈肉於湯也。又從火作燗，俗字也。博雅從尋作燖。古文燅字也。玉篇、考聲並從卒作焠。書人誤作，非也。説文云：於熱湯中爚肉也。從炎從熱省聲也。亦從炙從兲作㷋。論文從覃作燂，俗用字也。又有從肉從閻作膶。説文、玉篇中並無。爚音弋灼反，俗用字也。下音資。文字集略云：脣上毛也。亦作髭。古今正字：口上須也。從須此聲也。

咼張　上口瓜反，又音口乖反。考聲云：口偏戾。説文亦口戾也。從口咼聲，咼音寡。

慵悷　上尊董反，下音戾。此二字諸字書中先無綴文，學士以意書出，相傳音之。案慵悷者，是剛强難調伏也。大意如此，故無別釋，亦形聲字也。

阿毗達磨法蘊足論　第十卷

肙齅　休又反。説文：以鼻就臭日(曰)〔一五〕齅。從鼻臭聲。臭音昌咒反。

蚌蛤　上龐講反，下甘合反。易説卦曰：離爲鼈，爲蟹，爲蠃，爲蚌。呂氏春秋云：月望則蚌蛤實，月晦則蚌蛤虧。説文云：蚌，蜃屬也。從虫丰聲。丰音介。論文從奉作蜯，非也。蛤有多種，今且略舉三二，以此例諸，足明變化無盡不可測也。禮記：季秋之月，雀入大水，化爲蛤。鄭玄曰：大水，海水也。説文又云：牡蠣者，千歲鴽鳥所化也。方言云：秦謂之牡蠣海蛤者，百歲鷰所化也。魁蛤，一名蒲蠃，老伏翼所化也。更有雉化爲蜃，鴽鵽亦化，凡數十般，或有展轉，從母相生，皆以業運感化所成，無窮無盡也。

蝸牛　上寡花反。考聲云：蝸牛即蚹螺也。顧野王云：蝸牛即蜣蝓也。説文云：蝸，小蠃也。從虫咼聲也。蜣音以支反。蝓音庾珠反。虫音暐鬼反。咼音誇。

阿毗達磨法蘊足論　第十一卷

瀑流　上袍報反。前發智論第四卷已具訓釋訖。

幖幟　上標遥反。考聲云：幖，舉也，牌也。廣雅云：記也。顧野王云：幖謂娼表以識之也。戰國策云：舉幖甚高也。文字典説云：幟也，幡也。説文：從巾票聲。論文從木作標，非也。票音必遥反。下蚩志反。考聲云：幟猶記也。廣雅云：幟，幡也。古今正字：從巾從戠省聲。戠音同上也。

阿毗達磨法蘊足論　第十二卷

背傴　下央禹反。前有部律第二十五卷中已具釋訖。

羸損　上律追反。杜注左傳云：羸，弱也。賈注國語云：病也。廣雅云：疲也。説文云：瘦也。從羊羸聲，羸音力臥反。

伉敵　上康浪反。顧野王云：伉，敵偶也。杜注左傳云：敵也。説文：從人亢聲。偶音五苟反。下庭歷反。考聲云：敵，對也，匹也。左氏傳云：敵，當也。古今正字：仇也。從

支商聲也。商音滴。

集異門足論　第一卷

嗢怛羅僧　上温没反，梵語。唐云上衣，今之七條也。

爲枕　下針審反。考聲云：枕，支也。顧野王云：枕，薦也。毛詩云：角枕粲兮。論語云：飲水曲肱而枕之也。文字典説云：薦頭也。從木冘聲，冘音淫。

破析　下星亦反。孔注尚書云：析，分也。聲類云：劈也。説文云：破木也。從木斤聲。論文作折〔一六〕，古字也。

激論　上經鷁反。顧野王云：激謂清聲也。王逸注楚辭云：感也。方言云：清也。説文云：水疾波也。從水敫聲。敫音口的反，又餘灼反。

非撥　下般末反。考聲云：手撥物也。何休注公羊傳云：撥，理也。廣雅云：除也。古今正字云：治也。從手發聲。

集異門足論　第二卷

機黠　上既希反。考聲云：機，動也。周易云：樞機之發，榮辱之主也。古今正字云：主發者謂之機也。從木幾聲。下衡戛反。郭注方言云：黠謂慧了也。顧野王云：桀黠姦惑也。説文：從黑吉聲。戛音間八反。

顰蹙　上毗賓反。顧野王云：顰蹙，憂愁不樂之狀也。説文云：涉水者則顰蹙也〔一七〕。從卑頻聲。論文作頻，脱略少（卑）〔一八〕也。下酒育反。鄭注儀禮云：蹙猶促也。廣雅云：急也。古今正字：從足戚聲。

跳躑　上庭遥反。蒼頡篇云：跳，踴也。廣雅：跳，上也。古今正字：蹶然舉也。從足兆聲也。下程亦反。字正作蹢，論文作擲，俗字也。顧野王云：躑躅，騄（騄）〔一九〕舉足不進也。古今正字：從足鄭也。

集異門足論　第三卷

詭詐　上歸毁反。許叔重注淮南子云：詭，慢也。廣雅云：隨惡曰詭。説文云：責也。從言危聲。下責亞反。考聲云：詐，妄也。古今正字：詐，欺也。從言乍聲。

嗢柂南　上温骨反，次音馱。梵語。此云偈頌也。

躭湎　上荅南反，下綿褊反。前發智論第六卷中已釋迄。

無明軛　下鸎格反。考工記云：車人爲車軛，長六尺也。又云軛謂轅端上壓牛領木也。考聲云：今車槅也。説文云：轅前也。從車戹聲。戹音厄，槅音革。論文作軛，俗字也。

如樹心有蝎　下寒葛反。考聲云：蝎，木中蠹蟲也。爾雅云：蝎，桑蠹也。古今正字云：蝤蠐也。從虫曷聲。蝤音就由反。蠐音齊，蠹音妬。

推度　上出隹反。鄭注禮記云：推猶進也，舉也。説文云：排也。從手隹聲也。下唐洛反。顧野王云：度，揆也。考聲云：度，量也。説文云：法制也。從又庶省聲。古文作庀〔二〇〕。

構畫　上鉤候反。考聲云：構，結架也。詩傳云：構，成也。鄭箋詩云：合也。文字典説：從木冓聲。音同上。論文從手作搆，誤也。下擭虢〔二一〕反。杜注左傳云：畫，計策也。又云分界也。郭注爾雅云：畫，規畫也。説文：畫，界也。

象田四界，故畫所以畫也。

很悷　上痕墾反，上聲字。杜注左傳云：很，戾也。廣雅云：恨也。鄭注禮記云：鬩也。古今正字云：不聽從也。從彳良聲。論文從人作佷，錯誤也。下禮帝反。埤蒼云：悷，懔悷也。古今正字義與埤蒼同也。從心戾聲。懔音林甚反。墾音康佷反。

凶勃　下盆没反。顧野王云：勃，暴盛皃也。郭注爾雅云：勃然作色皃也。蒼頡篇云：猝暴也。説文：排也。從力孛聲。

集異門足論　第四卷

扇搋半擇迦　搋音坼家反。梵語也。唐云黄門，即中官也。

含嚼　下牆略反。淮南子曰：嚼之無味不能入喉也。廣雅云：嚼，茹也。字書云：咀也。説文云：噍也。從口從留（爵）〔二二〕。

耽餔羅　上荅含反。梵語也。西國藥果名也。俗土女人多含此藥。

豆蔲〔二三〕　下吼遘反。本草云：豆蔲生南國也。異物志云：豆蔲生交趾北海隅，如薑子，從根中生，形似益智，皮小，厚如安石榴，辛且委也。古今正字：從草寇聲。寇音口搆反。

繡綾　上修宥反。考工記云：畫繪之事，五色備謂之繡也。説文云：五色備也。從糸肅聲也。下力升反。埤蒼云：綾似綺而細也。説文云：東齊謂布帛之細者曰綾也。從糸夌聲，夌音同上。

迦陵伽褐　下寒葛反。梵語也。唐云上妙細㲲單帊之名也。

集異門足論　第五卷

恃懱　下眠鼈反。杜注左氏傳云：懱，無也。賈注國語云：來也。方言云：小也。古今正字云：懱，輕傷也。從心蔑聲。蔑音同上。論文單作蔑用，別非此義也。

集異門足論　第六卷

崖岸　上雅皆反，又音雅家反。考聲云：山潤邊險岸也。説苑云：高山有崖也。説文云：山高邊也。從屵圭聲。屵音五割反。下昂幹反。郭注爾雅云：視涯峻而水深者爲岸也。説文云：水崖洒而高者也。從屵干聲。

青瘀　下於據反。考聲云：皮肉中凝惡血也。楚辭云：形銷鑠而瘀傷也。説文云：積血也。從疒於聲。疒音女戹反。

胮脹　上朴邦反。集訓云：胮，肛滿脹大皃也。埤蒼：胮亦脹也。古今正字作胖，亦作胮。膖，肛腸脹也。從肉夆聲。肛音户公反。夆音户江反。下張亮反。杜注左傳云：脹，腹滿也。文字典説云：食飽腸痛也。從肉長聲也。

不懊　襖告反。字書云：懊，貪也。郭注爾雅云：懊謂愛忨也。古今正字云：忨也。爲愛悦也，貪也。從心奥聲。忨音五换反。

集異門足論　第七卷

株杌　上陟厨反。韓子云：田中有株杌也。古今正字云：木根

也。從木朱聲。下五骨反，訓與上同。

坑塹　上客耕反。爾雅：坑，墟也。郭璞曰：謂池塹丘墟耳。蒼頡篇：坑，壑也，陷也。或從阜作阬[二四]。説文作阬。案坑者，平地深溝兩岸高峻名之爲坑。下妾艷反。廣雅：塹，坑也。顧野王云：今城池爲塹。一曰城隍也。案塹者，外穿像坑，坑内培土令高，猶如墻基，於上密種枳棘諸樹，斷人畜過，名之爲塹。

猜疑　上綵來反。杜注左傳云：猜亦疑也。方言云：悵也。廣雅云：懼也。説文云：賊也。從犬青聲。案搆[二五]者，心懷猶豫疑惻未定也。

韞蓄　上威粉反。考聲云：韞，包藏也。論語云：韞櫝而藏諸。古今正字：從韋昷聲。昷音温。下丑六反。字或作稸也。顧野王云：蓄，聚也。廣雅：最[二六]也。説文：積也。從草畜聲。

連柱　下誅縷反。蒼頡篇云：柱，杖也。文字典説：從木主聲。論文從骨作骷，非也。撿諸字書竝無此字。

補刺拏　次蘭怛反，下搦加反。梵語是持牛戒外道名也。

集異門足論　第八卷

纏壓　上徹連反。論文作纒，俗行用字也。考聲云：纏，繞也，束也。淮南子云：纏以朱絲也。説文：纏，約也。從糸廛聲。廛音同上。下黯甲反。杜注左傳云：壓，笮也。考聲云：鎮也。説文：壞也。從土厭聲。笮音責。

口柴　下卒髓反。或作嘴，又作咮。考聲云：柴，鳥口也。説文云：柴，識之也。從此朿聲。朿音次。

鴝鵒　上具俱反，下容燭反。字書正作鴝。論文作鸜，俗字也。顧野王云：鴝鵒，鳥似反舌，頭有兩毛角也。考工記云：鴝鵒，不踰濟也。説文云二字竝從鳥，句、谷皆聲也。

腐壞　上扶甫反。廣雅：腐，臭也，敗也。説文云：爛也。從肉府聲。下懷怪反。考聲云：壞，崩摧也。説文云：敗也。從土褱聲。褱音懷。

羹臛　上革衡反，下訶各反。考聲云：臛似羹而濃。王逸注楚辭云：有菜曰羹，無菜曰臛。顧野王云：羹臛，五味腥熟得宜也。説文云：肉羹也。從肉隺聲。隺音何各反。

龕堀　上坎含反。考聲云：龕，鑿山壁爲坎也。廣雅云：龕，盛也。方言云：受也。説文云：龍皃也。從龍今聲。下髡骨反。又作窟，或作崛也。毛詩云：蜉蝣之堀。窟穴也。顧野王云：堀，掘地爲室也。説文云：堀，窟突也。從土屈聲也。

廳庌　上𨗨丁反，下牙賈反。今河東人呼廳爲庌也。廣雅云：庌，南行偏舍也。鄭注禮云：廡也。説文訓同。從广牙聲也。

氍毹　上具俱反，下山于反。正體字也。論文氍毹，非也。考聲云：氍毹，織毛爲之，色雜文彩也。埤蒼云：氍毹，毾㲪也。釋名云：毛相雜爲之也。古今正字云：毛席也。二字並從毛，瞿、俞皆聲。

毯罽　上貪敢反。論文作綵，非也。考聲云：色青白之間也。非此義也。韓詩云：毳衣如毯也。字又作毯。考聲云：毯，織毛爲之，出吐蕃中也。古今正字：從帛炎聲。字或作緂，又作菼也。其從毛作毯字，流俗行稍久。故兩釋而存之。下几例反。字書正行(作)[二七]罽。論文作罽，略也。

考聲云：繝，西國毼布也。爾雅云：氂，繝也。古今正字云：西戎毛錦也。從糸罽聲。罽音同上也。毼音吹汭反。氂音離也。

几橙　上飢喜反。周禮云：諸侯左右有玉几也。又云：吉事變几也。周禮：五几，玉几、彫几、彤〔二八〕几、漆几、素几也。說文云：几，踞也。象形字也。論文作机，俗通用字也。下登鄧反。字統云：橙，机橙也。文字集略云：橙，方机也。古今正字：從木登聲。又作蹬。

集異門足論　第九卷

卵鷇　下腔角反。考聲云：鷇者，卵空皮也。桂苑珠叢云：鷇孚即鳥卵之外皮也。古今正字：從卵殼聲。殼音同上。

蟋蟀　上辛七反，下襄律反。詩傳云：蟋蟀，蛬也。韓詩外傳云：蜻蛚也。古今正字：二字並從虫。悉、率皆聲。蟀或作蟋，古字也。蜻音慈性反，又音精。蛚音列。

蠓蚋　上蒙孔反。莊子云：猨之於木，若蠛蠓於蛇也。顧野王云：蠓，小飛蟲也。說文云：蠛，蠓也。從虫蒙聲也。下蕤稅反。正蚋字也。論文作蚋，俗字也。古今正字云：秦謂之蚋，楚謂之蚉也。從虫芮(芮)〔二九〕聲。蠛音眠鱉反。蚊音文，芮音上同。

妙翄　下詩豉反。或作翨，又作䍾。今論文作翅，俗字也。考聲云：鳥翼也。楚辭云：雖翕翅而其不容也。說文：翅，翼也。從羽支聲也。

憤懣　上墳粉反。方言云：憤，盈也。賈注國語云：怒盛也。說文：懣也。從心賁聲。賁音扶文反。下門本反，蒼頡篇云：懣，悶也。王逸注楚辭云：懣，憤也。說文云：煩也。從心從滿，滿亦聲也。

鍵南　乾偃反。梵語也。

嗢怛羅　上溫骨反，次丹剌反。梵語也。

上蹬　下登鄧反。廣雅云：蹬，履〔三〇〕也。字書云：蹬，仰也。文字典說云：蹬，昇也。從足登聲。亦作隥也。

脯腊　上膚武反。鄭注周禮云：乾肉也。薄析之曰脯。考聲云：膞肉，乾肉也。從肉甫聲。膞音普博反。下音昔，腊亦脯也。賈注國語云：腊，久也。說文：侍腊亦乾肉也。從殘肉，日以晞之〔三一〕。今時用從肉昔聲也。或作焟，在火部。

一摶　段鸞反。廣雅：摶，著也。顧野王云：摶之令相著也。說文：摶，圜也。從手專聲。案一摶者，古人無匕箸，手摶而食之。今天竺及以諸蕃由存古風，手摶而食，名一摶食。

稗莠　上排賣反。鄭箋詩云：十稗九穀也。杜注左傳云：稗似穀者也。古今正字：禾別也。從禾卑聲也。下由酒反。顧野王云：草之似禾苗者也。尚書云：若苗之有莠也。文字典說云：莠似禾而無實也。從草秀聲。

穅秕　上可郎反。說文云：穅，穀皮也。從禾采(米)〔三二〕庚(康)〔三三〕聲也。下卑弭反。說文云：秕穀不成粟也。從禾比聲。弭音彌比反。

穭豆　上力舉反。埤蒼云：穭，苗自生也。文字典說云：不種自生也。從禾從魯聲也。

麻枲　下思似反。顧野王云：麻之有子者曰枲也。爾雅云：枲，麻也。周禮云：豫州之利柒林絲枲也〔三四〕。說文云：麻也。從朩台聲。朩音匹刃反。

莎蘺　上蘇戈反。爾雅云：蒿侯莎，其實媞也。古今正字云：蒿侯也。從草沙聲。媞音提，蒿音号。下皮表反。郭注爾雅云：蘺即苺也。字書云：蒯之屬也。古今正字云：蘺，藋也。從草麃聲。麃音鮑交反。藋音髓。蒯音乖壞反。

不獷　下虢猛反。字書云：性獷。字從犬作獷。論文作磺，是銅鐵樸也，與義乖也。考聲云：獷，如大（犬）〔三五〕悍戾也。說文：犬性獷，不可附也。從犬廣聲。

嗉翼　上蘇故反。郭注爾雅云：嗉，鳥受食處也。古今正字云：鳥口嗉食之已入又出而嚼之也。從口素聲。嚼音牆爵反。下蠅即反。孔注尚書云：翼，輔也。古今正字：翼，翅也。從羽從異聲。或爲⿰犭我（⿰犭弋）〔三六〕，古字也。說文：從走作趩。趩，飛也。

集異門足論　第十卷

鑒照　上監陷反。考聲云：鑑，照也，明也。鄭箋詩云：鑒者，所以察形也。爾雅：鑒謂之鏡也。說文云：大盆也。可以取明於水月也。從金監聲。

集異門足論下帙十卷　音入後卷

一切經音義　卷第六十六

校勘記

〔一〕樂　玄卷十七釋此詞作「無」。

〔二〕反　麗無，據玄卷十七釋此詞補。

〔三〕甞　據文意當作「嘗」。

〔四〕軶　據文意當作「軛」。

〔五〕畜　據文意通「蓄」。

〔六〕駛　即「駚」。

〔七〕有獸名白能，食之治瘦　今傳本山海經：「有獸焉，其狀如鼣鼠而文題。其名曰䑏，食之已癭。」

〔八〕罵　據文意當作「詈」。

〔九〕圍　慧卷六十七釋「栽櫨」作「圃」。

〔一〇〕大　據文意當作「太」。

〔一一〕般子慎　當爲「服子慎」，服虔字子慎，「般」爲「服」形近誤字。

〔一二〕口　獅作「卩」，據文意當作「厄」。

〔一三〕網　各本無，據文意補。網，或作「納」。

〔一四〕詫　據文意似當作「誶」。

〔一五〕日　據文意當作「曰」。

〔一六〕折　木、才混，據文意似作「枋」。

〔一七〕說文云：涉水者則蟄蹷也　今傳本說文：「涉水蟄蹷。」

〔一八〕少　據文意當作「卑」。

〔一九〕騾　據文意似作「驟」。

〔二〇〕庈　據文意似作「庀」。

〔二一〕虢　據文意似作「號」。

〔二二〕留　據文意似作「爵」。

〔二三〕蕿　即「蔻」。

〔二四〕阢　據文意似作「阮」。「亢」俗寫作「元」。

〔二五〕搆　據文意似作「猜」。

〔二六〕最　據文意當作「冣」。說文：「冣，積也。」段注：「冣與聚音義皆同。」

〔二七〕行　據文意當作「作」。

〔二八〕彤　今傳本周禮作「彤」。

〔二九〕芮　據文意當作「芮」。

〔三〇〕屜　據文意似當作「履」。

〔三一〕說文：侍腊亦乾肉也。從殘肉，日以晞之　今傳本說文：「乾肉也。从殘肉，日以晞之。」

〔三二〕釆　據文意當作「米」。

〔三三〕庚　獅作「康」。

〔三四〕豫州之利柒林絲枲也　今傳本周禮爲「河南曰豫州……其利林漆絲枲」。

〔三五〕大　據文意當作「犬」。

〔三六〕⿰犭我　據文意當作「⿰犭弋」。

一切經音義　卷第六十七

翻經沙門慧琳撰

音阿毗達磨集異門足論下帙十卷　慧琳
識身足論十七卷　慧琳
界身足論三卷　慧琳
品類足論十八卷　慧琳
衆事分阿毗曇論十二卷　慧琳
阿毗曇毗婆沙論六十卷　玄應
右六論一百一十卷同此卷音

阿毗達磨集異門足論　第十一卷　沙門慧琳撰

親暱　下尼窒(窒)[一]反。字書：正體從匿作暱。論文從尼作昵，俗用字也。杜注左傳云：暱，親也。說文曰：近也。從日匿聲也。

阿毗達磨集異門足論　第十二卷

栽𣟴　上音載來反。鄭注禮記云：栽，植也。春秋傳云：楚圍[二]蔡里而栽植也。說文義同。從木𢦔聲，𢦔音同上也。下岸葛反。郭璞注方言云：蘖謂殘餘也。說文云：𣟴，伐木餘也。從木獻聲。古文作枿，或作櫱。論文作蘗，音百非也[三]。

甍瞢　上騰墱反。杜注左傳云：瞢，悶也。考聲云：甍[四]瞢，臥初起皃也。下墨堋反。說文：目不明也。從苜從旬。旬，目數搖也。甍音稜鄧反。

躊躇　上宙留反，下筯廬反。考聲云：躊躇，不行也。古今正字：躊躇，言猶豫也。二字並從足，壽、著皆聲。

大劫庀那　庀音匹弭反。梵語也。唐云阿羅漢名。

耕墾　下肯很反。廣雅云：墾，治也。郭注方言云：耕墾，用力者也。蒼頡篇云：墾，耕也。古今正字亦治也，耕也。從土貇省聲。

堅鞕　下額更反。字書又作硬也。廣雅云：鞕，堅也。說文：從革叓聲。叓，正更字也。

嗢柁南　上溫鶻反，中音陀我反。

阿毗達磨集異門足論　第十三卷

粗獷　下虢猛反。論文作鑛，非也。義前第九卷中已具釋訖。

貯積　上猪吕反。杜注左傳云：貯，稸也。顧野王云：所謂盛貯也。古今正字義同，從貝宁聲。宁音除吕反。

肪膏　上放房反。考聲云：獸腹中肥膏也。説文：肪，肥也。從肉方聲也。下杲勞反。鄭注周禮云：膏，脂也。顧野王云：膏謂潤之也。説文：亦肥也，從肉高聲。

膿血　上乃冬反。正作癑，或作膿，今通作膿字，又作盥也。顧野王云：膿，癰〔五〕疽精血也。古今正字義同，從月農聲。

阿毗達磨集異門足論　第十四卷

卷縮　上權圓反，又音厥遠反，亦粗通。考聲云：卷，曲也。亦作⿸疒卷，云⿸疒卷癵手足病也。下捘六反。韓詩傳云：縮，斂也。説文：正作摍，云蹙也。亦抽也。摍抐不申也。從手宿聲。抐音細六反。

阿毗達磨集異門足論　第十五卷

憙法　上希記反。論文作憘，與憙通用字也。考聲云：憙，好也。心所悦也。廣雅云：憙，熾也。説文云：悦也。從心喜聲。熾音尾肥反。

齅香　上休又反。説文云：以鼻就臭也。從鼻臭聲也。臭音醜獸反。

誑讇　上俱況反。賈注國語云：誑，猶惑也。杜注左傳云：欺也。説文義同，從言狂聲也。下覘染反。何休注公羊傳：讇，佞也。説文云：諛也。從言閻聲。諛音臾。論文作諂，俗字也。

詭詐　上歸毀反。論文作詭〔六〕，不成字。書寫錯誤也。許叔重注淮南子云：詭，慢也。廣雅云：詭，隨惡也。説文云：責也。從言危聲也。下責亞反。

無隙　下卿逆反。賈注國語云：隙，璺也。顧野王云：憾也。説文：從𨸏𡭴聲。𡭴音上同。論文作隟，俗字也。

阿毗達磨集異門足論　第十六卷

彎弓　上綰關反。蒼頡篇云：彎，引也。説文云：持弓引矢也。從弓䜌聲。䜌音攣。

跳躑　上狄遥反。蒼頡篇云：跳，踴也。廣雅云：上也。説文云：踴也。從足兆聲也。下程戟〔七〕反。字書正蹢也。論文作躑，俗字。行用已久，故存之也。

迫迮　上祊陌反。顧野王云：迫，猶逼也。廣雅云：陿也。説文云：近也。從辵白聲。下争革反。蒼頡篇云：迮，止也。考聲云：狹小也。説文：從辵乍聲。辵音丑略反。

蟁柴　上問分反。案字書正體字亦作蟁也。論文作蚉，俗行用字也。字統云：蟁，齧人飛蟲以昬時而出，故字從昬也。説文：從昬䖵聲。齧音妍結反。下卒髓反。正體字。論文作嘴，非也。考聲云：柴，鳥口也。説文云：柴，識之也〔八〕。從此朿聲。髓音雖柴反。朿音次也。

阿毗達磨集異門足論　第十七卷

勇悍　下寒旦反。字或作忓也。家語云：悍亦勇也。莊子云：而我不聽，我則無悍。説文亦勇也，從心旱聲也。

躁擾　上遭喿反。正作躁。論文作摻，是摻袂字，音衫斬反，非心躁字也。前第十卷中已具釋訖。下音人沼反。

所嘗　下音常。案字書，嘗，正體字也。論文作嚐，非也。顧野王云：嘗，試也。說文云：口味之也。從甘尚聲也。

阿毗達磨集異門足論　第十八卷

揄揚　上庾朱反，下養章反。字書云：揄，引也。孔注尚書云：揚，舉也。又云：大言而疾曰揚也。鄭箋詩云：揚，激也。廣雅云：明也。說文云：揄亦引也。揚，飛舉也。二字並從手，俞、易(昜)〔九〕皆聲。

啄啖　上陟角反。字書正體字也。論文作啄，俗字也。廣雅云：啄，齧也。說文：鳥食也。從口啄(豖)〔一〇〕聲也。下談敢反。正啖字也。論文作噉，俗用字也。廣雅云：噉，食也。說文：從口炎聲。

骨鎖　下蘇果反。正體字也。論文作髏，非也。撿諸字書悉無此髏字也。考聲云：鎖，連環也。字書云：鎖，還束也。古今正字義同，從金貞聲。貞音與上同。

阿毗達磨集異門足論　第十九卷

婆羅疤斯　疤音赦黠反。梵語也。

磨瑩　上莫波反，下縈定反。前法蘊足論第七卷中已釋訖。

嫉結　上秦栗反。王逸注楚辭云：害賢曰嫉，害色曰妒。古今正字：從女疾聲。

若榛　仕臻反。考聲云：榛，草木茂(茂)〔一一〕盛也。古今正字義同，從木秦聲也。

設臘婆水相　臘音藍荅反。論文作獵，誤也。梵語云西國河名也。

火焰　下閻贍〔一二〕反。尚書云：火始焰焰也。說文云：火微行焰焰也。從炎臽聲。論文作焰，非也。

阿毗達磨集異門足論　第二十卷

船筏　下煩襪反。方言云：簰謂之筏也。埤蒼：筏，簰也。古今正字：從竹伐聲。簰，步皆反。

隄隨　上底奚反，徒奚反。義同。蘇林注漢書云：隄，限也。蒼頡篇云：隄，封也。韋昭云：積土爲封限也。古今正字：從阜是聲也。下蕩郎反。鄭箋詩云：溏塗也。許叔重注淮南子云：隄(限)〔一三〕也。埤蒼云：長沙謂隄曰塘也。即國語云「陂塘污庳」是也。古今正字：從阜唐聲。

牆塹　匠羊反。正牆字也。論文作墻，俗字也。顧野王云：牆亦垣也。論語云：夫子之牆數仞也。說文云：垣蔽也。從爿嗇聲〔一四〕。嗇音使力反。下籤漸反。

阿毗達磨識身足論　第一卷

巨溟　下茗經反。莊子云：溟，天池也。司馬彪注云：溟，南北極也。去日月遠，故以溟爲名也。字書云：溟，海也。說文：從水冥聲。冥音同上。

瀑流　上袍報反。詩傳云：瀑，疾風雨也。文字典說云：江河水漲急也。說文云：疾雨也。從水暴聲。暴音同上。

著髆　上長略反，下昂各反。正體髆字也。論文作腭，俗用字也。考聲云：髆，齗反(也)〔一五〕。從肉咢聲。咢音同上。

諸字書並無此𦚁字，唯説文有㕡，音巨略反，口上阿也。從口，上仌象其理也〔一六〕。象形字也。

阿毗達磨識身足論　第二卷

誹謗　上匪微反。大戴禮云：立誹謗之木欲諫之鼓也。説文云：謗也。從言非聲。下牓浪反。杜注左傳云：謗，毀也。説文義同，從言旁聲。旁音薄晃反。

捺落迦　上難妲反。梵語也。云地獄名也。

阿毗達磨識身足論　第三卷

鉆部盧　上儉炎反。梵語云外道法名也。

牧驢頞李瑟吒　上音木，次呂猪反。頞音遏。梵語云苾蒭名也。

阿毗達磨識身足論　第四卷

欲廛　下徹連反。鄭注周禮云：廛謂城邑之居也。鄭又注云：市廛物邸舍也。言爲衆欲所聚，亦如人之居於廛肆也。亦作纏。考聲云：纏，繞也，束也。言被諸欲纏繞束縛也。説文云：廛，一畝半，一家之居也。從广墨聲。論文作厘，非也。

阿毗達磨識身足論　第五卷　無字音釋。

阿毗達磨識身足論　第六卷

若癰　下擁恭反。司馬彪注莊子云：浮熱爲瘭，不通爲癰也。説文云：腫也。從疒雝聲。雝音上同，擁音邕拱反，瘭音摽也。

或撥　下般末反。毛詩傳云：撥，猶絶也。王逸注楚辭云：棄也。廣雅：除也。文字典説云：治也。從手發聲。

阿毗達磨識身足論　第七卷

冥闇　上覓瓶反。考聲云：冥，幽暗也。詩傳云：冥，窈也。鄭箋詩云：夜也。郭注爾雅云：幼稚者，冥昧也。説文云：幽也。從冖六日。數十六日而月始虧也。從冖聲〔一七〕。一音覓。下菴紺反。埤蒼云：闇，劣弱也。字書云：冥也。説文云：閉門也。從門音聲也。窈音要小反，稚音遲里反。

愚癡　上遇俱反，下耻知反。埤蒼云：癡，騃也。淮南子云：不免於狂癡也。説文云：不惠也。從疒疑聲。疒音女戹反。

阿毗達磨識身足論　第八卷　第九卷

第十卷　已上並無字音訓。

阿毗達磨識身足論　第十一卷

博戲　下希義反。爾雅云：戲，謔(謔)〔一八〕也。詩傳云：戲，逸豫也。古今正字：從戈䖒聲。䖒音欣衣反。

耽婬　上荅甘反，下音淫。孔注尚書云：婬，過也。賈注國語云：婬，邪也。又云：失禮忘善曰婬也。鄭注禮記云：婬，猶放

也。説文曰：私迎(逸)〔一九〕也。從女𡈼聲。𡈼音同上。

阿毗達磨識身足論　第十二卷

纔覩　上在來反，又音在。顧野王云：纔，猶僅也。漢書云：纔，數目耳。古今正字：從糸毚聲。毚音仕咸反。下都魯反。廣雅云：覩，視也。古今正字云：覩，見也。從見者聲。

螘夘　上宜倚〔二〇〕反。正作螘字。論文作蟻，通用字也。爾雅云：小者螘也。説文：蚍蜉也。云：從虫豈聲。下巒管反。

濯清　上直角反。詩傳云：濯，滌也。又云濯，所以救熱也。顧野王云：浴也。廣雅云：濯，洗也。説文云：浣也。從水翟聲。翟音狄也。下正體清字也。

阿毗達磨識身足論　第十三　第十四

第十五　第十六　第十七卷　已上五卷並無字音訓。

阿毗達磨界身足論　上卷

聰叡　上粗公反。詩傳云：聰，聞也。韓詩云：明也。孔注尚書云：聽也。説文：察也。從耳悤聲。悤音同上。下營惠反。尚書云：叡作聖。廣雅云：智也。賈注國語云：明也。説文云：深明也。從𣦵從目從谷省聲〔二一〕。𣦵音殘。

嚻舉　上希驕反。鄭注周禮云：嚻，護(讙)〔二二〕也。顧野王云：嚻猶諠譁也。爾雅云：閑也。説文：聲也。器(气)〔二三〕出頭上也。從㗊從頁。頁音〔二四〕首也。㗊音莊立反。

尤蛆　下覷余反。考聲云：蛆，敗肉中蟲也。古今正字云：蝍蛆，甘蟖，馬蚿也音弦。北燕謂之蛆渠也。從虫且聲。

很悷　上痕艮反，下犁帝反。前集異門論第三卷中已釋訖。

瞑眩　上綿偏反。正體字也。論文作眄，非也。下玄絹反。尚書云：若藥不瞑眩，厥疾不瘳。考聲云：瞑眩，困悶也。蒼頡篇云：視之不明也。賈注國語云：目惑也。説文云：瞑，翕目也。從目冥〔二五〕，冥亦聲。眩，目無常主也。從目玄聲。

阿毗達磨界身足論　中卷　下卷　並無字可音訓。

阿毗達磨界身足論後序

紕鞕　上匹毗反。考聲云：紕，帛踈薄也。禮記云：一切紕謬，則民莫得其死也。鄭玄注云：紕，猶錯也。古今正字：從糸比聲也。下額更反。廣雅云：鞕，堅也。説文云：從革更聲。論文從石作硬，俗用字也。

雄傑　下乾蘖反。鄭注禮記云：傑謂才能也。詩傳云：傑，特立也。箋云：英傑也。考聲云：才過萬人曰傑也。淮南子云：智過千人者謂之傑也。古今正字云：敖也。從人桀聲。敖音五刀反。

忼慨　上苦朗反，下開愛反。顧野王云：忼慨，不得志也。又云：忼慨謂憤壯慨歎太息也。或爲慷字。文字典説云：忼慨，惋憤也。二字並從心，亢、既皆聲也。論文作慷愷，非也。

緊可　上壹奚反。考聲云：緊，歎聲也。顧野王云：緊，發語聲爲緊也。文字典説云：助語之辭也。從糸殹聲。殹音壹計反。

殫言　上旦蘭反。考聲云：殫，殛盡也。孔注尚書亦云：盡也。古今正字義同，從歺單聲。殛音矜力反，歺音在安反。

虛造　下初瘦反。杜注左傳云：造，副也。考聲云：厠也，充也。古今正字：從草造聲。論文從竹作簉（箍）[二六]，傳寫誤也。

操觚　上草遭反。考聲云：操，持也，取也。文字典説：從手喿聲。喿音搔躁反。下古胡反。正從木作柧。通俗文云：柧，八棱也。云削木爲八棱操以書也。古人用之，今則不用也。説文亦棱也。從木瓜聲。論作觚，酒器也。

函杖　上音含。鄭注禮云：含，容也。

彫斲　上鳥僚反。考聲云：彫，飾也。孔注尚書云：彫，畫也。顧野王云：鐫剋之也。廣雅云：鏤也。文字典説云：彫，琢文也。刻，畫也。從彡周聲。彡音杉也。下竹角反。孔注尚書云：斲，削也。杜注左傳云：執斲者，匠人也。説文云：斫也。從斤𣃔聲。𣃔音投斗反。

波滕　下特登反。毛詩云：百川滕沸也。考聲及顧野王並云：滕，水上涌也。文字典説云：水沸涌也。從水朕聲也。朕音沉錦反。字書正作滕。論文作滕，非也。字或作滕也，與滕同也。

阿毗達磨品類足論　第一卷　沙門慧琳撰

所齅　下休宥反。論語云：子路拱之，三齅而作。説文云：以鼻就臭也。故從鼻，鼻亦聲也。

澀性　上山立反。正體字也。王逸注楚辭云：澀，難也。郭注方言云：澀，猶吝也。説文云：不滑也。從四止，二倒書二正也。論文從水作澁，俗字，非也。

寬曠　下廓謗反。孔注尚書云：曠，空也。廣雅云：大也。蒼頡篇云：疏，曠也。説文云：明也。從日廣聲。

阿毗達磨品類足論　第二卷

耽嗜　下時利反。鄭注禮記云：耆，貪也。孔注尚書云：甘耆無厭足也。説文云：嗜欲，喜之也。從口耆聲。

阿毗達磨品類足論　第三卷

羸惙　上力爲反。賈注國語云：羸，病也。許叔重注淮南子云：劣也。杜注左傳云：弱也。説文云：瘦也。從羊羸聲。羸音力卧反。下丁劣反。考聲云：惙，弱皃也。詩傳云：惙，憂也。郭注方言云：忡、惙，怖意也。文字典説：從心叕聲。叕音丁衛反。忡音丑中反。

寧謐　下民必反。郭注爾雅云：謐，静也。文字典説：從言𥁑聲。𥁑音同上。

躁擾　上子到反，下饒沼反。前集異門足論第十卷中已釋訖。

傲誕　上遨告反。考聲云：傲，憍倨也，慢也。文字典説云：傲，不敬也。從人敖聲。字或作嫯也。論文作慠，俗用字也。下壇旦反。孔注尚書云：誕，欺也。又云：大也。許叔重注淮南子云：慢也。文字典説：從言延聲。

阿毗達磨品類足論　第四卷　無字音釋。

阿毗達磨品類足論　第五卷

四梶　嚶革反。正從車作軶。考工記云：車人爲軶，長六尺。謂轅端壓牛領者也。論從手作扼，非此義也，是扼捥字。

阿毗達磨品類足論　從第六卷至第十八卷

計一十三卷　文易，並無難字可音釋。

衆事分阿毗曇論　第一卷　無字可音釋。

衆事分阿毗曇論　第二卷

捷疾　上潛葉反。考聲云：捷，倢也，疾也，慧也。亦作逮，云行疾也。毛詩：捷，勝也。杜注左傳云：捷，克也。説文云：擸(獵)〔二七〕也。從手疌聲。疌音同上，擸(獵)音力合反。

飄馳　上匹飄反。詩傳云：迴風爲飄也。郭注爾雅云：箕爲飄風也。文字典説：從風票聲。票，必遥反。

衆事分阿毗曇論　第三卷　無字音訓。

衆事分阿毗曇論　第四卷

搏食　上徒鸞反。杜注左傳云：摶，手搏也。考聲云：搏，令相著也。文字典説云：圜也。從手專聲。論文從耑作揣，是揣量字，非手搏義也。揣音初委反。

猗覺枝　上意宜反。詩傳云：猗，歎辭也。又云角而束之曰猗。説文云：犗犬也。從犬奇聲。犗音革賣反。

衆事分阿毗曇論　第五卷

隄塘　上帝奚反。蘇林注漢書云：隄封萬井也〔二八〕。韋昭云：積土爲封限也。説文：隄，塘也。從阜是聲也。下蕩郎反。爾雅云：廟中路謂之塘也。鄭箋詩云：塘，當塗也。許叔重注淮南子云：塘亦隄也。埤蒼云：長沙人謂隄曰塘也。考聲云：塘，陪土爲路也，云隄也。古今正字亦云：隄也，陂塘也。從阜唐聲。論文作堤塘，俗通用字也。

衆事分阿毗曇論　第六卷至第十二卷

並無字可音訓。

阿毗曇毗婆沙論　第一卷　沙門玄應撰

阿毗曇　或言阿毗達磨，或云阿鼻達磨，皆梵言轉也。此譯云勝法，或言無比法，以詮慧故也。或云向法，以因向果。或名對法，以智對境也。

毗婆沙　隨相論作毗頗娑，此云廣解，應言鼻婆沙，[此]〔二九〕譯云種種説，或言分分説，或言廣説，同一義也。

優波提舍　此云逐分別所説，法門隨後即釋。舊人義譯爲論義經也。

犍〔三〇〕度　巨焉反。此言訛略也。應云娑犍圖犍音居言反，此云聚。中阿含經云犍度者，此言積，木(本)〔三一〕義亦一也。

評曰　皮命反。謂量議也。字書：評，訂也。訂音徒頂反。說文云：訂，評議也。

阿毗曇毗婆沙論　第二卷　先不音。

阿毗曇毗婆沙論　第三卷

渴伽月〔三二〕　藏經作佉伽，皆訛也。正言朅伽，朅音去謁反，此譯云犀牛。毗沙拏，此云角，謂犀牛一角。一亦獨也，喻獨覺也，言一一獨居山林也。

般吒　此訛略也。應言般荼迦，此云黄門。其類有五：一、般荼迦，總名，謂具男根而不生子。二、伊利沙般荼迦，伊利沙，此云妒，謂見他共婬即發情欲，不見不發。三、扇荼般荼迦，謂本來男根不滿，故不能生子。四、博叉般荼迦，謂半月作男，半月作女。博叉，此云助，謂兩半月助成一滿月也。五、留拏般荼迦，謂被刑男根。留拏，此云割也。

阿毗曇毗婆沙論　第四卷

刀鞘　小爾雅作鞘。諸書作削，同。思誚反。方言：劍削，關東謂之削，關西謂之鞞。音餅。說文：[削]〔三三〕，刀鞞也。江南音嘯，關中音笑。

戾屎　又作茵〔三四〕，古書亦作矢，同。失旨反。說文云：[菌]〔三五〕，糞也。下又作尿〔三六〕，同。嬈弔反〔三七〕。通俗文：出脬曰尿。字林：屎，小便也。醫方多作矢溺，假借也。論文作屎，音香伊反。殿屎，呻吟也。屎非此義。

阿毗曇毗婆沙論　第五卷

頗有　普我反。諸書語辭也。

眼瞳　徒公及(反)〔三八〕。埤蒼：目珠也。眼中瞳子也。

阿毗曇毗婆沙論　第六卷　先不音。

阿毗曇毗婆沙論　第七卷

瞿翅羅鳥　經中或作拘枳羅鳥，或作俱翅羅鳥，同一種。此譯云鵶鳥也，又云好聲鳥也。此鳥形醜聲好，從聲爲名也，共命鳥也。

捕狙　又作覷，同。千絮反。三蒼：狙，伺也。通俗文「伏伺曰狙」是也。狙亦觀視也。謂相候視。論文作柤，此字習誤已久，人莫辯正。

祇洹　猶是祇陀，此言訛也。應云移多，或言逝多，此云戰勝。婆那，此云林。名爲勝林。移音是奚反。

廁溷　測吏反。謂人雜廁在上非一也。下胡困反。廣雅：圊、圂，庰，廁也。廁亦圂也，言溷濁也。或言清，言至穢處宜修治使潔清也。

麤觸　且胡反。廣雅：麤，大也。又人之警防。亦曰麁。鹿性食息自相背，慮人獸之害，警亦如之，故字從三鹿字意也。

垛彀　徒果反。字林：垛，小堆也。吴人謂積土爲垛，今

[取][三九]其義。

次壓 於甲反。蒼頡解詁云：壓，鎮也。笮也。論文作押，音甲。爾雅：押，輔也。亦柬也。押非此用。

白墡 字體作墠。字林音善，土名也。即白土也，亦名堊。案吴普本草云「白堊，一名曰（白）[四〇]墠」是也。

阿毗曇毗婆沙論 第八卷

瞟翳 匹眇反。目病也。下或[作][四一]瞖，同。於計反。

若挑 他堯反。説文云：挑，抉也。以手抉挑出物也。

孿子併[四二] 所患反。廣雅：孿，兩也[四三]。通俗文：連子曰孿。字林：雙生也。蒼頡篇：一生兩子也。併音蒲茗反。爾雅：併，並也[四四]。亦俱也。言若二身根，即二人連併，此不可也。

潢水 胡光反。説文：潢，久積水池也。大曰潢，小曰洿。洿，濁水也。

捐揞 古文韜，同。徒荅反。説文：指揞也。一曰韋揞也。今之射韜是也。

阿毗曇毗婆沙論 第九卷

操杖 又作斆[四五]，同。錯勞反。説文：操，把持也。執捉也。論文作掻，非也。

駁色 補角反。字林：班駁，色不純也。通俗文：黄雜謂之駮犖[四六]。論文從交作駮，獸名，鋸[四七]牙食虎豹者也。

詭誑 俱毀反。謂變詐也。三蒼：詭，譎也。譎，詐也。廣雅：詭，欺也。

阿毗曇毗婆沙論 第十卷 第十一卷 並先不音。

阿毗曇毗婆沙論 第十二卷

糾[四八]索 居柳反。蒼頡解詁云：繩三合曰糾。小爾雅云：大曰索，小曰繩也。

博弈 古文簙（簿）[四九]，同。補莫反。下餘石反。方言：博或謂之棊。亦圍棊也。方言：自關而東齊、魯之間皆謂圍棊爲弈。爾雅[五〇]云：棊局謂之弈。

阿毗曇毗婆沙論 第十三卷 先不音。

阿毗曇毗婆沙論 第十四卷

般闍于瑟 或作般遮于瑟，皆訛略也。應言般遮跃（跋）[五一]利沙，又言般遮婆栗史迦。般遮，此云五。婆栗史迦，此云年。謂五年一大會也。佛去世一百年後，阿輸迦王設此會也。自茲以後，執見不同，五師競分，遂成五部，或十八部也。

阿毗曇毗婆沙論 第十五卷

五曀 古文壹[五二]，同。於計反。小爾雅云：幽、曀、闇、昧，冥也。釋名：曀，翳也。使日光不明净也。

窳惰 臾乳反。爾雅：窳，勞也。郭璞曰：勞苦者多惰窳也。言

懶人不能自起，如瓜瓠在地不能自立，故字從瓜。又懶人恒在室中，故字從穴。

一的　古文㢧。說文作的，同。都歷反。的，明也。詩云：發彼有的。傳曰：的，射質也。謂的然明見也。今射堋音朋中珠子也。

阿毗曇毗婆沙論　第十六卷

麻幹　工旦反。麻莖也。亦枝主名幹。廣雅：幹，本也。三蒼：枝，幹也。字宜作藷揩（稭）〔五三〕二形，音皆。今呼爲麻藷是也。

阿毗曇毗婆沙論　第十七卷　先不音。

阿毗曇毗婆沙論　第十八卷

彷徉　扶羊、蒲光二反，下余章反。廣雅：彷徉，徙倚也。亦徘徊也。

作屣　古文䩕、韆二形，同。所綺、所解二反。說文：屣，鞮屬也。鞮，韋履也。鞮音都奚反。

軍持　此譯云瓶，謂雙口澡鑵〔五四〕也。西國尼畜君持，僧畜澡鑵，皆不得互挺（用）。論文作挺〔五五〕也。

阿毗曇毗婆沙論　第十九卷

樺皮　胡霸反。木名也。皮可以飾弓者也。

一畦　胡圭反。蒼頡篇：田五十畝曰畦。畦，埒也。埒，封也。道徑也。埒音劣。

阿毗曇毗婆沙論　第二十卷

瞪瞢　宜作瞪瞢。徒登反，下亡登反。韻集云：失臥極也。亦亂悶也。論文作瞪㒄，非。

曲蟺　音善。古今注云：丘蚓也。一名蜜蟺。江東名寒蚓，善長吟於地中。江東謂爲歌女，或謂之鳴砌。論文作蟬，非體也。

曲僂　力矩反。通俗文：曲脊［謂］〔五六〕之傴僂。春秋宋鼎銘曰：一命而僂，再命而傴，三命而俯。杜預曰：府（俯）〔五七〕恭於傴，傴恭於僂，身命（愈）〔五八〕曲，恭益加也。論文作軁，或作瘻，並非也。

傎伏　又作傎、趚二形，同。音丁堅反。廣雅：傎，倒也。謂反倒也。下古文踣，今作仆，同。蒲北反。說文：仆，頓也。謂前覆也。論文作顛伏，非體也。

是筏　通俗文作撥。韻集作撥〔五九〕，同。扶月反。謂編竹木浮於河以運物者也。

阿毗曇毗婆沙論　第二十一卷

印幟〔六〇〕　於刃反。三蒼：印，信也。撿也。字從爪卪也。下（卪）〔六一〕音節。下又作帜〔六二〕，同，昌志反。通俗文：私記爲幟。舊音皆與知、識同，更無別音。

船簰　蒲佳反。方言：簰謂之筏。南土名簰，北人名筏。論文作

捭(椑)〔六三〕，非體也。

髖骨　又作臗，同。苦桓、苦昆二反。說文：髖，髀上也。埤蒼：臗，尻也。

營壘　古文作營，同。役瓊反。三蒼：營，衛也。部也。下又作垒，同。力癸反。軍壁曰壘，壘亦重也。

洟唾　古文鮷，同。他計反〔六四〕。三蒼：洟，鼻液也。周易：齊〔六五〕咨涕洟。自目曰涕，自鼻曰洟。論文從口作咦，又作涕，並非體也。

肪脯　府房反。肪，肥也，脂肪也。下先安反。通俗文：在腰曰肪，在胃曰脯。脯，脂也。謂腸脯脂也。論文作㪚，非也。

腦胲　古才反。足大指也。案字義宜作解，音胡賣反。謂腦縫解也。無上依經云「頂骨無胲」是也。

窻向〔六六〕　又作囱〔六七〕、牎、窻〔六八〕三形，同。楚江反。正曰窻也。旁窻曰牖，以助明也。下許亮反。三蒼：向，北出牖也。向亦窻也。論文作扃，古螢反。扃，紐也，外閉者也。扃非今義。

衣裓(䘼)〔六九〕　孤得反。相傳云謂衣襟也。未詳所出。

蹻足　丘消反。蒼頡解詁云：舉足行高也。漢書云：蹻足。文穎曰：蹻，猶翹也。

阿毗曇毗婆沙論　第二十二卷　第二十三卷　第二十四卷　並先不音。

阿毗曇毗婆沙論　第二十五卷

軛䩞　又作扼，同。於革反。小爾雅：衡，扼也。謂轅端壓牛領者也。

阿毗曇毗婆沙論　第二十六卷

以繭　古文絸，同。古典反。蠶縈絲者也。蒼頡解詁云：繭未繰也。字從虫從糸芇聲。芇音眠。

日㬥　袍冒反〔七〇〕。㬥，曬也。說文：㬥，晞。乾也。字從日從出從八(廾)〔七一〕音拱米字意也。

阿毗曇毗婆沙論　第二十七卷

失獸摩羅　或言失收摩羅，此云煞子魚也。善見律譯云鰐魚，廣州土地有之。鰐音五各反。

鱣魚　知連反。爾雅：鱣，大魚也。似鱘而短鼻，口在頷下。江東呼爲黄魚，長二三丈。鱘音徐林反。

興渠　此是樹汁，西國取之，以置食中。今有阿魏藥是也。

歧(岐)〔七二〕路　古文䞚〔七三〕、跂二形，同。渠宜反。謂枝別義也。爾雅：道二達謂之歧〔七四〕，謂歧道直出者。釋名：物兩爲歧。此道似之。史記「楊朱泣歧路」是也。

阿毗曇毗婆沙論　第二十八卷　先不音。

阿毗曇毗婆沙論　第二十九卷

門閫　又作梱，同。苦本反。說文：梱，門橜也。三蒼：門限也。

阿毗曇毗婆沙論　第三十卷　第三十一卷

並先不音。

阿毗曇毗婆沙論　第三十二卷

户樞　齒臾反。廣雅：樞，本也。爾雅：樞謂之椳。郭璞曰：謂[門]〔七五〕扉樞也。椳音五迴反。

盈長　又作贏，同。弋成反。下除亮反。字林：贏，有餘也。廣雅：益也。長，乘〔七六〕也。

祝詛　說文作酬(詶)〔七七〕，今作呪，同。之授反。下古文⿰衤虘，同。側據反。釋名：祝，屬也。以善惡之辭相屬著也。詛，阻也。謂使人行事咀(阻)〔七八〕限於言。

阿毗曇毗婆沙論　第三十三卷

傎蹶　都賢反。傎，倒也。下又作蹷，同。居月、巨月二反。蹶，仆也，亦頓也，前覆也。

阿毗曇毗婆沙論　第三十四卷　第三十五卷
第三十六卷　第三十七卷　並先不音。

阿毗曇毗婆沙論　第三十八卷

鉛性　役川反。說文：鉛，青金也。尚書「青州貢鉛」是也。錫，銀鉛之間也。

竹篾　莫結反。埤蒼：析〔七九〕竹皮也。中國謂竹篾爲筦(篣)〔八〇〕，筦(篣)音彌，蜀土亦然也。

阿毗曇毗婆沙論　第三十九卷

殨風　又作潰，同。胡對反。說文：殨，漏也。謂決潰癰瘡也。論文作膭，肥膭也。膭非字體。又作膭，浮鬼反。三蒼：膗〔八一〕多滓也。膭非此義。

阿毗曇毗婆沙論　第四十卷

麋鹿　亡皮反〔八二〕。說文：鹿屬也。以冬至解角者。

火燧　又作㸂〔八三〕，同。辭醉反。火母也。世本云：造火者，燧人也。因以爲名也。

墟齶　去於反，下五各反。齒內上下肉也。

阿毗曇毗婆沙論　第四十一卷　先不音。

阿毗曇毗婆沙論　第四十二卷

蔬食　所於反。字林：蔬，菜也。爾雅：[蔬]〔八四〕。郭璞曰：凡〔八五〕可食之菜通名曰蔬也。

因舫　甫妄反。通俗文：連舟曰舫。爾雅：舫，舟也。郭璞曰：併兩船也。又舫亦拊(柎)〔八六〕也。注云：水中筏也。

佉樓書　應言佉路瑟吒，謂北方邊處人書也。

阿毗曇毗婆沙論　第四十三卷

執穳　字詁古文鑹〔八七〕、穳二形。今作䂎，同。千亂反。廣雅：穳謂之鋋。［鋋］〔八八〕，小矛也。鋋音市延反。

褰衣　又作攐，丘焉反。禮記：暑無褰裳。鄭玄曰：褰，去也。

觀垣　宇煩反〔八九〕。詩云：太師維垣。傳曰：垣，牆也。釋名：垣，援也。人所依阻以爲援衛也。

阿毗曇毗婆沙論　第四十四卷　第四十五卷

並先不音。

阿毗曇毗婆沙論　第四十六卷

執盾　食尹反。盾所以扞身蔽目也。以［木］〔九〇〕自蔽，從十目，象形，厂聲。論文作闌楯之楯，非體。

俾倪　又作僻堄二形，同。普米反，下吾禮反。廣雅：俾倪、堞，女牆也。埤蒼：城上小垣也。釋名云：言於孔中俾倪非常事也。

器仗　祛冀反，下治亮反。漢書：制器械之品。應劭曰：內盛曰器，外盛曰械。一曰無盛曰器。仗，兵器也。五刃總名兵。人所執持曰仗也。

阿毗曇毗婆沙論　第四十七卷　第四十八卷　第四十九卷　第五十卷　第五十一卷　第五十二卷　第五十三卷　並先不音。

阿毗曇毗婆沙論　第五十四卷

捷樹　字詁古文捷〔九一〕。今作接，同。子葉反。相接也。言接樹無根也。

殉腸　先不音〔九二〕。

阿毗曇毗婆沙論　第五十五卷

斑駁　又作辬（辨）〔九三〕，同。補頑反〔九四〕。蒼頡篇：斑，文皃也。雜色爲［斑也］〔九五〕。駁，不純色也。

卜筮　時制反〔九六〕。禮記：龜爲卜，蓍爲筮。卜筮者所以决嫌疑定猶豫，故疑即筮之。字從竹從巫。筮者，揲蓍取卦，析〔九七〕竹爲爻，故字從竹。揲音食列、余列二反。

一切經音義　卷第六十七

校勘記

〔一〕室　據文意似作「窒」。

〔二〕圃　慧卷六十六釋「栽杌」作「園」。

〔三〕也　據文意似作「反」。

〔四〕藼　慧卷六十六釋「藼萱」作「蘐」。

〔五〕癕　獅作「癕」，即「癰」。

〔六〕詭　據文意似作「謉」。

〔七〕戟　獅作「戟」。

〔八〕説文云：棠，識之也　今傳本説文：「棠，

識也。」
〔九〕易　獅作「昜」。
〔一〇〕啄　據文意當作「豕」。今傳本説文：「啄，鳥食也。从口豕聲。」
〔一一〕茷　據文意當作「茂」。
〔一二〕贍　獅作「膽」。
〔一三〕隄　獅作「限」。
〔一四〕從廾畓聲　今傳本説文：「从畓廾聲。」
〔一五〕反　據文意似作「也」。
〔一六〕上仌象其理也　今傳本説文爲「上象其理」。
〔一七〕説文云：幽也。從冖六日。數十六日而月始虧也。從冖聲　今傳本説文：「冥，幽也。从日从六冖聲。日數十。十六日而月始虧幽也。」
〔一八〕謯　據文意似作「謯」。
〔一九〕迎　今傳本説文作「逸」。
〔二〇〕倚　獅作「何」。
〔二一〕説文云：深明也。從叔從目從谷省聲　今傳本説文：「叡，深明也。通也。从叔从目从谷省。」
〔二二〕護　獅作「謹」。
〔二三〕器　據文意當作「气」。今傳本説文：「囂，聲也。气出頭上也。」「囂」即「䚗」。
〔二四〕音　似衍。今傳本説文：「囂，聲也。气出頭上也。从㗊从頁。頁，首也。」
〔二五〕冥　獅爲「冥聲」。
〔二六〕莲　獅作「篷」。
〔二七〕攞　據文意通「獵」。今傳本説文：「捷，獵也。軍獲得也。从手疌聲。春秋傳曰：齊人來獻戎捷。」下同。
〔二八〕隄封萬井也　今傳本漢書：「提封萬井。」
〔二九〕此　麗無，據玄卷十七釋此詞補。
〔三〇〕犍　玄卷十七釋此詞作「揵」。下同。
〔三一〕木　當作「本」。磧本玄卷十七釋此詞作「本」。
〔三二〕渴伽月　玄卷十七此詞爲「渴伽」。「月」當爲正文。
〔三三〕削　麗無，據玄卷十七釋此詞補。
〔三四〕茵　玄卷十七釋此詞作「菌」。
〔三五〕菌　麗無，據玄卷十七釋此詞補。
〔三六〕屎　玄卷十七釋此詞作「屎」。下同。
〔三七〕嬈弔反　獅作「嬈弗反」。玄卷十七釋此詞爲「乃吊反」。
〔三八〕及　據文意當作「反」。
〔三九〕取　麗無。據獅和玄卷十七釋此詞補。
〔四〇〕曰　玄卷十七釋此詞作「白」。
〔四一〕作　麗無，據文意補。
〔四二〕孿子併　玄卷十七釋此詞爲「孿併」。
〔四三〕廣雅：孿，兩也　玄卷十七釋此詞爲「廣雅：孿子，兩也」。
〔四四〕爾雅：併，並也　玄卷十七釋此詞爲「爾雅：並，併也」。
〔四五〕㲉　玄卷十七釋此詞作「㲉」。
〔四六〕通俗文：黄雜謂之駮犖　玄卷十七釋此詞爲「通俗文：黄白雜謂之駮犖」。
〔四七〕鋸　玄卷十七釋此詞作「踞」。
〔四八〕糾　玄卷十七釋此詞作「糺」。下同。
〔四九〕簿　玄卷十七釋此詞作「簙」。
〔五〇〕爾雅　玄卷十七釋此詞爲「小爾雅」。
〔五一〕趹　獅和玄卷十七釋此詞作「跋」。
〔五二〕愷　玄卷十七釋此詞作「塏」。
〔五三〕揩　玄卷十七釋此詞作「稭」。
〔五四〕鑵　玄卷十七釋此詞作「灌」。下同。
〔五五〕挺　玄卷十七作「用」。挺　玄卷十七釋此詞作「挻」。
〔五六〕謂　麗無，據玄卷十七釋此詞補。
〔五七〕府　玄卷十七釋此詞作「俯」。
〔五八〕命　據文意當作「愈」。玄卷十七釋此詞作「俞」。
〔五九〕撥　據文意似當作「橃」。
〔六〇〕印幟　玄卷十七釋此詞爲「爬幟」。磧本玄卷十七釋此詞爲「印幟」。「爬」爲「印」的俗字。
〔六一〕下　玄卷十七釋此詞作「卪」。
〔六二〕帖　獅和玄卷十七釋此詞作「怗」。
〔六三〕捭　玄卷十七釋此詞作「椑」。
〔六四〕他計反　玄卷十七釋此詞爲「敕計反」。
〔六五〕齊　玄卷十七釋此詞作「齎」。
〔六六〕窗向　玄卷十七釋此詞爲「窓向」。
〔六七〕囱　玄卷十七釋此詞作「㝁」。
〔六八〕寃　玄卷十七釋此詞作「寃」。
〔六九〕祴　同「祴」。
〔七〇〕袍冒反　玄卷十七釋此詞爲「蒲穀反」。磧本玄卷十七釋此詞爲「蒲報反」。
〔七一〕八　玄卷十七釋此詞作「廾」。
〔七二〕歧　玄卷十七釋此詞作「歧」。

〔七三〕 𢿞　玄卷十七釋此詞作「𢿞」。

〔七四〕 歧　玄卷十七釋此詞作「岐」。下同。

〔七五〕 門　據玄卷十七釋此詞補。

〔七六〕 乘　玄卷十七釋此詞作「剩」。

〔七七〕 酬　玄卷十七釋此詞作「詶」。

〔七八〕 咀　玄卷十七釋此詞作「阻」。

〔七九〕 析　獅作「折」。

〔八〇〕 篼　玄卷十七釋此詞作「篼」。下同。

〔八一〕 朧　玄卷十七釋此詞作「朧」。

〔八二〕 亡皮反　磧本玄卷十七釋此詞爲「忙皮反」。

〔八三〕 隧　玄卷十七釋此詞作「隧」。

〔八四〕 蔬　據玄卷十七釋此詞補。

〔八五〕 凡　獅作「几」。

〔八六〕 拊　玄卷十七釋此詞作「柎」。

〔八七〕 鑢　玄卷十七釋此詞作「鑢」。

〔八八〕 鋋　據玄卷十七釋此詞補。

〔八九〕 宇煩反　磧本玄卷十七釋此詞爲「胡官反」。

〔九〇〕 木　據玄卷十七釋此詞補。

〔九一〕 捷　似作「捷」或「揵」。

〔九二〕 先不音　玄卷十七釋此詞爲「上辭俊反」。磧本玄卷十七釋此詞爲「上辭俊反，下直良反。腸，肚也」。

〔九三〕 辯　玄卷十七釋此詞「辮」。

〔九四〕 補頑反　玄卷十七釋此詞爲「補顔反」。

〔九五〕 斑也　麗無，據玄卷十七釋此詞補。

〔九六〕 時制反　獅作「時制友」。玄卷十七釋此詞爲「時世反」。

〔九七〕 析　玄卷十七釋此詞作「折」。

一切經音義　卷第六十八

翻經沙門慧琳撰

音阿毗達磨大毗婆沙論第一帙　三藏法師玄奘譯

從第一盡八十卷

阿毗達磨大毗婆沙論　第一卷

籌量　上宙留反。鄭注禮記云：籌，筭也。顧野王云：籌策所以計筭也。史記曰：借前箸以籌之也。說文：從竹壽聲。下略張反。考聲正作量(暈)〔一〕，從童也。

摩鎣　上莫婆反。郭注爾雅云：玉石被磨猶人之修飾也。顧野王云：摩，礪也。說文：從手麻聲。或作攠。下縈迥反。廣雅：鎣亦摩也。顧野王云：謂摩拭珠玉琯使發光明也。說文：從金從熒省聲。論文作瑩，亦通用也。琯音古悶反。

筏蹉　上煩發反，下錯何反。梵語國王名也。

聰叡　上儱〔二〕公反。韓詩云：聰，明也。說文：察也。從耳怱聲。下悦惠反。廣雅：叡亦聰也。集訓云：聖必通於微也。說文：深明也。從𣦼𣦼音藏安反從目從谷省聲也〔三〕。

阿毗達磨大毗婆沙論　第二卷

耽嗜　上荅〔四〕含反。正作媅。孔注尚書云：樂過謂之媅。韓詩云：樂之甚者也。賈逵云：嗜也。說文云：樂也。從女甚聲。聲類亦作妉、躭、酖，並同。下時利反。孔注尚書：嗜，無厭足也。說文：嗜欲，喜也〔五〕。從口耆聲。

氎絮　上恬葉反，下胥慮反。案氎絮者，西國木綿杔(花)〔六〕絮也。如此土柳絮之類，今南方交阯亦有之。

警覺　上京影反。孔注尚書：警，戒也。博雅：謂神驚不安也。文字典說：從言敬聲。或作取(儆)〔七〕。

阿毗達磨大毗婆沙論　第三卷

籠戾　上聾董反。案籠戾，剛强難調伏也。撿字書並無本字。論作籠，假借用也。諸經論中亦有作儱悷，並從心。下犁帝反。韓詩曰：戾，不善也。鄭箋詩云：戾，菲(乖)〔八〕也。廣雅云：疾很也。毛詩云：暴戾無親也。文字典說：戾，曲也。從户從犬，會意字也。

忌憚　上其記反。杜注左傳云：忌，畏也。敬也。下檀旦反。毛

詩箋云：憚，難也。畏也。説文二字並從心，已及單皆聲也。

囹圄　上歷丁反，下魚舉反。鄭注禮記云：囹圄，所以禁守繫者，若今之別獄也。説文云：守也。並從囗，令與吾皆聲。囗音韋。

枝榦　干岸反。王逸注楚辭云：幹，體也。廣雅：本也。字書亦枝也。文字典説：木枝榦，榦也。從木倝聲。倝音同上。論作榦(𣏮)[九]，木名也，非此義，或作幹。

蝦蟇　上夏加反，下罵巴[一〇]反。埤蒼云：蝦蟇，蟲也。説文並從虫，形聲字也。

阿毗達磨大毗婆沙論　第四卷　無難字可訓釋。

阿毗達磨大毗婆沙論　第五卷

萎悴　上鬱爲反。字書：萎，蔫，菸也。集訓：如草木萎黄也。文字典説：從草委聲。或作𦯧。下秦遂反。方言云：悴，傷也。鄭箋詩云：悴，憔悴也。説文：憂也。從心從卒聲[一一]。或從頁作顇也。

騰踊　上鄧登反。莊子云：騰，躍而上也。顧野王云：騰猶跳躍也。説文：從馬從勝省聲。正從舟作騰(𦩍)[一二]。下容腫反。何休注公羊傳云：踊，上也。顧野王云：踴，上而登也。從足甬聲。

毗箴奢　上婢彌反，次波麼反。梵語西國河名也。麼音摩火反。

屈憩婆　中卓絳反。梵語亦河名也。

貿少　莫候反。顧野王云：貿猶交易也。爾雅：貿，市賣也。説文：從貝丣聲。丣音同上。

阿毗達磨大毗婆沙論　第六卷　無難字訓釋。

阿毗達磨大毗婆沙論　第七卷

麟角　栗珍反。公羊傳云：麟者，仁獸也。爾雅：麟，麕身，牛尾，一角，角端有肉，或作麐。説文：從鹿粦聲。麕音鬼筠反。粦，從炎從舛。

扇搋半擇迦　搋音坼迦反。梵語黄門之總名也。

阿毗達磨大毗婆沙論　第八卷

見杌　五骨反。韻略：杌，樹無枝也。考聲：木短出皃也。文字典説：從木兀聲。

摶中　段巒反。博雅云：摶，手握令相著也。考工記：摶，圓也。説文：圜也。從手專聲。

鞘中　霄曜反。考聲：鞘，刀釗室也。或從韋作韒(𩎏)[一三]也。

頷輪　上含敢反。蒼頡篇：頷，下頷也。説文：頷，頤也。從頁函聲。或作領。下律椿反。從車也。

眼睫　尖葉反。説文：睫，目傍毛也。從目疌聲。亦作睞(晱)[一四]。疌音慈葉反。

纖利　燮閻反。孔注尚書云：纖，細也。廣雅：微也。説文：從糸韱聲。韱音僉。

迫迮　上音百。廣雅：迫猶陋也。顧野王云：迫，逼也。下争格反。考聲云：迮，狹小也。説文並從辵，白、乍皆聲也。亦作窄。

荏苒　上而枕反，下而琰反。孫緬唐韻云：荏苒猶展轉也。古今正字並從草，任、冉皆聲也。

阿毗達磨大毗婆沙論　第九卷

瞳子　徒公反。埤蒼云：瞳，目珠子也。尚書大傳：舜目有重瞳子。說文：從目童聲。

阿毗達磨大毗婆沙論　第十卷

圈門　求遠反。許叔重注淮南子云：圈，獸牢也。說文：養畜闌也。從囗卷聲。囗音韋。

阿毗達磨大毗婆沙論第二帙

阿毗達磨大毗婆沙論　第十一卷

弘　音引。

阿毗達磨大毗婆沙論　第十二卷

串　關患反。俗字也。正體從心作慣。韻英：習也。

烟爓　上宴賢反，下閻壍反。考聲：爓，火光也。字書：火微行也。說文：從火閻聲。論作焰，俗字亦通。

餉佉　上商讓反，下羌迦反。梵語西國狗名也。

廁圂　上惻事反，下渾困反。說文：廁，圊也。圂亦廁也。互相訓也。論從水作溷，謂亂也。非此義。囗音韋。

怯劣　上欠業反。顧野王云：怯，畏也。說文：從心去聲。下攣惙反。說文：劣，弱也。從少力，會意字。

阿毗達磨大毗婆沙論　第十三卷

磔手　知戹反。廣雅：磔猶開也，張也。案磔手者，張其手取大指中指所至爲量也。從石作磔，正也。論文從手作搩，音桀。非磔字義也。

鄙陋　上碑美反。杜注左傳云：鄙，邊邑也。史記云：去國都遼遠所爲鄙俗也。說文：從邑啚聲。下樓豆反。考聲：陋，亦鄙也。賤也。說文：陋，陿也。從𨸏西聲[一五]。

嗤笑　上齒之反。字書：嗤，小笑皃也。文字典說：從口蚩聲。論作蚩，誤也。或作欰，古字也。

胡荽　髓遺反。考聲：香菜名也。論作荌，非也。

散麯　下尺沼反。廣雅：麯，食也。文字典說：麯，乾麦屑也。從麦酋聲。論作麨，俗字也。

戟[一六]矟　上京逆反。方言：戟，刃有歧也。說文：戟，有歧兵器也。長丈六，從卓(𠦝)[一七]從戈作戟。下雙捉反。廣雅：矟，長矛也。埤蒼：長丈八也。文字典說：從矛肖聲。

磓磨　上吾對反，下芒播反。考聲：磓磨，麥具也。世本云：公輸初造石磓。說文：磓亦𥗾也。正作磓磨。或從靡作𥗾(礳)[一八]。

赫弈(奕)[一九]　上亨格反。毛詩傳云：赫，顯盛皃也。從二赤。下盈益反。杜注左傳云：弈弈(奕奕)，盛皃也。毛詩傳云：弈(奕)，高大也。鄭箋云：光明盛也。說文：大也。

從大亦聲也。

目揵連　上音乾。梵語羅漢名也。

阿毗達磨大毗婆沙論　第十四卷

損炷　朱乳反。考聲：炷，燈心也。

趚蹶　上典年反。説文：趚，走頓也。從走真聲。或從足作蹎，亦作傎。論文從頁作顛，謂高頂也。非此義。下卷曰反。賈注國語云：蹶，走也。顧野王云：蹶猶驚駭急疾之意也。説文：僵也。從足厥聲。亦作蹷。

栽栓　上宰才反。韻英云：栽，植也。考聲云：殺樹之餘栓也。從戈木聲[二〇]。下我葛反。集訓云：已殺樹初生苗也。亦殺樹之餘杌也。

堅鞕　額更反。字書：硬，牢也。考聲：堅也。文字典説：從革更聲。或作鞕，硬也。

劬勞　上具俱反。毛詩傳云：劬勞于野。韓詩云：劬，數也。鄭注禮記：劬亦勞也。説文：從力句聲。

阿毗達磨大毗婆沙論　第十五卷

倢利　上潛葉反。王注楚辭云：倢，疾也。方言云：宋楚之間謂惠爲倢。郭注云：惠了、倢言便也。説文：佽也。從人疌聲。論作捷，義同也。

鍛金　端亂反。孔注尚書云：鍜(鍛)[二一]，錬也。蒼頡篇：鍛，鎚打也。説文：從金段聲。

欻有　薰鬱反。薛綜注西京賦云：欻，忽也。説文：從欠炎聲也。

詭誑　上歸葦反。韻英：欺詐也。廣雅：詭，隨惡也。説文：責也。從言危聲。

憍傲　上矯喬反。顧野王曰：憍謂自矜伐縱恣媟慢也。蒼頡篇：憍，溢也。説文：從心喬聲。下敖誥[二二]反。杜注左傳云：傲，憚不敬也。廣雅亦慢也。説文：倨也。從人敖聲。論從心作慠，非也。

角論　上江岳反。顧野王云：角謂兩競争勝負也。考聲云：競也。試也。説文：象形字。角與刀魚相似也。論作捔，云接也，非此義也。

阿毗達磨大毗婆沙論　第十六卷

欬氣　開愛反。説文：欬，逆氣也。從欠亥聲。論從口作咳，誤也。

阿毗達磨大毗婆沙論　第十七卷

傲很　下痕墾反，上聲字。杜注左傳云：很，戾也。賈逵曰：很，違也。文字典説：從彳艮聲。論從人作佷，誤也。

婆柁梨　柁音徒箇反，下里知反。梵語羅漢名也。

陿故　咸甲反。説文：陿，隘也。從阜匧聲。匧音同上。俗從犬作狹，非此用也。

阿毗達磨大毗婆沙論　第十八卷　第十九卷

並無字音訓。

阿毗達磨大毗婆沙論　第二十卷

稗子　牌賣反。杜注左傳云：草之似穀者也。說文：禾之別類也。從禾卑聲。

阿毗達磨大毗婆沙論第三帙

阿毗達磨大毗婆沙論　第二十一卷

排(棑)[二三]盾　上敗埋反。即盾之異名也。考聲：排(棑)，兵器名。文字典說：從木非聲。下脣准反。文字集略云：盾，持板自蔽也。說文：盾，瞂也。瞂音扶發反。所以捍身蔽目，象形字也。或作⿰氵盾[二四]也。

彎弓　綰還反。蒼頡篇：彎，引也。說文：持弓開矢也。從弓䜌聲。

稼穡　上家暇反。鄭注周禮云：種穀曰稼。馬融注論語云：樹五穀曰稼也。下所棘反。毛詩傳云：種之曰稼，斂稅曰穡。考聲：謂收田苗也。說文：二字並從禾，家、嗇皆聲也。論作穑，俗字也。

阿毗達磨大毗婆沙論　第二十二卷

如芊　餘章反。周禮：冀州宜畜牛羊。禮記云：羊曰柔毛也。說文云：羊，詳(祥)也。從𦍌，象四足尾之形。孔子曰：牛羊之字從形舉也[二五]。𦍌音關患反。

阿毗達磨大毗婆沙論　第二十三卷　無字訓釋。

阿毗達磨大毗婆沙論　第二十四卷

尺蠖　任[二六]郭反。說文：蠖，屈伸蟲也。從虫蒦聲。蒦音烏獲反。

阿毗達磨大毗婆沙論　第二十五卷

堡塢　上裒(褒)[二七]抱反，下烏古反。楚(梵)[二八]語西國王名也。

如屈厦拏没魯荼　厦音遐雅反。拏音搦加反。荼，宅加反。梵語也。

阿毗達磨大毗婆沙論　第二十六卷

卵㲉　上𢿱短反，下苦角反。桂苑珠叢云：孚㲉鳥卵之外皮也。古今正字：卵未孚曰卵，開破曰㲉也。從卵㱿聲也。

竅隙[二九]　上輕叫反。鄭注禮記云：竅，孔也。說文：空也。從穴敫聲。敫音叫。下卿戟反。顧野王云：隙猶間隙也。廣雅：裂也。說文：隙，壁際孔也。從𨸏𡭴聲也。

韛囊　排拜反。蒼頡篇：韛，吹火具也。文字典說：從韋𤰈聲。𤰈音備。論作橐，亦通。下諾郎反。毛詩傳云：大曰囊，小曰橐。

闠鬧　上迴猥反。考聲：闠，市外門也。說文：從門貴聲。下拏效反。文字典說：吏，櫌(擾)[三〇]也。從人居市，會意字

也。論作鬧，俗字也。

阿毗達磨大毗婆沙論　第二十七卷

雰霏　上拂雲反。蒼頡篇：雰，霧也。下孚非反。毛詩傳曰：霏，雨雪皃也。詩云：「雨雪霏霏」也。古今正字云：雰，雪皃也。霏霏，雪甚也。二字並從雨，分、非皆聲也。

阿毗達磨大毗婆沙論　第二十八卷　無字可音釋。

阿毗達磨大毗婆沙論　第二十九卷

二隥　登鄧反。廣雅：隥，履也。説文：隥，仰也。從自登聲。論從足作蹬。字書亦通作蹬。

嚴酷　空穀反。方言：酷，極也。又熟也。自河以北趙魏之間穀熟曰酷，非其義也。案嚴酷之字作此嚳。顧野王云：暴虐也。説文云：嚳，急也。若[三一]之甚也。從告從學省聲也。

阿毗達磨大毗婆沙論　第三十卷

歡喜　呼官反。鄭注禮記云：歡，喜悦也。説文：歡，喜款[三二]也。從雚欠聲也[三三]。

枕僧伽胝　針稔反。下音知。梵語。唐云三衣襆也。

樗皮　胡化反。考聲：樗，木名也。説文：山木也。其皮以爲燭。從木雩聲。論作樺，亦通。

蟠結　犮䐽反。顧野王云：蟠，紆迴轉相纏。廣雅：曲也。説文：從虫番聲。䐽音滿[嬔][三四]反。

阿毗達磨大毗婆沙論第四帙

阿毗達磨大毗婆沙論　第三十一卷

矬陋　上祖和反。廣雅：矬，短也。文字典説：從矢坐聲。坐從畱[三五]省從土。陋音漏。考聲：醜惡也。前第十三卷中釋。

阿毗達磨大毗婆沙論　第三十二卷　無字音釋。

阿毗達磨大毗婆沙論　第三十三卷

㵣愛　看割反。考聲：㵣，思水也。説文：㵣，欲飲也。從欠渴聲。今俗用多略作渴。説文：渴，盡也。

聰慢　上粗公反。毛詩傳云：聰，聞也。韓詩云：聰，明也。説文：明察也。從耳悤省[三六]聲。下蠻辦[三七]反。孔注尚書：慢，輕典教[三八]也。説文：慢，惰也。從心曼聲也。

阿毗達磨大毗婆沙論　第三十四卷

被苫　上音披，下攝詹反。考聲：苫，編草爲之也。爾雅云：白蓋謂之苫。郭注云：白茅苫也。今江東呼爲蓋。説文：從草占聲。

炷焦　上朱樹反，下子遥反。考聲：焦，乾極也。傷火也。廣雅：焦，黑也。鄭注禮記：煙於火中也。説文正作𤋮，云

火所燒也。從火雥聲。雥音雜。論作焦，非。

嚻虛　上香驕反。鄭注周禮云：嚻，讙也。左氏傳云「湫隘嚻塵」是也。說文：聲氣出頭上也。從㗊從頁。頁，首〔三九〕。或作買〔四〇〕。㗊音壯立反，頁音纈。

阿毗達磨大毗婆沙論　第三十五卷　無字音訓。

阿毗達磨大毗婆沙論　第三十六卷

溉灌　上基誼反。顧野王云：溉，注也。說文：亦灌也。下官換反。顧野王云：灌，沃澍也。說文二字並從水，既、雚皆聲也。

滂溢　上普忙反。說文：滂，沲也〔四一〕。亦作霶。下引一反。廣雅：溢，盛也。溢，出也。說文：器滿也。二字並從水，旁、益聲。論作溢，俗字也。

阿毗達磨大毗婆沙論　第三十七卷

鋸解　上居御反。蒼頡篇云：鋸，截物具也。說文云：搶唐也。從金居聲。下皆蟹反，上聲字。考聲：開也。文字典說云：解，判也。從刀判牛角也。

慘顇　上千敢反。毛詩傳云：慘猶戚也。說文：慘，憂也。恨皃也。從心參聲。下慈醉反。蒼頡篇云：顇，憂也。說文：憔顇也。從頁卒聲。

寬䠋　咸甲反。前第十九卷已釋訖。

瞪瞢　上登鄧反。考聲云：瞪謂睡初起皃也。下墨鄧反。杜注左傳：瞢，悶也。毛詩傳云：亂也。說文云：不明也。從苜從旬。旬，目數搖也。

撾打　上竹蝸反。考聲：撾，擊也。聲類云：撾，捶也。文字典說：從木（扌）〔四二〕過聲。下丁冷反。考聲云：擊也。正作揨也。

俳優　上敗埋反，下郁牛反。杜注左傳：俳優，調戲也。顧野王云：俳優者，樂人所爲戲笑自以怡悅也。說文：俳，戲也。優，倡也。二字並從人，非、憂皆聲。

阿毗達磨大毗婆沙論　第三十八卷

蠐螬　上齊賫反，下徂遭反。說文：蠐螬即蝤蠐。木蠹蟲也。二字並從虫，齊、曹皆聲也。

皮皺　鄒瘦反。考聲：皺，皮聚也。文字典說云：皮寬聚也。從皮芻聲。芻音惻俱反。

背僂　録矩反。廣雅：僂，曲也。說文：尫也。周公背僂。從人婁聲。論從肉作膢，非也。

黶黑　鴨滅反。王肅注家語云：黯亦黑也。說文：黶，深黑皃也。或作黯。

阿毗達磨大毗婆沙論　第三十九卷　無字音釋。

阿毗達磨大毗婆沙論　第四十卷

臗（髖）〔四三〕骨　款九（丸）〔四四〕反。考聲：臗，胜骨也。說文：髀也。從骨寬聲。論從肉作臗，亦通。

頷骨　含感反。説文：頷，頤也。從頁含聲。古作顄。論從肉作脗，俗字也。

肝肺　上幹寒反。説文：肝，木藏也。下孚廢反。白虎通曰：肺之言貴也。金之精也，色白。説文：金藏也。並從肉，干、市皆聲。市音韍。論作肺，俗用字也。

脾腎　婢彌反。白虎通云：脾之爲言辨也。所以積精稟氣土之精也，色黄。説文：木〔四五〕藏也。下時刃反。白虎通云：腎之言賓〔四六〕也。以竅〔四七〕寫水之精，色黑陰，偶，故腎雙。説文二字並從肉，[卑]〔四八〕、臤聲。臤音堅。

胃膽　上爲貴反。白虎通曰：胃者，脾之腑也。主稟氣〔四九〕。胃者，穀之委也。説文：穀腑也。從肉図，象形字。下擔覽反。白虎通云：膽者，連肝之腑也。王〔五〇〕仁，仁者若不忍者，故以膽斷〔五一〕息之，是以「仁者必有勇」也。説文：從肉詹聲。論作胆，俗字也。

屎尿　上尸是反。莊子云：以筐盛屎也。文字典説云：屎，糞也。正從艸作菌，古字也。又作𡲍。論文作屎，俗字。下溺吊反。顧野王云：尿即溺也。溺，説文：小便也。從尾從水。

阿毗達磨大毗婆沙論第五帙

阿毗達磨大毗婆沙論　第四十一卷

稼穡　上家暇反，下所棘反。前第二十一卷中已具釋訖。

豐稔　上覆風反。周易云：豐，大也。鄭玄云：豐，大〔五二〕也。賈逵云：盛也。毛詩傳云：茂也。説文云：豆之豐滿者也。從豆，象形也。下壬甚反。賈逵云：稔，熟也。顧野王云：謂成熟也。説文云：穀熟也。從禾念聲。

阿毗達磨大毗婆沙論　第四十二卷

饕餮　上討刀反，下天跌反。杜注左傳云：貪財曰饕，貪食曰餮。論作饕餮，俗字也。

咀嚼　上疾與反。蒼頡篇：咀，嚌也。嚌音慈醮反。説文：含味也。下匠略反。顧野王云：嚼亦嚌也。廣雅云：茹也。説文二字並從口，且、爵聲。

嘗啜　上音常。論語云：君賜食必正席先嘗之。杜注左傳云：嘗，試也。説文：從旨尚聲。論從口作嚐，非也。下川爇反。説文：啜，亦嘗也。從口叕聲。叕音陟劣反。

誚言　樵笑反。孔注尚書：誚，讓也。説文：誚，嬈也。從言肖聲。或作譙。嬈音尼了反。

龜蟹　上音歸。廣雅云：龜，甲蟲也。下諧買反。韓康伯注周易云：蟹，甲在外也。説文：有二螯，八足，旁行也。從虫解聲。螯音敖。

金礦　虢猛反。廣雅云：鐵礦銅鐵等璞也。璞謂之礦。説文：從石黄聲。論作鑛，亦通。

鏃身　聡角反。説文：鏃，刺也。從金族聲。或從竹作簇。論從手作攈，非也。

阿毗達磨大毗婆沙論　第四十三卷　無字音釋。

阿毗達磨大毗婆沙論　第四十四卷

蹎蹶　上典蓮反，下卷月反。前第十四卷已釋訖。

乳糜　上儒主反，下美悲反。文字集略云：糜，厚粥也。説文：從米麻聲。

妃娣　上斐微反。顧野王云：妃如后也。禮記云：天子之妃曰后也。下提麗反。爾雅云：女子同出，先生爲姒，後生爲娣。郭注云：爲俱嫁同事一夫也。文字典説二字並從女，已、弟皆聲。

隖盧頻螺　上烏古反，下盧和反。梵語羅漢名也。

隧蹬　上隨醉反。杜注左傳：隧，道也。説文：從𨸏遂聲。論從土作遂，非也。下登鄧反。前第二十九卷已釋訖。

阿毗達磨大毗婆沙論　第四十五卷　無字音釋。

阿毗達磨大毗婆沙論　第四十六卷

扼取　於革反。廣雅：扼，持也。取也。説文作搹，云把也。從手鬲聲。論作[扼][五三]，亦通也。

靷繫　上余震反。毛詩傳云：靷，所以引也。文字典説云：在胸曰靷。從革引聲。下音計也。

梯隥　上體犁反。賈注國語云：梯，階也。説文：木階也。從木第(弟)[五四]聲。下登鄧反。次道也。

阿毗達磨大毗婆沙論　第四十七卷

耽沔　上荅含反。前第二卷具釋訖。下綿褊反。孔注尚書云：湎耽酒過差失廣(度)也[五五]。説文云：耽於酒也。從水丏聲。

阿毗達磨大毗婆沙論　第四十八卷

漂激　上匹遥反。顧野王云：漂猶流也。説文：漂，浮也。下經歷反。司馬彪注莊子云：流急曰激也。説文：激，凝[五六]邪疾波也。二字並從水，票、敫皆聲。

捶牛　隹水反。考聲云：捶，擊也。字統云：杖擊也。從手垂聲。

轅軛　上遠元反。考工記云：凡爲轅，三其輪崇，二[五七]分其長，二在前，一在後也。説文：轅，輈也。下嬰革反。鄭玄注考工記云：軛，轅端壓牛領木也。説文二字並從車，袁、戹皆聲。論作軶，俗字。輈音肘留反。

鞦鞅　上七由反。考聲：鞦，車鞦也。亦作鞧緧。下央仰反。文字集略：鞅，制牛馬首前也。説文云：頸租(靻)[五八]也。從革央聲。或作紻。靻(靼)[五九]音之列反。

阿毗達磨大毗婆沙論　第四十九卷

鱣魚　展連反。郭注爾雅云：鱣，大魚也。口在頷下，體無鱗甲，肉黄，大者二二(三)[六〇]丈。江東呼爲黄魚也。説文：從魚亶聲。

阿毗達磨大毗婆沙論　第五十卷

興瞿　具俱反。梵語藥名。唐云阿魏也。

辛辣　蘭怛反。古今正字：辣亦辛也。從辛束聲也。

盲瞽　上陌耕反。説文：盲謂目無眸子也。下姑五反。説文：

無目曰瞽。並從目，亡、鼓皆聲。

如遏蘊多　上安葛反，下斯子反。梵語。

杌邪　上五骨反。前第八卷已具釋。

防扞　上音房。鄭注禮記：防，備也。説文：隄防也〔六一〕。從阜方聲。下寒案反。考聲：扞，禦也。文字典説：扞，衛也。從手干聲。亦作桿(捍)〔六二〕。

縶在　砧立反。毛詩傳曰：縶，絆也。杜注左傳：縶，拘縶也。文字典説：從糸執聲。

阿毗達磨大毗婆沙論第六帙

阿毗達磨大毗婆沙論　第五十一卷

尺蠖　注〔六三〕郭反。前第二十四卷已具釋。論從虫作蚇，非也。

利鎌　斂炎反。方言：鎌、刈，刉也。文字典説：從金兼聲。或作鐮。刉音苟侯反。

桄梯　上音光。考聲作横，云横於中也。亦謂牀横也。下體奚反。説文：梯，木階也。前第四十三卷已釋訖。

擐甲　關患反。杜注左傳云：擐，貫也。賈逵注國語云：擐衣甲也。説文：從手從還省聲也。

尩疾　烏黄反。説文：正作尪，謂跛曲脛也。從九，象偏曲之形。論作尩，古字也。㞷音皇。

阿毗達磨大毗婆沙論　第五十二卷

車轂　公屋反。説文：轂，輻之所湊者也。〔六四〕從車殻聲。殻音苦角反。

於橛　權月反。莊子云：前有銜橜之飾。考聲：橜，短尖木也。文字典説：橛，栈(杙)〔六五〕也。從木厥聲。論作栓，俗字，非也。

伉敵　上康浪反。杜注左傳：伉亦敵也。説文：從人亢聲。下亭的反。顧野王云：敵，偶也。相拒也。説文：從攴啇聲。論作敵〔六六〕，俗字。啇音的。

阿毗達磨大毗婆沙論　第五十三卷

霜雹　龎剥反。白虎通云：陰氣結聚凝合爲雹。鄭注禮記云：陽爲雨，陰氣脅之凝而爲雹。説文云：雨水也。從雨包聲。古作靁也。

門閫　坤衮反。鄭注禮記云：閫，門限也。字統云：從門困聲。或從木作梱。

阿毗達磨大毗婆沙論　第五十四卷　無字音。

阿毗達磨大毗婆沙論　第五十五卷

依怙　胡古反。爾雅云：怙，恃也。説文：從心古聲也。

煩惱　奴老反。考聲云：惱，憂煩也。女人多煩恨也，故説文云有所痛恨。從女𡿺省聲。論作惱，亦通。

阿毗達磨大毗婆沙論　第五十六卷

吠〔六七〕嵐婆風　上扶廢反，次覽耽反。梵語風名，大猛風也。

阿毗達磨大毗婆沙論　第五十七卷　無字音釋。

阿毗達磨大毗婆沙論　第五十八卷

廣陿　咸甲反。前第十七卷釋訖。論從犬作狹，俗字也。

阿毗達磨大毗婆沙論　第五十九卷

樞扇　上觸朱反。郭注爾雅云：門戶扇肘〔六八〕也。又注云：門持樞者以爲固也。韓康伯注周易云：樞機，制動之主也。説文：從木區聲。下正體扇字，音羶戰反。

阿毗達磨大毗婆沙論　第六十卷

一滴　丁歷反。説文云：水注也。從水啻聲。或作適〔六九〕。論作渧，俗字也。

阿毗達磨大毗婆沙論第七帙

阿毗達磨大毗婆沙論　第六十一卷

貓貍　上卯包反。顧野王曰：貓，似虎而小，人家所畜養者以捕鼠也。字統：從豸苗聲。論作猫。下里知反。顧野王云：貍亦貓類也。好偷人家雞。説文：伏獸也。從豸里聲。論從犬作狸，俗字。豸音雉。

阿毗達磨大毗婆沙論　第六十二卷

滅雙　朔江反。顧野王云：雙猶兩也。文字典説云：雙手持二隹。從雔從文（又）〔七〇〕。論從兩作雙，非也。

阿毗達磨大毗婆沙論　第六十三卷

羸劣　律追反。杜注左傳云：羸〔七一〕，弱也。説文：瘦也。從羊羸聲。羸音騾臥反。

阿毗達磨大毗婆沙論　第六十四卷

擇滅　棖格反。考聲：擇，揀（揀）也。説文：選也。從手睪聲。睪音亦。論作擇，誤也〔七二〕。

阿毗達磨大毗婆沙論　第六十五卷

瀑流　抱報反。説文：疾雨也。從水暴，暴亦聲。

軶中　於革反。前第四十八（第）〔七三〕十卷中具釋訖。

阿毗達磨大毗婆沙論　第六十六卷

畦壠　上惠圭反。王逸注楚辭云：畦猶區也。説文：從田圭聲。下龍腫反。郭注爾雅：有界埒似耕壠，因以爲名也。説文：丘壠也。從土龍聲。

耘耨　上運君反。毛詩傳云：耘，除苗中草也。説文：從耒云聲。論從木作枟，誤也。下奴候反。考聲：田器除草也。亦作鎒。

劬勞　具俱反。前第十四卷中已具釋訖。

餉佉　上商壤反，下羌迦反。梵語西國仙人名也。

阿毗達磨大毗婆沙論　第六十七卷

貿少　矛候反。顧野王云：貿猶交易也。爾雅云：貿，市也。又賣也。説文：從貝丣聲〔七四〕。亦作賀。論作貧，俗字也。

阿毗達磨大毗婆沙論　第六十八卷

煗種　上奴短反。説文：煗，温也。從火耎聲也。或作燸、暖。

阿毗達磨大毗婆沙論　第六十九卷

倐忽(忽)〔七五〕　上昇育反。楚辭云：倐忽，急皃也。文字典説：從火(犬)〔七六〕攸聲。論作儵，亦通也。

阿毗達磨大毗婆沙論　第七十卷

歆饗　上吸音反。杜注左傳：歆，享也。説文：神食氣也。從欠音聲。下香掌反。何休注公羊傳云：嘉飲〔七七〕羹曰饗。鄭注云：神明歆饗也。文字典説：從食鄉聲。

不瞬　水閏反。説文：瞬，開闔目數搖也。從目舜亦聲。亦作瞚。

阿毗達磨大毗婆沙論第八帙

阿毗達磨大毗婆沙論　第七十一卷　卍

驚慴　詹葉反。爾雅云：慴，懼也。説文：從心習聲。亦作懾。

阿毗達磨大毗婆沙論　第七十二卷

鑽息　纂巒反。火名也。説文：從金贊聲。

鑠羯羅　上商灼反，次建謁反。梵語帝釋名也。

阿毗達磨大毗婆沙論　第七十三卷

鎣拭　上縈定反。前第一卷釋訖。下昇織反。説文：拭，净也。清也。從手式聲。

篅倉　述緣反。許叔重注淮南子云：篅，𥫱也。説文：織竹圓器可以盛穀也。從竹耑聲。或作圌。𥫱音徒衮反。

濤波　道勞反。文字典説：濤，大波也。海潮曰濤。從水壽聲。

摽(標)〔七八〕幟　上必遥反。顧野王云：摽(標)謂豎表以識之也。文字典説：從木票聲。論從手作摽，誤也。下鴟翅反。廣雅云：幟，幡也。文字典説：從巾戠聲。戠音職。

阿毗達磨大毗婆沙論　第七十四卷　無字音釋。

阿毗達磨大毗婆沙論　第七十五卷

流𠂢　拍賣反。廣雅：派，水自分流也。説文：水邪流别也。象

形。論從水作派，義同也。

蜆蛤　上祆典反。文字集略云：水殼蟲也。似蛤而小也。或作顯(蠠)〔七九〕，小蝓也。一名蝹女也。下甘臘反。考聲：蛤，蚌類也。說文：蛤有三，皆生於海。蛤蠣者，千歲雀所化也。秦謂之壯(牡)〔八〇〕厲。海蛤者，百歲鷰所化也。魁蛤，一名復累老(者)〔八一〕，復翼所化也。從虫合聲。

次膽　上羡延反。考聲：涎，口中津也。說文：口液也。從水欠聲。或作㳄、㵪、唌。論作涎，俗字。下儋覽反。白虎通云：膽者，肝之腑也。說文：從肉詹聲。

窯竈　上曜招反。說文：窯，燒瓦竈也。從穴羔聲。論作陶，謂埏埴主人号也。世本：昆吾作匋，即夏桀臣也。非窯義。下遭澇反。說文：竈，炊也。從穴，鼀省聲。鼀音才六反。或不省。

鍼風　執淫反。廣雅：鍼，刺也。說文：從金咸聲。

有婆咀窶拉摩風　咀音才與反。窶，劬乳反。拉音嵐合反。梵語也。嵐音盧含反。

腭喉　上昂各反。考聲：腭，齗也。

阿毗達磨大毗婆沙論　第七十六卷

鵂鶹　上朽憂反，下𢫬〔八二〕周反。案鵂鶹，怪鳥屬也，其類寔繁。

阿毗達磨大毗婆沙論　第七十七卷　無字音釋。

阿毗達磨大毗婆沙論　第七十八卷

膠粘　上音交。考聲：膠，固也。說文：膠，昵也。作之以皮。從肉翏聲。下聶廉反。說文：粘，著也。糊也。從米占聲。正作黏。

阿毗達磨大毗婆沙論　第七十九卷

毉泥　一兮反。

迷泥　米箆反。

蹹剖　談臘反。梵語也。

達鞢剖　湛狎反。梵語四天王名也。

阿毗達磨大毗婆沙論　第八十卷

穬麥　號猛反。考聲：穬，大麥也。文字典說：從禾廣聲。或作𪍿。論從米作𥼶，非也。

一切經音義　卷第六十八

校勘記

〔一〕量　據文意當作「量」。今傳本說文：「量，稱輕重也。从重省从曏省聲。」

〔二〕儷　據文意似作「麁」。

〔三〕說文：深明也。從叡叡音藏安反從目從谷省聲也　今傳本說文：「叡，深明也。通也。从𣦼从目从谷省。」

〔四〕荅　獅作「荅」。

〔五〕嗜欲，喜也　慧卷六七、今傳本說文爲「嗜欲，喜之也」。

〔六〕杔　據文意似作「花」。

〔七〕取　據文意似作「儆」。

〔八〕菲　據文意似作「乖」。

〔九〕擀　據文意似作「榦」。

〔一〇〕巳　據文意似作「巴」。

〔一一〕說文：憂也。從心從卒聲　今傳本說文：「悴，憂也。从心卒聲。」

〔一二〕𦡊　據文意當作「臇」。

〔一三〕鞘　據文意當作「鞘」。
〔一四〕腴　據文意似作「睓」。
〔一五〕說文：陋，陋也。從𨸏㔷聲　今傳本說文：「陋，阨陝也。从𨸏㔷聲。」
〔一六〕戟　獅作「戟」。
〔一七〕卓　獅作「卓」。
〔一八〕礱　據文意當作「礲」。
〔一九〕弈　據文意似作「奕」。今傳本說文：「弈，圍棊也。从廾亦聲。論語曰：不有博弈者乎？」「奕，大也。从大亦聲。詩曰：奕奕梁山。」「奕」通「弈」。下同。
〔二〇〕從戈木聲　據文意當爲「從木戈聲」。
〔二一〕鍛　據文意當作「鍛」。今傳本說文：「鍛，鏂鍛也。从金段聲」。「鍛，小冶也。从金段聲」。
〔二二〕詁　據文意似作「詰」。
〔二三〕排　獅作「棑」。下同。
〔二四〕湎　據文意似作「楯」。
〔二五〕說文云：羊，詳也。從𦍌，象四足尾之形。孔子曰：牛羊之字從形舉也　今傳本說文：「羊，祥也。从𦍌。象頭角足尾之形。孔子曰：牛羊之字以形舉也。」
〔二六〕任　獅作「仕」。據文意似作「汪」。
〔二七〕東　獅作「裏」，據文意當作「褒」。
〔二八〕楚　據文意當作「梵」。
〔二九〕隙　獅作「隙」。下同。
〔三〇〕櫌　據文意似作「擾」。
〔三一〕若　今傳本說文作「告」。獅作「苦」。
〔三二〕款　今傳本說文作「欒」。
〔三三〕說文：歡，喜款也。從雚欠聲也　今傳本說文：「歡，喜樂也。从欠雚聲。」
〔三四〕姚　各本無，據文意補。
〔三五〕留　獅作「留」。
〔三六〕省　衍。
〔三七〕辦　獅作「辨」。
〔三八〕輕典教　今傳本孔注爲「輕慢典教」。
〔三九〕說文：聲氣出頭上也。從㗊從頁。頁，首　今傳本說文：「囂，聲也。气出頭上。从㗊从頁。頁，首也。」
〔四〇〕買　據文意似當作「䙳」。
〔四一〕說文：滂，沲也　今傳本說文：「滂，沛也。」
〔四二〕木　據文意當作「扌」。
〔四三〕臆　據文意似作「髖」。
〔四四〕九　獅作「丸」。
〔四五〕木　今傳本說文作「土」。
〔四六〕賓　今傳本白虎通義作「寫」。
〔四七〕窮　據文意似作「竅」。
〔四八〕卑　各本無，據文意補。
〔四九〕主稟氣　今傳本爲「脾主稟氣」。
〔五〇〕王　今傳本白虎通義作「主」。
〔五一〕斷　獅作「斷」。
〔五二〕大　據文意似作「厚」。
〔五三〕扼　各本無，據文意補。
〔五四〕第　今傳本說文作「弟」。
〔五五〕孔注尚書云：湎耽酒過差失廣也　今傳本孔注尚書：「沈湎於酒，過差非度。」
〔五六〕凝　今傳本說文作「礙」。
〔五七〕二　今傳本考工記作「參」。
〔五八〕相　獅作「鞎」。今傳本說文：「鞅，頸靼也。从革央聲。」
〔五九〕鞎　據文意似當作「靼」。
〔六〇〕二　獅作「二」。
〔六一〕隄防也　今傳本說文爲「防，隄也」。
〔六二〕桿　據文意似作「捍」。
〔六三〕注　據文意似作「汪」。
〔六四〕說文：轂，輻之所湊者也　今傳本說文：「轂，輻所湊也。」
〔六五〕枝　據文意當作「杙」。
〔六六〕敵　據文意似作「敵」。
〔六七〕吠　似爲「吠」的缺筆訛寫。
〔六八〕扇肘　今傳本郭注爲「扉樞」。
〔六九〕適　據文意似作「滴」。
〔七〇〕文　據文意當作「又」。
〔七一〕扇　據文意當作「羸」。
〔七二〕楝　據文意當作「揀」。搼　據文意似作「择」。
〔七三〕八　獅作「第」。
〔七四〕說文：從貝死聲　今傳本說文：「貿，易財也。从貝丣聲。」
〔七五〕忽　獅作「忽」。下同。
〔七六〕火　據文意當作「犬」。
〔七七〕嘉飲　今傳本何休注爲「加飯」。
〔七八〕擦　據文意當作「標」。下同。
〔七九〕顯　據文意當作「璽」。
〔八〇〕壯　據文意似作「牡」。
〔八一〕老　獅作「者」。
〔八二〕折　據文意似作「杍」。字彙補：「杍，古文柳字。」

一切經音義　卷第六十九

翻經沙門慧琳撰

音阿毗達磨大毗婆沙論第九帙

從八十一盡第二百

阿毗達磨大毗婆沙論　第八十一卷

浮瓠　乎故反。郭注爾雅云：瓠，壺也。說文：從瓜夸聲。夸音詡于反，又上聲呼。論從艸作瓠，俗字也。

阿毗達磨大毗婆沙論　第八十二卷

皴〔一〕皮　七荀反。埤蒼云：皴，皵也。說文：從皮夋聲。夋音同上。皵音七略反。郭注山海經云：皵亦謂皮皴也。

阿毗達磨大毗婆沙論　第八十三卷

矛矟　上莫侯反。說文云：酋矛也。長二丈，建於兵車也。象形也。古文作戎。下催笄反。考聲：矟，短矛也。廣雅：矟謂之鋋。文字典說云：從矛贊聲。鋋音口延反。

鶖鷺　上音秋，下盧故反。西國池名，亦鳥名也。

蚑蠖　烏郭反。考聲：蟲名也。俗名步屈蟲也。

塳埻　上僕蒙反，下盆没反。論文塳埻，謂煙氣皃也。今作熢焞。字書並無此字。

婆斯瑟搋　坼加反。梵語梵志妻名也。

刮去　關滑反。鄭玄注禮記云：刮，以刃掠去也。文字典說云：從刀舌聲。舌〔二〕音滑。

矜誇　若（苦）〔三〕花反。孔注尚書：誇猶憍恣過〔制〕〔四〕以自大也。說文：從言夸聲。〔夸〕〔五〕從大從亐，音枯化反。從夸作者，非。

阿毗達磨大毗婆沙論　第八十四卷

痒〔六〕脹　上璞江反。埤蒼：胖亦脹也。下張亮反。杜注左傳云：脹，腹滿也。古今正字並從肉，丰、長聲。或從疒作痒痮也。

阿毗達磨大毗婆沙論　第八十五卷

夗轉　冤遠反。說文：夗，轉卧也。從夕卪聲。卪音節。或作宛，亦通。

抱弄　上袍冒反，下籠東反。杜注左傳云：弄，戲也。爾雅云：玩也。説文：從廾玉聲〔七〕。艸（廾）〔八〕音拱。論作挵，非也。

阿毗達磨大毗婆沙論　第八十六卷

掉舉　條弔反。賈注國語云：掉，摇也。廣雅：振也。説文：從手卓聲。

阿毗達磨大毗婆沙論　第八十七卷

有伺　司利反。顧野王云：伺猶候也。鄭玄注周禮云：伺猶察也。説文：從人司聲。

阿毗達磨大毗婆沙論　第八十八卷　無字訓釋。

阿毗達磨大毗婆沙論　第八十九卷

嫉鞸　上秦悉反。王逸注楚辭云：害賢曰嫉。説文：從女疾聲。下客顔反。考聲：鞸，遴也。古今正字：從革臤聲。論作慳，俗字也。

阿毗達磨大毗婆沙論　第九十卷

羯利藍頞部曇　頞音按。梵語初受胎精血相和未成形一七、二七也。

齅香　休又反。説文：以鼻就臭也。從鼻從臭亦聲。

阿毗達磨大毗婆沙論第十帙

阿毗達磨大毗婆沙論　第九十一卷

第九十二卷　第九十三卷　第九十四卷

第九十五卷　第九十六卷　已上六卷文易不音訓。

阿毗達磨大毗婆沙論　第九十七卷

阿笈摩　笈音儉輒反。

阿毗達磨大毗婆沙論　第九十八卷

勍敵　上巨迎反。廣雅：勍，武也。埤蒼：健也。左傳云「勍敵之人」是也。説文：强也。從力京聲。下亭歷反。

阿毗達磨大毗婆沙論　第九十九卷

飄散　上匹宵反。毛詩傳曰：飄猶吹也。説文：迴風也。從風票聲。颷同。下珊幹反。顧野王云：散謂分流飛走不聚也。説文：飛散也。從攴（㫃）〔九〕昔聲。或從萑作㪚。論作散，俗字。

獼猴　上蜜卑反，下侯鉤反。西國地名也。

阿毗達磨大毗婆沙論　第一百卷

訶擯　必振反。司馬彪注莊子云：擯，棄也。史記云：相與排擯也。説文：從手賓聲。論作擯，俗字。

阿毗達磨大毗婆沙論第十一帙

阿毗達磨大毗婆沙論　第一百一卷

第一百二卷　並無字訓釋。

阿毗達磨大毗婆沙論　第一百三卷

覆腌　上峰福反。蒼頡篇：覆，倒也。文字典説：從襾復聲。下訶各反。王逸注楚辭云：有菜曰羹，無菜曰腌。説文：從肉腌（隺）〔一〇〕聲。音呼郭反。

羂索　上涓兖反。桂苑珠叢云：以繩繞繫取物謂之羂。字統作罥，云施繩於道也。從网肙聲。下桑各反。顧野王云：糾繩曰索。説文：草木有莖葉可以爲繩索也。從糸從巿（朩）〔一一〕。

鉾矟　上莫侯反。考聲：戈類也。前第八十三卷已釋。或作矛。下雙捉反。廣雅：矟，兵器也。亦矛也。埤蒼云：矟長一丈八尺。文字典説：從矛肖聲。論作梢，非也。

驚駭　行駭反。文字典説：駭亦驚也。從馬亥聲。駭音崖賈反。

掘鑿　上群勿反。考聲：掘，穿也。斷也。謂斷其根也。説文：從手屈聲。下藏作反。聲類：鑿，鏨也。説文：穿木具也。從金殼亦聲。鏨音雜含反。

阿毗達磨大毗婆沙論　第一百四卷

鐵鉆　儉炎反。説文：鉆，鐵銸也。從金占聲。論作鉗，鐵枷也。結束鐵也。非此義。銸音聶。

排盾　上敗埋反，下唇準反。前第二十一卷已具釋。

防捍　上縛亡反，下寒案反。前第五十卷釋訖。

阿毗達磨大毗婆沙論　第一百五卷

陴院　上普閉反，下蜺計反。廣雅云：埤垸，城上女牆孔也。蒼頡篇：小垣也。説文：從䏠（𠂤）〔一二〕，卑、兒皆聲。論或從人作俾倪，亦通也。

母豬　陟閭反。西國池名也。

扇榹等　坼加反。梵語。

阿毗達磨大毗婆沙論　第一百六卷

第一百七卷　第一百八卷　第一百九卷

第一百一十卷　已上五卷並無字可音。

阿毗達磨大毗婆沙論第十二帙

阿毗達磨大毗婆沙論　第一百一十一卷

第一百一十二卷　無字音釋。

阿毗達磨大毗婆沙論　第一百一十三卷

跳躍　上調寮反，下羊灼反。顧野王云：跳躍謂騰躍也。説文二字並從足，兆、翟聲也。

稊稗　上弟黎反。考聲：稊，草名也。文字典説云：從禾弟聲。或作荑，亦作苐、蕛。下牌賣反。杜注左傳云：稗之似穀者也。文字典説：從禾卑聲。

短命　端卯[一三]反。字書：短，促也。不長也。説文：有所長短，以矢爲正。故從矢豆聲。論從手作⿰扌豆，非也。

阿毗達磨大毗婆沙論　第一百一十四卷

一羆　彼眉反。爾雅：羆，似熊而黄白。郭注云：羆，長頭，高脚，猛憨多力，能拔木。關西呼爲猳熊。説文：如熊，黄白。從熊罷省聲[一四]。古文⿰皮能也。猳音加也。

青紺　甘憾反。説文：紺，染帛青而楊（揚）赤色也。從糸甘聲[一五]。或作絵、⿰糸禁也。

擘以　補麥反。文字典説：擘，破裂也。從手辟聲也。

阿毗達磨大毗婆沙論　第一百一十五卷

攈多　君運反。韻詮云：攈，拾也。説文亦拾也。從手麇聲。論作捃，亦通。

欑䠶　上殂巒反。鄭注禮記：欑，聚也。説文：積也。從木贊聲[一六]。下食亦反。説文云：䠶，弓弩發於身而中於遠。從身從矢。篆文從寸。寸，法度也。與論同也。

阿毗達磨大毗婆沙論　第一百一十六卷

諠擾　上呼元反。聲類：諠，譁也。説文：從言宣聲。下鐃少反。考聲：擾，攪也。煩彼也。説文：煩也。從手夒聲。[夒][一七]音奴刀反。字從頁從巳、止、反（夂）[一八]。其手足也。從憂者，非也。

二皰　蒲皃反。法義理。

始褰持等　褰音欺乾反。梵語也。

誅戮　隆竹反。賈注國語云：戮，煞也。説文：從戈翏聲。

県首　皎遥反。顧野王云：謂懸首於木上及竿頭以肆其辜也。又廣雅：県，磔也。説文：倒首也。賈侍中説：此斷其首倒懸即県字也。論作梟，爲不孝鳥也。與人県首乖也。

祠禱　上似滋反。白虎通曰：祠者，嗣也。顧野王云：祠亦祭之總名也。下刀老反。鄭注禮記云：求福曰禱，得福曰祠。説文二字並從示，司、壽聲。

酷法　空谷反。説文作嚳，云以虎害之也。從學省告聲[一九]。亦作俈，今通作酷，從酉告聲。

書撽（檄）[二〇]　形擊反。考聲：撽（檄），木簡也。長二尺，有所召，書上以傳之。史記：撽（檄），羽撽（檄）數罪之書也。文字典説：從木敫聲。敫音擊也。

阿毗達磨大毗婆沙論　第一百一十七卷

鬼膾　上苦回反，下古外反。廣雅：膾，割也。即今之屠者也。

蟒類　上忙牓反。爾雅云：蟒，王蛇。郭注云：蟒，蛇之大者也。故曰王也。文字典說：從虫莽聲。

弶取　强向反。字書：弶，施罥於道以取禽獸也。說文：從弓京聲。作摾，俗也。

阿毗達磨大毗婆沙論　第一百一十八卷

拊奏　孚武反。顧野王云：拊猶拍也。周禮云：合奏擊拊。鄭衆注云：或擊或拊也。孔注尚書云：拊亦擊也。說文：從平(手)[二一]付聲。

阿毗達磨大毗婆沙論　第一百一十九卷

積中　紫錫反。考聲：積，聚也。鄭注禮記：委多曰積。文字典說：從禾責聲。論從艸作積，非也。

揩拭　上客皆反，下升職反。揩，摩也。鄭注禮記云：拭猶浄也。說文並從手，皆、式聲也。

顛仆　上典年反。鄭注禮記云：倒仆爲顛也。說文：從頁真聲。正作傎。論從二真，非也。下蒲北反。說文：傾頓也。從人卜聲。

驅擯　必刃反。前第一百卷中已釋訖。

靈龕　苦甘反。考聲：鑿山壁爲坎也。廣雅：龕，盛也。文字典說：著佛像處也。從龍今聲。俗從合作龕，非也。

機(機)[二二]阱　情勁反。考聲：穽，穿地陷獸也。文字典說：從自井聲。論從穴作穽，亦通。古作汬也。

覘望　諂廉反。杜注左傳云：覘，伺也。鄭注禮記云：覘，闚視也。文字典說：從見占聲。

蹇鈍　上建偃反。考聲：蹇，難也。說文：蹇，跛也。從足寒省聲。下徒困反。蒼頡篇：鈍，頑也。聲類：鈍，不利也。說文：從金屯聲。

阿毗達磨大毗婆沙論　第一百二十卷

胎膜　上貸來反。廣雅云：三月爲胎。顧野王云：未生也。說文：婦孕二(三)[二三]月也。從肉台聲。下忙博反。說文：肉間膜也。從肉莫聲[二四]。

蚊蚋　上勿分反。說文作蟁，齧人飛蟲也。從䖵民聲。下而鋭反。國語：蚋、蛾、蜂、蠆，皆能害人。顧野王云：今有虫似蚋，齧人謂之含毒即此也。說文：秦謂之蚋，楚謂之蚊。從虫芮(芮)[二五]聲也。

蠛蠓　上眠結反，下蒙董反。莊子云：猿之於木若蠛蠓於地也。顧野王曰：小飛蟲也。郭注爾雅云：小蟲似蚋[二六]也。說文：並從虫，蔑、蒙聲也。

蚳行　佶移反。考聲：蚳，有毛蟲也。說文：蛙也。從虫氏聲。蛙音口圭反。

踐蹋　上前剪反。毛詩傳云：踐，行皃也。鄭注禮記：踐，履也。下潭闔反。廣雅：蹋亦履也。說文亦踐也。二字並從足，戔、𦐇聲。論作蹹，俗字也。

摑裂　上孤獲反，下連哲反。廣雅：裂，分也。字書：擘也。文字典說：從衣列聲。

阿毗達磨大毗婆沙論第十三帙

阿毗達磨大毗婆沙論　第一百二十一卷

稼穡　上家暇反，下所棘(棘)[二七]反。前第二十一卷已釋訖。

逮勝　臺載反。毛詩傳曰：逮，及也。説文：從辵聿(隶)[二八]聲。

阿毗達磨大毗婆沙論　第一百二十二卷

無字音釋。

阿毗達磨大毗婆沙論　第一百二十三卷

渭物攢子　攢，肥味反。梵語也。

骸骨　薤皆反。顧野王云：骸，身體之骨總名也。説文：從骨亥聲。

阿毗達磨大毗婆沙論　第一百二十四卷

唼食　子荅反。埤蒼：噆，齧唇也。莊子云：蚊虻噆膚也。説文：銜也。從口妾聲。或作咂，正作噆也。

鹹鹵　上洽緘反。爾雅云：鹹，苦也。郭注云：苦即大鹹也。説文：北方味也。從鹵咸聲。下盧古反。説文：鹵，西方鹹地也。又西方謂之鹵。從西(𠧴)[二九]省。鹵，象監(鹽)[三〇]形也。

阿毗達磨大毗婆沙論　第一百二十五卷

鉤餌　上狗侯反。考聲：鉤，取也。曲也。引也。顧野王云：鉤，謂也[三一]。説文：從金句聲[三二]。下而志反。蒼頡篇云：餌，食也。大戴禮云：鷹隼魚鼈所得之餌也。説文：從食耳聲。

鞭撻　上必綿反。顧野王云：鞭，用革以扑罪人也。説文：從革便聲。下他怛反。孔注尚書云：撻，笞也。鄭玄：抶也。古今正字：從手達聲。古文作撻。論從革作靼[三三]，音折，非義也。

媲邏吒　上批計反，中羅賀反，下茶暇反。梵語。

囚縶　砧立反。杜注左傳：縶，拘繫也。前第五十卷已具釋。

藏竄　七亂反。杜注左傳云：竄，匿也。顧野王云：竄猶逃也。古今正字：從穴從鼠。會意字也。

阿毗達磨大毗婆沙論　第一百二十六卷

婆私瑟搋　圻(坼)[三四]加反。梵語。

麟角　粟珍反。此論第七卷中已具釋訖。

恬寂　上簟兼反。孔注尚書云：恬，安也。方言：靜也。從心舌聲，亦會意字也。

阿毗達磨大毗婆沙論　第一百二十七卷

哮吼　上孝交反。埤蒼云：哮嚇，大怒也。古今正字云：哮，豕

驚聲。從口孝聲。下虛垢反。考聲：鳴之大也。牛虎曰吼。古今正字作吽，謂獸聲也。從牛口聲〔三五〕。亦作拘〔三六〕、呴。

阿毗達磨大毗婆沙論　第一百二十八卷

蚊蠛　上勿分反，下眠結反。前一百二十卷中已具釋訖。

阿毗達磨大毗婆沙論　第一百二十九卷

無字音釋。

阿毗達磨大毗婆沙論　第一百三十卷

飲吮　旋兖反。集訓云：吮，口嗍也。說文：吮，欶也。從口允聲。論作啘，非也。或作兖〔三七〕。

鎔銅　上勇鍾反。漢書云：猶金之在鎔，唯冶之所鑄〔三八〕。說文：冶器法也。從金容聲。

舌𦝫　昂各反。考聲：𦝫，齗也。說文作咢。論從口作噩，非也。

沙潬　檀爛反。爾雅云：潬，沙出也。考聲：水中沙出也。說文：從水單聲。

嗟惋　上借邪反。毛詩傳云：嗟，歎辭也。古今正字云：憂歎也。從口差聲。下烏喚反。考聲：惋，歎恨也。文字集略云：驚異也。從心宛聲也。

鉧穳　上莫侯反。前第一百三卷釋訖。古作矛。下倉喚反。考聲云：穳，短矛也。南越謂之殺。廣雅云：穳謂之鋋。古今正字：從矛贊聲。古文𥎷。今論文作攢，非也。

阿毗達磨大毗婆沙論第十四帙

阿毗達磨大毗婆沙論　第一百三十一卷

登躡　黏輒反。方言：躡，登也。廣雅：履也。說文：蹈也。從足聶聲也。

欲遮準陀　準音朱允反。梵語。

阿毗達磨大毗婆沙論　第一百三十二卷

相糅　女救反。鄭注禮記云：糅，雜也。文字典說：從米柔聲。正作粈也。

阿毗達磨大毗婆沙論　第一百三十三卷

畔喋婆　喋音徒叶反。梵語。大灾風也。

飜騰　上孚袁反。廣雅：飜，飛也。顧野王云：飜，高去也。說文：從飛番聲。亦作翻。下鄧登反。韓詩云：騰，乘也。無不乘凌也。廣雅：騰，奔也。說文：馳也。從馬從騰省聲〔三九〕。勝從舟。從月者，非也。

耕馭　魚據反。文字典說：馭，駕馭馬也。從馬從又。與御同。

揩(攢)〔四〇〕擊　上殂桓反。前第一百十五卷已釋訖也。

阿毗達磨大毗婆沙論　第一百三十四卷

縈纏　上伊營反。毛詩傳云：縈，旋也。說文：收韏也。從糸熒

省聲。下徹連反。説文：纏，約也。從糸廛聲。

阿毗達磨大毗婆沙論 第一百三十五卷

擺揬 上八買反。廣雅云：捭，開也。考聲：擺，揮手也。説文：兩手擊也。從手罷聲。或作押（捭）〔四一〕。論作擺，誤也。下徒訥反。廣雅云：揬，衝也。字書：揬，揩也。説文：從手突聲。突，從穴從犬。論從山作突（崪）〔四二〕，非也。

阿毗達磨大毗婆沙論 第一百三十六卷

緝績 上侵入反。毛詩箋云：緝，績也。下井昔反。郭注爾雅云：續〔四三〕，繼也。説文亦緝也。二字並從糸，責、咠皆聲。

毳時 《芮〔四四〕反。鄭注禮記云：毳，毛之細者也。鄭衆云：毳，罽衣也。説文：從三毛。

阿毗達磨大毗婆沙論 第一百三十七卷

抖擻 上兜口反，下涑厚反。考聲云：抖擻，振也。涑音安侯反。

阿毗達磨大毗婆沙論 第一百三十八卷

無字音釋。

須鎌 上思朱反。説文：從彡從頁。顧野王云：所須待之須從彡作須。從水作須（湏）〔四五〕音悔，今俗行已久，且依也。下斂鹽反。考聲：鎌，刈物者也。方言：刈，鉤也。説文：鍥也。從金兼聲。或作鐮，亦通。鉤音鉤。

須插 楚洽反。聲類：插謂刺物使入也。説文：從手臿聲。臿字從干從臼。

阿毗達磨大毗婆沙論 第一百三十九卷

阿毗達磨大毗婆沙論 第一百四十卷 無字音釋。

阿毗達磨大毗婆沙論第十五帙

阿毗達磨大毗婆沙論 第一百四十一卷

膠濘 上絞肴反。第七十八已釋訖。下寧定反。杜注左傳：濘，泥也。考聲：泥淖也。説文：從水寧聲。淖音女教反。

局故 闃玉反。毛詩傳云：局，曲也。卷也。廣雅：近也。説文：局，促也。從口在尺下復句之也，象形。

阿毗達磨大毗婆沙論 第一百四十二卷

匍匐 上僕逋反，下朋北反。毛詩箋云：匍匐，言盡力也。顧野王云：手行也。説文云：匍，手行也。匐，伏地也。二字並從勹，甫、畐皆聲。［勹］〔四六〕音包。

灘磧 上撻丹反。説文：水濡而乾也。從水灘（難）〔四七〕聲。下青歷反。廣雅云：磧，瀨也。水淺石見也。説文：從石責聲〔四八〕。

如穴 玄決反。毛詩箋云：鑿地曰穴。説文：土室也。從宀八。論作穴，誤也。

阿毗達磨大毗婆沙論　第一百四十三卷

如鉼　並冥反。顧野王云：鉼，汲水器也。文字典說：從缶并聲。

錯謬　上倉洛反。考聲：錯，誤也。顧野王云：以交合錯亂之。錯從辵作逪。說文：迻也。從辵昔聲。下眉幼反。鄭注禮記云：謬，誤也。說文：狂者之志(妄)〔四九〕言也。從言翏聲。

阿毗達磨大毗婆沙論　第一百四十四卷

無字音釋。

阿毗達磨大毗婆沙論　第一百四十五卷

摩摩異多　異音餘之反。梵語。

阿毗達磨大毗婆沙論　第一百四十六卷

無字音釋。

阿毗達磨大毗婆沙論　第一百四十七卷

蹲坐　徂魂反。說文：蹲，踞也。從足尊聲。踞音居御反。

阿毗達磨大毗婆沙論　第一百四十八卷

挻埴　上設氈反。淮南子云：挻抑〔五〇〕土爲器也。說文：從手延聲。從土作埏者，非。下時職反。孔注尚書云：土黏曰埴也。說文：從土直聲。

憒閙　上迴外反，下拏效反。前第二十六卷中具釋訖。

阿毗達磨大毗婆沙論　第一百四十九卷

秣薪　上忙鉢反，下悉津反。西國藥名也。此國佮艾取火之屬也。佮音感合反。

指拈　念添反。廣雅：拈，指持也。說文：從手占聲。論作捻，俗字。

眩亂　上玄絹反。賈注國語：眩，惑也。顛，冒也。說文：目無常主也。從目玄聲。

阿毗達磨大毗婆沙論　第一百五十卷

竭地羅鉤　上褰蘖反，下苟侯反。梵語。

挑善行眼　上眺聊反。聲類云：挑，揥抉也。說文：從手兆聲。抉音伊決反。

塹迮　上黯甲反。杜注左傳：塹亦窄也。禮記：所謂鎮窄也。說文：從土斬聲。下爭格反。聲類：迮，迫也。考聲：狹小也。文字典說云：從辵乍聲。亦作窄也。

金絛　計〔五一〕勞反。鄭注周禮云：其樊纓以絛絲飾之。考聲：絛，織絲如繩然也。說文：織成也。從糸條省聲〔五二〕。論從韋作韜，又作縚，非也。

撓攪　上好高反。廣雅云：撓，亂也。說文：攪也。從手堯聲。亦作獿。論作挠，非也。下交巧反。毛詩傳云：攪，亂也。

字書：撓也。説文：從手從覺聲。

阿毗達磨大毗婆沙論第十六帙

阿毗達磨大毗婆沙論　第一百五十一卷

蠐螬　上薺賫反，下造遭反。前第二十七卷中已具釋。

風飈　標遥反。郭注爾雅云：飈，暴風自下而上也。尸子曰：暴風頹(五三)飆也。文字典説：從風猋(五四)聲。

阿毗達磨大毗婆沙論　第一百五十二卷

無字音釋。

阿毗達磨大毗婆沙論　第一百五十三卷

打揵稚　次件焉反，下馳致反。梵語也。

阿毗達磨大毗婆沙論　第一百五十四卷

翅翮　上施至反。説文作翍，翼也。從羽支。亦作翨、忯（羝）(五五)。下行革反。郭注爾雅云：翮，鳥羽根也。説文：羽莖也。從羽鬲聲。

攀攬　上盼蠻反。王逸注楚辭云：攀，引也。廣雅：戀(五六)也。説文作艸(五七)，云引也。從反艸。今作攀，從手樊聲。下藍膽反。廣雅云：攬，取也。説文：撮持也。從手覽聲。亦作擥。

嫉慳　上秦悉反，下客姦反。前第八十九卷中已具釋訖。

阿毗達磨大毗婆沙論　第一百五十五卷

無字音釋。

阿毗達磨大毗婆沙論　第一百五十六卷

止撥　半末反。毛詩傳云：撥，治也。王逸云：棄也。廣雅：除也。亦猶絶也。説文亦治也。從手發聲。

不死轉　冤遠反。前第八十五卷中已釋。

阿毗達磨大毗婆沙論　第一百五十七卷

爲拳　倦員反。考聲云：拳，手拳也。案論文云五指合爲拳，即握掌也。説文：手也。從手卷省聲(五八)。論作捲，用力也，非其義也。

阿毗達磨大毗婆沙論　第一百五十八卷

第一百五十九卷　第一百六十卷　已上並無字音訓。

阿毗達磨大毗婆沙論第十七帙

阿毗達磨大毗婆沙論　第一百六十一卷

無字音釋。

阿毗達磨大毗婆沙論　第一百六十二卷

敬憚　壇旦反。毛詩箋云：憚，難也。畏也。文字典説：從心

單聲。

羸劣　上累爲反，下戀輟反。前第六十三卷中釋訖。

猶豫　余茹反。顧野王云：猶豫謂不定也。説文：豫，獸名。從象矛(予)〔五九〕聲。

阿毗達磨大毗婆沙論　第一百六十三卷

無字音釋。

阿毗達磨大毗婆沙論　第一百六十四卷

朽敗　休夂(久)〔六〇〕反。蒼頡篇：朽，腐也。説文作歹丂，義同。從歺丂聲〔六一〕。從木作朽，或字也。

阿毗達磨大毗婆沙論　第一百六十五卷

無字音釋。

阿毗達磨大毗婆沙論　第一百六十六卷

船栰　煩發反。馬注論語云：大曰筏，小曰桴。考聲：栰，縛竹木浮之水上也。説文正作橃。云海大船也〔六二〕。從木發聲。或作撥，亦作筏。

青瘀　於據反。廣雅云：瘀，病也。説文：積血也。從疒於聲。

膖脹　上璞江反，下張亮反。前第八十四卷中釋訖。

骨鎖　蘇果反。漢書云：瑣以環相鉤連也。考聲云：連鐶也。文字典説：從金貨聲。論作璅，非也。

髀骨　鼙米反。考聲：髀，股也。説文：股外也。從骨卑聲。論從肉作脾，俗字也。

頷輪　前此論第八卷已具釋。

澡漱　上遭草反。顧野王云：澡猶洗潔也。説文：洗手也。從水喿聲。論從草作藻，誤也。下搜皺反。顧野王云：漱，盥盪也。古今正字：從水敕聲。

腰條　討刀反。第一百五十卷中已釋訖。

竦密　粟勇反。廣雅云：竦，上也。顧野王云：竦，高也。説文：從立束聲。論作聳，誤也。

曲僂　蔞主反。考聲云：傴僂，俯身也。廣雅：僂，背僂。亦曲也。説文：僂，尪也。從人婁聲。

阿毗達磨大毗婆沙論　第一百六十七卷

蟲蛆　七余反。聲類：蛆，蠅子也。説文：乳肉中也〔六三〕。從虫且聲。或從肉作胆。

阿毗達磨大毗婆沙論　第一百六十八卷　第一百六十九卷　第一百七十卷

已上並無字音釋。

阿毗達磨大毗婆沙論第十八帙

阿毗達磨大毗婆沙論　第一百七十一卷

見杌〔六四〕　五骨反。前第八卷中具已釋訖。

吏亂　上挐效反。第［一］〔六五〕百四十八卷具釋訖。

阿毗達磨大毗婆沙論　第一百七十二卷

欻然　熏鬱反。此論前第十五卷中具釋訖。

嘷叫　上胡高反。楚辭：虎豹是嘷。說文：嘷猶咆也。從口皋聲。下澆竅反。顧野王云：叫，呼也。說文：高聲也。正作嘂，從㗊丩聲。古作訆、噭、嗷。論作叫，俗字。㗊音側立反，丩音吉留反。

煻煨　上蕩郎反。考聲：煻，灰兼細火也。下猥回反。廣雅云：煨，煴也。說文：盆中火也。二字並從火，唐、畏皆聲。煴音藴文反。

銛利　思廉反。漢書音義云：銛，利也。蒼頡篇：銛，鐵也。考聲：刀劍利也。說文：從金舌聲。鐵音接閻反。

鐵柴　醉髓反。字書：柴，鳥喙也。文字典說：從此從朿。亦作觜。論作嘴。俗字鐵，正作鐵[六六]。

廁圂　上惻志反，下魂困反。此論前第十二卷中已具釋訖。

矩拉婆　上俱禹反，下藍蹋反。梵語也。

阿毗達磨大毗婆沙論　第一百七十三卷

央掘利魔羅　上鞅薑反，下群物反。梵語也。

傲慢　上敖誥反。杜注左傳云：傲，不敬也。廣雅：傲亦慢也。字書：倨也。說文：從人敖聲。論從心作慠，非也。下蠻晏反。孔注尚書：慢，輕慢典教也。顧野王云：慢猶輕侮也。說文：惰也。從心曼聲。

迸石　伯孟反。鄭注禮記云：迸，散也。字書云：亦散走也。文字典說云：從辵并聲。亦作跰。

阿毗達磨大毗婆沙論　第一百七十四卷

無字音釋。

阿毗達磨大毗婆沙論　第一百七十五卷

銷鎔　上小焦反。顧野王云：銷猶散也。說文：鑠也。下勇鍾反。說文：鎔，冶[六七]器法也。二字並從金，肖、容皆聲。鑠音商約[六八]反。

阿毗達磨大毗婆沙論　第一百七十六卷

蟒身　忙牓反。郭注爾雅：蟒，蛇之大者也。前第一百一十七卷中具釋訖。

一摶　段巒反。廣雅云：摶，手握使相著也。說文：從手專聲。

畦中　惠圭反。前此論第六十六卷中具釋訖。

躊躇　上宙留反，下佇驢反。廣雅云：躊躇，猶豫也。顧野王云：謂淹留而躊躇也。說文二字並從足，壽、著皆聲也。

阿毗達磨大毗婆沙論　第一百七十七卷

不凹　黯甲反。抱补(朴)[六九]子云：凹，墊下也。考聲：謂中下也。象形。

不凸　田結反。韻略云：凸，高起皃也。象形字也。

足跟　艮痕反。釋名：足後曰跟。說文：足，踵也。從足艮聲。

鰍緩　上鄒瘦反。此論第三十八卷中具釋訖。下桓管反。爾雅：緩，舒也。顧野王云：緩猶寬也。説文：從糸爰聲。

孿急　劣圓反。考聲：孿，拘也。顧野王云：癵謂拘曲也。説文：孫（係）〔七〇〕也。從手䜌聲。或從疒作癵。論作戀，誤。

緊泥　噎奚反。梵語。

傍攲　起羈反。顧野王云：攲，以爲不正也。從攴奇聲。竒字正從介作竒〔七一〕，攴從半竹作攴。

幖幟　上必遥反，下嗤至反。前第七十三卷已釋訖。

哳哳　展列反。梵語數法也。

跋邏攙　上盤末反，次羅賀反，下懺衫反。梵語。

阿毗達磨大毗婆沙論　第一百七十八卷

割劓　上干遏反。孔注尚書云：割，害也。廣雅：截也。下宜器反。鄭注禮記：劓，截其鼻也。説文：次鼻也〔七二〕。並從刀。或作劓。

不瞚　輸閏反。莊子云：終日視而不瞚。吕氏春秋云：万世猶一瞚。説文：目開闔也〔七三〕。或作瞬。

阿毗達磨大毗婆沙論　第一百七十九卷

顦悴　上情遥反，下慈醉反。楚辭：顦悴，憂愁之容也。説文：或作憔[悴]〔七四〕。亦作醮悴。或從頁作顇，並通也。

羞赧　上秀由反，下拏簡〔七五〕反。方言：赧，媿也。説文：面慚赤。從皮赤聲。

阿毗達磨大毗婆沙論　第一百八十卷

耎等　蓺兖反。説文：從火而聲。

阿毗達磨大毗婆沙論第十九帙

阿毗達磨大毗婆沙論　第一百八十一卷

蹻足　起驕反。文穎注漢書云：蹻猶翹也。説文：舉足高皃也。從足喬聲。或作趫。

粗鞕　上醋胡反，下額更反。古今正字：牢也。考聲：堅也。正作鞕〔七六〕，又作硬，俗字也。

素怛纜毗奈耶　怛音單葛反。纜音羅淡反。梵語。唐云經律藏也。

阿毗達磨大毗婆沙論　第一百八十二卷　第一百八十三卷　第一百八十四卷　第一百八十五卷　已上並無字可音。

阿毗達磨大毗婆沙論　第一百八十六卷

嗤誚　上齒之反。字書：嗤，戲笑皃也。文字典説：從口蚩聲。或作蚩。蚩字從𡳿從虫。𡳿，古文之也。下撨〔七七〕笑反。孔注尚書：誚，讓也。或作譙也。

阿毗達磨大毗婆沙論　第一百八十七卷

憺怕　上譚濫反。顧野王云：憺，恬静也。王逸注楚辭云：憺猶安也。下普百反。子虚賦云：怕兮無爲，憺兮自持。廣雅：怕，静也。説文：無爲也。並從心，詹、白皆聲。論從水作澹泊，非此也。

阿毗達磨大毗婆沙論　第一百八十八卷

溉田　基未反。顧野王云：溉，灌注也。説文：灌也。從水既聲。

鐵礦　虢猛反。爾雅：鐵璞謂之礦。説文：銅鐵璞也。從石黄聲。論作丱，通用，或作礦也。

樓櫓　上漏頭反。文字集略：城上守禦屋也。下盧古反。釋名：櫓者，上露無覆屋也。説文並從木。

埤堄　上普閉反，下倪計反。廣雅：城上女牆也。前第一百五卷已具釋訖。

裸形　華瓦反。顧野王云：裸，脱衣露袒也。説文：從衣。或作躶、倮也。

阿毗達磨大毗婆沙論　第一百八十九卷

腐敗　扶武反。廣雅：腐，臭敗也。説文：腐，爛也。從肉。

阿毗達磨大毗婆沙論　第一百九十卷

耽嗜　上荅含反。爾雅：耽，取樂過度也。下時至反。孔注尚書：嗜，無肰（猒）〔七八〕足也。説文：人嗜欲，喜之也。或作睹〔七九〕、饍、醋。

結憾　含暗反。孔注論語云：憾，恨也。文字典説：從心感聲也。

阿毗達磨大毗婆沙論第二十帙

阿毗達磨大毗婆沙論　第一百九十一卷

驚慴　詹涉反。郭注爾雅云：懼，慴也。説文：慴，怖懼也。從心。或作慑。

驚駭　鞋界反。怖也。

阿毗達磨大毗婆沙論　第一百九十二卷

無字音釋。

阿毗達磨大毗婆沙論　第一百九十三卷

囹圄　上歷丁反，下魚舉文。鄭注禮記：囹圄，所以禁守繫者，若今之別獄也。説文：守也。並從囗。囗音韋。

阿毗達磨大毗婆沙論　第一百九十四卷

無字音釋。

阿毗達磨大毗婆沙論　第一百九十五卷

繼嗣　上雞藝反。王弼注周易云：繼謂不絶也。賈逵注國語

云：繼，餘也。爾雅：繼，紹也。説文：續也。從糸從𢇍，𢇍亦聲。或作𢇍[八〇]。𢇍音絶。下詞恣反。孔注尚書：嗣亦繼也。毛詩箋云：嗣，續也。説文：「諸」[八一]侯嗣國也。從口從冊司聲。或作孠，古字也。冊音策也。

阿毗達磨大毗婆沙論　第一百九十六卷　無字音釋。

阿毗達磨大毗婆沙論　第一百九十七卷

隤壞　上隊雷反。廣雅：隤，壞也。説文：墜下也。從阜。或作積。下穰掌反。孔注尚書：無塊曰壤。劉兆注穀梁傳云：鑿地出土曰壤。説文：從土襄聲也。

瘡疣　右憂反。廣雅：肬，腫也。蒼頡篇云：疣，病也。説文從疒。或從肉作肬。又作疚。

阿毗達磨大毗婆沙論　第一百九十八卷

騫持　丘乾反。前第一百二十六卷已釋訖。

守陀　鷖賣反。杜注左傳云：陀，地險也。王逸注楚辭云：陀，傾危也。説文：塞也。從阜[八二]。或作隘。作陀，俗字也。

撾打　竹蝸反。聲類云：撾，捶也。

阿毗達磨大毗婆沙論　第一百九十九卷

無字音釋。

阿毗達磨大毗婆沙論　第二百卷

蜥蜴　上星亦反，下盈隻反。爾雅云：蠑螈、蜥蜴，蝘蜓，守宮也。郭璞注云：異語別四名也。説文云：蝘蜓在草曰蜥蜴也。從虫。蠑音榮，螈音原，蝘音偃，蜓音田典反。

一切經音義　卷第六十九

校勘記

〔一〕 皴　即「皴」。
〔二〕 舌　即「昏」。
〔三〕 若　據文意似當作「苦」。
〔四〕 制　據今傳本孔傳補。
〔五〕 夲　各本無，據文意補。
〔六〕 痒　即「胖」。
〔七〕 説文：從廾玉聲　今傳本説文：「玩也。从廾持玉。」
〔八〕 艸　據文意當作「廾」。
〔九〕 支　據文意似當作「攴」。
〔一〇〕 膗　似作「隺」。今傳本説文：「膗，肉羹也。从肉隺聲。」
〔一一〕 市　據文意似當作「朩」。今傳本説文：「艸有莖葉可作繩索。从朩糸。」
〔一二〕 騰　據文意當作「皀」。今傳本説文：「陴，城上女牆俾倪也。从𨸏卑聲。」
〔一三〕 卯　據文意似作「卵」。
〔一四〕 説文：如熊，黄白。從熊罷省聲　今傳本説文：「羆，如熊，黄白文。从熊罷省聲。」
〔一五〕 説文：紺，染帛青而楊赤色也。從糸甘聲　今傳本説文：「紺，帛深青揚赤色。从糸甘聲。」
〔一六〕 説文：積也。從木贊聲　今傳本説文：

「欑，積竹杖也。从木贊聲。一曰穿也。一曰叢木。」

〔一七〕 嬰 據文意補。

〔一八〕 反 據文意似作「夊」。今傳本説文：「夒，貪獸也。一曰母猴。似人。从頁、巳、止、夊。其手足。」

〔一九〕 説文作嚳，云以虎害之也。從學省告聲 今傳本説文爲「嚳，急告之甚也。从告，學省聲。」

〔二〇〕 撽 據文意當作「擻」。下同。

〔二一〕 平 據文意當作「手」。今傳本説文：「拊，揗也。从手付聲。」

〔二二〕 擨 據文意當作「機」。

〔二三〕 二 當作「三」。今傳本説文：「胎，婦孕三月也。」

〔二四〕 説文：肉間膜也。從肉莫聲 今傳本説文：「膜，肉間胲膜也。从肉莫聲。」

〔二五〕 芮 當作「芮」。今傳本説文：「秦晉謂之蜹，楚謂之蚊。从虫芮聲。」

〔二六〕 蜹 據文意似作「蚋」。

〔二七〕 棘 據文意似作「棘」。

〔二八〕 聿 據文意當作「隶」。今傳本説文：「逮，唐逮，及也。从辵隶聲。」

〔二九〕 西 據文意當作「囪」。

〔三〇〕 監 據文意當作「鹽」。今傳本説文：「鹵，西方鹹地也。从西省。象鹽形。」

〔三一〕 謂也 據文意似當爲「謂曲鐵也」。

〔三二〕 説文：從金句聲 今傳本説文：「鉤，曲也。从金句，句亦聲。」

〔三三〕 鞀 據文意似作「鞀」。

〔三四〕 圻 慧卷六九釋「婆斯瑟搋」作「坼」。

〔三五〕 從牛口聲 據文意似爲「從口牛聲」。

〔三六〕 拘 據文意似作「牞」。

〔三七〕 宼 據文意似作「䟴」。

〔三八〕 漢書云：猶金之在鎔，唯治之所鑄 今傳本漢書：「猶金之在鎔，唯治者之所鑄。」

〔三九〕 説文：馳也。從馬從騰省聲 今傳本説文：「騰，傳也。从馬朕聲。一曰騰，犗馬也。」

〔四〇〕 揝 據文意似作「攢」。

〔四一〕 押 據文意似作「捭」，即「捭」。

〔四二〕 突 據文意當作「峽」。

〔四三〕 續 據文意似作「績」。

〔四四〕 芮 據文意當作「芮」。

〔四五〕 須 獅作「湏」。

〔四六〕 勹 據文意補。

〔四七〕 灘 據文意當作「難」。

〔四八〕 説文：從石責聲 今傳本説文：「磧，水陼有石者。从石責聲。」

〔四九〕 志 今傳本説文作「妄」。

〔五〇〕 抑 據文意當作「揉」。

〔五一〕 計 據文意當作「討」。

〔五二〕 説文：織成也。從糸條省聲 今傳本説文：「扁緒也。从糸攸聲。」

〔五三〕 穦 頻作「積」。

〔五四〕 焱 據文意或作「焱」。

〔五五〕 怟 據文意似當作「狐」。

〔五六〕 戀 今傳本廣雅作「彎」。

〔五七〕 舛 今傳本説文作「丮」。下同。

〔五八〕 説文：手也。從手卷省聲 今傳本説文：「拳，手也。从手𢍏聲。」

〔五九〕 矛 據文意當作「予」。今傳本説文：「豫，象之大者。賈侍中説：不害於物。从象予聲。」

〔六〇〕 夂 獅作「久」。

〔六一〕 説文作歾，義同。從歺丂聲 今傳本説文：「歾，腐也。从歺丂聲。」

〔六二〕 説文正作艭。云海大船也 今傳本説文：「艭，海中大船。」

〔六三〕 説文：乳肉中也 今傳本説文：「蠅乳肉中也。」

〔六四〕 杌 即「杌」。

〔六五〕 一 麗無，據獅和中華大藏經補。

〔六六〕 鐵 據文意當作「鐵」。

〔六七〕 治 今傳本説文作「治」。

〔六八〕 約 據文意似作「灼」。

〔六九〕 补 當作「朴」。

〔七〇〕 孫 當作「係」。今傳本説文：「攣，係也。从手䜌聲。」

〔七一〕 竒字正從介作竒 據文意似當爲「奇字正從介作奇」。

〔七二〕 説文：次鼻也 今傳本説文：「劓鼻也。」

〔七三〕 説文：目開闔也 今傳本説文：「瞚，開闔目數摇也。从目寅聲。」

〔七四〕 悴 據今傳本説文補。

〔七五〕 簡 獅作「蕳」。

〔七六〕 鞕 據文意當作「鞭」。

〔七七〕 撨 獅作「樵」。

〔七八〕 肰 據文意當作「猒」。「肰」與「猒」形近。

〔七九〕 睹 據文意似作「晵」或「膌」。

〔八〇〕 鹽 據文意似作「鹽」。下同。

〔八一〕 諸 據今傳本説文補。

〔八二〕 説文：塞也。從阜 今傳本説文：「陒，塞也。从𠂤㡯聲。」

一切經音義　卷第七十

翻經沙門慧琳撰

音前譯俱舍論二十二卷
俱舍頌一卷　後譯俱舍論三十卷
五十三卷同此卷音

俱舍論　第一卷　玄應撰

俱舍　此譯云藏，則庫藏之總名也，而體是蠶繭，借以喻焉。

諸冥　莫庭、莫定二反。説文：冥，幽也。幽，闇也。冥，夜也。夜無所見也。字從日從六，日數十六日而月始虧冥也。一聲。一音銘壁反〔一〕。

何負　胡可、肩（曷）〔二〕多二反。小爾雅：何、揭，擔也。廣雅：何，任也。今皆作荷也。

竅穴　口弔反。竅，孔也。説文：竅，空也。穴，土室也。

龜鼉　徒多反。三蒼：似蛟而大。山海經：江水足鼉。郭璞曰：似蜥蜴，大者長一丈，有鱗彩，可以爲鼓。詩云「鼉鼓逢逢」是也。字體從黽單聲。單音那，黽音莫耿反。

鉤鵅　古侯〔反〕〔三〕，下加額反。爾雅：鵅，忌欺。郭璞曰：今江東呼鵂鶹爲鉤鵅，音格。廣雅：鵂鶹，鵋鵙〔四〕也。亦怪鳥也。晝盲夜視。關西呼訓侯，山東謂之訓狐。論文作鴝，字與鸜同。音具榆反。鴝鵒鳥也。鴝非此義。

俱舍論　第二卷

相攢（撌）〔五〕　扶味反。南人謂相撲爲相攢也。

相磕　苦盍反。説文：磕，石聲也。今江南凡言打物破碎爲磕破，亦大聲也。

隙〔六〕中　古文𡭴，同，去逆反。説文：隙，壁際孔也。廣雅：隙〔七〕，别也。

鼓顙〔八〕　桑朗反。埤蒼：鼓柢也。字書：鼓材也。論文作額。方言：顙，額也。東齊謂之顙，非此義。

執駐　古文住、尌、侸〔九〕、逗〔一〇〕四形，同。雉具、徵具二反也。地獄受罪之名也。依字，蒼頡篇：駐，止也。説文：駐，馬立也。

眼瞼　居儉反。字略云：謂眼外皮也。

愞根　奴卧反。三蒼：愞，弱也。

三洲　之由反。爾雅：水中可居曰洲。孫炎曰：水有平地可居者也。釋名云：洲，聚也。人及鳥獸所聚息之處。

俱舍論　第三卷　先不音。

住預　古文預、忬二形，今作豫，同。余據反。蒼頡篇：預，安也。又先辨也。逆爲之具，故曰預。周易：預，怠也。韓康伯曰：預以舒緩也。

俱舍論　第四卷

胡尾　又作胡、胋二形，同。户孤反。謂牛頷〔一一〕垂也。詩云「狼跋其胡」是也。論文作壺。説文：圓器也。壺非此用。

遞爲　古文逓，同。徒禮反。爾雅：遞，迭也。郭璞曰：遞，更易也。論文有作迭，徒結反。方言：迭，代也。二形通用，宜依字讀也。

俱舍論　第五卷

稻穰　如羊反。廣雅：稻穰謂之稈（稈）〔一二〕，又穰亦亂也。論文作蘘。蘘荷，菜名也。蘘非今義。

俱舍論　第六卷

剡浮　以漸反。或云閻浮，或作譫浮，皆訛也。正言贍部。因樹爲名，舊譯云穢樹域。譫音之含反。贍音時焰反。

耳璫　都堂反。釋名：穿耳施珠曰璫。本出西戎也。

郊外　古包反。司馬法：王國百里爲郊。五十里爲近郊，百里爲遠郊。白虎通曰：王及諸侯必有郊者何？上則郊接天神，下則郊接諸侯。諸侯郊接鄰國也。

但撥　補末反〔一三〕。廣雅：撥，除也。棄也。

乘筞（策）〔一四〕　古文冊、筞、萗三形，同。楚革反。策，馬撾也。所以捶馬驅馳也。

船人　述專反。世本：共鼓貨狄作舟船。宋忠曰：黄帝臣也。方言：自關而西謂舟爲船。釋名：船，循也。謂循水而行也。論文作舡，呼江反，非此義也。

蜻蜓　廣雅〔一五〕作蜻蜓。音青庭。莊子作蜻蛉。蛉音力丁反。

纔〔一六〕出　在灾反。廣雅：纔，蹔也。漢書作纔，僅也，劣也，不久也。鄭玄注禮記作裁。東觀漢記及諸史、賈逵注國語並作財，隨作無定體也。

衰耄　古文薹、耄二形。今作秏〔一七〕，同。莫報反。禮記：八十曰耄。鄭玄曰：耄，惽忘也。耄，亂也。

仍託　古文礽、訥、礽（扔）〔一八〕三形，同。如陵反。爾雅：仍，乃也。又仍，因也。郭璞曰：謂因緣也。

沸撓　乃教反。廣雅：撓，亂也。説文：撓，擾也。聲類：撓，擾也。

俱舍論　第七卷

俾尸　比尔反。譯云肉團，或云成團。依字，俾，使也。

烈灰　力折反。説文：烈，火猛也。廣雅：烈，熱也。

含以　字體作唅，胡紺反。謂資人含輿〔一九〕也。

次飴　又作饌、飤二形，籀文作𩜢，同。弋之反。説文：米蘗煎也。釋名云：飴小弱於餳（餳）〔二〇〕，形怡怡然也。餳（餳）〔二一〕音似盈反。

要術　脣聿反。術，術[二二]法也。又邑中道曰術。術，通也。無所不通也。

波扡　太何反。依字，扡，曳也。

倶舍論　第八卷

呑故　土根、他田[二三]二反。説文：呑，咽也。廣雅：呑、咽，滅也。

病愈　古文瘉，同。榆主反[二四]。方言：差、間曰愈也[二五]。説文：瘉，病瘳也。

挂置　古文作卦，同。古賣反。廣雅：桂（挂）[二六]，懸也。

大涬　今作滓[二七]，同。蒲没反。上林賦：澤涬密汨[二八]。漢書音義曰：水蹙㵐纏聚之皃也。

萎燥　又作矮，同。於危反。聲類：萎，草大（木）[二九]菸也。關西言菸，山東云蔫，江南亦言矮。方言也。下桑道反。燥，乾也。

不噎　於結反。説文：噎，飯窒也。窒音知栗反。塞也。論文多作咽，於見、於賢二反。咽，呑也。咽喉也。咽非字體。

嫛方　楚力反。謂正方也。

瞞陀　忌安反[三〇]。依字，説文：平視也。

鐵[三一]鉆　奇沾反。依字，説文：鐵，鉗[三二]也。蒼頡篇：鉆，持也。鉗亦鑷字。

迴復　又作洑，同。扶福反。漢書：川塞谿洑。蘇林曰：洑者，伏深也。宣帝紀作澓，回水也。

至杪　彌遶反。木細枝謂之杪。通俗文：樹鋒曰杪。方言：杪，小也。郭璞曰：杪者，梢微少也。

倶舍論　第九卷

擐甲　胡慢、工患二反。左傳：擐甲執兵。杜預曰：擐，貫也。國語：服兵擐甲。賈逵曰：衣甲也。

儲蓄　直於反。説文：儲，待也。儲，具也。一曰蓄財也。下蓄，古文稸，同。耻六反。蓄，積也，聚也。

相要　於遥反。要，召也，呼也。要亦徼也。徼，求也。徼音古堯反。

長取　除亮反。謂盈長也，亦餘剩也。

匳子　今作籢，同。力占反。説文：鏡匳也。謂方底者也。今江南有碁匳是也。

開塴　埤蒼作脺（牓）[三三]，同。耻格反。説文：塴，裂也。廣雅：分也。

竹笪（笪）[三四]　都達反。説文：笪，箏（箬）也[三五]。音若。笋[三六]，竹皮名也。郭璞曰[三七]注方言云：江東謂籧篨（篨）[三八]，直文而粗者爲笪，斜文爲䕸[三九]音廢[四〇]。一名笴篖。宋魏之間謂簟粗者爲籧篨（籧篨）[四一]也。説文：籧篨（籧篨），粗竹席也。用蘆織之也。

古貝　府蓋反。謂五色氎也。樹名也。以花爲氎也。

倶舍論　第十卷

厭惡　烏路反。案惡猶憎也。禮記「吾惡用吾情」、論語「惡紫之奪朱」皆是也。謂人心之有去[四二]取名好惡。好惡二音皆去聲也。

爲隒　徒當反。説文：隄，隒也。埤蒼云「長沙謂隄爲隒」是也。隄，防也。防止水者也，又障也。積土爲封限障水也。

郭邑　古鑊反。蒼頡篇：郭，城郭也。公羊傳曰：郭者，何恢郭也。釋名云：郭，「廓也」〔四三〕。廓落在城外也。邑者，周禮云：四井爲邑。鄭玄曰：方二里也。左傳：凡邑有宗廟先君之主曰都，無者曰邑也。鑊音胡郭反。

俱舍論　第十一卷

生荑　弟奚反。詩云：自牧歸荑。傳曰：荑，茅之始生者也。

瘠田　古文瘠、瘯、膌三形，同。才亦反〔四四〕。瘠，簿（薄）〔四五〕也，亦瘦也。

嘉苗　古文恕，同。賈遐反。嘉，善也。爾雅：嘉，美也。

俱舍論　第十二卷

坑穽　古文阱、汬二形，同。慈性反。説文：穽，大陷也。廣雅：穽，坑也。三蒼：穽謂穿地爲陷，所以張禽獸也。

揣觸　古文歂，同。初委反。謂測度前人也。江南行此音。又音都果反，揣，量也，試也。北人行此音。案論意，字宜作揣，初委反。揣，摸也。通俗文「捫摸曰揣」是也。

庖厨　蒲交反。庖之言包也。裹肉曰苞。説文：庖，厨也。厨，庖屋也。蒼頡篇：主食者也。

水渚　之與反。爾雅：小洲曰渚。李巡曰：四方有水，獨高可居〔四六〕，故曰渚。釋名云：渚者，遮也。體高能遮水使從旁迴也。

穿窖　古孝反。説文：地藏也。

增足　子喻反。足猶成也。相足成也。

諂佞　丑冉反〔四七〕，下奴定反。希其意，道其言，謂之諂。説文：巧諂高材曰佞。又僞善曰佞也。

俱舍論　第十三卷

俗話　籀文作譮。古文作𦧇、話〔四八〕二形，同。胡快反。廣雅：話，調也。謂調戲也。聲類：話，訛言也。

和穆　又作睦，同。亡鹿、亡竹二反〔四九〕。穆，和也，敬也。

蘞苦　古文蘞。今作蘝，同。理儉、理沾二反。説文：蘞，白蘞也。蔓生於野者也。

俱舍論　第十四卷

剌那　力達反。依字，剌，那〔五〇〕也。剌，乖戾也。字體從朿刀。

埃塵　烏來反。通俗文：灰塵曰埃。埃亦塵也。

跖下　之石反。説文：跖，足下也。今亦作蹠，蹋也。今謂水不著。

俱舍論　第十五卷　先不音。

俱舍論　第十六卷

學泅　説文作汓。或從囚作泅，音似流反，謂浮水上也。江南言拍浮也。

磔手　古文厇，同。竹格反。廣雅：磔，張也。磔，開也。通俗文：張申曰磔。論文作磔(蹀)〔五一〕，未見所出。

一尋　古文㷶(尋)〔五二〕，或作㝷〔五三〕，同。似林反。謂人兩臂爲尋。淮南子云：人修八尺，尋自倍，故八尺曰尋也。

俱舍論　第十七卷

所鎮　知陣反。説文：鎮，壓也。亦安也。蒼頡篇：鎮，按也。

串脩　古文摜〔五四〕、遺二形，同。論文〔五五〕作慣，同。古患反。爾雅：串，習也。舍人曰：串心之習也。

僻見　匹赤反。僻，邪僻也。謂爲事邪枉不[中]〔五六〕理也。

俱舍論　第十八卷

雖跌　徒結反。廣雅：跌，差也。字書：失跖也。方言：跌，蹶也。郭璞曰：偃地也。

不躃　毗亦反。躃亦僻也。

俱舍論　第十九卷

決度　唐各反。度，量也。撥〔五七〕度優量也。

馳動　直知反。廣雅：馳，奔也。説文：大驅也。疾馳曰走也。

弋論　又作杙，同。余職反。爾雅：撨(樴)〔五八〕謂之杙。注云：杙，橜也。撨(樴)音徒得反。關中之言阿撨(樴)，江南言椓杙也。

貢獻　古弄反。貢，爲(薦)〔五九〕也。廣雅：貢，上也。下虛建反。獻，進也。古者致物於尊者之前曰獻也。

俱舍論　第二十卷　先不音。

俱舍論　第二十一卷

適心　尸亦反。廣雅：通(適)〔六〇〕，善也。謂善好稱人心也。

毫氂　又作毫，同。胡高反。下古文氂、練(漦)〔六一〕二形，今作秏，同，力之反。漢書律曆志云：不失毫氂。孟康云：毫，兔毫也。十毫曰氂。三蒼：氂，毛也。今皆氂理也。古字通用也。

聚落　慈孺(孺)〔六二〕反。漢書：學官聚曰序，鄉曰庠。張晏曰：邑落名也。韋昭注小雅：鄉曰聚〔六三〕。人所聚也。廣雅：落，居也。人所居也。漢書「無燔聚落」是也。

阿毗達磨俱舍論頌一卷　慧琳音

熫煨　上音唐，下猥迴反。熱地獄名也。熫煨者，熱灰火也。亦灰河。地獄皆隨自身惡業化現，罪人自見，皆自作自受，所有苦事一如夢中受苦樂也。

堅手及持鬘　馬斑反。堅手天、持鬘天、恒驕天並注(住)〔六四〕須彌山，層級悉是地居天，四天王之附庸國也。釋天主之兵將也。

扇搋　坼皆反。梵語也。黄門之異名。前文已具説。

初後皰雙前　彭皃反。此言忉利天上有波利質多花樹。唐言圓生樹，花皰生時香氣遠聞，諸天歡喜。

局隨增　上卬獄反。考聲云：局，界也，分也，曲也，曹也。説文：促也，近也。從尺從口。卬音共顒反。

瀑流軛　上枹冒反，下音厄。鄭注禮記云：車轅端壓牛領木也〔六五〕。此軛亦爾。考聲云：瀑者，猝雨水流也。喻生死大河以業爲水，漂休有情被瀑流軛縛，遷移出没，生死不得自在也。休，女力反。

骨鎖　莎果反。考聲：鎖，録也。説文：連環也。從金肖聲。肖音同上。從小從貝。有從貨作鎖（鎻）〔六六〕，非也。論文從玉作瑣，玉聲，非此用也。

麟角　上栗珍反。瑞獸名也，而頂有一角，以此一角喻辟支迦，或名獨角。

輻等　音福。如車輻。

貶量　上筆奄反。考聲云：貶，財〔六七〕損也。司馬相如作㝈，古字也。説文：損也。從貝乏聲。量字從曰童，正體字。

阿毗達磨俱舍論三十卷　沙門〔六八〕玄應音

阿毗達磨俱舍論　第一卷

俱舍　此翻云藏，則倉庫藾鞘之總名也。含藏義一，故以名焉。藾音經演反〔六九〕。鞘音私妙反。刀室也。藏有多名，斯之一稱也。

諸冥　覓經反，又迷定反。蒼頡篇云：諸，非一也。聲類云：諸，詞之總名也。爾雅云：冥，闇也。昧也。説文：冥，幽也。亦夜也。字從冖，冖音銘壁反〔七〇〕。從日從六。日數十六日而月始虧冥字意〔七一〕。

淪没　力均反。廣雅：淪，沉也。没，溺也。又淪，深也。没，墜也。

誡勗　居薤反，下虚玉反。警敕曰誡，自勵曰勗。又誡亦告慎也。勗謂勉强也。

迦多衍尼子　以善反。舊云迦旃延子。此從姓爲名，有言迦多衍那，聲之轉也。

鄔柁〔七二〕南　烏古反，下徒我反。此云自説，謂不待請問而自説也。舊云優陀那，即無問自説經是也。

毗婆沙　或言鼻婆沙，隨相語（隨相論）〔七三〕作毗頗沙，此釋〔七四〕云廣解，或言廣説，亦云種種説，或言分分説，同一義。

等謝　似夜反。廣雅：謝，往也。去也。

所吞　他痕、他賢二反。吞謝（謂）〔七五〕不嚼也。廣雅：吞，滅也。説文：吞，咽也。

有諍　又作争，同。側迸、側耕二反。蒼頡篇：諍，訟也。亦引也。説文：謂〔七六〕彼此競引物也。

氣騰　徒登反。廣雅：騰，升，上也。亦奔馳也。

竅隙〔七七〕　口弔反。下又作﨓〔七八〕，同。丘逆反。廣雅：竅，孔也。隙，裂也。説文：竅，空也。隙，壁際孔也。字從𨸏（𠂤）〔七九〕從白上下小也。

阿伽伽　此云礙。阿有二義，或云無，或言極，猶含兩釋，故立本名。

阿毗達磨俱舍論　第二卷

畢舍遮　舊經中名毗舍闍，亦言臂舍柘，鬼名也。餓鬼中勝者也。

室獸摩羅　形如象也。舊經律中或作失收摩羅，或作失守摩羅，梵音轉耳。譯云殺子魚也。善見律云鰐魚也。長二丈餘，有四足，似鼉，齒至利，有禽鹿入水，齧腰即斷也。廣州出〔八〇〕土地有之。

蝙蝠　方眠反，下方目反。崔豹古今注云：蝙蝠，一名仙鼠，一名飛鼠。五百歲，色白，腦重，集物則頭垂，故謂倒挂蝙蝠，食之神仙也。

鵂鶹　許牛反，下力周反。爾雅：鵅，鵋欺。郭璞曰：今江東呼鵂鶹爲鉤鵅。鵅音格〔八一〕。廣雅：鵂鶹，鵋鴖(鶀)〔八二〕也。鵋音邀講反。亦云怪鳥，晝盲夜視，鳴爲怪也。關西名訓侯，山東名訓狐。纂文云：夜則拾人爪甲也。

野干　梵語悉(悉)〔八三〕伽羅，形色青黄，如狗，群行，夜鳴，聲如狼也。字又作射干。案子虚賦云：騰遠射干。司馬彪、郭璞等注並云：射干，似狐而小，能緣木。射音夜。廣志云：巢於危巖高木也。禪經云「見一野狐，又見野干」是也。

豺狼　仕皆反。蒼頡訓詁云：豺似狗，白色，有爪牙，迅捷善搏噬。爾雅：豺，狗足也。噬音時制反。

猫狸　又貓，同。亡朝、亡包二反，下力其反。猫，捕鼠者也。廣雅：貍，[猫]〔八四〕也。又曰野貍也。

鳩摩羅〔八五〕多　此云童首，謂諸童子中爲上首也。

胞胎　補茅反。説文：胞，兒生裹也。

洟唾　古文鮷，同。他計反。三蒼：洟，鼻液也。周易：齎咨涕洟。自目曰涕，自鼻曰洟也。

防援　禹卷反〔八六〕。謂守護視衛之言也。援亦取[也]〔八七〕。字從手也。

頗胝迦　陟尸反。亦云娑〔八八〕破[致]〔八九〕迦，西國寶名也。舊云頗黎(梨)〔九〇〕者，訛略也。此云水玉，或言白珠。大論云：[此]〔九一〕寶出山石窟中，過千年冰化爲頗梨珠。此或有也，但西國極饒此物，彼乃無冰，以何爲化，但石之類耳。

樝(摣)〔九二〕掣　又作抯，同。側加反。下又作摩(挈)〔九三〕，同。充世反。釋名：樝(摣)，叉也。謂五指俱往叉取也。掣，制也。制頓之使順已也。掣亦牽也。

磁石　徂茲反。埤蒼：磁石，謂吸鐵者也〔九四〕。

拊手　芳主反。拊猶拍也。廣雅：拊，擊也。案拊亦撫也。

相糅　古文粈(粈)、䏔(餌)〔九五〕二形，同。女救反。廣雅：糅，雜也。今以異色物相參曰糅也。

謂向　許亮反。三蒼：向，北出牖也。向亦窗也。

香荾　又作荽。字苑作䔣，同。私隹反。韻略云：胡荾，香菜也。博物志云「張騫使西域得胡䔣」是也。今江南謂胡䔣。亦爲葫荽〔九六〕，音胡析。近後改亦爲香荾。

樺皮　胡霸反。木名也。皮可以飾弓者。

冠花鬘　古玩反。冠猶著也。下梵言摩羅。此譯云鬘，音莫斑反。案西國結鬘〔九七〕師多用蘇摩那花行列結之，以爲條貫，無問男女貴賤，皆此莊嚴，或首或身，以爲飾好，則諸經中有「花鬘市」、「天鬘」、「寶髻(鬘)〔九八〕」等，同其事也。字從髟音所銜反〔九九〕，㝵聲，㝵音彌然反。

鼓鞞〔一〇〇〕　桑朗反。埤蒼：鼓柧也。字書：鼓材也。今江南名鼓匡爲鞞。柧音五寡反。

指韜　今作揩，同。徒荅反。説文：指揩，韋揩也。今之射韜也。

捺落迦　奴葛反。受苦處也。或言那落迦，受罪人也。此云不可樂，亦云非行，謂非法行處也。或在山間，或大海邊，非

止地下。言地獄者，一義翻也。

阿毗達磨俱舍論　第三卷

扇搋半擇迦　敕佳反。舊經論中或言般吒，或云般茶〔一〇一〕迦，皆方夏輕重也。半擇迦，此云黄門，緫名也。其類有五，今此第三扇搋半擇迦者謂本來男根不備〔一〇二〕，亦不能生子也。

眼瞼　居儼反。字略云：謂目外皮也。

阿毗達磨俱舍論　第四卷

警覺　古文儆、[憼]〔一〇三〕二形，同。居影反。警，戒慎也。敕解之也，亦起也。廣雅：警警，不安也。備也。

印可　伊振反。印，信也。文記施行所在信用也。字從爪卩(卩)〔一〇四〕。卩音節。

勇悍　臾腫反〔一〇五〕，下胡旦反。勇謂雄武果決也。謚法曰：知死不避曰勇，懸命爲仁曰勇。説文：悍，勇有力也〔一〇六〕。三蒼：悍，桀也。桀謂〔一〇七〕智出千人也。

不閑　字體作憪，同。核艱反。閑謂習解之稱也。慣習工善曰閑也。

音〔一〇八〕旨　脂以反。説文作㫖。指，意也，志也。

未嘗　視羊反。廣雅：嘗，試也。暫也。光(先)〔一〇九〕也。未嘗[亦未]〔一一〇〕曾也。

諂誑　丑冉反。希其意、道其言謂之諂，謂傾身以有下也。諂亦佞也。誑，惑也，欺也。

撟〔一一一〕亂　居夭反。謂假詐誑惑也。説文：撟，擅也。擅稱上命曰撟，字體從手從喬，今皆作矯也。

烈日　離折反。廣雅：烈，盛也。説文：烈，火猛也。

舉恃　古文㤔，同。時止反。恃，賴也。韓詩：無母何[恃]〔一一二〕？恃，負也。

凌懱〔一一三〕　力昇反。下又作蔑〔一一四〕，同。莫結反。蒼頡篇：凌，侵犯也。説文：懱，相輕傷(傷)〔一一五〕也。

傲逸　五到反。廣雅：慠，慢也。不敬也。輕傷(傷)〔一一六〕於人。逸，於(放)〔一一七〕縱也。

焚燒　古文燓、燌二形，同。扶雲反。説文：焚，燒田也。字從火，燒林意也。

唐捐　以專反。唐，徒也。徒，空也。説文：捐，棄也。

阿毗達磨俱舍論　第五卷

半㝈〔一一八〕娑　乃可反。舊言[波]〔一一九〕那娑，果形如冬爪(瓜)〔一二〇〕，其味甚甘也。

俱盧洲　此云上勝，亦云勝生。舊經中作鬱單越，或云鬱怛羅越，亦言鬱多羅拘樓，皆梵音輕重也。

色〔一二一〕廛　治連反。梵言阿縛〔一二二〕遮邏，此云市廛。禮記：井(市)〔一二三〕廛而不征。鄭曰：廛謂市物邸舍也。廛，居也。人所居也。方言：東齊海岱之間謂居曰廛。舊云欲行，疑誤也。案梵名行爲僧塞迦囉〔一二四〕也。

軌範　又作笵〔一二五〕，同，音范。軌，則也。範，法也。謂可爲法則，亦教人法則也。梵言阿遮利邪〔一二六〕。舊言阿闍梨，訛也。

僵仆　居良反。下古文踣，同，蒲北反。仰謂之僵，伏謂之仆。

言偃卧前覆也。

憤恚　扶粉反。方言：憤，盈也。説文：憤，滿(懣)也[一二七]。謂憤怒氣盈滿也。

殞歿　又作隕，同。爲愍反。聲類云：殞，没也。亦墜落也。

達弭羅　彌尔反。此云攝授[一二八]法也。

嗢怛羅　烏没反。此云攝受勝。

殑耆羅[一二九]　渠矜反。此云攝恒[一三〇]沙。此皆人名也。

白鷺　來故反。白鷺，水鳥也。頭翅背上皆有長翰毛。江東取爲睫[一三一]離。離騷曰：白鷺縗。[縗][一三二]音蘇雷反。

嗣前　古文孠，同。辭利反。爾雅：嗣，繼也。續也，相繼續也。

犎胡　妃封反。又音封。下又作頡、咽二形，同。户孤反。脊上有肉鞍如駝駝[一三三]者曰犎。今有此牛，形小，髆上有犎是也。説文：胡，牛頷垂下也。釋名：胡，在咽下垂者。

仍未　又作訙、礽二形，同。而陵反。廣雅：仍，重也。爾雅：仍，因也。乃也。

中名　彌成反。名，幖幟也，亦所以名質也，自命也。左傳：名以制義。廣雅：名，成也。字從口從夕。夕則不相見，須口以名之字意也。

文字　亡云、慈恣反。案説文：普(昔)[一三四]蒼頡造書，依類象形，故謂之文。其後形聲相益，即謂之字。字，生也，孳乳浸多。

阿毗達磨俱舍論　第六卷

哀阿　烏可[反][一三五]。謂無義文字也。

嗢遮　烏没反。字界也。此言合集義界謂字母也。

羯剌藍　盧葛反。或作羯羅藍，或云歌羅邏，皆一也。此云凝滑，亦言和合，謂父母不浄如蜜和酪，泯然成一，於受生初七日中凝滑如酪上凝膏也。

潤沃　古文渓，同。烏木反。沃猶溉灌也，澆也，漬也。

諾瞿陀　舊言尼倶陀樹，或作尼倶律，或云尼倶類陀，亦言尼拘屢陀，亦言尼拘盧陀，皆一也。舊譯云無節。一云從廣樹。

中天　又作妖(殀)[一三六]，同。於矯反。説文：夭，屈也。廣雅：夭，折也。如物夭折中也。字從大[一三七]象形，不申也。又不盡天年謂之夭，字意也。

鴉足　啞加反。言草如鴉足，即以爲名也。

農夫　古文農、莀二形，同。奴冬反。説文正作農，耕也。今作農，俗字也。

阿毗達磨俱舍論　第七卷

聳幹　古文竦、㩳二形，同。須捧、所勇二反[一三八]。廣雅：聳，上也。下公旦反。幹謂莖本也，枝幹也。

先兆　除矯反。賈逵注國語云：兆，見形也。亦機兆也。謂事先見者曰兆也。

占相　之墖反。方言：占，視也。亦候也。凡相候謂之占。占亦瞻也。

咄哉　都杌反。字林：咄，相謂[一三九]也。字書：咄，叱也。比(叱)[一四〇]音齒逸反。

阿毗達磨俱舍論　第八卷

反質　之逸反。廣雅：質，問也。亦正[一四一]也。

卵㲉　又作㱿[一四二]，同。口角反。吴會間音哭。卵外堅也。尚在卵中謂之㱿(㲉)[一四三]也。

而欻　吁物反。蒼頡篇云：欻，猝起也。亦忽也。

身纔　在灾反。纔，僅也，劣也，不久也。廣雅：纔，暫也。三蒼：纔，微也。

固唯　古文作㥓，固(同)[一四四]。古護反。固，必也。小爾雅：固亦故也[一四五]。

如札　莊黠反。今江南謂斫削木片[一四六]爲柹，關中謂之札，或曰柹札。柹音敷廢反。

星迸　古文跰，或作逬，同。斑[一四七]孟反。迸謂散走也。

嗢柁南　烏没反，下徒我反。嗢，此言集。柁南，此云施。謂集巳(以)[一四八]施人也。字從木也。

琰摩　以冉反。或作閻摩羅，或言閻羅，亦作閻摩羅社，又言夜磨盧迦，皆是梵音楚夏聲訛轉也。此譯云縛，或言雙世，竊謂苦樂並受，故以名焉。又云縛[一四九]閻摩，此云雙。羅社，此言王。兄及妹皆作地獄王，兄治男事，妹治女事，故曰雙王也。

阿毗達磨俱舍論　第九卷

俱胝　陟遲反。或言俱致，此當億，謂千萬也。或十萬爲億，或萬萬爲億。西國俱胝或千萬，或十億，或百億，而甚不同，故存本名耳也。

訖栗枳　居紙反。即迦葉[波][一五〇]佛父王之名也。

諷頌　不鳳反，下辭用反。諷謂詠讀也。又以聲節之曰諷。頌，讚詠也。

熊馬　胡宫反。説文：熊，如豕，山居，冬蟄。其掌似人掌，名曰蹯音煩。

羆驢　彼宜反。爾雅：羆，如熊，黄白[文][一五一]。郭璞云：似熊而長頸，似馬[有][一五二]髦，高脚，猛憨多力，能拔木。關西名猳[羆][一五三]。憨音呼濫反。猳音加。

羯叱私　此愛之别名也。

茅廬　力居反。寄止曰廬，别舍也。黄帝爲廬，所以避寒暑也。春秋云：冬夏居之。

鍵南　渠偃反。舊云伽訶那，此云堅厚。至第四七日肉團方堅厚也。

閟澀　鄙兾反。詩云：我思不閟。傳曰：閟，閉也。亦不從也。下作牆(濇)[一五四]，同。所立反。謂不滑也。字從四止，二倒二正[一五五]，即不通字意。

醫者　於其反。説文：治病工也。醫之性得酒而使藥，非酒不散[一五六]，故字從酉。殹，病人聲也。殹，於奚反。或作毉、醫，二形。並俗字也。

嬰兒　於盈反。三蒼：女曰嬰，男曰兒。釋名云：人始生曰嬰兒。胸前曰嬰，抱之嬰前而乳養之，故謂[嬰][一五七]兒也。

睒末[一五八]梨　式染反。滑草也。用之洗手甚滑澤也。

潰爛　古文殨，同。胡對反。蒼頡篇：潰，旁决也。説文：潰，漏也。

叵觀　普我反。三蒼云：叵，不可也。反正爲乏，反可爲叵，皆字意。

爲述　脣聿反。孔子曰：述，修(循)[一五九]也。案述，訓其義理也。爾雅：述，修(循)也。修(循)，行也。

涕淚　他禮反。詩云：涕泗滂沱。泣也。[傳曰[一六〇]：]自鼻曰

涕。自目曰淚。廣雅：涕、泣，淚也。

離繫　亦云不繫，梵言尼乾，亦泥揵連。其外道拔〔一六一〕髮露形，無所貯畜，以手乞食，隨得即噉也。

播輸鉢多　補賀反。亦作波輸。此是塗灰外道，遍身塗灰，髮即有剃不剃，衣纔蔽形，但非赤色爲異耳。奉事魔醯首羅天者也。

般利伐羅勺迦　亦言欺〔一六二〕利波〔一六三〕羅闍迦，此云普行事那羅延天。頂留少髮，餘盡剃去，内衣在體，纔蔽形醜。其衣染似赤土之色。

阿毗達磨俱舍論　第十卷

龍鎮　知陣反，又音珍。説文：鎮，壓也。亦安也。廣雅：鎮，重也。

部多　已生義。含多解，故仍置本名。

飢饉　古文作飪，又作饑，同。几治反。爾雅云：穀不熟爲飢，蔬不熟爲饉。案凡草木可食通名蔬。蔬，菜也。

洋銅　以章反。謂煮之消爛洋洋然也。三蒼：洋，大水皃也。字略作煬，釋金也。

贍部　時焰反。樹名也。舊經中或作剡浮，或作閻浮，皆訛。

炎石　于廉反。詩云：赫赫炎炎。傳曰：炎，熱也。

三災　籀文作災，又作烖、扷二形，同。宰財反〔一六四〕。災，傷也。案凡害傷人者皆曰災。又天反時曰災。災亦病也。

沐浴　亡卜反。説文：濯髮曰沐，洒身曰浴也。

埃塵　烏來反。蒼頡篇：埃謂風揚塵也。

性囂　許驕反。囂，讙也。謂讙譁不静之皃是也。

阿毗達磨俱舍論　第十一卷

踰繕那　市戰反。此云合也，應也。計應合爾許。度量同此方驛也。自古聖王一日行也。案西國繕那亦有大小，或三十里，[或四十里]〔一六五〕，昔來皆取四十里爲定。舊經論中或作踰闍那，或作由延，亦作由旬，或云俞旬，皆訛略也。

諾健那　謂露身〔一六六〕，大力神名也。

如篅　蒼頡篇作圌，同。市緣反。圓倉也。説文：判竹，圓以盛〔一六七〕穀者也。江南行此音。又作上仙反，中國行此音也。

搏繫〔一六八〕　徒桓反。搏，圓也，厚也。廣雅：搏，著也。搏之令相著也。

蘇迷盧　此云妙高山，亦言好光山。舊言須彌，或云須彌樓，皆訛也。

喻健達羅　舊言由乾陀羅山，此[譯]〔一六九〕云持雙山，言此山峰有二隴道，因以名之也。

伊沙馱羅　舊言伊沙陀羅，此云自在持，亦言持軸。言此山多有諸峰，形如車軸，故以名也。

揭〔一七〇〕地洛迦　去謁反〔一七一〕。此云擔山木〔一七二〕。言此山寶樹形若擔山木，遂以名之。

蘇達梨舍那　此云善見，言此山端嚴繡麗，見之稱善，則以名焉。

頞濕縛羯拏　烏葛反。此云馬耳。言此山峰形如馬耳，因則名之。

毗那怛迦　都達反。此云有障礙神。有一鬼神，人形象頭，凡見

他事，皆爲障礙。此之山峰似彼神頭，故以名也。

尼民達羅　舊言尼民陀羅，此云地持山，又魚名也。言海中有魚，名[尼]〔一七三〕民達羅。此山峰似彼魚頭，故復(以)〔一七四〕名之。

吠瑠璃　扶廢反。舊言鞞稠利夜，亦言鞞頭梨也。或云毗瑠璃，亦作鞞瑠璃，皆梵音訛轉也。從山爲名鞞頭梨也。山出此寶，謂遠山寶。遠山即是蘇迷盧山也。此寶青色，一切寶皆不可壞，亦非煙焰所能鎔鑄，唯鬼神有通力者能破之爲物，或云是金翅鳥卵殼。[此殼]〔一七五〕即是此寶，鬼神破之以賣與〔一七六〕人也。

舍摭州　敕佳反。

矩拉婆洲　俱禹反，下盧荅反。

羅刹娑　或言阿落刹娑，是惡鬼之通名也。又云囉〔一七七〕叉娑，此云護者。若女即〔一七八〕名羅叉私，舊云羅刹，訛略。

從廣〔一七九〕　[廣雅]〔一八〇〕：足容反。小爾雅：袤，從，長也。韓詩傳曰「南北曰從，東西曰横」是也。

殑伽河　其昇反。諸經論中或作恒河，或言恒伽河，亦云恒迦河，或作强伽河，皆訛也。此河從無熱惱池東面[金]〔一八一〕象口而出，流入東海。舊譯云天堂來，以彼外書云本入磨醯〔一八二〕首羅天頂，[從]〔一八三〕耳中出流在地上，以此天化身在雪山頂，故作是説。見從高處而來，故云天堂來也。

信度河　舊言辛頭河，此云驗河，從池南面〔一八四〕銀牛口中流出，還入南海也。

徙多河　斯尔反。或言私多，或云悉陀。亦言私河〔一八五〕，皆梵音之差也。此云冷河，從無熱惱池西面〔一八六〕瑠璃馬口而出，流入西海，即是此國大河之源，其派流之小河也。

縛芻河　舊言博叉，或作薄叉，亦云婆叉河，皆一也。此云青河，從池北面頗黎〔一八七〕師子口中流出入北海，即此黄河俱是也。

煻煨　徒郎反，下烏迴反。通俗文：熱灰謂之煻煨也。

阿鼻旨　諸以反。或言阿毗至，亦云阿毗地獄，或言阿鼻地獄，一義也。此云無間。無間有二：一身無間，二受苦無間。

娘矩吒　女良反，下俱禹反。此云糞屎蟲，有觜如針，亦名針口蟲，穿骨食髓者也。

觜利　子累反。廣雅：觜，口也。方言：觜，鳥喙也。

哹食　古文噍，子立反。又作唼，同。子盍反。通俗文：入口曰哹。又蟲食曰唼。

銛利　私廉反。廣雅：銛、钂，利也。謂刀鋭曰銛也。

探喙　他含反。説文：手遠取曰探。探，摸也。

鐵仗　治亮反。執持名仗，謂兵器之總名也，刀矟杵棒等皆是也。

刀槍　千羊反。蒼頡解詁云：木兩頭尖鋭曰槍〔一八八〕。説文：槍，歫也。

禦捍　古文敔〔一八九〕，同。魚舉反。小爾雅：禦，抗也。禦，當也。爾雅：禦，禁也。謂未有而預備之也。字從示。下又作扞，同，胡旦(且)〔一九〇〕反。説文：捍，止也。蔽也，亦衛也。

適被〔一九一〕　三蒼古文作這(適)〔一九二〕，同。之亦、尸亦二反。適，近也，始也，住(往)〔一九三〕也。

尼剌　洛割反。此云裂，言身皰裂也。

頞哳吒　烏曷反，下陟黠反。此從聲爲名也。

膗膗〔一九四〕婆　呼各反。此皆從受苦之聲爲名也。
支派　普懈反。水分流曰派。説文：水之派別也〔一九五〕。爾雅〔一九六〕：水自汾出名派。
俱盧舍　諸經中或作勾(句)〔一九七〕盧舍，或作拘樓賒，亦作拘屢舍，皆梵音輕重也。謂大牛鳴音聲聞五里。又云五百弓八俱盧爲一踰繕那，即四十里，古者聖王一日所行也。
稼穡　加暇反，下所力反。字林：種曰稼，收曰穡。説文：禾之秀實曰稼。一曰在野曰稼也。
層級　字恒反，下居及反。説文：層，重屋也。亦累也。級謂階次也。
封邑　甫逢反。起土爲界，封爵也。周禮：四井爲邑，方二里也。凡邑有宗廟先君之主曰都，無曰社(邑)〔一九八〕。
姤〔一九九〕羅綿　丁固反〔二〇〇〕。舊言兜羅綿也。
角勝　古文斛，同。古卓反。角，比量也。禮記：習射御角力。廣雅：角，量也。角，試也。説文：角，平斗斛也。並單作角，或作捔(觕)〔二〇一〕。此古文粗字，音在古反。捔猶略也。
芬馥　敷雲反，下扶福反。方言：芬，和也。謂芬香和調也。字林：馥，香氣。
擁遏　烏剖(割)〔二〇二〕反。蒼頡篇：遏，遮也。爾雅：遏，止也。今謂逆相止之爲遏也。
笑視　私妙反。字林：笑，喜也。字從竹〔從〕〔二〇三〕犬〔聲，竹〕〔二〇四〕爲樂器，君子樂，然後笑。又作咲，俗字也。
印度　於振反，下徒故反。或言天竺，或云身毒，或作賢豆，皆訛也。正言印度。印度名月，月有千名，斯一稱也。良以彼土聖賢相繼，開悟群生，如月照臨，因以名也。一説云賢豆，本名因陀羅婆他那，此云主處。主謂天帝也。當以天帝所以護，故世久號也。
婆訶麻婆訶〔二〇五〕　此言𥬠，或云篅。麻即〔二〇六〕胡麻也。𥬠音徒損反。
佉離　此云一斛，謂十斗也。

阿毗達磨俱舍論　第十二卷

洲渚　之與反。爾雅：水中可居曰洲。小洲曰渚。洲謂水中有平地可居者也。釋名云：洲，聚也。人及鳥獸所聚息處也。
焚燎　古文撩(燎)〔二〇七〕，同。力照反。燎謂放火也。火田爲燎也。説文：燎，燒田也。
灰燼　又作夷，同。似進反。説文：火之餘木曰燼。小爾雅：燼，餘也。
僧企　祛豉反〔二〇八〕。言無央數。舊言阿僧祇，訛也。
嗢(嗢)〔二〇九〕蹭　烏没反，下七鄧反。
婆喝　呼葛反。
醘〔二一〇〕都　虚奚反。
拈筏　乃兼反。
邏攙　叉監反〔二一一〕。
麟角　理真反。仁獸也。爾雅：麟，麏身，牛尾，一角。言角者，其角頭有肉〔二一二〕。
臣僚　又作寮，同。力彫反。爾雅：官，寮也。同官爲僚也。
喬荅摩　借音渠高反。姓也。喬猶瞿之轉也。此有三義：一云

日種，二云牛糞種，三塗土〔二一三〕種也。舊云瞿曇，略也。

鬱馥　於勿反，下扶福反。爾雅：鬱，氣也。鬱然，香氣盛出也。

猖狂　齒陽反〔二一四〕。謂變易情性也，亦狂騃也。莊子：猖狂妄行也。

詮量　又作殓（硂）〔二一五〕，同。七泉反。廣雅：稱謂之銓。言知輕重也。漢書應劭曰：銓，稱衡也。量，斗斛也。

貧匱　渠愧反。無財曰貧，乏財曰匱。［匱］〔二一六〕亦竭也。

輟其　丁劣反。輟，止也。爾雅：輟，已也。

訶梨怛雞　舊言呵梨〔二一七〕勒，翻爲天主持來。此果堪爲藥分，功用極多，如此土人參、石斛等也。

殷浄　於斤反。詩云：殷其盈矣。傳曰：殷，衆也。殷，大也。

霖霪　力金反。左傳：雨自二（三）〔二一八〕日以〔二一九〕上爲霖。爾雅：久雨謂之霪，霪謂之霖。

瞖〔二二〇〕目　一計反。韻集云：目障病也。說文作翳。目病生翳也。

阿毗達磨俱舍論　第十三卷

鬱金　此是樹名，出罽賓國。其花黄色，取花安置一處，待爛壓取汁以物和之爲香。花粕猶有香氣，亦用爲香也。

火熷　祖勞反。字林：熷，燒木焦也。說文：熷，焦也。

寐覺　亡庇反。寐，眠熟也。國語「獻公寢而不寐」是也。亦卧也。

隄塘　古文隄〔二二一〕，同。都奚反，下徒郎反。說文：隄，隮〔二二二〕也。爾雅：隄謂之梁。李巡曰：隄，防也。障也。漢書：無隄之與〔二二三〕。韋昭曰：積土爲封限〔二二四〕也。

心栽　子來反。栽，植也。今時名草木植曰栽也。

痼疾　又作痁，固（同）〔二二五〕。古護反。夂（久）〔二二六〕病也。說文：痼，病也。

阿毗達磨俱舍論　第十四卷

正學　梵言式叉摩那，謂二歲學戒者也。

或趍　求累反。今江南謂屈膝立爲踉〔二二七〕趍，中國人言胡跽。音其止反。胡音護。踉音丈羊反。禮記「授立不趍」作跪，借字耳。

制多　舊言支提，或言脂帝浮圖，皆訛也。此翻應名可供養處，佛涅槃處、生處、説法處悉名制多，皆須供養恭敬。

娶妻　七句反。取也。詩云：取妻如之何？傳曰：娶，取婦也。

療病　說文作㽲，同。力照反。三蒼：療，治病也。

窣〔二二八〕羅迷麗耶末陀　窣音蘇没反。窣羅，米酒也。迷麗耶，謂根莖花葉雜酒也。末陀謂葡萄〔二二九〕酒。

阿毗達磨俱舍論　第十五卷

屠羊　達胡反。說文：屠，割〔二三〇〕也。廣雅：屠，壞也。案：屠，分割牲肉也。

魁膾　苦迴反，下古外反。魁，帥也，有（首）〔二三一〕也。膾，切肉也。主殺人者也。或有作儈，音膾。聲類：儈，合（今）〔二三二〕市人。儈非此義也。

罝弶　古文罝、𦉼（罝）〔二三三〕二形，同。子邪反，下渠亮反。爾雅：兔罟謂之罝。郭璞曰：罝，遮也。遮取兔也。韻集云：施罥（羂）〔二三四〕於道曰弶。今畋〔二三五〕獵家施弶以取

鳥獸者，其形似弓也。

典刑[二三六]伐　又作敟[二三七]，同。丁繭反。廣雅：典，主也。下胡經反。刑，罰罪也。易曰：刑，法也。井爲刑法也。春秋元命苞曰：刑字從刀從井。井以飲人，人入井争水，陷於泉，以刀守之，割其情欲，人有畏慎以全身命也，故字從刀從井。

凶勃　又作兇，同。許恭反。下古文誖、悖二形，同。蒲没、補憒[二三八]二反。又[二三九]暴也。兇，惡也。悖，亂也，亦逆也。

乞匃(匄)[二四〇]　古艾反。蒼頡篇：乞，行請求也。字體從人從亡，言人亡財物則行求匃也。

毗訶羅　亦言鼻訶羅，此云遊，謂僧遊履處也。此土以寺代之。

准陀　止尹反。此云妙義，舊言純陀，訛也。

難愈　古文瘉，同。臾乳反。説文：瘉，病瘳也。方言：差，愈。瘳音丑游反。

陶家　又作匋，同。大勞反。又或借音遥。史記：陶，瓦器也。蒼頡篇「陶作瓦家也，舜始爲陶于河濱」是也。案西域地多卑濕，不得穿窯，但累坯[二四一]器露燒之耳。窯音姚。

鹹鹵　胡緘反，力古反。説文：鹵謂西方鹹地也。确薄之地也。天生曰鹵，人生曰鹽。鹽在東方，鹵在西方。釋名云：地不生曰鹵。字故從西省，下象鹽形也。

坑穽　古文阱、汬二形，同。才性反。説文：大陷也。蒼頡篇：穽謂掘地爲坑，張禽獸者也。

阿毗達磨俱舍論　第十六卷

揣觸　初委反。揣，摸也。通俗文：捫摸曰揣。有作揣。初委、都果二反。廣雅：揣，試也。量也。

養飤　辭恣反[二四二]。廣雅：萎(餧)[二四三]，飤也。蒼頡篇：飤，飽也。謂以飲食設供於人曰飤，故字從人。萎(餧)，於僞反。或作餉(飼)[二四四]，俗字也。

祈請　渠衣反。廣雅曰：祈，求也。爾雅：祈，告也。

猜阻　古文睵(睵)[二四五]、猜二形。今作倸，同。粗來反。猜，疑也。廣雅：猜，懼也。

波剌私　闌葛反[二四六]。亦言波斯(嘶)[二四七]，或云波斯，國名也。臨近西海，最饒奇寶。諸國商人皆取其貨，斯以龍威殊力古者推焉耳[二四八]。

尼延底　此言深入義，貪之異名也。[言][二四九]窮極無厭，故以名之也。

布灑他　所解反。此云增長，謂半月叉磨增長戒根也。叉磨，此云忍，謂容恕我罪也。舊言懺者，訛也。或云逋沙比(他)[二五〇]，亦云布薩，皆訛略也。

佞歌　奴定反。佞，諂媚也。説文：巧媚高材曰佞。又僞善曰佞，字從女從仁。論語：惡夫佞者。此即從女人義。左傳：寡人不佞，不能事父兄。此則從仁之義。

毀呰　古文呰[二五一]、呲二形，同。子尔反。説文：呰，呵也。禮記：呰者，莫不知禮之所生。鄭玄曰：口毀曰呰也。

倡伎(伎)[二五二]　齒楊反，下渠綺反。説文：倡，樂也。三蒼：倡，俳也。伎謂藝能也。

祠祀　似兹反，下徐理反。爾雅：祠，祭也。又天祭曰祠，地祭曰祀[二五三]。

阿毗達磨俱舍論　第十七卷

替善　他計反。爾雅：替，廢也。止也。替，滅也，謂[滅][二五四]

絶也。

布剌拏　洛割反。或作補剌拏，此云滿，舊言富蘭那。

慞戾　經中或作籠，同。力董反[二五五]。三蒼作㑴（悷）[二五六]，同。力計反。很[二五七]戾也。謂很戾剛强也。

乖穆　又作睦，同。莫穀反[二五八]。睦，和也。爾雅：睦，敬也。厚也。

磽确　苦交反，下胡角、苦角二反。孟子曰：磽确，薄埆地也。通俗文云：物堅鞕謂之磽确。地堅則不宜五穀也。

果辢　字苑作莿（菻）[二五九]，同。盧葛反。通俗文：辛甚曰辢。江南言辢，中國言辛也。

後填　古文寘，同。徒堅反。廣雅：填，塞也。

阿毗達磨俱舍論　第十八卷

後皰　又作靤，同。捕孝反[二六〇]。小腫起也。説文：皰，面生氣也。

温誦　烏昆反。論語：温故而知新。何晏曰：温，尋也。鄭玄注禮記云：後時習之謂之温。温，㬉也，取其義矣。背文曰誦也。

三罰　扶發反。罪之小者曰罰。罰亦折伏也。

大娑羅　樹名也。是大富貴家義也。案西國大官貴大富兒弟皆呼爲娑羅也。

荷負　文（又）[二六一]作抲、何二形，同。胡歌、胡可二反。小爾雅：荷（何）[二六二]，揭，擔也。荷（何），任也。

被析　思歷反。析，分也。字從斤分木爲析。今俗作析[二六三]皆從片也。

底沙　丁禮反。舊言弗沙，此云明也。

赫弈　呼格反[二六四]，下餘石反。小爾雅作赫爗，明也。廣雅：赫奕，盛明也。字從大。爗音亦也。

末度迦果　謨鉢反。舊云摩頭，此言美果也。

賃婆果　女鴆反[二六五]。形如此土苦楝樹也。楝音力見反。

馱都　徒餓反。謂堅實也。亦如來體骨舍利之異名耳。

阿毗達磨俱舍論　第十九卷

藹羅筏拏　烏艾反。舊名伊羅鉢多羅，亦云嘌[二六六]羅鉢多羅。伊羅，此云香。鉢多羅，此云葉。名香葉象也。

阿毗達磨俱舍論　第二十卷

姬媵　居疑反，下餘證反。漢書：文帝母薄姬。如淳曰：姬，衆妾之總名也。姬亦女官也。秩比二千石，位次婕好下。左傳：以媵秦穆公姬[二六七]。杜預曰：送女曰媵。媵，送也，寄也。公羊傳曰：媵者何？諸侯一國，則二國媵之，以姪娣從。釋名云：姪娣曰媵。媵，承也。承事適他也。今三品曰姬，五品曰媵是也。

緾壓　周成難字作窜。窜，椮也，同。於甲反。蒼頡篇云：壓，鎮也。笮[二六八]也。椮音祖蜀反。

涌泛　今作氾[二六九]，同。敷劍反。廣雅：泛泛，浮皃也。亦駛[二七〇]疾也。

漂激　匹遥反，下古狄反。浮吹曰漂，流急曰激。漂亦摇蕩也。

阿毗達磨俱舍論　第二十一卷

尤重　有周反。尤，甚也，亦多也，異也，過也。

防邏　力賀反。戍屬。韻略云：邏謂循行非違也。遊兵以禦寇者也。

薨瞢　徒登反，下亡登反。韻集云：薨瞢，失卧極也。

阿毗達磨俱舍論　第二十二卷

一睫　説文作睞。釋名作䀹，同。子葉反。目旁毛也。山東田里間音子及反。

有序　古文序，同。徐與反。次也，有次序也。白虎通曰：序者，序長幼也。

蓽豆　甫蜜反。人家亦種之，堪食用。爲澡豆，極佳也。

深駛　前吏反[二七一]。蒼頡篇：駛，疾也。

悵望　敕亮反。説文：悵，望恨也。

蟲蛆　千餘反。通俗文：肉中虫謂之蛆。三蒼：蠅乳肉中曰蛆也。

髖髀　又作臗，同。苦桓、苦昆二反。埤蒼：髖，尻也。廣雅：臗，豚也。下古文踔，同。蒲米反。説文：股外也。北人用此音。又方尔反，江南行此音。或作胜，俗字也。

一磔　古文厇，同。吒格反[二七二]。通俗文：張申曰磔。廣雅：張也，開也。

吠嵐婆　力含反。案舊經論中或作毗藍婆，或言旋藍婆，又作鞞嵐婆，或作隨藍婆，皆梵之楚夏耳。此云迅猛風。

阿毗達磨俱舍論　第二十三卷

循身　古文徇，同。似遵反。爾雅：率、循，自也。郭璞注云：又爲循行也。循亦遍也。巡歷也。

欽重　去金反。欽，敬也。謚法曰：成(威)[二七三]儀備悉曰欽也。

披閲　飲(餘)説反。簡閲也。小[爾]雅[二七四]云：閲，具也。具數於門中閲也。

飲光部　梵言迦葉波。迦葉，此云光。波，[此云飲。今依][二七五]此間語名飲光。飲光有二義：一迦葉波，是上古仙人。此仙人身有光明，能飲餘光，令不復現。此羅漢是彼種，故因以名焉。二此阿羅漢人身作金色，當(常)[二七六]有光明，以閻浮檀金爲人，並此阿羅漢身光餘(飲)[二七七]金，人光不復現，故名飲光也。

臺觀　徒來反，下古玩反。爾雅：四方而高曰臺。又云：觀謂之臺[二七八]。孫炎曰：宫門雙觀也。釋名云：觀者，於上觀望也。

阿毗達磨俱舍論　第二十四卷

憺怕　徒濫反，下匹白反。説文：憺，安也。謂憺然安樂也。憺亦恬静也。怕，静，無爲也。子虚賦云：怕兮無爲，憺兮自持也。

憍陣那　除吝反。舊云憍陳如，訛也。[此][二七九]云火[二八〇]器，是性(姓)[二八一]。阿若是名。亦云初智，以其最初悟無[二八二]而得智本願也。

唯目　莫鹿反。目謂紀録也，亦條目也。

阿毗達磨俱舍論　第二十五卷

揩（楷）〔二八三〕定　口駭反。廣雅：揩（楷）、摸（模）〔二八四〕、品、式，法也。

雖蹶〔二八五〕　又作蹷，同。居月、巨月二反。説文：蹶，僵也。［僵］〔二八六〕，仰卧也。

阿毗達磨俱舍論　第二十六卷

金礦　古文卝，同。古猛反。説文：礦，銅璞也。

登祚　徂故反。祚，位也。國語云：天地之所祚。賈逵曰：祚，禄也。

阿毗達磨俱舍論　第二十七卷

那羅延　那羅，此云爲人。延那，此云生本。謂人生本，即是大梵王也。外道謂一切人皆從梵王生，故名人生本也。

蟠結　蒲寒反。禮記：而蟠于地。鄭玄曰：蟠，委也。廣雅：蟠，曲也。迴也。方言「未昇天龍曰蟠龍」是也。

健駄梨　持咒女名也〔二八七〕。從國爲名。此女聲呼之，男聲［猶］〔二八八〕健駄羅國也。

伊刹尼　叉黠反。此云占相觀察也。

曼駄多　莫盤反〔二八九〕。此云我養，則頂生王之名也。

阿毗達磨俱舍論　第二十八卷

阿笈摩　渠輒反〔二九〇〕。此云教法，示（亦）〔二九一〕言傳，謂展轉傳來相教授也。

阿毗達磨俱舍論　第二十九卷

怨讎　視由反。增惡怨憾曰讎。讎，對也。爾雅：讎，匹也。春秋「怨偶曰讎」是也。

青瘀　於慮反。説文：瘀，積血也。廣雅：瘀，病也。

由鄙　悲美反。鄙，惡也。廣雅：鄙、耻，羞，愧也。

依怙　胡故反〔二九二〕。爾雅：怙，恃也。韓詩：無父曰何怙。怙，賴也。

爾焰　余贍反。此云所知。舊作爾炎，一也。

確〔二九三〕陳　埆蒼作塙，又作碻，同。苦學反。廣雅云：確猶堅鞕牢固。

儒童　而俱反。説文：儒，柔也。謂柔輭（愞）〔二九四〕也。童，幼也，謂幼少也。梵言摩納縛迦也。

頻毗婆（娑）〔二九五〕羅　或言頻婆娑羅，亦云蓱〔二九六〕沙王，一也。此云顔色端正，或云色像殊妙。又頻婆是刻木彩畫等形像。苾蒭從此名。〔二九七〕

婆柁〔二九八〕梨　徒我反。是西方一類小枣名也。是苾蒭從此爲名也。

阿毗達磨俱舍論　第三十卷

頞勒具那　普何反。此十二月星名也。是人此爲名也。

伐蹉　粗何反。舊言婆羅(蹉)[二九九]，則婆羅門姓也。

如牝　毗忍反。説文：畜母也。雌曰牝。詩曰：雉鳴求其牝。非但畜也。

嗢底迦　烏没反，下借音丁履反。人名也。

制怛羅　都達反。人名也。此正月星名。西國立名多此也。

普莎訶　蘇和反。普，咒聲也。莎訶，此云善説也。

拘掾(櫞)[三〇〇]　俱禹反，下以專反。廣雅云：似橘而大，如飯籐，可以浣濯漚葛紵也。今出番禺以南。縷切蜜漬爲粽(糝)[三〇一]，食之佳。籐[音吕。番][三〇二]音潘，粽(糝)音桑咸[三〇三]反。

紫礦　古猛反。謂波羅奢樹汁[滓][三〇四]也。其色甚赤，用染皮氎也。其樹至大，[亦][三〇五]名氈[三〇六]叔迦，一[物也][三〇七]。花大如斗，極赤，葉至堅肕。商人縫以爲袋者也。肕音刃。

時瓤　汝良反[三〇八]。如爪(瓜)[三〇九]瓠中瓤瓣也。瓣音浦莧反。[瓤，而羊反[三一〇]。]

一切經音義　卷第七十

校勘記

〔一〕一音銘壁反　玄卷十七釋此詞爲「一音古螢反」。
〔二〕肩　玄卷十七釋此詞作「扃」。
〔三〕反　灑無。據玄卷十七釋此詞補。
〔四〕鶬鵶　玄卷十七釋此詞爲「鳩鵶」。
〔五〕櫝　據文意似作「攢」。
〔六〕隙　玄卷十七釋此詞作「隙」。下同。
〔七〕隙　玄卷十七釋此詞作「隙」。
〔八〕蝝　玄卷十七釋此詞作「蝝」。
〔九〕亘　獅作「亘」。
〔一〇〕逗　獅作「逗」。
〔一一〕領　據文意似作「頷」。
〔一二〕桿　玄卷十七釋此詞作「稈」。
〔一三〕補末反　玄卷十七釋此詞爲「補達反」。
〔一四〕筞　玄卷十七釋此詞作「筞」。獅作「策」。
〔一五〕廣雅　玄卷十七釋此詞爲「廣志」。
〔一六〕纔　玄卷十七釋此詞作「纔」。下同。
〔一七〕秏　玄卷十七釋此詞作「秏」。
〔一八〕朷　玄卷十七釋此詞作「扔」。
〔一九〕與　玄卷十七釋此詞作「與」。
〔二〇〕餳　玄卷十七釋此詞作「餳」。
〔二一〕錫　玄卷十七釋此詞作「錫」。
〔二二〕術　衍。
〔二三〕他田　磧本玄卷十七釋此詞爲「使田」。蔣曰：「使田當作他困。」
〔二四〕榆主反　獅爲「曰王反」，玄卷十七釋此詞爲「揄主反」。
〔二五〕方言：差、間曰愈也　玄卷十七釋此詞爲「方言：差，間，愈也」。
〔二六〕桂　玄卷十七釋此詞作「挂」。
〔二七〕漷　玄卷十七釋此詞作「郭」。
〔二八〕滓渟密汨　玄卷十七釋此詞爲「滭渟密汨」。今傳本上林賦爲「滭弗宓汨」。
〔二九〕大　玄卷十七釋此詞作「木」。
〔三〇〕忌安反　玄卷十七釋此詞爲「忘安反」。
〔三一〕鐵　玄卷十七釋此詞作「鐵」。下同。
〔三二〕鉦　玄卷十七釋此詞作「鍬」。下同。
〔三三〕脺　獅作「脺」。
〔三四〕笪　玄卷十七釋此詞作「笪」。
〔三五〕説文：笪，箏也　玄卷十七釋此詞爲「説文：笪，箬也」。今傳本説文：「笪，笞也。」

「箬，楚謂竹皮曰箬。」

〔三六〕 笋 玄卷十七釋此詞作「箬」。

〔三七〕 曰 衍。

〔三八〕 蒢 據文意當作「篨」。

〔三九〕 蕟 玄卷十七釋此詞作「簸」。

〔四〇〕 廢 獅玄卷十七釋此詞作「癈」。

〔四一〕 蘧蒢 玄卷十七釋此詞爲「籧篨」。今傳本說文：「籧，籧篨，粗竹席也。从竹遽聲。」「篨，籧篨也。从竹除聲。」「蘧，蘧麥也。从艸遽聲。」「蒢，黄蒢，職也。从艸除聲。」下同。

〔四二〕 去 磧本玄卷十七釋此詞作「厶」。

〔四三〕 廓也 據玄卷十七釋此詞補。

〔四四〕 才亦反 獅作「才赤反」。

〔四五〕 簿 玄卷十七釋此詞作「薄」。

〔四六〕 居 玄卷十七釋此詞作「處」。

〔四七〕 丑冉反 玄卷十七釋此詞爲「丑斂反」。

〔四八〕 諂 玄卷十七釋此詞誤作「誠」。

〔四九〕 亡鹿、亡竹二反 磧本玄卷十七釋此詞爲「忙鹿、忙竹二反」。

〔五〇〕 那 玄卷十七釋此詞作「邪」。

〔五一〕 磔 玄卷十七釋此詞作「蹀」。

〔五二〕 熨 玄卷十七釋此詞作「尉」。

〔五三〕 潯 獅玄卷十七釋此詞作「㝷」。

〔五四〕 摜 玄卷十七釋此詞作「櫝」。

〔五五〕 論文 玄卷十七釋此詞爲「詰幻文」，即「詰幼文」。

〔五六〕 中 麗無，據玄卷十七釋此詞補。

〔五七〕 撥 麗無，玄卷十七釋此詞作「揆」。

〔五八〕 擮 玄卷十七釋此詞作「櫼」。下同。

〔五九〕 鷹 磧本玄卷十七釋此詞作「薦」。

〔六〇〕 通 玄卷十七釋此詞作「適」。

〔六一〕 練 玄卷十七釋此詞作「綀」。

〔六二〕 孺 玄卷十七釋此詞作「孺」。

〔六三〕 韋昭注小雅：鄉曰聚 玄卷十七釋此詞爲「韋昭注：小鄉曰聚」。

〔六四〕 注 獅作「住」。

〔六五〕 枹 獅作「袍」。禮記據阮元校刻十三經注疏當爲「周禮」。 車轅端壓牛領木也 阮元校刻十三經注疏爲「謂轅端壓牛領者」。

〔六六〕 鎖 據文意似作「鎻」。

〔六七〕 財 獅作「貶」。

〔六八〕 沙門 獅無。

〔六九〕 經演反 玄卷二十四釋此詞爲「公彌反」。

〔七〇〕 銘壁反 玄卷二十四釋此詞爲「古熒反」。

〔七一〕 從日從六。日數十六日而月始虧冥字意 今傳本說文：「从日从六，冖聲。日數十，十六日而月始虧幽也。」

〔七二〕 柁 玄卷二十四釋此詞作「拕」。

〔七三〕 隨相語 玄卷二十四釋此詞爲「隨相論」。

〔七四〕 釋 玄卷二十四釋此詞作「譯」。

〔七五〕 謝 玄卷二十四釋此詞作「謂」。

〔七六〕 謂 玄卷二十四釋此詞作「誦」。據文意似作「訟」。今傳本說文：「訟，争也。从言公聲。」

〔七七〕 隙 玄卷二十四釋此詞作「隟」，下同。「隟」爲「隙」的異體字，後又作「隙」。

〔七八〕 㝠 玄卷二十四釋此詞作「㝠」。磧本玄卷二十四釋此詞作「負」。

〔七九〕 自 玄卷二十四釋此詞作「旨」。

〔八〇〕 出 似衍。玄卷二十四釋此詞無。

〔八一〕 格 玄卷二十四釋此詞作「挌」。

〔八二〕 鴉 玄卷二十四釋此詞作「鵶」。

〔八三〕 忝 獅作「悉」。

〔八四〕 猫 麗無，據玄卷二十四釋此詞補。

〔八五〕 羅 玄卷二十四釋此詞作「邏」。

〔八六〕 禹卷反 玄卷二十四釋此詞为「禹眷反」。

〔八七〕 也 麗無，據玄卷二十四釋此詞補。

〔八八〕 娑 獅作「婆」。

〔八九〕 致 麗無，據玄卷二十四釋此詞補。

〔九〇〕 黎 玄卷二十四釋此詞作「梨」。

〔九一〕 此 據玄卷二十四釋此詞補。

〔九二〕 櫨 獅作「櫨」。玄卷二十四釋此詞作「攎」。下同。

〔九三〕 摩 玄卷二十四釋此詞作「挚」。

〔九四〕 埤蒼：磁石，謂吸鐵者也 玄卷二十四釋此詞爲「埤蒼：磁，石也。謂吸鐵石也」。

〔九五〕 粈、䋴 玄卷二十四釋此詞爲「粈、䋴」，似當爲「粈、鈕」。「䋴」似爲「丑」之誤寫。

〔九六〕 芟 玄卷二十四釋此詞作「䔢」。

〔九七〕 鬘 玄卷二十四釋此詞作「縵」。

〔九八〕 髻 玄卷二十四釋此詞作「鬘」。

〔九九〕 音所銜反 據文意似當爲「音必遥反」。

〔一〇〇〕 鏉 玄卷二十四釋此詞作「鏉」。下同。

〔一〇一〕 茶 玄卷二十四釋此詞作「荼」。

〔一〇二〕 備 玄卷二十四釋此詞作「滿」。

〔二〇三〕慗　據玄卷二十四釋此詞補。

〔二〇四〕卪　玄卷二十四釋此詞作「卩」。「卪」即「卩」。今傳本説文：「印，執政所持信也。从爪从卪。」「卪，瑞信也。守國者用玉卪，守都鄙者用角卪，使山邦者用虎卪，土邦者用人卪，澤邦者用龍卪，門關者用符卪，貨賄用璽卪，道路用旌卪，象相合之形。」

〔二〇五〕與腫反　玄卷二十四釋此詞爲「揄腫反」。

〔二〇六〕説文：悍，勇有力也　玄卷二十四釋此詞爲「説文：悍，勇也」。今傳本説文：「悍，勇也。」

〔二〇七〕傑謂　玄卷二十四釋此詞爲「謂傑」。

〔二〇八〕音　玄卷二十四釋此詞作「意」。

〔二〇九〕光　玄卷二十四釋此詞作「先」。

〔二一〇〕亦未　麗無，據玄卷二十四釋此詞補。

〔二一一〕撟　玄卷二十四釋此詞作「矯」。

〔二一二〕恃　麗無，據玄卷二十四釋此詞補。

〔二一三〕懱　玄卷二十四釋此詞作「蔑」。

〔二一四〕儯　玄卷二十四釋此詞作「懱」。

〔二一五〕傷　玄卷二十四釋此詞作「傷」。今傳本説文：「懱，輕易也。」

〔二一六〕傷　玄卷二十四釋此詞作「傷」。

〔二一七〕於　玄卷二十四釋此詞作「放」。

〔二一八〕衮　玄卷二十四釋此詞作「橡」。

〔二一九〕波　麗無，據玄卷二十四釋此詞補。

〔二二〇〕爪　玄卷二十四釋此詞作「瓜」。

〔二二一〕色　磧本玄卷二十四釋此詞作「市」。

〔二二二〕縛　玄卷二十四釋此詞作「練」。

〔二二三〕井　玄卷二十四釋此詞作「市」。

〔二二四〕囉　玄卷二十四釋此詞作「羅」。

〔二二五〕笵　玄卷二十四釋此詞作「范」。

〔二二六〕邪　玄卷二十四釋此詞作「耶」。

〔二二七〕憒，滿也　今傳本説文：「憒，懣也。从心貴聲。」

〔二二八〕授　玄卷二十四釋此詞作「受」。

〔二二九〕此條麗接排在「嗢怛羅」下。玄卷二十四釋此條亦接排在「嗢怛羅」下。

〔二三〇〕恒　玄卷二十四釋此詞作「受」。

〔二三一〕睫　玄卷二十四釋此詞作「睫」。

〔二三二〕線　據玄卷二十四釋此詞補。

〔二三三〕駞駝　玄卷二十四釋此詞爲「駱駞」。

〔二三四〕普　玄卷二十四釋此詞作「昔」。

〔二三五〕反　據玄卷二十四釋此詞補。

〔二三六〕媄　玄卷二十四釋此詞作「殀」。

〔二三七〕大　玄卷二十四釋此詞作「天」。

〔二三八〕須捧、所勇二反　玄卷二十四釋此詞爲「須奉、所項二反」。

〔二三九〕謂　玄卷二十四釋此詞作「訶」。

〔二四〇〕比　玄卷二十四釋此詞作「叱」。

〔二四一〕正　玄卷二十四釋此詞作「定」。

〔二四二〕㲉　獅作「㲉」。玄卷二十四釋此詞作「殼」。

〔二四三〕殼　玄卷二十四釋此詞作「觳」。

〔二四四〕固　玄卷二十四釋此詞作「固」。

〔二四五〕小爾雅：固亦故也　磧本玄卷二十四釋此詞爲「小爾雅：固，久也。固亦故也」。

〔二四六〕片　獅作「井」。

〔二四七〕斑　玄卷二十四釋此詞作「班」。

〔二四八〕已　玄卷二十四釋此詞作「以」。

〔二四九〕縛　玄卷二十四釋此詞無。

〔二五〇〕波　麗無，據玄卷二十四釋此詞補。

〔二五一〕文　麗無，據玄卷二十四釋此詞補。

〔二五二〕有　麗無，據玄卷二十四釋此詞補。

〔二五三〕羆　據玄卷二十四釋此詞補。

〔二五四〕牆　獅玄卷二十四釋此詞作「濇」。

〔二五五〕二倒二正　玄卷二十四釋此詞爲「四止」。

〔二五六〕散　玄卷二十四釋此詞作「致」。

〔二五七〕嬰　麗無，據玄卷二十四釋此詞補。

〔二五八〕未　玄卷二十四釋此詞作「末」。

〔二五九〕修　磧本玄卷二十四釋此詞作「循」。下同。

〔二六〇〕傳曰　麗無，據玄卷二十四釋此詞補。

〔二六一〕拔　據文意當作「披」。

〔二六二〕欺　玄卷二十四釋此詞作「篏」。

〔二六三〕波　玄卷二十四釋此詞作「婆」。

〔二六四〕宰財反　玄卷二十四釋此詞爲「則才反」。

〔二六五〕或四十里　麗無，據玄卷二十四釋此詞補。

〔二六六〕謂露身　玄卷二十四釋此詞爲「此謂露形有」。

〔二六七〕盛　玄卷二十四釋此詞作「成」。

〔二六八〕繫　即「繫」，玄卷二十四釋此詞作「擊」（擊）。

〔一六九〕譯　麗無，據玄卷二十四釋此詞補。

〔一七〇〕揭　玄卷二十四釋此詞作「朅」。

〔一七一〕去謁反　玄卷二十四釋此詞爲「祛謁反」。

〔一七二〕擔山木　玄卷二十四釋此詞爲「擔山」。

〔一七三〕尼　據玄卷二十四釋此詞補。

〔一七四〕復　玄卷二十四釋此詞作「以」。

〔一七五〕此殼　麗無，據磧本玄卷二十四釋此詞補。

〔一七六〕與　獅作「典」。

〔一七七〕囉　玄卷二十四釋此詞作「羅」。

〔一七八〕即　玄卷二十四釋此詞作「則」。

〔一七九〕從廣　玄卷二十四釋此詞爲「從擴」。磧本玄卷二十四釋此詞爲「縱廣」。

〔一八〇〕廣雅：　據玄卷二十四釋此詞補。

〔一八一〕金　據玄卷二十四釋此詞補。

〔一八二〕醯　玄卷二十四釋此詞作「醯」。

〔一八三〕從　據玄卷二十四釋此詞補。

〔一八四〕面　獅作「向」。

〔一八五〕私河　玄卷二十四釋此詞爲「私陀」。

〔一八六〕面　玄卷二十四釋此詞作「南」。

〔一八七〕黎　獅作「棃」。玄卷二十四釋此詞作「梨」。

〔一八八〕木兩頭尖鋭曰槍　「槍」最初似爲一頭削尖的木棍，後演變爲兩頭尖鋭的木桩、鐵蒺藜等物。

〔一八九〕敌　玄卷二十四釋此詞作「敌」。

〔一九〇〕且　據文意當作「旦」。

〔一九一〕被　玄卷二十四釋此詞作「彼」。

〔一九二〕這　據文意當作「適」。

〔一九三〕隹　玄卷二十四釋此詞爲「又往」。

〔一九四〕臛臛　玄卷二十四釋此詞爲「臛臛」。

〔一九五〕説文：水之派別也　玄卷二十四釋此詞作「説文：水之邪流別也」。

〔一九六〕爾雅　玄卷二十四釋此詞爲「廣雅」。

〔一九七〕勾　玄卷二十四釋此詞作「句」。

〔一九八〕社　玄卷二十四釋此詞作「邑」。

〔一九九〕姤　玄卷二十四釋此詞作「姤」。

〔二〇〇〕丁固反　玄卷二十四釋此詞爲「丁故反」。

〔二〇一〕捔　當作「觕」。下同。蔣曰：「捔皆當作觕。集韻平聲十一模韻：『粗，大也，疏也，物不精也。或作觕。』」

〔二〇二〕剖　玄卷二十四和獅釋此詞作「割」。

〔二〇三〕從　麗無，據玄卷二十四釋此詞補。

〔二〇四〕聲，竹　麗無，據玄卷二十四釋此詞補。

〔二〇五〕婆訶　據玄卷二十四釋此詞當爲釋文。

〔二〇六〕即　玄卷二十四釋此詞作「則」。

〔二〇七〕撩　玄卷二十四釋此詞作「橑」。

〔二〇八〕袪鼓反　玄卷二十四釋此詞爲「袪豉反」。

〔二〇九〕嘔　獅作「嘔」。

〔二一〇〕醯　玄卷二十四釋此詞作「醯」。

〔二一一〕叉監反　玄卷二十四釋此詞爲「叉鑒反」。

〔二一二〕言角者，其角頭有肉　玄卷二十四釋此詞爲「不角者，麒。角頭有肉」。

〔二一三〕塗土　玄卷二十四釋此詞作「泥」。

〔二一四〕齒陽反　玄卷二十四釋此詞爲「齒楊反」。

〔二一五〕殓　玄卷二十四釋此詞作「硂」。

〔二一六〕匱　麗無，據玄卷二十四釋此詞補。

〔二一七〕梨　玄卷二十四釋此詞作「黎」。

〔二一八〕二　獅作「三」。

〔二一九〕以　玄卷二十四釋此詞作「已」。

〔二二〇〕瞖　獅作「翳」。

〔二二一〕陡　玄卷二十四釋此詞作「陡」。

〔二二二〕隨　玄卷二十四釋此詞作「防」。今傳本説文：「隄，唐也。」

〔二二三〕與　玄卷二十四釋此詞作「輿」。

〔二二四〕限　玄卷二十四釋此詞作「隄」。

〔二二五〕固　玄卷二十四釋此詞作「同」。

〔二二六〕夂　獅作「久」。

〔二二七〕蹑　玄卷二十四釋此詞作「踉」。下同。

〔二二八〕窣　獅作「窣」。玄卷二十四釋此詞作「窣」。下同。

〔二二九〕葡萄　玄卷二十四釋此詞爲「蒲陶」。

〔二三〇〕割　玄卷二十四釋此詞作「剖」。

〔二三一〕有　玄卷二十四釋此詞作「首」。

〔二三二〕合　玄卷二十四釋此詞作「今」。

〔二三三〕籚　玄卷二十四釋此詞作「籚」。

〔二三四〕罽　玄卷二十四釋此詞作「罽」。

〔二三五〕畋　玄卷二十四釋此詞作「田」。

〔二三六〕刑　磧本玄卷二十四釋此詞作「刑」。下同。「刑」爲「刑」的異體字。

〔二三七〕敷　玄卷二十四釋此詞作「敷」。

〔二三八〕補憒　玄卷二十四釋此詞爲「補僨」。

磧本玄卷二十四釋此詞爲「蒲憒」。
〔二三九〕又　玄卷二十四釋此詞作「㐫」。
〔二四〇〕勼　玄卷二十四釋此詞作「㔽」。下同。
〔二四一〕柸　獅作「杯」。玄卷二十四釋此詞爲「坏」。
〔二四二〕辭忩反　玄卷二十四釋此詞爲「囚忩反」。
〔二四三〕萎　磧本玄卷二十四釋此詞作「餧」。下同。
〔二四四〕餉　玄卷二十四釋此詞作「飼」。
〔二四五〕職　玄卷二十四釋此詞作「職」。
〔二四六〕闌葛反　玄卷二十四釋此詞爲「羅葛反」。
〔二四七〕斯　玄卷二十四釋此詞作「嘶」。
〔二四八〕斯以龍威殊力古者推焉耳　玄卷二十四釋此詞爲「斯以龍威珠力古昔推焉耳」。
〔二四九〕言　麗無，據玄卷二十四釋此詞補。
〔二五〇〕比　玄卷二十四釋此詞作「他」。
〔二五一〕呰　獅作「眥」。玄卷二十四釋此詞作「此」。
〔二五二〕伎　玄卷二十四釋此詞作「伎」。下同。
〔二五三〕又天祭曰祠，地祭曰祀　玄卷二十四釋此詞爲「又人祭曰祠，禮祭曰祀」。
〔二五四〕滅　麗無，據玄卷二十四釋此詞補。
〔二五五〕力董反　玄卷二十四釋此詞爲「祿公反」。
〔二五六〕徐　玄卷二十四釋此詞作「悇」。
〔二五七〕很　玄卷二十四釋此詞作「佷」。下同。

〔二五八〕莫穀反　玄卷二十四釋此詞爲「莫聲反」。
〔二五九〕萩　玄卷二十四釋此詞作「萩」。
〔二六〇〕捕孝反　玄卷二十四釋此詞爲「蒲孝反」。
〔二六一〕文　玄卷二十四釋此詞作「又」。
〔二六二〕荷　玄卷二十四釋此詞作「何」。下同。
〔二六三〕析　據文意似作「枏」。
〔二六四〕弈　據文意似當作「奕」。　呼格反　玄卷二十四釋此詞爲「呼隔反」。
〔二六五〕女鳲反　玄卷二十四釋此詞爲「女鳩反」。
〔二六六〕嘌　玄卷二十四釋此詞作「嗶」。
〔二六七〕以媵秦穆公姬　今傳本左傳爲「以媵秦穆姬」。秦穆姬，晉獻公女。
〔二六八〕笮　玄卷二十四釋此詞作「筰」。
〔二六九〕汜　獅作「記」。玄卷二十四釋此詞作「汎」。
〔二七〇〕駚　玄卷二十四釋此詞作「駚」。蔣曰：「駚當作駛。」
〔二七一〕前吏反　獅爲「所吏反」。
〔二七二〕吒格反　玄卷二十四釋此詞爲「知格反」。
〔二七三〕成　獅作「威」。
〔二七四〕飲　玄卷二十四釋此詞作「餘」。　小
〔二七五〕雅　玄卷二十四作「小爾雅」。
此云飲。今依　麗無，據玄卷二十四釋此詞補。
〔二七六〕當　獅作「常」。

〔二七七〕餘　玄卷二十四釋此詞作「飲」。
〔二七八〕臺　玄卷二十四釋此詞作「闕」。
〔二七九〕此　麗無，據玄卷二十四釋此詞補。
〔二八〇〕火　玄卷二十四釋此詞作「大」。
〔二八一〕性　獅作「姓」。
〔二八二〕無　磧本玄卷二十四釋此詞爲「無生」。
〔二八三〕揩　磧本玄卷二十四釋此詞作「楷」。下同。
〔二八四〕摸　據文意似當爲「模」之誤。
〔二八五〕雖蹶　磧本玄卷二十四釋此詞爲「喬底迦雖蹶」。
〔二八六〕僵　麗無，據玄卷二十四釋此詞補。
〔二八七〕持咒女名也　玄卷二十四釋此詞爲「齊持咒女也」。
〔二八八〕猶　麗無，據玄卷二十四釋此詞補。
〔二八九〕莫盤反　玄卷二十四釋此詞爲「莫槃反」。
〔二九〇〕渠輒反　玄卷二十四釋此詞爲「渠葉反」。
〔二九一〕示　玄卷二十四釋此詞作「亦」。
〔二九二〕胡故反　玄卷二十四釋此詞爲「胡古反」。
〔二九三〕確　玄卷二十四釋此詞作「礭」。下同。
〔二九四〕輭　玄卷二十四釋此詞作「愞」。
〔二九五〕婆　玄卷二十四釋此詞作「娑」。
〔二九六〕蓱　玄卷二十四釋此詞作「蓱」。
〔二九七〕苾蒭從此名。　衍。玄卷二十四釋此詞無。
〔二九八〕柁　玄卷二十四釋此詞作「拕」。

〔二九九〕羅　玄卷二十四釋此詞作「蹉」。

〔三〇〇〕掾　據文意作「櫞」。

〔三〇一〕粽　玄卷二十四釋此詞作「糁」。下同。

〔三〇二〕音吕。番　麗無，據玄卷二十四釋此詞補。

〔三〇三〕咸　玄卷二十四釋此詞作「感」。

〔三〇四〕滓　麗無，據玄卷二十四釋此詞補。

〔三〇五〕亦　據玄卷二十四釋此詞補。

〔三〇六〕甀　玄卷二十四釋此詞作「甎」。

〔三〇七〕物也　據玄卷二十四釋此詞補。

〔三〇八〕汝良反　玄卷二十四釋此詞作「女良反」。

〔三〇九〕爪　玄卷二十四釋此詞作「瓜」。

〔三一〇〕瓤，而羊反　麗無，據磧本玄卷二十四釋此詞補。

一切經音義　卷第七十一

翻經沙門玄應[一]撰

只音阿毗達磨順正理論八十卷

阿毗達磨順正理論　第一卷

嘉瑞　賈遐反，下時惴反。爾雅云：嘉，善也，美也。蒼頡篇：瑞，應也，信也。言有善美之德，即應之此（以）[二]信瑞也。

阿氏多　常尔反。此云無勝。舊言阿耆多[三]，或作阿逸多，皆訛也。是彌勒今生名。

訕謗　所姦反。蒼頡篇云：訕，誹也。廣雅：訕、謗，毀也。

漏泄　息列反。廣雅：泄，溢也。發也，亦漏也。

指鬘　莫班反。即央掘魔羅也。央掘，此云指。[魔羅，此言][四]鬘，或云結。斷人指結，相箸[五]爲鬘安頭上，故有此名也。

烏盧頻螺迦葉波　此云木瓜林，[在此][六]下修道，因以名焉。迦葉波是姓，舊言優樓頻螺。正法華經云「上時迦葉兄弟三人居長者」是也。

唐攬　古卯反。唐，徒也。徒，空也。字書：攪，撓也。音呼刀反。撓，擾（擾）[七]也。説文：攪，亂也。

怛筞迦　都達反，下初革反。龍名也。

扣擊　説文作敂[八]，同。苦厚反。扣亦擊也。

愞耎　奴課反[九]，下而兖反。三蒼：愞，弱也。廣雅：耎，柔也。

稱擢（權）[一〇]　渠員反。廣雅：稱錘謂之擢（權）。擢（權），重也，知輕重也。字從手（木）[一一]也。

阿毗達磨順正理論　第二卷

迢然　徒彫反。迢遰也，遠也。遰音徒計反也。

瞿波洛迦　此云牛經[一二]。

窣堵波　蘇没反，下都古反。此云廟，或云墳，或言聚相，謂果（累）[一三]石等高以爲相也。舊言抖擻[一四]波，或云偷婆，又言塔波，皆方夏輕重也。

阿毗達磨順正理論　第三　第四　第五卷

先不音訓。

阿毗達磨順正理論　第六卷

晦冥　呼對反。爾雅云：霧謂之晦。言霧則天地交合，冥冥無所睹見也。劇霧則晝昏冥也。

雰霧　又作氛，同。敷雲反。釋名云：氛，粉也。潤氣著草木，因冷則色凝白若粉也。爾雅云：地氣發，天不應曰霧。霧，陰氣濕也。

廓清　口郭反。爾雅云：廓，大也。

所頒　又作班，同。捕姦反[一五]。小雅[一六]云：頒、敷，布也。爾雅：班、遍、賦，與也。

阿毗達磨順正理論　第七卷

彈斥　徒干反，下鵶亦反。廣雅：彈，抨也。漢書音義曰：斥，不用也。亦疏遠也。斥，指也。抨音普庚反。

眩曜　胡麵反。廣雅：眩、惑，亂也。曜，照，明。

頑嚚　五鰥反，下魚巾反。廣雅：頑，鈍也。蒼頡篇：嚚，惡也。左傳：心不則德義之經爲頑，口不道忠信之言曰嚚也。

逞巳(已)[一七]　丑井反。説文：逞，通也。小雅[一八]：逞，快也。方言：自關而東曰逞，江淮陳楚之間曰好也。

聰睿[一九]　以芮反。聰，聽微也。睿，知[二〇]識也。又先知曰聰，深明曰睿。

方維　以淮反[二一]。廣雅：隅也。淮南子云「天有四維」是也。

阿毗達磨順正理論　第八卷

躊躇　腸留反，下腸於反。廣雅：躊躇，猶豫也。亦躑躅也。

異生　梵言婆羅必栗託仡那。婆羅，此云愚。必栗託，此云異。仡那，此云生。應言愚異生。舊云小兒別生，亦言嬰愚凡夫，又作小兒凡夫，皆一義也。

阿毗達磨順正理論　第九卷

躁動　又作趮，同。子到反。躁，擾(擾)[二二]也，不安静也。釋名：躁，燥也。言物燥即動飛揚也。

中庸　以鍾反。廣雅：中，平也。庸，和也。小爾雅云：庸，善也。謂平和善人也。

阿毗達磨順正理論　第十卷

蚩笑　昌夷反。小爾雅云：蚩，戲也。蒼頡篇：蚩，輕侮也。笑，喜弄也。字從古㞢，即之字。

褒貶　補高反，下碑儉反。案：褒，揚美之(也)[二三]。貶，黜退也。

謀議　莫侯反。謀，論也。議，圖也。諮事爲謀，詳論曰議。

敵論　徒的反。廣雅：敵、當，對也。爾雅：敵，匹也。

惶亂　胡光反。惶謂憂懼在心之皃也。廣雅：惶惶，懼也。蒼頡篇：惶，恐也。

寔多　是力反。爾雅：時、寔，是也。説文：寔，上(止)[二四]也。

阿毗達磨順正理論　第十一卷

貪軶[二五]　又作挖[二六]，同。烏革反。所以挖牛馬領者也。軶亦槅也。槅音革也。

讁罰　猪革反。通俗文：罰罪曰讁。讁，責也。亦罪過也。罰，折伏也。

瞢憒　莫崩反，下公内反。三蒼：瞢，不明也。憒，煩亂也。

我頊　丘穎反。史記：有頊，列侯(侯)問〔二七〕。案：有頊猶須臾之間也，亦不久也。

忌憚　渠記反，下徒旦[反]〔二八〕。廣雅：忌、恐，畏也。憚，疑難也。說文：忌，憎惡也。

顧眄　菰布反〔二九〕，下眠見反。說文：還視曰顧，斜〔三〇〕視曰眄也。

阿毗達磨順正理論　第十二卷

幖幟　俾遥反，下昌志反。通俗文：微(徽)〔三一〕號曰幖，私記曰幟。字皆從巾，或從木作標，謂以木爲識，標而記之，此亦兩通。

末奴沙　謨鉢反。亦言摩奚沙。此云人也。

魍魎　古文蝄蜽二形，同。亡强、力掌反。說字(文)〔三二〕：蝄蜽，山川之精物也。通俗文：木石柱怪謂之魍魎故也〔三三〕。

毗濕縛羯磨天　此云種種工業。案西國工巧者多祭此天。

加趺　古遐反。爾雅：加，重也。今取其義，謂交足坐也。經中或作結交趺坐是也。山東言甲趺，江南言跰跨。跰音平患反。跨，口瓜反。有從足作跏，文字所無者也。

鄔陀夷　烏古反。人名也。此云出現義是也。

阿毗達磨順正理論　第十三卷

嬉戲　又作僖，同。虚之反。說文：嬉(僖)〔三四〕，樂也。蒼頡篇：嬉，戲笑也。

汝曹　又作蓸，同。自勞反。史記：十餘曹循之。如淳曰：曹，輩也。

毗瑟笯　奴故反。天名也。舊[言]〔三五〕毗紐天，亦言毗搜紐天，訛也。

阿毗達磨順正理論　第十四卷

梯隥　都鄧反。廣雅：隥，履也。依之而上者也。字從𨸏〔三六〕也。

室路迦　舊言輸盧迦，或云首盧迦，又言首盧柯。案西國數經之法皆以三十二字爲一室路迦，又多約凡夫作世間歌詠者也。此則闡陀論中之一數也。

阿毗達磨順正理論　第十五卷　先不音。

阿毗達磨順正理論　第十六卷

升陟　胝棘〔三七〕反。言進達之升曰陟。詩云：陟彼高崗。陟，登也。爾雅：陟，升也。謂登升之也。

痱癗　蒲罪反，下盧罪反。字略云：痱癗，小腫也。今取其義。

波沓波種　徒荅反。則婆羅門姓。

阿毗達磨順正理論　第十七卷　先無音。

阿毗達磨順正理論　第十八卷

池沼　之遶反。說文：沼，池也〔三八〕。小池也。

命命鳥　梵言者(耆)〔三九〕婆耆婆鳥也。

子息　思力反。兒子曰息。息者，氣在人身中所稟以生也。東觀漢記云「此蓋我子息」是也。今人出錢生利〔四〇〕亦曰息，義一也。

阿毗達磨順正理論　第十九卷

是疇　除留反。楚辭：誰可與子〔四一〕匹疇。王逸曰：二人爲匹，四人爲疇。疇，類也，亦作伴侶。

乳醅　又作酥，同。匹迴反。謂未漉酒者也。言乳能成酪，醅能成酒也。

廣樹　籀文作尌〔四二〕，同。時注反。廣雅：樹，立也。凡置立皆曰樹。樹亦種殖〔四三〕也。

屢辯　力句反。尚書：屢省乃成。孔安國曰：屢，數也。

阿毗達磨順正理論　第二十卷

持罥　又作羂，同。古犬、公縣二反。聲類云：罥，以繩係取鳥獸也。

挽出　古文輓，同。無遠反。說文：輓，引車也。

鄙俚　字體作郢，同。力子反。說文：五酇爲鄙。鄙，郢也。蒼頡篇：同(國)〔四四〕之下邑曰郢。漢書：貧(質)〔四五〕而不郢。如淳曰：雖貧(質)猶不如閭里之鄙言也。鄙，猥陋也。廣雅：鄙，羞，恥也。酇音祖旦反，百家也。

尚年　市讓反。蒼頡訓詁云：尚，上也。猶盛年者也。

衰耄　字體作瘦，同。所龜反。說文：瘦，減(減)〔四六〕也，損也。禮記：年五十始衰。衰，懈也。下古文秏、耄二形，今作秏，同。莫報反。禮記：八十曰耄。耄謂惛忘者也，闇亂也。

鳩摩羅設摩　此云童寂多，造詩詠者。

扇帙略〔四七〕　外道名也。造曰(因)〔四八〕明者，即毗婆沙中「扇提羅外道」是也。

阿毗達磨順正理論　第二十一卷

無繁　扶袁反。詩云：正月繁霜。傳曰：繁，多盛也。

水濯　直角反〔四九〕。說文：濯，滌也。洒也。謂以水净物曰濯也。

設支　舊言舍脂，此云能縛，謂女人若可愛，能生男子染著，通名設支。

阿毗達磨順正理論　第二十二卷

荏苒　而甚反，下而琰反。言須臾也。

阿奴律陀　亦作律，盧[骨反]〔五〇〕。此云隨順義，人名。

匡助　丘方反。爾雅：匡，正也。助，佐也。匡亦復也。

世羅鄔〔五一〕婆　烏古反。此云小石也。

屬斯　之欲反。屬，著也，亦連續也，適也。

阿毗達磨順正理論　第二十三卷

師雨　于矩反。謂雨安居也。言師若干夏臘也。

童豎　殊庾反。謂寺人未冠者之名也。使通內外之令〔五二〕，以其

無有禮，「入」〔五三〕出便疾也。

蠨蛸　音肅簫〔五四〕。爾雅：蠨蛸，一名長蚑〔五五〕。蚑音居蟻反。郭璞曰：「小」〔五六〕蜘蛛長脚者俗呼爲喜子。詩云「蠨蛸在户」是也。

虹電〔五七〕　古文羾，同。胡公反。俗音絳。爾雅音義曰：雙出，鮮盛者爲雄，曰虹；暗者爲雌，曰蜺。蜺音五鷄反。説文：螮蝀，虹也。江東呼爲雩〔五八〕。釋名：虹，攻也。純陽攻陰氣也。螮音帝，蝀音董也。

縛喝國　呼曷反。北臨縛芻河。其國中有如來澡罐，可「受」〔五九〕一斗餘。衆色炫焴，金石難名。又有佛牙，又有佛掃帚，迦奢草作也。長二尺餘，圍七寸。其把雜寶飾之也。

波吒釐　力之反。亦云波吒梨耶，舊言巴連弗。説文〔六〇〕：是一花樹名。因此花樹以目城也。

阿毗達磨順正理論　第二十四卷

蚇〔六一〕蠖　烏郭反。説文：申屈蟲也。爾雅：蠖，尺蠖。一名步屈。宋地曰尋桑，吴人名桑闔〔六二〕。闔音古合反。即桑蟲。

阿泥律陀　舊言阿那律。或云阿㝹樓馱，亦言阿泥盧豆，皆一也。此云無滅，亦云如意。昔施辟支一食，於八十劫人天之中往來受樂，於今不滅，故云無滅。又所求如意，亦名如意，即甘露飯王之子，佛堂弟是也。

朋友　蒲崩反，下于久反。説文：同門曰朋，同志曰友。廣雅：友，親也。愛也。

方域　爲逼反。域，居也。説文：域，邦也。周禮：方域謂建邦國，造都鄙，制鄉邑。

酷毒　口木反。謂暴虐〔六三〕也。説文：酷，急也。甚也。白虎通曰：酷，極也。教令窮極也。

冀除　又作覬，同。羇致反。小雅〔六四〕云：覬，望也。

飄鼓　匹遥反，下公户反。飄，吹也。鼓，動也。案凡動物皆謂之鼓也。

阿毗達磨順正理論　第二十五卷

師徒　達胡反。徒，類也。莊子云：孔丘之徒。司馬彪曰：徒，弟子也。

仁孝　而親反。愛人以及物曰仁，上下相親曰仁，貴賢親親曰仁，煞身成人曰仁。爾雅：善事父母爲孝。謚法曰：慈愛忘勞曰孝，從命不違曰孝也。

承稟　鄙錦反。稟，受也。

阿毗達磨順正理論　第二十六卷

苟欲　公厚反。廣雅：苟，且也。亦誠。

言詞　魚鞬反，下似資反。直言曰言，言己事也。荅(答)〔六五〕述爲語，爲人説也。禮記「三年之喪，言而不語」是也。言亦云也，發端也。説文：詞者，意内而言外也。亦審言語也。

阿毗達磨順正理論　第二十七卷

啚度　案詔定古文官書：圖、「啚」〔六六〕二形，同。達胡反，下徒各反。廣雅：啚，度也。議也，亦計也。度，量也。

每言　莫佩反〔六七〕。三蒼：每，非一定之辭也。每亦數也。

蚩誚　才笑反。誚謂嬈弄譏責也，亦訶也。

阿毗達磨順正理論　第二十八卷

紉繩　女珍反。字林云：單繩曰紐（紉）〔六八〕。紐（紉），索也。

瀑流　蒲報反。蒼頡解詁云：瀑，水濆起。

婆謖波言　所立反。此云氣，謂霧氣等也。

阿毗達磨順正理論　第二十九卷

爲杖　直亮反。杖猶榶也。亦杖〔六九〕，託也。

阿毗達磨順正理論　第三十卷

染污紆糾〔七〇〕　烏故、烏胡〔七一〕二反。字書：污，塗也。字林：污，穢也。

咀嚼　又作齟，同。才與反，下慈藥反。含味也。咀，齟也。通俗文：咀齧曰嚼也。

津液　子鄰反，下夷石反。三蒼：津、液，汁也。説文：液，津潤也。廣雅：滋，液也。潤澤也。

誠言　市盈反。廣雅：誠，實也。説文：誠，信也。敬也。

乍可　仕嫁反。廣雅：乍，暫也。蒼頡篇：乍，兩辭也。

齎〔七二〕心　昨迷反。説文：臍〔七三〕，齎，人齎也。字從肉。臍音蒲迷反。

譏刺（剌）〔七四〕　居衣反。下又作諫（誎）〔七五〕，同。七漬反。廣雅：譏，刺（剌）也。説文：譏，誹謗也〔七六〕。

數瞚　又作瞬，同。尸閏反。説文：瞚，目開閉數摇也。

阿毗達磨順正理論　第三十一卷

畟方　楚力反。謂正方。

開闢　脾亦反。説文云：闢，開也。

關閉　補繼〔七七〕、補計二反。説文：闔門也。廣雅：閉，塞也。守也。或作閇（閉）〔七八〕，俗字也。

荼毒　達胡反。廣雅：荼、毒，痛也。亦行惡也。

重壘　又作垒，同。力癸反。壘亦重也。

拼量　補莖反。謂彈〔繩〕〔七九〕墨曰拼。江南名抨，音普庚反。

尋穌　息胡反。穌，活也。小爾雅云：死而復生謂之穌。穌，寤也。

柤瀨　仕加反，下力艾反。通俗文：刈餘曰柤。廣雅：柤，距也。詩云「如彼棲柤」是也。

虦足　又作齩，同。五狡反。虦，齧也。關中行此音。又下狡反，江南行此音也。

齣頸　字林：丘加反，下居井反。言以口齣也。大齧也。今以手。頸，項前也。

擘䐜〔八〇〕　補麥反。下或作胂，同。引人反〔八一〕。當脊肉曰䐜也。擘，分裂也。

攫腹　九縛、居籰〔八二〕二反。説文：攫，爪持也。通俗文：手把曰攫。蒼頡篇：攫，搏也。獸窮則攫也。

搯[八三]心　他勞反。説文：搯，搯也。搯，一活反。中國言搯，江南言挑。音土彫反。

鑱刺(刺)[八四]　仕衫反，下七亦反。説文：鑱，鋭也。

漉諸　或作盝，同。力木反。水下皃也。

嗢鉢羅　烏没反。此云黛花。舊言優鉢羅，或云漚鉢羅，訛也。

鉢特摩　徒得反。此云赤蓮花。舊言波頭摩，或云鉢曇摩，皆訛也。

凄勁　且奚反，下居政反。詩云：凄其以風。傳曰：凄，寒風也。勁，切急。

屯聚　徒昆反。廣雅：屯，聚[八五]。聚音才句反。

殭鞕　居良反，下五更反[八六]。字略云：[死][八七]不朽曰殭。物堅曰鞕也。

緊捺落　奴葛反。此云是人非人，歌神也，頭作馬頭。舊言緊那羅，或作真陀羅，皆訛也。

炬鍼　其吕反。下聲類今作針，同。支諶反。束火曰炬，縫衣者曰針也。

空歐　又作嘔，同。於口反。嘔，吐也。釋名云：歐，傴也。將有所吐脊曲傴也。

毒脪　又作⿸疒希、⿸疒斤二形，同。火靳反。江南言脪腫。説文：肉出也[八八]。

鬼胭　又作咽，同。一千反。胭，喉也。北人名頸爲胭也。

剫羼　音皮，下又作涑[八九]，同。子禮反。廣雅：剫，剥也。羼，漉也。謂搦出其汁也。

饗受　又作享，同。虚仰反。歆，享也。謂神食氣也，亦獻也。歆，虚音反。

俱臻　側巾反。爾雅：臻，至也。

歡娱　字詁古文作虞，今作娱，同。疑區反。説文：娱，樂也。言皆有(娱)[九〇]樂也。

阿毗達磨順正理論　第三十二卷

烏施羅末　草名也。形如此土細辛，其體極冷。

剋勝　又作克，同。口得反。字林：剋，能也。剋亦勝也。

林藤　徒登反。廣雅：藤，藟也。今呼如葛蔓莚者爲藤也。

率土　所律反。爾雅：率，自也，循也。

阿毗達磨順正理論　第三十三卷

夷悦　余之反。説文：夷，平也。亦明也，常也。悦，樂也。

所瀹　文(又)[九一]作爚、鬻[九二]、汋三形，同。臾灼反[九三]。通俗文：以湯煮物曰瀹。廣雅：瀹，[湯也。謂][九四]湯内出之也。江東呼瀹爲煠。煠音助甲也(反)[九五]。

不肖　私妙反。小爾雅：不肖，不似也。言骨肉不似其先，故曰不肖，謂儜惡之類也。字從肉小聲。

㾊(厭)[九六]禱　於冉反，下都道反[九七]。字苑：㾊(厭)，眠内不祥也。伏合又(人)[九八]心曰㾊(厭)。説文：告事求請曰禱。謂請於鬼神也。

製作　之世反。製，裁製也。制斷之也。説文作制也。

菴没羅　舊言菴摩[九九]，亦作阿摩勒，皆訛也。葉如小枣，果如胡桃，味酸而且苦粗[一〇〇]，堪入藥分。

主宰　祖待反。禮記：宰夫爲獻主。謂主膳食之官也。

擅立　市戰反。廣雅：擅，專也。專己自爲之也。

專己　之緣反。專猶自是也。專，壹也，任也。

阿毗達磨順正理論　第三十四卷

屋宇　古文寓。籀文㝢，同。于甫反。説文：宇，屋邊擔[一〇一]也。釋名云：宇，羽也。如鳥[羽][一〇二]翼自覆[蔽][一〇三]也。於國則四垂爲宇也。

人捦　又作鈙、㩒[一〇四]二形。釋名作𨭆，同。巨金反。捦，急持也。

捶撻　又作箠，同。之蘂反。下古文敎(𢽳)[一〇五]，同。他達[反][一〇六]。廣雅：捶、撻，擊也。

壃界　居良反。壃，境也，亦垂(界)[一〇七]也。爾雅：壃[一〇八]，垂也。壃埸在外垂也。

模放　又作摹，同。莫胡反。爾雅[一〇九]：模，法也。謂規形曰模，亦掩取象也。

阿毗達磨順正理論　第三十五卷

評論　皮柄反。字書：評，訂也。訂，平議也。訂音唐頂反。

爲挫　祖臥反。説文：挫，摧也。謂折其鋒也。挫，折也。

匈襟　居吟反。説文：襟，衽也。聲類云：交領者也。

阿毗達磨順正理論　第三十六卷　本無音。

阿毗達磨順正理論　第三十七卷

耶舍　此云譽，謂名譽。

蘇陀夷　舊言須陀耶，此云共起也。

大生主　舊言摩訶波闍，翻爲大愛道者是也。

迄今　虛訖反。爾雅：迄，至今也。

無乏　扶法反。暫無名乏。乏，闕少也。反可爲正(叵)[一一〇]，反正爲乏字意也。

阿毗達磨順正理論　第三十八卷

婆雌子部　婆音蒲賀反。此云犢子部，舊名跋私弗多羅，上古仙人名。跋私，其母是此仙人種，故姓跋私。有羅漢是此女人子，從母作名，説一切有部中出也。

矩摩邏多　俱禹反。亦作鳩摩，此云音(童)[一一一]首，謂諸童子中爲上首。

嗢多羅僧　烏没反。舊言鬱多羅，亦云郁多羅，此云上著[一一二]衣，此謂常著衣中最在上也。

喬荅彌　舊言喬曇彌，或作瞿夷，訛也。此云女。十二遊經云明女。

博戲　古文簙(簿)[一一三]，同。補莫反。方言：博或謂之棊。説文：簙(簿)，局戲也。六箸十二棊(棊)[一一四]，古者烏冑(曹)[一一五]作簙(簿)，亦箸名。

鞠[一一六]糵　魚列反。説文：牙米也。謂漬穀麥等生芽者也。

醖釀　於問反，下如亮反[一一七]。説文：醖[也][一一八]。作酒曰釀。酒母也。釀，投也。

阿毗達磨順正理論　第三十九卷

謗讟　徒木反。左傳：民無謗讟。杜預曰：讟，誹也。廣雅：讟，

惡也。方言：讟，痛。

深愆（僁）〔二一九〕 古文作寒、遥（遇）〔二二〇〕二形。籀文作諐（諐）〔二二一〕，今作愆，同。去連反。説文：僁（愆），過也。失也。

阿毗達磨順正理論　第四十卷

山澤　直格反。水聚曰澤。釋名云：兖州人謂澤爲掌，言水停處如掌中也。

阿毗達磨順正理論　第四十一卷

媒媾　孤候反。白虎通曰：媾，厚也。重婚曰媾也。

無辜　古胡反。爾雅：辜，罪也。

扼捥　又作槅〔二二二〕，同。於責反。説文：扼，把也。盈手曰扼。廣雅：扼，持也。史記「扼捥以言」是也。

用暢　敕亮反。廣雅：暢，達也。明也。

揮刀　許歸反。説文：揮，奮也。振訊。

吸水　古文噏、歙二形，同。羲及反。廣雅：吸，飲也。氣息引入也。

阿毗達磨順正理論　第四十二卷

呪詛　又作祝。説文作詶，同。之授反。詶，詛也。下古文禮，同。側據反。釋名云：祝屬也，以善惡之辭相屬著也。詛，阻也。謂使人行事阻限於言也。

阿毗達磨順正理論　第四十三卷

迦栗沙鉢拏　又作迦理沙般拏。拏音女家反。鉢拏，此云銅錢。十六鉢拏爲一迦利沙鉢拏。

陋訥　古文吶，同。奴骨反。陋，醜猥也，亦小也。訥，遲鈍也。説文云：訥，難也。

阿毗達磨順正理論　第四十四卷

室利毱多　此云吉祥護，舊言尸利毱多，訛也。

梅怛麗藥　都達反。此云慈，即舊云慈氏者也。慈有二因緣，一值慈佛發心，二初〔得〕〔二二三〕慈心，三昧因以名焉。言彌勒，或云梅低黎〔二二四〕，益（並）〔二二五〕訛也。

罕〔二二六〕聞　呼旱反。罕，希也。爾雅：希、寡、尠，罕也。字從干冈〔二二七〕也。

阿毗達磨順正理論　第四十五卷

拘抧〔二二八〕羅鳥　居尔反。或作拘耆羅，此云好聲鳥也。

阿毗達磨順正理論　第四十六卷

客館　又作舘，同。古玩反。客舍也。周禮：五十里有館〔二二九〕。有委積，以待朝聘之客也。

阿毗達磨順正理論　第四十七卷

兩相外道

瞿縛迦[一三〇]

那地迦城　此云鳴，或云河主，城名也。

郡市迦林[一三一]　此云粗布袋，林名也。

藍博迦經　此言動作經也[一三二]。

阿毗達磨順正理論　第四十八卷

珊若婆[一三三]病　桑干反。此云癈[一三四]風病，一發不起者。

寶玩　古文貦，同。五喚反。字林：玩，弄也。廣雅：玩，好也。

阿毗達磨順正理論　第四十九卷　第五十卷

先不音。

阿毗達磨順正理論　第五十一卷

愚戇　都絳反。説文：愚，癡也。戇，愚鈍也。

於塊　古文凷，同。苦對反。凷，結土也，土塊也。

愚蒙　又作矇（豚）[一三五]，同。莫公反。蒙謂[蒙][一三六]覆不明也，闇昧無知也。

阿毗達磨順正理論　第五十二卷

名鑒　又作鑑，同。古鑱反。廣雅：鑒、炤，燿也。鑒所以察形也。

詭設　居毀反。詐不實也，亦相欺。

誇誕　苦華反，下徒亶反。通俗文：自矜曰誇。謚法曰：華而無實曰誇。誕，謾也，欺也，不實也，大也。

阿毗達磨順正理論　第五十三卷

憩無　又作愒。蒼頡篇作憇，同。袪例反。爾雅：憩，息也。

鑽燧　又作鐆，同。辭醉反。火母也。論語「鑽燧改[一三七]火」是也。世本：造火者燧人。因以名也。

摩建地迦契經[一三八]

波濤　徒勞反。三蒼：[大][一三九]波爲濤也。

伺求　涓[一四〇]慈、先吏二反。字林：伺，候也。伺，察也。

阿毗達磨順正理論　第五十四卷

熙怡　虛之反，[下][一四一]與之反。説文：熙怡，和悦也。方言：怡，喜也。湘潭之間曰紛熙，或云熙怡也。

耽話　籒文作譮，古文作䛡、譮[一四二]二形，同。胡快反。聲類云：話，訛言也。廣雅：話，調也。調謂[一四三]戲也。

很戾　胡懇反[一四四]，下力計反。很，違也。戾，曲也。字從彳艮聲。

狻猊　先桓反，下五奚反。即師子也。出西域。爾雅：狻猊，如虦猫，食虎豹。穆天子傳「狻猊日走五百里[一四五]」是也。虦音土板反[一四六]。

眵垢　充尸反。説文：蔑兜眵。蔑音莫結反。

齘齒　下界反。説文：齒相切也。三蒼：嗚齒也。

身矬　才戈反。廣雅：矬，短也。通俗文：侏儒曰矬也。

誇衒　古文眩、衒[一四七]二形，同。故[一四八]胡麵、公縣二反。説文：衒，行且賣也。

殉名　辭俊反。蒼頡篇：殉，求也。廣雅：殉[一四九]，營也。

抆拭　武粉反，下舒翼反。廣雅：抆，拭也。振也。爾雅：拭，清也。言抆拭所以爲清潔也。

阿毗達磨順正理論　第五十五卷

侮蔑　古文侮(㑄)[一五〇]，同。亡府反。廣雅：侮，輕也。説文：侮，傷也。謂輕傷也。

阿毗達磨順正理論　第五十六卷　先不音。

阿毗達磨順正理論　第五十七卷

俱祉羅　敕里反。舊言摩訶俱絺羅，此云大膝，膝骨大故也。即舍利子舅張(長)[一五一]爪梵志。

阿毗達磨順正理論　第五十八卷

屏氣　俾領反。屏，蔽也，隱也，藏也。

脇尊者　虚業反。即付法藏中波奢比丘，常坐者也。此人曾誓[一五二]脇不著地，因以名焉。

阿毗達磨順正理論　第五十九卷

規度　又作規(䂓)[一五三]，同。九吹反，下徒各反。規，求也，計也。規模也。世本：倕作規矩。規，圓。矩，方。字從夫見，言丈夫之見必合規矩是也。

洄澓　胡瓌反，下扶福反。三蒼：洄，水轉也。澓亦迴水深也。

狎惡　古文㢚，同。胡甲反。狎，近也。廣雅：狎，習也。謂近而狎之，習而行之也。

薄矩羅　俱禹反。舊言薄俱羅，此云善容。持一不殺戒得五不死者也。

涎洟　諸書作次、漾、唌、[涶][一五四]四形，同。詳延反。字林：慕欲口液也。亦小兒唾也。

斑駮　又作辬[一五五]，同。補蠻反。蒼頡篇：斑，文[章][一五六]也。雜色爲斑也。

㸸[一五七]黯　力奚反，下於斬反。通俗文：斑黑謂之㸸[一五八]黯。

笑睇　徒計反。纂文：顧視曰睇。睇亦傾視也。禮記「不敢睇視」是也。

憺怕　徒濫反，下匹白反。説文：憺，安也。怕，静也。又亦無爲自得。

阿毗達磨順正理論　第六十卷

橐囊　埤蒼作韛[一五九]，東觀漢記作排，同。皮拜反。今治家用吹火令熾者也。

剩辯　食證反。剩猶因也。

脛踝　古文踁，同。胡定反。字林：脚胻也。釋名：脛，［莖也。直而長如物莖也］［一六〇］。

一尋［一六一］　似林反。小雅［一六二］云：四尺爲仞，［倍仞］［一六三］曰尋，倍尋曰常。方言：尋，長也。

唯局　衢玉反。［促也］［一六四］。小雅［一六五］：局，近也。爾雅：局，分也。部分也。字從口，句在尺下［一六六］。

阿毗達磨順正理論　第六十一卷　先不音。

阿毗達磨順正理論　第六十二卷

可厠　測冀反。廣雅：厠，間也。蒼頡篇：厠，次也。雜也。

沃揭羅長者［一六七］

阿毗達磨順正理論　第六十三卷　第六十四卷

第六十五卷　先不音。

阿毗達磨順正理論　第六十六卷

嗢達洛迦曷邏摩　此云極喜也。

考量　枯老反。考謂質覈之也。考，挍（校）［一六八］也。

阿毗達磨順正理論　第六十七卷

魑魅　又作离、螭二形［一六九］，同。敕知反。下又作魅、鬽［一七〇］二（三）形［一七一］，同。莫冀反。説文：老物精也。通俗文：山澤怪謂之魑魅［一七二］。

冲虚　説文作盅［一七三］，同。除隆反。字書：冲，虚也。中也。

阿毗達磨順正理論　第六十八卷

自刎　古文歾，同。亡粉反。字略云：斷首曰刎。刎，割也。通俗文：自刻曰刎也。

阿毗達磨順正理論　第六十九卷

庸愚　臾鍾反。庸謂常。愚，短者也［一七四］。

尊云成拏　奴加反。

巨富　其吕反。小雅［一七五］：巨，大也。方言：齊魯之間謂大爲巨也。

成那

匪宜　跌斐反。詩云：匪來貿絲。傳曰：匪，非也。

傅藥　方務反。附也。謂塗附也。方言「凡飲藥［傅藥］［一七六］而毒，［南楚之外謂之］［一七七］剌」是也。

萌芽　古文氓，同。麥耕反。廣雅：萌，始也。萌亦冥昧皃也。

阿毗達磨順正理論　第七十卷

眇然　亡紹反［一七八］。眇眇，遠也，亦深大也。

稽遲　古奚反。説文：留止曰稽也。

阿毗達磨順正理論　第七十一卷　第七十二卷
並不音。

阿毗達磨順正理論　第七十三卷

朅地羅　去謁反。舊言佉陀羅，木名也。

阿毗達磨順正理論　第七十四卷

朝貢　古弄反。貢，薦也。廣雅：貢，上也。

孳産　子思反。方言：東〔一七九〕楚之間凡人産(畜)〔一八〇〕乳而雙產謂之釐孳。下所限反。生其種曰產。說文：產，生也。

阿毗達磨順正理論　第七十五卷

貿易　莫候反。小雅〔一八一〕云：貿、交，易也。三蒼：貿，換易也。

擯黜　又作絀，同。耻律反。廣雅：黜，去也。亦放也，退也。

驍健　古堯反。廣雅：驍亦健也。勇急也。說文：良馬駿勇〔一八二〕。

懷孕　古文䏔，同。移證反。含實曰孕。三蒼：孕，懷子也。廣雅：孕，娠〔一八三〕也。字從子從乃。說文正作褢〔一八四〕，音懷。

阿毗達磨順正理論　第七十六卷

火蝩　之容反。今江北通謂螽蝗之類曰蝩，亦曰簸蝩，一名螽蜇，一名蚣蝑，俗作舂黍。蚣音思容反。蝑音思與反。

逝多　時制反。此云戰勝，是勝俱薩羅國〔一八五〕波斯匿王之子也。太子誕生之日，王破賊軍，內官聞奏，因以名也。舊云祇陀，或[云]〔一八六〕移(栘)〔一八七〕多，[亦言祇洹，皆訛也。栘音是奚反]〔一八八〕。

阿毗達磨順正理論　第七十七卷　先不音。

阿毗達磨順正理論　第七十八卷

嬈亂　三蒼：乃了反。嬈，擾也，弄也，謂嬈亂戲弄也。

阿毗達磨順正理論　第七十九卷

砂磧　七亦反。水中沙灘也。說文：渚水〔一八九〕有石曰磧。灘音土丹反〔一九〇〕。

阿毗達磨順正理論　第八十卷

奢侈　昌是反。侈亦奢泰也。

痆斯　女黠反。國名也。舊言波羅柰〔一九一〕國也。

僕隸　蒲卜反，下力計反。廣雅：僮、僕、役，使也。僕，附也。附從於人。周禮：男子入于罪隸。鄭衆曰：隸，奴也。賤也，役也。

求晴　又作腥〔一九二〕、姓〔一九三〕二形，同。自盈反。聲類云：雨止曰晴。晴亦精明也。

校勘記

〔一〕玄應　獅作「慧琳」。
〔二〕此　玄卷二十五釋此詞作「以」。
〔三〕阿耆多　玄卷二十五釋此詞爲「阿嗜多」。
〔四〕魔羅，此言　麗無，據玄卷二十五釋此詞補。
〔五〕箸　玄卷二十五釋此詞作「著」。
〔六〕在此　麗無，據玄卷二十五釋此詞補。
〔七〕攖　玄卷二十五釋此詞作「擾」。
〔八〕皱　玄卷二十五釋此詞作「皱」。
〔九〕奴課反　玄卷二十五釋此詞爲「奴果反」。
〔一〇〕摧　磧本玄卷二十五釋此詞作「權」。下同。
〔一一〕手　據文意作「木」。
〔一二〕牛經　玄卷二十五釋此詞爲「牧牛經也」。
〔一三〕果　玄卷二十五釋此詞作「累」。
〔一四〕抖擻　玄卷二十五釋此詞爲「藪斗」。
〔一五〕捕姦反　玄卷二十五釋此詞爲「補姦反」。
〔一六〕小雅　玄卷二十五釋此詞爲「小爾雅」。
〔一七〕巳　據今傳本阿毗達磨順正理論作「已」。
〔一八〕小雅　玄卷二十五釋此詞爲「小爾雅」。
〔一九〕睿　玄卷二十五釋此詞作「叡」。下同。
〔二〇〕知　玄卷二十五釋此詞作「智」。
〔二一〕以淮反　玄卷二十五釋此詞爲「以隹反」。
〔二二〕攖　玄卷二十五釋此詞作「擾」。
〔二三〕之　玄卷二十五釋此詞作「也」。
〔二四〕上　玄卷二十五釋此詞作「止」。今傳本說文：「寔，止也。」
〔二五〕軶　玄卷二十五釋此詞作「軛」。下同。
〔二六〕挖　玄卷二十五釋此詞作「扼」。下同。
〔二七〕史記：有頃，列侯問　今傳本史記卷四十三：「有頃，烈侯復問。」列侯，玄卷二十五釋此詞爲「列侯」。
〔二八〕反　麗無，據玄卷二十五釋此詞補。
〔二九〕菰布反　獅爲「孤布反」。
〔三〇〕斜　玄卷二十五釋此詞作「邪」。
〔三一〕微　玄卷二十五釋此詞作「徽」。
〔三二〕字　獅和玄卷二十五釋此詞作「文」。
〔三三〕木石柱怪謂之魍魎故也　玄卷二十五釋此詞爲「木石怪謂之魍魎也」。
〔三四〕嬉　玄卷二十五釋此詞作「僖」。今傳本說文：「僖，樂也。从人喜聲。」
〔三五〕言　麗無，據玄卷二十五釋此詞補。
〔三六〕自　玄卷二十五釋此詞作「𠂤」。
〔三七〕棘　據文意似作「棘」。
〔三八〕說文：沼，池也　今傳本說文：「沼，池水。」
〔三九〕者　玄卷二十五釋此詞作「者」。
〔四〇〕利　玄卷二十五釋此詞作「子」。
〔四一〕子　玄卷二十五釋此詞作「乎」。
〔四二〕尌　玄卷二十五釋此詞作「尌」。
〔四三〕殖　磧本玄卷二十五釋此詞作「植」。
〔四四〕同　玄卷二十五釋此詞作「國」。
〔四五〕貧　玄卷二十五釋此詞作「質」。下同。
〔四六〕滅　玄卷二十五釋此詞作「減」。今傳本說文：「瘃，減也。从疒衰聲。一曰耗也。」
〔四七〕扇帙略　此條麗和玄卷二十五釋此詞接排在「鳩摩羅設摩」條下。
〔四八〕曰　玄卷二十五釋此詞作「因」。
〔四九〕直角反　玄卷二十五釋此詞爲「徒角反」。
〔五〇〕骨反　麗無，據玄卷二十五釋此詞補。
〔五一〕鄔　玄卷二十五釋此詞作「烏」。
〔五二〕令　玄卷二十五釋此詞作「命」。
〔五三〕入　麗無，據玄卷二十五釋此詞補。
〔五四〕簫　玄卷二十五釋此詞作「蕭」。
〔五五〕蚑　玄卷二十五釋此詞作「跂」。下同。
〔五六〕小　麗無，據玄卷二十五釋此詞補。
〔五七〕電　磧本玄卷二十五釋此詞作「霓」。
〔五八〕雩　玄卷二十五釋此詞作「雩」。
〔五九〕受　麗無，據玄卷二十五釋此詞補。
〔六〇〕說文　玄卷二十五釋此詞爲「訛也」。
〔六一〕蚇　玄卷二十五釋此詞作「尺」。
〔六二〕闔　磧本玄卷二十五釋此詞作「闔」。下同。廣韻：「闔，俗作闔。」
〔六三〕虐　獅作「罪」。
〔六四〕小雅　玄卷二十五釋此詞爲「小爾雅」。
〔六五〕荅　據文意當作「答」。
〔六六〕畐　據玄卷二十五釋此詞補。
〔六七〕莫佩反　玄卷二十五釋此詞爲「莫載反」，磧本玄卷二十五釋此詞爲「母最反」。
〔六八〕紐　玄卷二十五釋此詞作「紉」。下同。
〔六九〕杖　玄卷二十五釋此詞作「扙」。
〔七〇〕染污紆剉　玄卷二十五釋此詞爲「染污」。

〔七一〕烏故、烏胡　玄卷二十五釋此詞爲「紆紏、烏故」。
〔七二〕齎　玄卷二十五釋此詞作「齊」。磧本玄卷二十五釋此詞作「齎」。下同。「齎」即「臍」。
〔七三〕膍　玄卷二十五釋此詞作「毗」。下同。
〔七四〕刺　當作「刺」。蔣曰：「刺皆當作刺。」下同。
〔七五〕誎　玄卷二十五釋此詞作「誎」。「誎」當作「誎」。蔣曰：「誎當作誎。」
〔七六〕説文：譏，誹謗也　今傳本説文：「譏，誹也。」
〔七七〕補繼　玄卷二十五釋此詞爲「補結」。
〔七八〕閉　玄卷二十五釋此詞作「閇」。
〔七九〕繩　麗無，據玄卷二十五釋此詞補。
〔八〇〕膹　玄卷二十五釋此詞作「胂」。下同。
〔八一〕下或作胂，同。引人反　玄卷二十五釋此詞爲「下矧人反」。
〔八二〕居簍　玄卷二十五釋此詞爲「居碧」。
〔八三〕掐　玄卷二十五釋此詞作「掐」。下同。臽、舀俗寫混用。
〔八四〕刺　玄卷二十五釋此詞作「刺」。
〔八五〕聚　玄卷二十五釋此詞作「冣」。磧本玄卷二十五釋此詞作「堅」。下同。説文：「堅，土積也。」段注：「各書多借爲聚字。」冣，同「最」。小爾雅廣詁：「最，叢也。」胡承珙義證：「最當從説文作冣。説文：冣，積也。最，犯取也。本爲二字，後人多混冣爲最，冣字遂廢。蓋冣本有聚義，故叢亦通作冣。」
〔八六〕下五更反　玄卷二十五釋此詞爲「下魚更反」。
〔八七〕死　麗無，據玄卷二十五釋此詞補。
〔八八〕説文：肉出也　玄卷二十五釋此詞爲「説文：肉反出也」。今傳本説文：「脪，創肉反出也。」
〔八九〕涑　據文意似作「沸」。
〔九〇〕有　玄卷二十五釋此詞作「娸」。
〔九一〕文　獅作「又」。
〔九二〕囂　玄卷二十五釋此詞作「囂」，似爲「囂」的省形俗寫字。
〔九三〕臾灼反　玄卷二十五釋此詞爲「臾灼反」。
〔九四〕湯也。謂　麗無，據玄卷二十五釋此詞補。
〔九五〕也　玄卷二十五釋此詞作「反」。
〔九六〕癩　玄卷二十五釋此詞作「厭」。下同。
〔九七〕下都道反　玄卷二十五釋此詞爲「下都導反」。
〔九八〕又　玄卷二十五釋此詞作「人」。
〔九九〕菴摩　玄卷二十五釋此詞爲「菴磨羅」。
〔一〇〇〕味酸而且苦粗　玄卷二十五釋此詞爲「其味酸而且甜」。
〔一〇一〕擔　似衍。玄卷二十五釋此詞作「檐」。今傳本説文：「宇，屋邊也。」
〔一〇二〕羽　麗無，據玄卷二十五釋此詞補。
〔一〇三〕蔽　麗無，據玄卷二十五釋此詞補。
〔一〇四〕襟　玄卷二十五釋此詞作「襟」。
〔一〇五〕敎　玄卷二十五釋此詞作「敎」。
〔一〇六〕反　麗無，據玄卷二十五釋此詞補。
〔一〇七〕垂　玄卷二十五釋此詞作「界」。
〔一〇八〕壃　玄卷二十五釋此詞作「畺」。
〔一〇九〕爾雅　玄卷二十五釋此詞爲「小爾雅」。
〔一一〇〕正　玄卷二十五釋此詞作「亘」。
〔一一一〕音　玄卷二十五釋此詞作「童」。
〔一一二〕著　玄卷二十五釋此詞作「首」。
〔一一三〕簿　玄卷二十五釋此詞作「簿」。下同。
〔一一四〕碁　玄卷二十五釋此詞作「棊」。
〔一一五〕冑　玄卷二十五釋此詞作「曹」。
〔一一六〕鞠　玄卷二十五釋此詞爲「麴」。
〔一一七〕下如亮反　玄卷二十五釋此詞作「下女亮反」。
〔一一八〕也　麗無，據今傳本説文補。
〔一一九〕愢　玄卷二十五釋此詞作「偲」。下同。
〔一二〇〕遡　玄卷二十五釋此詞作「逆」。磧本玄卷二十五釋此詞作「逆」。
〔一二一〕訾　獅作「訾」。磧本玄卷二十五釋此詞作「訾」。
〔一二二〕楄　據文意似當作「搧」。
〔一二三〕得　麗無，據玄卷二十五釋此詞補。
〔一二四〕黎　玄卷二十五釋此詞作「梨」。
〔一二五〕益　玄卷二十五釋此詞作「並」。
〔一二六〕罕　玄卷二十五釋此詞作「罕」。
〔一二七〕冈　玄卷二十五釋此詞作「囟」。即「网」。
〔一二八〕枳　玄卷二十五釋此詞作「枳」。
〔一二九〕館　玄卷二十五釋此詞作「館」。
〔一三〇〕瞿縛迦　此條麗接排在「兩相外道」

條下。

〔一三一〕此條麗接排在「那地迦城」條下。

〔一三二〕此言動作經也　玄卷二十五釋此詞爲「此言作動經」。

〔一三三〕婆　玄卷二十五釋此詞作「娑」。

〔一三四〕癈　玄卷二十五釋此詞作「廢」。

〔一三五〕朦　玄卷二十五釋此詞作「睩」。

〔一三六〕蒙　麗無，據玄卷二十五釋此詞補。

〔一三七〕改　玄卷二十五釋此詞作「取」。

〔一三八〕摩建地迦契經　玄卷二十五無，似衍。

〔一三九〕大　麗無，據玄卷二十五釋此詞和獅補。

〔一四〇〕湒　玄卷二十五釋此詞作「湑」。

〔一四一〕下　麗無，據玄卷二十五釋此詞補。

〔一四二〕詿　玄卷二十五釋此詞作「誠」。

〔一四三〕調謂　玄卷二十五釋此詞爲「謂調」。

〔一四四〕胡㹣反　玄卷二十五釋此詞爲「胡墾反」。

〔一四五〕狻猊日走五百里　玄卷二十五釋此詞爲「狻猊走五百里」。

〔一四六〕土板反　玄卷二十五釋此詞爲「仕板反」。

〔一四七〕衙　玄卷二十五釋此詞作「衜」。

〔一四八〕故　衍。

〔一四九〕殉　玄卷二十五釋此詞作「珣」。磧本玄卷二十五釋此詞作「徇」。

〔一五〇〕侮　玄卷二十五釋此詞作「侮」。

〔一五一〕張　玄卷二十五釋此詞作「長」。

〔一五二〕誓　玄卷二十五釋此詞作「生」。

〔一五三〕規　據文意似當作「類」。

〔一五四〕淄　麗無，據玄卷二十五釋此詞補。

〔一五五〕辦　玄卷二十五釋此詞作「辦」。

〔一五六〕章　麗無，據玄卷二十五釋此詞補。

〔一五七〕嫠　玄卷二十五釋此詞作「氂」。

〔一五八〕嫠　玄卷二十五釋此詞作「氂」。

〔一五九〕鞴　玄卷二十五釋此詞作「韝」。

〔一六〇〕莖也。直而長如物莖也　麗無，據玄卷二十五釋此詞補。

〔一六一〕一尋　此條麗接排在「脛踝」條下面。

〔一六二〕小雅　玄卷二十五釋此詞爲「小爾雅」。

〔一六三〕倍仞　麗無，據玄卷二十五釋此詞補。

〔一六四〕促也　麗無，據玄卷二十五釋此詞補。

〔一六五〕小雅　玄卷二十五釋此詞爲「小爾雅」。

〔一六六〕字從口，句在尺下　玄卷二十五釋此詞爲「字從口在戸下」。

〔一六七〕沃揭羅長者　玄卷二十五無。

〔一六八〕挍　磧本玄卷二十五釋此詞作「校」。

〔一六九〕又作离、螭二形　磧本玄卷二十五釋此詞爲「又作勉、魍、魖、魅四形」。

〔一七〇〕彪　玄卷二十五釋此詞作「魈」。

〔一七一〕下又作魍、彪二形　獅爲「下又作魍、彪三形」，獅似爲「下又作魍、彪、魈三形」。

〔一七二〕魅　玄卷二十五釋此詞作「魈」。

〔一七三〕盅　今傳本説文：「盅，器虚也。从皿中聲。老子曰：『道盅而用之。』」今傳本老子作「沖」。俞樾諸子平议老子：「盅訓虚，與盈正相對。作沖者，叚字也。」

〔一七四〕短者也　玄卷二十五釋此詞爲「常矩者也」。海爲「痴者也」。

〔一七五〕小雅　玄卷二十五釋此詞爲「小爾雅」。

〔一七六〕傳藥　麗無，據玄卷二十五釋此詞補。

〔一七七〕南楚之外謂之　據今本方言補。

〔一七八〕亡紹反　磧本玄卷二十五釋此詞爲「忙紹反」。

〔一七九〕東　據文意似當作「陳」。

〔一八〇〕産　玄卷二十五釋此詞作「畜」。

〔一八一〕小雅　玄卷二十五釋此詞爲「小爾雅」。

〔一八二〕説文：良馬駿勇　玄卷二十五釋此詞爲「説文：良馬駿名也」。今傳本説文：「良馬也。」

〔一八三〕娠　玄卷二十五釋此詞作「身」。

〔一八四〕説文正作褢　今傳本説文：「褢，袖也。一曰藏也。从衣鬼聲。」

〔一八五〕勝俱薩羅國　玄卷二十五釋此詞爲「俱薩羅國」。

〔一八六〕云　麗無，據玄卷二十五釋此詞補。

〔一八七〕移　玄卷二十五釋此詞作「栘」。

〔一八八〕亦言祇洹，皆訛也。移音是奚反　麗無，據玄卷二十五釋此詞補。

〔一八九〕渚水　玄卷二十五釋此詞爲「水渚」。今傳本説文：「磧，水陼有石者。」

〔一九〇〕土丹反　玄卷二十五釋此詞爲「他丹反」。

〔一九一〕柰　獅釋此詞作「奈」。

〔一九二〕腥　據文意似當作「喔」。

〔一九三〕姓　獅作「娌」。玄卷二十五釋此詞作「殅」。

一切經音義　卷第七十二

翻經沙門慧琳撰

音顯宗論四十卷　慧琳
阿毗曇心論四卷　玄應
法勝阿毗曇心論六卷　玄應
雜阿毗曇心論十一卷　玄應
右四論六十一卷同此卷音

顯宗論三藏聖教序　前音義最初第一卷首已具訓釋訖，此略而不音。

阿毗達磨顯宗論　第一卷　慧琳撰

派演　上拍賣反。廣雅云：派，水自分流也。説文云：派，水之邪流別也。從反水〔一〕。隸書作𠂢。論文從水，亦同。下延典反。賈注國語云：演，引也。韋昭云：水土氣通爲演也。蒼頡篇云：演，延也。説文云：演，長流皃也。從水寅聲也。

爲撮　祖活反。字林云：撮，手取也。文字典説云：三指撮也。從手最聲也。

痰等　上唐甘反。文字集略云：痰，病也。考聲云：痰[也]〔二〕，胸鬲音格中水病也。文字典説：從疒炎聲。論作淡，非也。

蠲除　上決緣反。尚書云：上帝不蠲也。方言云：南楚謂疾愈爲蠲也。説文：從蜀益聲〔三〕。

聰叡　上蒼紅反。尚書云：聽曰聰。又作哲。考聲云：聰，耳聽明審也。説文云：察也。從耳悤聲。悤音葱紅反。下悦惠反。尚書云：叡作聖。鄭[注]〔四〕禮記云：叡，思之精也。古今正字云：叡，深明也。從𣦼從谷省目聲。𣦼，在安反。

能祛　去魚反。韓詩外傳云：祛，去也。考聲云：祛，却也。除也。説文：從衣去聲也。

嚻謗　上虚嬌反。顧野王云：嚻猶喧譁也。鄭箋詩云：嚻，衆多皃也。説文云：氣出頭上也。從頁㗊聲。㗊音戢。下博傍反。考聲云：謗，以言毀人也。詛也。惡也。説文：謗，毀也。從言旁聲。

顛墜　上典年反。爾雅云：顛，頂也。鄭注禮記云：顛，憂思之皃也。説文：從頁真聲也。下木〔五〕類反。郭注爾雅云：墜猶落也。説文作隊〔六〕，從高而下也。從𨸏㒸省聲也。從土者，俗字也。

瞖瞙〔七〕　上一計反。韻略云：瞖，目障也。殹，文字典説云：瞖，

目病也。從目殹聲。音同上。下忙搏反。説文：膜，肉間瞙也。從草(肉)莫聲〔八〕。

標嘉　上必遥反。戰國策云：舉標甚高也。廣雅云：標，嘉也。文字典説：從木票聲。票音同上也。

伐蹉　下蒼何反。梵語。

漂有海　四摇反。説文云：漂，浮也。從水票聲。票音必遥反。

阿毗達磨顯宗論　第二卷

溼煗　上深入反。顧野王云：溼，潤也。古今正字云：幽溼也。從丝從一，覆土而有水，故溼也。丝，古文幽字也。論文作濕，非也。下奴短反。説文：煗，溼〔九〕也。從火耎聲。耎音而兖反。

等磺　號猛反。説文：磺，銅鐵璞也。從石黄聲。

駞猫　上馱羅反。山海經云：號山多驝駞。郭注爾雅云：驝駞，驝駞也。背有肉案，負千斤，知井泉所在也。古今正字：從馬㐌聲也。音陀。下卯包反。禮記云：迎猫謂其食田鼠也。顧野王云：猫，似虎而小，人家所養，畜以捕鼠也。古今正字：從豸苗聲也。論從犬作福(猫)〔一〇〕，俗字，通也。豸音雉也。

鴟等　上齒之反。字書云：鴟，鳶屬也。字林字統並云：鴟，鳥也。鴟謂鵂鴟也。古今正字：從鳥氐聲。鵂音邈講反。氐音底泥反。字書又從至作鵄，音義皆同。

分析　星曆反。顧野王云：析，分也。考聲云：析，剖也。説文云：破木也。從木斤。會意字也。

阿毗達磨顯宗論　第三卷

撞擊　上濁江反。顧野王云：撞亦擊也。廣雅云：撞，刺也。説文云：撞，手擊(卂擣)也〔一一〕。從手童聲。卂音信。下經亦反。孔注尚書云：擊，拊也。顧野王云：擊，打也。攻也。司馬彪注莊子：擊猶動也。説文：從手毄聲。毄音同上。

竅隙　上輕要反。鄭注禮記云：竅，孔也。説文云：空也。從穴敫聲。敫音叫。下卿逆反。顧野王云：隙，穿穴也。説文云：壁際孔也。從𨸏〔一二〕𡭴聲。𡭴音同上。

然藉　情夜反。應劭云：薦席之藉也。説文云：藉，祭也。從草稭(耤)〔一三〕聲也。稭(耤)音寂也。

防援　上符亡反。鄭箋詩云：防亦援也。説文云：防，隄也。從𨸏方聲也。[下]〔一四〕袁願反。國語云：爲四鄰之援也。左氏傳云「要結大〔一五〕援」是也。説文：從手爰聲也。

阿毗達磨顯宗論　第四卷

齅嘗　上休又反。論語云：三齅而作。説文云：以鼻就臭也。從鼻臭聲。臭音醜獸反。

頗胝迦　上破波反，中置離反。梵語也。古譯云頗黎，似水晶又非水晶，然亦其類。

眼瞼　劫奄反。桂苑珠叢云：瞼，目邊皮也。文字典説云：瞼，目外皮也。考聲云：瞼，眼瞼也。説文：從目僉聲。僉，妾閻反。

鵂鶹　上音依[一六]，下音留。即晝伏夜飛，以鳴聲爲名也。或曰鶹鵂，怪鳥也。並形聲字。

躊躇　上宙留反，下紓廬反。考聲云：躊躇，不行也。又云徘徊也。韓詩外傳云「搔首躊躇」是也。古今正字：躊躇，言猶豫也。並從足，壽、著皆聲。

滑澀　上還八反。廣雅云：滑，娛也。說文云：滑，利也。從水骨聲。娛音美。下森戢反。王逸注楚辭云：澀，難也。郭注方言云：澀猶吝也。說文云：澀，不滑也。從四止。二正二倒。或作濇。論文從水作澀，俗字，非也。

荾花　髓遺反。考聲云：荾者，胡荾。香菜名也。說文云：荾，可以香口也。從草夋聲也。夋音七旬反。

樺木　上華化反。考聲云：樺，木名也。字書作樗。又作檴。說文云：樺，木也。從木華聲。

鼓⿰壴桑　桑朗反。埤蒼云：⿰壴桑，鼓瓦木也。文字典說文[一七]云：⿰壴桑，鼓身也。從壴桑聲也。壴音胡也。

指⿰韋沓　下覃蛤反。聲類作揞，指揞也。考聲云：⿰韋沓軜，臾皃也。軜音納。古今正字云：⿰韋沓，不穿也。從韋沓聲。沓音同上。又從革作鞜，通用也。

阿毗達磨顯宗論　第五卷

牆塹　上匠羊反。顧野王云：牆，垣也。左傳云：人之有牆以蔽惡也。說文云：牆，垣蔽也。從嗇爿聲也。嗇音使力反。爿音牆。下千艷反。廣雅云：塹，坑也。顧野王云：今謂城池爲塹也。古今正字：從土斬聲也。

齒臄　下昂各反。考聲云：臄，齗臄也。說文作合，音巨脚反。合，口阿也。象形字[一八]。論文作臄，俗字，傳用也。

手腋　盈益反。埤蒼云：腋在肘後也。說文云：腋猶胳也。從肉[一九]夜聲也。胳音各聲。

呑嚼　牆略反。淮南子云：嚼之無味不能入喉也。廣雅云：嚼，茹也。文字典說云：嚼亦咀也。從口爵聲。咀，牆預反。

磁石　字資反。埤蒼云：磁亦石也。古今正字云：磁石，鐵石也。從石慈聲也。又作礠。

阿毗達磨顯宗論　第六卷

讁罰　上嘲革反。杜注左傳云：讁，譴也。賈逵注國語云：讁，咎也。文字典說云：讁，責也。亦罰也。從言啇聲。啇音的。

勇悍　上容踵反。顧野王云：勇謂果敢決斷也。左傳云：率義之謂勇。證(謚)[二〇]法云：知死不避曰勇。說文：從力甬聲。甬音涌。論文作勇，俗字，非也。下寒旦反。蒼頡[二一]云：悍，桀也。顧野王云：食肉者勇敢而悍也。說文：悍亦勇也。從心旱聲。桀音虔孽反。

⿱苜⿱冖登瞢　上騰隥反，下墨堋反。考聲云：⿱苜⿱冖登瞢，卧初起皃也。悶也。⿱苜⿱冖登音稜。杜注左傳云：瞢，悶也。文字典說云：瞢，目不明也。從苜從旬。旬，胡絹反。

瞢憒　上墨崩反，下瑰對反。蒼頡篇云：憒，亂皃也。說文云：憒亦亂也。從心從貴聲也。

顧眄　下眠見反。方言云：秦晉之間以視爲眄也。說文云：眄，斜視也。從目丏聲也。丏，綿淀反。

確執　上腔角反。韓康伯注周易云：確，堅皃也。字統云：確，

擊也。堅也。考聲云：確，堅固皃也。從石隺聲也。隺音同上也。

傲逸　上敖誥反。廣雅云：傲，慢也。杜注左傳云：傲，不敬也。文字典說云：倨傲也。從人敖音五高反。

幖幟　上必遥反，下鴟至反。廣雅云：幟，幡也。考聲云：幟，記也。古今正字：從中(巾)[二二]戠蒸食反聲。

阿毗達磨顯宗論　第七卷

隁江　上焉幰反。顧野王云：隁，所以畜水也。考聲云：隁，塞也。古今正字：從𠂤匽聲。匽音上同。論文作堰，俗字，通用。

僵仆　上脚香反，下朋北反。考聲：前倒也。聲類云：僵，僨也。文字典說云：僵亦仆也。仆亦僵也。並從人，畺、卜皆聲也。畺音同上。作仆，又音赴，訓同。僨，甫運反。

阿毗達磨顯宗論　第八卷

殟遮界　上温骨反。梵語也。

哀阿壹伊　上阿可反，次阿箇反，下因逸反。並梵語也。

阿毗達磨顯宗論　第九卷　無難字可音。

阿毗達磨顯宗論　第十卷

無濫　藍啖反。顧野王云：濫亦泛濫也。考聲云：濫，假也。不謹也。失也。盗也。說文云：失評之濫也。從水監聲也[二三]。

寬陿　咸甲反。尚書云：無自廣以陿人也。字林云：陿猶隘也。文字典說云：陿，迫隘不廣也。從𠂤匧聲。匧，謙叶反。

阿毗達磨顯宗論　第十一卷

花蔕　丁計反。考聲云：蔕，果子反(及)[二四]葉所系也。說文：蔕者，瓜果當蔕也。從草帶[聲][二五]也。

咄哉　上敦骨反。考聲云：咄，歎也。訶也。說文云：咄，舉言相謂也。從口出聲也。

撥世　上般末反。左傳云：撥猶絶也。考聲云：撥，却也。除也。說文云：撥，活(治)[二六]也。從手發聲。

乾燥　蘇到反。周易云：火就燥也。說文：從火喿聲。喿音同上。

不爛　闌旦反。吕氏春秋云：熟而不爛也。說文云：爛亦熟也。從火闌聲。

浸潤　上子沁反。顧野王云：浸猶漸也。又云：浸，沈也。字書或爲濅。又作浸。文字典說：浸謂引水之所灌也。從水𠬶聲。𠬶音且荏反。

力羸　累危反。杜注左傳云：羸猶弱也。賈逵注國語云：羸，病也。廣雅云：羸，極也。字書云：羸，疲也。說文：羸，瘦也。從羊𣎆聲也。𣎆音盧和反。

阿毗達磨顯宗論　第十二卷

纔發心　上昨來反。考聲云：纔，暫也。顧野王云：纔猶僅也，音近也。古今正字云：纔，淺也。從糸毚聲。毚音士咸反。

若膩　尼利反。王逸注楚辭云：膩，滑也。考聲云：膩，有脂垢也。說文云：肥膩也。從肉貳聲。

卵轂　腔角反。考聲云：卵，空皮也。言其形變留空轂也。桂苑珠叢云：轂，孚也。即鳥卵之外皮也。古今正字：從卵㱿聲也。㱿音同上。

蛾蚊　上五何反。大戴禮云：蟲食桑者有絲而爲蛾也。考聲云：飛蟲也。謂其蟲變形而飛也。說文：從虫我聲。下武分反。俗字也。字統云：作蟁，齧人飛蟲也。說文：從虫民聲。論文作蚊，俗字，通用之也。

蚰蜒　上以周反，下以旃反。方言：自關東而〔二七〕謂之螾蜒。說文：蚰蜒亦曰蝘蜒也。並從虫，由、延皆聲。螾音引，蝘音蝘〔二八〕也。

阿毗達磨顯宗論　第十三卷

蚇蠖　注〔二九〕郭反。郭注爾雅云：蝍蝛也。周易：蚇蠖之屈，以求伸也。說文云：蚇蠖者，屈伸蟲也〔三〇〕。從虫蒦聲。于(於)〔三一〕矍反。蝍音即，蝛音子六反。

頞縛界　上安漢反。梵語。

左脅　杴業反。左傳云：聞其駢脅也。考聲云：脅者，肋也。說文云：脅，在兩旁也。從肉劦聲。劦音叶，肋音勒。

風飄　匹標反。郭注爾雅云：飄，暴起之風也。詩云：匪風飄兮。說文云：飄，迴風也。從風票聲。票，必遙反。論文作飃，通用也。

阿毗達磨顯宗論　第十四卷　無字可音。

阿毗達磨顯宗論　第十五卷

咀嚼　上才與反。上林賦云：咀嚼蔆藕也。蒼頡篇云：咀猶噍也。說文云：咀，含味也。從口且聲。或作齟。下牆略反。前第五卷已與訓釋也。

不攬　勒敢反。王逸注楚辭云：攬，持也。顧野王云：攬物引類也。古今正字：攬，撮持也。從手覽聲。覽音同上。或作擥。古文作擥也。

互相　上胡故反。顧野王云：互謂更遞也。考聲云：互猶交互也。說文云：互，可以收繩也。象形字，中象手所推握也。古文作𥫍，同用也。

瞬動　上水閏反。俗字也。莊子云：終日視而目不瞬。說文作瞚，開闔目數搖也。從目寅聲也。

欻然　上熏鬱反。薛綜注西京賦云：欻，忽也。文字典說云：欻者，忽起皃也。說文云：有所吹起也。從欠炎聲。

阿毗達磨顯宗論　第十六卷

蟠結　上扶瞞反。鄭注禮記云：蟠猶委結也。顧野王云：蟠，紆迴轉也。廣雅云：蟠、從，曲也。方言云：龍未昇天者曰蟠龍也。說文：從虫番音幡也。

如篅　是專反。許叔重注淮南子云：篅即笹音鈍也。考聲云：篅，竹倉也。說文云：篅，以竹圓盛穀也〔三二〕。從竹耑聲。

亦作圌，同用也。耑音端也。

竭地洛迦　上騫孽反。梵語。七金山之一名是也。

矩拉婆洲　上俱宇反，次藍荅反。梵語也。

煻煨　上蕩郎反，下烏迴反。考聲云：煻者，灰兼細火也。文字典説云：燒餘。煨，熅也。並從火，唐、畏皆是聲也。

索拼　上喪作反。顧野王云：糾繩曰索也。楚辭云：并細絲以为索。文戴[三三]云：十尋曰索也。古今正字：從糸𡗜聲。𡗜音甫勿反。下補庚反。孔注尚書云：拼，使也。考聲云：拼，揮也。韻詮：絣繩振墨也。爾雅云：拼，從也。古今正字：從手并聲。

槎瀨　上乍沙反。考聲云：槎，水中流木也。古今正字：從木差聲也。經文作楂，亦同。下來帶反。王逸注楚辭云：瀨亦湍瀨也。漢書云：吴楚謂之瀨也。古今正字云：瀨，水流沙上也。從水賴聲也。

臭溜　上醜狩反。説文：禽走齅而知其迹者，犬也。故從犬從自。自，古鼻字也。會意字。下森戢反。前第四卷已具釋也。

觜利　足髓反。文字典説云：觜，鳥喙也。從朿此聲。論文作嘴，通用也。朿音七四反。

咂食　上沓[三四]荅反。字統云：入口曰咂。考聲云：咂，嘲也。亦作唼，又作噆。説文：從口帀聲。帀音同上。

銛利　上息閻反。漢書音義云：銛亦利也。蒼頡篇云：銛，鑯也。鑯，子廉反。考聲云：銛，刀劍刃也。文字典説云：銛利也。從金舌聲也。

烏駮　邦邈反。文字典説云：駮，斑文也。從馬交聲。

齧首　上研[三五]結反。禮記云：無齧骨。説文云：齧，噬也。從齒㓞聲。㓞音乙黠反也。

齩足　上樂狡反。説文云：齩亦齧也。從齒交聲[三六]。

齣頸　上客牙反。廣雅云：齣，齧也。埤蒼云：大齧也。文字典説云：齣，咬也。從齒可聲也。

擘腴　上拼革反。顧野王云：手擘破之。廣雅云：擘，分也。文字典説云：擘，破裂也。從手辟聲也。下庾朱反。鄭注禮記云：腴，肥也。説文云：腴者，腹下肥也。從肉臾聲。臾音同上。

⿰國爪腹　上歸碧反。撿經史及諸字書並無此⿰國爪字。今以論文⿰國爪腹意者，以手毀破腹也。

搯心　上討刀反。周書云：拔兵搯刃也。考聲云：搯謂取也。説文云：搯，掐音一活反。從手臽聲。臽音遥小反。

摣掣　上鮓沙反。考聲云：摣，取也。又作䶥，或作𪘨，亦作戱，同。古今正字云：爪取也。從手虘聲。虘音昨何反。下闡勢反。考聲云：掣，頓拽也。文字典説：從手制聲。又作摰，或作㨶，並同也。

鑱刺　上仕衫反。顧野王云：鑱謂針刃刺也。蒼頡篇云：鑱，鏨也。廣雅云：鑱謂之鈹也。鈹音普皮反。文字典説云：鑱，錐刀刺也。從金毚聲。毚音同上。下青迹反。顧野王云：刺謂鋭器鑱入人肉中也。考聲云：刺謂以刃撞也。文字典説云：刺，殺也。從刀朿聲也。朿音七四反。

探啄　上塔南反。爾雅云：探、篡、孚[三七]，取也。聲類云：探，深取也。説文云：遠取也。從手罙聲也。罙音大感反。下竹角反。詩云：無啄我粟。廣雅云：啄者，齧也。説文云：啄，鳥食也。從口豖聲。豖，丑録反。

刀槍　下鵲將反。國語云：挾其槍也。蒼頡篇云：槍，木兩頭鋭

也。説文云：槍，鋭距也。從木倉聲。挾音叶也。

禦捍　下寒旦反。杜注左傳云：捍，衛也。捍亦禦也。説文云：捍，被也。從手旱聲也。

脽婆　上訶各反。梵語也。唐云八寒地獄名也是[三八]。

疱烈　云(上)[三九]炮皃反。許叔重注淮南子上(云)[四〇]：疱，面氣瘡也。説文作皰，同。從皮包聲也。

剖析　上普口反。孔注尚書云：剖猶分也。杜注左傳云：謂中分爲剖也。蒼頡篇云：剖亦析也。文字典説云：判也。從刀音聲。音他口反。下星積反。前第二卷已具訓釋。

乖訛　下五戈反。鄭箋詩云：訛，僞也。孔注尚書云：訛，僞言也。從言化聲。亦作譌，義同也。

踐躡　上前翦反。鄭注禮記：踐，履也。鄭注論語云：循[四一]也。文字典説云：蹋也。從足戔聲。戔音殘。下黏輒反。方言云：躡，登也。蒼頡篇云：蹀也。蹀音牒。廣雅云：躡，履也。文字典説云：蹈也。從足聶聲。聶音同上也。

畟方　上初色反。杜注左傳云：畟猶側也。顧野王云：正方也。古今正字：從田從人反(夂)[四二]聲也。

捔勝　上江岳反。考聲云：捔者，專利也。略也，亦量也。字書又作搉也。説文云：捔亦敲擊也。從手角聲。

阿毗達磨顯宗論　第十七卷

蟣蝨　上居顗反。考聲云：蟣者，蝨之卵也。説文云：蝨者，齧人蟲也。從䖵卂聲。䖵音昆，卂音信。論文作虱，俗字，通也。

穬麥　上虢猛反。蒼頡篇云：穬，粟也。廣物志云：稉有烏稉音黑穬也[四三]。稉音古衡反。説文云：穬，芒粟也。從禾廣聲也。

諠諍　上毀袁反。聲類云：諠，譁也。顧野王云：諠，譁也。文字典説：從言宣聲也。下責更反。顧野王云：諍者，今以爲争也。字書云：争，諫也。考聲云：諍猶争言也。説文云：争(諍)，止也。從言争聲也[四四]。

麟角　上栗珍反。前寶積音義已具釋訖。

阿毗達磨顯宗論　第十八卷　第十九卷

並無字可音訓。

阿毗達磨顯宗論　第二十卷

瘂羊　上鵶雅反。埤蒼云：瘂，瘖也。考聲云：瘂謂不得言也。亦作瘂。説文：從疒亞聲。疒音女厄反也。

罝弶　上即邪反。詩云：肅肅兔罝。傳曰：罝，兔罟也。郭注爾雅云：罝猶遮也。文字典説：[從][四五]网且聲也。下强向反。文字典説云：弶謂施罥於道也。從弓京聲也。

譏刺　上既希反。何休注公羊傳云：譏猶譴也。鄭注禮記云：訶察也。廣雅云：諫也。問也，亦刺也。文字典説：從言幾聲也。下雌四反。毛詩傳云：刺，責也。考聲云：刺亦譏也。誹也。説文：從刀朿聲。朿音同上。論作刾，俗字也。

兇勃　上勗恭反。從儿(儿)[四六]從凶聲。論文作凶，誤也。下盆没反。考聲：勃，怒也。爾雅云：勃，作也。顧野王云：勃，暴盛也。鄭衆[四七][注][四八]禮記云：逆也。方言：亂

也。説文云：排也。從力孛聲。孛音同上。論從孚作勃，非。

阿毗達磨顯宗論　第二十一卷

扇搋　下坼加反。梵語也。不具男根者也。

坑阱　上客耕反。蒼頡篇云：坑，壑也。考聲云：坑，坎也。文字典説云：壍也。從土亢聲。亢音剛。下情郢反。廣雅云：阱亦坑也。考聲云：穿地陷獸也。説文：從自井聲。論文作穽，俗用字也。或作穽(四九)、汬，古字也。

面皺　下鄒救反。考聲云：皺，皮聚也。文字典説云：皮寬也。從皮芻聲。芻音測俱反。

阿毗達磨顯宗論　第二十二卷

蛇蠍　上射遮反。考聲云：虵，毒蟲也。又音他。古人巢居穴處之時，相問曰：夜來無蛇乎？文字典説：從虫它音陀聲。論文作虵，今之俗字，亦通也。下軒謁反。賈逵注國語云：蠍，毒也。廣雅云：蠍，蛆(五〇)螫也。博雅云：螫，蟲施毒也。文字典説云：蠆蠍異名也。從虫歇聲。歇音同上，蠆音㻞界反，蛆音七余反，螫音式亦反。

懭戾　上聾董反，下黎帝反。論文意剛强之皃也。

阿毗達磨顯宗論　第二十三卷

稼穡　上加暇反。鄭注周禮云：種五穀謂之稼。文字典説云：禾之秀爲稼也。從禾家聲也。下生側反。鄭箋詩云：斂税曰穡。文字典説云：后稷之穡也。説文云：禾可收曰穡。從禾嗇聲。

磽确　上巧交反，下腔角反。顧野王云：磽，堅也。孟子云「地有肥磽」是也。淮南子云：争處磽确也。聲類云：磽确，礊薄也。文字典説云：确，地瘦埆也。説文：磽确亦礊也。並從石，堯、角皆聲。礊，口厄反。

果辢　下蘭怛反。桂苑珠叢云：辢，辛也。考聲云：辢，辛甚也。古今正字：從辛束聲。

迄今　上欣訖反。詩云：以迄于今。爾雅云：迄，至也。文字典説：從辵乞聲。辵音丑略也(反)(五一)。

匏雙　上炮皃反。前第十六卷已具釋訖。

阿毗達磨顯宗論　第二十四卷

殑伽　梵語。上鯨拯反，下鯨佉反。

緝句　上侵入反。鄭箋詩云：緝，續也。詩云「穆穆文王，緝熙敬止」也。文字典説云：緝，績也。從糸咠聲。咠音侵習反。

阿毗達磨顯宗論　第二十五卷

瀑流　上袍帽反。文字典説云：江河水漲急也。説文云：疾雨也。從水暴聲。暴音同上。

藹羅伐拏　上哀改反，下搦加反。梵語云龍王名也。

阿毗達磨顯宗論　第二十六卷　無難字可音訓。

阿毗達磨顯宗論　第二十七卷

流軶　鬻革反。老上(考工)[五一]記云：車人爲車軶長六尺也。郭璞云：轅端壓牛領木也。文字典説云：牛領上曲木也。從車戹聲。戹音同上。論作軛，俗字也。

躁利　上遭譟反。鄭注論語云：躁，不安静也。考聲云：躁，性急也。亦動也。謚法云：好變動人曰躁。文字典説：從足喿聲。喿音搔竈反。

不耐　乃代反。左傳云：而不相耐。顧野王云：耐猶能也。考聲云：忍也。文字典説：謂法度皆從寸。寸度不過其法也。從而從寸。

不諳　暗含反。東觀漢記云：園陵樹蘖皆諳其數也。文字典説云：諳，識也。從言音聲也。

匿已　女力反。周禮云：案軍匿也。杜注春秋云：匿亦藏也。廣雅：匿，隱也。説文：匿，亡也。從匸從一覆之若聲[五三]。匸音隱。

阿毗達磨顯宗論　第二十八卷

䔲蓸　上音騰，下墨堋反。前第七卷已具訓釋。

遲鈍　突頓反。顧野王云：鈍亦遲也。史記：上之頑鈍者。説文：鈍亦頑也。意不利也。從金屯聲也。

阿毗達磨顯宗論　第二十九卷

青瘀　下於據反。考聲云：瘀，皮肉中凝血也。説文云：瘀亦積血也。從疒於聲。疒音女革反。

胮脹　上璞邦反。埤蒼云：胮亦脹也。文字典説：從肉夅聲。音户冬反。論文從逢作膖，俗字也。下張亮反。杜注左傳云：脹謂腹滿也。文字典説：從肉長聲。

驅擯　下必仞反。司馬彪注莊子云：擯，棄也。史記云：相與排擯也。文字典説：從手賓聲也。

鞴囊　上牌拜反。顧野王云：鞴，所以吹冶火令熾之囊也。埤蒼：從韋作韛。文字典説：鞴，韋袋吹火者也。從韋葡聲。葡音皮秘反。論文作橐。古今正字無。

髖髀　上款官反。埤蒼云：髖，尻也。考聲云：髖，䏶骨也。説文：髖，在髀上也。從骨寬聲也。亦從肉[五四]作臗，同。尻音考高反。䏶音陛。下瓶米反。韻詮云：髀即股也。内曰股，外曰髀。禮記云：無厭髀也。説文云：髀，在股外也。從骨卑聲[五五]。亦作䠋，古文也。俗作䏶。

脛踝　上形逕反。孔注論語云：脛，脚脛也。顧野王云：腓腸前骨也。文字典説云：脛，脚胻骨也。從肉巠聲。巠音經。腓音符非反。胻音幸。或作踁，義同。下華瓦反。鄭注禮記云：踝，跟也。蒼頡篇云：踝，在足側也。聲類云：足跗上内外骨也。説文：從足果聲。論文從肉作腂，非也。跗，方于反。

醍醐　上第泥反，下户姑反。醍醐，出酥中至精不凝者也。文字

典説並從酉，從是省〔五六〕及胡聲。

畦稻　上胡圭反。孟子云：病乎夏畦。劉熙云：今俗二十五畝爲小畦，五十畝爲大畦也。王逸注楚辭云：畦猶區也。説文亦云：五十畝爲畦也。從田圭聲。

阿毗達磨顯宗論　第三十卷　第三十一卷
第三十二卷　第三十三卷　第三十四卷

已上五卷並無難字可音訓。

阿毗達磨顯宗論　第三十五卷

孳産　上子思反。文字典説云：萬物孳萌也。萌，生也。説文云：孳乳相生而浸多也。從子茲聲。

阿毗達磨顯宗論　第三十六卷

驍健　上上〔五七〕咬堯反。許叔重注淮南子云云〔五八〕：驍猶勇也。廣雅云：驍亦健也。説文：從馬堯聲。

阿毗達磨顯宗論　第三十七卷

軌生　上歸委反。穀梁傳云：軌，法則也。説文：車轍〔五九〕也。從車九聲。古文作边，又作術。論文作軓，俗字。

泛爾　上孚梵反。考聲云：不指定也。説文：從水乏聲。有從凡者，非也。

阿毗達磨顯宗論　第三十八卷

拘〔六〇〕掾（櫞）〔六一〕　上音俱，下音緣。西國果名也。

嬈亂　上泥鳥反。考聲云：嬈，相戲弄也。説文：從女堯聲。又作嬲，亦通也。

阿毗達磨顯宗論　第三十九卷　無字可音訓。

阿毗達磨顯宗論　第四十卷

如婆羅痆斯　痆，儜軋反。梵語也。舊翻云波羅奈也。軋音晏札反。

已上（下）〔六二〕玄應音。

阿毗曇心論　第一卷　第二卷　第三卷

已上先並不音。

阿毗曇心論　第四卷

兜率哆　殆我反。經中或作兜駛〔六三〕多，或言兜率陀，皆訛也。正言覩史多，此［云］〔六四〕知足天，又云妙足也。

梵富樓　初禪弟〔六五〕二天也。此云梵前思〔六六〕益天，在梵前行恒（恒）〔六七〕思梵天利益，因以名也。舊言梵先行天，亦言梵輔天也。先行輔梵王也。

法勝阿毗曇心論　第一卷　先不音。

法勝阿毗曇心論　第二卷　玄應撰

辮髮　三蒼亦編字，同。蒲典反。説文云：辮，文〔六八〕織也。

係在　古文繼〔六九〕、繫二形，同。古帝反。説文：係，結束也。相繼〔七〇〕嗣也。

法勝阿毗曇心論　第三卷

慣習　又作串、摜〔七一〕、遺三形，同。古患反。爾雅：串亦習也。

褢〔七二〕孕　三蒼云：古文懷[孕]〔七三〕字。下古文𦜝，同。餘證反。説文：褢子也〔七四〕。廣雅：孕，娠〔七五〕也。謂孕子也。含實曰孕。從子乃聲。

法勝阿毗曇心論　第四卷　第五卷　並先不音。

法勝阿毗曇心論　第六卷

眼眵　充支反。説文：蘉兜，眵也。今江南呼眵爲眵兜也。蘉音莫結反。論文作眵，非也。

雜阿毗曇心論　第一卷　玄應撰

牟尼　經中或作文尼，舊譯言仁，應云茂泥，此云仙。[仙]〔七六〕通內外，謂久在山林修心學道者也。

申恕　亦言申恕波林，此譯云實森〔七七〕，謂貞實也。

軟中　正體作耎，同。而兗反。梵本言没栗度，此譯云耎，柔弱。

澀〔七八〕滑　又作澁，同。所立反。謂不滑也。字從四止。四止即不通字意也。論文作澀〔七九〕、澁〔八〇〕二形，非體也。

天竺　或言身毒，或言賢豆，皆訛也。正言印度。印度名曰月。月有千名，斯一稱也。良以彼土聖賢相繼，開悟〔八一〕群生，照臨如月，因以名也。一説云賢豆本名因陀羅婆陀那，此云主處，謂天帝也。當以天帝所護，故世久(人)〔八二〕號之耳。

彌離車　或作弥戾車，皆訛也。正言蔑戾車。謂邊夷無所知者也。

軍衆　居雲反。字林：軍，圍也。四千人爲軍，二〔八三〕千五百人爲師。字從勹。勹音補交反。包〔八四〕車爲軍，帀𠂤爲師，皆字意也。

詰問　去質反。廣雅：詰，責也。説文：詰，問也。

華鬘　又作花，同。呼瓜反。下梵言磨羅，此云鬘，音蠻。案西域結鬘師多用蘇摩那花行列結之，以爲條貫，無問男女貴賤，皆此莊嚴，或首或身，以爲飾好。諸經中「天鬘」、「寶鬘」、「花鬘亦(市)〔八五〕」、「結鬘師」皆是也。論文作髫，非正體也。

摶食　徒官反。通俗文：手團曰摶。三蒼：摶飯也。論文作揣，音初委反。測廣(度)〔八六〕前人曰揣，江南行此音。又都果反。説文：揣，量。故揣也，關中行此音，並非此義也。

溉之　居未反〔八七〕。説文：溉，灌也。[謂]〔八八〕灌注也。

如晴　又作腥(暒)、婔(殅)二形〔八九〕，同。自盈反。謂不雨也。

聲類：晴，雨止也。論文作霻，非也。

户樞　齒臾反。門臼也。爾雅：樞謂之椳。郭璞曰：門户扉(扉)〔九〇〕樞也。廣雅：樞，本也。樞機，制動轉之主〔九一〕也。椳音五迴反。

雜阿毗曇心論　第二卷

猗息　於綺反〔九二〕。説文：倚猶依也。廣雅：倚，因也。謂因倚而卧也。字從人。論文作猗，一奇反。猗，美。

躁動　又作趮，同。子到反。躁亦動也。躁，擾也。論語：言未及之而言謂之躁。鄭玄曰：謂不安静也。釋名：躁，燥也。言物燥即動而飛揚也。

爲掉　徒弔反。字林：掉，摇也。廣雅：掉、振，動也。論文作挑，非也。

心忌　渠記反。忌，難也，亦畏也。説文：忌，憎惡也。

爲嫉　古文嫉、㑵二形〔九三〕，同。情栗反〔九四〕。楚辭：故興心而嫉妒。王逸曰：害賢曰嫉，害色曰妒也。

懈怠　古賣反，下徒改反。爾雅：懈，怠也。集注云：懈者極也。怠者怠(嬾)〔九五〕也。釋名云：懈者解也，言骨節解緩也。

振旦　或作震旦，嬾(或)〔九六〕言真丹，皆一也。舊譯云漢國。經中亦作脂那，今作支那。此無正翻。直云神州之總名。

猶豫　弋周反，下古文與，同。弋庶反。説文：隴西謂犬子爲猶。猶性多豫〔九七〕，在人前，故凡不决者皆謂之猶豫。又爾雅云：猶如麂，善登水(木)〔九八〕。郭璞曰：健上樹也。

爲麋(糜)〔九九〕　亡皮反。麋(糜)，爛也。散壞。

户向　許亮反。説文：向，北[出]〔一〇〇〕牖也。廣雅：窗、牖，[向]〔一〇一〕也。字體從宀〔一〇二〕從口。宀音亡仙反。

穬麥　瓜猛反。説文：穬，芸(芒)〔一〇三〕粟也。今呼大麥爲穬麥也。

拘屢　或作句盧舍，或云拘樓賒，此云五百弓，應言俱嚧舍。嚧音犂俱反。謂大牛鳴音聲聞五里。八俱嚧舍爲一踰繕那，即四十里，古者聖王一日所行也。

雜阿毗曇心論　第三卷

中夭　於嬌反。説文：夭，屈也。廣雅：夭，折也。釋名云：少壯而死曰夭，如取物中折也。字從大，象形不申也，不盡天年謂之夭，[取其義]〔一〇四〕耳。

屠羊　達胡反。説文：屠，刳也。廣雅：屠，壞也。案屠，分割牲肉也。

司獵　廣雅：司，主也。説文：臣司事於外也。反后爲司字意。

聽訟　他定反。周禮：以五聲聽獄[訟]求情。一曰形〔一〇五〕聽，二曰色聽，三曰氣聽，四曰耳聽，五曰目聽。聽謂察是非也。説文：訟，争。

齋戒　古文作諴，同。古薤反。易云：以此齋戒。韓康伯曰：洒心曰齋，防患曰戒。字林：齋戒，潔也。齋亦齊也。廣雅：戒，備也。字從廾持戈，以戒不虞也。廾音拱，又作拜(拜)，同也。

婆羅門　此言訛略也，應云婆羅賀摩〔一〇六〕拏，此義云承習大法者〔一〇七〕。其人種類自云從梵天口生，四姓中勝，故獨取梵名，唯五天竺有，諸國即無。經中梵志亦此名也。正言静胤，言是梵天之苗胤也。

刹利　應言刹帝利，此譯云土田主也，謂王族貴種是也。

鞞舍　陛奚反。正言吠舍，此云坐，謂坐賈〔一〇八〕也。案天竺土俗多重寶貨，此[等]〔一〇九〕營求積財巨億，坐而出納，故以名焉。

首陀　應言戍達羅，謂田農官(宦)〔一一〇〕學者也。此等四族，國之大姓也。

資以　姊私反。廣雅：資，用也。取也，亦成之也。

鬱單曰　或言鬱怛羅越，或作鬱多羅拘樓，或云都多羅鳩留，正言鬱怛羅究溜，此譯云高上作，謂高上於餘方也。亦言勝洲鳩留，此云作，亦云姓，未詳何義立名。

閻浮提　或言剡浮洲，或言譫浮洲，或云贍部洲。閻浮者從樹爲名，提者略也。應言提鞞波，此云洲。譫音之合反〔一一一〕。

弗婆提　或名弗于逮，或信弗毗提訶，或云通(逋)〔一一二〕利婆鼻提賀。逋利婆，此云前。鼻提賀，此云離體。

瞿陀尼　或作俱耶尼，或云瞿耶尼，或言瞿伽尼，皆訛也。瞿，此云牛。陀尼，此云取與。以彼多牛，用牛市易，如此間用錢帛等。或云有石牛也。

茨棘　自資反。爾雅：茨，一名蒺藜。郭璞曰：布地蔓生，細葉，子有三角刺人者也。

瘜宍〔一一三〕　方言作𦟀，同。思力反。說文：瘜，奇(寄)〔一一四〕肉也。三蒼：惡肉。論文作息，非體也。

作模　又作摹，同。莫奴反。規，模也。模，法也。謂掩取象也。

雜阿毗曇心論　第四卷

言批　側氏、子禮二反〔一一五〕。說文：批，擑也。擑音居逆反。謂擑撮取也。通俗文：掔挽曰泚(批)〔一一六〕。

乳嬰　而主反〔一一七〕。說文：人及鳥生子曰乳。三蒼：乳，子(字)〔一一八〕也。子(字)，養也。嬰音於盈反。三蒼：女曰嬰，男曰兒。釋名云：人始生曰嬰兒。胸前曰嬰，投之嬰前而乳養之，故謂嬰兒也。

有捥　又作靹，同。焉革反〔一一九〕。所以捥牛領者也。捥亦槅也。

泄漏　思列反。廣雅：泄，溢也。亦發也，漏也。

興蕖〔一二〇〕　此言訛也，應言興虞〔一二一〕。興字宜借音嫣蝿反。出闍烏茶婆他那國〔一二二〕，彼土人常所食者也。此方相傳以爲蕓薹，非也。嫣音虛延反。

蚖蛇　古文作螈。字林：五官反。蛇醫也。崔豹古今注：蠑螈，一名蛇醫。大者長三尺。其色玄紳(紺)〔一二三〕，善魅人。一名玄螈。漢書云玄蚖。韋昭曰：玄黑蚖蜥蜴也〔一二四〕。經中黑蚖疑此物也，而不言毒害人，未詳[其]〔一二五〕的是。諸經亦作虺，吁鬼反〔一二六〕。毒蟲也，[一]〔一二七〕身兩口，頭尾相似。

雜阿毗曇心論　第五卷

飃薄　蒲莫反。薄，迫也。風近迫之曰薄。

瘀壞　於慮反。說文：瘀，積血也。[青瘀也]〔一二八〕。廣雅：瘀，病也。論文作淤，泥滓。

所螫　書亦反。說文：蟲行毒也。關西行此音。又呼各反，山東行此音。蛆(螫)〔一二九〕，知列反，東西通語也。

防邏　力賀反。戍屬也。謂遊兵以禦寇者也，亦循行非違事也。

小迸　又作跰、[𧽊(𧼐)]〔一三〇〕、𧽊三形，同。補諍反。迸，散也，

走也。江南言逬瓉(趲)〔一三一〕。瓉(趲)音讚。

折樓蟲　一名尋桑，亦名蚇蠖，或云桑闔，或云步屈。

穌〔一三二〕息　先胡反。聲類：更生曰穌。亦休息也。謂更息也。

登祚　徂故反。祚，位也。國語：天地之所祚。賈逵曰：祚，禄也。

雜阿毗曇心論　第六卷　無音。

雜阿毗曇心論　第七卷

毗陀　或言韋陀，皆訛之(也)〔一三三〕，應言鞞陀，此云分也，亦云知也。四名者，一名阿由，此云命，謂醫方諸事。二名夜殊，謂祭祀也。三名婆〔一三四〕磨，此云等，謂國儀、卜相、音樂、戰法諸事。四名阿闥〔一三五〕婆拏，謂咒術也。此四是梵天所説。若是梵種，生滿七歲，就師學之，學成即作國師，爲人主所敬。梵天孫毗耶娑〔一三六〕仙人，又作八鞞陀也。

所度　唐各反。度，量也。廣雅：度，揆也。亦測也。

支提　又名脂帝浮圖，此云聚相，謂累石等高以爲相，或言方墳，或言廟，皆隨義釋。

雜阿毗曇心論　第八卷

脛骨　又作踁，同。下定反。説文：脛，脚胻也。胻音下孟反。今江南呼脛爲胻，山東曰胻敲。敲音丈孟反。脛胻俱是膝下兩骨之名也。釋名：脛，莖也。直而下如物莖也。

髖骨　又作臗，同。口桓反。埤蒼：臗，尻也。説文：臗，髀上也。論文作寬，非體也。

髎骨　力遥反。字林：八髎也。通俗文：尻骨謂之八髎。論文作膫，脂膏也。膫非此用。

五穀　案禮記月令：天子春食麥。鄭玄曰：麥實有孚甲，屬木。夏食菽。[菽]〔一三七〕，豆也。菽實孚甲堅全，屬水。季夏食稷。[稷]〔一三八〕，五穀之長，屬土。土，中央。秋食麻。麻實有文理，屬金。冬食黍。秀(黍)〔一三九〕秀舒散，屬火。皆順時而食之，以安其性也。

雜阿毗曇心論　第九卷

極鄙　補美反。鄙，惡也。廣雅：鄙，耻、羞，愧。

所稟〔一四〇〕　補錦反。説文：稟，賜也〔一四一〕。廣雅：稟，與也。

隄隨　古文陊，同。都奚[反]〔一四二〕，下徒郎反。説文：隄，隋也。爾雅：隄謂之梁。李巡曰：隄，防也，障也。漢音(書)：無隄之與〔一四三〕。韋昭曰：積土爲封限也。

雜阿毗曇心論　第十卷

拘鄰　賢劫經作居倫，大哀經作俱輪，或作居鄰，皆梵言訛。此譯云「本際第一解法」者也。經中尊者了本際是也。普曜經云：俱鄰者，解本際也。阿若者，言已知。正言解了。拘鄰亦姓也，此乃憍陳如訛也。中本起經云：初五人者，一名拘鄰，二名頞陛，三名拔提，四名十力迦葉，五名摩男拘利也。

洋銅　以良〔一四四〕反。謂煮之消爛洋洋然也。三蒼：洋，大水也。

如拒　爾雅：洋，溢也。洋〔一四五〕溢，衆多也。取其義也。其呂反。此外道瓶，圓如瓠，無足，以三杖交之，舉於瓶也。諸經中或作三奇立拒，或言三叉立拒，皆是也。

雜阿毗曇心論　第十一卷

饑饉　古文飥，同。凡(几)治反〔一四六〕，下奇鎮反。爾雅：穀不熟爲飢，蔬不熟爲饉。蔬，菜也。李巡注云：凡可食之菜皆不熟曰饉。又春秋穀梁傳曰：二穀不升曰飢，三穀不升曰饉，五穀不升謂之大饑。升，登也。登，成也。

呵梨勒　此云天主持來。此果爲藥功用至多，如此間人參、石斛等，無所不入也。

撰集　三蒼作篹，同。助免反〔一四七〕。廣雅：撰，定。撰亦述也。

申述〔一四八〕　述音示聿反。述謂訓其義理也。爾雅：述，修也。循，行也。

一切經音義　卷第七十二

校勘記

〔一〕說文云：派，水之邪流别也。從反水　水，似當作「永」。今傳本說文：「派，別水也。从水从𠂢，𠂢亦聲。」
〔二〕也　麗無，據文意補。
〔三〕說文：從蜀益聲　今傳本說文：「蠲，馬蠲也。从虫、目，益聲。了，象形。」
〔四〕注　麗無，據獅補。
〔五〕木　據文意似當作「朮」。
〔六〕墜　今傳本說文：「隊，从高隊也。从𨸏㒸聲。」說文新附：「墜，陊也。从土隊聲。古通用作碌。」
〔七〕瞙　據文意似當作「膜」。下同。
〔八〕說文：膜，肉間瞙也。從草莫聲　今傳本說文：「膜，肉閒胲膜也。从肉莫聲。」
〔九〕溼　據文意似當作「温」。今傳本說文：「煴，温也。」
〔一〇〕福　獅作「猫」，似作「猫」。
〔一一〕說文云：撞，手擊也　今傳本說文：「撞，丮擣也。」
〔一二〕皀　獅作「自」。今傳本說文：「隙，壁際孔也。从𨸏从㡀，㡀亦聲。」
〔一三〕稓　今傳本說文作「耤」。下同。
〔一四〕下　麗無，據文意補。
〔一五〕大　今傳本左傳作「外」。
〔一六〕依　據文意似當作「休」。
〔一七〕瓦　據文意似當作「匡」。　文　衍。
〔一八〕說文作㕁，音巨脚反。㕁，口阿也。象形字　今傳本說文：「㕁，口上阿也。从口，上象其理。」
〔一九〕肉　獅作「肉」。
〔二〇〕證　獅作「謚」，即「謚」。
〔二一〕蒼頡　獅爲「蒼頡篇」。
〔二二〕中　獅作「巾」。
〔二三〕說文云：失評之濫也。從水監聲也　今傳本說文：「濫，氾也。从水監聲。一曰濡上及下也。詩曰：觱沸濫泉。一曰清也。」
〔二四〕反　據文意似當作「及」。
〔二五〕聲　麗無，據文意補。今傳本說文：「蔕，瓜當也。从艸帶聲。」
〔二六〕活　今傳本說文作「治」。
〔二七〕東而　據文意當爲「而東」。
〔二八〕蝘　據文意似當作「匽」。
〔二九〕注　據文意似當作「汪」。
〔三〇〕說文云：蚇蠖者，屈伸蟲也　今傳本說文：「尺蠖，屈申蟲。」
〔三一〕于　據文意似作「於」。
〔三二〕說文云：篅，以竹圓盛穀也　今傳本說文：「篅，以判竹圜以盛穀也。」
〔三三〕文戴　待考。
〔三四〕昝　獅作「沓」。
〔三五〕斫　據文意似當作「研」。
〔三六〕說文云：齩亦齧也。從齒交聲　今傳本

〔三七〕說文：「齩，齧骨也。从齒交聲。」
〔三八〕孚　今傳本爾雅作「俘」。
〔三九〕也是　據文意似爲「是也」。
〔四〇〕云　據文意似當作「上」。
〔四一〕上　據文意似當作「云」。
〔四二〕循　據文意似作「行」。
〔四三〕反　據文意當作「夊」。
〔四四〕廣物志云：秔有烏秔音黑穬也　今傳本廣博物志：「秔有烏秔白穬。」
〔四五〕說文云：争，止也。從言争聲也　今傳本說文：「諍，止也。从言爭聲。」
〔四六〕從　麗無，據文意補。
〔四七〕几　獅作「儿」。今傳本說文云：「从人在凶下。」
〔四八〕衆　據文意似作「玄」。
〔四九〕注　麗無，據文意補。
〔五〇〕弆　同「㪽」。說文：「㪽，坑也。」
〔五一〕蛆　據文意似作「蛆」。
〔五二〕也　據文意似作「反」。
〔五三〕老上　獅作「考工」。
〔五四〕說文：匿，亡也。從匸從一覆之若聲　今傳本說文：「匿，亡也。从匸若聲。」
〔五五〕因　獅作「肉」。
〔五六〕說文云：髀，在股外也。從骨卑聲　今傳本說文：「髀，股也。从骨卑聲。」
〔五七〕省　似衍。
〔五八〕上　衍。
〔五九〕云云　獅作「云」。
〔五九〕轍　今傳本說文作「徹」。
〔六〇〕拘　據文意似作「枸」。
〔六一〕掾　據文意當作「櫞」。
〔六二〕上　據文意當作「下」。
〔六三〕駛　玄卷十八和獅釋此詞作「駃」。
〔六四〕云　麗無，據玄卷十八釋此詞補。
〔六五〕弟　獅作「第」。
〔六六〕思　玄卷十八釋此詞無。
〔六七〕恒　獅作「恒」。
〔六八〕文　玄卷十八釋此詞作「交」。
〔六九〕繼　玄卷十八釋此詞作「継」。
〔七〇〕繼　玄卷十八釋此詞作「係」。
〔七一〕櫕　玄卷十八釋此詞作「攢」。
〔七二〕褁　玄卷十八釋此詞作「裹」。
〔七三〕孕　麗無，據玄卷十八釋此詞補。
〔七四〕說文：褁子也　玄卷十八釋此詞作「說文：孕子也」。今傳本說文：「褁，袖也。一曰藏也。从衣鬼聲。」
〔七五〕娠　玄卷十八釋此詞作「傳」。
〔七六〕仙　麗無，據玄卷十八釋此詞補。
〔七七〕森　玄卷十八釋此詞爲「木林」。
〔七八〕㵥　玄卷十八釋此詞作「㵥」。
〔七九〕潒　玄卷十八釋此詞作「盈」。
〔八〇〕澌　玄卷十八釋此詞作「澌」。
〔八一〕悟　玄卷十八釋此詞作「照」。磧本玄卷十八釋此詞作「導」。
〔八二〕久　玄卷十八釋此詞作「人」。
〔八三〕三　玄卷十八釋此詞作「二」。
〔八四〕包　據文意似作「勹」。
〔八五〕亦　玄卷十八釋此詞爲「市」。
〔八六〕廣　玄卷十八釋此詞作「度」。
〔八七〕居未反　玄卷十八釋此詞爲「歌賚反」。
〔八八〕謂　麗無，據玄卷十八釋此詞補。
〔八九〕腥、娌二形　玄卷十八釋此詞爲「喔、殆二形」。
〔九〇〕靠　獅作「扉」。
〔九一〕主　獅作「王」。
〔九二〕於綺反　玄卷十八釋此詞爲「於蟻反」。
〔九三〕誒、倈二形　玄卷十八釋此詞爲「誒、倈、倈三形」。
〔九四〕情栗反　玄卷十八釋此詞爲「自栗反」。
〔九五〕怠　玄卷十八釋此詞作「嬾」。
〔九六〕嬾　玄卷十八釋此詞作「或」。
〔九七〕豫　玄卷十八釋此詞作「疑」。
〔九八〕水　據文意當作「木」。
〔九九〕麋　玄卷十八釋此詞作「糜」。下同。
〔一〇〇〕出　麗無，據玄卷十八釋此詞補。
〔一〇一〕向　麗無，據玄卷十八釋此詞補。
〔一〇二〕宀　獅作「向」。
〔一〇三〕芸　玄卷十八釋此詞作「芒」。今傳本說文：「穬，芒粟也。从禾廣聲。」
〔一〇四〕取其義　麗無，據磧本玄卷十八釋此詞補。
〔一〇五〕訟　麗無，據玄卷十八釋此詞補。形今傳本周禮作「辭」。
〔一〇六〕摩　玄卷十八釋此詞作「磨」。
〔一〇七〕此義云承習大法者　玄卷十八釋此詞爲「此義云承習梵天法者」。
〔一〇八〕賈　玄卷十八釋此詞作「估」。

〔二〇九〕等　麗無，據玄卷十八釋此詞補。

〔二一〇〕官　玄卷十八釋此詞作「宦」。

〔二一一〕譫音之合反　玄卷十八釋此詞爲「譫音之含反」。

〔二一二〕通　玄卷十八釋此詞作「逋」。

〔二一三〕宍　即「肉」。

〔二一四〕奇　磧本玄卷十八釋此詞作「寄」。

〔二一五〕側氏、子禮二反　玄卷十八釋此詞爲「側買、子尔二反」。

〔二一六〕泚　玄卷十八釋此詞作「批」。

〔二一七〕而主反　玄卷十八釋此詞爲「而注反」。

〔二一八〕子　玄卷十八釋此詞作「字」。下同。

〔二一九〕焉革反　玄卷十八釋此詞爲「烏革反」。

〔二二〇〕蕖　玄卷十八釋此詞作「渠」。

〔二二一〕虞　玄卷十八釋此詞作「舊」。

〔二二二〕闞烏茶婆他那國　玄卷十八釋此詞爲「闍烏荼娑他那國」。

〔二二三〕紳　玄卷十八釋此詞作「紺」。

〔二二四〕韋昭曰：玄黑虵蜥蜴也　玄卷十八釋此詞爲「韋昭曰：玄黑蜥蜴也」。

〔二二五〕其　麗無，據玄卷十八釋此詞補。

〔二二六〕吁鬼反　玄卷十八釋此詞爲「呼鬼反」。

〔二二七〕一　麗無，據獅補。

〔二二八〕青瘀也　麗無，據磧本玄卷十八釋此詞補。

〔二二九〕蜇　玄卷十八釋此詞作「蛆」，據文意似作「螫」。

〔二三〇〕趐　麗無，據玄卷十八釋此詞補，據文意似當作「趐」。

〔二三一〕遺　玄卷十八釋此詞作「遺」。下同。

〔二三二〕穌　磧本玄卷十八釋此詞作「蘇」。下同。

〔二三三〕之　獅作「也」。

〔二三四〕婆　玄卷十八釋此詞作「娑」。

〔二三五〕闍　玄卷十八釋此詞作「闉」。

〔二三六〕娑　玄卷十八釋此詞作「婆」。

〔二三七〕菽　麗無，據玄卷十八釋此詞補。

〔二三八〕稷　麗無，據玄卷十八釋此詞補。

〔二三九〕秀　玄卷十八和獅釋此詞作「黍」。

〔二四〇〕稟　玄卷十八釋此詞作「稟」。下同。

〔二四一〕説文：稟，賜也　今傳本説文：「稟，賜穀也。」

〔二四二〕反　麗無，據玄卷十八釋此詞補。

〔二四三〕漢音無隄之輿　玄卷十八釋此詞爲「漢書：無隄之輿」。

〔二四四〕良　獅作「艮」。

〔二四五〕洋　似衍。

〔二四六〕凡治反　玄卷十八釋此詞爲「几治反」。

〔二四七〕助免反　獅作「助彎反」。

〔二四八〕申述　此條麗本接排在「撰集」條下，據獅改。

一切經音義　卷第七十三

翻經沙門慧琳撰

右十八論一百一十三卷同此卷音。

甘露味阿毗曇論　上卷　玄應撰

魯鵰　此古歡字，音呼官反。此應作鵩，羅盍反。

心寇　口候反。尚書：寇賊姦宄。范甯集解曰：謂群行攻剽者。今取其義。説文：寇，暴也。廣雅：寇，抄也。字從完從攴(支)[一]。剽音匹妙反。

忮收　與[二]豉、紀致[三]二反。依字，忮，害。

甘露味阿毗曇論　下卷　先不音。

隨相論

生樝　側家反。榠樝也。似烏勃，形大如椀，味澀酢，不可多噉。論文作查，非體。

潄糗　搜皺[四]反，下丘久反。今江南言林琴柰[五]熟而粉碎謂之糗也。

三粹　字苑作萩[六]，同。蘆葛反。通俗文：辛甚曰粹。江南言

辢，中國言辛。論文作剌，乖戾也。剌，非字體。

尊婆須蜜所集論　第一卷　玄應撰

摩渝　以朱反。人名也。依字，渝，變也。

瞠尔　敕行反。蒼頡篇：瞠，直視也。

懿乎　於冀反。爾雅：懿，美也。字從壹恣聲。論文作壹，訛誤久矣。

跋橙　丈萌反。

箭筈〔七〕　古活反。釋名云：箭，進也。其本曰足，其體曰幹，其末曰筈。〔筈〕〔八〕，會也，與弦相會也。筈旁曰叉，形似叉也。

洿沙　一胡反。大曰潢，小曰洿。說文：洿，濁水不流也。

門梱　又作閫，同。苦本反。禮記：外言不入於梱。注云：梱，門限。

牙皰　彭孝反。說文：面生熱氣也。今取其義。論文作雹，非也。

蛇虺　古文虫、蝇二形，同。呼鬼反。毒蟲也。韓非子曰：蟲有虺〔九〕者，一身兩口，争食相齧，逐（遂）〔一〇〕相煞。

檀嚫　或言達嚫，又覲反。此云財施。報施之法名曰達嚫。又案西域記云：正云達攘（嚫）〔一一〕拏，或云馱器尼。以用右手受他所施，爲其生福，故從之立身也。

尊婆須蜜所集論　第二卷

尊婆須蜜所集論　第三卷

門閾　古文云閾，同。吁域反〔一二〕，又音域。爾雅：柣謂之閾。郭璞曰：門限也。柣音千結反〔一三〕。

確〔一四〕然　又作碻、塙二形，同。口角反。周易：夫乾確然易矣。韓康伯曰：確然，堅皃也。論文作搉〔一五〕，非體也。

曩昔　奴朗反。爾雅：曩，攵（久）〔一六〕也。猶往反（久）〔一七〕古昔也。

澡盥　公緩反〔一八〕。說文：澡手也。凡洒〔一九〕物皆曰盥也。不但言手。

尊婆須蜜所集論　第四卷

怨仇　古文逑，同。渠牛反。怨偶〔二〇〕曰仇。爾雅：仇、讎，匹也。

戢不　阻立反。三蒼：戢，聚也。說文：從〔二一〕戢，藏也〔二二〕。戢，斂也。

緹麗　他禮反。木名也。

尊婆須蜜所集論　第五卷

驃騫　脾妙反，下去焉反。三昧名也。

涓涓　古玄反。字林：水小流涓涓然。

所遏　古文閼，同。於曷反。爾雅：遏，止也。謂逆相止爲遏。遏亦遮也。

暐暐（暐暐）〔二三〕　宜作煒，于匪反。說文：煒，盛明皃也。亦赤也。

尊婆須蜜所集論　第六卷

愚戇　竹巷反。李登聲類、〔韻〕〔二四〕集音丑巷反。戇亦愚也。

頑魯　五鰥反，下力古反。論語：參也魯。孔安國曰：魯，鈍也。論文作鹵，非體也。

邠坻　府貧反〔二五〕。下古文坻〔二六〕，同。直飢反。此言訛也。正言賓荼馱寫邪，此云團與。舊譯云給孤獨，猶是須達多之別名也。須達多，此云善與。

盟誓　靡京反。禮記：諸侯莅牲。凡國有疑，會同則常其盟。約之事曰盟。

麛鹿　又作麑，同。莫奚反。爾雅：鹿，牝(牡)麌(麛)〔二七〕。其子麛。麌音加。

使吮　似兖反。韻集音弋選反。説文：吮，吮〔二八〕嗽也。

尊婆須蜜所集論　第七卷

躊步　直於反。躊躇，躑躅也，亦猶豫也。躊音直流反，躅音馳録反。

尊婆須蜜所集論　第八卷至第十卷　並先不音。

三法度論　上卷　不音訓。

三法度論　下卷

剉持　且卧反。説文：剉，斫(折)〔二九〕傷也。案剉猶斫也。

喊喚　呼戒反。韻集作喊。喊，呵〔三〇〕也。蒼頡訓詁作唉，恚聲也。通俗文作譮(諦)〔三一〕，大語也。喊猶喊咄，喚喊皆是也。

噫氣　乙戒反。説文：噫，出息也。

入阿毗達磨論　上卷　沙門慧琳撰

畟方　楚力反。案畟方者，中外人間之常語也。四面齊等頓方也。古今正字：從田從人從夊音雖，會意字。象田之方。

罝弶　上精耶反。音與嗟，同。案：兔罝者，即捕兔之網罟也。毛詩云「肅肅兔罝，椓之丁丁」是也。傳曰：兔罝，即兔罟也。郭注爾雅云：罝猶遮也。説文：從网且聲〔三二〕。下强亮反。案弶者，捕禽獸之具。大木弓上施罥於獸行之道，有機繫取之也。説文：從弓從掠省聲。

慙媿　上藏含反，下歸位反。前音義中已重重訓釋。論文作慚愧，亦通。

勇悍　寒岸反。説文：悍，猛也。從心旱聲。或從手作捍，或從攴、犬作敦、猂，並通。

膠漆　上教爻反。考工記曰：鹿膠青白，馬膠赤白，牛膠亦赤，鼠膠黑色，魚膠餌，犀膠黄。鄭曰：皆謂煮取其皮作之，或用角煎成。顧野王云：膠，所以連綴物令相著也。毛詩傳云：膠，固也。説文：從肉翏聲。翏，經由反。

躊躕　上長流反。又音池，並通。韓詩云：愛如不見，掩手躊躇。踟躕，猶躑躅也。或作踟躕，猶徘徊也。古今正字並從足，形聲字也。

入阿毗達磨論　卷下

哀瞖鴟　上哀音阿可反，次瞖音伊以反，下鴟音烏古反。三字皆梵音字也。論文書哀壹二字，傳寫錯也。又脱一鴟字。

論意説三身、名句、文身等，此三各別，如衰、賢、隝三字，譬如摩醯首羅天王，面有三眼。涅槃經中亦具明此義，體一用殊，闕一不可，共成一義，名三聚身。

成實論　第一卷　玄應

斵斧　古文作斵，同。竹角反。説文：斵，斫也。斵，斤也。

鈂扶　丈心反。外道名也。十二年隨佛始根熟者〔三三〕。

成實論　第二卷　第三卷　先不音。

成實論　第四卷

釃搦　又作沸，同。子禮反。廣雅：釃，漉也。謂釃出其汁也。論文作擠，子詣反。擠，排也。非此義。下奴革、奴卓二反〔三四〕。搦，捉也，握也。漉音禄。

疼痺　又作痋、胲二形，同。徒冬反。聲類作癑。説文：疼，動痛也。下方二反〔三五〕。蒼頡篇云：手足不仁也。論文（説文）〔三六〕痺，濕病也。今言冷痺、風痺皆是也。

悁〔三七〕　借音貌。貌，悶也。謂狀貌若死，因以名也。

藥石　攻病曰藥。上（下）〔三八〕古人以石爲針，今人以鐵，皆謂療病者也。

鼓桴〔三九〕　案詔定古文官書枹、桴二字同體。音扶鳩反。鼓椎也。説文：枹，擊鼓柄也。

瓢杓　又作瓢〔四〇〕，同。毗遥反。三蒼：瓢，瓠，勺也。丘（江）〔四一〕南曰瓢㰒〔四二〕，蜀人言㰒蠡。下又作勺，同。是若反。可以斟食者也。㰒音羲，蠡音郎底反〔四三〕。

眼篦　補奚反。小學章：篦，刷也。今眉篦、插頭篦皆作也（此）〔四四〕。

成實論　第五卷

相棖　又作橖、敞〔四五〕、敦〔四六〕三形，同。丈庚反。棖，觸也。亦嫽敞也。

成實論　第六卷

桎梏　之逸反，下古禄反。在手曰桎，在足曰梏。謂杻械也。

如睫　説文作䀹。釋名作毴，同。子葉反。目旁毛。山東田里間音子及反。論文作𣯛、毷二形，非。

成實論　第七卷

鵽鳥　竹刮反。爾雅注云：今鵽大如鴿，或言如鶉，似雌雉，鼠脚，無後措（指）〔四七〕，歧〔四八〕尾，爲鳥憨急，群飛，出於北方沙漠地也。肉美，俗呼名突厥雀，生蒿萊之間。憨音呼濫反。

成實論　第八卷　先不音。

成實論　第九卷

舍廬　力居反。別舍也。亦寄止也。黄帝爲廬，所以避寒暑也。

春秋去之，冬夏居之。

入支　只移反。此外道鉼〔四九〕也，圓如瓠，無足，以三杖交之，支舉於瓶也。諸經中或言執三奇立拒，或言三叉立拒皆是也。論文作鈘（鈘）〔五〇〕，非也。

金槍　千羊反。蒼頡篇解詁云：木兩耑鋭曰槍。説文：槍，岠〔五一〕也。論文作鏘，非體也。

成實論　第十卷

矡矛　粗鸞反。矡，擲也。下又作鉾、戎二形，同。莫侯反。説文：矛長二丈也。

狗齩　又作鱙，同。五狡反。關中音也。説文：鱙，齧骨也。廣雅：鱙，齧也。江南曰齩。

淀澓　似緣反。説文：迴淵也。下又作復、垘三（二）〔五二〕形，同。扶福反。垘，深也，亦迴水也。

栽櫱　則才反。下古文櫱、梓、木（不）〔五三〕三形，今作蘖（櫱）〔五四〕，同。五割反。爾雅：梓，餘也，載也。言木餘載生梓栽。

成實論　第十一卷

葷辛　許雲反。蒼頡篇云：葷，辛菜也。凡物辛臭者皆曰葷也。

成實論　第十二卷

孤煢　古文悰〔五五〕、滐（傑）〔五六〕二形，同。渠營反。無父曰孤，無子曰獨，無兄弟曰煢。單也。煢煢無所依也。字從卂從營省聲。卂音雖閏反。

成實論　第十三卷　第十四卷　先不音。

暍死　又作㵣、煬二形，同。於歇反。字林：傷熱也。謂傷熱煩悶欲死也。又紅紫傷風日失色爲暍作此也。

成實論　第十五卷

不啻　施豉反。蒼頡篇：不啻，多也。

一桄　古文横（𢴘）〔五七〕、撗二形，今作桄，同。古黄反。聲類作軖，車下横木也。今車牀梯轝下横木皆曰桄是也。

成實論　第十六卷

猨猴　又作蝯，同。禹煩反〔五八〕。似獼猴而大，臂長，其色有黑有黄，鳴聲甚哀。古今注云：猨五百歲化爲玃，玃壽千歲。玃音居縛反。

蟄蟲　遲立反。説文：蟄，藏也。獸之淺毛熊羆等亦皆蟄。

成實論　第十七卷

考檢（撿）〔五九〕　苦老反。謂質覈之也。問也。

土封　甫龍反。起土爲界曰封。聚土者也。

則晞　又作烯，同。虛衣反。字林：晞，乾也。方言：晞，暴也。北燕海岱之間謂暴爲晞也。

用剗　又作鏟，同。初眼反。説文：平鐵也。通俗文：攻板曰剗。方刃施柄者也。

抱卵　字體作菢，又包〔六〇〕，同。蒲冒反。通俗文：雞伏卵。北燕謂之菢。江東呼蓲。蓲音央富反。伏音輔又反。

轂出　又作殼〔六一〕，同。口角反。吴會間音哭。卵外堅也。尚在卵中謂之轂也。

先不音。

成實論　第十八卷　第十九卷　第二十卷

立世阿毗曇論　第一卷　玄應撰

毗舍佉　或云鼻奢佉，此譯云別枝（枝）〔六二〕，即是氐宿，以生日所值宿爲名也。案西國多以此爲名也。

鹿子母　梵言蜜利伽羅，又（此）〔六三〕云鹿。磨多，又（此）云母。跛羅娑馱，此云堂，亦言殿也。舊云磨伽羅母堂者，訛略也。

嗄吼　於牛反，下呼狗反。皆聲也。

剡浮　以冉反。或云閻浮提，或作譫浮，又云贍部，皆梵［音］〔六四〕訛轉也。剡浮者，從樹爲名。提者，略也。應言提鞞波，此云洲。

瘤節　力周反。通俗文：肉眣（肤）〔六五〕曰瘤。謂肉起如木節者是也。

至胛　又作胛（甲）〔六六〕，同。古狹反。説文：肩甲也。甲，膊（髆）〔六七〕也。次下宜作甲。

聳身　古文竦、㦈、愯三形，今作聳，同。須奉、所誦〔六八〕二反。廣雅：聳，上也。跳也。

尸陀林　正言尸多婆那，此云寒林。其林幽邃而且寒，因以名也。在王舍城側，死人多送其中。今總指棄屍之處名尸陀林者，取彼名也。

供贍　聲類字（或）〔六九〕作饍，同。時焰反。助也。字書：贍，足也。謂周足也。

養飤　説文：囚志反。飤，糧也。廣雅：萎（餧）〔七〇〕，飤也。蒼頡訓詁：飤，飽也。謂以食與人曰飤。論文作飴，弋之反。亦古字假借通用，非體也。

立世阿毗曇論　第二卷

溜墮　力救反。蒼頡解詁云：溜謂水垂下也。

路渚　之與反。爾雅：小洲曰渚。李巡曰：四方有水，獨高可居，故曰渚也。

犁鏵　古文茉、鏵（釪）〔七一〕二形，今鋘，古文奇字作鋘，同。下玄瓜反。犁刃也。説文：兩刃臿。

江浦　四户反。毛詩云：省此淮浦〔七二〕。傳曰：浦，水涯也。

磨礪　字詁今作厲，同。力制反。山海經：崦嵫山多砥礪。郭璞曰：即磨石也。尚書：若金，用汝作礪。孔安國曰：砥細於礪，皆可以磨刀刃。砥音脂。

坑穽　古文阱、汬二形，同。慈性反。廣雅：穿（穽），坑也。説文：穽，大陷也。周禮：壟（雍）〔七三〕人掌［溝瀆澮池之禁，凡害於同稼者］〔七四〕春令爲穿（穽）。鄭玄曰：謂穿地爲塹（塹）〔七五〕，所以禦禽獸，或超踰則陷之也。

攲仄　又作㩻（攲）〔七六〕、䟴（䟴）〔七七〕、崎三形，同。丘知反。不正

也。說文：攲區，傾側不安也。不能夊(久)〔七八〕立也。

蜂蠆　丑芥反。毒蟲也。山東呼爲蝎，陝以西呼爲蠚𧍮(蟄)〔七九〕。音士〔八〇〕曷、力曷反。

俾倪　又作敀堄二形，三蒼作頓倪二形，同。普米、五禮反。廣雅：俾倪、堞，女牆也。埤蒼：城上小垣也。釋名云：俾倪，城上[小]〔八一〕垣也。於其孔中俾倪非常也。亦言陴，言裨助城之高。或云女牆，言其卑小，比之於城，若女人之於丈夫也。或名堞，取其重疊也。

寶柵　叉百〔八二〕反。說文：柵，編竪木。通俗文「木垣曰柵」是也。

泛漾　敷劒反，下翼尚反。案：泛漾，揺蕩也。

寶函　胡緘反。謂盛貯經書雜物等曰函。論文作涵，胡甘反。涵，潤澤也。涵非此用。

鷿鷉　蒒覓反〔八三〕，下他奚反。方言：野鳧小而好没水中者，南楚之外謂之鷿鷉。其大者謂之鶻蹄。其膏可以瑩刀用也。

水湔　又作溅，同。子見反。通俗文：水傍沾曰湔。江南音子旦反。

自縋　又作硾，同。直僞反。說文：以繩有所懸鎮也。廣雅：縋，索也。鎮，笮也。

謳歌　又作慪，同。於侯反。說文：齊歌曰謳。廣雅：謳，喜也。爾雅：徒歌謂之謡(謳)〔八四〕。

柱礎　初舉反。淮南子云：山雲蒸，柱礎潤。許叔重曰：楚人謂柱碣曰礎市。碣音思亦反〔八五〕。

市廛　値連反。禮記：市廛而不征。鄭玄曰：廛，市物邸舍也。廛，居也。方言：東齊海岱之間謂居曰廛。

笳聲　或作葭，同。古遐反。今樂器中笳，卷蘆(笳)〔八六〕葉吹之，因以名也。

椽桷　馳宣反，下古學反。案：椽桷榱橑，一物廣異名也。桷音角，榱音衰，橑音老。

池沼　之遶反。蒼頡解詁云：沼，池也。

立世阿毗曇論　第三卷

花萏　又作菡，同。胡感反。謂花之未發者也。

立世阿毗曇論　第四卷

提頭賴吒　或言提多羅吒，或言弟黎多曷囉吒〔八七〕，此譯云持國者，主領揵達婆及毗舍闍，或云臂奢柘，謂餓鬼中勝者也。

迺至　奴改反。爾雅：迺，乃也。郭璞曰：迺亦乃字也。蒼頡篇：迺，往也，遠也。

毗留勒叉　或名毗離，或言毗樓勒叉迦，或言鼻溜茶迦，此譯云增長，主領弓盤茶及閉黎多。弓盤茶者，或云鳩盤茶，甕形，頗似冬瓜。閉黎多者，或名薜荔多，餓鬼中劣者也。

毗留博叉　或名毗僂博叉，或名鼻溜波阿人(叉)〔八八〕，此譯云雜語，或言醜眼，主領龍及富單那。富單那者，是臭餓鬼中勝者也。

毗沙門　或言鞞舍囉婆拏，此譯云離聞，亦云普門，或云多聞，其王最富寶物自然，主夜叉及羅刹。夜叉，此云傷，謂能傷害人也。羅刹，或云羅叉娑。[此云護土。若女則名囉叉斯]〔八九〕。

立世阿毗曇論　第五卷

幡〔九〇〕幟　古文帜〔九一〕，同。昌志反〔九二〕。通俗文：私記曰幟。幟，幖也。廣雅：幟，幡也。墨子曰：幟長丈五，廣半幅也。

周羅　此譯云小也。謂小髻也。

釜鍑　方目、甫救二反。方言：鍑或謂之鬲(鬲)〔九三〕。説文：鍑如釜而口大。三蒼：鍑，小釜也。鬲音歷。

撅(櫼)〔九四〕者　又作㧖、甗二形，同。許宜反。方言：蠡或謂之撅(櫼)。今江南呼勺爲撅(櫼)。三蒼：甗勺也。廣雅：甗，瓢也。論文作㩗〔九五〕，非體也。

榛牛　音秦。字略云：牛名也。

褊𠫤　卑湎反。説文：褊，小也。爾雅：急，褊。謂急疾也。陿也。

立世阿毗曇論　第六卷　先不音。

立世阿毗曇論　第七卷

兵斲　又作㪿，同。思移反。廣雅：斯、謂、命，使也。字書：斯，役也。謂賤役者也。漢書：斯與(輿)之卒。張晏曰：斯，微也。韋昭曰：析薪也(曰)〔九六〕斯，炊享(烹)〔九七〕曰養。

立世阿毗曇論　第八卷

山磕　苦盍反。説文：石聲也。亦大聲。今江南凡言打物碎爲磕破。

鐇斧　府袁反。埤蒼：鐇，鏟也。

如芟　所巖反。刈草也。詩傳曰：芟，除草也。

痛辢　力達反。通俗文：辛甚曰辢。論文作剌，非正〔九八〕也。

烹煞　普羹反。烹，煮也。方言：烹，熟也。嵩岳以南，陳潁之間曰烹。儀禮：凡煮於鑊中曰烹也。

如猂　察閑反。埤蒼：犬噬也。案噬猶齧也。字從犬。

四棱　力增反。説文：棱，柧也。柧音孤。通俗文：亦(木)〔九九〕四方爲棱，八棱爲柧也。

莉藤　苦和反。南海志云：莉，藤名也。

陵(鯪)〔一〇〇〕鯉　閭蒸反。鯪鯉，魚名也。有足，出南方，陸居也。

或獺　他曷、他鎋二反。形如小犬，水居，食魚者也。論文作狚，都達反。獸名也。狚非此用也。

或蝟　又作彙，同。于貴反。有兔蝟、鼠蝟等。

褫皮　敕尔、直紙〔一〇一〕二反。廣雅：褫，奪也。説文：奪衣也。今謂奪其皮也。

竹笪　都達反。説文：笪，箬也。箬音若。竹皮名也。郭璞注方言云：江東謂籧篨。直文而粗者爲笪，斜文者爲籧。一名笐篖。籧音廢〔一〇二〕。笐，胡郎反。篖音唐。

掐(搯)〔一〇三〕齧　口狹反。爪傷曰掐(搯)。韻集作剠，口洽反。入也。

鐵鰽　又作槽，同。在勞反。聲類：槽，飤豕器也。

舂睗　尸容反，下徒朗反。世本：雍父作舂杵。黄帝臣也。廣雅：睗，舂也。韻集云：㖆，睗米也。今中國言㖆，江南言睗。論文作蕩，非體也。㖆音伐，小舂。

略瓨　又作㼚[一〇四]，同。古郎反。方言：瓨，甖[一〇五]也。今江東通言大瓮爲瓨。

腦濺　又作濽，同。子旦反。三蒼：濽(灒)[一〇六]，汙灑也。江南言濽，山東[言][一〇七]湔。音子見反。

煎炒　古文鬻、煜[一〇八]、𤊻、𩱦四形，[今][一〇九]作䰍。崔寔四民月令作炒。古今正字作𤍽字，同。初絞反。方言：熬、𤊻、煎、備(僃)[一一〇]，火乾也。説文：熬也。

利弗　字苑初眼反。謂以籤貫肉炙之者也。籤音且廉反。

鼉鰐　大何反，下五各反。廣雅：鰐魚名也。長二丈餘，有四足，似鼉，齒至利，有禽鹿入水，齧腰即斷也。

頸鴉　於牙反。白頸[一一一]烏也。關中名阿雅。爾雅：鸒斯(鵯)[一一二]，鵯居(鶋)[一一三]。郭璞曰：雅烏也。小而群飛[一一四]，腹下白者。江東呼爲鵯烏。鵯音匹。

應鶚　五各反。摯猛之鳥也。山海經：狀如鵰而黑，白首，赤足喙。

匕首　補履反。劍名也。周禮考工記云：匕首，劍身長三尺，重二斤一兩，輕而便用也。其頭似匕，因曰匕首。史記「荆軻左執匕首」是。

木柹　麩廢反。蒼頡篇：柹，札也。説文：削木朴也。江南名柹，中國曰札，山東名朴豆札。朴音孚(平)豆也(反)[一一五]。

鐵杙　余職反。爾雅：樴謂之杙。郭璞曰：杙，橜也。論文作弋，非體也。

鴆煞　除禁反。山海經：女几之山多鴆。郭璞曰：大如鵰，紫綠色，[長][一一六]頸，赤喙，食蛇也。以羽畫酒，飲即煞人[一一七]。

徇令　辭俊反。徇猶巡也。爾雅：徇，遍也。説文：徇，行示也。徇亦循也。字從彳，音耻亦反。

鍊鐵　又作煉，同。力見反。説文：鍊，治金也。鐵爲黑金也。

立世阿毗曇論　第九卷

或瘻　力鬪反。説文：頸腫病也。今腋下隱處皆有，中有蟲也。

瘭疾　卑遥反。癰成也。埤蒼：瘭，疽也。説文：瘭疽，夂(久)[一一八]癰。

立世阿毗曇論　第十卷

仆地　古文踣，同。蒲北反。説文：仆，頓也。謂前覆也。

相攢　扶味反。南人謂相樸(撲)[一一九]爲相攢也。

吹篪　又作䶵[一二〇]、竾二形，同。除離反。説文：管有七孔。世本：蘇辛公作篪。

水苔　徒來反。謂水中魚衣綠色生水底者也。亦可以爲紙。

湴泥　又作溯，同。排咸、白監二反。無舟渡河也。説文：涉渡水。

則凹　蒼頡篇作㗯[一二一]，同。烏狹[一二二]反。字苑：凹，陷也。

解脱道論　第一卷　玄應音

叨很　他勞反，下胡懇反。叨，貪也。方言：叨，淺(殘)[一二三]也。埤蒼：叨，食也。説文作此[一二四]饕字也。

裝揀　阻良、側亮二反，下師句反。今中國人謂撩理行具爲縛

捒。縛音附，捒音戍。說文：裝，束也，裹也。

沮屈　才與反。蒼頡篇解詁：沮，漸也。敗壞也。論文作俎，側呂反。貯醢器也。一曰置肉机也。俎非此義。

解脱道論　第二卷

麻料　字苑作粄，同。布滿反。餈類也。今米料、豆料皆作此字也。

解脱道論　第三卷

桁械　胡郎反，下胡戒反。通俗文：拘罪人曰桁。械亦桁類也。

摒擋　卑政反，下都浪反。謂掃除也。廣雅云：摒，除也。

噫噫　借音。於矜反。相荅（答）[二二五]應聲。

解脱道論　第四卷

删去　所姦反。三蒼：删，除也。

衣帊　又作祀，同。匹亞反。廣雅：帊，幞也。通俗文：「兩複曰帊」是。

痕跡　纂文作眼，同。胡根反。通俗文：瘡瘢曰痕也。

欞窗　力丁反。說文：窗楯間子也。通俗文：疏門曰欞。今窗欞、車欞皆是也。

骯（骯）[二二六]節　又作垸，同。胡灌反。通俗文：燒骨以桼曰垸。蒼頡訓詁：垸，以桼和之。今中國人言垸，江南言髹，音瑞。桼，古漆字。

揮狗　女皆反。人名也。依字，韻集：揩、揮，摩也。

狡獪　古卯反。下古文猾、狤[二二七]二形，又作狭，同。古快反。通俗文：小兒戲謂之狡獪。今關中言狡刮，訛也。

解脱道論　第五卷　第六卷　先不音。

解脱道論　第七卷

蝹拘　羌句反。

霖婆　力金反。

哿栗　古我反。

鉢扡　土何反。

瘑痲　張揖雜字作瘑。瘑，字書作瓜[二二八]，同。古和反。蒼頡篇：瓜[二二九]，秃也。韻集曰：瘡病也。春發者謂之燕瓜[二三〇]，秋發者謂之鴈瓜。

閟塞　鄙冀反。詩云：我思不閟。傳曰：閟，閉也。亦不從也。論文作秘，非體也。

解脱道論　第八卷

忿叱　齒逸反。方言：叱呵，怒也。陳謂之呵。案叱猶呵叱也。

濕鮭[二三一]　胡瓦反。應作鮭，胡寡反。鮮明也。又物精不雜爲鮭。

解脱道論　第九卷　先不音。

解脱道論　第十卷

夾膝　古洽反。謂夾在兩邊，近也。三蒼：夾，輔也。說文：夾，

持也。夾，至。

如荻　又作薚，同。徒歷反。即蒹〔一三二〕荻也。堪爲箔〔一三三〕者也。蒹音古銜反。

解脱道論　第十一卷　第十二卷　先不音。

舍利弗阿毗曇論　第一卷　玄應撰

殉有　辭俊反。蒼頡篇：殉，求也。亦營也。

西軫　之忍反。淮南子云：激軫之音。許叔重曰：軫，轉也。

閬風　力盎反。廣雅：崑崙墟有三山：閬風、板桐、玄圃〔一三四〕也。

愔愔　於針反。聲類：愔，和静皃也。三蒼：性和。

舍利弗阿毗曇論　第二卷　第三卷　第四卷　第五卷　先不音。

舍利弗阿毗曇論　第六卷

旋嵐　力含反。或作毗嵐婆，或言鞞藍婆，或作吠藍，或言隨藍，皆是梵之楚夏耳，此云迅猛風。

認取　而僅反〔一三五〕。謂失物而誌之者。誌，記也。論文作仞，非體也。

醪酒　力刀反。蒼頡篇：醪謂有滓酒也。

舍利弗阿毗曇論　第七卷

穳矛　粗鸞反。穳，擲也。下又作䂆、鉾二形，同。莫侯反。論文作竄牟二形。

舍利弗阿毗曇論　第八卷　第九卷　第十卷　先不音。

舍利弗阿毗曇論　第十一卷

蓽豆　方蜜反。

舍利弗阿毗曇論　第十二卷　先不音。

舍利弗阿毗曇論　第十三卷

硾脚　又作縋，同。直僞反。通俗文：懸鎮曰縋。謂懸石硾下也。論文作錘，假借。

呼呷　呼甲反。説文：呷，吸也。

浸淫　姊鴆反。浸淫者，轉大言之也。浸淫移徙處曰廣（癬）〔一三六〕也。釋名：廯（癬）〔一三七〕，瘡也。

蟆子　音莫。山南多饒此物，如蚊而小，攢聚暎日，嚙人作痕[如]〔一三八〕手〔一三九〕也。

車轢　力各、力的二反。輾，轢也。説文：車所踐曰轢。

舍利弗阿毗曇論　第十四卷

癬皰　又作𤺌，同。私淺反。字林：乾瘍也。案有乾濕兩種。釋名：癬（𤺌）〔一四〇〕，徙也。移徙漸大也，故青徐謂癬爲徙也。

瘠下　又作膌，同。竹世、丁計二反。關中音多滯反。字林：赤利也。釋名云：下重而赤白曰瘠，言屬瘠難差。

蜫蝨　補奚反。説文：蜫，齧牛蟲也。今牛馬雞狗皆有蜫也。下所乙反〔一四一〕。齧人蟲也。山東及會稽皆音也〔一四二〕。

舍利弗阿毗曇論　第十五卷　第十六卷　第十七卷　第十八卷　先不音。

舍利弗阿毗曇論　第十九卷

緒八　辭與反。説文：緒，絲端也。謂端緒也。

稼穡　加暇反，下所力反。字林：種曰稼，收曰穡。説文：禾之秀實爲稼。一曰在野曰稼。

舍利弗阿毗曇論　第二十卷　先不音。

舍利弗阿毗曇論　第二十一卷

橐師　埤蒼作韝。又作排，同。蒲戒反。王弼注書〔一四三〕作橐，橐囊也。謂鍛家用炊令熾者。

舍利弗阿毗曇論　第二十二卷

骨皰　又作靤，同。輔孝反。小腫也。説文：皰，面生氣也。今取其義。論文作胞，或作疱、鮑二形，非也。

擡舉　徒來反。通俗文：舉振謂之擡也。

襵皺　之涉、知獵二反。襵猶襵疊也。亦細襵。

萑荻　胡官反。細葦也。毛詩草木疏〔一四四〕云：葭菼名薍〔一四五〕，至秋成則謂之萑。夏小正曰：葦，未秀則不爲萑，秀已後爲萑。下又作藡，同。徒歷反。即蒹〔一四六〕荻也。堪爲箔〔一四七〕者也。蒹，古甜反〔一四八〕。葭音加。菼，他敢反。薍音五患反。

五事毗婆沙論　上卷　慧琳撰

貞實　上陟程反。周易：貞，正也。謚法曰：德政應和曰貞，内外無壞曰貞，直道不撓曰貞。説文：卜問也。鄭玄曰：問事之政也。從卜貝。或從鼎省聲。經從示。或從木作禎、楨，非也。

颻颺　上曜昭反。蒼頡篇：飄颻，風也。埤蒼云：颻，上行風也。下養將反。考聲云：清風也。説文：風所飛揚也。從風，䍃、易聲。

身篋　下謙葉反。玉篇：篋，笥也。考聲：箱類也。説文作匧，械也。從竹，亦通。從匚匚音方夾聲。

著甲　下古狎反。鄭注周禮：甲，鎧也。傳曰：押也。考聲：甲，胄也。説文：大一經曰：頭宜爲甲。甲，象人頭也。經作鉀，是鉀爐箭名也。乖經義。鉀音古闔反。

刀矟　下山卓反。廣雅云：矟，矛也。説文闕。古[今]〔一四九〕正字云：矟，長一丈八尺也。從矛肖聲。

五事毗婆沙論　下卷

撮摩　上七活反。廣雅云：撮，持也。應劭漢書云：四圭曰撮。

亦三指撮也。禮記云：天地一撮土多也。字林云：撮，手取也。古今正字云：亦兩指撮也。從手最聲也。

鞞婆沙阿毗曇論　第一卷　玄應音

跋苓　渠今反。人名也。

傅采　方務反。傅謂塗附也。傅藥、傅粉皆作此。論文作拊，夫主反[一五〇]。拊，拍也。非此用也。下且在反。采猶彩色也。

鞞婆沙阿毗曇論　第二卷　先不音。

鞞婆沙阿毗曇論　第三卷

摩儵　又作倏、倐二形，同。書育反。人名也。

鱣魚　古文鱏[一五一]，同。知連反。大黃魚也。口在頷下也。體無鱗甲，肉黃，大者長二三丈。江東呼爲黄魚是也。

如鍼　字詁：從金咸。今作針[一五二]，同。支淫反。廣雅：針，刺也。説文：鍼，所以縫衣裳者也。

鞮伽　都奚反。謂種子也。

鞞婆沙阿毗曇論　第四卷

色膜　亡各反[一五三]。説文：肉閒（間）[一五四]膜也。論文從革作䩋，非也。

騰書　徒登反。説文：騰，傳也。處郵驛也[一五五]。騰，乘也。廣雅：騰，奔也。疾也。

鞞婆沙阿毗曇論　第五卷

若翳　韻集作瞖，同。一計反。説文：目病生瞖也。三蒼：瞖，目病也。論文作曀，風而陰曰曀。曀非字體也。

陰燧　古文作鐆、燧二形。今作㸂[一五六]，或作燧，同。辭醉反。陰燧出水，陽燧出火者。鐆，玉石之銅精圓也。陰燧以鐵方也。

鞞婆沙阿毗曇論　第六卷　先不音。

潭水　徒南反。亭水也。楚人名深爲潭。論文作澹，徒濫反，安也。澹非此義。

鞞婆沙阿毗曇論　第七卷

譏貶　居衣反。廣雅：譏，剌（刺）[一五七]也。説文：譏，誹也。下古文㝺，同。碑儉反。貶，損也，減也，亦墜也。

鞞婆沙阿毗曇論　第八卷　先不音。

鞞婆沙阿毗曇論　第九卷

如弶　渠向反。韻集云：施羂於道曰弶。今時[一五八]獵家施弶以取鳥獸者，其形似弓也。

禋侒　於人反。苦也。

彌佞　習也。

陀破　盡也。

陀羅　破〔一五九〕道也。

鞞婆沙阿毗曇論　第十卷

道跡　又作蹟、迹二形，同。子亦反。足跡也。論文作䟫〔一六〇〕、跤二形，非也。

鞞婆沙阿毗曇論　第十一卷　先不音。

鞞婆沙阿毗曇論　第十二卷

拉摸　無粉反。字林：拉，拭也。摸，搽也。搽音桑各反。

鉤豚　都角反。豚，擊也。敲豚也。敲音苦交反。論文作琢，非也。

樺皮　胡覇反。可以飾弓者也。

鞞婆沙阿毗曇論　第十三卷

鐵杷　又作爬，同。平加反。方言：杷謂之渠挐。郭璞曰：有齒曰杷，無齒曰朳。朳音八。今江南有齒者爲杷挐。字從木，挐音女於反。

下晡　補胡反。淮南子云：日行至于悲谷爲晡時。謂加申時。

鞞婆沙阿毗曇論　第十四卷

蚇蠖　齒亦反，下烏郭、於矍二反。爾雅：蠖，尺蠖。方言：尺蠖，又名步屈，一名尋桑。纂文云：吴人以步屈名桑闔。音古合反。一名蝍蛾音子六反。

羣牛　周成難字作羣，音妃封反。漢書音封。此牛形小，髆上有封(羣)〔一六一〕也。

不眴　列子作瞬，通俗文作眴，同。尸閏反。説文作瞚，目開閉數搖也。服虔云：目動曰眴。

鵃鴰　又作鸐〔一六二〕，同。具俱反。下又作鶊，同。以屬反。似反舌，頭有兩毛角也。山海經、公羊傳並作鸛，音鑵〔一六三〕。

三彌底部論　上卷　慧琳撰

蜀蟲　時燭反。詩云：蜎蜎者蜀。傳曰：蜀，桑蟲也。大如指，似蠶。爾雅「蚅，一名烏蜀」是也。

若僂　下力主反。杜注左傳：僂，傴也。何注公羊云：身疾也。廣雅：曲也。説文：尪也。從人婁聲也。

若躄　下并癖反。顧野王云：躄謂足病枯不能行也。説文：從止辟聲。經作躃，俗字，亦通。

挑眼　上眺彫反。蒼頡篇：挑，抉也。韻詮云：挑，撥也。剔除也。説文：從手兆聲。經作挑，時用字也。

三彌底部論　中卷

肉團　上如陸反。顧野王曰：肉者，肌(肌)〔一六四〕膚之肉也。凡有血氣之類皆謂之肉也。説文：象形字也。

三彌底部論　下卷

儴佉　上汝昌反，下却迦反。梵語孃合。從人作儴。經作孃，錯用也。

柯羅羅　梵語也。古譯或云揭邏藍，或曰迦邏，皆一語耳。此即説人初受胎七日之名。

分別功德論　第一卷　玄應撰

比較　古文摧〔一六五〕，同。古學反。較，量也。較，明也。摧猶粗略也。

皓大　三蒼古文顥，同。胡老反。皓亦廣大也，光明也。

毗(毗)〔一六六〕齎　蒲西、扶脂二反。下咋迷反。説文：膍，人齎也〔一六七〕。論文作肥，非也。

地肥　扶非反。劫初時[地]〔一六八〕脂也，亦名地味。論文作腌，非也。

案如　於旦反。案，[察]〔一六九〕行也，亦瞻視也。一曰：案，尋也。

呈佛　馳京反。呈，見也，謂亦(示)〔一七〇〕見於佛也。論文作程法之程，非體也。或作侱，非也。

弓夭　又作矢〔一七一〕，同。尸止反〔一七二〕。三蒼：夭，箭也。古者夷牟初作夭。

闚〔一七三〕闔　又作窺〔一七四〕，同。丘規反。下弋珠反。説文：窺亦視也。

分別功德論　第二卷

訾哉　又作訿，同。紫斯反。訾，量也。説文：訾，思也。

粹哉　字宜作昨、[糳]〔一七五〕二形，同。子各反。説文：糲〔一七六〕一斛舂取九斗曰糳〔一七七〕。三蒼注云：糳，精米也。今江南亦謂師米爲糳。糲音剌〔一七八〕。論文作粹，非體。

汪水　烏黄反。通俗文：停水曰汪。汪，池也。説文：汪，深廣也。

自刎　古文殁，同。亡粉反。公羊傳云：公遂刎脰而死。何休曰：刎，割也。

婆南　或言和南，皆訛也。正言槃淡，此譯云我禮也。

繕埴　市戰反，下市力反。繕，治。埴，粘土也。謂和治土也。

匈匈　許恭反。匈匈，沸鬧之聲也。漢書「匈匈數千人聲」是也。論文從水作洶，非也。

斗藪　又作擻，同。蘇走反。郭璞注方言曰：斗擻，舉也。通俗文：斗藪謂之㪷穀。難字音都穀反，下蘇穀反。論文作抖揀，非體。

暨今　聲類古文臮，同。其器反。左傳：猶懼不暨。注云：暨，至也。

分別功德論　第三卷

應叙　辭與反。説文：叙，次第也。爾雅：叙，緒也。謂端緒也。

酬酢　又作醻。蒼頡篇作酬〔一七九〕，同。市周反。主荅(答)〔一八〇〕客曰酬，客報主人曰酢也。

森森　所金反。説文：木長皃也。今取其義也。

怏然　於亮反。蒼頡篇：怏，懟心。亦怏然心不伏也。

湔浣　上子田反，下胡滿反。三蒼：湔，濯也。浣，洗也。

啾吟　子由反，下牛金反。蒼頡篇云：啾，衆聲也。説文：啾，小兒聲也。吟，嘆也，諷詠也。論文作吟(唫)〔一八一〕，非也。

分別功德論　第四卷

繁衍　扶袁反，下以善反。繁，多也，盛也。衍，水流長也。

銓日　且泉反。漢書應劭曰：銓，權衡也。量斗斛也。韋昭曰：銓，稱錘也。

四諦論　第一卷　玄應撰

泅水　古文作浮〔一八二〕，同。似由反。説文：泅謂水上浮也。今江南謂指〔一八三〕浮爲泅。

氣瘷　蘇豆反。説文：瘷，逆氣也。蒼頡篇：齊都謂瘷曰欬。欬音苦代反，江南行此音也。

四諦論　第二卷

噤塞　又作唫，同。渠錦、巨蔭二反。説文：噤，口閉也。

射堋　音朋。字略：射的也。亦即射垛也。垛音徒果反。

四諦論　第三卷　先不音。

四諦論　第四卷

調笴　工旱反。字林：笴，箭莖也。論文幹、竿二形，非。

馭車　今作御，同。魚據反。駕馭也。謂指麾使馬也。凡言馭者，所以驅之也，内之於善也。

辟支佛因緣論　上卷　玄應

一襲　辭立反。史記：賜衣一襲。音義曰：衣褌複具爲一襲。褌音丹也。

不恤　又作卹〔一八四〕，同。須律反。爾雅：恤，憂也。亦收也。謂與人財物賑恤之爲憂也。

瀑長　蒲報反。蒼頡篇：水濆起故曰瀑也。

勃逆　古文誖、悖二形，同。補潰、蒲没二反。廣雅：悖，亂也。亦逆也，惛也。

瞤動　古文眴〔一八五〕，同。而倫反。説文：目揺動也。今謂眼瞼掣動爲瞤動也。

親昵　又作暱，同。女栗反。爾雅：昵，近也。郭璞曰：相近也。亦親也，私昵也，亟[也]〔一八六〕。親昵亦數也。亟音祛記反。

若訓　蒼頡解詁云：訓亦酬字。訓，報也。

扣劍〔一八七〕　叩也(音叩)〔一八八〕。

辟支佛因緣論　下卷

鉤挂　古賣反〔一八九〕。廣雅：挂，懸也。

曼王　莫盤反〔一九〇〕。今高昌人謂聞爲曼。説文：聞，知聲也。

啚之　達胡反。圖，義（議）〔一九一〕也，亦計。爾雅：圖，謀也。謂謀謨也。廣雅：圖，度也。

危惙　知劣反。聲類：惙，短氣皃也。惙惙亦憂皃也。

援助　禹眷反。謂依據護助之言也，籬援［也］〔一九二〕。取其義矣。

財賄　古文賄，同。呼罪反。通俗文：財微眠（帛曰）〔一九三〕賄。周禮：通貨賄。鄭玄云：［金］〔一九四〕玉曰貨，布帛曰賄也。

矗直　初六反〔一九五〕。謂端直。

律車　或作離車子，或作栗唱，或作離昌，皆梵言訛也。正言栗呫婆，此云仙族王種。呫音昌葉反。

十八部論　慧琳撰

只底舸　古我反。此梵語西國山名也。律主所居之處也。

艿山　而證、而蒸二反。通俗文：西國山名。亦律部主所居處。

他鞞羅　陛迷反。梵語。唐云上部。或云尊宿也。

偷婆　或云蘇偷婆，梵語訛也。正梵音窣覩波，此云方墳，或云墳塔，即如來遺身舍利塼塔也。古曰浮圖是也。

部異執論　慧琳撰

阿輸柯　下音哥。梵語不切，聲轉輕重耳，與迦字同，薑佉反。亦曰阿迦王。古云阿育，即無憂王之梵名。

頞悉多　上安割反。梵語西國山名也。在海之外，日所入處山。

夫嵐摩　中音藍。梵語諸天定之異名也。

鬱多羅鳩婁　梵語北州名也。古云鬱單越，聲轉訛也。此譯爲高勝也。

異部宗輪論　慧琳撰

羯剌藍　剌音郎割反。梵語胎藏之初名也。精如薄酪也。

鍵南　乾彦反。亦梵語胎藏中之次第名也。

不齅　休救反。説文云：以鼻就臭曰齅。從鼻從臭，臭亦聲也。臭音昌咒反。經文從口作嗅，俗字，非正也。

文愜　謙葉反。廣雅：可意也。考聲：當也。説文：快也。正作㥦〔一九六〕，從心匧聲。匧音同上。今相傳作愜，亦無失，其義一也。

一切經音義　卷第七十三

校勘記

〔一〕支　據文意當作「攴」。

〔二〕與　玄卷十八釋此詞作「支」。

〔三〕紀致　磧本玄卷十八釋此詞爲「奇寄」。

〔四〕搜皺　玄卷十八釋此詞爲「所雷」。磧本玄卷十八釋此詞爲「穌奏」。

〔五〕今江南言林琴柰　蔣曰：「『今江南言林琴柰』七字當移至上『生樝』條『不可多噉』下。」

〔六〕萩　玄卷十八釋此詞作「萩」。

〔七〕筈　麗本玄卷十八釋此詞作「括」。下同。

〔八〕筈　麗無，據磧本玄卷十八釋此詞補。

〔九〕虵　玄卷十八釋此詞作「虵」，今傳本韓非子作「蚘」。

〔一〇〕遂　玄卷十八釋此詞作「遂」。

〔一一〕擲　玄卷十八釋此詞作「槻」。
〔一二〕吁域反　磧本玄卷十八釋此詞爲「許域反」。
〔一三〕千結反　玄卷十八釋此詞爲「田結反」。磧本玄卷十八釋此詞爲「千域反」。
〔一四〕確　玄卷十八釋此詞作「確」。下同。
〔一五〕摧　玄卷十八釋此詞作「擢」。
〔一六〕攵　獅作「久」。
〔一七〕反　獅和玄卷十八釋此詞作「久」。
〔一八〕公緩反　磧本玄卷十八釋此詞爲「公玩反」。
〔一九〕洒　磧本玄卷十八釋此詞作「洗」。
〔二〇〕偶　玄卷十八釋此詞作「耦」。
〔二一〕從　似衍。
〔二二〕説文：從戢，藏也　今傳本説文：「戢，藏兵也。从戈咠聲。」
〔二三〕暐暐　玄卷十八釋此詞爲「暐暐」。
〔二四〕韻　麗無，據玄卷十八釋此詞補。
〔二五〕府貧反　磧本玄卷十八釋此詞爲「補貧反」。
〔二六〕坏　玄卷十八釋此詞作「坏」。
〔二七〕牝　據文意似作「牡」。　麛　玄卷十八釋此詞作「麛」。
〔二八〕吮　衍。今傳本説文：「吮，欶也。从口允聲。」
〔二九〕斫　玄卷十八釋此詞作「折」。今傳本説文：「剉，折傷也。从刀坐聲。」
〔三〇〕呵　玄卷十八釋此詞作「訶」。
〔三一〕譮　玄卷十八釋此詞作「謪」。
〔三二〕説文：從冈且聲　今傳本説文：「罝，兔网也。从网且聲。」
〔三三〕二　獅作「三」。　者　獅作「也」。玄卷十八釋此詞爲「者也」。
〔三四〕奴革、奴卓二反　玄卷十八釋此詞爲「女革、女卓二反」。
〔三五〕方二反　磧本玄卷十八釋此詞爲「畢二反」。
〔三六〕論文　玄卷十八釋此詞爲「説文」。
〔三七〕帽　玄卷十八釋此詞爲「帽等」。
〔三八〕上　獅和玄卷十八釋此詞作「下」。
〔三九〕桴　玄卷十八釋此詞作「捊」。
〔四〇〕瓢　玄卷十八釋此詞作「瓢」。
〔四一〕丘　玄卷十八釋此詞作「江」。
〔四二〕攕　據文意似作「櫼」。下同。
〔四三〕郎底反　玄卷十八釋此詞爲「郎牴反」。
〔四四〕也　玄卷十八釋此詞作「此」。
〔四五〕敞　玄卷十八釋此詞作「敞」。攴、攵相混。下同。
〔四六〕敦　玄卷十八釋此詞作「敦」。
〔四七〕揩　玄卷十八釋此詞作「指」。
〔四八〕歧　玄卷十八釋此詞作「岐」。
〔四九〕缾　玄卷十八釋此詞作「瓶」。
〔五〇〕鈸　玄卷十八釋此詞作「鈸」。
〔五一〕岠　玄卷十八釋此詞作「岠」。
〔五二〕三　玄卷十八釋此詞作「二」。
〔五三〕木　玄卷十八釋此詞作「不」。
〔五四〕蘗　玄卷十八釋此詞作「蘗」。
〔五五〕悖　玄卷十八釋此詞作「悖」。磧本玄卷十八釋此詞作「悖」，似作「悖」。
〔五六〕滐　玄卷十八釋此詞作「傑」，據文意似作「傑」。
〔五七〕横　玄卷十八釋此詞作「横」。
〔五八〕禹煩反　玄卷十八釋此詞爲「雨煩反」。
〔五九〕檢　玄卷十八釋此詞作「撿」。
〔六〇〕包　玄卷十八釋此詞爲「作勹」。
〔六一〕殼　玄卷十八釋此詞作「殼」。
〔六二〕枝　玄卷十八釋此詞作「枝」。
〔六三〕又　玄卷十八釋此詞作「此」。下同。
〔六四〕音　麗無，據玄卷十八釋此詞補。
〔六五〕眣　玄卷十八釋此詞作「眣」。
〔六六〕胛　玄卷十八釋此詞作「甲」。
〔六七〕膊　玄卷十八釋此詞作「膊」。
〔六八〕所誦　玄卷十八釋此詞爲「所項」。
〔六九〕字　玄卷十八釋此詞作「或」。
〔七〇〕萎　玄卷十八釋此詞作「餧」。
〔七一〕鏵　海本玄卷十八釋此詞作「釪」。
〔七二〕省此淮浦　今傳本毛詩爲「率彼淮浦，省此徐土」。
〔七三〕穿　玄卷十八釋此詞作「穽」。下同。
壟　玄卷十八釋此詞作「壅」。
〔七四〕溝瀆澮池之禁，凡害於同稼者　麗無，據磧本玄卷十八釋此詞補。
〔七五〕塹　玄卷十八釋此詞作「壍」。
〔七六〕嫡　玄卷十八釋此詞作「皺」。
〔七七〕皺　玄卷十八釋此詞作「皺」。
〔七八〕攵　玄卷十八釋此詞作「久」。
〔七九〕蠡　玄卷十八釋此詞作「蠡」。
〔八〇〕土　獅作「七」，磧本玄卷十八釋此詞作「士」。
〔八一〕小　麗無，據磧本玄卷十八釋此詞補。

〔八二〕百　玄卷十八釋此詞作「白」。
〔八三〕薜覓反　玄卷十八釋此詞爲「蒲覓反」。
〔八四〕謡　玄卷十八釋此詞作「謳」。
〔八五〕楚人謂柱碣曰礎市。碣音思亦反　市，似衍。玄卷十八釋此詞爲「楚人謂柱碣曰礎。碣音思亦反。」
〔八六〕蘆　玄卷十八釋此詞作「笳」。
〔八七〕弟黎多曷囉吒　玄卷十八釋此詞爲「弟黎多曷囉煞吒囉」。
〔八八〕人　玄卷十八釋此詞作「叉」。
〔八九〕此云護士。若女則名囉叉斯　麗無，據磧本玄卷十八釋此詞補。
〔九〇〕皤　玄卷十八釋此詞作「播」。
〔九一〕怾　玄卷十八釋此詞作「怾」。
〔九二〕昌志反　磧本玄卷十八釋此詞爲「尺志反」。
〔九三〕鬲　獅和玄卷十八釋此詞作「鬲」。
〔九四〕攕　磧本玄卷十八釋此詞作「櫼」。下同。
〔九五〕攕　玄卷十八釋此詞作「攕」。
〔九六〕與　今傳本漢書作「興」。也　玄卷十八釋此詞作「曰」。
〔九七〕享　玄卷十八釋此詞作「烹」。
〔九八〕正　玄卷十八釋此詞作「體」。
〔九九〕亦　據文意似作「木」。
〔一〇〇〕陵　磧本玄卷十八釋此詞作「鯪」。
〔一〇一〕直紙　磧本玄卷十八釋此詞爲「直紀」。
〔一〇二〕癈　玄卷十八釋此詞作「癈」。
〔一〇三〕搯　玄卷十八釋此詞作「掐」。下同。
〔一〇四〕堈　玄卷十八釋此詞作「堽」。
〔一〇五〕罳　玄卷十八釋此詞作「罳」。
〔一〇六〕儹　玄卷十八釋此詞作「濽」。
〔一〇七〕言　據玄卷十八釋此詞補。
〔一〇八〕煴　玄卷十八釋此詞作「熏」。
〔一〇九〕今　據玄卷十八釋此詞補。
〔一一〇〕備　玄卷十八釋此詞作「僬」。
〔一一一〕頸　玄卷十八釋此詞作「頭」。
〔一一二〕斯　玄卷十八釋此詞作「鵴」。
〔一一三〕居　磧本玄卷十八釋此詞作「鶋」。今本爾雅作「鶋」。蔣曰：「鶋當作鶋。」
〔一一四〕小而群飛　今傳本爾雅爲「小而多群」。
〔一一五〕癈　獅和玄卷十八釋此詞作「癈」。
〔一一六〕朴音孚豆也　玄卷十八釋此詞爲「朴音平豆反」。
〔一一七〕長　麗無，據磧本玄卷十八釋此詞補。
〔一一七〕以羽畫酒，飲即煞人　玄卷十八釋此詞爲「以羽畫酒即煞人也」。磧本玄卷十八釋此詞爲「以羽有毒用以畫酒飲之則死也」。
〔一一八〕夂　玄卷十八釋此詞作「久」。
〔一一九〕樸　玄卷十八釋此詞作「撲」。
〔一二〇〕鱉　玄卷十八釋此詞作「鱉」。
〔一二一〕嗐　獅作「嗐」。玄卷十八釋此詞作「窋」。
〔一二二〕狹　獅作「夾」。
〔一二三〕淺　玄卷十八釋此詞作「殘」。
〔一二四〕作此　玄卷十八釋此詞爲「此俗」。
〔一二五〕荅　玄卷十八釋此詞作「答」。
〔一二六〕骯　玄卷十八釋此詞作「髋」。
〔一二七〕狋　玄卷十八釋此詞作「狘」。
〔一二八〕疷　玄卷十八釋此詞作「疷」。
〔一二九〕疷　玄卷十八釋此詞作「疠」。
〔一三〇〕疷　玄卷十八釋此詞作「疥」。下同。
〔一三一〕鮭　今傳本經文作「鮭」。
〔一三二〕蒹　玄卷十八釋此詞作「蒹」。下同。
〔一三三〕箔　玄卷十八釋此詞作「簿」，似作「箔」。
〔一三四〕板桐、玄圃　玄卷十七釋此詞爲「枝桐、縣圃」。
〔一三五〕而僅反　玄卷十七釋此詞爲「而震反」。
〔一三六〕廣　磧本玄卷十七釋此詞爲「而證反」。
〔一三七〕癖　玄卷十七釋此詞作「癖」。
〔一三八〕如　麗無，據獅補。
〔一三九〕手　獅作「毛」。
〔一四〇〕癖　玄卷十七釋此詞作「癡」。
〔一四一〕所乙反　玄卷十七釋此詞爲「所乙反」。
〔一四二〕也　玄卷十七釋此詞作「色」。
〔一四三〕書　磧本玄卷十七釋此詞爲「老子」。
〔一四四〕毛詩草木疏　玄卷十七釋此詞爲「詩草木疏」。
〔一四五〕藠　玄卷十七釋此詞作「茁」。下同。
〔一四六〕蒹　玄卷十七釋此詞作「蒹」。下同。
〔一四七〕箔　玄卷十七釋此詞作「薄」。磧本玄卷十七釋此詞作「箔」。
〔一四八〕古甜反　玄卷十七釋此詞爲「古銜反」。
〔一四九〕今　麗無，據獅補。
〔一五〇〕夫主反　玄卷十八釋此詞爲「麩主反」。
〔一五一〕鱸　玄卷十八釋此詞作「鱺」。
〔一五二〕字詁：從金咸。今作針　玄卷十八釋此詞爲「字詁文針、箴，合作鍼」。

〔一五三〕亡各反　磧本玄卷十八釋此詞爲「忙各反」。

〔一五四〕聞　玄卷十八釋此詞作「間」。今傳本説文：「膜，肉間胲膜也。从肉莫聲。」

〔一五五〕處郵驛也　玄卷十八釋此詞爲「謂傳遽郵驛也」。

〔一五六〕燓　玄卷十八釋此詞作「焚」。

〔一五七〕剌　據文意似作「刺」。

〔一五八〕時　玄卷十八釋此詞作「田」。

〔一五九〕陀羅　破　據經文當以「陀羅破」立目。

〔一六〇〕跃　玄卷十八釋此詞作「跡」。

〔一六一〕封　玄卷十八釋此詞作「芻」。

〔一六二〕鸜　玄卷十八釋此詞作「鸜」。

〔一六三〕鑵　玄卷十八釋此詞作「擢」。

〔一六四〕肌　獅作「肌」。

〔一六五〕摧　玄卷十八釋此詞作「擢」。下同。

〔一六六〕毗　據文意似作「毗」。

〔一六七〕膍，人齎也　今傳本説文：「齎，毗齎也。」「膍，牛百葉也。」「毗，人臍也。」段注説文：「急就篇作膍，毗字叚借之用。」「膍」又作「肶」，肶、毗、毗形近，「膍，人齎也」似即「毗，人臍也」。

〔一六八〕地　麗無，據玄卷十八釋此詞補。

〔一六九〕察　麗無，據玄卷十八釋此詞補。

〔一七〇〕亦　玄卷十八釋此詞作「示」。

〔一七一〕夭　玄卷十八釋此詞作「矢」。下同。

〔一七二〕矢　玄卷十八釋此詞作「夰」。

〔一七三〕尸止反　玄卷十八釋此詞爲「尸旨反」。

〔一七四〕闕　玄卷十八釋此詞作「闚」。

〔一七五〕窺　玄卷十八釋此詞作「窺」。

〔一七六〕鑿　據文意補。　玄卷十八釋此詞作「鑿」。

〔一七七〕糲　玄卷十八釋此詞作「糲」。下同。今傳本説文：「鑿，糲米一斛舂爲九斗曰鑿。从毇丵聲。」

〔一七八〕鑿　玄卷十八釋此詞作「鑿」。下同。

〔一七九〕刺　玄卷十八釋此詞作「賴」。

〔一八〇〕酬　玄卷十八釋此詞作「訓」。

〔一八一〕苔　玄卷十八釋此詞作「荅」。

〔一八二〕吟　玄卷十八釋此詞作「唫」。

〔一八三〕浮　玄卷十八釋此詞作「浮」。

〔一八四〕指　玄卷十八釋此詞作「柏」。磧本玄卷十八釋此詞作「拍」。

〔一八五〕卹　玄卷十八釋此詞作「卹」。

〔一八六〕旬　據文意似作「旬」。

〔一八七〕也　據玄卷十八釋此詞補。

〔一八八〕扣劍　此條麗、獅本接排在「若訓」條下。

〔一八九〕叩也　玄卷十八釋此詞爲「音叩」。

〔一九〇〕古賣反　玄卷十八釋此詞爲「古罵反」。

〔一九一〕莫盤反　玄卷十八釋此詞爲「莫槃反」。

〔一九二〕義　玄卷十八釋此詞作「議」。

〔一九三〕也　據玄卷十八釋此詞補。

〔一九四〕微眠　玄卷十八釋此詞爲「帛曰」。

〔一九五〕金　麗無，據玄卷十八釋此詞補。

〔一九六〕初六反　玄卷十八釋此詞爲「敕六反」。磧本玄卷十八釋此詞爲「叱六反」。

〔一九七〕匧　據文意似當作「愿」。

一切經音義　卷第七十四

翻經沙門慧琳撰〔一〕

音佛所行讚經傳五卷　玄應
佛本行讚傳經七卷　玄應先音　慧琳重音
撰集百緣經十卷　玄應
出曜經二十五卷　玄應
賢愚經十五卷　玄應
僧伽羅刹集三卷　慧琳
右六集傳共六十五卷同此卷音

佛所行讚經傳　第一卷　玄應撰

治〔二〕矚　治㜌〔三〕反。通俗文：直視曰眙。經文作瞪，直耕反。二形通用。㜌音以證反。

緰(緰)〔四〕縵　字體作鞔，莫盤反〔五〕。鞔，覆也。經文作幔〔六〕、幔二形，並非也。

迢〔七〕遰　徒彫反，下徒帝反。左思吴都賦云：曠瞻迢遰。劉逵曰：迢遰，遠望懸絶也。

扈從　胡古反。扈，廣大也。[又爾雅云]〔八〕：亦使[也]〔九〕。養馬也。

頷頭　吾感反。廣雅：摇頭也。説文：低頭也。經文作頷〔一〇〕，非也。

脚聯　今作連，同。力然反。相聯續也。聲類：聯綿不絶也。説文：聯即連也。連及也。

侹直　他頂反。侹直，説文：長皃也。侹侹，正直也。

車軾　書翼反。軾高三尺三寸。説文：軾，車前也。儀禮：君軾之。鄭玄曰：古者亦(立)〔一一〕乘，軾謂小俛以禮主人也。

形褻　思列反。鄙陋也。褻，黷。私居非公會之服亦曰褻。

勖勵　虚玉反。勖謂勉勵也。方言：齊魯謂勉爲勖滋。勵，相勸勵也。

佛所行讚經傳　第二卷

睒睗　式冉反，下式亦反。睒睗，暫窺[疾]〔一二〕視不定也。經文作郝，非也。

襤褸　古文㯘(艦)〔一三〕，又作襤〔一四〕，同。力甘反。謂衣敗也。凡人衣破醜敝皆謂之襤褸也。

不躅　又作蠋，同。馳録反。漢書音義曰：軌躅，迹也。三輔謂牛蹄處爲躅也。

綢繆　直流反。詩云：綢繆束薪。傳曰：綢繆猶纏綿也。廣

雅：綢，韜也，纏也。韜音土勞反。

佛所行讚經傳　第三卷

樊籠　扶袁反。案樊即籠也。莊子「澤雉不祈畜於樊中」是也。樊，藩也。

轟轟　呼萌反。說文：群車聲也。

呼呷　呼甲反。說文：呷，吸。子虛賦云：呷吸翠粲。音義曰：衣起張也。經文或作唬呷。唬音呼交反。

裂眥　在計反。說文：目崖(眶)〔一五〕也。史記作睚眦〔一六〕。五賣反，材賣反。瞋目皃也。漢書作厓眥，並此義也。淮南子云「瞋目裂眥」是。

潩毒　蘇悶反。通俗文：水湓曰潩。埤蒼：潩，歕也。經文作喺，非也。歕音普悶反。

爲軔　又作杒，同。如振反。說文：礙車也。楚辭：朝朝〔一七〕發軔。王逸曰：軔，支輪木也。

風霽　子詣反。說文：雨止也。爾雅注云：南陽人呼雨止爲霽。

佛所行讚經傳　第四卷

羽葆　或作翍〔一八〕，同。補道反。謂合聚五色羽爲葆也。漢書「羽葆」是也。

火鎔　俞鍾反〔一九〕。說文：冶〔二〇〕器法也。漢書：猶金在鎔。應[劭]〔二一〕曰：鐵形也。

佛所行讚經傳　第五卷

冠衮　姑本反。爾雅：衮，黻也。郭璞曰：衮衣有黻文也。玄衣而畫以龍者也。經文作袞〔二二〕，非也。黻音甫勿反。

崦嵫　又作崦，同。猗廉反，下子辭反。山海經云：鳥鼠同穴山西[南]〔二三〕三百六十里，有山名崦嵫，日所入也。楚辭：望崦嵫而勿迫(迫)〔二四〕。王逸曰：山名。下有豪水，[水]〔二五〕中虞淵日所入也。

迄于　虛乞反。爾雅：迄，至也。

佛本行讚傳一部七卷　慧琳音

仙聖　上相然反。傳作仙〔二六〕，誤也。

澣濯　上胡管反。毛詩傳云：澣亦濯也。劉兆注公羊傳：去垢曰澣。經文作浣，俗字也。或誤作浣〔二七〕，非也。下直角反。廣雅：洗也。毛詩傳：滌也。說文：從水從翟。翟音直格反。

饕餮　上討刀反。杜注左傳：貪財爲饕。說文：從食從號。或作饕〔二八〕。今俗作叨。下他結反。杜注左傳：貪食爲餮。說文：從食從殄。經文作飻，俗字，亦通。殄音真忍反。

拍匊　上普伯反。說文：拍，拊也。從手從白。下弓六反。說文：匊，曲指捧物也。或作掬，古文作臼(𦥑)〔二九〕。傳文作掬，俗字也。

狐麑　上音胡，下五奚反。鄭注禮記：麑，鹿子也。

躁擾　上子到反。鄭注論語：躁，不安靜也。謚法曰：好變動民

曰躁。説文：從足從喿。喿音蘇到反。下而沼反。孔注尚書：擾，亂也。説文：煩也。從手從夒。夒音奴刀反。傳文從手從憂者，非也。

法渟　下狄丁反。埤蒼：渟渟，水止清也。

隗磊　上五磊反，下雷餧反。説文：隗磊，高皃。傳文作偎儡，非也。

牢鎧　上落刀反。顧野王云：牢，固也。廣雅：堅也。説文：從牛舟。舟取四面帀也[三〇]。下開改反。説文：鎧，甲也。

利鏃　宗木反。爾雅：鏃，鏑也。説文：剌(刺)[三一]也。剌(刺)音七四反。

爲竿　下葛罕反。或作笴。傳文作榦，非也。

金剛棐　下即髓反。傳文作棐，俗字。

言錍　必移反。説文：錍鍪，斧名也。鍪音子斯反。

黼黻　上方武反。爾雅：黼，繡也。考工記云：繢畫之事白與黑謂之黼。鄭注禮記：以羔與狐白雜爲黻文也。郭注爾雅：黼文畫爲斧形也。説文：從黹從甫。傳文作黼[三二]，非也。黹音知雉反。下芳勿反。考工記曰：繢畫之事黑與青謂之黻。爾雅：黻，章也。尚書「黼黻絺繡」是也。説文：從黹從犮。傳文作黼，非也。犮音盤鉢反。

峙立　持里反。説文：峙(峙)[三三]，行步不前也。從止從寺。或作峙。傳文從立作䇽，非也。

兜術宫　上𨴫侯反。傳文作兠，誤也。

踰於　上庾珠反。孔注尚書：踰，越也。博雅：遠也。或作逾。

鐵鍼　上天結反。説文：從金從𢧜。𢧜音田結反。傳文作鐵[三四]，俗字也。下汁林反。或作針，正作箴。

敷鮮　上撫無反。孔注尚書：敷，布也，又舒也。説文：從攴從尃。攴音普木反，尃音撫無反。下相然反。博雅：鮮，好也。字書云：凈也。

悸愁　上葵季反。廣雅：悸，怒也。説文：心動也。

管炛　上渠舉反。説文：管管，束草爇火以照之也。傳文作炬，亦同。下廣黄反。説文：光明也。從火在人上。光，明也。傳文作光，俗字也。

爲髖　下闊官反。埤蒼：髖、骯，骬也。廣雅：臀也。埤蒼：亦尻也。説文：髀也。傳文作臗，俗亦通。骯音五丸反，骬音可歌反，臀音徒門反，尻音考高反也。

駊騀　上博我反，下五可反。説文：駊騀，摇頭皃也。傳作駈也。

晃煜　上黄廣反。廣雅：晃，暉也。博雅：光也。説文：明也。下融祝反。廣雅：煜，熾也。説文：燿也。從火昱[三五]。傳文作昱，非也。昱音以祝反。

綩綖　上於遠反。毛詩：綩衣繡衣。注云：綩衣，纏衣也。蒼頡篇：紘也。下演錢反。杜注左傳：綖，冠上覆也。鄭注禮記：冕上覆也。説文：從糸從延。纏，直龍反。紘音户萌反。糸音覓壁反。

苗裔　以制反。孔注尚書：裔，來[三六]也。説文：從衣從冏。

曩久　諾朗反。賈注國語：曩，曏也。爾雅説文訓同。曏音許亮反。

年耆　渠夷反。禮記：六十曰耆。指使。傳：[指事使人也]。説文作耆。非也[三七]。

眼睞　下紫葉反。莊子曰：睞，目旁毛也。傳文作睫，俗字，亦通。

定鍸　尸(户)[三八]吴反。亦與瑚同也。

佛本行讚傳　第二卷

啁調　上陟交反。蒼頡篇：啁亦調也。説文：嘐也。傳文作嘲，俗字也。下條弔反。毛詩傳曰：調，以言相戲也。廣雅：相欺詆也。

跳跟　上狄寮反。蒼頡篇：跳，踊也。鄭注尚書大傳：謂步足不能相過也。説文：躍也。下古恩反。釋名：足後曰跟。説文：從足從艮。或作跟。

闌楯　上落寒反。蒼頡篇：闌，遮也。廣雅：牢也。説文：以木遮止人妄行也。從門從柬。傳文從木作欄，非也。下食尹反。漢書音義曰：殿上闌檻謂之楯。上林賦亦闌也。説文：從木從盾。柬音練，盾音楯也。

體皺　下側瘦反。韻略：皺，皮聚也。傳文作皺，俗字，亦通也。

上錠　丁定反。

蝡動　上閏準反。説文：蝡，蟲豸動皃。從虫從耎。傳文作蝡，非也。耎音而兖反。豸音池尔反。

光腨　上廣黄反，下遄耎反。説文：腨，腓腸也。從肉從耑。傳作踌，俗，亦通。腓音肥，腸音丈良反，耑音短鸞反。

髀上　上蒲米反。説文：髀，股外也。傳文多作胜者，非也。

僥天　上五寮反。

駛流　上師事反。蒼頡篇：駛，疾也。

臂傭　上卑義反。説文：手上曰臂。從肉從辟。下敕龍反。爾雅：傭，上下均也。傳文作牖，誤也。

螺縮　上落和反。説文：螺，蝸牛也。或作蠃。傳文作緺，誤。下所六反。

强梁　下力張反。傳作諒，非也。

次洟　上羨延反。説文：次，口液也。從水從欠。傳文作涎，俗字也。或作㳂，古文作㳄。下以脂反。毛詩傳：目液曰涕，鼻液曰洟。説文：從水從夷。今經文多作涕，訓目液也，非鼻液也。

胭匈　鷰賢反。廣雅：胭，喉也。或作臙，古文作咽。説文：從肉從因。下勗恭反。博雅：匈，臆也。説文：膺也。從勹從凶。傳文從匈從肉作胸，俗字通。勹音包。

羈勒　寄宜反。王逸注楚辭云：以革絡馬頭曰羈。博雅亦馬勒也。説文：從冈從馽。古文作䩭。下力得反。鄭注周禮：以白黑飾韋雜色爲勒也。説文：馬鑣銜也。鑣音表苗反。

金鞘　霄要反。方言也。鞘，刀劍之室也。或作鞘，古文多作削也。

珠弝　伯駕反。

炕燋　上康浪反。説文：炕，乾也。傳作亢，非也。下子遥反。廣雅：燋，傷火也。韻略：乾也。説文作焦。古文作雧也。

涕泣　上他禮反。毛詩：涕泗滂沲。注曰：目出淚也。説文：目液。下欽立反。説文：眼出淚之也。

目眩　玄麪反。蒼頡篇：眩，視不明也。博雅：目惑也。説文：目無常主。

燿然　上荒郭反。

癮疹　上殷謹反，下真忍反。考聲曰：癮疹，皮上風起也。説文：從疒從㐱。傳文從肉作隱肕，非也。疒音女戹反。㐱音真忍反。

佛本行讚傳　第三卷

擔輦　上耽濫反。字書：擔，負物也。說文：從手從詹。從木者，非也。下連展反。杜注左傳：駕人曰輦。說文：挽車也。從扶從車。車前引也。扶音伴也。

虺蛻　上暉鬼反。郭注爾雅「虺，身廣三寸，頭大，如人擘指。今又呼腹虺」是也。說文：從虫從兀。下吐外反。字林：蟬蛇解皮曰蛻也。虫音許鬼反。

勦疾　助爻反。毛詩注曰：勦，輕疾也。博雅曰：健也。

雜粈　下女救反。鄭注儀禮：粈亦雜也。爾雅、說文訓同。傳文作糅，義亦同耳。

馬鬬　都候反。蒼頡篇：鬬，争也。說文：遇也。兩相遇即鬬。從門從斲。門亦音當候反。斲音丁角反。傳文從門作鬪者，誤。門字從兩丮。丮音居逆反。

虎狼　上呼古反。顧野王曰：虎，齧人獸也。爾雅「漢宣帝時，南郡獲得白虎，獻其皮骨牙爪」是也。下朗堂反。說文：狼，似犬，鋭頭，白頰，高前，廣後。從犬從良。

脂肪　上旨夷反。鄭注禮記：脂，肥凝也。下倣房反。說文：肪，肥膏也。從肉從方。

躊足　上直猪反。韓詩：躊躇，猶躑躅也。躊音直留反，躑音呈石反，躅音重録[反]〔三九〕。

金筩　下動東反。

棱杵　上勒登反。

蹂踐　上耳由反。蒼頡篇：蹂亦踐也。禮記、尚書訓同。下錢剪反。鄭注禮記：踐，履也。言履而行之。說文云：從足從戔。戔音在寒反。

庭燎　上定丁反。說文：從广從廷。傳文從火作烶，非也。广音魚撿反，廷音庭。下力召反。鄭注禮記〔四〇〕：以麻爲燭。樹於門外曰大燭，於門内曰庭燎，所以照衆爲明也。說文作尞也。

孤幹　上古胡反。傳文作觚，非也。下葛罕[反]〔四一〕。正作榦，亦作竿，或作笴。傳文作幹，借音字也。

佛本行讚傳　第四卷

被氎　下簟協反。

撓攪　上呼高反。廣雅：撓，亂也。說文亦攪也。傳文作耗，非也。下交巧反。毛詩注云：攪，亂也。博雅：動也。說文：從手從覺聲也。

歎吒　下陟稼反。考聲曰：吒，彈舌作聲也。漢書：叱也。字書：恨怒也。說文：噴也。從口從乇。陟革反。傳文從宅作咤，非之也。

檄壓　上刑擊反，下烏甲反。

罕緻　上呼旱反。孔注論語：罕，希也。說文：從冈從干。傳文作罕，非也。下直利反。鄭注禮記：緻，密也。說文：從系（糸）〔四二〕。

羅閱祇城　緣雪反，下巨移[反]〔四三〕。

攡黑　理移反。

撩擿　上力彫反。博雅：撩，取也。說文：理也。下呈石反。說文：擿，投也。傳文作擲，俗，亦通用。

阿臘　藍荅反。

霹靂　上普覓反，下呂的反。爾雅：霹靂，雷震動聲。傳文作礔礰，非也。

拘睒　上矩愚反，下失冉反。梵語。

賓兔　奴侯反。

鸚鵡　上厄耕反，下無撫反。禮記「鸚鵡能言不離飛鳥」是也。前大般若經已具釋。説文作鴟。

豺豹　上鋤崖反，下包皃反。傳文作犲狗，非也。

龜鼈　上鬼追反。白虎通曰：龜，介蟲之長也。孔注尚書：尺二寸曰大龜，出九江水中。郭注爾雅：吴興郡楊羨縣有池，池中出三脚龜，亦有六眼龜，出地理志。説文：像形字也。下鞭滅反。山海經曰：從山多三足鼈。傳文作鱉，俗字也。説文：從黽從敝。黽音猛，敝音毗袂反。

鴝鵒　上具愚反，下音欲。顧野王曰：鴝鵒，似百舌鳥，頭兩毛角。考工記曰：鴝鵒不踰濟。傳文作鸜，俗亦通用也。

劈裂　上普覓反。埤蒼：劈，割也。説文：破也。從刀從辟。傳文作礔，非也。下音列。

佛本行讚傳　第五卷

深邃　下雖遂反。説文：邃，深遠也。從穴從遂。穴音胡决反。

創被　上楚霜反。借音字也。或作瘡，古文作刅也。

鐵著　上天結反。説文：從金從戴。田結反。下直略反。傳文從手作擆，非也。

遊獵　下廉輒反。賈注國語：獵，取也。説文：逐禽獸也。從犬從巤。傳文作獦，俗字也。巤亦音獵也。

谷廏　下久宥反。鄭注周禮：廏，馬舍也。傳文作廐，俗亦通也。

惠砯　上攜桂反。説文：從叀從心。下呂制反。山海經云：砯，磨石也。説文從石。傳文作礪，俗字，亦通。叀音遄卷反。

中眵　下侈支反。韻英云：眵，目汁凝結也。説文：目傷也。

挼手　乃和反。説文：挼，挱手相摩也。從手從妥。挱音蘇和反。妥音他果反。

撼頭　上含感反。廣雅：撼，動也。説文：摇也。從手從感也。

羈絆　上寄宜反。傳文作羇，非也。前第二卷已釋。下鉢判反。考聲曰：絆，繫兩足也。説文：馬縶也。案縶者，亦馬絆也。傳文從革作靽，非也。縶音知立[反]（四四）。

劍戟　下京逆反。聲類：戟，兵器也。鄭注禮記：今之三鐮戟也。周禮：戟長丈六。郭注方言曰：今戟中有小刺者名爲雄戟。説文：從戈倝（四五）也。傳文省作戟，俗字也。倝音古旦反。

如撲　普卜反。廣雅：撲，擊也。顧野王曰：撲猶打捶也。説文：從手從菐。菐音補木反。

佛本行讚傳　第六卷

捩撮　上憐結反。廣雅：捩，絞也。埤蒼：紐也。正作盭。下臧括反。説文：撮，手牽持也。

髣髴　上芳冈反，下霏不反。聲類：髣髴，見不審皃也。説文：從髟。髟音表苗反。

佛本行讚傳　第七卷

黭黮　上鴨檻反，下直感反。聲類：黭黮，深黑也。顧野王曰：

不明净也。説文：從黑從弇。傳文從黑作黤黮，俗字也。弇音淹揜反。

澹潤　上談濫反。廣雅：澹，飾也。説文：水揺動也。從水從詹。詹音職廉反。

把瓜　上白麻反，下居碧反。又詎縛反。蒼頡篇：瓜，搏也。説文：爪持也。或作攫，同。

號歎　上胡高反。博雅：號，大聲囂諠也。杜注左傳：哭也。説文：痛聲也。從号從虎。傳文作嘷，虎嘷聲，字非此義也。囂音許驕反。

寱語　上倪計反。聲類：寱，眠不覺妄言也。傳文從言作讛，非也。

盡聲　上津引反。

樓櫓　上魯侯反。爾雅：四方高曰臺，陝而修曲曰樓。説文：屋也〔四六〕。下盧古反。文字集略云：櫓，大楯也。博雅：亦城上樓也。

危脆　上魏爲反，下七歲反。廣雅：脆，弱也。説文：從肉從危省〔四七〕。

捔力　上江岳反。廣雅：捔，校也。

撰集百緣經　第一卷　玄應音

窳惰　臾乳反。嬾惰之謂也。爾雅：窳，勞也。郭璞曰：勞苦也（者）〔四八〕多惰窳也。

撰集百緣經　第四卷

鹿麛　又作麑，同。莫奚反。爾雅：鹿，牡麚，牝麀，其子麛。麚音加，麀音於牛反〔四九〕。

撰集百緣經　第七卷

塔棖　宅庚反。案棖猶柱也。浮图棖皆是也。説文：棖，材也〔五〇〕。

出曜經　第一卷

羽寶　宜作葆，又作翿，同。補道反。謂合聚五色羽名爲葆也。

呞嗽　古文噈，又作唼，同。子盍反。通俗文：入口曰呞。下又作嗽，同。所角反〔五一〕。三蒼：嗽，吮也。通俗文：合（含）〔五二〕吸曰欶也。

鵅鵂　尺脂反，下許牛反。爾雅：怪鴟。舍人曰：一名怪鳥，一名鵂鶹。南陽名鉤鵅也。

閃見　字書或作覘，同。式冉反。説文：閃，窺頭皃也。

県其首　古堯反。説文：倒首也。謂斷首倒懸竿頭肆其辜也。字或作梟。説文：不孝鳥也。冬至日捕梟磔之。從鳥頭在木上。二形通用也。

挻埴　或延反〔五三〕，下時力反。字林：挻，柔也。今言柔，挻也。亦擊也，和也。埴，土也。黏〔五四〕土曰埴。釋名云：土黄而細密曰埴。膩也。如脂之膩也。

以杼　又作竽，同。除呂反。説文：機緯者〔五五〕。即今筬也。

毗婆尸　此譯云種種見也。

操杖　粗勞反。説文：操，把持也。操，執也。

戢在　側立反。戢，歛也，聚也。説文：戢，藏兵器也。

出曜經　第二卷

蠅嚐　子臘反。說文：嚐，銜也。齧也。莊子「故蚊蝱嚐膚〔五六〕」是也。

叩地　苦後反。叩，擊也。

睆(皖)〔五七〕翳　還棧反。目內白翳病也。論文作完涇二形，非也。

烏鰄　於胡反，下又作鯽、鰤二形，同。才勒反。埤蒼：鰞〔五八〕鰂魚，腹中有骨，出南海郡〔五九〕，背有一骨，闊二寸[許]〔六〇〕，有鬐甚長，口中有墨，瞋即潠人。臨海記云：以其懷板含墨，故號小史魚也。

蟲齲　又作𤵸，同。丘禹反。說文：齲，齒蠹之也。

靈柩　渠救反。小爾雅云：棺有屍謂之柩，空棺爲櫬。柩之言究。白虎通曰：柩之言久也。人不復變也〔六一〕。

陶河　字宜作掏，徒刀反。中國言掏河，江南言鵜鶘，亦曰黎鶘。詩草木疏云「一名掏河」是也。鵜亦作鶇。郭璞注三蒼音黎。又大奚反。

白鷺　字書作鷺(鸕)〔六二〕，同。來故反。白鳥也。頭、翅、背上皆有長翰毛也。論文有作頜〔六三〕。鴒，胡骨反。

鸛雀　又作雚，同。古亂反。水鳥也。將陰雨即鳴也。

痱瘤　又作疕，同。蒱罪反〔六四〕，下力罪反。痱瘤，小腫也。今取其義也。

自摑　宜作攫，俱縛反。攫，裂也，持〔六五〕也。

骨幹　[字體作]〔六六〕骭，同。古岸反。廣雅：骭謂之肋。謂脅骨也。骭，正體。

誇無　苦華反。通俗文：自矜曰誇。謚法曰：華而無實曰誇也。

瘡痍　古文戧、办〔六七〕二形，今作創，同。楚良反。說文：創，傷也。下羊之反。通俗文：體創曰痍，頭創曰瘍也。

闔牡　亡後反〔六八〕。論文(說文)〔六九〕插關下牡也。案爲牡牝〔七〇〕所以封固關令不可開也。論文作母，非體也。

姧宄　古文窓、殳二字(形)〔七一〕，同。居美反。廣雅：宄，盗也。左傳：在内曰姧，在外曰宄。一云：亂在内曰宄。國語：竊寶爲宄，因宄之財爲姧也。

湔浣　子田反。下古文澣，同。胡滿反。湔，洒也。浣，濯之也。

向法次法　或言法次法向，謂無爲滅諦爲所向，有爲道諦爲能向。道諦次滅，故名次法，依道諦而行，亦言如說修行。

前庌　下五加(反)〔七二〕。廣雅：庌，舍也。說文：堂下同(周)〔七三〕屋曰廡。幽冀之人謂之序(庌)〔七四〕。今言廳庌是也。

傷惋　烏喚反。字略云：惋，歎。驚異也。

括括　又作筈，同。古活反。通俗文：箭頭曰筈。釋名云：括，會也，與弦〔七五〕相會也。

憑俟　皮冰反。三蒼：憑，依也。下古文竢、䇓、迉三形，同。床史反〔七六〕。爾雅：俟，待也。

紖繫　又作絼、緣〔七七〕二形，同。直忍反。謂牛鼻繩也。廣雅：紖，索也。

纓貫　於精反。說文：冠系曰纓。下士桓反〔七八〕。貫，穿也。論文作嬰環二形，非也。

寄客　奇驕反。字林：寄，寄也。廣雅：寄，客也。論文作僑，高也。僑，才也。僑非此義也。

出曜經　第三卷

燔燒　又作㸋，同。扶袁反。加火曰燔。燔，燒也。

於罝　古文䍦、[罝]〔七九〕二形，同。子邪反。爾雅：兔罟謂之罝(罝)〔八〇〕。郭璞曰：罝，遮也。遮取兔也。

漽漽　仕山、仕環二反。字書：漽湲，水流皃也。

蟄蟲　遲立反。説文：蟄，藏也。獸之淺毛若熊羆之屬亦皆蟄也。

出曜經　第四卷

親款〔八一〕　已(又)〔八二〕作款(欵)〔八三〕，同。口緩反。廣雅：款，愛也。蒼頡篇：款，誠重也。説文：款，意有所欲也。

愚惷〔八四〕　丁絳、傷恭二反。蒼頡解詁云：愚，無所知也。亦鈍也。惷，愚也。

頓躓　都困[反]〔八五〕，陟利反〔八六〕。頓，前覆也。躓，不利也。躓，礙〔八七〕也。

如孛　又作茀，同。蒲對反〔八八〕。人名也。

出曜經　第五卷

虎兕　又作𠙋、兕二形，同。徐姊反〔八九〕。山海經：兕狀如牛，蒼黑色。爾雅：兕似牛。郭璞曰：一角，青色，重千斤。説文：兕如野牛，青色，象形也。

跳趠　達澆反。謂懸擲也。下敕校、他弔二反。遠也。

詭嬈　居毁反。不實也，亦欺詐也。字林：乃了反。三蒼：嬈，弄也。謂嬈擾戲弄。

如槩　古代反。蒼頡篇：槩，平斗斛木也。江南行此音，關中工內反。

礌石　韻集音力輩反。謂以石投物也。今字者城〔九〇〕下石擊賊曰礌。論文作雷，假借音也。

刬治　又作鏟，同。初眼反。廣雅：刬，削也。聲類：刬，平也。

頼頭　普米反。説文：頼，傾[頭]〔九一〕也。蒼頡篇：不正也。廣雅：頼，邪也。論文作俾，非體也。

出曜經　第七卷

巡行　宜作循，似均反。説文：循，行也。爾雅：循，自也。自，從也。案此亦與巡字略同。

不革　古文革、愅、諽三形〔九二〕，同。古核反。革，更也，謂改更也。説文：獸去毛曰革。言治去毛變更之也，故字從口。口爲國邑，國三十年而法更別。取別異之意也。口音韋。

蒭稾　古文芻，同。測俱反，下古老反。小爾雅云：稈謂之芻，所以飤獸曰芻。生曰生芻，謂青稾也。説文：刈草也。蒼頡篇云：稾，禾稈也。論文作蒿，非也。

出曜經　第八卷

譏蚩　居衣反。廣雅：譏，諫也。説文：譏，誹也。下充之反。廣雅：蚩，輕也。蒼頡篇：蚩，相輕侮也。諫音刺。

求賂　力故反。謂以財物與人曰賂。賂，遺也。

怨譖　側禁反。廣雅：譖，毀也。三蒼：譖，讒也。一云：傍入曰譖也。

泄出　思列反。泄，溢也；發也；亦泄，漏也。

爨之　籀文爨，同。七亂反。三蒼：爨，灼也。字從臼持缶[九三]。缶，甑也。同(冂)[九四]爲竈口，𠬞(廾)[九五]以推柴内火字意也。𠬞(廾)音拱也。

怗然　字詁今作惵，同。他頰反。廣雅：怗，静也。謂安静也。亦怗，服也。

牛湩　竹用、都洞二反。通俗文：乳汁曰湩。今江南人亦呼乳爲湩。

瞉治　又作㱿，同。丈静、丈莖二反。謂磨㱿也。

八篅　示緣反[九六]，江南行此音。又上仙反，中國行此音。説文：判竹，圜以盛穀也[九七]。論文作簞，音丹，笥也。一曰小筐也。簞非此用。

黔毗　巨炎反。國名也。

企望　古文㪡，國(同)[九八]。祛跂反。通俗文：舉踵曰企。企亦望也。字從止。

出曜經　第九卷

培的　蒲來反[九九]。培，垣也。擁隄土[一〇〇]也。此應作埻的。諸尹反。通俗文：射堋曰埻。埻中曰的。

出曜經　第十卷

駏驉　巨虚二音，似騾而小，牛[父][一〇一]馬子也。

穄粟　子裔反[一〇二]。説文：穄，穈[一〇三]也。似黍而不粘者。關西謂之穈[一〇四]。穈[一〇五]音亡皮[反][一〇六]。

豋豆　又作蹬(蹬)[一〇七]、䝟二形，同。勒刀反。通俗文：野豆謂之豋豆也。形如大豆而小，色黄，野生，引蔓也。

如笮　側格反。案笮猶壓也。今笮出汁也。説文：笮，迫也。

摨須　敕佳反，又敕皆二[一〇八]反。人名也。

出曜經　第十一卷

右捽　存没反。説文：手持頭髮曰捽。捽亦擊也。

擬我　魚理反。字書：擬，向也。説文：擬，比也。度[一〇九]也。論文作俟，非之也。

六物　一僧伽梨，二鬱多羅僧，三安多會，四鉢多羅，五尼師壇，六針筒也。

鼾聲　下旦反。説文：卧息聲也。字苑呼干反，江南行此音。

胆蟲　字林：千余反。通俗文：肉中蟲謂之胆，蠅乳肉中也。論文作蛆，子余反。蝍蛆也。

出曜經　第十二卷

孜汲　子辭反，下居及反。廣雅：孜、汲，遽也。説文：汲汲，急行也。

耳錘　直僞反。方言：錘，重也。

援盾　禹煩反[一一〇]，下食尹反。援，引也，攀援也。盾，排也。

拼直　補耕反。謂彈繩墨爲拼也。

出曜經　第十四卷

頷車　又作顄，同。胡感反。頤下也。釋名：頷，含也。口含物之車也。或曰輔車，其骨强所以輔持口也。或曰牙車，牙所載也。或言頰車，亦所載頰也。凡繫於車者皆取在下載上物也。俗名顩車。音公盍反。吴會曰頷（頷）〔一一一〕頓。頓，苦姑反。論文或作頓也。

小凷　古文作凷，今作塊，同。苦對反。爾雅：塊，塩也。土塊也。結土也。塩音普逼反。

躓礙　音致。通俗文：事不利曰躓，限至曰礙。

出曜經　第十五卷

左衽　而鴆反〔一一二〕。蒼頡解詁云：謂裳際所及交列者也。或云衣衿也。一名袟，音跌也。

劍桴〔一一三〕　扶流反。十六大國名也。

葵藿　呼郭反。葵葉也，隨日者也。豆藿等皆是也。

誣笑　武于反。説文：誣，加言也。亦欺也。以惡取善曰誣。

蹶躓　巨月、居月二反。説文：僵，蹶也〔一一四〕。僵卧也。廣雅：躓，蹋也，頓也。

出曜經　第十六卷

迦藍浮王　或作迦利王，或言歌利王，正言羯利王，此云鬪諍王。

杼（抒）〔一一五〕船　時汝、除吕二反。廣雅：杼（抒），舀。泄出也。舀音弋沼反〔一一六〕。韘，舀也。韘音九万反。説文：韘，杼（抒）漏之也。

出曜經　第十七卷

博掩〔一一七〕　博，戲也。用六箸六棊謂之六博。掩，圍棊也。纂文云：撲掩，跳踐戲也。俗謂之射意。一曰射數。又博戲，掩取財物也。

炰煮　方婦反。字書：少汁煮曰炰，火熟曰煮。

頑魯　力古反。論語：參也魯。孔安國曰：魯，鈍也。論文作鹵，非體也。

出曜經　第十八卷

黤黮　烏感反、他感反。蒼頡篇：黮〔一一八〕，深黑不明也。説文：青黑。

如圈　求晚反。蒼頡篇：圈，檻類也。説文：養畜閑（閑）〔一一九〕也。閑，闌也。

澆濽　又作𡇒，濺二形，同。子旦反。説文：水污灑也。史記：以五步之内以頸血濺大王衣。作濺字。

出曜經　第十九卷

梁棧　三蒼作䟃，同。仕諫反。説文：棧，棚也。通俗文：板閣曰棧也。

搦箭　又作搦〔一二〇〕，同。女卓〔一二一〕、女革二反。搦，捉也。説

文：搦，按也。

泓然　一宏反。都盡也。說文：泓，下深大也。今取其義也。

謾誕　莫官反〔一二二〕，下達坦反。說文：謾，欺也。不信也。誕，大也。不實也。

賢愚經　玄應撰

賢愚經　第一卷

懇惻　古文詎〔一二三〕，同。口很反。通俗文：至誠曰懇。懇亦堅忍也。下古文恖，同。楚力反。廣雅：惻，悲也。說文：惻，痛也。

刓炙　烏桓反。謂以刀决（抉）〔一二四〕肉曰刓。炙，灼也。灼，爇也。

王薨　呼弘反。廣雅：薨，凶（亡）〔一二五〕也。釋名：大夫曰卒，諸侯曰薨。亦頓壞也。白虎通曰：崩、薨皆周制也。

僉然　此廉反。爾雅：僉、咸，皆也。方言：自關而東五國之都謂皆爲僉也。

悒悒　於急反。字林：悒悒，不安也。蒼頡篇：悒悒，不舒之皃也。

口噤　古文唫，同。渠錦反。噤，閉也。通俗文「口不開曰噤」是。

諺言　宜箭反。說文：傳言也。謂傳世常言也。

昞著　古文昺、苪二形，今作炳，同。碧皿反。廣雅：昺，明也。

賢愚經　第三卷

俛仰　無辯反。俛，低頭也。言閔默不已也。

澡盥　古緩反。說文：澡手也。凡盥洗者亦曰盥也。字從臼水臨皿上也。臼音居六反。兩手奉物也。

斠格　今作角，同。古學反。角，試也，角力也。格，量度也。字從木。

譽張　義（羲）〔一二六〕鎮反。爾雅：頒屬獸曰譽。郭璞曰：言自奮迅也。謂氣體所頒。

亘川　歌鄧反。詩云：亘之秬秠。箋云：亘，遍也。亦意（竟）〔一二七〕之也。

肥脆　清歲反。說文：少血易斷也〔一二八〕。廣雅〔一二九〕：脆，弱也。亦㥯〔一三〇〕也。經文作膬、䐑二形，非體也。

賢愚經　第四卷

騰羡　徒登反。說文：騰，傳也。騰亦乘也。廣雅：騰，奔也。傳音知戀反。謂傳處郢〔一三一〕驛也。

眩瞤　胡遍反，莫報反。國語：有眩瞤之疾。賈逵曰：眩瞤，顛瞤也。

叵我　普我反。謂搖動不安也。經文作距哦（䟕）〔一三二〕，或作岠峨，皆非也。

爲膗〔一三三〕　呼各反。說文：肉羹也。謂有菜曰羹，無菜曰膗也。

厭㤥　胡代反。通俗文：患愁曰㤥。㤥，亦苦也，恨也。今猶言患㤥，以有所苦也。

激切　公的反。感也。楚辭：或清激事無所通。王逸曰：激，感也。

如掊　蒲交反。通俗文：手把曰掊。字從手音聲。經文作刨，近字也。音音妨走反。

毦衣　而容反。字林：毛罽也。纂文云：毦，以毛爲飾也。

搔蛘　桑勞反。説文：搔，刮也。搔亦抓也。經文作瘙，桑到反，疥也。下餘掌反。説文：搔蛘不搔是也[一三四]。字從虫從羊。今皆作癢。經文作痒，似羊反。字林：痒，病名也。痒非此義也。

賢愚經　第五卷

痈病　核間反。聲類：小兒瘨也。説文：風病也。

俒伅　又作混伅(沌)[一三五]，同。胡損、徒損反。通俗文：大而無形曰俒伅也。

賢愚經　第七卷

妐言　七容反[一三六]。釋名云：妐[一三七]者言是己所敬，見之妐妐，自齊肅也。

鎮煞　陟陣反。説文：鎮，壓也。經文作填，音田。填非此義也。

忠恪　古文窓，同。苦各反。尚書：恪謹天命。孔安國曰：恪，敬也。字林：恪，恭也。

銜穗　凡作采，同。辭醉反。説文：禾成秀，人所收者也。

橋宕　徒浪反。宕猶上也。高昌人語之訛耳。

罔然　古文罔、四[一三八]二形，同。無往反。罔，罔然無知意也，亦惶遽之皃也。經文從心作惘，近字。

囟上　古文㐰、脖二形，同。先進、先恣二友(反)[一三九]。説文：頭會堖(腦)[一四〇]蓋也。額空也。經文作顖[一四一]，未見所出。

賢愚經　第八卷

圖苗　靡驕反。謂未成也。蒼頡篇：禾之未秀者曰苗。今取其義。此應俗語耳，宜作規摹。謂未施采者，用土木等爲知(規)[一四二]摹也。

析體　思狄反。析猶分析也。字從木從斤，謂以斤分木爲析也。今俗作皆從斤也。

覈身　胡革反。覈，礙[一四三]也。經文作檄[一四四]，口的反[一四五]。檄，擊。檄非此義也。

賢愚經　第九卷

卓犖　力角反。謂奇異也。

騷騷　蘇勞反。説文：騷，擾也。又摩馬也。亦大疾也。字從馬。經文從手作搔，非體也。

歘然　所力反。埤蒼：恐懼也。通俗文：小怖曰歘也。

賢愚經　第十卷

勦子[一四六]　仕交反。便捷也。謂勁速勦健也。説文作魑。廣雅：魑，捷也。聲類：魑，疾也。

挫捩　祖卧反。挫，折也。謂折其鋒也。説文：挫，摧也。捩音力結反也。

麽小　莫可反。細小曰麽。經文作尛，近字也。

釵股　楚佳、公户反。脛本曰股，取其義也。

繼邁 古帝、莫敗反。繼，續也。邁，往也。謂相續而往也。

咆哮 蒲交、呼交反。説文：咆，嗥也。哮，驚也。亦大怒也。

賢愚經 第十一卷

怮惕 之若、耻擊反。怮，憂懼也，亦痛也。惕，愁也，亦憂也。

賢愚經 第十二卷

孤煢 古文惸、傑[一四七]二形，同。巨營反。傑[一四八]，單也。無兄弟曰傑也。謂煢煢然也。

施罟 孤户反。易云：結繩爲罟，以畋以漁。罟，網也。經文或作罝，子邪反。罝亦網也。二形隨作也。

黈比 補丹反。字林：黈，部也。亦黈類也。經文作般，假借非體也。

滐水 乙鈔反。謂揾入水中也。滐，没也。

賢愚經 第十三卷

斒爛 又作斑[一四九]、玢二形，同。補間反。下又作𤕝，同。力寒、盧間二反。埤蒼：文皃也。文章成謂之斒爛。經文作斑蘭，非體也。

健辟 脾役反。謂便辟捷[一五〇]勇也。

賢愚經 第十四卷

廁圂 胡困反。釋名云：廁，言人雜廁在上也。或曰圂，言溷濁也。或曰清[一五一]，言至穢處宜當修治潔清也。

摒諸 卑政、都浪又(反)[一五二]。謂掃除也。廣雅：摒，除也。

彰然 又作竫、竨、姘、静四形，同。自井反。謂安定也，息也，亦無聲曰静。説文：彰，清飾也。彰，潔之也。

腹潰 古文殨，同。胡對反。説文：潰，漏也。亦旁決曰潰也。

越牆 他弔反。跳，躑也。韻集：越，越也。經作超，非體也。

蜂蠱 又作蠭[一五三]，同。匹凶反。或作香蠱。説文：螫人者。經文作乘，此應誤也。應作香。經中有作香蠱。螫音釋。

弈奕[一五四] 余石反。弈弈，光明之德也。廣雅：奕，盛也。字體從大。經文從廾作弈。博奕也。亦非字體。廾音巨凶反。

賢愚經 第十五卷

種稗[一五五] 一本作稷。

利躓 古文懥、躓二形，今作疐，同。陟利反。通俗文：不利曰躓。限至曰礙也。

賢愚經 第十六卷

財賄 古文賄[一五六]，同。呼罪反。財貨曰賄。賄亦財也。通俗文：財帛曰賄。周禮：通貨賄。鄭玄曰：金玉曰貨，布帛曰賄。

蠱道 公户反。聲類：弋者反。謂行蠱毒也。

賖貰 始遮反，下時夜反。説文：貰，買也。貰，貸也。廣雅：貰，賖也。

陶演　徒刀反。詩云：憂心且陶。陶，暢也。暢，達也。
荼迦　直加反〔一五七〕。經文從足作𨂰，非也。

僧伽羅刹集三卷　序　慧琳撰

巨絙　下亘恒反。楚辭：絙，急張弦也。説文：糸也。從糸恒聲也。
僧伽跋澄　盤鉢反。下音澄。楚語西國僧名也。

僧伽羅刹集　上卷

揔〔一五八〕猥　上宗董反。考聲：揔，都也，攝也。廣雅：最，皆也。結也。説文：聚束也。從手忽聲。下猥賄反。
躇步　上佇猪反。博雅云：躊躇，猶豫也。考聲云：不即行也。古今正字：從足著聲。
粗獷　下古猛反。集訓云：獷，犬惡不可附近也。説文：從犬廣聲。
麋鹿　下靡碑反。説文：糜（麋）〔一五九〕，鹿屬也。冬至日解角。從鹿米聲也。
這入　上言件反。字書云：這，迎也。文字典説：從辵言聲也。
僂曲　上良主反。杜注左傳：傴僂，身曲也。説文：尩也。從人婁省聲。經從疒作瘻，非也。
顰蹙　下酒育反。左傳云：蹙，促也。廣雅云：急也。迫也。考聲：聚也。文字典説：從足戚聲。經從頁作顣，非也。
爲枕　下針荏反。説文：枕，卧時頭薦（薦）〔一六〇〕也。從木冘聲也。

僧伽羅刹集　中卷

木栅　下初革反。説文：栅，編豎木也。從木册聲。册字象形。經作柵，俗字也。
彼塹　下妾艷反。考聲云：長坑也。
爲鎧　下開愛反。説文：鎧，甲也。從金豈聲。
跱立　上持里反。説文：跱，行步不前也。爾雅：室中行也。或作峙。從足寺聲也。
頸短　下端管反。説文：不長也。蒼頡篇：促也。從矢從豆。經從手作⿰扌豆，非也。
憺怕　上談濫反。顧野王云：憺，恬静也。王逸注楚辭云：憺，安也。文字典説：從心詹聲。下普白反。廣雅云：怕，静也。説文：怕，無爲也。從心白聲。經從水作淡泊，非也。
蔭蓋　上邑禁反。國語云：木有枝葉猶庇蔭人也。説文：草陰地也。從艸陰聲也。下葛艾反。尚書云：蓋，掩也。考聲：覆也，苫也。從艸盍聲也。
雲曀　下伊計反。爾雅云：陰而風爲曀也。文字典説：從日壹聲也。
煒煒　爲委反。説文：煒，盛明也。從火韋聲。經文作⿰火韡，非也。
有皺　下側救反。文字典説：皺，皮寬也。聚也。從芻皮聲。經作⿰芻羽，俗字也。
眼䀹　下子葉反。説文：䀹，目傍毛也。蒼頡篇：皆毛也。從目夾聲。經作⿰足疌，俗字也。
瘡痍　下以脂反。周易云：痍，傷也。説文：從疒夷聲也。
鶡鴠　上寒葛反。郭注山海經云：鶡，似雉而大，青色，有毛角，

鬬一死乃止。漢書音義：鶡，一名蘇，以其尾爲武士帽也。古今正字云：鶡鷄出上黨。從鳥曷聲。下俾彌反。郭注爾雅云：鵯，烏也。小而多，腹下白者。江東呼爲鵯烏也。形聲字也。

羯鞞　上居謁反。梵語也。經作羯，非之也。

垂埵　下都果反。考聲：埵，高也。其形高故以爲名也。說文：從去(土)垂聲[一六一]。經從王作瑤，音姚，非。

傭䯗　上寵龍反。郭注爾雅：傭，齊等也。說文：均直也。從人庸聲。下鼙米反。文字典說云：䯗，股外也。從骨坒聲。或作髀。經從肉作膗髀，並俗字也。

踹腸　上遄兗反。字書云：踹謂腓腸也。古今正字：從足耑聲。或作腨字。腓音扶非反。

蝡動　上閏準反。考聲云：無足曰蝡，有足曰蟲也。說文：從虫耎聲也。

僧伽羅刹集　下卷

朿刺　下此漬反。方言：凡草木刺人謂之刺也。說文云：刺，直傷也。從刀朿聲也。

鴦崛鬘　上鞅鄉反，下慢斑反。梵語。經作瞀，非也。

傾俹　下鵶駕反。字書云：俹，倚也。文字典說：從人亞聲。

脚躡　下黏輒反。廣雅云：履，躡也。謂機下足所履之躡也。蒼頡篇：躡，蹀也。說文：躡，蹈也。從足聶聲也。

齧唇　上研結反。禮記云：無齧骨。說文：齧，噬也。從齒㓞聲。㓞音苦八反。

霹靂　上匹覓反，下靈的反。文字典說云：霹靂，大雷擊物也。從雨，辟、歷皆聲也。經從石作礔礰，俗字也。

㱃此味　上邑錦反。說文：㱃，歠也。從欠酓聲。歠音川悅反。經從肉作肷，非也。古文奇[字][一六二]作汆也。

三㕒　醉唯反。爾雅音才規反。郭注云：山峰頭巉嵒也。韻詮云：㕒者，山巔之狀也。從厂。厂音漢。經從疒，非。

睥睨　上普計反，倪計反。禮記：睥睨視之猶以爲遠也。說文：邪視也。從目，卑、兒皆聲也。經從人作俾倪，非之也。

鐙明　上得滕反。漢書云：夜椖燈燭蘭膏所燃火也。通用從火作燈。文字典說：從金登聲也。

摩鍮羅　鍮音他婁反。梵語也。

菀莛　上於遠反，下以旃反。假借字也。若取字義即乖經意。案菀莛，地褥也，郎(即)[一六三]僻莛也。俗呼爲地衣、毛錦是也。經作婉蜒，字體文義俱乖，今不從。後傳寫者宜從草之也。

韁絆　上居良反。集訓云：韁，馬緤。繫馬繩也。說文作繮，形聲字也。從革畺聲。下般漫反。說文：絆，馽也。馽音知立反。從系(糸)[一六四]半聲。經從革作靽，非也。

懊惱　上隩浩反，下猱老反。考聲云：懊惱，痛恨也。集訓云：心內結怨也。經作憹，俗用，非也。

阿僑　商[一六五]陸反。梵語不切也。正梵音輸迦居，云無憂王，古譯名阿育王。

一切經音義　卷第七十四

校勘記

〔一〕翻經沙門慧琳撰　各本無，據此書體例補。

〔二〕治　獅作「眙」。

〔三〕婈　玄卷二十釋此詞作「媵」。下同。

〔四〕絅　獅作「綗」，玄卷二十釋此詞作「細」。

〔五〕莫盤反　玄卷二十釋此詞爲「莫槃反」。

〔六〕暥　玄卷二十釋此詞作「嘕」。

〔七〕迢　玄卷二十釋此詞作「苕」。下同。

〔八〕又爾雅云　麗無，據磧本玄卷二十釋此詞補。

〔九〕也　麗無，據玄卷二十釋此詞補。

〔一〇〕頷　玄卷二十釋此詞作「鴿」。

〔一一〕亦　今傳本儀禮鄭玄注作「立」。

〔一二〕疾　據玄卷二十釋此詞補。

〔一三〕慍　據文意似作「轞」。

〔一四〕襤　玄卷二十釋此詞作「襤」。

〔一五〕崖　磧本玄卷二十釋此詞作「睚」。

〔一六〕眦　玄卷二十釋此詞作「眥」。

〔一七〕朝　似衍。玄卷二十釋此詞無。

〔一八〕犰　玄卷二十釋此詞作「犰」，據文意似作「犰」。

〔一九〕俞鍾反　玄卷二十釋此詞爲「榆鍾反」。

〔二〇〕冶　玄卷二十釋此詞作「冶」。今傳本説文：「鎔，冶器法也。从金容聲。」

〔二一〕劭　麗無，據磧本玄卷二十釋此詞補。

〔二二〕砦　玄卷二十釋此詞作「貲」，似當作「砦」。

〔二三〕南　麗無，據玄卷二十釋此詞補。

〔二四〕迫　玄卷二十釋此詞作「迫」。

〔二五〕水　麗無，據玄卷二十釋此詞補。

〔二六〕仙　據文意似作「仚」。

〔二七〕經文作涚，俗字也。或誤作涚　據文意似爲「經文作涚，俗字也。或誤作涚」。

〔二八〕饕　據文意似作「饕」。

〔二九〕臼　據文意似當作「臼」。今傳本説文：「臼，舂也。」「臼，叉手也。」

〔三〇〕從牛舟，舟取四面帀也　今傳本説文：「牢，閑，養牛馬圈也。从牛，冬省，取其四周帀也。」

〔三一〕剌　據文意當作「刺」。下同。今傳本説文：「鏃，利也。」

〔三二〕黼　據文意當作「黼」。

〔三三〕峙　據文意當作「峙」。今傳本説文：「峙，躇也。从止寺聲。」又今傳本説文：「躇，峙躇，不前也。从足屠聲。」今傳本説文無「峙」。

〔三四〕鐵　據文意似作「鐵」。

〔三五〕説文：燿也。從火昱　今傳本説文：「煜，熠也。从火昱聲。」

〔三六〕來　今傳本孔注尚書作「遠」。

〔三七〕指事使人也　各本無，據今傳本禮記補。

非也　此句疑有脱文，似爲「作某，非也」。

〔三八〕尸　據文意當作「户」。

〔三九〕反　麗無，據文意補。

〔四〇〕禮記　據阮元校刻十三經注疏當爲「周禮」。

〔四一〕反　麗無，據文意補。

〔四二〕系　據文意當作「糸」。今傳本説文：「緻，密也。从糸致聲。」

〔四三〕反　麗無，據文意補。

〔四四〕反　麗無，據文意補。

〔四五〕戟　獅和今傳本説文作「軓」。下同。

〔四六〕説文：屋也　今傳本説文：「樓，重屋也。」

〔四七〕省　衍。

〔四八〕也　玄卷十九釋此詞作「者」。

〔四九〕爾雅：鹿，牡麚，牝麀，其子麛。麚音加，麀音於牛反　玄卷十九釋此詞：「爾雅：鹿牝麛，牡麀，其子麛麚，音加。麀音於牛反。」今傳本爾雅：「鹿，牡麚，牝麀，其子麛。」

〔五〇〕説文：棖，材也　今傳本説文：「棖，杖也。」

〔五一〕所角反　玄卷十七釋此詞爲「山角反」。

〔五二〕合　磧玄卷十七作「含」。

〔五三〕或延反　獅爲「式延反」。

〔五四〕黏　玄卷十七釋此詞作「粘」。

〔五五〕説文：機緯者　玄卷十七釋此詞爲「説文：機持緯者」。今傳本説文：「杼，機之持緯者。」

〔五六〕故蚊蝖嚼膚　玄卷十七釋此詞爲「蚊蝖嚼膚」。

〔五七〕晥　磧本玄卷十七釋此詞作「皖」。

〔五八〕鴝　獅作「鴝」。

〔五九〕南海郡　玄卷十七釋此詞爲「南郡」。

〔六〇〕許　麗無，據玄卷十七釋此詞補。

〔六一〕人不復變也　玄卷十七釋此詞爲「不久復

變也」。磧本玄卷十七釋此詞爲「久不復變也」。

〔六二〕鷁　玄卷十七釋此詞作「鷊」。

〔六三〕頌　據文意當作「鴿」。

〔六四〕蒱罪反　玄卷十七釋此詞爲「蒲罪反」。

〔六五〕持　玄卷十七釋此詞作「搏」。

〔六六〕字體作　麗無，據玄卷十七釋此詞補。

〔六七〕办　玄卷十七釋此詞作「刅」。

〔六八〕亡後反　磧本玄卷十七釋此詞爲「忙後反」。

〔六九〕論文　玄卷十七釋此詞爲「説文」。今傳本説文：「闇，闔下牡也。从門龠聲。」

〔七〇〕牡牝　玄卷十七釋此詞爲「牝牡」。

〔七一〕字　玄卷十七釋此詞作「形」。

〔七二〕下五加　玄卷十七釋此詞爲「五下反」。

〔七三〕同　玄卷十七釋此詞作「周」。今傳本説文：「廡，堂下周屋。」「庌，廡也。」

〔七四〕序　獅作「庌」。

〔七五〕弦　玄卷十七釋此詞作「絃」。

〔七六〕床史反　玄卷十七釋此詞爲「事几反」。

〔七七〕緣　玄卷十七釋此詞作「綠」。

〔七八〕下士桓反　玄卷十七釋此詞爲「下古桓反」。

〔七九〕置　據玄卷十七釋此詞補。

〔八〇〕罟　玄卷十七釋此詞作「罝」。

〔八一〕款　玄卷十七釋此詞作「欵」。下同。

〔八二〕已　玄卷十七釋此詞作「又」。

〔八三〕款　玄卷十七釋此詞作「欵」。

〔八四〕惷　「惷」俗寫。

〔八五〕反　麗無，據文意補。

〔八六〕陟利反　玄卷十七釋此詞爲「陟示反」。

〔八七〕礙　玄卷十七釋此詞作「㝵」。

〔八八〕蒱對反　玄卷十七釋此詞爲「蒲對反」。

〔八九〕徐姊反　玄卷十七釋此詞爲「徐里反」。

〔九〇〕字者城　玄卷十七釋此詞爲「守城者」。

〔九一〕頭　據磧本玄卷十七釋此詞補。

〔九二〕古文革、悼、諱三形　玄卷十七釋此詞爲「古文萁、革、諱三形」。

〔九三〕缶　玄卷十七釋此詞作「缶」。下同。

〔九四〕同　玄卷十七釋此詞作「冂」。

〔九五〕収　玄卷十七釋此詞作「廾」。下同。

〔九六〕示緣反　玄卷十七釋此詞爲「市緣反」。

〔九七〕説文：判竹，圓以盛穀也　今傳本説文：「篅，以判竹圜以盛穀也。」

〔九八〕國　玄卷十七釋此詞作「同」。

〔九九〕捕來反　玄卷十七釋此詞爲「蒲來反」。

〔一〇〇〕隄土　玄卷十七釋此詞爲「土隄」。

〔一〇一〕父　據玄卷十七釋此詞補。

〔一〇二〕子裔反　獅爲「子齊反」。

〔一〇三〕穈　玄卷十七釋此詞作「穈」。今傳本説文：「穄，䵖也。从禾祭聲。」

〔一〇四〕穈　玄卷十七釋此詞作「穈」。磧本玄卷十七釋此詞作「穈」。

〔一〇五〕穈　玄卷十七釋此詞作「穈」。

〔一〇六〕反　麗無。據獅補。

〔一〇七〕蹽　玄卷十七釋此詞作「蹽」。

〔一〇八〕二　似衍。

〔一〇九〕度　獅作「意」。今傳本説文：「擬，度也。」

〔一一〇〕禹煩反　磧本玄卷十七釋此詞爲「禹元反」。

〔一一一〕領　獅作「頜」。

〔一一二〕而鳩反　玄卷十七釋此詞爲「而甚反」。

〔一一三〕桴　玄卷十七釋此詞作「捊」。

〔一一四〕説文：僵，蹶也　今傳本説文：「蹶，僵也。」

〔一一五〕杼　磧本玄卷十七釋此詞作「抒」。下同。

〔一一六〕舀音弋沼反　玄卷十七釋此詞爲「舀音弋紹反」。

〔一一七〕博掩　玄卷十七釋此詞爲「掩博」。

〔一一八〕魅　玄卷十七釋此詞爲「魑魅」。

〔一一九〕閇　玄卷十七釋此詞作「閑」。

〔一二〇〕皷　玄卷十七釋此詞作「鼓」。

〔一二一〕卓　獅作「車」。

〔一二二〕莫官反　玄卷十七釋此詞爲「莫諫反」。

〔一二三〕詪　玄卷十二釋此詞作「詪」。

〔一二四〕决　玄卷十二釋此詞作「抉」。

〔一二五〕凶　玄卷十二釋此詞作「亡」。

〔一二六〕義　玄卷十二釋此詞作「義」。

〔一二七〕意　磧本玄卷十二釋此詞作「竟」。

〔一二八〕説文：少血易斷也　今傳本説文：「脃，小耎易斷也。」

〔一二九〕廣雅　獅爲「爾雅」。

〔一三〇〕愞　玄卷十二釋此詞作「耎」。

〔一三一〕郋　即「郵」。

〔一三二〕哦　玄卷十二釋此詞作「䖸」。

〔一三三〕 臃　玄卷十二釋此詞作「臛」。下同。

〔一三四〕 説文：搔蛘不搔是也　磧本玄卷十二釋此詞爲「説文：搔蛘也。禮記『寒不敢襲，蛘不敢搔』是也」。

〔一三五〕 伅　玄卷十二釋此詞作「沌」。

〔一三六〕 七容反　玄卷十二釋此詞爲「之容反」。

〔一三七〕 松　磧本玄卷十二釋此詞作「伀」。下同。

〔一三八〕 罒、四　玄卷十二釋此詞爲「罡、网」。

〔一三九〕 友　獅作「反」。

〔一四〇〕 堖　玄卷十二釋此詞作「腦」。

〔一四一〕 顒　玄卷十二釋此詞作「顒」。

〔一四二〕 知　磧本玄卷十二釋此詞作「規」。

〔一四三〕 礙　玄卷十二釋此詞作「㝵」。

〔一四四〕 檄　玄卷十二釋此詞作「撽」。下同。

〔一四五〕 口的反　玄卷十二釋此詞爲「口弔反」。

〔一四六〕 子　玄卷十二作「了」。

〔一四七〕 㹊　磧本玄卷十二釋此詞作「㹊」。下同。

〔一四八〕 僸　玄卷十二釋此詞作「㹊」。下同。　僸　據文意似作「㒌」。

〔一四九〕 斑　玄卷十二釋此詞作「霖」。

〔一五〇〕 揵　玄卷十二釋此詞作「捷」。

〔一五一〕 清　磧本玄卷十二釋此詞作「圊」。

〔一五二〕 又　獅作「反」。

〔一五三〕 蝨　又作「蝨」。

〔一五四〕 奕　據文意似作「弈」。

〔一五五〕 裓　磧本玄卷十二釋此詞作「裓」。

〔一五六〕 晦　磧本玄卷十二釋此詞作「賄」。

〔一五七〕 直加反　玄卷十二釋此詞爲「徒加反」。

〔一五八〕 揔　據文意似當作「揔」。下同。

〔一五九〕 麋　據文意通作「麋」。今傳本説文：「麋，鹿屬。从鹿米聲。麋冬至解其角。」

〔一六〇〕 廌　據文意似當作「薦」。今傳本説文：「枕，臥所薦首者。」

〔一六一〕 説文：從去垂聲　今傳本説文：「埵，堅土也。从土垂聲。讀若朵。」

〔一六二〕 字　麗無，據文意補。

〔一六三〕 郎　據文意當作「即」。

〔一六四〕 系　據文意當作「糸」。今傳本説文：「絆，馬縶也，从糸半聲。」

〔一六五〕 商　據文意當作「商」。

一切經音義　卷第七十五

翻經沙門慧琳撰

音道地經一卷　慧琳
修行道地經六卷　慧琳
百喻經四卷　玄應
菩薩本緣經三卷　玄應
大乘修行諸要集三卷　[未音〔一〕]
付法藏傳六卷　玄應
坐禪三昧經三卷　慧琳
佛醫經一卷　玄應
惟日雜難經一卷　慧琳
佛般泥洹摩訶迦葉赴佛經一卷　慧琳
菩薩呵色欲經一卷　玄應
四品學法經一卷　慧琳
佛入涅槃金剛力士哀戀經一卷　慧琳
迦旃延説没盡偈經一卷　玄應
佛治身經一卷　慧琳
佛治意經一卷　慧琳
五門禪要經一卷　慧琳
達磨多羅禪經二卷　玄應
禪法要解經二卷　玄應
舊雜譬喻經二卷　玄應
雜譬喻經一卷　玄應
阿含口解十二因緣經一卷　慧琳
思惟要略經一卷　玄應
内身觀章句經一卷　慧琳
法觀經一卷　慧琳
禪要呵欲經一卷　慧琳
十二遊經一卷　無
阿育王譬喻經一卷　慧琳
雜寶藏經八卷　玄應
那先比丘經三卷　玄應
譬喻經十卷　未音
雜譬喻經二卷　慧琳
雜譬喻經一卷

右三十三經七十四卷同此卷音

道地經一卷　沙門慧琳撰

笮甘露〔二〕 上笮字，經文錯書，疑是古文天字，請諸智審思之，笮無義也。

慓樂 上匹妙反。方言云：慓，輕也。荆楚之間謂輕爲慓。經文錯書僳字，從人從樂。古文慓字，從人從囟從火作僡，書寫不識，便書從票，錯之甚矣。説文：慓，輕也。從人票聲。今俗變火爲小也。

不可擭 烏號反。考聲云：以手擭取也。從手蒦聲。經文單作蒦，亦通。從萑音完從又古文手字。

啄木 上音卓。説文：鳥食也。從口豖(豕)〔三〕聲。豖(豕)音丑録反。

枚馲 上每杯反。杜注左傳云：枚，馬檛也。下音毛。考聲云：馲，馬駿長也。説文：形聲字也。駿音總東反。

持籌 長流反。説文：籌，筭也。從竹壽聲。經文從奇作篙，錯書也。

作枕 之荏反。説文：卧頭篇(薦)也〔四〕。從木冘聲。冘音淫。從一從人也。

擔死人 多甘反。考聲：擔，負也。從手詹聲。

除圂 魂困反。説文：厠也。從口。口音韋。豕在中也。

蟇子 馬巴反。蝦蟇，水蟲名也。説文：從虫莫聲。或作蟆。

袒裸 上堂嬾反。考聲云：肩上衣也。左傳：肉袒也。禮記：勞無袒。鄭玄曰：左免衣也。説文：從亶從肉作膻。訓亦袒露也。今且依通俗文從衣。下郎果反。文字典説：從人作倮，脱衣露體也。俗音華瓦反。或從身作躶，音並同，形聲字也。經中二字並從月從旦作胆腂，不成字。寫藏經宜改從正，如前所説也。

長抓 莊狡反。亦作爪，象形。經文從手作扴，非也。扴音戛。非經義也。

狤鬠髮 狤音食尔反。古文舐字也。次鬠字必刃反。説文：頰耳間髮也。從髟賓聲。經從頁作顮，誤也。下蕃韈反。文字集略云：頭毛也。文字典説云：首上毛也。從髟犮聲也。犮音盤末反。

菅葉〔五〕 上音姦。考聲云：菅，草茅類也。其葉如刃。從草官聲也。

無有蓏 郎果反。字書云：草果也。説文云：在木曰果，在地曰蓏。從草，並二瓜作㼌音庾也。

芬菼 他敢反。毛詩傳曰：菼，薍也。又曰毳衣如菼。從草從炎，亦形聲字也。爾雅：菼，草青白色也。

嶄巖 上巢咸反。毛詩：嶄嶄，山石高峻皃也。或作巉、磛、嶃三體，並俗字，亦通用。下雅銜反。毛詩傳曰：巖巖，積石皃也。杜注左傳：巖，險也。説文：巖，岸也。從山嚴聲。或從石作礹，俗字也。古文從品作嵒，通用。

鳥捝 團活反。義與奪字同。考聲：從攴作敓。敓猶强取也。從手兑聲。正字辯或云：捝，解也，免也。下經文鳥蹌捝准此音，蹌音談合反。

入檻 咸黯反。考聲云：大匱也。牢也。從木監聲。

四激 音叫。字書：水急流也。

反攴 此二句及後經文有血忌漏刺等語，並是陰陽數法中惡日名曰，譯經者引説爲喻，顯經深意。

刮刷 上關佸反。通俗文：揩刃曰刮。下栓刮反。字書云：刷

亦刮也。從刀從㕞省聲。䯤音頑滑反。栓音蹤𤺋反。從木全也。

見〔六〕甌　阿侯反。方言云：盆之小者謂之甌。形聲字。今經文相傳從國作⿰國瓦，必是書寫人錯誤久矣，甚無義，宜從甌也。

遽驚　上音渠御反。考聲云：有所持而走曰遽。韻詮云：忽也。字書云：畏懼也。驛馬車也。

⿰黑曾䵟　上層亘反，下干嬾反。或云䵟⿰黑曾，或從皮作皯，或從曾作⿰曾干。文字集略云：面上黑斑點病也。古譯經文作咤幹，甚無義理，或是書經人錯誤也，或是譯者用字乖僻。今且改爲䵟⿰黑曾，智者再詳也。

嚾〔七〕舌　兄圓反。亦疑此字非也，況於文不順也。

偝卧　裴妹反。考聲：迴面向外也。或作背，同也。

膿血　奴冬反。聲類云：癰疽潰血也。說文：腫血也。從血從農省聲也。經文作盥，古字也。

⿱疑木藻　上我蓋反。文字典說：擬止也。從木疑聲。今俗用從石作礙，或從心作懝，亦通。下遭老反。毛詩傳曰：水中蔓生草也。孔注尚書云：水草之有文者也。韓詩云：浮者曰藻，沈者曰薠。皆水中有文草也。魚鼈之所藏。說文闕，不說也。

忼慨　上康朗反，下康蓋反。集訓云：忼慨者，壯士不得志也。鄭箋毛詩云：太息也。廣雅：懣也。或作慷慨字也。說文從心，並形聲字也。

次洟　上祥延反。集訓云：口液也。從水從欠。經中從羊作羨，非也。下音夷。說文：天計反。考聲疑恐非也。

遽風　渠御反。前已釋。賈注國語云：速疾也。說文：從走豦聲也。經從草，非也。

鍼風　上章任反。俗用從十作針，或從竹作箴。說文：綴衣之具也。三體並形聲字也。聲類：針刺也。經云針風者，人欲死時變生一風，行於體中，如針刺身受諸痛苦也。

髓⿰骨易　上雖觜反。說文云：骨中脂也。從骨從隨省聲也。下天亦反。韻詮云：⿰骨易者，骨間黃汁也。言人臨死之時髓變爲⿰骨易，黃汁流出。亦形聲字也。

膝脇　上辛七反，下香業反。前音義中數度訓釋。並形聲字也。

塞〔八〕澀　參戢反。說文：不滑也。從水從四止，上二止倒書，下二止正書，是澀字之意也。會意字。經文從人三止，非也，不成字，書人之誤也。

骨骼　耕額反。考聲云：殑骨也。殑音林九反〔九〕。

掣振　嗔熱反。

如燈滅　上音登。或從火作燈，俗文傳通用。說文：錠也。錠即鐙也。無足曰鐙，有足曰錠。或從拱（廾）〔一〇〕作⿱登廾，或從瓦作⿰登瓦，皆古字。

生腫〔一一〕　鍾勇反。經文從骨作⿰骨重，非也。經意不成字義，合是腫字，疑書錯誤也。

如熟烏麮　丘舉反。蒼頡篇云：煮麥粥曰麮。從麥去聲也。麥字從來下從夂。夂音雖。

五埵　當果反。其胎中精自分聚五處名之爲埵，或名五疱。經文從肉作腄，非也也〔一二〕。正從土垂聲，或作朶、垛，並古文，皆正體字也，時不多用也。

兩臏　頻泯反。考聲云：膝骨也。從肉賓聲。或從骨作髕，亦通。

著喉　上音長略反。說文：從草從者。經文從兩點下作着，是草書俗字也。下文准此知。喉音猴，咽喉也。

著脛　形定反。說文：胻也。脚胻骨也。從肉巠聲。

碨礧　上烏賄反，上聲呼，下雷猥反。考聲云：碨礧者，衆骨聚皃。經文碨，字從鬼作磈。礧，誤也。或作礧，或作䨮，皆古字也。

受痱　音肥。說文：風病，從疒疒音女厄反非聲也。

俳掣　上敗埋反，下昌熱反。風病發也。

矆戾　上眠苾反。吕氏春秋云：爲蘵爲盲。說文：目眵也。形聲字。下蓮結反。說文：從户從犬。會意字也。經文從目作睙，非。

或躿　此字諸字書並無，此字准義合是𠛰字，烏桓反。從身作者未詳。

或魋　徒雷反。譯經者錯用，從鬼從隹，乃是獸名，殊非經義。正合從頁作頹，頹者小腹疾，亦名鬚腸病，下墜病也。

尻血　可高反。韻詮云：尻，臀内也。

邪鬼魅　耻利反。郭璞注山海經云：神魅者，魑魅也。魅鬼，俗呼音丑栗反，聲轉訛也。說文：厲鬼也。經文或作魏、魅[一三]，並通用也。

魘魃　上音蜀，下音其，又音渠寄反。精異記曰：魘魃者，矬矮小鬼虐厲鬼之類也。

彪魖　上眉被反。或從未作魅。案鬼，其類甚多，或狐、或貍、或種種異類、或鬼、或神，皆能魅人。下音虚。虚耗鬼也。異苑曰：虚耗鬼所至之處令人損失財物，庫藏空竭，名爲耗鬼，其形不一，怪物也。

口中上腭　我各反。考聲：齗腭也。說文闕。字書：或從齒作齶。集訓云：齗齶，口中上也。正從肉咢聲。咢音同上，從吅從屰。屰音逆。今俗從子作咢。經文作嚾。嚾音呼郭反。乖經意，今故改之不取也。

足腨　殊耎反。說文：腓腸也。或從足作踹，或作蹲，音並同。體異者是先儒不能記憶偏傍率意作之，或肉或足，後人倣習傳用，故無的從，今並出之也。

舐利　食尔反。誤用字也。說文云：以舌取物也。正從易作𦧇。或作䑛，並正體字也。字書：或作𦧇、狧、咶，皆俗字，或古字也。

嗜甛　上時利反。孔注尚書云：甘嗜無厭足。鄭注禮記：嗜，貪也。說文：慾也。從口耆聲。下牒兼反。廣雅：甛，甘也。說文：美也。從甘從舌。會意字也。亦作甜，並通用也。

踐蹋　上錢演反。鄭箋毛詩：車行皃。又云：踐，履也。說文：從足戔聲。戔音殘。下談盍反。顧野王云：蹋，蹵也。廣雅：履也。說文：踐也。從足𦐇聲。𦐇音塔。經文作蹹，非也。

持鎌　下斂占反。方言云：自關而西謂之鎌。刈物具也。說文：從金兼聲。經作鐮，俗用字也。

髑髏　上同禄反，下勒侯反。埤蒼云：頭骨也。說文：頂骨也。並從骨，形聲字。經文從頁作顒顂，俗用字，亦通，非正體也。

惡露　上烏固反。顧野王云：惡猶憎也。玉篇云：惡露，洩漏無覆蓋也。形聲字。經從人作僫露，俗字，非正體。

依洫　上依字，經文單衣，非也。准義合從人作依。下吁域反。周禮云：洫，所以通水於川也。說文云：十里爲地，地廣八尺、深八尺謂之洫。從水血聲[一四]。洫亦溝也。

病滲　初錦反。陸機漢高祖功名頌曰：茫茫宇宙，上墋下黷。說

文：從土參聲。經文從石，亦通，時用也。

修行道地經　第一卷　與後修行道地同一經　玄應

大較　古文搉[一五]，同。古學反。粗略也。廣雅：較，猶明也。亦比較也。

牀[一六]栽　子來反。栽，植也。今時名草木植曰栽。此謂木栓可栽植者也。

扁鵲　蒲顯反。古人[一七]良醫也。姓鄭。案漢書韋昭曰：大(太)[一八]山小盧人也，名越人，魏桓侯時醫也。

蒼頭　漢書：蒼頭。應劭曰：秦稱民曰黔首。黔，黑也。首，頭也。奴曰蒼頭，非純黑，以別於民也。

鬱皃　於勿反。爾雅：鬱，氣也。亦哀思也。下古文皃[一九]、貌(額)[二〇]二形，今作貌[二一]，同。莫效反。容皃也，亦見也。又作眀(眊)[二二]，謂眩眀(眊)[二三]也，音莫報反。經文作冒[二四]覆之冒[二五]。假借也。

諸藏　才浪反。積蓄也，如庫藏也。人有五藏，謂肝肺脾心腎也。經文作臧，非體也。

譖人　側禁反。廣雅：譖，毀也。亦讒也。一曰旁入曰譖也。

蝃蛛　古作鼅鼄二形，同。音知株。謂有草蝃蛛，有土蝃蛛也。經文作蝳，非也。

嗽喉　又作欶，同。所皺反[二六]。謂嗽吮也。經文作數(嗽)[二七]，俗字也。

湩現　竹用、都洞二反。通俗文：乳汁曰湩。今江南人亦呼乳爲湩。經文作䑋，奴罪反。非也。

銀柴　經文從口作銀(㗖)[二八]喍二形，誤也。

修行道地經　第二卷

奔走　古文驞，今作奔，同。補門反。爾雅：奔，走也。亦疾也。

蟠結　薄寒反。廣雅：蟠，曲也。亦委也。

噤齘　渠錦反，下胡戒反。説文：齘，齒相切也。方言：齘，怒也。郭璞曰：言噤齘[二九]也。

萑葦　胡官反。[細][三〇]葦也。毛詩草木疏云：葭菼名薍。至秋成則謂之萑。夏小雅(正)曰：葦未秀[則不爲萑，葦秀][三一]然後爲萑[葦也][三二]。薍音五患反。

飛鳥　甫韋反。言鳥飛揚也。經文從犬作狖，誤也。

修行道地經　第三卷

綜解　子送反。綜，習也，理也。説文：綜，機縷也。謂機縷持緯交者也。

黿鼉　魚袁反。似鼈而大。下徒何反。似蜴蜥[三三]，長一丈，有鱗采[三四]。經文作魭鮀二形，非體也。

如麵　莫遍反。言其碎末如麵也。經文作蔑，聲之誤也。

拼直　補耕反。謂彈繩墨爲拼也。經文作絣，帛無文者，非此義也。

鐵軖[三五]　渠王反[三六]。通俗文：繅車曰軖[三七]。軖，笙也。繅音桑勞反。笙音護。

燔之　又作燔，同。扶袁反。加火曰燔[三八]。燔亦燒也，乾也。

鐵弗　字苑：初眼反。謂以籤[三九]貫肉炙之者也。籤音且廉反。

修行道地經　第四卷

嘲說　古文謿，今作嘲，又作啁，同。陟交又（反）〔四〇〕。蒼頡篇：周謂相戲調也〔四一〕。

相橕　又作敤、棖、敞〔四二〕三形，同。丈庚反。謂相觸也。亦橕〔四三〕柱也。

不訾　又作䜭，同。紫斯反。訾，量也。說文：訾，思也。經文作貲財之貲，非也。

相槩　古文扢，同。古礙反。廣雅：扢，摩〔也〕〔四四〕。槩，平也。謂平斗斛曰槩也。

九韶　古文磬，同。視招反。舜樂名。韶，紹也。言舜能紹繼堯之德也。尚書「簫韶九成」是也。

修行道地經　第五卷

攫草　於虢反。廣雅：持也。西京賦云：攫猭胡。薛綜曰：謂握取之也。猭音讒。

稱錘　直危反。廣雅：錘謂之權。即稱錘也。方言：錘，重也。宋魯曰錘。

鴟猪　尺脂反，下陟於反。鴟張〔大〕〔四五〕也，言此人鴟張大如猪也。

博掩　纂文云：博，六博用六著（箸）六棊，謂之六〔博〕〔四六〕。掩，撲掩，跳錢戲也。俗謂之射數，或云射意也。

櫪㯓　力的反，下桑奚反。通俗文：考囚具謂之櫪㯓。字林：押其指也。

臠臠　力轉反。〔肉臠也〕〔四七〕。謂切肉大者爲胾，胾小者曰肉臠也。經文作膞膞，非也。胾音側使〔四八〕反。

步揺　釋名云：上有垂珠，步則揺動者也。經文作瓊瑶之瑶，非也。

秸草　古八反。尚書：三百里納秸服。孔安國曰：秸，槀也。服槀役也。

餬口　又作𩛖，同。户姑反。方言：寄食也。江淮之間謂寓食爲餬。爾雅：餬，饘也。郭璞曰：即糜也。饘音之然反。

修行道地經　第一卷　重修不略，與前同一經

慧琳重造

照寤　五故反。毛詩云：寤，覺也。經作寤〔四九〕，誤也。

盲冥　上莫庚反。說文云：盲，無眸子也。從目亾聲。下莫丁反。毛詩云：冥，夜也。經作寘，俗字。

大較　江岳反。博雅云：比較也。說文：從車交聲也。

機微　既希反。孔注尚書云：機亦微也。今字書多不從木，單作幾也。下尾非反。經文作微，非也。正作散，不從人也。

輒正　陟葉反。漢書云：輒，專也。說文：從車耴聲。經文作輙，非也。耴音陟葉反。

憍慢　矯橋反，下蠻辦反。經作憍，非也。亦作驕也。

四衢　具俱反。爾雅云：衢，四達路也。說文：從行瞿聲。

鵰鷲　鳥寮反。考聲云：鵰似鶚也。穆天子傳云：鷲也。亦作鵰。下音就。山海經云：鷲，烏名也。一名鵰。正作鵰。

馲馬　上音毛。字書並無此字。典墳中亦不說。此馬乃是轉輪聖王馬寶也，紺青色，毛長似獸，頭如象，以毛長，故因名

毛馬。

除溷　魂困反。博雅云：溷，濁也。説文：從水圂聲。圂音同上。

指髀　下脾弭反。説文：股外也。亦作蹕。從骨卑聲。

裸跣　上胡瓦反。孟子云：裸，露身也。亦作倮，或作臝。下先典反。説文：跣，足親地也。從足先聲也。

捉拽　延薛反。考聲云：拽，拕也。説文：從手曳音以勢反。拕音託何反。

數作　雙捉反。經作數，俗字也。

摶儛　奪鸞反。

躡蹈　尼輒反。説文云：躡亦蹈也。從足聶聲。經作躡，俗字也。聶音同上。桃到反。説文云：蹈，踐也。從足舀聲。下同也。

蹋蹈　談臘反。經作蹹，非也。説文：蹋，踐也。從足昜聲。昜音貪合反。

撥掣　上博末反，下叱制反。經文作㨨，非也。

眼睫　僭妾反。

搯叩　吐刀反。考聲云：深取也。或作掏。説文：從手舀聲。叩音口。

多顲　冉鹽反。説文云：髥，頰鬚也。從須冉聲。經作髥，亦通也。

蠱道　上音古。鄭注周禮：蠱，毒也。説文：從蟲皿也。

皮剥　被碑反。考聲云：皮亦剥也。經文從刀作刔，俗字也。下邦角反。夏小疋(正)〔五〇〕云：剥，削也。説文：刻也。從刀录聲也。

梴直　式連反。毛詩云：梴，木長也。説文：從木延聲也。

顫疣　上之善反，下音又。蒼頡篇云：顫，頭不正也。説文云：疣，顫。摇頭病也。從疒又聲也。

撾棒　上卓瓜反。聲類云：撾，捶也。説文：從手過聲。下雹講反。考聲云：棒〔五一〕，打也。從木奉聲。

五皰　雹皃反。説文云：身生熱細瘡也。亦作疱，從皮包聲也。

著髖　闊丸反。廣雅：髖，尻，臀。音徒昆反。尻音考高反。亦作臗也。

腨骨　殊耎反。説文云：腨，腓腸也。從肉耑聲。亦作蹲。腓音符非反，腸音長，耑音短鸞反。

屎尿　尸旨反。字書云：屎，糞也。正作菌。經作屎，俗字也。下奴弔反。説文云：小便也。亦作尿，俗作尿，非也。

鍼紫　汁林反。説文云：鍼，縫刺也。從金咸聲。亦作針。下即髓反。字書云：鳥紫也。亦作觜。經作紫，俗字也。

唾涎　託卧反。説文云：唾，口液也。從口垂聲。亦作涶。下羨延反。考聲云：次，口中津也。説文：從水欠聲。經作涎，俗字也。

修行道地經　第二卷

霹靂　上匹覓反，下零滴反。爾雅云：霹靂，雷震也。經作礔礰，俗字也。

化捄　矩愚反。博雅云：捄，法也。説文：從手求聲。

蟠結　伴肝反。博雅云：蟠，曲也。説文：從虫番聲也。

多皺　鄒瘦反。考聲云：皺，皮聚也。説文：從皮芻聲。經作皺，俗字也。

噤齘　及禁反。楚辭云：噤，閉口也。説文：從口禁聲。

鵝鶩　上我柯反。顧野王云：鵝，形似鴈，人家所養者也。說文：從鳥我聲。下音木。爾雅云：鶩，一名鴨也。說文：從鳥敄聲也。

藋葦　胡黿反。鄭注周禮：藋亦葦也。說文：從草藋(翟)[五二]聲。音同上。經作藋，非也。下韋鬼反。說文：葦，蘆也。從草韋聲。

修行道地經　第三卷

逶迤　上委爲反，下徒河反。

犇走　本門反。爾雅云：犇亦走也。亦作奔。漢書作犇。

鹿猋　下卑遥反。說文云：猋，犬群走皃也。

貌絶　上音皃。貌，絶。經意貌悶無所知。

鑽穿　纂官反。孟子云：鑽，穿孔也。說文：從金贊聲。下音川也。

撾搒　上卓瓜反。說文：撾，捶也。亦作築。下白庚反。說文：搒，笞擊也。從手旁聲也。

盥　官椀反。又古奐反。顧野王曰：凡澡洗物皆曰盥。說文云：盥，洗手也。從皿從臼從水。經作灌，非也。

拚身　班萌反。考聲云：拚，撣也。說文：從手弁聲。經作拼，俗字也。

若笮　側稼反。韻詮：笮，筲屬也。從竹乍聲。筲，楚鄒反。

睥睨　上匹計反，[下][五三]倪計反。說文云：睥睨，邪視皃。並從目，卑、兒聲也。

磔其　上陟格反。考聲云：磔，張也。博雅云：殺而膊之曰磔。說文：從石桀聲。經作桀，俗字也，音竭也。

鍼柴　之林反。或作針。下即髓反。亦作觜。經作嘴，非字也。

鐵鏟　天結反，下察眼反。博雅云：鏟，削也。亦作剗。說文：從今(金)[五四]産聲。

依鈔　楚交反。方言云：鈔，强取物也。亦作抄也。

修行道地經　第四卷

剉斬　粗貨反。考聲云：剉，細斫也。說文：從刀坐聲。經作剉[五五]，非也。下側減反。考聲云：斬，斫也。說文云：截也。從斤車聲。

琦璝　上渠宜反。埤蒼云：琦，珍美也。亦瑋也。說文：從王奇聲。下骨迴反。字書云：璝，石次玉也。埤蒼：珍琦也。說文：琦圓好者。從玉賫聲。經作璝，俗字也。亦作瓌，又作瑰也。

愚騃　上虞俱反，下崖揩反。蒼頡篇：騃，愚也。集訓云：癡也。從馬矣聲也。

鳬鴈　附孚反。爾雅云：舒鳬也。一名鶩，亦鴨類也。從鳥几聲也。

捲打　逵圓反。亦作拳。說文：從手共聲。

修行道地經　第五卷

穫草　黄郭反。說文云：穫，收刈也。從木(禾)蒦省聲也[五六]。

鎌刈　上斂鹽反。說文云：鎌，刈穫器也。一名鍥，口結反。從金兼聲。亦作鐮。下魚憩反。

驝駞　上音託，下徒河反。山海經云：驝駝，背有肉鞍，負千斤，

知泉所在也。俗呼爲駱駝是也。

刖耳　元厥反。考聲云：刖，刑名也。周禮：斷足也。經作列，俗語，並無此字也。

鴻鵠　下遮野反。韻詮：赤土也。

焦悸　上即遥反，下葵季反。説文：心動皃也。從心季聲。

鵄梟　上齒之反，下皎堯反。鄭箋詩云：鵄梟，惡鳴之鳥。説文：不孝鳥也。

粗掠　上蒼胡反，下强亮反。字書云：掠，取禽獸具也。從弓京聲。

臠割　力轉反。字林云：臠，切肉也。從肉䜌聲。䜌音力員反。下肝渴反。博雅云：以刀斷物之也。

木楔　先結反。説文云：楔，開木具也。從木契聲也。

頭劈　匹覓反。説文云：以刀破物也。從刀辟聲也。

如蚖　五丸反。蛇名也。

修行道地經　第六卷

鼾聲　上韓旦反。説文云：鼾，卧息聲。從鼻干聲也。

手爴　鬼碧反，鬼矍反。二反並通。字書云：爪持也。

有汪　烏光反。古今正字云：水大皃也。考聲：水停皃也。説文正作汪。從水枉聲也。

鎚鍛　直追反，下音端亂反。孔注尚書云：鍛，捶也。説文：從金段聲也。

百喻集四卷　第一卷　第二卷　第三卷

已上玄應先並不音

百喻集　第四卷

唵米　烏感反。字林：唵，啗也。謂向口唵也。啗音徒敢反。

耽毿　蒼頡篇作毵[五七]，同。蘇南反。毛垂皃也。通俗文：毛長曰毿毿。

菩薩本緣集　玄應撰

菩薩本緣集　第一卷

薨殞　呼弘反。廣雅：薨，亡也。爾雅：薨，死也。諸侯死曰薨也。

抗禦　魚吕反。禦，當也。詩云：予曰有禦侮。傳曰：武臣折衝曰禦侮也。

軌地　古文術、边二形，同。居美反。廣雅：軌，跡也。説文：車轍也。國語：軌，法也。

水竇[五八]　徒鬬反。考工記：竇宗三尺。鄭玄曰：宫中水道也。竇，決也，空也。

財賄　古文晦，同。呼罪反。通俗文：財帛曰賄。周禮：通貨賄。鄭玄曰：金玉曰貨，布帛曰賄。

菩薩本緣集　第二卷

扼捥　又作㧖(搹)〔五九〕，同。於責反。說文：㧖(搹)，把也。盈手曰扼。廣雅：扼，持也。

瞤動　而綸反。說文：目搖也。經文作瞤〔六〇〕，非體也。

嘿(螺)〔六一〕蟲　茫北反。方言：北謂蝙蝠爲蟙䘃，蜀中名也。巴北自關東並名服翼，關西名蝙蝠也〔六二〕。

菩薩本緣集　第三卷

角張　古嶽反。違戾不順也。經文從目作晭，非也。

怫鬱　父勿反。[字林]〔六三〕：怫鬱，心不安也。亦意不舒泄，[不]〔六四〕平也。

坑窖　古效反。說文：地藏也。穿地爲室，藏五穀也。

大乘修行菩薩行門諸經要集三卷

右此一經並鈔前大集等諸大乘經，前文本經中並已音訓了，此不重音，但撿本經音義即得。

付法藏傳　第一卷　玄應

即晞(晞)〔六五〕　虛衣反。說文曰：乾曰晞(晞)。晞(晞)，乾也。

付法藏傳　第二卷　第三卷　先不音訓。

付法藏傳　第四卷

窘急　君殞反〔六六〕。說文：窘，迫也。詩[云：又窘陰雨]〔六七〕。傳曰：窘，困也。

付法藏傳　第五卷

摩啅羅　敕角反。

眼瞼　君儼反〔六八〕。謂眼外皮也。

鐂銖　側飢反。風俗通曰：銖六則錘，錘，暉也。二錘則鐂，鐂，熾也。二鐂則兩者也。

付法藏傳　第六卷

純粹　又作睟〔六九〕，同。私類反。說文：粹，不雜也。亦細也。易云：純，精粹也〔七〇〕。亦齊同曰粹。

羸惙　知劣反。聲類：短氣皃也。惙惙亦憂也。

坐禪三昧經三卷　慧琳撰

坐禪三昧經　上卷

上蟻蛭　上宜几反。爾雅云：大曰蚍蜉，小曰蟻。或作螘蟻。古

今正字：從虫虫音毀義聲。下真日反。蒼頡篇：蛭，水蟲也。一名蜞，能嗍人血。説文：蟣也。從虫至聲也。

皺眉　上側瘦反。韻詮：面皮聚也。説文：從皮芻字音楚拘反，芻聲也。下美悲反。説文：目上毛也。從目。眉之形，上象額理也。

眄睞　上莧遍反。方言：自關而西秦晉之間曰眄。説文：邪視也。一曰目偏合也。從目丏聲。丏音同上。下來岱反。廣雅：睞，視也。説文：童子不正也。從目來聲也。

垢圿　下姦拜反。考聲云：圿亦垢。古今正字義同。從土介聲也。

蹴株　上秋育反。蒼頡篇：蹴，躡也。何注公羊云：足逆蹋曰蹴。説文義同。從足就聲。下陟俱反。説文云：木根也。從木未(朱)〔七一〕聲也。

鞭笞　上必綿反。顧野王：馬策曰鞭。策音楚革反。説文：驅馳也。從革便聲。下丑之反。漢書音義：笞者，捶也。説文亦擊也。從竹台聲也。

坐禪三昧經　中卷

鹿蹲　時兖反。説文：蹲，腓腸也。腓，脛腸也。亦作腨也。從足專聲。上籠穀〔七二〕反。

眼睫　尖葉反。考聲云：瞼上毛也。説文：從目夾聲。或作睫。經從妾作睫，俗字也。

剋勵　吕制反。顧野王云：勵猶勉也。杜注左傳云：勵亦勸也。説文：從力厲。音同上。厲聲也。

坐禪三昧經　下卷

階梯　替低反。賈注國語云：梯，階也。説文亦階也。從木弟聲也。

駛流　上師吏反。蒼頡篇：駛，疾也。考聲云：亦馬行疾也。又速也。古今正字義同。從馬從史聲也。

駿足　遵迅反。爾雅：駿，速也。郭注云：駿猶迅速也。説文：馬之良才也。從馬夋聲。夋音子峻反。

氣噎　下煙結反。毛詩傳：噎，不能息也。説文：飯喹(窒)〔七三〕也。從口壹聲。喹音珍栗反。

身僂　力矩反。何注公羊云：僂，疾也。廣雅：曲也。説文：尪也。從人婁聲也。

躓礙　上知膩反。顧野王：躓，頓也。杜注左傳：躓，顛也。説文：從足質聲。

失鞴　下排賣反。蒼頡：韋囊也。考聲云：吹火具也。埤蒼亦從韋作韛。古今正字：從革葡聲。葡音被。經作此橐，古字也。

佛醫經一卷　玄應

不訾　又作嵴，同。子移反。訾，量也，[思也]〔七四〕。説文：思稱意也。

狾狗　字書作狾、狛二形，又作猘〔七五〕，同。昌制、居世二反。狂犬也。

惟日雜難經一卷　慧琳撰

受蒴　變劣反。案考聲切韻亦從竹作箾，義是審其善[七六]惡也。或從言作謅。經從草作蒴，恐傳寫誤也。

餧飢　上奴罪反。鄭注論語云：餧，餓也。說文：從食委聲。下居宜反。爾雅：穀不熟曰飢。或作此饑也。說文：從食几聲也。

樘身　上宅莖反。廣雅：樘，拒也。說文：樘，柱也。從木堂聲。

蚤起　遭老反。案蚤字經史多作此字也，蓋是蚤蝨之字也，今時通用，從日作早也。

饒人　繞招反。廣雅：饒，多也。謂豐厚也，亦益也。說文：從食堯聲。經文從有作饒，非。

耐痛　上乃岱[反][七七]。顧野王：耐猶能也。蘇林曰：二歲已上形[七八]爲耐，亦能任其罪也。杜林漢書注：凡爲法度字皆從寸。說文：從寸而聲也。

上牽　下挈堅反。顧野王：牽亦引前也。說文：從玄從一牛也[七九]。

意這生　言件反。蒼頡篇：這，迎也。說文：春秋「這公于野井」是也。從言辵，音丑略反。

不戢　莊立反。詩傳：戢，聚也。箋云：戢，莊斂。說文：藏兵也。從戈咠聲也。

揵陟　上音乾。梵語也。悉達太子所乘白馬名也。

舐足　時至反。說文：以舌取食也。從舌氏聲。氏音上同。

作枕　針荏反。顧野王云：臥以頭有所廌(薦)[八〇]也。說文義同。從木冘聲。毛詩「展轉伏枕」是也。

一虵　吁鬼反。顧野王：今莊[八一]以爲蝮虵之字也。說文云：蝮虵也。從虫兀聲也。

迦葉赴佛經一卷　慧琳撰

烮漱蜜　中考聲云漱奏反。梵語也。

菩薩訶色欲經一卷　玄應撰

狎猊　上咸甲反。孔注論語：狎，近也。杜注左傳：狎，習也。說文：從大(犬)甲聲[八二]。下婢卑反。郭注爾雅：豹屬也。出貊國也。尚書：如虎如貔。孔注云：亦虎屬。毛詩傳：亦猛獸也。說文：從豸毘聲[八三]。豸音雉。經作狓，俗字也。

搏之　上補洛反。顧野王：搏猶拊也。杜注左傳：取也。蒼頡篇：搏亦至也。說文：從手尃聲。尃音孚。

鈇質　方扶反。書中鈇或音斧，横斧也。古者煞人用斧。下正體作擴(櫍)[八四]，之逸反。說文：鈇，莝斫也。埤蒼：擴(櫍)，椹也。公羊傳曰：不忍加其鈇質。何休曰：斬要(腰)[八五]之罪也。

俎几　側吕反。字書：俎，肉几也。俎亦四脚小檠。

四品學法一卷　慧琳撰

拘礙　矩愚反。廣雅：拘，隔也。考聲云：擁也。說文：止也。從手句聲也。

金剛力士哀戀經　慧琳撰

榛林　上仕臻反。許注淮南子：叢木曰榛。說文：從木秦聲也。

瞑眩　上眠遍反。尚書云：若藥不瞑眩，厥疾不瘳。說文：瞑，翕目也。從目冥聲。下懸絹反。賈注國語：眩，惑也。蒼頡篇：視之不明也。說文：從目玄聲。經從面作䀎(眴)〔八六〕，非也，俗用耳。

嘶碎　先奚反。埤蒼云：嘶，聲散也。方言：嘶，噎也。說文：悲聲。從口斯聲。或作誓也。

迦旃延說法没盡偈經一卷　玄應

彶彶　居及反。說文：彶彶，急行也。廣雅云：彶彶，遽也。今皆從水作汲也。

券別　區万反。說文云：券(券)，契(契)也〔八七〕。券(券)別之書以刀削〔八八〕其旁，故曰契(契)也。釋名云：大書於上中破別之也。

佛說治身經一卷　慧琳撰

已黠　閑戞反。考聲云：利也。方言：慧也。趙魏之間謂慧爲黠。案已黠，智慧也。古人語質。

佛治意經一卷　慧琳

蚤得　遭老反。上惟日雜難經已釋訖。

五門禪經要用法一卷　慧琳

係念　上雞裔反。爾雅：係，繼也。說文：係，絜束也。今亦作繫，繫亦連綴也。從人系聲。系音奚詣反。

腋下　盈益反。蒼頡篇：肘後也。說文云：從肉夜聲也。

如綫　仙箭反。周禮：縫人掌王宮之縫綫。鄭衆云：綫亦縷也。說文義同。從系(糸)〔八九〕戔聲。戔音殘。經作綖，音延，是冠上覆也，非綫字也。或作線，亦俗字也。

煗覺　上奴卵反。經作臑，非也。說文：從火耎聲。耎音而兖反。

憺愉　上曇贍反。王注楚辭：憺，安也。顧野王：憺，恬静也。說文：從心詹聲。詹音占。下庚須反。鄭注論語：愉，顔色和也。爾雅云：樂也。說文：從心俞聲也。

懇惻　上康佷反。鄭注考工記云：堅克也。禮記：懇乎其至也。說文：懇，從心豤聲。音與上同。從豕從艮。經從豸作貇，誤也。

捫摸　上莫奔反，下茫博反。聲類云：捫亦摸也。蒼頡篇：摸亦捫也。說文：並從手，門、莫俱聲。

梯隥　上體泥反，下登鄧反。郭璞曰：隥，阪也。阪音反。考聲云：履也。說文：隥亦仰也。從阜登聲。經從木作橙，非也。

蝖蜚　上呼元反。考聲云：蝖螜螜音斛，蠐螬也。方言：自關而東或謂之蝖螜也。說文：從虫宣聲。下父畏反。郭注爾雅：即負盤臭蟲也。左傳云：有蜚不爲灾也。古今正字作蠹，從蚰。叉(又)〔九〇〕云：或從虫作蜚。

達磨多羅禪經　上卷　玄應

發軫　之忍反。軫，跡也，轉也，展也。考工記：車軫四尺。注云：輿後橫木也。今謂發車[跡]〔九一〕轉也。

分逵　又作馗，同。奇龜又(反)〔九二〕。爾雅：九達謂之逵。郭璞曰：四道交出復有旁通者也。

孱羼〔九三〕　棧間反〔九四〕。謂仁謹之皃也，亦愞〔九五〕弱爲孱。廣雅：孱，惡也。

將暨　聲類：古文臮，同。其器反。左傳：猶懼不暨。注云：暨，至也。爾雅：暨，不〔九六〕及也。暨，與也。

一蕢　逵位反。考聲：蕢，土籠也。亦從竹作簣。經作匱，誤也。

闔泉　胡臘反。說文：闔，閑(閉)〔九七〕也。

閃鑠　式染反，下舒酌反。閃鑠，蹔見也。不定也。經文作爚，非。

尒炎　梵言。尒炎，此譯云所知，亦云應知也。

梯㮛　他弟反，下敕細反。經云心之住處也。

涓流　古玄反。字林：水小流涓涓然也。

瀸壞　子鹽反。通俗文：淹漬謂之瀸洳。字林：瀸，漬也。

貧窶　瞿庾反。爾雅：窶，貧也。郭璞曰：貧，陋也。字書：空也。毛詩：終窶且貧。傳曰：窶者無禮也。

達磨多羅禪經　下卷

塵壓　武該、武賀二反。通俗文：熟土曰壓。壓亦塵也。

難沮　才與反。詩云：何日斯沮？傳曰：沮，壞也。三蒼：沮，漸也。敗壞也。

肪䏈　府房反。說文：肪，肥也。下先安反。廣雅：肪脂也。羊䏈脂也，謂腸間脂也。

鐵鎗　千羊反。說文：槍，歫也。蒼頡篇：木兩頭鋭曰槍。經文作鏘，佩玉鏘鏘聲也。鏘非字義也。

伏鷄　又作勽，同。扶畜反。謂鷄伛伏其卵也。淮南子云「伏卵而未孚」皆是也〔九八〕。

髀骨　今作髀，同。蒱米反〔九九〕。說文：股外曰髀也。江南音必尒反。

禪法要解　玄應

禪法要解　上卷

肪䏈　府房反，下桑安反。說文：肪，肥也。廣蒼〔一〇〇〕：脂肪也。

歧路　又作𨙸、𢻫二形〔一〇一〕，同。巨夷反〔一〇二〕。謂道支分也。爾雅：道二(二)〔一〇三〕達謂之歧旁。郭璞曰：歧，道旁出者也。

禪法要解　下卷　無字要音。

舊雜譬喻經　玄應

舊雜譬喻經　上卷

轗軻　宜作埳，同。[口]〔一〇四〕感反，下口佐反。楚辭：然埳軻而留滯。王逸曰：埳軻，不遇也。

一郰　古文郰(鄹)〔一〇五〕、䣜二形，今作聚，同。才句反。廣雅：

聚，居也。謂人所聚居也。經文作聚，誤也。

跡深　尸任反。深淺之深。經文作淙，藏宗反〔一〇六〕。説文：淙，水聲也。廣雅：淙，漬也。非經義也。

棓木　又作捧(棒)〔一〇七〕，同。雹講反。大杖也。説文：棓，梲也。字從木。梲，徒活反〔一〇八〕。

徇行　又作徇，同。辭俊反。徇猶巡也。爾雅：徇，遍也。謂周遍也。亦宣令也。

揵拒　正言揵值，謂所打木也。或作椎，訛也。經文作拡〔一〇九〕，都禮反。非。

城隖　烏古反。字林：小城也。通俗文：營居曰隖。字從自也。

襲持　古文戳，同。辭立反。襲，受也。廣雅：襲，及也。亦仍也。「子孫襲祿」是也。左傳：凡師輕曰襲。注曰：掩其不備也。又夜戰曰襲也。

舊雜譬喻經　下卷

鴆〔一一〇〕煞　除禁反。山海經：女几之山多鴆。郭璞曰：大如鵰，紫緑色，長頸赤喙，食蛇也。

譟讙　桑到反，下虚袁反。廣雅：譟、讙，鳴也。説文：擾(擾)〔一一一〕耳也。讙，囂呼也。

摩抄　蘇河反〔一一二〕。聲類：摩抄，捫摸也。釋名：摩抄，抹摋也。摋音桑葛反。

恔步　胡岱反〔一一三〕。説文：恔，苦也。厭恔也。

倒地　都老反。倒，仆也。經文作㿿，非也。又作擣。擣，築也。擣非字義。

言薩　桑葛反。正言娑度，此譯云善哉。經文作嚓〔一一四〕，非也。

啜嘗　昌悦反。説文：啜，嘗也。廣雅：啜，食也。爾雅：啜，茹也。郭璞曰：啜者，拾食也。經文作餟，始鋭反，祭名也。餟非此義也。

雜譬喻經一卷　玄應

掇置　都活反。祭名也。説文：拾取也。詩云：薄言掇之。傳曰：掇，拾也。

阿含口解十二因緣經一卷　慧琳

饌餟　仕眷反，下張芮反。説文：饌，具食也。亦陳也，飲食也。方言：餟，餽也。亦祭也。餽音渠愧反。

㱿生　上控角反。顧野王：凡皮皆曰㱿。文字典説云：龜甲也。從殳岀聲。岀音口江反。

蚤蝨　子老反。説文云：蚤，齧人跳蟲也。從䖵叉聲。䖵音骨魂反，叉音爪。下所乙反。説文：齧人蟲也。從䖵卂聲也。

思惟略要經一卷　玄應

眵淚　充支反。説文：蔑兜眵也。蔑音莫結反。

耵聹　都泠反，下乃泠[反]〔一一五〕。埤蒼：耵聹，耳垢也。

憒然　呼麥反。廣雅：憒〔一一六〕憒，乖剌也。猶乖戾也。

佛説内身觀章句經一卷　慧琳

頞頗　上安葛反。蒼頡[篇]〔一一七〕：鼻上也。孟子：舉疾首蹙頞

而相告也。説文：鼻莖也。從頁安聲。下専劣反。聲類：面秀骨也。史記：漢高[祖]〔一一八〕隆頗龍顔。説文：頭頡也。從頁出聲也。

斷嗣　辭漬反。爾雅：嗣，繼也。毛詩箋云：亦續也。説文：從口冊口音韋司聲。經從扁作，誤也。

塗塗　上音徒。考聲：塗，污也。下宅加反。訓義與上同，點畫偏傍亦不別。古今正字：從土涂聲。涂音徒。經文塗字從手作搽，俗意非正也。

瀸漏　子廉反。劉兆注公羊傳：瀸，沾濡之言也。王注楚辭云：瀸，没也。説文：亦漬也。從水𢦏聲。𢦏音僉。經作瀸〔一一九〕，俗字也。

脂䊧　下匹庇反。考聲云：氣下洩也。古今正字引山海經云：茈魚狀如鮒魚，一首十身，臭如蘪蕪，食之不䊧也。止失下氣也。從米費聲，或爲屁字。經文從月作𦢊，非也。蘪音眉，茈音慈。

老死笮　争格反。顧野王云：笮猶壓也。説文：迫也。從竹乍聲也。

法觀經一卷　慧琳

禺中　上遇俱反。鄭注考工記云：隅，角也。孔注尚書曰：出於陽谷。谷隅夷也。從阜作隅，義與禺同也。説文：從由内聲。由音弗，内音仁柳反也。

膩眉　尼致反。楚辭云：靡顔膩理。王注云：膩，滑也。説文：從肉貳聲。經從目作䁥，非也。

赤絮　胥茹反。考聲云：綿也。説文：弊綿也。從糸如聲也。

四柯　箇俄反。顧野王云：柯，枝也。

有窌　柏皃反。案經意眼如水窌。

膃肭　下奴骨反。字書：膃，肭也。古今正字義同，從肉内聲。經從芮作䐿，誤也。

膈脾　上耕核反。考聲：胸中隔即胸也。文字集略：膈，胸内也。下婢卑反。白虎通：土之精也。説文：木(土)〔一二〇〕藏也。從肉卑聲。

禪要經呵欲品　第一卷　慧琳

頷骨　含感反。方言：頷，頰也。南楚之外謂之頷。説文：從頁含聲也。

衰祚　在故反。杜注左傳云：祚，報也。字書：祚，福也。説文：從[示]〔一二一〕乍聲。經從酉作酢，音昨，是酬酢之字誤用也。

佛説十二遊經一　無字可音。

阿育王譬喻經一　慧琳

鹵蓐　上鹿覩反。漢書：蔡邕獨斷曰：天子出車駕謂之鹵薄也。下儒燭反。左傳：軍行右轅左追蓐。杜注云：追求草蓐爲寢偷也〔一二二〕。

一紙　支尔反。亦作帋。經作帋，俗字，通用也。

爲樽　祖温反。漢書：樽，酒器也。古今正字義同，正爲尊。俗作罇〔一二三〕。樽，從木尊聲也。

不溼　深汁反。經作深，誤也。或作濕也。

抖捒　上兜口反，下蘇鹿反。經云抖捒猶抖擻也。

捄䙝　上舊尤反。考聲云：梂〔一二四〕也。毛詩云：捄之濡濡也。說文：從手求聲。

千斛　胡縠反。儀禮：十斗曰斛。說文義同，從斗從角。經從百作𣁬，俗字也。

唁語　上言建反。韓康：弔生曰唁。說文：從口言聲也。

諠戲　虛園反。聲類：諠，譁也。一曰忘也。說文：從言宣聲也。

雜寶藏經　第一卷　玄應

確〔一二五〕然　口角反。周易：夫乾確然，示人易矣。韓康伯曰：確，堅皃也。

黎元　力奚反。黎，衆也。元，善也。古者謂民曰善，言善人因善爲元，故曰黎元。言元〔元〕者，非〔一〕〔一二六〕民也。

瞤動　古文旬(眴)〔一二七〕同。而輪反。說文：目搖動也。

愓愓　體歷反〔一二八〕。詩云：心焉愓愓。傳曰：愓愓，猶怭怭也。亦疾也，懼也。

雜寶藏經　第二卷

而賦　方句反。布也，量也。爾雅：賦，班也。郭璞曰：謂班布與之也。

悼慨　徒到，可戴反。悼，傷也。哀憐也。慨，大息也。

鑰匙　今作鬮，同。余灼反。下市而反。方言作鍉，同。關鑰也。經文作𤅼，非體也。又作鉽。聲類字與鉹同，音紙而反。鬵也。鉽非字體，又作祇(柢)〔一二九〕，非也。

仇迦　渠牛反。或作拘迦離。梵言訛轉耳。

鞠躬　居六、居雄反。論語：鞠躬如也。經文作穹、窮，非體。

雜寶藏經　第三卷

肥丁　都亭反。丁，强也。釋名云：丁，壯也。言物體皆壯也。夏時萬物丁成實也。經文作肛，都定反。非也。肛，𣪇也。肛非字義。𣪇音豆。

單孑　堅噎反〔一三〇〕。孑猶獨也。字林：無右臂曰孑。是其義也。

讒搆(構)〔一三一〕　古候反〔一三二〕。搆(構)，合也，亂也。詩云「讒人罔極，搆(構)我二人」是也。經文作婚媾之媾，非體也。

詭詭　居毁反。不實也。廣雅：詭隨，惡也。亦欺也，誑也。

騄騠　上鹿和反，下勒侯反〔一三三〕。

雜寶藏經　第四卷

畐塞　披逼反〔一三四〕。方言：畐，滿也。經文作逼，誤也。

襤褸　古文㺸(襤)〔一三五〕，又作繿，同。力甘反。謂衣敗也。凡人衣破醜弊皆謂之襤褸。經文從草作藍草之藍、絲縷之縷〔一三六〕，非體也。

伶俜　力丁、匹丁〔二〕〔一三七〕反。伶俜亦孤獨無依怙也。三蒼：聯翩也。

銅魁　苦迴反。說文：羹汁(斗)〔一三八〕也。經文作鐦、攔(㭊)〔一三九〕二形，並非也。

雜寶藏經　第五卷

相諧　胡皆反。諧，和也。謂音聲調和也。說文：龤，樂和。

金瓫　又作盎，同。於浪反。爾雅：瓫謂之缶。郭璞曰：即盆也。

躓頓　古文懫、躓二形，今作疐[一四〇]，同。陟利反。謂挫辱之也。左傳云：躓而蹎。案躓猶頓也。廣雅云：躓，蹋也。

侜張　陟留反，下知良反。爾雅：侜張，誑也。郭璞曰：無或侜張爲幻惑也。亦欺誑人也。經文作倀，非也。敕良反。倀，狂也。倀非此義也。

匍匐　薄胡、蒲北二反。字林：匍，手行也。匐，伏也。亦顛蹶盡力也。

灾疫　以壁反。疫，厲鬼也。疫，役也。口(言)[一四一]有鬼行[灾][一四二]役也。

启門　孔注尚書：以爲古文啓字也。埤蒼作閙，同。苦禮反。說文：启，開也。

雜寶藏經　第六卷

今享　籒文作亯，同。虚兩反。尚書：克享天心。孔安國曰：享，當也。經文作音響之響，非也。

儻能　他朗反[一四三]。謂不定辭也。經文作讜，當朗反。直言是也。讜非此義。

嚶鳴　烏耕反。爾雅：丁丁、嚶嚶，相切直也。謂兩鳥鳴，以喻朋友切磋相正也。

嗷嗷　五高反。說文：嗷嗷，衆口愁也。

苛剋　賀多反。說文：尤劇也。煩擾也。剋，急也。禮記「苛政猛於虎」是也。

至款　或作款(欵)[一四四]，同。口緩反。蒼頡篇：款，誠重也。說文：意有所欲也。又志純也。款，愛。

老瞎　又作暍，同。呼鎋反。字書：一目合也。

雜寶藏經　第七卷

綏化　恤隨反[一四五]。尚書：五百里綏服。孔安國曰：王者政教也。爾雅：綏，安也。

鉦鍜　上亞加反，下核加反[一四六]。說文：鉦鍜，頸飾也。

坐頭　藏果反。說文：坐，止也。經文作㕓，印人反，塞也。㕓非此義。舊烏見反者，非也。

禱賽　都老反[一四七]。說文：告事求請爲禱。下蘇再反。謂酬報。

哂哂　失忍反。論語：夫子哂之。案哂，小笑也。經文作唖，舊音烏鷄反[一四八]，非也。

雜寶藏經　第八卷

諮詢　私遵反。問也。左傳：訪問於善爲諮，諮親爲詢。諮問善道也，謂詢[一四九]問親戚之議。

㥦腹　又作㥷(㥷)[一五〇]，同。虚頰反。說文：丘涉反。恐息也。經文作攝，非也。

甲冑　古文軸，同。除救反。廣雅：兜鍪也。亦言鞮鍪也。

喊言　呼戒反。喊，喝恚聲也。經文作喈，音皆，非字義也。

覰其　又作狙，同。千絮反。字林：窺，觀也。亦覘[一五一]也。廣雅：覰，見也。相候視也。

眠眠　正作瞑，同。莫田反。說文云：瞑，翕也。爾雅：翕，合也。

咥師　徒結反。人名也。

鄙褻　思列反。鄙，陋也。褻，黷也，亦私居非公會之服也。

狡猾　古飽、胡刮反。尚書：蠻夷猾夏。范甯曰：猾，亂也。字書：猾，惡黠也。方言：凡小兒多詐惑謂之猾也。

巢窠　又作萪、薖二形，同。苦和反。廣雅云：橧、窠，巢也。橧音則恒反。

抵言　都禮反。拒也。謂抵拒推也。

覈實　又作覈[一五二]，同。胡革反。說文：考實事也。亦審覈之也。

扳上　又作攀，同。普班反。廣雅：板[一五三]，援也。上及之言[一五四]。

那先比丘經　上卷　玄應

撓撈　呼高反，下路高反。聲類：撓，攪也。方言：撈，取也。注云：謂以鉤物取也[一五五]。

和鄲　都蘭反。寺名也。

浙（淅）[一五六]米　思歷反[一五七]。通俗文：汏米曰浙（淅）。浙（淅），洮也。江南言浙（淅），中國言洮。廣雅：汏，洗也。經文作鉐錫之錫，非體。

兩埻　之尹反。說文：射臬也。廣雅：埻，的也。射的也。射侯者也。以熊虎之皮飾其側方，制之以爲埻。經文準，又作准，同。之尹反。說文：準，平也。准字非體也。

焜煌　胡本反。方言：焜，盛皃也。說文：焜，[煌也][一五八]。煌，煇也。蒼頡篇：煌，光也。

吹笳　或作葭，同。古遐反。今樂器中有笳，卷笳葉吹之，因以名也。

穫麥　胡郭反。說文：刈禾也。詩云「十月穫稻」是也。經文作濩（獲）[一五九]，誤也。

欲躃　脾亦反[一六〇]。謂躃，倒[也][一六一]。

連擷　呼結反。廣雅：擷，束也。埤蒼：圍係也。言[一六二]急束也。說文作覫。詁幼又（幼文）[一六三]作乾，皆一也。

乳湩　竹用、都洞二反。通俗文：乳汁曰湩。江南名也。

盛篅（篅）[一六四]　市緣反。說文：判竹圓以成（盛）[一六五]穀者也。笹，篅（篅）也。

那先比丘經　下卷[一六六]

儲偫（偫）[一六七]　直於反。下古文作庤、跱、畤三形，同。除理反。說文：偫，待也。儲偫具也。

博叉　正言縛芻河，第四河也。經文作博叉、噱叉，皆訛也。噱，渠略反。經文從言作譃，誤也。

屈元[一六八]　衢物反。說文：屈，無尾也。屈，短也。

評之　皮柄反。字書：評，訂也。評，平議也。訂音唐頂反。

吻口　文粉反。文字典說：口唇兩邊也。從口勿聲。

譬喻經十卷　此經是大藏中抄出，本經已各音了，更不重音，大約文易，亦無可音訓者。

雜譬喻經卷　第一　慧琳撰

撈其　老高反。方言：撈，取。郭注云：謂鉤撈也。古今正字義同，從手勞聲也。

抛三　魄包反。埤蒼云：抛，擊也。考聲亦投。古今正字：從手尥聲。尥音同上。經從力作抛，俗字也。

雜譬喻經卷　第二卷

明喆　知列反。爾雅：哲，智也。亦作悊，又作嚞，並同。古今正字從並吉。從三吉者，古字也。

喊言　赫戒反。考聲云：喊，怒以聲也。廣蒼作嚑、欸、譪，並同用。經文作喊，唯呂靖引之。說文不載。

中眵　齒而反。考聲：目中汁也。說文：目眥汁凝也。從目多聲也。眥音齊際反。

一穗　隨醉反。毛詩傳：穗，秀也。蒼頡篇：禾麥秀也。說文義同，從禾惠聲也。

雜譬喻經一卷

破盂　羽俱反。從皿亏聲。經從木作杅，非也。

紵木　除呂反。周禮云：紵，麻草之物也。鄭注云：白而細曰紵。說文：從糸宁聲。宁音同上。

諜〔一六九〕計　上恬頰反。杜注左傳：諜，伺也。又間也。說文：軍中反間也。從言枽聲。枽音鹽接反。

爪擭　烏虢反。考聲云：擭猶取也。今經作摑，俗字也。

斟羹　汁任反。從斗甚聲。經文從酉作酙，非也。

一切經音義　卷第七十五

校勘記

〔一〕未音　麗無，據獅補。

〔二〕露　今傳本經文作「蔍」。

〔三〕豖　據文意當作「豖」。今傳本說文：「啄，鳥食也。从口豖聲。」下同。

〔四〕說文：臥頭篤也　今傳本說文：「枕，臥頭薦首者。」

〔五〕葉　今傳本經文作「茅」。

〔六〕見　今傳本經文作「瓦」。

〔七〕嚾　今傳本經文作「喉」。

〔八〕塞　今傳本經文作「寒」。

〔九〕殀　據文意似作「歹」。林　據文意似作「休」。

〔一〇〕拱　據文意似當作「廾」。

〔一一〕腫　今傳本經文作「體」。

〔一二〕也也　獅作「也」。

〔一三〕魃　獅作「魅」。

〔一四〕說文云：十里爲地，地廣八尺、深八尺謂之洫。從水血聲　今傳本說文：「十里爲成，成間廣八尺、深八尺謂之洫。从水血聲。」

〔一五〕搉　玄卷十二釋此詞作「搉」。

〔一六〕狀　玄卷十二釋此詞作「拔」。磧本玄卷十二釋此詞作「枝」。

〔一七〕人　玄卷十二釋此詞作「之」。

〔一八〕大　磧本玄卷十二釋此詞作「太」。

〔一九〕皃　據文意似當作「皃」。

〔二〇〕貌　玄卷十二釋此詞「貌」。磧本玄卷十二釋此詞作「貇」。

〔二一〕貌　玄卷十二釋此詞「貇」。

〔二二〕眀　玄卷十二釋此詞作「睸」。

〔二三〕䁋　玄卷十二釋此詞作「睸」。

〔二四〕冐　獅作「冐」。

〔二五〕冐　玄卷十二釋此詞作「冐」。

〔二六〕所皺反　玄卷十二釋此詞爲「所角反」。

〔二七〕數　玄卷十二釋此詞作「嗽」。

〔二八〕銀　玄卷十二釋此詞作「嚚」。

〔二九〕齗　獅作「斷」。

〔三〇〕細　據玄卷十二釋此詞補。

〔三一〕夏小雅　即夏小正。雅，俗作「疋」。疋、正形近。則不爲萑，葦秀　麗無，據磧本玄卷十二釋此詞補。

〔三二〕葦也　麗無，據玄卷十二釋此詞補。

〔三三〕蜴蜥　據文意似當爲「蜥蜴」。

〔三四〕采　磧本玄卷十二釋此詞作「甲」。

〔三五〕軠　玄卷十二釋此詞作「䡞」，磧本玄卷十二釋此詞作「軠」，金本玄卷十二釋此詞作「䡟」。

〔三六〕渠王反　磧本玄卷十二釋此詞爲「尼心反」。

〔三七〕軠　玄卷十二釋此詞作「䡞」。磧本玄卷十二釋此詞作「軠」。

〔三八〕繙　玄卷十二釋此詞作「燔」。

〔三九〕籖　玄卷十二釋此詞作「籤」。「籤」爲「籖」的日本用簡體漢字。下同。

〔四〇〕又　磧本玄卷十二釋此詞作「反」。

〔四一〕蒼頡篇：周謂相戲調也　磧本玄卷十二釋此詞爲「蒼頡篇：啁，調謂相戲調也」。

〔四二〕敲　磧本玄卷十二釋此詞作「敲」。

〔四三〕樘　磧本玄卷十二釋此詞作「撐」。

〔四四〕也　麗無，據磧本玄卷十二釋此詞補。

〔四五〕大　麗無，據玄卷十二釋此詞補。

〔四六〕著　玄卷十二釋此詞作「箸」。博　麗無，據玄卷十二釋此詞補。

〔四七〕肉臠也　麗無，據玄卷十二釋此詞補。

〔四八〕使　磧本玄卷十二釋此詞作「吏」。

〔四九〕瘤　據文意當作「瘤」。

〔五〇〕夏小疋　即夏小正。

〔五一〕棒　獅作「捧」。

〔五二〕萑　據文意當作「雈」。

〔五三〕下　麗無，據獅補。

〔五四〕今　獅作「金」。

〔五五〕㔉　似作「㔉」，即「㔉」。

〔五六〕説文云：穫，收刈也。從木蒦省聲也　今傳本説文：「穫，刈穀也。从禾蒦聲。」

〔五七〕秖　玄卷二十釋此詞作「秖」。下同。䟫　玄卷二十釋此詞作「䟫」。

〔五八〕瀆　玄卷二十釋此詞作「瀆」。

〔五九〕榻　玄卷二十釋此詞作「搨」。下同。

〔六〇〕臑　獅作「臑」。

〔六一〕嘿　玄卷二十釋此詞作「蠌」。

〔六二〕方言：北謂蝙蝠爲蟙䘃，蜀中名也。巴北自關東並名服翼，關西名蝙蝠也　玄卷二十釋此詞爲「方言：北謂蝙蝠爲蟙䘃，自關而東名服翼，關西名蝙蝠」。

〔六三〕字林　麗無，據玄卷二十釋此詞補。

〔六四〕不　麗無，據玄卷二十釋此詞補。

〔六五〕晞　獅和玄卷二十釋此詞作「睎」。今傳本説文：「睎，望也。从目稀省聲。海岱之閒謂眄曰睎。」「晞，乾也。从日希聲。」下同。

〔六六〕君殞反　玄卷二十釋此詞爲「奇殞反」。

〔六七〕云：又窨陰雨　麗無，據磧本玄卷二十釋此詞補。

〔六八〕君儼反　玄卷二十釋此詞爲「居儼反」。

〔六九〕睟　玄卷二十釋此詞作「睟」。

〔七〇〕亦細也。易云：純，精粹也　玄卷二十釋此詞爲「精也」。磧本玄卷二十釋此詞爲「亦細也。易云：純粹，精也」。

〔七一〕未　今傳本説文：「株，木根也。从木朱聲。」

〔七二〕穀　獅作「穀」。

〔七三〕啌　今傳本説文作「窒」。

〔七四〕思也　麗無，據磧本玄卷二十釋此詞補。

〔七五〕又作猘　玄卷二十釋此詞爲「纂文作猘」。

〔七六〕善　獅同，臺灣大通書局影印本誤作「其」。

〔七七〕反　麗無，據文意補。

〔七八〕形　據文意似當作「刑」。

〔七九〕説文：從玄從冖牛也　今傳本説文：「牽，引前也。从牛，象引牛之縻也。玄聲。」

〔八〇〕廌　據文意似當作「薦」。

〔八一〕莊　疑衍。

〔八二〕説文：從大甲聲　今傳本説文：「狎，犬可

習也，从犬甲聲。」

〔八三〕說文：從豸皃聲 今傳本說文：「貌，豹屬。出貉國。从豸皃聲。」

〔八四〕擯 玄卷五釋此詞作「櫇」。下同。

〔八五〕要 玄卷五釋此詞作「腰」。

〔八六〕晒 獅作「晒」。

〔八七〕說文云：券，契也 今傳本說文：「券，契也。从刀𢍏聲。」「劵，勞也。从力卷省聲。」

〔八八〕削 玄卷十三釋此詞作「判」。

〔八九〕系 當作「糸」。今傳本說文：「綫，縷也。从糸戔聲。」

〔九〇〕又 獅作「叉」。

〔九一〕跡 麗無，據玄卷十二釋此詞補。

〔九二〕奇龜又 玄卷十二釋此詞爲「奇龜反」。

〔九三〕鴈 玄卷十二釋此詞作「焉」。

〔九四〕棧間反 玄卷十二釋此詞爲「仕簡反」。

〔九五〕悏 玄卷十二釋此詞作「㦄」。

〔九六〕不 似衍。

〔九七〕閇 玄卷十二釋此詞作「閉」。磧本玄卷十二釋此詞作「合」。

〔九八〕匃 玄卷十二釋此詞作「匐」。淮南子云「伏卵而未孚」皆是也 磧玄卷十二釋此詞爲「淮南子云『伏鷄搏狸』、方言『鷄伏卵而未孚』皆是也」。

〔九九〕捕米反 玄卷十二釋此詞爲「蒲米反」。

〔一〇〇〕蒼 玄卷二十釋此詞作「雅」。

〔一〇一〕㚷、㛂二形 玄卷二十釋此詞爲「㚷、㛂二形」。

〔一〇二〕巨夷反 玄卷二十釋此詞爲「巨宜反」。

〔一〇三〕三 玄卷二十釋此詞作「二」。

〔一〇四〕口 麗無，據獅補。

〔一〇五〕鄹 玄卷二十釋此詞作「騶」。

〔一〇六〕藏宗反 玄卷二十釋此詞爲「仕宗反」。

〔一〇七〕捧 玄卷二十釋此詞作「棒」。

〔一〇八〕徒活反 磧本玄卷二十釋此詞爲「他活反」。

〔一〇九〕抾 獅作「抾」。

〔一一〇〕鴆 玄卷二十釋此詞作「酖」。

〔一一一〕據 玄卷二十釋此詞作「擾」。今傳本說文：「譟，擾也。从言喿聲。」

〔一一二〕蘇河反 磧本玄卷二十釋此詞爲「蘇何反」。

〔一一三〕胡岱反 玄卷二十釋此詞爲「胡代反」。

〔一一四〕嗏 玄卷二十釋此詞作「嗏」。

〔一一五〕反 麗無，據獅補。

〔一一六〕敨 玄卷二十釋此詞作「歖」。王念孫廣雅疏證：「敨懂，乖刺也。」

〔一一七〕篇 麗無，據文意補。

〔一一八〕祖 麗無，據文意補。

〔一一九〕濈 據文意似當作「濈」。

〔一二〇〕木 今傳本說文：「脾，土藏也。从肉卑聲。」

〔一二一〕示 據今傳本說文新附補。今傳本說文新附字：「祚，福也。从示乍聲。」

〔一二二〕杜注云：追求草蓐爲冤倘也 今傳本杜注云：「追求草蓐爲宿備。」

〔一二三〕罇 獅作「樽」。

〔一二四〕柎 據文意似當作「捊」。

〔一二五〕確 玄卷十二釋此詞作「礭」。下同。

〔一二六〕元 麗無，據玄卷十二釋此詞補。一

〔一二七〕旬 據文意似當作「旬」。

〔一二八〕體歷反 玄卷十二釋此詞爲「敕歷反」。

〔一二九〕衹 玄卷十二釋此詞作「柢」。

〔一三〇〕堅噎反 玄卷十二釋此詞爲「居折反」。

〔一三一〕搆 磧本玄卷十二釋此詞作「構」。下同。

〔一三二〕古候反 玄卷十二釋此詞爲「古侯反」。

〔一三三〕此條磧本玄卷十二釋爲「力侯反。似騾而大」。

〔一三四〕披逼反 玄卷十二釋此詞爲「普逼反」。

〔一三五〕檻 據文意似作「艦」。

〔一三六〕經文從草作藍草之藍、絲縷之縷 玄卷十二釋此詞爲「經文作藍縷」。

〔一三七〕二 麗無，據獅補。

〔一三八〕汁 玄卷十二釋此詞作「斗」。今傳本說文：「魁，羹斗也。从斗鬼聲。」

〔一三九〕擱 玄卷十二釋此詞作「㰖」。

〔一四〇〕㚄 玄卷十二釋此詞作「疐」。

〔一四一〕口 獅作「言」。

〔一四二〕災 麗無，據磧本玄卷十二釋此詞補。

〔一四三〕他朗反 玄卷十二釋此詞爲「敕朗反」。

〔一四四〕款 據文意似當作「欵」或「歀」。此條玄卷十二釋爲「至欵 或作歀，同。口緩反。蒼頡篇：欵，誠重也。又志純也，欵，愛也。」

〔一四五〕 恤隨反　玄卷十二釋此詞爲「斯隹反」。

〔一四六〕 上亞加反，下核加反　玄卷十二釋此詞爲「一加、何加反」。

〔一四七〕 都老反　玄卷十二釋此詞爲「都誥反」。

〔一四八〕 舊音烏鷄反　玄卷十二釋此詞爲「舊烏鷄、呼鷄二反」。

〔一四九〕 訽　玄卷十二釋此詞作「詬」。

〔一五〇〕 歴　玄卷十二釋此詞作「歴」。

〔一五一〕 睍　玄卷十二釋此詞作「靦」。

〔一五二〕 覈　據文意似當作「礉」。

〔一五三〕 板　據文意似當作「扳」。

〔一五四〕 上及之言　磧本玄卷十二釋此詞爲「釋名：攀，翻也。連翻上及之言也」。

〔一五五〕 注云：謂以鉤物取也　磧本玄卷十二釋此詞爲「注云：謂以鉤撈物取也」。

〔一五六〕 淅　玄卷十二釋此詞作「淅」。下同。

〔一五七〕 思歷反　磧本玄卷十二釋此詞爲「息歷反」。

〔一五八〕 煌也　麗無，據磧本玄卷十二釋此詞補。

〔一五九〕 濩　玄卷十二釋此詞作「獲」。

〔一六〇〕 脾亦反　玄卷十二釋此詞爲「脾赤反」。

〔一六一〕 也　麗無，據玄卷十二釋此詞補。

〔一六二〕 言　磧本玄卷十二釋此詞爲「方言」。

〔一六三〕 詰幼又　據文意似當爲「詰幼文」。

〔一六四〕 箭　磧本玄卷十二釋此詞作「箭」。下同。

〔一六五〕 成　磧本玄卷十二釋此詞作「盛」。

〔一六六〕 下卷　麗無，據玄卷十二補。

〔一六七〕 徛　據文意似作「倚」。

〔一六八〕 元　玄卷十二作「无」。

〔一六九〕 誄　獅作「諜」。

一切經音義　卷第七十六

翻經沙門慧琳撰

音阿育王經十卷　慧琳
阿育王傳七卷
阿育王息壞目因緣經一卷　玄應
四阿含暮抄解二卷　玄應
法句經二卷　玄應
法句譬喻經四卷　慧琳
佛說法句經一卷　慧琳
迦葉結經一卷　慧琳
三慧經一卷　慧琳
撰集三藏及雜藏傳一卷　慧琳
阿毗曇五法行經一卷　無
小道地經一卷　慧琳
一百五十讚佛頌一卷　慧琳
金剛頂經梵音十六大菩薩一百八名讚一卷　無
文殊師利發願經一卷　無
普賢菩薩行願讚經一卷　無
六菩薩名一卷　無
觀自在菩薩梵音一百八名讚經一卷　無
讚觀世音菩薩頌一卷
梵音五讚及八大菩薩讚經一卷　無
無明羅刹集經一卷　慧琳
百千頌請問法身讚一卷　無
梵音普賢菩薩行願讚　無
梵音文殊一百八名讚經一卷　無
大毗盧遮那灌頂吉祥讚一卷　無
勸發諸王要偈經一卷
馬鳴菩薩傳一卷　慧琳
龍樹菩薩傳一卷　慧琳
大阿羅漢所說法住經一卷　慧琳
分別業報略一卷　玄
婆藪盤豆法師傳一卷　玄應
龍樹菩薩說法要偈一卷
龍樹菩薩勸誡王頌一卷　玄應
賓頭盧突羅闍說法經一卷　玄應
請賓頭盧法一卷　慧琳
提婆菩薩傳一卷　慧琳

迦丁比丘說當來變經一卷　慧琳
勝宗十句義論一卷　慧琳
金七十論三卷　慧琳

右三十九經六十二卷同此卷音

阿育王經第一卷　慧琳撰

環釧　上患關反。鄭注周禮：環，旋也。又鄭玄云：環，圍也。說文：從玉睘聲。睘音瓊。經從金作鐶，是子母鐶也。本義乖也。

阿育王經　第二卷

入嵐毗尼林　上臘耽反。梵語也。舍衛國王御苑也。

貝子　杯昧反。說文：海介蟲也。象形字也。古者貨貝而寶龜也。

阿育王經　第三卷

千罃　厄衡反。字書云：長頸瓶也。說文：從缶從熒省聲也。經作甖，俗字也。

相扮　汾吻反。說文：握也。聲類：擊也。手握乾麨互相扮擊。從手分聲。經文從木作枌，是木名，誤也。

阿育王經　第四卷

鉢摩波底　低禮反。梵語也。

阿育王經　第五卷

山壓　於甲反。顧野王：壓猶降也。杜注左傳：壓，損也。說文：壞也。從土猒(厭)〔一〕聲。厭音熲嫌反。

阿育王經　第六卷

斑駮　補角反。漢書云：白黑雜合謂之駮也。說文：不純色也。從馬爻聲。經作駁，獸名也。非經義也。

阿育王經　第七卷

無用拔底　上脂夋反。梵語也。

鎔消　上瑜鐘反。漢書云：猶金之在鎔，唯冶之所鑄也。音義云：鎔，錢模也。說文：冶器法也。從金容聲也。

阿育王經　第八卷

生名陀笈　鉗刼反。梵語也。

蜹了　蕤贅反。國語：蜹蛾〔二〕蜂蠆皆能害人。大戴禮：醯酸蜹所聚焉。說文：秦謂之蜹。從虫芮聲。贅音拙汭反，芮音上同也。

阿育王經　第九卷

深坑　客衡反。爾雅云：坑，墟也。郭注云：塹池，謂丘墟耳。蒼頡篇：壑也，陷也。古今正字：從土亢聲也。經從石作硫，非也。

阿育王經　第十卷

搔刮　上掃遭反，下關八反。鄭注禮記：刮，摩也。說文：掊把也。從刀舌聲也。

刷身　所八反。爾雅：刷，清也。說文：刮也。從刀㕞省聲也。㕞音同上也。

阿育王傳第一卷　慧琳撰

倉儲　佇豬反。考聲云：儲，積也。說文：儲，偫也。文字典說：儲，蓄也。從人諸聲也。偫音直理反。

掣网　上昌熱反，下武昉反。顧野王云：网者，羅罟曰羅网。考聲云：拘也。說文：庖犧所結繩以畋以漁。從冂，下象网文也。冂音冥狄反。經作罔，古之字也。

隘小　厄界反。顧野王云：隘猶迫側也。說文：從𨸏益聲。

阿育王傳　第二卷

𠂢分　上拍賣反。說文云：水邪流分別也。從爪水[三]。俗作派也。

婉樂　上冤遠反。毛詩傳云：美皃也。說文：從女宛聲也。

阿育王傳　第三卷

爪爴　居碧反。

阿育王傳　第四卷

水鵠　洪穀反。桂苑珠叢云：鳥名也。說文：鴻鵠也。考聲云：一舉千里也。從鳥告聲也。

刀矟　雙捉反。廣雅：矟，矛也。埤蒼云：長丈八也。說文：從矛肖聲也。

阿育王傳　第五卷

劓其　宜既反。孔注尚書云：劓，割也。鄭注周禮：截其鼻也。說文義同，從刀臬聲。或從鼻作劓，通用也。臬音言揭反。

擎燈　競迎反。字書：擎，舉也。說文：從手敬聲。

阿育王傳　第六卷

不煗　奴短反。說文：温也。從火耎聲。經從日作暖，非也。

痳漏　上立金反。聲類：小便數也。說文：從疒林聲。經從水作淋，是水澆也。非經義也。

沮蟲　上七余反。聲類云：沮，蠅子也。説文：蠅乳肉中蟲也。從肉且聲。經作疽。癰，疽也。非沮蟲義也。

杷搔　上白麻反。考聲云：杷猶搔也。或從爪作爬。下掃遭反。考聲云：摩也。説文：刮也。從手蚤聲。蚤音早。

青瘀　於御反。説文：積血也。從疒於聲也。

謫罰　竹格反。毛詩傳：謫，責也。方言：謫，怒也。杜注左傳云：謫，讓也。説文：從言啇聲也。

阿育王傳　第七卷

欲涸　航各反。賈注國語云：涸，竭也。廣雅：涸亦盡也。説文：從水固聲也。

嫌嫉　上叶兼反。考聲云：嫌，疑也。心惡也。説文云：不平於心也。從女兼聲也。傳中從心作慊，亦通用也。下音疾。王逸注楚辭云：害賢曰嫉。考聲：嫉，妒也。古今正字：從女疾聲也。或作㑵。傳文從疒作疾。疾，病也。非經義也。

月蝕　承職反。春秋云：日有蝕之。杜注云：月行疾，一月一周天，一歲凡十二交會，有頻交而不蝕者唯正陽之月，君子忌之。説文：從虫食，食亦聲之也。

俟施　上音仕。爾雅：俟，待也。又作竢。衛宏或作𥏫。從人矣聲也。

禳灾　上弱羊反。説文云：磔禳，祀除厲殃也。古者燧人㽕(禜)〔四〕子所造。考聲：祭以除禍也。謝也。説文：從示襄聲也。

阿育太子法益壞目因緣經　玄應撰

綏化　私隹反。爾雅：安也。尚書：五百里綏服。孔安國曰：王者政教也。

梟汝　古堯反。説文：不孝鳥也。冬至日捕梟磔之。鳥頭在木上也。

撓吾　乃飽、乃挍二反。説文：撓，擾[也。又撓，亂也]〔五〕。

元元　言元元者，非一民也。古者謂民曰善，言善人因善爲元，故曰黎元之也。

赦宥　赦音舍。赦，置也。下于救反。宥，寬也。周禮三宥：一宥不識，二宥過失，三宥遺忘也。

蹎蹶　又作顛、趚二形，同。丁賢反，下居月反。蹎蹶，猶頓仆也。

嫽人　力彫反。嫽，敹〔六〕也。嫽，觸也。亦嫽，弄也。

喑呃　説文作諳，於禁反，大聲也〔七〕。下宜作啞，於格反，大呼也。史記「喑啞叱吒，千人皆廢」是也。經文作呃，於革反。呃，憂也。呃，喔也。氣逆也。

四阿含暮抄上卷　玄應

婆喋　長甲反〔八〕。梵言安陀羅婆波，此云五條。

餕昧　上青搆反〔九〕。葛也。

嚓末都　上倉割反。梵語也。盡也。〔一〇〕

波笘　赤占反，又都頬反。梵語後波笘息也。

四阿含暮抄　下卷

摎煞　子曷反。周成難字云：摎，帘摎也。帘音烏狹反。

嘬羅　楚快反。梵言阿婆嘬羅遮，此云光音天也。

揥跋　他細反。

法句經上卷　玄應

埏埴　尸延反，下時力反。案：埏，柔[一一]也，和也，擊也。埴，土也。黏土曰埴。

操杖　粗勞反。説文：操，把持也。

滎水　烏熒反。小水也，亦流也。經文作穽，非也。

螉螺　烏公反。方言：蜂其小者謂之蠮螉。郭璞曰：小細腰蜂也。下力戈反。蝸螺也。蠮音烏繼反也。

噲鬭　蒼頡篇：此亦快字，苦壞反。廣雅：快，憭也。憭音了也。

捨鑑　又作鑒，同。古儳反。廣雅：鑑，照也。鑑謂之鏡，所以察形者也。

水湍　土桓反。疾水也。説文：疾瀨也。水流沙上曰瀨。瀨，淺水。

愚惷　丁絳[一二]、末[一三]容二反[一四]。説文：惷，愚也。

灾迅　雖閏反。爾雅：迅，疾之也。

逞情　丑井反。方言：自山之東江淮陳楚之間謂快曰逞。説文：逞，通也。

法句經　下卷

訥訒　奴骨反。論語：君子欲訥於言。苞氏曰：訥，遲鈍也。説文：訥，難也[一五]。訒音而振反。

怨殲　古文殘[一六]，同。子廉反。詩云：殲我良人。傳曰：殲，盡也，絶也。

潺潺　仕山反。潺湲，水流皃「也。又爾雅云：潺，流。方言：潺，流也」[一七]。

扈船　胡古反。左傳：扈人無淫者。杜預曰：扈，止也。[一八]

謾訑　麻諫反，下或作譎，同。他和反。説文：慢（謾）[一九]，欺也。訑，不信也。楚辭「或訑謾而不疑」是也。

非蔟　青木反。蔟猶聚也。周禮：蔟氏。蔟，巢也。言梵志非如此也。

門閾　古文閾，同。吁域反。爾雅：秩（柣）[二〇]謂之閾。郭璞曰：即門限也。秩（柣）音千結反。

法句譬喻無常品經第一卷　慧琳撰

瓦桮　下貝梅反。考聲云：器也。文字典説：盞也。從木否聲。或作杯。俗作盃也。經文從缶作缻，非也。

跣韈　上先典反。考聲：露足也。説文：以足親地也。從足先聲。下望發反。説文：足衣也。從韋蔑聲。或從革作韈。亦作韎、妹也。

如瀅瀞水　瀅音縈迥反。考聲：瀅瀞，水小不流皃也。古今正字云：梁猶弱水之鼎瀅。從水瀅（瑩）[二一]聲。經文作滎字，非也。下情性反。韓詩傳[二二]云：瀞，清也。考聲云：潔也。説文：無垢也。從水靜聲。經作穽，陷也。非瀅瀞義也。

饕餮　上吐刀反，下天結反。杜注左傳：貪財爲饕，貪食爲餮。説文：並從食，號、殄皆聲也。

蝓蟲　上屋公反。方言：蜂之小者謂之蝓也。郭璞注爾雅：小細腰蜂也。說文：從虫翁聲也。

熱暍　堰羯反。郭璞注山海經云：中熱也。顧野王謂：暴傷熱煩悶欲死也。說文：傷暑也。從火作焬[二三]。曷，寒葛反。堰音謁建反。

呼欱　上呼字，經文從于作吁，書寫人誤也。下呼鴿反。說文云：歠(歡)[二四]也。從欠合聲。經文作哈，雖俗用，音吐合反，非經義也。

憺怕　上談濫反。顧野王云：恬靜也。王逸注楚辭云：憺，安也。許叔重注淮南子云：足也。說文：從心詹聲。下怕音普伯反。廣雅：怕，靜也。考聲：心安靜也。說文：無爲也。從心白聲。經文並從水作澹淡[二五]，錯書也，非也。

祭餟　轉劣反。聲類云：餟，餽也。祭，酹也。考聲云：祠而祭酒也。古今正字：從食叕聲也。或從酉作醊。餽音匱，叕音同上。

法句譬喻無常品經　第二卷

轢殺　零的反。蒼頡篇：轢，輾也。說文：車所踐也。從車樂聲。輾音尼展反。

闚闟　上犬規反。王弼注周易云：所見者狹，故曰闚觀也。考聲云：闚，覷也。方言：闚，視也。說文：從門規聲。或作窺也。下庾朱反。考聲：闟亦闚也。文字集略云：小視也。從門俞聲也。

蘆菔　上魯胡反，下扶福反。方言：菘菜紫華者謂之蘆菔，根菜也。俗謂之蘿蔔。郭注曰：今江東名温菘，實如小豆也。

負馱　說文：似蕪菁也。並從草，盧、服皆聲。下陀哆反。考聲云：驢馬負物也。韻略：馱亦負物等也。

所鑑　監陷反。廣雅云：鏡也。賈注國語：鑑，察也。杜注左傳：亦戒也。毛詩傳云：鑑，所以察形也。說文云：可以取明水於月也。從金監聲。或作鑒也。

忪忪　燭容反。埤蒼：忪忪，惶懼也。古今正字：從心公聲。

穰草　上若章反。廣雅：秆謂之穰。說文：從禾襄聲。經從草作蘘，是蘘荷字也。非經義也。

履屣　疏倚反。聲類云：舞履也。古今正字：從徙履省徙聲。或從革作⿰革徙，又作躧也。

法句譬喻無常品經　第三卷

席薦　下煎線反。說文：獸之所食草也。從艸從廌。文字集略云：薦，菰，蒲蓐也，是蒲蒻薦也。

暴漲　張兩反。考聲云：水增大也。文字集略：河水漲急也。郭璞江賦云：漲，水大皃也。

搒掠　良丈反。鄭注禮記：掠，捶也。蒼頡篇：掠，搒也。考聲云：搒，擊也。說文：從手京聲也。

求定　此定字。經文從金作錠，非也，書寫人筆誤也。錠，鐙也，非經義也。

悼悸　上徒到反。毛詩傳：傷也。又悼，動也。文字典說云：悼，哀也。從心卓聲也。下葵季反。考聲云：心驚動也。說文：從心季聲也。

轗軻　上堪感反。埤蒼：車聲也。考聲云：車行不平也。說文：從車咸聲也。下音可。王注楚辭云：轗軻，不遇也。

聲類云：小車軸折更治曰軻。説文：接軸也。從車可聲。

殯埋　賔刃反。杜注左傳：殯，窆棺也。公羊傳：已大斂而徙棺曰殯，賔也。從歺賔聲。經從手作擯，是擯棄之字，非經義。歺音殘也。

法句譬喻無常品經　第四卷

角試　上江岳反。顧野王云：角猶競争勝負也。高誘注春秋云：角猶試也。説文：從刀從魚冎省。經從手作捔，非也。

指撥　下補末反。廣雅云：撥，除也。王逸注楚辭云：棄也。説文：從手發聲也。

飣餖　上丁定反。顧野王：飣謂置肴饌於盤榻之中也。考聲：施食於器也。下音豆。考聲亦食於器也。並從食。經從豆作飳，俗字也。

歊然　所側反。考聲：恐怖也。服虔通俗文：小怖曰歊。埤蒼曰：亦恐懼也。公羊傳曰「歊然而駭」是也。説文：從欠嗇聲也。經從心作懎，誤也。嗇音同上。

叡通　以贅反。孔注尚書：叡必通於術。賈注國語：叡，明也。廣雅：叡，智也。説文：從𣦼從谷省，目聲。經從殳作叡（叡）〔二六〕，誤也。𣦼音才安反。

帷帳　偉虧反。廣雅：帷亦云帳也。鄭注周禮：在旁曰帷，在上曰幕。説文：從巾隹聲。經作幃，香囊也。非經義也。下張亮反。説文：帳，張也。從巾長聲也。

逆傲跳之　傲音敖告反。考聲云：蕩也。廣雅：慢也。説文：從人敖聲。經從足作蹾，非也。跳音迢。考聲：上也。躍也。説文云：蹷也。從足兆聲也。

洴沙　上並冥反。梵語西國王名也。

佛説法句經　慧琳撰

陽燗　下葉壍反。考聲云：氣皃也。説文：炎燗也。從火閻聲。經作焰，亦通用也。

欻爾　上熏鬱反。薛綜注西京賦云：欻，忽也。説文：吹起也。從炎欠聲也。

絙繩　上剛恒反。王逸注楚辭：絙，忽〔二七〕張弦也。説文：大索也。從糸恒聲也。下食仍反。廣雅：繩，直也。孔注尚書：木從繩則正也。説文：亦索也。從糸從蠅省聲也。蠅音翼繒反。

善標　必遥反。戰國策云：標幟，處所也。考聲云：舉也。書也。牌也。説文：從木票聲也。票音同上。

即嘘　下許居反。顧野王曰：出氣緩曰嘘。鄭注禮記：嘘僁之聲。説文：從口虚聲也。

揣財　初壘反。顧野王：謂相量度也。廣雅：揣，動也。説文：量也。從手耑聲。耑音端。

羈〔二八〕鞅　上寄宜反。文字典説：馬絡頭也。從网從馽。馽，馬絆也。或從革作覊。經作䩭，古字也。馽音砧立反。下央兩反。

迦葉結經　慧琳撰

匡我　曲王反。考聲：匡，輔也。助也，隨也。經從竹作筐，義同也。

眴頊　玄絹反。王注楚辭：眴，視皃也。顧野王：眴，令人動目，密相戒語。説文亦曰揺也。從目旬聲。旬音同上。

撣指　上達安反。宋忠注太玄經云：撣，指觸也。説文：撣，持也。從手單聲也。

這起　上言建反。蒼頡篇：這，迎也。説文：從辵言聲也。辵音丑略反。

三慧經一卷　慧琳撰

揭烏　上虔孽反。考聲：揭，高舉也。王注楚辭：揭亦高也。説文：從手曷聲。曷音褐也。

以盎　於朗反。爾雅：盎謂之缶。郭注云：盆也。説文作瓮。瓮亦盆也。從盎〔二九〕央聲。缶音孚苟反，皿音明丙反。

求匃　下該艾反。蒼頡篇：行請也。求也。古今正字：匃，乞也。從勹亾聲也。勹音人也。

舀水　又翼珠反，又遥小反。考聲：杼〔三〇〕臼也。或作欿、抌。經作揄，非也。

撰集三藏經及雜藏經　慧琳撰

完器　上换官反。毛詩傳：完，舊也。説文：完，全也。從宀元聲也。宀音綿也。

悲惋　烏藋反。文字集略云：惋，歎恨也。説文：從心宛聲。

撓攪　上好高反。廣雅：撓，亂也。説文：撓亦攪也。從手堯聲。作秏，非也。

纑綫　魯都反。方言：纑謂之續也。郭注云：纑，縷也。説文：亦布縷也。從糸盧聲。糸音覓也。下仙廌反。經從延作綖，音延，非經意也。

經緯　下爲貴反。大戴禮：東西爲緯也。國語云：經之以天，緯之以地。説文：撗成絲也〔三一〕。從糸韋聲也。

阿彌曇五法行經　無字可音。

小道地經　慧琳撰

喘欷　上川兖反。廣雅：喘，轉也。説文：疾息也。從口耑聲。耑音端。下音希。何注公羊云：欷，悲也。蒼頡篇：泣餘聲也。説文：從欠希聲。

一百五十讚佛頌　慧琳撰

殉命　上旬俊反。賈誼服鳥賦云：貪夫殉財，列士殉名。漢書臣瓚曰：以身從物曰殉。説文：從歺旬聲。歺音兢。

⿰忄龍悷　下伶計反。埤蒼：懍，悷也。廣雅云：悷，怒也。古今正字義同，從心戾聲也。

牛槍　蛆良反。蒼頡篇：木兩頭鋭也。天文志：槍，兩頭鋭。即與今之槍同。考聲云：拒也。説文：從木倉聲也。亦作⿰豕倉。經作鏘、鎗者並非也。

金剛頂經十六大菩薩讚一卷　讚中自有音訓。

文殊師利發願讚一卷　無難字可音訓。

普賢行願讚一卷　讚中自有音訓。

六菩薩名當誦持經　無難字可訓。

蓮花部一百八名讚一卷　讚中自有音釋。

讚觀世音菩薩頌經　慧琳撰

虹蜺　上胡公反，下研奚反。禮記月令：季春虹始見也。王注楚辭云：蜺，雲之有色似龍者也。漢書音義：雄曰虹，雌曰蜺。文字典說云：螮蝀也，狀似蟲，並從虫，工、兒皆聲。螮音帝，蝀音丁孔反。

虓吽　上嚇交反。埤蒼：虓嚇，大怒也。說文云：虎鳴也。從虎九聲。或作唬。下呼苟反。聲類：吽，嗥也。考聲云：鳴之大也。文字典說：獸聲也。從口牛聲也。或從句作呴，又作响。經文作哮吼，俗用，非也。

齜𪘲　上仕街反。說文：齒相齗也。一曰開口見齒。從齒此聲。下額階反。考聲：狗鬭齒不齊之皃也。

將噬　下時制反。周易：噬，囓也。說文：從口筮聲。筮音同上也。

濺石　賤綫反。文字集略：濺污不浄也。說文：相污灑也。從水賤聲。

銛利　上息廉反。漢書音義：銛亦利也。說文：臿（鍤）〔三二〕屬也。從金舌聲也。臿（鍤）音差甲反。

温適　上穩魂反。鄭箋毛詩云：温，顔色和也。鄭注爾雅云：温謂和柔也。禮記：冬温而夏清。考聲云：暖也。說文：從水𥁕〔三三〕聲也。𥁕音同上。經從火作煴，爲有兩音，非經義，故不取也。

五讚八大菩薩讚等一卷　無字可音訓。

無明羅刹集　慧琳撰

窟宅　苦骨反。杜注左傳云：地室也。聲類云：免（兔）〔三四〕所伏也。文字典說：從穴屈聲。

蔭〔三五〕魔　於禁反。色受想行識名五蔭。從草陰〔三六〕聲。陰字正從阜從云今聲。經行〔三七〕陰，俗字。

法贏　盧戈反。海介蟲也。喻美聲遠聞也。經作蠡，非。

汎大　芳梵反。俗字，亦通用。正字從乏作泛，形聲字。

法帆　音凡。船慢（幔）〔三八〕也。從巾凡聲也。

洄復　馮屋反。水逆上旋流曰洄復也。

懸險　香奄反。從阜。經從山作嶮，非也。

顯著　豬慮反。從草從者。經從羊從目作着，非也。

緊那蟲　經引反。梵語喻此蟲三時變色，初土色，次赤色，後黑色。經作虫，略也。

快樂　上誇怪反，下音洛。

藥椑　必迷反。攬藥木椑也。從木卑聲。

眼膜　音莫。熱暈膜也。從肉。

梯橙　上體奚反，下得亘反。二字並從木。

將從　齊用反。從字從四人彳也。

殃掘魔羅　群律反。人名也。

長抓　上長字，經或從草，亦通。下音爪。爪，手甲也。或從手也。
菴末吒　烏甘反。
尸羅匐　蒲北反。已上三句並是諸外道名也。
能螫　尸亦反。蟲行毒也。又音呵各反。
刺(剌)[三九]刾　上音次，下音戚。上正，下俗字也。正體從朿(朿)[四〇]作刺(剌)。朿(朿)音次[四一]。
齅七　許救反。以鼻就臭曰齅也。
之弶　强亮反。字書云：捕禽獸之具也。
嫉妒　都固反。從户。經作妬，或作妒，並非也。
身索　桑洛反。
緣鎖　桑果反。從金肖聲也。肖音同上。經從巢作鏁，俗字也。
惡羂　决兖反。下二字同。
大鹿　音禄。
所射　音石。
智鑽　祖亂反。下二平聲。
已惑　音幾。説文：已字但有屈曲。上不合，下惑字從心。
折吒王　上旃熱反，次摘加反。梵語喻此王，即無動明王之異名也。
欝禪耶城　威律反。禪音善。
綏撫　上音雖，下敷武反。
疾疫　音役。
過半　古和反。
攘災　而羊反，下再來反。
熾劇　上昌至[反][四二]，下奇逆反。蒼頡篇：增甚也。説文：從刀豦聲也。豦音巨魚反。

里巷　瓨降反。亦作閧也。
鵰鷲　音彫，音就。惡鳥也。
翳障　上伊計反，下章讓反。從𠂤。經從邑作障(鄣)[四三]，非也。
死喪　桑葬反。從哭從亾。經作丧，非也。
所擒　音禽。
愁悴　情醉反。
確然　苦角反。古今正字：從石隺聲。隺音口各反。從冖從隹。經文從雨作霍，非也。
思趁　耻鎮反。尋逐也。
寶鎧　苦蓋反。甲胄也。
單已　音幾。
色貌　音皃。
尸骸　音諧。
髑髏　上音獨，下音樓。人頭骨也。
血髓　雖觜反。骨中脂也。
手探　他含反。從手。
腸肚　上丈良反，下徒怒反。並從肉也。
犇[四四]血[四五]　上分問反。從釆[四六]音白慢反從華音補干反從廾音拱。經從土從異，非也。
沾污　上知廉反，下烏固反。
交絡　音洛也。
諍食　[責][四七]更反。
鬪諍　上當搆反。經從門從豆，俗字也。
牽掣　上啓堅反。從玄從冖牛。經從去從手，非也。下闡折反。從手從制。或作制也。

金翅　音試。
咄叱　上都骨反，下嗔質反。
肪膏　上音方，下音高。
甘嗜　時至反。貪也，欲也。或從酉從食作醋、饍，皆古字也。
語鬼　音御。
頭尖　接閻反。
顧盻　奚詣反。説文：恨視。與係同音也。
暉霍　呼郭反。
災癘　上音灾，下力偈反。惡疾也。
死斃　毗袂反。或從廾從斃，頓什（仆）〔四八〕也。
疲苦　上音皮。
嘗血　音常。
能解　革賣反。
門裏　音里。
奮劍　方問反。從大從隹田，正體。餘作非也。
翹脚　祇姚反。
著于　張略反。經作著，非也。
鉀冑　音甲，下池又反。從由從冃。冃音莫保反。
奇戟　京逆反。
閑樂　音洛。
慘悴　上倉敢反，下情遂反。
涇皮　尸入〔四九〕反。説文：從一從丝從土〔五〇〕。正也。經作濕，非也。
蟒蛇　音莽。大虵也。下音虵。
縈繫　恚營反，下音計。

其腰　一姚反，或作膂。
鋸牙　居御反。
壯洪　胡公反。洪，大也。
呼吸　上正呼字，下虚急反。
啜噉　川拙反，下音淡。俗字也。正作啗。
譀講　呀監反。亦作喊。下呀介反。或作喊，大呼大怒也。
漂没　匹遥反。
枉横　王往反，下獲孟反。
鸜腹　烏貢反，下封目反。
擲羂　持戟反，下决究反。
跋涉　盤末反，下食葉反。
叢冢　上族紅反，下誅隴反。經文從土，俗字也。
巢穴　柴爻反。説文：從臼木巛〔五一〕。巢字像形，似鳥在巢上。經從果，非也。
狐狼　上音胡。説文：祅獸也。鬼所乘。從犬從孤省聲〔五二〕。下音郎。似犬，鋭頭，白額〔五三〕，形聲字。
豺貍　上音柴。山獸也。説文云：狼屬，狗足，從豸才聲。下音離。説文：伏獸也。似貙。從豸里聲也。
羆虎　上音悲。熊屬也。以（似）〔五四〕熊，黄白而大，猛憨多力。説文：如羆（熊）〔五五〕。從熊羆省聲也。下呼古反。
鵄梟　上齒支反，下皎姚反。怪鳥也。
摶食　上音團。
擁腫　上音邕拱反，下音鍾勇反。
肥脹　上扶微反，下張亮反。並從肉。
刺渴　上羅葛反。從束從刀。考聲：僻戾也。經文作艾，非也。

言剌渴者，粗醜也。
皴剥 七遵反。皮起也。下邦角反。
挺動 音定。
掣電 上昌熱反。正作掣。
銜唇 上音咸，下順倫反。
濤波 上音桃。
塵霧 音務。
晦冥 灰内反，下莫瓶反。從冖從日從六，冖聲也。
蔽 卑袂反。掩也。
弊壞 毗袂反。
瓨甕 巷江反。從江省聲。下蓊貢反。從瓦雍也。
膖脹 上朴江反，下張亮[反]〔五六〕。
胆蟲 上七余反。經作疽〔五七〕，非也。下逐融反。經作虫〔五八〕，誤也。
疱凸 上白皃反，下田頡反。
鋒出 上音峰。
我爲 榮僞反。
騰〔五九〕踴 音勇。上徒能反。從舟。
哂哂 尸忍反。或作哂哂，小笑皃也。
欲數 上聲也。
聽我 體盈反。
矛楯 上莫侯反，下音順。從木。
蹋芭蕉 談臘反，次音巳(巴)〔六〇〕，下音焦。草樹名也。
喜樂之樂 上五教反，下音洛。
己命 音幾。

斧斫 章若反。
椎何 上直追反。
藕花 五狗反。
秉智 音丙。手執禾曰秉。
鉤餌 古侯反，下音二。
鉤牽 遺賢反。
有樂 音洛。
鄙賤 悲美反。
數得 霜捉反。
猒足 伊閻反，平聲。
蠅墮 翼繒反，下徒卧反。
治汝 音池。
禁我 音金。
虧損 屈危反。説文：從亏〔六一〕從虍從隹也。
短促 取欲反。
嬈亂 泥鳥反。
欲道口〔六二〕 唐老反。韻詮：道，口説。
堅硬 額更反。
鹹水 音咸。
踰增 音逾。
懍厲 立錦反。
憒夹 迴外反，下奴篗反。俗作閙。經作夹〔六三〕，不成字。
擾亂 而沼反。説文：從手從憂。憂音奴刀反。憂字從巳從頁從止夊。經從憂作擾，誤也。
蜂採 音豐。

劍矟　音朔。
投淵　恚緣反。深也，象水深也。
炙身　征亦反。上從肉。
棘(棘)〔六四〕刺(刺)〔六五〕　上居力反。從並二朿(朿)〔六六〕。經從來，非也。下此恣反。從刀朿(朿)〔六七〕聲。經從夾，非也。
編掾　上必綿反，下緣縣反。
墾殖　康佷反。耕也。下承力反。種也。
輕躁　遭到反。不安静也。
耽著　上多甘反，下長略反也。
諸愆　羌言反。
燧鑽　上音遂。火燧也。下祖亂反。取火具也。
鷰巢　上音宴。玄鳥也。
當潰　音會。爛也。蒼頡篇：川決也。
攀緣　普斑反。
肩髆　音博。説文：從骨從尃聲。尃，從甫從寸也。
猨猴　上音袁。或作猿。下音侯。
親昵　尼栗反。昵亦親也。
身瑣　蘇果反。從玉肖聲。肖音同上。從巢者，非也。
挽於　罔阪反。
撲火　普卜反。古文作攴。
導道　上導字，去聲，引也。下道字，上聲，達也。
分受　汾問反。
罪戮　音六。煞也。
塵埃　上塵字從鹿從土。下音哀。説文：從土從矣。字從目從矢。目音以，矢音始。今隸從省也。
腐壞　扶武反。壞，怪也。
掉動　亭曜反。
膿血　音農，從肉。
瓨瓮　烏浪反。盆也。從瓦央聲。或從皿作盎，同。
垢膩　尼雉反。從肉貳聲。
嘶破　先奚反。嘶亦破也。
粗澀　霜立反。説文：從水從四止，二倒二正，會意字也。
猫狸　上音茅，又音苗，亦通。或從豸作貓。下音離。伏獸也。猫類野獸也。
鼷鼠　上音奚。有毒鼠也。或謂之甘口鼠，鼠字象形。
杌樹　音兀。
爆熾　上音豹。火爆聲也。
猖狂　上音昌，下逵王反。
誼呼　暉袁反。
强笑　渠亮反，借音。笑字從竹犬。
跳躑　上音調，下程石反。
叱吒　上嗔質反，下摘嫁反。大嗔怒也。
拍髀　上普伯反，下瓶袂反。
或嘯　音笑。
俠怨　上音叶，下威院反。
邃眉　雖醉反。從穴遂。
饕餮　上他刀反，下天涅反。杜預曰：貪財曰饕，貪食曰餮。或作叨飻。
長胭　音燕。項也。從肉。經從口，非也。
疣瘤　上音尤，下長類反。左傳：有沈溺重瘤之疾。小者名肬，

陰尻　大曰贅，音之芮反。並從疒，形聲字。疒音女厄反。

上陰字，説文：從自從云今聲。下苦高反。蒼頡篇：尻，髖也。從尸九。

兩膝　音悉。從肉桼聲。説文作厀，從卩。

粗褐　音曷。

振悚　粟勇反。從心從束也。

捋調　鸞括反。從手從捋省聲。下亭曜反。

撓攖　上音蒿。經作秏，非也。攖字前説也。

哮吼　孝交反。前已具訓釋訖。

欻然　薰律反。忽也。

膽勇　耽敢反。勇字下從力。

逃竄　上唐勞反，下倉亂反。

衝屋　觸鍾反。

蜂窠　苦和反。從穴。

礔礰　上匹歷反，下音歷。

肌體　居宜反。從肉几。

渚中　諸汝反。

頻螺　盧禾反。梵語迦葉名也。梵語不切當。

百千誦大集經地藏菩薩請問法身讚　慧琳集

醍醐　上弟泥反，下户孤反。文字集略曰：醍醐是酥酪之精醇者。古今正字並從酉，是、胡皆聲。

芭蕉　上伯麻反，下即遥反。王注楚辭曰：芭蕉，香草名也。文字指〔六八〕云：生交阯郡，葉如席，煮可以紡績爲布，汁可以漚麻也。古今正字二字並從草，巴、焦皆聲也。

瞋恚　下一季反。説文：恚，憎也。從心圭聲也。

胎孕　上貸來反，下蠅甑反。淮南子云：婦孕四月而胎。蒼頡篇：胎，未生也。鄭注禮記：孕，妊子也。説文：胎從肉〔六九〕。孕從子也。

而齅　下休又反。説文：以鼻就臭曰齅。從鼻臭聲。

甘蔗　下遮夜反。

瞖瞑　上翳計反。韻略曰：障目曰瞖。下覓瓶反。左傳：謚曰靈不瞑(瞑)〔七〇〕，曰成乃瞑(瞑)。説文：瞑(瞑)，翕目也。並不〔七一〕從目。

梵本普賢讚一卷　讚中自有音訓。

梵音文殊讚一卷　讚中自有音訓。

吉祥讚一卷　讚中自有訓釋。

龍樹菩薩爲禪陀迦王説法要偈　慧琳撰

唼食　上音迊。顧野王云：鳧鷖之類口食謂之唼也。考聲：嗍也。古今正字義同，從口妾聲。或作师。

日暴　蒲冒反。顧野王：暴，曬也。説文：晞也。從日從出從廾從米〔七二〕。經文從火作爆，爆音豹，是燒柴竹聲也，非經義也。

齟掣　上疾與反。聲類：齟，嚼也。説文亦從口作咀。

齰齧　上齰字，諸字書並無此字，譯經人隨意作之，相傳音在諸

反，非也，正合作齭，音陟皆反，謂没齒齭也。廣雅云：齭，齧也。古人釋云斷筋骨也。又有音齽爲截，亦非也。下研結反。前法花音義云：噬，齧也。少噬爲齧，没齒爲齭，於義爲正。古今正字：齧亦噬也。從齒㓞聲也。經從口作嚙，非也。㓞音口八反。

矛穳　上莫侯反。説文：矛長丈二，建於兵車也。經從金作鉾，古字也。下倉亂反。廣雅：穳謂之鋋也。考聲云：短矛也。古今正字：從矛贊聲。經從木作欑，誤也。鋋音時旃反。贊音讚。

勸發諸王要偈　慧琳撰

飴蜜　以之反。方言：飴謂之餳也。説文：米蘖煎也。從食台聲。

慠慢　上敖告反。考聲云：慠，倨也。經作傲，非也。

訓馴　下恤遵反。司馬彪曰：馴，從也。廣雅：馴，善也。説文：順也。從馬川聲。

榜〔七三〕楚　上白萌反。廣雅：榜，擊也。聲類亦笞也。説文：從手旁聲。笞音癡。

針鋒　下否逢反。文類〔七四〕曰：鋒，鋭也。説文：刃端也。從金夆(夆)〔七五〕聲。經作鋒，古字也。

齟齘　上疾與反。考聲：嚼也。下骸戒反。方言：齘，怒也。説文：齒相切怒也。從齒介聲。經從爪作齓，非也。

馬鳴菩薩傳　慧琳撰

銘其　上覓缾反。鄭注考工記云：銘之言名也。禮記：銘之義書美而不稱惡也。顧野王：鐫刻金石也。説文：從金名聲也。

綰達　灣版反。許叔重注淮南子曰：綰，貫也。攝也。灣音烏關反。

卓犖　力卓反。考聲云：犖，高皃也。説文：從牛勞省聲也。

燭幽夜　上鍾蓐反。考聲：照也。經從屬作爥，非也。

龍樹菩薩傳　慧琳撰

騁情　抽領反。杜注左傳：馳也，走也。説文：直驅也〔七六〕。從馬甹聲也。甹音匹丁反。

錙銖　上滓師反，下樹朱反。鄭注禮記云：八兩爲錙。許注淮南子云：十二粟而重一分，十二分爲一銖。説文云：錙，六銖也。銖，權分十黍六重也〔七七〕。二字並從金，甾、朱皆聲也。甾音同上。

蟬蛻　上時延反，下音税。説文：蟬蛇所退皮也。並從虫從單、兑聲也。

大阿羅漢難提蜜多羅所説法住記　慧琳撰

耽没羅洲　上膽藍反。梵語也。經從貝作眈，誤也。

住在畢利颺瞿洲　颺音羊象反。梵語也。

窣堵波　七(上)〔七八〕蘇没反。梵語也。

𠂤𨸏　上都迴反。聲類：小塊也。説文：小𨸏也。象形也。下扶久反。爾雅：大陸曰𨸏。賈注國語：𨸏，厚也。長也。説文：大陸也。山無石也。象形。經並從土作堆埠，俗用字也。

⿰耒員耨　上殞軍反。毛詩傳云：除草曰耘。說文云：除苗間穢也。從耒員聲。或作耘。下奴豆反。鄭注周禮：耨，耘耔也。說文：薅器也。從耒辱聲也。耔音子，薅音蒿，耒音雷隊反。

囊皅　普巴反。說文：草花之皃也。從白巴聲。亦作葩。

分別業報略集　玄應撰

悛法　且泉反。悛，改也。方言：自山而東謂改曰悛。廣雅：悛，更也。

犯忤　又作迕、悟(啎)〔七九〕二形，同。五故又(反)〔八〇〕。聲類：迕〔八一〕，逆不遇也。

蛆蟻　子餘反。蝍蛆，吴公也。一名蛆渠也。

愚戇　都絳反。說文：愚，癡也。戇，愚也。

聾聵　古文聵、䫥〔八二〕二形，今作顡，又作聵，同。牛快反。生聾曰聵。聾無識曰聵也。

宫刑〔八三〕　居雄反。淫刑，次死也。男女不以義交者，其刑宫。男子割勢，婦人幽閉於宫。下真經反。罰罪也。易也。刑，法也。井爲刑法也。春秋元命包曰：刑字從刀從井。井以飲人，人入井争水，陷於泉，以刀守之，割其情〔八四〕慾，人畏慎以全命也，故字從刀從井也。

閹身　於撿反。說文：閹，豎。宫中閹昏閉門者也。謂精氣閉藏也。主閉門户，故曰閹也。

婆藪槃豆傳　玄應

紱婆　字又作紼，同。甫勿反。譯云子。依字，紱，綬[也]〔八五〕。

撰銘　助彎反。撰猶述也。廣雅：撰，定也。下莫丁反。銘之言名也。書其功於大常也。亦鐫刻金石以紀功德也。

紕謬　匹毗反。禮記：一物紕謬。鄭玄曰：紕猶錯也。下靡幼反。謬猶亂也〔八六〕。謬，誤也。方言：謬，訛也。說文云：狂者之言也。從言翏也。

大藍(籃)〔八七〕　力甘反。筐屬也。字林：大篕也。篕，杯籠也。纂文：大筐也。

柲柯　蒲蔑反。柲柯摩羅阿袂〔八八〕多，譯云正勤。

龍樹爲禪陀迦王說法要偈　玄應撰

謳歌　又作嘔、慪二形，同。烏侯反。說文：齊歌曰謳。廣雅：謳，喜也。

飲酣〔八九〕　古文佄，同。胡甘反。漢書應劭曰：不醉不醒曰酣。又樂酒曰酣也。

樝(摣)〔九〇〕掣　古文作柤(抯)〔九一〕，同。側加反。方言：樝(摣)，取也。聲類：五指樝(摣)捉也。

飴蜜　又作餲、飤二形，同。翼之反。說文：米蘗也。方言：飴謂之餳。餳音似盈反。

訓馴　似均反。廣雅：馴，擾也。馴，善也，亦從也。說文：謂養野鳥獸使服謂之馴也。

瘤瘻　力周反。說文：瘤，腫也。腫結不潰散者爲瘤。聲類：瘤，瘜肉也。

龍樹菩薩勸誡王頌　慧琳撰

躁動　上遭到反。顧野王云：躁猶動也。賈注國語云：躁，擾也。鄭注論語：不安靜也。文字典說：從足喿聲。喿音

同上。經從心作懆，音草，非也。

慘毒　惻錦反。考聲云：甚也。毒也。説文音千感反。訓義同。從心衆(參)〔九二〕聲。經從玉作瑹(瑑)〔九三〕，非也。

號嚎　上号高反。考聲云：大哭也。説文云：呼也。從号虎聲也。經從口作呺，非也。下第泥反。文字集略云：哭而無節也。説文：號也。從口虒聲也。虒音同上。頌中從帝作啼，俗用字也。

煻煨　上蕩郎反。考聲：灰兼細火也。下烏迴反。廣雅：煨，煴也。説文：盆中火也。並從火，唐、畏皆聲也。

牀簀　下争革[反]〔九四〕。鄭注禮記：文簀謂牀也。郭注爾雅：簀，牀板也。説文：牀棧也。從竹責聲也。頌中從木從此作柴，謬〔九五〕也。若依字，訓釋甚非經意也。故不取也。

啄心　丁角反。廣雅：啄，齧也。考聲云：鳥啄也。説文：鳥食也。從口豖(豕)〔九六〕聲也。豖(豕)音丑足反。頌中從卓作啅，非也。

百矟　下山卓反。廣雅：矟，矛。埤蒼云：矟長丈八也。經作槊字，是木名也。

相掐　口洽反。埤蒼：掐，抓也。古今正字亦抓也〔九七〕。從手臽聲。臽音土高反〔九八〕。

斲頂　丁角反。頌文從登作鄧，俗字也。

賓頭盧爲王説法經　玄應

榮爍　爲明反。榮猶光華也。光寵也。經文作爍，非也。

請賓頭盧法　慧琳撰

氍毹　上具愚反，下色于反。前已重重具訓釋訖。經從叟作氀，非也。

皆萎　委爲反。毛詩云：無草不死，無木不萎。傳曰：草木皆有死葉也。蒼頡篇：萎，黄病也。通俗文：萎，悴惡也。聲類：蔫菸也。形聲字也。菸音於。

被擯　賓印反。考聲：擯，棄也。從手。經從人作儐，非經意。

提婆菩薩傳　慧琳撰

醻鑿　傳文作酬酢，非正字。上醻音讎，鑿音昨。毛詩注：醻，勸也。爾雅：醻，報也。文字釋訓云：以言對答也。説文：主客獻酬以禮成也。或作訓。集訓云：以言荅(答)〔九九〕也。傳文、字書酬酢錯用，非也。案醻鑿者，提婆菩薩以正理醻對外道也。古人有言曰：不道則不知，不鑿即不徹。故譯經者有酬酢文言，字非正體，今據古今篆隸以正之也。

拊匈　上孚武反。顧野王：拊猶拍也。廣雅：擊也。説文：從手付聲。下吁邕反。説文：匈，膺也。從勹凶聲。或作胷。

叩地　口候反。考聲云：首至地也。經文作扣，錯用也。

迦丁説當來變經一卷　慧琳撰

徯戀　上奚啓反。孔注尚書：傒(徯)〔一〇〇〕，待也。説文亦待也。從彳奚聲。或作蹊也。

詆冒　泜禮反。蒼頡篇：詆，欺也。説文：從言氐聲〔一〇一〕。經從及作詼，非也。

跛蹇　上波我反。賈注國語云：跛，行不正也。考聲：跛，蹇也。古今正字：從足皮聲也。下揭偃反。説文：蹇，跛也。從

足寒蹇省聲也[一〇二]。經從馬作騫，非也。

勝宗十句義論　慧琳撰

幖幟　上幖遥反。前注(法)[一〇三]句經已具訓釋。下昌志反。廣雅：幟，番[一〇四]也。考聲云：幟，記也。以帛長五尺廣半幅綴於旗上也。古今正字：從巾戠聲。戠音職。

金七十論卷上　慧琳撰

岸褫　遲尔反。考聲：褫，落也。説文：從衣虒聲。虒音斯。

金七十論卷中

籐繞　上鄧能反。蔓草也。從草[一〇五]從勝。

夜售皮陀　售音讎咒反。梵語論師名之也。

崽習　上吁軍反。考聲：風至之皃也。又習行已夂(久)[一〇六]，無如之何。説文：從中從黑。經從草作薰，是舌(香)[一〇七]草也，與經義乖也。中音丑列反。

金七十論卷下

二插　初洽反。聲類云：刺之使入也。説文亦刺内也。從手臿聲。插(臿)[一〇八]音同上同[一〇九]。

先揲　先葉反。顧野王：㨂(揲)[一一〇]謂數也。周易：㨂(揲)[一一一]之也。説文：閲持也。從手枼聲。音牒也。

如繖　思嬾反。顧野王：繖即蓋也。古今正字：從糸散聲。嬾音蘭旦反。

校勘記

〔一〕猒　今傳本説文作「厭」。

〔二〕蛾　今傳本國語作「蟻」。

〔三〕水邪流分别也。從爪水　今傳本説文：「辰，水之衺流别也。从反永。」

〔四〕嵤　今傳本説文作「縈」。

〔五〕也。又撓，亂也　據玄卷二十釋此詞補。

〔六〕敔　玄卷二十釋此詞作「敔」。

〔七〕説文作諳，於禁反，大聲也　今傳本説文：「諳，大聲也。」

〔八〕喋　玄卷二十釋此詞作「嚛」。長甲反　玄卷二十釋此詞爲「丈甲反」。

〔九〕上青搆反　玄卷二十釋此詞爲「上青搆反」。

〔一〇〕嗾末都　此條玄卷二十釋爲「嗾末都　盡也。天竺品題皆在後也。」

〔一一〕柔　據文意似當作「揉」。

〔一二〕絳　獅作「絳」。

〔一三〕末　獅作「東」。

〔一四〕丁絳、末容二反　玄卷二十釋此詞爲「丑絳、敕容二反」。

〔一五〕説文：訥，難也　今傳本説文：「訥，言難也。从言从内。」

〔一六〕殘　玄卷二十釋此詞作「殘」。

〔一七〕也。又爾雅云：潺，流。方言：潺，流也　據磧本玄卷二十釋此詞補。

〔一八〕此條玄卷二十釋爲「胡古反。扈，止也」。

〔一九〕慢　玄卷二十釋此詞作「謾」。

〔二〇〕秩　玄卷二十釋此詞作「秩」。下同。今本爾雅注疏：「秩謂之閾。」

〔二一〕瀅　據文意似當作「瑩」。

〔二二〕韓詩傳　獅作「韓詩外傳」。

〔二三〕説文：傷暑也。從火作煬　今傳本説

文：「暍，傷暑也。从日曷聲。」
〔二四〕矙　今傳本説文作「瞰」。
〔二五〕淡　據文意似當作「泊」。
〔二六〕叡　據文意似作「𣪊」。
〔二七〕忽　今傳本王逸注楚辭作「急」。
〔二八〕罵　漢語大字典異體字表收有「𦋐」，據字意和下文文字典説所釋似作「罵」。
〔二九〕盎　今傳本説文作「皿」。
〔三〇〕杼　據文意似作「抒」。
〔三一〕説文：撗成絲也　今傳本説文：「緯，織横絲也。从糸韋聲。」
〔三二〕乖　獅作「乖」，今傳本説文作「鍤」。下同。
〔三三〕盈　獅作「盅」。「盈」與「盅」形近。
〔三四〕免　據文意當作「兔」。
〔三五〕蔭　獅作「蔭」。
〔三六〕陰　獅作「陰」。下同。
〔三七〕行　據文意似作「作」。
〔三八〕慢　獅作「幔」。
〔三九〕刺　據文意似作「刺」。下同。
〔四〇〕束　據文意似作「束」。下同。
〔四一〕次　獅作「欠」。
〔四二〕反　麗無，據文意補。
〔四三〕障　據文意似當作「鄣」。今傳本説文：「障，隔也。从𨸏章聲。」「鄣，紀邑也。从邑章聲。」
〔四四〕糞　今傳本説文：「糞，棄除也。从廾推華棄釆也。官溥説似米而非米者矢字。」
〔四五〕血　獅作「皿」。

〔四六〕采　獅作「米」。
〔四七〕責　麗無，據獅補。
〔四八〕什　據文意似當作「仆」。
〔四九〕入　獅作「人」。
〔五〇〕説文：從一從幺從土　今傳本説文：「溼，幽溼也。从水；一，所以覆也，覆而有土，故溼也。㬎省聲。」
〔五一〕説文：從臼木巛　今傳本説文：「巢，鳥在木上曰巢，在穴曰窠。从木象形。」
〔五二〕袄　獅作「妖」。今傳本説文：「狐，袄獸也。鬼所乘之。有三德：其色中和，小前大後，死則丘首。从犬瓜聲。」
〔五三〕額　今傳本説文：「狼，似犬，鋭頭，白頰，高前，廣後。从犬良聲。」
〔五四〕以　據文意當作「似」。
〔五五〕罷　今傳本説文作「熊」。
〔五六〕反　麗無，據文意補。
〔五七〕疸　獅作「疽」。
〔五八〕虽　獅作「虫」。
〔五九〕騰　獅作「騰」。
〔六〇〕巳　據文意當作「巴」。
〔六一〕亐　即「亏」。
〔六二〕道口　獅作「道」。下同。
〔六三〕夬　據文意似當作「内」。
〔六四〕棘　據文意當作「棘」。
〔六五〕刺　據文意當作「刺」。
〔六六〕束　據文意當作「束」。
〔六七〕束　獅作「束」。
〔六八〕文字指　據慧卷四所釋此詞當爲「字指」。

〔六九〕説文：胎從肉　今傳本説文：「胎，婦孕三月也。从肉台聲。」
〔七〇〕瞋　據文意當作「瞑」。下同。
〔七一〕不　衍。
〔七二〕説文：晞也。從日從出從拱從米　今傳本説文：「㬥，晞也。从日从出从廾从米。」
〔七三〕榜　據文意似當作「搒」。
〔七四〕文類　似爲「聲類」，或爲「文穎」，待考。
〔七五〕夅　獅作「夆」。
〔七六〕説文：直驅也　今傳本説文：「騁，直馳也。」
〔七七〕銖，權分十黍六重也　今傳本説文：「銖，權十分黍之重也。」
〔七八〕七　獅作「上」。
〔七九〕悟　玄卷二十釋此詞作「梧」。
〔八〇〕又　獅作「反」。
〔八一〕迕　玄卷二十釋此詞作「忤」。
〔八二〕顛　玄卷二十釋此詞作「類」。　磧本玄卷二十釋此詞作「纇」。
〔八三〕荊　獅作「荆」，即「刑」，下同。
〔八四〕惰　玄卷二十釋此詞作「情」。
〔八五〕也　據玄卷二十釋此詞補。
〔八六〕謬猶亂也　玄卷二十釋此詞爲「謬猶錯亂也」。
〔八七〕藍　玄卷二十釋此詞作「籃」。
〔八八〕袂　玄卷二十釋此詞作「秩」。
〔八九〕酣　玄卷二十釋此詞作「鉗」。
〔九〇〕櫨　玄卷二十釋此詞作「攎」。下同。

〔九一〕 柤　玄卷二十釋此詞作「抯」。

〔九二〕 粂　獅作「參」。

〔九三〕 瑑　獅作「珍」。

〔九四〕 反　據文意補。

〔九五〕 謬　獅作「誤」。

〔九六〕 豖　當作「豖」。今傳本說文：「啄，鳥食也。从口豖聲。」下同。

〔九七〕 古今正字亦抓也　獅爲「古亦今正字：抓也」。

〔九八〕 臽音土高反　此似傳抄時誤「臽」爲「舀」所作反切。

〔九九〕 荅　據文意當作「答」。

〔一〇〇〕 傒　據文意當作「徯」。

〔一〇一〕 今傳本說文：「苛也。一曰訶也。从言氏聲。」

〔一〇二〕 說文：蹇，跛也。從足寒蹇省聲也　今傳本說文：「蹇，跛也。从足寒省聲。」

〔一〇三〕 注　獅作「法」。

〔一〇四〕 番　據文意當作「幡」。

〔一〇五〕 草　據文意當作「竹」。

〔一〇六〕 夂　據文意似當作「久」。

〔一〇七〕 舌　獅作「香」。

〔一〇八〕 插　據文意似當作「臿」。

〔一〇九〕 同　衍。

〔一一〇〕 楪　據文意當作「揲」。「扌」旁與「木」旁形近易混。

〔一一一〕 堞　獅作「揲」。

一切經音義　卷第七十七

翻經沙門慧琳撰

音釋迦譜十卷

釋迦略譜一卷　舊目一卷

釋迦方志二卷

釋氏系録一卷

大周經目十五卷

已上五集録三十一卷同此卷音

釋迦譜序　第一卷

儲宮　上音除。副君也，即今之太子所居，亦謂之春宫也。

舛駁　上川耎反。顧野王云：差舛不齊也。説文：對卧也。從夊牛相背也。下邦邈反。漢書云：白黑雜也。説文：色不純也〔一〕。從馬爻聲。夊音知几反，牛音跨。譜文作駮，俗用字也。

博訊　上補莫反。博字從十從甫從寸。下音信。毛詩傳曰：訊，問也。説文：從言卂聲。譜文作誶，誤也。卂音同上。

摶食　上斷巒反。初食地味，未有匕箸而食之，故名摶食。從手專聲。文中作揣，非也。

薄餅　并郢反。古今正字云：熬餈也。從食并聲。譜作䴵，俗字也。餈音慈。

刑笑〔二〕　霄曜反。毛詩傳云：笑，侮之也。顧野王云：爲所鄙咨而笑之也。古今正字：笑，喜也。從竹犬〔三〕聲。譜文作咲，俗字也。

糠檜　上正康字也。從禾康聲。康字，説文：從米康聲。下公外反。蒼頡篇云：檜，粗糠也。説文：從禾會聲。

懿摩　上衣冀反。爾雅云：懿，美也。説文：專久而美也。從壹恣聲。譜作懿，俗字。

軒皞　上憲言反，下豪老反。帝系譜云：軒，軒轅皇帝也。皞，少皞也。皆古之帝王號也。

大椿　黜倫反。古今正字云：上古大椿以八千歲爲春，八千歲爲秋。經典釋文：此木生江南，以三萬二千歲爲一年。

擯㡿　上賓刃反，下音尺。前雜事律中已釋。

擯黜　椿律反。范甯集注穀梁云：黜，退。説文：從黑出聲也。

闚闇　上苦規反，下庚〔四〕朱反。説文云：闚，闇。從門規聲〔五〕。考聲云：闇亦闚也。從門俞聲。

瞬動　上尸閏反。説文云：開合目數摇動也。從目從舜。説文正作瞚。亦作眒。

夗轉　上於遠反。説文云：夗，轉卧也。從夕。卧有節，故從卩〔六〕也。譜文作惋，是歎惋字，非也。卩音節。

膩吒　上尼利反，下乇加反。乇音知戹反。

鏺樹國　上補末反。國名也。

粗獷　擱猛反。考聲：犬悍戾不可附也。譜從麥作麩，是粗麥也，非兇獷之字。

憒吏　上瓌外反。蒼頡篇云：憒，亂也。說文：從心貴聲。亦迴外反。下正鬧字，音鐃教反，已釋訖。譜作閙，俗字。

翡翠　上肥味反，下七醉反。字統：翠，青羽雀也。出欝林。異物志云：翡翠作巢在高樹之顛，去地七八丈，夷人稍稍下之，令去地七八尺，待其子欲成，然後取之。說文：翡，赤羽雀也。二字並從羽，非、卒聲也。

鳧鷖　上輔無反。毛詩傳云：鳧，水鳥也。顧野王云：即水鴨也。說文：舒鳧，鶩也。其飛几几(几几)〔七〕。從鳥從几(几)〔八〕。几(几)亦聲也。下益奚反。毛詩傳云：鷖，鳧屬也。說文：從鳥殹聲。几(几)音殊。殹音烏計反。

髦鬣　上音毛。廣雅云：髦，大也。說文云：髮也。從髟毛聲。下廉輒反。杜注左傳云：鬣，須也。顧野王云：鬣者，馬項上長毛也。說文：镺鬣也〔九〕。從髟巤聲。髟音必遥反。巤音同上。譜文作䲡，非也。

歔〔一〇〕欣　上許於反。顧野王云：歔，出氣也。下虚殷反。廣雅云：喜也。說文二字並從欠，虗、斤皆聲也。

腳腨　上正脚字。從月從谷從卩。下船耎反。說文云：腨，足腓腸也。從月耑聲也。耑音端。

眼睫　尖葉反。說文：目傍毛也。從[目]〔一一〕疌聲。譜文作睫，或作㫸，並俗字。疌音捷。說文作𥇒。

釋迦譜序　第二卷

澣濯　上桓椀反。劉兆注公羊傳云：濯生練曰湅〔一二〕，去舊垢曰澣。古今正字：從水幹聲。亦作浣。譜作浣(涗)〔一三〕，俗字也。下幢角反。毛詩傳云：濯，滌也。說文：浣也。從水翟聲。

迭代　上田結反。杜注左傳云：迭，更也。方言：迭亦代也。說文：一曰达也。從辵失聲。达音他計反。

蔚映　上音尉。廣雅云：蔚，翳也。說文：從艹尉聲。

牀榻　上狀莊反。正體字也。下貪臘反。釋名云：牀狹而長者謂之榻。古今正字：榻，平也。從木𦐇。𦐇音同上。

挑象　上眺聊反。聲類云：挑，抉也。說文：從手兆聲。抉音淵悅反。

昕赫　上喜斤反。說文云：昕，旦明。日將出也。從日斤聲。

婚娉　匹併反。顧野王云：娉，問也。娶妻及禮賢達，納徵束帛相問曰娉。說文：從女甹聲也。甹音匹丁反。

曾眴　玄絹反。說文云：眴(眴)〔一四〕，目揺也。從目旬聲。旬音同上。

榑蒲　上褚豬反。賭戲也。

手捺　難怛反。字林云：捺，搦也。古今正字：捏也。從手奈聲。捏音年結反。

拼弓　上普耕反。說文：拼，彈也。從手并聲。或作抨也。

煎憂　上節煙反。譜作燽，俗字也。

痿黃　上音萎。鄭注禮記云：痿，病也。蒼頡篇：不能行也。說文：痺也。從疒委聲。

親戚　清亦反。孔注尚書云：戚，近也。顧野王：近所以爲親也。説文：從戊從尗聲也。譜作慽，非也。下文慘慼，字同也。

顰蹙　上苾賓反，下酒育反。顧野王云：顰蹙，憂悲不樂之皃。説文云：涉水顰蹙也。從頻卑聲。譜作嚬，笑也，俗字也。

流次　下羨延反。考聲云：口中津也。從欠從水。亦作涎，或作㳄。譜文作涎，俗字也。

心肺　孚廢反。白虎通云：肺之言費也，金之藏也，白色。字書云：言火藏。今以爲金藏也。説文：從月㭋聲[一五]。㭋音貝也。

脾腎　上婢彌反。白虎通云：脾之爲言辨[一六]也，所以積釋[一七]稟氣，土之精也，色黃。説文：土藏也。從月卑聲。下神忍反。白虎通云：腎之爲言賓也。廣雅云：堅也。水之精也，黑陰偶故也。説文：水藏也。從月臤聲也。臤音堅。

噴鳴　上普悶反。説文云：吒也。一云鼓鼻也。從口賁聲也。吒音都嫁反。

騷動　上掃遭反。顧野王云：騷，動搖之皃也。説文：擾也。從馬從蚤聲也。

貿易　上忙候反。顧野王云：貿猶交易也。説文：易財也。從貝戼聲。戼音夘也。

嘘唏　上希居反。鄭注禮記云：嘘嘘[一八]，憊之聲。憊音敗。顧野王云：口出氣。經曰嘘。下許冀反。言唏，痛也，哀而不泣曰唏。説文二字並從口，虛、希皆聲。

釋迦譜序　第三卷

仡然　上銀訖反。考聲云：侹、仡，癡皃，不前皃也。説文：從人乞聲。侹音珍栗反。譜從山作屹，誤也。

道徑　經定反。考聲云：步路也。隊上道也。顧野王：小路也。不循大道枉曲而行，亦曰小徑。廣雅：邪路也。説文：從彳巠聲。巠音經。

踠轉　上冤遠反。已釋第一卷中。譜作踠，非宛轉字也。

悲嘶　先奚反。方言云：嘶，噎也。郭注云：咽痛也。蒼頡篇：散也。説文：從言作誓。云悲聲也，從言斯聲。

勸獎　將兩反。方言云：秦晉之間相勸曰獎。古今正字：勵也。從廾將聲也。廾音恭隴反。

喁喁　虞恭反。淮南子云：群生莫不喁然仰其德也。説文：衆口上見也[一九]。從口禺聲。

罥索　上涓兗反。蒼頡篇云：罥，罿也。廣雅：罥、罘，罟也。聲類云：係取也。古今正字：從网肙聲。罿音昌容反，罘音扶流反。譜作羂，非也。

嫈嫇　上厄莖反，下麥耕反。考聲云：嫈嫇，下里婦人皃也。嫇亦小人皃也。説文：嫈，小心態也。從女縈[二〇]省聲。嫇從女冥聲也。

盼目　上攀慢反。字書云：盼，美目皃也。毛詩傳云：黑白分也。古今正字：從目分聲。譜作盻，音許乙反，非經義也。

蛹生　上餘腫反。説文云：蛹，繭蟲也。從虫聲甬[二一]也。甬音同上。

霹靂　上甹覓反，下零的反。史記云：霹靂者，陽氣之動也。説文並從雨，辟、歷皆聲。譜作礔礰，俗字也。

挽弓　上音挽。考聲云：引弓也。古今正字：從手免聲。正作輓。譜作拋，誤也。

其鏃　宗鹿反。廣雅云：鏃，鏑也。説文：鏃，刺也[二二]。從金族

聲也。

老姆　矛候反。鄭注儀禮云：人年五十無子，出而不復嫁，能以道教人者也。亦云女師。古今正字：從女母聲。

虎兕　辭紫反。山海經云：兕在湘水南，狀如牛，蒼黑色。郭璞云：一角，青色，重千斤。說文：象形也。譜作兕，俗字。

吽嚇　上呼口反。賈逵云：吽，呼也。聲類：嗥也。古今正字：從牛口聲。亦作犼，或作呴。譜作吼，俗字也。下赫亞反。鄭箋詩云：以口非人謂之嚇。埤蒼：哮嚇，大怒也。古今正字：從口赫聲。

恬憺　上牒嫌反。方言云：恬，靜也。說文：從心從甛省聲也。下談敢反，亦音談。說文：憺，安也。從心詹聲。

哮呼　上呼交反。說文云：豕驚散聲也[二三]。從口孝聲。亦作虓。下音虎孤反。

億姟　改哀反。考聲云：姟，大也。數名也。從女亥聲。

時攘　壤章反。考聲云：捍[二四]拒也。推也。止除也。說文亦推也。從手襄聲。

釋迦譜序　第四卷

蚑行　上蚑字，考聲音奇。古今正字云：蟲行也。說文：從虫支聲也。

栽櫱　岸割反。孔注尚書云：顛仆之木而生曰櫱。郭注爾雅云：櫱，木餘也。說文：從木辥(辪)[二五]聲。亦作枿。譜文作栰蘖，非。

鏟炙　上初盞反。廣雅：土鐵謂之鏟。說文云：鏶也。一曰平鐵。從金產聲。譜作暶，誤也。鏶音集，鐵[二六]音妾閻反。下征亦反。

爠炭　上井消反。廣雅云：爠，黑也。說文云：所燒也。從火雥聲。或作焦。雥音才甲反。

頞那山　安曷反。西國山名也。

瞻矚　之欲反。韻略云：矚，視也。考聲云：視之甚也。衆目所歸也。從目屬聲。屬音同上。

有黠　遐軋反。方言云：自關而東，趙魏之間謂慧爲黠。郭璞云：謂慧了也。顧野王：姦黠也。利也。說文：從黑吉聲也。

盥漱　上官椀反，下搜又反。說文云：盥，澡手也。從臼(臼)[二七]水臨皿也。譜作盜，非也。臼(臼)音菊，皿音明丙反，椀音烏管反。

寶屐　擎戟[二八]反。顧野王云：孔叢子「高方屐以見平原君」也。古今正字：屐，屩也。從履省支聲。屩音居略反。譜作履，傳寫誤。

釋迦譜序　第五卷

冠幘　上古歡反。白虎通云：冠者，卷也。所以卷持髮也。廣雅：有十八種冠，所謂無追、章甫、委皃、牧、冔、絻、通天、遠遊、進賢、高山、方山、惠文、建華、却非、却敵、獬豸、皮弁、冕，皆冠也。說文：冠，卷也。所以卷髮，弁冕之總名也。從冖從元從寸。冠有法度，故從寸。下争革反。廣雅：纚、帞，幘也[二九]。幘，䇿也。方言云：覆髻謂之幘巾，或謂之承露。蔡邕獨斷：幘者，卑賤執事下冠者之所服也。有緑幘、赤幘，執事者貴賤皆服之。文者長耳，武者

短耳，稱其冠也。說文：幘，髮中有巾曰幘。從巾責聲。昦音吁，絻音問，豸音宅介反，冕音免，卷音厥阮反，纙音丘園反，齗音欣，䓫音七藥反，嫧音責，髻音計，一音覓。譜文之中從竹作篴，非也。

轉鐩　隨醉反。音義第三十卷中已具釋。譜作燧，俗字，行已久矣。

王這　言件反。蒼頡篇云：這，迎也。古今正字：從辵言聲。

拘躄　上矩愚反，下并亦反。顧野王云：躄謂足偏枯不能行也。古今正字：從足辟聲。亦作壁。譜作癖，非也。

涸池　上何各反。已具釋音義第四十二卷中。

蜎蜚　上一緣反，下匪微反。已釋弘明集。

惋綖　上冤阮反，下音延。

幢旄　上濁江反，下音毛。顧野王云：几（凡）〔三〇〕旄者皆旄牛尾也。施於幢旄之端。旄牛背膝胡尾皆有長毛，剪其毛以用之也。說文：從㫃毛，毛亦聲也。譜從巾作帗，非也。

疴者　上惡何反。五行傳云：時即有口〔三一〕疴。說文：病也。從疒可聲也。聲類作痾。譜作痾，誤。

珍奇　上窒鄰反。說文：從玉㐱聲。譜作殄〔三二〕，非也。下妓宜反。說文云：奇，異也。從大從可。譜作琦，玉名也。義相近也。

叵遇　上普可反。字書云：叵，不可者也。古今正字：從口從匚。匚音方。

僚屬　上了彫反。孔注尚書：僚，官也。左傳云：同官曰僚，又曰大夫臣士，士臣皂，皂臣隸，隸臣僚。顧野王：第九品人也。古今正字：從人尞聲。亦作寮。譜作遼，誤也。下殊欲反。

釋迦譜序　第六卷

赭容　上遮野反。郭注山海經云：赭，赤土也。說文：從赤從者，者聲也〔三三〕。

聲曖　烏載反。顧野王：曖然，温和皃也。古今正字：從日愛聲。譜作暧，誤也。

光鑠　商弱反。毛詩傳云：鑠，美也。郭注方言：光明也。說文：從金樂聲。

縠浄　上紅屋反。西國土名也。

居泜　丁禮反。西國比丘尼名也。

隱噎　伊計反。比丘名。

沮壞　上才與反。毛詩傳云：沮，壞也。古今正字：從水且聲。譜從破因作俎，非此義，音莊吕反，乖文意。下胡怪反。

瑒須那　力計反。西國尼名也。

輪轢　下力的反。蒼頡篇云：轢，輾也。說文：車所踐也。從車樂聲。輾音女展反。

蹈蹋　上徒号反，下談臘反。亦作踏。譜作蹹，誤。

來鎮　窒鄰反。

祈道　上巨依反。毛詩傳云：祈，求也。說文：從礻斤聲〔三四〕。譜作蘄，義同也。

怒拳　上奴覩反，下音權〔三五〕。譜作捲，俗用字。

狗齧　研結反。

涎唾　上羨延反。正作次。下吐卧反。

釋迦譜序　第七卷

窈窈　要皎反。説文云：深遠也。從穴幼聲。亦作窅。

稻畦　惠圭反。風俗通云：秦孝公以二百四十步爲畝，五十畝爲畦。王逸注楚辭云：畦猶區也。説文義同上，從田圭聲。

隄䧜　上弟奚反。韋昭云：隄，積土爲封限也。説文：唐也。從阜是聲也。下蕩郎反。古今正字云：長沙人謂隄爲䧜。從阜唐聲。亦作塘。

亟於　上兢力反。鄭注毛詩云：亟，急也。爾雅：速也。説文義同也，從人從口從又從二。二，天地也。言人生天地間，口手最急，會意字也。又音器，今不取。

道蠹　都故反。鄭注周禮云：蠹，食人器物者，白魚是也。説文：木中蟲也。從蚰槖聲。譜作蠧，誤也。

切磋　倉柯反。

剖擊　上普口反。孔注尚書云：剖猶破也。蒼頡篇：析也。説文：判也。從刀音聲。譜作掊，非也，音龐講反。略譜中掊擊義同。此已釋，更不重出耳。

駛水　上師利反。蒼頡篇云：駛，疾也。古今正字：從馬史聲也。

眩冒　上玄絹反。蒼頡篇云：眩，視不明也。賈逵注國語云：眩，惑也。説文：從目玄聲。

坌者　上盆悶反。字詁云：土污坌也。

釋迦譜序　第八卷

歘然　上所力反。埤蒼云：恐懼也。公羊傳云：歘然而駭也。説文：悲意也。從欠嗇聲也。

求斠　江岳反。廣雅云：斠，量也。譜義决勝負也。説文：平斗斛也。從斗冓聲。或作角也。

擘裂　上拼陌反。譜中作擗，非也，音瓶覓反，非此義也。

掊地　上蒲侯反。考聲云：掊，手掊也。古今正字：從扌音聲。今俗音呼爲庖。譜作鉋，非也。

癃殘　上力弓反。許叔重注淮南子云：癃，篤疾也。蒼頡篇：固疾也。説文：罷病也。從疒隆聲。譜作瘗，俗字也。

灰𠂤　都迴反。小𠂤也。譜作塠，俗字也。𠂤音負。

髣髴　上芳罔反，下芳味、芳勿二反。漢書云：髣髴，相似。聲類：見不審諦也。古今正字：並從髟，方、弗皆聲。説文作仿佛，古字，時不用。

釋迦譜序　第九卷

矇矇　木蓬反。毛詩傳曰：矇者，目瞳矇(三六)覆而無見也。説文：不明也。從目冡聲。譜從日作曚(三七)，書誤也。

噑咷　上号牢反，下道勞反。譜作嘷咷，俗字也。

矛矟　雙捉反。

鍼鋒　上執林反，下敷容反。

蛣蜣　上輕吉反，下却香反。

蝮蠆　上蜂目反，下丑介反。

㿇㿇　尋立反。諸字書撿並無此字。㿇㿇者，俗語也。蓋謂風蛘皮膚間㿇㿇然也。

噦噎　上宛月反。集訓云：噦，逆氣也。説文：忤氣也。從口歲聲(三八)。下煙結反。考聲云：噎，咽喉氣塞不通也。毛詩

傳：憂不能息也。說文：飯窒也。從口壹聲。

屯壓　下卷月反。梵語也。

蛻化　上輸芮〔三九〕反。廣雅云：復育蛻也。說文：蟬蛻所解皮也。從虫兌聲。

佛頾　子雌反。說文云：頾，口上須也。從須此聲。今譜中從洛從毛，非也，本俗字，從咨從毛作𣯬，書人不會，又改從洛，僞中更僞，亦非也。釋迦譜從髟作髭，亦俗字也。

釋迦譜序　第十卷

粗澀　上倉烏反，下霜立反。正體字也。

慷慨　上康朗反，下口愛反。說文：壯士不得志也。二字並從心，康、既皆聲也。說文正作忼。

舟航　鶴〔四〇〕岡反。義已具釋高僧傳。今譜作桁，非也。

溉灌　上飢利反。顧野王云：溉猶灌也。灌亦渼也。古今正字：並從水，既、雚皆聲也。雚音胡官反。

緘之　上甲咸反。說文云：緘，束篋也。從糸咸聲也。

事泄　仙列反。鄭箋詩云：泄，發也。說文：從水世聲。或作洩、泄，並俗字也。

以蠟　藍閤反。埤蒼云：蠟，蜜滓也。古今正字：從虫〔四一〕巤聲也。譜從月作臘，非也。

排抗　上敗埋反。廣雅：排，推也。推音他雷反。顧野王云：排，抵也。說文：擠也。從手從非聲也。下康浪反。韻詮云：以手拒也。杜注左傳云：抗，禦也。賈注國語云：抗，救也。字詁：張也。廣雅：遮也。强也，商也。方言：懸也。周易：知進而不知退也。說文：拒扞也。從手亢聲也。譜中從黨作攩，非也。擠音精奚反。

之這　言建反。已釋前卷。

拘睒彌　中苦冉反。梵語國名也。

釋迦氏略譜一卷

釋迦譜　晡母反。釋名云：譜，布也。廣雅：譜，牒也。古今正字：譜者，布列見其事也。從言普聲。

繁縟　上音煩。考聲云：多也。衆也。下儒燭反。說文：縟，繁也。采飾也。從糸辱聲〔四二〕。

斷鼇　昂高反。王逸注楚辭云：鼇，大龜也。列仙傳云：有巨靈之龜背負蓬萊大山而抃戲於滄海之中也。說文：從黽敖聲也。

紛糅　女救反。鄭注儀禮：糅，雜也。或作粈，序本從糸作緛，錯書，非也。

較定　上音角。廣雅云：較，明也。考聲：挍其優劣也。略也。尚書大傳云：較其志見其事也。或作角，競也，試也。或從爻作較〔四三〕。古今正字：從車從交聲也。

錠光　上亭甯反。先佛名號也。

炤灼　上音照，下章若反。廣雅云：炤、灼，明也。說文並從火，召、勺皆聲。

姻媾　上音因。杜注左傳云：姻猶親也。爾雅：壻之黨爲姻。白虎通：婦人姻(因)〔四四〕夫而成，故曰姻。下鉤候反。毛詩傳云：媾，厚也。賈逵注國語云：重婚曰媾。說文亦同，並從女，因、冓皆聲。

璣蚌　上居宜反。孔注尚書云：璣，珠類也。字書：小珠也。說

文：珠不圓者也。從玉幾聲。下龐講反。前金光明最勝王經中已具釋。

系嫡　上奚計反。爾雅云：系，繼也。世本有帝系篇謂子孫相繼續也。說文亦繫也。從系系〔四五〕聲也。籀文從爪作𦃃。下丁歷反。字書云：嫡，長也。說文：孎也。從女啇聲。

寰寓　上音環，下于矩反。籀文寓字也。今正作宇。杜注左傳云：於國則四垂爲宇。爾雅：宇，大也。尹文子：四方上下謂之宇。說文：從宀于聲。

淵微　上抉玄反。毛詩傳曰：淵，深也。下正微字也。今從彳作微，音尾非反。廣雅云：微，細也。說文：妙也。鄭注禮記：少也。言周公旦雖以土圭揆日猶未盡其深妙也。今譜作漢激，殊失義理，不之取。

獫玁　上力贍反。爾雅云：犬長喙曰獫。說文：黑犬黃頤也。犬之黑名也。下戲撿反。毛詩傳云：北狄也。或云獫狁。鄭玄云：即今之匈奴也。古今正字二字並從犬，僉、嚴皆聲。

史籀　音宙。周宣王史官名也。初變古文爲大篆。

昭晰　之例反。毛詩傳云：晰，明也。說文：從日折聲。

震駭　諧買反。

欄楯　上音蘭，下音順。

妖冶　上於嬌反。考聲云：婦人巧作姿態也。下餘考反。周易云：冶容誨淫。說文：從冫台聲。冫音冰也。

皆躓　知利反。顧野王云：躓猶頓也。說文：從足質聲。

澣之　桓椀反。鄭箋毛詩云：澣，濯也。劉兆注公羊云：去舊垢曰澣。說文：濯衣垢也。從水幹聲。亦作浣。譜作浣，俗字也。

蓱沙　上並冥反。西國王名也。譜作洴，誤。

騷擾　上桑勞反。郭注爾雅云：騷謂摇動也。古今正字：從馬蚤聲。譜作搔是搔摸也。乖動(經)〔四六〕義。下而沼反。正體字。

殯斂　上賓牝反，下廉艷反。何休注公羊傳云：大斂而從棺曰殯。說文：死在棺，將遷葬賓遇之也。從歺賓亦聲。譜作儐，誤。

羝羊　上底黎反。羯羊也。譜作羝，俗字也。

下躡　女涉反。

懲誡　上直陵反。

摹影　上慕胡反。埤蒼云：摹，取象也。說文：規也。從手從莫聲。

霧曖　哀改反。已釋前譜第六卷。

循行　上音巡。廣雅云：循，從也。說文：行也。從彳盾聲也〔四七〕。

沙麨　昌遶反。俗字也。正作䵹，從酋。

葛藟　律鬼反。郭注爾雅云：藟，藤也。文字典說：草也。亦葛蔓也。從艹畾聲。畾音雷。

釋迦方志　卷上

輪賝　耻林反。字書云：賝，琛也。古今正字：從貝罙聲。

奉贄　之貳反。古今正字云：贄，幣也。從貝執聲。

延袤　莫候反。聲類云：袤，長也。說文：南北爲袤。從衣矛聲。

臨洮　討勞反。隴右郡名，近洮水也。

崆峒　上音空，下音同。山名也。

日磾　丁奚反。黑石也。可以染繒。漢書有金日磾，人名也。

緗簡　上想羊反。已具釋音義第十八卷中。

輶軒　上音猶，下歇言反。毛詩傳云：輶，輕車也。古者採詩使者所乘。方言序曰云：輶軒，使者所以巡游萬國采覽異言。周秦之季其業隳廢也。即如今之採訪使也。

臮貞觀　上其義反。杜預注左傳云：臮，至也。説文：從㐺自聲。今亦多從旦作曁。㐺音吟，從三人也。

獯狁　上訓云反，下音允。考聲云：匈奴別名也。唐虞謂之獯鬻，周謂之獫狁，漢謂之匈奴，今謂之突厥，皆北狄也。

西攲　起宜反。顧野王云：攲，不正也。亦作敧〔四八〕。説文：從支奇聲也〔四九〕。

蕪薉　上音無，下紆衛反。顧野王云：薉謂不清潔也。古今正字並從草，無、歲皆聲。

燉煌　上徒昆反。漢書云：燉煌，郡名。武帝後元年分酒泉置也。杜林以爲古瓜州，今沙州，是也。

烏鎩國　師戒反。

鄯善國　上音善。

吐谷渾　中音欲。蕃部落名也。

大坮　都迴反。已釋前譜第八卷中。正作𠂤。志文作塠，亦通也。

綊紵　上音甲，下除慮反。案方志本義，綊紵者，脱空象，漆布爲之。

如蝟　音謂。説文：形毛似豪猪而小也。從虫胃聲。

瞿餕伽山　上具于反，次勒登反。

匾㔸　上遍沔反，下體低反。志從辵作遍遞，錯也。正從匚。匚音方。

白礐　益奚反。文字集略云：黑山寶也。古今正字：從石殹聲。志作毉，亦通。

瞢健國　上墨崩反。

稲那呬羅山　上音苗，呬音醯異反。

儱悷　上鹿董反，下力計反。剛强也。

象瑩　縈暝反。亦作瑩。

覆盋　上孚目反，下般末反。

忽懍國　中林禁反。

弱齡　音靈。

齔齒　上初靳反。毀齒也。

爲笴　干但反。

嗢呾　上温骨反，下丹剌[反]〔五〇〕也。梵語。

乘絙　剛恒反。説文云：絙，索也。從糸恒聲。

銷杙　蠅即反。橛也。

婆羅屖羅大嶺　先奚反。

飤虎　上辭自反。説文：從人食聲。

半笯蹉國　音努，蹉音倉何反。

磔迦　上竹厄反。

俗癭　縷郢反。説文云：頸瘤也。從疒嬰聲。

且瘇　屬朧反。爾雅云：腫足爲瘇。説文作㾯，云脛氣足腫也。從疒童聲。志文從九作尰，是箘（籀）〔五一〕文。九音尫。

窣祿覩那　上蘇没反。

堊醯掣呾羅國　上烏洛反，次馨鷄反，掣音昌制反，呾音丹達反。

平塏　開改反。杜注左傳云：塏，燥也。説文：高顯處也〔五二〕。從土豈聲。

鞞索迦國　上婢移反，次生孩反。梵語也。

鵞窶利　中其矩反。

角處　上江岳反。亦作斛。志作桶〔五三〕，非也。義已具前釋迦譜第八卷中。正處字。

髾髮　上所交反。埤蒼云：髾垂者也。古今正字：從髟肖聲。

以笏　音忽。

栗呫婆子　呫音他篋反。梵語也。

四廈　沙詐反。鄭注禮記云：廈，今之門廡，其形旁廣而卑也。古今正字：從广夏聲也。

阿耆波瀰　泥禮反。梵語也。

灑火　上沙雅反。漢書音義云：灑，分散也。説文云：汛水也。從水麗聲。方志作洒，西禮反，非也。汛音信。

灰燼　徐進反。正作𤇜。

架釜　上音嫁，下音父。

釋迦方志　卷下

譌也　上吾戈反。鄭箋毛詩云：譌，僞也。説文：僞言也。從言爲聲。志作訛，俗字，亦作吪。

那伽閼剌那　閼音烏曷反，剌音蘭葛反。梵語。

鷙鳥　上之利反。廣雅云：鷙之言執也。謂執服衆鳥也。鳥之勇鋭者也。説文：擊煞鳥也。從鳥執聲。

生皰　蒲皃反。已具釋最勝王經中説。

曬衣　上所戒反。方言云：曬，暴也。説文：從日麗聲。

紺青　上甘憾反。説文云：紺，帛深青而揚赤色也。從糸甘聲。

陗絶　且醮反。許叔重云：陗，陵〔五四〕也。説文：高也。從阝肖聲〔五五〕。

磐石　上判般反。王弼注周易云：磐，山石之安也。顧野王云：磐猶根據也。聲類：大石也。説文：從石般聲也。

蘖株　上岸割反。亦作拚(栟)〔五六〕。

姞栗陀羅矩吒山　上其一反，下摘加反。梵語。唐云鷲峰山。

峻峙　音雉。

搙績　精息反。爾雅云：績，事也。業也。説文：從糸責聲。

伊爛拏　搦加反。梵語。

捃稚迦　上君殞反，中馳膩反。梵語也。

蠻獠　上莫班反。廣雅云：蠻，慢也。説文：南蠻人，蛇種也。從虫䜌聲。下音老。字書云：牂柯有獠夷。異物銘云：獠，夷獸類也，嗜欲不節，以人爲肴，有過心煞，潛行水中，刺取魚鼈，死則豎埋，棺不卧誤(設)〔五七〕。説文：從犬尞聲。䜌音力專反。

羯餧伽國　力澄反。

踈寮　力彫反。蒼頡篇云：寮，小空也。説文：穿也。從穴尞聲。

瀉鹵　上星弈反。爾雅云：瀉，苦也。郭璞云：苦地也。古今正字：從水舄聲。志本作舄，誤也。下盧古反。杜注左傳云：鹵，确口角〔反〕薄之地也。説文：西方鹹地也。從鹵〔五八〕省。像鹽形也。東方謂之㡿，西方謂之鹵也。

椰子　上野嗟反。木名也。

駿迦山　上勒恒反。

宏敞　上音揁〔五九〕。孔注尚書云：宏，大也。説文：屋深響也。從宀厷聲。下昌兩反。蒼頡篇云：敞，高顯也。説文：平治高土，可遠望也。從攴尚聲。

頗胝　音知。

拂懍國　臨禁反。

畚荼國　上音飯。

疱犧　上鮑交反，下喜宜反。古三皇号也。

槀街　上工老反，下音皆。義已具釋高僧傳中。方志作衜，非也。

黷武　上音獨。

貨賂　音路。

泛漲　張兩反。志本作涱，非也。

驊騮　上户麻反，下力由反。

太宰嚭　披美反。

遽然　渠御反。杜注左傳云：遽，畏懼也。説文：窘也。從辵豦聲。方志從心作懅，俗字也。

斸嗜欲　上決玄反，下時至反。

闞澤　上堪濫反。吴中書令也。

滬瀆口　上胡古反。山海經云：陽虚山臨于玄滬之水。郭璞云：蒼頡帝爲臨滬水，而靈龜負書而出〔六〇〕。説文：從水扈聲。下同鹿反。

郗恢　上耻知反，下苦迴反。人姓名也。

踾然　披逼反。埤蒼云：踾，蹋地聲也。古今正字：從足畐聲。畐音同上。

巋然　上虧軌反。考聲云：山孤立也。古今正字：從山歸聲。

高悝　苦迴反。人姓名也。

輼輬　上音温，下音凉。孟康曰：如衣車有窗牖，閉之則温，開之則凉。如淳云：其形廣大有羽儀也。自漢以來唯用載柩。説文：臥車也。並從車，𥁕、京皆聲。

珠珩　杏庚反。大戴禮云：珮玉，上有雙珩，下有雙璜。説文：珩，珮玉上也〔六一〕。所以節行止也。從玉行聲。

惟礎　初所反。許叔重注淮南子云：楚人謂柱碣曰礎。古今正字云：山雲蒸而潤柱礎也。從石楚聲。碣音昔。

飼鷹　上辭自反。字書云：從人仰食也。説文作飤，從人食聲。方志作飼，俗字也。

釋迦譜及略譜方志等依入藏目合有諸經要集

二十卷　不音。

經律異相五十卷　已音了，自有音義兩卷〔六二〕。

南齊經目等二十二卷　不音。

隨〔六三〕朝經目二十卷　不音。

計六十二卷不音，爲是藏經鈔及古經目早已重疊訓釋，已廢不行，今並不音，轉讀者悉之，所以越入藏目次第取後音義同卷者爲足成一百卷也。

釋門系録

擯罰　上賓俊反。司馬彪注莊子云：擯，弃也。史記云「相與非（排）〔六四〕擯之」是也。古今正字：從手賓聲。下煩發反。説文云：罰，罪之小者。言未以刀有所誡，但持刀罵詈應

罰也。從刀詈，會意字，詈音利也。
褒德　上保毛反。鄭玄注禮記云：褒猶進也。顧野王云：褒猶揚美也。説文：從衣𡑒聲。𡑒音保也。
寓寰　上愚句反。杜注左傳云：寓，寄也。下患關反。文字典説云：國之境内也。又圻内也。從宀睘聲。
駟馬　上音四。
銜筞　上狎監反。
翊化　上餘力反。孔注尚書云：翊，輔也。説文：從羽立聲。
將詢　恤遵反。毛詩傳云：詢，問也。杜注左傳云：問親戚之議也。古今正字云：謀也。從言旬聲。
稽大僞　上計奚反。孔注尚書云：稽，考也。廣雅云：問也。説文：從禾九(尤)旨聲〔六五〕。禾(禾)〔六六〕音工迷反。下危謂反。
期頤　以之反。曲禮云：百年曰期頤。王弼注周易云：頤，養也。説文：從𦣝，象形也。從頁作頤，篆文字。籀文作𩠐。
恪勤　上康謂反。孔注尚書云：恪，敬也。説文正作愙，義同，從心客聲也。
僧䂮　音略。僧名也。
藉已　上寂夜反，下音以。
戡難　上坎藍反，下乃旦反。
幖幟　上必遥反。録作摽，誤也。下音志。
躁求　上遭到反。
播植　上波賀反，下時力反。
賾不可見　上仕革反。劉瓛注周易云：賾者，幽深之極稱也。古今正字：從𦣝責聲。
馭之　上魚據反。亦作御。

以彙　爲貴反。廣雅云：彙，類也。以其類相牽引也。説文：從𢑚胃省聲。𢑚音啼計反。
羼提　上察莧反。梵語也。
凱風　上開改反。廣雅云：凱猶大也。爾雅云：南風謂之凱風。古今正字：從几豈聲。
冥讉　上覓涕反。郭注爾雅云：冥，昧也。説文云：幽也。從日六。日數十，十六日而月始虧幽。一聲〔六七〕。一音同。下牽戰反。廣雅云：讉，責也。蒼頡篇：呵也。方言：怒也。説文：讁問也。從言遣聲。讁音陟革反。
醇醲　上順倫反，下尼龍反。廣雅云：醇，厚也。許叔重注淮南子云：醲，肥甘也。説文云：醇，不澆酒也。醲，厚酒也。二字並從酉，享、農皆聲。享音同上。系録作醇，並通用也。
糟粕　上早勞反，下滂莫反。許叔重注淮南子云：糟，酒滓也。粕，已漉糟也。説文義同，從米曹聲。籀方(文)〔六八〕作醩。古今正字：粕，從米白聲。漉音鹿也。
傳毅　宜記反。人姓名。
蔡愔　揖淫反。人名也。
緘之　減咸反。
叡肇　上音鋭。廣雅云：叡，智也。説文云：深明也。從𣦼目從谷省。𣦼音殘。古文作睿，籀文作叡。下音召。
孱然　上棧焉反。漢書音義云：孱，不齊也。韋昭云：仁謹皃也。説文：芸也。從孨在尸下〔六九〕。一云孨聲也。孨音翦。
欻不　上薰鬱反。薛琮注西京賦云：欻(欻)〔七〇〕忽也。説文：從欠炎聲。

未泯　蜜忍反。爾雅云：泯，盡也。毛詩傳云：滅也。古今正字義同，從水泯(民)〔七一〕聲。

烔徹　上垌迥反。蒼頡篇云：烔，明也。廣雅：光也。說文：從火同聲也。

桎梏　上真日反，下工屋反。

纂茂　上祖卵反。亦作纘。

智顗　儀紀反。僧名也。

鄴下　上嚴刼反。漢書：魏郡有鄴縣。說文義同，從邑業聲也。

大周刊定衆經目録序　慧琳撰

刊定　渴安反。杜注左傳云：刊，除也。鄭注禮記云：削也。廣雅云：定也。說文：從刀干聲。

廣濟　賫計反。孔注尚書云：濟，渡也。杜注左傳云：益也。賈注國語：成也。說文：從水齊聲。

聲覃　澹南反。毛詩傳云：覃，長也。又云延也。說文：長味也。從㫗從鹹省作𪉖。大篆從而作覃，略也，今俗用下從早者，誤也。㫗音吼，從日從𣅀，非早字也。

迺下　上奴改反。古乃字也。聲類云：乃，至也。說文：從古乃西聲也。今俗用從辵，誤也。

費長房　上肥味反。人姓名也。

聶道真　上尼輒反。人姓名也。

幻師阿夷鄒　莊鴆反。梵語也。

摩尼羅亶　單佪反。梵語也。

鄴都　上嚴刼反。說文：魏郡縣也。從邑業聲也。

摩訶遮葛旋經　隨緣反。梵語，亦胡語也，不求義也。

大周刊定衆經目録序　第二卷

兜沙經　上都侯反。梵語也。

道龔　音恭。僧名也。

撮寫　上祖捋反。禮記：孔子曰「今夫地一撮土之多」是也。說文：三指撮也。從手㝡聲。目録義所撮其機要寫之。

支派　拍賣反。說文云：水邪流分散別也。從水從反永字。象形字也。上支(攴)〔七二〕字，說文從半竹從又正也。

大周刊定衆經目録序　第三卷

揣義　上初委反。杜注左傳云：度高曰揣。郭璞曰：揣度成之也。說文：量也。從手耑聲。

讎挍　上壽流反，下交孝反。杜注左傳云：讎，對也。爾雅：匹也。劉向別録云：讎，挍。經中謂考挍之也。風俗通云：二人對挍爲讎挍。集訓又云：二人對本挍書曰讎。說文：讎，䜚也。從言雔聲。經從州從言作訓，非也。雔音上同。

寤寐　上吾故反。說文云：寐覺而有言曰寤〔七三〕。下彌未反。說文：寐，卧也。並從㝱省，吾、未皆聲。

彦琮　上言建反，下祚宗反。皆僧之名。

大周刊定衆經目録序　第四卷

阿闍貰　音世。梵語。

溥首　音普。菩薩名，亦經名。

大周刊定衆經目録序　第五卷

睒子經　上苦染反，又音琰。

大周刊定衆經目録序　第六卷

摭之　上章亦反。方言：摭，取也。陳　青(宋)〔七四〕徐之間謂取爲摭。説文：摭，拾也。從手庶聲也。或從石作柘〔七五〕，訓用同也。

大周刊定衆經目録序　第七卷　無字可音訓。

大周刊定衆經目録序　第八卷

戫辭梵志　容腫反。古文勇字。外道名也。

木槍刺脚　七羊反。集訓云：槍，兵杖也。兩頭鋭，長丈八，上施鐵刃名曰槍。廣雅：刺也。下青亦反。顧野王云：鋭攙入人肉中曰刺。廣雅：刺，箴也。説文：直傷也。從刀朿聲。朿音次。經作刾，俗字也。

猘狗　章乂反。説文：狂犬也。從犬制聲。或作狾，亦同。下狗字，經文作苟，非也。

麼尼　上音摩。梵語也。

鷹鷂　上憶矜反。杜注左傳云：鷹，鷙鳥也。集訓云：能制伏衆鳥也。御覽云：鳥之勇鋭者名之爲鷙。下音曜。顧野王云：鷂，似鷹而小。説文亦鷙鳥之屬，形聲字。

鵄烏　齒支反。莊子云「鵄鵄嗜鼠〔七六〕」是也。説文：鳶烏之屬。或從隹作雖，形聲字。

大周刊定衆經目録序　第九卷

二僑士　巨夭反。韻詮云：僑，寄也。考聲：客也。廣雅：才也。説文：高也。從人喬聲。喬音同。

大周刊定衆經目録序　第十卷

懽喜　上喚官反。鄭注禮記云：懽，悦也。説文：喜亦懽也。從心雚聲。目録中從馬作驩，非也。雚音同。胡官反。

曇彌蜱　閉迷反。梵語。僧名也。

僧澀多　師戢反。梵語也。澀字，説文：從四止，二倒二正，即澀也。從水亦是。目録中及諸經中多從三止作澁，非。會意字也。

大周刊定衆經目録序　第十一卷

遞更　上提禮反。鄭注爾雅云：遞，更易也。莊子云：遞卧遞起也。説文：更也。從辵虒聲也。虒音斯。或從第從辵非(作)〔七七〕逓，訓用同。下革行反。鄭注周禮云：更猶代也。説文：改也。從攴丙聲。今作更，俗字。

編之　畢綿反。劉兆注公羊傳云：編者，比連也。淮南子許叔重注云：編猶列也。聲類：以繩編次之。説文：次簡也。從

系扁聲。

颰陀　盤末反。

大周刊定衆經目録序　第十二卷

遄邈　上垂緣反。毛詩傳曰：遄，疾也。爾雅：速也。説文：往來數也。從辵耑聲。易曰：已事遄往。下庬剥反。王注楚辭云：邈，遠也。郭注方言云：曠遠之皃。古今正字：從辵貌聲也。

飄零　上匹遥反。毛詩傳云：飄猶吹也。毛詩又云：箕爲飄風。傳曰：暴起之風也。古今正字：從風票聲。下歷丁反。詩傳：零，落也。廣雅云：墮也。説文：餘雨也。從雨令聲。

漚和　阿鉤反，下音和。古譯梵語質樸不妙。唐云方便。

大周刊定衆經目録序　第十三卷　第十四卷　第十五卷　右已上三卷並無字可音訓。

一切經音義　卷第七十七

校勘記

〔一〕色不純也　今傳本説文爲「馬色不純」。
〔二〕笑　獅作「笑」。下同。
〔三〕犬　獅作「夭」。
〔四〕庚　據文意似當作「庾」。
〔五〕今傳本説文：「闚，閃也。从門規聲。」
〔六〕尸　即「卩」，又作「卩」。下同。
〔七〕几几　獅作「几几」。
〔八〕几　據文意似當作「几」。下同。今傳本説文：「鳧，舒鳧，鶩也。从鳥几聲。」「几，鳥之短羽飛几几也。象形。」
〔九〕説文：髟鬣也　今傳本説文：「鬣，髮鬣鬣也。从髟巤聲。」
〔一〇〕猷　即「猷」。
〔一一〕目　麗無，據文意補。
〔一二〕涑　據文意似當作「涑」。
〔一三〕浣　據文意似當作「浣」。
〔一四〕眴　獅作「眴」。今傳本説文：「瞚，開闔目數搖也。」
〔一五〕説文：從月巿聲　今傳本説文：「肺，金藏也。从肉巿聲。」
〔一六〕辦　獅作「辦」。
〔一七〕釋　慧卷七七作「精」。
〔一八〕噓　獅作「噓」。
〔一九〕説文：衆口上見也　今傳本説文：「喁，魚口上見。」
〔二〇〕榮　今傳本説文作「熒」。
〔二一〕聲甬　據文意當爲「甬聲」。今傳本説文：「蛹，繭蟲也。从虫甬聲。」
〔二二〕鏃，刺也　今傳本説文：「鏃，利也。」
〔二三〕説文云：豕驚散聲也　今傳本説文：「哮，豕驚聲也。」
〔二四〕捍　據文意似作「捍」。
〔二五〕薛　據文意當作「辥」。今傳本説文「櫱」爲「欁」的或體：「欁或从木辥聲。」
〔二六〕籤　獅作「鑯」。
〔二七〕臼　當作「臼」。下同。今傳本説文：「盥，澡手也。从臼水臨皿。春秋傳曰：『奉匜沃盥。』」
〔二八〕戟　獅作「戟」。
〔二九〕説文：冠，卷也。所以卷髮，弁冕之總名也。從冖從元從寸。冠有法度，故從寸。　今傳本説文：「冠，絭也。所以絭髮，弁冕之總名也。从冖从元，元亦聲。冠有法制，故从寸。」　廣雅：纙、帞，幘也　今傳本廣雅：「纙、帞，幘也」。
〔三〇〕几　據文意似作「凡」。
〔三一〕口　獅作「卩」。

〔三二〕殄　獅作「殄」。

〔三三〕說文：從赤從者，者聲也　今傳本說文：「赭，赤土也。从赤者聲。」

〔三四〕說文：從礻斤聲　今傳本說文：「祈，求福也。从示斤聲。」

〔三五〕擢　獅作「權」。

〔三六〕瞙　獅作「膜」。

〔三七〕曚　獅作「矇」。

〔三八〕說文：忤氣也。從口歲聲　今傳本說文：「气牾也。从口歲聲。」

〔三九〕芮　據文意當作「芮」。

〔四〇〕鸖　獅作「鶴」。

〔四一〕虽　獅作「虫」。

〔四二〕說文：縟，繁也。采飾也。從糸辱聲　今傳本說文：「縟，繁采色也。从糸辱聲。」

〔四三〕較　據文意似當作「較」。

〔四四〕姻　今傳本白虎通作「因」。

〔四五〕系系　當爲「系丿」。今傳本說文：「系，繫也。从糸丿聲。」

〔四六〕動　據文意當作「經」。

〔四七〕說文：行也。從彳盾聲也　今傳本說文：「循，行順也。从彳盾聲。」

〔四八〕攲　獅作「攲」。

〔四九〕說文：從支奇聲也　今傳本說文：「持去也。从支奇聲。」

〔五〇〕反　據文意補。

〔五一〕籀　據文意似當作「籒」。

〔五二〕說文：高顯處也　今傳本說文：「塏，高燥也。」

〔五三〕桶　據文意似作「椧」。

〔五四〕陵　據文意似作「陖」。

〔五五〕說文：高也。從阝肖聲　今傳本說文：「陗，陵也。从𨸏肖聲。」

〔五六〕㧏　據文意似當作「栟」。

〔五七〕誤　據文意似作「設」。

〔五八〕反　麗獅無，據文意補。鹵　據文意似作「𠧧」。

〔五九〕撗　獅作「横」。

〔六〇〕郭璞云：蒼頡帝爲臨滬水，而靈龜負書而出　今傳本山海經郭璞注：「河圖曰：蒼頡爲帝南巡狩，登陽虛之山，臨于玄扈洛汭，靈龜負書，丹甲青文，以授之，出此水中也。」

〔六一〕說文：珩，珮玉上也　今傳本說文：「珩，珮上玉也。」

〔六二〕自有音義兩卷　即慧卷七八、七九兩卷。

〔六三〕隨　據文意似當作「隋」。

〔六四〕非　據文意似當作「排」。今傳本史記：「主父偃者，齊臨菑人也。……齊諸儒生相與排擯，不容於齊。」

〔六五〕說文：從禾九旨聲　今傳本說文：「稽，畱止也。从禾从尤旨聲。」

〔六六〕禾　據文意當作「禾」。

〔六七〕說文云：幽也。從日六。日數十，十六日而月始虧幽。冖聲　今傳本說文：「幽也。从日从六冖聲。日數十，十六日而月始虧幽也。」

〔六八〕方　據文意當作「文」。

〔六九〕說文：芸也。從孨在尸下　今傳本說文：「迮也。一曰呻吟也。从孨在尸下。」

〔七〇〕欸　據文意當作「欸」。

〔七一〕泯　據文意似作「民」。今傳本說文新附：「泯，滅也。从水民聲。」

〔七二〕支　據文意當作「支」。

〔七三〕說文云：寐覺而有言曰寤　今傳本說文：「寤，寐覺而有信曰寤。从㝱省，吾聲。一曰晝見而夜㝱也。」

〔七四〕青　今傳本方言作「宋」。

〔七五〕柘　據文意似作「拓」。

〔七六〕鴟鴟嗜鼠　今傳本莊子爲「鴟鴉耆鼠」。郭璞注莊子云：「鴟，尺夷反。鴉本亦作鴟，於加反，鳥也。耆，市志反。」

〔七七〕非　據文意似作「作」。

一切經音義　卷第七十八

翻經沙門慧琳撰

音經律異相五十卷

從第一卷盡第二十二卷

經律異相　第一卷

摭採　上征亦反。撿也。經作攗，非也。

搏食　段欒反。手搏食也。說文從手。經文從耑作揣，非也。

欄楯　下脣準反。漢書音義云：楯亦欄也。說文：欄，檻也。從木從盾。盾音同上。檻，銜黯反。

粗澀　下森戢反。說文：澀，不滑也。從四止，二正二倒書。俗作澁，非也。

車轂　公屋反。說文：輻之所湊也。形聲字也。

減食　監斬反。少也，損也，除肖[一]也。說文：從水咸聲。

不眴[二]　下玄絹反。王逸注楚辭云：眴，視皃也。顧野王云：今人動目密相誡語也。說文：目搖也。從目旬聲。旬音同上。

優蹹藍　蹹音談納反。梵語外道名也。或名鬱頭藍。

訮笑　上顯天反。蒼頡篇：訮，訶也。廣雅：怒也。說文：争語訮訮也。從言幵聲。幵音牽。經作詽，非也。字書無此字。

稊稗　上弟泥反。郭注爾雅：稊似稗，布地而生，穢草也。或作稊。說文作苐。古今正字：從草稊聲也。牌賣反。杜注左傳：稗，草之似穀也。或作粺。古今正字云：禾別種也。從禾卑聲也。

懍懍　林寢反。埤蒼：懍悷，悲吟之皃也。孔注尚書云：危懼皃也。方言亦敬也。文字典說：從心稟聲。懍(稟)[三]音同上。經文作懔，誤錯。

米穀　下公屋反。鄭注周禮：九穀謂稻之類也。爾雅：穀，禄也。說文云：續也。百穀總名也。從禾㱿聲。㱿音空角反。

粃糠　上畢弭反。顧野王云：粃，穀之不成者也。或作秕也。古今正字：從米比聲也。下恪剛反。聲類云：糠，穀皮也。或作康、穅。古今正字：從米康。

刳剔　上音枯。方言云：刳即㔝也。考聲：屠割也。剖去中物也。說文：判也。從刀夸聲。下聽亦反。韻英云：解骨也。考聲：剥也。尚書作㔝，古字也。二字並從刀，形聲字也。

侵嬈　上緝壬反。說文：漸進也。從人手持帚，若掃之進。下寧鳥反。博雅：嬈，相戲調也。古文作嫐。說文：戲弄也。

從女堯聲。
撾打　上卓瓜反。說文：馬策也。擊也。文字典說：撾，捶也。亦打也。從手。
駛河　師事反。韻英云：急速也。從史。
爆裂　上苞皃反。文字集略：爆，火灹也。燒柴竹火灹聲也。說文：灼也。
峛崺　或作邐迤，同。上音里，下音以。考聲云：沙丘皃也。卑且長也。委曲相接也。古今正字：峛崺，山脊相連也。二字並從山，形聲字也。
碎〔四〕磕　下坎閤反。考聲：石相磕聲。二字正體並從石，轉注字也。說文云：石聲也。從石盍聲。盍音含臘反。
轉躁　下遭譟反。顧野王云：躁，動也。鄭注論語：不安静也。說文：或爲趮字。從足喿聲。喿音搔到反。
糠穬　下號猛反。字書：穬，大麥也。或是穬穀，即稻穀之最弱者，糠多而米少，亦名獷麥，亦糠多而麵少也。
慙愧　上雜甘反。尚書云：惟慙德也。說文：慙亦愧。從心斬聲。經作慚，亦同。
霹靂　上篇覓反，下零的反。玉篇云：大雷震也。二字並從雨。
攬掠　上藍敢反，下音略。收取也。或作略。有作撓，音影，擊也。恐非。

經律異相　第二卷

切磋　下倉何反。爾雅：工人治象也。案切磋者，持論盡理也。
讖記　楚禁反。河洛出瑞書也。徵驗也。
借兵　上精亦反。蒼頡篇云：借，假他(也)〔五〕。古今正字：藉取也。從人昔聲。經作債，是債負字，非假借，傳寫誤也。
癡騃　下崖揩反，上聲字也。愚小不慧也。無知也。
坏器　配梅反。瓦器未燒曰坏，土器也。
鞞梨　上髀迷反。梵語國王名也。
怖懅　音巨。怖，懼也。字書中並無此字。
犇走　音奔也。
疥瘙　上音疥〔六〕，風瘡也。下力冲反。風結皮起病也。玉篇云：疲病也。老癎病也。說文：罷病也。形聲字。
拍髀　上普百反。考聲：拊也。擊也。從手白聲。下毗米反。考聲：股外也。經作髀，俗字也。

經律異相　第三卷

血洂　古文流字也。
[扌亘]小　古文短字也。今作短也。
拘睒彌　上音俱，下尸染反。梵語西方國名也。
拖拽　上音他。下延結反，又音以勢反。拖，挽也。二字並從手，形聲字。
角術　上江岳反。亦作較。古作斠，並通也。
擘裂　上斑麥反。考聲：手裂也。說文作擗。下連哲反。
捊地　白茅反。或作抱、掊二〔形〕〔七〕，同。以手指捊也。經從足作跑，非也，音雹也。
奔突　上本門反。考聲：走也。或作犇，古文作贌，亦驟。說文：從犬從賁省聲。下鈍訥反〔八〕。犬忽出也。或作揬。搪揬，衝也。說文：從犬穴。犬在穴中出。

慘然　上倉敢反。戚也，憂也。

僂伸　上力主反。左傳：傴也。廣雅：曲也。從人從縷省聲也。下音申。周易：屈以求伸。說文：屈伸也。從人申聲。

鶉鴟　上垂輪反。淮南子云：蝦蟇變爲鶴鶉。從鳥從享聲。下音晏。國語注云：鴳，鳫鳥也。立春鳴，立秋去，形聲字。

所閡　下我蓋反。或作礙。礙，止也。說文從亥。

經律異相　第四卷

膊腸　船兗反。考聲云：腓，腸也。或作腨蹲。下音長。考聲云：暢也。通暢氣。

撲殺　上龐邈反。搏也，投於地也。下山札反〔九〕。戮也，斬也，斷命也。

僂步　力主反。曲也。腰曲而行也。

舐菩薩足　上時尔反。玉篇云：以舌取食也。說文：從舌氏聲。古文作舓也。

歔欷　上音虛，下音希。顧野王云：口出氣哀歎也。泣聲也。蒼頡篇云：泣餘聲也。或從口作嘘唏。

昺著　上兵皿反。廣雅：昞，明也。或從火作炳。經作昞，同。古今正字：從日丙聲。皿音明丙反。丙音同上。

顒顒　愚恭反。毛詩云：顒顒，恭敬皃也。說文：大頭皃也。從頁禺聲。禺音同上。

轂千　上鈎候反。考聲云：取牛羊乳也。或從羊作㲉。古今正字：從手㱿聲也。

揜蔽　上音奄，下卑袂反。障也。蔽，藏也，斂也。或作掩，覆有餘也。轉注字。

嫈嫇　上戹莖反，下麥彭反。考聲云：下里婦人皃。新婦態也。二字並從女從熒省聲。嫇字經作嫇，抄寫誤。

虩唬　上号高反，下唐勞反。玉篇云：虩唬，大哭也。周易：先虩唬。集訓：痛聲也。文字典說：從虎号聲也。

數瞤　上霜捉反，下閏淪反。無故目動也。

經律異相　第五卷

鐵杙　蠅即反。考聲：橛也。或作杙。

髡頭　上音兀。說文：鬄髮也。從髟兀聲。髟音必遥反，又音杉。鬄音聽亦反。

杙殃　上孕即反。考聲云：橛也。說文：從木弋聲。經文從金作釴，鼎耳也，非此義也。

王欻一日發於善心　薰物反。欻，忽也，卒起也。從炎欠，會意字。

一撮　倉括反。杜注左傳：撮，聚也。若作餘音，非經意也。集訓云：二手掬也。或以器物撮也。說文：從手最聲。

乞匃(匄)〔一〇〕　該艾反。蒼頡篇云：行乞也，求也。說文：從亡從人。若人亡財物即乞匃(匄)〔一一〕。該音改孩反。艾音我蓋反。

恬憺　上牒兼反。尚書：恬，安也。方言：靜也。說文：從心甛省聲也。下談濫反。顧野王云：心意安靜，憺然閑寂也。

叵得　上坡可反。說文：不可字也。

體悸　葵季反。說之(文)〔一二〕：心動也。驚也。從心季聲。

舐耳　時尔反。說文：以舌取食也。經作蝭，非也。

榛木　上仕臻反。廣雅：木叢生也。説文：從木秦聲。

象蹌　談合反。脚蹂踐也。

食噎　咽結反。説文：飯窒也。食在胸不下也。窒音珍栗反。

車轢　零的反。考聲云：車輾也。

經律異相　第六卷

佛頿　紫斯反。韻英云：髭，鬢也。或作髭。説文作頿，面毛也。如來口邊毛也。經作毜，不成字。

並稱　尺陵反。韻英云：程也。考聲云：定其輕重也。説文：詮也。從禾再聲。再音同上。經文作秤，非也。

泫然　上玄䀟反。禮記曰：孔子泫然流涕也。韻詮云：泫，露光也。無憂王泫然流淚。古今正字：從水玄聲。

刹秒　妙縹反。説文：禾芒也。幡竿端頭也。從禾少聲。

排搪　上敗埋反，下音湯。無憂王孫欲毀塔壞寺，時諸善神爲護法故，排搪海内大山推壓王上及以四兵，一時並死盡，免壞塔寺。

推迮　土迴反，下争格反。即是上文排搪，推排大山來壓迮王之四兵。

摩哂陀　尸忍反。梵語阿羅漢名也。

缺盆骨　上大悦反，次蒲門反。如來身上右邊頸下胸上横骨舍利也。

棘刺　上兢力反，下音次。正體字也。經文從草作蕀莿，非也。

阿菟羅　奴侯反。梵語師子國王夫人名也。

抽杈　上丑留反，[下]〔一三〕差皆反。菩提樹枝生根皃。

阿標叉　必遥反。梵語人名也。

基堦　音皆。經文作𡌦，書寫誤。

以核　杏革反。菩提樹子核也。

八株　駐厨反。樹數株。從木朱聲。

欒栱　上魯桓反，下恭隴反。考聲云：曲枅也。承斜曲木也。

敝幡　上毗袂反。左傳注：敝，壞也，敗也。下音番，從巾。敝字，説文作㡀，從八從巾。象破壞衣。

著岸　上長略反，下我幹反。

汎漾　上芳梵反。俗字，正體作氾(氾)〔一四〕。水上浮不指定也。説文：氾(氾)，濫也。從水從巳(㔾)〔一五〕聲也。下羊匠反。舟在波上也。説文：從水羕聲。羕音同上。

經律異相　第七卷

闚闇　上犬規反，下庚〔一六〕朱反。考聲云：覰也。覰音青豫反。闇亦闚也。集訓：竊視也。説文二字並從門，形聲字。

自撲　龐邈反。搏也，高舉投於地也。從手僕聲也。

檐(擔)〔一七〕棺　上荅南反。擎也，負也，肩舉也。下音官，櫬也。

哺乳　上蒲慕反。食在口含咀與兒食。

霍然　上荒郭反。忽悟也。

粗獷　虢猛反。惡性也。

耎脆　上而兖反，下詮歲反。

感激　經亦反。水濬流也。

瞎獼猴　上孝八反。考聲云：目不見物也。從目害聲也。

貿〔一八〕一斗米　上矛候反。集訓：以物博物也。説文云：易財

也。從死從貝，形聲字也。

先螫　下聲亦反。説文云：蟲行毒也。

拘瑣　上音俱，下桑果反。梵語也。

躃絶　上毗亦反。躃踊碎身也。從足辟聲，轉注字也。

須彉　梵語緊那羅，天神名也。譯經筆授人率意作，甚不切當，疑是須摸。上音須，下音莫胡反。

蝡動　上閏尹反。蟲動也。

經律異相　第八卷

不售　下音壽。韻英云：賣物得去也。售，行也。韻詮云：賣物多也。古今正字：從隹口聲，亦會意字也。

羼提　上察簡反，下音弟兮反。梵語忍辱，波羅蜜仙人名也。

同臻　櫛詵反。考聲：至也，聚也。古文從二至作臸。説文：從至秦聲。櫛音莊瑟反。詵音瑟臻反。

曾眴　玄絹反。考聲云：目動也。亦作旬，並從目。經文多從旬作眴，音爲舜，不知字源，非也，他皆倣此。

戢之　簪澀反。毛詩：戢，聚也。鄭箋云：僉(斂)[一九]也。説文：藏兵器也。從戈咠聲。咠音侵習反。簪音莊音反。

潰潰　音會。考聲云：穴也，散也。從水貴聲。

髣髴　上芳罔反，下妃末反。考聲：見不審也。韻英云：亂也。韻詮云：時欲至之詞也。

淤泥　上於據反。字書：污池有不流水中青臭泥也。久泥曰淤泥。

困瘵　莊戒反。病篤也。

指爪　莊狡反。象形，指甲也。經從手作抓，俗字也。

自攫　俱籰反。以自手爪拏攫自身，抓破皮肉血出。説文：扟也。從手矍聲。音同上。籰音玉約反。

捲屈　上逵圓反。不舒展也。

餤光　閻斷反[二〇]。餤，光也。經從僉作噞[二一]，非也。

葌衣　音簡顔反。玉篇：香草也。説文云：出吴林山，葌草堪結作草衣。亦曰雨衣也。

欣懌　音亦。悦也。

羈役　上記宜反。絆也，束也，繼也。

挑其　體姚反。抉也。以錐刀等桃(挑)[二二]抉也。從手兆聲。抉音淵悦反。

自檐(擔)[二三]　多甘反。檐(擔)，負也。

老耄　下毛報反。昏忘也。俗字也。

蠣蟲　音賴。説文云：似蚌，出江海中甲蟲也。

犇而　上本門反。考聲：犇，走也。今作奔。説文：牛群走也。[從][二四]三牛會意字也。

遥睹　都古反。見也。

經律異相　第九卷

衣裓　下根剋反。考聲：裓，襟也。説文：從衣戒聲也。

痛痒　下音羊掌反。皮肉風也。從疒，尼戹反。

泡起　魄茅反。文字典説：水上浮漚也。從水包聲。

漚呵沙　上阿侯反。梵語不切。諸佛國土名也。

訿毀　上貲此反。惡罵毀辱也。

坌面　上盆悶反。説文：塵土坌污也。或作坋，從土分聲。

一滴　丁曆反。説文：水滴也。從水啇聲。啇音同上。經作渧，非也。

指擢　幢卓反。考聲：揀擇也。從手翟聲。翟音宅，從羽。

擳溝　必遥反。考聲：舉也。下音鈎。

孿水　上厥願反。廣雅：孿，抒也。説文：孿，量也〔二五〕。從斗䜌聲也。䜌音力專反。經作卷，非也。

漂舟　上匹遥反。玉篇云：漂，流也。説文：浮也。從水票聲。經從寸，非也。

經律異相　第十卷

播鼗　下道芳反。鄭注周禮：鼗，鼓小有柄，人執摇之，傍垂耳皮還自擊爲聲。形聲字。

飤鳥獸　上音寺。與鳥獸食也。説文：糧也。從食從人，會意字。經作飴，非。

攫面　誑籰又(反)〔二六〕。籰音玉約反。考聲：搏也，扟也。以手孥攫其面也。形聲字也。

販賣　上反万反。賤買貴賣也。下埋敗反。正體從出從買，今俗用從士，訛略也。

果蓏　上音果。俗字也。下盧果反。在樹曰果，在地曰蓏。從草從二瓜，形聲字也。

賀鷹　上矛候反。貨易，俗從夘作貿，以物博物也。下億矜反。鷙鳥也，能捉兔。説文：從鳥雁聲。

滂沛　上普忙反，下音配。大水流溢也。形聲字也。

肌肉　上音飢，下戎六反。正體字也。俗與六(作宍)〔二七〕，非也。

瘡痍　上創霜反。肉傷也。下音夷。瘡之異名也。

麋鹿　上美悲反。鹿類也。

熊羆　上音雄，下音悲。大於熊。

鵰鷲　上音彫。大鳥也，能食麞鹿狐兔。下音就也。

揔猥　上宗董反。廣雅：結也。衆也。説文：聚束也。從手忽(悤)〔二八〕聲。經作捴，俗字也。下烏悔反。不正也。濫也。從犬畏聲也。

瘦疵　上踈甃反。俗字也。正體作瘦，久不行用。下音瓷，瘡也。肉有黑毛生曰疵。

蹌地　槍兩反，又平聲。頭至地也。

恧然　上女六反。方言云：恧，慚也。忸顔也。心愧也，耻也。從心而聲。

偰衆　上鈍訥反。抵突也。

鄜　舊音鬼碧反。

磔著　上張革反。準經意即合是罰磔字也。遷於四衢道中令衆人指琢辱之，古云罰磔罪也。

閈霍　荒郭反。説文：雲散。正體從雨隹作靃。説文：隹鳥也。雨中飛霍霍聲。經文從火作爟，非也，書寫誤也。

溝港　上苟侯反。水溝也。下江巷反。亦水溝之異名。並從水，形聲也。

樟梓　上音章，下音兹死反。並南方大木名也。

氈罽　上章然反，下京例反。經作旃，非也。集訓云：毛布也。下或作𦄵，織毛爲席也。

彼溷　魂困反。上聲字也。溷，濁也，不清也。

經律異相　第十一卷

之屐　巨逆反。即今之有齒屨也。字書云：屐，履屬也。説文：履有木脚也。從履省支聲也。經作屐，俗字也。

嗤笑　上齒之反。毛詩：嗤嗤，戲笑皃也。韓詩云：志意和悦之皃。文字典説：從口蚩聲。蚩音同上。

掘墾　群欻反。玉篇云：掘謂以鍬插發掘地也。廣雅：穿也。文字典説：從手屈聲。下康很反。考聲：墾，耕也。郭注方言云：耕墾用力並斸也。古今正字：從土豤聲也。

將齚　柴窄反。考聲：齧也。説文作齰。又峥責反。

叵得　上坡麼反。前第五卷中已釋訖。

賀猴子　上矛候反。前第七卷已釋。

於弶　下強兩反。文字集略云：弶者，施罥於道路也。考聲：以弓罥鳥獸也。古今正字：從弓京聲。

碼碯　上麻把反，下那老反。考聲云：碼碯，似玉有黑文。亦云斑玉也。字書：碼碯，石之次玉也。文字典説二字並從石，馬、𡿺聲。音同上。或從玉作瑪瑙。

經律異相　第十二卷

雨霽　下齊濟反。郭注爾雅云：雨止爲霽。考聲：晴明也。説文亦雨止也。從雨齊聲。

姦穢　上澗顔反，下紆廢反。字書：不清潔也。古今正字：穢，惡也。從禾歲聲。或作薉，亦通。

誣撗　上音無。杜注左傳云：誣，欺也。考聲：加謗也。枉也。鄭注禮記：誣猶妄也。罔也。説文：加言也。從言巫聲也。巫音同上。下鍠孟反。韻略：撗，非理來也。史記：縱恣也。考聲云：不順理也。古今正字：從手黄聲。經文或從木作横，亦通，兩用也。

蜜摶　下段鸞反。廣雅：摶，手握相著也。説文：從手專聲。

溥首　上音普。菩薩名也。從尃。

危脆　下詮鋭反。廣雅：脆，弱也。説文：脆，肉耎易斷也。從肉絶省聲。耎音而兖反。

筋皮　上音斤。周禮：醫師養筋也。説文：筋，肉之力也。從竹者物之多筋者也。從力象筋也。經文從草作荕，非也。

蝦蟆　上下加反，下馬巴反。蒼頡篇：蝦蟆，水虫也。又云蟾蠩也。説文作蝦蟇，二字並從虫。

瓔珞　上益盈反，下郎各反。考聲：頸飾也。從玉，形聲字。

經律異相　第十三卷

鬱鞞　下音陛迷反。梵語也。

愁憒　下古對反。考聲：憒憒，熂〔二九〕憂也。蒼頡篇：心亂也。從心貴聲。

驚覺　下交效反，又如字作角。考聲云：覺，睡覺。顧野王言：眠寤也。説文：寤也。從見從學省聲。借音字也。

欲齧　下研結反。説文：齧，噬也。從齒㓞聲。㓞音慳八反。經從口作嚙，俗字，非正。

貿緻　上矛候反。説文：貿，貨易也。賣也。從貝丣聲。古丣字也。下持利反。鄭注禮記：緻，密也。説文：從糸致聲也。形聲字。

巖窟　下髡骨反。杜注左傳云：窟，地室也。聲類：兔所伏也。古今正字：從穴屈聲。或作堀也。

盪鉢　上堂黨反。杜注左傳云：盪，搖也。又動也。說文：滌器也。從皿湯聲。

黜庰　椿律反。范甯集解云：黜，退也。孔注尚書：犯也。杜注左傳：減，損也。放也。說文：貶也。從黑出聲也。下昌隻反。穀梁傳云：庰，指也。博雅：推也。考聲：逐也。說文：從广屰聲。屰音逆。經文作斥，俗字，非也。

揵椎　上件焉反，下長追反。梵語。經文作搥，俗字也。

被擯　必刃反。逐出衆外永棄也。

掉頭　上條弔反。考聲：掉，動也。賈逵注國語：掉，搖也。古今正字：從手從卓聲也。

人羂　下癸兖反。桂苑珠叢云：以繩繞係謂之羂，或作罥。古今正字：從网絹聲。

乞匃　下葛艾反。前第五卷已釋。

自刎　下聞粉反。考聲云：刎，斷也。何休注公羊傳云：割也。古今正字：從刀勿聲。

倉廩　下力錦反。考聲云：廩亦倉也。盛貯穀麥之倉，古文作㐭，象形字。今從禾作稟，時用字，作簞，疑錯，甚無義理，不取。

餉齎　下濟齊反。鄭注周禮云：齎，行道用也〔三〇〕。許叔重注淮南子云：齎，備足也。說文：持遺也。從貝齊聲。經文作賫，俗字也。

蠃髻　上倮戈反，下鷄詣反。考聲云：綰髮爲髻也。即如來髮右旋如蠃文成髻也。經文從虫作螺，俗字也。

鴦伽　上鞅香反。梵語西方國名也。

歔然　上所側反。埤蒼云：歔，恐懼也。說文：悲意也。從欠嗇聲。嗇音同上。經文作歗，非也。

披栗吒　梵語西國佛名也。

跋提　上盤鉢反。亦梵語也。

經律異相　第十四卷

拘郗羅　上矩隅反，下耻脂反。梵語舍利弗舅氏。

喘喘　川兖反。廣雅云：喘，轉也。桂苑珠叢云：人之氣息謂之喘。說文：疾息也。從口耑聲。耑音端也。

溉灌　上機〔三一〕未反。顧野王云：溉謂灌注也。莊子云：水潦之所灌於田也。說文：溉亦灌也。從水既聲。下官換反。顧野王云：灌猶沃澍也。考聲云：灌，漬也。注也。說文：從水雚聲也。雚音同上。

人蟒　下忙牓反。

空罃　下戹耕反。考聲云：罃，長項瓶也。說文云：長頸瓶也。從缶榮省聲〔三二〕。經文作甖，亦通。

慴伏　上詹涉反。賈注國語云：慴亦伏也。鄭注禮記：慴猶怯惑也。說文云：失聲也。從心聶聲也。聶音粘輒反。

即募　下摸布反。蒼頡篇：募，問求也。說文：廣求也。從力莫聲。

惡憋　下篇滅反。方言：憋，惡也。郭璞曰：憋怤，急性者也。古今正字：從心敝聲。敝音必袂反。

所螫　下聲隻反。前第七卷中已釋。

吹激　下經亦反。司馬彪注莊子云：流急曰激也。王注楚辭：感也。古今正字：水礙邪疾波也。從水敫聲，音同上。

大積　下諮錫反。鄭注周禮云：多曰積也。考聲云：積，聚也。古今正字：從禾責聲。經文從草作蓛，亦通。

憑怙　下胡古反。爾雅云：怙，恃也。左傳云「怙其儁材」是也。說文：從心古聲也。

羅脾　下婢彌反。梵語西國王名。經自解云月光王也。

懷挾　下嫌頰反。鄭注儀禮云：方持弦矢曰挾也。何注公羊傳云：挾，懷意也。爾雅：挾，藏也。說文云：埤(俾)〔三三〕持也。從手夾聲。夾音甲。

腹拍　下普百反。廣雅：拍，擊也。古今正字云：撫也。從手自(白)〔三四〕聲。

蹴彌山　上秋育反。何休注公羊傳云：以足逆蹋之曰蹴。蒼頡篇云：蹴亦躡也。說文云：亦蹋也。從足就聲。

⿰氵箄橃　上敗鞋反，下煩韈反。考聲云：⿰氵箄亦撥(橃)〔三五〕也。案⿰氵箄橃者，縛竹木浮之水上也。又云大桴也。古今正字：⿰氵箄，從水箄聲。箄音必耳反。橃，海中大船也。從木發聲。

而蹲　下音存。考聲云：謂豎脚坐也。說文云：踞也。從足尊聲。

濡溼　上乳朱反。毛詩傳云：濡，漬也。又潤澤也。說文：從水需聲。需音須也。下深入反。顧野王云：溼猶霑潤也。說文：幽溼也。從水一。一覆土而有水，故溼〔三六〕。從㬎者，俗字，非也。

灌瓫　下倴奔反。前第六卷中已釋。

鋌燭　上庭鼎反，上聲字。方言：鋌，賜。字書云：進也。案鋌燭，蠟燭之屬也。古今正字：從金廷聲。

諸仞　下人振反。包咸注論語云：七尺曰仞。杜注左傳：度深曰仞也。說文云：臂一尋也。從人刃聲。

千姟　下改孩反。數法名也。一十百千萬億兆京秭姟。言千姟者，其數廣多也。

邠坻　下底泥反。梵語西國長者名也。

抛擲　上魄茅反。考聲云：抛，投也。埤蒼云：抛亦擲也。古今正字：抛，擊也。從手抛(尥)〔三七〕聲。尥音浦交反。下呈亦反。廣雅云：擲，振也。顧野王云：剔也。古今正字：投也。從手鄭聲。字書正作擿。今經文作擲及作抛，並俗通用字也。

撮磨　上纂栝反，又音竄栝反。二音訓用同。考聲云：撮，牽持也。字林：手撮取也。古今正字：從手從最。最亦聲也。

謙愙　下康各反。孔注尚書：恪，敬也。古今正字：從心客聲。案字書正作愙也。經文作恪，俗字，亦通。

寶珂　下可何反。廣雅：珂，美石次玉也。埤蒼云：瑪瑙也。顧野王云：出於海中，潔白如雪，所以嬰馬膺也。古今正字：從玉可聲。膺音憶矜反。

不駐　下誅屢反。蒼頡篇云：駐，止也。說文云：立馬也。從馬主聲。

經律異相　第十五卷

酖嵐　上荅含反，下拉耽反。梵語。拉音臘。

衣裹　下戈火反。包裹。

高杙　下蠅即反。郭注爾雅：杙，橜也。古今正字：從木弋聲。

舂炊　上東鍾反。周禮云：舂，擣也。世本云：雍父作臼杵舂也。說文：擣粟也。從廾。持杵臨臼也。下出垂反。莊

子云：數米而炊也。說文：炊，爨也。從火欠聲[三八]。爨音粗亂反。

坌堆　上分問反。廣雅云：坌，除也。說文云：糞除坌掃也。從土弁聲。弁音卞也。下對迴反。王逸注楚辭云：堆，高也。古今正字：從土隹聲。經文作𡐓堆，俗字也。

繫脚拽　下移祭反，又音延結反。顧野王云：拽猶牽也。廣雅云：引也。說文：申曳也。從申厂聲。厂音餘癸反。經文作抴，俗字也。

畢陵伽婆蹉　下錯何反。梵語阿羅漢名也。

集戲　下羲義反。前已頻釋，故不載義。

二獺[三九]　上坦怛反。禮記云：獺，祭魚也。說文：獺如小狗，入水食魚也。從犬賴聲。

墾土　上坤很反。前第十一卷中已具釋訖。

居廝　下音斯。廣雅云：廝，使也。何注公羊傳云：刈草爲防者曰廝。顧野王云：賤役人也。折薪者，養馬者。古今正字：從广斯聲。广音魚撿反。

不腆　下天典反。孔注尚書云：腆，厚也。鄭注儀禮：善也。方言云：虫也，忘也[四〇]。廣雅：至也。考聲云：美也。說文云：膳多也[四一]。從肉典聲。

往撤　下耻烈反。毛詩傳云：撤，剥也。杜注左傳云：去也。鄭注儀禮云：除也。王逸注楚辭云：壞也。廣雅云：減也。取也。古今正字：從手敵聲。

茵褥　上一寅反。鄭注禮記云：茵亦蓐也。下如燭反。顧野王云：以虎皮或錦繡爲蓐也。說文：重席也。從草因聲。下音辱。

溷中　上魂穩反，上聲字。前第十卷中已具釋訖。

蝝觸　上賄隈反，讀與灰同。埤蒼：豕掘地也。字書云：豕蝝地也。古今正字：從虫豕聲。經文從鼻作齅，古字未詳。

齦齧　上坤穩反。考聲云：齦，齩也。說文：齦亦齧也。從齒艮聲。經文作𪙺，非也。下研結反。前已頻釋訓。

企薩　上棄以反。梵語西國師子王名也。經文作𠆳，誤也。

絡腋　上郎各反。郭注山海經云：絡，繞也。王逸注楚辭云：縛也。郭注爾雅：縛也。說文：從糸各聲。糸音覓。經文從玉作珞，錯用也。下征亦反。埤蒼云：腋，胳也。在肘後也。文字典說：從肉夜聲。珞音剛咢反。又音格。

綫結　上先箭反。鄭注周禮：綫，縷也。俗作綖，正字從糸戔聲。戔音在安反。古作線，又作綖也。

捻挃　上念牒反。廣雅：捻，塞也。顧野王云：捻乃穿也。漢書音義云「陳平手捻漢王」是也。或作躡。聲類作敜。古今正字：從手念聲也。下珍栗反。許叔重注淮南子云：挃，搏也。廣雅云：剌也。考聲作𢫵也。古今正字：從手至聲也。

瓶瓮　上並冥反。字書云：瓴，汲水器也。又云小缶也。古今正字：從瓦并聲。下翁貢反。古今正字：罌也。從瓦公聲。經文作瓶甕，並俗字也。

鐵絆　下般幔反。考聲云：絆，繫兩足也。漢書：貫仁義之羈絆也。說文：馬馽也。從糸半聲。經從革作靽，誤。馽音知及反。

捫摸　上沒奔反，下門搏反。詩傳云：捫，持也。聲類：捫亦摸也。方言云：摸，撫也。文字典說二字並從手，門、莫皆聲。

矵竭　上钁戈反。梵語也。經文矵，案字書並無此矵字也。

經律異相　第十六卷

相磔　下張革反。前第十卷中已釋。

籌置　上紂流反。鄭注儀禮：籌，筭也。說文云：壺矢也。從竹壽聲也。

礫石　上零的反。楚辭云：礫(四二)，瓦礫進寶玉退也。說文：小石也。從石樂聲。

賈販　上姑户反。鄭注周禮云：通物曰商，居賣曰賈也。杜注左傳云：賈，買也。爾雅：市也。說文：從貝襾聲(四三)。賈音古。下發萬反。鄭注周禮云：朝買夕賣者也。說文：買賤賣貴者也。從貝反聲。

不貲　下紫斯反。蒼頡篇：貲，財也。顧野王云：謂家中貲産也。廣雅：貲，貨也。說文：從貝此聲。

澡漱　上遭老反。顧野王云：澡亦洗潔也。廣雅：治也。說文：洗手也。從水喿聲。下搜救反。廣雅：漱，洒也。說文：漱，盥盪已也。從水欶聲。

亹亹　微匪反。劉瓛注周易云：亹亹，猶微妙也。爾雅云：亹亹，免也。考聲云：美也。古今正字：進也。從且釁省聲。音七亂反。

以氎　下恬叶反。埤蒼云：氎，草花布也。古今正字：從毛疊聲。疊音同上。

胆虫　上七余反。考聲：敗肉中及醬中虫也。正作胆。古今正字：從月且聲。

抓敋　上爪抄反，下礦獲反。埤蒼云：擊頬也。顧野王云「今有敋耳之言」是也。古今正字：從攴各聲。經文作摑，俗字也。礦音虢猛反。

羆頭　上彼皮反。郭注爾雅：羆，似熊而長頭，高脚，多力，能拔木。關西呼爲猳熊。說文：如熊，黄白也。從熊罷省聲。猳音加。

經律異相　第十七卷

西耄　下毛報反。杜注左傳云：耄，亂也。鄭注禮記云：惛忘也。說文作薹，從老從蒿省。經從老毛聲也。古文俗作㲋，今時不用。

不孶　下子慈反。方言：東楚之間，凡人畜乳之雙産謂之孶孳。說文云：汲汲也。從子茲聲。孽音言列反。

靖漠　上晴井反。孔注尚書：靖，謀也。鄭箋毛詩云：靖，安也。詩云：治也。古今正字：從立青聲。下忙博反。郭注爾雅：漠，察也。又清静而敬至也。又治也。顧野王云：安静也。說文：從水莫聲。

婬佚　上音淫，下引一反。賈注國語云：佚亦淫也。考聲：意歡足也。說文：從人失聲。經文從女作妷，俗字也。

舌舐　下食二反。前第五卷中已釋。

慘惕　上千敢反。慘，憂也。廣雅：貪也。古今正字：毒也。從心參聲也。下汀的反。孔注尚書：惕，懼也。賈逵注國語：疾也。古今正字：驚也。從心易聲。

箋其　上節前反。考聲云：小簡也。說文去（云）(四四)：表識也。從竹戔聲。戔音在安反。

勃狂　上盆没反。顧野王云：勃，暴盛也。蒼頡篇云：猝暴也。方言：展也。說文：排也。從力孛聲，音同上。經從心作

悖，亦通也。

沮致　上慈與反。毛詩傳云：沮，壞也。賈注國語：非也。說文：從水且聲也。

履屣　下師滓反。考聲云：履之不攝跟者也。聲類作韃。韃，鞮也。古今正字：從履省徙聲。或作躧。鞮音丁奚反。

咄咄　敦喦反。字書：咄咄，叱也。考聲：訶也。說文云：相謂也。從口出聲也。

酷裂　上空穀反。方言：酷，熱(熟)〔四五〕也。說文云：酒厚味也。又以虐害之曰酷也。從酉告聲。告音穀。

嬰塞　上音惻。

浣染　上桓椀反。鄭箋毛詩云：浣，濯也。劉注公羊云：浣去舊垢曰濯也。亦作澣。說文作浣，從水完聲。完音桓也。

滿舶　下彭陌反。考聲：舶，崐崘舡也。司馬彪注莊子云：舶，大船名也。埤蒼篇云：海中大船也。古今正字：從舟白聲。又作艊也。

掃篲　下隨銳反。考聲云：篲，掃也。說入(文)〔四六〕亦作彗字，掃竹也。從草彗聲。彗音上同。

霍然　上荒廓反。前第十卷已釋。經文從火作燿，非也。

頑鈍　上五鰥反，下屯頓反。鈍，滯性也。如淳注史記：頑鈍，猶無廉愧也。蒼頡篇：鈍亦頑也。聲類云：不利也。或作頓。說文：從金屯聲。屯音鈍昆反。

懼嬈　下泥鳥反。前第一卷中已具釋。

伽瞿　下具俱反。梵語也。

婆蹉　下錯何反。梵語也。

師子湩　下斸用反。郭璞云：湩，乳汁也。今江南人亦呼乳爲湩也。說文：從水重聲。

癃殘　上六中反。許叔重曰：癃，癘也。蒼頡篇：固疾也。古今正字：罷病也。從疒隆聲。隆音同上。

踐蹋　上錢演反。毛詩傳云：踐，行皃也。杜注左傳云：踐，厭也。鄭注論語：履也。下談臘反。顧野王云：蹋即蹵也。蒼頡篇：踶也。廣雅：履也。說文云：亦踐。踐亦蹋也。二字並從足，戔、𦐇聲也。𦐇音上同。踶音提也。經文作蹹，非也。

弶中　上强快反。前第十一卷中已釋。

以拊　下敷武反。顧野王云：拊猶拍也。古今正字：從手付聲。

經律異相　第十八卷

剖腹　上普口反。左傳云：剖，分也。蒼頡篇云：析也。說文：判也。從刀咅聲。咅，偷厚反。

默然　上慒北反。慒音墨崩反。字書：默，靜也。不言也。古今正字：犬不吠暫逐人也。從犬黑聲。經文作嘿，俗字也。

疲倦　上被悲反。廣雅云：疲，病也。顧野王云：倦也。古今正字：勞也。從疒皮聲也。下權院反。上聲字。經從心作惓，亦通。

掉悸　上條弔反。考聲：掉，動也。廣雅云：振訊也。說文云：搖也。從手卓聲也。下葵季反。考聲云：悸，心驚也。怒也。說文：亦心動也。從心季聲。

螉蟲　上屋紅反。方言：蜂小者謂之蠮螉也。郭璞曰：小細腰蜂也。說文：螉蟲，在牛馬皮中也。從虫翁聲。蠮音燕繼反。

蠹蟲　上都故反。周禮：翦氏掌除蠹物也。說文：蠹，木中虫也。

也。從蚰橐省聲也。蚰音古魂反。

甘蔗　下遮夜反。考聲云：蔗，草名也。今謂之甘蔗也。楚辭亦草名。其汁甘也。古今正字：藷，蔗也。從草庶聲。藷音諸。

一斛　下洪穀反。儀禮：十斗爲斛也。說文：量器也。從斗角聲。經文作㪷，俗字也。

癡冥　上耻知反。前第二卷已釋。下覓瓶反。考聲：冥，暗也。郭注爾雅：昧也〔四七〕。鄭注禮記云：不能明也。說文：幽也。從日從六。日數十。十六日而月始虧幽暗。冖，覆也。冖音覓。經文作宜，非也。

邈然　上尨剥反。毛詩傳云：邈邈，大皃也。王逸注楚辭：遠也。郭璞云：廣也。又邈邈，曠遠之皃也。廣雅：盛也。古今正字：從辵貌聲。貌音皃。經文作邈，非。

肉痟　下小焦反。瘦也。鄭注周禮：痟，削也。首疾頭痛也。埤蒼云：痟，渴病也。說文云：痟，首病也。從疒肖聲。肖音笑。

之鎧　下開改反。廣雅：逐甲分鎧也〔四八〕。說文云：甲也。從金豈聲。

濺圊　上煎線反。考聲云：濺，不净也。史記：以覭（頸）〔四九〕血濺也。古今正字：從水賤聲。或作濽也。下請精反。字書云：圊，圂也。考聲云：圂，厠也。或作清。古今正字：從囗青聲。囗音韋。

經律異相　第十九卷

仳㡰　上音紕是反，下低禮反。梵語三昧名也。

訛（詆）〔五〇〕毁　上貲此反。前第九卷中已具釋。

坌面　上盆悶反。前第云（九）〔五一〕卷中已釋。

孿水　上厥願反。前第九卷中已具釋訖。

賙窮　上紙攸反。前第九卷中已釋。

譴祟　上牽見反。廣雅云：譴，責也。蒼頡篇云：呵也。說文：問也。從言遣聲。下雖醉反。歸藏云：祟在司命也。說文：祟，神爲禍也。從示出聲。經文從宗作崇，非也。

經律異相　第二十卷

痰癊〔五二〕　上啾甘反〔五三〕，下陰禁反。考聲：痰癊，鬲中病也。文字集略：胸中病也。案痰癊，胸鬲中疾也。二字並從疒，炎、陰皆聲。鬲音格。

眩惑　上玄絹反。賈注國語：眩亦惑也。又云顛冒也。蒼頡篇云：視之不明也。說文：目無常主也。從目玄聲。經文作詃，非也。

蟠卧　上伴官反。杜注左傳云：蟠，大蛇腹蟠也。顧野王云：蟠，紆迴轉也。廣雅云：曲也。說文云：從虫番聲。

當梟　下皎堯反。前第八卷中已具訓釋。

哢欶　上呇荅反。埤蒼云：哢，齧唇也。考聲：哢，嗍也。韻略：哢，入口也。說文：銜也。從口帀聲。或作噆也。下雙捉反。考聲云：欶，吮也。［韻］〔五四〕略云：口嗡也。案欶字，蚊虫衆哢欶也。從欠朿聲。經文作嗽，俗字也。

經律異相　第二十一卷

搪揬　上蕩郎反。方言：搪，張也。廣雅：亦揬也。古今正字：

從手唐聲。下鈍骨反。字書：揬，揩也。文字典説：衝揬也。從手突聲。

駏驉　上渠語反，下許居反。考聲云：駏驉，似騾而小，面短而折。俗云牛驢(驉)〔五五〕爲牝。牝所生一名犯狛，二字並從馬，從巨、虛皆聲。騾音力戈反。

長綫　下先箭反。前第十五卷中已釋。經作綖，俗字。

野狐　上耶且反。經從蟲作蠱，義是祅蠱及蠱道字，亦通，是妖獸也。

粗獷　下虢猛反。字書云：獷，爲人大獰惡，同犬惡不可附近也。説文云：從犬從礦省聲。

左骻　誇寡反，上聲字，俗字也。埤蒼：骻，腰也。古今正字作骰，又作骬，亦作髁，又作屎。經文從客作髂，總無定體。諸儒率意作之，音亦不一，並云腰骨也。方言不同，未知孰是？今並書之。

舁還　上音轝，與於反，平聲字。兩人共擎也。

爪擭　泓獲反。手擭也。經又從國作摑，非也。

撲破　上龐剥反。蒼頡篇云：手搏投於地也。古今正字：從手僕聲。

蹉迦羅毗　上音茶。經自釋云：堅誓也。

駭愓　上諧駭反，下體亦反。駭愓者，驚怚(怛)〔五六〕皃也。

經律異相　第二十二卷

蓑草　上瑣和反。蒼頡篇：草名也。文字典説云：草衣禦雨也。又潦車載蓑笠也。從草衰聲。潦音老。

攣躄　上戀員反。爾雅云：攣，病也。顧野王云：謂病體拘曲也。説文：從手戀聲。戀音同上。或作癵也。下並癖反。顧野王云：躄謂足痛枯不能行也。説文：亦不能行也。從止辟聲。從足作躄，俗字通用也。

擎拳　下倦員反。何休注公羊傳云：拳，掌也。考聲云：拳，手拳也。説文：從手卷省聲〔五七〕。字書正作拳。經文捲，亦同。

關店　下恬玷反。埤蒼云：店，庮庋也。考聲：今之門店也。古今正字：從户占聲。庮音移，庋音及。

謦瘷　上輕鼎反。蒼頡篇云：謦，聲也。説文：欬也。從言殸音同上。下叟奏反。埤蒼：瘷，寒熱病也。考聲：氣衝喉也。亦作嗽，俗作欶。古今正字：從疒欶聲。欶音速。

一切經音義　卷第七十八

校勘記

〔一〕肖　據文意似當作「消」。

〔二〕眗　獅作「眴」。下同。

〔三〕懔　據文意似當作「稟」。

〔四〕碎　據經文文意似當作「砰」。

〔五〕他　據文意似當作「也」。

〔六〕疥　據文意似當作「介」。

〔七〕形　麗無，據文意補。

〔八〕下鈍訥反　獅爲「下鈌納反」。

〔九〕下山札反　獅爲「下山禮反」，札、礼形近而誤。

〔一〇〕旬　當作「匀」。

〔一一〕「匂」即「匀」。

〔一二〕之　獅作「文」。

〔一三〕下　麗無，據文意補。

〔一四〕汜　據文意當作「汜」。下同。

〔一五〕巳　據文意當作「巳」。今傳本說文：「汜，濫也。从水巳聲。」

〔一六〕庚　據文意似當作「庾」。

〔一七〕檐　據文意似作「擔」。

〔一八〕貿　即「貿」。

〔一九〕儉　今傳本毛詩鄭箋作「斂」。

〔二〇〕閻斷反　獅爲「閻漸反」。

〔二一〕噞　據文意似當作「嶮」。

〔二二〕桃　據文意當作「挑」。

〔二三〕檐　據文意似作「擔」。下同。

〔二四〕從　麗無，據文意補。

〔二五〕說文：臠，量也　今傳本說文：「臠，抒滿也。」

〔二六〕又　據文意當作「反」。

〔二七〕與六　據文意似當爲「作宍」。

〔二八〕忽　據文意似當作「怨」。

〔二九〕熕　據文意似當作「煩」。

〔三〇〕行道用也　今傳本鄭注周禮爲「行道之財用」。

〔三一〕機　獅作「機」。

〔三二〕說文云：長頸瓶也。從缶榮省聲　今傳本說文：「罃，備火，長頸瓶也。从缶熒省聲。」

〔三三〕埤　今傳本說文作「俾」。

〔三四〕自　據文意似當作「白」。

〔三五〕撥　據文意似當作「橃」。

〔三六〕說文：幽溼也。從水一。一覆土而有水，故溼　今傳本說文：「溼，幽溼也。从水，一所以覆也，覆而有土，故溼也。㬎省聲。」

〔三七〕抛　據文意似當作「地」。

〔三八〕說文：炊，爨也。從火欠聲　今傳本說文：「炊，爨也。从火，吹省聲。」

〔三九〕瀨　即「瀨」。獅作「瀨」。

〔四〇〕方言云：虫也，忘也　今傳本方言云：「腆，厚也。」又：「黚腆，忘也。」

〔四一〕說文云：膳多也　今傳本說文：「腆，設膳腆腆多也。」

〔四二〕磔　似衍。

〔四三〕說文：從貝丙聲　今傳本說文：「賈，賈市也。从貝襾聲。一曰坐賣售也。」

〔四四〕去　獅作「云」。

〔四五〕熱　今傳本方言作「熟」。

〔四六〕入　獅作「文」。

〔四七〕味也　今傳本爾雅爲「幼稺者冥味」。

〔四八〕逐甲分鎧也　今傳本廣雅爲「鏑、甲、介，鎧也」。

〔四九〕硯　據文意似當作「頸」。今傳本史記：「秦王不肯擊缻，相如曰：『五步之內，相如請得以頸血濺大王矣。』」

〔五〇〕訛　據文意似當作「詆」。

〔五一〕云　獅作「三」。檢前文釋第三卷無此條，第九卷有此條，當作「九」。

〔五二〕瘖　獅作「瘡」。下同。

〔五三〕上敢甘反　獅爲「上敢甘反」。

〔五四〕韻　麗無，據文意補。

〔五五〕驢　獅作「驢」。

〔五六〕怛　據文意似作「怛」。

〔五七〕說文：從手卷省聲　今傳本說文：「拳，手也。从手类聲。」

一切經音義　卷第七十九

翻經沙門慧琳撰

音經律異相　從第二十三卷盡第五十

經律異相　第二十三卷

瑰瑋　上古回反。毛詩傳曰：瑰，石之美者。次於玉也。埤蒼：瑰瑋，珍琦也。説文：玫瑰也。從玉，形聲字也。或從〔一〕瓌。經文作瓌，誤用，非也。考聲：瑰瑋，身材奇絶長大也。古今正字從玉。

檀膩䩭　中尼智反，下寄宜反。梵語西國女人名也。或作羇，亦通。

腹潰　下回對反。考聲云：潰，穴也。散也。蒼頡篇云：決也。説文：漏也。從水貴聲。

坏瑜　上配梅反。考聲云：坏，瓦器未燒者曰坏。説文從土，形聲字。

撞鍾　上濯江反。顧野王云：撞猶擊也。文字典説云：杵擣也。旁刺也。從手童聲。

煒曄　上韋鬼反。毛詩傳曰：煒，赤色。考聲云：煒曄，光彩盛也。説文：從火韋聲。下炎輒反。毛詩傳曰：曄曄，震雷聲。楚辭：熾也。説文：光也。從日華聲也。

經律異相　第二十四卷

纖傭　上相閻反，下寵龍反。毛詩傳云：傭，均停〔二〕也。或從肉作膅。古今正字：均直。從人庸聲。庸音庸。

閴鈿　下田錢反。考聲云：以珍寶厠填也。裝飾也。經從王作瑱，誤也，非本字。

如轂　下鈞〔三〕候反。考聲：轂謂取牛羊乳也。從手㱿省〔四〕聲。

牛湩　家〔五〕用反。吴音呼乳汁爲湩，今江南見行此音。從水重聲。

儜弱　上搦耕反，吴音。文字集略云：惡也。病也。考聲：弱也。從人寧聲。

怖縮　下所六反。韓詩：縮，斂也。退也。形聲字。

相眪　下兵皿反。前第四卷已釋。

燈炷　上音登。文字典説：燈，明也。從火。下朱樹反。集訓作主，主者，燈心主也。

噢噫　上憂六反。埤蒼云：噢，内悲也。杜注左傳云：噢，痛念之聲。古今正字：從口奥聲。下煙結反。毛詩傳云：噎，憂不能息也。考聲云：氣塞胸喉也。或作饐。説文：飯窒也。從口壹聲。

晌　上玄絹反。前第八已說。

蹊徑　上胡鷄反。杜注左傳云：蹊，谷中徑也。鄭注禮記云：禽獸之道也。古今正字：山谷中小道也。從足奚聲也。

持櫛　下臻瑟反。考聲云：櫛，梳也。說文：梳比總名也。從木節聲。梳音疏。

名喃　下妳咸反。梵語西國王名也。合從言作諵。從口南聲，俗字也。

肉皰　下炮皃反。考聲：皰，面上細瘡也。說文：皰，肉中熱氣也。形聲字。

火阱　下音浄，或作穽。廣雅：阱，坑也。考聲云：穿地陷獸也。說文：陷坑也。從𨸏井聲。或從穴。

募得　上音慕。

經律異相　第二十五卷

嚼已　上匠藥反。廣雅：嚼，茹也。咀也。說文：噍也。形聲字也。

脚登　上正體脚字。說文：從谷。谷音强虐反。象形。

懈猒　上音介。廣雅：懈，嬾也。說文：怠也。從心解聲。或作懈。

嬉戲　上喜宜反。考聲：嬉，美也。悦也。遊戲也。說文：從女喜聲。下希義反。毛詩傳曰：戲，逸豫也。說文：從戈虗(䖒)[六]聲。音欣衣反。經從虛作戲(戲)[七]，非也，不成字也。

挽身　上音免。考聲：挽，産也。說文：生子免身也。從子免聲。

窠窟　上苦和反。考聲云：鳥穴曰窠。古今正字：鳥巢也。從穴果聲。下苦骨反。杜注左傳云：窟，地室也。說文：從穴屈聲也。

經律異相　第二十六卷

我躶　下盧果反。脱衣露體也。前已說。

蝡動　上閏准反。考聲：虫動也。說文：從虫耎聲也。

劇[八]喪　上擎逆[反][九]。方言：凡病少愈而加謂之劇。顧野王云：劇，甚也。蒼頡篇：病篤也。古今正字：從刀豦[一〇]聲。

齚殺　上柴責反。前第十一卷已具釋。從口作咋，非也。下山扎反。

懷枓　下音盤。[人][一一]名也。

瘡疣　上創莊反，下有求反。蒼頡篇：疣，病也。腫也。古今正字：從疒音女戹反尤聲。或作肬、疚，並通。

漚和　上嘔侯反。梵語，唐云方便波羅蜜也。

憿繞　上音皎。聲類：行纏也。下而沼反。二字皆訓纏，互相訓釋。

薜荔　上蘗閉反，下黎帝反。梵語訛也，正云畢麗多。唐云餓鬼。蘗音陛迷反。

柱地　誅縷反。古文作[丶][一二]。今云一點是也。

經律異相　第二十七卷

相斆　下爻教反。孔注尚書云：斆，教。文字典說：從攴學聲。攴音普卜反。

畟塞　上初色反。古今正字：畟，方，齊整之皃也。從田從人夊。下僧則反，從土。

晃昱　上黄廣反。廣雅：晃，暉也。光也。文字典説云：日明也。從日光聲。下融六反。考聲：昱，明也。説文：從日立聲。

肉臠　下攣卷反。説文：切肉臠也。

了𠄏　上音寥鳥反，下彫了反。方言：倒懸之皃。倒書了字名鳥𠄏也，常人惡倒書。

肮肮　音荒。目不明也。從目㐬聲。㐬音同上。

痠疼　上蘇官反。考聲：痠，痛皃也。説文：痠亦疼也。從疒，形聲字。疒音搦也。

經律異相　第二十八卷

檻車　上銜黯反。考聲：檻，欄也。大匱也，牢也，圈也。罪極重者囚於匱檻之中，令出頭，名曰檻車，載行也。

舍櫨　下音盧。説文云：櫨，柱上斗栱也。從木盧也[一三]。

皆[一四]售　上皆字從日。下酬又反。鄭箋詩云：賣物和合曰售。

膖臰　上朴邦反。埤蒼：膖，脹也。古今正字：從肉逢聲。

經律異相　第二十九卷

牴突　上丁禮反。史記：牴，相牴觸也。經作觝，亦通，非本字。

味指　上雙捉反。口吮也。前第二十卷中已釋。

窯家　上曜消反。考聲云：瓦竈也。説文：燒瓦窯竈也。從穴從羔，羔亦聲也[一五]。

經律異相　第三十卷

乳哺　下蒲慕反。前第七卷中已具釋。

睒睒　苦冉反。考聲云：目不定也。説文：暫視皃。從目炎聲。

皺瘤　上鄒瘦反。考聲：皮聚也。文字典説：皮寬皺聚也。下留宙反。考聲：瘤者，瘙起病也。説文：小腫也。從疒。

跍蹶　上音結，下音厥。廣雅：敗也。説文：僵也。並從足。形聲字。

食尻　考高反。蒼頡篇云：尻，髖也。儀禮：兩體（髀）[一六]屬于尻。説文：從尸九聲也。

邠坻　上筆旻反，下丁奚反。梵語也。

匍匐　上步摸反，下朋北反。説文：匍匐者，肘膝伏地行。二字並從包（勹）[一七]。

顛蹷　上典年反，下音厥。猖狂也。前已説。

襁負　上薑仰反。包咸注論語：負者（皃）[一八]以器曰襁。集訓云：以被襆裹孩子負之曰襁負也。

哮吼　上孝交反，下呼垢反。埤蒼云：大嚇怒也。大聲嘷吼如大牛鳴，大虎怒聲名曰哮吼。形聲字。

槿華　上斤隱反。考聲：槿，木名也。爾雅云：木槿華紅紫色，朝榮而夕萎也，其華可食，甚美。從木堇聲。

門閫　坤穩反。鄭注禮記云：閫，門限也。文字典説：域也。從門困聲。亦域也。

憍傲　下我告反。孔注尚書云：傲慢不友也。左傳：不敬也。字書：倨也。從人敖。正體敖字。

訖容　上決兖反。西國人名也。

懦悷　上祿董反，下犁帝反。字書先無此二字，是譯經者任他情書之。懦悷者，剛強難屈伏也。並從心。形聲字。

捩取　上蓮節反。考聲：捩，絞也。扭也。手拗捩也。拗音鵶絞反。用力扭取也。

醇味　上順倫反。周易：醇，粹精也。廣雅：厚也。正體作醇，今俗作享，一也。

妃妓　上斐微反。杜注左傳云：嬪也。世婦也。女御也。說文：從女己聲。蒼頡篇：妓，美婦也。女樂也。

經律異相　第三十一卷

蜇螫　上展裂反。考聲：蜇，毒虫螫也。廣雅：蜇，痛也。下聲隻[反]〔一九〕，義同上。

呻吟　上音申，下岌今反。考聲：呻吟，痛苦聲。說文：呻亦吟也。並從口。形聲字。

飼虎　上詞字反。考聲云：與畜食也。

蟁蝱　上音文，吳音密彬反。說文：齧人飛蟲子也。昏時而出也。下陌彭反。說文：齧人飛蟲，大於蠅。俗作虻，義訓同上。蚊、虻並俗字也。

睚眥　上音崖，下音柴。案經義睚眥，張口露齒瞋怒，作齧人之勢也。經中從爪從國作𤔡，從目從此作眦，並傳寫錯謬，甚無義理，今故改之，並從目，形聲字也。

爮地　鉋包反。俗字也。或作捊，以前脚包〔二〇〕地，牛、虎、猫、犬之怒也。或作抱。韻英云：引取也。亦無定體。

搏齧　上音博。考聲云：擊也。撮也，至也，持也。從手從専聲也。從専音團者非也。

華婥　上花字。經文作華，非也。下昌弱反。毛詩：婥婥，寬閑皃也。韓詩：柔皃也。考聲：婥約，婦人耎弱皃。說文：從女卓聲。或作綽也，或作䪼。

霹靂　上匹亦反，下零的反。前第一卷中已釋。經作霹靂，古字也。

非蹠　征亦反。楚辭：蹠，踐也。廣雅：履也。說文：行也。從足庶聲。或作跖。

唇哆　多娜反。垂也。

匾㔸　上必沔反，下體雞反。考聲云：匾㔸，薄皃也。經文作鶣鷉，或有從鳥作鶣鷉，或作䳴，並非也。

掘蔯臽　咸鑒反。或作陷。廣雅：臽，坑也。說文：小阱也。從人在臼上，象形字。

忪忪　燭容反。俗字也。正體從童從心作憧。考聲：心動也。心憧驚悸不安也。說文：意不定也。從心童聲也。

犇丟　上本門反。與奔字同。下正體走字也。

目瞤　閏倫反。眼瞼目動也。

鬼魃　眉秘反。或作魅。經作魆，非也。

歔欷　上音虛，下音希。考聲：悲傷也。

杪生　上妙縹反。鄭注禮記云：杪，小也。又云樹枝末也。郭璞：枝梢頭也。從木少聲。梢音所交反。亦是枝盡處也。

睨眥　上蜺計反，下音薺。准經義，睨眥者，怒目視人也。說文：邪視也。瞋目之皃也。

蛇蠆　上音虵，正體虵字。下丑介反。毛詩：蠆，螫虫也。或作蠇。文字典說：蜂蠆有毒蝎也。從虫苗，非是，苗乃古文，象形。

常笮　下争格[反]〔二一〕。史記：笮，壓也。說文：屋棧船棧也。

從竹乍省[二二]聲[二三]。經中從草作苲，非也，宜從竹。

爆破　上苞皃反。考聲云：燒柴竹爆作聲。火烈也。文字集略云：火燒也。說文：從火暴聲。

耿如　上耕杏反。廣雅：耿耿不安。從耳火，聖省聲[二四]。

經律異相　第三十二卷

憋妒　上片蔑反。方言：憋，惡性也。郭注云：憋忿，急性也。古今正字：從心敝聲。敝音蔽。

啄食　上丁[二五]角反。考聲云：啄，齧也。鳥食啄物。從口豖。豖音丑緑反。

矇盲　上音蒙。毛詩傳曰：矇者，有眸子無見曰矇也。有如童蒙。從目蒙聲也。

蟠結　上音盤。廣雅：蟠，曲也。如龍蟠結未昇天也。

啼唳　下犁帝反。韻略云：唳，鶴鳴也。說文：聲也。從口戾聲。

曒然　上澆了反。毛詩傳云：曒，光也。廣雅：皎皎明也。說文：從日敫聲。

瘭疾　上甫遥反。廣雅：瘭，癰也。集訓亦疽，惡瘡也。

經律異相　第三十三卷

橛釘　上拳月反。廣雅：橛，杙也。古今正字：從木厥聲也。

謫罰　上張革反。詩傳云：謫，責也。謫亦罰也。

鐵鋸　上天結反。正體鐵[二六]字也。下居御反。國語云：古刑法用刀鋸。說文：槍唐也。從金居聲也。

經律異相　第三十四卷

簏中　上音鹿。考聲：箱類也。說文：篋也。從竹鹿聲。

鴟(鵄)[二七]鵂　上齒詩反。莊子：鵄，嗜鼠鳥也。古今正字：從鳥氏聲。或作鵄。下朽尤反。文字典說云：鵂鶹，怪鳥也。從鳥休聲。一名訓胡也。

鵁鶄　上音交，下音精。山海經云：蔓聯山有鳥名曰鵁鶄，群飛，尾如雌鷄，鳴以自呼，若食之治風。形聲字。

歃然　上音色。前第十三卷中已釋。

拕掣　上音他。考聲云：拕，拽也。說文：從毛(手)它聲[二八]。它音同上。下昌折反。考聲云：掣，頓拽也。顧野王云：掣，牽也。說文：從手制聲。或摩、摯。

癡惷[二九]　上耻知反，下卓降反。考聲云：惷，小兒愚也。鄭注周禮云：惷，生而癡騃也。從心春聲。

經律異相　第三十五卷

陀塞羇　下寄宜反。梵語也。此無正翻。

迴澓　下馮福反。韻略云：水旋流也。說文：大水迴流而旋曰澓。從水復聲。

釰矟　下霜捉反。廣雅：矟，矛也。文字典說：今之戟矟也。從矛肖聲。經作槊，俗字也。

收拔　上手由反。爾雅：收，聚也。考聲：收，拾也。捕也。文字典說：斂也。從攴丩聲也。丩音糾由反。下辨八反。從手犮聲。

矛矟　上莫侯反。

搔痒　上掃遭反。許叔重[注]〔三〇〕淮南子云：搔，手指把搔也。從手蚤聲。蚤音早。下音養。

彷徉　上音旁，下音羊。博雅云：彷徉，迴旋不進也。顧野王云：徘徊也。文字典說二字並從彳，方、羊皆聲也。彳音丑尺反。

吸船　上歆急反。毛詩：吸猶引氣息入也。從口及聲。經文作噏，亦通。

經律異相　第三十六卷

鴣鏞　鄔胡反，下融宿反。埤蒼：鴣鏞，小釜也。又玉鴣謂之銼鑹也。二字並從金，烏、育皆聲。經文作鈘，非也。銼音才戈反，鑹音力戈反。軍行所用。此皆方言差別。蜀人名銼，倉臥反。

不啻　下施至反。考聲云：啻猶過分也。尚書云：若時弗啻也。說文：語時啻也。從帝從口。或作商，一也。書別之耳。

器具　下劬句反。經文作蕖，音渠，非音義。

鏝慈　上滿官反。梵語西國名也。

鵄梟　上音禿，下音澆。前第八卷中已釋。

處圂　下塊〔三一〕困反。

經律異相　第三十七卷

齅跡　上休又反。說文云：以鼻就臭曰齅。經文作嗅，俗字，非也。餘文准此。

羖羊　上姑户反。羖，攊羊也。

憎前　上則登反。韓詩：憎，惡也。方言：疾也。齊魯之間相惡謂之憎。說文從心。

椎拍　上墜追反，下怕迫反。說文：擊物椎也。從木隹聲。說文：拍，推也。拊拍，怜也。從手白聲。經從木，誤也。

氍毹　上具俱反，下數俱反。考聲：氍毹，織毛爲布文彩，亦名罽，爲出罽賓國毛布也。

稍稍　稍絞反。顧野王云：稍稍，漸侵也。

迮意　上臧洛反。今取經意音之，不取責音。蒼頡篇云：迮，起也。倉猝意。說文訓同。

蝝飛　上音緣。能飛蟻也。又音血緣反，亦通，小飛虫子也，方言音訛也。

蝡動　上潤准反。蝡蝡，虫動也。

霍然　上蕉郭反。或作靃。說文云：隹鳥也。雨中飛霍霍作聲。會意字也。

經律異相　第三十八卷

畢唻　下醉髓反。說文：從口朿聲也。朿音次。不是束(朿)〔三二〕字。象形字也。此畢唻，梵語西國女人名也。

愁憒　下古對反。考聲云：心中憒憒煩憂也。蒼頡篇云：心煩亂也。說文：從[心貴聲]〔三三〕，形聲字。

姑妐　下音松。考聲云：新婦呼夫之兄姊曰妐，舅姑謂夫之父母也。

聳摶　上粟勇反。郭注爾雅云：聳，驚悚也。古今正字云：初生而聾曰聳。說文：從耳從聲。下音博。考聲：摶，擊也。撮也。聲類：甫(捕)也。說文：從手尃聲。尃從甫。

尤劓　下擎逆反。玉篇：劓，甚也。病甚於前。古今正字：從刀虡聲。虡，拒魚反。

隨嵐　下藍。古今正字云：嵐，山風也。此字因北狄語呼猛風爲可嵐，遂書出此嵐字，因置嵐州之鎮也。旋風者，大風也。

洪光　上音紅。孔注尚書云：洪，大也。大水皃也。說文：從水共聲。從口作哄，誤也。

經律異相　第三十九卷

鍱鍱　音葉。考聲云：銅鐵鍱也。說文云：齊人謂鏶爲鍱。鏶音集，即鍱也。

羼提　上昌善反，又音差簡反。二音並同，上音訛，下音切。唐云忍辱。此句梵語第三波羅蜜名也，此忍有五，如仁王經所說或三。

撥劫　上音鉢。亦梵語西國仙人名也。

臊疾　上掃遭反。字書：腥臊，臭穢也。腋臭也。說文：從肉喿音。喿音桑躁反。

性躁　下遭譟反。考聲：急性也。謚法：好變動曰躁。經中作跺，非也。說文從喿。

手擎　下競京反。廣雅：擎，舉也。古今正字：從手敬聲。經作擎，非也。

擘傷　上音百。鄭注考工記云：擘，破裂也。說文：從手辟聲也。經從刀作劈，非也，音匹亦反，非經義也。

經律異相　第四十卷

菅草　簡顏反。韻英云：白花茅也。韻詮云：茅屬也。此草堅，堪爲索，或作席。或作菅字。從草官聲。

足蹶　下音厥卷月反。賈注國語云：走也。玉篇：驚駭也。急速之意。古今正字：從足厥聲。形聲字也。

慌忽　上藿廣反。鄭注禮記云：慌忽，思念益深也。漢書音義：亂也。古今正字：從心巟聲。巟音荒。

經律異相　第四十一卷

檀膩䩭　音機。梵語。人名也。亦名檀尼迦。

抴挽　上移祭反。或作拽。以力挽掣之也。從手世聲。

峙立　持以反。韻英云：峙，止也。不前也。從止。

撲佛　普卜反。韻英云：撲，擊也。打也。說文：從扌菐聲。菐音卜。

撾打　鵽瓜反。韻英：撾，擊也。從手過聲。鵽音撾刮反。從殳。

甘澱　田練反。韻英：滓穢也。說文：從水殿聲。或作㲨。

髡頭沙門　上闊昆反。考聲云：去其髮也。文字典說云：剔髮。古今正字：從髟几聲。剔音聽亦反。

經律異相　第四十二卷

瑘茶　上密彬反。梵語人名也。或名文茶。大富人也。

飤四部　上音似。韻英云：飤，食也。經從台作飴，互通。

一裹　音果。或去聲，亦通。

抒盡　除與反。韻英云：除也。挹也。古今正字：從手予聲。

襁負　上薑仰反。襁，褓也。考聲云：以帛裹小孩而負之曰襁也。

跂行　詰以反。考聲：翹足行也。或作逘、歧。郭注爾雅云：飛却由其脚如水鳥名跂行。從足支聲。

酸陀利　上筭端反。梵語西國大臣名也，亦名孫陀利。

經律異相　第四十三卷

竦然　上粟勇反。竦息，肅敬也。或從心作悚，懼也。從立。

稟斯　悲品反。韻英云：賜穀也。承稟受納也。從亠亩聲。

高梯　體奚反。賈注國語云：梯，階也。説文：木階也。從木弟聲。

蹹牆　上談合反。經文作蹹，非也。下匠羊反。經文從土作墻，非也。

繳身　澆了反。考聲：纏也。或從巾作幧。

鼓鰓　塞來反。韻英云：魚頰鰓也。鼓鰓者，張兩頰也。從魚思聲也。

捲扠　上逵圓反。考聲云：手捲也。下丑皆反。以捲擊人也。打也。形聲字。

被羈　寄宜反。考聲：繫也。或作羇，羈亦絆也。從罓。

力膂　音呂。賈注［國］〔三四〕語云：膂，脊也。古今正字：從肉旅聲。

腥臊　［上］〔三五〕音星，下桑刀反。韻詮云：臭穢也。

俱哆國　多舸反。梵語西方國名也。

賀之　莫候反。易財也。從卯貝。正作貿。

矛矟　上謀侯反，下蒼亂反。考聲云：遥投矛。廣雅：鋋也。皆槍矟之屬也。戈戟〔三六〕也。形聲字。

達兜　斗侯反。梵語訛也。即提婆達多也。

無釀　下孃亮反。廣雅：釀，投也。説文：作酒曰釀。從酉襄聲。

負揵　下連展反。考聲：揵，運也。許叔重注淮南子云：擔也。説文：正體從手連聲。今經文從車作輦、轝字，亦通用也。

經律異相　第四十四卷

槎上　柴霞反。水浮大木株曰浮槎。古今正字：從木差聲。差音叉。

庸畫　上勇從反。考聲云：雇力受財也。工巧丹青而受償也。下華卦反。圖畫。

賞賚　上傷壤反，下來代反。集訓云：賞，賜也。賚，慰勞也，亦賜也。從來從貝。集略作賕，亦同。

鸕鷀　上音盧，下音慈。韻英云：水鳥也。色黑如烏，入水底捕魚而食之也。

篋簏　上謙葉反，下音禄。衣箱書篋也。似箱而深，又似椷而訛斂頂也。小曰篋，大曰簏。

不瞚　水潤反。説文云：瞚爲開闔目也。或作瞬，亦通也。

這入　言建反。蒼頡篇：這，迎也。文字典説：從辵言聲。

株杌　上音誅，下音兀。殺樹之餘根曰株杌，並形聲字也。

頑騃　下崖解反。集訓云：癡無所知也。愚也。

聰喆　上倉公反。孔注尚書：聰，明也。下閑軋反。古文黠字也，慧也。

肌肉　上音基。從肉几聲。經從月，非也。

三餅　必郢反。從食并聲。經從麦作麩，非也。
一械　音咸。木械也。經作椷，非也。
炊爨　上音吹，又去聲，亦通。下倉亂反。會意字。
俱蹲　音存。說文：蹲，踞〔三七〕也。形聲字也。
悢悢　力丈反。心有憂悒不暢，或云怏怏。
鼻撈之　下老刀反。方言：撈，攎，取也。
在巢　柴爻反。鳥窠也。象形字。經從木作樔，非也。
履水鞾　許禾反。廣雅：名夾沙。亦名颭沙。本國胡屩也。因趙武靈王好胡服，相傳著用，今爲公服，不著入公門非禮也。長靿皮韈。
一杷　普罵反。大襆也。蓋袱蓋鞍襆也。

經律異相　第四十五卷

餚饌　上效交反。俗字也。正單作肴。顧野王云：牲肉及果瓜也。毛詩傳曰：豆實也。考聲：脯羞也。禮記：左肴右胾。胾，切肉臠也。形聲字。下孱戀反。馬融注論語云：饌，飲食形〔三八〕也。鄭注禮記云：陳也。廣雅：進也。說文：具食也。形聲字。胾音淄事反。孱，柴閑反。戀音力卷反。脯音甫，乾肉也。
椌鈴　上宅行反。俗字也。正行𣪠。考聲：𣪠，撞也。韻詮：觸也。從殳尚省〔三九〕聲。
懷木杇　禹俱反。考聲云：小木盆也。捥（椀）〔四〇〕之大者無足曰杇。從木亐聲。或作盂。經文從手從于作扜，非也。
鹿舐　下時尔反。前第五卷中已釋。
煒晃　上韋鬼反。前第二十三卷中已釋。經從光作熀，非也。

譴祟　上牽見反。考聲：譴，責問也。轉也。下雖醉反。鬼神爲害也。從出示，會意字也。

經律異相　第四十六卷

淤藍　上於據反，下洛甘反。此亦梵語，是阿修羅王所食味也。或名蘇陀天，甘露也，其狀難名。
撼喜見城　上含紺反。手搖動也，令震驚也。
烏巢　柴爻反。經從木作樔，非也。
哀婉　下於遠反。杜注左傳：婉，約也。考聲：柔順也。美皃。說文：從女宛聲。宛音同上。
廁溷　魂悶反。溷亦廁也。
榛林　仕臻反。考聲云：草木密盛皃也。從木秦聲也。
附之　扶務反。毛詩傳曰：附猶著也。說文：安也。從阜付聲。經從手作拊，非也。
瞑恨　音冥。鬼名也。
黤黑　烏敢反。梵語魔鬼名也。
謦欬　上輕頸反。前第二十二卷中已釋。
噎不得納　煙結反。毛詩傳：憂抑也。古今正字：飯窒也。從口壹聲。

經律異相　第四十七卷

欠故　下音去。桂苑珠叢云：引氣而張口曰欠故。古今正字：從欠去聲。經從口作呿，非也。

鵽鳥　樀刮反。郭注爾雅：鵽鳥，大如鴿，似雌雄(雉)〔四一〕，鼠脚，無後指，歧尾，爲性憨急，群飛，出北方砂漠地。亦形聲字也。

坌擲　盆悶反。塵污也。

脚踏　談合反。經從翕作蹹，非也。

洒𣪠　西禮反。或作洗，亦通。韻英云：浴也。下栓刮反。考聲：膩也。郭璞云：掃刷也。説文：拭也。從又持巾在尸下，會意字也。或從刀作刷。

驢斅　下爻教反。前第二十七卷已釋。從交作效，亦通。

捊地　上鮑茅反。前第三十卷已釋。今經文作掊，非也。

門閾　下宇逼反。孔注論語：閾，門限也。説文：門忉也。從門或聲也〔四二〕。

落谅　下强亮反。前第十一卷已釋。經從木作摋〔四三〕，俗字，非也。

煢悸　上葵營反。爾雅：煢、單、孤，獨也。從人從營省聲。下葵季反。

呦呦　音幽。毛詩傳：鹿得草呦呦而鳴相呼也。古今正字：鹿鳴聲。從口幼聲。

三水獺　灘怛反。水獸也，似貓兒，入水捕魚以祭天。月令：孟春之日獺祭魚。即此獸也。

經律異相　第四十八卷

伽㝹　那兜反。梵語龍王名也。

愚騃　崖駭反。癡無所知也。上聲字。

汪水　蠖光反。污池也。所停湛水也。蠖音烏郭反。騃音幸駭反〔四四〕。

劓汝　宜既反。郭(鄭)注周禮：劓，截鼻也。説文：刖鼻也。又音語列交(反)〔四五〕。

蟣蝨　上音己，下音瑟。衣中嚙人蟲子也。

土蚤　音早。

經律異相　第四十九卷

磕磋　上坎合反，下錯何反。梵語地獄主名也。經文有從山作嵯，亦同此音。

鐵笧　下音策。亦地獄獄卒之名，或單作冊也。

嚾吼　上音喧，下呵狗反。地獄名。苦痛聲。

⿰石連石　音連。亦地獄獄卒主〔四六〕名。悉梵語也。

矛戟　上莫侯反，下京逆反。皆槍矟之類兵仗也。

𣫠罪人　上音擿庚反。以丁橛四面釘縠，挽令展張也。平聲字。

繃拼　上音乘，下百萌反。郭注爾雅云：如木匠振墨繩曰拼。説文：拼亦彈也。從手并聲。

段段　團亂反。正體段字。説文：推(椎)〔四七〕物也。字統：擊物也。從殳耑省聲也。

歙煙　歆急反。氣歙也。説文：縮鼻也。從欠翕聲。翕音同上。

欸唤　上赫戒反。大叫譀也。大怒而叫也。經文從口從戒作誡，俗字，或從萬作蠆。嗽音赫監反，叫音吉要反，蠆音敕界反。

鐵轞　下咸黯反，上聲字。考聲：大鐵櫃也。鎖罪人以治之。經文從金作鑑，非也。

鐵鏟　察産反。鐵刃以平鏟物也。廣雅：籤謂之鏟，平木具也。

博雅：炙肉鐵鏟也。經中有作弗，俗字也。鏟亦形聲字。

猗炙　上音依。猗猗倚也。倚立於旁曰猗。

相䣛　姜碧反。以手爪相摷（撡）[四八]擭也。摷（撡）[四九]音爪交反。擭音泓獲反。姜音薑。

臠割　綠轉反。考聲：肉臠也。顧野王云：切肉之小片曰臠。說文：從肉䜌聲。䜌音力專反。

蟲唼　上逐融反。考聲云：淺入口而味之。說文：唼，銜也。從口妾聲。亦作啑。

銅釜　扶武反。炊飯大釜也。經從复作鍑，俗字，亦通，非正體。

蓬馞　上蒲蒙反，下盆没反。廣雅：馞馞，香煙氣盛皃也。轉注會意字也。

齘齧　上㰅[五〇]皆反。正體字。廣雅：大齧也。犬齩而掣挽曰齘。經文從齊作齏，非也。下研結反。

硾壓　上都迴反。考聲：硾，落也。投下也。經文從追，誤也。下黠洽反。或土，或木，或石填壓也。從土。

有簞　下旦難反。何注公羊傳云：竹[五一]器也。孔注論語：簞，笥也。卷裹竹筐。從竹單聲。

經律異相　第五十卷

鐵蟒　下莫牓反。郭注爾雅：蟒者，蛇之最大者曰蟒蛇巴（也）[五二]。蛇能吞象，計長數百尺。此鐵蟒者，隨處地獄，人心識化，現如蟒蛇，其實悉空，受罪者自見，餘人不見。

鐵觜　醉髓反。長喙也。其虫觜如針如錐，穿罪人骨唼其髓，極受苦痛，業使然也。經作嶲，非也。

糊膠　上音胡，下音交。按糊膠，煮木皮作之，乍看如麵糊，用即似膠，亦名黐膠，榑（搏）[五三]木皮作之，可以捕鳥獸。黐音耻知反，從黍离聲。

嚏吃　上捷偃反，下斤乞反。語澁不利，風病。

捋身　欒括反。韻詮云：手捋也。從手寽聲。寽音同上。

摷罪　争交反。蒼頡篇云：以手指把搔也。以惡業故，十指爪如刀，隨摷之處，甚於刀割。說文：從手巢聲。摷（撡）[五四]即摷瘮也。

鐵椹　㯄林反。考聲：椹，机屬。蒼頡篇：椹，鈇也。文字典說：斫木質也。從木甚聲。或作碪，俗字也。

蛕蟲　上音回。考聲云：人腹中。或作蚘，腹中化生，長五六寸。

胆蟲　青余反。說文云：蠅乳肉中蠅卵也。

驅蹙　下精育反。廣雅：急也。迫也。儀禮：促也。從足戚。

瘭疽　上匹遥反，下七余反。癰腫㿉節之類也。

[扌忌]門　經末自音爲忌，一切字書並無此字，蓋是譯經者妄作也。

毾毲　上音塔，下音登。西國織毛爲布有文彩毛席也。

寱語　霓祭反。廣雅：寱，睡中語也。聲類：不覺妄言也。說文：從㝱省[五五]。臬音妍結反。

鐵杙　下音翼。爾雅：杙，橛也。前第五卷已釋。

檬弄　上音蒙。地獄下苦具之名，不可以字體訓釋，失矣。

如笮　争革反。壓笮也。前已釋。

燅猪　上祥閻反。考聲云：以熱湯沃毛令脱落也。經文從火從尋作燖，俗字，非也。

如磔　張革反。前已釋。

一切經音義　卷第七十九

校勘記

〔一〕從　據文意似作「作」。

〔二〕停　據文意似作「值」。

〔三〕鈞　據文意似作「鈎」。

〔四〕省　衍。

〔五〕家　據文意似作「冡」。

〔六〕虛　獅作「虛」。

〔七〕戲　據文意當作「戲」。

〔八〕劇　獅作「劇」。

〔九〕反　麗無，據文意補。

〔一〇〕處　獅作「處」。

〔一一〕人　麗無，據獅補。

〔一二〕、　麗無，據獅補。

〔一三〕說文云：櫨，柱上斗栱也。從木盧也　今傳本說文：「櫨，柱上柎也。从木盧聲。……一曰宅櫨木，出弘農山也。」

〔一四〕皆　獅作「皆」。下同。

〔一五〕說文：燒瓦窯竈也。從穴從羔，羔亦聲也　今傳本說文：「窯，燒瓦竈也。从穴羔聲。」

〔一六〕體　今傳本儀禮作「髀」。

〔一七〕說文：匍匐者，肘膝伏地行。二字並從包　今傳本說文：「匍，手行也。从勹甫聲。」「匐，伏地也。从勹畐聲。」

〔一八〕者　據文意似作「皃」。

〔一九〕反　麗無，據獅補。

〔二〇〕包　據文意似當作「瓟」。

〔二一〕反　麗無，據文意補。

〔二二〕省　衍。

〔二三〕說文：屋棧船棧也。從竹乍省聲　今傳本說文：「笮，迫也。在瓦之下，棼上。从竹乍聲。」

〔二四〕從耳火，聖省聲　今傳本說文：「耿，耳箸頰也。从耳烓省聲。杜林說：耿，光也。从光，聖省。凡字皆左形右聲。杜林非也。」

〔二五〕丁　慧卷四十釋此詞作「竹」。

〔二六〕鐵　據文意當作「鐵」。

〔二七〕鴟　據文意似作「鴟」。

〔二八〕說文：從毛它聲　今傳本說文：「拕，曳也。从手它聲。」

〔二九〕惷　「惷」俗寫。

〔三〇〕注　麗無，據文意補。

〔三一〕塊　據文意似當作「魂」。

〔三二〕束　據文意當作「朿」。

〔三三〕心貴聲　麗無，據文意補。今傳本說文：「憒，亂也。从心貴聲。」

〔三四〕國　大通書局本麗無，中華大藏經作「二」，據獅補。

〔三五〕上　麗無，據獅補。

〔三六〕戟　獅作「戟」。

〔三七〕踚　據文意似作「踞」。

〔三八〕形　據文意似作「具」。

〔三九〕省　衍。

〔四〇〕捥　據文意似當作「椀」。

〔四一〕雄　今傳本爾雅注疏作「雉」。

〔四二〕說文：門切也。從門或聲也　今傳本說文：「閾，門榍也。从門或聲。」

〔四三〕摑　大正作「槶」。

〔四四〕駭音幸駭反　據文意當屬上面「愚騃」條釋文，誤入此條中。

〔四五〕郭　當作「鄭」。　交　獅作「反」。

〔四六〕主　據文意似作「之」。

〔四七〕推　今傳本說文作「椎」。

〔四八〕橾　據文意似當作「操」。

〔四九〕橾　獅作「操」。

〔五〇〕樀　獅作「擿」。

〔五一〕竹　阮元校刻十三經注疏作「葦」。

〔五二〕巴　獅作「也」。

〔五三〕㨉　據文意似當作「搏」。

〔五四〕橾　據文意似當作「操」。

〔五五〕說文：從瞑言也。從臯從寱省　今傳本說文：「䚄，瞑言也。从寱省，臯聲。」

一切經音義　卷第八十

翻經沙門慧琳撰

音大唐内典録十卷
續内典録一卷
開元釋教録二十卷
右三集録三十一卷同此卷音

大唐内典録　第一卷　慧琳音

難呰　玆枲反。賈注國語云：呰，量也。鄭注禮記云：思也。説文：思不稱意也。從言此聲也。

車漸　潛琰反，上聲字。孔注尚書云：漸，入也。考聲云：漬也。受也。王注楚辭：漸，濕也。顧野王云：治也。或作瀸。

遷貿　下莫候反。毛詩傳云：貿猶賣也。郭注爾雅云：廣易也。説文：易財也。從貝貿(丣)〔一〕聲也。丣音酉。録文作貿，俗字，非也。

彝訓　上以之反。孔注尚書：彝，常也。周禮：法也。説文云：器也。象形，與爵同。從系。廾持器中實，實即米也。從彐，彐亦聲〔二〕。系音奚計反，廾音拱，彐音居例反。

依繕　音善。考聲：造也。説文：補也。

煩拏　儜加反。字書：拏，牽也。亂也，引也。從奴。

分圮　披彼反。孔注尚書云：圮猶毁也。虞書云：方命圮族。説文：從土已聲也。

不磷　栗鎮反，亦平聲。孔注論語云：磷，薄也。古今正字：從石從粦省〔三〕聲也。

蔡愔　上蔡字。説文云：草也。可食。從草祭聲。下揖淫反。漢朝人名，出使五天，最初求法也。

備搜　上正體俻字也。古文𤰈作葡。韻英云：備，具也。防慎也。古今正字：從人葡聲。下瘦愁反。文字典説云：搜，求成也。古今正字：從手叜聲。叜，正體叟字也。

緝而編之　上侵入反。鄭箋毛詩云：緝猶續也。爾雅：光也。説文：績也。從糸咠聲。咠音同上。下必綿反。劉兆注公羊傳云：編即比連也。蒼頡篇云：織也。説文：次簡也。從糸扁聲也。扁音邊沔反。

孛本經　上盆没反。正體孛字也。

猘狗　上京例反。經名也。即狂犬也。録文作㺅狗，或作㹗狗，一也。

咒齲　區宇反。齒有蟲也。

蕪穢　上音無，下威衛反。賈注國語云：蕪穢謂荒穢字。玉篇：從草作薉。蒼頡篇云：薉，不清潔也。録文從禾作穢，義亦同也。

瀅澄　上縈迥反。鄭注周禮：瀅，水渟澄清也。考聲云：水不流也。説文：小水也。或單作瑩。瑩，明也。在玉部也。

大唐内典録　第二卷

分鑣　下表苗反。毛詩傳云：輶軒鑾鑣。今之馬排沫也。説文：馬銜也。從金麃聲。麃，薄交反。或從角作觻，亦作儦，義並同。

各跨　下誇罵反。杜注左傳云：跨猶過其上也。顧野王云：跨謂舉足也。説文云：跨，渡也。從足夸聲也。夸音誇。録作咵，非也。

畺場　上居良反。鄭注周禮云：壃，界也。穀梁傳云：畺猶境也。爾雅：陲也。郭注云：壃場在外陲也。説文：界也。從二田，三其界畫也。象形，亦會意字也。下除良反。周禮曰：場人掌國之場圃。詩傳曰：春夏爲圃，秋冬爲場。鄭箋云：場圃同地耳，物生以種，菜茹物盡，築以爲場〔四〕。國語：屏樹之位，壇場之所。賈注云：在郭曰壇，在野曰場。説文云：治穀田也。從土昜聲。

操之　蒼竈反。人名也。古今正字：從手喿聲也。録文中從彖作掾，非也。喿音桑到反。

道挻　恥連反。僧名也。

大唐内典録　第三卷

睇眄　上音弟，下音麪。鄭注禮記：睇猶顧視也。考聲云：睇亦睇〔五〕也。古今正字：從目弟聲也。方言云：眄亦睇也。説文：目偏合也。從目丏聲。丏音沔。

煒如　上韋軌反。毛詩傳曰：煒，赤色也。説文：盛明皃也。從火韋聲。

鏨金陵　上昨舍（含）〔六〕反。蒼頡篇云：鏨，鑿也。考聲：鐫也。説文：小鑿也。從金斬聲也。

秣陵　上磨葛反。即揚州地名也。亦名金陵也。

鑿之　藏洛反。廣雅：鑿，穿也。説文：穿木也。從金𣫞聲。𣫞音同上。從臼從殳丵聲。會意字。丵音鶵學反，臼音舊，殳音殊。

殲而　接閻反。毛詩傳：殲，盡也。

蠱狐　上音野。蠱狐者，僞經名也。

赤觜　下醉髓反。説文：正體從此作觜。録中作嘴，非也，亦是僞經名。

鼈獼猴　上必滅反。録中從魚作鱉，俗字也。次音彌，下音侯。亦是經名也。

罽賓　上京例反。梵語古譯訛略不正也。正梵音羯濕弭羅，北天竺也。

穅粃　上音康。聲類：從禾作穅。即穀皮也。下卑弭反。顧野王云：粃字亦從比從禾作秕，穀不成也。説文：穅秕二字並從禾。今俗用或從米，誤。

投簪　下戢今反。儀禮：以爵弁服簪裳。鄭注云：簪，連也。説文：首笄也。古作先，從人象形。今録文從竹作簪，時用字也。爲與无字相亂，所以用此簪也。

麈尾　上音主，下正體尾字也。山海經云：荊山多麈鹿。郭注云「似鹿而大，尾闊如帚，古之逸士執以爲拂，猶如鵰扇之類」是也。

剡東　上音琰，又音常焰反。考聲云：剡谿，吴越閒地名也。從刀炎聲也。

棟幹　上東貢反，下岡岸反。如屋之有棟，墻之有幹也。

蒲健　安（案）進（晉）書蒲健者，氐人也。氐，都奚反。蒲姓者，前秦苻堅先祖之本姓也，後改爲符（苻）〔七〕，銘見其背曰草付，遂改爲苻氏。

扶柳　留守反。案郡國志：常山地名也。

斲鑿　上音卓。孔注尚書云：斲猶削也。説文：斫也。從斤從𧯷。𧯷音豆。録文作劉，非也。下音昨。

締構　上音提。王逸注楚辭云：締猶結也。説文云：結不解也。從系（糸）〔八〕帝聲也。下鈎候反。

雲犇　下本門反。考聲云：犇，牛群走也。與奔字義同，從三牛作犇，會意字也。

姚泓　擭宏反。説文云：泓，深大也。後秦季主名也。擭音蛙獲反。

僧叡　惟歲反。

憩於　卿例反。毛詩傳云：憩，息。會意字，或從户作㞓。

謦欬　上輕郢反，下開愛反。經名也。録文作磬咳，非也。

僧䂮　下良約反。爾雅云：䂮，利也。考聲：磨刀也。姚秦時高僧名也。用與略字同。

操筆　上草刀反。説文：操，把持也。從手喿聲也。喿音騷到反。録文從条作㨶，非也。㨶音杉減反。

勤劬　具駒反。從力。

儭施　上初靳反。儭猶親持財施，名爲儭施。從人親聲。本無此字，譯經者隨意作之，或從口，録文從貝，未知孰是，今且從人。

睒子　苫苒反。

颰陀　上盤末反。經名也。

沮渠　上精餘反。北狄左大（右）〔九〕沮渠以官爲氏。北凉蒙遜祖也。

勝鬘　上式證反，下幔班反。經名也，亦人名也。

大唐内典録　第四卷

有讜　當浪反。考聲云：讜，衷也。言中於理也。或從黨作讜。顧野王云：讜，直言當理也。古今正字：從言當聲。

周顗　儀几反。人名也。

王濛　末東反。人名也。

王謐　民必反。爾雅云：謐，静也。人名也。

豺虎　上音柴，下虖古反。毛詩云：投畀豺虎。月令云：季秋豺乃祭獸也。説文云：豺，狼屬也。從豸才聲。録文從付作狩，非也。

枳園　之里反。寺名也。

鞞摩肅　上陛迷反。梵語也。

阿遬達　蘇目反。

燉煌　上遁魂反，下胡光反。郡名，即沙州也。

分和　下音和。梵語也。

摩夷　上音莫河反。録從女作㜫，非也，梵語不求字義也。

妻孥　下音奴。考聲云：孥，妻子之總稱也。古文從人作伮。古今正字：從子奴聲。録從巾作帑，非也。

婉密　上宛遠反。毛詩傳云：婉猶美也。杜注左傳：婉，約也。説文：順也。從女宛聲。下岷筆反。

臨沂　魚擨反。案臨沂即東海沂州臨沂郡也。録云齊高帝　蕭

道成姓望所出地名也。説文：沂，水。出東太山南入泗。從水斤聲也[一〇]。

廣搜髦彦　上色鄒反。杜注左傳云：搜，撿也。聲類：搜，取也。考聲云：索也。説文：從手叜聲也。叜音蘇狗反。下文按採等並同。録作捜，俗也。次音毛。詩傳云：髦猶儁也。郭注爾雅云：士中之俊如毛中之毫髦也。説文：從髟毛聲。儁音俊，髟音摽。

庚頡　賢結反。齊侍中姓名也。

劉虬　上劉字，説文：從丣從釗。下耆由反。齊荆州隱士名也。

之遴　下栗鎮反。梁太常劉之遴也。

祖祢　上祖古反。爾雅云：祖者，始也。顧野王云：父始爲祖也。説文云：祖，始廟也。從礻且聲。下泥禮反。俗字也。正從爾作禰。鄭衆注周禮云：禰，父廟也。古今正字：從礻爾聲也。

覶縷　上魯戈反。説文云：覶，好視也。古今正字：從貝(見)[一一]𤔔聲也。𤔔音亂。古文𤔔從又。李斯從寸作尉，並同。下倫主反。

父彤　育嵩反。

鐵鏤　上天結反。字書：正鐵字也。説文：黑金也。從金𢧜聲。音田結反。下樓候反。説文云：鏤，剛鐵可刻鏤也。從金婁聲也。

刃砥　之耳反。蒼頡篇：從石作砥，磨礪石也。録有作厎，亦同。

滴聚　丁歷反。

嘿酬　上曹北反。録從言，非也。下受州反。録作詶，非也。

提挈　下牽結反。何休注公羊傳云：挈猶提也。説文：懸持也。從手㓞聲。㓞音慳八反。

研覈　上霓肩反，下衡革反。説文云：覈猶考實事也。漢書云云[一二]：其審覈之務准古法也。聲類云：覆也。古今正字：從襾敫聲也。襾音呀賈反，敫音經歷反。

訂正　上亭徑反。説文云：訂謂平議也。從言丁聲也。

炳然　兵皿反。廣雅：炳，大明也。周易云：大人虎變，其文炳焕昭彰也。説文：從火丙聲。或作昺。

隨舶　彭陌反。

蕩滌　上唐黨反。孔注尚書云：蕩，言水奔突有所滌除也。杜預注左傳云：蕩猶摇動也[一三]。説文：從水募聲也。募音他明(朗)[一四]反。

涕泗　上天禮反，下思恣反。毛詩傳云：自目出曰涕，口出液曰泗。顧野王云：泗即洟也。説文：涕泗二字皆從水，弟與四皆聲。

滂沲　上普忙反，下唐何反。廣雅云：滂滂，流皃也。説文：滂沲二字並從水，旁、㐌皆聲。

莞席　上緩官反。顧野王云：莞，似蒲而圓者也。古今正字：莞，草也。可以爲席，從艸完聲。艹音草。

芋蒻　上于句反。古今正字云：大葉菜，實根驚人者，故謂之芋。從草于聲也。下穰酌反。亦根菜也。

翼鞬　下羯言反。杜預注左傳云：鞬，所以藏弓矢也。説文：從革建聲也。

櫛批　上側瑟反，下頻蜜反。接近相連皃。

掩雲　淹撿反。毛詩傳云：淹謂陰雲皃也。廣雅云：大陰也。説文：從水弇聲。廣蒼：從雨作霠。玉篇：從廾作弇。音義並同。録從水作淹，俗同。

派入　上鬼賣反。廣雅云：水出爲派。説文：派，水之邪流別

也。從水從辰。反永爲辰。音義亦同。

鍒金　上如州反。埤蒼云：鍒，濡也。從金柔聲。録從米作糅，拏救反。糅，飯雜也，非本義。

操栁枝　上草刀反。毛詩傳云：操，把持也。廣雅云：執也。古今正字：從手喿聲。次流酉反。字書：正作栁，木名也。説文：從木丣聲。録作柳，俗字也。

盋盌　上半末反。字書：正作盋。服虔通俗文云：盋，僧應器也。録文作鉢，俗字也。下剜欵反。方言云：宋楚之間謂盎(盂)[一五]爲盌。説文：從皿夗聲。夗音苑。

又殂　祚祖[一六]反。爾雅云：殂、落，死也。説文：從歺且聲。歺音矜。

卓詭　歸委反。淮南子云：蘇秦以百詭成一信。廣雅云：詭，隨惡也。説文云：責也。從言危聲也。

都鄴　嚴刼反。漢書云：魏郡有鄴縣。史記云：西門豹爲鄴令。案鄴都者，即魏武帝所都也。説文：從邑業聲也。

万俟氏　上万音墨，下俟音期。案周書：万俟，鮮卑姓也。万俟天懿善，梵語譯經人也。

大唐内典録　第五卷

更霸　上革衡反。杜注左傳云：更猶代也。鄭注禮記云：易也。説文：改也。又曰聲[一七]。下巴駡反。文字典説云：霸猶把也。左傳云：文公始霸。謂迫脅諸侯把持其事也。説文：從月䨣聲也。䨣音浦莫反。脅音枚[一八]刼反。

魏鬻　下融宿反。字書：正從毓作鬻，猶賣也。説文：從鬲毓聲。鬲音歷，毓音育。

李斌　下筆旻反。人名也。

僧勐　音猛。高僧名。從力從孟聲也。

智僊　下薛煎反。廣雅云：僊，化也。釋名云：老而不死曰僊。説文：長生人也。從人䙴聲。䙴音遷。正作淺仙反。

斯轍　下纏列反。杜預注左傳云：轍，車跡。古今正字：從車從徹省聲。録從足作蹾，非也。

鐵鉆拔　上天涅反。山海經云：天(大)[一九]騩山多鐵。説文云：鐵，黑金也。從金䥫聲。䥫音田結反。次儉嚴反。蒼頡篇云：鉆即夾持也。説文云：鐵銸也。從金占聲。録文從甘作鉗，即鐵枷也，非本義也。銸音黏輒反。鉗音巨嚴反。下白八反。説文云：拔猶擢也。從手從犮。犮音蒲末反。

法氍　下懼駒反。僧名也。字書、考聲皆作氍。聲類：毛席。

聾聞　上禄東反。左傳云：耳不聽五聲之和爲聾。杜預注云：聾，暗也。蒼頡篇云：耳無聞也。説文：從耳龍聲也。

瞽視　上姑午反。孔注尚書云：目不能分别好惡爲瞽。包咸注論語云：瞽，盲也。説文：從目鼓聲。

躄行　并役反。禮記云：瘖聾跛躄也。顧野王云：躄謂足痛枯不能行也。古今正字：從足辟聲。跛音波麽反。

匪局　下衢録反。毛詩傳云：局猶曲也。鄭注禮記云：局謂部分也。分，去聲。大戴禮云：諸侯以各其局言就位也。爾雅云：局，分也。説文：從口在尺下復句之也。又博以行棊，象形字也。句音古侯反。

鬱峙　上愠欻反。鄭注考工記云：鬱，不舒散也。郭注爾雅：鬱然氣出皃也。説文云：鬱，木叢生也。從臼冖缶鬯其飾也。言百草之華遠方鬱鬱然也。下持耳反。顧野王云：

峙猶躇止不前也。説文云：峙猶躇也。從止寺聲。躇，佇豬反。

智鉉　玄絹反。僧名也。

憩漳濱　上却例反。毛詩傳云：憩猶息也。次酌羊反。漢書云：清漳，水名也。出上黨郡也。下云畢民反。孔注尚書云：濱，水涯也。

鍵鑰　上虔偃反。周禮：司門掌管鍵以啓閉也。鄭注云：鍵猶牡也。方言：自關而東謂之鍵，自關而西謂之鑰。説文：從金建聲。下羊酌反。玉篇從金作鑰，即鍵也。字書又從門作闟，亦猶闟鍵也。説文：闟，插關下牡也。從門龠聲。與鑰義同。録文作鑰〔一〇〕，非。牡音母，龠音同上。

湮山　上壹陳反。爾雅云：湮猶落也。考聲云：没也。寺名也。説文：從水垔聲也。垔音因。

扛轝　上角缸反。説文：扛，横關對舉也。考聲亦舉也。古今正字：從手工聲。下余慮反。説文作輿。輿亦車也。從車舁聲。録作轝，俗字也。舁音余。

泓博　上烏宏反。廣雅：泓，深也。説文云：下深大也。從水弘聲。下補莫反。鄭注考工記云：博猶廣也。考聲云：厚也。説文云：大通也。從十尃聲。尃音浦。

文揣　下初委反。郭注方言云：揣，度也。説文云：量也。從手耑，會意字也。

採摭　下征適反。方言云：摭猶取也。説文云：拾也。從手庶聲。考聲：從石作柘〔一一〕。音義並同。

羈縻　上几疑反。杜注左傳云：馬羈也。王逸注楚辭云：革絡馬頭曰羈。説文：從革從罵省。罵從网。有從四，非也。下媚悲反。廣雅云：縻猶繫也。史記云：羈縻使勿編也。説文：從糸麻聲也。

豳岐　上筆旻反。鄭玄詩譜云：豳，戎狄地名也。古今正字云：豳，公劉所封邑也。從山豩聲。豩音同上。字書云：豩，二豕並生也。

兵荐　錢箭反。左傳云：戎狄荐居。杜注云：荐猶仍也。又曰叢也。説文：從艸存聲也。

玁狁　上杴儼反，下聿笋反。毛詩傳云：玁狁，北狄之號也。鄭箋云：今匈奴也。漢書云：唐虞之際已有熏育玁狁居北陲也。古今正字：玁狁二字皆從犬，嚴、允亦聲。字書、考聲或作獫，廉瞻反，非本字，不取。

螟蟘　上覓萍反。毛詩傳云：蝗蟲食禾心曰螟。説文又云：食穀葉者。從虫冥聲。下騰勒反。爾雅云：蟲食葉曰蟘。詩云：去其螟蟘。吏乞貸即生蟘也。説文：從虫貣聲。貣，他勒反。録文作螣，與月令同。案字書：螣音騰。爾雅云：螣，蛇也。龍類也，非螟蟘義也。

日旰　下玕岸反。杜注左傳云：旰猶日晏也。亦晚也。説文義同，從日干聲也。考聲：從竿作䆯。音與上同。

玄琬　冤遠反。僧名也。

玄惲　紆粉反。沙門名也。方言云：惲，謀也。郭注云：謀議也。説文：從心軍聲也。

齎梵葉　祭奚反。鄭注周禮云：齎謂財。於道亦有所貢獻也。廣雅云：齎，送也。説文云：持遺也。從貝齊聲。録作賫，俗字也。

蕭璟　下鬼永反。案唐録太府卿蕭璟，准字書、玉篇，璟字音影，並無冏音。冏，明也，音鬼永反。

慧賾　下峥責反。沙門名也。

紕紊　上譬彌反。鄭注禮記：紕猶錯也。謂繒帛䟽薄也。説文：從糸比聲。下文奮反。孔注尚書云：紊猶亂也。説文：從糸文聲。

訕毀　上所姦反。孔注論語云：訕，謗諻也。下暉鬼反。正作譭。

宗轄　下閑戛反。字書：正作舝[二二]。車軸頭鍵也。説文：從舛，兩相背，從禼省[二三]。顧野王云：舝即車轄也。亦從金作鎋，亦通也。

凌轢　下零的反。蒼頡篇云：轢猶輾也。吕氏春秋云：轢諸侯也。説文云：轢謂車所踐也。從車樂聲。

輕惘　舞倣反。

大唐内典録　第六卷

筌蹏　上七宣反。周易繫辭、莊子並云：筌者，所以得魚而忘筌。顧野王云：筌即捕魚笱也。古今正字：從竹全聲。笱音苟。下第奚反。莊子、周易並云：蹏，所以得兔而忘蹏。説文：從足虒聲。虒音雉。録文從帝作蹄，俗通用字也。

梗槩　上羹杏反。爾雅云：梗猶直也。廣雅云：梗謂大略也。古今正字：從木更聲。下陔愛反。班固東都賦云：粗爲賓言其梗槩也。薛綜注曰：不纖密也。亦從木既聲。

大唐内典録　第七卷

褊隘　上鞭沔反。廣雅云：褊猶陋也。説文：從衣扁聲。扁音遍。下乙界反。毛詩序云：魏地陋隘，其民機巧趍利。郭(鄭)[二四]注禮記云：隘，陋也。説文：從𨸏益聲也。下從䦘從[illegible]。䦘音巷。[illegible]，古益字也。

鏗然　客庚反。

坌身　盆悶反。桂苑珠叢、字林、字統並云：坌謂塵也。説文：從土分聲。

大唐内典録　第八卷

袠軸　上陳栗反。蒼頡篇云：袠猶纏也。考聲云：裹也。文字典説云：袠，書衣也。説文：從衣失聲。下冲六反。方言云：軸，杼軸也。説文：從車冑省聲也。

籤牓　上妾鹽反。説文云：籤謂驗人也。考聲云：籤，小竹簡也。古者題簡以白事謂之籤。古今正字：從竹籤(韱)[二五]聲。籤(韱)音暹。下博莽反。案籤牓者，各題經書之目，分別條貫，摽(標)[二六]記部袠之義也。

大唐内典録　第九卷

捨橃　煩襪反。

陶誘　上徒勞反，下由首反。何晏注論語云：誘，進也。言夫子以正道進勸人也。字林云：誘猶誜也。亦誘也。説文：導也。從言秀聲。或從盾作誦。亦作羑，音義並同。誜，先九反。

大唐内典録　第十卷

亹亹　微匪反。郭注爾雅云：亹亹猶僶俛也。劉瓛注周易云：

微也。古今正字：從且從文而疊。會意字也。僶音泯。

毓萌　上融祝反。玉篇作育。郭注爾雅云：毓猶養也。毛詩傳云：稚也。説文云：毓，養也。使從善也。從㐬每聲。㐬音陀忽(忽)〔二七〕反。下麥彭反。

法滄　節細反。古濟字也。録作滄，相傳誤也。

劉璆　上劉字，下岐幽反。梁兵部劉璆名也。

僧琨　下骨魂反。僧名也。孔注尚書云：琨，美玉也。

沙挼　下仍周反。考聲：挼即挼也。案録文以沙挼金，即挼扞之謂，挼音内迴反。扞音干罕反。

詿誤　上媧畫反。漢書云：赦書爲所詿誤者皆赦除之。説文：從言圭聲。下音悟。

虎蹲　音存。説文云：蹲即踞也。從足尊聲。

道囧　下鬼永反。名也。蒼頡篇云：囧，火明也。説文云：窗牖間開明也。象形字也。

鐫之　子緣反。方言云：鐫猶琢也。廣雅云：鐫亦鑿也。説文云：破木鐫也。從金雋聲。雋音全兗反。

乃毆　下歐口反。説文：歐(毆)〔二八〕，捶擊也。從攴區聲。區音驅也。

續大唐内典録　慧琳撰

部袠　下陳栗反。前内典録第八已釋。

筌蹏　上取緣反，下弟奚反。周易云：筌以取魚，蹏以取兔。已具前釋。

爰曁　下其意反。爾雅云：曁，及也。孔注尚書云：與也。杜注左傳云：至也。説文：從旦既聲。録作洎，非。

澆淳　上皎堯反，下垂綸反。

煩挐　下女豬反。淮南子云：決挐治煩。許叔重曰：挐，亂也。楚辭云：枝煩挐而交横也。説文：從手如聲。

藴其　上氳殞反。鄭箋毛詩云：藴，積也。杜注左傳云：聚藻也。鄭注周禮云：藉也。古今正字：從草從緼聲也。緼音同上。藉音情夜反。

抆飾　上聞粉反。廣雅云：抆猶拭也。古今正字：從手文聲。録文作潣，誤。

開元釋教録　慧琳撰

孛本　上盆没反。經名。古文孛字也。

兜沙　斗頭反。經名也。梵語。

開元釋教録　第一卷

駢贅　上辦眠反。廣雅云：駢猶益也。古今正字：從貝并聲。録文從馬作駢，駕二馬也。義乖不取。下拙芮(丙)〔二九〕反。淮南子云：贅者，賣子與人作奴婢也。顧野王：居婦家之婿爲贅也。説文：從貝從敖。會意字也。

竝該　上正並字，下改孩反。賈逵注國語云：該，備也。郭注方言云：皆也。説文云：約也。從言亥聲。

編載　上必綿反。顧野王云：編猶列也。莊子云〔三〇〕：編，比連也。説文：次簡。從糸扁聲也。扁音篇。

婁迦讖　下楚禁反。梵語沙門名也。

使覘　下諂斂反。杜注左傳云：覘猶伺也。鄭注禮記云：闚視也。考聲云：候視也。説文：從見占聲也。斂音廉儉也

(反)[三一]。

接踵　下鍾隴反。禮記云：舉前曳踵行。杜注左傳云：踵猶躡趾也。聲類：足跟也。説文：從足重聲。跟音根。趾音止。

象腋　下盈隻反。經名。

氏羌　上邸泥反。鄭箋詩云：氏，夷狄名、國名也。説文：從氏著一地也[三二]。或作柢。録文作互也。下却香反。廣雅云：羌，强也。説文云：羌，西戎羌人也。從羊人聲。録文作羗，俗字也。

楷模　上客駭反。廣雅云：揩(楷)[三三]，法也。説文云：楷即模也。從木皆聲也。録文從手，誤也。下睦蒲反。鄭箋毛詩云：模，法也。廣雅：形也。説文：從木從莫聲也。録文從手，誤。

鍼脉　上執任反。説文：鍼，剌(刺)也。從金咸聲。字書亦作箴[三四]，謂綴衣也。又作針，並通用。下萌伯反。賈注國語云：衂，理也。説文云：衂血謂之分邪行於體者也。從𠂢血聲。𠂢音魄賣反。録文從豕作𧉒，非。俗作脉，通。

懟恨　上鎚遂反。毛詩云：强禦多懟。字統云：懟猶怨也。説文亦怨也。從心對聲也。禦音語也。

悛改　上音詮。孔注尚書云：悛亦改心(也)[三五]。方言云：自關東謂改曰悛也。説文：從心夋聲也。夋音七旬反。

宫亭湖廟　録文從邑作邦。字書並無此字，誤也。案郡國志豫章郡記：有宫亭湖，湖北有神廟，商旅祈之，能隨意分風上下耳。其湖與廬山雖遠亦相連接。案録云江南經過即此湖[三六]是也。

驚愕　下昂各反。字書作㖾，猶驚也，作諤字義也。説文云：譁訟也。從吅屰聲。吅音喧，屰音逆，譁音花。

長短　下端算反。廣雅云：短，促也。考聲云：短，有所長短以矢爲正，故從矢。説文：不長也。從矢從豆。録文從木作桓，音豆，籩桓，字非此義也。

颺帆　藥常反。桂苑珠叢云：颺，顯舉也。説文云：颺，所以飛風也。從風昜聲。昜音羊。

倏忽　上昇戮反。楚辭云：往來倏忽也。考聲云：倏猶光動皃也。説文云：倏謂犬走也。從犬從倏音由[三七]。會意字也。録從黑作儵。説文：青黑繒也。非此義。

蟒頭　上忙牓反。爾雅：蟒，王蛇也。郭注云：蟒，蛇之最大者，故曰王蛇。古今正字：蟒，大蛇也。從虫莽聲。蟒即宫亭湖[三八]神身也。莽音上同。

償對　上音常。杜注左傳云：言不可報償也。蒼頡篇云：當也。廣雅云：復也。説文云：遂也。從人賞聲也。

明析　下星跡反。孔注尚書云：析猶分也。聲類云：劈也。説文：破木也。從木從斤，會意字也。録文從斥作拆，非也。

亹然　微匪反。亹亹猶僶俛也。前内典録第十已釋。

不倦　下拳卷反。聲類云：倦猶疲也。説文云：勞也。罷也。從人卷聲。録作勸，誤也。

狾狗齧　上之勢反，下研結反。經目名也。録文作㺒，非也。

怛㓞尼　上丹遏反，㓞音禾。經名也。

齵齒　上區羽反。咒名也。

有隟竭　隟字未詳，字書並無。

曷漩　上寒葛反，下隨緣反。經名也。

僧鎧　下開愛反。沙門名也。

開元釋教録　第二卷

欻然　上熏物反。薛綜注西京賦云：欻，忽也。說文：欻，有所吹起也。從欠炎聲也。

阿颰　盤末反。經名也。

潼譬喻　上徒紅反。經名也。

穹隘　上麴弓反。毛詩傳云：穹猶窮也。亦空也。說文：從穴弓聲。下厄界反。杜注左傳云：隘，地險也。王逸注楚辭云：險，傾危也。顧野王云：迫側也。說文云：塞也。從阜從益。正益字也。

瞎鼈　上許戛反，下鞭滅反。經名也。録作鼈，俗字也。

碪鎚　上縶金反。蒼頡篇作椹，椹謂之鈇。考聲云：几屬也。字書亦從支作敁〔三九〕，亦質也。下冲追反。考聲云：鎚，鐵也。字書：從木作椎，與鎚字義同。案太公六韜云：方頭鐵，重八斤，柄長五尺者。顧野王云：鎚，鎚所以擊物也。録作枯（桔）〔四〇〕碓，俗字也。

傲懱　上敖誥反。孔注尚書云：傲慢不友也。杜注左傳云：不敬也。廣雅云：慢也。說文云：敖（傲）〔四一〕，倨也。從人敖聲也。下眠閉反。閉，邊篾反。毛詩傳云：懱猶輕也。賈注云：懱，未也。說文：輕傷也。從心蔑聲。

燉煌　上徒魂反，下音皇。燉煌，古郡名。漢書：武帝元年分酒泉置燉煌之郡。今沙州是也。說文：燉煌二字皆從火，敦、皇亦聲。

于闐　下音殿。于闐即西域城名也。録文從金作釪鎮字，非也。

謼羅　呼故反。經名也。

開元釋教録　第三卷

赤觜　下精髓反。經名也。録文作嶲，非也。

謗讟　上博晃反。杜注左傳云：謗即毁也。賈注國語：誹也。說文：從言旁聲也。下同鹿反。杜注左傳云：讟亦誹也。郭注方言云：誣怨痛也。廣雅云：惡也。說文：從誩從賣。誩音競。

僧䂮　下良灼反。與略字同，僧名也。

懸絙　下亘恒反，平聲字。考聲云：絙，大索也。說文云：從糸恒聲也。亦作緪、桓，音義並同。

亟徑　上兢憶反。或作[車亟]。韓詩云：亟猶急也。說文云：亟，自急敕也。從芊省從勹口，猶慎言也。録文作亟〔四二〕，俗字，非也。下經定反。路也。録作經，誤。

惋〔四三〕慨　上剜換反。文字集略云：惋，驚異歎恨也。下開愛反。顧野王云：慷慨不得志也。說文：從心從槩省聲。

心綖　下夷煙［反］〔四四〕。經名。

大舶　音白。已前具釋。

煨燼　上猥迴反。廣雅云：煨，煴也。下辭進反。杜注左傳云：盆中火也。燼正作㶳，燒不盡薪也。從火從盡省〔四五〕聲也，皆焚蕩（木）〔四六〕之餘。

梯橙　上體羝反，下登鄧反。經名也。録文從木作橙，非也。

曇摩蜱　下庇迷反。梵語僧名也。

僧伽跋隥　跋，盤末反。隥音鐙。僧名也。

開元釋教録　第四卷

鵰腊　下星亦反。鄭注周禮云：乾肉也。説文作昔，從殘肉日晞之，故從日。籀文作𦠆，與今腊同，亦乾肉也。

毱名　上宫育反。阿羅漢名也。

鍮石　上透樓反。埤蒼云：鍮石，似金而非金也。説文：從金從偷省聲也。

勍敵　上競荊反。廣雅云：勍，武也。説文：勍，强也。從力京聲。埤蒼云：健也。下亭歷反。杜注左傳云：敵猶對也。爾雅云：匹也。字書：正從商從文。録文從欠作歒，俗字也。商音的。

姚萇卒　上音長，下遵聿反。秦主名也。

似嚼　牆藥反。字書云：嚼猶咀也。廣雅云：茹也。説文云：噍也。從口爵聲。噍音誚，咀音慈吕反。

歐噦　上謳口反。説文云：歐即吐也。從欠從謳省聲。下寃劣反。鄭注禮記云：噦，噫也。説文云：爲悟也[四七]。從口歲聲。噫音厄界反。

嘲之　謫交反。蒼頡文[四八]云：啁猶調也。顧野王云：嘲謂戲調也。説文：從口從周作啁。考聲：從言作謿。録文從口作嘲，同字也。

謦欬　上輕鼎反。開愛反。前内典録第三已釋。録文從口作謦咳，非也。

獼猴　上彌字，録文從犬作猕，俗字也。下候鈎反。楚辭云：獼猴兮熊羆。説文云：獼猴謂猴孫，即櫌(獿)[四九]也。猴字從犬侯聲。熊音雄，羆音悲，擾(獿)[五〇]，奴刀反。

蜣蜋　上却良反，下音梁。爾雅云：蛣蜋蜣蜋。郭注云：啖糞蟲也。古今正字：亦啖糞蟲也。並從虫，羌、良皆聲。蛣，弃吉反。

毆之　上謳口反。史記：愕然欲毆之。説文云：歐(毆)[五一]，捶擊也。從殳區聲。區音謳。考聲亦從殳作毆。

癵躄　上戀傳反。顧野王云：癵謂身體拘曲也。考聲：手足病也。從疒䜌聲。下并亦反。古今正字：從足辟聲。或從止作辟(壁)[五二]。

趙肅　嵩昱反。肅，悚敬也。人名也。

勠力　上隆育反。孔注尚書云：勠力謂陳力也。賈注國語云：并力也。説文：從力翏聲。音力幼反。録文作剹，俗字。

道挻　耻連反。僧名也。

驝駞　上湯洛反，下鐸河反。考聲云：驝駞，胡畜名也。周書：王會正，北以驝駞爲獻。顧野王云：以能負重善行致遠也。古今正字：驝駞並從馬，橐、它皆聲。橐音託，它音陀。

鄯鄯　蟬展反。西域國名也。

開元釋教録　第五卷

僧璩　巨魚反。僧名也。

椒掖　上音焦，下音亦。宋朝宫名也。

鄮縣　上矛候反。漢書云：會稽郡鄮縣名也。考聲正作鄮。録文作鄮，俗字也。

依睎　下喜機反。廣雅云：睎猶視也。説文云：望也。從目希聲。案依睎謂髣髴之稱也。録作俙俙，非也。

封緘　下減銜反。廣雅云：緘猶索也。説文云：束匧也。從糸咸聲。
成積　下資四反。周禮：遺人掌邦之委積以待施慧。鄭注云：稟人計九穀之足數，少曰委，多曰積。説文：從禾責聲。字書：假借用也。録文作積，誤也。
隨舶　下音白。前内典録已釋。
火檻　下咸濫反。郭注山海經云：檻猶闌楯也。説文：從木監聲。
棧路　查眼反。廣雅云：棧即閣也。漢書「所謂統(燒)[五三]絶棧道」是也。説文云：棧亦棚也。從木戔聲。戔音殘也。
流駛　下師事反。蒼頡篇云：駛猶疾也。考聲云：馬行疾也。古今正字：從馬史聲。
阿遬　下音速。經名也。
奈苑　怨遠反。地名，亦經名也。録文作婉，或作婦，並非也。

開元釋教録　第六卷

王暕　下姦眼反。梁豫章王名。字書云：暕，名也。説文云：分別簡之。從東八分之[五四]。録作柬，非也。
諷習　上風奉反。鄭注周禮云：背文曰諷。廣雅云：諷猶教也。顧野王云：諷謂音譬況以動之。説文云：誦也。從言風聲也。
御寓　下于主反。毛詩傳云：寓，居也。爾雅云：大也。蒼頡篇云：邊也。説文：從宀禹聲也。亦作宇，義同也。
措懷　粗故反。鄭注周禮云：措猶頓也。又注禮記云：施也。説文：置也。從手昔聲。録文從厂作厝。顧野王云：厝即礪石也。非此義也。
甄著　上見延反。廣雅云：甄，陶，窑也。桂苑珠叢云：甄，袁(表)[五五]明也。古今正字云：甄，陶也。從瓦垔聲也。垔音因。
穨焉　上兑雷反。蒼頡篇：穨猶墜落也。毛詩傳云：病也。説文云：穨，秃皃也。從秃貴聲[五六]。録作穨，俗字也。
鐫之　上蕝緣反。方言云：鐫猶琢也。廣雅：鐫即鑿也。説文云：謂琢金石也。從[金]雋聲[五七]。琢音卓，雋音慈兗反。
龕別　上音堪。廣雅云：龕[五八]即盛也。文字典説云：著佛處也。從今從龍，會意字也。録文從合作龕，俗字。
櫛枇　上臻瑟反，下頻畢反。案櫛枇，象梳齒連接相近皃。前内典録釋訖。
淹雲　上淹儼反。毛詩傳云：渰[五九]，陰雲皃也。説文云：雲雨皃也。從水從弇。廣雅作霒。録作淹，誤。前已訓訖。
槀本　上高老反。史記云：槀，書草也。説文：從草作藁，義同。
盥洗　上官椀反。顧野王云：凡洗物皆曰盥。説文云：盥，澡手[六〇]也。從臼(臼)[六一]水臨皿也。
僧昉　下方罔反。僧名。
苬國　袖由反。西域國名也。
廛夷　上徹連反。郭(鄭)注周禮云：廛謂城邑之居也。説文：從广里從八土。广音儼。下奴教反。字書云：吏人多櫌(擾)[六二]櫌(擾)也。考聲云：人諠多也。古今正字云：不静也。從人從市，會意字也。録作閙，俗，非也。

開元釋教録　第七卷

重覈　上重龍反，下衡革反。漢書云：其審覈之務準古法也。説

文云：考實事也。謂覈遮其辭得實覈也。從襾（而）〔六三〕從激省聲。襾（而）音赫亞反。從襾，俗字也。

鎔冶　上音庸。漢書云：金之在鎔冶所鑄也。音義云：冶謂鎔錢模也。下耶者反。考工記云：考金人工〔六四〕冶氏也。說文云：冶，銷也。從冫從台聲。冫音冰，台音夷。

曻水　貪益也（反）。聲類云：曻，不高也。說文：從日（月）〔六五〕。音帽。

玼瑣　上妻禮反。毛詩傳云：玼，鮮明皃。說文云：新色鮮也。從玉從此聲。下蘇果反。毛詩傳云：瑣瑣，小皃也。廣雅：瑣，連也。說文：從玉貨聲〔六六〕。貨音鏁，同上。

忍凚　瑟〔六七〕飲反。字統、考聲並云：凚即寒也。文字典說云：凚謂寒戰也。從冫禁聲。冫，筆憑反。録作噤，非也。

如噎　下煙結反。方言：噎，氣息也。說文：食在喉不下也。又云飯窒也。從口壹聲。

黄法氀　下具俱反。人名。

揵搥　上音乾，下墜追反。案揵搥，警衆之木，置于食堂。

疕斯　儜戞反。西國名。

知鉉　下玄絃反。僧名也。

彦琮　下狙宗反。僧名。

彫窘　下君殞反。毛詩傳云：窘猶困也。王逸注楚辭云：窘，急也。說文云：迫也。從穴君聲也。

瑰奇　上繪回反。毛詩傳云：瓊瑰，石之次玉者也。杜預注左傳云：瑰，珠也。埤蒼云：瑰瑋，珍奇也。說文云：以珍瑰爲傀，亦在人部中。今也從玉鬼聲。録文從衣作褢，古文俗字也。字書又作傀。下巨基反。正從大作奇。録作竒，俗字也。

僧琨　下骨魂反。僧名也。

羈縻　上几宜反，下美悲反。案羈縻，盖馬之銜勒，繫綴編連者也。

甌閩　上毆侯反。郭璞注爾雅云：東甌在海中也。又注山海經云：閩越即西甌，今建安也。說文云：甌閩，東南越也。從瓦區聲。下音武巾反。

鞬拏　上建言反，下搦加反。梵語西域城名也。已具前釋。

踟躅　上音遲，下住踰反。韓詩云：踟躅即躑躅也。廣雅云：蓋猶豫徘徊之皃也。躑音擲。躅，厨録反。

開元釋教録　第八卷

玄奘　下藏朗反。僧名也。爾雅云：奘，駔也。駔，作朗反。郭璞云：大也。說文：從大壯聲。

玄嶷　下疑棘反。僧名也。

勣深　上精昔反。聲類云：勣猶功也。考聲：功效者也。古今正字：從力責聲。

慧賾　下峥責反。僧名也。録從阜作賾，俗字也。王弼注周易云：賾，深也。

卓犖　下力角反。班固西都賦云：卓犖，諸夏言超絶也。考聲云：卓犖猶高皃。說文義同，從牛從勞省聲。

輟軫　上轉劣反。鄭注論語云：輟猶止也。爾雅云：已也。已音以。古今正字云：車聲小缺也。從車叕，同音。下真忍反。許叔重曰：軫猶重也。鄭玄注考功記〔六八〕云：軫者，輿後横木也。太玄經云：軫轉其道也。宋忠曰：猶展也。說文：從車㐱聲。㐱音同上。録文作軫〔六九〕，俗字也。

韜德　上討勞反。杜預注左傳云[七〇]：韜猶藏也。廣雅云：寬也。説文云：劒衣也。從韋從舀聲。舀音窅。

梗槩　上更幸反。爾雅云：梗猶直也。司馬彪注莊子云：梗，直士。説文：從木更聲。下陔代反。鄭注禮記云：槩，平也。班固東都賦云：粗爲賓言其梗槩。薛綜云：謂不纖密也。説文：從木既聲。

箴規　上執深反。孔注尚書云：箴猶規也。賈注國語云：箴，教也。杜注左傳云：戒也。説文：從竹咸聲，會意字。

蠢蠢　春尹反。尚書大傳云：蠢即出也。郭注爾雅云：蠢謂動摇皃也。説文：蟲動也。從䖵春聲。䖵音昆。

誚劇　上字書正從言作譙，與撨[七一]同音。孔注尚書云：誚猶讓也。蒼頡篇云：訶也。説文：從言肖聲。下擎逆反。顧野王云：劇猶甚也。蒼頡篇云：篤也。古今正字：從刀豦聲也。

薰蕕　上訓雲反。香草也。下酉州反。臭草也。已見前釋。

稾[七二]街　上高老反。顧野王云：稾猶草也。説文：從禾高聲。下佳諧反。尚書云：稾街謂蠻夷邸所在也。説文云：街謂四通道也。從行圭聲。

扼捥　上鸎革反。廣雅云：扼，持也。鄭玄注喪服傳云：盈手曰扼。説文：扼猶把也。從手戹聲。戹音厄。正作搤，亦作搹，音義並同。録作扼，俗字也。下剜涣反。揚雄云：椀(捥)[七三]，握也。説文：從手從宛聲。

乃縶　下砧立反。杜注左傳：縶猶執也。范甯注穀梁云：絆(絆)[七四]也。古今正字云：縶之維之猶絆(絆)也。從系(糸)[七五]從執，正縶字，或作馽，音同。

祖祢　下泥禮反。鄭注周禮云：祢，父廟也。古今正字：從示尔聲。已訓訖。

桎梏　上真日反，下公沃反。鄭玄注周禮：在手曰梏，在足曰桎[七六]。盖刑人具也。鄭衆又云：桎梏者，拘其兩手共一木也。説文二字並從木，至、告亦聲。

宗轄　下閑戛反。考聲：並[七七]正舝。從舛，兩相背，從禼省。舛，川兖反。今通作轄，亦從金作鎋。顧野王云：車軸端鐵也。前内典録第五卷已釋。

調戲　上迢笑反。廣雅：調猶嘲也。又訓欺也。説文：從言周聲。録文從手作掉，誤。下希意反。毛詩傳云：戲猶逸豫也。郭注爾雅云：戲，嘲戲也。廣雅云：邪也。説文：從戈䖒聲。䖒音希也。

解讖　上音玠，下插鑒反。考聲云：讖謂自陳過各[七八]於佛前也。俗作懺。録文作韯，非也。

痆斯國　上赧戛反。梵語也。

于遁　下遯遜反。亦國名也。

窴噎　上甸堅反。爾雅云：闐闐，盛皃。郭璞注云：群行聲也。蒼頡篇作窴，猶塞也。義與闐字同。西都賦云：窴城溢郭。説文亦塞也。從穴從眞。眞音之人反。下煙結反。郭璞注方言云：噎猶咽塞也。毛詩、左傳云：噎，不能息也。説文云：噎猶飯窒也。從口壹聲。録作闐，非也。窒音珍栗反。

諠譁　上晅爰反。聲類云：諠即譁也。嵇康瑟(琴)[七九]賦云：不諠譁而流漫。説文：正從藋作讙，與諠義同。漢書云「未至讙譁」是也。録作暄，同，與書傳所用亦同。下化瓜反。孔注尚書云：譁即讙聲也。説文：從言華聲也。

滆瀅　上都挺反，下縈定反。考聲云：滆瀅，小水也。案甘泉賦

云：良〔八〇〕猶弱水之濎濙。古今正字又作滎，義同，從水熒聲。録作汀瀅，汀音聽。王逸注楚辭云：汀，洲之平也。與本義乖，故不取。瀅，因迴反。

溟渤　上覸萍反，下盆没反。案莊子云：北溟有魚曰鯤古渾反，海運將適南溟。溟渤皆南北海名。古今正字：從水冥聲。渤，案漢書音義云：渤澥，海之別名。文選云「穿池類溟渤」是也。古今正字云：渤亦海也。從水勃聲。

𨟚川　上扶袁反。杜預注左傳云：𨟚川，京兆鄉名也。一曰陽𨟚城，亦杜陵鄉名。説文：從邑樊聲。

籧篨　上音渠，下音除。許叔重云：籧篨，草席也。郭注方言云：亦謂䉬，甫吠反。説文：籧篨二字皆從竹，豦音渠，除亦聲。

翌日　上蠅織反。孔注尚書云：翌，明也。爾雅亦明也。古今正字：從羽從立聲。

不嚏　瓶悌反。考聲云：氣奔鼻而嚏也。蒼頡篇云：嚏即噴也。説文云：嚏謂悟〔八一〕氣解也。從口疐聲，疐音帝。

發斂　下廉撿反。字統云：斂猶收也。鄭玄注儀禮云：藏也。説文：從僉攴聲，普木反。録文作殮，俗字。

澄漪　下意宜反。毛詩傳云：猗，水之波文。者(考)聲〔八二〕亦細波也。古今正字：從水從猗聲。

攟拾　上君運反。賈注國語云：攟，拾禾穗也。方言云：取也。説文：從手稟聲。録文從君作捃，俗字也。

開元釋教録　第九卷

崎嶇　上起羈反，下音驅。爾雅云：崎嶇，傾側也。埤蒼云：崎嶇，不安〔八三〕也。考聲云：山險皃也。古今正字：崎嶇二字並從山，奇、區皆聲。

嗜慾　上時至反。鄭注禮記云：嗜猶貪也。孔注尚書云：嗜即無厭足也。説文云：耆慾，喜之也。從口耆聲。從目者，非也。

豳州　上筆岷反。字書亦從邑作邠，即公劉之邑也，與豳字同。毛詩有豳書也。古今正字：從山從豩，音斌，二豕並行皃也。

彥悰　上言變反。爾雅云：美士曰彥也。下族宗反。説文云：悰猶樂也。從心宗聲。沙門名也。前有從玉作琮，未詳同異。

脅壘　上杴劫反。左傳云：聞其駢脅。考聲云：脅即肋也。説文云：脅謂兩膀也。從肉從劦胡頰反聲。脅洹，録文從三力(刀)〔八四〕作脇，俗字也。

髫齔　上音苕，下初謹反。髫，案蒼頡篇云：髫謂垂也。埤蒼云：髫謂髦也。考聲云：髫，小兒剃髮留兩邊也。古今正字：從髟從召聲。髟音摽。下初謹反。鄭注周禮云：齔謂毀齒也。男八歲、女七歲皆曰齔。説文：從齒七聲。

降祉　下絺里反。毛詩云：祉猶福也。杜注左傳云：祉亦禄也。説文義同，從示止聲。録文作祉，俗字也。

濾漉　上臚翥反。韻詮云：慮(濾)〔八五〕猶洗也。案濾者，蓋沙門護生以絹爲羅，疏理水中蟲穢，取其潔也。諸字書不載濾字。下聾穀反。考工記云：漉，清其水而漉之。野王云：漉猶瀝也。字林云：水下皃也。古今正字：從水鹿聲。

滌穢　上亭歷反。孔注尚書：滌猶除也。鄭注禮記云：蕩搖也。説文云：洒也。從水從條聲。

䝯以　恭僞反。廣雅云：䝯猶賭也。古今正字云：下〔八六〕亦貨也。玉篇或作跪，義並同。説文：從貝從爲聲。又音貴瓦二音。

涓渧　上決緣反。説苑云：涓涓不壅將成江河。顧野王云：涓，小流也。説文：從水肙聲。肙，媚縣反。録作涓，俗字也。下丁瀝反。字書：正從啇作滴，又作𤄊。顧野王云：滴謂瀝滴也。説文：水欒注也。從水商聲。啇音同。録作渧，傳寫誤，脱口字耳。

開元釋教録　第十卷

牽裸　上遣延反。顧野王云：牽猶引也。已見前釋。録作牽〔八七〕，俗字也。下騾果反。説文云：裸即袒也。從衣果聲。已見前釋訖。

沿波　上悦涓反。孔注尚書云：順流而下曰沿。説文：從水㕣聲。㕣，緣選反。録從公作沿，非。

儡同　上盧堆反。曲禮云：毋儡同。毋音無。考聲云：儡同，無分别也。説文：從人從畾音雷聲。

開元釋教録　第十一卷

濡首　上乳朱反。經目也。

阿閦　下芻縮反。經名也。

授幻　下滑慣反。説文：從倒予〔八八〕。經作幻，俗字也。經名也。

不眴　下血絹反。王逸注楚辭云：眴，視皃也。顧野王云：眴謂令人動目也。説文云：目揺也。從目從旬。旬音同。

楞伽　上勒登反，下音茄。梵語也。

開元釋教録　第十二卷

象腋　下羊益反。經名也。

睒子　失冉反。梵語經名也。

羂索　上涓兖反，下桑洛反。經名也。

俱胝　下致絺反。經名也。經作胵，俗字也。

羅亶　下展連反。經名也。

菴提　上暗含反。經名也。

摭之　上征石反。孔安國尚書序云：採摭群言以立訓傳也。方言：摭，拾也。以手取物也。考聲云：摭亦拾也。字書、桂苑珠叢亦從石作拓，音義並同。説文：從手庶聲。會意也。

無揉　下柔酉反。周易云：揉木爲柜。考聲云：燒木捩令曲直也。古今正字：從木（手）〔八九〕柔聲。或從火作煣，亦通，下文同。

鄴城　上儼劫反。魏書云：鄴城，魏所都也。漢書「有鄴縣」是也。

解捲　下卷袁反。經名也，已見前釋。

開元釋教録　第十三卷

脱躧　下師滓反。孟子云：視棄天下如棄弊躧。案棄義即與脱躧同。考聲云：躧，履屬也。説文：從革作�。聲類同。

古今正字：從履省。録作屣，通。
頞羅延　上安渴反。梵語僧名也。
達多　下多駞反。經名也。
鴦崛　上音央，下群律反。經名也。
于闐　下音殿。西域國名也。録作釪鎮，非也，已見前釋。

開元釋教録　第十四卷

阿闍貰　下設制反。正合作世。録作貰，誤也。
燉煌　上徒魂反，下音黄。菩薩號。録作燉，非也。
目佉　下羌迦反。經名也。
漚和　上毆侯反，下音和。經名也。
瑜伽　上庾須反。論名。

開元釋教録　第十五卷

蔽宿　上必袂反。經名也。
謼羅　上呼故反。經名。
盋〔九〇〕呿　上正鉢字。録從本者，誤。下袪御反。經名也。
禁婂　舊注云：或爲婦字。録文從女作婶，字書無此字。
蠍王　上軒歇反。經名也。録從曷作蝎，音褐，與本義乖，不取。
僥倖　上皎堯反，下衡耿反。經名也。
僧蹬多律　次森戢反。梵語經名也。録從火作𤏳〔九一〕，非也。
繕寫　上蟬戰反。杜注左傳云：繕，治也。考聲：造也。説文：亦補也。從糸善聲。下昔野反。廣雅：寫，程也。考聲云：寫猶書也。録從宀作寫（寫）〔九二〕，俗字也。一音覓也。

開元釋教録　第十六卷

罕究　上正罕字。案説文：從网作罕，訶坦反。毛詩傳云：罕猶希也。顧野王云：希疏也。録作罕，誤。下鳩又反。毛詩傳云：究即窮也。郭注爾雅云：謂覈盡也。説文：從穴九聲。
覽𠂢　下拍賣反。説文：𠂢，水之邪流也。從反永。録作曰〔九三〕，俗字也。
謦欬　上輕挺反，下開愛反。經名也，前已釋訖，録從口作謦〔九四〕，俗字。
溥首（𦣻）〔九五〕　上普補反。下正首字。經名。
羼提　剗莧反，下音啼。經名也。
嬈亂　上年鳥反。經名。
蠱〔九六〕狐烏　上音野。案字書從皿作蠱（蠱）〔九七〕。今録文從三虫〔九八〕，誤，烏或作烏也。
戫辭梵志　上容聳反。字書：正作勇，敢悍也，健也。古文今從甬作戫，戫恖。録文戫，粗通。經名也。
曳踵　上延祭反，下鍾隴反。經名。
羅怙　下胡古反。經名。
苾芻　上頻蜜反，下楚愉反。經名也。録作芻，俗字也。
嗢羅鉢　上噎鷄反。經名也。録從口作嗢，誤。
瘷瞿　上搜皺反，下具俱反。經名也。録文作瘦，俗字。
二僑　下嶠夭反。經名也。
善唄　下白邁反。經名也。
蜣蜋　上却香反，下力張反。經名也。

開元釋教録　第十七卷

繁賸　上伐袁反，下繩證反。字書：正從舟作賸。説文云：賸，物相贈而加也。廣雅云：式也。考聲云：餘也。古今正字義同，從貝從勝省。録從月作賸，俗字也。

鄔陀　上烏古反。梵語經名也。

刪削　上産姦反。聲類云：刪猶定也。家語云：夫子刪詩書也。説文：刪，𠛬也。竹劣反。𠛬，削也。從刀從冊，音策。冊即簡也，會意字也。下厢雀反。廣雅云：削，減也。説文：從刀從尚(肖)聲〔九九〕。

無玷　下丁攧反。毛詩傳云：玷即缺也。古今正字：從玉占聲也。

療痔　上離照反，下持里反。經名也。

禆助　上畢彌反。鄭玄注儀禮云：禆之言埤也。説文：益也。從衣卑聲。

開元釋教録　第十八卷

東闈　下蚩善反。蒼頡篇云：闈猶開也。韓康伯注周禮云：明也〔一〇〇〕。説文：從門從單聲也。

尋閲　上習淫反。賈逵注國語云：尋猶用也。方言云：長也。郭注云：尋謂之長，法度之廣也。説文云：尋，繹理也。從工口工、口，亂也。又、寸分理之。會意字也。下緣雪反。鄭注周禮云：閲猶簡也。杜注左傳云：數也。古今正字：從門兑聲。

放習　上方罔反。劉兆注公羊云：放猶比也。孔注論語云：依也。廣雅：放也。説文：從攴方聲。録從人作倣，非也。下正習字也。

訛舛　上臥戈反。孔注尚書云：訛化也。考聲云：謬也。古今正字：從言從化。會意字。字書：正從言作為譌〔一〇一〕，音義並同。下舛，穿兖反。顧野王云：舛差不齊也。説文云：舛，對卧也。從夊㐄，相背也。夊音雖。㐄，誇化反。

青呱　下乙瓜反。案青呱，俗謂蝦蟇也，字書無此字，經名也。

蕪穢　上音無。字統云：蕪，荒薉也。賈逵注國語亦薉也。説文：從草無聲。下虢猛反。蒼頡篇云：穬即粟也。虢，關麥反。字林云：穀有芒者也。説文：芒粟也。從禾廣聲。

經蒴　下彼列反。案蒴，分別之謂也。埤蒼云：蒴謂種概分移蒔之也。字書無此字。考聲或從竹。廣切韻從草從別。概音既，蒔音是。

擯治　上畢刃反。司馬彪注莊子云：擯猶棄也。史記云「相與排擯之」是也。古今正字：從手擯(賓)〔一〇二〕聲也。下音遲。

首掠　良灼反。月令云：無四掠。掠，劫掠也。即與録同。案字書皆略字。杜注左傳云：略猶取也。方言云：求也。聲類云：眄覽之略也。説文云：經略云(土)〔一〇三〕地也。從田從各聲。椋(掠)〔一〇四〕音亮，義殊乖，不取。

刊定　上渴安反。鄭注禮記云：刊猶削也。廣雅云：刊，定也。説文：從刀干聲也。

澆浮　上皎堯反。許叔重注淮南子云：澆，薄也。説文：從水堯聲也。

蔓延　上蘘販反。毛詩傳云：蔓亦延也。廣雅云：長也。説文云：蔓，葛屬也。從艸曼聲。曼音万。延，弋〔一〇五〕仙反。

正字也。

庚頡　上腴主反，下賢結反。録作庚字，誤，人名也。

雜糅　女救反。鄭注儀禮云：糅猶雜也。説文字書亦作粗，音同。

開元釋教録　第十九卷

姥陀尼　上模補反。經名。

目佉　下羌迦反。經名。

颰陀　上盤末反。經名也。

曼殊　上音萬。菩薩名也。

開元釋教録　第二十卷

坌身　上盆悶反。經名也。録作至〔一〇六〕，俗字。

呵鵰　上蠚歌反，下鳥聊反。經名也。録或作荷鵰，未詳熟(孰)〔一〇七〕是。

木槵　下還慣反。經名也。

郁迦　上氳菊反。毛詩傳作彧。彧，茂盛皃也。説文作郁字。孔注論語云：文章備也。長者名也。録作郁，時通用也。

一切經音義　卷第八十

校勘記

〔一〕賈　據文意似當作「亜」。

〔二〕説文云：器也。象形，與爵同。從系。廾持器中實，實即米也。從彐，彐亦聲　今傳本説文：「彝，宗廟常器也。从糸；糸，綦也。廾持米，器中寶也。彑聲。」

〔三〕省　衍。

〔四〕場圃同地耳，物生以種，菜茹物盡，築以爲場　今傳本鄭箋：「場圃同地，自物生之時耕治之，以種菜茹，至物盡成熟，築堅以爲場。」

〔五〕睇　據文意似當作「眄」。

〔六〕舍　獅作「含」。

〔七〕安　據文意當作「案」。　進書　據文意似當爲「晉書」。　符　獅作「苻」。

〔八〕系　獅和今傳本説文作「糸」。

〔九〕大　據文意似爲「右」。

〔一〇〕説文：沂，水。出東太山南入泗。從水斤聲也　今傳本説文：「沂，水。出東海費東，西入泗。从水斤聲。」

〔一一〕貝　據文意似當作「見」。

〔一二〕云云　獅作「云」。

〔一三〕蕩猶摇動也　今傳本左傳爲「蕩，動散也」。

〔一四〕明　獅作「朗」。

〔一五〕盍　今傳本方言作「盂」。

〔一六〕相　獅作「租」。

〔一七〕説文：改也。又曰聲　今傳本説文：「改也。从攴丙聲。」

〔一八〕枚　據文意當作「杴」。

〔一九〕天　今傳本山海經作「大」。

〔二〇〕鑰　據文意似當作「鑰」。

〔二一〕柘　據文意似當作「拓」。

〔二二〕牽　據文意似當作「舝」。下同。

〔二三〕説文：從舛，兩相背，從禼省　今傳本説文：「舝，車軸耑鍵也。兩穿相背，从舛萬省聲。萬，古文偰字。」

〔二四〕郭　當作「鄭」。

〔二五〕籖　獅作「籤」。下同。

〔二六〕摽　據文意當作「標」。

〔二七〕怱　獅作「忽」。

〔二八〕歐　據文意似當作「毆」。

〔二九〕芮　據文意當作「芮」。

〔三〇〕莊子云　慧卷十五釋「編絡」爲「劉兆注公羊傳云」。

〔三一〕也　據文意當作「反」。

〔三二〕説文：從氏著一地也　今傳本説文：「氐，至也。从氏下著一。一，地也。」

〔三三〕揩　今傳本廣雅作「楷」。

〔三四〕刺　據文意當作「刺」。　葴　據文意似當作「箴」。

〔三五〕心 據文意當作「也」。

〔三六〕湖 獅作「潮」。

〔三七〕説文云……音由 今傳本説文：「倏，走也。从犬攸聲。讀若叔。」

〔三八〕胡 據文意似當作「湖」。

〔三九〕散 即「散」。

〔四〇〕枯 據文意似當作「栝」。

〔四一〕敖 據文意當作「傲」。

〔四二〕函 獅作「亟」。

〔四三〕惋 獅作「慨」。

〔四四〕反 據文意補。

〔四五〕省 衍。

〔四六〕蕩 據文意當作「木」。

〔四七〕説文云：爲悟也 今傳本説文：「㦸，气悟也。」

〔四八〕蒼頡文 即「蒼頡篇」。

〔四九〕櫻 據文意似當作「㰇」。

〔五〇〕攖 據文意似當作「㰇」。

〔五一〕歐 據文意似當作「毆」。

〔五二〕辟 據文意當作「壁」。

〔五三〕統 今傳本漢書作「燒」。

〔五四〕説文云：分别簡之。從柬八分之 今傳本説文：「柬，分别簡之也。从束八。八，分别也。」

〔五五〕袁 據文意似作「表」。

〔五六〕説文云：穨，秃皃也。從秃貴聲 今傳本説文：「穨，秃皃。从秃貴聲。」

〔五七〕説文云：謂琢金石也。從雋聲 今傳本説文：「鐫，穿木鐫也。从金雋聲。」

〔五八〕龕 獅作「龕」。

〔五九〕湋 獅作「弃」。

〔六〇〕手 獅作「乎」。

〔六一〕臼 今傳本説文作「臼」。

〔六二〕郭 當作「鄭」。 㰇 據文意當作「擾」。下同。

〔六三〕西 據文意當作「西」。下同。

〔六四〕考金人工 今傳本周禮爲「攻金之工」。

〔六五〕也 據文意似當作「反」。日 當作「月」。

〔六六〕説文：從玉員聲 今傳本説文：「𦐍，飛盛皃。从羽从冃。」今傳本説文：「瑣，玉聲也。从玉貨聲。」

〔六七〕瑟 據文意似當作「琴」。

〔六八〕考功記 即「考工記」。

〔六九〕軫 據文意似當作「軫」。

〔七〇〕云 獅作「車」。獅本中此条「云」與上条「車」并列，疑誤書。

〔七一〕撨 獅作「樵」。

〔七二〕稾 據文意似當作「稾」。下同。

〔七三〕椀 據文意似當作「椀」。

〔七四〕絆 據文意似當作「絆」。下同。

〔七五〕系 據文意似當作「系」。

〔七六〕在手曰桎，在足曰梏 今傳本鄭玄注周禮爲「在手曰梏，在足曰桎」。

〔七七〕並 衍。

〔七八〕各 據文意似當作「咎」。

〔七九〕瑟 據文意當作「琴」。

〔八〇〕良 今傳本甘泉賦作「梁」。

〔八一〕悟 據文意當作「悟」。

〔八二〕者聲 據文意似當爲「考聲」。

〔八三〕安 據文意當作「平」。

〔八四〕洹 似衍。力 獅作「刀」。

〔八五〕慮 據文意當作「濾」。

〔八六〕下 似衍。

〔八七〕牽 據文意似當作「牵」。

〔八八〕説文：從倒予 今傳本説文：「幻，相詐惑也。从反予。」

〔八九〕揉木爲柜 今傳本周易爲「斲木爲耜，揉木爲耒」。木 據文意似當作「手」。

〔九〇〕益 即「盇」。

〔九一〕蹝 據文意似當作「𧗿」。

〔九二〕寫 據文意似當作「寫」。

〔九三〕曰 疑誤。

〔九四〕聲 據文意似當作「聲」。

〔九五〕首 獅作「首」。

〔九六〕蟲 獅作「蟲」。

〔九七〕蟲 獅作「蟲」。

〔九八〕虽 獅作「虫」。

〔九九〕説文：從刀從尚聲 今傳本説文：「削，鞞也。一曰析也。从刀肖聲。」

〔一〇〇〕韓康伯注周禮云：明也 此似爲韓康伯注周易。

〔一〇一〕為謪 獅作「爲謫」。

〔一〇二〕擯 據文意當作「賔」。

〔一〇三〕云 今傳本説文作「士」。

〔一〇四〕椋 獅作「掠」。

〔一〇五〕戈 據文意似當作「弋」。

〔一〇六〕至 據文意似當作「垩」。

〔一〇七〕熟 據文意似當作「孰」。

一切經音義　卷第八十一

翻經沙門慧琳撰

音集神州三寶感通傳四卷　舊目三卷今分爲四卷
南海寄歸内法傳四卷
大唐西域求法高僧傳二卷
右三集傳共十卷同此卷音

集神州三寶感通録　第一卷　慧琳撰

肸蠁　上忻乙反。俗字也。正作肸。説文作肸[一]，血脉在肉中肸肸而動，故從肉從八。八者，分別也。從十者，蠁遍十方，後人移八於十上作肸，又變爲兮作肹。下鄉兩反。應聲也。會意字也。

鄮塔　莫候反。會稽地名也。鄮縣有阿育王塔。説文：鄮字從邑貿聲也。

剡木　塩冉反。爾雅：剡，利也。埤蒼：削也。易曰：剡木爲檝也。説文：鋭使其利。形聲字。

廣袤　下謀候反。韻詮：袤，延也。聲類云：袤猶長也。説文云：東西曰廣，南北曰袤。從衣矛聲也。

鰻魚　滿盤反。説文：鰻，魚名也。從魚曼聲也。曼音萬。

誣呰　上武夫反。杜注左傳云：誣猶欺也。鄭注禮記曰：誣，罔也。説文云：誣，加言也。從言巫聲。下資此反。鄭注禮記云：呰，以言毁人也。説文：從言此聲也。

懽慘　上豁官反。説文：懽，喜樂也。或作歡。下參感反。爾雅：慘，憂也。郭璞曰：賢人愁恨皃也。説文：慘，毒也。亦作憯，痛也。形聲字。

灞上　巴罵反。秦川水名也。在長安城東。説文：從雨從革從月。轉注字。

鸑鷟　上五角反，下仕角反。國語云：周之興也，鸑鷟鳴於岐山也。賈逵注云：神鳥也。鳳之別名也。

麁穬[二]　上蒼租反。正體從三鹿作麤。下虢猛反。前内典録已釋。

張掖　音亦。郡名也。

大堆塔　次對回反。王逸注楚辭云：魁堆，高也。文字典説：堆，小阜也。從土隹聲。録作塠，俗字也。下貪答反。文字典説：塔，廟也。

爽塏　上霜兩反，下開改反。説文：爽，明也。塏，地高燥也。爽塏者，言階既高大又在崗上，高明顯望，名爲爽塏也。

玁狁　上杴檢反。或作獫。下音允。毛詩傳曰：玁狁，北狄異名也。

瑿玉　翳奚反。文字集略云：瑿，黑色玉也。録文從玉作瑿，

亦通。

櫨料　上音盧，下當狗反。説文云：櫨，柱上枅也。料，柱頭上方木如斗。枅音企見反。並形聲字也。

剽掠　上匹曜反。説文云：剽謂劫奪人財物也。録文從彡作影，非也。下力灼反。鄭注禮記云：掠謂劫掠也。字書音亮。義乖，今不取也。

淖泥　儜孝反。廣雅云：淖猶溼也。衆也。鄭注儀禮云：普大也。淖，和也。淮南子云：水以其淖溺潤滑也。聲類云：淖猶溺也。古今正字：從水卓聲也。

灌溉　上官涣反，下機未反。説文云：溉灌，今種植以水潤其根莖也。

倭國　烏和反。東海中小國名也。鄰近新羅。録從自作陖，非也。

倒狝[三]谷　上音到，下音柴。

葛藟　下倫委反。郭璞注爾雅云：藟，藤類也。文字典説：葛，蔓也。録作蘽，非。

蔚迴　上氳物反，下熒瑩反。

自縊　下伊計反。左傳云：莫敖縊于荒谷。考聲云：縊猶自刑死也。公羊傳云：靈王自縊而死[四]。何休注云：謂自經而死。

祇速　上之日反。考聲云：祇猶適也。亦安也。

鐵碪　下縶金反。亦作砧。録中從木作枕，非也。亦作椹。

並凹　下洼胯反。韻英云：凹猶坳下也。洼，厄瓜反。胯音誇化反。坳音厄交反。

晃煜　上黄廣反。説文云：晃，明也。下與六反。説文：煜，燿也。亦熾也。從火昱聲。録作昱，義乖。

牙匳　獵占反。考聲：從匚作匳，正體字也。似合而有棱節，所以斂物者也。桂苑珠叢：從竹作籢，即盛鏡器也。案匳者，有香匳，有象鏡匳之用。今云牙匳即象牙合子也。

白氎　下恬協反。

剖擊　上普垢反。孔注尚書云：剖猶破也。桂（杜）[五]注左建（傳）[六]云：中分爲剖。蒼頡篇云：析也。説文：判也。從刀音聲。音音土口反。

徐椿　下敕倫反。宋居人名也。

令馥　逢斛反。廣陵令名也。毛詩傳云：馥謂香氣芬馥也。古今正字：從香复聲也。

執珽　上正執字也。下汀井反。鄭注禮記云：珽亦笏也。言挺然無所屈也。説文云：珽，大圭也。長三尺，古用八寸尺即今二尺四寸也。從玉廷聲也。

賸一人　乘證反。字書云：賸，餘也。古今正字：從貝從勝省。録作賸，俗字也。

溳水　于群反。説文云：溳，水。出南陽郡蔡陽縣，負東入夏口也[七]。從水員聲也。員音雲。

三寶感通傳　中卷

銓次　七宣反。廣雅云：銓猶具也。爾雅云：銓（坎）[八]、律，銓也。郭璞注云：法律所以銓量輕重也。杜注左傳云：次也。説文：衡也。從金全聲也。

蔡愔　下揖心反。人名也。

滬瀆　上胡古反。河圖云：帝臨玄滬之水，靈龜負書。即此水也。前已釋。

莘里　所臻反。毛詩傳云：有莘國名也。亦里名也。

高悝　苦迴反。人名也。

歔欷　上許魚反，下許衣反。王逸注楚辭云：歔欷猶悲啼皃也。何休注公羊傳云：悲也。蒼頡篇云：泣餘聲也。說文云：歔欷，出氣也。二字並從欠，虚、希皆聲。

摹寫　上莫胡反。廣雅云：摹猶寫形也。聲類：土法也。說文云：規摹也。從手莫聲。或作摸。

閩越　閔彬反，下爰月反。郭注山海經云「閩越者，即西甌，今建安郡」是也。說文云：東南越地也，亦蛇類也。從虫從門省〔九〕聲也。

牽挽　上詰延反。廣雅云：牽猶挽。鄭玄注周禮云：牛居車前曰牽。說文云：牽，引前也。從冂。冂引牛也。冂象牛之縻也。玄聲也。下罔坂反。或從車作輓。録作挽，誤也。

揊然　上丕逼反。考聲云：揊，重繫〔一〇〕聲也。廣雅：擊聲也。録從土作塥，塥猶土甶也，非本義，今不取。

豆盧褒　次正盧字也，下保毛反。人名也。鄭玄注禮記云：褒，進也。亦揚美也。說文：從衣保聲也。

縢畯　上特能反。文字典說：從水縢省聲也。下遵峻反。晋江陵太守縢畯也。鄭注周禮云：畯字，先田教其嗇夫者也。說文：從田夋聲也。

締構　上弟奚反。說文云：締，結不解也。又固也。從系（糸）帝聲〔一一〕。下古候反。案玉篇正作冓，與構同。構，合也，成也。說文云：積材也。從木冓聲也。

沙汰　下音泰。王逸注楚辭云：汰即波蕩也。廣雅云：洗也。考聲云：汰，濤涑皃也。說文：汰謂濤淅〔一二〕簡擇也。從水太聲。涑音練也。

炯然　上洞東反。韓詩云：薀隆炯炯。埤蒼：炯炯然皃也〔一三〕。古今正字：從火同聲也。

榱桁　上率追反。郭注爾雅云：榱即椽也。下杏庚反。考聲云：折屋樑也。

武彠　下央脚反。則天后廟諱也。考聲云：彠，度也。規度高也。

周玘　欺紀反。

老姥齎　次摹補反。江表傳云：姥，婦人老稱也。字書亦從馬作媽，音同。下祭奚反。說文云：齎，携持物於道行也。從貝齊聲。

譙國　齊焦反。漢書云：沛郡，即古譙國也。

蹠之　章亦反。說文云：蹠，足也。從足庶聲。

三謚　民畢反。

掖門　上盈益反。應劭注漢書云：掖，宫内正門旁小門也。說文：從手夜聲也。

建旟　下與諸反。周禮云：鳥隼爲旟，刺〔一四〕史州里建旟。鄭玄注云：象其勇也。郭注爾雅：旟，剥鳥皮毛置竿頭也。說文：從㫃與聲也。

確不移　上腔角反。腔音苦江反。周易文言：確乎其不可拔也。又繫辭云：夫乾確然示人易矣。易，夷至反。韓康伯注云：確，堅牢皃也。考聲云：確，堅固之謂也。

輲車　上音遄，讀與船同音。鄭注禮記云：輲，無輻之車曰輲。謂附泥而轉也。司馬彪注莊子云：輲猶轉也。說文云：輲，藩車下卑輪也。正作輇字，音義同。

僅得　勤釁反。廣雅云：僅猶少也。亦纔能也。古今正字：從人堇聲。堇音謹。

煨燼　上烏迴反。廣雅云：煨，煴也。説文：煨，盆中火也。從火從畏省〔一五〕聲也。下夕進反。杜注左傳云：燼，火之餘木也。玉篇正作𦘔，音訓與上同。

緜亘　上沔篇反。王逸注楚辭云：緜，纏也。毛詩傳曰：緜緜，長而不絶皃也。説文：從系帛聲。下古鄧反。毛詩傳曰：亘猶遍也。方言：竟也。考聲：從木作栕，謂過遠之謂也。

驚眩　下玄練反。蒼頡篇云：眩，視不明也。賈逵注國語云：惑〔一六〕也。説文：從目玄聲。

近矚　下鍾辱反。韻略云：矚，視也。甚也。衆目所歸也。玉篇：從尸作屬。屬猶聯也。漢書：近也。字書屬字並不從目。

戰悸　葵季反。毛詩傳云：悸悸有節也。説文云：悸，心動皃。從心季聲。

種紵　下除吕反。周禮典枲云：紵，麻草之物。鄭玄注：緦十五升，布抽而細白曰紵。説文云：緂屬細者也。從系（糸）宁聲〔一七〕。宁音同上。

田墌　下之石反。考聲云：墌即基也。

褫脱　上池尔反。蒼頡篇云：褫，撤衣也。撤音敕列反。説文云：脱衣也。從衣虒聲。虒音雉。録文從土作墑，非也。

劉韞　上正劉字也。下紆粉反。人名也。

劉悛　此緣反。人名也。

鎔斲　上勇鍾反。反〔一八〕漢書云：鎔，冶之所鑄也。説文云：銅屑爲鎔冶，冶器法也。從金容聲〔一九〕。下音卓。孔注尚書：斲，削也。杜注左傳云：執斲匠人也。説文云：斫也。從斤從豎。豎音豆。或從丮作斵。丮音戟（戟）〔二〇〕。録文作斵，傳寫誤也。

用紓　庶諸反。左傳：以紓楚國之難也。杜預注曰：紓猶緩也。方言云：解也。説文：從系（糸）予聲〔二一〕。録文從予（市）〔二二〕作絁，誤也。

絓是　上胡卦反。王逸注楚辭云：絓，懸也。方言：持也。左傳云：驂絓於木而止也。顧野王云：礙。説文：從系（糸）圭聲也〔二三〕。

矟等　雙角反。廣雅云：矟，長矛也。埤蒼云：矟，矛也。又云：矟，丈八矛也。從矛肖聲也。

剗鏨　上初産反。博雅云：剗猶削也。聲類或作鏟。音義並同。下慙淡反。廣雅云：鐫謂之鏨也。説文云：鏨也。從金斬聲也。鐫，子全反。

子蒨立　千見反。人名也。

輼輬　上烏昆反，下略常反。史記云：輼輬，卧車也。因秦始皇死不發喪，遂以爲載柩車也。孟康注曰：輼輬，舊衣車也。有窗牖，閉則温，開則凉。考聲云：輕車。説文：輼輬二字皆從車，昷、京亦聲也。昷音同。

杜龕　下坎含反。正龕字。人姓名也。録從合作龕，俗字也。

呻吟　上詩真反。鄭注禮記云：呻亦吟也。蒼頡篇云：呻吟，歎也。説文二字並從口。

膿血　上奴東反。字書：正從血作盥。説文云：盥，腫血也。從血農省聲。考聲云：盥，血之盥。衛宏作膿，亦作癑（癑）〔二四〕，並通用。録作膿，俗字也。

㶴漲　下張搽〔二五〕反。考聲云：漲猶滿也。亦用張字，爲去聲，義同。

峙然　上池里反。考聲云：峙猶立也。説文：從止寺聲。或從

足作峙。録文從山作峙，是山峙立也。

鐵鑛　上天結反。正鐵字也。下古猛反。鄭注禮記云：礦，金玉銅鐵等璞也。或作卝，亦作鉀，又作磺，音義並同。

猜忌　上採哉反。杜注左傳云：猜，猶疑也。方言云：恨也。說文云：猜謂恨賊也。從犬青聲也。

碌䃚　上籠谷反，下葱鹿反。蒼頡篇云：碌䃚謂砂石粗白也。考聲云：石地不平皃也。録文作礲[石速]，誤也。

拗舉　上烏絞反。文字集略云：拗，手有摧折也。下正舉字。考聲云：舉猶薦也，轝也。說文云：對舉也。從手與聲也。

窻櫺　上怱雙反。說文云：在牆曰牖，在户曰窻。亦作囪，皆象形字也。録文作窓，俗字也。怱音測駒反。下歷丁反。說文云：櫺，窻櫺子也。或作棂。録文作欞，非也。

八楞　勒登反。說文云：楞有隅抓(柧)[二六]角也。正作棱。柧音姑。

瀠中　縈定反。吕延濟注甘泉賦云：濎瀠，水小皃也。義與濴同。前已訓釋。録文從營作瀯，誤也。

門罅　下呼嫁反。考聲云：器裂也。說文云：罅，㽹裂也。從缶虖聲。亦從阜作[阝虖]，又作[土虖]。録作鏬，非也。

槩曰　該代反。鄭注禮記曰：槩猶平也。漢書云：比有節槩。亦謂量可平也。說文：從木既聲。

鏗然　上客耕反。禮記云：子夏鍾鼓鏗鏘。考聲云：金石聲也。古今正字：從金堅聲。

澧水　捧逢反。漢書云：澧水出洛南山，在鄠縣東，又北流入渭河也。古今正字：從水豊聲。豊音同。録文從邑作酆，地名也。

渦水　烏和反。李善注江賦云：渦水，迴遶旋渦也。

沁州　七浸反。州名也。

爲枿　下五割反。考聲云：正作栓。樹初生苗也。孔注尚書云：枿謂木餘更生㯻(栓)[二七]栽也。枿亦同。

悢悢　良㨾反。王逸注楚辭云：悢意不得也。廣雅云：悢(悢)，悵也[二八]。說文：從心良聲。

三寶感通傳　下卷

詮而　上七宣反。淮南子云：詮，言者所以陳治亂之體曰詮。說文云：詮，具也。從言全聲。録序從竹作筌，是捕魚笱也，非詮量之義，故不取。

撮略　上纂括反。廣雅云：撮，持也。亦手撮取也。古今正字：從手最聲。

揭錫　上音竭。說文云：擔負之揭，猶高舉也。古今正字：從手曷聲。

周瞰　下堪紺反。蒼頡篇云：瞰猶視也。或從門作闞，闞即望也。案周瞰者，即周迴四面眺望之義也。

崖隒　上五街反。蒼頡篇云：崖，山高邊也。下嚴撿反。讀與儼同音。郭璞注爾雅云：隒謂山形如甗甑也。廣雅云：隒即欠腹崖也。說文云：隒，崖也。從𠂤兼聲也。

磬聲　輕徑反。字書：正從石作磬。顧野王云：以石爲樂磬也。尚書云：泗濱浮磬。世本云：毋句作磬。說文云：樂石也。象懸虡之形，殳擊之也。從石殸聲也。殸，古文磬字也，音同上。

唄唱　上排拜反。考聲：唄，梵讚聲也。

惋恨　上烏喚反。文字集略云：惋，驚怚(怛)[二九]歎恨也。說

文：從心宛聲也。

帆柁　帆字取犯字，平聲。釋名云：帆謂船幔也。亦作颿，或作颿。録文作帆，俗字也。下陀賀反。字書：正從它。考聲：柁，船尾也。釋名云：正船尾，正船具也。録從㐌作柂，俗字也。

颼颼　瘦流反。廣雅云：颼颼，風聲也。古今正字：從風叜聲。叜，古文叟字也。録文從風作颾，非也。

槽櫪　上造高反，下靈的反。考聲云：槽，馬櫪也。古今正字云：飤獸畜器也。飤音寺。槽、櫪二字皆從木，曹、歷皆聲也。

牀榻　上狀莊反。毛詩云：載寢之牀。身所安也。從木爿聲。下貪臘反。廣雅云：榻，平也。釋名云：牀陿而長者謂之榻。古今正字：從木𦐇聲。

白驝駝　上郎各反，下徒多反。録作馲駞，俗字也。

巉巖　上查巖反，下牙銜反。楚辭云：溪谷巉水增波。王逸注云：巉巖，山澗崎嶇阻也。廣雅云：巉巖，高峻皃也。古今正字二字並從山，毚、嚴皆聲。崎音欺，嶇音驅。毚，士咸反。

椶櫚　上祖紅反，下音驢。郭璞注山海經云：椶櫚，木高二丈許，垂枝條，葉大而圓，莢實，皮重，可爲繩索及雨衣。古今正字二字並從木，㚇、閭皆聲。㚇音宗。說文：又謂之栟櫚，椶之別名也。録文作葼蕳，傳寫誤也。㚇音宗，栟音并。

躓頓　上知利反。顧野王云：躓猶頓也。說文：從足質聲。亦作疐。音義並同。

道囧　下鬼永反。僧名也。録作囧〔三〇〕，俗字也。

魏閹官　上掩炎反。鄭注周禮云：閹官謂官人，宫中閹人也。說文：從門奄聲。閽音昬。

柹樹　音仕。赤果樹也。

權斂　下廉驗反。禮記云：小斂於户内，大斂於阼階。鄭注云：棺之坎亦爲斂。說文云：斂，收也。從攴僉聲。録從歹作殮，俗字通。

寶瓊　葵營反。玉名也。

不朽　休久反。考聲云：肉不爛也。敗也。從歺丂聲也。

抗禪師　康浪反。人名也。

潢色　黄纊反。染黄色也。

扶柩　求又反。在牀曰屍，在棺曰柩。從木匛聲。匛音同上。

乃萎　下委爲反。毛詩傳曰：草木有死葉萎枝也。箋云：萎猶枯也。

鐫之　蕝緣反。韻英：鐫，刻也。琢也。說文：從金雋聲。從隹從冂。録從乃，非也。

經緘　下洽緘反。

貣物　湯勒反。字書云：借物用而後還。

失瘖　邑今反。考聲云：不能言也。從疒。

旻法師　密貧反。人名也。

韋悰　族宗反。人名也。

敺之　上阿垢反。說文：擊也。

欄楯　上音蘭，下脣尹反。漢書音義云：楯亦欄也。說文云：楯，欄檻也。從木盾聲。盾音同。

厝言　粗固反。韻詮：置也。

皰赤　上炮皃反。考聲：正作疱，面上細瘡也。亦作疱〔三一〕。桂苑珠叢云：疱，人面熱氣所生小瘡也。說文：從皮包聲也。

驚訝　牙價反。

訕謗　上音山，下補浪反。孔注論語云：訕謗，毁也。已見前録。

礎臼　上音楚，下音舊。象形。前已釋。

構隙　上音遘。字書云：亦作冓。顧野王云：搆（構）〔三二〕，成也。下卿逆反。賈逵注國語云：隙猶釁也。顧野王云：隙，因間隙所爲有怨憾也。説文：從𨸏𡧍聲。𡧍音同上。録文從巢作隟，非也。

一兜　下斗侯反。從兜（兆）從皃省。象人頭形。兆音古〔三三〕。案林伯勝一兜者，囊受一斛也。

鴆之　上音朕。山海經云：女几山多鴆鳥。杜預注左傳云：鴆，羽有毒，以畫酒，飲之則死。古今正字：從鳥從冘聲也。録作鴪，非也。

跣行　上先典反。尚書云：若跣不視地，厥足用傷。説文云：跣，以足親地也〔三四〕。從足先聲。

錐鋸　上音隹。左傳云：錐刀之未（末）〔三五〕也。故史記云：錐不處囊，其末立見〔三六〕。説文云：鋭物也〔三七〕。從金隹聲。下居御反。賈逵注國語云：鋸斷謂大辟宫刑也。蒼頡篇云：即截物鋸也。説文：從金居聲。

沙礫　下零的反。楚辭云：瓦礫〔三八〕進而寶玉捐棄。説文云：礫，小石也。從石樂聲。録作礰，非也。

南海寄歸内法傳　第一卷

闃寂〔三九〕　上傾役反。埤蒼云：闃，静也。古今正字：從門狊聲。狊音古闃反。從目從犬。下情亦反。正體寂字也。

慘舒　上蒼感反，下暑余反。言慘舒者則陰陽也。陽則發生伸暢，陰則肅煞閉藏；既有昏明，方辯寒暑。當世界空洞之時，未有日月，净天未降，亦無身光，所以寂然混同，故慘舒不分也。

挻埴　上設延［反］〔四〇〕，下承力反。宋忠云：挻，和也。埴，土也。陶匠和土爲瓦缶之器也。古今正字：從手延聲。埴，從土直聲也。

嶽峙　下池理反。已釋高僧傳第十一卷中。

椎髻　上直追反，下雞詣反。鄭注儀禮云：髻，結髮也。古今正字：從髟吉聲。髟音必遥反。椎從木。

蜾蠃　上戈火反，下盧果反。毛詩傳云：蜾蠃，蒲盧也。郭璞注爾雅云：即細腰蜂也。呼爲蠮螉。説文正作𧓉，云：土蜂也。天地之性細腰無子，從虫爾聲〔四一〕。爾音戈。蠃從虫羸聲。蠮音翳，螉音翁貢反。

螟蠕　上覓經反，下歷丁反。爾雅云：螟蠕，桑蟲也。郭注云：桑蠖也。一云戎女。説文二字並從虫，冥、霝皆聲。傳作蛉，蜻蛉，字非也。

渾沌　上魂穩反，下豘穩反。杜注左傳云：渾沌，不通類也。王弼：無所分别不可爲名也。莊子：中央之帝名。亦四凶名，是無知之皃也。案：清濁未分也。古今正字：並從水，軍、屯皆聲。亦從人作倱伅，或作混字。

孩嬰　上亥哀反。顧野王云：孩，幼稚也。下瘦盈反。釋名云：人初生曰嬰兒。胸前曰嬰。言接之嬰前乳養之也。説文：從女賏聲。賏音同上。傳作孆，非也。

戒躅　重録反。漢書音義云：躅，迹也。三蒼：謂跡爲躅。古今正字：從足蜀聲。

局提　上卬録反。鄭玄注禮記云：局，部分也。廣雅：局，近。攝生也。説文：促也。從口在尺下也。

之紐　尼九反。説文云：紐，系也。一云結而可解者。從系（糸）〔四二〕丑聲。

賓舶　上正商字也。下音白。考聲云：崐崘船也。文字典説云：海中大船也。從舟白聲。亦作艊。

堀倫　上群鬱反。即崑崙，語訛轉也。

頭鬈　下倦圓反。考聲云：髮曲也。説文：從髟卷聲。傳從手作捲也。

敢曼　梵語也。遮形醜之下裳，如此方之裈袴，一幅物，亦不裁縫，横纏於腰下，名曰合曼也。

驩州　上喚官反。在安南管内也。

匕景　上卑弭反。南夷國名。

跋南國　上盤末反。今扶南國異名也。

裸形　華瓦反。不著衣服也。

一簣　夔位反。土籠也。

褰其　上衡革反。已具釋高僧傳第五卷中。

解嘲　上皆買反，下陟交反。博雅云：謿，謔也。蒼頡篇：調也。説文作啁，從口周聲。傳本作謿，俗字也。漢楊雄作解嘲。

甽畝　决泫反。考工記云：耜廣五寸，二耜爲耦之伐，廣尺深尺爲甽〔四三〕。廣雅：坑也。古今正字：從田犬聲。

頓顙　上都困反，下桑朗反。顙至地也。

丹墀　稚飢反。漢書：士登文右（石）之階，步赤墀之塗〔四四〕。説文：塗地也。禮：天子赤墀。從土犀聲。赤即丹也。

訛謬　上吾戈反，下眉幼反。鄭箋詩云：訛，僞也。鄭注禮記云：謬，誤也。劉熙云：差也。古今正字：從言化聲。亦作譌〔四五〕。説文云：謬，狂者之志言也。從言翏聲。

定瀲　廉瞻反。考聲云：瀲，水淺際也。泛也。古今正字作瀲，云：清也。從水僉聲。

巾帊　上音斤，下魄霸反。或作衼，音同上。

頒之　上音班，非本音，借用字也。

小枯　綦林反。正作椹。經從手作枯（拈）〔四六〕，誤也。

長臛　上直亮反。文字典説云：長，賸長也。從到亡從兀從匕，此借長字用也。下訶各反。考聲云：臛，似羹而濃也。説文：從月隺聲也。

一槩　該代反。

棖觸　上宅耕反。字統云：棖猶牚也。考聲作敞、揨，云：撞也。從手從長。傳文從木作棖。人名也。下衝欲反。挍也。

水撚　年典反。説文：撚猶執也。一云蹂也。從手然聲。

次唾　上羡延反。説文云：次，口液也。從水欠聲。傳作涎，俗字也。下吐卧反。

送歿　衆隆反。亡人也。

麤如　上醋胡反。正體字，今不多行用，俗通作麁。

插口　上慚洽反。説文云：刺内入也。從手臿聲。傳作揷，俗字也。

角襵　占涉反。蒼頡篇云：卷也。廣雅：縶也。古今正字：從衣聶聲。

一襻　攀慢反。古今正字云：衣挂肩曰襻。從手（衣）〔四七〕從攀，攀亦聲也。

挂髆　上瓜畫反，下滂莫反。杜子春注周禮云：髆，肩也。説文：從骨尃聲。

罝㗁　口侯反。古今正字：從巾句聲。亦從區作摳，亦同。

盥漱　上官緩反，下搜又反。

憚多家瑟詫　下坼賈反。梵語也。唐云齒木也。
擘破　上音伯。
刮舌　關滑反。
剔齗　上汀歷反。已釋高僧傳第二十七卷中。下虮斤反。蒼頡篇云：齗，齒根也。説文：從齒斤聲。
柞條　上音昨。鄭箋詩云：除木曰柞。白櫟木也。説文：從木乍聲。
辢辛　闌怛反。古今正字云：辢，辛也。從[辛]〔四八〕束聲。
齒憊　牌拜反。廣蒼云：憊，疾也。説文作㒞。傳作憊，亦通用。
招痾　婀何反。病也。
擪在　上厭葉反。説文云：以指按也〔四九〕。從手厭聲。
腰絛　討刀反。文字典説云：辮絲爲繩。從系(糸)〔五〇〕攸聲也。
普馥　逢目反。正體字也。韓詩傳曰：馥，香皃也。古今正字：從香复聲也。复音同上。
梗槩　上耕杏反，下該艾反。已具釋内典録第六卷中。
一餅　樊晚反。説文或作飯。云：食也。從食反聲。
乾麨　上哥安反，下昌繞反。廣雅云：麨，食也。埤蒼：熓麥爲麨。文字典説：熓麥乾屑也。從麥酋聲。熓音抄爪反。
羶腥　上設延反。杜子春注周禮云：羶，羊脂也。説文作羴云：羊臭也。從三羊。今作羶，通用字也。傳從月作膻，俗字也。下皆丁反。小雅〔五一〕云：腥，生肉氣也。説文：從月從星，星亦聲也。
堅鞕　額更反。小雅〔五二〕作鞕，與傳本同，今時用，有從石作硬，俗字也。
諸韲　濟題反。鄭注禮記云：韲，醬之屬也。古今正字：從韭齊省聲。古作齏。

棚車　上白萌反。考聲云：棚車是樓車也。今時俗多行用之。施朱於車上，以五綵纏結爲棚，以載樂人，導引於前也。正從車作輣。
鏡匳　力占反。古今正字：從匚僉聲。傳作奩，俗字也。匚音方。
貧窶　劬禹反。考聲云：居無財以備禮者也。説文：從宀婁聲。傳從穴作窶，非。
荳蔻　上音豆，下訶搆反。南方異物志云：荳蔻，辛香可食，出交阯郡。古今正字二字並從草，豆、寇皆聲。
咀嚼　上才與反，下牆藥反。

南海寄歸内法傳　第二卷

仰睎　戲衣反。廣雅云：睎，視也。説文云：望也。從目希聲。
檥法舟　上宜倚反。文字集略云：檥爲整船向岸也。應劭云：正也。説文：從木義聲也。傳作艤，俗字也。
商搉　江岳反。考聲云：搉，略也。説文云：敲擊也。從手隺聲。亦從車作較，亦作捔。
僧伽胝　中音伽，下音知。梵語也。唐云大衣也。
五帬　音群。郭注方言云：帬，接下衣也。説文：下裳也。從巾君聲。傳作裠，俗字，亦通。
僧脚崎　綺儀反。梵語掩腋衣。
毯席　上貪覽反。考聲云：毯，織毛爲之，出吐蕃中。字書亦從帛作㡘，或從系(糸)〔五三〕作緂，音義同。
外恧　紐六反。方言云：恧，慙也。山之東西息(自)〔五四〕愧曰恧。郭璞云：心愧也。説文：從心而聲。

螻蚓　上漏侯反。方言云：南楚或謂螻蛄也。説文：螻蛄也。一云螜[五五]，天螻也。從虫婁聲。下寅忍反。月令云：季春蚯蚓。顧野王云：即螳蚓也。字書云作螾。説文云：螼，螾。側行者也。從虫寅聲。螼音丘忍反。

蛹蠶　上容種反。説文云：繭中蠶也。從虫甬聲。下雜南反。説文：蠶，姙絲也。從䖵朁聲。朁音倉感反。

生繭　堅顯反。説文云：蠶衣也。從系從虫從芇省聲[五六]。古文作絸。

用祛　去魚反。

氍毹　上懼俱反，下數芻反。埤蒼云：即毾㲪也。聲類云：毛席也。古今正字二字並從毛，瞿、俞皆聲也。

貪惏　拉南反。方言云：惏，殘也。説文：河北謂貪曰惏[五七]。從心林聲。傳作婪，音同義異，今不取也。

事繁　飯袁反。毛詩傳云：多也，衆也。

攜瓶　上惠珪反。顧野王云：攜，持也。説文：提也。從手巂聲。巂音同上。傳作擕，俗字也。

長騖　上丈良反，下無遇反。郭璞注穆天子傳云：騖，驅也。顧野王云：疾馳也。廣雅：奔也。説文：從馬敄聲。敄音武。

讙囂[五八]　上喧袁反。傳作諠，義同。廣雅云：讙，鳴也。顧野王云：呼召也。又云：讙囂猶諠譁也。説文：諠，譁也。[從][五九]言雚聲。下香妖反。説文云：氣出頭上也。從㗊從頁[六〇]。頁，首也。㗊音側立反。

墾土　上肯很反。耕也。

薳復　上爲委反。考聲云：語詞也。

羅濾　驢預反。案羅濾者，恐水中有細蟲草蘙等物，故以絹爲羅，濾其水，蓋亦護生故也。今時俗通用字也。

盪除　堂黨反。

覆髆　上孚務反，下音博。作膊，俗字也。

杼軸　上除旅反，下种六反。義已釋西域記序。

下抹　忙鉢反。

波剌斯　中蘭怛反。梵語也。

劈裂　上甹覓反，下連哲反。

煗服　上奴短反。爾雅：煗，燠也。説文：温也。從火耎聲。傳作燸，誤也。

櫛笓　上蓁瑟反，下頻蜜反。言櫛笓者，如梳齒之相次也。亦作比。傳作批，亦通。

搭肩　上耽合反，下音堅。

擡使　待來反。

過齎　薺奚反。説文云：毗齎[六一]。從貝齊聲也。

矗直　上冲六反。字統云：矗謂長直也。古今正[字][六二]云：直皃也。從三直。

緝綵　上辱容反。考聲云：緝[六三]以綫飾也。字書：毴飾也。字或從耳作茸。下倉宰反。

半腨　遄耎反。説文云：腨，腓腸也。從肉耑聲也。

圌衣　殊緣反。埤蒼云：圌，貯穀米圌笹也。古今正字：從囗耑聲。傳作篅，非也。笹音徒困反。即女人所著裙也。

濛雨　上音蒙。毛詩傳云：濛，雨皃。説文：濛，微雨也。從水蒙聲也。

四瀑　袍報反。生死大河也。

黲布　上倉敢反。顧野王云：今謂物將敗無顏色爲黲黲也。説文：淺青黑也。從黑參聲。

苫廬　上式廉反，下呂猪反。
號咷　上晧高反，下道刀反。
傍居　恬念反。
睚眦　上崖懈反，下儕戒反。考聲云：睚眦，瞋目開闔眼怒也。傳作睞，誤也。

南海寄歸内法傳　第三卷

慧巘　言蹇反。毛詩傳云：巘，小山别於大山者也。郭注爾雅云：形如累兩甑也。釋名：山孤絶處也。古今正字義與上同。從山獻聲也。
隤綱　上兑雷反。廣雅：隤，壞也。説文：下墜也。從阜貴聲。下各郎反。説文云：綱，維紘繩也。從糸岡聲。傳文作䌉，俗字。
皴裂　上七旬反。埤蒼云：皴，皮散起也。古今正字：從皮夋聲。夋音同上。
抖擻　上音斗，下蘇厚反。
褊小　邊沔反。
房窄　争厄反。埤蒼云：窄，陿也。古今正字云：迫陿也。從穴乍聲。亦從广作庠。傳作迮，誤用也，今不取。陿音洽。
痾略祇　上阿可反，次音魯，下傳自音云近也。梵語。傳中自解也。
雙膝　新溢反。顧野王云：膝，脛頭也。説文正作厀，云：脛頭卩也。從卩桼聲〔六四〕。卩音節，桼音七。
踞地　居御反。
襞褺　上必亦反。廣雅云：襞，詘也。説文：韏衣也。從衣辟聲。下恬挾反。説文云：褺，重衣也。從衣執聲。傳作疊，非也。韏音卷。
足跟　音根。
雙豎　殊乳反。俗字，正體作竪。
胷膈　上音凶，下耕核反。
扁鵲　上邊辮反。人姓名。傳從鳥作鶣，非也。
傴仆　一（上）〔六五〕音量，下朋北反。
糰糁　上音談，俗字也。下桑覽反。
便瘳　敕留反也。
胡荽　下音雖。香菜名也。亦作荾。傳作荽，書錯也。
診脉　上真忍反。

南海寄歸内法傳　第四卷

勸獎　將想反。郭注方言云：秦晉之間謂相勸曰獎。廣雅云：譽也。賈注國語：成也。
楊葩　怕巴反。説文：華也。從草皅聲。皅音同上。
持齅　休又反。説文云：以鼻就臭也。從鼻臭聲。
逐媘　生杏反。廣雅云：媘，少也。鄭注禮記云：小減也。説文：從女省聲。傳作省，時用略也。
穬麥　上虢猛反。麥有多芒者也。古今正字：從禾廣聲。
天蘤　爲委反。博雅云：蘤，華也。韻詮、字林並云：花也。古今正字：榮也。從草從白爲聲。
糅雜　上紐溜反。鄭注儀禮云：糅亦雜也。古今正字：從米柔聲。字書：正從丑作粈，亦作鈕。
諸島　刀老反。孔注尚書：島，海曲山，人可居曰島。尚書曰：

居島之夷也。釋名云：島，到也。謂人所奔到也。說文：海中往往有山可依止曰島。從山鳥聲。

塵坌　盆悶反。楊子云：塵猥至也。說文亦塵也。從土分聲。

稱儁　遵峻反。白虎通云：百人曰儁，千人曰英，倍英曰賢。左傳：儁，絶異也。說文作俊者，才過千人曰俊。從人夋聲。義與俊字同。夋音七旬反。

鋒鍔　上孚逢反，下昂各反。說文：鋒，兵刃端也。從金夆聲。古今正字：鍔，刀刃也。從金咢聲也。咢音同上。

剖析　上普口反。杜注左傳云：剖，中分也。顧野王云：析，破也。說文：判木也。從刀咅聲。咅，吐口反。下星亦反。聲類云：析，劈也。說文：析，破木也。從木斤。一云削也〔六六〕。

確爾　上腔角反。韓康伯注周易云：確，堅固也。文字典說云：堅兒也。從石從隺聲也。

挫外道　上租臥反。鄭注禮記云：挫，折也。賈逵注國語云：折鋒曰挫。說文：摧也。從手坐聲。

清辯　別免反。考聲云：慧也。明也，別也。從言辡聲。傳作䛒(䛒)〔六七〕，俗字也。撿字書並無此字。

鯨海　上競迎反。許叔重曰：鯨魚之王。字統：從畺作鱷，海中大魚也，長千餘里。說文：從魚畺聲。今從京作鯨，通用字。

乞匃　該艾反。說文云：匃，乞也。言人亡財則乞匃於人，會意字也。

户鑰　陽灼反。字書：從門作闟。音義並同也。

牀榻　上狀莊反，下貪蠟反。釋名云：榻即牀，陋而長曰榻也。古今正字：從木𦑋聲。𦑋音同上。

孜孜　子思反。說文云：孜孜，汲汲也。周書曰：孜孜不怠。從攵子聲〔六八〕。

然肌　紀宜反。說文云：肌肉也。從月几聲也。

相踵　鍾勇反。聲類云：踵，足跟也。顧野王云：踵，追也。躡其踵所以爲追逐也。王逸注楚辭云：繼也。說文亦追也。從足重聲。

篆籀(籒)〔六九〕　上厨兖反。周宣王太史史籀(籒)著大篆十五篇，丞相李斯作蒼頡篇，中車府令趙高作爰歷篇，太史胡毋敬作博學篇，皆取史籀(籒)大篆，或頗省改，所謂小篆者也。說文：引書也。從竹彖聲。彖音湍亂反。下籌溜反。史記云：籀(籒)者，周時史官教國子學童之書，與孔氏壁中古文異體，皆古文也。說文：讀書也。從竹榴(擂)〔七〇〕聲。

喉吻　上音侯，下文粉反。口兩角也。

潰爛　上迴内反，正體字。下闌彈反。

檟〔七一〕體　上關患反。考聲云：穿衣也。傳文作檈，音患，誤也。

鴆毒　上沈禁反，下同禄反。

草隸　禮計反。文字典說云：秦程邈因於雲陽獄中，改古書字體爲僕隸之書。說文：從隶奈聲〔七二〕。篆文作隸，草隸者，今時草書隸書也。

篋械　洽緘反。蒼頡篇云：盛文書械。木篋也。廣雅云：械謂之篋。說文亦篋也。從木咸聲。傳作凾。俗字也。

髫丱　上亭彫反。埤蒼云：髫，髦也。考聲云：小兒剃髮留兩邊也。古今正字亦髳也。從髟召聲。髦音毛，髟音必遥反。傳從齒作齠，俗字也。下關患反。鄭箋毛詩云：童未笄結髮丱然。字鏡、韻詮並云丱，童子緫角，象形字也。緫

音物。
礪律　上力制反。僧名也。
窄隘　上争厄反。已釋第三卷中。下厄界反。顧野王云：隘，迫側也。廣雅云：急也。陿也。鄭注禮記：陋也。説文：從自益聲也。
附舶　音白。廣雅云：舶，海舟也。埤蒼：大船也。古今正字：從舟白聲也。
髫齔　上音條，下初僅反。鄭玄注周禮云：齔，毁齒也。説文：從齒匕聲。
日旰　乾旦反。杜注左傳云：旰，晏也。説文云：日晚也。從日干聲。傳從月作肝，非也。
褫積　上持理反。蒼頡篇云：褫，撤衣也。古今正字：從衣虒聲。傳作褫〔七三〕，俗字也。虒音天伊反。
玄漪　意離反。毛詩傳云：漪，重波也。古今正字：從水猗聲。猗音同上。
蔓母　上暮胡反。古醜女也。

大唐西域求法高僧傳　上卷　義净三藏撰

沙門慧琳音

殉法　旬俊反。賈誼服鳥賦云：貪夫殉財，列（烈）士殉名。集訓云：亡身從物曰殉。文字典説云：以人送死也。從歺旬聲。
鯨波　巨迎反。許叔重注淮南子云：鯨魚，海中最大魚也。説文亦同。或作鱷字。
縉紳　上音晋。説文：帛作赤白色曰縉。左傳有縉雲氏。莊子有縉紳先生。下音申。孔注論語云：紳，大帶也。垂之於前，書以記事之。
嶔岑　上泣金反，下仕簪反。何注公羊傳云：嶔岑，山高危險也。山阜勢也。方言云：岑，高也。大也。郭注云：岑崟峻皃也。並形聲字，崟音吟。
溘然　堪荅反。楚辭曰：寧溘死以流亡。王逸注云：溘者奄忽而至。説文：從水蓋聲。蓋音合。從草從大從血。
廣脅　險業反。傳自解云王舍城側山名也。從三力從肉。
矩矩吒　雞也。
醫説羅　唐言貴。即高麗國也。共事鷄神，首戴鷄翎，故云鷄貴也。
不磷　栗珍反。孔注論語云：磷，薄也。本草：雲母，一名磷石。言其薄而且明也。
慧巘　言謇反。爾雅：巘，山形如累兩甑也。毛詩傳：小山別大山也。慧巘，僧名也。
寧堙　印鄰反。孔注尚書：堙，塞也。從土。
鶺鴒　上精亦反，下音零。毛詩：鶺鴒在原，兄弟急難。鄭注云：鶺鴒，雍渠也。飛且鳴，行且摇。傳中從脊作鶺，俗字，非正體也。
潸〔七四〕然　所姦反。詩云「潸然涕淚下」是也。
寠拏折里多　上愚矩反，下努加反。梵語寺名也。傳中自解釋。唐云德行寺，近大覺寺不遠也。
牂牁　上佐郎反，下音哥。案牂柯者，南楚之西南夷人種類，亦地名也。即五府管内數州皆是也。在益蜀之南，今因傳中説，往昔有二十餘人，從蜀川出牂柯往天竺得達，因有此説，遂撿尋括地志及諸地理書南方記等説此往五天路經。若從蜀川南出，經餘姚、越巂、不喜、永昌等邑，古号

哀牢王〔七五〕，漢朝始慕化，後改爲身毒國，隋王之稱也。此國本先祖，龍之種胤也。今並屬南蠻，北接氐羌，雜居之西。過此蠻界即入土蕃國之南界，西越數重高山峻嶺，涉歷川谷，凡經三數千里，過土蕃界，更度雪山南脚，即入東天竺。東南界迦摩縷波國，其次近南三摩怛吒國、呵利鷄羅國及耽摩立底國等。此山路與天竺至近，險阻難行，是大唐與五天陸路之捷徑也。仍須及時，盛夏熱瘴，毒蟲不可行履，遇者難以全生。秋多風，雨水泛，又不可行。冬雖無毒，積雪沍寒，又難登陟。唯有正、二、三月乃是過時，仍須譯解數種蠻夷語言，兼賫買道之貨，仗土人引道，展轉問津，即必得達也。山險無路，難知通塞，乃爲當來樂求法巡禮者，故作此説，以曉未聞也。

峻峭　上詢俊反。孔注尚書：峻猶高也。説文：從𨸏作陖。下鍫笑反。韻英云：峭亦峻也。或作陗。峻，高聳也。並形聲字，二體通用。

黏泥　上尼廉反。集訓云：黏，翻使相著也。字書：甘土即黏土也。會意字也。

圮擗　上皮美反。孔注尚書云：圮，毀也。説文訓同，從土己聲。下耻格反。傳（博）〔七六〕雅：擗，分也。考聲云：擗，地裂也。傳中作磔，非也。

俱攞鉢底　攞音羅賀反。傳自釋云：家主也。

大唐西域求法高僧傳　下卷

援緇　上音袁。考聲：援，持也。賈注國語云：引也。或作爰。韻英云：爰，於也。古今正字：從手爰聲。説文：爰字從叐音披表反從于〔七七〕。下滓師反。説文：帛黑色曰緇。從糸甾聲。

漱玉泉　搜皺反，又叟候反。二音並通。韻英云：漱口也。字書云：從水欶聲。

届郎迦　上音戒。孔注尚書云：届，至也。郎迦，梵語海中山名也。

掩集　上纂捋反。韻詮云：略要也。纂音祖卯反，捋音魯括反。

溟涬　上音冥，下音幸。大海魚龍興雲雨震雷霆，大怒皃也，泛者之大難也，見括地志。

擯落　賓刃反。司馬彪注莊子：擯，棄也。説文訓同，形聲字也。

躑躅　上程石反，下重録反。顧野王云：驟舉足而不進也。或作蹢躅，亦通。案躑躅猶情意徘徊而有進退。

龔州　上音恭。

共鯁　古幸反。集訓云：食魚骨刺留咽中曰鯁。案傳意，往此情有去留進退，故云共鯁。鯁亦噎也。

椰子　野嗟反。字指云：椰子，南方果木名也。出交阯廣州，其名曰椰，木十丈，葉在其末，實如巨瓠，療飢止渴。聲類亦云：果名也。其子殼堪爲器，樹皮可爲索，甚堅牢。從木，形聲字。

檳榔　上音賓，下音郎。埤蒼云：檳榔，果名也。其果似小螺，可生啖，能治氣，出交廣，其名曰檳榔。爲樹苛乎如桂，其末吐穗有似禾黍，並形聲字。

藷根　煮如反。説文：藷，蔗也。今非此物也。蔗即甘蔗，人但食苗，根不堪喫。傳云：藷根明非甘蔗。案本草：署預一名土藷，亦名山芋。異苑曰：署預，野人謂之土諸。玉篇亦説，故不疑也。

傳刃　甾事反。考聲云：以刃刺之也。史記曰：莫敢傳刃於公腹中。或作事刀剚〔七八〕，形聲字。

桑梓　上索郎反。木名也，即蠶桑也。英華集云：人之生事唯農與桑。帝躬耕於藉田，后亦親桑，以例萬民也。古文從三中作桒，下從木。小篆變三中爲桑音弱，今隷書俗用從卉作桒，漸訛也。下茲死反。爾雅：椅，梓。郭注云：即楸也。毛詩：榛、栗、椅、桐、梓、桼，爰代琴瑟〔七九〕。言此六木皆堪爲琴瑟也。文字典説：梓即梓楸也。從木辛省〔八〇〕聲。或作梓。

齎以　濟齊反。廣雅：齎，送也。顧野王云：持也。淮南子：願以伎道齎一本。許叔重注云：備足也。鄭注周禮云：齎，行道用也。或音資。禮記「齎資訓用同耳，聘禮問幾用之齎」是也。説文：持遺也。從貝齊聲。今俗用作賫。

控總　上音空貢反，下宗弄反。案控總，猶馳騖也。

禪畦　惠圭反。秦孝公以二百四十步爲一畝，五十畝爲一畦。王逸注楚辭云：畦猶區也。説文：田五十畝也。從田圭聲也。

樞闑　上昌俞反。考聲云：户扇轉處也。廣雅：樞，本也。易曰：樞機，制動之主也。俗呼爲門肘。説文：從木區聲也。傳文從手「作摳」〔八一〕，非也，音口鉤反。

讙譁　上音喧，古文作吅。下音花。前音義卷中已重釋。

瑳禪師　倉何反。玉色也。梁朝高僧也。

定瀲　廉染反。考聲云：水淺而且清曰瀲。言心兢兢誡慎，若水之有波曰定瀲。古今正字：從水斂聲。

僊苑　屑延反。釋名云：老而不死謂之僊。廣雅：羽化曰仙。説文：長命也。或作仙。

每剟　轉劣反。博雅：剟，削也。言減削衣鉢之餘，轉施貧乏及修功德。古今正字：從刀叕聲。叕音同上。傳中從手作[掇]〔八二〕，非也，宜改之。

煙霞　伊賢反。考聲云：火之煙也。薰氣也。案此煙覆〔八三〕非煙也。遠望山及天色青凝似煙也。下夏加反。集訓云：霞，赤雲也。案：日旦出光照左右雲，或黄或赤，名曰朝霞。僧傳云：重煙霞者，逸志雲林，心游物外也。

流睇　音弟。鄭注禮記云：傾視也。方言云：陳楚之間，南楚之外謂眄爲睇。説文：從目弟聲。

排俊　上敗埋反。廣雅：排，推也音他雷反。從手作。傳文從人作俳，非也。是俳優字，非此用。下遵迅反。韻英云：才當千人曰俊。集訓云：賢過於百人曰俊。説文訓與上同，從人夋聲。夋音七旬反。傳中從弓(𠃌)〔八四〕作㑺，亦通，訓亦同上，從人從隹。

嶷嶷　凝棘反。集訓云：崱嶷，山峰高峻皃也。從山疑聲。崱音鋤力反。

覺樹初緑　陵燭反。春初衆草緑色可愛。傳中作菉，非也。觀菩提之緑葉也。

風駃　師吏反。蒼頡篇云：馬行疾也。其風迅過於此。集訓：駃也。字指云：如濬流也。形聲字也。

崑崙語　上音昆，下音論。時俗語便亦曰骨論，南海洲島中夷人也，甚黑，裸形，能馴伏猛獸犀象等種類數般，即有僧祇、突彌、骨堂、閤蔑等皆鄙賤人也。國無禮義，抄劫爲活，愛啖食人，如羅刹惡鬼之類也。言語不正，異於諸蕃，善入水，竟日不死。

轔轢　上力震反，下零的反。上林賦云：徒車之所轔轢。蒼頡

篇：轢，報也。說文：車所踐也。並形聲字也。

函杖　上音含。含容也。謂講問宜拊樹（相對）容文（丈）足以指畫也[八五]。或謂杖也。

繼踵　音鍾勇反。蒼頡篇：踵，足跟也。或從止作歱，亦得。

梯隥　上體奚反，下登鄧反。韻英云：可以登昇也。

舟艫　音盧。漢書云：船前刺（刺）[八六]擢[八七]處也。考聲音呂除反。船尾。說文：船頭也。形聲字也。

犛之毛尾　卯包反。西南夷人犛牛也。或從毛作氂，亦通。傳文中作猫，非也。

鰌鱓　上就由反。山海經：鰌魚似鱧而六首。或從羞作鱃。下音善。郭注山海經云：鱓魚似蛇，滑魚也，如蚯蚓，故曰蟬魚。

若媲　匹寐反。集訓：媲，配也。韻詮：匹也。從女毘聲。毘音毗。

一切經音義　卷第八十一

校勘記

〔一〕說文作肸　今傳本說文：「肸，羲乙反。響布也。」
〔二〕獱　據文意似當作「獱」。
〔三〕犲　即「豺」。
〔四〕靈王自縊而死　今傳本公羊傳爲「靈王經而死」。
〔五〕桂　據文意當作「杜」。
〔六〕左建　據文意當爲「左傳」。
〔七〕說文云：溳，水。出南陽郡葵陽縣，負東入夏口也　今傳本說文：「溳，水。出南陽蔡陽，東入夏水。」
〔八〕銓　似作「坎」。　今傳本爾雅：「坎、律，銓也。」
〔九〕省　衍。
〔一〇〕繫　據文意當作「擊」。
〔一一〕說文云：締，結不解也。又固也。從系帝聲　今傳本說文：「締，結不解也。从糸帝聲。」
〔一二〕浙　據文意當作「淅」。
〔一三〕埤蒼：烔烔然皃也　玄卷四引埤蒼：「烔烔然，熱皃也。」廣韻：「烔，熱氣烔烔。」
〔一四〕剌　據文意當作「刺」。
〔一五〕省　衍。
〔一六〕感　據文意似當作「惑」。
〔一七〕說文云：緐屬細者也。從系宁聲　今傳本說文：「紵，緐屬細者爲絟，粗者爲紵。从糸宁聲。」
〔一八〕反　衍。或作「后」，即「後」。
〔一九〕說文云：銅屑爲鎔冶，冶器法也。從金容聲　今傳本說文：「鎔，冶器法也。從金容聲。」
〔二〇〕戟　獅作「戟」。
〔二一〕說文：從系予聲　今傳本說文：「紓，緩也。从糸予聲。」
〔二二〕予　獅作「市」。
〔二三〕說文：從系（糸）圭聲也　今傳本說文：「絓，繭滓絓頭也。一曰以囊絮練也。从糸圭聲。」
〔二四〕癑　據文意當作「癑」。
〔二五〕搽　獅作「様」。
〔二六〕抓　據文意當作「柧」。
〔二七〕捽　據文意似當作「椊」。
〔二八〕廣雅云：恨，悵也　今傳本廣雅云：「悲、怒、恨、惆，悵也。」又：「愴愴、慛慛、悢悢、悽悽、哀哀，悲也。」
〔二九〕怛　據文意似當作「怛」。
〔三〇〕囧　據文意似當作「囧」。
〔三一〕疱　據文意似作「皰」。
〔三二〕搆　據文意當作「構」。
〔三三〕從兜從皃省。象人頭形　今傳本說文：「兜，兜鍪，首鎧也。从兆从皃省。皃象人頭也。」兆音古　今傳本說文：「兆，廱蔽也。从人，象左右皆蔽形。凡兆之屬皆从兆。讀若瞽。」
〔三四〕說文云：跣，以足視地也　今傳本說文：「跣，足親地也。」

〔三五〕末　今傳本左傳作「末」。

〔三六〕故史記云：錐不處囊，其末立見　今傳本史記：「譬若錐之處囊中，其末立見。」

〔三七〕説文云：鋭物也　今傳本説文：「錐，鋭也。」

〔三八〕瑮　據文意似當作「礫」。

〔三九〕寂　據文意似當作「宋」。

〔四〇〕反　麗無，據文意補。

〔四一〕説文正作蠣，云：土蜂也。天地之性細腰無子，從虫爾聲　今傳本説文：「蠣贏，蒲盧，細要土蠭也。天地之性細要，純雄無子。詩曰：『螟蠕有子，蠣贏負之。』从虫爾聲。蜾，蠣或从果。」

〔四二〕系　今傳本説文作「糸」。

〔四三〕考工記云：耜廣五寸，二耜爲耦之伐，廣尺深尺爲甽　今傳本考工記解：「耜廣五寸，二耜爲耦。一耦之伐廣尺深尺謂之甽，田首倍之，廣二尺深二尺謂之遂。古人以牛乘車，未知以牛耕，只用人力而已，故詩曰『十千維耦』。耦者，二人對耕也。耜，田器也。耜廣五寸，二人各執耜而伐其地則有一尺矣。伐者，發也。一耦之伐，廣一尺深一尺則謂之甽。甽與甽同。古字巜、巛，皆不從田。巜即爲甽，巛即爲澮，後人方添田旁也。甽乃田中小通水之圳也，田頭之圳又大則倍於此甽，其廣有二尺深有二尺則名曰遂矣。」

〔四四〕漢書：士登文右之階，步赤墀之塗　今傳本漢書：「願壹登文石之陛，涉赤墀之塗。」

〔四五〕譌　獅作「謁」。

〔四六〕枯　據文意似當作「拈」。

〔四七〕手　據文意當作「衣」。

〔四八〕辛　麗無，據文意補。

〔四九〕説文云：以指按也　今傳本説文：「擪，一指按也。」

〔五〇〕系　據文意當作「糸」。

〔五一〕小雅　據文意當爲「小爾雅」。

〔五二〕小雅　據文意當爲「小爾雅」。

〔五三〕系　據文意當作「糸」。

〔五四〕息　今傳本方言作「自」。

〔五五〕般　今傳本説文作「盤」。

〔五六〕今傳本説文：「繭，蠶衣也。从糸从虫，芇省。」

〔五七〕今傳本説文：「惏，河内之北謂貪曰惏。」

〔五八〕躢　獅作「囂」。

〔五九〕從　麗無，據文意補。

〔六〇〕頁　獅作「而」。

〔六一〕説文云：眦齎　今傳本説文：「齎，持遺也。」

〔六二〕字　麗無，據獅補。

〔六三〕緝　獅作「緒」。

〔六四〕説文正作厀……從卩桼聲　今傳本説文：「厀，脛頭卪也。从卪桼聲。」

〔六五〕一　獅作「上」。

〔六六〕説文：析，破木也。從木斤。一云削也　今傳本説文：「析，破木也。一曰折也。从木从斤。」

〔六七〕孴　據文意似當作「孴」。

〔六八〕從攵子聲　今傳本説文：「孜，孜孜，汲汲也。从攴子聲。」

〔六九〕籀　獅作「籒」。下同。

〔七〇〕榴　據文意當作「搯」。

〔七一〕槓　據文意當作「摜」。

〔七二〕説文：從隶奈聲　今傳本説文：「隸，附著也。从隶柰聲。」又「隸，篆文隸，从古文之體。」

〔七三〕禠　據文意似當作「褫」。

〔七四〕潜　即「潸」。

〔七五〕王　獅作「玉」。

〔七六〕傅　獅作「博」。

〔七七〕説文：爰字從𠬪音披表反從于　今傳本説文：「爰，引也。从𠬪从于。籀文以爲車轅字。」

〔七八〕或作事刀剕　據文意即「或從事刀作剕」。

〔七九〕毛詩：榛、栗、椅、桐、梓、桼，爰代琴瑟　今傳本毛詩：「榛、栗、椅、桐、梓、漆，爰伐琴瑟。」

〔八〇〕省　衍。

〔八一〕作摳　麗無，據文意補。

〔八二〕掇　麗無，據文意補。

〔八三〕覆　據文意似當作「霞」。

〔八四〕弓　據文意似作「叩」。

〔八五〕據文意當爲「謂講問宜相對容丈足以指畫也」。「函杖」即「函丈」，謂講學時師生之間須有一丈的距離，即「容丈」。「文」爲「丈」之誤。考禮記曲禮上：「若非飲食之客，則布席，席間函丈。」鄭玄注：「謂講問之客也。函，猶容也，講問宜相對容丈，足以指畫也。」柑、相形近，而俗寫扌、木多混而不分，「樹」脱去「木」旁又與「對」形近，據鄭注可知「柑樹」爲「相對」之誤。

〔八六〕刺　據文意當作「剌」。

〔八七〕擢　據文意似當作「櫂」。

一切經音義　卷第八十二

翻經沙門慧琳撰

右一記十二卷同此卷音

秘書著作郎敬播序

西域記序

不暨　其冀反。杜注左傳云：暨，至也。説文云：從旦既聲。亦作臮(息)〔一〕也。

蔡愔　揖心反。人姓名也。

閹豎　上奄炎反，下殊主反。鄭注周禮云：閹，精氣閉藏者。今謂之宮〔二〕人。説文：豎也。宮中閹閽閉門者也。從門奄聲。豎從臤豆聲。序作竪，俗字。

成釁　肸覲反。賈逵云：釁，兆也。言有禍兆也。杜預：瑕隙也。動也。説文：從爨省，從酉，所以祭也，分聲。序作舋，俗字也。

恢畺　上苦迴反。杜注左傳云：恢，大也。説文：從心灰聲。序作恈，不成字也。下居良反。毛詩傳云：畺，界也。穀梁：境也。爾雅：陲也。郭注：主〔三〕畺埸〔四〕在外垂也。説文：從畕，三其界畫。或從土作壃。

眷西海　上厥媛反。孔注尚書云：眷，視也。詩傳：顧也。説文：從目𢍏聲。或作睠、覩，序作睠，俗字也。

杼軸　上除旅反，下蟲陸反。鄭箋詩云：無他貨，唯絲麻耳。今空杼軸不作也。方言：杼、軸，作也。東齊土作謂之杼，木作謂之軸。説文：持機緯也〔五〕。從木予聲。

長騖　無付反。郭璞云：騖，驅也。顧野王云：疾馳也。楚辭云：忽馳騖以追逐。廣雅：奔也。説文：亂馳也。從馬敄聲。

攙搶　上扠銜反，下策庚反。祅星名也。

豺狼　上仕皆反，下音郎。

鬼蜮　于逼反。毛詩云：爲鬼爲蜮。傳云：短狐也。劉兆云：狀如鱉，含沙射人，著人皮膚爲害。説文：三足，以氣射害人。從虫或聲。

之墟　去餘反。聲類云：故所居也。賈逵云：墟猶坎也。古今正字云：毀滅無後之地也。從土虛聲。

稾街　上高老反，下音階。義已釋前卷中。

柢(抵)〔六〕殊俗　上丁禮反。考聲云：柢(抵)，歸也。拒也，略也，至也。説文：擠也。從手氐聲。擠音子系反。

驟徙　上愁救反。杜注左傳云：聚(驟)〔七〕，數也。賈逵云：疾也。説文：從馬聚聲。下思紫反。顧野王云：徙，遷也。説文作䢒，云：移也。從辵止聲。古文作遷。

启妙覺　上谿禮反。孔注尚書云：启，開也。鄭玄云：發也。説文：從户作啓。

不窺　跬規反。記中作窺(窺)〔八〕，俗字。

屆于　皆薤反。孔注尚書云：屆，至也。鄭箋詩云：屆，舍也。説文：從尸由聲。

頓顙　上敦困反，下桑朗反。方言云：顙，額也。案頓顙者，稽顙也。何休注公羊云：若今叩頭也。説文：從頁桑聲。

梯山　上體奚反。

奉賮　秦忍反。蒼頡篇云：財貨也。説文：會禮也。從貝㶳聲〔九〕。㶳音徐引反。

握槧　上厄學反。集訓云：握，持也。下慙敢反。釋名云：書契槧版之長三尺者也。説文：牘樸(樸)〔一〇〕也。從木斬聲。

一袠　陳栗反。亦作帙，或作袟，或作帙。

瑣詞　上思果反。毛詩云：瑣瑣小皃。郭璞注爾雅云：瑣謂一(才)〔一一〕器細陋皃。説文：從玉肖聲。肖音同上也。

逖聽　上汀歷反。孔注尚書云：逖，遠也。説文義同，從辵狄聲。古文從易作逷。下汀性反。

凱澤　上開改反。廣雅云：凱，大也。

緬惟　上綿演反。賈逵云：緬，思皃也。説文：從糸面聲。

清泠　歷汀反。王逸注楚辭云：清泠，清凉皃也。説文：從水令聲。

財賄　灰猥反。考聲云：布帛曰賄。或晦。已具釋前音義卷中。

獷曓　上古猛反。説文云：獷，惡犬不可附近也。從犬廣聲。下袍報反。正從半作曓。考聲云：犯也。速也。今記中從米，㬥是曬㬥字，非此義。

毳帳　上歯芮(芮)〔一二〕反。鄭注周禮云：毳，毛之細縟者也。鄭衆云：毳，罽衣也。郭璞云：毳謂物之行敝者也。説文：毳，獸之毛也。從三毛。下張亮反。

穹廬　上丘弓反。郭璞云：天形穹窿然，因以爲名。下呂居反。杜注左傳云：廬，舍也。毛詩傳：廬，寄也。河圖云：黄帝作廬以避寒暑也。案穹廬，戎蕃之人以氈爲廬帳，其頂高圓，形如天象，穹窿高大，故號穹廬。王及首領所居之者，可容百人，諸餘庶品即全家共處一廬，行即驝駞負去。氈，帳也。

大唐西域記　第一卷　三十四國　三藏沙門玄奘奉敕撰

阿耆尼國　佶伊反。胡語也。或出焉祇。佶音巨乙反。

屈支國　上君物反。即安西龜茲國。

跋禄迦國　盤末反。

笯赤建國　音努。

赭時國　之夜反。即大食國也。

怖桿國　番發反，下音旱。亦名跋賀那國。

窣堵利瑟那國　上孫訥反，次音覩。

颯秣建國　桑币反，秣音末。

弭秣賀國

劫布呾那國　呾音單割反。

霜你伽國　霜取去聲，或上聲。你音寧頂反。伽，或作迦，亦通。

喝國

補喝國

伐地國

貨利習彌伽國

羯霜那國

咀蜜國

赤鄂衍那國　五各反。

忽露摩國

愉漫國　借音字。記中自音。

鞠和衍那國

護沙國　黃郭反。

珂咄羅國　可何反。

拘謎陀國　拘音俱，下迷閉反。

縛伽浪國　立錦反。

縛喝國

鋭秣陀國

胡寔健國　寔音承力反。

呾薛健國　勒割反。

揭職國　揭音羯。

梵衍那國　迦畢試國　此上二國是婆羅門。此三十四國，三藏路次經過，悉是胡國名號，亦是胡語，不是梵語，今所音字，但取其聲，以響胡語，不求字義，其大磧已東州郡不説者，爲是唐國境內，各自別有國，經此記起自大磧已西者，言其番夷之地，人風物産與此不同，故書記之。

阿耆尼國　兩磧之西第一國也。耆音祇。古曰嬰夷，或曰烏夷，或曰烏耆，即安西鎮之中是其一鎮，西去安西七百里，漢時樓蘭、善善危須尉犁等城皆此地也。或遷都改邑，或居此城，或住彼域，或隨主立名，或互相吞滅，故有多名，皆相鄰近，今或丘墟。

糜黍　上靡碑反。考聲云：糜，穄也。説文：從黍從麋省聲。今俗用或從禾從麻，並非也。字書云：黍類也。似黍而不黏，或名穄，有白黃赤黑之異，皆堪爲飯。

屈支國　上君物反。古名月支，或名月氏，或曰屈茨，或名烏孫，或名烏纍。案蕃國多因所亡之王立名，或隨地隨城立稱，即今龜茲國也。安西之地是也。如上多名，並不離安西境內。

匾匿　上邊辮反，下體奚反。字統云：匾匿，薄闊皃。二字並從匚。匚音方。有從广作扁㡯，或從辵作遍遞，並非。從匚作爲正。

儱戾　上籠董反，下音麗。案經義則[一三]强難調名爲儱戾，戾從犬，蓋因時而有此語。釋經者以意作之以合時用，字書先無此字。

噍類　上疾曜反。韻詮：噍，嚼也。嚙上(也)[一四]。古今正字：從口焦聲。

顯敞　昌掌反。韻詮云：敞，廓也。蒼頡篇：高顯也。説文：平治高土可以遠望也。從攴支(攴)[一五]音普卜反尚聲也。

耆艾　上佶伊反。韓詩云：耆，大也。爾雅：耆，長也。禮記：六十曰耆。説文：老也。從老旨聲[一六]。下五蓋反。禮記：五十曰艾。爾雅：艾，養也。方言：齊魯之間凡尊老謂之艾。説文：冰臺也。從草乂聲。佶音巨乙反。

跋禄迦國　上盤末反。此國出細好白氎，上細毛罽爲鄰國中華所重，時人號爲末禄氎，其實毛布也，見括地志説。

慘烈　上錯敢反。方言云：慘，慼也。説文：毒也。從心參聲。下連哲反。亦作例〔一七〕。
赭衣　上遮野反。郭璞云：赭，赤土也。方言：南楚東海之間或謂赤爲赭。言衣赤色如赭。説文：從赤者聲。
汩淴　上古筆反。漢書音義云：汩，流急皃。方言：疾也。古今正字：從水曰聲。下温骨反。考聲云：淴泱，水皃。
粗有　上徂故反。
恇怯　上丘王反。鄭注禮記云：恇，恐也。説文：怯也。從心匡聲。匡音同上。下羌業反。
原隰　尋立反。杜注左傳云：隰，水邊也。爾雅云：下溼曰隰。廣雅云：隰，塾也。古今正字：從𨸏㬎聲。
膏腴　上音高，下音臾。
颯秣建國　上三合反，下音末。
弭秣駕　上蜜婢反。
喝捍國　上訶遏反，下音汗。
崎嶇　上綺宜反，下曲隅反。
峭峻　上蹌醮反。説文作陗，云峻也。從𨸏肖聲。記中作峭，俗字，通用也。下荀駿反。孔注尚書云：峻，大也。説文：陗也。從山夋聲。正作陖。
模樣　上莫晡反，下羊尚反。
尠少　上仙淺反。正作尟，亦作鮮。
珂咄羅　上可何反，中敦骨反。
瞢健國　莫崩反。胡語也。
紇露　上音恨字，入聲即是。
忽懍　立錦反。胡語不求字義。
炫耀　上玄練反，下遥要反。炫燿謂光焰熒煌不定，曜字從光從火作燿〔一八〕，非也。
掃帚　周酉反。説文：帚，從又持巾掃門〔一九〕内。一音癸誉反。古者少康初作箕、帚，又作秫酒。少康即杜康也〔二〇〕。帚即今之掃帚也。或從竹作箒，俗字也。
窣堵波　梵語也。上孫骨反，次音覩。即舍利塔塼浮圖也。
時爥　或作燭，照也。
輻輳　上音福，下倉候反。韻英云：輻輳，轂也。有從水作湊者，誤也。
匪懈　音戒，若音嫁者，非也〔二一〕。
此處説提謂、波利二長者獻麨蜜，佛授與髮爪，令起塔供養，因問如何作？如來乃褺三衣爲基趾，覆鉢盂於衣上爲塔身，豎錫杖於傍爲相輪。二長者將髮爪歸本城，各起塔，今猶見在，是佛最初令造塔在此地也，即縛喝國界也。
胡寔健　承力反。胡語也。
磽确　上巧交反，下苦角反。顧野王云：磽，堅也。地堅硬則瘦，不宜五穀。説文：磽，确，磐也。考聲云：磐薄田也。並形聲字。
祅祟　成醉反。歸藏云：祟在司命。説文云：神禍也。從示從出，會意字。
鄙褻　上悲美反。杜注左傳云：鄙，邊邑。鄙野不慧之稱名曰鄙夫。説文：從邑啚聲。下恬協反。西域記中於褻與此執下從衣作褻一也。言鄙褻不分明也，與鄰近北方諸胡邊方鄙陋也。在雪山中，與覩貨羅相鄰，屬北天竺界也。
威懾　下占葉反。懾，懼也。
貧窶　劬禹反。毛詩：終窶且貧。傳曰：無禮居也。貧無財以爲禮[曰]〔二二〕窶。郭注爾雅云：謂貧陋也。

鰥寡　上古頑反。禮記云：老而無妻謂之鰥。國語：嫁聚(娶)[二三]不時曰鰥。釋名云：愁悒不能寐目鰥鰥然，故其字從魚，魚目常不閉，從眔。眔音談合反。説文云：目相反(及)[二四]也。亦惸獨義也。會意字也。下古瓦反。毛詩傳曰：偏喪曰寡。禮記云：老而無夫曰寡。廣雅：寡，獨也。弱也。説文：少也。從宀。下從頒。頒，分賦也，故言少也。

弘敞　昌掌反。蒼頡篇云：高顯也。説文：平治高土，可以遠望也。從文(攴)[二五]尚聲。韻詮：廓也。

貪婪　攬耽反。考聲云：貪也。殘也。不謹潔也。卜[二六]人詐言徵驗也。或從心作惏，又作惏，音同，訓義一也。

穆羅那呬山　上士于反，下馨異反。梵語。有本作租羅那縊音伊計反，梵語訛轉也。

覆燾　陶到反。左傳云：如天之無不燾。杜預曰：燾，覆也。方言：燾，載也。郭璞曰：覆載二義並通。説文：普覆照也。

西域記　第二卷　三國

舄[二七]鹵　上星亦反。或從水作瀉。考聲云：鹵地也。韻詮云：鹵，鹹地也。或作㡿。㡿，澤也。盖爲人所遠棄，故曰㡿鹵。下音魯，義訓同上。

疇隴　上長流反。説文：耕治田也。象耕溝之屈曲。形聲字也。下龍腫反。

膏腴　上音高，下翼朱反也。

月虧　屈爲反。説文：損也。從虘音呼從亏。或從兮。

闤闠　上音還。廣雅：闤，道也。下音會。古今正字：闠，市外門也。並形聲字也。

甎墼　上音專，下經亦反。形聲字也。

榱梠　上率追反。郭注爾雅云：榱，椽也。説文云：秦名爲屋椽，周人謂之榱，齊魯謂之桷。今楚人亦謂之桷子。下音吕。郭注方言云：梠即屋檐也。説文：楣也。亦呼爲連綿也。今秦中呼爲連簷。呼爲梠者，楚語也，亦通，云椽梠也。

隩室　上音奥。爾雅云：室中西南隅也。

襜衣　昌占反。韻詮云：襜，蔽膝也。當前直垂一幅，亦名蔽前。

莅摩　上芻數反。梵語也。以麻作者，雖粗且精。

頗鉢羅衣　上音欽。梵語上好衣名，纖細羊毛衣也。

褊衣　必沔反。爾雅：褊，衣急也[二八]。説文：小也[二九]。從衣扁聲。

椎髻　上直追反。髻，似鐵椎形也。

僧卻崎　卻，正體却字也。從卩音節各(谷)[三〇]音强瘧[三一]反。崎音羌宜反。僧却崎，梵語，唐云掩腋衣。

泥嚩些那　嚩音無割反，下桑何反。梵語僧方裙也。古譯曰涅盤[三二]僧也。

帶襻　普慢反。

爲襵　露聶反。小褺也。裙腰襵也。

大賈　音古，俗字也。坐販賣物也。音加雅反者，非也。從貝，上從襾，音古。古文估字也。

盥洗　上宫短反。説文：澡手也。從臼(臼)[三三]弓六反從水臨皿，會意字，亦象形。皿音明秉反。

寓物　音遇。韻詮云：寓，寄也。

枝派　拍賣反。水分流别也。從𠂢水。字見説文。

研覈　莖革反。說文：實也。從西(襾)〔三四〕。西(襾)音賈也。

提撕　思奚反。案提撕者，一一分析善說之也。並從手。

逋逸　補胡反。廣雅云：逋，竄也。蒼頡篇云：不到也。孔注尚書云：逋，亡也。

拘縶　知立反。毛詩傳曰：縶，絆也。從糸執聲也。案縶亦繫也。

羇旅　寄宜反。廣雅：羇，寄也。從罔羇聲。羇音同上。記中從馬，非此用也。下力舉反。杜注左傳云：羇旅，寄客也。說文：從㫃從从。从，即古從字也，並二人相從之義也。

巡匃〔三五〕　音蓋。從人從亡。匃，乞也。

婾食　上音偷。韻詮云：苟且也。

醇醨　上順倫反。廣雅云：醇，厚也。說文：不澆酒也。記中作醇，時用俗字也。正從𦎧。下音离。說文：薄酒也。並形聲字。

絓是　上音卦。韻詮云：絲結也。

商榷　上賞羊反。王弼注周易云：商，量也。謚法曰：仁見中外曰商。說文：以外知內也。從冏冏音女滑反從章省聲也。下音角。許叔重注淮南子云：揚榷，粗略也。說文：從木隺聲。隺音同上。說文：從隹從冖。冖音癸營反。上欲出一，有從宀者，非也。

赭堊　上音者。考聲云：赤色也。赧也。赧必面赤也。下音惡，阿各反。郭注山海經云：堊，似土，白色。考聲云：塗也。從亞從土。

淑慝　上是六反。毛詩傳云：淑，善也。說文：清湛也。從水叔聲。時用作尗，非也。下他勒反。孔注尚書云：慝，惡也。毛詩傳：湛邪也。鄭注禮記：匿穢也。古今正字：匿愧也。從心匿聲。

罹咎　上里知反。爾雅：罹，毒也。考聲：罹，遭也。被也。字書：心憂也。從罔惟聲。縱書罪字，亦通。下求有反。孔注尚書：咎，惡也。韻詮云：咎，過也。說文：災也。從人從各。人各人各者違也〔三六〕。會意字也。或更從人作倃。說文：毀也。亦通。

其操　草到反。韻詮云：執志雅正也。顧野王云：持志貞固也。言君子設遇災凶害不失其操，或爲㪙字，見文部也。

再醮　焦笑反。韻詮云：行祀祭而獨飲酒，無酬酢之禮也。禮記：父親醮子而命之迎。則娶婦之醮也。形聲字。

篡弑　芻患反。說文云：逆奪取曰篡。從厶算聲。下尸至反。白虎通云：弑猶煞也。言臣子殺其君父曰弑。說文亦云：臣煞君也。從殺省式聲。

駕馭　魚據反。

挾彀　嫌頰反。毛詩云：張我弓，挾我矢。公羊傳云：挾弓而去矢〔三七〕。說文：挾，持也。

大櫓　音魯。考聲云：大盾也。或作樐、櫖，並同用，亦通。

矛楯　上莫侯反，下述尹反。楯，大排也。見字書云。

狷急　上音絹。考聲云：褊急而守分也。或作獧。古文作悘也。守節無爲也。

劓鼻　疑器反。鄭注周禮云：截其鼻也。孔注尚書云：割也。或從臬作劓。

荒裔　夷制反。杜注左傳云：裔，遠也。方言云：四裔夷狄之總名也。說文：從衣從冏〔三八〕。冏音女滑反。

愞弱　上奴亂反。

摩踵　鍾勇反。蒼頡篇云：踵，足跟也。或從止作歱，亦通。

薊羅果　上音計。

般橡娑果　那可反。梵語果名也。不求字義。

椑柹　上音卑，下音事。

墾田　苦很反。

葷陀菜　即人間軍達菜也。

醇醪　老刀反。戰國策曰：帝女儀狄獻酒於禹，禹嘗之，曰後世有以酒亡天下者，鞭而遣之。亦暴熟酒也。説文云：汁滓酒也。形聲字。

釜鑊　胡郭反。鄭注周禮云：煮肉器也。説文：鑴也。音胡圭反。亦鑊屬。

欺誚　齊曜反。考聲云：誚，讓也。笑也。

圮壞　皮鄙反。考聲：毀也。摧也。韻詮云：岸毀也。形聲字。

瀑布　蓬木反。韻詮云：水自崖而落也。考聲云：水懸流曰瀑布。水也。

髣髴　上芳罔反，下忿勿反，又音芳味反。漢書：髣髴相似聞見不諦也。字書：見不審也。髣字或從人作仿，音用同。髴字亦或從人作佛，或從心作怫，義同。

譴責　輕戰反。廣雅云：譴亦責也。蒼頡篇云：訶也。説文：讁問也。從言遣聲也。

濯澣　上音濁。毛詩傳曰：濯，滌也。毛詩云「服浣濯之衣」是也。廣雅：濯，洗也。説文：濯，浣也。從水翟音宅。下桓管反。毛詩云：薄澣我衣。箋云：謂澣濯之也。劉兆注公羊云：濯生練曰湅。湅音桑侯反。舊垢曰澣。説文：濯衣垢也。從水幹聲。經中作浣，俗字。滌音庭歷反。

爲笴　干旱反。尚書大傳：若射之笴括。鄭玄云：箭簳。古今正字：從竹可聲。

浹辰　子葉反。鄭衆注周禮云：浹者，從甲至癸謂之浹。浹，達也。

恇怯　上音筐，下欠業反。考聲云：慄也。畏也。

隤圮　上隊雷反。考聲云：毀也。廣雅：壞也。禮記：太山其隤乎。説文：隊下也。字書：邪也。從阜貴聲。字記中作穨，非也。

齧其　研結反。噬也。下形上聲字。

厝措　倉素反。王逸注楚辭云：措，安也。方言：藏也。

齰斷　柴窄反。史記曰：内愧杜門齰舌自殺。説文：齰，齧也。或作齚，左形右聲字也。

宿憾　含暗反。恨也。

鬻賣　上融宿反。俗字也。説文：正體作賣(𧶠)〔三九〕，衒也，賣也。從貝𡏳聲。𡏳，古文陸〔四〇〕字也。賣字從賣從貝。從賣者，俗字也。下埋懈反。從出從買。從士者，俗字也。

覃思　淡南反。毛詩傳云：覃，長也。又云延。考聲：及也。説文：長味也。從㫗從鹹省。玉篇西部下不從卑，從㫗。㫗音侯。上從西。

捃摭　上君運反。古今正字：拾也。或從鹿從禾作穈(攈)〔四一〕。下止亦反。古今正字：摭亦拾也。或從石作拓也。

哂爾　申忍反。俗用字，古文作弞。考聲云：笑不破顔曰弞。意與哂同，小笑皃也。記中作逌爾，未詳音訓。

西域記　第三卷　八國

蓊鬱　甕孔反。司馬相如云：蓊鬱，草木盛皃。從草翁聲也。下惲物反。説文：草木叢生也。從林。古文從臼從缶從冂

從鬯音敕亮反從彡。今時用多從艮從寸，非也。

怯愜　上羌業反，下奴亂反。並見前具釋。

譎詭　上玄穴反，音決，下歸委反。並見前文廣釋。

瞢揭蟄　上莫崩反，次建蘗反，下力知反。梵語也。城名。不求字義也。

阿波邏羅　邏音勒賀反。梵語龍王名。

以稸　丑六反。玉篇：稸，積也。聚也。或從草作蓄，形聲字。

餽遺　上逵位反。儀禮：薦熟食也。說文：餉也。形聲字。下唯恚反。廣雅：遺，與也。顧野王云：贈也。假借字也。

濯衣　幢卓反。考聲云：濯，澣也。假借字也。洗衣也。

如榻　貪荅反。廣雅：榻，平也。釋名：土牀陜(四二)而長曰榻。從木𦐇聲。𦐇音同上。

津膩　尼利反。王逸注楚辭云：膩，滑也。說文：上肥也。從肉貳聲。

薩褒殺地　保毛反。梵語。

觜啄　上醉髓反。鳥啄(四三)也。下音卓。聖孔雀王以觜啄石崖泉流，見在爲大(天)(四四)池也。

蹎仆　上丁堅反，下蒲北反。並見前具釋。

自斃　毗袂反。考聲云：頓仆也。俗字，正作獘。

以飤　詞字反。顧野王云：謂以食供設與人也。說文：糧也。會意字。或作飼，俗字也。

枳柢　上經以反，下丁禮反。梵語觀自在菩薩名也。

緪索　古恒反。蒼頡篇云：緪，大索也。韻詮云：緪，急也。形聲字也。

棧道　柴限反。考聲云：比木於危險處爲路名閣道也。從木戔聲。俗字，偏梁閣道是也。

櫞杙　上長攣反。韻詮云：所以稱屋也。從木彖聲。下音翼。爾雅：杙，劉也。撅(橛)(四五)也。郭璞注云：橛也。從木弋聲。

晃煜　融六反。廣雅：煜，熾也。埤蒼：盛皃也。說文：煜，燿也。從火昱聲。昱音同上。

攜引　惠圭反。韻詮云：提攜也。從手巂聲音同上。

抉目　淵悅反。通俗文云：抉，挑也。挑音天彫反。淵音恚緣反。

乞貣　他勒反。鄭衆注周禮云：從人借本商賈也。案貣亦借也。

悲耿　耕幸反。文字集略：耿，憂也。志不安也。從耳。說文：耳耿耿然。從耳從炯省聲。

紕繆　上譬毗反，下眉幼反。禮記曰：若一物紕繆，則民莫得其死。鄭玄曰：紕猶錯也。皆左形右聲字也。

潛泳　上漸閻反，下音泳(四六)。玉篇云：潛，沈也。泳，浮也。

啗之　談濫反。說文：啗，食也。或作啖也。

石龕　坎含反。廣雅：龕，盛也。案石龕者，山巖中淺小石窟也。說文：龍皃。從龍從含省聲也。

塋域　上音營，下違逼反。廣雅：葬地也。說文：墓地曰域也。並從土從營省聲。

黨援　圓眷反。案援者，朋黨相護，迭爲媒援也。左傳云「子無大援，要結大援」是也。左形右聲字也。

確不從命　上苦角反。易繫辭：確，堅也。埤蒼：從土作塙。文字典說：從石從㩁省聲。㩁音角。

逾邈　上庾朱反。廣雅云：逾，遠也。孔注尚書云：逾，越也。說文：越進也。從辵俞聲。下尨剥反。王逸注楚辭云：

邈，遠。方言：漸也。廣也。郭注云：曠遠之皃也。古今正字：從辵貌聲。㡭音母〔四七〕邦反。貌音皃。

爲鍱　塩接反。廣雅：鍱，鋌也。字書：釘，鍱也。埤蒼：柔薄鋌曰鍱。左形右聲字也。

㡿逐　上齒亦反。顧野王云：㡿猶踈遠也。漢書音義云：㡿，不用也。廣雅：㡿，推也。說文：却屋也。從广屰聲。俗從厂從干，非也。屰音逆。

各袖利刃　因祐反。俗字也。正體古文從衣從𤓰作褎。部經〔四八〕方言云：襦有袖即臂衣也。毛詩傳曰：袖，袪也。袪，袂也。今言袖刃者，匕手劍伏突也，縛鞘於臂下，密抽而刺之，故謂之袖刃。抽音丑留反。

去其帽　毛報反。說文：從巾冒聲也。

驚慴　占葉反。說文：怖懼。從心聶聲。或作懾〔四九〕。

中饌　音撰。馬注論語云：饌，飲食也。象施僎食也。

駛河　師厠反。急流水也。

偉大　爲鬼反。偉亦大也。

內廐　鳩右反。象馬廐櫪也。

半筎蹉　音弩。梵語國名也。

西域記　第四卷　一十五國

磔迦　上張革反。梵語國名。

鄙褻　上悲美反，下恬叶反。已見前釋。言語重褻不分明也，或音薛。考聲云：褻，慢也。狎近女人，讀獨音也，扁〔五〇〕也。

孑遺　上音結。集訓云：孑，單也。韻英云：無餘也。短也。說文：無右臂也。象形字。

捿竄　上音西，下倉亂反。

阨險　厄介反。韻英云：阻塞地也。或作隘，上陿也。下香撿反。險，阻也。

見擒　渠吟反。捉也。

俘囚　上音浮，下似由反。

隳廢　上馨規反。韻英云：毀壞也。從𠂤從隋省〔五一〕聲也。

縲紲　上力追反，下音薛。孔注論語云：所以拘縶罪人也。紲，絆也。

癭尰　上嬰郢反，下時冗反。文字集略云：癭，頸腫風水氣結爲病也。尰亦頭腫也。或作尰，從九重聲也。冗音辱種反。

秣兔羅　上摩鉢反，下土固反。

駢羅　上便綿反。

湮滅　上一寅反。考聲云：湮，没也。滅也。桂苑珠叢云：落也。文字集略：沈於地下。或作垔。記中從土作堙，俗字也。

連甍　下麥耕反。考聲：屋棟也。

間峙　池里反。或作跱。

詿誤　上寡畫反。杜注左傳云：爲人得羅〔五二〕曰詿誤。從言從卦省聲也。

激流　上音擊，又音叫。桂苑珠叢云：水奔射湍波急也。

老叟　涑厚反。俗字也。考聲云：老稱也。古今多有異體同音，或作傻，古作㝥、𡩦，皆古字也。今俗通用作叟。

猥承　上烏賄反。鄙也，頑也。下是陵反。考聲云：承，接也。毛詩傳曰：繼也。次也。說文作承，一體也。說文：受也。從手卩廾〔五三〕。

撫而　敷武反。集訓云：以手撫之。安慰也。從手無聲也。説文從付作拊，亦通用，非本字也。

摩裕羅　逾注反。梵語也。唐云孔雀。

堊醯掣怛羅　醯音馨鷄反，掣音昌熱反。

傾圮　上缺營反，下皮美反。此卷初已具釋。

剞劂　上音奇，下音厥。此卷初亦已具釋。

西域記　第五卷　六國

威懾　占葉反。懾，懼也。

弘毅　宜氣反。韻英云：果毅也。考聲云：威嚴不可犯也。或作忍。從殳豙聲。豙音同上。

應娉　上應字，去聲，下匹併反。考聲：問也。以財娶妻也。從女甹聲。甹音匹丁反。記中作娉〔五四〕，俗字，非也。

背傴　央禹反。韻詮云：傴僂，曲腰也。從人區聲。區音羌于反。一云脊曲也。

勤懇　康很反。韻英云：懇，至誠也。考聲：信也。

勠力　隆竹反。韻英云：併力也。古今正字：從力從翏省〔五五〕聲。

攜手　惠圭反。説文：攜，提也。從手巂聲。巂音同上。記文從乃作擕，俗字，有作攜。

静謐　音蜜，民必反。考聲云：無聲也。韻詮：静也。韻英：慎也。從言监聲。监音同上。

髦俊　上音毛。集訓云：髦，選也。

曛暮　上訓雲反。韻英云：日暮時日曛黃也。

撲滅　普卜反。説文云：撲，打也。形聲字。

焚夷　祥盡反。火燒餘木也。記文作燼，俗字。

窘迫　群殞反。窘，急也。

鎔鑄　上音容，下音注。

鐫鏤　上醉緣反。考聲云：刻也。集訓云：琢石也。古今正字：從金雋聲。雋音徂兖反。

西域記　第六卷　四國

巋然　丘軌反。韻英云：高峻皃。從山歸聲。

齧斷　上研結反。廣雅：齧，噬也。從齒從挈省聲也。

坑穽　下音净。陷獸坑也。

飈發　上甫遥反。考聲云：疾風從下而上曰飈。或從三犬作猋，音同。有從三犬作飈也〔五六〕。

穨圮　上兑回反。落也。下皮美反。前已釋。

批其頦　上匹篦反。字書云：批猶摑也。摑音虢。下桑朗反。韻英云：頦，額也。形聲字也。

蹴其臆　上秋育反。集訓云：以足逆蹋曰蹴。下應力反。考聲云：臆，胸也。古文作肊。

收骸　上収字，從攵(攴)〔五七〕丩亦聲也。丩音居由反。下解皆反。韻英云：身體諸總名爲骸也。

瘞葬　上英計反。考聲云：瘞，埋也。韻英云：幽藏也。古文作陸，或作圵。説文：從广從古文陸省聲也〔五八〕。記作瘗，通也。

憩駕　騫罽反。考聲云：憩，歇也。古文作㞼，止息也。説文：

從心作愒。愒亦歇也。從心從偈省聲。

芟草 上霜銜反。鄭箋詩云：除草也。說文：刈也。從艹從殳，會意字也。

亟淹 矜憶反。俗字也。正體作苟。苟，極也。或從革作鞆，轉注字。

大侈 齒音。說文：奢也。從人從哆省。

銛刀 息廉反。韻詮云：銛，利也。從金。

類槲 紅木反。山木名也，似青棡而葉大，皮粗黑色，生淺山。

歔欷 上音虛，下音希。集訓云：歔欷，出氣悲泣也。亦悲思悵快也。

襯身 上初近反。最近身之白氎也。

驟淹 愁救反。考聲云：驟，數也。從馬聚省〔五九〕聲也。

庬眉 邈邦反。長眉且厚多也。

嚌齒 齊細反。考聲云：至齒也。囓也。

西域記 第七卷 三國

霏靡 上音髓。韻英：霏靡，草弱隨風偃皃也。

椎髻 上長追反，下音計。

鍮石 上音偷。金之次者，白金也。

懔懔 力錦反。危懼也。

髾髮 上所交反。埤蒼云：作髾垂髮髾也。

遂捩 蓮涅反。拗捩也。

縱撩 力彫反。漢書：撩，取也。獵也，掠取也。從手。

猖厥 上音昌。即猖狂顛厥也。

結廬 吕除反。前序中已具釋。廬即帳也。

鮮鯉 上音仙，下音里。

樵蘇 情遥反。樵，薪。

嶷然 凝棘反。韻英云：崱嶷，山峻皃也。

枯槁 下音考。

奐其 歡灌反。韻英云：奐，文彩也。明也。

祅祟 上天驕反。左傳：地反物也。下雖醉反。說文：神爲禍也。從出從示。說文中從宗作祟，非也。

拓境 上湯洛反。考聲云：拓，開也。大也。轉注字也。

翬飛 上諱韋反。韻英云：五色備具也。郭注爾雅云：五彩皆備成章曰翬。

毁讟 同屋反。謗毁也。

犛牛 卯包反。西南戎夷長毛牛也。前已釋也。

險詖 彼寄反。蒼頡篇云：詖，佞諂也。廣雅：詖，慧也。說文：辯諭〔六〇〕。從言皮聲也。

西域記 第八卷 摩揭陀國

墊濕 上點念反。考聲云：溺也。藏也。韻英云：墊，下也。下尸入反。說文：幽濕也。

羇游 上幾宜反。羇，絆也。

袨服 玄狷反。考聲云：衣服美也。下音服。正體字也。從舟𠬝聲。𠬝音同上也。

苛暴 上音何，下袍冒反。

欄檻 上郎單反，下咸黤反。殿上鈎欄也。前已具釋。

漣漪　上音連，下音依。考聲云：連[六一]，小波也。漪者，細波也。皆水之異名也。

覬覦　上几器反。韻英云：覬覦，心希望也。下庾朱反。考聲云：饮幸也。饮音冀，又氣訖二音。

忍詬　吼搆反。韻英：詬，罵也。又音吼。從言后聲。

葺宇　侵入反。考聲云：以革(草)[六二]覆屋也。

翕然　歆邑反。字書云：翕，合也。考聲云：火炙物氣勿起也。

較論　上音角。考聲云：較，量也。略也。韻英云：挍也。明也。韻詮：競也。又作輆[六三]，訓義所用並同。

駭曰　上諧楷反，上聲字。廣雅：駭，驚也。

髦彥　上音毛。毛詩傳曰：髦，俊也。郭注爾雅云：士中之俊如毛中之毫髦也。廣雅：選也。說文：髮也。從髟毛聲。下言扇反。考聲云：美士也。士必有文，故從文從彡。

壖垣　上奴過反，又而緣反。服虔曰：宮外垣墻也。下音袁。毛詩傳曰：垣，墻也。一云外小墻也，外郭也。

摯鳥　上音至。通俗文云：鵰鷲之類，鷹鸇之屬也。

摩沓婆　或云摩納婆，此曰儒童，幼而聰俊，博識辯捷者也。

挫銳　上祖過反。韻英云：挫，摧也。詰紐折伏也。下悅惠反。銳，利也。

歐血　謳口反。韻英云：歐，吐也。俗從口作嘔。謳音阿侯反。

褒德　保毛反。讚美也。從衣𤓽聲。𤓽即古文保字也。

淪湑　上音輪。韻詮云：淪，没也。下息旅反。廣雅：湑，没也。踈也。

攫裂　上俱籰反。與钁同音。籰音王約反。

治容　上音野。

鬚鬣　上相逾反，下音獵。

仿偟　上音傍，下音皇。

貽範　上音夷，下音犯。

西域記　第九卷　摩揭陀國下

屈屈吒山　君律反。梵語。唐云鷄也。

陗絶　鍫曜反。陗，峻也，險也。

錫扣剖　上音昔，次音口，下普口反。

巘崿　上言蹇反，下五各反。巘崿，山崖險阻皃。

隱嶙　鄰軫反。隱嶙者，山脊相連漸遠之皃。

差難　上柴下反。借音字。

搩(桙)[六四]株　上五葛反，下陟殊反。考聲云：殺樹之餘株杌也。說文作櫱，是杌上再生蘖也，非此用。說文：桙，伐木餘也。正作櫱，從木獻，古文作木。尚書曰：若顛木之有由蘖。

山麓　音鹿。山下之林名曰林麓。

曬袈裟　沙賣反。韻英云：日乾之曬暴也。

驚駭　諧駭反。韻詮云：駭，馬驚。形聲字也。

峻峙　下音雉。

怏怏　央向反。情不舒暢也。

淳粹　上時倫反，俗字也。下髓醉反。

自殪　翳計反。孔注尚書云：殪，殺也。杜注左傳云：殪，盡也。爾雅：殪，死也。說文：從歺壹聲也。歺音殘。

妻孥　音奴。考聲云：妻子總稱也。韻英云：孥，子也。古文作

伖，訓義與上同。

西域記　第十卷　十七國

繼踵　燭勇反。

長絙　古恒反。大索也。

嶜崟　上子心反，下音吟。嶜崟，山皃也。

君稚迦　梵語。即僧所受用君持銅瓶是也。

孤嶼　徐與反，上聲字。韻英云：海中山也。考聲云：海島山也。

般椓娑果　上音半，次那可反。西國果名也，其果大如冬瓜，熟則黄赤，其味甘美。椓字從木從衣從多，形聲字也。

蠻獠　上馬班反，下音老，亦音嘲狡反。正體從豸作𧳾，或從巢作獠，南方海隅蠻夷也。閩越已南盡是也。本是蛇種，故從豸作。此類人無恩義，好行陰毒，强欺弱，互相食殺害爲業。

黧黮　上音犂，又音离，俗字也。亦作黎。下貪感反。黧黮，不明色，黑皃如桑椹色也。

蓋笴　干旱反。即箭笴字。前第二卷已釋。

磁石　音慈。藥石名。

狷獷　上音絹。考聲云：褊急而守分也。論語曰：狂狷乎？包咸注云：狂者進取於善道，狷者守節無所爲。下號猛反。前第二卷中已釋。下前第二卷如犬惡性也。

氓俗　上音萌。百姓也。

帑藏　上他朗反。金帛舍也。

剞劂　上音奇，下音厥。前已釋。極巧也。

猨狖　上音袁，下由救反。猿猴胡孫之類也。

姦宄　上音姧，下音軌。韻英云：賊在内也。從宀，宀音綿從九。

潟〔六五〕鹵　上音昔。鹻鹵之地而又墊濕也。説文單作舄，意義如上，是舄履字，非此用。下音魯。考聲：鹵，鹹地也。西方曰鹵，象形字也。

西域記　第十一卷　二十三國

傳刃　淄事反。韻英云：傳，插也。

方頣大顙　上音怡，下桑朗也。

毛氈　廉輒反。毫毛也。

凍餒　努罪反。餒，飢也。

椰子　夜遮反。山果名也。

橐駞　上音託。即駱駞畜也。

阿奄荼　煩挽反。梵語不求字義。

西域記　第十二卷　二十二國

阿路猱　奴刀反。梵語。

危隥攲傾　登亘反，下起宜反。考聲云：不正也。或作崎、㱦，俗作攲，通也。説文云：從危支聲也。

培塿　蒲侯反，下婁厚反。通俗文云：螘封土也。

邐迤　上音里，下音以。山勢起伏相接連皃也。

鮫螭　上音交，下耻知反。並龍魚之種類也。

鷫鴇　上音肅，即鷫鷞鳥也。馬融曰：鷫鷞似鴈，其羽緑色，高首修頸，馬似之，故左傳謂「唐成公有兩鷫鷞馬」是也。說文：鷫鷞，西方神鳥也。下音保。毛詩云：鷫鴇羽集苞栩。栩音吁禹反。說文中從卂作鳵，亦通也。正體從𠂭。𠂭音保。或作鴇，亦同。

乾腊　音昔。肉乾也。

烏鎩國　音殺。胡語也。

巃嵸　上音籠，下音總。巃嵸者，山形高峻且危險之皃也。

崖嗛崢嶸　嗛音篋琰反。欠腹山崖也。崢，查衡反。嶸(嶸)〔六六〕音横。

抉目　淵悦反。挑抉目也。

飲吮　泉兗反。飲嗍乳也。

室餧伽山　力證反。胡語。又音力拯反。

甲縺　音連。連甲繩也。

飲餞　音賤。

媲摩　匹謎反。胡語也。

餬口　音胡。

巋然　丘鬼反。高峻獨立之皃。前第六已釋。

摛玉毫　丑移反。韻英云：摛，舒也。記之從禽作擒，通也。

未攄　褚余反。韻英云：攄，舒也。

閟於　鄙冀反。孔注尚書云：閟，慎也。韻英云：閉也。從門從毖省聲也。

嬀川　軌爲反。水名，亦地名。

葺行　寢入反。葺，理也。

吴會　古外反。會稽也。

驟移　愁救反。數也。

神衷　音中。記作衷，不成字。

經笥　思寺反。篋笥之屬也。

眺迦維　上桃釣反。遠視也。

瞴瞴　音無。考聲云：田(目)〔六七〕美皃也。又平聲，從目。韻英云：小合眼也。

搢紳　上音晋，下音申。

讜論　湯朗反，又當浪反。

园方　五官反。訛角也。

斲彫　上音卓，下丁幺反。彫，斲也。

褊能　上邊沔反。唊〔六八〕小也。

梗槩　上更幸反。

皇極二十年　即貞觀二十年。所言皇極者，皇帝御極已二十年也。

夸父　苦華反。考聲云：奢也。愚也，大也。俗字也。逐日走而渴死於野者。

外囿　尤救反。禁苑也。養麋鹿曰囿，養獸苑也。天子百里，諸侯三十里獵苑。

敻古　火娉反。敻，遠也。

燾覆　上陶到反。去聲字，從壽從灬。普覆點也。下敷救反。

一切經音義　卷第八十二

校勘記

〔一〕泉　獅作「臮」。
〔二〕宮　據文意似當作「宧」。
〔三〕主　據文意似作「云」。
〔四〕場　今傳本郭注作「塲」。
〔五〕持機緯也　今傳本説文爲「機之持緯者」。
〔六〕柢　據文意當作「抵」。下同。
〔七〕聚　今傳本杜注作「驟」。
〔八〕窺　據文意當作「窺」。
〔九〕説文：會禮也。從貝𧶠聲　今傳本説文：「賮，會禮也。从貝𧶠聲。」
〔一〇〕獛　據文意似當作「樸」。
〔一一〕一　今傳本郭注作「才」。
〔一二〕芮　據文意似作「丙」。
〔一三〕則　據文意似作「剛」。
〔一四〕上　據文意當作「也」。
〔一五〕攴　據文意當作「攴」。今傳本説文：「敞，平治高土，可以遠望也。从攴尚聲。」
〔一六〕説文：老也。從老旨聲　今傳本説文：「耆，老也。从老省旨聲。」
〔一七〕冽　獅作「列」。
〔一八〕烑　據文意似當作「烑」。
〔一九〕門　今傳本説文作「冂」。
〔二〇〕説文：帚……少康即杜康也　今傳本説文：「帚，糞也。從又，持巾埽冂內。古者少康初作箕、帚、秫酒。少康，杜康也。葬長垣。」
〔二一〕此下麗本原有脱文，獅有一框，內有「此間恐有脱文乎，今依於原本如斯」。
〔二二〕曰　麗無，據獅補。
〔二三〕聚　據文意似作「娶」。
〔二四〕反　今傳本説文作「及」。
〔二五〕文　據今傳本説文作「攴」。
〔二六〕卜　獅作「下」。
〔二七〕舃　獅作「舄」。
〔二八〕爾雅：褊，衣急也　今傳本爾雅：「褊，急也。」
〔二九〕説文：小也　今傳本説文：「褊，衣小也。」
〔三〇〕各　據文意當作「谷」。
〔三一〕痜　據文意似當作「瘧」。
〔三二〕盤　獅作「槃」。
〔三三〕臼　據文意似當作「臼」。
〔三四〕説文：實也。從襾　今傳本説文：「覈，實也。考事，襾笮邀遮，其辤得實曰覈。从襾敫聲。」「襾」，當作「襾」。下同。
〔三五〕勼　又作「勽」，今作「丂」。
〔三六〕説文：灾也。從人從各。人各人各者違也　今傳本説文：「咎，灾也。从人从各。各者相違也。」
〔三七〕矢　今傳本公羊傳作「楚」。
〔三八〕冋　獅作「囧」。下同。
〔三九〕賷　據文意似當作「賫」。
〔四〇〕陸　今傳本説文作「睦」。
〔四一〕轢　據文意當作「擽」。
〔四二〕陜　同「陝」。
〔四三〕啄　據文意當作「喙」。
〔四四〕大　大正作「天」。
〔四五〕擳　據文意當作「樴」。
〔四六〕泳　據文意似作「咏」。
〔四七〕母　獅作「毋」。
〔四八〕部經　似衍。
〔四九〕懾　據文意似作「㒤」。
〔五〇〕扁　據文意似作「嬻」。
〔五一〕省　衍。
〔五二〕羅　慧卷七釋「謬誤」作「罪」。
〔五三〕説文：受也。從手卩廾　今傳本説文：「承，奉也。受也。从手从卩从𠬞。」
〔五四〕娉　據文意似作「俜」或「騁」。
〔五五〕省　衍。
〔五六〕犬　獅作「大」。颳　據文意似作「颰」。
〔五七〕文　據文意似當作「攴」。今傳本説文：「收，捕也。从攴丩聲。」
〔五八〕説文：從广從古文陸省聲也　今傳本説文：「瘞，幽薶也。从土㾂聲。」
〔五九〕省　衍。
〔六〇〕説文：辯論　今傳本説文：「詖，辯論也。」
〔六一〕連　據文意似作「漣」。
〔六二〕革　獅作「草」。
〔六三〕輟　據文意似作「較」。
〔六四〕捧　據文意當作「棒」。
〔六五〕潟　獅作「瀉」。
〔六六〕爍　據文意當作「嶸」。
〔六七〕田　據文意似作「目」。
〔六八〕映　據文意似作「陿」。

一切經音義　卷第八十三

翻經沙門慧琳撰

音大唐慈恩寺三藏法師玄奘傳　序

暨夫　上其器反。爾雅云：暨，與也。說文：從旦既聲。

逗機　上頭候反。字書：逗，留也。說文：逗亦止也。從辵豆聲。下既希反。考聲云：機，明也。孔注尚書：微也。說文：發也。從木幾聲。傳從手作擹，誤也。

剖析　普口反。顧野王云：剖猶破也。杜注左傳云：中分爲剖。說文：從刀從音聲。下先歷反。孔注尚書云：析，分也。說文：破木也。從木斤聲。傳從片作㭊，俗字通用。

譯粹　盈益反。說文：譯四夷之言者也。從言睪聲，音同上。下雖醉反。王注楚辭：粹，精也。說文：粹，不雜也。從米卒聲。

至賾　下仕責反。周易云：賾，幽深之極稱。古今正字：從臣責聲。臣音移。

競軫　下之忍反。鄭注考工記：軫，輿後橫木也。太玄經：軫，轉其道也。說文義同，從車㐱音同上聲。

楊〔一〕鑣　彼苗反。毛詩：輶車鑾鑣。文字集略：亦馬勒也。說文：馬銜也。從金麃聲也。輶音由，麃音薄交反。

玄弭　下彌粃反。爾雅：弭，弓無緣者謂之弭。說文：從弓耳聲。

佩觿　上蒲昧反。鄭注禮記云：服物於身曰佩。說文：大帶佩也。從人凧聲。必有巾，從巾，巾謂之飾也。下許規反。毛詩傳：觿，所以解結，成人風(佩)〔二〕也。鄭注禮記云：形如錐，以象骨爲之。說文：從角巂聲。傳作鑴，俗字，非也。巂音惠圭反。

每慨　開愛反。考聲：慨，歎也。說文：從心既聲。

蠹簡　都故反。穆天子傳云：蠹，食書蟲也。說文：亦木內蟲也。從䖵從橐省聲〔三〕。䖵音昆，橐音託。

高轒　扶云反。漢書音義：轒者，匈奴兵車也。聲類：亦攻戰車也。說文：從車賁聲。賁音奔〔四〕。

巨幟　上渠舉反。考聲云：大也。傳作巨字，非也。下鴟至反。考聲云：摽記也。以帛長五尺廣半幅綴於旗上也。古今正字：從巾戠聲。傳從心作幟，誤也。戠音識。

郵駿　上有求反。鄭注爾雅：郵，道路過也。鄭注禮記：郵，表也。說文：境上行書舍也。從邑垂聲。傳從缶作卸，音星夜反，是卸馬鞍，字與本義乖。下遵峻反。郭注爾雅云：馬之美稱也。駿亦速疾也。說文：馬良才也。從馬夋聲也。

迓之　上五駕反。爾雅云：迓，迎也。古今正字：從辵牙聲。

闐城　殿年反。爾雅云：闐闐，盛皃也。郭注云：群行聲也。說

文：從門真聲。

蹡蹡　七將反。毛詩箋云：蹡蹡，士大夫威儀也。傳云：蹡蹡亦集也。説文：蹡蹡，盛皃也。從足將聲。傳從金作鏘鏘，樂器聲。

豳國　上筆旻反。鄭玄詩譜云：豳，戎狄界地名也。公劉所封之邑也。古今正字：從山豩聲。豩音斌。

矚之　鍾辱反。考聲：視也。衆目所歸也。從目屬聲。傳作矚，俗字者也。

鑽之　纂官反。顧野王：鑽謂鐫鑿也。説文：所以穿者也。從金贊聲。

削稾〔五〕　上相略反。廣雅：削，減也。説文：從刀肖聲。下高老反。史記：屈原爲憲令，屬令（屈平）屬草稾未定也〔六〕。顧野王：稾猶草也。説文：秆也。從禾高聲。傳從草作藁，俗字也。

捜購　上所周反。杜注左傳：捜，閲也。字書：求也。説文：從手叜聲。傳從叟作搜，俗字也。下溝漏反。説文：以財有求曰購。從貝冓聲。冓音同。

操翰　上草勞反。説文：操，抱把持也。從手喿聲。下寒幹反。考聲：鳥羽也。説文亦天雞羽也。從羽倝聲。傳從翕作翰，俗字。喿音桑到反，倝音干岸反。

汍〔七〕瀾　上胡官反。傳：離汍。水流皃也，亦作洹。説文：從水丸〔八〕聲。下落干反。爾雅：大波爲瀾。説文：從水闌聲。

腷臆　上披逼反，下應極反。顧野王：腷臆猶盈滿也。郭注方言：腷臆亦氣滿也。玉篇：或從心作愊。説文：臆，古文從乙作肊。傳從月作臆，俗字通也。

粈瓦石　上女又反〔九〕。鄭注儀禮：粈，雜也。字書亦作粗，音同。古今正字：從米柔聲也。

琳璆　上立今反。孔注尚書：琳，玉名也。説文：從玉林聲。下音虯。孔注尚書：璆亦玉也。説文：從玉翏聲。

錯綜　上蒼各反。孔注尚書：錯，雜也。説文：從金昔聲。下宗送反。説文：綜，縷持絲交者也。從糸宗聲〔一〇〕。

大唐三藏玄奘法師本傳　第一卷

緱氏　上苟侯反。漢書云：河南有緱氏縣也。説文：從糸侯聲。

屆於　上皆薤反。孔注尚書云：屆，至也。説文：從尸由聲。

玄奘　下藏朗反。方言：奘，大也。説文：從大壯聲也。

司𥼶　音戾。春秋傳曰：司𥼶掌五𥼶之法。杜注左傳：𥼶，賤官也。古今正字：從米入戾聲。

珪璋　上癸攜反。鄭注周禮：王執珪，長尺有二寸。白虎通：珪之言潔也。説文：從玉圭聲。下灼羊反。鄭注周禮：半珪曰璋。白虎通：璋之言明也。説文：從玉章聲。

闤闠　上滑關反。廣雅：闤，道也。説文：從門睘聲。下胡對反。説文：市外門也。從門貴聲。

嘈啐　上皂勞反，下才曷反。廣雅：嘈啐聲也。古今正字：鼓聲也。並從口，曹、卒皆聲。傳從贊作囋，俗字。

翔翥　上象良反，下諸慮反。方言：翥，舉也。楚辭云：飛翔也。説文亦飛舉也。從羽者聲。

伏膺　下抑凌反。説文：膺，胸也。從肉䧹聲。

桀跖　上虔孽反，下征亦反。

刳斮　苦孤反。蒼頡篇：刳，屠也。方言：剔也。説文：從刀夸聲。下側略反。廣雅：斮，斷也。孔注尚書云：斮，斬也。

說文：從斤昔聲。

芟夷　上所銜反。毛詩：芟，除草也。說文：從艸殳聲。下以之反。爾雅云：夷，平也。又滅也。周禮：以水殄草而芟夷之也。文字典說：夷狄之人好大弓，故從大從弓。

煬帝　上羊亮反。隋帝謚号也。說文：從火昜音羊聲。

酇公　上昨何反。漢沛國縣名，籯（蕭）〔一一〕何所封之邑也。今屬譙郡。說文：從邑贊聲。

八紘　音橫。淮南子：知八紘九野之形。許注云：紘，維也。說文：從糸厷聲。厷音同上。傳從宀作宏。宏，大也。

隤綱　上隊雷反。廣雅：隤，壞也。說文：墜下也。從𨸏貴聲。傳作頹，俗字也。或作穨〔一二〕也。

包挫　補茅反。說文：裹也。有所包裹也。傳從艸作苞，亦通。下租卧反。說文：挫，折也。從手坐聲。

詢問　上恤遵反。

沿江　上悅涓反。孔注尚書云：從流而下曰沿。說文：從水㕣聲。

嚫施　上初靳反。文字集略：嚫，施也。傳從貝作䞋，亦通。

無梗　庚哽反。病也，猛也，直也，强也。賈注國語：梗猶害也。說文：從木更聲。

洪濤　上斛公反。孔注尚書：洪，大也。說文：水也。從水共聲。下唐豪反。蒼頡：大波〔一三〕。說文：濤，潮水涌起也。從水壽聲。

洶湧　上凶拱反。說文：洶即涌也。謂水波騰皃也。從水匈聲。下容種反。說文：涌亦騰也。從水勇聲。亦作涌也。

船橃　下樊韈反。蒼頡篇：橃，附也。說文：海中大船也。從木發聲。傳從木作栰，俗字，非也。

峻峭　上詢俊反，下七曜反。聲類：峭亦山峻也。說文：或從𨸏作陗。

摶颻　上段鸞反。聲類：摶，捉也。說文：從手專聲。下匹遥反。爾雅：扶摇謂之颻。郭注云：暴風上下者也。從風猋聲也。

颯至　三合反。顧野王：颯謂風吹木葉落之聲。說文：翔風也。從風立聲。

稽顙　下桑朗反。

莫賀延磧　清歷反。在姑臧西，千里絶人，境無水草，唯砂，名之爲磧。從石責聲。

愁憒　公對反。說文：憒，亂也。從心貴聲。

憂惘（惘）〔一四〕　音罔（罔）〔一五〕。鄭注禮記：罔猶無知意也。說文：象形。罔文也。傳從心作惘，俗字通用。

燉煌　鈍敦反，下音皇。隴右道郡名，今沙州是也。

齎餅果　上濟齊反。考聲正作齎。傳作賫，俗字也。從貝齊聲也。

貿衣資　上矛候反。爾雅：貿，賣也。亦市也。說文：易財也。從貝次聲。

不懌　盈益反。說文：悅，懌也。從心睪聲。

鬼魅　下眉祕反。

盥漱　上官短反。顧野王：凡澡洒物皆曰盥也。說文：從臼（臼）〔一六〕水臨皿也。下所救反。考聲作潄，是盥潄字。傳從口作嗽，是欬嗽字。

確然　若（苦）〔一七〕角反。韓康伯曰：確，堅皃。說文：從石隺聲也。

孑然　上音結。方言：孑〔一八〕，單也。廣雅：孑，短也。說文：無

左〔一九〕臂。象形字也。

裘褐　上音求，下寒割反。

駝馬　徒何反。駱駞也。

矟纛　霜捉反。考聲作矟，大矛也。傳從木作槊，是木名也。下同禄反。鄭衆注周禮：纛，羽葆幢也。蔡邕獨斷：纛者以旄牛尾爲之。説文：從縣毒聲。

爇火　儒悦反。杜注左傳：爇，燒也。蒼頡篇：爇，然也。説文：從艸熱聲。

桑梓　下音子。木名也。

跣走　上先典反。説文：以足無鞋履親履地也。從足先聲也。

可汗　音寒，假借字也。北狄王號。

疲勩　怡制反。毛詩傳：勩，勞也。廣雅：苦也。説文：亦勞也。從力貰聲。或從隶作⿰隶力。傳從貰作勩，非也。

閹人　掩炎反。鄭注周禮云：閹，精氣閉藏者。説文：閹豎，宫中閹昏閉門者也。從門奄聲。

汾晋　上佛聞反。山海經：汾水出上窳，自北而南入黄河也。下津燼反。

攘袂　若羊反。鄭注周禮：攘，却也。顧野王：謂攘除衣袂出臂也。説文：從手襄聲也。

漸惙　陟劣反。聲類云：惙，氣短之皃也。毛詩傳云：惙亦憂也。説文：從心叕聲。

爲蹬　登鄧反。廣雅：蹬，履也。考聲作隥，亦履也，仰也。説文：從𨸏登聲。傳文從足作蹭〔二〇〕蹬，行步失所皃，非此義也。

舟檝　尖葉反。考聲云：駕船具棹類也。從木戢聲。傳從舟作艥，俗字也。

讖什　上楚蔭反。説文：讖，驗也。從言韱聲。

躊躇　上宙留反，下佇驢反。

侘傺　上瑹加反，下敕例反。王注楚辭云：侘傺，失志皃也。古今正字亦失志悵立爲侘。並從人，宅、祭皆聲。

小蠃　盧戈反。考聲云：蠃即蝸牛也。説文：從虫𣎆聲。亦作蠡，俗作螺，傳作蚉，誤也。

荏苒　上任錦反，下而琰反。

煢獨　上葵營反。孔注尚書：煢，單也。説文：從卂從營省聲。卂称信。

大唐三藏玄奘法師本傳　第二卷

甎石　上音專。埤蒼云：⿰鹿瓦甎也。説文：從瓦專聲。⿰鹿瓦音鹿。

銀礦　下虢猛反。説文云：銅鐵金等璞也。或作磺、鉚。從石廣聲也。

川崖　額皆反。考聲云：崖，山澗邊險岸也。説文：高邊也。從山厓聲。厓音同上。

凝冱　下胡故反。杜注左傳：冱，閉也。王注楚辭云：冱亦寒也。古今正字：從水互聲。

皚然　艾哀反。説文：霜雪之皃也。從白豈聲。

蹊徑　上系雞反。鄭注禮記：蹊，徑，道也。杜注左傳：蹊亦徑也。説文：從足奚聲。

崎嶇　上綺羈反，下音區。考聲云：崎嶇，陒迫也。不平也。並從山，奇、區皆聲。傳從丘作岴，俗字也。

複履　上夫伏反。説文：複，壁衣也。從衣复聲。

而炊　下齒爲反。説文云：炊，爨也。從火欠聲。

𣨙凍　上委爲反。説文：𣨙，病也。從歹委聲。下東弄反。説文：凍即冰也。從冫音冰東聲也。
畋遊　上甸憐反。説文：平田也。從田攴聲。
裹額　五革反。説文云：額，顙也。從頁各聲。傳從客作額，俗字，誤也。
毳毛　上姝汭反。鄭注周禮云：毳毛，毛之細者也。鄭衆曰：毳，罽衣也。説文：獸細毛也。從三毛。
重茵　一鄰反。鄭注禮記：茵，蓐也。説文：從艸因聲。
敷蓐　下茸燭反。考聲：草也。厚也。滋綿度也。從草辱聲。傳從糸作縟，俗字，非也。
窣渾　上蘇没反，下胡昆反。案本傳，夷狄器也。
傑休　上音禁，下音末。韻詮云：傑，仰頭皃也。考聲：夷樂名也。
鏗鏘　上客行反，下鵲良反。玉篇云：鏗鏘，皆物之聲也。説文：並從金也。
烹鮮　上拍盲反。文字集略：煎水熟食也。下銑延反。説文：正從三魚。傳文作鮮，俗字，通用也。
羔犢　上音高，下音獨。
一襲　尋立反。郭注爾雅：襲猶重也。説文：從衣從龖省聲。龖音大帀反。
赭時國　上遮夜反。國名也。唐言石國也。
颯秣建國　上三合反，次晚發反。國名，唐言康國[也]〔二一〕。
喝捍國　上胡葛反，中音汗。唐言東安國也。
門扉　匪微反。
鍱鐵　上餘頰反。説文：齊謂鏶才入[反]曰鍱。從金枼聲〔二二〕。
爲鈴　歷丁反。

篡立　初慣反。考聲：煞而奪其位也。亦取也。上從竹。
顯敞　下昌壤反。蒼頡篇：高顯也。説文：治高土可遠望也。從攴尚聲。
腴潤　上音逾。鄭注禮記：腴，冬氣在也。説文：從肉臾聲。下瞤運反。
澡罐　上音早，下官亂反。考聲：瓦器也。或作欟。
光瑞　下垂僞反。蒼頡篇：瑞，應也。鄭注禮記：瑞亦信也。説文：從玉耑聲。耑音端。
帚柄　上周酉反。顧野王：帚，所以掃除糞穢也。説文：從又持巾掃門右者〔二三〕。下兵命反。字書：執也。持也，把也。説文：從木丙聲也。
基趾　之始反。杜注左傳：趾足也。郭注爾雅亦脚也。説文：從足止聲。
䴛蜜　昌擾反。考聲云：䴛，熬米麥也。傳從少作麨，俗字也。下民必反。
磔迦國　上陟革反。國名也。
游泳　上酉周反，下榮柄反。爾雅：泳，游也。説文：從水永聲也。
蹔霽　下子計反。説文：雨止也。從雨齊聲。
鍮石　透樓反。考聲云：鍮石，似金者。從金從俞聲。
絳色　上江巷反。考聲：絳，赤色也。説文：絳亦赤也。從糸夅聲。
振羽　真吝反。傳從展作搌，非也。
少戢　簪澀反。考聲云：戢，斂也。説文：從戈咠聲。
愜伏　謙協反。廣雅：愜，可也。又訓服爲愜。説文：從心匧聲。匧音同上。或作悘。

蔑戾車　上眠瞥反，下黎計反。唐言邊地也。

灰燼　下辭進反。毛詩箋云：火餘曰燼。説文作㶳，從火聿聲。

倏而　收六反。廣雅：倏，火光也。楚辭：倏忽，急疾皃也。説文：犬走也。從犬攸聲。傳從火作倏，誤也。

熙融　喜疑反。毛詩箋：熙，光明也。説文：從火巸聲。巸音移。

瞢揭氂城　上墨朋反，下里知反。梵語西國城名也。

霏霏　芬微反。毛詩傳云：霏霏，雪皃。古今正字：從雨非聲。

身飤　辭字反。聲類：飤，哺也。禮記孔子曰「少施氏曰：飤我以禮」是也。説文：從食從人。

縆鎖　上亘恒反。説文：縆，索也。從糸恒聲。傳從亘作絚，音胡官反，非傳文義也。下蘇果反。字書云：鎖，連環也。説文：從金肖聲。傳從巢作鏁，俗字也。

踐躡　上前演反，下黏輒反。鄭注禮記：踐，履也。説文：躡，蹈也。並從足，戔、聶皆聲。

刻木　肯勒反。説文：鏤也。從刀亥聲。

鉢剌婆　中蘭怛反。梵語。唐言月光也。

煙華　上宴賢反。傳作烟，音因，是烟熅義，非也。

盱衡　上音吁。蒼頡篇云：張目也。説文：從目于聲。

鄔波第鑠論　上傷勺反。舊曰優波提舍，訛也。

蘿蔓　上音羅，下音万。

透出　上偷漏反。古今正字：驚也。從辵秀聲。

僅而　勤慭反。廣雅：僅，少也。説文：從人堇聲。堇音謹。

河濱　音賓。

羯若鞠闍國　中音掬。梵語也。

群僚　下了凋反。孔注尚書云：僚，官也。説文：從人尞聲也。

秀傑　音竭。毛詩云：傑，特立也。淮南子：智過千人曰傑。説文：從人桀聲。

牢籠　上老刀反。鄭注周禮：牢，閑〔二四〕也。説文：閑，養牛馬圈也。從冬省。凡取四周帀也。下禄東反。莊子「鳩之在籠」是也。説文：從竹龍聲。

大唐三藏玄奘法師本傳　第三卷

大駭　下諧駭反。蒼頡篇：駭，驚也。説文：從馬亥聲。

墠周　上時闡反。韓詩：墠，坦坦〔二五〕也。説文：墠，野也。從土單聲。案本傳，土地平一也。

甎龕　勘含反。廣雅：龕，盛也。説文：龍皃也。從龍含省聲。傳從合，非也。

層級　上贈曾反，下今立反。

堆堞　上都回反。王注楚辭：堆，高也。説文：從土隹聲。下殆頰反。杜注左傳：堞，女牆也。説文：從土枼聲。

垣壘　雨喧反。毛詩傳：垣，牆也。羸鬼反。廣雅云：壘，重也。

傾仄　莊力反。説文：日在西方時側。從日仄聲。或作昃、昊，皆同。

緬惟　綿緬反。賈注國語：緬，思皃也。説文：從糸面聲，或作緬。

嗚噎　上鄔胡反〔二六〕，下煙結反。

檳榔　上音賓，下音郎。

荳蔻　呼遘反。

虯棟　上祁由反，下東弄反。作蟉。廣雅：檼，棟也。屋極也。從木東聲。

繡櫨　魯都反。櫨，柱上方木也。從木盧聲。

文梶　鼻卑反。蒼頡篇：梶，櫓也。聲類：屋連綿也。說文：屋梠也。從木毘聲。傳從手作掍，非也。

甍棱　上音萌〔二七〕。杜注左傳云：甍，屋棟也。說文亦屋棟也。從瓦從夢省聲。

榱連　世追反。爾雅：角謂之榱。郭注云：即椽也。說文：從木衰聲。

秔米　上革衡反。說文：稻屬也。從禾亢聲。

姞栗陀羅矩吒　祁吉反。梵語也。

户隙　卿戟反。顧野王云：隙猶穿穴也。說文：隙，壁際也。從自㡭聲。㡭音同上。

寠訶山　上瞿矩反。西國山名也。

鎩翮　山八反。淮南子：飛鳥鎩翮，走獸廢脚。考聲：鎩，鳥羽病也。說文：從金殺聲。傳從叕作錣，誤也。

巖巘　下言蹇反。郭注爾雅：巘，山形如累兩甑也。說文：從山獻聲。

鉤闌　上苟侯反。劉瓛注周易曰：鉤而引之也。說文：曲也。從金勾聲。下嬾單反。考聲：闌，以木遮門也。傳從木作欄，是木名也。非本義也。

桾稚迦　上君醖反，下持几反。梵語。傳中自釋。

大唐三藏玄奘法師本傳　第四卷

深闊　寬活反。案考聲云：闊，門廣也。從門活聲。傳從舌作闊，非也。

豺兕　上音柴。說文：豺，狼屬也。從豸才聲。下音寺。山海經：兕在舜葬東湘水南，狀如牛，蒼黑色。郭注爾雅：一角，青色，重千斤。說文：如野牛而青，象形，與禽离頭同。

黑豹　包兒反。考聲云：豹，獸名也。從豸從勺。傳從犬作犳，俗字，非也。豸音雉。

掘挽　上群鬱反，下音晚。

鎚鑽　上治追反。考聲云：鐵鎚也。文字典說：從金追聲。下子亂反。

斲取　上竹角反。孔注尚書：斲，削。說文：斲亦斫也。從斤𠁁聲。

鐫鑿　上子旋反。考聲云：鐫，刻也。琢石也。下藏各反。傳作鐫鑿，俗字也，書寫誤也。

芬馨　聞經反。尚書云：明德惟馨。說文：香之遠聞也。從香殸聲。殸音坑。

羯朱嗢祇羅國　中溫骨反。梵語。

耽摩栗底國　上荅含反，中鄰質反，下低禮反。並梵語也。

阿吠邪鄧瑟唦羅　上扶廢反，中臻櫛反，下鱸烈反。並梵語也。

秣羅矩吒國　上零的反，中俱迃反，下丑迦反。並梵語也。

方蟄　沈立反。顧野王：蟄，隱也。說文：從虫執聲。

傴身　上紆禹反。廣雅：傴，曲也。說文：從人區聲也。

烏喙　暉穢反。毛詩傳：喙，口也。說文：從口豕（彖）〔二八〕聲。

梗粟　上庚冷反。從木。傳從米作粳，是粳米，字與本義乖也。

跋禄羯呫婆國　上盤末反，中他篋反。並梵語也。

漉水　籠谷反。說文：浚也。從水鹿聲也。

驝駝　上湯洛反，下徒何反。周書：王會正，北以驝駝爲獻。顧野王：背有肉鞍，能負重，善行致遠，北方饒之。說文：並從馬，橐、它皆聲。

拂懍國　中林禁反。假借也。
阿鞏荼國　中蕃万反。梵語七國名也。
著亟縛屣　中居力反，下師履反。
皽赧　下搦簡反。爾雅：面愧曰赧。説文：亦面皽赤也。從赤𠬝聲。傳從皮作赧，俗〔二九〕。
鼷鼠　系雞反。説文：小鼠也。從鼠奚聲。
蹉躡　上錯何反。考聲：足趺〔三〇〕蹋也。古今正字：從足差聲。下黏輒反。前已訓釋。
猫狸　上卯包反，下里知反。
如鋪多外道　上普故反。梵語外道名也。
足皴　七旬反。埤蒼：皴，皵也。文字典説：從皮夋聲。皵音鵲，夋音逡。
髏髯　漏兜反，下麥班反。案傳文以髏骨爲髯，裝頭掛頸以爲飾。
磈磊　上音隗，下雷猥反。説文：衆石皃也。從三石。
胜臊　上音星，下嫂遭反。
溷中　渾鈍反。説文：溷亦廁也。從水圂聲。圂音同上。

大唐三藏玄奘法師本傳　第五卷

萬梭　嫂勞反。文字集略：梭，舟數也。説文：梭，船總名也。從木夋聲。傳從舟作艘，俗字也。
敕警　音景。
版盪　上班簡反，下唐朗反。考聲云：版，祁〔三一〕僻也。杜注左傳云：盪，摇也。又曰：盪，動也。説文：版，判也。從片反聲。或從𠂤作阪。説文：盪，從皿湯聲。
撲翦　上普鹿反。廣雅：撲，擊也。蒼頡篇：撲，頭〔三二〕也。説文：從手菐聲。下煎踐反。杜注左傳：翦，盡也。又翦，滅也。鄭注禮記：翦猶煞也。説文：從羽前聲。或作戩。傳從刀作剪，誤也。
鯨鯢　上競迎反，下詣雞反。左氏傳：取其鯨鯢。杜注云：大魚也。許注淮南子：鯨者，魚之王也。説文：並從魚，京、兒皆聲也。
杖鉞　音越。司馬法：周〔三三〕左杖黄戉，右把白旄。説文：戉，大斧也。正作戉。傳從金作鉞，通用也。
峨峨　我阿反。王逸注楚辭云：峨峨，高皃也。説文：從山我聲。
岌岌　吟立反。王逸注楚辭云：岌岌亦高危皃。説文：從山及聲。
瓔珮　上益形反，下陪昧反。
魚麗　音離。
去帽　毛報反。字書：帽亦冠也。説文：從巾冒聲。
吸水　上歆急反。毛詩箋：吸猶引也。廣雅：吸，飲也。説文亦内息也。從口及聲。
墠上　音善。前已訓釋。
劈釧　川戀反。
梗檕　庚冷反，下垓艾反。薛琮曰：清拭爲檕。説文：從木既聲。
劬師羅長者　上具隅反。
漕矩吒國　上音皂。
瞢健國　上墨崩反。西方國名。
呬摩怛羅國　上馨異反。國名也。

莽莽　忙牓反。楚辭：草木莽莽。王注云：莽莽，盛也。廣雅：莽莽，茂也。說文：南昌謂犬善逐兔艸中象莽〔三四〕。從犬茻亦聲。傳從水作漭，是水遠皃，非也。

交聒　官活反。說文：讙語也。從耳昏聲。傳作聒，俗字也。

巨㲉　坑岳反。顧野王：凡物皮皆謂之㲉。字書：卵孚㱿也。或作㱿。說文：從卵㱿聲。

揭盤陀國　上丘烈反。國名。

烏鎩國　川劣反。梵語。

峰崿　昂各反。考聲：崿，厓也。左思魏都賦：嵁崿山形也。嵁音五敢反。

毿毿　颯甘反。考聲：髮長垂皃也。傳從艸作蔘，俗字，非也。或作毶也。

成簀　側革反。毛詩傳：簀，積也。鄭注禮記：簀謂牀也。說文：從竹責聲。傳從竹作籍，誤也。或作𤗪也。

斷食　團亂反。案考聲正作此斷。斷，絕也。傳作段，人姓也，本義殊乖也。

腠理　上音湊。鄭注儀禮：腠，膚理也。古今正字義同，從肉奏聲。

擊揵槌　經歷反。考聲切韻正作此擊。擊，打也。傳從系作繫，是繫縛字，本義乖。

愀然　七小反。文字典說：愀然，不悅也。從心秋聲。

細氈　戰延反。傳作此氊，俗字也。

瑿玉　於雞反。考聲切韻：黑玉也。正作瑿。傳從玉[作]〔三五〕毉，俗字，非也。

勃伽夷城　上盆没反。

驍雄　上音澆。

嶢崄　上音譊。廣雅：嶢，高皃。說文：從山堯聲。

鄯於沮沫　上音善，中七慮反，下漫鉢反。梵語也。

熾确　下口角反。聲類：磽、确，薄也。說文：從石角聲。

大唐三藏玄奘法師本傳　第六卷

叔昚　音慎。

帳輿　與諸反。蘇林曰：輿猶載也。說文：車輿也。從車舁聲。

翌日　上蠅職反。與從羽作翊同。

婆羅痆斯國　中儜戛反。西方國名。梵語也。

迾道　列滯反。鄭注禮記：迾，遮也。考聲：謂駕前清路也。說文亦遮也。從辵列聲。

跬步　上窺箠反。方言：半步爲跬。說文：從足圭聲。

闤闠　上音還，下音會。

梯隥　登鄧反。案梯隥，正從𨸏作隥。今傳從足作蹬，俗字也。

曁乎　勍既反。上文已釋訖。

繕寫　上音善。杜注左傳：繕，治也。說文：繕，補也。從糸善聲。

鑾輿　卵端反。周禮：路儀以鑾和爲節。鄭注云：皆以金爲鈴也。說文：從金䜌聲也。

蟠木　音盤。東海蟠桃桃樹也。

楛矢　上胡古反。孔注尚書云：楛，木中矢幹。說文：從苦木聲也。

刳舟　口孤反。周書：刳木爲舟。說文：刳，判也。從刀夸聲。

堙方輿　上一真反。孔注尚書：堙，塞也。杜注左傳亦土山也。古今正字：從土垔聲。或作此𡊅，音上同。

欒囿　音右。

濛汜　上音蒙，下音似。

委賫　秦刃反。蒼頡篇：財貨曰賫。説文：會禮也。從貝㚇音上同聲。

静謐　下民畢反。爾雅：謐，静。説文：從言盗聲。盗音同上。

秋螽　祝戎反。考聲云：螽，螽蜥，蟲名也。作蠑也。説文亦蝗也。從䖵音昆冬聲也。

曩實　囊黨反。爾雅：曩，久也。考聲：昔也。説文：從日襄聲。

雪岫　音袖。

坡陀　上破波反。考聲云：坂也。亦作陂、岥。岥陀，邪下皃也。爾雅亦坡者則坂也。説文：從土皮聲。下馱何反。

廣袤　莫候反。史記：袤廣六里。説文：南北曰袤，東西曰廣。從衣矛聲。

夸父　卦華反。列子曰：夸父善走，能與日争馳，所死之地化爲鄧林。

猥垂　上隈迴反。蒼頡篇：頓也。説文：從犬畏聲。

宸眷　上是人反。文字典説：宸，至宇也。天子有紫宸殿，皆天子所居之屋也。從宀音綿辰聲。下俱願反。尚書：皇天眷命。孔注：眷，視也。説文：顧也。從目𢍏音眷聲。傳作睠，誤也。

升鉉　胡犬反。周禮：鉉謂鼎耳。説文：鼎耳謂之鉉。從金玄聲。

槐庭　上壞乖反。木名也。

廱熙　上擁恭反。傳從口作噰熙字，誤也。正從广作廱，或作雍也。

澆風　上皎遥反。文字典説：澆，浮薄也。從水堯聲。

卉服　上暉貴反。孔注尚書：卉服，草服也。説文：草之總名。從三屮。

稽顙　桑朗反。方言：顙，額也。説文：從頁桑聲。

夷邸　低禮反。蒼頡篇：邸，舍也。説文：屬國之舍也。從邑氐聲。

玁狁　上音險，下音允。毛詩傳：北狄也。考聲切韻：正從嚴作玁狁字。傳從犬作獫字，俗也，通用。

酆鄗　上音豐，下音浩。

鳴鏑　丁歷反。

高麗　音黎。

半堞　音牒。

狼狽　上朗當反，下杯蓋反。

駐蹕　賓蜜反。鄭注周禮：蹕謂止行者清道也。説文：從足畢聲。

凱旋　上開改反。字書：遊歸樂也。古今正字：凱，大也。從几豈聲。或作此豈。

俘馘　上撫無反。杜注左傳：俘，所得囚也。説文：從人孚聲。下虢獲反。杜注左傳：馘，所以截耳也。文字典説：馘，正從耳作聝。傳從𩠐作馘，俗字也。

熒爝　子躍反。呂不韋曰：湯得伊尹爝。

之腋　音亦。

大廈　音下。鄭注禮記：廈之門無[三六]，其形旁廣而卑也。文字典説：從广夏聲也。

汀瀅　上音聽，平聲，下音榮迥反。考聲：並小水皃。楊子雲甘泉賦作瀅。傳作汀滎二字，誤。

兖相荆楊　上緣罥反。案兖州字不從水。今傳作此沇，非也。

作製　上臧洛反。傳從日作昨，是音鑿，傳寫誤也。

瓦礫　零滴反。

大唐三藏玄奘法師本傳　第七卷

軌躅　上居洧反，下重録反。案考聲切韻正躅。傳作躅，俗字也。

斂衽　音荏。文字典説：曲禮「執衽何嚮」。從衣壬聲。

金匱　求貴反。王注楚辭：匱，匣也。説文：從匚音方貴聲。

甸之　上音殿。毛詩傳：甸，治也。鄭注周禮：甸之言田也。孔注尚書云：甸，去王城面五百里也。説文：從田勹聲〔三七〕。勹，飽茅反。茅聲。

髫齔　上音條。考聲云：小兒剃頭留兩邊也。文字典説：髫，小兒髮也。從髟召聲。下初靳反。鄭注周禮：男八歲女七歲即毁齒也。説文：從齒匕聲。

攡光　敕知反。考聲：陳布也。宋忠注太玄經：攡，張也。説文：從手離聲也。

浹辰　尖葉反。鄭注周禮：從甲至癸謂之浹日。韓詩：浹，通也。説文：從水夾聲。

碑石　音悲。釋名：追述君父之功以書其上〔三八〕。説文：從石卑聲。

咎譴　上音舊，下牽戰反。廣雅：譴，責也。説文云：譴也。從言遣聲。

陟屺　音起。毛詩：陟彼屺兮。傳曰：山有草木曰屺。説文：無草木曰屺。從山已聲。

益疢　下君霤反。爾雅：疢病也。説文：從疒久聲。

忉利　上音刀。

班倕　上八蠻反。案春秋傳：班公輸，哀公時巧人也。下睡規反。鄭注山海經：倕，堯巧工也。古今正字：從人垂聲。

梓桂　上茲里反，下圭鋭反。案並木名。

豫章　上余據反，下灼良反。案豫章，郡名。今傳皆從木作橡樟字也。

栟櫚　上音并，下音驢。皆木名也。

至賾　柴窄反。劉瓛曰：賾者，幽深之極稱。説文：從臣責聲。臣音移。

精粹　雖類反。説文：粹，不雜也。從米卒聲。

鳥篆　傳兖反。説文：引書也。周宣［王］〔三九〕太史史籀著大篆十五篇。從竹從彖。

八埏　以旃反。漢書音義：八埏之地際也〔四〇〕。説文：從土延聲也。

凝旒　旅周反。毛詩箋云：旌旗之垂者也。古今正字：冕垂玉旒。從㫃㐬聲。㐬，他骨反。

覃溟　上淡南反。毛詩傳：覃，延也。又長也。説文作𪊨。古之作亶。下覓瓶反。

蠡酌　上魯過反。上文已釋訖。

暨乎　奇冀反。杜注［左］〔四一〕傳：暨，至也。爾雅亦及也。傳從水作洎。徐廣云：肉汁也。與本義乖。

貌吼　上諂雞反。埤蒼云：狻猊也。顧野王：即師子也。古今正字：從豸兒聲。或從犬作猊。

翾走　血緣反。爾雅：翾，飛。説文亦小飛也。從羽睘聲。

關鍵　下其蹇反。方言：自關已東陳楚之間謂鑰爲鍵。説文：從金建聲。

梯航　剔低反，下鶴崗反。方言：自關而東謂舟爲航。説文：從

舟亢聲。

跨懸度　誇化反。顧野王：謂舉足。杜注左傳云：跨謂過其上。說文：跨，渡也。從足夸聲。夸，苦華反。

輸琛　耻林反。字書：琛，寶也。爾雅：寶玉爲琛。或作賝。古今正字：從玉從深省聲也。

鍼綫　上執林反，下仙練反。考聲切韻正作綫。傳從糸作線，俗字也。

稻畦　下惠圭反。王注楚辭云：畦猶區也。說文：田五十畝也。從田圭聲。

荐臻　前練反。文字典說：重也。從艸存聲。下側巾反。

刀鋸　居御反。蒼頡篇：截物鋸也。說文：從金居聲。

慼恧　女六反。方言：恧，慚也。說文：從心而聲。

俯僂　上音府。顧野王：俯謂[下]〔四二〕首也。古今正字：俯，曲也。從人府聲。下力矩反。廣雅：曲也。說文：從人婁聲也。

跼蹐　上渠玉反。顧野王云：跼，不伸。亦曲也。古今正字：從足局聲。下茲亦反。說文：小步也。從足脊音積聲。

塵黷　下同祿反。蒼頡篇：垢，黷也。說文：黷謂握持垢也。從黑賣聲。

纂曆　鑽卵反。賈注國語：纂，集也。考聲亦集也。說文：從糸算息管反聲也。或從艸也。

櫛沐　上阻瑟反。禮記：髮晞用象櫛。梳比之總名。從木節聲。

戡亂　坎含反。孔注尚書：戡亦勝也。大傳：戡者，克也。說文亦勝也。從戈今聲〔四三〕。傳從甚作戡，音竹甚反，與本義乖。

輪奐　下歡貫反。考聲：奐，彩明皃也。蒼頡篇亦文章皃也。說文：一曰犬(大)也。從双(廾)音拱敻省聲〔四四〕。

瓊礎　上葵營反，下初呂反。王注楚辭：柱舃曰礎。古今正字：從石楚聲。

銅揩　下談合反。傳作此沓，非也。

軒檻　下咸減反。孔注尚書：檻，闌也。說文：檻亦櫳也。從木監聲。傳從車作轞，轞亦車聲，與本義乖也。

訇磕　上呼宏反。聲類：音大也。說文：從言勻省聲。下看割反。考聲：石相磕〔四五〕聲也。字指云：大聲[也]〔四六〕。說文：從石盍聲。傳從石作磕，非也。

夾紵　下除慮反。周禮：紵，麻草也。鄭玄注云：白而細曰紵。說文：緜音頃屬也。從糸宁聲。

溢廡　下無甫反。釋名：大屋曰廡。說文：從广音儼無聲。

不皦　澆杳反。埤蒼云：皦，明也。說文：從日敫皎堯反聲。

浡澥　上蒲没反，下諧買反。文字典說：浡澥，海名也。並從水，孛、解俱聲。

鏗鍧　下花泓反。考聲：鏗鍧，鍾聲。正作此鍧也。傳從宏作鋐，撿字書無此字。

詆訶　[上]〔四七〕低禮反，[下]〔四八〕許多反。說文：詆，訶也。方言：訶亦怒也。並從言，氏、可皆聲。

挺冲和　庭頂反。考聲：挺，特也。正作此挺。傳從手作擬，非也。

恂恂　音荀。

嘉猷　上音家，下音由。孔注尚書：猷，謀也。說文：或爲繇也〔四九〕。

頡頏　上賢結反，下航浪反。毛詩傳：飛而上曰頡，飛而下曰頏。說文：從頁，吉、亢皆聲也。

大唐三藏玄奘法師本傳　第八卷

註解　朱喻反。廣雅：注，識也。埤蒼：注，解也。古今正字：從言主聲。與注同。

雹燿　上田見反。穀梁傳：雹，霆也。說文：陰陽激燿也。從雨申聲。下遥笑反。正從火作燿。大傳從足作躍，音藥，本義殊乖。

頒於　上八蠻反。考聲：頒，布也。說文：從頁分聲。

稾街　上高老反。案玉篇：正稾字，不從艸。傳從艸作藁〔五〇〕，俗[字]〔五一〕也，今不取也。

蒟醬　俱雨反。漢書：南越食唐象蒟醬〔五二〕。音義曰：木似穀樹，其葉如桑葉，作醬醋，美，蜀人珍之。或從木作枸。傳從西作蒟，非也。

昭晰　下折列反。考聲：晰，光明也。說文：昭晰亦明也。從日折聲。

函杖　上合甘反。毛詩箋云：函，容也。禮記「席間函杖」是也。說文：象形[字]〔五三〕。古體圅從马，马音領，亦聲。

披閱　音悅。

自鄶　光會反。杜注左傳：鄶在滎縣〔五四〕，密縣東北有鄶國。

紕紊　上匹弭反。鄭注禮記云：紕猶錯也。文字典說文(云)：紕亦繆。從糸比聲。下聞愠反。孔注尚書：紊，亂也。說文：從糸文聲。傳從木作桼，非本義[也]〔五五〕。

圓穹　丘弓反。爾雅：穹、蒼，蒼天也。又大也。說文：從穴弓聲。

浩汗　上豪告反，下寒幹反。孔注尚書曰：浩汗，盛大也。說文：並從水，告、干皆聲。

縈纏　上恚營反，下直連反。

鼷鼠　系雞反。前文已釋訖。

崑閬　下郎蕩反。廣雅：崑崙有三山名閬風、阪、懸圃〔五六〕。說文：門高也。從門良聲。

蛛蝥　上猪俱反，下莫侯反。爾雅：蜘蛛即蛛蝥也。方言：秦晉之間謂蜘蛛或爲蝨也。與蝥同。說文並從虫也。

汪汪　烏黄反。

摸揩　上莫蒲反，下口駭反。

搢紳　上津燼反。禮記「端畢紳搢笏」是也。鄭注云：搢，插也。說文：從手晉聲。下失真反。孔注論語：紳，大帶也。廣雅：紳，束也。說文：從糸申聲。

以檄　奚的反。釋名：檄者，激也。說文：從木敫皎堯反聲。

諤諤　昂各反。顧野王：諤諤，正直之言皃也。古今正字亦警也。或爲咢也，或作愕。從言咢聲。

悃悃　坤衮反。王注楚辭：悃悃，志純一也。廣雅：悃亦至[也]〔五七〕。說文：從心困聲。

斐斐　孚非反。文字典說：斐斐，往來皃也。從女非聲。

連鑣　下表苗反。考聲：正作此鑣〔五八〕。傳從馬作驫，俗字，非也。

筌蹏　上七缘反。顧野王云：捕魚竹笱也。說文：從竹全聲。傳從草作荃，俗字也。下弟黎反。顧野王：蹄，所以取兔之具。說文：從足虒音提。傳作蹄，俗字。

壼奥　坤衮反。爾雅：宫中衖謂壼。鄭注：巷舍間道也。說文亦宫中道也。亞象宫垣道塗上之刑〔五九〕。下换告反。郭注爾雅：室中隱奥之處也。說文：從宀弅音居六反聲〔六〇〕。衖音巷。

悱悱　妃尾反。字書：悱悱，心欲捔。論語云「心憤憤口悱悱」是也。説文：從心非聲也。

翳薈　上翳計反。毛詩傳：草木自蔽曰翳。説文：蓋〔六一〕也。從殹羽聲〔六二〕。從草，俗字。下烏會反。説文：薈，草多皃也。從艸會聲也。

殄彼　上音殿。孔注尚書：殄，絶也。廣雅：殄，盡也。説文：從歺㐱聲也。

紐者　女九反。廣雅：紐，束也。説文：紐，系也。一曰結不〔六三〕可解者也。從糸丑聲。

聯華　上列虔反。

求蠱　都户反。

覶縷　上理戈反。左思吴都賦云：難得而覶覶縷縷，猶委曲也〔六四〕。説文：好也。從見𤔔音亂聲。傳從爾作䙫，非[也]〔六五〕。

蓄疑　上抽六反。孔注尚書：蓄，積也。顧野王：蓄，聚也。古今正字：從艸畜聲也。

聆音　歷丁反。蒼頡篇：聆，聽也。太玄經「聆竹以爲管」是也。説文：聽也。從耳令聲。

風飇　必遥反。爾雅：扶摇謂之飇。郭注云：暴風從上下者。説文：從風猋聲。猋音同上。

驤首　削羊反。漢書：巨馬驤騰起也。驤亦馳也。文瓚：低昂也。從馬襄聲。

曼倩　上音万。案漢書，東方朔字也。

綽有　上昌略反。毛詩傳：綽，寛也。爾雅：綽，緩也。説文：從糸卓聲。

肇生　朝小反。爾雅：肇，始也。説文：始開也。或作肁，義亦同。

深疪　自茲反。

淄澠　上止師反。水名，在齊州界。下綿典反。亦水名，河南界。

金鍮　下餢兜、他侯反。

學殫　多安反。孔注尚書：殫，盡也。説文：從歺單聲。

勁節　上經脛反。説文：勁，强也。從力巠聲。

捃摭　上居運反，下之石反。方言：捃，取。説文：摭，拾也。並從手，君、庶皆聲。

含膠　音交。

潢洿　上音黄，下音烏。左傳：潢洿，行潦之水也。杜注云：潢污，水〔六六〕也。説文：潢，積水池也。並從水，黄、夸皆聲。

愚愞　奴亂反。杜注左傳：愞也。古今正字：從心耎聲也。

其月冊　音策。

締構　上音提。王注楚辭：締，結也。説文：結不解也。從糸帝聲。

緗史　音想良反。考聲：緗，淺黄色也。亦緝。釋名：緗，物生之色也。文字典説云：從糸相聲。

嬀汭　上軌爲反，下蕤鋭反。案漢書：嬀汭者，嬀水之汭，帝舜所居也。水北曰汭。説文：從女為聲。

彤管　音同。廣雅：彤，赤也。説文：丹飾也。從丹彡聲。

匳鏡　音簾。考聲：似合而有稜節，所以斂物也。字書：鏡匳也。古今正字：盛香器也。亦鏡器也。或爲籢字。

興葺　七立反。王注楚辭：葺，累也。杜注左傳：葺，補理也。説文：從草咠聲。

邠郊　筆旻反。上文已釋。

遐峙　下持里反。考聲：山特立也。或從止作峙也。

馳騖　無遇反。爾雅：騖，强也。顧野王：騖，馳也。説文：從馬

聲。

慶栟　皮免反。考聲：慶栟字正作拚也。今傳作抃，俗字也。

陳荄　古來反。方言：東齊謂根曰荄。說文：草根也。從艸亥聲。

坳塘　厄交反。顧野王：坳，不平也。說文：從土幼聲。

浚壑　荀俊反。廣雅：浚，溢也。郭注爾雅：浚，上所以深之也。說文：從水夋聲。下火各反。顧野王：壑猶谿谷也。古今正字：壑亦溝也。

蜉蝣　上音浮，下音由。毛詩傳曰：蜉蝣，渠略也。朝生夕死也。說文：並從虫也。

仙驥　下飢義反。說文：驥，千里之馬，孫所相者也。從馬冀聲。

大唐三藏玄奘法師本傳　第九卷

攡　上恥知反。上文已釋。

較其　江岳反。廣雅：較，明也。尚書大傳：較其志見其事。說文：從車交聲。

叡藻　上悦税反，下遭老反。考聲：正作此藻。傳從手作⿰扌藻，非。

夔樂　跪爲反。尚書：夔，舜臣。典八音，雖〔六七〕象有角手人面之形。

巳箕　詢允反。考聲：箕簴，懸鍾鼓架也，横曰簴，竪曰箕〔六八〕。說文並從竹也。簴音巨。

鳳翥　諸慮反。方言：翥，舉也。說文亦飛舉也。從羽者聲。

無畺　繮香反。考聲：界也。境也。說文義同，從畕三其界畫也。或作疆。傳從弓作彊，非也。

多虧　去危反。考聲：正作虧。今傳從霍作虧，俗字也。

驚惕　汀歷反。

慊懇　上謙簟反。考聲：情切也。鄭注禮記：慊之言厭也。說文：從心兼聲。下口佷反。鄭注考工：懇，堅忍皃也。廣雅：懇，誠也。說文：懇，美皃也。從心貇口本反聲。

蒙賚　來大反。爾雅：賚，賜也。孔注尚書：賚，與也。古今正字：從貝來聲也。

貽彩　上以之反。郭注云：貽，遺也。傳也。說文：從貝台聲。

婕妤　上子葉反，下與諸反。聲類：漢有婦官曰婕妤，以其接幸者也。說文：婕妤並女，俱從女，疌、[予]〔六九〕音與上同聲也。或作嬩也。傳作此好，非也。

椒闈　雨歸反。爾雅：宮中門謂之闈。郭注云：謂相通小門也。說文：從門韋聲也。

嚫施　初靳反。正嚫字從口作。今傳從貝作䞋，未詳。

匠鐫　子緣反。案考聲切韻正作此鐫。作鎸，俗字[也]〔七〇〕。

豐碣　乾烈反。班固集：碣，立石紀功也。說文：特立石也。從石曷音褐聲。

重櫨　下魯都反。說文：薄櫨，柱上枅也。從木盧聲。

雲楣　美悲反。爾雅：楣謂之梁。郭注云：門上擴（横）〔七一〕梁也。從木眉聲。

頵鬱　上委倫反，下煴物反。

遒楗　上就由反。毛詩傳：遒，固也。說文：從辵酋聲。下音健。鄭注禮記：揵，壯〔七二〕也。說文：從木建聲。

瑣瑣　蘇果反。爾雅：瑣瑣，小也。郭注云：皆才器細陋之皃也。說文：從王肖音與上同聲。傳僋，非也。

扈從　胡古反。廣雅：扈，賤人之稱。爲人所使也。說文：從邑户聲。

篔簹　上音雲，下黨郎反。左思吴都賦：箾〔七三〕篔簹䉀音林箊音敹

於。劉良注云：皆竹名也。並從竹。傳從艸，非也。

鳳凰　胡光反。考聲切韻正作凰字，從凡。傳從鳥作皇，俗字，非也。

陳堡　保老反。[考]〔七四〕聲：高土也。古今正字：從土保聲。

遄速　上殊緣反。爾雅：遄，速也。毛詩傳：遄，疾也。說文：從辵耑聲。

駑駘　弩胡反，下代來反。廣雅：駑猶駘也。顧野王：駘亦駑也。說文並從馬，奴、台皆聲。

逸躁　音竈。

縶意　陟立反。毛詩傳：縶，絆也。或作馽〔七五〕。說文：從糸執聲。

穿窬　下庾朱反。考聲云：穿木户也。宋忠注太玄經：窬亦穿也。鄭注禮記：門旁窬也。亦穿牆爲之圭矣。古今正字：從穴俞聲。

鎬京　上音浩。尚書：武王所都也。毛詩「王在在鎬」是也。說文：武王所都長安西。從金高聲。

建郛　音孚。杜注左傳：郛，郭也。說文：從邑孚聲。

肸(肹)〔七六〕嚮　上欣訖反。考聲：謂聲流布也。說文：正作肸。肸肸，動作不安也。從肉八也。

偓齪　於角反，下雙犖反。應劭漢書注云：齷齪，急促之皃。考聲亦徧(褊)〔七七〕促皃也。說文：從人屋聲。或從足作𨂴。說文：齪，從足從齒聲也。

蓽門　上賓蜜反。杜注左傳：蓽門，柴門也。說文：從艸畢聲。

大唐三藏玄奘法師本傳　第十卷

亹亹　微匪反。考聲云：美也。毛詩傳：亹亹，勉也。古今正字：亹亹，微微也。時亹亹而過中是也。

耽耽　荅含反。賈注國語：媅，嗜也。說文：媅，樂也。或作躭、媅、酖也。

汲汲　音急。

雲瑞　音睡。

窺基　上丑生反。蒼頡篇：窺也。說文：正視也。從穴正見，正亦聲也。

謦欬　上輕挺反。傳從口作謦，俗字也。下開愛也(反)〔七八〕。傳從口作咳何來[反]〔七九〕，非也，與本義乖。

千楨　知盈反。郭注爾雅云：女楨木也。葉冬不落。說文：堅〔八〇〕木也。從木貞聲也。

喘息　川兗反。

嗚噎　上屋吳反，下煙結反。

翌日　蠅職反。與此〔八一〕翊同也。

舟檝　音接。

籧篨　上音渠，下音除。許注淮南子云：籧篨，草席也。方言：宋魏之間謂簟粗者爲籧篨也。說文義同，並從竹，遽、除聲。

葬滻　山眼反。說文：水。出京兆藍田谷，入灞。從水產聲。

悲笳　古遐反。顧野王：今樂器有笳。卷葭葉吹之。或爲葭。古今正字：從竹加聲。

悽挽　下無遠反。聲類：挽，引也。或從車作輓。古今正字：從手免聲。

溢瀁　下羊尚反。漢書音義曰：水無厓際皃也。古今正字：從水養聲。

琅玕　上音郎，下音干。孔注尚書：琅玕，皆石似珠者。山海

鉗鍵　經：崑崙山有琅玕樹。説文皆從玉，良、干俱聲。上儉炎反。方言：鉗，害也。説文：以鐵結束也。從金甘聲。下奇偃反。鄭注周禮：鍵，籥也。方言：自關而東，陳楚之間謂籥爲鍵。説文：從金建聲。

怏怏　約向反。説文：不服皃也。説文：從心央聲。

根系　奚計反。爾雅：系，繼也。説文：系亦繫也。從糸丿音撇聲。

濛汜　上木洪反，下辭里反。爾雅云：西至日所入爲太濛。郭注云：即濛汜也。並從水也。

其盾　殊允反。鄭注周禮：盾，干櫓之屬也。又曰盾可以藩蔽者也。説文亦蔽也。所以扞身也。蔽日(目)[八二]。象形之字也。

解頤　以伊反。方言：頤，頷也。説文：從𦣝音移頁聲[八三]。

沍　上音户。

貙豻　上寵誅反。郭注爾雅：貙，虎之大者爲豻。貙，似貍也。異物銘曰：貙，出公牛，變化若神，當其爲虎，不識爲人，植牙哮赫，不避所親，不可同居，難與爲鄰。説文：從豸音雉區聲。下拚(栟)[八四]幹反。豻，胡犬也。説文：胡犬[八五]野狗。從豸干聲。

酋長　似油反。文穎曰：羌胡名大師(帥)[八六]曰酋，如中國言魁師(帥)也。説文：從酉，水半見於上也[八七]。

鍾玦　涓穴反。杜注左傳：玦，如環而鈌[八八]不連也。説文：從玉夬聲。

蕙芷　上音惠，下音止。郭注山海經：蕙，香草也。又白芷，一名白茝也。古今正字並從艸，惠、止俱聲。

赳赳　居黝[八九]反。毛詩傳：赳赳，武夫之皃也。郭注爾雅：赳謂壯健也[九〇]。説文：輕勁有才[九一]。從走丩聲。

不嚏　音帝。毛詩箋云：汝愚(思)[九二]我心如是我則嚏也。蒼頡篇：噴也。説文：悟氣解也[九三]。從口疐音同。

敷愉　與朱反。鄭注論語：愉，顔色和也。廣雅：愉，喜也。説文：從心喻(俞)聲也[九四]。

發斂　下廉贍反。正作此斂。傳從歹音殘作殮，俗字也。

儭服　上楚慭反。考解(聲)[九五]：藉也。儭身衣也。從衣。

一切經音義　卷第八十三

校勘記

[一] 楊　據文意似作「揚」。
[二] 風　今傳本毛詩傳作「佩」。
[三] 説文亦木内蟲也。從蚰從橐省聲　今傳本説文：「蠹，木中蟲。从蚰橐聲。」
[四] 説文：從車賁聲。賁音奔　獅爲「説文：從車賁音奔」。
[五] 稾　據文意似作「稾」。
[六] 史記：屈原爲憲令，屬令屬草稾未定也　今傳本史記：「懷王使屈原造爲憲令，屈平屬草藁未定。」
[七] 汍　獅作「汎」。下同。
[八] 丸　獅作「凡」。
[九] 上女又反　獅爲「上立今反」。
[一〇] 説文：綜，縷持絲交者也。從糸宗聲　今傳本説文：「綜，機縷也。从糸宗聲。」
[一一] 簫　獅作「蕭」。
[一二] 頹　據文意似作「頽」或「積」。
[一三] 蒼頡：大波　獅爲「蒼頡篇：大波也」。
[一四] 悯　即「惘」。
[一五] 罓　即「罔」。
[一六] 臼　獅作「曰」。
[一七] 若　據文意似當作「苦」。
[一八] 方言：孑　獅無。
[一九] 左　今傳本説文作「右」。
[二〇] 蹭　獅無，似衍。
[二一] 也　麗無，據獅補。
[二二] 反　麗無，據文意補。　説文：齊謂鏶才入曰鍱。從金枼聲　今傳本説文：「鍱，鏶也。从金葉聲。齊謂鍱。」

〔二三〕從又持巾埽門右者　今傳本説文爲「从又持巾埽冂内」。

〔二四〕闑　獅作「闌」。

〔二五〕坦　疑衍。

〔二六〕上鄔胡反　獅爲「上鄔故反」。

〔二七〕萠　獅作「萠」。

〔二八〕豖　據文意當作「彖」。今傳本説文：「喙，口也。从口彖聲。」

〔二九〕俗　獅爲「俗字也」。

〔三〇〕趹　據文意似作「趹」。

〔三一〕祁　據文意似作「邪」。

〔三二〕頭　據文意似作「投」。

〔三三〕周　獅爲「王周」。

〔三四〕南昌謂犬善逐兔艸中象莽　今傳本説文爲「南昌謂犬善逐菟艸中爲莽」。

〔三五〕作　麗無，據文意補。

〔三六〕夏之門無　今傳本鄭注爲「夏屋，今之門廡」。

〔三七〕去王城面五百里也　今傳本爲「去王城五百里」。説文：從田勹聲　今傳本説文：「天子五百里地。从田包省。」

〔三八〕釋名：追述君父之功以書其上　今傳本釋名：「臣子追述君父之功美以書其上。」

〔三九〕王　麗無，據獅補。

〔四〇〕八埏之地際也　今傳本爲「埏，地之八際也」。

〔四一〕左　麗無，據文意補。

〔四二〕下　麗無，據今傳本玉篇補。

〔四三〕説文亦勝也。從戈今聲　今傳本説文：「或，殺也。从戈今聲。」

〔四四〕説文：一曰犬也。從双音拱夐省聲　今傳本説文：「奂，取奂也。一曰大也。从廾夐省。」

〔四五〕磕　獅作「磕」。

〔四六〕也　麗無，據獅補。

〔四七〕上　麗無，據獅補。

〔四八〕下　麗無，據獅補。

〔四九〕也　獅無。

〔五〇〕藁　獅作「藁」。

〔五一〕字　麗無，據獅補。

〔五二〕南越食唐象蒟醬　今傳本漢書爲「南粤食蒙蜀枸醬」。

〔五三〕字　麗無，據獅補。

〔五四〕滎縣　慧卷九七釋「盗鄶」爲「滎陽」。

〔五五〕文　據文意當作「云」。也　麗無，據獅補。

〔五六〕廣雅：崑崙有三山名閬風、阪、懸圃　今傳本廣雅：「崑崙虚有三山閬風、板桐、玄圃。」

〔五七〕也　麗無，據獅補。

〔五八〕鏕　據文意似作「鏕」。

〔五九〕刑　據文意似作「形」。

〔六〇〕説文：從冂弆音居六反聲　今傳本説文：「奥，宛也。室之西南隅。从宀𢍏聲。」

〔六一〕蓋　今傳本説文爲「華蓋」。

〔六二〕從毆羽聲　據文意當爲「從羽毆聲」。

〔六三〕不　今傳本説文作「而」。

〔六四〕難得……曲也　今傳本爲「嗟難得而覼縷」。據文意似爲「嗟難得而覼縷。覼縷猶委曲也」。

〔六五〕也　麗無，據獅補。

〔六六〕水　今傳本杜注爲「停水」。

〔六七〕雖　據文意似作「夔」。

〔六八〕横曰簴，竪曰簨　廣韻爲「横曰簨，縱曰虡」。

〔六九〕予　麗無，據文意補。

〔七〇〕也　麗無，據獅補。

〔七一〕撗　獅作「横」。

〔七二〕壯　據文意似作「牡」。

〔七三〕箭　今傳本爲「竹則」。

〔七四〕考　據獅補。

〔七五〕畢　據文意似當作「畢」。

〔七六〕盼　據文意似當作「肸」。

〔七七〕楄　據文意似當作「褊」。

〔七八〕也　據文意似當作「反」。

〔七九〕反　麗無，據文意補。

〔八〇〕堅　今傳本説文作「剛」。

〔八一〕此　慧卷八三釋「翌日」爲「從羽作」。

〔八二〕説文亦蔽也。所以扞身也。蔽日　今傳本説文：「盾，瞂也。所以扞身蔽目。象形。」

〔八三〕從臣……頁聲　據文意當爲「從頁臣音移聲」。

〔八四〕拚　據文意似當作「栟」。

〔八五〕犬　今傳本説文作「地」。

〔八六〕師　據文意似當作「帥」。下同。

〔八七〕説文：從酉，水半見於上也　今傳本説文：「繹酒也。从酉，水半見於上。」

〔八八〕缺　今傳本杜注作「缺」。

〔八九〕黜　據文意似當作「黝」。

〔九〇〕赳謂壯健也　今傳本郭注爾雅爲「皆果毅之貌」。

〔九一〕説文：輕勁有才　今傳本説文：「輕勁有才力也。」

〔九二〕愚　獅作「思」。

〔九三〕悟氣解也　今傳本説文爲「悟解氣也」。

〔九四〕説文：從心喻聲也　今傳本説文：「愉，薄也。从心俞聲。」

〔九五〕解　獅作「聲」。

一切經音義　卷第八十四

翻經沙門慧琳撰

音古今譯經圖記四卷
續古今譯經圖記一卷
集古今佛道論衡四卷
續古今佛道論衡一卷
利涉論衡一卷
道氤定三教論衡一卷

右譯經圖記論衡等六部十二卷同此卷音

古今譯經圖記　第一卷

角試　上江岳反。禮記：孟冬，豫[一]武，習射御、角力。顧野王云：角力，猶競争勝負也。吕氏春秋云：角，試也。漢書：角力而拒之也。圖記中從車從交作較，非此用也。毛詩傳云：卿士之車飾也。説文云：車輢上曲鉤也。雖相承傳用，大錯誤也，非。下尸二反。説文：試，用也。虞書曰：明試以功。從言式聲。

愧忸　下女六反。賈逵注國語云：忸怩，慙色在顔也。説文：心慙也。從心丑聲也。怩音尼。

婕好　上尖葉反，下與諸反。聲類：接幸也，婦人官名也。案婕好，漢朝得寵幸嬪妃之班秩名也。説文女字也，並形聲字。或作倢伃。

覘見　上敕焰反。杜注左傳云：覘，伺也。説文：候也[二]。從見占聲也。

番禺　上音潘，下音愚，廣州縣名也。

邛亭湖　上音恭。此洞亭湖名也。本無正字。晉書郭璞傳中作邛亭。今譯經圖記中從人作邛亭，書寫誤也。流俗相傳，見今呼爲宫亭湖，蓋是吴楚語訛，難爲准定，此即洞亭湖也。案曹氏郡國志云：在洪州豫章郡。年代久遠，罕究其源，且依見文，略爲訓釋。

讚唄　上子旦反。方言：讚，解。郭璞注云：讚頌所以解釋物理也。釋名云：稱人之美曰讚。尚書：益讚於禹。古今正字：從言贊聲。贊音同上。從貝從兟。兟，並先。

蟒悲泣　忙慒反。此即宫亭湖神，大蟒蛇也。受安世高誡悲泣而退。

狾狗齧王　狾音制。考聲云：狂犬也。左傳從制作猘，讀爲計，或音罽，並恐非也。此字古文或作狾，訓説同上。今圖記中從樂作濼，無憑據，非也。

齵齒　驅禹反。古今正字云：齵蠹也。從齒禹聲。蠹音都固反。

傀偉　上古回反，下韋鬼反。埤蒼云：傀偉，奇大貌。集訓云：

傀，壯大也，盛也。又云：偉者，有奇異之美也。説文傀、偉二字並從人，鬼、韋皆聲也。圖記從玉作瑰，玉名也，非此用也。

瞎鼈　上赫戛反。瞎鼈，經名也。考聲云：目不見物也。一云目閉也。亦作瞎，形聲字也。下鞭滅反。鄭注考工記云：鼈，水介蟲，外骨而内肉者也。古今正字：從虫作蟞。經文從魚作鱉，俗字也。説文：從黽敝聲。黽音猛，敝音與上同。

無端底總持經　此經亦闕本。古人作名亦魯質不分明。底音丁禮反。

古今譯經圖記　第二卷

純懿　下音意。爾雅云：懿，大也。小雅[三]云：深也。謚法曰：温柔聖善曰懿，愛民質淵曰懿。説文：從壹志聲。或從欠作懿，亦通。

貰酒　時夜反。顧野王云：貰，賒也。漢書云「高祖從王媪貰酒」是也。説文云：貰，貸也。從貝世聲。又音逝。

王顒　王[四]恭反。人名也。

坌身　盆悶反。土坌[五]也。

抓甲　上責絞反，俗字也，正單作爪，像形字，古文作叉。

赤柴鳥　精髓反。鳥口也。文字典説文[六]云：鳥喙也。經文從唯從乃作嘴，非也。説文：識之也。從此束（朿）[七]聲。束（朿）音刺也。或作咮（咮）[八]，亦作嘴，皆古字也。

古今譯經圖記　第三卷

曇摩蜱　閉迷反。梵語高僧名也。

髫年　上音調。集訓云：小兒剃頭，髮留兩邊不剃曰髫。説文：髫，毛也。從髟召聲。髟音必遥反。

不綜　宗送反。

太子泓　烏横反。姚泓也。

謦欬　上輕挺反，下開蓋反。韻詮云：欬，瘶也。經從口作咳，非也。

蜣蜋　上却梁反，下音良。郭注爾雅云：黑甲蟲，啖糞者。亦名蛣蜋[九]。

赤頿　子斯反。説文：口上須也。或從髟作髭，亦通也。

神璽　斯此反。北涼沮渠蒙遜初立時年號也。或從土作壐，[此][一〇]從古文從玉。

孟顗　儀豈反。人名也。

植棕　時力反。方言：植，立也。韻詮云：植，生也。鄭注周禮云：植，謂根生之屬也。從木直聲也。下音柰，俗字也。説文：果名也。從木示聲。文中更加木作棕，非也。

百廠　下昌掌反。考聲云：屋無壁曰廠。形聲字也。

枳園寺　上之耳反。考工記云：橘踰江淮北則爲枳。説文：木也，似橘。從木只聲。寺名也。

殉物　巡駿反。孔注尚書云：殉，求也。應劭注服鳥賦云：殉，營也。古今正字：從歺旬聲。歺音殘。

古今譯經圖記　第四卷

及鄴　下嚴劫反。漢書云：魏郡有鄴縣。古今正字：從邑業聲。

無憚　檀爛反。毛詩：豈敢憚行。箋云：憚，難也。又云：憚，畏也。韓詩：惡也。廣雅：驚也。説文：忌嫉也[一一]。從心單聲。或從人作僤。考聲云：僤，戰慄也。

榮聲　永兄反。字書：榮，盛也。楚辭云：榮華之木(未)[一二]落也。謚法曰：先義後利曰榮。説文云：屋梠之間頭起著[一三]爲榮。從木從熒省聲也。

紛糾　上芳文反。杜注左傳云：紛，亂也。廣雅：紛紛，亦衆亂也，不善也。下經酉反。鄭注周禮云：糾，猶割察也。廣雅：糾，急也。並形聲字。説文：糾字，繩三合相糾繚，音了，像形字也。丩音居求反。

歐陽頠　上嘔侯反，下危委反。梁朝侯伯名也。

慧愷　開改反，或作凱。鄭注周禮云：愷，獻功之樂也。杜注左傳云：愷，和也。爾雅：樂也。説文：康也。從心豈聲也。

天梯　體低反。賈注國語云：梯，階也。説文：木階也。從木弟聲。

蕭璟　鬼永反。俗字也。雖相傳用，字書中並無此字。正作囧。

鄢郢　上焉蹇反，下盈井反。荆楚地名也。楚王舊都，見在郢城。在江陵東北十餘里，丘墟城郭由[一四]在。

既覯　鉤候反。鄭箋詩云：覯，見也。形聲字。

枹鼓　上音附牟反，亦音芳無反，並秦音。左氏傳：枹而鼓之。顧野王云：擊鼓椎也。説文音桴，擊鼓柄也。從木包聲。譯經圖記中從孚從手作捊，非也。枹字，吴音伏不反，不音福浮反。在尤字韻中與浮同韻。訓釋總同，音旨殊別，任隨鄉音，今且不取。

駭忸　上諧駭反。廣雅：駭，起也。蒼頡篇：駭，驚也。古今正字：馬驚也。從馬亥聲。下女六反。賈逵注國語云：忸怩，慚色在顔也。並形聲字。

迴靶　巴罵反。漢書音義：靶，馬轡也。考聲：馬鞚也。靶亦柄也。説文：轡革也。從革巴聲。亦作杷。轡音祕。

繢掞　上迴外反。韻英云：彩色明也。韻詮云：畫亦繪也。蒼頡篇云：似綦色赤也。説文：織餘也。從系貴聲。下葉漸反。韻英云：光暉也。漢書：光曜明也。古今正字：從手炎聲也。

范義頵　上音範，人姓也。下音君，人名也。又音於倫反。昔楚武王亦名頵，形聲字。

續古今譯經圖記一卷

誚焉　上齊曜反。蒼頡篇云：誚，訶也。韻英云：責。考聲：責讓也。説文：嬈可。從言肖聲[一五]。下矣虔反。案焉字，借音用也，從一從烏，亦語之餘聲也。本音偃犍反，今不取。

鄂公　昂各反。世本云：鄂，地名也。宋忠云：在江夏鄂州是也。顧野王云：今南陽西有鄂縣也。

明恂　戌遵反。韻英云：温恭貌也。韻詮云：恭順也。孔注尚書云：恂，信也。古今正字：信心也。從心旬聲。

叡簿　上悦慧反。考聲云：明也，聰也。下音蒲古反。考聲云：簿，笏也，籍也。從竹溥聲。溥音普。

條焉　上商六反。韻英云：犬走疾也。或從火作倐，光動貌也。下矣乾反。

懇惻　肯很反。廣雅：懇，誠也。韻英：懇，信也。從心貇聲。貇音同上。

濾漉　上力據反，下音聾篤反。

撩僧　了彫反。考聲云：撩，取，理也。聲類：搆也。從手尞聲。尞音力召反。

賭以　詭餧反。考聲云：賭也。以身賭而争勝曰賭。說文：賭，貨也。從貝爲聲。亦古文貨字也。

涓滴　上決緣反。考聲云：涓，滴水細流貌也。說苑云「涓涓不壅，將成江河」是也。下丁歷反。顧野王云：水瀝滴也。說文：水注也。涓、滴並形聲字。或作滴。

摘會　陟革反。考聲云：拓取也。或作擿。

神睞　閒眼反。

懷迪　徒的反。爾雅：迪，正也。毛詩傳：進也。孔注尚書云：道也。

石鼈　鞭滅反。長安城南終南山谷名也。

搜集　霜留反。我皇側席求賢，遠迎碩德，興隆釋教，潤益群品也。

撮其　鑽捋反。鈔略要文，去繁就略，顯明教體也。從手最聲。

集古今佛道論衡　第一卷序　慧琳

所覃　徒含反。鄭箋毛詩云：覃，長也。郭注爾雅云：謂延相被及也。論文從西[一六]作覃，籀文字也。說文作㽑[一七]，㽑，篆文西字下從㫗，候吼反。

坐峙　持里反。顧野王云：峙，止不前也。說文云：峙，行步不前進也。論文從山作峙，誤也。說文：從止寺聲。

計度　唐各反。國語云：度，揆也。考聲云：量也。說文：從又從庶省聲。

鍱腹　上鹽涉反。說文云：葉薄鐵也。從金葉聲[一八]。下風目反。顧野王云：腹，所以容裹五藏也。說文：從肉复聲。

啟轍　纏列反。杜注左傳云：轍，車迹也。說文：從車從徹省聲。

喋喋　丈甲反。韓信傳云：喋猶缺也。聲類云：鴨食聲也。說文：從口葉聲也。說文：從口葉聲[一九]。缺音苦穴反。

抗言　康浪反。左傳云：抗，扞也。鄭箋毛詩云：舉也。說文：從手亢聲。亢音各郎反。

瑣瑣　桑果反。鄭箋毛詩云：瑣瑣，小貌也。郭注爾雅云謂才器細陋也。說文：從玉𧴪聲。

槐庭　胡乖反。郭注爾雅云：槐葉晝則聚合，夜則舒布，即守宮槐也。說文：從木從鬼聲。

襃貶　上博毛反。鄭注禮記云：襃，進也。典說云：揚美也。說文：從衣𤓯聲。𤓯，古文保字也。論文從𠍋作褒，俗用亦通。下筆奄反。考聲云：貶，損也。公羊傳云：墜落也。說文：從貝乏聲。

闞澤　堪濫反。人名也。

猜貳　上七才反。杜注左傳云：猜，疑也。說文：從犬青聲。

諝徒　息余反。鄭注周禮云：諝，有才智之稱也。說文：從言胥聲。論文作此胥。胥，吏也，形也，非此義也。

商確　口角反。韓康傳云：確，堅貌也。易曰：確乎其不可拔。說文：從石隺（寉）[二〇]聲。寉音荒各反。

螣蘭　特登反。梵僧名也。
入雒　郎各反。顧野王云：此漢改洛字爲雒也。説文：從隹各聲。
曹植　承力反。人名也。
老聃　他甘反。老子名。
傅毅　宜既反。人名也。
蔡愔　伊淫反。人名也。
灰夷　詞刃反。方言云：夷之餘木也。説文：從火聿聲。論文作燼，俗字也。
愧恧　尼六反。郭注爾雅云：心愧曰恧。説文：從心而聲。
婕妤　上尖葉反，下弋諸反。宫人女官名也。
縱汰　上足用反。孔注尚書云：放縱情欲也。説文：從系從聲。下他蓋反。淮南子云：深則汰五藏。廣雅云：汰，洗也。説文：從水太聲。
淡薄　上覃敢反。鄭注禮記云：淡，味薄也。説文：從水炎聲。下旁各反。蒼頡篇云：薄，微也。説文：從草溥聲。論文從水作泊。泊，止也，非此義也。
子駿　遵尹反。人名也。
闔耳目　含閤反。説文：闔，閉也。從門盍聲。盍音合。
蟄蟲　上直立反。月令云：蟄，藏也。季秋之月，蟄蟲咸俯。孟春之月，蟄蟲始振。説文：從虫執聲。下音神。論文作此虫，音毁，非也。
欒大　亂官反。人名也。
猱猨　奴刀反。毛詩傳云：猱，猨屬也。字書云：正從夒作獿。論文從柔作猱，俗字也。
黿鼈　上月袁反。月令云：仲秋之月，登龜取黿。下鞭滅反。毛詩傳云：炮鼈鱠鯉。國語云：當待鼈長而食之。説文並從黽，元、敝皆聲。
眩惑　玄練反。蒼頡篇云：眩，幻也，惑也。説文：從目玄聲。幻音患。
累稔　壬枕反。杜注左傳云：稔，年也。説文：從禾念聲。
勞擾　饒沼反。廣雅云：擾，亂也。説文云：煩也。從手夒聲。論文從憂[作][二一]擾，俗字。夒音奴刀反。
邯鄲淳　順倫反。人名也。
駭服　諧騃反。蒼頡篇云：駭，驚也。博雅云：駭，起也。説文：從馬亥聲。
精捜　所求反。典説云：捜，索也，求也。國語云：捜於農隙。説文：從手叜聲。論文作搜，俗字也。
髣髴　上芳网反。漢書云：髣髴相似聞見不審諦也。下芳勿反。考聲云：髣髴，不分明貌也。説文並從人作[仿佛][二二]，方弗並聲。
之吻　聞粉反。蒼頡篇云：吻，唇兩邊也。鄭注考工記云：吻，口邊也。説文：從口勿聲。
禊契　上咨弋反，下先節反。並虞舜臣名也。論文從禾作稧，非義也。
林壑　呼各反。山海經云：東海之外有大壑。顧野王云：壑，猶谿谷也。説文：從土㕡谷聲。㕡音殘。
抗轡　悲媚反。毛詩傳云：六轡如絲，轡之柔矣。説文：從絲軎聲。論文從亡作轡，俗字。軎音衛。
愒所　丘例反。蒼頡篇云：愒，貪也。説文：從心曷聲。
駢栂（拇）[二三]　上蒲眠反，下矛后反。人名也。
籠罩　知挍反。郭注爾雅云：罩，捕魚籠也。説文：從网卓聲。

搢紳　上津刃反。儀禮云：搢，插也。禮記云：端畢〔二四〕紳搢笏。說文從手晉聲。下失真反。包注論語云：紳，大帶也。說文：從系（糸）〔二五〕申聲也。

譸張　陟留反。孔注尚書云：譸張，誑也。說文：從言壽聲。論文從車作輈，非譸張義也。

戎貉　莫革反。尚書云：華夏蠻貉，罔不率俾。鄭注周禮云：北方曰貉。說文：從豸各聲。或從百作貊。論文從白作狛。說文云：狛，如狼也，非此義。狛音怕也。

其儌　堅弔反。杜注左傳云：儌，要也。說文云：循也。以遮遏之。從彳敫聲。敫音藥。

馺然　三荅反。方言云：馺，馬馳也。郭注云：馺馺，疾貌也。說文：從馬及聲。

適從　丁曆反。考聲云：適，指實也，善也，主也。借音字。

陶鑄　上道刀反。韓詩云：陶，除也，養也。考聲云：水流貌也。說文：從𠂤匋聲。下朱樹反。左傳云：鑄鼎象物也。顧野王云：謂煬銅爲器也。說文：從金壽聲。煬音羊亮反。

盜鄶　公外反。杜注左傳云：鄶在滎陽密縣東北，故鄶國也。顧野王云：鄶爲鄭武公所滅，後爲鄭地。

棓擊　龐講反。許叔重注淮南子云：棓，大杖也。郭注方言云：今之連枷所以打穀也。說文：從木咅土口反聲。

毀剥　邦角反。鄭箋毛詩云：剥，削也。埤蒼云：剥，去其皮也。說文：從刀彔聲。論文從馬作駁。駁，馬名也，非此義。彔音禄也。

食噎　煙結反。郭注方言云：噎，痛也。說文云：飯窒也。從口壹聲。窒音珍栗反。

困躓　知利反。顧野王云：躓，猶頓也。左傳云：杜回躓而顛。說文云：從足質聲。

屏撥　半末反。廣雅云：撥，除也。王逸注楚辭云：棄也。說文：從手發聲。

託跋燾　徒到反。魏世祖名也。

弓盾　脣準反。鄭注周禮云：盾，干櫓之屬也。說文云：所以扞身蔽目。象形字也。

燒掠　力約反。杜注左傳云：掠，謂劫掠財物也。顧野王云：掠，謂虜掠奪取財物也。說文：從手京聲。虜音魯。

県斬　堅堯反。顧野王云：懸首於木上竿頭，以肆其辜。說文云：倒首爲県，象形字也。論文從鳥作梟，非也。

飴之　以之反。方言云：飴謂之餳。自關而東，陳宋之間通語也。說文云：米蘖煎也。從食從台聲。蘖音言列反。

近塪　咸黤反。春秋傳云東縛而塪焉，漢書云猛虎在塪穽之中，宋書云以土堅之，故從土作塪，地坑也。說文：從鑒省聲。案論文從木作檻，亦虎檻也。如匱形。穽音净也。

濬襲　上詢閏反，下音習。人名也。

聰叡　上七公反。韓詩云：聰，明也，察也。說文：從耳悤聲。下榆惠反。說文云：叡，智也，聖也。或從土作壡，籀文字也。論文作睿，古字也，從𣦼從目從谷省。𣦼音殘也。

厝懷　粗路反。論語云：有厝置也。方言云：施也，安也。說文：從厂昔聲。厂音罕。

周顗　魚豈反。人名也。

王謐　民必反。人名也。

抗迹　康浪反。鄭箋毛詩云：抗，舉也。說文：從手亢聲。

蓍龜　舒夷反。蒼頡篇云：蓍，筞（策）〔二六〕也。說文云：蒿屬也。千載生三百莖。顧野王云：筞（策）用四十九莖也。說

文：從艹耆聲。
姜斌 筆中(申)[二七]反。人名也。
莞席 胡官反。鄭箋毛詩云：莞，小蒲席也。顧野王云：莞，似蒲而圓。說文：從草完聲。
草屨 俱宇反。杜注左傳云：屨，謂草履也。說文：從履省婁聲。
辛彝 弋[二八]延反。周禮云：冬宜鮮羽膳膏彝[二九]。說文云：臭也[三〇]。正從三羊。論作此羶，俗字。
鑠靈 傷酌反。郭注方言云：鑠，光明也。毛詩傳云：美也。論文從火作爍。鑠，銷也，非義。說文：從樂金聲[三一]。
衣盋 半末反。通俗文云：盋，僧乞盂也。說文：從皿犮聲。犮音盤末反。
寂泊 攀陌反。借音字。
籲糵 言列反。尚書云：若作酒醴，爾雅(惟)籲糵[三二]。說文：從米辥聲。
辛葷 虛云反。鄭注禮記云：葷，辛菜也。聲類云：野蒜，一名葷。說文：從草軍聲。

集古今佛道論衡　第二卷

相鬪 丁豆反。蒼頡篇云：門(鬥)[三三]，争也。說文云：兩士相對，兵仗在後，象形字也。今作門中斫者，俗通用。論文從刀作剅，誤也。
俎醢 上莊所反。考聲云：俎，盛肉器也。禮記云：周曰房俎，四足如案也。說文：從半肉在且上，象形字也。下音海。郭注爾雅云：醢，肉醬也。說文：從酉䀋聲。䀋音于救反。或從有作盍[三四]，亦通用也。
親覘 敇焰反。杜注左傳云：覘，伺也。鄭注禮記云：闚也。說文：從見占聲。闚音企唯反。
楊榷 口角反。許叔重注淮南子云：楊榷[三五]，粗略也。廣雅云：榷，橋也。說文：從木作榷。水上橫木，所以渡也。
傷蠹 都故反。左傳云：公聚蠹。說文云：害物蟲也。從䖵槖聲。槖音託。
樸素 普剥反。王弼注老子云：樸，真也。說文云：木素也。從木菐聲。或從卜作朴，亦通。
夐期 休盛反。劉兆注漢書云：夐，深遠也。穀梁傳云：夐入千里之國。又營求[三六]也。說文：從𡕥從人在穴上。𡕥音火劣反。
續鳧 父于反。毛詩傳云：鳧，水鳥也。顧野王云：即鴨也。說文：從鳥省几聲。几音殊。
所吸 歆邑反。毛詩傳云：猶引也。廣雅云：飲也。考聲云：內氣也。說文：從口及聲。論文從翕作噏，非也。
扣齒 苦后反。孔注論語云：扣，擊也。說文云：扣，擊之。從手口聲也。
薦席 煎電反。如淳注漢書云：草稠曰薦。釋名云：牀薦，所以自薦籍也。廣雅云：薦，席也。說文：從草廌聲。廌音豸。論文草竹作篇，非也。
驢驏 下展碾反。埤蒼云：馬臥土中，驏也。說文：從馬展聲。論文從車作輾，誤也。
摘頭 陟革反。考聲云：摘，拓取也。說文：從手商聲也。
懸櫛 側瑟反。禮記云：櫛用象櫛。說文云：梳之總名。從木節聲也。

挻埴　上式延反，下時弋反。御注老子云：挻，和也，擊也。説文：從手延聲。埴土也，黏也，陶匠和土爲瓦缶之器也。説文：從土直聲。論文從土作埏（埏）〔三七〕，非也。

勔法師　莫杏反。僧名也。

之儔　直留反。韻略云：儔，匹也，類也。廣雅云：依也。説文：從人壽聲。

嬖臣　補悌反。杜注左傳云：嬖，親幸也。劉熙注漢書云：卑也。説文：從女辟聲。

激切　經的反。王逸注楚辭云：激，感也。方言云：聲清也。説文：從水敫聲。敫音羊酌反。

藹法師　衣蓋反。僧名也。

雜粈　尼救反。鄭注儀禮云：粈，雜也。説文：雜飯也。從米丑聲。論文從柔作糅，俗通用。

食椹　拾荏反。典説云：桑實也。毛詩云：吁嗟鳩兮，無食我椹。説文：從木甚聲。

擔棺　丁甘反。廣雅云：擔，舉也。字書云：負也。説文：從手詹聲。

融剖　普后反。孔注尚書云：剥皮也。杜注左傳云：中分爲剖。説文：從刀咅聲。論文從舌作刮，非也。

剔翦　上他曆反。玉篇云：剔，治也，剃髮也。説文：從刀易聲。下子賤反。鄭箋毛詩云：翦，断也。爾雅云：翦，齊也。説文云：以齊斷之〔三八〕。從羽前聲。

氓俗　麥耕反。鄭注周禮云：變民言内外也。氓，猶懵懵無知貌也。劉熙注漢書云：遠郊之界稱泯（氓）〔三九〕。説文：從民亡聲。

泯之　彌忍反。毛詩傳曰：泯，滅也。爾雅云：盡也。説文：從水民聲。論文從山作岷〔四〇〕，誤也。

子贇　于倫反。帝王名也。

碪椎　上縶林反。説文：從石甚聲。論文從占作砧，俗通。下直追反。太公六韜云：方頭鐵椎重八斤，柄長五尺。顧野王云：所以擊物也。説文：從木隹聲。論文作搥。搥，非也。縶音砧立反。

集古今佛道論衡　第三卷

辛諝　相呂反。古今正字云：有智之稱也。人名也。

疚心　居又反。爾雅云：疚，病也。左傳云：君子不爲利，不爲義疚。説文：從疒音女厄反久聲。

重敞　昌兩反。僧名也。

梗概　上柯杏反。王逸注楚辭云：梗，强也。郭注爾雅云：直也。下柯代反。薛綜注東都賦云：梗概，不纖密也。説文二字並從木，更、既並聲。

踳駁　上春允反。許叔重注淮南子云：踳，相背也，亦差也。説文：從足春聲。下邦角反。莊子云：踳駁，不調一也。説文：從馬爻聲。論文從交作駮，誤也。

仳瑣　上音此，亦音紫。説文：從人此聲。下音鏁，前論序已釋也。

趾跪　上支市反。左傳云：若步玉趾。杜注云：趾，脚也。説文：從足止聲。論文從互作跴，誤也。跴音丁計反。

忸赧　上女六反。賈逵注國語云：忸怩，慚色在顏也。廣雅云：蹙〔四一〕咨貌。説文：從心丑聲。下女簡反。方言：赧，愧也。説文云：面慚色也。正從赤艮艮音展（尼）〔四二〕展

[反]〔四三〕聲也。論文從皮作皺，俗字。

鏗鍧　上口耕反，下呼横反。考聲云：鏗鍧，鍾聲也。説文二字並從金，堅、訇同上音並聲也。論文從宕作鋐，非也。

毆之　於口反。史記云：愕然欲毆之。説文云：毆，擊也〔四四〕。從殳區聲。殳音殊。論文從支作敺，非。

道帚　周酉反。世本云：少康作箕帚。顧野王云：帚，所以掃除糞穢也。説文：從又持巾掃門〔四五〕内也。

勦説　楚交反。鄭注禮記云：勦，擥音却堅反。謂取人之説，以爲己説。埤蒼云亦代人説之。或作譟。説文：從力巢聲。

亟發　欺吏反。爾雅：亟，速也。杜注左傳云：數也。方言云：愛也。説文：從人口又二。二，天地也。會意字。

諈諉　上竹恚反，下女恚反。郭注爾雅云：以事相囑累爲諈諉也。蔡謨云：託也。説文字並從言，垂、委並聲。恚音伊季反。

椿菌　上恥倫反。莊子云：大椿之木，八百歲爲一春，八百歲爲一秋。説文：從木春聲。下群殞反。山海經云：孟子山多菌，不知晦朔。司馬彪曰：天芝也。江東呼爲土菌，亦曰馗厨。説文：從草囷聲也。囷音丘倫反。

渤澥　上盆没反，下諧買反。説文：渤澥，海之别名也。子虚賦：光浮澥渤是也。説文二字並從水，勃、解並聲。

纍紲　上律追反，下仙列反。孔注論語云：纍，黑索也。紲，攣也，所以拘罪人也。王逸注楚辭云：紲，繫也。説文二字並從糸，畾、世聲。畾音雷。論文從累作縲，非也。

謗黷　上博浪反。杜注左傳云：謗，毁也。國語云：問謗譽於路人。又曰：厲王虐，國人謗之。説文：從言旁聲。下同屋反。孔注尚書云：黷猶慢也。國語云：黷則生怨。説文：從黑賣聲也。

桎梏　上真日反，下古沃反。鄭注周禮云：在足曰桎，在手曰梏。爾雅：梏，直也。説文：桎，足械也，所以桎地也。梏，手械也，所以梏天也。並左形右聲。鄭玄云：加名梏者，謂書名姓及罪於梏而著之。

豺狼　上仕皆反。爾雅：豺，足似狗，狼屬也。説文：從豸才聲。豸音宅戒反。論文從付作犲，非也。下洛唐反。周禮：獸人春獻狼。説文：狼，似犬。鋭頭，白頰，高，前廣後陋〔四六〕。毛詩云並驅從兩狼也。説文：從犬從良聲。

狂狷　上瞿王反。顧野王云：狂者，愚騃驚悖，性不倫理也。論語云：好剛不好學，其敝也狂。悖，音其季反。下決面反。説文：狷，疾跳也〔四七〕。亦曰急也。二字並從犬，王、肙並聲。肙音一縣反。

道懿　依冀反。僧名也。

濩落　胡郭反。郭注爾雅云：濩，淪也。鄭注禮記云：濩，因(困)〔四八〕迫失志貌也。説文：從水蒦聲。蒦烏獲反。

落荃　七全反。王逸注楚辭云：荃，香草也。離騷：荃蕙化爲茅。説文：從草全聲也。

竅耶　棄弔反。鄭注禮記云：竅，孔也。又注周禮云：陽竅七，陰竅二。典説云：鑿混沌之竅。説文：從穴敫聲。敫音羊酌反。

巫覡　刑擊反。國語云：在男曰覡，在女曰巫。覡能齊肅事神明也。説文：從巫見聲也。

淫哇　於佳反。蒼頡篇云：哇，謳也。廣雅：邪也。説文：諂聲也。從口圭聲。

集古今佛道論衡　第四卷

淄澠　上側基反。孔注尚書：淄水名也。杜注左傳云：淄水出泰山、梁父，西北入波（汶）〔四九〕也。下綿褊反。澠水出齊國臨菑縣北，入時水也。說文二字並從水，甾、黽並聲。黽音猛，褊音必湎反。

堪濟　苦甘反。毛詩傳云：堪，任也。孔注尚書云：克也。考聲云：臨也，載也。說文：從土甚聲。論文從戈作戡，誤也。

夔龍　匱爲反。舜臣名也。

蕙蓀　上畦桂反，下息尊反。玉篇云並香草也。說文二字並從草，惠、孫並聲。

樠櫟　上莫官反。左傳云：楚武公卒於樠木之下。說文：樠，松心也。漢書：烏孫國多松樠也。下零的反。毛詩：山有苞櫟。說文二字並從木，㒼、樂並聲。㒼音滿。論文從歷作櫪，非也。

樗棘（棘）〔五〇〕　上丑余反。毛詩：樗，惡木也。莊子云：有大樹，人謂之樗。大枝擁腫而不中繩墨，小枝拳曲而不中規矩。說文：從木虖聲也。虖音呼字。下矜力反。郭注爾雅：顛棘（棘），細葉有刺也。廣雅云：棘（棘），藏也。方言云：凡草木刺人，江淮之間謂之棘（棘）。說文從二束（朿）〔五一〕，束（朿）音七賜反。

葶艾　上定丁反。考聲云：葶藶，草名也。郭注爾雅云：實葉皆似芥，一名狗等〔五二〕。下吾蓋反。郭注爾雅云：蒿艾也。

蒺茨　上秦七反，下自茲反。郭注爾雅云：蒺茨，布地蔓生，細葉，子有束（朿）〔五三〕，三角刺也。說文二字並從草，疾、次並聲也。

稗飯　蒲卦反。杜注左傳云：草之似穀者也。如淳注漢書云：細米爲稗。說文：從禾卑聲也。

霜穫　胡郭反。毛詩云：八月其穫穀，十月其穫稻也。說文云：刈禾〔五四〕也。從禾蒦聲也。蒦，烏獲反。

暑𦓤　于君反。毛詩傳云：𦓤，除草也。說文：從耒員聲。耒音力對反。論文從云作耘，俗字也。

塵黷　同屋反。考聲云：黷，污也，垢而黑也。說文：從黑賣聲。

詿誤　上關賣反，下吾故反。漢書云：赦書爲所詿誤者也。說文一（二）〔五五〕字並從言，圭、吴並聲。說（論）〔五六〕文從心作忤，誤也。

闐闛　上徒堅反，下蕩郎反。玉篇云：闐闛，俱盛貌也。郭注爾雅云：闐〔五七〕闐，群行聲也。許叔重注淮南子云：闛闛，鼓鼙聲也。說文二字並從門，真、堂並聲。論文從壹作闉，誤也。

考覈　行革反。說文云：覈，考實事也。漢書云：覈，審覆之務，准古法是也。說文：從西（襾）〔五八〕敫聲。西（襾）音虛詐反。

惠舸　各可反。方言云：南楚江湖〔五九〕凡船大者謂之舸。說文：從舟可聲。

陵轢　上力徵反。杜注左傳云：陵侮我也。說文：從自麦聲也。麦音同上。下零的反。說文云：轢，車所踐也。呂氏春秋云：陵轢諸侯也。說文：從車樂聲。

借矟　雙捉反。廣雅云：矟，矛也。說文：從矛肖聲也。

角頿　子移反。左傳云：靈王生而有頿。說文云：口上之須是也，從須此聲。論文從髟作髭，俗字也。髟，必遥反。

解頤　以之反。方言云：頤，頷也。周易：頤中有物曰噬嗑也。說文：從頁臣聲也。噬音逝，嗑音合，臣音同上也。

造父　曹道反。毛詩傳云：造，爲也。鄭注儀禮云：造，作也。杜注左傳云：成也。說文：從辵告聲。辵，丑略反。

父殺　魚既反。人名也。說文：從殳豙聲也。殳音殊，豙音義。論文從彖作殺，誤也。

獯狐　上許云反，下音胡。怪鳥也。

挫拉　上祖過反。鄭注考工記云：挫，折也。賈逵注國語云：折銼曰挫。下力荅反。何休注公羊云：拉，折也，摧也。說文二字並從[扌]〔六〇〕，立、坐並聲。

眄睞　上眠遍反，下力代反。廣雅云：眄睞，並視也。考聲云：目不正也。說文字並從目，丏、來並聲。丏音綿褊反。

義褒　博毛反。僧名也。說文：從衣𤓯聲。𤓯音保。論文從保作褒，俗字。

麈尾　朱庾反。郭注山海經云：麈似鹿而大。聲類云：尾可以爲帚。說文：從鹿主聲。論文從土作塵，誤也。

已痿　委危反。鄭注禮記云：痿，病也。如淳注漢書云：足不能相過曰痿。說文：從疒委聲。疒音女厄反。論文從草作萎，誤。

既恧　女六反。方言云：恧，慚也。郭注爾雅云：心慚爲恧。說文：從心而聲。

懋績　上矛后反。范甯云：懋，勉也。郭注爾雅云：自勉强也。說文：從心楙音同上聲也。下精歷反。穀梁傳云：功勞也。又曰功業也。說文：從糸責聲也。

杼軸　上音除呂反。說文：從木予聲。下冲六反。說文：從車由聲。毛詩云：杼軸其空。鄭箋云：杼軸不作也。

鴟鴞　上齒之反，下尤驕反。毛詩傳云：鴟鴞，惡聲之鳥也。郭注爾雅云：似鳩而青毛。顧野王云：楚人謂之服鳥，賈誼所爲賦也。說文二字並從鳥，氏、号並聲也。論文從至作鵄，俗字也。

郵傳　又牛反。郭注爾雅云：郵，道路所經過也。孟子云：孔子德之流速於置郵而傳命也。說文：從邑垂聲。論文從缶作郵，通。

致猜　七才反。杜注左傳云：猜，疑也，懼也。說文：從犬青聲。

衝天　觸容反。郭注山海經云：衝，向也。方言云：衝，動也。廣雅：衝，突也。楚辭云：衝風起兮横波。說文：從行童聲。論文從車作輴，誤也。

給賻　符務反。鄭注周禮云：謂賻喪家補助不足也。公羊傳曰：喪事以貨財曰賻。穀梁傳云：歸死者曰贈〔六一〕，歸生者曰賻。說文：從貝專聲。

聶承遠　黏輒反。人名也。

㖢(㖢)銜　遵累反。字書云：㖢(㖢)，鳥喙。許衛反也。或從此作柴。說文云：從口朿(束)〔六二〕聲也。

吻噬　上聞粉反。鄭注考工記云：吻，口邊也。蒼頡篇云：吻，脣兩邊也。下時制反。王弼注周易云：噬，齧也。說文二字並從口，勿、筮並聲也。齧音研結反。

橛角　權月反。莊子云：前有銜橛之飾，後有鞭策之威。說文：從木厥聲也。

桑椹　時稔反。毛詩云：吁嗟鳩兮，無食我椹。說文：從木從甚聲。

遄死　殊專反。爾雅云：遄，速也。毛詩傳云：遄，疾也。人而無禮，胡不遄死。說文：從辵耑聲也。辵音丑略反，耑

音端。

鄙野　離子反。蒼頡篇云：鄙，國之下邑也。何休注公羊傳曰：野，鄙也。如淳注漢書云：言雖質，猶不如閭里之鄙言也。說文：從邑里聲。論文從人作俚，誤。

樞機　上觸榆反，下居依反。郭注爾雅云：樞，門户扉樞也。莊子云：蓬户不完，幸〔六三〕以爲樞。鑿木爲機，有機械者必有機心。孔注尚書云：機，弩牙也。度音唐落反。機有度以準望也。韓康伯云：樞機，制動之主也。周易云：樞機一發，榮辱之主。說文二字並從木，區、幾並聲。

烏黮　徒感反。顧野王云：案楚辭云：黤黮，不明凈也。說文云：黮，桑椹之黑也。從黑甚聲也。黤音烏感反。

蛣蜣　上去吉反，下欺良反。爾雅云：蛣蜣，蜣蜋也，糞土中蟲也。說文：一(二)〔六四〕字並從虫，吉、羌並聲。虫音毁。

旒冕　柳周反。爾雅云：練旒九飾以組。禮記云：天子玉藻，十有二旒，以五彩藻爲旒也。說文：從於(㫃)〔六五〕㐬聲。於(㫃)音偃。

即莧〔六六〕　還板反。蒼頡篇云：莧，笑有形無聲。論語：夫子莧爾而笑。說文：從草見聲。

嬥曲　徒了反。韓詩云：嬥嬥，往來貌也。蒼頡篇云：好貌也。聲類：貌也。說文：從女翟聲，翟音宅。

宸鑒　上慎人反。典說云：天子有紫宸殿。又，宸光皆屬天子所居之屋也。說文：從宀辰聲。宀音綿。下夾懺反。賈逵注國語云：鑒，察也。杜注左傳云：鑒，戒也。廣雅：鑒，照也。說文：從金監聲。

廁圂　渾困反。蒼頡篇云：圂，豕居也。說文云：圂，廁也。典說：從豕在口中，象形字也。口音韋。論文從水作溷，誤也。

九閟　筆媚反。孔注尚書云：閟，慎也。毛詩傳曰：閟，閉也。左傳云：時以閟，閉也〔六七〕。左傳云：時以閟之，閟其事也。說文：從門必聲。

脚痺　卑利反。考聲：脚痿無力也。說文云：痺，濕病也。從疒卑聲。疒，女厄反。

戰慄　隣質反。尚書云：慄慄，危懼也。郭注爾雅云：戰慄，憂蹙也。說文：從心栗聲。

勍敵　劇京反。左傳云：勍敵之人。埤蒼：勍，健也。說文：勍，强也。從力京聲。

槁木　苦老反。考聲云：槁，枯也，乾也。杜注左傳云：勞也。禮記云：止如槁木。說文：從木高聲。

椐梧　京於反。郭注山海經云：椐，木腫節中爲枝也。說文：從木居聲。

𤢅　嘲狡反。考聲云：𤢅，西南夷種也。說文：從犬巢聲。論文從尞作獠，俗字。嘲，知交反。

邂逅　上諧懈反，下侯遘反。毛詩傳云：邂逅，不期而會也，又曰解脱之貌也。韓詩云：邂逅，不固之貌也。說文二字並從辵，解、后並聲。

標牓　上必遥反。考聲云：標，舉也，書也。說文：從木票聲。票音同上。下博朗反。神異經云：牓，標也。典說文〔六八〕云：牌也。說文：從片旁聲。論文從木作榜，誤也。

續古今佛道論衡一卷

泛漲　孚梵反。賈逵注國語云：泛，浮也。毛詩傳云：泛泛，流

貌也。下張亮反。考聲云：漲，水增大也。沙岸延入水也。説文二字並從水，之、張並聲。論文從凡作汎，誤也。

鐫石 殍緣反。方言云：鐫，琢也。廣雅：鐫，鑿也。説文云：琢金石也。從金雋聲。雋音徂兖反。論文作此鎸，俗字。雋字從隹從横弓也。

預搔 桑勞反。禮記云：痛苛痒而敬抑搔之。説文云：搔，刮也。從手蚤聲。刮音古八反，蚤音早。

岳嶸 胡萌反。楚辭云：峥嶸而無地。説文：從山榮聲。峥音鋤耕反。

姜苟兒 居良反。人姓也。國語云：炎帝以姜水成爲姜，因生以賜姓也。毛詩云：時惟姜原是也。説文：從女羊聲。論文加草作萋，非也。

李寔 時職反。人名也。論文從兩作寁〔六九〕，非也。

湟濁 胡光反。漢書云：湟水出金城臨羌縣塞外，東入河也。説文：從水皇聲。

曇摩讖 楚禁反。僧名也。説文：從言韱音息廉反聲。韱字從韭𢦏聲也〔七〇〕。𢦏音接暹反。韱似韭而細，出五原也。論文從手作攕，非也。

利涉論衡一卷

老聃 菼甘反。老君字也。論作耼，俗字也。菼音他敢反。

反噬 時制反。王弼注周易云：噬，齧也。説文：從口筮，筮亦聲。經從艸作噬，誤也。

諸崤 效交反。尚書云：晉襄公帥師敗諸崤。孔注云：崤，要塞也。杜注左傳云：在弘農澠池縣西也。或作殽。

褒爲 上保毛反。顧野王云：褒，猶揚美之。鄭注禮記云：褒，猶進也。考聲：正作褒〔七一〕。説文：從衣𡨄聲。𡨄，古文保字也。論文從保作褒，通用。

耕殖 承職反。方言：殖，種也。文字典説：殖，生也。從歹直聲。歹音五割[反]〔七二〕。經作殖，俗通用。

斲錐 丁角反。孔注尚書：斲，削也。杜注左傳：執斷也。説文：斫，從斤㽞聲。㽞音豆。論作斵，俗字也。

默啜 川蔹反。北狄别號。

赧然 儜酢反。孟子曰：其色色赧赧然也〔七三〕。爾雅云：面愧曰赧。説文：面慚赤也。或從𠬪作赧。儜音搦耕反，酢音札眼反〔七四〕，𠬪音而兖反也。

耐羞 上乃代反。顧野王云：耐，猶能也。蘇林注漢書云：耐，能任也。考聲：忍也。説文從而。經從面作酎，誤。

䒃未 芻瘦反。考聲云：䒃，厠也，齊也。杜注左傳：副律〔七五〕也。説文：從艸造。經從竹作簉，誤也。

道氤定三教論衡一卷

道氤 一人反。僧名也。

紐地維 呢九反。廣雅：紐，束也。説文：繫也。從糸丑聲。論從刃作紉，音尼隣反。説文：單繩也，非地維義也。

畢萃 慈醉反。周易：萃者，聚也。毛詩傳云：萃，集也。説文：從艸卒聲。

詎容 渠吕反。考聲云：詎，未也。説文：從言巨聲也。

下俚 離止反。何休注公羊傳云：郢，鄙也。或從邑作郢也。

哇聲 厄佳反。蒼頡篇云：哇謂謳也。説文：或從欠作㰳。論

從虫作蛙。考聲：水蟲也。非謳哇之義。哇音烏蝸反。

英髦　冒高反。毛詩傳云：髦，俊也。郭注爾雅云：士中之俊如毛中之髦也。説文：從髟毛聲。髟音必遥反。

埥土　情脊反。國語云：擇埥土而處之也。賈逵注云：埥，薄也。或從月作腈也。

一切經音義　卷第八十四

校勘記

〔一〕豫　今傳本禮記作「講」。

〔二〕説文：候也　今傳本説文：「覞，窺也。」

〔三〕小雅　似當爲「小爾雅」。

〔四〕王　據文意當作「玉」。

〔五〕忿　據文意當作「坌」。

〔六〕文　衍。

〔七〕東　據文意當作「束」。下同。

〔八〕味　據文意當作「昧」。

〔九〕蛞蝇　今傳本爾雅：「蛞蟆，蟆蝇。」

〔一〇〕此　麗無，據文意補。

〔一一〕説文：忌嫉也　今傳本説文：「憚，忌難也。」

〔一二〕木　今傳本楚辭作「未」。

〔一三〕著　據文意似當作「者」。

〔一四〕由　據文意通作「猶」。

〔一五〕説文：嬈可。從言肖聲　今傳本説文：「譙，嬈譊也。从言焦聲。」

〔一六〕西　據文意似作「襾」。

〔一七〕覃　説文：「覃，古文覃。覃，篆文覃。」

〔一八〕説文云：葉薄鐵也。從金葉聲　今傳本説文：「鍱，鏶也。从金枼聲。齊谓之鍱。」

〔一九〕説文：從口葉聲　衍。獅無。

〔二〇〕雀　獅作「隺」。下同。

〔二一〕作　麗無，據文意補。

〔二二〕仿佛　麗無，據文意補。

〔二三〕栂　據文意當作「拇」。

〔二四〕畢　今傳本禮記作「韠」。

〔二五〕系　據文意當作「糸」。

〔二六〕策　據文意當作「筞」。下同。

〔二七〕中　獅作「申」。

〔二八〕弌　據文意似當作「式」。

〔二九〕周禮云：冬宜鮮羽膳膏彝　今傳本周禮：「冬行鱻羽膳膏羶。」

〔三〇〕説文云：臭也　今傳本説文：「羴，羊臭也。」

〔三一〕説文：從樂金聲　今傳本説文：「从金樂聲。」

〔三二〕爾雅籟蘖　今傳本尚書作「爾惟麴蘖」。

〔三三〕門　獅作「鬥」。

〔三四〕盇　據文意似當作「盍」。

〔三五〕權　據文意似當作「権」。下同。

〔三六〕求　獅作「末」。

〔三七〕挺　據文意似當作「埏」。

〔三八〕説文云：以齊斷之　今傳本説文：「翦，羽生也。一曰矢羽。」

〔三九〕泯　獅作「泯」。

〔四〇〕蚭　獅作「蚭」。

〔四一〕蹷　據文意似當作「蹷」。

〔四二〕展　據文意似當作「尼」。

〔四三〕反　麗無，據文意補。

〔四四〕説文云：毆，擊也　今傳本説文：「毆，捶轂物也。」

〔四五〕門　今傳本説文作「门」。

〔四六〕説文：狼，似犬。鋭頭，白頰，高，前廣後

陋　今傳本説文：「似犬。鋭頭，白頰，高前廣後。」

〔四七〕説文：狷，疾跳也　今傳本説文：「狷，褊急也。」

〔四八〕因　獅作「困」。

〔四九〕波　今傳本杜注左傳作「汶」。

〔五〇〕棘　據文意似當作「棘」。下同。

〔五一〕擁　據文意似當作「臃」。　束　據文意似當作「束」。下同。

〔五二〕等　今傳本爾雅作「薺」。

〔五三〕東　據文意似當作「束」。

〔五四〕禾　今傳本説文作「縠」。

〔五五〕一　獅作「二」。

〔五六〕說　獅作「論」。
〔五七〕闃　獅作「門」。
〔五八〕西　據文意當作「襾」。下同。
〔五九〕湖　今傳本方言作「湘」。
〔六〇〕扌　麗無，據文意補。
〔六一〕贈　今傳本穀梁傳作「賵」。
〔六二〕唻　據文意似當作「唻」。下同。朿　據文意似當作「朿」。

〔六三〕幸　今傳本莊子作「桒」。
〔六四〕一　獅作「二」。
〔六五〕於　據文意當作「朳」。下同。
〔六六〕莧　即「莞」。
〔六七〕左傳云：時以闕，閉也　疑衍。
〔六八〕典說文　據文意似當爲「文字典說」。
〔六九〕蝭　似作「蝭」。
〔七〇〕說文：從言韱音息廉反聲。韱字從韭𢦔聲也　今傳本說文：「韱，山韭也。从韭𢦔聲。」
〔七一〕褒　據文意似當作「褒」。
〔七二〕反　麗無，據文意補。
〔七三〕孟子曰：其色色赧赧然也　今傳本孟子：「觀其色赧赧然。」
〔七四〕酢音札眼反　酢，廣韻爲「側板切」。
〔七五〕律　今傳本杜注作「倅」。

一切經音義　卷第八十五

翻經沙門慧琳撰

辯正論音卷上　從初音論序盡第四卷

辯正論序

揬[一]賾[二]　上他頷反。聲類云亦通[三]。韻詮云：引取也。考聲：試也。爾雅：嘗試取其意也[四]。說文：遠取也。從手㴱聲也。㴱，音深，從穴從求。下柴責反。韻英云：賾，幽也。古今正字：幽，深也。從臣責聲也。臣音以而反。賾，正體責字也，從朿。朿音次。

迹泯　上精亦反，足跡也。下蜜引反。韻英云：泯，滅也，絶也。說文：從水民聲。民音蜜賓反。

螣[五]蛇　上唐能反，從馬。或從水作滕。螣蛇者，妄計也。

筌蹄　上翠緣反。取魚竹器籠也，亦名魚笱。下弟奚反。莊子云：蹄，所以取得兔，既得兔而忘蹄。從足帝聲。

拘羑　上音俱。考聲：拘，局也，擁也。說文：執也。從手句聲。下音酉，古獄名也，在蕩(湯)[六]陰，文王所囚之處也。說文：進善。從羊久聲。或作羌(㚑)[七]，亦通。有作牖，非此用也。

玉迻　上音愚録反，下音移。考聲：迻，從也，轉也。說文：遷也[八]。從[辵][九]移省聲。或作移，亦得。辵音丑略反，俗謂之逿走之逿是也。

雜遝　上蠶合反，正體字也。下談合反。爾雅：急行也。集訓云：眾行皃也。從辵眔聲。眔音同上。

碑誄　上彼皮反，下力軌反。考聲：誄(誄)[一〇]，壘也。述亡者而敘哀情也。說文：誄，謚也。從言耒聲。耒音盧會反。

談霸　巴罵反。賈注國語云：霸，把也。把持諸侯之權，行方伯之職也。釋[名][一一]：迫也，脅也，迫脅諸侯，把持其政，不失人臣之義，遵輔王業也。考聲云：長也，伯也，居眾之長，方伯之任也。如月魄之近日，會意字也。從月䨣聲也。䨣，音普博反，從雨從革。

辯正論　第一卷

挻埴　上傷延反，下承力反。淮南子云：陶人之挻埴也。許注云：挻，押(揉)[一二]也。孔注尚書云：埴，黏土也。釋名：膩土也，如脂之膩滑也。如淳曰：挻，擊也。埴[一三]，柔也，和也。說文：挻字從手，埴字從土，形聲字也。

覆燾　上敷救反，下陶到反。考聲云：覆，蓋也。從襾。襾音呼賈反。燾字從灬，灬音必遥反，普覆照也從壽，轉注字也。

鑽燧　上祖官反。顧野王云：鑽，鐫鑿也。考聲：刺也。孟子：

穴也。古今正字：穿也。形聲字也。下音遂。杜注左傳云：取火之具也。凡有五類，火鑽、火石、火珠、火鏡、火鐵是也。古作燧、鐆、檖、鐩，五體並通。

腥臊　上音星。犬膏臭也。下掃遭反。考聲：豕膏臭也。亦形聲字也。

耒耜　上雷兊反。世本云：古者垂作耒耜，神農之臣也。考聲云：耒者，今之犁牽也。耜上曲木也。從丯木，丯音介。耜音似。考聲：若今之鏵鍫而有柄，曲刃似犁鏵，稻田中見用。說文：耜，從耒從㠯。㠯，古文以字，上口不合即是。又作梠、鈶三體。

斵木　上音卓。考聲云：斵，斫也。今之犁也。

楺[一四]木　柔帚反。集訓云：燒木拗捩令曲，即今之犁轅、犁牽是也。拗音鴉絞反，捩音蓮捏反，並從手。

八凱　康海反。舜之賢臣八人也。

竄三苗　倉亂反。考聲云：竄，投也。謂逃竄藏匿也。顧野王云：誅放也。古今正字：隱也，蔽也。從鼠在穴中，會意字也。三苗，國名，亦山名也。

檮杌　上唐刀反，下音兀。堯時四凶臣也。韻英云：凶頑皃也。

帝乘四載　孔注尚書云：陸乘車，水乘舟，山乘樏，泥乘輴。輴音椿，樏音力追反。論從毛作橁(毳)[一五]，未詳。又作樺，恐誤也。

濟濟　精禮反。孔注尚書云：濟濟，衆盛之貌。論文作济，草書不成字也。

輸賝　上式珠反，納也。下敕林反，寶也。或從玉作琛。

藉以　情夜反。以草布地曰藉。考聲：薦也。易曰：藉用白茅，無咎也。

搆鵬鴳之寓言　上鉤候反，次音朋，下音晏。鵬，大鳥也。鴳，小鳥也。莊生託以寓言喻其事。

眇莽　上彌小反，微小也。下莫朗反，遠也。

飯餌松朮(朮)[一六]　餌音二，朮(朮)直律反。草藥山薊也，根極香。薊音計。

歡心　呼官反。樂也。論作懽，非也。

有徼　古吊反。歸終也。

閬苑　上音浪。廣雅云：崑崙之墟有三山，一名閬風，二名板桐，三名玄圃，皆神仙所居之處。

閶闔　上音昌，下音合。王逸注楚辭云：天門也。說文云：楚人名宮門曰閶闔門，楚宮也。

椌鵠　鴻屋反。鵠，即鶴之類也。

姑射　音夜，又亦。冲虛真經云：姑射山在東海中河水入海處，洲島名也。郭注山海經亦云：河入海處海島山也。上有神人吸風、飲露、不食五穀，古神仙所居也。

磅礴　上音旁，下音薄。集訓云：磅礴，廣大貌也。太玄經亦云：包羅宇宙皃也。

鑪鍾　上音盧，下音長追反。

眇眇　彌小反。廣雅云：眇眇，謂遠視眇然也。說文：一目小也。從目少聲。

茫茫　莫郎反。宇宙之廣大曰茫茫也。

不皦　音皎。韻英云：皦，明也。

八棹　宅教反。行船之櫂棹也。

濬東溟　上音峻，深大也。下音冥。地理志云：海外東荒有大穴，深廣不測，名大壑。海水常注之而不盈也。

謳和　上阿鉤反。歌也。

殉主　旬俊反。以身從死曰殉也。
瀰瀰　迷以反。毛詩傳曰：深也，盛也，滿也。
安叡　悦惠反。人名。
梯基　上體奚反。階級道也。
憩禪林　上卿乂反。息也。
挫慢　祖臥反。折伏也。
鯨鯢　上競京反，下藝雞反。韻詮云：海中最大魚也。雄曰鯨，雌曰鯢，身長千餘里，目如日。
雰霧　上音芬。亦作氛，雲氣也。下音務。爾雅云：霧，地有氣上發天不應曰霧〔一七〕。
之儔　宙留反。正(疋)〔一八〕也。
撝談柄　上音暉。指撝也。下音兵命反，把處也。
罇俎　上音尊。酒器也。下莊所反。考聲云：肉器也，机〔一九〕也。
牒盈　恬協反。考聲：簡也。説文：牒，札也。論文從言作諜，牒〔二〇〕也。
寶軸　下音逐。
濩落　上黄郭反，下音洛。寬曠無涯際也。
听爾　銀謹反。韻詮云：听，小笑皃也。説文亦笑也。
大輅　江岳反。爾雅：輅，直也。廣雅：明也。説文：從車爻聲。論從交，俗字也。
純痝　下馬邦反。粗也，朴也。
粒食　上音立。尚書：米食曰粒。説文：從米立聲。
嘉睨　下音況，形睨也。
蹐地　上情跡反。考聲：履也。毛詩傳：累〔二一〕也。説文：從足脊聲。
喁喁　或作顒顒，亦通，愚恭反。集訓云：意有所懼畏，恭謹戒慎之皃也。
伋伋　金立反。韻英云：急行也。從彳及聲。論文從水，非也，書誤也。
殲其　接閻反。韻英、考聲並云：殲，盡也。論從截，非也。
灞川　百罵反。秦地灞川水名也，在皇城東。
解脰　脰音豆。何注公羊傳云：脰，頸也。左傳：申生裂脰而死。古今正字：從肉豆聲。
陷𡿺　奴老反，正字也，髓也。古今正字：從匕𡿺聲。𡿺音同上。論文或作腦，俗字也。
亡狙　七余反。莊子云：猨與狙交。廣雅：狙，獮猴也。説文：狙，玃屬也。從犬且聲。且音子余反，從目(月)從[一]〔二二〕。有從旦作狚，非也。
下釣　彫要反。考聲：釣，鉤也。引也，懸也。説文：鉤魚也。從金勺聲。或作魡字。
河湍　湯官反。字書云：湍，急瀨也。許叔重注淮南子云：湍，疾水也。瀨，淺水也。説文：湍，亦瀨也。從水耑聲。耑音端。論文從土，非也。
芻豢　上楚俱反。韻英云：芻，草也，亂草也。説文：刈草也。上象包束草之象也。從三(二)勹從二屮。屮音丑列反，勹音包。或從草作蒭，亦正。論文作蒭〔二三〕，非也，乃是古文多字也。下豢音患。鄭注周禮云：養牛羊曰芻，養犬豕曰豢。説文：以圂以穀養豕也〔二四〕。從豕從卷省聲。
臛染指之黿　上訶各反。考聲云：似羹而濃曰臛。説文：肉羹也。從肉隺聲。隺音涸。下黿音元。説文：水介蟲，大鼈也。從黽元聲。言染指黿者事，在左氏傳中。
炰如朱之鼈　上方久反，上聲字也。考聲云：火熟也。若羹而

無汁曰焦。古今正字：從火隹聲。隹音甫狗反。下鞭滅反。説文：水介蟲也，言朱鼈者。吕氏春秋云：醴水中蟲名爲朱鼈。一説云其蟲背上有白珠，身如珠色，故名朱鼈。説文：從黽敝聲。敝音毗袂反。

盜跖　上桃到反，下征亦反。杜注左傳：竊賄為盜。穀梁傳：非理所取謂之盜[二五]。説文：私利財物也。從次次音囚仙反從皿皿音明丙反。下跖字，廣雅：跖，履也。淮南子：跖，蹈行也。説文：足下也。莊子云：盜跖者，兇人名也，展季之弟也。

囊裝　上諾郎反。考聲云：袋有底曰囊。左傳：大曰囊。説文：囊，橐也。從㯻襄[二六]省聲也。橐音託，㯻音混，襄音儜。下裝音莊。

孑遺　上音結。賈注國語云：孑，餘也。説文：無右臂。從了／聲[二七]。／音厥。下唯葵反。杜注左傳：遺，失也。毛詩：遺，忘也。宋玉[二八]注楚辭云：遺，餘也。説文：從辵貴聲。

袪篋　上羌魚反。考聲：袪，袖也。禮記：袂口也。説文：從衣去聲。下謙葉反。集訓云：篋，箱類也。説文：篋，椷[二九]也。從竹匧聲。匧音同上。

檮杌　上音桃，下音五骨反。杜注左傳：檮杌，五帝時四兇人也，頑兇無所知皃也。二字並從木，形聲字。

澒澒　洪動反。言澒澒者，醉甚酩酊，無所覺知，體如耎泥。從水項聲。

褒貶　上保毛反。顧野王云：褒，謂揚美之也。鄭注禮記云：進也。説文：衣博褥裾也。從衣保聲。下兵奄反。鄭注周禮云：貶，減也。考聲：黜也。説文：貶，損也。從貝乏聲也。

小愆　丘言反。孔注尚書云：愆，過也。杜注左傳：失也。説文：罪也[三〇]。從心衍聲。或從侃從言作諐，亦通也。

三饔　紆恭反。考聲：饔，熟食也。鄭注周禮云：饔者，割、亨、煎、和之稱也。説文：亦熟食也。從食雝聲也。

之羞　星遊反。説文：進獻也。從羊丑聲。羊，所以進也。芉(芉)[三一]，正羊字也。論文從类作眷，非也，不成字也。

繭栗　上堅典反。又云：祭天地之牛角繭栗是也。説文：繭，蠶衣也，從糸從虫，芇聲也。芇音綿，象蛾兩角。或從見作絸，亦通。論文從爾作璽，非也。

堅鞚勒　空貢反。馬轡頭，人所執者曰鞚。文字典説：從革空聲。去聲字。

睫毛　上子葉反。考聲云：睫者，眼瞼(瞼)[三二]上毛也。蒼頡篇云：眥毛也。説文云：目旁毛也。從目妾聲。眥音字，眼眶也。

青緻　下馳利反。鄭注禮記云：緻，密也。古今正字：從糸致聲也。

周顗　魚倚反。人名也。

王濛　音蒙，亦人名也。

郗超　敕知反。人名也。

王謐　音蜜，人名也。

寓内　上于矩反。爾雅曰：天地四方中間謂之寓。古今正字：從宀禹聲。籀文作宇，用同。

威惠　考聲：惠，愛也，慈也。説文：仁也。或作慧，非。論文作憓，亦通。

媿焉　鬼位反。或從心作愧。

霹靂　上娉壁反，下力的反。顧野王云：大雷也。論文或從石作礔礰，俗字無憑也。

辯正論　第二卷　三教治道篇下

鏘鏘　鶬羊反。集訓云：金玉聲也。或從門作闛，或從足作蹡，或從玉作瑲，並古字也。說文：磬聲也。形聲字。

昏墊　下丁念反。孔注尚書云：下民昏墊，困溺於水灾也。考聲云：墊，下也。古今正字：從執從土。

鑠石　傷灼反。賈注國語云：鑠，消金也。從金樂聲。

狼狽　上音郎，下音貝。考聲云：失次序也，遽猝也。

銀榼　下坎盍反。考聲云：榼，盛酒器也。論文作榼，俗字也。

攘臂　上汝羊反。考聲云：攘，拒捍也。玉篇：除袂出臂曰攘，心憤發而氣勇也。說文：從手襄聲。

軿羅　上瓶眠反。蒼頡篇云：軿，衣車也。周禮：軿，屏也。說文：從車并聲。

熠燿　上音習。考聲云：熠燿者，火光盛皃也。杜注左傳云：熠燿，粦也。粦即熒火也。

甂甌　上遍眠反。考聲云：甂，似瓫而下。一云有觜小瓫也。說文：甂似瓿，大口而卑。下阿侯反。考聲：甌，小瓦盆也。王注楚辭云：瓦器也，亦瓦椀也。並形聲字也。瓿音掊厚反。

訛言　五禾反。毛詩：訛，僞也。郭注爾雅：妖言也。字書或作譌。古今正字：從言化聲也。

老聃　音貪。文字集略云：姬周時李老子名也。論文從身作躭，非。

嵇康　上音奚。東晉大夫嵇叔夜名也。古今正字：從山秋聲。秋音鷄。

歃白馬　上所甲反。賈注國語云：歃血也。玉篇云：以口微吸之也。說文：從欠臿聲。臿，音叉甲反，從干從臼。論文從口從妾作唼(啑)〔三三〕者，非此用也。

駏驉　上音巨，下音虚。畜獸名。曹憲注廣雅云，孔安國注尚書云：駏驉，孤竹國東北夷驢騾之屬也。

脊膂　上精亦反。考聲：背骨也。下音吕。古文作吕，象脊骨也。

律汋　昌若反。爾雅：瀱汋。郭注云：井水或有或無曰汋〔三四〕。形聲字也。

詭説　歸毀反。考聲：詐也，欺也，惡也。從危。形聲字。

嗜欲　時至反。鄭注禮記：貪也。孔注尚書：無猒足。從旨。

爲蛤　甘答反。鄭注爾雅云：百歲鶔入水化爲蛤。考聲：蚌類也。

爲蜃　辰忍反。說文云：雉入淮所化爲蜃〔三五〕。形聲字也。

鍱腹　上音葉。外道勞度，叉以銅鍱裹腹。從金枼聲。

綺藻　上崎蟻反。說文：有文繒也。下遭老反。孔注尚書云：水草而有文者。考聲：文章也。

幾警　几希反。孔注尚書云：微也。說文：從丝丝音幽從戍。會意字也。下京影反。考聲云：警，覺也。孔注尚書云：警，戒也。古今正字：從言敬聲也。

崆峒　上音空，下音同。廣成子所隱處，黄帝問道也。

脱屣　上湍活反，下師綺反。說文：履也〔三六〕。論文從麗作躧，俗字也。

淈泥　上昆没反。溺也，水流聲也。

蹣跚 上音盤，下散蘭反。考聲：行不進也。古今正字並從足，般、冊皆聲也。

拼之 拍萌反。或作抨。古今正字：拼，彈也，鑽也。

辯正論 第三卷 十代奉佛篇上

項日 上學降反，下人質反。漢明帝感夢，見佛項後有日光飛行殿庭，佛神力化也。

殫言 上音單。考聲云：極盡也。從歹。歹音殘。

陟屺 上徵力反。陟，陞也，山三重也。下欺已反。古今正字云：山無草木曰屺。從山己聲也。

韭山 音九，菜名也。因山造寺名也。

戡戩 上坎甘反。尚書從今作戡（戓）〔三七〕。考聲：刺也。孔注尚書云：戡，勝也。説文：殺也〔三八〕。下音剪。説文：戩，滅也，除也。從戈晉聲。

繡栱 上修袖反。考工記云：五綵備曰繡。説文：從糸肅聲。下恭勇反。文字典説云：栱，梁也。從木共聲也。

彫楹 上鳥寥反。廣雅：彫，鏤也。説文：彫琢成文也。下音盈。考聲：楹，柱也。古今正字：從木盈聲。

文榥 髀夷反。考聲云：椽梠也。聲類：屋連綿也。説文：從木㲋聲也。㲋音同上。

旦奭 上單幹反。孔注尚書云：周公名也。下聖亦反。尚書云：奭，邵公名也。説文：盛也。從大皕，皕亦聲也。皕音祕。

珍龕 下音堪。廣雅云：鑿山石壁爲坎曰龕。

連甍 下麥耕反。考聲云：甍，屋棟也。説文：從瓦從䒤省聲也。

櫛比 上臻瑟反。説文：櫛，梳比之總名也。從木節聲。下頻逸反。稠也。

紐地 上尼九反。廣雅：紐，束也。説文：紐，糸（系）〔三九〕也。從糸丑聲也。或去聲，亦通也。

之恉 音旨。説文：意也。從心旨聲。

滌煩 上庭歷反。滌，洗也，除也。從水條聲也。

潸欷 上煞姦反。平聲字也。毛詩傳：潸然出涕。説文：從水㪚聲從㪔省〔四〇〕。下希氣反。考聲云：欷，悲也。泣之餘聲也。論文書教字，錯也，於文甚乖。

莞席 上音桓，草名也。似蒲而圓，小可以作席而惡也。

高悝 塊回反。韻英云：憂也，開也。人名也，丹陽尹。

江沱 下達何反。江水名也。尚書曰：岷山導江東別爲沱。從水它聲。它音他。

駿驥 上音俊，下音冀。馬之美稱也，千里馬也。形聲字。

宗殼 口角反。人姓名也。論文從吉作殼，非也。

劉勔 上正體劉字，下綿編反。宋司空名也。從面從力。

學綜 宗宋反。考聲：綜，兼也，機縷絲也。

王暕 姦限反。上聲，王名也。

傅縡 上夫務反，下音宰。

柳忱 下甚林反。考聲：敬也，誠也。從冘。冘音淫。

柳惔 下音談。人名也。

子恪 可各反。

灞滻 上巴罵反，下山簡反。秦中水名也。

諱詡 吁雨反。魏帝也。

諱燾 音道，上聲字。

複殿　上伏屋反。重屋也。

檐扃　上音閻，下癸營反。鐵鈕也。

相繚　力鳥反。繞也。

瓌瑋　上古回反，大也。下音葦，奇也。

靖帝　上慈郢反。安也。

漳滏　上音章。周禮：冀州川漳。漢書云：濁漳出上黨鹿谷山，東至鄴入清漳。其清漳出上黨谷要谷，北入大河。下音釜。郭注山海經云：釜水出臨水縣西滏口。山經：邯鄲入漳水，其水熱如釜湯。

鐫石　菍緣反。韻英：鐫，鑿也。方言：琢金石也。從金從隹。下從弓。菍音俊悦反。

鷹鷂　上億兢反。韻英：大鷙鳥也，隼也。捉雉兔。鷙音至。下遥召反。亦小鷙鳥也，捉鶉雀也。

鷙鳥　上音至。毛詩：鷙，猛也。廣雅：執也，捉也。形聲字。

諱毓　融六反。後周明帝名也。幼而長曰毓。

諱贇　委倫反。考聲：美也。後周宣帝名也。

懋緒　上莫候反。考聲云：懋，勉也。古今正字：從心楙聲也。楙音同上。

騶虞　上莊搜反。廣雅：馬屬也。毛詩傳：瑞獸也。有至信之德則應。說文：廏馭也。從馬。形聲字也。

麒麐　上音其，下恪珍反。瑞獸也。王者有至聖之德則應之。說文：仁獸也。二字並從鹿，形聲字也。

東鰈　貪盍反。比目魚也，狀如牛脾，細鱗，黑色，兩半魚各有一目，相合乃行。江東水中有此魚也，俗呼王餘。說文：魚也[四一]。或從去。音與鰈同，形聲字。

南鶼　音兼，比翼鳥名也。爾雅曰：南方有比翼鳥，名曰鶼。鶼似鳧，各有一目一翼，相得乃飛，不比不飛，青赤色。論作西，非也。

柱礎　音楚，即今之柱下石矴也。亦名柱礩，一名柱碣。碣音昔，南人呼爲礎，形聲也。

瘖者　上邑林反。考聲云：不語也。

九垓　改孩反。數法名也。

寸梠　音呂。郭注方言云：屋檐也。音閻。

尺椽　長攣反。一名桷子，亦名欀也。從木從缘省聲。

璧璫　音當。珠瓔飾莊也。

多祉　敕里反。杜注左傳云：祿也。說文：福也。從示止聲也。

舛蹈　上川兖反。韻英：舛，乖錯也，相背也，不齊也。下桃到反。去聲字，動也，行也。從足也。

韞異　上威粉反。廣雅：韞，裹也。韻英：藏也。說文從韋。轉注字也。

碪鎚　上張林反。蹎也。或從木作椹，亦通。論文從占作砧，俗字也。下長贏反。打鐵槌也。說文：從金追聲。或從木，亦通也。

輸賝　上商珠反。考聲：送也，納也。說文：從車俞聲。下敕林反。毛詩傳：琛，寶也。或從王，或從貝，並通。

巃嵸　上祿孔反，下宗孔反。考聲云：山峰叢叢高皃。古今正字：轉注字也。

劾踤　上力澄反。正體字也。論文多從阜作陵，誤用也。說文：從力夌聲。夌音陵。下誇化反。字書：踤，越也，度也。從足夸聲。夸音同上。論文作夸，非也。

臨曖　下音愛。日景光也。從日愛聲。

紺翠　上甘暗反。說文：綵帛深青而楊[四二]赤色也。從糸甘聲。

下千醉反。考聲云：碧色之明者曰翠。從羽卒聲也。
禎瑞 上音貞，吉祥也。下垂僞反，節信應也。
重沓 下談合反。沓，亦重也，當也，合也。從眔省聲也。眔音同上。
蕃邸 上發翻反。戎狄總名也。屏也。下丁禮反。邸，舍也。親王諸王外鎮之別名也。

辯正論 第四卷 十代奉佛篇下

藻黼 上遭老反。考聲云：水中草有文者。説文：從草，形聲字。下付武反。郭注爾雅云：書衣文如斧形名黼黻。形聲字。
窈窕 上幺皎反，下條了反。考聲云：窈窕，婦人貞淑之皃。毛詩傳曰：窈窕，幽閉(閒)真正之皃〔四三〕。並從穴，形聲字也。
岧嶤 上音條，下音堯。山峰高峻皃。二字並從山，形聲字也。
偪側 上悲力反，下莊力反。杜注左傳云：偪，近也。爾雅：迫也。二字並從人，形聲字也。
駢窴 上便眠反。顧野王云：並兩馬而駕曰駢。下殿年反。考聲：窴，塞也，滿也。從穴眞聲也。
禊飲 上奚計反。史記云：武帝禊覇上。徐廣曰：三月上巳日祓除不祥謂之禊。廣雅：禊，眔〔四四〕也。從礻契聲。祓音弗。
逖聽 上汀歷反。孔注尚書云：逖，遠也。鄭玄曰：往來疾皃。説文作逷。從辵狄聲。辵音丑略反。
焜煌 上魂穩反，上聲字。下音皇。方言：焜，盛也，曜也。二字並從火，形聲字也。
姚墟 上音遥，下羌魚反。説文云：舜居姚墟，因以爲姓。並左形右聲字也。
趑趄 上此茲反，下七餘反。廣雅：趑趄，難行也。説文：不進也。亦左形右聲，平聲字也。
氛祲〔四五〕 上音芬，下精禁反。杜注左傳云：祲，祆氣也。周禮云：陰陽氣相侵，漸成灾也。説文：氣感不祥也〔四六〕。從礻侵省聲也。
攙搶 上差咸反，下策(筴)〔四七〕更反。星經云：攙搶，祆星也。郭注爾雅亦云：祆精也。星經云：非之星，國有災即見。二字並從手。
禘郊 上啼帝反。鄭注周禮記云：禘，火祭名也。杜注左傳云：三年喪畢，新死之主祔於廟，於廟遠主當遷入祧，因是大祭謂之禘。説文亦歲一祭也〔四八〕。從示帝聲。祔音附。
囹圄 上歷丁反。考聲云：囹圄，獄也。鄭注禮記月令：囹圄，所以禁守繫者也。説文：從囗令聲。下魚擧反。考聲：圄，方獄也。杜注左傳云：圄，因也。晉灼注漢書云：圄，禁制人也。説文：守也。從囗吾聲。亦作圉。
熢爟 上音峰。方言云：逢，虞望也。漢書音義云：烽，有寇則擧而燔也。史記云：擧燧然也。説文云：候遠望，有驚則擧之〔四九〕。從火夆聲。燔音煩。下萓菀反。周禮：司爟，掌火行之政令。鄭衆云：每歲隨時更火用木也。考聲切韻云：取火於日。宫(官)〔五〇〕也，亦烽類也。説文：從火雚聲。亦作烜，音晅。雚音貫也。
貺幽 動誑反。考聲、爾雅並云：貺，賜也。古今正字：從貝兄聲也。
黄鉞 下爰月反。考聲作戉，大斧也。司馬法：周左杖黄鉞是

也。蒼頡篇云：鉞，斧也。孔注尚書云：以黃金飾斧也。說文：從金戉聲。戉音同上。

金鏃　下宗速反。廣雅云：鏃，鏑也。爾雅云：金鏃翦羽謂之鍭也。說文云：鏃，刺也[五一]。從金族聲。鏑音的，鍭音侯。刺(刺)[五二]音雌四反。

傷殪　於計反。杜注左傳云：殪，盡也。孔注尚書云：殪，殺也。爾雅云：死也。古今正字：從歺壹聲。歺音羚。

鞮譯　帝奚反。考聲云：鞮，北狄西戎號也。廣雅云：狄，鞮譯也。說文：鞮，革履也。從革是聲。下盈隻反。考聲云：北狄也。禮記：亦北方曰譯也。說文：譯，傳四夷之言也。從言睪聲。睪音亦。論從幸作譯，俗字，非也。

八紘　下話萌反。許叔重注曰：紘，維也，亦罔紉也。淮南子云：知八紘九野之形埒也。許叔重注曰：紘亦維也。楊(揚)[五三]雄曰：燭六合埒八紘是也。古今正字：從糸厷聲。亦從弘作紭。埒音劣。

外厽　古文齊字也。

十複　下風目反。鄭注禮記云：複，重也。蒼頡篇云：厚也。說文亦重也。從衣复聲。复音伏。

滬瀆　上胡古反。考聲云：滬，水名也。郭注山海經云：蒼頡爲帝，南登陽虛山，臨玄滬。靈龜負書，即此水也。古今正字：從水扈聲。

瞻耳　上苔甘反。考聲云：瞻，耳垂皃也。山海經：有瞻耳之國。郭注云：其國人耳大垂下儋在肩。說文云亦垂耳也。從耳詹聲。儋亦同音也。

之酋　就由反。鄭注禮記云：酋長也。漢書：斬羌虜大酋。文穎曰：胡名大帥爲酋，如中國言魁帥也。文字典說、古今正字並從酉，半水見於上，會意字也。

或摹　下母胡反。考聲云：摹，取也。埤蒼云：摸，取象也。廣雅云：摸，形也。說文：從莫從手。正從手作摹。

備摛　上正倫字，下恥離反。蜀都賦云：摛藻掞天[庭][五四]是也。郭璞爾雅序云：摛翰者之華苑也。古今正字云：摛，舒也。從手离聲。亦作攡。离音同也。

之綖　夷然反。杜注左傳、考聲並云：縱(綖)[五五]，冠上覆也，亦綖長也。鄭注禮記云：邃綖者，出冕前從[後][五六]垂也。古今正字：從糸延聲。邃，思醉反。

太蔟　下蒼豆反。禮記月令云：太蔟，正月律名也。文字典說：從草族聲。

於鑠　下傷灼反。考聲云：鑠，銷也。毛詩傳云：鑠，美也。說文云：銷金也。從金樂聲也。

邗國　上宇俱反。左傳：邗、晉、應、韓，文(武)[五七]之穆也。杜注云：河内地名也。說文云：邗國，武王子所封也。從邑于聲。

蕭璟　下鬼永反。唐太府卿名也。

乃纘　下祖管反。考聲云：纘，承也。爾雅云：繼也。尚書：纘禹舊服是也。古今正字：從糸贊也。

襁負　上薑仰反。考聲云：襁，負小兒衣。包咸注論語云：負兒以器曰襁。博物志云：襁褓，織縷爲之。廣八寸長尺二，約小兒於背也。說文：從衣强聲。

譎詭　上涓穴反。方言云：關東西謂詐爲譎也。鄭注論語云：詐也。古今正字云：欺謬天下曰譎。從言矞聲。矞音巨聿反。下音歸委反。考聲云：詭，讀(責)[五八]也。說文：亦責也。從言危聲。讀音責。

皀人　上音符。周禮：攻金之金曰皀氏爲磬是皀人也[五九]。爾

雅云：舒鳧，鶩。説文：從几(几)〔六〇〕鳥省。鶩音木。几(几)音殊也。

締構　上提計反。王逸注楚辭，考聲並云：締，結也。説文云：結不解也。從糸帝聲。下鉤后反。

銀牒　下恬叶反。考聲云：牒，札相連者也。今簡疏也。説文亦札也。從片枼聲。枼音同上。

闑衡　上魚列反。鄭注禮記、郭注爾雅並云：闑，門中橛也。説文義同。從門臬聲。臬音同上。

繡栭　下爾之反。爾雅云：栭謂之楶。説文云：栭，枅上標也。從木而聲。楶音節，枅音雞，標音飆。論從需作檽，非。

鏤檻　上力候反。考聲云：鏤，攻理金銀者也。鋑刻曰鏤。賈逵注國語亦刻也。古今正字：從金婁聲。鋑音搜。下咸黤反。考聲云：檻，欄也。顧野王云：檻，殿上構欄也。説文云：檻，櫳也。從木監聲。拘音俱溝也(反)〔六一〕。

榘矱　上俱禹反。廣雅云：矩，方也。古今正字云：倕作規矩，亦方也。從木矩聲。論作矩，俗同用也。下枉籰反。考聲云：矱，規也。倕，音垂，古工人也。籰，王縛反。

殫藻繢　上音丹。考聲云：殫，盡也。論從弓作彈，誤。中音早。孔注尚書云：藻，水草有文者也。考聲云：文章彩色也。下音會。考聲：繢，畫也。蒼頡篇云：繢，纂多(赤)〔六二〕色也。説文：從糸貴聲也〔六三〕。

懿列王　上衣器反。謚法云：體和居中曰懿。説文：懿，專久而美也。從壹從恣聲也。

王勰　下胡頰反。爾雅云：勰，和也。説文云：勰，同思之和也。從思劦聲。論從三刀作勰，非也。

琳琅　上力金反。孔注尚書云：琳，玉名也。下洛當反。孔注尚書云：琅玕，石似珠也。説文：從玉，林、良皆聲。論作瑯，俗字。

魁嶷　上苦回反。賈逵注國語云：魁者，川阜㚇曰魁也。説文：從斗鬼聲。下凝極反。考聲云：嶷，山皃。説文：從山疑聲。

膂力　上音旅。賈逵注國語云：膂，脊也。古今正字：從肉旅聲。論從手作捛，俗字。

王彝　以脂反。考聲云：彝，常也。從糸。論從分作彛，俗字也。

司徒瑩　娟暝反。考聲：正作鎣，與瑩同。

談謔　下香約反。考聲云：謔，亦戲也。説文：從言虐聲也。

馮熙　欣其反。考聲云：熙，和也。亦火明也。説文：從火巸聲。巸音夷。

常山王確　腔角反。考聲云：確，堅固也。論從雨作礭，非也。

遒遠　情由反。廣雅云：遒，忽近也。毛詩傳曰：遒，終也。孔注尚書云：遒人，宣令之官也。説文：從辵酋聲。酋音同。

孝珩　幸庚反。大戴禮曰：珮玉上有雙珩也。顧野王云：珩，珮上衡也。古今正字：從玉行聲。

含燠　紆六反。説文云：燠，熱在中也。從火奧聲也。

恂恂　恤遵反。考聲云：信也。説文：從心旬聲也。

劉逖　聽的反。考聲：逖，遠也。人名。

迦岊　上音駕，下音節。説文音牛俱反，山節也。字林云：㟯岊柴厓。音愚，今俗音節，不知何據，當是爲説文解爲節，因此誤耳。

撤俸　上恥列反。毛詩傳云：撤，剥也。杜注左傳云：撤，去也。廣雅云：減也。古今正字云：從手徹省聲。下風用反。

涪陵　上附矛反。漢書云：涪水徼外南至虀(墊)[六四]江，東入漢也。虀音牒。案：涪陵，今涪州也。古今正字：從水音聲。音音吐口反。

家牒　恬叶反。考聲云：牒，簡疏也。札之相連者也。漢書云：披圖案牒。蘇林云：牒，譜名也。說文：亦札也。從片枼聲也。

閥閱　上煩發反。考聲云：閥閱，表功業也。史記云：人臣有功五，明其等曰閥，積閱(日)曰閱也[六五]。文字典說曰：閥閱者，今門閥爲高貴也。二字並從門，伐、兌皆聲也。

爽塏　上霜講反。考聲云：爽，清也。杜注左傳云：爽，明也。說文：從㸚，約里二音[六六]。下開改反。杜注左傳云：塏，燥也。說文云：塏，高燥也。從土豈聲。

舄帟　上星積反。聲類云：舄，履也。周禮：履(屨)[六七]人掌赤舄黑舄。鄭注云：履[六八]複下曰舄也。說文云：舄，象形字也。亦從革作鞨。下文並同。下盈益反。考聲云：帟，幕也。周禮：幕人掌幕帟。鄭衆曰：帟，平帳也。鄭玄云：帳巾座上承塵也。古今正字：從巾亦聲。

裌紵　上監洽反。廣雅云：裌，重也。論作夾，非。案聲類音叶，非夾義，故不取。下除呂反。周禮：典掌布、緦、縷、麻，紵之物也[六九]。鄭注：緦，十五升布抽半也。又色白而細曰紵也。說文：從糸宁聲。宁，直呂[反][七〇]。

寶熾　齒志反。考聲云：熾，盛也。周太傅鄧國公名也。

東膠　絞爻反。考聲云：膠東　萊水名也。禮記云：殷[七一]人養國老於東膠。鄭注云：東膠亦大學名也。說文：從肉翏聲。

獻捷　潛葉反。毛詩傳云：捷，戰勝也。穀梁傳云：捷，軍得也。左傳云：齊侯來獻戎捷也。杜注云：捷，克也。說文：捷，獵也。從手疌聲。疌音疾妾反。

蔡哿　歌我反。考聲云：哿，嘉也。周新州刺史名也。

酇國　上在何反。漢書云：酇，沛國縣名也。古今正字：從邑贊聲。亦作鄌，音同虘，才苦反。

謇謇　居展反。王逸注楚辭云：謇謇，威儀皃也。考聲云：謇，詞無避也。古今正字：亦北方通語也。從言謇(寒)[七二]省聲也。

奕葉　盈益反。考聲云：奕，高大也。爾雅云：大也。案：衣冠奕葉，蓋公侯盛族也。論從廾作弈，非。

一切經音義　卷第八十五

校勘記

[一] 𢶏　即「探」。
[二] 贖　即「贖」。
[三] 亦通　慧卷二十八爲「深取也」。
[四] 爾雅：嘗試取其意也　今傳本爾雅：「探，試也。」
[五] 騰　即「騰」。
[六] 蕩　據文意似作「湯」。集韻：「蕩、簜，水名。……或从竹，通作湯。」
[七] 羑　據文意似作「𢌿」。玉篇：「𢌿，同羑。」
[八] 說文：遷也　今傳本說文：「迻，遷徙也。」
[九] 辵　各本無，據文意補。
[一〇] 誅　據文意似作「誅」。
[一一] 名　各本無，據文意補。
[一二] 押　據文意似作「揉」。
[一三] 埴　似爲衍文，或據文意當作「挻」。
[一四] 楺　獅作「揉」。
[一五] 椿　獅作「橇」。

〔二六〕术　據文意似作「朮」。下同。

〔二七〕地有氣上發天不應曰霧　今傳本爾雅：「地氣發天不應曰霧。」

〔二八〕正　據慧卷八釋「之儔」：「儔，疋也。」

〔二九〕机　據文意似作「几」。

〔三〇〕牃　據文意似作「非」。

〔三一〕累　今傳本毛詩傳爲「累足」。

〔三二〕目　據文意似作「冃」。一　麗無，據文意補。

〔三三〕蒻　據文意似作「丮」。

〔三四〕三　據文意似作「二」。說文：以圂以穀養豕也　今傳本說文：「豢，以穀圈養豕也。」

〔三五〕非理所取謂之盜　阮元校刻十三經注疏爲「非所取而取之謂之盜」。

〔三六〕褁　今傳本說文作「裹」。

〔三七〕從了丿聲　今傳本說文：「從了乚，象形。」

〔三八〕宋玉　據文意似當爲「王逸」。

〔三九〕㭒　今傳本說文作「藏」。

〔四〇〕說文：罪也　今傳本說文：「愆，過也。」

〔四一〕芊　據文意似作「芉」。

〔四二〕瞼　據文意當作「瞼」。

〔四三〕妄　獅作「晈」。

〔四四〕井水或有或無曰汋　今傳本爾雅郭注：「井一有水一無水爲瀱汋」。

〔四五〕說文云：雉入淮所化爲蜃　今傳本說文：「雉入海化爲蜃。」

〔四六〕說文：屧也　今傳本說文：「躧，舞履也。」

〔四七〕尚書從今作銭　「銭」似當作「戔」。今傳本說文：「戔，殺也。从戈今聲。商書曰：『西伯既戔黎。』」段注：「西伯戡黎文，今作戡黎。」

〔三八〕說文：殺也　今傳本說文：「戡，刺也。」

〔三九〕糸　今傳本說文作「系」。

〔四〇〕從水莕聲從㪔省　今傳本說文：「从水㪔省聲。」

〔四一〕說文：魚也　今傳本說文：「鰈，比目魚也。」

〔四二〕楊　據文意似作「揚」。

〔四三〕毛詩傳曰：窈窕，幽閉真正之皃　今傳本毛詩傳：「窈窕，幽閒也。」「言后妃有關雎之德，是幽閒貞專之善女，宜爲君子之好匹。」

〔四四〕眔　今傳本作「祭」。

〔四五〕祲　即「祲」。

〔四六〕說文：氣感不祥也　今傳本說文：「祲，精氣感祥。」

〔四七〕筞　據文意似作「策」。

〔四八〕因是大祭謂之禘　今傳本杜注左傳爲「因是大祭以審昭穆謂之禘」。說文亦歲一祭也　今傳本說文：「禘，諦祭也。」

〔四九〕說文云：候遠望，有驚則舉之　今傳本說文：「燧候表也，邊有警則舉火。」

〔五〇〕宮　據文意當作「官」。說文：「爟，取火於日。官名。」

〔五一〕說文云：鏃，刺也　今傳本說文：「鏃，利也。」

〔五二〕剌　據文意當作「刺」。

〔五三〕楊　據文意當作「揚」。

〔五四〕庭　原闕，據今傳本補。

〔五五〕縱　獅作「縦」。

〔五六〕後　原闕，據今傳本禮記補。

〔五七〕文　今本左傳爲「武」。

〔五八〕廣雅：「讀，讓也。」王念孫疏證：「讀，經傳通作責」。

〔五九〕周禮：攻金之金曰梟氏爲磬是梟人也　今傳本周禮：「攻金之工，築氏執下齊，冶氏執上齊，梟氏爲聲。」

〔六〇〕几　據文意當作「几」。下同。

〔六一〕也　據文意似當作「反」。

〔六二〕多　據慧卷八五和卷九六作「赤」。

〔六三〕繢　今傳本說文：「繢，織餘也。」

〔六四〕縶　今傳本漢書作「摯」。

〔六五〕史記云：人臣有功五，明其等曰閥，積閱曰閱也　今傳本史記：「古者人臣功有五品，以德立宗廟定社稷曰勳，以言曰勞，用力曰功，明其等曰伐，積日曰閱。」

〔六六〕說文：從㸚，約里二音　今傳本說文：「說文：明也。从㸚从大。」

〔六七〕履　今傳本周禮作「屨」。

〔六八〕履　今傳本鄭注無，似衍。

〔六九〕周禮：典掌布、緦、縷、麻，紵之物也　今傳本周禮：「典枲掌布、緦、缕，纻之麻草之物，以待时頒功而授赍。」

〔七〇〕反　麗無，據獅補。

〔七一〕殷　今傳本禮記作「周」。

〔七二〕謇　慧卷二十四釋「謇訥」作「寒」。

一切經音義　卷第八十六

翻經沙門慧琳撰

辯正論音卷下　從第五盡第八凡四卷同此

辯正論　第五卷　佛道先後篇

撓容　上鐃教反。世本云：大撓造甲子，容成造曆書，皆黃帝臣也。論文作松容，疑錯，未詳所以。

玫瑰　上音梅，下音公回反。蒼頡篇云：火齊珠也。毛詩傳云：玫瑰者，石之精美者也，次於玉廣珠也。形聲字，並從玉。論文作坰，非也。

昏鯁　耕杏反，上聲字。說文：魚骨也。或作骾，從骨。

頡頏　上賢結反，下何浪反。考聲云：頡頏，乍高乍下皃也。毛詩傳曰：鳥飛而上曰頡，飛下曰頏。說文：直項也。並從頁。頁音賢結反。魯首[一]，非也。

楊松玠　音介。

編年　鼈綿反。顧野王云：編，列也。

何妥　唾火反。梁朝大學士也。

諳經籍　上暗含反。考聲云：諳，背文誦。廣雅云：諷也。說文：從言音聲。古文正體作論，並通。

帝系譜　下逋普反。史記云：稽諸譜牒。釋名云：譜，布也。古今正字云：譜諠者，布列見其事。從言普聲。轉注字。

蔓蒨　上音万，下音倩。漢朝東方朔字也。

靳固　上斤近反。考聲云：靳固，慳惜也。左傳：靳固，羞愧也。說文：從革斤聲。

皇甫謐　下泯畢反。爾雅云：净[二]也。人名。

誷乎　上武倣反。考聲云：誷，以言欺誣人也。說文：從冂，葵營反。下象網交之文。誣音巫也。

辯正論　第五卷　釋李師資篇

眯目　上音米。韻英云：目中有塵土曰眯目。

謗讟　上博傍反。孔注論語云：謗，訕也。杜注左傳云：謗，毁也。說文：從言旁聲。下同目反。杜注左傳云：讟，誹謗也。廣雅：惡也。郭注方言云：誣怨痛曰讟。說文：從言[三]讀聲。

煒曅　上韋鬼反。考聲：煒曄，光彩盛皃。說文亦盛明皃。從火韋聲。或從日作暐，亦通。下炎輒反。考聲正作曅。說文：從日𠦪聲。今作燁，或作曄，變體俗字也。

譁誕　上跨瓜反。孔注尚書：譁，憍恣過制也。謚法曰：華言無實曰譁。說文：從言𠦪聲。𠦪音同上。下檀爛反。孔注

尚書云：誕，欺也。說文：從言延聲也。

飛蛩　共顒反。爾雅云：蟋蟀，蛩也。郭注爾雅云：今之促織是也。古今正字：從虫共聲。文字典説從巺作蛬，古字也，亦通。

鎬遊　上胡老反。考聲云：鎬京，姬周時都名也。說文曰：鎬京，西周武王所都，在長安西南。從金高聲。

舞兔　下土故反。兔頭與㲋頭同，故從㲋省，後點象其尾形也。

褒女　保毛反。考聲：褒，美也。亦國名也。褒似(姒)〔四〕，周幽王嬖妃也。好見烽燧，見則笑，笑則百媚生，幽王悦之，因敗其國，西戎來滅。說文：從衣保聲也。

蝸角　上寡花反。說文：蝸，即蝸牛也。

舓足　時尒反。說文云：以舌舓食也〔五〕。從舌易聲。亦作舐、𦧇，古字也。

辯正論　第六卷　十喻篇

管闚　下犬規反。考聲云：闚，覰也。以筆管中闚天也，故云管闚也。方言云：闚，視也。說文：從門規聲。覰音七豫反。

爝火　上將削反。字書：爝火，小炬火[也〔六〕]。說文：火祓也〔七〕。從火爵聲。㸑〔八〕正爵字也。祓，音甫勿反，掃除不祥曰祓。

余慨　下開愛反。考聲云：慨，傷歎也。慷慨，志氣激揚也。鄭箋毛詩云：慨，歎息也。說文：太息也。從心既聲。慷音康朗反。

九箴　執任反。杜注左傳云：箴，戒也。聲類：刾也。孔注尚書云：箴，誨言也。賈注國語：教也。說文：從竹咸聲。刾音次，古正作刺(剌)〔九〕。

左腋　音亦，又音之亦反。在肩下肘上。古今正字：從肉夜聲。肘音知柳反。

右脅　枕劫反。考聲云：脅，肋也。說文：肚二傍也〔一〇〕。從肉劦聲也。劦音叶。論文從三刀，非也。正從三力。或作脇，亦通也。

左衽　壬枕反。考聲云：衽，謂衣前襟也。鄭注禮記云：衽，衣裳幅所反交奄〔一一〕者。說文：衽，衣裣也。從衣任聲。夷人左衽也。

皋繇　上音高，下音姚。孔注尚書云：皋繇，舜帝臣也。說文：皋字從白夲聲也。夲音滔〔一二〕。尚書作咎，古字也。繇字作陶，音洮，古人借用也。從自，非也。

開誘　下由酒反。考聲云：誘，訹也，引也，亦教導也。論語：夫子循循然善誘人。古今正字：相勸曰誘。從言秀聲。訹音述。

赧王　寧簡反。周末王謚號也。考聲云：赧，羞慙面赤也。方言云：愧也。爾雅云：面愧曰赧。說文：從赤反聲也。反音展。從皮，非也。

雲萃　下情醉反。方言云：東齊之間謂聚爲萃。毛詩傳曰：集也。說文：從草卒聲。論文作卒，非也。

椎匈　上墜追反。字書或作鎚。玉篇云：椎，所以擊物也。說文：從木隹聲。論文作搥，非也。下勗恭反。考聲：齊也。說文：從勹凶聲也。

秦佚　寅吉反。考聲云：佚，美也。隱士名也。

眼睞　下來代反。睞者，目瞳子不正也。廣雅：斜視也。古今正

字：從目來聲。

垂埵　都果反。字書：耳垂下皃。或作朵，並通。從土垂聲。

八十種禎　下音貞。考聲云：禎，吉祥也。即是如來八十種好。蒼頡篇云：禎，善也，吉慶也。説文：從示貞聲也。

駁道　上邦邈反。莊子：踳駁不調。説文：不純色曰駁。從馬爻聲。踳音春尹反。

巾褐　寒遏反。考聲云：褐，麁衣名。鄭箋毛詩云：褐，毛布也。南楚之人謂袍爲短褐。説文：麤衣也。從衣曷聲。麤，古文麁字，從三鹿。

犀首　上音西。考聲：犀，獸名也。爾雅：犀牛似豕。郭注云：犀，形如水牛，豬頭，大腹，卑脚，三蹄黑色，二角也，一在腦上，一在鼻上。鼻上者，名食用之角也。説文：犀牛出南海徼外。從牛從尾省。論從辛作𤘽，非也，今不取。

過水　隝訛反。爾雅云：過，謂之洵。漢書云：過(渦)[一三]出淮陽扶溝縣，蕩溝東流入淮。古今正字：從水過聲也。

常揔子

劉消子

操斡　上草刀反。文字典説云：操，持也。説文：操，把持也。從手喿音。喿到反。下寒幹反。説文：斡，獸毫毛也。可以作筆，故謂文筆爲扎[一四]斡。從毛斡聲。論文從羽作翰，俗用，亦通，非本字也。

形殂　藏盧反。孔注尚書云：殂，落死也。説文：殂，往也[一五]。從歹且聲。或作徂。歹音殘也。

懸疣　下音尤。考聲云：疣，病也。亦是皮上風結。説文：從疒尤聲。疒音女厄反。古文作肬，疚、黖，並同。

烟熅　上音因，下欝雲反。博雅云：天地之氣。論文作氤氳。考聲：雲氣皃也，並通。

培塿　上薄后反，下樓口反。方言：培塿，自自也[一六]。或從山作峼嶁，小山子也，蟻封也。古今正字二字並從土，音、婁[皆聲][一七]也。

溟涬　上音冥，下音悻。玄溟，北海名也。涬澥，東海名。大海至深無底，不與蹄水坎井之水比其淺深也。

湫隘　上焦小反。考聲云：地下而兼隘。下厄界反。考聲：隘，陋也，穿也。

史冊　楚革反。蔡邕獨斷云：册，簡也。鄭注周禮：簡册謂書，王命以鎮國。册字，象形也。古文三長二短，中有二編。論作筞(策)[一八]，俗字也。

廣陿　咸甲反。考聲：陿，隘也。從𨸏匧聲。論文從犬作狹，非也。

史儋　荅南反。考聲：儋，助也。史官名。説文：從人詹聲。

終馗　下音逵。蟲名也。

大椿　黜倫反。考聲云：椿，木名也。莊子云：大椿，神木也。八百歲爲一春，八百歲爲一秋。借以爲喻興也。

蜉蝣　上附無反，下酉周反。拔(考)[一九]聲云：蜉蝣者，飛蟻子也。毛詩傳云：蜉蝣，朝生而夕死者。古今正字：形聲字，並從虫，孚、斿皆聲也。

龜鶴　上鬼危反。文字典説云：甲虫三百六十，龜爲之長，外骨而内肉。元龜長尺有二寸，壽逾千歲，象形。下何各反。字書云：仙鳥名也，一舉則千里。説文：從鳥隺聲也。隺音同上。朱頂者壽逾萬歲，鳥中最靈，仙人所乘者也。形聲字。

言玷　音點。毛詩云：白圭之玷尚可磨，斯言之玷不可爲。文字

典説云：玷，缺也。言之失也。説文：從玉占聲也。

眇邈 上彌小反。眇，遠也，小也。下尨剥反。尨音麻邦反。

蜺嫛 上藝鷄反，下益盈反。初生小兒名也。男曰蜺(兒)〔二〇〕，女曰嫛。

鸃鷃 上特能反。山中小龍子也，鸃蛇。下音晏，赤鷃，小鳥，地穴爲巢者。

鵬翼 上音朋。大鳥也。垂天之翼九萬餘里，言大也。

駑駘 上音奴，下唐來反。考聲云：駑駘，癡鈍馬也，日行可十餘里。

騏驥 上音其，下音冀。駿馬名也，日行千里也。

反握 櫻角反。手握也。如來手内外俱握，言其異也。

紺睫 尖葉反。眼睫也。

千輻 音福。是如來身上六處有千輻輪相。論文作帆，書誤，非也。

蒙倶 音其。孔夫子面相也。或音箕。

斷菑 音錙，滓師反。案曹植相人論云：周公形如斷菑。鄭注周禮云：菑者，輻入轂之形也，未詳。

翪蔑 上音宗，下眠鼈反。

孟娵 精逾反。考聲云：娵，美女也。世本云：娵訾，帝嚳次妃，生帝摯。王逸注楚辭云：娵閣，亦古之美女也。古今正字：從女取聲。

競妍 硯堅反。廣雅：妍，好也。[考]〔二一〕聲：妍，美也。從幵。幵音牽。古今正字：正體妍字也，從並二干。論作姸，俗字也。

横縵 滿般反。此即是婆羅門閣縵，如此國褌也。遮其形醜也。

狗踞 居御反。後踞坐也。形聲字。

狐蹲 上音胡，妖獸也。下音存，竪膝危坐也。

樵野 齊姚反。採柴人也。説文：從木焦聲。論文作蕉，非也。

蕙帶 上音惠。玉篇云：蕙，香草也。楚辭云「荷衣蕙帶」是也，皆隱逸人、草衣仙人衣服也。

鶡冠 上寒葛反。考聲云：鶡，鳥名也。漢書音義云：鶡鳥，一名蘇，其尾爲武士帽。説文云：鶡，似雉，出上黨山谷。其鳥性勇，若共鬪，一死方休，言勇猛也。

磕齒 上坎閤反。桂苑珠叢云：磕，石相磕爲聲。説文：從石盍聲。盍音合。或作搕。

嘘氣 [上]〔二二〕許居反。考聲：嘘，開口出氣。説文云：嘘，吹嘘也〔二三〕。從口虚聲。

訾聖 上茲此反。禮記：以言毁人也。又作呰，同。從言此聲也。

矇瞍 上音蒙。下桑狗反，正體字。賈逵注國語云：目無眸子。形聲字也。

弗聆 下歷丁反。蒼頡篇、廣雅並云：聆，聽也。太玄經云：聆竹以爲管是也。説文：從耳令聲也。

之舛也 川兗反。考聲云：舛，相背也。顧野王云：舛，差舛不齊也。説文云：從夕(夂)〔二四〕、㐄，相背也。論從反(夕)〔二五〕作舛，時用字也。

愞夫 上乃亂反。考聲云：愞，怯弱也。説文：從心耎聲。耎，如兖反，亦作懦。

葭灰 賈霞反。郭璞注爾雅云：葭，蘆葦也。毛詩傳曰：葭亦蘆也。説文：從艸(艸)〔二六〕，叚聲也。

虓嘯 上筆休反。虎嘯也。周易文言云：風從虎。説文：虓，虎文也。從虎，彡象其文也。彡音杉。下消醮反。

獯胡 上音訓。考聲云：獯胡，名也。説文作熏，火烟上出也。

㒸音勛，從中從黑。論從犬作獯，俗字也。

剞劂　上飢綺反，下居月反。説文云：剞，曲刀刻漏也[二七]。二字並從刀，奇厥皆聲也。

銑鋈　上先典反。考聲云：銑之美者也。爾雅云：金絶好光澤謂之銑[二八]。古今正字：從金先聲。下烏毒反。考聲、毛詩傳並云：鋈，白金也。古今正字：從金沃聲。

翔鶤　下骨門反。爾雅云：鶤，鷄高三尺爲鶤也。王逸注楚辭云：鶤，狀如鶴而大。古今正字：從鳥軍聲。論從昆作鵾，並通，義同。

跂鳳　上音企。考聲云：跂，翹足也。郭注山海經云：跂，謂脚跟不著地行也。顧野王云：如人之企也。説文：從足文(支)[二九]聲。下逢夢反。天老曰：鳳，神鳥也。考聲云：瑞鳥也，出於東方君子之國，翱翔四海則天下大安也。

欄甃　下鄒救反。埤蒼云：甃，縮小也。周易井卦云「井甃無咎」是也。説文云：甃，井甓也。從瓦秋聲。甓，萍覓反，甗甎也。

崐閬　上骨渾反。孔注尚書云：崑山出玉也。山海經云：崐崘之丘，實惟帝之宫。爾雅云：丘，三成爲崑也[三〇]。郭注云：三成二(三)[三一]重也。古今正字云：崑山，玉山也。從山昆聲。下郎蕩反。考聲云：閬風，山名也。廣雅云：崐崘有三山，閬風、阪同、玄圃也。説文：從門良聲。

箕踞　上音譏，下音據也。

髡頭　上困魂反。考聲云：髡，刑名。去其髮也。鄭注周禮云：髡頭而已。説文：從髟兀聲。髟音標。論從長作䯍，俗字略也。

蝙蝠　上閉綿反，下風目反。爾雅云：蝙蝠，服翼也。方言云：自關而東云服翼也，關西秦隴又曰蝙蝠也。古今正字云：蝙蝠二字皆從虫，扁、畐聲，形聲字也。扁，音扁。畐，丕逼反。

機紝　下入浸反。考聲云：紝，織縷也。杜注左傳云：織經繒布也。説文：從糸任聲。縉音疾蠅反。下有織維(紝)[三二]之婦者，音並同。

驪珠　上栗之反。莊子云：夫千金之珠，必在九重之淵，驪龍頷下，遇龍睡或得之，如使龍悟，子安得哉？文字典説：從馬麗聲。頷音含紺反。

猱猨　上奴刀反，下越元反。上弘明集音訓訖。

蜃蛤　上音慎，下甘帀反。前已訓注訖。

息煨　下烏回反。司馬彪注莊子云：煨，夷也。孝經序云：皆煨燼之末是也。廣雅：煨，熅也。説文：從火畏聲。夷，悉胤[反][三三]。熅，蔚運反。

梟鏡　上叫堯反。考聲云：梟，惡鳥也。鄭箋毛詩云：梟，亦惡鳴之鳥也。説文云：不孝鳥也，夏至之日捕梟斬磔。陟格反，從鳥木，形聲字也。下音敬。史記云：破鏡。惡獸名也。考聲云：食父獸也。

雄虺　下暉偉反。毛詩云：無(胡)[三四]爲虺蜴也。爾雅：蝮虺，搏(博)[三五]三寸，首大如擘。顧野王云：虺，蝮也。説文：從虫兀[三六]聲。亦作螝，音同。

嬴正　上亦征反。考聲云：嬴，秦姓也。少昊後裔。史記云：秦始皇，嬴姓名正也。説文：從女嬴[三七]省聲也。

導(導)[三八]嚘聾　中臆休反。漢書云：伊休[三九]亞，辭未定也。蒼頡篇：嚘，呃也。老子云：終日號而不嚘。顧野王云：嚘，謂氣逆也。説文：從口憂聲。咿音伊，呃音厄。下禄東反。

負笈　禮記云：瘖、聾、跛、躄是也。蒼頡篇、說文並云：耳無聞也。從耳龍聲。瘖音音。跛，波叵反。下其輒反。考聲云：笈，盛書篋也。漢書云「負笈隨師」是負書也。埤蒼云：笈，編竹爲箱也。古今正字：從竹及聲。篋音謙葉反。

檐簦　下得能反。考聲云：簦，織竹爲蓋也。國語：簦笠相望於艾陵。賈逵注國語云：簦，偹雨笠器也。史記音義曰：笠有柄曰簦。說文：從竹登聲。

難覯　下鉤候反。鄭箋毛詩云：覯，見也。郭注爾雅云：相值也。古今正字：從見冓聲。或作搆，音同。

憑螭　下恥離反。楚辭云：雨龍驂螭。王注云：螭若龍而無角。亦謂之䖶螻也。廣雅、說文義並同。從虫離聲。或作䖶〔四〇〕。螻音樓。

網絓　下華卦反。顧野王云：絓，礙也。淮南子云：飛鳥不動，不絓網羅也。說文：從糸圭聲也。

詶詛　上州又反，下側據反。鄭注周禮云：盟詛之(主)〔四一〕於要擠(誓)〔四二〕，大事曰盟，小事曰詛也。說文云：詶，詛也。詛亦詶也。詶詛二字並從言，州、且皆聲。論從口[作]〔四三〕呪咀，俗字也。

薰蕕　上訓雲反。玉篇云：薰，香草也。下音猶。並正體字也。杜注左傳：蕕，殠草也。水邊細草也。左傳云：一薰一蕕，十年尚猶有臭也。說文：薰蕕二字並從草，熏酉(猶)〔四四〕聲。論作熏，非也。

蠹木　都路反。周禮云：翦氏掌除蠹物也。說文：蠹，食木虫也。從蚰槖省聲。翦音箭。槖音託，亦從木作螙，古字也，音義同。

鷦〔四五〕螟　上醮銷反。爾雅云：鷦，桃虫也。古今正字：鷦鷯，亦桃虫也。從鳥焦聲。下音冥。莊子云：鷦螟巢於蚊睫。蓋虫之小稱也。古今正字：螟，從虫冥聲。鷯音眇，睞(睫)〔四六〕音接，蟃音慢。

鼷鼠　上賢雞反。春秋云：鼷鼠食郊牛是也。顧野王云：鼷鼠食人及鳥獸至盡，不知亦不覺痛也。說文云：小鼠也。從鼠奚聲。

搢紳　上津信反。鄭注禮記、考聲並云：搢紳，猶插也。鄭注周禮云：搢，謂插笏於紳帶之間，若帶劍也。說文：從手晉聲。插，初洽反，笏音忽。下失真反。考聲云：紳，大帶也。廣雅云：紳，猶束也。論語云：子張書諸紳。說文義同。從糸申聲。

蔽襜　上必曳反。包咸注論語云：蔽，猶當也。杜注左傳云：蔽，障也。廣雅云：隱也。說文：從草敝聲。敝音弊。下昌詹反。爾雅云：衣蔽前謂之襜。亦今之襜褕蔽膝也。顧野王云：衣前後出垂皃也。說文：從衣詹聲。褕音逾。論作弊，非也。

殽亂　上效交反。考聲云：殽，雜亂也。古今正字云：相錯雜也。從殳肴聲。論從水作淆，水名也。

惑塹　上弘國反。論案文〔四七〕，惑塹疑是城字。若不從心則誤。今改從心作惑。下七焰反。字書與廣雅並云：塹，長坑也。顧野王云：謂今之城池之塹也。說文：塹，亦坑也。從土漸聲。論從斬作塹，非此也。

鯨鯢　上競京反，下詣雞反。許叔重曰：鯨者，魚之王也。顧野王云：鯢者，食小魚也。杜注左傳云：鯨鯢，大魚也。淮南子云：鯨死而彗星見是也。說文亦大魚也。鯨鯢二字並從

魚，京，兒聲。兒音同上也。

璇璣　上徐緣反，下凡（几）〔四八〕希反。尚書云「在璇璣玉衡以齊七政」是也。郭注山海經云：璇，瓊玉也。說文云：璣亦不圓珠也。璇璣二字並從玉，旋、幾皆聲。論文從足作踁，俗字也。亦從睿作璿，非也。

孱然　棧閑反。韋昭注史記云：孱，仁謹皃也。說文亦謹也。從尸孨聲。或從三子作孨，音同。

臨猊　下諸鷄反。穆天子傳云：狻猊，師子類也。古今正字：從犬兒聲。或從鹿作麑，或作貎（貌）〔四九〕，音同也。

赭服　上遮也反。考聲云：赭，赤色也。郭注方言云：赤衣也。前已釋訖。

黥劓　上競迎反。周禮云：黥，墨刑也。如今之印面也。史記云：黥而後王。蓋黥者，刑在面也。說文：從黑京聲。亦從刀作剠。論從京作剠，俗字也。下疑器反。考聲云：劓，割鼻也。鄭注周禮云：截鼻也。孔注尚書云：亦割鼻也。說文作劓，刖鼻也。古今正字：從刀從（作）〔五〇〕劓。刖音兀也。

杻械　上抽九反，下諧界反。說文云：杻械，桎梏也。鄭注周禮云：木在手曰桎，在足曰梏〔五一〕。古今正字云：從木手聲。亦作杻械。桎梏總名也。從木戒聲。

縗絰　上倉回反，下田結反。云：縗絰，喪服也。文字典說云：絰，喪首飾也。縗絰二字皆從糸，衰至亦聲。

惛戇　上昏悶反。考聲云：惛，老而多忘也。孔注尚書云：亂也。說文：從心昏聲。論或作昏，誤。下卓絳反。考聲云：戇，精神不爽也。說文云：戇，愚也。從心贛聲。贛，籀文貢字。爽音霜講反。

寵懋　下莫候反。郭注爾雅云：懋，勉也。亦自勉强也。說文：從心楙音同上聲也。

疵譴　上音慈。爾雅云：疵，病也。說文：從疒此聲。下牽戰反。廣雅云：譴，讀也。蒼頡篇云：訶責也。說文云：從言遣聲。

蘪蕪　上美悲反，下音無。玉篇云：蘪蕪，香草也。本草云：蘪蕪，芎藭苗也。說文云：蘪蕪二字並從草，麋無皆聲也。

閹人　上奄炎反。鄭注周禮云：閹人，即今黄門人也。說文云：宫中閉門閹守閹豎也。從門奄聲〔五二〕。閹音昏。

剖析　上普垢反。說文云：剖，割也。從刀咅聲。下星擊反。說文：析，破也。從木從斤。

凝滓　下緇史反。考聲云：滓，穢也。說文云：滓，澱也。從水宰聲。澱音殿也。

眇漭　上彌小反。王逸注楚辭云：眇，遠視眇然也。說文：從目少聲。下莫朗反。王逸注楚辭云：漭然平正也。古今正字：從水莽聲。莽音同丘（上）〔五三〕。

吹欨　下況于反。玉篇云：吔也，吹也。說文：從欠句聲。

坳堂　上厄交反。顧野王云：坳，不平也。古今正字：從土幼聲。

辯正論　第七卷　信毀交報篇

楊衒之　玄絹反。廣雅云：衒，詮（詃）〔五四〕也，亦誇誕也。人名也。誕音但。

幽楗　虔偃反。考聲云：揵，今之關也。古今正字：楗，從木建聲也。

疾瘳　下丑由反。孔注尚書云：瘳，差也。考聲云：病損也。説文云：病愈也。從疒翏聲。翏音力又反，差音叉賣[反]〔五五〕。

縫腋　上奉峰反。廣雅云：縫，會合也。禮記云：孔子少居魯，衣縫腋衣。鄭注云：縫，紩也。文字典説：從糸逢聲。下盈迹反。埤蒼云：腋，在肘後也。古今正字：從肉從夜聲。紩，陳栗反。肘，知柳反。

郭銓　下七緣反。益州刺史姓名。

俞文　抽又反。考聲：正作俞(俞)〔五六〕，人姓也。

蟒身　莫牓反。爾雅云：蟒，王蛇。郭注云：蛇之大者也。古今正字：從虫莽聲。論從奔作蟒，俗字也。虫音毁，莽音同上。南昌謂犬善逐兔草中，故莽字從犬也。

史儁　下遵峻反。考聲云：儁，才出千人，有威力也。古今正字：從人，雋音泉兖反聲。人名也。論從乃作儁〔五七〕，俗字也。

猖誖　上唱陽反。莊子云：猖狂妄行也。顧野王云：狂駭也。文字典説：從大(犬)〔五八〕昌聲。駭，五駭反。下音蒲没反。考聲云：誖，言語不順也。鄭注禮記云：逆也。説文：亂也。從言孛聲。孛音勃。籀文作[illegible]〔五九〕。論從心作悖，並通。[illegible]音同上也。

袥拔　上湯落反。字從衣。下盤鉢反。東魏姓也。

瘠病　上情亦反。孔注尚書云：瘠，病也。公羊傳云：大瘠者何。何注云：大痢音厲也。聲類云：庾(瘐)〔六〇〕也。説文：從疒脊聲。

陰疼　下洞冬反。廣雅云：疼，痛也。釋名云：痺也。説文作疒〔六一〕，古字也。痺音俾。

似鱓　下蟬展反。考聲云：鱓，魚名也。説文：皮可爲鼓。從魚單聲。或從旦作䱇，亦古字也。

勗哉　凶欲反。爾雅釋詁並云：勗，勉勵也。説文：從力冒聲。

孱然　棧閑反。前已釋竟。

峯檐　下葉兼反。考聲云：檐，棍(槐)〔六二〕也。古今正字：從木詹聲。論作簷，俗字。

霏靡　上雖壘反，下音美。楚辭云：蘋草霏靡也。王逸注曰：隨風披敷也。韻英云：霏靡，草弱皃也。文字典説：從非麻聲。

布濩　考聲云布。下音户。濩，草多皃〔六三〕。博雅云：濩者布遍也。

葳蕤　上畏違反，下乳隹反。本草：葳蕤草，即今藥名也。説文作萎蕤，二字並從草。蕤音如隹反。論從麦作𧄖，俗字也。

遯世　上豚混反。鄭注禮記、考聲並云：遯，逃也。王逸注楚辭云：隱也。廣雅云：避世也。説文作遂，古字逃也，從辵豚聲。字書作遁。論從肉作遯，俗字。

汲郡　金邑反。考聲云：汲郡，今衛州也。説文：從水及聲也。

慰閲　下緣抽反。鄭注禮記云：閲，簡也〔六四〕。考聲云：簡，功業也。古今正字：從門兑聲。

膏肓　上告刀反，下音慌光反。杜注左傳云：病在心下曰膏，在胸膈曰肓也。説文云：膏肓二字並從肉。高、亡皆聲。膈音隔也。

闞澤　堪紺反。闞澤，人姓名也。

楊確　下苦角反。人名也。

茹毛　上如預反。禮運云「茹其毛，飲其血」是也。説文：從草如聲。

庖炎　上鮑交反。許慎説文序云：古者庖犧氏王天下也，始作易，垂憲而及炎帝。即庖炎義也。説文：從广包聲。广音儼。

相貿　下莫侯反。廣雅：貿，易也。前已釋訖。

道躓　下知利反。考聲：正作疐(疐)，礙不通也。顧野王云：躓，頓也。古今正字：從足質[六五]聲。

坑蓺　上苦衡反。考聲云：坑，坎也。下而拙反。案坑爇者，孔安國尚書序云「秦始皇焚書坑儒」是也。古今正字云：爇，燒也。從火藝省。藝音詣。

泯棄　上民尹反。孔注尚書云：泯，昏亂也。毛詩傳云：泯，滅也。爾雅云：盡也。古今正字：從水民聲。

汲冢　上音急，下株壠反。説文云：冢，陵墓封冢也[六六]。從勹冢(冢)[六七]聲。勹音包，冢(冢)音寵録反。論從土作塚，俗字，非也。

部袠　下陳栗反。字書云：袠，書衣也。考聲云：裹也。古今正字云：纏也。從衣失聲。或作帙、袟，義同。論作袠，俗字。

墨翟　下庭歷反。人名，墨子也。

孟軻　下可何反。人名，孟子也。

不窋　下屯律反。世本云：周后稷生不窟，即文王十三代祖也。説文：從穴出聲[六八]。論或從吉作窖，非也。

編軸　上鼈綿反。蒼頡篇云：編，織也。説文云：編，次簡也。從糸扁聲。扁音篇。下沖六反。

緣伋　下金立反。考聲云：伋，趣事也，亦繫於心也。説文：從人及聲。

整道　徒到反。論從口作導，非。

荼蓼　上杜吴反，下聊鳥反。毛詩傳云：蓼，辛菜也。爾雅云：荼，苦菜也。古今正字：荼蓼二(二)[六九]字並從草，余、翏皆聲。翏音力幼反。論作蓼[七〇]，俗字也。

溝洫　上古侯反，下搞域反。周禮鄭注云：溝洫者，所以通水於川也。溝廣四尺，深四尺；洫廣八尺，深八尺也。説文云：溝洫二字並從水，冓音覯，血皆聲也。

無資　下音咨。考聲云：資，貨也。鄭注儀禮云：資，行用也。説文亦貨也。從貝次聲。論從此作貲。貲者，小罪入財以贖之。非論本義，故不取也。

冲邃　下雖翠反。考聲云：邃，深也。説文：深遠也。從穴遂聲。

璽書　上斯子反。考聲云：璽，天子印也。漢書云：封皇帝符璽。應劭注云：璽，信也。籀文從玉作璽。説文云：王者印也。從玉爾聲。字從二糸作璽[七一]，俗字也。糸音覓。論[七二]。

辯正論　第八卷　出道僞謬篇

麟麕　上栗珍反。公羊傳云：麟，仁獸也。亦從孷作䴒，義同，已釋訖。説文云：從鹿粦聲。粦音隣。下俱雲反。公羊傳云：有麕而無角是也。説文：從鹿囷聲。囷音區筠反。籀文從禾作麇，亦作麏，音訓並同也。

煩猥　下烏賄反。考聲云：猥，不正而濫也。古今正字：從犬畏聲。

傭髀　上敕龍反。考聲云：傭，上下均也。毛詩傳云：均也。説文云：傭，直均也。從人庸聲。下鞞米反。説文云：髀，

面皺　下側瘦反。考聲云：皺，皮聚也。文字典説云：皮寬聚也。從皮芻聲。芻音初俱反。論從芻作皺，俗字也。

恰到　上欽甲反。考聲云：恰恰，用心皃也。

欻來　上勛律反。薛綜注西京賦云：欻，忽也。説文：有所吹起也。從欠從炎。

紋繒　上物分反。考聲云：紋，吴越謂小綾爲紋也。文字典説云：織文繒之謂綾。案紋繒，今綾之類也。

持笏　下昏没反。考聲云：笏，簡也。禮記云：凡有指畫於君前用笏，受命於君前書於笏。古今正字：從竹勿聲也。

裝潢　上側霜反。考聲云：裝，飾也。下黄曠反。考聲云：潢，染黄色也。案：黄〔七八〕，今修飾經書置縹軸也。縹，必眇反。

爝火　音爵。已釋訖。論從火作爝〔七九〕，俗字也。

娠微　上失人反。鄭箋毛詩云：娠，懷孕也。廣雅云：娠，身也。古今正字云：女妊娠也。説文：從女辰聲。身音申。

負扆　下依喜反。爾雅云：户牖之間謂之扆。古今正字：從户衣聲。

一切經音義　卷第八十六

股外也。從骨卑聲也。

麤蹲　上蒼胡反。説文：麁，從三鹿。考聲云：麁，大也，又不精也。論作麄，俗字也。下遄兗反。字書云：蹲，腓腸也。説文：從足專聲。腓音肥。論從耑作踹，俗字，非也。

其贓　下作郎反。考聲云：贓，賄也。方言：受貨曰贓也。亦作臟也。

僧禕　於宜反。毛詩傳云：禕，美也。人名也。

可㬥　袍報反。考聲云：㬥，亂也，亦犯也。毛詩傳云：相侵也。古今正字：從日出從収(廾)〔七三〕而〔七四〕從丰(半)〔七五〕。収(廾)音拱，丰(半)音滔。論作曓，非也。

靈鷲　齊秀反。山名也，亦鳥名也。考聲：正作鳩也。

罽賓　上居刈反。西域國名也。

所螫　下聲隻反。説文云：蟲行刺(刺)〔七六〕也〔七七〕。從虫赦聲。虫音毁，赦音舍。

嫉妬　上音疾。考聲云：嫉，妬也。王逸注楚辭云：嫉，害也。古今正字云：害賢曰嫉，害色曰妬。從女疾聲。下都故反。

范蠡　下曆底反。人名也。

校勘記

〔一〕魯首　似有脱误，待考。
〔二〕净　今傳本爾雅作「静」。
〔三〕言　今傳本説文作「詣」。
〔四〕似　據文意當作「姒」。
〔五〕説文云：以舌䑛食也　今傳本説文：「䑛，以舌取食也。」
〔六〕也　麗無，據獅補。
〔七〕説文：火祓也　今傳本説文：「爝，苣火祓也。」
〔八〕螫　説文作「螫」。
〔九〕刺　據文意當作「刺」。
〔一〇〕説文：肚二傍也　今傳本説文：「脅，兩膀也。」
〔一一〕奄　據文意似當作「掩」。
〔一二〕滔　據文意似當作「滔」。
〔一三〕過　據文意當作「過」。
〔一四〕扎　據文意當作「札」。
〔一五〕説文：殂，往也　今傳本説文：「殂，往死也。」
〔一六〕方言：培塿，自冒也　今傳本方言：「自關

而東謂之丘，小者謂之塿。」郭注：「培塿亦堆高之貌。」

〔一七〕皆聲　各本無，據文意補。

〔一八〕筞　獅作「策」。

〔一九〕拔　據文意似當作「考」。

〔二〇〕蜺　據文意似作「皃」。

〔二一〕考　麗無，據獅補。

〔二二〕上　麗無，據獅補。

〔二三〕説文云：噓，吹噓也　今傳本説文：「噓，吹也。」

〔二四〕夕　説文作「夂」。

〔二五〕反　據文意當作「夕」。

〔二六〕屮　獅作「艸」。

〔二七〕説文云：剞，曲刀刻漏也　今傳本説文：「剞，剞劂曲刀也。」

〔二八〕爾雅云：金絶好光澤謂之銑　今傳本爾雅：「絶澤謂之銑。」

〔二九〕文　今傳本説文作「攴」。

〔三〇〕爾雅云：丘，三成爲崑也　今傳本爾雅：「丘，一成爲敦丘，再成爲陶丘，再成鋭上爲融丘，三成爲昆侖丘。」

〔三一〕二　獅作「三」。

〔三二〕維　今傳本説文作「紝」。

〔三三〕反　麗無，據文意補。

〔三四〕無　今傳本毛詩作「胡」。

〔三五〕搏　今傳本爾雅作「博」。

〔三六〕兀　獅作「元」。

〔三七〕贏　今傳本説文作「羸」。

〔三八〕導　大正作「導」。

〔三九〕休　今傳本漢書作「優」。

〔四〇〕毻　據文意似作「毤」或「㐌」。

〔四一〕之　慧卷十四作「主」。

〔四二〕揩　獅作「揩」，即「誓」。

〔四三〕作　各本無，據文意補。

〔四四〕酋　獅作「猶」。

〔四五〕鷦　即「鵃」。

〔四六〕映　據文意似當作「睫」。

〔四七〕論案文　獅爲「案論文」。

〔四八〕凡　獅作「几」。

〔四九〕諸　據文意似當作「詣」。　貌　據文意似當作「貌」。

〔五〇〕從　據文意似當作「作」。

〔五一〕木在手曰桎，在足曰梏　今傳本鄭注周禮爲「在手曰梏，在足曰桎」。

〔五二〕説文云：宫中閉門閽守閽豎也。從門奄聲　今傳本説文：「豎也。宫中奄閽閉門者。从門奄聲。」

〔五三〕丘　獅作「上」。

〔五四〕詮　今傳本廣雅作「詅」。

〔五五〕反　各本無，據文意補。

〔五六〕俞　據文意似作「兪」。

〔五七〕儁　據文意似當作「儁」。

〔五八〕駭　據文意似當作「駴」。下同。　大　獅作「犬」。

〔五九〕戲　即「戲」。下同。

〔六〇〕庚　據文意當作「痍」。

〔六一〕疒　據文意似當作「痋」或「疼」。段注：「痋即疼也。」

〔六二〕棍　據文意似當作「棍」。

〔六三〕考聲云布。下音户。濩，草多皃　慧卷二〇和卷二四皆爲「考聲云：布濩，多皃也」，似當爲「下音户。考聲云：布濩，草多皃」。

〔六四〕閱，簡也　今傳本鄭注禮記爲「閱猶容也」。

〔六五〕疌　據文意似當作「疌」。　躓　據文意當作「質」。

〔六六〕説文云：冢，陵墓封冢也　今傳本説文：「冢，高墳也。」

〔六七〕豕　獅作「冢」。下同。

〔六八〕説文：從穴出聲　今傳本説文：「窋，物在穴中皃，从穴中出。」

〔六九〕一　獅作「二」。

〔七〇〕蓼　據文意似當作「蔘」。

〔七一〕壐　據文意似作「壐」。

〔七二〕論　似衍或有脱誤，待考。

〔七三〕仅　據文意當作「廾」。下同。説文廾部：「収，竦手也。」徐鍇説文繫傳：「今隸作廾。」

〔七四〕而　似衍。

〔七五〕丰　據文意當作「平」。下同。

〔七六〕刺　據文意當作「刺」。

〔七七〕説文云：蟲行刺也　今傳本説文：「螫，蟲行毒也。」

〔七八〕黄　據文意當作「潢」。

〔七九〕熠　據文意似或作「爓」。

一切經音義　卷第八十七

翻經沙門慧琳撰

音破邪論兩卷
崇正録十五卷
甄正論三卷
十門辯惑論兩卷
右四論二十二卷同此卷音

破邪論序　慧琳音

窅冥　上腰皎反。説文云：窅，深目也。從穴中目。今文筆之士，每有製作，皆用此字，但取深義，殊不知於理甚乖也，失之遠矣。或從幼作窈。毛詩傳云：幽静也。説文云：深遠也。於義猶未爲得合。從㠯作窅，此正窅冥之字，時多不用，蓋謂不見本字也。説文云：窅，冥也。從穴㠯聲。㠯音同上。亦作杳。

發擿　汀歷反。考聲云：擿，揩也，撥也。古今正字：從才適聲也。

肥遁　屯頓反。王逸注楚辭云：遁，隱也。廣雅云：避世也。説文云：僊〔一〕也。一云巡〔二〕也。從辵盾聲。論作盾、遯，俗用字。

破邪論　卷上

褫運　上池尔反。蒼頡云：褫，徹也。説文：奪也。從衣虒聲。虒音斷〔三〕。

洊雷　上前薦反。周易云：洊雷震。王弼云：洊，重也。説文作瀳。從水薦聲。亦作荐。

懫懣　上汾吻反，下門本反。王逸注楚辭云：懣，亦懫也。蒼頡篇云：悶也。説文云：煩也。從心滿聲。古文作惁，義亦同。

惄焉　上寧歷反。正體字也。毛詩傳云：惄，愁也，思也。説文云：憂也。從心叔聲。

磣黷　上初錦反，下音獨。陸機漢祖功臣頌：茫茫宇宙，上磣下黷。波振四海，塵飛五嶽。九服徘徊，三靈改卜。古今正字：從石參聲。或從土作墋也。

刁斗　上鳥聊反，下兜偶反。孟康注漢書云：以銅爲之，受一斗。晝炊飲食，夜擊以警衆，持行隨軍。在熒陽庫中。今改爲金鉦是也。古今正字云二字並象形也，象斗有柄。論作升，誤。

哇歌　上亞佳反。蒼頡篇云：哇，謳也。聲類：佞也。説文：謟聲也。從口圭聲。亦作欸。

白紈　換鑾反。許叔重云：紈，素也。説文：從糸丸聲。

蔡愔　揖淫反。人名也。

蠲嗜欲　上決玄反。考聲云：蠲，潔也，除也。

崆峒　上音空，下音同。山名也。已釋辯正論第二卷「海中山」。

婕妤　上尖葉反，下與諸反。聲類云：接幸也。女人官名也。説文云二字並從女，疌予皆聲也。

闞澤　上坎濫反。去聲字也。

飾繪　上舒力反，下回外反。孔注尚書云：繪，五采也。鄭注論語云：畫也。説文：從糸貴聲。亦作繪〔四〕。

涿鹿　上音卓。應劭注漢書云：涿鹿，縣名。屬上谷，即易州界。

九癭　嬰郢反。項瘤也。

昏墊　佔念反。辯正論第二卷中已釋。佔音丁焰反。

妲己　上丹捺反，下飢擬反。紂之嬖妃也。論從女作妃，音芳微反，非也。

玁狁　上抆斂反，下音允。毛詩傳云：北狄古名也。鄭箋云：兇奴也。文字典説訓同上，並從犬，嚴允皆聲。論作獫，音力贍反，非也。

汧渭　上遣堅反，下音謂。二水名也。漢書注云：汧水出汧陽縣，北入渭汭。説文二字並從水，幵胃皆聲。幵音堅。

楊玠　皆薤反。人名也。

羿篡　上霓計反。正體從弓作羿。下蒭患反。論語云：羿，善射。説文云：帝嚳〔五〕射官也，夏少康滅之。從弓幵聲。論從羽作羿是鳥飛也，今俗用之久，請詳焉，實非本字也。

浞篡　上仕角反。左傳云：伯明氏之讒子弟有寒浞，即殺羿者也。

綈衣　上弟奚反。説文云：綈，厚繒也。從糸弟聲也。

破邪論　卷下

溝洫　下兄域反。義已具釋辯正論第七卷中。

淴滑　上音忽，下音骨。考聲云：淴滑，大水混流皃也。滑，亂也。水圜轉旋流湍波大也。

磅礴　上薄郎反。辯正論第一卷中有。下蒲莫反。考聲云：廣大也。

依耐國　中音奈，梵語也。

嵐毗園　上覽含反，梵語也。

爇除　上壖拙反。杜注左傳云：爇，燒也。説文作爇。從火從埶〔六〕聲。

驊騮　上畫瓜反，下音留。郭璞：驊色如華而赤色。毛詩傳云：馬赤身黑鬣曰騮。亦作騮（駵）〔七〕。

八駿　遵峻反。

豺心　上仕皆反。俗作犲。

不悛　音銓。孔注尚書云：悛，改也。説文：從心夋聲。

尺鷃　鵶諫反。義已具釋辯正論第六卷中。

井蛙　烏佳反。正作鼃。聲類云：蝦蟇也。

朝菌　上張遥反，下群隕反。郭注爾雅云：菌，地蕈也，似蓋。莊子云：朝菌不知晦朔。司馬彪云：天芝也。

蟪蛄　上音惠，下音姑。莊子云：蟪蛄不知春秋。説文二字並從虫，惠古皆聲也。

婉娩　上紆阮反，下音晚。毛詩傳云：婉，從也。鄭玄云：婉，謂言語從也。娩之言媚也，謂容皃也。古今正字並從女，宛免皆聲。

盤古　上伴瞞反。古亦作估，是古帝名号。論文從木從半作柈，非也。

蟬聯　下音連。顧野王云：蟬聯，相續之言也。

衮飾　上公本反。鄭衆注周禮：衮，龍衣也。鄭玄云：玄衣而畫以龍。爾雅：衮，黻也。説文云：天子享先王，卷龍衣繡於下裳幅，一龍蜿上鄉服〔八〕。説文：從衣公聲也。

跬步　上窺癸反。禮記云：君子跬步不敢忘也。方言：半步爲跬。説文：從足圭聲。

憫殤　上旻隕反。杜注左傳云：憫，憂皃也。離騷云：傷太息之憫憐。説文：從心閔聲。下賞章反。

扼擘　上鷩革反。字書云：扼，把也，持也。説文作搹。從手鬲聲。鬲音革。論作扼，俗字也。下烏灌反。正體字也。説文云：擘，手掌後節也。從手叒〔九〕聲。叒音冤板反。論作腕，俗字也。

抵掌　上之尔反。考聲云：抵，側擊也。側手投於掌也。

盱衡　上况于反。郭璞云：盱，謂之舉眼也。蒼頡篇：張目也。漢書：盱衡，厲色也。古今正字：從目于聲也。

煬帝　上羊亮反。隋帝。謚法云：逆天虐民曰煬，好内怠政曰煬。

杓之　上正遥反。北斗柄端第一星也。

補鼇　敖高反。考聲云：大龜也。論作鰲，俗字，不可用也。

刊山　上侃干反。杜注左傳云：刊，除也。説文云：從刀干聲。

剗海　上察簡反。廣雅云：剗，削也。古今正字：從刀戔聲。

縵瞼　上蠻攀反。考聲云：縵，緩也。或作嫚。論從目從慢〔一〇〕，非也。下劍奄反。

咆勃　上鮑茅反。廣雅云：咆，鳴也。説文：嗥也。從口包聲。下盆没反。顧野王云：勃，暴盛也。蒼頡篇云：猝暴也。古今正字：從力孛聲也。

耽湎　上膽甘反，下綿褊反。

蝍蛆　上子力反，下子餘反。方言云：馬蚿也。古今正字二字並從虫，即、且聲。

崇正録　第一卷

韋韝　狗侯反。釋名云：韝，單衣之無胡者也。字書：上衣也。案韋韝者，戎虜之皮服也。古今正字：從巾冓聲。亦從衣作褠。冓音同上也。

毳幙　上昌芮反，下音幕。案毳幙，蕃戎之氈廬、毛帳之屬。

狴牢　上并奚反。王肅注家語云：狴，牢獄也。集訓云：狴，牢也。門外行馬也。考聲：從木非從土作梐，獄名也。今俗用從比作梐，誤也。説文：牢也，所以枸（拘）非，從陛省聲也〔一一〕。論中從犬作狴，非也。

酺醵　上步胡反。史記云：始皇二十五年，天下大酺五日。漢律：無故三人已上群飲者，罰金四兩。今賜令會飲五日也。下渠虐反。鄭注禮記云：合錢飲酒也。説文：酺，王德布，大飲酒已〔一二〕。從酉甫聲。醵，會飲食也。從酉豦聲。或作酢。

璿毫　上旋緣反。郭璞云：璿，玉名也。穆天子傳云：春山之寶有璿珠。顧野王云：即蚌所含珠也。説文：美人也〔一三〕。從玉睿聲。籀文作壡，古文作璚。下號高反。

天授　雔宥反。論本作䅭〔一四〕，僞字。此則天朝僞字也，不堪行用也，今不取。

馭一境　上魚據反。與此御同。

推揖　㥾習反。張戩云：揖，拱手而舉之，以相敬也，讓也。録本作挹，音同義異，是斟酌也。

不皦　臯了反。明也。

智潡　廉贍反。

崇正録　第二卷

庸謏　消了反。鄭注禮記云：謏之言小也。古今正字云：從言叟聲也。

煩冗　昔[二五]隴反。聲類云：冗，散雜無食之人皆曰冗。

撟僞　上嬌小反。鄭注周禮云：撟，稱詐以有爲也。顧野王云：假稱爲之撟。賈逵云：非先王之法曰撟。楚辭云：撟茲媚以弘(私)[二六]處。説文：擅也。從手喬聲。録本從矢作矯，音則同，乖於義也。

詭妄　上歸委反。作也。

重繭　堅顯反。考聲云：皮虛起如繭也。古今正字作趼、耕、視。今録本作躝，謬。

推鞫　鳩六反。張戩考聲云：鞫，窮罪人也。正作𥷚，從人從竹從言。或作詾、䕮[二七]。

愚獷　虢猛反。説文云：獷不可附也[二八]。從犬廣聲也。

齊甿　麥彭反。

昚莫　上臣刃反。古文字也。今作慎。

輶使　上酉周反。毛詩云：輶（輶）車鑾（鸞）鑣（鑣）[二九]。傳云：輶，輕車。蓋單車之使。

于闐國　中田鍊反。

辭訣　音決。

鬼𩲡　眉秘反。鄭注周禮云：𩲡，所以從其爲人與物也。蓋祭天地之明日百物之神曰𩲡[二〇]。山海經云：𩲡之爲物，人身黑首。説文正作鬽，老物精也[二一]。從鬼生毛從彡。今亦作魅，或作袜也。

魚豢　還慢反。

噂喈　上尊損反，下談合反。毛詩傳文云：噂喈噂喈，相對言也。説文：聚語也。並從口，尊沓皆聲也。亦作僔。今録從足作蹲踏，非也。

崇正録　第三卷　闕本不音。

崇正録　第四卷

煒爗　上韋鬼反。下炎輒反，古文正體字。毛詩傳云：煒，赤皃也。説文：盛明皃也。從火韋聲。廣雅云：煒，光明皃。古今正字：從火曅聲。曅音同上。正體字録作燁，謬也。

刳命　上苦孤反。顧野王云：刳，空其腹也。説文云：判也。從刀夸聲。

蟒蛇　上茫晃反。

驢驏　上旅居反，下䱇碾反。埤蒼云：驏馬，卧土中也。張戩云：馬展轉也。古今正字：從馬展聲。

二襜　昌詹反。毛詩傳云：衣蔽前謂之襜。方言：襜謂之掖。郭璞云：衣掖下也。説文：衣蔽前也。從衣詹聲。傳從示作祲氛祲字，音子鴆反，無義。

兩褾　卑蓼反。廣雅云：褾，袂也。埤蒼云：衣袖也。古今正

字：從衣票聲也。

崇正録　第五卷　此卷中並録辯正論第二卷、第五卷文，已於本論中音訓訖，更不重釋也。

崇正録　第六卷　此卷中録辯正論第六卷首盡第六卷一半，已於本論音訓訖。

崇正録　第七卷　此卷録辯正論第六卷半後盡第六卷終，已於本論音訓訖。

崇正録　第八卷　此卷録辯正論第八，欠尾頂四紙餘，已於本論音訓訖。

崇正録　第九卷　闕本不音。

崇正録　第十卷　此卷録甄正論，已於本論音訓訖。

崇正録　第十一卷　此卷録甄正論足，已於本論音訓訖。

崇正録　第十二卷

投甂　歸鯿反。孔注尚書云：甂，匣也。今見有之四方名別。

拉天　藍合反。何休注公羊云：拉，折也。説文云：拉，摧也。從手立聲。亦作搚。

廊廡　上音郎，下無府反。釋名云：大屋曰廡。説文：堂下周室[二二]也。從广無聲。

宸扆　上慎真反，下衣蟣反。

悃款　上坤穩反，下寬管反。王逸注楚辭云：志伅(純)[二三]一也。廣雅：志也。説文：從心困聲。

品彙　韋貴反。廣雅云：彙，類也。以其彙類相牽引也。文字典説：從彖胃省聲。彖音大奚反也。

丹慊　謙簟反。考聲云：慊，情切也，足也。

眭希寂　上髓遺反。人姓也。

崇正録　第十三卷　第十四卷　第十五卷

已上並闕本不音。

甄正論　卷上　慧琳音

蹎躓　上典年反。聲類云：蹎，頓仆也。廣雅云：仆也。孔注尚書：反倒也。説文：跋也。從足真聲。亦作傎、趚。今論本作顛，音同也，失於義。下知利反。顧野王云：躓猶頓也。廣雅：蹋也。説文：跲也。從足質聲。跲音鉗業也

(反)〔二四〕。

坐袪　去魚反。考聲云：袪，開也，却也，除也，裁也。

隱机　上殷靳反，下音几。

簡冊　上間眼反。郭璞注爾雅：簡，札也。顧野王云：所用以寫書記事也。説文：牒也。從竹間聲。論從草作蕑，誤也。下鎗責反。周禮云：九命諸侯則冊命之。鄭玄云：謂簡冊書王命也。蔡邕獨斷：冊者，簡也。不滿百文不書於冊。其制長二尺，短者半之，其次一長一短兩編，下上篆書起年月〔二五〕。凡命諸侯、三公薨及以罪免悉以冊書。説文：符命也。諸侯進受於王，象其扎(札)〔二六〕一長一短中有二編也。古文從竹作笧也。

紕謬　上匹夷反。考聲云：紕，繒帛踈薄也。下靡幼反。妄也，欺也，誤也。

籧廬　上巨魚反。張戩云：籧篨，口柔。怕伺人顏色，不能俯也。下呂猪反。考聲云：庵類也，寄也。

言誼　宜寄反。鄭玄注禮記云：誼者，制事之宜也。王弼注周易：誼，猶理也。毛詩傳云：善也，宜也。説文：人所宜也。從言宜聲。

道該　改哀反。賈逵云：該，備也。説文：從言亥聲。

斯鑑　監懺反。考聲云：明也，照也。亦作鑒。

敢遡　蘇故反。鄭注禮記云：遡猶向也。古今正字義同，從辵朔聲。亦從人作傃。

簡牘　同鹿反。

瞿然　上具遇反。顧野王云：驚懼之皃也。毛詩傳云：無守之皃也。説文：從隹䀠聲。正從二目作䀠，云左右視也。今傳作懼，誤也。

多懵　墨崩反。考聲云：慙也，悶也。説文作懜，云不明也。從心從夢聲也。

搴木　揵偃反。諸字書及經、史並無此字。詢問道家，相傳音蹇，未詳何義。

楊榷　江岳反。許叔重注淮南子云：楊榷，粗略也。説文：從木隺聲音同上。

縑緗　上頰嫌反，下想羊反。

帝嚳　空沃反。堯父。

皇甫謐　民必反。晉高士也。

醇澆　上垂淪反。孔注尚書云：醇，粹也。廣雅：厚也。説文云：不澆也〔二七〕。從酉𦎫聲。𦎫音同上。論作純，音同，義則非也。下皎堯反。考聲云：澆，薄也。

贙兕　上玄犬反。郭注爾雅云：出西海大秦國有養者，似犬，多力。説文：分別。從虤對争貝也。虤音五閑反。論作虥，誤也。下辭姊反。山海經云：兕，在舜葬東，明水南，狀如牛，蒼黑色。郭璞云：一角，青色，重千斤。説文：如野牛而青。象形字，禽离頭同也。論本作先(兇)〔二八〕字。

鬼魑　敕知反。考聲云則魑魅也。

派其　上葩瓦反。説文云：派，別水也。從水𠂢，𠂢亦聲。𠂢音普賣反。論作泒，俗謬字。

有巢　仕交反。即古帝號，亦云巢居。

燧人　上音遂。亦古帝號，始出火，化生爲熟也。

韜聲　上討刀反。考聲云：韜，藏也。説文：從韋舀聲。

再黷　同鹿反。賈逵云：黷，媟也。鄭注禮記云：謂數而不禮也。説文：握持垢也。從黑賣。或作嬻

摭實　上正石反。方言云：摭，取也。説文作拓，云拾〔二九〕也。

從手石聲也。
剖析 上普厚反，下星亦反。説文：析，判木也，分也。從木斤聲。論作枏，非也。
刱作 上初向反。賈逵云：刱，始也。説文：造法刱業也。從井乃(刅)〔三〇〕聲。論作創，俗用字。乃(刅)音楚良反也。
章醮 焦肖反。義已釋辯正論中。亦作礁，酒也。
考覈 衡戹反。説文云：考事實也。西(襾)笮敫(邀)遮其辭，得實覈也〔三一〕。
之槧 慚敢反。説文云：槧，牘樸。從木斬聲。
之觚 古胡反。馬融注論語云：觚，禮器也，容二升。案論文義，即筆札(札)〔三二〕之類，所謂操觚染翰者也。亦作抓。
籤題 上妾閻反。張戬云：小簡也。古者題簡以白事謂之籤。今官名典籤尚主白事也。説文：驗人也〔三三〕。從竹韱聲。韱音尖。
筩理 上宫六反。考聲云：窮也。論作鞠，俗字。
鑠金 上商若反。論作爍，失義也。
蝸角 上寡花反。莊子云：有國於蝸之左角觸氏，有國於蝸之右角者蠻氏。時相與争地而戰，伏尸數萬，逐北旬有五日而返也。顧野王云：即蠣蝓也。説文：羸〔三四〕也。從虫咼聲。
濛翳 上木蓬反，下緊討〔三五〕反。道家天名也。
諒亦 上良尚反。毛詩傳云：諒，信也。衆信曰諒。文字典説：從言京聲也。
辯囿 尤救反。
詞葩 普巴反。説文云：葩，花也。從草皅聲。
之煦 吁句反。廣雅云：煦，蓺(爇)〔三六〕也，温也。説文：蒸也。一云赤色之皃也，一曰温潤也。從火昫聲。
秋飈 必遥反。
大噱 强虐反。説文云：噱，大笑也。從口豦聲。
狙公 上七余反。獮猴之類。案莊子云：狙公謂衆狚(狙)〔三七〕曰，與爾朝三而暮四，何如？衆狙皆怒。朝四而暮三，何如？衆狙皆悦。説文：從犬且聲。論作狚字也。
菲〔三八〕舛 上古懷反。廣雅云：菲，背也，邪也。説文：戾也。艹而北也。北，古文别也。艹音攢。下川兖反。顧野王云：舛，差互不齊也。孟康云：交也。説文云：對卧也，從夕(夂)〔三九〕中，相背也。夕(夂)音雖，中音跨。揚雄作踳也。

甄正論 卷中

璿璣 上夕〔四〇〕緣反，下紀希反。虞書云：在璿璣玉衡，以齊七政。
駐景 上誅具反。蒼頡篇云：駐，止也。説文：立馬也〔四一〕。從馬主聲也。
斂靄 哀蓋反。
確實 上腔角反。韓康伯注周易云：確，堅也。古今正字：從石隺聲。論作碓〔四二〕，誤也。
斡運 上剜活反。王逸注楚辭云：斡，轉也。説文：從斗倝(軋)〔四三〕聲。
喑者 上於衿反。方言云：齊宋之間謂啼極無聲曰喑。俗謂喑瘂也。説文：從口音聲。
發洩 仙拽反。廣雅云：洩，漏也。毛詩傳云：發也。説文：從

水曳聲。亦作泄。

醨俗　里之反。廣雅云：醨，薄酒。說文：酢也[四四]。從酉离聲。

狙詐　上七余反。廣雅云：狙，獮猴也。漢書云：騁狙詐之兵。顧野王云：狙，向(伺)[四五]也，謂伺候也。漢書：從犬且聲。

月竁　川汭反。杜子春注周禮云：竁謂葬穿壙也。今南陽名穿地爲竁。古今正字：從穴毳聲也。

蔕芙蕖　上低計反。說文云：蔕，瓜當也。從草帶聲。中音扶，下巨魚反。則蓮荷是。

未攄　褚於反。廣雅云：攄，張也，舒也。古今正字：從手慮聲。

闔閭　上含獵反，下呂居反也。

賫五符　上濟齊反，持也，正作齎。

雷霆　上盧堆反。正作靁。下定丁反。爾雅云：疾雷爲霆。郭璞云：雷之急激者也。蒼頡篇：霹靂也。說文云：雷餘聲也。鈴鈴所以提[四六]出萬物也。從雨廷聲。

之玷　音點。

驪珠　上里知反。則所謂驪龍之珠。

參糅　拏救反。鄭注儀禮云：糅，雜也。正作粈。說文云：從米丑聲。

摳衣　上口溝反。禮記云：兩手摳衣去齊尺。顧野王云：謂以手挈衣前也。廣雅：舉也。古今正字：從手區聲。論從木作樞，非也。

撤軔　上纏列反。博雅云：撤，發也。下尼震反。王逸注楚辭云：軔，轉也，輪也。輪轉於地。說文：礙車也。從車刃聲。

踠足　上冤阮反。張戩云：足未騁也，折也。

沈艎　晃光反。埤蒼云：艅艎也。吳船名也。吳公子先與楚戰，止其乘舟，即此也。艅音餘。

萬彙　爲貴反。義已具釋崇正録中。

傲物　上吾到反。孔注尚書云：慢也。論從心作慠，義同。

伏羲　許羈反。亦號庖羲。論作犧，亦同。

邅迴　上展連反。王逸注楚辭云：邅，轉也。古今正字：從辵亶聲。

嵇叔夜　上系雞反。晉人竹林七賢之一者。

庰神　上音尺。正體字。論作斥，俗字也。

攘災　上壤章反。考聲云：止也，除也。下宰才反。正體字。論作灾，俗字也。

紋綵　上吻分反。考聲云：吳越謂小綾爲紋。下猜宰反。考聲云：繒帛有色者也。

甄正論　卷下

恩吻　文粉反。說文云：吻，口邊也。從口勿聲。

爝火　上將藥反。字書云：葦炬火也。說文：從火爵聲。

曦景　上喜羈反。

層曜　上賊登反。郭璞注山海經云：層，重也。文字典說：從尸曾聲。

吸氣　上歆邑反。說文：吸，內息也。從口及聲。論作噏，俗字。

誠昚　古慎字。

炳然　上兵皿反。鹿(廣)[四七]雅云：炳，明也。說文：從火丙聲。或作昺。

五祚　臧洛反。鄭箋詩云：祚，櫟也。漢武帝宫名。

雲褐　寒遏反。方言：楚人謂袍爲褐也。言道家多於衣上畫作雲霞之氣也。

霓裳　上鷁奚反。王逸注楚辭云：霓，雲之有色似龍者。郭注爾雅云：霓，雌虹也。亦於裳上畫雜色間錯，或青或赤白，暈似虹霓也。説文：屈虹，陰氣〔四八〕。從雨兒聲。

各騖　無付反。顧野王云：騖，疾馳也。説文：從馬務聲。

逗緣　上頭陋反。顧野王云：逗，亦住也。漢書音義云：逗，曲行避敵也。説文：止也。從辵豆聲也。

涓棘　上決玄反，下矜力反。二人名也。則師涓、棘成子也。

締賞　上提戾反。説文云：締，結也〔四九〕。從糸帝聲。

壇纂　上但丹反。鄭玄注禮記：封土爲壇，祭處也。壇之言怛。怛，明皇也〔五〇〕。下鑽算反。算音酸纂反。案壇纂之式者，每醮祭之時，於壇四面立木節，刻畫其土(上)〔五一〕，或毛者也，若今楚人每有所禱，則縛茅爲把，短截貫於竿上，插立於地，設香酒祈之，祭訖方去也。非纂集之義也。

膏肓　上音高，下音荒。杜注左傳云：肓，隔也。顧野王云：胸之肓心之上也。説文：從心上隔也〔五二〕。從月從亡聲。

沈痼　上朕林反，下孤互反。説文作㾐，病也。從疒古聲。

一槩　該愛反。鄭注禮記云：槩，量也。可以平斗斛者。説文：從木既聲。

謇訥　上居輦反。周易云：謇者，難也。方言：吃也。古今正字：從言寒省聲。下奴兀反。包咸注論語云：訥，遲鈍也。説文：言難也。從言内聲。論作蹇，誤。

搏摇　上段巒反，下音遥。莊子云：北溟有魚，其名曰鯤，化而爲鳥，其名曰鵬。將適南溟，水激三千里，搏扶遥而上者九萬，若垂天之雲。是其異也。

咳唾　上開蓋反，下吐卧反。

削槀　上相藥反，下高老反。則書草木本末刑削者也。今見有槀草語也。

蒐狩　上所流反，下收宥反。郭注爾雅云：春獵曰蒐，冬獵曰狩，二時之獵名也。

截馘　上前節反。説文云：截，斷也。從戈雀聲。下觥獲反。毛詩傳云：馘，獲也。不服者殺而獻其耳曰馘。鄭注禮記云：生獲斷耳者也。説文：軍戰斷耳也。從首或聲。正從耳作聝。

宰犧　喜羈反。

符璽　斯氏反。鄭注周禮云：璽，印也。亦作壐。論作璽〔五三〕，非也。

餼羊　上希既反。杜注左傳云：牲生曰餼。埤蒼云：餼，饋也。古今正字：從食氣聲。

杜郵　有求反。鄭注禮記云：郵表畷，田畯所督約百姓於井間之處也。顧野王云：境上行書舍也。郭璞云：道路經過所也。亦作卸(邮)〔五四〕也。

分鑣　表驕反。説文云：馬銜也。從金麃聲。

上僊〔五五〕　音仙。莊子云：猒世而上僊，乘彼白雲，至於帝宫。廣雅云：化也。説文：長生僊去。從人從䙴省聲。

來賵　豐諷反。杜注左傳云：賵，助喪之物也。車馬月(曰)〔五六〕賵。古今正字：從貝冒聲。

勦絶　上焦小反。考聲云：勦，絶也，劋也。論從力作勦，誤也。

朝菌　逵殞反。考聲云：菌，地蕈也。莊子云：朝菌不知晦朔。

大椿　下黜倫反。莊子云：大椿之木，八千歲爲春，八千歲爲秋。

姸醜　上齧堅反。廣雅云：姸，好也。説文：忮(技)也，慧(惠)

也〔五七〕。從女幵聲。幵音堅也。論作姸，俗也。

習蓼　聊鳥反。菜名也。

隤光　上隊雷反。考聲云：隤，物下墜也。説文：墜下也。從自貴聲。論作積，非也。

書紳　音申。論語云：子張書諸紳。紳，大帶也。

十門辯惑論　卷上

復禮　上馮福反。

搢紳　上津信反。

羅縠　紅屋反。

迺眷　上音乃。鄭注儀禮云：迺猶而也。顧野王云：往也。説文：從西乚聲。乚者，古文乃字也。論從辵作廼，俗用字，非也。下居媛反。孔注尚書云：眷，視也。毛詩傳、顧野[王]〔五八〕、説文義同，從目卷省聲。論作睠，俗字。

矤兮　上申忍反。郭注爾雅云：矧，況也。説文：況也，詞也。從矢引省聲。論作矧，通俗字也。

煨燼　上猥回反，下詞盡反。廣雅云：煨，煴也。杜注左傳云：燼，火餘木也。正作㶳字也。

讙也　暉袁反。鄭注禮記云：讙囂。聲類云：譁也。從言雚聲。雚音觀。

醓雞　上馨雞反。醋中虫也。一名蠛蠓也。

大噱　强虐反。義已具釋甄正論上卷中。

絶膐　下盧貯反。賈逵云：膂，脊也。説文：從肉旅聲。論作膂，非也。

徼妙　上古弔反。説文：從彳敫聲。

四瀛　郢精反。考聲云：瀛，海也。謂四海也。

輪奐　歡貫反。毛詩傳云：彩明皃也。説文云：大也。從廾敻省聲。

美餗　音速。周易云：鼎折足，覆公餗。顧野王云：鼎，實也。文字典説：從食束聲。

穢圂　上紆廢反，亦作薉。下魂困反。蒼頡篇云：圂，豕所居也。説文：廁也，從囗豕在其中。

止蕢〔五九〕　逵位反。張戩云：蕢，草器也，可以運土也。論語云：爲山九仞，功虧一蕢。説文義同。從草貴聲。

雖⿱艹造　蒭瘦反。杜注左傳云：⿱艹造，副也。考聲云：廁也。古今正字：從草造聲。論從竹作簉，誤也。

伯繚　了蕭反。亦作竂。

有渰　淹儼反。毛詩傳云：渰，陰雲皃也。古今正字：從水弇聲。弇亦作奄也。

樞機　上昌珠反，下紀希反。

行褊　鞭緬反。顧野王云：褊，陿也。説文：從衣扁聲也。

扼掔〔六〇〕　上鸎革反。正作搹。論作扼，俗字也。下剜奐反。正體字亦作捥也。作腕，非也。

僥倖(倖)〔六一〕　上皎堯反。考聲云：僥，非分而求也。説文：從人堯聲。下莖耿反。考聲云：倖，徼也。爲尊貴所寵愛也。古今正字：從人從幸聲。字書作婞也。

十門辯惑論　卷下

瘠痟　小遥反。鄭注周禮云：痟，酸削也。首疾頭痛也。埤蒼：渴病也。説文義同。從疒肖聲。

茨棘(棘)〔六二〕　上自咨反。考聲云：茨，蒺藜也，聚也。下矜憶反。正體字也。辯惑論作棘字，非也。

鹵莽　上盧覩反，下摹補反。

𦓤而　殞軍反。毛詩傳云：除草也。說文：從耒員聲。亦作耘。論作耘，通俗用。

不稂　朗航反。毛詩傳云：稂，童稂也。郭璞云：秀類。說文：禾粟生而不成，謂之童稂〔六三〕。正作蓈，從艹郎聲。

如坻　雉尼反。說文云：坻，小渚也。從土氏聲也。

薜荔　上蘗計反，下犂第反。考聲：香草也。

攓芙蓉　上褰焉反。方言：南楚謂取曰攓。蒼頡篇：拔取也。亦作搴。論作搴，亦通俗字。

禾菽　收六反。俗字。考聲云：豆也。正作此尗。

麰麳　上墨侯反，下賴該反。劉熙注孟子云：麰，麥有兩縫者也。今齊北河特多，春種夏熟。廣雅：麰，大麥；麳，小麥也。說文：麰，從麥牟聲。古今正字云：麳，從麥來聲。或作[illegible]。字書作秾，與論同。

今惰　徒卧反。說文正作憜，云：不敬也。從心隋聲。或省𨸏作惰，與論同。古文作媠。

口噤　下琴禁反。王逸注楚辭云：噤，閉口也。說文云作唫。從口金聲。

北轅　遠元反。考工記云：車人爲車，凡爲轅三其輪引，三分其長，二在前，一在後。說文：輈也。從車袁聲。

馳騁　丑領反。杜注左傳云：騁，走也。廣雅：奔也。古今正字義同。從馬甹聲。甹音匹丁反。

弑逆　施志反。白虎通云：弑者何？猶殺也。言臣子殺其君父，候伺可稍稍試之也。說文：從殺省式聲也。

濫觴　上藍淡反。濡上也，漬也。下賞章反。說文云：觴，觶也。實曰觴，虚曰觶。從角昜〔六四〕聲。籀文作[illegible]。觶音志。論本作鬺，誤也。

不撓　鐃巧反。杜注左傳云：撓，亂也。說文：擾也。從手堯聲。

衆籟　來代反。案：此籟非簫也。是巖谷幽深，竹木森邃，輕風摇吹，衆響泠泠，所謂萬籟也。說文：從竹賴聲。

咸闡　蚩善反。韓康伯注周易云：揚也。蒼頡篇云：開也。

泯然　上民引反。

班倕　上板蠻反，下音垂。二人名也。

舟檝　尖葉反。考聲云：駕船具，棹類也。論從舟作𦨴，非也。

畫鶂　霓歷反。水鳥也。

芳橈　繞昭反。即掉(棹)〔六五〕也。

革輟　知劣反。考聲云：輟，止也。

即剖　普厚反。說文云：剖，判木〔六六〕。從刀音聲。論從手作掊，非也。

恍兮　上皇廣反。張戩云：恍恍，虚曠皃。

迂哉　禹俱反。孔注尚書云：迂，僻也。鄭玄云：廣大也。說文：從辵亏聲。

憺爾　上談濫反。考聲云：憺，静也，安也。論作澹，水動皃，非也。

沚清　上音止。蒼頡篇云：沚，小渚也。案：鑒於澄止，則見其形，流動則亂。其影止則定也。合作止，從水者，失其義也。

倏焉　上舒六反。

而謐　泯必反。爾雅云：謐，静也。古今正字：從言监聲也。监音同上。

喟然 上口愧反。何晏注論語云：喟，歎聲。説文：太息也。從口胃聲。

井畦 烏媧反。即蝦蟇也。

棲甃 上音西，下鄒救反。説文云：井甃〔六七〕也。從瓦秋聲。

澤鶂 音晏。賈逵注國語云：鶂，扈也。杜預云：鴿鴳也。以立春鳴，立秋而去也。正作鴳。

無斁 盈跡反。文字典説云：斁，厭也。從攴（攵）〔六八〕睪聲。

嘈囋 上音曹，下才曷反。廣雅云：聲也。考聲云：聲諠多皃也。亦作嘈、嚽，並同。

煢嫠 上揆營反。孔注尚書云：煢，單也。鄭注周禮：無兄弟曰煢。毛詩傳：無所依也。説文：從卂熒〔六九〕省聲。或作惸，與論同。亦作嬛。下理之反。考聲云：嫠，寡婦也。論作釐，誤也。

昏墊 丁念反。孔注尚書云：墊，溺困於水災也。方言：下也。古今正字：從土執聲也。

馭曰 上音御。

闃其 上窺役反。埤蒼云：闃，静也。古今正字：從門狊聲。

戜翦 上坎甘反。孔注尚書云：戜，勝也。大傳云：克也。説文：殺也。從戈今聲。古文作戡。論作戡，俗通用字。下煎鮮反。截也。

扈從 上胡古反。鄭注考工記云：扈，緩也。薛綜云：勇健皃。廣雅：使也。下才用反。

髣髴 上芳罔反，下敷勿反。

曩構 上曩朗反。賈逵云：曩，曏也。爾雅：久也。説文義同。從日襄聲。下鉤候反。

藹君子 上埃蓋反。考聲云：藹，容止皃也。臣盡忠也。

邃鍵 上雖翠反。説文云：邃，深也。從穴遂聲。下乾偃反。周禮：司門掌受管鍵，以啟閉國門。鄭衆云：鍵，壯〔七〇〕也。方言：謂籥爲鍵。説文：從金建聲。

探賾 上菼南反，下士革反。

訒兮 上人振反。論語云：仁者其言也訒，爲之難言之得無訒乎？説文：頓也。從言刃聲。

一切經音義 卷第八十七

校勘記

〔一〕僊 據文意似當作「遷」。

〔二〕巡 據文意似當作「逃」。

〔三〕斷 據文意似當作「斯」。

〔四〕從糸貴聲。亦作繢 據文意似爲「從糸會聲。亦作繢」。

〔五〕譽 據文意似當作「礜」。

〔六〕埶 今傳本説文作「埶」。

〔七〕駓 據文意似當作「騂」。

〔八〕説文云：天子享先王，卷龍衣繡於下裳幅，一龍蜿上卿服 今傳本説文：「天子享先王，卷龍繡於下幅，一龍蟠阿上鄉。」

〔九〕䏣 即「䏣」。

〔一〇〕從慢 據文意似當爲「作嫚」。

〔一一〕説文：牢也，所以枸非，從陛省聲也 今傳本説文：「牢也，所以拘非也。从非陛省聲。」

〔一二〕説文：酺，王德布，大飲酒已 今傳本説文：「王德布，大歓酒也。」

〔一三〕説文：美人也 今傳本説文：「璿，美玉也。」

〔一四〕稸 據文意似作「穡」。

〔一五〕昔 據文意似作「茸」。

〔一六〕弘 今傳本楚辭作「私」。

〔一七〕葯　獅作「箹」。

〔一八〕說文云：獷不可附也　今傳本說文：「獷，犬獷獷不可附也。」

〔一九〕毛詩云：輶車鑾鑣　今傳本毛詩：「輶車鸞鑣。」

〔二〇〕鄭注周禮云……百物之神曰魆　今傳本鄭注周禮：「所以順其爲人與物也。致人鬼於祖廟，致物鬽於墠壇，蓋用祭天地之明日百物之神曰鬽。」

〔二一〕說文正作鬽，老物精也　今傳本說文：「鬽，老精物也。」

〔二二〕室　今傳本說文作「屋」。

〔二三〕伅　今傳本王逸注楚辭作「純」。

〔二四〕也　據文意似當作「反」。

〔二五〕下上篆書起年月　今傳本蔡邕獨斷：「下附篆書起年月日。」

〔二六〕扎　據文意似當作「札」。

〔二七〕說文云：不澆也　今傳本說文：「不澆酒也。」

〔二八〕先　據文意似作「兂」。

〔二九〕捨　今傳本說文作「拾」。

〔三〇〕刄　即「办」。下同。

〔三一〕說文云：考事實也。西笮敫遮其辭，得實覈也　今傳本說文：「實也。考事而笮，邀遮其辭得實曰覈。」

〔三二〕礼　獅作「札」。

〔三三〕說文：驗人也　今傳本說文：「驗也。一曰鋭也。」

〔三四〕羸　據文意當作「蠃」。今傳本說文：「蝸，蝸蠃也。」

〔三五〕討　據文意當作「計」。

〔三六〕藝　據文意似當作「爇」，即「熱」。玉篇：「煦，吁句切。烝也，恩也，赤色也，温也，潤也，熱也，亦作昫。」

〔三七〕蛆　據文意當作「狙」。

〔三八〕菲　即「乖」。

〔三九〕夕　據文意似作「夂」。下同。

〔四〇〕夕　據文意似作「夊」。

〔四一〕說文：立馬也　今傳本說文：「駐，馬立也。」

〔四二〕確　據文意似作「确」。

〔四三〕斡　今傳本說文作「軓」。

〔四四〕說文：酢也　今傳本說文：「醨，薄酒也。」

〔四五〕向　據文意似作「伺」。

〔四六〕提　今傳本說文作「挺」。

〔四七〕鹿　獅作「廣」。

〔四八〕說文：屈虹，陰氣　今傳本說文：「霓，屈虹，青赤或白色陰气也。」

〔四九〕說文云：締，結也　今傳本說文：「締，結不解也。」

〔五〇〕鄭玄注禮記：封土爲壇，祭處也。壇之言怛。怛，明皇也　今傳本鄭玄注禮記：「壇折封土爲祭處也。壇之言坦也。坦，明貌也。」

〔五一〕土　獅作「上」。

〔五二〕說文：從心上隔也　今傳本說文：「肓，心上鬲下也。」

〔五三〕璽　據文意似作「壐」。龍龕手鏡：「壐，舊藏作璽。」

〔五四〕卸　據文意似作「卸」。

〔五五〕僊　即「僊」。

〔五六〕月　據文意當作「曰」。

〔五七〕說文：忮也，慧也　今傳本說文：「技也，惠也。」

〔五八〕王　各本無，據文意補。

〔五九〕蕢　即「蕢」。

〔六〇〕掔　即「掔」。

〔六一〕倖　即「倖」。

〔六二〕棘　據文意當作「棘」。

〔六三〕說文：禾粟生而不成，謂之童稂　今傳本說文：「蓈，禾粟之采生而不成者謂之董蓈。」

〔六四〕昜　獅作「昜」。

〔六五〕掉　據文意似作「棹」。

〔六六〕說文云：剖，判木　今傳本說文：「剖，判也。」

〔六七〕甓　今傳本說文作「甓」。

〔六八〕支　據文意似作「攴」。

〔六九〕熒　今傳本說文作「營」。

〔七〇〕壯　據文意當作「牡」。「牛」、「爿」俗寫混。

一切經音義　卷第八十八

翻經沙門慧琳撰

音法琳法師傳五卷

集沙門不拜俗議六卷

右二集傳十一卷同此卷音

終南山龍田寺釋法琳傳五卷

釋法琳本傳序

暨迺　上音洎，下音乃。杜注左傳：至也。韻英云：及也。說文：頗見也[一]。從旦既聲也。

絶紐　尼九反。廣雅：紐，束也。說文：糸（系）也，結可解者也[二]。從糸丑聲。

隤網　上徒雷反，下正體罔字。廣雅：隤，壞也。韓詩：遺也。考聲：物下墜也，毀也。說文：墜下也。從𨸏從貴聲也。或從土作墤，義同。傳文從頁作頹，非此用也。

已紊　音問。孔注尚書云：紊，亂也。從糸文聲。

湮滅　上一寅反。賈注國語云：湮，下也。爾雅：落也。說文：没也。從水垔聲。垔同音上。

悰上人　上藏宗反。爾雅：悰，慮也。說文：樂也。形聲字也。

唐朝大德彥悰法師名。

捃摭　上君運反。方言：取也。說文亦拾也。從手君聲[三]。下征亦反。方言：摭亦取也。說文亦訓拾也。

法琳法師本傳　第一卷

殫玉牒　當安反。孔注尚書：殫，盡也。說文：殫，盡也。從歺單聲。玉牒者，梵夾經論也。

隱遯　屯嫩反。王逸注楚辭云：潛隱也。鄭注禮記云：逃也。廣雅：避世也。或作遁。從辵豚聲。豚音徒魂反。

鏗鍠　上客行反。禮記：子夏曰「鍾聲鏗鏗」是也。撞擊之鏗爲摼字。說文：從車從真作轒，或作鋗字，皆聲也。下音宏。毛詩傳：鍾鼓鍠鍠。傳曰：和樂也。爾雅亦云：鍠，樂也。郭璞曰：鍠，鼓聲也。說文：鍾聲也。字書爲鍠字，或爲喤字，皆一也。傳中作鋐，俗字也。

伏轞　咸黤反。案：轞，即轞車也。考聲云：載囚車也。諭法師欲摧邪黨，先善他宗，然後求勝。潛形變服九年，處在黄巾道士中而爲道首。窮考三張之僞術，躬行符醮，章奏之文曲盡根源，方歸本而制論，如猛獸之伏轞。

蠢蠢　春允反。毛詩傳曰：蠢蠢，蟲動也。說文：從䖵春聲。蚰

音昆。

巔墜　上丁堅反。爾雅：巔，頂也。廣雅：上也。考聲：末也。又云殞也。從山顛聲。顛字正體右從頁左從真，俗從二真，誤也。下直類反。爾雅：墜，落也。說文：從高墮聲也〔四〕。從自㒸聲，俗用加土，亦通。

衮龍　上音公本反。義已具釋破邪論。

須髮　上粟瑜反。鄭注周禮云：須，頤下須也。說文：面毛也。從頁彡。今俗亦從髟作鬚，傳作鬚，皆非也。頁音賢結反，髟音必遥反。

心戢　箴立反。鄭箋詩云：戢，斂也。詩傳云：聚也。說文：藏兵也。從戈咠聲。

憓流　上音惠。毛詩傳云：惠，愛也。考聲云：慈也，仁也。詩文義同。從心惠聲。古文作𢡆，從𠦝惠音上緝反〔五〕。

塵黷　同鹿反。顧野王云：黷，猶慢也。賈逵云：媟也。蒼頡篇：垢也。說文：從黑賣聲。媟音息列反。

之誚　樵曜反。方言云：齊、楚、宋、衛之間謂讓曰誚。倉頡篇：訶也，相責讓也。說文：從言肖聲。

猖言　上敞商反。莊子云：猖狂妄行也。案猖言者，如猖狂之人揚言酒肆中，不足信也。古今正字：從犬昌聲。敞音昌掌反。

矚奕　上鍾欲反。考聲云：矚，視之甚也，衆目所歸。俗字。正作屬(矚)〔六〕。下音亦，人名也。

㡿其　上音尺。傳作庍，俗字，謬也。

舟航　鶴郎反。船也。

勛華　上訓雲反，下畫瓜反。唐虞二帝字也。帝堯字放勛，帝舜字重華。

接踵　鍾勇反。顧野王云：踵，足跟也。王逸云：繼也。說文：追也。從止〔七〕重聲。傳本作踵，誤也。

洊雷　上前薦反。義已具釋破邪論中。

牆塹　上匠羊反，下妾艷反。

憤懣　上汾吻反，下門本反。義已具釋破邪論中。

磣黷　上初錦反，下音獨。義已釋破邪論中。

原燎　力召反。尚書云：若火之燎於原也。說文：放火也。從火尞聲。

刁斗　上鳥聊反，下兜偶反。義已釋破邪論中。

胥悦　上息余反。孔注尚書云：胥，相也。鄭箋詩云：皆也。說文：從肉疋聲。疋音疏。

太宰嚭〔八〕　丕鄙反。傳作嚭，通用，太宰名也。

再敞　昌兩反。考聲云：敞，開也，明也。說文：從攴尚聲也。

叵惻　上坡麽反。古今正字云：叵，不可也。說文：反可也。左書可字。麽音摩可反。

倫媲　匹閉反。許叔重注淮南子云：媲，偶也。說文：配〔九〕也。從女𣬈聲。𣬈音閉迷反。

同燼　秦進反。正作㶳。俗音似進反，非也。

脱屣　師尔反。革屣也。

坎壈〔一〇〕　藍感反。考聲云：契闊皃也。古今正字二字並從土，欠、㐭聲也。

腠裏　上倉奏反。鄭注儀禮：腠，皮膚理也。考聲云：皮膚內也。古今正字：從肉奏聲。

清遒　就由反。毛詩傳云：遒，周也。說文：從辵酋聲。

哂談　上申忍反。馬注論語云：哂，笑也。鄭注禮記：齒本曰

哂，大笑則見。古今正字云：從口西聲。亦作吲，或作咴。

詷殫　音丹。盡也。

蝌蚪　上苦禾反，下兜口反。字書云：蝌蚪，水蟲蝦蟇子也。傳字作蚪蚪之形也。

闃然　上傾覓反。從門狊聲。狊字從目從犬。

鹽　姑户反。郭璞注方言云：鹽，倉猝也。詩云：王事靡鹽。說文：從監省古聲也。

捃道　上君運反。方言云：捃，取也。從手。

悚慴　上粟勇反。杜注左傳云：悚，懼也。說文：正作愯。從心雙聲。字書或作㑴。傳作悚，今俗通用字。下怗頰反。爾雅云：慴，懼也。郭璞云：慴也。說文：從心習聲。

震赧　儜簡反。考聲云：羞慙面赤也。正作赧。

跡汦　支氏反。說文云：汦，著止也。從水氏聲也。

拘羑　由柳反。說文云：文王所拘羑里，在湯陰。從羊久聲。傳從九作羗，非也。

雜遝　潭合反。考聲云：遝，行急也，前也。迨遝，衆行皃也。說文：及也。從辵眔聲。眔音同上，迨音合。傳作還，非也。

争騖　無付反。廣雅云：騖，奔也。顧野王云：疾馳也。古今正字：從馬敄聲。

註解　上誅句反。廣雅云：註，疏也。埤蒼：解也。古今正字：從言主聲。今多作注，音朱喻反，義通。下皆買反，音買，非也。

辛諝　胥旅反。人名。鄭注周禮云：諝，有才智者之稱也。

璀璨　上崔會反，下飡旦反。

辯囿　尤救反。鄭注周禮云：囿，今之苑也。說文：苑有垣者，故從囗有聲。囗音韋。

覥容　天典反。毛詩傳云：覥，姡[一一]也。鄭箋云：姡然有面目也。考聲云：謂不知慙也。說文：從面見聲。

爝火　上音爵。字書云：火炬也。說文：以火拂除祅也。從火爵聲。

郄超　上耻尼反。人姓名也。傳作郗，誤也。

釋法琳本傳　第二卷

譋上　上音罔。考聲云：以言欺誣也。

劾劾　下音恒得反。推劾也。顧野王云：案獄相告證之辭也。說文：法有罪(辠)[一二]人也。辠即古文罪字。從力亥聲。不從刃，傳作刻，非也。

縲絏　上累追反，下仙拽反。孔注論語云：縲，黑索也。絏，攣也，所以拘罪人也。古今正字並從糸，累、曳皆聲也。正作緤，俗作紲。

伶聆　歷丁反。蒼頡篇云：聆，聽也。說文：從耳令聲。

擣昧　上刀老反。考聲云：心疾也，從手。

叨莛　上討刀反，下搊瘦反。杜注左傳云：莛，副也。考聲云：則也，齊也。說文：從草造聲。傳從竹作簉，非也。

餔糟　上補乎反，下音遭。

歠醨　上川劣反，下音离。

彌貞　上蜜卑反。鄭注儀禮云：益也。假借字也。說文正作镾。從弓從镾聲。俗作弥。

淈泥　上昆兀反。考聲云：水流皃。攪令濁也。

韋悰　族宗反。

樝梨　上側加反。鄭注禮記云：樝梨之不臧者也。郭璞云：樝，枝榦皆赤，葉黄，白花，黑實。箕山出甘樝也。

確陳　上苦角反。

負扆　依豈反。周禮云：凡封國命諸侯位設黼扆。鄭注儀禮云：如綈素屏風，有斧文，所以户西也。説文：從户衣聲。

靡覿　上眉彼反，下亭歷反。何注公羊傳云：覿，見也。有本作覿，義訓同。古今正字：從見賣聲。

爲庵　烏倉反。鄭注禮記云：庵，廬也。廣雅：草舍也。古今正字：從广奄聲。

偓促　上烏學反，下窗角反。考聲云：[偓]〔一三〕促，褊小之皃。

盜跖　征亦反。人名。案莊子，柳下惠弟也。

敻遠　上火娉反。劉兆注穀梁云：敻，亦遠也。説文：從旻，人在穴上也。旻音火劣反。

釋法琳本傳　第三卷

徼妙　上古弔反。考聲：邊境外也。韻詮云：小道也，蠻夷之塞也。説文：從敫彳聲〔一四〕。彳音丑亦反。

鉅鹿　上渠語反。郡名也。

袁旍　井情反。道士名也。

噎氣　上煙結反。

而終　衆戎反。埤蒼云：終，歿也，死也。古今正字：從歺冬聲。今從糸作終，通用。歺音五葛反。

蕩瘵　齊薤反。毛詩傳云：瘵，病也。説文：從疒音女厄反祭聲也。

龍堆　對雷反。郭璞云：聚土之高也。古今正字：從土隹聲。亦作塠，義同也。

麟麕　上栗珍反。公羊傳云：麟者，仁獸也。有聖王則至其郊。爾雅云：麕，麕身，牛尾，一角，角端有肉。顧野王云：牡曰麒，牝曰麟。説文：從鹿粦聲。亦作麐。下軌筠反。公羊傳云：有麕而角。劉兆云：麞也。毛詩云：野有死麕。説文云：此籀文麕字。正從鹿囷省〔一五〕聲。俗通作麏，並同。

李聃　他甘反。即老子也。國語云：柱下史伯陽也。史記云：李耳也。

掏攬　上道刀反。埤蒼云：掏，杼(抒)〔一六〕也。古今正字：從手匋聲。傳作桃，音吐彫反，非。匋音同上。下古巧反。

甄鸞　上軫人反。人姓也。

癃跛　上六忠反。蒼頡篇云：癃，痼疾也。説文：從疒隆聲。下波麼反。

惘然　上音罔。考聲云：惘，惆悵也。

殉道　上旬俊反。應劭云：殉，營也。謚法曰：亡身從物曰殉。古今正字：從歺旬聲。

撞擊　上擢江反。顧野王云：撞，猶擊也。説文：卂擣也。從手童聲。

懕懕　伊閻反。毛詩傳曰：懕懕，安静也。郭注爾雅云：安詳也。説文：從心猒聲。

嫫母　上暮蒲反。古時醜女也。

鸋鴂　上佞丁反，下鴂穴反。廣雅云：鸋鴂，果羸(蠃)、飛、女匠、工雀也〔一七〕。方言：桑飛，自關而東謂之鸋鴂，俗名巧婦小鳥也。説文：並從鳥，寧、夬皆聲也。夬音古快反也。

汨灑　上冥壁反，下音羅。水名，在長沙郡。説文：從水羅聲。

闐噎　上音田，下煙結反。傳作闉，非也。

蘭葩　怕巴反。説文云：葩，花也。從草白，巴聲。

庭雰　忿文反。毛詩傳云：雰雰，雨雪盛皃。

八埏　衍仙反。漢書音義云：八埏，地之八際也。古今正字：從土延聲。

釋法琳本傳　第四卷

淞井　上訟容反。

滬瀆　上胡古反，下同木反。郭璞注山海經及河圖、蒼頡篇等云：黄帝南登湯虚山，臨於玄滬，靈龜負書，即此水也。古今正字：從水扈聲。

瞻耳　上瞻〔一八〕甘反。山海經云：瞻耳國，任姓。郭璞云：其人身大，耳垂瞻肩上。説文：耳垂也。從耳詹聲。亦作躭。傳從人作儋，亦通。

獻賝　下耻林反。毛詩傳云：賝，寶也。美寶爲賝。古今正字：從貝罙聲。亦作琛也。

於鑠　上音烏，下商略反。

鞮譯　上底奚反。禮記云：五方之民言語不通，嗜欲不同。達其志，通其欲，西方曰狄鞮。鄭玄注云：皆世間之别名，依其事類，耳鞮之言知也。今冀部有言狄鞮者也。廣雅：狄鞮，譯也。古今正字：從革是聲。下音亦。

慧賾　仕革反。人名也。

焜煌　上魂本反，下音皇。方言云：焜，盛也。毛詩傳云：煌，明也。

哈焉　上吐合反。莊子云：哈然似喪其偶。司馬彪注云：失其所，故有似喪偶也。文字典説：從口合聲。傳作嗒，非也。

礧石　上雷罪反，上聲。亦作礨。

松櫝　加雅反。左傳云：樹六櫝於蒲圃。郭注爾雅云：櫝，山楸也。梓屬，葉小爲櫝。説文：從木賈聲。亦作榎。

揣摩　上初累反，下麽波反。杜注左傳云：度高下曰揣。顧野王云：謂相量度也。韓康伯注周易云：摩，相切摩也。鬼谷子有揣摩二篇。説文云：二字並從手，從瑞省，從麽省聲。摩字，字書或作攠。

崢嶸　上仕耕反，下獲萌反。許叔重注淮南子云：崢嶸，山谷高險皃也。廣雅云：崢嶸，深冥高峻也。説文正作崝，訓與上同。二字並從山，争、榮皆聲也。

插漢　上初洽反。

斜瞰　堪敢反。字書云：瞰，望也，視也。亦作闞。

沮漳　上士余反，下音章。二水名，在當陽。

楚䣝　覩胡反。即正都字。

瀺灂　上仕銜反，下仕角反。説文云：水滴下小聲也〔一九〕。並從水，毚、爵皆聲也。

鼯鼠　上五胡反。爾雅云：鼯鼠，夷鼬也。郭璞注云：狀[如]〔二〇〕小狐，肉翅，翅尾頸脅毛紫色，背上蒼黄，腹下黄白，觜頷似鼠，脚短爪長，尾如狐尾，飛行且生，故名飛生，音如小兒。古今正字：從鼠吾聲。鼬音由，頷音含敢反。

鯢魚　上詣奚反。

飛甍　麥耕反。杜注左傳云：能上樹，鳴如小兒聲。甍，屋棟也。説文：從瓦從夢省聲。

併羅　上苾邊反。廣雅：併，羅列也。説文：從人并聲。亦作

駢。傳作軿，音薄丁反，非此用也。

盥漱　上官椀反。説文云：盥，澡手也。從臼水臨皿。傳從水作濫，非也。下搜救反，盪口也。

僧捷　潛葉反。

蕭瑄　音言。人名也。

碧棫　音戎。木名。

枳椇　上吉以反，下俱宇反。山木名也。

藥銚　調弔反。

秀巘　言蹇反。

蓴芡　上順倫反。顧野王云：今江東水中有蓴菜，人多食之也。下鉗歛反。鄭注周禮云：芡，鷄頭草也。古今正字並從草，專、欠皆聲。

釋法琳本傳　第五卷

沆瀣　上航郎〔二一〕反，下骸戒反。楚辭云：沆瀣，北方夜半子時氣也。古今正字並從水，從亢韰皆聲。

末祏　湯洛反。廣雅云：祏，大也。説文：從衣石聲。

崦嵫　上掩廉反，下音兹。埤蒼云：崦嵫，山名也。郭注山海經云：日没所入山也。

旭日　上凶玉反。毛詩傳云：旭日始出，大昕之時也。

鳴鐃　鬧交反。周禮云：鐃如鈴，無舌，有鼻。如鳴之以正擊而鼓之也〔二二〕。俗號銅鈸。説文：小鉦也。從金堯聲。

飛櫩　葉占反。劉兆注穀梁云：櫩，屋梠也。文字集略作簷。梠音吕。

邐迤　上力氏反，下移尔反。

馺灑　上三合反，下沙賈反。

文榌　鼻紕反。蒼頡篇云：榌，檐也。聲類：屋連綿也。説文：梠也。從木毘聲。

接幰　軒偃反。釋名云：車幰所以禦熱也。顧野王云：今謂布張車上爲幰。古今正字：從巾憲聲。

連鑣　表苗反。考聲云：馬排末（沫）〔二三〕也。説文：馬銜也。從金麃聲。

頞鞞　上安葛反，下陛迷反。

焴爚　上融宿反。埤蒼云：光曜皃也。廣雅：熾也。下陽削反。説文云：爚，火光也。二字並從火，育、龠皆聲。傳作𧓍，非也。焴或作煜。

清颷　必遥反。

褫緗巾　上池尔反。義已釋破邪論。説文：從衣虒聲。傳作𧳜，非也。中想羊反。考聲云：淺黄色。正作纕，古今正字。

跕（跕）〔二四〕屣　上音帖。考聲云：跕（跕）屣徐行也，履踐也。

瞀亂　上矛候反。鄭注禮記云：瞀，目不明皃也。説文云：從目敄聲也。

基址　音止。古今正字云：址亦基也。從土止聲。傳作墌，非也。

氛沴　上音紛，下犁帝反，祅氣也。

流湎　綿褊反。

隤綱　上隊雷反。考聲云：物下墜也。壞也，毁也。説文：從自（阜）隤省聲。隤音同上。古今正字：從自貴聲。傳作積，非也。下哥航反。

覈其　上衡革反。説文：考實事也。從襾（襾）〔二五〕敫聲。襾（襾）音呵嫁反，敫音藥。

郗愔　上恥離反，下挹淫反。人姓名也。

淪湑　上律脣反，下息余反。韻略云：湑，沈也。文字典説：從水胥聲。傳作涓，俗字也。

坏幻　上配枚反。説文云：坏，瓦不燒也〔二六〕。從土不聲。下還慣反。

詿誤　上古賣反，下吴故反。

縢塵　上時〔二七〕登反。説文云：縢，緘也。周書有金縢之旨。從糸朕聲。

窊隆　上乙瓜反。説文云：窊，污邪下也。從穴瓜聲。

邈爾　上尨剥反，下音尔。王逸注楚辭云：邈邈，遠也。古今正字：從辵貌聲。經作藐，草名，非也。

亹亹　微匪反。考聲云：美也，勉也，進也。正作娓。

集沙門不應拜俗等事六卷　并序

集沙門不拜俗議序

端宸　慎真反。賈注國語：宸，室也。説文云：從宀辰聲。

扆宸　衣豈反。爾雅：户牖之間謂之扆。郭璞曰：窗東户西也。説文：從户衣聲。

斑屣　八攀反。聲類：班（斑）〔二八〕，駮也。小吕：文雜也。大吕：文彰皃也。説文集訓：從刀作班，義別也。正作辨（辧）〔二九〕。説文亦作斕。玨音角。下師綺反。聲類：鞮也。説文：屣，履也。亦作韃，或作鞋。

之儁　遵峻反。許叔重注淮南子：儁，才過千人曰儁。考聲云：有其異威力也。説文：從冂隹。今集文多作俊，俗字也。冂，横弓字也。

弛紐　詩是反。杜注左傳：弛，解也。廣雅：緩也。説文：從弓從也。下女九反。

星潯　習林反。許叔重注淮南子：潯，涯也。説文：旁深也。

褫照　池尔反。考聲：褫，落也。説文：從衣虒聲。集文作褫，非也。

闃寘　居例反。闃寘，國名也。

同嬉　喜其反。蒼頡篇：嬉，戲也。説文亦作娭。

曖而　哀代反。考聲云：曖，日光景也。説文：從日愛聲。

茵藹　壹鄰反。鄭注禮記：茵，蓐也。下哀蓋反。爾雅：藹，容止也，又盛也。説文：從艸謁聲。

悰上人　在宗反。僧名也。

聳珍　粟勇反。考聲：聳，高也。説文：從耳從聲。或作𦗦〔三〇〕。

姱節　苦麻反。字林：姱，大也。王逸注楚辭：姱，好也。説文：從女夸聲。亦作夸，或作䠸。

秋燐　栗信反。考聲：燐，螢也。毛詩傳：熠燿也。説文：從生〔三一〕粦聲。亦作粦，燐也。

春蛙　烏瓜反。蝸字，取乖之濁聲。説文：蛙，蝦蟇也。正作鼃也。

臣㕙　山甲反。人名也。

髡削　苦昆反。説文：髡，剃也。從髟兀聲。

王謐　彌必反。人名也。

眷眄　厥倦反。毛詩傳：眷，顧也。孔注尚書：視也。説文：從目卷省聲。下莫遍反。説文：眄，目偏合，邪視也。從目從丐（丏）〔三二〕聲。丐（丏）音彌演反。

𢡟然　乎麥反。廣雅：𢡟，慧也〔三三〕。説文：從心畫聲。

彌濃　蜜移反。鄭注儀禮云：益也。説文：從弓爾聲。集文作弥，俗字也。下女龍反。説文：濃，多皃也〔三四〕。

鎣其　烏定反。博雅：鎣，飾也。亦作瑩。

緬至　彌衍反。賈注國語：緬，思皃。劉兆注公羊：輕而薄也。説文：從糸面聲。亦作絅。

筌蹄　七宣反。司馬彪注莊子：筌，捕魚具也。説文：從竹全聲。集文從草[作]〔三五〕荃，非此義也。

宗轍　直列反。杜注左傳：轍，車跡也。集略從足作蹾，非也。

敬戢　側立反。字林：凡收藏物皆曰戢也。毛詩傳云：戢，聚也。説文：從或(戈)咠聲〔三六〕。咠音七入反。

濠上　号高反。韻略：濠，梁也。莊、慧所遊處也。顧野王云：水名也。説文：從水豪聲。

餼羊　希既反。杜注左傳：生曰餼，熟曰饔。鄭注儀禮：以牲曰餼。餼猶稟給也。埤蒼：饋也。説文：從食氣聲。

剔髮　鄭注禮記：剔，鬄髮也。正作鬄，古作逖。

集沙門不拜俗議　第二卷

遯世　徒頓反。鄭注禮記：遯，逃也。王逸注楚辭云：隱也。廣雅：避也，又去也。正作遁，同。或作遾。

闗鍵　古還反，下虔蹇反。周禮：司門掌授管鍵以啟閉國門也。方言云：闗東謂鑰爲鍵。

羇死　京奇反。廣雅：羇，寄也。説文：從冈從䩭。集文作䩭，古字。

瞽瞍　姑五反。鄭注禮記：無目謂之瞽。説文：從目鼓聲。下蘇走反。鄭注禮記：有目無眸子曰瞍。説文：從目叜聲。集文作叜，非也。

餱粮　后溝反。毛詩傳云：餱，食也。説文：乾食也。從食侯聲。集文作糇，俗字也。下力張反。孔注尚書：粮，儲庤糗糒使足食也〔三七〕。顧野王云：粮，粮〔三八〕也。亦作糧。

鸛蚊　古亂反。毛詩傳云：鸛，水鳥長鳴而喜。箋云：水鳥將陰雨則鳴。穆天子傳云：鸛鶏日飛八百里。郭璞云：即鵾鶋屬也。説文：從鳥從雚聲。下音文也。

駑鈍　弩胡反。博雅：駑，駘也。禮記：凶年乘駑馬。顧野王云：六種馬最下者也。

逷自　聽歷反。爾雅云：逷，遠也。正作逖。

龍𠂤　浮有反。爾雅：大陸曰𠂤。廣雅：丘無石曰𠂤，象形字。集文作埠，非也。

賷寶　秦信反。蒼頡篇：賷，財貨。説文：從貝𦘔聲。

甿階　麥耕反。博雅：甿，癡也。説文：田民也，從田亡聲。

更號　胡到反。孔注尚書：號，施令也。集文作琥，非也。

讜言　當朗反。聲類：讜，善言也。顧野王云：讜，直言也。

猗歟　倚知反。毛詩傳云：猗，嗟歎辭。説文：從犭奇聲。下與諸反。孔注論語：歟，語辭也。韻略作與。

集沙門不拜俗議　第三卷

謇諤　居展反。周易：謇，難也。方言：謇，吃也。楚語也。郭璞云：亦北方通語也。聲類亦作譾字。下我各反。顧野王云：諤，正直之言也。廣雅：諤，語也。

之躅　重録反。漢書音義：躅，跡也。三輔謂牛蹄處爲躅。

瀨鄉　來蓋反。

輶軒　以周反。毛詩傳：輶，輕車也。説文：從車酉聲。酉音同上。下許言反。左傳：乘軒者，大夫車也。説文：從車干聲也。

寮寀　了彫反。爾雅：寮，官也。亦作遼。下倉改反。爾雅：寀，官也。説文：從宀采聲也。

亟涉　欺吏反。爾雅：亟，數也音朔。又音兢力反。説文：從二從人從口從又。又音手也。言人君天地之間口手爲亟。

窊隆　烏瓜反。説文：窊，邪下也。從穴瓜聲。下力中反。

九垓　改孩反。許叔重注淮南子：九垓，九天。此從土亥聲。

慙惕　雜含反。説文：慙，媿也。從心斬聲。下天曆反。孔注尚書：惕，懼也。毛詩傳云：惕，忉也。忉音刀。説文：從心易聲。

稊稗　弟西反。爾雅：稊似稗。一名英（芙）〔三九〕。説文：從禾弟聲。下蒲賣反。杜注左傳云：稗似穀非穀也。説文：從禾卑聲。

凋訛　鳥寮反。説文：凋，刻鏤畫文也。正作彫。爾雅作雕，古文作彫。

竊服　遷薛反。鄭注周禮云：竊，盗也。説文：從穴廿米從卨。集文從廾作竊（竊）〔四〇〕，非也。

天睠　厥倦反。前已釋。

刳斮　苦姑反。孔注尚書：刳，剔也。説文：從刀夸聲。下側略反。孔注尚書：斮，折也。爾雅：削也。廣雅：斷也。説文：從斤昔聲。

弗靡　靡陂反。費也。

駁雜　邦角反。司馬彪注莊子：踳駁不調壹也。説文：駁，不純也。從馬爻聲。

簪紱　側林反。蒼頡篇云：簪，笄也。男子以固冠，婦人爲首飾。説文：從竹替〔四一〕聲。下分物反。蒼頡篇：紱，綬也。説文：從糸犮聲。字書亦作紼。

研覈　五肩反。博雅：研，思慮熟也。説文作研字。字書作揅。下行革反。説文：覈，考實事也。從襾（西）〔四二〕敫聲。

義藉　情夜反。周易：藉用白茅。顧野王云：藉，薦也。説文：從草耤聲。

彝章　以脂反。鄭注禮記云：彝，法也。爾雅：常也。尚書「彝倫攸敘」是也。説文：從糸米廾彐。

衷道　竹隆反。説文：衷，誠也。從衣中聲。集文作裏，非也。

復軔　仁振反。王逸注楚辭云：軔，支木車也。説文：礙車也。從車刃聲也。

翾鵬　血玄反。説文：小蟲飛也。從羽睘聲。下蒲騰反。莊子云：北溟有魚名曰鯤，鯤化而爲鳥曰鵬。

逸鷃　烏諫反。賈注國語云：鷃，一名鴈。或作鴳。

芟薙　所銜反。毛詩云：芟，除草也。説文：從草從殳。下體計反。鄭注禮記：薙，迫地芟草。燒之草不復生，大雨降其地，美可耕稼也。説文：從草雉聲。

蔕芬　丁計反。聲類：蔕，果鼻也。下芳文反。方言：芬，香也。

搔首　嫂刀反。許叔重注淮南子云：搔，抓也。説文：刮〔四三〕也。從手蚤聲。

捫心　莫奔反。聲類：捫，摸也。説文：從手門聲也。

隳肝　許規反。杜注左傳云：隳，毀也。説文：從阜從隋聲也〔四四〕。

叡想　悦歲反。賈注國語云：叡，明也。廣雅：智也。孔注尚書：聖也。説文：從𣦼從目從谷省聲。古文作睿，籀文作

睿。集文作叡，非。𣦼音在安反。

懷鉛　悦泉反。考聲云：錫類也。説文：鉛，青金也。從金㕣聲。

萬藾　來帶反。韻詮云：藾，草也。顧野王玉篇云：蒿屬也。藾蒿，薛蒿也。説文：從草賴聲。

靦顔　上天典反。韻詮云：面慚也。韻英云：面惡也。或作䩄、𩈻[四五]、䩄。考聲云：慚辱之時面且羞耻也。説文：面見皃。從面見聲。

赧畏　女簡反。説文：赧，面慙赤也。從赤㞋聲。㞋音展。從皮，非也。

集沙門不拜俗議　第四卷

沛王府　補蓋反。郡名也。

冲寂　情歷反。方言：寂，安静也。説文：無人聲也。古作宊，或作宗。今通俗作寂。

紉緇　女珍反。顧野王云：紉，繩縷[四六]也。郭璞注方言：今亦作綫，貫針爲紉。廣雅：紉，裂也。説文：從糸刃聲。下滓基反。毛詩傳云：緇，帛黑色也。説文：從糸甾聲。甾音緇。集文作緇，俗字也。

稽顙　上溪禮反。考聲云：拜而首至地，又至手也。又作䅲。博雅作䅲。下桑朗反。方言：顙，額也。何休注公羊云：稽顙，謂叩頭於地也。

鼓檝　上姑五反。動也。説文：從壴從支音討刀反。集文從皮作皷，誤也。壴音朱樹反。下子葉反。毛詩傳：檝，行船具也。又棹也，亦作楫。

舟航　胡郎反。方言：航，舟名也。説文：從舟亢聲[四七]。集文作舤，俗字也。

探賾　他含反。説文：探，嘗試取其意也[四八]。從手罙聲。罙音深。下仕責反。劉𤅷（瓛）注周易：賾，幽深之極稱也。説文：從𦣝責聲。集文作賾[四九]，俗字也。

宕　杜浪反。説文：宕，度於所往也。又過也。從宀石聲。

窈冥　上腰鳥反。郭注爾雅：窈，幽静也。説文：深遠也。從穴幼聲。下莫瓶反。毛詩傳[五〇]云：冥，夜也。説文：幽暗也。從日從六，謂十六日而月始虧，冖聲。

嶷爾　上魚力反。字指曰：嶷嶷，上峯皃也。下而紙反。

圓湛　直減反。案：湛，猶清也。考聲：水澄皃也。説文：從水從甚聲。

忸金　女六反。賈逵注國語：忸怩，慙色在顔也。廣雅云：戚（𢥠）咨也。説文：從心甚（丑）[五一]聲。

蕘蕘　上測俱反，下皎堯反。毛詩傳云：蒭蕘，草薪也。

樽俎　祖昆反。鄭注周禮：樽，酒器也。説文作尊，又作罇，亦作罇。下側所反。孔注論語：俎，禮器也。方言：肉几也[五二]。説文：從半肉在且上也。

讂[五三]聞　血絹反。蒼頡篇：讂，懸書有所求也。説文：流言也。又語不實也。從言敻聲。集又作讂，不成字也。

浹減　茲頰反。韓詩：浹，沾徹也，遍也。毛詩傳：浹，達也。説文：從水夾。下榮洫反，洫音兄域反。孟子：域居也[五四]。説文：封也。或從土或聲。

彩絢　血絹反。馬注論語：絢，文皃也。鄭注儀禮：彩文成曰絢。説文：從糸從旬聲。

迦膩色迦　尼致反。梵語王號也。

親紆　依于反。杜注左傳云：紆，曲也。説文：縈，紆也。從糸

于聲。

之蹕　賓蜜反。鄭注周禮：蹕，謂止行者清道，若今時警蹕也。說文：從足畢聲。

凝敻　魚陵反，下血縣反。劉兆注穀梁：敻，深遠也。說文：從旻，人在穴上。旻音兄劣反。

希締　弟奚反。王逸注楚辭：締，結也。說文：結不解也。從糸帝聲。

理懵　墨鄧反。杜注左傳：懵，悶也。考聲：慙也。或作瞢也。

釁伐　許覲反。杜注左傳云：釁，罪也。說文：從分從酉[五五]。集文從爪作釁，非也。

聽矚　鍾辱反。韻略：矚，視也。說文：從目屬聲。集文作矚，俗字也。

寰中　滑關反。劉兆注穀梁傳：寰，王者千里內封域也。說文：從宀睘聲也。

弛法　詩紙反。前已釋訖。

紊典　文奮反。孔注尚書：紊，亂也。說文：從糸文聲。集文作紊，非也。

而汩　雲筆反。王逸注楚辭：汩，去也。方言：疾也。從水曰聲。曰音越。

馴巨　佝遵反。博雅云：馴，禽獸擾狎也。司馬虎(彪)[五六]注莊子：馴，從也。說文：從馬川聲。

不揣　构委反。杜[五七]注左傳：揣，度也。說文：量也。從手瑞省聲。

集沙門不拜俗議　第五卷

較而　江岳反。博雅云：較，明也。說文：從車交聲。

豆盧暕　古限反。人名也。集文從東作暕，誤也。

白虹　胡公反。爾雅：螮蝀，虹也。白虹者，喪氣也。

裨教　婢支反。毛詩傳云：裨，厚也。博雅：典也。說文：增也。從示卑聲。

纔高　在來反。東觀漢記：纔，僅能也。考聲云：暫也。說文云：從糸毚聲。毚音牀咸反也。

膜拜　莫音。郭注穆天子傳：膜，胡跪禮。佛稱南膜也。說文：從肉莫聲。

覿天　庭歷反。何注公羊傳：覿，見也。說文：從見賣聲。

黼縠　方武反。爾雅：黼，繡也，文章也[五八]。郭注云：黼文畫爲斧文也。鄭注禮記云：以羔與狐白雜爲黼文也。說文：從黹甫聲。黹音丁雉反。下紅縠反。釋名云：縠，紗也。說文：羅屬也[五九]。從糸殸聲。

鷩弁　鞭滅反。鄭注周禮：畫鷩雉所謂華虫也[六〇]。山海經云：華山多赤鷩。郭注云：雉屬也。赤冠，背金色，頭緑，尾中有赤毛鮮明。爾雅云：似山鷄而小。杜注左傳云：鷩，山雉。以立秋來，立冬入水，化爲蛤也。說文：從鳥敝聲。下皮變反。說文：弁，冕也。

弱齔　禮記云：二十曰弱冠。下初謹反。鄭注周禮：男子八歲毁齒曰齔。說文：從齒匕聲。集文作齓，非也。

黔首　儉廉反。鄭注禮記：黔首，民也。說文：從黑今聲。

澹泊　談濫反，下傍博反。

莘莘　所臻反。毛詩傳云：莘莘，衆多皃，又長皃也。說文：從草辛聲。

長撎　依計反。說文：揖揖也[六一]。從手壹聲。

璽誥　思紫反。鄭注周禮云：璽，印也。賈注國語：封書也。應

劭注漢書：信也。說文：從玉爾聲。下高号反。爾雅：誥，謹也。古王者號令以謹敕也。

且斅 盈益反。孔注尚書：斅，厭也。說文：終也，解也。從攴罤聲。集文從犬作猒，誤也。

愧怍 鬼位反。杜注左傳：愧，慚也。博雅：耻也。說文作媿。下藏作反。說文云：怍，慚也。從心乍聲。

猊國 五奚反。師子也，或作麑也。

蔥山 粗紅反。集文作葱，誤也。

集沙門不拜俗議 第六卷

程士顒 虞恭反。

諛邪 庾朱反。說文：諛，諂也。從言臾聲。集文作諭，俗字也。

賈〔六二〕衆 莫候反。毛詩傳云：賈，買也。說文：從貝丣。集文作貿，俗誤。

媲偶 批計反。考聲云：匹也，比也。說文：媲，妃也。從女𣬈聲。𣬈音卑雞反。

箘杖 合甘反。玉篇云：實心竹也。俗曰滿中竹，出南中，堪爲柱杖。正字從竹函聲。

絀以 椿律反。廣雅：絀，縫也。說文：從糸出聲。

淪湑 相與反。韻詮云：露皃，從水。

忍鎧 開愛反。說文：甲也。從金豈聲。或上聲也。

慣〔六三〕甲 關患反。衣甲也。或作遺，著甲也。

慴魔 章葉反。爾雅：懼，慴(慴)也〔六四〕。或作懾。

斢藪 上音斗。考聲云：斗藪，振訊〔六五〕抖衣裳也。或曰頭陀。斢藪煩惱也，少欲知足也。

褟衣 上占葉反。博雅：褟，褸衣也。說文：從衣聶也。

孜孜 子思反。孔注尚書：孜孜不懈怠。說文：汲汲也。

𤸬〔六六〕傴 劣拳反。手足病也。集文作攣，亦通。下嫗矩反。博雅云：傴僂，曲脊也。

齒齲 驅宇反。說文：齲，齒病也〔六七〕。從齒禹聲。

郯子 淡南反。人姓也。造烏占。

恂恂 思遵反。王肅注論語云：恂恂，温恭皃也。廣雅云：敬也。郭注爾雅：恒戰慄也。說文：從心旬聲。

蠱爻 上音古。鄭注周禮云：蠱，毒也。周易有蠱卦。下效交反。卦六爻也。

談誚 樵曜反。孔注尚書云：誚，相責讓也。蒼頡篇云：訶也，又嬈也。方言：齊、楚、宋、衛之間謂讓曰誚，又作譙。

蠹害 都故反。穆天子傳云：蠹，食書虫也。說文：木皮內虫也〔六八〕。

螟螣 覓缾反，下鄧得反。毛詩傳云：食禾苗心曰螟，食苗葉曰螣。說文從虫作蟘。集文作蟒，誤也。

八紘 獲萌反。許注淮南子云：八紘謂之八方。說文：從糸厷聲。

盤蔚 氳欻反。蒼頡篇云：蔚蔚，文也，又盛也。說文：從艹尉聲。

自糜 美悲反。說文：糜，粥〔六九〕也。

埏形 設連反。許注淮南子：埏，柳(抑)〔七〇〕土爲器也。說文：從土延聲。

塵黷 同鹿反。蒼頡篇云：垢黷也。說文：握持垢也。從黑賣聲。

扆旒 依豈反。鄭注周禮：扆斧謂之黼，其繡帛(白)黑彩也。以

絳皂爲質，扆(依)制如屏風然〔七一〕。鄭注儀禮：如縑(綈)素屏風，有斧文所以示威也〔七二〕。説文：從戶衣聲。下柳由反。毛詩傳云：旒，章也。顧野王云：旒即斿也。禮記「天子玉藻，十有二旒」是也。説文：從於(㫃)〔七三〕充聲。於(㫃)音偃，充音流。

膚腠　下倉候反。鄭注儀禮：腠，膚理也。説文：從肉奏聲。

耆耋　田結反。爾雅：耋，老也。毛詩傳曰：八十曰耋。孫炎子曰：老人面色如鐵也。説文從老。

式抃　皮變反。王逸注楚辭云：交手曰抃。説文云：拊手箠也〔七四〕。從手下聲也。或作拚也。

楚箠　隹累反。説文：箠，以杖擊也。從竹。或作捶。

罄爓　輕逕反。爾雅：罄，盡也。説文：從缶殸聲音口耕反。下子藥反。字書：爓，苣火也。説文云：以火拂除祆也。從火。

淵壑　烏玄反。説文：淵，水深也。從水𣶒聲〔七五〕。廟諱呼取泉音。下呵各反。山海經云：壑，谿也。爾雅云：虛也。説文云：溝也。從㕡從谷。集文從土作埑，亦通也。

一切經音義　卷第八十八

校勘記

〔一〕説文：頗見也　今傳本説文：「日頗見也。」

〔二〕説文：糸也，結可解者也　今傳本説文：「系也。一曰結而可解。」

〔三〕説文亦拾也。從手君聲　今傳本説文：「攈，拾也。从手麇聲。」

〔四〕説文：從高墮聲也　今傳本説文：「从高隊也。」

〔五〕音上緝反　據文意此似爲釋上一條「心戢」之「戢」。下文釋集沙門不拜俗議序「敬戢」之「戢」爲「咠音七入反」。可參。

〔六〕矚　獅作「矚」。

〔七〕止　今傳本説文作「足」。

〔八〕頢　即「䫄」。

〔九〕配　今傳本説文作「妃」。

〔一〇〕壈　即「壈」。

〔一一〕姡　據文意似作「姡」。下同。

〔一二〕罪　今傳本説文作「辠」。

〔一三〕偓　麗無，據獅補。

〔一四〕從敫彳聲　今傳本説文：「循也。从彳敫聲。」

〔一五〕省　衍。

〔一六〕杼　據文意似當作「抒」。

〔一七〕廣雅云：鶨鳩，果贏、飛、女匠、工雀也　今傳本廣雅作「鶨鳩，果贏，桑飛，女鴎，工雀也」。

〔一八〕瞻　據文意似當作「膽」。

〔一九〕説文云：水滴下小聲也　今傳本説文：「瀰，水小聲。」

〔二〇〕如　麗無，據獅補。

〔二一〕郎　慧卷三十三作「朗」。

〔二二〕如鳴之以正擊而鼓之也　今傳本周禮：「有秉執而鳴之以止擊鼓。」

〔二三〕末　據文意似當作「沬」。

〔二四〕跕　據文意當作「跕」。下同。

〔二五〕西　據文意當作「襾」。

〔二六〕説文云：坯，瓦不燒也　今傳本説文：「一曰瓦未燒。」

〔二七〕時　據文意似當作「特」。

〔二八〕班　據文意似當作「斑」。

〔二九〕辨　説文：「辬，駁文也。從文辡聲。」

〔三〇〕聳　據文意似當作「慫」。

〔三一〕生　據文意似作「虫」。

〔三二〕丐　據文意似作「丏」。下同。

〔三三〕憒，慧也　廣韻：「憒，不慧。」

〔三四〕説文：濃，多皃也　今傳本説文：「濃，露多也。」

〔三五〕作　各本無，據文意補。

〔三六〕説文：從或咠聲　今傳本説文：「藏兵也。从戈咠聲。」

〔三七〕儲庤糗糧使足食也　今傳本孔注尚書：

「儲峙汝糗糒之糧使在軍足食。」

〔三八〕粮　據文意似作「糒」。

〔三九〕一名英　今傳本爾雅：「蕛，英。」

〔四〇〕竊　即「竊」。竊　據文意似作「竊」。

〔四一〕替　今傳本說文作「朁」。

〔四二〕西　據文意當作「襾」。

〔四三〕刮　今傳本說文作「括」。

〔四四〕說文：從尒從隋聲也　今傳本說文作「陊」。段注：「小篆陊作墮，隸變作墮，俗作隳。」

〔四五〕毗　據文意似作「𨙨」。

〔四六〕縷　獅作「縵」。

〔四七〕說文：從舟亢聲　今傳本說文作「斻」。段注：「斻亦作航。」

〔四八〕說文：探，嘗試取其意也　今傳本說文：「遠取之也。」

〔四九〕劉獻　據文意當爲「劉瓛」。賾　據文意似作「賾」。

〔五〇〕毛詩傳　據阮元校刻十三經注疏當爲「鄭玄箋」。

〔五一〕戚　據文意似作「慼」。甚　據文意當作「丑」。

〔五二〕方言：肉几也　今傳本方言：「俎，几也。」

〔五三〕謏　金所載經文原文作「謏」。下同。

〔五四〕孟子：域居也　今傳本孟子：「域民，居民也。」

〔五五〕說文：從分從酉　今傳本說文：「釁，血祭也。象祭竈也。从爨省，从酉。酉，所以祭也。从分，分亦聲。」

〔五六〕虎　獅作「虨」。

〔五七〕杓　據文意似作「初」。杜　據文意當作「杜」。

〔五八〕爾雅：黼，繡也，文章也　今傳本爾雅：「黼、黻，彰也。」

〔五九〕說文：羅屬也　今傳本說文：「縠，細縳也。」

〔六〇〕鄭注周禮：畫鷩雉所謂華虫也　今傳本鄭注周禮：「鷩畫以雉謂華蟲也。」

〔六一〕說文：揖揖也　今傳本說文：「舉手下手也。」

〔六二〕貿　即「貿」。

〔六三〕慣　據文意似當作「摜」。

〔六四〕爾雅：懼，愲也　今傳本爾雅：「戰、栗、震、惊、戁、竦、恐、慴，懼也。」

〔六五〕訊　似衍。

〔六六〕癵　集韻：「癵，病體拘曲也。或作瘸。通作攣。」

〔六七〕說文：齵，齒病也　今傳本說文：「𪙌，齒蠹也。」

〔六八〕說文：木皮內虫也　今傳本說文：「木中蟲。」

〔六九〕粥　今傳本說文作「糝」。

〔七〇〕柳　據文意似當作「抑」。

〔七一〕鄭注周禮：扆，斧謂之黼，其繡帛黑彩也。以絳皂爲質，扆制如屏風然　今傳本鄭注周禮：「斧謂之黼，其繡白黑采。以絳帛爲質，依其制如屏風然。」

〔七二〕鄭注儀禮：如綈素屏風，有斧文所以示威也　今傳本鄭注儀禮：「依如今綈素屏風也，有繡斧文所以示威也。」

〔七三〕於　今傳本說文作「㫃」。

〔七四〕說文云：拊手肇也　今傳本說文：「拚，拊手也。」

〔七五〕說文：淵，水深也。從水𣶒聲　今傳本說文：「淵，回水也。从水，象形，左右岸也，中象水皃。」

一切經音義　卷第八十九

翻經沙門慧琳撰

音梁朝高僧傳從第一盡第六卷

高僧傳　第一卷　慧皎集傳　慧琳音

鋒鏑　上捧容反。文穎注漢書云：鋒，鋭也。説文云：鋒〔一〕，即兵刃端〔二〕也。從金夆聲。夆音同上。下丁曆反。廣雅云：鏑，箭鏃也。説文：鏑，箭〔三〕鋒也。從金啇聲。啇音同上。

蔡愔　下挹針反。文字典説云：愔，和也。從心音聲。蔡愔，人名也。

雒邑　郎各反。劉向典略云：漢朝火德，王爲水聋。聋能剋火，故去水而加隹。

懟恨　上鎚類反。爾雅云：懟，怨也。説文：從心對聲也。

不悛　下取宣反。孔注尚書云：悛，改也。説文：悛，上(止)〔四〕也。從心夋聲。夋音七旬反。

郰亭湖　上拱龍反。異苑云：郰，邑名也。晉書郭璞傳云：郰，亦亭名也。郡國志案圖籍云：豫章郡有郰亭湖。前内典録音義已釋。

讚唄　上佐旦反。釋名云：讚，謂稱人之美也。文字典説：讚，猶褒揚其美德也。從言贊聲。贊音同上。下牌拜反。文字典説：唄，讚。梵聲也。從口貝聲。

長跽　奇蟻反。莊子云：擎跽曲拳，人臣之禮也。説文云：跽，長跪也。從足忌聲。或作員。

一椷　下陷緘反。廣雅云：篋，謂之椷。説文：篋也。從木咸聲。傳中作函，俗用，亦古字也。

矛楯　上貿侯反。鄭箋詩云：矛，兵也。考工記云：酋矛有四尺也。説文：矛長二丈，建於兵車也，象形字。古文從金作鉾。又從戈作戕。傳中從牟作鉾，音訓亦同，俗字也。下脣准反。鄭注周禮云：楯，可以藩蔽者也。案楯，即今牌也。説文云：楯〔五〕，瞂也。所以杆(扞)〔六〕身蔽目，象形字也。猒(瞂)〔七〕音代〔八〕(伐)。

圖讖　上度奴反。左傳：圖，畫也。謀㨾〔九〕也。鄭注周禮：圖謂考績之言也。何注公羊傳云：計也。説文：圖，畫計難也。從口啚聲〔一〇〕。啚音徒，難意也，轉注字也。下楚譖反。蒼頡篇云：讖，驗也。説文：從言韱聲也。韱音僉也。

惛漠　上忽昆反。孔注尚書云：惛，亂也。説文云：惛，不憭也。從心昏聲。憭音了。下茫博反。鄭注爾雅云：漠，謂静察也。楚辭云：欲寂寞而絶端。説文：漠，謂北方幽冥沙漠

也[一一]。從水莫聲也。

鎗然　上策争反。字統云：鎗鎗，踵[一二]聲也。説文：從金倉聲也。

砧鎚　上縶林反。郭注爾雅云：碪，謂斫木質也。蒼頡篇云：鈇也。考聲：擣衣石也。從石作碪，與砧字同。文字典［説］[一三]云：從木甚聲。字書又從攴作戡，或作枯，音訓並同。下墜追反。方言云：鎚，重也。考聲：鐵鎚也。文字典説：從金追聲。亦從垂作錘，音同。傳文作搥，俗字也。

苛虐　上賀哥反。賈逵注國語云：苛，酷也。博雅云：怒也。廣雅云：煩虐也。説文：從草可聲也。傳文作荷，非也。

孫綽　下昌約反。晋侍中孫綽字興公，人名。

欻然　上薰律反。説文：欻，忽也。從欠炎聲[一四]。

燉煌　上遁魂反，下音皇。漢書云：燉煌郡沙州也。武帝元年分酒泉郡置之也。杜林注云：燉煌，以爲古瓜州也。古今正字：燉煌二字並從火，形聲字也。

漱水　上搜宥反。字書云：漱，激蕩也。説文：漱，盥盪口也[一五]。從水欶聲。亦會意字也。欶音朔也。

汧陽縣　上遣延反。班固西都賦云：汧涌其西。字林云：汧水出右扶風。字統云：汧，西北入峭，涵、渭也。説文：從水幵聲。幵音牽。

既惪　下叱人反。字書云：正作惪。顧野王云：惪謂恚也。古今正字：從心真聲也。

琅耶王珉　上浪當反。漢書云：琅邪郡，今沂州也。下密彬反，人名也。彬音彼珉反。

金日磾　日音人質反，下邸涅反。漢侍中姓名也。

髫年　上田遥反。蒼頡篇云：髫，髦也。文字集略從周作髩，小兒髮也。字統云：髫，小兒爲飾也。文字典略：從髟召聲。亦從齒作齠。髦音毛。

高僧傳　第二卷

敷析　上撫無反。孔注尚書云：敷，施也。説文：從攴旉聲。下星積反。孔注尚書云：析，分也。文字典説云：剖也。從木斤聲。傳中作枬，俗字也。

倜儻　上汀歷反，下湯朗反。司馬相如封禪書云：倜儻，窮變也。顧野王云：倜儻，猶出群也。史記云「好奇偉，倜儻」是也。古今正字倜儻二字並從人，從倜（周）[一六]黨皆聲也。

淵粹　上一玄反，下雖醉反。王弼注周易云：精純也。廣雅云：純也。説文云：粹，不雜也。從米卒聲。或從目作睟，音訓同。

研覈　上齧堅反。博雅云：研，思慮熟也。説文云：研，磨也。從石幵聲。幵音牽。或從手作揅、砙，並古字也，音訓並同。下衡革反。聲類：覈，覆也。漢書云：其審覈之務準古法也。説文：考實事也。從襾（西）[一七]敫聲。襾（西）音呼嫁反，敫音擊。

勍敵　上競迎反。埤蒼：勍，健也。廣雅：武也。説文猶强也。從力京聲。下亭曆反。杜注左傳云：敵，對也，又當也。爾雅云：匹也。説文云：敵，逑也[一八]。從攴商聲。逑音求，亦配匹也。攴音普卜反。商音的。傳文作敵，俗字。

狼狽　上音郎，下音貝。文字集略云：狼狽，敗亂也。桂苑珠叢云：狼狽，猝遽[一九]也。考聲：猝遽也，又戾狠也。古今正

字：狼狽並從犬，形聲字。猝音卒。

僅以　上音近。廣雅云：僅，猶少也。何休注公羊傳云：僅，劣也。賈逵注國語云：僅，纔能也。説文亦財〔二〇〕能也。從人堇聲。堇音謹。

忘倦　上音亡。顧野王云：忘，不憶也。下權眷反。孔注尚書云：倦，猶懈也。蒼頡篇云：倦，約也。廣雅云：極也。亦亡(止)〔二一〕也。説文云：疲〔二二〕也。從人卷聲。聲類從力作券。博雅作勌，亦通。

紕僻　上匹弥反。禮記云：一物紕繆，民不得其死。鄭注云：紕，錯也。説文：從糸比聲。糸音覓。下娉壁反。鄭箋毛詩云：僻，謂邪僻也。顧野王云：僻，謂爲事枉不中理也。説文：僻，避也。從人辟聲也。

僧祒　下良若反。僧名也。考聲云：祒，磨刃也。

僧叡　營桂反。沙門也。孔注尚書云：叡，智也。説文：從𣦼從目從谷省。𣦼音殘。

歐噦　上謳狗反。左傳云「伏弢歐血」是也。説文云：歐，猶吐也。從欠區聲。弢音滔，又區侯反。下冤越反。禮記：子侍父不敢噦噫嚏欬。説文云：噦，猶氣悟也。從口歲聲。噫，戹界反。嚏音帝，欬音開蓋反。

賫此　上祭奚反。鄭注周禮云：賫，行道用財也。又注禮記云：賫，所以給與也。顧野王云：持也。廣雅云：送也。説文：持遺也。從貝齊聲也。傳作賷，俗字也。

棄諠　下暄袁反。俗字也。字書云：從藿作讙。鄭玄注禮記云：讙，嚻之聲也。方言云：讙，讓也。廣雅云：鳴也。古文從兩口爲吅字，猶驚也，義與諠讙並同，亦已見前釋。

酬對　上時周反。爾雅云：酬，報也。郭注云：酬，相報答也。鄭注禮記云：酬之言周也，謂忠信爲周。説文：獻也。從酉州聲。又古作醻。傳文從言作詶，俗字。下正對字，丵音士角反。傳文作對，俗字也。

妾媵　上僉葉反。鄭注禮記云：妾之言接也。白虎通云：言以時接見也。見，賢薦反。文字典説云：從女從立。會意字也。下食證反。爾雅云：媵，送也。何休注公羊傳云：媵，謂姪娣之媵也。古今正字：從女朕聲也。姪音迭也，娣音弟也。

棘林　上矜力反。鄭注周禮：棘，取其赤而外有刺(刺)〔二三〕。毛詩傳云：棘(棘)〔二四〕，棗也。説文：棘(棘)似棗，叢生。從並朿，會意字也。

操筆　上倉刀反。説文云：操，把持也。從手喿聲。喿音燥。下悲密反。郭注爾雅云：蜀人呼筆爲不律。史記云：蒙恬造筆。説文：從竹聿聲。傳文從毛作笔，非也。恬音牒兼反。

與覵　下楚覲反。與覵字同，即覵僧錢也。

太子泓　下屹宏反。人名也。博雅云：泓，水深皃。説文：水下深也。從水弘聲也。

于闐　下田練反。胡語西國名，今在安西南二千餘里，貫屬安西。從門真聲。傳作填也。

詭滑　上歸委反。毛詩云：無縱詭隨。鄭箋云：無聽放(於)詭而隨人爲惡也〔二五〕。淮南子云：蘇秦以百詭成一信。許叔重曰：詭，猶慢也。説文：責也。從言危聲。下還八反。説文云：滑，利也。從水從骨聲也。

謗讟　上博浪反。杜注左傳云：謗，猶毀也。説文：從言旁聲。下同禄反。方言云：讟，猶痛也。廣雅云：惡也。杜注左

傳云：誹也。説文：讟，痛怨也。從誩賣聲。傳文從黑作黷，非也。誩音競也。

五舶　下音白。莊子云：以水〔二六〕爲舟則稱衛舟、太白。司馬彪注云：太白，亦船名也。廣雅云：舶，舟也。蒼頡篇云：舶，大船也。古今正字：從舟白聲。

傭織毾㲪　上勇鍾反。孟子云：傭，猶役也。顧野王云：役力受直者傭。廣雅云：傭，使也。古今正字：傭，價於人者也。役(傭)〔二七〕，從人庸聲。下貪答反。埤蒼云：毾㲪，即毛席也。釋名云：毾㲪，施之大牀前小榻上所敷牀者也。考聲云：毾㲪，西域織毛爲文彩也。古今正字：從毛㬎聲。㬎音同上，㲪音登。

慙悟　上雜甘反。説文云：慙，愧也。從心斬聲。下吾故反。説文云：悟，覺也。猶明憭也。從心吾聲。傳文作慚，誤，亦通。憭音了。

託跋燾　次盤末反，下音道。魏第三主名也。

讌於　煙見反。毛詩傳：讌，安也。或作宴，亦通。

高僧傳　第三卷

髫齔　上音條，前第一卷已訓釋。下楚謹反。鄭注周禮云：齔，謂男八歲、女七歲毀齒也。字統云：女七月生齒七歲而齔，男八月生齒八歲而齔也。説文：從齒匕聲。

舛闕　上川兗反。司馬彪注莊子云：舛駁之言。許叔重注淮南子云：舛，相背也。顧野王云：差舛不齊等也。説文云：舛，對卧也。從夊從㐄相背也，會意字也。傳文作舛，通也。

躡懸絙　上尼輒反。方言云：躡，猶登也。蒼頡篇云：躡，延也。象晴虹大矯而亘空，以索亘向而直渡曰絙。傳文從鬲作躡，傳寫誤，非也。下亘恒反。説文云：絙，索也。從糸恒聲。亦從木作桓，急烈皃也。

噤戰　上琴飲反。楚辭云：噤，閉口而不言也。王逸注楚辭云：閉口爲噤也。説文：從口禁聲也。亦作唫。

來蹲　下徂昆反。淮南子云：蹲即踞也。杜注左傳云：聚之坐也。説文：亦踞也。從足尊聲。

舓脣　上時耳反。説文云：舓，以舌取物也。從舌易聲。或從氏作舐。

幽㮕〔二八〕　上一由反。毛詩傳云：幽，深遠也，又云黑色。爾雅云：微(㣲)〔二九〕也。説文：幽，隱也。從丝從山。會意字也。丝音同上。下耕杏反。莊子云：梗，礙也。説文：山榆木，可爲无夷也〔三〇〕。亦猶直也。從木更聲。

儁遠　上遵峻反。杜注左傳云：儁，絶異也。考聲：才過千人也。古今正字：從人雋聲。亦作俊。雋音全兗反。

盂〔三一〕盛酪　上音于。方言云：盌謂之盂。椀之大而無足者是。説文：從皿于聲。盛音城。鄭注周禮：在器曰盛。説文：盛黍稷器也〔三二〕。從皿成聲。下郎各反。禮記云：以爲醴酪也。鄭注：酪，酢截也。釋名云：酪，乳汁所作也。古今正字：從酉各聲。醴音禮，截音在也。

遑遽　上音黄。蒼頡篇云：惶，恐也。廣雅：懼也。古今正字：從辵皇聲。或從心[作]〔三三〕惶。訓用並同。下渠御反。杜注左傳：遽，畏懼也。鄭注禮記云：遽，猶猝也。考聲云：急速也。古今正字：從辵豦聲也。猝音倉骨反。辵丑略反。傳文作㦆〔三四〕，同也。

勔俛　上綿褊反，下音免。毛詩傳云：勔俛，勉力也。桂苑珠叢亦勉也。考聲云：勔俛，猶不倦也。古今正字：從力面聲。並形聲字。傳文從黽作僶，通也。

煨燼　上猥迴反。廣雅：煨猶熅也。說文：煨，盆中火也。從火煨(畏)[三五]聲。下辭盡反。俗字也。正從火作㶳。方言云：㶳，猶火餘也。杜注左傳：燼，火燒餘木也。故御注孝經序云：況泯絶於秦，得之者皆煨燼之末。說文從火作㶳，從盡省聲也。

散[三六]憩　上桑旦反。從肉㪔聲。下卿刈反。韻英：憩，息也。

克捷　上克，猶能也。爾雅云：勝也。傳文從刀作剋，同。下潛葉反。毛詩傳云：捷，即勝也。杜注左傳云：捷，亦克也。考聲云：戰勝曰捷。說文云：捷，獵(獵)也[三七]。從手疌聲。疌音同。

慊至　謙念反。韻英云：慊，從也。從人兼聲。

懇惻　上康很反。鄭注周禮云：懇，堅忍皃也。禮記上檀弓云：懇乎其至。考聲云：懇，至誠也。說文：從心豤聲。豤音坤穩反。下楚色反。廣雅云：惻，悲也。說文云：痛也。從心則聲也。

黔首　上儉炎反。鄭玄注禮記：黔首，民也。史記云：始皇二十六年更名民曰黔首也。說文：黔，黑黎也。從黑今聲。

悃愊　上苦本反，下憑逼反。王逸注楚辭云：悃，志純也。廣雅云：至也。張晏注漢書云：悃愊，猶至誠也。說文云：憤至誠，謂之悃愊。二字並從心。困畐皆聲也。

聳峙　上粟(粟)[三八]勇反。郭注方言云：聳，猶高也。或作竦。莊子云：竦立而高也。說文：從耳從聲。下持理反。考聲云：時(峙)[三九]，山特立也。說文：從止寺聲。傳文從山作峙，俗用。

鄮縣　上謀候反。漢書：會稽郡有鄮縣，亦地名也。從邑貿聲。

鄯鄯　音善。磧西蕃國名也。今安西四鎮，東鎮焉耆是也，西去安西七百里也。

投簪　下譖森反。集訓云：頭冠中玉簪也。連上頭冠令其不墜。說文作兂(先)[四〇]，首笄也，象形。傳文作簮，俗字也。

火艦　下咸黤反。廣雅云：艦，舟也。埤蒼云：艦，板屋船也。考聲云：火艦，謂戰船也。古今正字：艦，謂船上下重也。從舟監聲也。

命濟　上明丙反。傳文誤作令，非也。下節計反。孔注尚書云：濟，猶渡也。說文：從水齊聲。古文作泲，音訓同。傳文作濟，俗字也。

水齊　下情細反。鄭注周禮云：以量節之曰齊。考聲云：分段之劑，從刀。傳文作[齊][四一]，借用也。

深駛[四二]　下師事反。蒼頡篇云：駛，猶急疾也。文字典說云：駛，謂馬行疾也。古今正字：從馬史聲。

譙王　上徂宵反。案漢書沛郡有譙縣，即譙王之食邑地也。說文：從言焦聲。

諳究　上暗舍(含)[四三]反。廣雅云：諳，諷也。埤蒼云：誦也。東觀漢記云：皆諳具數。考聲云：諳，記也。古今正字：從言音聲。亦作謪。下鳩又反。毛詩傳云：究，窮也。郭注爾雅云：盡也。說文：從穴九聲。

迭相　上田結反。郭注方言云：迭，猶代也。說文亦更也。從辵失聲。辵音丑略反。聲類從足作趹(跌)[四四]。趹(跌)即過也，非此義也。

樞要　觸朱反。郭注爾雅云：户扉，樞也。廣雅云：本也。韓康

伯注周易云：樞機，制動之主也。孝經序要云：而撮其樞要也。説文：從木區聲。

揜唱　上淹儼反。毛詩傳云：揜，撫也。字書作奄。又從手作掩，訓義同。説文云：揜，覆斂也〔四五〕。從手弇聲。弇音同上也。

高僧傳　第四卷

卓犖　下龍角反。班固西都賦云：卓犖諸夏。吕延濟注云：卓犖，超絶也。考聲云：卓犖，高皃也。説文：從牛從勞省聲。

庾敳　下艾孩反。潁川高士名也。左傳云：高陽氏有才子八人，隤敳之類是也。説文：敳，所有治也〔四六〕。從文豈聲。

肸蠁　上忻説〔四七〕反。楊雄甘泉賦云：肸蠁豐融。劉良注云：肸蠁，布寫也。孟子云：聲響遍布也。説文：從八從肉作肸。血脉在肉中肸肸而動也。案響者，應聲也。高崖大屋聲往迴應謂之爲響。注：聲遠布也。

執麈尾　上正執字。從丮從幸。幸亦聲。丮音戟，幸音女涉反。次朱與反。郭注山海經云：麈似鹿而大者也。聲類云：麈尾可爲扇也。晉書云：王夷甫嘗執玉柄麈尾，與手不別也。説文云：麈，鹿屬也，大而一角。從鹿主聲。下正尾字也。

沙汰　音太。廣雅：太(汰)〔四八〕，濤錬也。沙汰，去惡物也。

遊獵　下廉輒反。鄭箋毛詩云：宵田爲獵。賈注國語云：獵，猶取也。説文：從犬巤聲。傳文作獦，同也。

鑿穴　上音昨。説文：鑿，從金從丵從臼從殳，已見前釋。丵音士角反。殳音殊。下玄决反。

著屐　上張略反，下擎戟反。孔叢子云：著高頭方履，以見平原君是也。莊子：以屐屩爲服，謂今之有齒履也。説文：履〔四九〕謂屩也。從履省，支聲。

剡山　上時冉反。案：剡山，今越州剡縣山名也。

嘲之　上陟交反。蒼頡篇云：嘲，調也。顧野王云：嘲，謂相戲調也。説文：從口朝聲也。

賻錢　上扶務反。鄭注周禮云：賻喪家謂補助不足也。穀梁傳云：歸死者贈生者曰賻。古今正字：從貝尃聲。尃音普。賵音豐諷反。

才藻　下遭老反。孔注尚書云：藻，水草有文者也。毛詩傳云：藻，水菜也。案：才藻，俞(喻)〔五〇〕人之才若藻之有文也。古今正字：從草喿聲。喿音燥到反。説文從王作璪，義同也。

駿逸　上遵峻反。郭注穆天子傳云：駿，馬之美稱也。郭注爾雅云：駿，猶迅速也。亦云疾也。説文云：馬之良材者也。從夋聲。夋音七旬反也。

桀蹠　上虔孽反。考聲云：桀，夏后氏帝謚号也。孔注尚書云：桀都，安邑也。謚法云：賊人多累曰桀。劉熙云：以惡逆累賢人也。因夏桀就以爲謚也。説文云：桀，桀〔五一〕也。從夂從牛，辜在木上也。夂音雖，牛音跨。下征亦反。莊子云：盗蹠，凶惡人也。説文云：私利財物曰盗。玉篇云：跖，足下也。今亦爲字桀，亡國之君也。跖，盗蹠也，兇人之類也。

遲君來　上池尔反。説文：正遲字也〔五二〕。從牛從尾省聲。傳文作遲，俗字。

摽揭　上必遥反。司馬彪注莊子云：元本摽末。戰國策云：舉摽甚高。説文：從手票聲。票音必遥反。下虔孽反。鄭注周禮云：表志謂之揭。顧野王云：摽，謂揭表以識之。識音志。説文云：揭，猶高舉也。從手曷聲。

亹亹　微匪反。劉獻（瓛）注周易云：亹亹，猶微也。毛詩傳云：勉也。韓詩外傳云：進也。楚辭云：勉，遏（過）〔五三〕中也。古今正字：從酉從爨省。

秉二兆　上兵皿反。毛詩傳云：秉，操也，又云抱（把）〔五四〕也。賈逵注國語云：秉，猶執也。廣雅云：持也。説文云：秉禾也〔五五〕。從又持禾。會意字也。傳文作乘，書誤也。

靈模　莫晡反。埤蒼：模，寫物之形也。廣雅亦形模也。説文云：法也。從木莫聲。傳文從才作摸，通用也。

齊齡　下歷丁反。廣雅云：齡，年也。鄭注禮記云：齡，齒，人壽之數也。説文：從齒令聲。案傳文齊齡二儀者，謂壽等天地也。

祅誣　上矣嬌反。考聲云：地反物也，鬼怪也。或從言作訞。説文從示芺聲也。芺音同上。傳中從女作妖，通也。下音無。杜注左傳云：誣，欺也。鄭注禮記云：妄也，加謗也。説文：加言也。從言巫聲也。並形聲字。

丘禱　下刀老反。鄭注周禮云：求福曰禱。包注論語云：禱，請於鬼神。説文云：告事求福也。從示從壽。示音祇。

奮宏轡　上分問反。馬融注尚書云：奮，明也。説文云：奮，飛也。從奞在田上，會意也。奞音雖。下悲媚反。毛詩云：執轡如組〔五六〕。顧野王云：轡，所以制車中馬也。又轡，馬勒也。説文云：轡，馬轡也。從絲從叀。會意字也。叀音衛也。

漱流　上搜又反。韻英云：洗滌口也。韻詮云：含水搜洗牙齒間也。今言漱流者，學道山中，服食松木，飲漱長流，以養天年，屏絶人間，樂其道也。從水欶聲。

繿縷　上臘耽反。孔注論語云：繿，麻縕也。鄭注禮記：縕，亦綿纊也，又云舊絮也。説文作縕。從絲昷聲。昷音温。下龍女反。説文云：縷，綫也。從糸婁聲。婁音樓也。

踧踖　上子育反，下精亦反。考聲云：踧踖，行不進也。廣雅云：畏敬也。馬融注論語：恭敬皃也。説文：踧踖，行平易也。二字並從足，叔昔皆聲。傳文作跚，俗字也。

觳破雛行　上控岳反。桂苑珠叢云：觳，卵外皮也。古今正字：從卵從㱿亦聲也。㱿音同上。傳文作殼，俗字。下鋤娛反。郭注爾雅云：雛，生而自食者也。説文云：雛，雞之子也。從隹芻聲。芻音楚俱反。籀文作鶵，傳文作雛，通也。

餘姚塢　下烏古反。字統云：塢，古城也。説文：從自作隖，謂小障也。傳文從土作塢，俗字也。

異操　下倉誥反。王逸注楚辭云：操，猶志也。顧野王云：持志貞固曰操。説文云：操，抱〔五七〕持也。從手喿聲。喿音先到反。

雩塖　上音詡于反。漢書云：雩婁，縣名。管廬江豫章郡。考聲云：吴邑名也。傳文從山作嶁，字書及郡國志並無此嶁字，多恐傳寫誤耳。下音繩。考聲從土作塖，小山也。案郡國志：塖亭在剡山。

有窪隆　上烏花反。廣雅云：窪，猶下也。淮南子云：牛蹄之窪不生鱣鮪。亦小水皃也。説文：從穴洼聲。洼音同上。下六冲反。郭注爾雅云：隆，中央高也。鄭注禮記云：

隆，盛也。說文云：從自從夆。

渠沐　上遭老反。顧野王云：渠，猶洗潔也。

尠能　上仙淺反。賈逵注國語云：尠，猶寡也。說文：能也。從是少聲〔五八〕。會意字也。

鏗鏘　上客羹反。禮記子夏曰：鍾聲鏗鏘，撞擊之聲也。孔注論語云：鍠(鏗)〔五九〕爾投瑟之聲。下鵲良反。毛詩傳云：鏘鏘鑣聲。說文：鏗鏘二字並從金，堅將皆聲。鑣音彼苗反。

倏忽　上音書育反。

高僧傳　第五卷

馬樎　下所六反。方言云：梁宋間謂馬櫪爲樎。郭注云：樎，食馬器也。傳作楬，恐誤，非也。感通録亦有此字，義同，載在道安傳。

馬篼　下斗侯反。廣雅云：樓(𨻻)〔六〇〕篼，囊也。說文亦食馬器也。從竹兜聲。傳文作兜，即鎧也，非本義也。

習鑿齒　上正習字。說文：從羽從白。次音昨，下蚩耳反。習鑿齒，襄陽高士名也。

籠罩　上祿東反。莊子云：如鳩之在籠。籠，覆也。古今正字：從竹龍聲。下嘲教反。字書云：罩，覆也。郭注爾雅云：罩，即捕魚籠也。說文：捕魚籠也。從网卓聲。傳文作寵，非也。

閬風　上郎盪反。廣雅云：崑崙有三山，一名閬風是也。說文云：閬，高門也。從門良聲。

江湄　下美悲反。詩云：在水之湄。爾雅云：水草交曰湄。說文：從水眉聲。

千斛　下紅穀反。儀禮云：十斗曰斛。說文義同。從斗角聲。傳從百作㪺，俗字也。

爲龠　陽灼反。蒼頡篇云：龠，即五撮也。漢書：古龠起於黄鍾。一龠容一千二百黍，重十二銖。二龠爲合。合者，龠之量也。說文云：龠，理也。亦樂管也。從品從侖。會意字也。量音良丈反。

篆銘　上傳戀反。王注周易云：篆者，傳也。姬周宣王臣史籀作大篆，嬴秦李斯作小篆，減省大篆而爲之。從竹彖聲。

輟哺　上轉劣反。鄭注論語：輟，止也。從車叕聲。叕音同上。下蒲慕反。教孩子初喫食法。許叔重曰：口中嚼食與之也。說文云：哺，咀也。從口甫聲。咀音秦與反。

懍然　林甚反。方言：懍，敬也。孔注尚書云：懍，危懼皃也。古今正字：從心稟聲。

龍驤　下削陽反。晉書云：王濬爲龍驤將軍。吕瓚注漢書云：驤，起也，亦馳也。說文：驤，低昂也。從馬襄聲。

相枕　下針袵反。顧野王云：枕，卧頭有所薦也。說文云：從木冘聲。冘音淫。

姚萇　下丈良反。前秦符(苻)〔六一〕堅大將軍，簒符(苻)爲後秦覇主也。

鞾帽　上吁禾反。字書云：鞾，履靸也。釋名云：鞾，跨也。兩足各以一跨騎也。案鞾者，蓋胡中之服名也。從革華聲。下毛報反。字書云：冐，謂冠也。古今正字：從巾冐聲。

詳覈　上象羊反。毛詩云：詳，審也。說文：從言羊聲。下衡革反。漢書云：其審覈之務準古法。說文云：考實事也。從而敫聲。敫音經鷂反。

東莞　下浣官反。案東莞，蓋齊地名也。

麈尾扣案　上音主，次正尾字。麈尾扇，前卷已訓釋。扣音口。孔注論語云：扣，擊也。廣雅云：持也。說文：以扣擊之〔六二〕。從手從口。古文或從言作訃，又作叩、敂，音訓蓋同。

次駢　下辯眠反。杜注左傳云：駢，猶合幹也。顧野王云：駢，謂羅列也。說文：從馬并聲。

一粒　下音立。孔注尚書云：米食曰粒。說文云：粒，糂也。從米立聲也。糂音三敢反。

一滴　下丁歷反。顧野王云：商〔六三〕謂滴瀝也。說文：滴，猶水欒〔六四〕注也。從水滴〔六五〕聲。商音同上。傳文從帝作渧，俗字也。

棗陽　上音早。案棗陽，今隨州縣名也。說文：從重朿，會意字。

汧隴　上遣賢反。班固西都賦云：汧湧其西。古今正字：汧，水名，出右扶風。汧亦縣名也。西北入渭。從水开聲。开音同上。

允輯　下音集。爾雅云：輯，猶和也。孔注尚書亦集字也。顧野王云：諧和也。說文：從車咠聲。咠音緝。

毫氂　上皓高反，下李之反。漢書云：不失毫氂。音義云：十毫曰氂。或從毛作秏，亦從糸作緌，音義並同。傳作釐，非也。

猗蔚　上倚宜反。廣雅云：猗，歎美也。毛詩傳亦歎辭也。說文：從大(犬)〔六六〕奇聲。下氳物反。周易云：君子豹變，蔚其文也。蒼頡篇云：蔚，草木盛皃也。古今正字：從草尉省聲。古文作𡰪。

確然　上腔岳反。易曰：確乎其不可拔。考聲云：堅固也。形聲字。

寢瘵　上侵荏反。說文：寢，卧也。從宀𡚁聲〔六七〕。下音債。考聲：瘵，病也。形聲字也。

高僧傳　第六卷

珪璋　上桂畦反。周禮云：珪，玉斑也。自天子降及五等，諸侯各執以保其身也。白虎通云：珪之言潔也。說文：從重土，瑞玉也。上圓下方。古文從玉作珪，與傳文同。下灼陽反。鄭玄注周禮云：半珪曰璋。白虎通云：璋之言明也。說文：從玉章聲也。

博綜　上正博字。說文云：博，大通也。從十從尃。尃音浦。浦，猶布也。下宗送反。太玄經云：乃綜于〔六八〕名。宋忠注云：所以紀綜也。說文云：綜，機縷持絲交織者也。從糸宗聲。糸音覓。

南逗　下頭候反。字書云：追〔六九〕，留也。說文云：止也。從辵豆聲。

褊陿　上鞭沔反。廣雅云：褊，猶陿也。楚辭云「淺智褊能」是也。說文：從衣扁聲。下咸甲反。字書爲廣陿之陿，從𨸏從匧，陿隘也。傳文從犬作狹，非此義也。

瀑布　上蓬木反。說文云：瀑，疾也〔七〇〕。從水從暴亦聲也。考聲云：瀑，水懸流曰瀑布也。案瀑布者，山泉飛流於絶壁之上似瀑布之狀也。孫綽天台山賦云「瀑布飛流而界道」是也。傳文從日作曝，或作暴，皆非也。

豔發　上塩漸反。毛詩傳云：豔，美色也。方言云：秦晉之間謂美色爲豔也。說文云：好而長也。從豐盍聲也。豐音峰也。傳作艷，俗字也。

彙征　上韋貴反。廣雅云：彙，猶類也。周易曰：拔茅連茹，彙征吉。王弼注云：彙征，以其類相牽引也。征，行也。説文：從希省從果。轉注字也。希音弟。

心悸　下葵季反。毛詩傳云：悸，有節也。説文云：悸，心動也。從心季聲。

父嘏　下加雅反。爾雅云：嘏，大也。説文云：嘏，遠也。從古叚聲。遠公，故人名也。

孜孜　子思反。孔注尚書云：孜孜，不怠也。廣雅云：勉也。説文：從攴子静(聲)〔七一〕也。

天溓　下理兼反。蒼頡篇云：溓，淹也。宋忠注太玄經云：溓然，括〔七二〕静皃也。顧野王云：王者之政，太平則有河溓海夷之瑞也。説文：從水兼聲。

圮(圯)〔七三〕傳驛　上皮美反。孔注尚書云：圮(圯)，毁也。郭璞注爾雅云：毁覆也。説文：從土巳(已)〔七四〕聲也。巳音寺也。

鍮石　上透侯反。埤蒼云：鍮石，似金者。考聲亦云：鍮石似金，西國以銅鐵雜藥合爲之。或作鋀，音同上。古今正字義同。從金從俞省聲也。

信餉　下傷讓反。廣雅云：餉，遺也。字林：饋也。説文亦饟也。從食向聲。饋音匱，饟音同上。或從尚作餇，訓用同。

短綆　下羹杏反。杜預注左傳云：綆，即汲水繩也。方言：韓豊之間謂索爲綆也。説文：從糸更聲。

體羸　上梯禮反。顧野王云：體即形也。亦身之總稱也。説文：從骨豊聲。傳文從身作躰，俗字也。下累危反。杜注左傳云：羸，弱也。賈逵注國語云：病也。説文云：瘦也。從羊從羸。羸音力卧反。

淪湑　上音倫，下息余反。鄭玄注儀禮云：湑，清。孔注尚書云：淪，汲(没)〔七五〕也。考聲：湑，沈也。廣雅：流也。説文：浚也。從水胥聲。浚音峻。

趦趄　上音雌，下七余反。周易云：其行趦趄。博雅云：趦趄，難行也。顧野王云：意疑低佪也。説文云：不進皃也。趦趄二字並從走，次、且皆聲。且音即余反。

拯溺　上蒸字上聲。杜注左傳云：拯，猶救助也。廣雅云：收也。説文作抍，上舉也。從手升聲。下寧的反。莊子云：善浮者不溺。廣雅云：溺，謂沈溺也。文字典説云：溺，没水中也。從水弱聲。

馳騖　上直離反。字書亦作駝。顧野王云：馳，走也。廣雅云：奔也。説文云：馳，大驅也。從馬它聲也。它音駄何反。下無輔反。郭注穆天子傳云：騖，驅也。顧野王云：疾馳也。楚辭云：忽馳騖以追逐也。説文云：騖，虬(亂)〔七六〕馳也。從馬敄聲也。敄音同上。

骸柩　上音諧。劉兆注公羊傳云：骸，骨也。顧野王云：身體之骨總名曰骸。説文：從骨亥聲。下求救反。字書正從匚作匛，有屍在棺曰柩。禮記云：在棺曰柩。説文：從匚久聲。或從木。籀文作匶也。

鑿壙　上音昨，下苦謗反。廣雅：空也。案壙者，坎也。約山鑿坎爲墓曰壙，平地爲墳曰塚。塚深壙淺。從土廣聲也。亦名坎也。

開隧　下隨醉反。聲類云：隧，埏道也。今説文、考聲從土作墜。墜，埏道。

碑文　上彼眉反。案碑者，刻石紀功也。釋名云：碑，述君父之

功美德以書其上。漢惠帝爲四皓立碑。説文：從石卑聲。

灑落　上生賈反。王逸注楚辭云：如水灑地也。説文云：灑，汛也。從水麗聲。汛音信也。

序讚　下左漢反。郭注方言云：讚頌，所以解釋物理也。釋名云：讚，稱人之美者也。顧野王云：讚頌，所以佐助導引褒揚其德也。古今正字：從言贊聲。贊音同上。傳文作讃，俗字。

儁爽　上遵峻反。尚書云：克明儁德。杜注左傳云：儁，謂材絶異也。白虎通云：禮別名也。記賢百人曰儁〔七七〕。古今正字：從人雋聲。雋音泉兖反。或作俊，亦通。下霜兩反。孔注尚書云：爽，明也。郭注方言云：貴也。説文：從㸚從大。㸚音隸。

革躧　師滓反。説文云：躧即履也。莊子云：原憲躧履杖梨也。蒼頡篇云：躧，亦曳履徐行也。案革躧者，今婆羅門皮鞋，是皮底三繻，並無綱帶，亦無後跟，故名革躧。聲類作屣，與傳文同。屨音俱遇反。

峨嵋　上音蛾，下音眉。案郡國志云：西蜀山名。

憫默　上旻殞反。韻英云：憫，傷也。下懵北反。考聲云：憫默者情有所傷而不言也。韻詮云：憫亦默也，從心閔聲也。考聲云：默，静也。從犬黑聲也。

鋒鏑　上麸逢反。文穎注漢書云：鋒，鋭也。説文云：鋒謂兵刃端也。從金夆聲。夆音峯。下丁歷反。廣雅：矢鏃也。説文云：矢鋒也。從金啇聲。鏃音宗速反，啇音的。

兇悖　下盆没反。鄭注禮記云：悖，猶逆也。孔注尚書云：悖，心亂也。古今正字：不順也。從心孛聲。孛音同上。

往郫　下被眉反。

盥洒　漢書云：凡洗物曰盥。説文：澡手也。從臼水臨皿，會意字也。澡音早，臼音菊。下洗，西禮反。字書：從水從西。傳文從先作洗，俗用字。

漉水　上聾穀反。顧野王云：漉，猶瀝也。廣雅：漉，盡也。案漉水者，今之沙門以羅濾水，以護生去穢故也。説文：從水從鹿聲也。

藺泓　烏宏反。僧名也。

廬嵸　上音閭，下宗孔反。埤蒼云：巃嵸，高皃也。上林賦云：崇山巃嵸而崔嵬。

築神廟　上中六反。説文：築，擣也。從木筑聲。筑音竹也。傳文作篫，非也。

驚跳　下音條。説文云：跳躍也。從足兆。聲類作趒，音訓同上。

虎踞　下居御反。説文云：踞，即蹲也。從足居聲也。

强扞　下寒旦反。杜預注左傳云：扞，猶衛也，又云蔽也。説文：被〔七八〕也。從手干聲。或從旱作捍。

衣袷　下監峽反。蒼頡篇云：袷，合也。廣雅云：重也。説文云：衣無絮也。從衣合聲。

倏不見　詩育反。楚辭云：往來倏忽也。説文云：倏，犬走皃也。從犬攸聲。傳文作儵，同也。

道䂮　下良灼反。義與略字同。僧名也。

駿捷　上遵峻反。爾雅云：駿，速也。郭注云：疾也。説文：良馬也。從馬夋聲。夋音千旬反。下潛葉反。毛詩傳云：捷，勝也。杜注左傳云：捷，克也。説文云：捷，亦獵也。從手疌聲。音同上。獵音廉輒反。

爲番　下婉糯反。讀與翻同音。韻英云：遞代之次也。説文：

從田米聲〔七九〕。象獸掌文。㛹音芳萬反，糒音晚煩反。

窪流　泓花反。廣雅：窪下也。前第四卷已具釋。

彤謹　斤隱反。韻詮云：謹慎也。蒼頡篇云：謹，信也。鄭注論語云：敬也。孝經云：謹身節用。與義〔八〇〕扶同。傳文從邑作鄞，傳寫錯，非。

僧揩（楷）〔八一〕　坑駭反。考聲：揩（楷），法也，模也。從木皆聲。

偭跡　上綿褊反。偭跡者，隱居也。説文：偭，嚮（鄉）〔八二〕也。尊壺者偭其鼻也。

傭書　上音容。莊子云：傭書於人也。顧野王云：役力受直曰傭。古今正字：從人庸聲。

仵庶　上音午。仵庶者，漢朝隱逸人名也。

摧衄　下女六反。説文云：耻也。顧野王云：衄，折挫其威也。古今正字：從血丑聲。傳文從刃作刃丑，通也。

舛雜　上川兖反。廣雅：舛，背也。顧野王云：差舛不齊也。説文：對臥也。從多〔八三〕相背，會意字也。

冢寞　上古文寂字也。説文正作宋。安静也，静默無人聲也。

題牓　下博廣反。埤蒼云：牓，即題額也。古今正字：摽（標）〔八四〕幟名也。從片旁聲。

一切經音義　卷第八十九

校勘記

〔一〕鋒　今傳本説文作「鏠」。段注：「凡金器之尖曰鏠，俗作鋒。」

〔二〕端　今傳本説文作「耑」。

〔三〕箭　今傳本説文作「矢」。

〔四〕上　今傳本説文作「止」。

〔五〕楯　今傳本説文：「楯，闌檻也。」段注：「今之闌干是也。古亦用爲盾字。」

〔六〕杆　據文意當作「扞」。

〔七〕猷　據文意當作「酞」或「戠」。

〔八〕代　據文意當作「伐」。

〔九〕樣　據文意似作「議」。

〔一〇〕説文：圖，畫計難也。從口啚聲　今傳本説文：「畫計難也。从口从啚。」

〔一一〕説文：漠，謂北方幽冥沙漠也　今傳本説文：「北方流沙也。一曰清也。」

〔一二〕踵　據文意似作「鐘」。

〔一三〕説　麗無，據獅補。

〔一四〕説文：欻，忽也。從欠炎聲　今傳本説文：「有所吹起。从欠炎聲。讀若忽。」

〔一五〕説文：漱，盥盪口也　今傳本説文：「漱，盪口也。」

〔一六〕倜　據文意當作「周」。

〔一七〕西　據文意當作「襾」。

〔一八〕説文云：敵，逑也　今傳本説文：「敵，仇也。」

〔一九〕猲　獅作「猖」。

〔二〇〕財　今傳本説文作「材」。

〔二一〕亡　據文意似作「止」。

〔二二〕疲　今傳本説文作「罷」。

〔二三〕刺　據文意當作「刺」。

〔二四〕棘　據文意當作「棘」。下同。

〔二五〕無聽放詭而隨人爲惡也　今傳本毛詩鄭箋：「王爲政無聽於詭人之善不肯行而隨人之惡者。」

〔二六〕水　據文意當作「木」。

〔二七〕役　獅作「傭」。

〔二八〕稉　即「梗」。

〔二九〕徹　據文意當作「微」。今傳本爾雅：「瘞、幽、隱、匿、蔽、竄，微也。」

〔三〇〕説文：山榆木，可爲无夷也　今傳本説文：「梗，山枌榆，有束，莢可爲蕪夷者。」

〔三一〕盄　即「盂」。

〔三二〕説文：盛黍稷器也　今傳本説文：「黍稷在器以祀者也。」

〔三三〕作 各本無，據文意補。
〔三四〕噱 獅作「憾」。
〔三五〕煨 今傳本説文作「畏」。
〔三六〕散 即「散」。
〔三七〕獵 今傳本説文作「獵」。
〔三八〕栗 據文意當作「粟」。
〔三九〕時 獅作「峙」。
〔四〇〕无 獅作「旡」。
〔四一〕齊 各本無，據文意補。
〔四二〕駛 即「駛」。
〔四三〕舍 獅作「含」。
〔四四〕趺 據文意當作「跌」。
〔四五〕説文云：搇，覆斂也 今傳本説文：「搇，自關以東謂取曰搇。一曰覆也。」
〔四六〕所有治也 今傳本説文爲「有所治也」。
〔四七〕説 據文意似當作「訖」。
〔四八〕太 據文意當作「汰」。
〔四九〕履 據文意似當作「屐」。
〔五〇〕俞 據文意當作「喻」。
〔五一〕桀 今傳本説文作「磔」。
〔五二〕遅 即「遲」。説文：正遅字也 今傳本説文：「遲，徐行也。从辵犀聲。𨒈，遲或从𡰥。遅，籀文遲从屖。」
〔五三〕劉獻 據文意當爲「劉𤅊」。過 今傳本楚辭作「過」。
〔五四〕抱 據文意似作「把」。
〔五五〕説文云：秉禾也 今傳本説文爲「秉禾束也」。
〔五六〕紃 今傳本毛詩作「組」。
〔五七〕抱 今傳本説文作「把」。
〔五八〕説文：能也。從是少聲 今傳本説文：「尟，是少也。尟，俱存也。从是少。賈侍中説。」
〔五九〕鍠 今傳本論語作「鏗」。
〔六〇〕樓 據文意似當作慺。方言：「飤馬橐，自關而西謂之掩囊，音鴿。或謂之掩篼，或謂之慺篼，音慺。」
〔六一〕符 據文意當作「苻」。下同。
〔六二〕説文：以扣擊之 今傳本説文：「扣，牽馬。」
〔六三〕商 據文意似作「滴」。
〔六四〕欒 據文意似當作「欒」。今傳本説文：「滴，水注也。」
〔六五〕滴 今傳本説文作「啻」。
〔六六〕大 據文意當作「犬」。
〔六七〕説文：寑，卧也。從宀𡨄聲 今傳本説文：「癮，病卧也。从㾮省，𡨄省聲。」
〔六八〕于 今傳本太玄經作「乎」。
〔六九〕追 據文意當作「逗」。
〔七〇〕説文云：瀑，疾也 今傳本説文：「疾雨也。」
〔七一〕静 獅作「聲」。
〔七二〕括 據文意似作「恬」。集韻：「溓，恬靖皃。」
〔七三〕坦 據文意當作「圯」。下同。
〔七四〕巳 據文意當作「已」。
〔七五〕汲 今傳本孔注尚書作「没」。
〔七六〕虬 今傳本説文作「亂」。
〔七七〕記賢百人曰儁 今傳本白虎通義：「記曰：五人曰茂，十人曰選，百人曰俊，千人曰英，倍英曰賢，萬人曰傑，萬傑曰聖。」
〔七八〕被 今傳本説文作「枝」。
〔七九〕説文：從田米聲 今傳本説文：「獸足謂之番。从釆田，象其掌。」
〔八〇〕與義 據文意似爲「義與」。
〔八一〕揩 據文意當作「楷」。下同。
〔八二〕響 今傳本説文作「鄉」。
〔八三〕多 據文意似當爲「夂牛」。
〔八四〕摽 據文意當作「標」。

一切經音義　卷第九十

翻經沙門慧琳撰

前高僧傳音下卷　從第七盡十四

高僧傳　第七卷

忘筌　上罔方反，下七宣反。考聲云：筌，取魚竹籠也。從竹全聲。莊子曰：得魚忘筌也。

偃几　殷靳反。桂苑珠叢云：偃，馮也。從人㥯聲。㥯音隱。下飢蟻反。考聲云：凡(几)[一]，案屬也。韻英云：几，所以馮也。說文：踞也，象形[二]。傳文從木作机，亦可通也。

檄魔文　上刑擊反。顧野王云：檄書者，所以罪責當代(伐)[三]者，曉諭慰勞百姓書也。漢書云：羽檄徵天下兵。裴駰注云：以鳥羽插於檄書之上，而取其勢速若鳥飛也。說文：從木敫聲。敫音擊。

蕭摹　上蘇彫反。說文：從草肅聲。肅字從聿音女輒反，聿在淵上音恚緣反。下莫胡反。從手莫聲也。

較談　上音角。集訓云：較其優劣也。或從攴作𢾞。正從爻作較。傳文從交作較，俗字也。

傷蠹　下都固反。說文：木中蟲也。從䖵從橐省聲也。

剖析　上普口反。杜注左傳云：中分曰剖。說文：判也。從刀音聲。音音他口反。析音錫。

翕然　歆邑反。孔注尚書云：翕，合也。說文：從羽合聲。亦轉注字也。

詆訶　上低禮反。蒼頡篇云：詆，欺也。廣雅：毀也。說文：詆，訶也。從言氐聲。氐音同上也。

覸遺　初靳反，下唯恚反。去聲字，假借字也。文字集略云：覸，施也，遺贈也。或從口作嚫。靳音謹近反。

清確　苦角反。古今正字：確，堅也。從石隺聲。隺音涸。傳文從霍作礭，俗字，非也。

披薜荔　上毗計反，下黎計反。考聲云：薜荔，草名也。案：薜荔，藤蘿蔓生附樹如衣皃也。

逞芬　上敕領反。毛詩傳：逞，極也。韻英云：通也，快也。古今正字：從辵呈聲也。

弗緇　下滓師反。毛詩傳云：黑色也。說文：從糸甾聲也。傳作淄，非也。

弗涅　下年結反。孔注論語云：涅可以染皁。說文云：黑土在水中。從水星聲。星音同上。

煒曄　上韋鬼反，下炎劫反。王注楚辭云：煒曄，日赤光盛皃也。或從火作爗，並形聲字也。

彭豳　下悲旻反。人名也。說文：從山豩聲也。豩音同上也。

鎔鈞　上勇鍾反。漢書音義云：鎔，錢之摸（模）〔四〕也。説文：冶器法。銅屑之鎔也。從金容聲。下癸勻反。説文云：十斤曰鈞。從金從勻聲。勻音尹遵反。

𧺆竄　上緅苟反。正體走字也。説文：趍〔五〕也。從夭從止。下倉亂反。顧野王云：竄，逃也。文字典説：鼠在穴中，會意字也。

麓山　音鹿。毛詩傳曰：麓，山足也，山林之下也。從林鹿聲。

即瘳　下敕留反。孔注尚書云：瘳，差〔六〕也。考聲：病損也。説文：從疒翏聲也。翏音力幼反。

張邵　常曜反。人名也。

桎梏　上音質，下音攻沃反。韻英云：在手曰桎，在足曰梏。鄭衆曰：兩手兩足各同一木也。亦名杻械，拘繫罪人也。

誘人　由酒反。勸也，教也，形聲字也。

路聒　火刮反。埤蒼：聒，視也。從目舌聲。舌〔七〕音還刮反，從千從口也。

闔席　上含榼反。爾雅：闔，謂之扉。説文：闔，閉也。從門盍聲。盍音合。傳文從畜作閤，非也。

臨淄　上音林。鄭注周禮云：以尊就卑曰臨。賈注國語云：臨，治也。方言：臨，照也。説文：臨，監也〔八〕。從臥品聲。下滓師反。淄州也。九州分在青州之地也。杜注左傳云：淄，水名也，出泰山梁父，西北入汶。文字典説：從水甾聲。甾音同上也。

徐偡　澤黯反。人名也。偡，猶齊整也。

崿嵊　上音户，下音乘。前第四卷已釋。

誄焉　上律委反。周禮：誄，跡也。累説生時德行之辭也。鄭注禮記：誄，累也。説文：謚也。從言耒聲。耒音雷會反。

賑施　上真忍反。爾雅：賑，富也。郭璞注云：隱賑富有也。説文：從貝辰聲。

踟蹰　上雉知反，下住誅反。考聲云：踟蹰，猶俳佪也。廣雅作躊躇。躊音長流反，躇音除。謂猶豫也。古今正字二字並從足，知、廚皆聲。

負笈　下儉劫反。考聲云：盛書篋也。古今正字：從竹及聲。背上笈也。

高僧傳　第八卷

綽有　昌灼反。爾雅：綽，緩也。毛詩箋云：綽，寬也。文字典説：寬，緩也。從糸卓聲也。

恧焉　上女六反，又女力反。方言：恧，慚也。小爾雅云：心愧曰恧。賈注國語云：恥也。説文：慙也。從而心聲。

負袠　下陳栗反。案袟者，裹束書衣皮表也。文字典説：或從巾作帙。俗作袟，同也。

猥來　上烏賄反。廣雅云：猥，衆也。博雅：多也。許叔重注淮南子：猥猥，總凡也。説文：從犬畏聲。

王鑠　下商灼反。宋書云：南平王諱鑠，字休玄。毛詩傳曰：鑠，美也，銷金也。文字典説：從金樂聲。

降蹕　下音畢。鄭注周禮云：蹕，謂止行者清道也。若今之警蹕也。文字典説：從足畢聲。

該涉　上哥哀反。賈注國語云：該，備也。方言云：咸也。廣雅云：該，評也。亦包也。説文云：兼備也。從言聲亥。

昞有　上兵皿反。或作昺，亦同。説文：明也。從日丙聲。或從火作炳，用亦同也。

王嶷　下疑棘[九]反。宋朝豫章王名也。古今正字：從山疑聲。

窆于　上悲驗反。鄭玄注周禮云：窆，謂下棺也。説文：從穴乏聲也。

周顒　愚恭反。人名也。

憫而　眉殞反。杜注左傳云：憫，憂也。古今正字：形聲。

暀暀　王況反。爾雅：暀暀，美也。考聲曰：光美皃。毛詩：暀暀，猶往往也。説文：光美皃也。從日往，往聲也[一〇]。

持操　下草到反。王注楚辭云：操，至也。顧野王云：持志貞固曰操。考聲：立志不改也。從手喿聲。

劉勰　嫌頰反。梁朝時才名之士也，著書四卷，名劉子，與劉蟉等並皇枝貴族也。

訪覈　下衡革反。前第五卷中具釋。

劉瓛　言蹇反。人名也。

番禺　上坂官反，下音愚。南海廣州縣名也。傳文從阜作隅，亦通。與廣州隔一小海。

鑽研　上纂鸞反。孟子：鑽，穿也。考聲：刺也。古今正字：從金贊聲。傳文從手作攢，非也。下硯堅反。

謿謔　上謫交反。顧野王云：謿，謂戲調也。楚辭從口作嘲，訓釋同。下香虐反。爾雅：謔，謂謿戲也。毛詩：戲謔也。説文從言虐聲。

蔗棗(棗)[一一]　上遮夜反。即甘蔗也。美草名。下音早，甘果名。説文：羊棗(棗)也，從二朿(朿)[一二]也。

郿縣　上音眉。漢書：地名，屬古扶風。形聲。

相愶　下杴劫反。公羊傳：愶，迫也。廣雅：怯也。顧野王云：以力相恐愶也。文字典説：愶，赫也。從心脅聲。傳文從月作脇，非。

智敞　下昌掌反。沙門名。

僧韶　邵招反。人名也。

德囧　鬼永反。僧名。傳文從公作囧[一三]，俗字也。

東莞[一四]　音官。地名。

惤懸　上形堅反。説文：惤，急也。從心弦聲。弦音同上。考聲及説文並作端，古字也。河南密縣有惤亭。傳文作惱，亦同也。

記莂　彼列反。分也。分別與受記也。

戴幘　下爭革反。方言云：覆髻謂之幘(幘)[一五]。説文云：髮有巾曰幘(幘)。從巾責聲。責從朿(朿)[一六]，朿(朿)音刺。

冥寂　上覓瓶反，下情亦反。從宀音綿從叔音卅[一七]。

寔賴　上承力反。杜注左傳云：寔，猶是也。説文：從宀是聲。傳中從穴作寔，非也。

曇斐　非尾反。斐，文皃。沙門名也。

緘嘿　甲咸反。孔注尚書：緘，閉也。説文：緘，束篋也。從糸咸聲。下瞢北反。寂，嘿，無聲也。或從犬作默，亦同也。

淼漫　上妙摽反。考聲云：水廣大皃也。韻英云：大水也。從三水。傳文從水作渺，亦通。下滿半反。何注公羊傳：漫，徧也。顧野王云：不可分別。廣雅：平也。楚辭：長也。古今正字：從水曼聲。

粹哲　上雖醉反。考聲：精純也。説文：不雜也。從米卒聲。下知列反。

鐇斧　上音煩。韻詮云：廣刃斧也。埤蒼云：鐽也，闊刃斧也。文字典説：推[一八]也。從金番聲也。

高僧傳　第九卷

彗孛　上旋鋭反。字苑云：彗，箒星也。吕氏春秋云：彗，祅星也。説文：彗，掃也[一九]。從又持甡，象形字也。甡音銑。下盆没反。何注公羊傳：孛星如白絮，孛孛然祅氣皃也。説文：從𡉚𡉚音費從子[二〇]。傳文作孛，亦通也。

痼疾　上音固。或作痁。説文：從疒。形聲字。

乾燥　上哥安反，下搔到反。前已釋。

坼如　上恥革反。廣雅云：析分也。説文：裂也。從土㡿聲。㡿音尺。

石梁塢　烏古反。文字集略云：小城壁也。案塢者，堆崇峻兩丘中間名之爲塢。從阜作隖，亦同。從土烏聲。

竪柵　下楚革反。廣雅：柵，邐(欐)[二一]也。蒼頡篇：縶也。字統云：竪木如牆曰柵。説文：從木冊聲也。冊音同上。縶音知立反。

扁鵲　駢面反。説文：從户從扁省聲。下搶藥反。案扁鵲，古之名醫也。本姓盧，六國時人也。

戎狛　上而終反。説文從甲作戎，今從十[二二]作戎，俗字也。下音陌。狩種也，蠻獠之類也。傳從豸，亦通。

石斌　彼旻反。人名也。

混殽　上魂闔反。廣雅：混，濁也。下效交反。漢書：殽，和也。從殳肴聲。肴從肉也。

麻襦　乳朱反。案襦者，今之襖子也。麻襦，即布袍也。説文云：襦，短衣也。從衣，形聲字。

睆[二三]然　還綰反。何晏注論語云：睆爾，小笑皃也。

石韜　討刀反。

重茵　下音因。鄭注禮記：茵，蓐也。顧野王云：以虎皮爲蓐也。説文：車上重席也。從草因聲。司馬相如子虚賦中從革作鞇，亦同。

應耄　下毛報反。左傳：老將耄矣。杜預云：耄，亂也。禮記：八十、九十曰耄。鄭玄曰：昏忘也。從老毛聲。説文作薹[二四]，古字。

不惛　忽昆反。孔注尚書云：惛，亂也。考聲：老而多忘也。箋詩云：惛，人無所知。説文：從心昏聲。

鐵鎖穿　天結反。説文：黑金也。從金𢧜聲。𢧜音垤。次蘇果反。廣雅：鎖，連也。謂相鉤連也。下音川。説文：穿，通也。傳文從身作穿，非也。

轘裂　[韻][二五]詮云：轘，車轅也。鄭注周禮云：車裂曰轘。又音倦，又音患，訓義一也。從車，從還省聲。

休祉　敕理反。毛詩傳曰：祉，福也。杜注左傳云：祉，禄也。從示止聲。

嗚噎　上鄔姑反，下煙結反。尚書：嗚呼，嗟嘆辭也。説文或從欠作歍。毛詩傳曰：噎，謂憂不能息也。方言云：痛也。説文並從口，形聲字。

蹋之　上談合反。廣雅：蹋，履也。説文：踐也，足蹋也。從足㲹聲。㲹音塔。傳中作蹹，非。

儁子瑋　上遵峻反，與俊字義同。下韋鬼反，人名也。慕容儁兒。

澄磴橙蹬　此四字並是佛圖澄名，梵語輕重不同，致令有數體，今通用多是澄字耳。

燉煌　上鈍魂反，下音皇。前卷中已具釋訖。

法綝　丑林反。僧名也。考聲：綝，善也，止也。

芧(茅)茨　上卯包反，下音慈。案茅茨，草屋也。廣雅：覆也。毛詩傳曰：蓋屋也，並從草，予(矛)[二六]次皆聲。

康泓　烏宏反。

茹芝　上如庶反。郭注爾雅：茹，食也[二七]。說文：從草如聲。下音之，正作㞢，象形也。案芝草者，神仙所食瑞草也。

問嫂[二八]　躁老反。傳文作㛐，非也。

俶儻　上充宍[二九]反，下湯朗反。神氣定特名爲俶儻，並從人。

髣髴　妨罔反。下芬勿反，又音芳未反。古今[正[三〇]]字：髣髴，聞見不審諦也。從髟，形聲字也。古人或作仿佛，音並同上。

手搦　下儜擿反。顧野王云：搦，猶捉也。說文：按也。從手弱聲。

淤泥　上於據反，下溺提反。淤泥，污池水底臭泥也。青黑臭爛滓穢者也。並從水，形聲字也。

高僧傳　第十卷

基蹠　上紀其反。爾雅：基，始也。本也，下趾也。從土其聲。下征亦反。王注楚辭云：蹠，踐也。許叔重云：行也，蹈也。廣雅：履也。傳文從土作墌。墌亦基也。或作跖，並通。

覺勑　權院反。從力卷省[三一]聲。

樊陽　伐袁反。考聲云：山邊也。地志云：古之小國名，周地邑號也。說文：從林從爻從𠬜[三二]。𠬜音攀也。

蹍室　上尼展反。司馬彪注莊子云：蹍，蹈也。廣雅：履也。古今正字：從足展聲也。

壁陪　下菴感反。爾雅：陪，暗也。郭璞云：陪然，冥闇也。言此聖僧作神通也。

閬中　郎宕反。說文云：巴郡有閬中縣，今蜀東川有閬州也。

徒跣　下先典反。說文云：跣，謂足親於地也。形聲字。

撤懸　上耻列反。考聲云：毀廢也。說文：從手徹省聲。下音玄。鄭注周禮云：懸謂鍾磬在簨簴而廢之不鼓也。懸亦掛也，轉注字也。

朱彤　下音同。前秦中書令，人名也。彤，赤色也。

傉檀　農篤反，下憚闌反。蕃語也。是南凉僭號也，第三主也。

土埭　下音大。晉中興書曰：求以牛車牽埭，取其海稅也。考聲云：截溝爲堰字也。

引筰　音昨。蒼頡篇云：筰，竹索也。案筰者，蜀川西山有深絶澗不可越，施竹索也於兩岸，人乘其上，機關自繫，往來如橋梁，名曰筰。從竹作聲。傳文從糸作䋏，非也。

倏忽　上傷肉反。卷初已釋。

小甌　歐侯反。方言云：盆之小者謂之甌[三三]。甌，瓦埦也。傳文從土作塸，非也。

襤褸　上音藍，下龍主反。方言：衣無緣曰襤。郭璞曰：衣敗也，破也。說文：上從衣，下從糸，形聲字。

噉肉　談濫反。廣雅：啖食也。或作啖，訓用同。

辛膾　瑰外[反][三四]。說文：細切肉也。從肉會聲。傳文從魚作鱠，非也。辛，葷辛也。

負圌　下市緣[反][三五]。集訓云：竹倉也。貯穀麥之圌笆也。古今正字：從囗耑聲也。

至瞑[三六]　冥並反。瞑，夜也。

殯葬　上賓臏反，下臧喪反。傳文作塟，非也。

餧者　奴磊反。或從魚作鯘。魚敗臭也。論語曰：魚餧而肉敗。孔注云：魚敗曰餧。亦從肉作腇，並臭壞之魚。

剡縣　常焰反。越州縣名也。

濛濛　音蒙。樹蔭濛密垂陰。

浮沫　下滿鉢反。從水末聲。末字，古木字上加一名末。

累蹪　下知利反。倒仆也。

懱醜　眠勫反。鄭注毛詩云：蔑，輕傷也。傳文從伐作蔑，非也。勫音陛蔑反。

畦畷　上惠珪反。劉熙曰：二十五畝爲小畦，五十畝爲大畦。下川劣反。說文：畷，嘗也。

飲洊　下前薦反。

大航欄　上何岡反。方言云：自關而東謂舟爲航，大船也。形聲字。

霑溼　上張廉反。廣雅：霑，漬也。韓詩：溺也。古今正字：從雨沾聲。下深入反。說文：幽溼也。從水溼〔三七〕聲。溼音同上。

猜嫉　上采來反，下音疾也。

燒掠　下音略。月令云：無肆掠即劫也。虜掠也。又音亮，訓用義同。

執爨　倉亂反。俗字也。正體作爨。今見文繁，省作爨，訛略也。左傳云：灼也，炊也。周禮：竈也。

清醮　煙見反。或從言作讌，亦通。今作宴。毛詩：安也。宴會飲酒樂也。

郫　被悲反。漢書：蜀郡有郫縣。又音毗。

綰濟　上彎板反。淮南子：綰，猶攝也。案傳文，綰指者攜其手指也。

劉虯　糾幽反。韻英云：無角龍也。荊州隱士名也。捨宅爲寺。

王奐　音喚。人名也。奐，文彩皃也。玉篇：光明炳煥。說文從拱也。

虵鴟　上常遮反。即靈蛇龍之類也。下紅目反。鴟鴟，水鳥也，鶴之類也。壽滿千歲，即形變也。

謍賴　益兮反。平聲字也。鄭箋詩云：謍，猶是也，然也。說文：發言聲也。形聲字，語辭也。

高僧傳　第十一卷

撥胷　上音鉢。廣雅：撥，除也。說文：從手發聲。下勗恭反。說文：胷，膺也。從勹㐫聲。傳從肉，亦通。

行蠱　音古，即蠱毒也。以蠱毒作法病害人也。厭魅之類也。會意字也。

鳴鼙　下陛迷反。說文云：鼙，騎鼓也。軍行戰鼓也。傳文從革作[鞞]〔三八〕，古字亦通也。

慧嵬　五磊反。俗字。正從人從貴作僓。僓，長大皃。高僧名也。

蝗毒　上音皇，下音毒。即蝗蟲爲灾毒也。食苗心者，形如螽。黃色，海中水蟲所化，或生於地中也。灾所感召。

洒漱　上西禮反。正體洗字也。傳文作洗，俗字也。下搜救反，前已釋訖。

蟬蛻　上善延反。鄭注禮記：蟬，蜩也。方言：蟧鳥鳴於腹下。

量褊　下鞭沔反。郭注爾雅云：褊，猶急也。說文：小也〔三九〕。從衣扁聲。扁音同上。字書：窄。

頤神　上以之反。方言：頤，頷也〔四〇〕。王輔嗣注周易云：頤，養也。說文：從頁𦣝聲。𦣝音同上。

悉斃　毗袂反。韻英云：斃，死也。說文云：從死敝聲也。

蚊蝱　上音文，下音萌。並是噬人飛蟲，前已數處釋也。

芬馥　上芳文反，下逢福反。

秉笏　上兵皿反。下音忽，手板也。

鑿麓山　上音昨，下音禄。前已具訓釋也。

碌碌　音禄。

螢爝　上音縈，縈(螢)〔四一〕火虫也。下音爵，小炬火也，俗字也。

枯鑠　下傷藥反。消盡也。

張孔　下亭姚反。人名也。

輻湊　上音福，下倉奏反。顧野王云：輻湊者，轂也。說文：湊，聚也〔四二〕。形聲字。

僧璩　音渠，人名。

臨卭　共顒反。顒音愚恭反。蜀川卭縣名也。

燔屍　上音煩，燒也。

玁狁　上音險，下音允。毛詩傳云：玁狁，北狄名也。或作獫。並從犬。

姓俞　丑救反。人姓也。

下邳　下音皮，縣名也。屬泗州。案曹氏郡國云：泗州，秦併天下立爲邳郡，有下邳縣七鄉，州西北一百八十里。

拘閡　上音俱，下俄蓋反。傳文從石作硋，非。

磐杵　上音盤。聲類：磐，大石平而且大也。傳作杵，書誤也。

高僧傳　第十二卷

折翅　上蟬熱反。考聲：折，摧也，從手。下詩志反。說文：鳥翼也。從羽支聲。支字從半竹從又也。

賑貧　上音震，又音真忍[反]〔四三〕。集訓云：賑，富也。說文：救也〔四四〕。從貝辰聲。或作振，亦通。

僧瑜　庾〔四五〕珠反。僧名也。

剋炳　下兵皿反。說文：炳，明也。從火丙聲。

蜚羽　上音非。風師名。

蓊蔚　上烏孔反，下惲屈反。司馬相如子虛賦曰：草木盛皃。

道囧　鬼永反。僧名也。

迺趕　上音乃。考聲云：驚也，往也，至也。說文闕。下音赴。蒼頡篇：趕，奔也。與赴字義同。或作訃也。

芳苾　上敷亡反，下頻蜜反。芳苾，香氣盛皃。

猶憭　下寮鳥反。說文：憭，惠也。從心寮聲。寮、尞〔四六〕並音潦。

交阯　下音止。南海交阯郡也。

自敧　音欺。韓詩云：敧，傾也。玉篇：不正也。說文：敧，側也〔四七〕。從支奇聲。

巫覡　上音無。女事鬼神曰巫，男事鬼神曰覡。音形擊反。覡，人見神也。昔殷時巫咸初作巫，以舞下神也。象舞形也。

叡公　上營惠反。高僧名也。說文：從目作叡。傳從日，非。

餌松朮　上音二，次俗容反，下墜律反。一名山薑草，藥名，甚香肥，服之絶粒不飢，燒甚香也。

飤之　上音寺。杜注左傳云：以飯食設供於人曰飤。說文：飤，糧也。從食從人。會意字也。傳從台作飴，非。

圊中　上音清。即圊，厠也，棄穢之所圂也。外形内聲字也。

孟顗　宜豈反。人名也。

溜山　流救反。

小移　以之反。依時非時，經以足量影小似差，時過即不食，虛齋恐犯非時食。

葷醪　上音薰。葱、蒜〔四八〕、韭、薤等臭菜也。下音勞，即白醪等一切諸酒者也。

鮮豢　上音仙。鮮，新也。下音患。韻詮云：養畜也。食米曰豢，食草曰芻。傳云：鮮豢，魚豚肥鮮之類。

憓利　上音惠。義與惠字訓用同。

與較　下江岳反。廣雅：較，明也。古今正字：試優劣也。從車爻聲。傳從交，俗字也。前高僧傳已釋也。

高僧傳　第十三卷

畋獵　上音田。尚書曰：畋於有洛之表。案畋即獵也。何注公羊傳云：畋者，獀狩之總名也。或從犬作⿰犭田。下廉輒反。鄭箋毛詩云：宵畋爲獵。賈注國語云：獵，取也。說文：効(放)獵驅逐禽獸，使不害苗〔四九〕。所獵得者以享薦宗廟。從犬巤聲也。傳文從山從鳥作⿰犭⿱山鳥，不成字，非也。

懇到　上肯恨反。鄭注周禮：懇，願也。廣雅：懇，誠(誠)也〔五〇〕。說文：懇，美也。從心貇聲。貇音苦本反。傳文作墾，是墾田字，非此用也。

鐵械　天結反。說文：黑金也。下音咸。或從木作椷。廣雅：篋謂之椷。字統云：椷，木篋也。傳文從了作函，本音含，非也，俗用，非本字，誤用。

炫燿　上玄絹反。廣雅：炫，明也。埤蒼：光也。下遙照反。說文：曜，照也。昡曜二字並從火，形聲字也。

高悝　空回反。人名也。

允尌　上正體光字也。從火從人。傳作光，俗用變體字也。下甫無反。亦正趺字也。傳從夫作趺，俗字，亦通也。

歔欷　上音虛，下音希。王逸注楚辭云：歔欷，啼泣皃也。

鄮塔　上莫候反。前第三卷已釋。

基墌　征亦反。前第七卷已具釋。

擲碣　徒禾反。圓薄而小，形似輾碣，手擲以爲戲，亦曰抛碣，云擲樗者是也。乃江鄉吳越之文言，非經史之通語也。此字本無，諸儒各隨意作之，故無定體，今並書出，未知孰真。集訓從土作墒，考聲從石作磚，韻詮從木作檕。文字集略及韻英從石作碣，今且爲正。

孔逭　下桓管反。人名也。

張邵　常遶反。人名也。從邑召聲。傳文作耙，錯書之也。

灌蒨　上古換反，下阡見反。僧名也。漢書亦有東方朔，字曼蒨，亦此字。

十艘　下桑刀反。正體艘字也。或從木作梭，用同。楊承慶字統云：其形謂之船，其頭數謂之艘。考聲云：艘亦船槽也。從舟叜聲。叜，正叟字。

必斃　下毗祭反。前第十一卷已訓釋。傳從黽作鼈，錯書也。

蝘蜓　上於典反，下田典反。爾雅云：蝘蜓，守宮也。傳文作⿰虫赤，或通，若作⿰虫亦，非。

竄居　葱亂反。杜注左傳云：竄，猶匿也。賈注國語云：隱也。說文：鼠在穴中。竄，會意字也，撲然，普卜反。

物範　下音范。顧野王云：範，謂揩(楷)〔五一〕模也。說文：法也〔五二〕。從竹從車從范省聲也。

鎚鍱　上墜追反，今取去聲。下音葉，即隱起金鍱佛像也。或熟銅隱鏤成像，以金鍍飾。或真金鍱、銀鍱隱起而成，裝作

檀龕，是此功德也。

張綣　下區院反。人名也。

窆於　悲驗反。説文云：葬下棺也。從穴乏聲。又音補鄧反。

懾化　上占涉反。古今正字云：懾，懼也，挫也。從心聶聲。傳文從阜，非也。

慊切　上謙琰反。鄭玄曰：慊，猶猒也。説文：音叶兼反。慊，疑也。從心兼聲。

掩曜　上淹撿反。傳文作揜，古字，正通。揜曜者，猶韜光也。從手弇聲。

洒漱　上西禮反。説文：洒，濯〔五三〕也。從水西聲。傳從先作洗，俗字也。下搜右反。前文已具釋矣。

搤腕　上音厄，正體字也。下烏灌反，手腕也，俗字也。正體古文作掔，會意字也。

姓蕢　苦夬，枯怪反。人姓也。草名也。又音匱。

慧旭　下音勗。僧名也。

砰磕　上拍萌反，下堪閤反。砰磕，大聲也。傳從當，非也。無此字也。

浙左　氈熱反。即浙江也。浙即越州等是左也。

襃述　上保毛反。杜預曰：凡文一字以爲襃貶。襃言揚其德行。

韶武　常招反。顧野王云：韶，舜樂名也。故周禮云：舞大韶。鄭注云：紹，繼也。言舜能繼堯之德也。説文從音召聲。下武，謂武舞也。言武舞，王者之樂也。古今正字云：武者定禍亂，威服不臣，戢兵曰武，故以止戈爲武字也。

激楚　上音擊，琴操曲名也。司馬彪注莊子云：流隱曰激。楚辭：謂聲清敫（激）〔五四〕而無不通也。王逸曰：激，感也。形聲字。

重複　下風目反。廣雅：複，厚也。説文：複，重也〔五五〕。從衣复聲也。复音伏。

文侖　律屯反。集訓云：侖，思也。高僧名也。傳大篆作侖，音同上。今時用以爲藥字，非此用也。傳文從草作萮，非也，無此字。

譌廢　上五戈反。尚書：譌，化也。鄭箋詩云：譌，僞也。郭注爾雅：代以祆言爲譌言。説文從言爲聲。傳文多作訛，俗字也，亦通也。

忘翥　諸庶反。楚辭曰：鳥寒騫翥而飛翔〔五六〕。方言云：翥，高舉也。集訓云：翥，謂直飛而疾往也。説文：從羽者聲。

跧跼　上倦員反。埤蒼云：跧局，不伸也。字書：奇行曲背也。説文：從足卷聲。下音局。廣雅：跼，跲〔五七〕也。跲音鉗劫反。顧野王云：跧局，曲不伸展也。亦作局，用同。傳從足，亦通。

戛石　上姦八反。孔注尚書云：戛，擊發樂聲也。説文：戟也。從戈從頁省聲。傳文傳寫錯，不成字。

聆語　上歷丁反。説文：聆，聽也。從耳令聲也。

唌唾　上祥延反。説文云：語唌歎也。從口延聲。韻英云：口中津液也。或從水作延（涎）〔五八〕。下土臥反。左傳曰：不顧而唾。説文云：唾，口液也。從口垂聲。或作涶也。

慧璩　上惠〔五九〕字，説文：從甡甡音詵從又從心彗聲也〔六〇〕。彗音隨鋭反。下音渠。璩，玉名也。傳中僧名，從玉。

罄無　上輕勁反。爾雅：罄，盡也。從缶〔六一〕從聲省聲也。

秣陵　上漫鉢反。地名。

王昶　暢兩反。博雅：通也。韻英：明也。從日永聲也。

稱善　音善。説文：吉也，美也。説文：從羊從竟。篆文從羊從

言[六二]。傳從草從言，非也，不成字也。

葆吹　上音保。廣雅：葆，大也。說文：盛也[六三]。從草保聲。盛陳設樂也。下推類反。簫笛笙竽之類也。

謇𫌀　上揵巘反。王注周易云：謇，難也。方言：謇，吃也，語難也。下兢力反。𫌀者取其澀難。

謦欬　上輕郢反，喉中聲也。下開愛反，氣通也。

高僧傳　第十四卷

拯物　無疊韻，故無反，用蒸字上聲即是。考聲云：拯，救也，助也。從手丞聲也。

劉悛　下音詮。人名也。

晉剡　時冉反。越州剡縣地名也。出藤紙也。

持摭　下征適反。方言云：陳宋之間以手取物曰摭。說文：正體從石作拓，拾取物也。從手庶聲也。

鉛槧　上音緣。下慚敢反，又妾焰反。楊雄答劉歆書云：以鉛槁（擿）[六四]松槧也。釋名云釋書契：槧版長三尺也。說文：槧，牘撲（樸）[六五]也。從木斬聲。版音板。

記糅　下女救反。說文：糅，雜也。從米柔聲。

不刊　下渴干反。方言後序云「懸諸日月，不刊之書」是也。文字典說云：刊，削也。從刀干聲。尚書作栞。

緜亘　滅編反。毛詩傳曰：緜緜，長而不絕皃也。王注楚辭云：緜，纏也。許叔重注淮南子：綿，猶絡也。下毌鄧反。韻英云：亘，長遠也。

入箔　下搊瘦反。韻英云：豐也，齊也。考聲云：厠也，盈也，草盛皃也。或從草，亦通。從竹造聲。

尩餘　枉王反。韻英云：羸弱也。俗音蠖黄反，聲訛轉也。

㥏懡　上天典反。方言：㥏，慚也。秦晉之間謂内心慚耻曰㥏。說文亦慚也。從心典聲。下音墨。應劭注漢書云：嘿嘿，不息（自）[六六]得意。顧野王云：不言也。說文從犬作默，云：大（犬）[六七]慙（暫）[六八]逐人。從犬黑聲。傳文從心作懡，非也，無此字。

一切經音義　卷第九十

校勘記

〔一〕凡　據文意當作「几」。

〔二〕說文：踞也，象形　今傳本說文：「踞几也。象形。」

〔三〕代　獅作「伐」。

〔四〕摸　據文意當作「模」。

〔五〕趍　今傳本說文作「趨」。

〔六〕差　據文意似作「瘥」。

〔七〕舌　即「昏」。

〔八〕說文：臨，監也　今傳本說文：「監，臨也。」

〔九〕𫌀　據文意當作「棘」。

〔一〇〕說文：光美皃也。從日往，往聲也　今傳本說文：「光美也。从日往聲。」

〔一一〕棗　據文意當作「棗」。下同。

〔一二〕朿　據文意當作「朿」。

〔一三〕囧　據文意似當作「囧」。龍龕手鏡：「囧，俗。囧、冏、囧，三今。居永反，光也。」

〔一四〕莧　即「莞」。龍龕手鏡：「蔇、莧，二。或作莞。」

〔一五〕幘　即「幘」。今傳本方言：「覆結謂之幘巾。」

〔一六〕朿　據文意當作「朿」。下同。

〔一七〕尗　即「叔」。

〔一八〕推　據文意似當作「椎」。
〔一九〕説文：彗，掃也　今傳本説文：「彗，掃竹也。」
〔二〇〕説文：從屮屮音費從子　今傳本説文：「孛，㚘也。从𣎵，人色也，从子。」
〔二一〕邐　據文意似當作「欐」。王念孫廣雅疏證：「欐釋爲籬意。籬與柵意近同。」
〔二二〕十　漢語大字典按：「十即甲骨文、金文甲字。」
〔二三〕晲　龍龕手鏡：「晲，今。晲，正。」
〔二四〕薹　據文意似作「蘽」。
〔二五〕韻　各本無，據文意補。
〔二六〕芧　頻作「茅」。予　獅作「矛」。
〔二七〕食也　今傳本郭注爾雅爲「啜者拾食」。
〔二八〕嫁　即「嫂」。
〔二九〕宍　即「肉」。
〔三〇〕正　麗無，據獅補。
〔三一〕省　衍。
〔三二〕説文：從林從攵從𠃨　今傳本説文：「樊，鷙不行也。从𠬜从棥，棥亦聲。」
〔三三〕甌　今傳本方言爲「升甌」。
〔三四〕反　各本無，據文意補。
〔三五〕反　各本無，據文意補。
〔三六〕瞑　據文意似當作「瞑」。
〔三七〕涇　據文意似當作「巠」。
〔三八〕鞸　或作「鞞」。各本無，據文意補。
〔三九〕説文：小也　今傳本説文：「衣小也。」
〔四〇〕方言：頤，頷也　今傳本方言：「頷，頤，頜也。」
〔四一〕滎　據文意似當作「螢」。
〔四二〕説文：湊，聚也　今傳本説文：「水上人所聚也。」
〔四三〕反　各本無，據文意補。
〔四四〕救　今傳本説文作「富」。
〔四五〕庚　據文意似當作「庾」。
〔四六〕寮　據文意似當作「憭」。
〔四七〕側也　今傳本説文：「持去也。」
〔四八〕蒜　即「蒜」。龍龕手鏡：「蒜，今。蒜，正。音筭，葷菜也。」
〔四九〕劾獵驅逐禽獸，使不害苗　今傳本説文：「放獵逐禽也。」
〔五〇〕廣雅：懇，誠也　今傳本廣雅：「懇懇、叩叩、斷斷，誠也。」
〔五一〕揩　據文意似當作「楷」。
〔五二〕説文：法也　今傳本説文：「範，軷也。从車笵省聲。」
〔五三〕濯　今傳本説文作「滌」。
〔五四〕敫　據文意似當作「激」。
〔五五〕説文：複，重也　今傳本説文：「複，重衣皃。」
〔五六〕鳥寒騫翥而飛翔　今傳本爲「鶱鳥軒翥而翔飛」。
〔五七〕跆　今傳本廣雅作「跧」。
〔五八〕延　據文意似當作「涎」。
〔五九〕惠　據文意似當作「慧」。
〔六〇〕從甡甡音詵從又從心彗聲也　今傳本説文：「从心彗聲。」
〔六一〕缶　即「缶」。
〔六二〕説文：從羊從竟。篆文從羊從言　今傳本説文：「譱，吉也。从誩从羊。此與義美同意。善，篆文善从言。」
〔六三〕説文：盛也　今傳本説文：「草盛皃。」
〔六四〕樀　四庫全書本作「摘」。
〔六五〕撲　據文意似當作「樸」。
〔六六〕息　據文意似當作「自」。
〔六七〕大　今傳本説文作「犬」。
〔六八〕慙　今傳本説文作「暫」。

一切經音義　卷第九十一

翻經沙門慧琳撰

此卷從第一盡第五音續高僧傳

續高僧傳　第一卷

彝倫　上以之反。孔注尚書云：彝，常也。考聲：樽名也。周禮：有六彝。說文云：宗廟常器。象形字也。從米從糸，從二十(廾)[一]音拱，拱，持器中實也，王(彑)[二]聲也。王(彑)音京乂反。傳中從分作彝[三]，書誤也。

澆淳　上既堯反。淮南子云：澆，薄也。說文：浂也。從水堯聲。下垂倫反。古今正字云：淳，猶溼[四]也。從水享聲。溼音椂[五]。

扣玄機　上音口吼反。[孔][六]注論語：扣，擊也。廣雅：持之。說文：從手口聲。下既希反。說文：生(主)發也[七]。從木機聲。

煥乎　上歡貫反。考聲云：光明也。蒼頡：文章皃。古今正字：從火奐聲。奐音同上之也。

未纘　鑽管反。爾雅：繼也。說文：從糸贊聲也。

大抵　下丁禮反。大抵，猶大約也，大況也。說文：擠也。從手氐聲。擠音祭氏音(反)[八]，氐同上。

駘足　待來反。楚辭云：策駑駘以取路。玉篇：駘，駑馬也。

譜之　上布户反。廣雅：譜，牒也。釋名：譜，布也。布列見其事。古今正字：形聲字也。

竚對　除吕反，上聲字。韻英云：久立也。考聲：待也。說文：從立宁聲。或作佇。宁音同上。

逖聽　上汀歷反。孔注尚書云：逖，遠也。鄭注禮記：滌也。往來疾皃。說文：從辵狄聲。或作逷，音訓同。

編韋　上褊綿反。劉兆注公羊傳云：編韋者，比連其作簡也。說文：次簡也。從糸扁聲。下位歸反。說文：獸皮之韋，可以束枉矢(戾)也[九]。從卄(舛)[一〇]囗聲。舛音川兖反，囗音韋。褊音卑演反，從衣也。

刪定　上煞姦反。聲類：刪即定其事也。說文：剟也。從刀從冊。剟音竹劣反，冊音策。

懿德　上音意。

已頒　八蠻反。杜注左傳：頒，布也，宣示也。方言：列也。說文：分也。從頁分聲。頁音頡之也。

城闉　一寅反。毛詩傳云：闉，曲也。說文：城之重門曲處也[一一]。形聲字也。

衒之　玄練反。人名也。

智璬　澆了反。僧名也。

炎爊　英菊反，又音奧。說文：爊也。熱在中也。從火奧聲。
江泌　悲媚反。人名也。
擺撥　上百買反。俗字也。正體從罒從手作捭（捭）〔一二〕。考聲：揮手也。下般末反。何注公羊：撥，理亂也。廣雅：除也。說文：從手發聲。形聲字。
閩越　上密邠反，下袁月反。郭注山海經云：閩越西甌即建安郡也。近海也。說文：閩，南〔一三〕越蛇種也。從虫門聲。下越字從戉（戉）〔一四〕，戉音同上也。
綴比　上追衛［反］〔一五〕。賈注國語云：綴，連也。說文：合著〔一六〕也。從糸叕聲。下頻蜜反。韻英云：比，次。傳文從糸作紕，非也。糸音覓，叕音轉劣反也。
臨睨　下霓計反。說文：睇睨，邪視也。從目兒聲。一云城上牆孔也。
飫鳳　上依據反。毛詩傳：飫，飽也。文字典說：猒也。從食也。
廊廡　上音郎，下音舞。並是堂下兩邊屋也。文字典說云：大屋曰廡，小屋檐短曰廊，形聲字也。
檐霤　上音閻，屋檐也。說文：從木詹聲。下流救反。禮記：霤，謂檐前滴也。說文：從雨畱聲也。
歔欷　上許魚反，下喜飢反。蒼頡篇云：歔欷，哭泣餘聲也。
爽塏〔一七〕　上霜兩反。廣雅：爽，貴（責）也〔一八〕。說文：明也。從叕（㸚）〔一九〕叕（㸚）音力計反從大。下開改反。杜注左傳云：爽，明也。塏，燥也。野外高燥地也。
蓼莪　上音陸。毛詩傳曰：蓼蓼，長大皃也。下音蛾。郭注爾雅云：莪，蒿也。毛詩有蘿莪、女蘿、蓼莪。形聲字也。
匳篋　上力沾反，下謙葉反。前傳第十一卷已釋也。

殫世俗　上音單。說文：極盡也。三十年曰世也。
郊禋　上音交。爾雅云：邑外謂之郊。杜預曰：五十里爲近郊，百里爲遠郊。下音因。鄭玄注周禮云：禋，煙也。周人尚臭，煙氣之臭以享上帝。國語：精意以享曰禋。考聲：潔清以祭。說文：潔祀也。從示垔音同上，示音祇也。
寒儁　下遵陖反。考聲云：才出千人之上謂之儁。有威力也，絶異也。下從弓從隹從人，會意字。
璽書　上斯紫反。韻英云：傳國寶也。考聲云：天子玉印。古文從土作壐。今從玉，形聲字。
攟拾　上鬼運反。考聲：攟亦拾也。古今正字：從手麕聲。麕音君。
芟足　上沙咸反。毛詩傳曰：以刀芟草也。說文：刈草也。從草從殳。下精裕反。韻英：添下。假借字也。
鐫之　上井緣反。方言：鐫猶琢也。說文：鐫，琢金石記事也。從儁省聲也〔二〇〕。
巖龕　上牙監反，下勘甘反。廣雅：龕，盛也。說文：從龍含省聲也〔二一〕。
櫛比　上臻瑟反。說文：櫛者，梳枇之總名。下頻蜜反。廣雅：比，相連。說文：密也。
鍒金　上如州反。玉篇云：謂令金鐵之輩柔耎也。從金柔聲。傳文云：以石柔金是妄語也。
衣盋　下音鉢。［文］〔二二〕字典說云：盋即盂也。正體字也，從皿犮聲。作鉢，俗字也。
遞相　上音弟。考聲：遞，迭也，代也。或作递，上聲字。從虒音雉從辵也。
渰雲　上音奄。毛詩傳云：渰，陰雲皃。古今正字：雲擢爲渰。

擢，音濁，揀也。雨皃。從水弃聲，音同上。

商搉〔二三〕　上音傷。商，量也。下音角。考聲：專利也。史記云：謂買賣搉量物價直也。說文：從木隺聲。隺音何各反，從冂從隹。出冂曰鶴。

斛斯椿　上紅谷反，俗字也，亦作斛，虜姓也。下耻倫反。人名，亦木名也，形聲字。

孜孜　子慈反。考聲云：不倦也，篤愛也。克也，勮也。

聊撝　上了彫反，下毀爲反。韻英：撝，手也〔二四〕。從手爲[聲]〔二五〕。

盥洒　上官椀〔二六〕反，上聲字。考聲：盥，洗手也。從臼音菊從水從皿，會意字也。下星禮反。或作洗，並從水，形聲字也。

隅隩　上遇俱反。考工記云：隅，角也。說文：陬也。走侯反。下音奥。郭注爾雅云：隩，隱曲處也。蒼頡篇云：隩，藏也。說文云隅隩二字並從阜，形聲字。

持笏　昏骨反。朝賢所秉手簡也。或牙或木，古者以記事，恐有遺忘。說文：從竹勿聲。

採摘　上音采，下知革反。韻英云：手取也。或作擿。

智僊　下薛延反。僧石(名)〔二七〕。

諳練　上暗含反。考聲云：諷也，誦也，說也。俗字也。正從酉從言作譣。今從省從音。

捜〔二八〕選　上疏鄒反。文字典說：求也。聲類：搜聚。字書：索也。從手叟聲。

泯品　上陌彭反。凡庶也，黎泯百姓也。

泛舶　下音白。海中大舟也，入水六十尺，纍枋木作之。

鎔冶　上音容。考聲云：鑄金法也。說文：冶器法也。形聲字。下音野。考工記云：攻金之工也。說文：銷也。從冫台聲之也。

公頠　危鬼反。人名也。

⿱曰羽水上　上貪合反。以蓮荷葉敷於水上乘之。

佌瑣　上音此。考聲：小人皃。從人此聲。傳文從王，非本字。下音鎖，蘇果反。爾雅：佌佌瑣瑣，亦小皃也。

懷敞　昌掌反。考聲云：開也，明也。高地以望也。從攴尚聲。

法氀　具愚反。黄使君人名也。毛錦之類也。

勍殄　上音擎。强也。考聲：多力也。從力京聲。下田典反，上聲字也。孔注尚書：殄，絶也。說文：盡也。從歺從㐱。㐱音之忍反。

僑寓　上渠驕反。廣雅：客〔二九〕，寄〔三〇〕也。

歐陽　上乙侯反。人姓也。

該富　上改孩反。賈注國語云：該，備也。廣雅：包也〔三一〕。說文：從言亥聲。

闃然　傾役反。考聲：無人皃也。寂寞空壙也。從門狊聲。

涼燠　上兩張反。考聲云：涼，寒也，從水。下音奥。考聲：燠，熱也。又音於六反。毛詩：極熱。義同也。

綴緝　上追衛反。考聲：連綴也。下清立反。鄭箋毛詩云：緝，續也。形聲字。

智敫　陽斫反。韻英云：光景流也。文字典說：從白從放。會意字也。

研覈　上硯堅反。考聲云：研，磨也。說文：從石开聲。下行革反。韻英云：考實事也。文字典說云：考事得實也。邀遮其辭得實覈也。從襾敫聲。

掇拾　上端捋反。拾掇也，拾取也。下音十。

慧哿　哥我反。杜注左傳云：喜〔三二〕也。人名也。

瞰等　堪濫反。説文：望也。人名也。
指訂　珽丁反。蒼頡篇云：訂，評議也。平聲字也。

續高僧傳　第二卷

芮芮國　蓺鋭反。亦名耎國，北狄突屈中小國名〔三三〕。
市廛　上時止反，上聲字也。周易繫辭云：神農氏日中爲市。賈逵曰：市，利也。説文云：買賣之所也。文字典説云：自向外而來，象物相及也。從冋(冂)〔三四〕從及。
廛吏　徹連反。一畝半爲一家，城市〔三五〕空地也。或作壥。下儜效反。從市從人。會意字也。
內襲　尋入反。杜注左傳云：襲，受也，內(因)〔三六〕也。説文：左衽衣。從龍從衣。轉注字也。
凋窘　上鳥寮〔三七〕反。賈注國語云：弊也。説文：半傷也，從冫。傳從彡作凋(彫)〔三八〕，非此用也。下渠殞[反]〔三九〕。毛詩傳：窘，急也。説文：迫也。從穴君聲也。
溝壑　上苟侯反。説文：溝，水瀆也。從水冓聲也。下訶各反。郭注爾雅云：壑，坑壍也，丘墟也。説文：壑亦溝也。從𣦼從谷從上(土)〔四〇〕。
隆渥　上陸冲反，高起也。下鴳角反，澤也。
雜沓　談合反。衆多皃也。
羈客　上紀宜反。鄭玄：羈旅行過寄止之客也。説文：馬絆也。從网從馽。馽音知入反，馬絆也。
聳若　上粟勇反。高上也。
駛水　上師廁反。急流水也。
髫齔　上庭遥反。髫，胎髮也。下差僅反。毀齒也。

秉操　上兵皿反，下倉到反。
鏗然　上客耕反。聲類：鏗，堅也。投瑟之聲也。或爲鎗字，或作摼字，並同上也。
釐改　里知反。釐革改换也，删定也。
甌閩　上嘔侯反，下密邠反。西甌南越。郭璞云：建安郡地名也。蛇種也。
册授　上音策。鄭注周禮云：册謂簡册，書其王命。説文：符命，象形字。
智鉉　下音縣。僧名也。
犍拏　上音健，次音儜加反。梵語。
雜糅　下尼救反。從米柔聲。
巏嵍山　上音歡，下音務。
簫殼　腔角反。
指覈　幸革反。覈，實也。
頗黎椀　正梵音云：颯破置迦。言頗梨〔四一〕者，古譯訛略也。
瘞〔四二〕而　英罽反。埋藏也。
修纘　祖管反。亦作纂。賈注國語云：纂，繼也。説文：細(組)〔四三〕也。從糸算聲也。傳作脩，非也。
規摸　上癸惟反，下莫晡反。
俄舛　下川兖反。説文：相背卧也。象形字也。夕(夊)〔四四〕音衰，㐄音跨。上聲字也。
紕謬　上匹彌反。鄭注禮記：謬，誤也。謚法曰：行與實爽曰謬也。説文：妄語也。從言翏聲。翏音力救反。
諳篆隷　上暗含反。埤蒼：諳，誦也。爾雅：諷也〔四五〕。次傳免反。史籀著大篆，秦相李斯作小篆。説文：引書也。從竹彖聲。彖音脫亂反。下黎帝反。程邈作隷書，變李斯小

篆爲隷，或作隸〔四六〕。説文：從柰隶聲也〔四七〕。

續高僧傳　第三卷

慧賾〔四八〕　下峥責反。正體字也。僧名也。峥音查行反。賾字從臣臣音夷責聲。

樹勣〔四九〕　下精亦反。或作績。從力責聲也。

卓犖　上陟角反，下力角反。前袟前高僧傳第四卷已具訓釋也。

道閴　犬悦反。毛詩傳：閴，息也。鄭注儀禮：終也。説文：事已閉門也。從門癸聲也。

鑑亡　上監懺反。或作鑒，一也，訓釋同。廣雅：鑑，照。毛詩傳云：鑒，察形也。説文：形聲也。

慢聳　上蠻盼反。孔注尚書云：慢，輕也。顧野王云：輕侮也。説文：從心曼聲。曼音万。下相勇反。郭注方言云：欲也。考聲：高也。説文：從耳從聲。

函杖　上音含。考聲云：函，容也，銜也。説文：從弓，象形字也〔五〇〕。或作涵。

瑩心　上縈定反。傳文從金作鎣。廣雅：摩也。謂摩拭珠玉等使發光明也。説文：玉色也。從玉從熒省聲也。

砥礪　上音砥〔五一〕，下力曳反。郭注山海經：礪，磨石也。説文：磨斂〔五二〕細磨石也。出峥嵫山。

雷霆　下音庭。大雷也。爾雅：疾雷爲霆。即霹靂也。説文並形聲字。

脱屣　上吐活反，下所綺反。考聲云：履之不攝跟者。或作韆、縰，並通。

靦容　上天典反。毛詩云：有靦面目。考聲：靦，慚也。古今正字：面見也。從面見聲。形聲字也。

忸怩　上尼六反，下音尼。賈注國語云：忸怩，慚顔也。廣雅：蹙踖也〔五三〕。方言：赧，媿〔五四〕。説文：面慚也。形聲字也。

赧然　上儜簡反。考聲云：羞赧，耻見也。説文：從赤𠬝聲。

籠罩　上禄東下嘲教反。籠䈇，二器皆覆也。覆其竹籠，令魚鳥不得飛走。或作罹䈇，並通。形聲字，並從罔。

接紐　女九反，上聲字。衣紐結也。廣雅：紐，束也。結而不可解者〔五五〕。説文：從糸丑聲也。

踳馳　上東容反。博雅：踳，蹋跳也。考聲云：踳馳者，跳走之狀也。古今正字：從足舂聲。舂音同上，從臼。臼音舊也。

眷砥途　下音止。磨石也，平也。顧平道而如磨石而嘆息。古今正字：從石氐聲也。氐音丁禮反。亦作底(底)〔五六〕也。

炙輠　上音征亦反，下音果。車轂兩頭釭川也，一云脂角也。炙則脂出。陳思王才同炙輠，言慧净才學亦然。從車果聲之也。

挫其鋭　上祖過反。鄭注周禮：挫，折也。説文：摧也。從手坐聲。下悦歳反。廣雅：鋭，利也。從金兑聲。

聲懋　下莫候反。孔注尚書：懋，勉也。古今正字：從心楙聲。楙音同上。

掞雅　音豔。顧野王云：光照曜明也。從手炎聲。

岧嶤　上音調，下音堯。如山高峻皃也。

懷鉛　下音緣。鄭注周禮云：鉛，青金也。從金㕣聲。㕣〔五七〕音同上。

踵逸軌　上鍾勇反，下音鬼。

丱歲　上關患反。纂韻云：髮角也。象形字。𩭹〔五八〕音揔。

森梢　上澀簪反，下所交反。

發軔　下音刃。王逸注楚辭云：枝（支）〔五九〕輪木也。說文：擬（礙）車木也〔六〇〕。從車刃聲也。

聆嘉　上歷丁反。蒼頡篇：聽也。從耳令聲。

韞玆　上威粉反，下音子思反。考聲：韞，藏也。

矛盾　母浮反，下音順。說文：矛，搶（槍）〔六一〕也。戟也。盾，排（棑）〔六二〕也。並象形字也。

勦說　焦了反。

談柄　兵命反。如意之類是也。

暫撝　下音暉。撝，手也。

驚讋　占葉反。或作慴讋，怖畏也，夫（失）〔六三〕聲也。

挫拉　下藍荅反。說文：摧折也。從手立聲。亦手摺拉也。

磨鈍　下屯混反。不利也，頑也，刃不利也。

吹噓　下許居反。氣出口也。

叢楹　上族公反，下音盈。盈（楹）〔六四〕，柱也。叢，聚也。從丵取聲。

疊榦　上甜叶反。考聲：疊，積也，重也。下乾岸反。今之牆板也。

葳蕤　上音威，下而隹反。藥名也。准傳文義云：靈相葳蕤者，佛有慈悲之容，如靈藥垂英之皃也。

肸響　上欣乙反。脉動也。下香兩反。威神響應而難測也。

擁萃　上邕拱反，下疾醉反。萃，聚、待也。形聲字。

卒謂　下音星旅反，上聲字。人名。

蝡動　上如尹反。文字典說：蝡蝡，蟲動也。

濩落　上黃郭反，下音洛。考聲云：濩落者，水大皃也。言彼論之文濩落而大言也。

梗概　上耕杏反，上聲字。下音蓋。梗概者，言其大略也。

提撕　上弟奚反，下星奚反。舉綱網而略序也。

椿菌　上耻倫反。大神木之名也，八千歲不凋也。下群殞反。即糞壤之上朝菌朝生而夕死也。

爝火　上將削反。小炬火也，猶如熒火。

妍蚩　上嚙堅反。正體研字也。妍，好也，美也，慧也。下齒之反。釋名：癡也。聲類云：蚩，騃也。考聲：蚩，惡也。說文：從虫㞢聲也。㞢，古之字也。

羅縠　紅木反。說文：從糸㱿〔六五〕省聲也。

蒭蕘　上惻俱反，草也。下尔招反，草初生皃也。

鏗然　上客耕反。堅也。

摛掞　上耻知反，下音艷。

頓祛　去魚反。祛，去也。

各撤　耻列反。減施也。

迺致　上音乃。古字也。

璀璨　上崔碎反，下倉爛反。

鳧鶴　上音扶，下何各反。鳧，水鳥也。鶴，仙鳥也。

鶬鸙　下音藥。鸙，匙也。

掇其　上竹劣反。從手叕聲。叕音同上也。

揭其　上虔孽反。說文：以杖高舉也〔六六〕，從手。

菁華　上音精，下話瓜反。考聲云：菁，英花也。

愞夫　上奴亂反。怯弱之人也。

續高僧傳　第四卷　玄奘法師傳

玄奘　下藏浪反。漢三藏名也。方言云：奘，大也。說文：從大

壯聲也。此字更有别音，今不取也。
本名褘　倚宜反。韻英云：形之美也。從衣。
解纓　下益盈反。纓，冠系也。
長捷　潛葉反。玄奘親兄，僧名也。從手。
訶其　牙夏反。嗟歎也。
跨罥　上誇化反，越也。下嘲教反，捕魚竹籠。
鄴中　音業，郡名也。在北地鄴都也。
指摘　下嘲革反。手取也。
無斁　音亦。韻詮云：饜也。從攴普十（卜）〔六七〕反睪聲。饜音伊焰反。饜，飽。
杞梓　上音起，下音紫。杞，枸杞也。梓，楸也。皆名木也。
睫〔六八〕周　尖葉反。目旁毛也。取周帀義也。
蕭瑀　音禹，人名也。
解籤　妾閻反。考聲云：小簡也，貫也，驗也，白事也。形聲字也。
鋒穎　上音峯，下營併反。考聲云：穎，禾穗也。從禾頃聲。
郵馹　上音尤。文字集略云：境上舍也。待使館也，今之驛也。從垂從邑。傳文作卸，非也。卸音星夜反。非此用也。
賄賂　上音晦，下音路。韻詮云：賒帛也。
掃帚　上桑到反，下之酉反。㭰（除）〔六九〕掃糞穢之具，並從手。
獻麨　昌沼反。文字典説云：熇麥磨爲麵曰麨。從麥酋聲。傳文作麨，俗字也。
爲笴　干亶反。韻詮云：箭笴也。亦作竿。
盋廟　上音鉢。正體盋盂字。
睒奉　商冉反。古今正字：暫視也。從目炎聲。

佛蹠　下征亦反。廣雅：蹠，履也。楚辭：踐也。淮南子云「鳥排空而飛，獸蹠實而走」是也。形聲字也。
礫迦國　上張革反。梵語外國名也。
刦掠　下音略。鄭注月令云：掠，取也，强奪取也。
釗殘　上章姚反。古今正字云：釗，劖也，剗也。從刀，形聲字也。
帑藏　上湯朗反。説文云：帑者，金帛藏府之名也。會意字也。
周睇　下音悌。古今正字云：傾視也。
趾蹠　上音止，下征亦反。從足。傳從土，非也。
湮没　上音因。郭注爾雅：湮，沉落也。没也。從垔省聲也〔七〇〕。
捔處　上音角。捔其優劣也。從手。
積褫　上兊囬反。蒼頡篇：墜落也。下池尓反。説文：奪衣也。從衣虒聲。虒音天伊反也。
疷廝　上赧戞反。梵語西方國名也。
殑伽河　上凝等反。西國河名，梵語也。
珠璫　下音當。耳珠曰璫，耳飾也。
四睇　下音弟。傾首暫視也。見古今正字也。
爲梯　體坻反。古今正字云：木階也。從木弟聲。
石罅　赫嫁反。博雅云：罅，裂也。説文：㘎裂也。破也。從缶虖聲。轉注字也。
睥睨　上批閉反，下霓計反。埤蒼：邪視也。説文二字並從目，形聲字也。
姞栗陀羅屈吒山　上音吃。屈音軍勿反。梵語。古譯云耆闍崛山，唐云鷲峰山，亦名靈鷲山，此山多鷲鳥也。

豆蔲　下訶遘反。藥名也，出交趾郡。
火藹　哀害反。文字典説云：藹，蓋也。形聲字。
溘然　上堪納反。王逸注楚辭云：奄忽而至。不期而忽有曰溘然。［從］〔七一〕水盍聲。盍音合也。
皂利國　上音造。胡語國名也。
嵬崿　上外猥反。廣雅：嵬嵬，高皃。下昂各反。考聲作崿，崖巘（巇）〔七二〕也。正體從吅從屰作咢。傳文作嘷，俗字也。
崑崙虚　上音昆，次音論，下去魚反。或作墟，雪山之異名之也。
東漸　接鹽反。孔注尚書云：漸，入也。又云牆鹽反，訓義同上也。
眇漫　上妙了反。遠望也。
泝流　上音素。逆水而上也。
勍寇　上音擎，多力也。説文：從力京聲也。傳文從刀作剠，非也。
崖隒　上雅皆反。下音广，重崖也。考聲云：方崖如重甑也。
揭盤陀國　上騫蘗反。胡語國名也。
須髮　上相臾反。口上毛也。從彡。説文：彡音衫，象毛。
汎漲　上孚梵反，或作泛。下張兩反，亦去聲也。
凶獷　下號猛反。
闐闉　上音田。下音噎，煙結反。滿也，塞也。
獫狁　上音險，下音尹。北狄之異名也。
恰述　慳甲反。韻詮云：用心也。亦通，俗語也，稱可。
搜擢　上霜鄒反，下音濁。搜訪明擢才共譯經論也。
仄陋　上音側，下婁豆反。孔注尚書云：明人在仄陋者，廣求賢也。

褊能　上鞭沔反。爾雅：褊，急也。考聲、韻英並云：陋也，小也。説文：從衣扁聲。傳從大，非也。
綴緝　上追衛反，下侵入反。
連紕　下嬪蜜反。排次第也。
鎖聯　上桑果反，下音連。聯類也。
繁複　上伐袁反，重也。下風目反，重重累有也。
窮覈　下行革反。韻詮云：考求實事也。從襾呀賈反敫音藥。
九瀛　以嬰反。海島仙州，在東海也。
跨千古　誇化反。古今正字云：跨，越也。形聲字。
宸睠　厥倦反。或作眷，同。考聲：眷，顧也，戀之也。
巖涯　下雅皆反。水岸曰涯。
蕭瑀　音禹，人名也。
蕭璟　鬼永反。人名也。
儔焉　上宙留反。儔，匹也。
桑梓　下音紫。
旋殯　賓刃反。説文：從歺（歺）〔七三〕賓聲。埋瘞也。瘞音於計反。
其塋　音營，墓也。
城塹　妾焰反。
提挾　上弟兮反，下嫌頬反也。
崎嶇　上起宜反，下羌愚反。
埏埴　上傷然反，下承力反。
恢恢　苦回反。考聲云：志大也。或作𢘑。
共激　經亦反。考聲云：水奔射也。
蒭蕘　上惻雛反。韻英云：草也。下遶招反。

斧藻　下遭老反。考聲云：水中草也。有文者。

必踵　踵勇反。考聲云：足跟也。亦作踵〔七四〕也。

續高僧傳　第五卷

瞪視　上直證反。埤蒼：瞪，直視也。古今正字：從目從澄省聲。

阻礙　上莊所反。杜注左傳：阻，礙也。或從山作岨。說文：除（險）也〔七五〕。從𨸏且聲。且音精余反。下我蓋反。廣雅：礙，距也。說文：止也。從石疑聲。會意字也。或作閡，亦同。

江濆　下扶文反。字林：濆，水涯也。說文：從水賁音補門反。

言謔　下香約反。郭注爾雅：謔，相戲調也。說文：戲言也。從言虐聲也。

羸瘠　上九〔七六〕追反，下情亦反。考聲：瘦也。字書：瘦瘠，病也，弱也。亦作膌。從脊從疒脊聲也。

阮韜　上元遠反，姓也。下討刀反，人名也。從韋舀聲也。

周顒　遇恭反。梁朝中書佶〔七七〕郎名。

開柘（拓）　湯洛反。廣雅：大也。亦開手〔七八〕，形聲字也。

確然　苦角反。考聲云：堅固也。前已釋第七卷。

覶施　上楚懂反。韻英云：覶，施也。藉此施福感招勝果也。

怖遽　上普布反，怕也。下渠御反，去聲。杜注左傳云：畏懼也。或從心作懅，亦同。說文：從辵豦聲。辵音丑略反。豦音渠，下從豕。

敞軒　上昌掌反。蒼頡篇云：敞，高顯也。說文：高處遠望也。從攴尚聲也。

剡縣　上音琰。越國縣名。從刀炎聲。

捃採　上君運反，下菜改反。方言：捃，取也。說文：拾也。古文從麕作攈。今從省，從手君聲。

蕭昞　兵永反。

慧詡　吁禹反。鄭注禮記：大也，遍也，和也。僧名也。

儕黨　上仕皆反。考聲：等類也。

梗正　耕杏反。考聲：直也，猛也，強也。從木更聲也。

勍敵　上強迎反。考聲云：多力也，強也，武也。從力京聲。

澄眸　上長陵反，下暮浮反，目童子也。

孜孜　子慈反。考聲云：攴〔七九〕今作文〔八〇〕，略也。

狼狽　上音郎，下音貝。文字集略云：狼狽，披猖也，心亂失次也。

昏詖　悲媚反。考聲云：險薄也。辯而不正也，佞而有慧也。說文：從言從彼省聲。

亟深　上矜力反。急也，極也。

睠悅　厥倦反。孔注尚書云：眷，視也，反顧也。

東莞　音患。地名也。

劉勰　嫌頰反。人名也。著書曰劉子。

蔡樽　尊損反。人名也。

欒櫨　上亂端反。廣雅：曲枅謂之欒，即今之拱也。斗在欒兩頭也。下音盧。說文：薄（欂）〔八一〕櫨，柱上枅〔八二〕也。枅音企見反。

檐霤　上音閻。屋檐也，即柱外虛檐也。從木詹聲。從手非也。下流救反。說文云：霤者，屋上雨水流下也。從雨留

聲也。
桄桯　上音光。牀下中間横桄也。考聲作横〔八三〕。横相於横字〔八四〕。下體丁反。韻詮云：碓桯也。即牀兩邊長汀也。亦名牀桯。傳文從悳作橞，非也，亦恐是書誤。著文者應從木作櫶，亦不成字。考聲作桯也。
陸倕　音垂，人名也。
鑪匳　上音盧，香鑪也。下音廉，香匳也，即盛香爐械也。
麈尾　上音主。鹿尾扇也。麈，鹿尾拂也。
嗟惋　上精耶反。咨嗟，嘆也。下椀奐反。文字集略云：惋謂驚惕惋嘆也。惋，恨也。説文：從心宛聲也。忸怩驚怛也。
澆薄　上晈堯反，下傍博反。
窺人　犬規反。小視也。韻詮：覰。又覰音清預反，低頭竊見也。
心瞀　莫候反。楚辭：心悶也，心亂也。説文：低目謹視也。從目敄聲。
劉繪　音會，人名也。
東莞　胡官反。地名也。
巾褐　寒葛反。毛詩傳曰：褐，毛布也。許叔重曰：楚人謂袍爲短褐。説文：從衣曷聲也。
秣〔八五〕陵　上滿鉢反。吴郡地名，亦名金陵也。梁所都。
爽〔八六〕塏　上霜兩反。杜注左傳云：爽，明也。説文：篆文爽字。爾雅：爽，武(忒)〔八七〕也。毛詩：爽，敗也。方言：爽，猛也。古今正字：從叕叕音麗從大。下開改反。杜注左傳云：塏，燥也。説文：高燥也。
鏘金　上鵲羊反。鏗鏘金玉，衆盛之皃也。鏗音坑也。
候旭　凶獄反。考聲：旭，旦也，美也。
氳氳　上扶文反，下威云反。氛氳，香氣皃。
剖析　上普口反，下星亦反。分析文義，令人解也。
番禺　上判般反，下音愚。地名也。在廣州，縣名也。
葷辛　上暉云反。五辛葱蒜之類也。
踟躕　上除離反，下杜誅反。韻詮云：少選也，不進也。
衣賑　真忍反。前第七卷已具釋訓。
却派　下拍賣反。説文：派者，水之邪流別也〔八八〕。從反水(永)〔八九〕字。
窀穸　上追倫反，下音夕。杜注左傳云：窀，厚也。穸，夜也。謂葬埋於地下，長夜也。説文：窀穸並從穴，形聲字也。
大騷　掃遭反。亂也，騷動不安之也。
負扆　衣豈反。鄭注周禮云：扆，叀枕也。户⿰扌⿸户甫(牗)〔九〇〕之間謂之扆。從户衣聲。
墅姥　上食呂反。韻英云：墅，村野爲墅，郊外曰墅。又音野，訓義同。下音母，村中婦人老稱也。會意字也。

一切經音義　卷第九十一

校勘記

〔一〕二十　據文意當作「廾」，「廾」與「廿」形近而誤，又改爲「二十」。

〔二〕王　據文意當作「彑」，「彑」與「王」形近而誤。下同。

〔三〕彝　據文意當作「彝」或「彝」。

〔四〕淥　説文：「淳，淥也。」段注：「淥，或漉字。」

〔五〕禄　獅作「禄」。

〔六〕孔 麗無，據文意補。

〔七〕說文：生發也 今傳本說文：「主發爲之機。」

〔八〕音 據文意似作「反」。

〔九〕說文：獸皮之韋，可以束枉矢也 今傳本說文：「獸皮之韋，可以束枉戾相韋背，故借以爲皮韋。」

〔一〇〕艸 據文意當作「舛」。

〔一一〕說文：城之重門曲處也 今傳本說文：「城之重門也。」

〔一二〕椑 據文意當作「捭」。

〔一三〕南 今傳本說文作「東南」。

〔一四〕或 據文意當作「戉」。

〔一五〕反 各本無，據文意補。

〔一六〕著 今傳本說文作「箸」。

〔一七〕澧 據文意似當作「塏」。

〔一八〕廣雅：爽，貴也 今傳本廣雅：「數、諑、謫、怒、詰、讓、爽、譴、誅、過、訟，責也。」

〔一九〕叕 今傳本說文作「叕」。下同。

〔二〇〕說文：鐫琢金石記事也。從儁省聲也 今傳本說文：「穿木鐫也。从金雋聲。一曰琢石也。」

〔二一〕說文：從龍含省聲也 今傳本說文：「龍皃。从龍合聲。」

〔二二〕文 各本無，據文意補。

〔二三〕推 據文意似當作「榷」。

〔二四〕韻英：撝，手也 今傳本說文：「撝，裂也。从手爲聲。一曰手指。」

〔二五〕聲 麗無，據獅補。

〔二六〕椀 獅作「捥」。

〔二七〕石 獅作「名」。

〔二八〕捘 即「捜」。

〔二九〕客 今傳本廣雅：「寄、旅、𡍬、客也。」

〔三〇〕寄 今傳本廣雅：「艓、庇、寓、羈、餬、侂，寄也。」

〔三一〕廣雅：包也 今傳本廣雅：「晐，包也。」

〔三二〕喜 今傳本杜注左傳作「嘉」。

〔三三〕芮芮，又稱爲茹茹、蠕蠕，屬於鮮卑、匈奴、突厥等部族的混合體，曾建立柔然汗國。突屈，即突厥。

〔三四〕同 獅作「同」，今傳本說文作「冂」。

〔三五〕市 獅作「中」。

〔三六〕内 今傳本杜注左傳作「因」。

〔三七〕察 據文意似當作「寮」。

〔三八〕凋 據文意當作「彫」。

〔三九〕反 各本無，據文意補。

〔四〇〕上 據文意當作「土」。

〔四一〕梨 獅作「黎」。

〔四二〕瘞 即「瘞」。

〔四三〕細 據文意似當作「組」。今傳本說文：「纂，似組而赤。从糸算聲。」

〔四四〕夕 據文意當作「夊」。

〔四五〕爾雅：諷也 今傳本爾雅無。王念孫廣雅疏證：「諳，諷也。」

〔四六〕隸 據文意似當作「隸」或「隸」。

〔四七〕說文：從隶隶聲也 今傳本說文：「从隶柰聲。」

〔四八〕贖 即「贖」。

〔四九〕勦 即「勦」。

〔五〇〕說文：從𢎘，象形字也 今傳本說文：「圅，舌也。象形，舌體𢎘𢎘。从𢎘，𢎘亦聲。」

〔五一〕砥 據文意似當作「氐」。

〔五二〕斂 據文意似當作「劒」。

〔五三〕廣雅：蹙踖也 王念孫廣雅疏證：「忸怩、慼咨，慙也。」

〔五四〕方言：赧，媿 今傳本方言：「掬，慳，赧，愧也。」

〔五五〕廣雅：紐，束也。結而不可解者 今傳本說文：「紐，系也。一曰結而可解。」段注：「結者，締也。締者，結不解也。其可解者曰紐。」

〔五六〕底 據文意似當作「底」。

〔五七〕台 龍龕手鏡：「鈆，或作鉛，正，音緣。」鉛，從金從台。

〔五八〕鬆 獅作「鬆」。

〔五九〕枝 據文意似當作「支」。

〔六〇〕說文：擬車木也 今傳本說文：「礙車也。」

〔六一〕搶 據文意似當作「槍」。今傳本說文：「矛，酋矛也。」

〔六二〕排 據文意當作「棑」。

〔六三〕夫 據文意似當作「失」。說文：「𠯑，失气言，一曰不止也。」

〔六四〕盈 據文意當作「楹」。

〔六五〕殼 獅作「殺」，今傳本說文作「㱿」。

〔六六〕說文：以杖高舉也 今傳本說文：「高

举也。」

〔六七〕十　獅作「卜」。

〔六八〕睟　麗金磧所載該經原文皆作「睟」。慧琳所釋似爲「睖」的詞義。

〔六九〕唋　獅作「除」。

〔七〇〕從垔省聲也　據文意似當爲「從水垔省聲也」。

〔七一〕從　各本無，據文意補。

〔七二〕獻　據文意似當作「巘」。

〔七三〕歹　據文意似作「歺」。

〔七四〕踵　據文意當作「踵」。

〔七五〕說文：除也　今傳本說文：「阻，險也。」

〔七六〕九　據文意似當作「力」。

〔七七〕佶　據文意似作「侍」。

〔七八〕柘　據文意當作「拓」。亦開手　據文意似當爲「亦開也。從手」。

〔七九〕支　據文意似當作「攴」。

〔八〇〕文　據文意似當作「攵」。

〔八一〕薄　據文意當作「榑」。

〔八二〕枅　今傳本說文作「柎」。

〔八三〕横　此字恐作桄。段注：「古文横桄二形。聲類作輄。」

〔八四〕横相於横字　據文意似當爲「横相當於桄字」。

〔八五〕袾　據文意似作「秼」。

〔八六〕奭　即「爽」。

〔八七〕武　今傳本爾雅作「忒」。

〔八八〕說文：派者，水之邪流別也　今傳本說文：「派，別水也。」

〔八九〕水　據文意當作「永」。

〔九〇〕掮　據文意當作「牖」。

一切經音義　卷第九十二

翻經沙門慧琳撰

從第六盡第十

音續高僧傳　第六卷

稠人　上長流反。毛詩傳云：稠，謂密直如髮也。蒼頡篇云：稠，衆也。説文云：稠，多也。從禾周聲者也。

模楷　上音謀。鄭箋毛詩云：模，法也。説文：模，規也。從手(木)莫聲[一]。下坑駭音崖買反[反][二]。廣雅云：揩(楷)[三]，拭[四]也。字書云：摸(模)也。説文：從木皆聲也。

謝籥　下羊灼反。人名也。

拯溺　上字取蒸字上聲。下寧的反。前高僧傳第七卷已具釋。

倏然　上傷肉反。前高僧傳第六已具釋。

麛獵　上覓鼙反，讀若迷。[鄭][五]注周禮云：麛，鹿子也。説文：從鹿弭聲。下廉輒反。鄭箋毛詩云：宵田爲獵。古今正字：從犬巤聲。巤音同上。

御寓　下于矩反。與宇字同音。毛詩傳云：字(宇)[六]，居也。説文：從宀禹聲。或從广作庽，音同上。宀音綿也。

縑纊　上頰嫌反。説文云：縑，合[七]絲繒也。從糸兼聲。兼[八]，正兼字也。下廓潢反。鄭注禮記云：纊，綿也。説文：纊，絮也。從糸廣聲。

勦戮　上焦小反。孔注尚書云：勦，猶截也。説文：從力巢聲。下隆叔反。字書云：戮，殺也。鄭注周禮云：辱也。説文：從戈翏聲音力救反也。

臨訣　下音決。韻略云：訣，言別也，與人死別也。即臨終永訣者也。

孺慕　上儒戍反。字書云：孺，猶屬也。説文云：孺子，即稚子也。從子需聲。需音須。

秸　古八反。孔注尚書云：秸，猶稾也。玉篇云：禾穀藁草也。稾音高老反。説文又作稭。古文秸字也。

莅職　上梨智反。方言云：莅，臨也[九]。郭注爾雅云：莅，視也。説文：從草位聲。考聲又從水作涖，音同上也。

麕麚　上捃雲反。捃音軍殞反。劉兆注公羊傳云：麕，麞也。説文：從鹿囷聲。囷音郡。字書亦作麏，音同上。下嫁牙反。爾雅云：麚，雄鹿也。説文云：麚，牡[一〇]鹿也。夏至之日，鹿解角也。從鹿叚聲也。叚音賈。傳作麚，俗字也。

鳧鶩　上輔無反。顧野王云：鳧，即水鴨也。前第三卷已釋訖。下蒙卜反，亦音務。郭注爾雅云：鶩亦鴨也。説文云：

鳶，舒鳧。從鳥敄聲也。

鷹鸇　上憶陵反。鄭箋毛詩云：鷹，鷙鳥也。古今正字：從鳥雁聲。下章然反。說文：從鳥亶聲。穆天子傳亦鸇也。

野媼　下奧保反。說文云：媼，女人長老稱也[一一]。從女𥁕聲。𥁕音烏魂反。

圖牒　上杜謨反。廣雅云：圖，猶度也。度音鐸。說文云：牒，猶札也。從片枼聲。枼音葉。案簡冊圖牒，或竹或板，義合從片作牒。傳從言作諜，非也。諜謂諜諜，猶賊也，非本義，今不取。

恬愉　上牒兼反。方言云：恬，静也。說文亦安也。從心甜省聲。甜音同上。下庾珠反。鄭注論語云：愉，顔色和也。廣雅云：喜也。爾雅云：樂也。說文：從心俞聲也。

疾瘉　下音庾。顧野王云：瘉，謂疾小輕也。說文云：瘉，病瘳也。從疒俞聲也。

覘國　上敕占反。杜注左傳云：覘，伺候也。說文：視[一二]也。從見占聲也。

竚聆　上除吕反。毛詩云：竚，久立也。字書從立作竚，與佇字義同。古今正字：從宁聲。宁音除。下歷丁反。前第三卷已釋訖。

啖之　上談敢反。前高僧傳第十已釋訖。傳作噉，俗字。

連噤　下禽禁反。前高僧傳第三已釋訖。

芒屩　上正芒字，下姜略反。許叔重曰：屩，草履名之也。蒼頡篇云：屩，履屐也。音與脚同。說文云：履[一三]也。從履省喬聲。

勝鬘　上昇證反，下音蠻。經名也。

坎壈　下拉感[一四]反。字書云：坎壈，地不平也。考聲云：契闊皃也。古詩云「坎壈多苦辛」是也。拉音臘也。

盱衡　上酗于反。司馬彪注云：盱，猶視而無知皃也。蒼頡篇云：盱，張目也。說文云：盱以憂病也[一五]。從目于聲。傳文從日作旴，書誤也。下正衡字。考聲：從行角從大。謂牛觸人，則横一木於角上。衡，猶横也，會意字也。文字典說：從行角聲。正衡字。

嘯傲　上消醮反。鄭玄注禮記云：嘯，謂卷蹙舌吹出聲也。案嘯傲，謂方士清閑放曠吟嘯者也。說文：從欠作歗。今通作歗，義同。下敖誥反。博雅云：傲，放蕩也。說文云：倨也。從人敖聲。傳文從口作嗷，非之也。

蟋蟀　上音悉，下衰律反。禮記月令云「後五日蟋蟀居壁」是也。毛詩傳曰：蟋蟀，秋鳴蟲也。古今正字云：秋𧒒也。蟋蟀一(二)[一六]字並從虫，悉、率皆聲也。𧒒音共顒反也。

饘粥　上戰羶反。杜注左傳云：饘，即糜[一七]也。說文亦同糜也。從食亶聲。糜音眉也。

餬口　上音胡。爾雅云：餬，饘也。郭璞注云：餬亦糜[一八]也。說文云：亦謂寄食爲餬口。從食胡聲。

奧粹　下雖醉反。周易：純粹，精也。說文云：粹，不雜也。從米卒聲也。

體羸　下累追反。杜注左傳云：羸，弱也。賈逵注國語云：病也。說文云：瘦也。中從羊從羸聲。羸，力卧反也。

謝譓　下攜桂反。人名也。

貲財　上子移反。顧野王云：貲，謂家中資生産也。廣雅云：貲，貨也。說文：從貝此聲。

塵滓　下緇史反。說文云：滓，猶澱也。從水宰聲。澱音田練反。

湔濯　上箭先反。文字集略云：洗污衣也。下撞角反。廣雅云：濯，洗也。毛詩傳云：滌也。顧野王云：浴也。説文：濯，浣〔一九〕也。從水翟聲。翟音宅也。

解澣　上皆買反。云解判也。從刀判牛角，會意字也。下桓管反。鄭箋毛詩云：澣謂濯也。劉兆注公羊云：去垢曰澣。説文作浣。字書從幹作澣。音義並同。

耎几　上儒兖反。周禮：耎，柔也。説文：從而犬聲。傳文從車作軟，俗字，非也。下機履反。

綢繆　上宙留反。毛詩傳云：綢繆，猶纏綿也。説文：從糸周聲。下美憂反。説文云：繆，枲之十潔(絜)也〔二〇〕。從糸翏聲。翏力救反。潔音結。

麤歰　上怱胡反。説文從三鹿，會意字也。今省[作]〔二一〕麁。顧野王云：麁謂不善也。鄭注禮記云：麁，猶不精也。下森戢反。説文：從四止，二正二倒書，亦會意字也。傳文作歰，非也。

梗〔二二〕難　上庚杏反。毛詩傳曰：梗，病也。賈逵注國語云：梗，害也。爾雅云：直也。説文云：山榆，有刺莢者。從木更聲。傳文從魚作鯁，俗字也。

法敞　下昌仰反。人名也。傳作敝，誤也。

樂㹶　上音洛，下音荒。案狼㹶者，蓋詭譎之流，不實之義也。狼合作樂字。傳用狼字，非也。字書亦無此字者也。

一簏　下聾木反。説文云：簏，竹篋也〔二三〕。從竹鹿聲也。

謔之　上香脚反。前第五卷已釋訓。

青箱　下想羊反。博雅云：箱，赤色〔二四〕也。漢書云「一人奉符箱」是竹箱也。

强悍　下寒旦反。説文：勇也。從心旱聲。

匱餧　上逵位反。毛詩傳云：匱，竭也。鄭注禮記云：匱，乏也。説文：從匚貴聲。匚音方。下奴猥反。鄭注論語云：餧，餓也。蒼頡篇云：飢也。説文：從食委聲也。

服闋　下犬悦反。毛詩傳云：闋，息也。鄭注儀禮云：闋，終〔二五〕也。蒼頡篇云：訖也。説文：從門癸聲。

相紃　下音旬。字書或作䋸。䋸，猶繞也。説文：紃謂圜繞也〔二六〕。從糸川聲。

颷舉　上必遥反。郭璞注爾雅云：颷，謂暴風從上而下者也。説文云：颷，浮摇也〔二七〕。從風猋聲。猋音摽。

鍼盲　上執任反。廣雅云：鍼，刺也。案針盲者，以正法治邪見，如針盲之痼疾也。説文：從金咸聲。今通從十作針，俗字也。下麥庚反。説文：目無眸子也〔二八〕。從目亡聲也。

腴旨　上庚珠反。鄭注禮記云：腴，腹也。説文云：從肉臾聲。下正旨字。孔注尚書云：旨，美也。

音續高僧傳　第七卷

尋緗　上似林反。説文：尋，繹理也。從几(口)〔二九〕工彐從寸分理之，會意字也，轉注字也。下想羊反。釋名云：緗，素色繒也。古今正字：從糸相聲也。

縉雲　上津信反。春秋傳有縉雲氏，蓋地名也。説文：從糸晉聲。傳文從手作搢，非也。

安堵　下都魯反。顧野王云：堵皆築墻板數也。説文：垣五板爲堵〔三〇〕。從土者聲。八尺曰板也。

聲懋　上正聲字。説文云：聲，音也。從耳殸聲。殸，口冷反。下矛候反。孔注尚書云：猶勉也。與楙字義同。説文：

從心楙聲。楙音同。或從矛作⿱矛心。

馥蕙　上音復。前高僧傳第十一卷具已釋訖。下音惠。王逸注楚辭云：蕙，香草也。古今正字：從草惠聲也。

紐虜　上女九反。廣雅云：紐，束也。鄭玄注周禮云：紐，冠冕上小鼻笄所貫也。説文云：系也。從糸丑聲。一曰結可解也。下盧覩反。説文云：虜，俘獲也。從毌〔三一〕從力[虍〔三二〕]聲。毌音官。毌，説文：從一横毌〔三三〕，象形字也。

衡櫓　上正衡字。杜注左傳云：衡，横也。鄭注周禮云：平也。説文：從角從大行聲。傳從魚作衡，訛也。下音虜。杜預注左傳云：櫓，大盾也。盾音順。説文：從木魯聲。亦作樐，音義同。

丘穽　下情郢反。字書正從𨸏作阱。鄭注周禮云：阱，所以穿地爲深坑而取禽獸也。廣雅云：阱，即深坑也。説文云：阱，陷坑也〔三四〕。從𨸏井聲。古文從水作汬，或從穴作穽，並同也。

遼敻　上了焦反。廣雅云：遼，遠也。説文：從辵尞聲音同。下儇娉反。劉兆注穀梁傳云：敻，深也。考聲：正從攴作敻，營求未遂也，亦遠也。説文亦營求也。從旻，人在穴上，轉注字也。旻，火劣反。

砥礪　上音止，下音厲。孔注尚書云：砥礪，皆磨石也。前第三卷已釋訖。

言刈　下魚胇反。埤蒼云：刈，穫也。王逸注楚辭云：芟草也。古今正字：從刀乂聲。

採擷　下賢結反。字書云：擷，猶袺也。古今正字云：衱袺也。從手頡聲。

背胛　上正背字。從北從肉。下音甲。吴越春秋云：貫胛達背也。釋名云：胛之言闔也。闔音合，謂與胸脇相會故云闔也。古今正字義同。從甲從肉聲也〔三五〕。

儁裳　上遵峻反。杜預注左傳云：儁，絶異也。玉篇、字書與俊字同。前高僧傳第六已釋訖。下音常。韓詩云：衣下曰裳。白虎通云：裳，障也。所以自障蔽也。説文作常，下裙也。

毳服　上昌芮〔三六〕反。孔注尚書云：毳，耎細毛也。説文：毳，獸細毛。織成衣也。從三毛，會意字。

復靚　下情姓反。廣雅云：靚，命也，亦呼也。説文云：召也。從見青聲也。

憓飛　上音惠。郭璞注云：憓意精同也。

嬰塞　上初色反。郭璞注爾雅云：嬰，言嚴利也。韻略云：陳設器物盛皃也。説文云：治稼〔三七〕。嬰，從田人從夂。夂，山危反也。

勍手　上音擎。前高僧傳第二卷已釋訖。

無斁　下盈益反。孔注尚書云：斁，猒也。説文云：斁，懈〔三八〕也。從攴睪聲。睪音同。傳文從欠作斁(斁)〔三九〕，非也。

蓽門　上賓蜜反。杜預注左傳云：蓽門也。鄭玄注禮記云：蓽，亦草也。説文：從竹畢〔四〇〕。

圭竇　上桂攜反。禮記儒行云「蓽門圭竇，蓬户瓮牖」是也。鄭玄注云：竇，孔穴也。案：圭竇，小窗牖之屬也。説文：從重土。下音豆。

煢煢　葵營反。孔注尚書云：煢，單也。毛詩傳云：煢煢，無所依也。説文：從卂從熒省聲。卂音信。熒，穴營反。

懍然　上林錦反。郭璞注方言云：懍，猶敬也。孔注尚書云：

懍，危懼皃也。說文：從心從稟聲。稟彼錦反。

憒憒　璝內反。蒼頡篇云：憒憒，亂皃也。說文云：從心貴聲。

小蟡　下儒稅反。字林云：蟡，即螟子也。顧野王云：蟡喜齧人，謂之含毒是也。說文云：秦謂之蟡，楚謂之蟊也。從虫芮〔四一〕聲。蟊音文，芮音同上者也。

惛懵　上呼昆反。廣雅：惛，亂也。鄭箋毛詩云：惛，無知也。說文：從心昏聲。下墨朋反。毛詩傳云：懵，亂。杜注左傳云：悶也，云懵目不明也。從心瞢聲。瞢音同上也。

糟粕　上音遭，下普莫反。許叔重曰：糟，酒滓也。粕，已漉糟也。古今正字：糟粕二字，酒之餘滓也。並從米，曹、白聲也。

音續高僧傳　第八卷

趙瀛　上正趙字，下音盈。人名也。

梗槩　上革猛反。爾雅云：梗，直也。說文：從木更聲。下陔艾反。鄭玄注周禮：槩，量也。說文：從木既聲也。

覶縷　上盧戈反。案覶縷，猶理亂也。說文云：覶，好皃也。從見𤔔聲。𤔔音亂。下龍主反。前高僧傳第二已釋訖。

用袪　上正用字。說文云：用，行也。從卜中。衛宏〔四二〕。案古文或作用〔四三〕，音義並同。今通作用。下却魚反。韓詩外傳：袪，猶去也。說文：從衣從去聲也。

岷峨　上密彬反，下我哥反。案：岷峨皆蜀川山名也，見郡國志，岷峨，二山名也。

指適　上正指字，下丁歷反。莫也。考聲云：適，指實也。

鬉尾　上正宗字。考聲：鬉，馬鬣也。亦從馬作騣。下正尾字。鬣音獵。

嵬然　上外猥反。說文：嵬而不平也〔四四〕。從山鬼聲也。

悛革　上音詮。前高僧傳第一已釋訖。

不漉　下弄穀反。郭注爾雅云：漉，竭去水也。文字典說：從水鹿聲。

籧篨庵　上巨居反，次音除。案：籧篨庵，今以蘆篨席爲舍也。爾雅云：籧篨，蘆蕟，即蘆席也。蕟音廢。下暗含反。廣雅云：庵，舍也。鄭注禮記云：庵，廬也。古今正字：從广奄聲。广音儼。

音續高僧傳　第九卷

論榻　上盧混反，下貪荅反。釋名云：榻，即牀之陿長者也。榻，即今牀也。古今正字：從木𦐇，音同上也。

執鍮　上正執字也。字書云：執，操持也。說文：從丮從㚔亦聲。丮音戟，㚔音女涉反。下音偷。埤蒼云：鍮石似金，非是金也。古今正字：從金從偷省聲者也。

盥手　上官椀反。說文：盥，洗手也。從臼水臨皿，會意字也。已見前釋。臼音菊者也。

帽簪　上毛報反。字書正作冒。鄭注尚書大傳云：冒，覆也。文字典說云：帽，冠也，亦頭也。從巾冒聲。或從衣作䘠，音同上。下戢森反。蒼頡篇：簪亦笄也。笄音鷄。說文：正作先，首笄也，象形字。亦從竹，竹簪，音義並同。傳作簪，俗字也。

非纛　下音道。傳文本義合用道字，是非道不行之義。今用從縣作纛，纛羽葆幢，非本義，今不取。

丼絡　上正井字。周書云：黄帝始穿井。世本云：伯益作丼。王弼注周易云：丼，通也。白虎通云：因丼爲市，故曰市丼。説文云：八家同一丼[四五]。下郎各反。郭璞注山海經云：絡，繞也。説文從糸各聲之也。

跨躡　上誇化反。前第四卷釋訖。杜注左傳云：跨，謂過其上也。説文云：度也[四六]。從足從夸聲。下黏輒反。黏音尼沾反。方言云：躡，登也。廣雅云：履也。説文云：蹈也。從足聶聲也。

既礫　下音歷。説文云：礫，小石也。從石樂聲也。

污池　上音烏。考聲云：停水不流也。説文云：洿即濁水不流也。從水夸聲也。

尻端　上考高反。考聲云：穀道也。説文：從尸九聲。下正端字，説文云：端，直也。從立耑聲。耑音同上。

修葺　上正修字，下侵入反。杜注左傳云：葺謂補理也。説文：從草咠聲。咠音同上。

連甍　下麥耕反。杜注左傳云：甍，屋棟也。説文云：從瓦從夢省聲。

姓俞　尹祐反。人姓也。

椿詵　上敕倫反，下色榛反。人姓名也。

檀谿　上唐寒反。郡國志云：襄州溪名也。下從水作溪，俗字也。下正溪字。説文云：出（山）瀆無者曰谿[四七]。從谷奚聲。傳文上檀字，誤從壹作檍，非也。下從水作溪，俗字也。

霈注　上坏貝反。文字集略云：霈，大雨也。説文：從雨沛聲。沛音貝者也。

溯流[四八]　上蘇路反。説文云：逆流而上曰溯也。從水𡧍聲。𡧍音尺也。

慧晅　下哥鄧反。僧名者也。

詡法　吁宇反。法師名。蒼頡篇云：詡，猶和也。鄭注禮記云：普也。説文：從言羽聲。

繟師　上昌演反。鄭注禮記云：繟，寬綽皃。説文：繟，猶帶緩也。從糸單聲。單音善也。

版蕩　上班簡反。鄭注周禮云：版，今户籍書也。自齒生已上皆書之於版，數登萬人也。説文：從片反聲。傳文或作師，誤。下堂黨反。字書正從皿作盪。考聲云：蕩，猶除也。案版蕩者，謂梁籍除者也。

霓裳　上詣鷄反。王逸注楚辭云：霓，雲之有色似龍者也。郭注爾雅云：雌虹曰霓。説文云：霓，屈虹也。從雨兒省[四九]聲也。言霓裳者，神仙飛行，衣如虹霓。

無爽　下霜兩反。説文云：爽，明也。過也，傷也。傳文作㼌（爽）[五〇]，書誤也。

畋遊　上殿年反。顧野王云：田從禽獵也。遊曰[五一]捘狩總名也。説文：從攴田聲也。

饔餼　上雍恭反。鄭注禮記云：饔者，割亨亨[五二]煎和之稱也。凡客莫盛於饔，饔將幣之禮。説文云：饔，熟食也。從食雍聲。籀文從共作𩚨。下希既反。鄭注儀禮云：牲生曰餼也。埤蒼云：饋也。字書云：餉也。説文：從食氣聲也。

罝罘　上借斜反。毛詩傳云：罝謂兔罟也。郭注爾雅云：罝，猶遮也。古今正字：兔网也。從网且聲。下附謀反。鄭注禮記云：獸罟曰罘也。説文：從网不聲。傳文作罦，非也。

矰繳　上則僧反。鄭注周禮云：結繳於矢謂之矰。矰字從矢。或從羽作翻。矰知七分，三在前四在後。説文：從矢曾聲。下章弱反。顧野王云：繳，即矰矢具也。説文云：繳，生絲縷也。從糸敫聲。敫音藥。亦作繁。糸音覓。縷，龍主反。

元覞　下遥照反。高僧慧弼父名也。弼，皮密反也。

脱躧　下師尔反。孟子云：視棄天下如棄弊躧，即脱躧義也。考聲作屣，履屬，不攝跟者也。亦從革作韆。説文云：躧，履也〔五三〕。從足麗聲也。

衮冕　上古本反。周禮云：享先王則服衮冕。鄭衆注云：衮，龍衣也。鄭玄箋毛詩云：玄衣而畫以龍也。説文亦龍衣也。繡下裳福（福）〔五四〕，一龍蟠阿上鄉。從衣公聲。下眉辯反。鄭注周禮云：冕，首飾也。説文：從冃（冃）〔五五〕免聲。曰（冃）音冒也。

鎔范　上欲鍾反，下凡錽反。漢書云：猶金之在鎔，唯冶之所鑄也。范，鐵摸（模）〔五六〕也。説文云：鎔，冶器法也。銅銷爲鎔。從金容聲也。

苫甴　上攝占反。玉篇作蓎。顧野王云：蓎，猶苫也。謂以草自藉也。禮記喪服傳：寢蓎枕甴也。文字典説云：蓎，喪藉也。從草侵聲。與傳文苫字義略同。蓎、苫皆同音。藉，情夜反。下枯外反。説文：從土凵聲。凵，口范反。或作塊，音同也。

荏苒　上任寢反，下而琰反。韻略云：荏苒，草色皃也。案荏苒，若今之因循蹉跎之類是也。説文：荏，從艹任聲。苒，從艹冉聲。冉音同，艹音草。

漳滏　上灼羊反。漢書云：漳，水名也。漳水有二，一清漳，二濁漳，二名也。濁漳出上黨長子縣鹿谷山，東至鄴入清漳。清漳出沾山大要谷北入黄河。説文：從水章聲。下扶武反。山海經云：滏水出神囷山，至臨水縣西滏口，經邯鄲北入漳。其水常熱，故名滏水。古今正字：從水釜聲。囷音胡本反也。

炎蓐　上炎字。説文云：炎，火行也〔五七〕。從重火。故月令云：其帝炎帝，其神蓐收。玉燭寶典云：蓐收，金行也。案炎蓐，即自夏徂秋之謂也。説文云：蓐，陳草復生也。從艹辱聲。籀文從井。井音莽也。

訃焉　上孚務反。鄭注禮記云：訃，至也。古今正字：從言卜聲。字書亦從走作赴，又從足作跰，或從辵作赴，音義並同也。

髦彦　上冒褒反。［毛〔五八〕］萇詩傳云：髦，俊也。郭璞注爾雅云：士中之儁，如毛中之髦也。廣雅云：髦，大也。説文：從髟毛聲。髟音必消反。下言建反。埤蒼云：彦，大也。字統云：善士有文者。爾雅云：美士曰彦。説文：從彣厂聲。厂音漢。彣，正文字，從彡文。彡音杉也。

堂礎　下音楚。淮南子云：山雲蒸，柱礎潤。許叔重曰：楚人謂柱碣爲礎。古今正字：從石楚聲。碣音昔。案礎，即石碇也。碇音丁甯反也。

宗鎋　下閑戛反。字書正作舝。左傳云：巾車脂舝。聲類云：舝，車鍵也。説文云：舝，車軸端鍵也。從舛相背，會意字也。傳文從車作轄，今通用從金作鎋，又作舝，音義並同也。

讙吏　上音萱。説文正作讙，從言雚聲。雚音貫。傳文從宣作諠，或從口作喧，並俗字也。下儜教反。説文：從人從市。

會意字也。傳文作鬧，俗字也。

剗跡　上察眼反。廣雅云：剗，削也。聲類云：平也。古今正字：從刀戔聲。戔音殘也。

捄拯　上矩愚反。廣雅云：捄，猶法也。說文：從手求聲。下蒸字上聲。玉篇從升作抍。博雅云：抍，拔也。廣雅：收〔五九〕也。說文云：抍，上舉也。從手升聲。

林麓　下籠篤反。鄭注禮記云：麓，山足也。說文：從林鹿聲。

掩骼　下耕額反。李林甫注月令云：枯骨曰骼。說文云：禽獸之骨曰骼。從骨各聲。

遞升　上啼禮反。說文：從辵從虒聲。虒音大伊反。前第四已釋訖。

機譎　上凡〔六〇〕依反，下涓悅反。鄭注論語云：譎，猶詐也。鄭箋毛詩云：譎，不直言也。說文云：欺也〔六一〕。下從言矞聲。矞，葵聿反。

音續高僧傳　第十卷

顧眄（眄）　上古路反。鄭箋毛詩云：顧，猶視也。蒼頡篇云：旋也。廣雅云：向也。說文云：迴視。文從頁雇聲。雇音同上。下眠甸反。說文：眄（眄），猶邪視也。又目偏合也。從目丏（丐）〔六二〕聲。丏（丐）音綿偏反。傳文作眄，俗謬字也。

逃迸　上音陶。廣雅云：逃，避也。說文云：亡也。從辵兆聲。傳文作迯，俗字也。下伯孟反。鄭玄注禮記云：迸，放流也。字書亦從足作跰，跰猶散也。古今正字：從辵并聲。

自揣　下初委反。說文：揣，量也。從手耑聲。耑音端也。

齊鑣　下彼苗反。爾雅云：鑣，謂之钀。郭注云：钀，馬勒之鐵也。考聲云：鑣，馬排沫也。說文云：鑣，馬銜也。從金麃聲。麃音庖，亦從角作觿，音義並同上。傳文作驃，俗字也。

斂翮　下衡革反。爾雅云：羽本謂之翮。郭璞注云：鳥羽根也。說文：羽莖也。從羽鬲聲。鬲音格之也。

隨漢　上遂規反。廣雅云：隨，逐也。考聲切韻云：隨，國名。說文：從辵隋聲。隋音同。案：隋［漢］〔六三〕皆國名也。

竝騖　上正並字。說文：並，併，從兩立。下巫仆〔六四〕反。穆天子傳曰：騖，驅馬疾行也。廣雅云：奔也。說文：從馬敄聲。敄音武字也。

鯨鯢　上競迎反。淮南子云：鯨魚死而彗星見。見音峴。字統云：鯨，海中大魚也。許叔重曰：鯨，即魚之王也。說文云：鯨，海大魚也，從［魚〔六五〕］畺聲。亦從京作鯨，通用。傳文作鯨，俗字也。下詣鷄反。杜注左傳云：鯨鯢，大魚也。顧野王云：鮑（鯢）〔六六〕食小魚也。說文：鯢，刺魚也。從魚兒聲。兒音同。

私覘　上正私字，下諂焰反。鄭注禮記云：覘，窺視也。杜注左傳云：覘，伺也。說文：從見占聲。

淛（浙）〔六七〕東　上氈熱反。字統云：浙江出會稽郡。考聲亦云江名也。古今正字：從水折聲。

厎磺〔六八〕　上音止。前第七卷已釋訖。下虢猛反。廣雅云：鐵璞〔六九〕謂之磺。說文云：磺，銅鐵璞也〔七〇〕。從石黃聲。作丱，音同。

東甌　下烏侯反。郭璞注方言云：今臨海永寧縣，即東甌，在海也。說文：從瓦區聲。區音同也。

宗勣　下精歷反。聲類云：勣，功也。賈逵注國語云：勣，緝也。古今正字：從力責聲也。

童齔　下初覲反。說文：從齒七(匕)〔七一〕聲。前高僧傳第二已釋訖。

緘避　上古咸反。前高僧傳第八已釋訖。下曹比〔七二〕反。曹音墨崩反。顧野王云：默靜不言也。說文：從犬黑聲。字書亦從曰作黑，音同。

璽書　上思紫反。前第一卷已訓釋訖。

有瀅　下縈定反。楊子雲甘泉賦云：猶弱水之潩瀅。文字典説與玉篇並同，從水瑩聲也。

癵躄　上劣員反。聲類云：癵，病也。顧野王云：癵謂身體拘曲也。考聲云：手足病也。文字典説：從疒䜌聲。字書從手作攣，或從舛作䜌，音義並同。傳文從足作䜌，俗，非字也〔七三〕。下并僻反。韻略云：躄，跛不能行也。顧野王云：謂足偏枯也。古今正字義同，從足辟聲。説文正從止作壁，音義並同也。

痼疾　上音固。説文正從古作㾖。禮記云：身有㾖疾是也。前高僧傳第九已釋訖也。

偓齪　上音握，下士角反。應劭注史記云：偓齪，急促之皃也。又曰：其民握齪，頗有桑麻業也。埤蒼、聲類並云：迫促皃也。説文：從人屋聲。下齪。古今正字：從足齒聲。故漢書云：偓齪，亦急促皃也。

鄭頲　下丁冷反。人名也。

泉涸　下胡各反。賈注國語云：涸，竭也。字書：乾也。説文：從水固聲也。

終窶　下衢庾反。詩云：終窶且貧。傳文：窶猶無禮。爾雅云：貧也。字書云：空也。説文：從穴婁聲。婁音樓。

層巘　上贈棱反。郭璞注山海經：層，重也。王逸注楚辭云：累也。説文：層，重屋也。從尸曾聲。下言蹇反。郭璞注爾雅云：巘，山形如累兩甑狀爲巘也。古今正字義同。從山獻聲。

歧(岐)〔七四〕嶷　上蚚移反。毛詩傳云：歧嶷，知意也。鄭玄箋云：歧歧然，意有所知也。説文：從山攴聲。攴，正攴字，從半竹。下凝棘(棘)〔七五〕反。毛詩傳云：嶷，憿(識)〔七六〕也。鄭玄箋云：嶷然，有識別也。考聲云：嶷然，小兒生而有知也。説文亦小兒有知也。從口疑聲。傳文從山作嶷，非。又作儗，音同上也。

崤函　上效交反。孔注尚書云：崤，要塞地也。杜預注左傳云：崤函在澠池縣西。説文：從山肴聲。下音咸。班固西都賦云：左據函谷二崤之阻。説文：從弓巳聲〔七七〕。弓(㔾)〔七八〕音呵感反。考聲云：函，關名也。

彭淵　上音浄，下伊玄反。僧名也。前高僧傳第二釋訖。

剜眼　上烏桓反。埤蒼云：剜，猶削也。廣雅義同。埤蒼云：正從刀作剜。説文：剜，挑也〔七九〕。從刀夗聲。夗音琬。傳作剜，俗字也。

僧儔　下直流反。僧名也。

霆擊　上定寧反。郭璞注爾雅云：霆，疾雷也。蒼頡篇云：霹靂也。王弼注周易云：霆，電也。霆，雷餘聲也。從雨廷聲也。

迮隘　上争革反。埤蒼云：從穴作窄。聲類云：窄，迫也。字書：正從竹，笮。鄭衆注周禮云：笮，陋也。説文云：迮(笮)〔八〇〕，從竹乍聲。考聲與聲類同，亦從穴作窄，云陋小

也。又作庨，音同上。下戹界反。廣雅云：隘，陿也。王逸注楚辭云：險陿傾危也。顧野王云：隘，猶迫側也。說文義同，從自益聲。亦從戹作阸，俗字也。

寺墌 下征石反。前高僧傳第十卷已釋訖。

湮廢 上壹珍反。郭璞注爾雅云：湮，沉落也。說文：没也。從水垔聲。垔音因。文字集略、衛宏並從水洇，古文作湮，音同者也。

便耵 下而志反。孔注尚書云：耵，截耳也。廣雅云：耵，截也。說文云：耵，斷耳也。從刀耳聲者也。

糇粒 上候溝反。說文從食作餱。文字集略云：餱，乾食也。考聲作糇，云糧也。下音立。孔注尚書云：米食曰粒。說文云：粒，糂也。從米立聲。糂，三敢反。古文從食作飡，音同上也。

旣裝 下莊狀反，去聲字也。許叔重云：裝，猶束也。說文：裝，裹(裹)〔八一〕也。從衣壯聲也。

倨傲 上居御反。杜預注左傳云：倨，傲也。鄭玄注禮記云：倨，不敬也。說文云：倨，不遜也。從人居聲。下敖誥反。孔注尚書云：傲，慢也。博雅云：蕩也。廣雅云：慢也。說文云：倨也。從人從敖聲。敖〔八二〕，正敖字也。

胭頷 上鷰肩反。蒼頡篇從口作咽，與胭字同。博雅：咽，嗌也。聲類云：喉也。考聲亦從肉作胭，云喉也。古文從口作⿰口垔，又作臙，音並同。說文亦嗌也，從口因聲。下含敢反。方言云：頷謂頤也。說文：從頁含聲。嗌音戹，頤音夷，頁音纈也。

僧懾憚 上占葉反。鄭注禮記云：懾，恐懼也。說文：從心聶聲。下壇旦反。鄭玄箋毛詩云：憚，畏也。廣雅云：驚也。說文云：忌惡也。從心單聲也。

雄傑 下虔蘖反。鄭玄注禮記云：傑，才出千人也。說文：從人桀聲。桀音同。

江漘 下順春反。毛詩云：漘，水涯隒也。說文：從水脣聲。隒，嚴撿反。

恰周官 上口甲反。考聲云：恰，用心皃。韻略亦用心也。諸字書並無此字也。

鉦鼓〔八三〕 上隻盈反。毛詩傳云：鉦以靜之。鄭玄注考工記云：鍾之體曰鉦。說文云：鉦，鐃也。從金正聲。下姑午反。王逸注楚辭云：鼓以鳴之。說文云：鼓，從壴攴聲〔八四〕。攴，正攴字，從半竹。壴音竹句反也。

湛露 上澤減反。毛詩傳云：湛湛，露盛皃也。說文：從水從甚聲。下露者，韓詩外傳云：露，覆也。賈逵注國語云：露，葢(蓋)〔八五〕也。說文云：露，潤澤也。謂天之津液所以潤萬物也。從雨路聲者也。

晞晨 上許依反。毛詩傳云：晞，乾也。說文：從日希聲也。

瘞于 上英刈反。爾雅云：瘞，埋也。郭璞注曰：瘞謂微、幽、藏也。說文：從㾜土聲〔八六〕。㾜音愜。古文作陸，音義並同也。

含嚼 下匠爵反。許叔重注淮南子云：嚼，咀也。廣雅云：嚼，猶茹也。說文云：爵也。從口爵聲〔八七〕。爵，正爵〔八八〕字者也。

續高僧傳 第二卷〔八九〕 從六盡十〔九〇〕

校勘記

〔一〕說文：模，規也。從手莫聲　今傳本說文：「模，法也。从木莫聲。」
〔二〕反　各本無，據文意補。
〔三〕揩　據文意似當作「楷」。下同。
〔四〕拭　據文意似當作「式」。
〔五〕鄭　各本無，據文意補。
〔六〕字　獅作「宇」。
〔七〕合　今傳本說文作「並」。
〔八〕兼　據文意似作「兼」。
〔九〕方言云：莅，臨也　今傳本方言爲：「暟、臨，昭也。」
〔一〇〕牝　今傳本說文作「牡」。
〔一一〕說文云：媪，女人長老稱也　今傳本說文：「女老稱也。」
〔一二〕視　今傳本說文作「窺」。
〔一三〕履　今傳本說文作「屐」。
〔一四〕感　獅作「咸」。
〔一五〕說文云：盱以憂病也　今傳本說文：「張目也。」段注：「釋詁，盱，憂也。此引申之義。毛詩鄭箋：盱爲病。又憂之引申之義。」
〔一六〕一　獅作「二」。
〔一七〕縻　據文意似當作「糜」。下同。
〔一八〕縻　據文意似當作「糜」。
〔一九〕浣　獅作浣。今傳本說文：「濯，瀚也。」
〔二〇〕臬之十潔也　今傳本說文：「臬之十絜也。」段注：「十絜猶十束也。」
〔二一〕作　各本無，據文意補。
〔二二〕㮳　即「梗」。
〔二三〕說文云：篦，竹篋也　今傳本說文：「篦，竹高篋也。」
〔二四〕赤色　據文意似當作「幡」。
〔二五〕終　今傳本鄭注儀禮作「止」。
〔二六〕說文：紃謂圜繞也　今傳本說文：「紃，圜采也。」段注：「圜采，以采線辮之，其體圜也。」
〔二七〕說文云：颻，浮摇也　今傳本說文：「飄，扶摇風也。」
〔二八〕說文：目無眸子也　今傳本說文：「盲，目無牟子也。」段注：「牟，俗作眸。」
〔二九〕几　據文意似作「口」。
〔三〇〕說文：垣，五板爲堵　今傳本說文：「堵，垣也。五版爲一堵。」
〔三一〕覩　獅作「都」。毌　古貫字。
〔三二〕卢　各本無，據說文補。
〔三三〕說文：從一横毌　今傳本說文：「毌，穿物持之也。从一横貫，象寶貨之行。」
〔三四〕說文云：阱，陷坑也　今傳本說文：「阱，陷也。」
〔三五〕從甲從肉聲也　據文意似爲「從肉從甲聲也」。
〔三六〕芮　據文意似當作「芮」。
〔三七〕說文云：治稼　今傳本說文：「治稼畟畟進也。」
〔三八〕懈　今傳本說文作「解」。
〔三九〕戮　獅作「戮」。
〔四〇〕說文：從竹畢　今傳本說文：「篳，藩落也。从竹畢聲。」
〔四一〕蚋　即「蚋」。下同。芮　據文意似當作「芮」。下同。
〔四二〕說文云：用，行也。從卜中。衞宏　今傳本說文：「用，可施行也。从卜中。衞宏說。」
〔四三〕用　據文意似當作「用」。
〔四四〕說文：嵬而不平也　今傳本說文：「山石崔嵬，高不平也。」
〔四五〕說文云：八家同一井　今傳本說文：「井，八家爲一井。」
〔四六〕說文云：度也　今傳本說文：「跨，渡也。」
〔四七〕說文云：出瀆無者曰谿　今傳本說文：「山瀆無所通者。」
〔四八〕滂流　此條獅無。
〔四九〕省　衍。
〔五〇〕爽　據文意似作「爽」。
〔五一〕曰　獅作「田」。
〔五二〕烹　衍。獅無。
〔五三〕說文云：躧，履也　今傳本說文：「躧，舞履也。」
〔五四〕福　據文意似當作「福」。
〔五五〕曰　據文意似當作「冃」。下同。
〔五六〕摸　據文意似當作「模」。
〔五七〕說文云：炎，火行也　今傳本說文：「炎，火光上也。」

〔五八〕毛　各本無，據文意補。

〔五九〕收　王念孫廣雅疏證作「陞」。

〔六〇〕凡　據文意似當作「几」。

〔六一〕說文云：欺也　今傳本說文：「譎，權詐也。」

〔六二〕眄　據文意當作「眄」。下同。丏　據文意當作「丏」。下同。

〔六三〕漢　各本無，據文意補。

〔六四〕仆　獅作「付」。

〔六五〕魚　各本無，據文意補。

〔六六〕鮑　據文意似當作「鯇」。

〔六七〕淅　據文意當作「浙」。

〔六八〕底磺　今傳本經文爲「砥礪」。

〔六九〕璞　今傳本廣雅作「朴」。

〔七〇〕說文云：磺，銅鐵璞也　今傳本說文：「磺，銅鐵樸石也。」

〔七一〕七　據文意當作「匕」。

〔七二〕比　據文意似當作「北」。

〔七三〕癵　集韻：「癵，病體拘曲也。或作癵。」

〔七四〕歧　獅作「岐」。下同。

〔七五〕棘　據文意當作「棘」。

〔七六〕幟　據文意當作「識」。

〔七七〕說文：從弓曰聲　今傳本說文：「从弓，弓亦聲。」

〔七八〕弓　據文意似作「弓」。

〔七九〕說文：剜，挑也　今傳本說文：「剜，削也。」

〔八〇〕迮　今傳本說文作「笮」。段注：「說文無窄字。笮窄古今字也。屋笮者本義。引申爲逼窄字。」

〔八一〕裹　今傳本說文作「裹」。

〔八二〕敖　據文意似當作「敳」。

〔八三〕鼓　即「鼓」。

〔八四〕從豈攴聲　今傳本說文：「从攴豈聲。」

〔八五〕荖　據文意似作「蓋」。

〔八六〕從疾土聲　今傳本說文：「从土疾聲。」

〔八七〕說文云：嚼也。從口爵聲　今傳本說文：「噍，齧也。从口焦聲。噍或從爵。」

〔八八〕爵　據文意似作「爵」。

〔八九〕續高僧傳第二卷　似衍。

〔九〇〕從六畫十　似衍。

一切經音義　卷第九十三

翻經沙門慧琳撰

續高僧傳　第十一卷　從十一盡十六

杞梓　上音起，木名也。山海經：東始之山有木，狀如楊而赤理，其汁如血，無實，名曰杞。下茲死反。南方木名也，桐、梓、漆堪作琴瑟。說文並從木，形聲字也。

勍鋒　上競迎反。左傳云：勍敵之人也。說文：强也〔一〕。埤蒼：健也。廣雅：武皃，從力京聲也。

竚聆　上除吕反。字鏡：竚，立待也。或作佇、宁，音訓同。下力丁反。韻詮云：聆，聽也。或從立作聆（竛）〔二〕。說文從耳令聲。

亟動　上矜力反。說文：從二從古〔三〕人從口從又。韻英云：亟，急也。天地之間，人於手口最急。會意字也。

自揣　初委反。除也，量也。說文：從手耑聲也。

齊鑣　表苗反。今之馬銜上排沫也。傳文從馬作驫，非也。

敻古　血縣反。考聲云：遠也，營求也。說文：從人從四，夏聲也〔四〕。四音營，敻音兄域反。

王頍　窺絹反。說文：頭小銳，舉頭也，從支頁。窺音缺規反。

砥礪　上音止，下音例。尚書孔注云：砥細於礪。皆磨石也。山海經云：出崦嵫山，多此石。

有瀅　縈定反。水澄湛之皃也。

孌躄　上力傳反，下卑亦反。不具足也。前已訓也。

蘄州　上音其。

層巘　上賊棱反，下言謇反。山巖也。

崤函　上户交反，下音咸也。

寺墌　征亦反。基也。

郿　音眉，縣名也。

卓犖　力卓反。考聲云：高皃也。言其人英傑俊彦也。

雄憨　呼濫反。玉篇引毛詩傳：憨，愚也。從心敢聲。

常莅　梨至反。考聲：臨也，從草位聲。

江漘　順春反。韻英云：水涯際也。郭注爾雅云：厓上平坦而下水深者爲漘，不發聲也。從水脣聲也。

止泊　膊莫反。王注楚辭云：泊，止也。水中可居止曰泊。從水白聲。

鉦鼓　上之盈反。毛詩傳曰：鉦以静之，鼓以動之。說文：鐃也。從金正聲。

麈尾　上音主。毛扇也。象麈鹿之尾，以寶飾其柄名麈尾扇。講論者以爲談柄也。

賻賵　符付反，與附同音。鄭注周禮云：謂贈喪家死衣助不足也。歸死者曰賵，歸生者曰賻。賵音豊諷反。說文從貝

專聲。

瘞于　於闕反。爾雅云：祭天曰燔柴，祭地曰瘞薶。郭璞曰：幽藏也。瘞，埋也。

續高僧傳　第十二卷

恭撝　毀爲反。王注周易云：左右指撝也。形聲字也。

恪慎　康各反。韻英云：敬也。或作𢡱、愙，並同。

確法師　腔角反。腔音可江反。確或作塙、碻。韻英云：牢固皃也，確定不移也。

斷覈　上端亂反。斷，決獄也。不(下)〔五〕衡革反。漢書云：審其罪也。說文：考實事也。從襾襾呀賈反敫聲敫音擊也。

恒公　岡鄧反。韻英云：恒，乾也。形聲字，亦兼會意字也。

商搉〔六〕　音角。顧野王云：搉，量也。

濤浦　上音桃，下音普，並從水。

照鑠　下傷灼反。郭璞曰：鑠，光明也。形聲字也。

孝凱　開改反。韻英云：振旅樂名也。

撤膳　上恥列反。韻英云：以手抽去也。從手，形聲字也。

慧昞　兵皿反。皿音明丙反。或炳。昞，明也。人名也。

幽賾　下柴責反，幽深之稱也，從叵，叵音夷。

摳衣　口侯反。禮記：兩手摳衣。考聲：搴衣也。從手。

傅綷　音載。人名也。下綷，事也。

霈然　音配。考聲云：霶霈，多雨皃也。

仄席　上音側。書曰：明明揚仄陋。廣求賢人也。

踟躕　上長知反。或躊，長留反。下長誅反。或作躊(躇)〔七〕，長於反。二字各二體並通用。考聲云：徘徊也。小疑未審不進也。並從足，形聲字也。

度棧　查限反。險逕板道也。從木戔聲，戔音同上。

捻掇　下論(端)〔八〕活反。手拈取也。拈音念兼反，從手。

沖邃　上逐融反，下雖醉反。幽深不測皃。見小爾雅。

恂恂　音巡。恂恂，不倦誘也。

陟岵　上徵力反，下音古。後周時寺名也。

彝倫　上音夷。或從彐廾作彝。彝，常也。古文作彛也。

扃閉　上癸營反。

淹漬　上掩炎反。左傳：久浸也。下慈寺反。說文：漬，漚也。亦浸也。

打刹　上徒丁反。或作朾。說文云：打，橦也。橦音濁江也(反)〔九〕。

繕構　上音善。杜注左傳云：繕，治也。說文：補也。下溝候反。玉篇：架屋也。說文：蓋也，形聲字者也。

廝下　先賫反。考聲云：曀(噎)也。聲破也。賤士也，故廝下之徒也。

情槩　該礙反。考聲云：節也。從木，會意字也。

爆裂　上色(包)〔一〇〕皃反。火灹也，有聲曰爆。

徒跣　先剪反。親於地不躡履也。說文：從足先聲。

躓礙　上知利反。玉篇：躓，頓也。下我蓋反。考聲：不進之也。

褒美　上保毛反。讚美也。

焜煌　上魂穩反，下音皇。方言：光盛皃。焜，燿也。說文：煌，煇也，形聲字。

嚫錫　初阠反。阠音莘儭反。傳文從貝，非也。韻英云：親(嚫)〔一一〕，施也，從口親聲也。

機捷　潛葉反。考聲云：慧也。疾也。戰勝也。健也。説文從手疌聲，疌音同上。

歔欷　上音虚，下音希。考聲云：悲傷也，泣之餘聲也。並從欠，形聲字也。

連洏　下耳之反。韻略云：連洏者，泣淚流皃。易曰「泣血漣洏」是也。形聲字。

擢知　音濁。揀〔一一〕擇知也。

高屧　暹葉反。考聲云：如屐而厚無足也之屧。屧音同，以木爲底也。

荷擔　荅南反。韻詮云：以木荷物也。從手。上音賀也。

瀛洲　上音盈，以征反。

荐餧　上錢薦反。考聲云：仍歲不熟曰荐。説文從草存聲。下奴猥反。孔注論語云：餧，餓也。轉注字，從食委聲。

斃者　毗袂反。韻英云：斃，死也。會意字也。

岷嶓　上密彬反。彬音筆旻反。蜀地山名也，江水出焉。下音波。嶓冢，山名也，漢水上原也，在漢中也。

喎偏　上快乖反，口偏也。下音篇，形聲字也。

隩隅　上音奥，下音愚。並從阜也。

自縊　下伊計反。杜注左傳云：自經死也。説文：從糸益聲。

商搉〔一三〕　下音角。考聲：專利也。略也。説文：從手隺聲。

歎訝　下牙稼反。考聲：[訝猶驚歎也]〔一四〕。

秀峙　下馳里反。考聲云：山獨立也。或作峙、跱，用並同者也。

鏘鏘　鵲陽反。嚴整皃。

迎睇　下啼戾反。前第四卷中已釋訖。

廊廡　下音舞。前第一卷已釋訖。

締構　上音蹄。王注楚辭云：締，構也。架構堂也。

恢恢　苦回反。大也。

胷襟　上音凶。説文：膺也。或作匈，亦通也。

智琚　音居。僧名也。

父褘　倍希反。琚師父名也。從衣。

窂（牢）〔一五〕醍　上老刀反。正體字也。從宀省從牛〔一六〕，造字本意。

葷辛　上暉雲反。前高僧傳第十二卷已具釋訖也。

舊垗　下音兆。説文云：古文兆字也。文字典説云：土窀也。又趙、姚二音。説文：窯也，燒瓦竈也。傳作姚，非也。

鍬鍤　上峭霄反。玉篇從喿作鐰。方言云：趙魏之間謂鍤。郭注爾雅及[方〔一七〕]言作銚，訓亦鍤。爾雅又作庣，音同。下楚甲反。鍤，亦鍫也。或作鍵，古字也。臿音同上也。

安叡　悦慧反。説文：叡，智也〔一八〕。從目從㕡省，㕡音殘從谷省也。

殲　上接鹽反。毛詩傳：殲，盡也。何注公羊：殲，死也，滅絶也。從歺。歺音矜。

幽洌　下連哲反。周易：井洌寒泉食。王注云：洌，潔也，寒也，清也。形聲字。

續高僧傳　第十三卷

智璀　崔磊反。人名也。

覼遺　上測近反，施物也。下惟恚反。考聲云：加也，與也，相惠也。

蕭瑀　于迂反，與禹同音。唐朝南省長官也。

温彜　以脂反。聲[類]〔一九〕云：常也。人名者也。

諠譁　上音喧，下音花。多人也。

滹流　上音索，逆流而上也，見韻詮。說文：從水虖聲也。

猜隱　采哉反。意不能明也，似犬多疑，故從犬青聲也。

兼迾　上頰鹽反。正體兼字，會意字，手執二禾曰兼。下音列。考聲：清也，潔也，寒之也。

瞥見　片滅反。[文[二〇]]字集略云：暫見也。瞥見不久也。說文：從目敝聲。

愔鬱　上壹淫反。和悅皃也，静也。下經律前文已釋訖。

溟渤　上音冥，下音勃。東海之別名也。

乘舶　下音白。海中大船也。纍枋木爲之，板薄不禁大波浪，以椰子皮索連之，不用鐵丁(釘)[二一]，恐相磨火出，千人共駕，長百丈大船也。

緬謝　上綿遍反。緬，想也。

糅以　上尼救反。鄭注儀禮云：雜也。古今正字：從米柔聲。或作粗，音同上。又音而救反。

絢[二二]彩　上血絹反。鄭注儀禮云：彩文盛曰絢。馬注論語云：絢，文皃。說文：從糸旬(旬)[二三]聲。旬音縣，糸音覓。

織綜　下宗送反。列女傳：織者可以喻政，推而去引而來曰綜。說文：從糸宗聲也。

負囊　下諾郎反。毛詩傳曰：有底曰囊，無底曰槖。槖音託也。

踤轢　上誇寡反。前第四卷已釋訖。下零的反。蒼頡篇云：轢，輾也。呂氏春秋：陵轢諸侯是也。說文云：轢，謂車所輾也[二四]，從車樂聲。輾音尼展反。

頿髯　上子斯反。左傳云：靈王生而有頿。說文云：口上須也，從須此聲。傳文從髟作髭，亦同。下染占反。髯，即頰須也，從須冉聲。莊生云：美須顩。顩即頰毛也。傳文作髯，亦通。時用字也。冉音同上也。

坑坎　上客庚反。或從阜作阬。顧野王云：坑，壑也。亦池塹(壍)[二五]也。說文：坑，墟也，從土亢聲。下堪敢反。考聲云：小坑。

祖祢　上租古反。爾雅：祖，始也。顧野王云：祖，上也。廣雅：本也，遠也。說文：祖，始廟也。從示且聲。下泥底反。古文作禰。今俗從草。隸作祢。周禮：父廟也。文字典說從示尔聲，轉注字。

睆[二六]爾　上還綰反。論語云：睆尔，小笑皃也。毛詩：美皃也。說文：從目皃聲。皃音治[二七]官反。

灑塵　上沙雅反。水灑地也。

刺股　上此四反。正體剌字也。

鉎[二八]刃　上音生。於柔鐵上火臨生鐵也，令其剛利。

鵬舉　上音朋，大鳥名也，形聲字。下舉字，下從手。

林藪　下桑走反。鄭注周禮云：澤無水曰藪。說文：大澤也。從草藪[二九]聲也。

衒才　上玄絹反。說文：行賣也[三〇]，從行玄聲。亦作衙。

桎梏　上音質，下音谷。亦名杻械。在手曰梏(梏)[三一]，在足曰桎。說文二字並從木，形聲字也。

鬻德　上融祝反。周禮：鬻，賣也。說文：從鬲粥聲也。鬲音歷也。

嘲謔　上張交反。或從口作啁。蒼頡篇云：嘲，調也，戲也。下香約反。郭注爾雅云：以言相調戲也。形聲字。

亹亹　微匪反。上正下俗，前文已具釋訖。

汪濊　上臒黃反。臒音厄郭反。杜注左傳云：汪，污池也。楚辭注云：大水深廣也。下隈外反。韓詩云：水浸流也。說[文][三二]云：濊，疑(礙)[三三]流也，從水歲聲。正體歳字也。

玄詧　音察。人名也。

駐蹕　上誅屢反。蒼頡篇云：駐，止也，住也。下音畢。鄭注周禮云：君車行清道，即今之警蹕也。或從走作趕，或從言作譁，義訓並同。説文：從足也。

久頒　八蠻反。或作班。左傳：頒，布也，列也。説文：從分。分字從八從刀作分。

擺撥　上百賣反。説文：揮手也。或從畢作捭〔三四〕，並從手。下半末反。説文：以手撥物也〔三五〕。從手發聲也。

管轄　閑戞反。戞音間八反。車軸頭堅鐵也。

縶維　上知立反，縶也，禁也。下音惟，方角也。

倜儻　上天的反，下湯朗反。司馬相如封禪文云：倜儻，窮變驍健也。廣雅：卓異也。並從人，形聲字也。

夰父　跨瓜反。莊子云：與日角走，渴死於北地。説文：從大屮聲〔三六〕。屮音苦封反。論作夸，俗字也。

欲睎　下音希。説文：睎，望也。或作希。

瀅中　上縈定反。前第十卷已説。

捫淚　上音門。聲類云：捫，猶摸也。從手門聲。

傀偉　上公回反。方言云：傀，盛也。司馬〔彪〕注莊子云：美也。下韋鬼反。廣雅：奇也〔三七〕。二字並從人。

樊綽　下昌若反。人名也。

坐殯　下賓刃反。鄭注禮記：死者在棺未葬，停西堦之上曰殯。説文：從歺賓聲。傳文從土作壙，非也。正體從丏〔三八〕。

淋落　上音林。下音洛。説文：以水沃聲〔三九〕。

續高僧傳　第十四卷

慧顒　下於倫反。僧名也。

慧瑜　下庚珠反。亦僧名也。

父珉　下密彬反。知琳父名也。

昂形　上我岡反。案昂形，即昂藏丈夫之稱也。説文云：從曰卬聲。字書從卩作昂，卬音同上。

爵法師　上音爵。史記徐廣注云：白浮皃。説文：青白色。從爵從白。傳文從肉作臄，非也。皭字，正體也。

邳國　上被悲反。左傳：奚仲遷于邳。即今下邳是也。説文：從邑丕聲。丕音披。

鋒鏑　上音烽，下音丁歷反。前高僧傳第一卷中已具釋訖。

未爇　下壖拙反。壖音耎專反。杜注左傳云：爇，燒也，然也。説文：從火蓺聲，或從火作焫〔四〇〕，音訓並同也。

浹旬　咸甲反。韻詮云：浹，潤也。十日名旬，從甲至癸也。

凜懷　上林錦反。考聲云：凜，敬懼也，心㤈也。埤蒼云：凜，慄也。古今正字：從冰亶聲。下懷乖反。論語：懷，安也。韻英：思也。説文：從心褱聲。音同上。

蹊逕　上系鷄反，糸音奚計反。杜注左傳云：蹊即逕也。鄭注禮記：蹊，禽獸道也。古今正字：從足奚聲。下經脛反。鄭注周禮云：逕，道也。所以通車徒於國都也。鄭注禮記云：逕，直渡也。説文作徑，正也。

迴旟　下與徐反。韻英云：隼旗也。畫鷹隼於上，取其迅疾也。郭注爾雅云：剥鳥皮置之竿頭，言其勇也。韻詮云：旟行如鷹隼之疾也。説文：從㫃與聲。

歧嶷　上巨移〔反〕〔四一〕。韻英云：歧路也。下凝棘反。或從口作嶷。言其語勢高大如岐山也。

縉紳　上音晉，下音申。案縉紳者，大帶也。作紅白色，古者衣冠之責〔四二〕飾也。書以記事也。

履軾　上履字。説文：從尸從彳從夂舟。以麻作之。下音式。韻英云：車前横木也，敬也。廣雅：車輣謂之軾。以綵結馬尾爲軾也。

寓内　上音宇，宇宙之内也。

溘爾　堪鴿反。楚辭云：寧溘死以流亡。考聲云：大水忽至。或作溘，亦通。

高邈　下庬剥反。毛詩傳：邈，大皃。王注楚辭云：遠也。方言：廣也。曠遠之皃也。

城塹　上城字，正體中從丁。世本云：鯀作城。淮南子：玄鯀作九仞之城。七尺曰仞。説文：從土成聲。下妾焰反。字書：塹，城隍也。説文：從土斬聲。

皆莲　下初瘦反。杜注左傳云：莲，副也。韻詮云：草根也。説文：從草造之聲也。

氓庶　上音盲。毛詩傳：氓，民也。鄭注周禮云：懞也。無知皃也。

擐甲　還慣反。杜注左傳云：擐，穿貫也。説文：從手睘聲。貫音官也。

闔境　含蛤反。爾雅云：闔謂之扉（扉）[四二]。閉也。蛤音甘荅反。

萎悴　上委爲反。毛詩傳云：草木死壞也。下情遂反。郭注方言：悴，傷也。説文：憂也。從心。

談謔　下香約反。傳文從虎作謔，書誤也。前第五卷已訓釋。

砥礪　上之耳反，下力制反。二字皆磨石也。

支派　下拍賣反。玉篇云：水分流。説文：從反書永字也。

斲石　上音卓。孔注尚書：斲，斫也。或作斲。爾雅云：削也。説文亦斫也，從斤㽛聲也。㽛音豆也。

爲龕　下坎甘反。韻詮云：龍穴也。士室也。韻英云：龍皃也。説文：著佛像處。從龍從含省聲也[四四]。

邛僰　上共恭反。漢書：蜀郡有邛縣。説文：從邑工聲。下朋北反。聲類云：僰者，羌之別種。説文：棘（僰），揵（犍）爲蠻夷。從人棘聲也。棘音矜力[反][四五]，從並二束，不是束。

酇國　上藏何反。説文：南陽有酇縣，沛郡亦有酇縣。贊，正體贊字。

天潢　晃光反。杜注左傳：潢，污池也。停水處也。亦積水也。一云：潢，潦也。

帝系　説文云：帝者，王天下之號也。從古文上字束聲也。古文作帝[四六]。下奚計反。世本有帝系篇：子孫相承，繼續不斷絶也。説文云：系，繫也，從糸丿聲。丿音曳也。

八埏　下演栴反。漢書音義：埏，地極邊際也。古今正字：從土延聲。傳文從手，非也。

智略　良酌反。僧名也。韻英：利也。

吴濞　下披美反。吴王劉濞名也。

滬瀆　上胡古反。山海經云：黄帝臨玄滬之水，靈龜負圖而出。即此水也。文字典説：從水扈聲。扈音同上。下音獨。

揮飆　上音暉，下比宵反。韻英云：風名也。郭注爾雅云：暴風從上向下曰飆。猋音同上，從三犬，不從火。

闞迥　上堪濫反。蒼頡篇云：闞，視也。或從目作瞰，訛（訓）[四七]義同。説文：從門敢聲。下熒炅反。爾雅：迥，遠也。説文：從辵同聲也。

道勰　下嫌頰反。爾雅：勰，和也。説文：思也[四八]。形聲字。

哮吼　上孝交反。埤蒼云：哮，赫怒也。説文：從口孝聲。下訶苟反。楚辭：熊羆嗥吼。考聲：牛虎吼聲也。

遷貿[四九]　上音干。賈注國語云：易也，從也。杜注左傳云：移

也。說文：登也。從辵䍐聲。䍐音千。下矛候反。玉篇云：貿，交易。說文：易財也。從貝丣〔五〇〕聲也。

汲冢　上音急。地名也。汲郡有安釐王古冢。晉時有人盜發此冢，得竹簡數束，皆古之墳典也，時俗號爲汲冢記。說文：冢字從勹從豕〔五一〕。豕音丑録反。豕亦聲也。

而陿〔五二〕　下咸甲反。顧野王云：陿，謂不廣大也。說文：從阜匧聲也。匧音謙葉反。傳文從手作㨌，非也。

帷扆　上葦悲反。鄭注周禮云：在傍曰帷。廣雅：帷，帳也。說文：從巾隹聲。下衣豈反。郭注爾雅云：窗東西曰扆。說文：從户衣聲者也。

賜縑　下頰嫌反。廣雅：緝〔五三〕謂縑。說文：縑，絲繒也。從糸兼聲也。

笠澤　上音立，下音宅。字書云：笠澤，吴地澤名也。此澤無樹木，常張蓋笠而行，因以名焉。從竹從立。

冕瑬　上音免。鄭注周禮云：六服同名冕。此首飾也，尊。又云：冕者，延上之覆也。世本云：黄帝作冕。說文云：從冃冃音帽免聲。下音流。毛詩傳曰：瑬章。尊者之首飾，垂珠以蔽忽也。說文：從玉流聲。形聲字也。

賻贈　上音附。韻詮云：以財帛助喪家不足曰賻。說文：從貝専聲。専音敷。或作賵。豐夢反。韻英云：以車馬送死曰賵。說文：從貝冒聲。冒音帽。下賊鄧反。以財相遺也。玉篇云：贈，饋也。韻英：以物相送也。說文：從貝曾聲。

遞給　啼禮反，上聲字。前第一已釋也。

慧鸗　臧朗反。或作駔，僧名也。王逸注楚辭云：駿馬也。訓釋字義[與]〔五四〕駔同。一云千里馬也。會意字。駿音俊也。

琬琰　上於遠反。玉篇云：琬，玉圭也。下閻染反。說文云：玉圭長九寸〔五五〕，執以爲信，以征不義也。

獷厲　上號猛反，下力滯反。獷厲，惡性也。

鬲師　上音高老反。人名也。

慧懁　恚玄反。韻英：急之也。

續高僧傳　第十五卷

慧眺　下祧詔反。僧名也。傳文從月作朓，誤。

踰閫　上庾珠反。毛詩傳云：踰，越也。廣雅云：渡也。說文：從足俞聲。下坤本反也。鄭注禮記云：閫，門限也。說文從木作梱，門橛也。

嗚咽　上屋孤反。考聲云：悲歎之聲。字書亦從欠作歍。下煙結反。字書、考聲亦從壹作噎。聲類云：不平聲也。亦氣逆也。

有娠　下失真反。字書：正從人作身。廣雅云：身即孕、重、任、娠也。娠、身音義同。說文：從人從身聲。

竹笴稍　次笴，葛旱反。尚書大傳云：笴，若射儀之笴括。鄭玄注云：箭笴也。古今正字從竹可聲。下雙捉反。廣雅云：稍，矛也。埤蒼云：稍，長丈八尺矛也。文字典說云：今戟稍也。從矛肖聲。傳文從木作槊，俗字者也。

芮城　上儒鋭反。今河東有芮城縣也。

紊亂　上聞憒反。孔注尚書云：紊亂。說文云：紊亦亂也。從糸文聲。亂，正乱〔五六〕字也。

异度　上移志反。孔注尚書云：异，已也。已，猶退也。說文：從廾已聲。廾音拱字。

咸悭[五七] 下形冷反。王逸注楚辭云：悭，恨也。文字典説亦恨也。説文：從心巠聲。巠音經。

補綻 上逋姥反。顧野王云：補，猶塞其闕(闕)[五八]，治其蔽也。説文：從衣甫聲。下棖限反。裳綻裂紉針請補綴。鄭注禮記云：綻，解也。文字典説云：綻，裂也。從衣定聲。

觸故 上衝欲反。傳文作牮。古文觸字。廣雅云：觸，揬也。説文云：悦[五九]也。從角蜀聲也。

澧鄠 上覆風反。澧，水名。下胡故反。縣名也。已見前釋。

偃仆 上謁蹇反。孔注論語云：偃，僵仆也。廣雅云：偃，猶仰也。説文：從人匽聲。下朋北反。字統云：仆，頓覆也。考聲云：前倒覆也。文字典説：從人卜聲者也。

西院 下袁怨反。許叔重曰：院，以候風雨也。亦周垣也。説文：從阜從完聲。完音桓。傳文作阬，誤也。

南裔 下延噎反。孔注尚書云：裔，末也。杜注左傳云：遠也。廣雅云：裔，表也。説文：裔，衣裙也。從衣從冏聲。冏音女滑反。

驩州 上音歡。郡國志云：驩州，今交州安南管也。

揣文 上初委反。郭璞注方言云：揣，度成也[六〇]。左傳云：揣高卑之度。説文云：揣，量也。從手耑聲。耑，知桓反也。

糲食 上蘭恒反。淮南云：糲，粮之食也。蒼頡篇云：糲，粗米也，亦脱粟米也。説文：從米從萬聲。傳文從厂作糲，俗字也。

琰嚼 上鹽苒反，下牆略反。琰嚼二字高僧名也。已見前釋訖。

坎壈 前第六卷已具釋訖。

聯鑣 上列纏反。鄭玄注周禮云：古爲連皆作聯。聲類云：聯綿不絶也。説文云：聯，連也。從耳從絲。連，不絶也。絲音思。下表苗反。前第十卷已釋訖。

陗急 上音悄，謂山陵陗陖也。廣雅云：陗，急也。許叔重注淮南子云：陗，陖也。亦嚴刻也。説文亦陖也，從阜肖聲。傳文作峭，俗字也。

續高僧傳 第十六卷

林藪 下蘇走反。前第十三卷已釋訖。

蕭淵 下壹玄反。人名也。

霆擊 上狄形反。前第十卷已釋訖。下正擊字。説文云：擊，攴也。從手毄聲。毄音喫。

僧稟 下林錦反。字書正作亩。周禮：亩人掌九穀之數鮮也。鄭玄注禮云：魯謂之米亩也。説文云：亩，穀所振[六一]。從禾作稟。傳文從米作禀，俗字。

荒荐 下錢羨反。前第十一卷已釋訖。

蹋蹀磚[六二] 上談合反，次恬叶反。傳文作蹋，誤也。下惰和反。字書正從石作碢。傳文從金作錇，俗字者也。

僧稠 下宙流反。僧名也。

挺埴 上扇然反，下承食反。老子：挺埴以爲器。河上公注云：挺，和也。埴，土也。

河涘 下鋤史反。説文亦水涯也。從水矣聲。

傳檄 下刑鷁反。史記云「張儀相秦爲文檄楚相」是也。顧野王云：檠(檠)[六三]書，所以罪責當代者，而曉喻譬慰百姓之書也。漢書：可傳檄千里定也。説文：從木敫聲。

澄汰 下達帶反。廣雅云：汰，洗也。郭注爾雅云：以水去土。許叔重注淮南子云：達也。説文：從水太聲也。

鉛墨　上悦宣反。前第三卷已具釋訖。

廖公　上了消反。人名也。

託事　上傳文化(作)〔六四〕杔，木名，誤也。字書從言作託。方言云：託，寄也。又依也。

一盔　下半末反。下同，已見前釋。

廮陶　上纓郢反。漢書云：趙州有廮陶縣也。

挾帚　上嫌荚反。何休注公羊傳云：挾，猶懷也。説文云：挾，持也〔六五〕。從手夾聲。下周柳反。世本云：少康作箕帚。説文云：帚，除糞也〔六六〕。從又持巾掃冂内，會意字者也。

咆響　上鮑交反。楚辭云：熊羆咆也。廣雅云：咆，鳴也。説文云：咆，嘷也。從口色(包)〔六七〕聲也。

家默　上古寂字。傳文從人作家，誤。説文正作寂，無人聲也。

摺山嵩　上藍蛤反。廣雅：摺，折也。考聲云：敗也。説文云：亦敗也。從手習聲。下耻知反。字書正作离。杜注左傳云：离，山神，獸形也。説文：离亦猛獸也。從禽頭從禸中聲。傳文從虫作螭，非本義。禸音而九反，虫音毁也。

虓虎　上孝交反。毛詩傳云：虎之自怒虓然，謂虎怒聲也。説文：虓，虎鳴也。從虎九聲。

穨山　上兑迴反。字書正作穨字也。前第四卷已具釋訖也。

鴟吻　上齒之反。字書正鵄字。下聞粉反。案鴟吻，今殿堂結脊兩頭之飾也。

重瞳　上厨龍反，下童。尚書大傳云：舜目四瞳。埤蒼云：瞳，目珠子也。文字典説云：從目從童聲。

傴僂　上紆禹反，下録主反。顧野王云：傴僂，身曲恭益加也。廣雅：背曲也。説文云：傴僂，尪也。二字並從人，區婁皆聲。區音驅，婁音樓也。

滕公　上鄧能反。滕，國名也。漢書：夏侯嬰之邑號也。

酈食其　上音歷，下音箕。漢書云：人姓名也。

僧瑋　下韋鬼反。僧名也。

輪奐　下歡玩反。禮記云：美哉輪焉，美哉奐焉。鄭注云：奐，明也。前高僧傳第十卷已釋訖。

旱潦　下牢到反。考聲云：潦，水浸苗也。禮記月令作潦。云：水潦，敗其城郭也。説文：從水尞聲。尞音力召反。

嚻撓　上虚嬌反。鄭注禮記云：嚻，猶讙也。説文云：嚻，氣出頭〔六八〕。從㗊頁聲。㗊音戢，頁音纈。下拏咬反。廣雅云：撓，亂也。聲類云：撓，攪也。云擾也。從手堯聲也。

驪山　上利知反。山海經云：山名也。已見前釋。

譎對　上涓悦反。鄭注論語云：譎，詐也。鄭箋毛詩云：不直言也。説文云：譎，權詐也。從言矞聲。矞，巨聿反。下正對字，已如前釋。

鐫勒　上蕝宣反。前第一卷已釋訖。

繖蓋　上桑亶反，下該愛反。山名也。東觀漢書(紀)〔六九〕云：天雨天，上騎持繖蓋從百餘騎。上騎即上騎都尉也。諸葛亮集云「不得持繖蓋」是也。古今正字云：繖，即蓋也。從糸散聲。傳作傘，俗字也。

揭坩　上虔蘖反。史記云：揭，高舉也。説文：從手曷聲。下坎甘反。方言云：坩，瓦器也。古今正字：從土甘聲。

校勘記

〔一〕說文：强也　今傳本說文：「勍，彊也。」
〔二〕聆　獅作「竛」。
〔三〕古　此恐爲衍字。
〔四〕說文：從人從四，夏聲也　今傳本說文：「从夏，从人在穴上。」
〔五〕不　獅作「下」。
〔六〕推　據文意似作「榷」。下同。
〔七〕躊　據文意似作「躇」。
〔八〕論　獅作「端」。
〔九〕也　據文意似作「反」。
〔一〇〕色　據文意似作「包」。
〔一一〕親　據文意似當作「覵」。
〔一二〕揀　據文意似當作「揀」。
〔一三〕推　據文意似作「榷」。
〔一四〕訝猶驚歎也　各本無，據慧卷九十四補。
〔一五〕窂　據文意似作「窂」，即「牢」。
〔一六〕從宀省從牛　今傳本說文：「从牛冬省。」
〔一七〕方　麗無，據文意補。
〔一八〕說文：叡，智也　今傳本說文：「叡，深明也。」
〔一九〕類　麗無，據文意補。
〔二〇〕文　麗無，據文意補。
〔二一〕丁　「丁」爲「釘」之借字。
〔二二〕絢　即「絢」。
〔二三〕旬　今傳本說文作「旬」。
〔二四〕說文云：轢，謂車所轢也　今傳本說文：「轢，車所踐也。」
〔二五〕漸　據文意似作「塹」。
〔二六〕晥　即「晥」。
〔二七〕治　據文意似作「活」。
〔二八〕鉒　今傳該經麗作「銼」，資福普寧徑山等作「錐」。
〔二九〕藪　今傳本說文作「數」。
〔三〇〕說文：行賣也　說文：「衙，行且賣也。」
〔三一〕桔　據文意似作「梏」。
〔三二〕文　麗無，據文意補。
〔三三〕疑　據文意似作「礙」。
〔三四〕或從畢作揮　據文意似爲「或從卑作捭」。
〔三五〕以手撥物也　今傳本說文：「撥，治也。」
〔三六〕說文：從大屮聲　今傳本說文：「从大于聲。」
〔三七〕彪　各本無，據文意補。廣雅：奇也　今傳本廣雅：「瑰瑋琦玩也。」
〔三八〕丏　據文意似作「卣」。
〔三九〕以水沃聲　獅爲「水沃聲」，今傳本說文：「从艸洛聲。」
〔四〇〕焫　據文意似作「焫」。
〔四一〕反　各本無，據文意補。
〔四二〕責　獅作「貴」。
〔四三〕扉　今傳本爾雅作「扉」。
〔四四〕說文：著佛像處。從龍從含省聲也　今傳本說文：「龕，龍皃。从龍合聲。」
〔四五〕說文：棘，捷爲蠻夷　今傳本說文：「僰，犍爲蠻夷。」反　各本無，據文意補。
〔四六〕帝　據文意似作「帝」。
〔四七〕訛　據文意似作「訓」。
〔四八〕說文：思也　今傳本說文：「同思之和。」
〔四九〕貿　即「貿」。
〔五〇〕夘　今傳本說文作「丣」。「夘」爲「丣」的俗寫，今作「卯」。
〔五一〕說文：冢字從包從豕　今傳本說文：「从勹豕聲。」
〔五二〕陋　今傳該經金大正作「挾」。
〔五三〕緝　據文意似作「絹」。
〔五四〕與　各本無，據文意補。
〔五五〕說文云：玉圭長九寸　今傳本說文：「琰，璧上起美色也。」
〔五六〕乱　獅作「亂」。
〔五七〕怪　今傳經文作「恠」。恠，「怪」的俗寫。
〔五八〕闟　即「闞」。龍龕手鑑門部：「闟，俗。去月反。」字彙補門部：「闟，俗闕字。」
〔五九〕悦　今傳本說文作「抵」。
〔六〇〕郭璞注方言云：揣，度成也　今傳本方言：「揣，試也。」郭璞注：「揣度試之。」
〔六一〕說文云：亩，穀所振　今傳本說文：「亩，穀所振入也。」段注：「穀者，百穀總名。中庸注曰：振，猶收也。手部曰：振，舉也。周禮注曰：米藏曰廩。」
〔六二〕磚　據文意似作「磗」。
〔六三〕槃　據文意當作「槃」。
〔六四〕化　據文意似作「作」。
〔六五〕說文云：挾，持也　今傳本說文：「挾，俾持也。」
〔六六〕說文云：帚，除糞也　今傳本說文：「帚，糞也。」
〔六七〕色　據文意似作「包」。
〔六八〕說文云：嚻，氣出頭　今傳本說文：「嚻，嘑也。」
〔六九〕書　獅作「紀」。

一切經音義　卷第九十四

翻經沙門慧琳撰

從十七盡三十計十四卷

音續高僧傳　第十七卷

智鍇　下音皆，僧名也。方言云：鍇，堅也。

僊城山　上音仙。山駢羅瀟湘，仍㩗蹷飫押接，蟬名也。

構甓　上鉤候反。前第十二卷已釋。下萍覓反。毛詩傳云：甓，甗甎也。說文：從瓦辟聲。甗音祿，甎音專也。

高掞　下鹽贍反。漢書音義云：掞，光耀也。說文：從手炎聲也。

洙泗　上樹朱反，下思恣反。杜預注左傳云：洙水在魯城北。下音四。山海經云：泗水出吳東北，過湖陵注東海。說文云洙泗二字並從水也。

猒飫　上壹豔反。郭璞注方言云：猒，足也。說文云：猒，飽也。從甘從肉從犬。傳從食作饜，俗字也。下於據反。毛詩傳曰：飫，飽也。杜預注左傳云：飫，猒也。說文：從食芺聲也。

捃摭　上君運反，下之亦反。前第一卷已釋訖也。

係韈　上鷄詣反。說文云：係，結束也[一]。從人系聲。系音奚計反。下晚發反。說文：韈，足衣也。從韋蔑聲。傳文從系[二]作纎，非也。

咄哉　上敦骨反。字書云：咄，叱也。蒼頡篇云：訶也。說文云：咄，猶相謂也，從口出聲。

怨嫉　下秦逸反。王逸注楚辭云：害賢曰嫉。古今正字：從女疾聲。

鴆毒　上除禁反。山海經云：女几山多鴆鳥。郭璞注云：鴆，紫緑色，長鶏赤喙，食蛇鳥也。從鳥冘聲，音淫。喙，吁衛反。下同祿反。說文云：害人草也[三]。從屮毒聲。屮，恥列反。

高騖　下音務。前高僧傳第六卷已具釋。

基墌　下征赤反。前高僧傳第十卷已釋也。

猘狗　上居例反。說文云：猘[四]，狂犬也。從犬折聲。左傳從制作猘也。

犀枕　上細妻反。郭璞注爾雅云：犀形似水牛，猪頭大腹，卑脚，有二[五]蹄，黑色二角，一在頂上，一在鼻上。今犀枕者以犀角爲枕也。說文云：犀，從牛尾聲。下枕正，從木[冘聲][六]。冘音淫。

岐麓　上正歧[七]字也，下音鹿。

挽顗　上音晚，下儀豈反。僧名也。

閑敞　下昌掌反。說文云：平治高土曰敞也。從攴尚聲也。

潺湲　上棧閑反，下音袁。字統云：潺湲，水流皃。文字典說云：水作聲之也。

繆從　上美彪，又靡幼二反。又人姓也。案繆姓，吳典之士人

也。傳文從羽作翎，脱去下全〔八〕，誤。

花錠　下丁定反。文字典説云：錠，燈也。傳文云：千枝花錠。即燈若千枝花也。

瞼下　上音檢。字書云：目上下皮也。文字典説云：瞼，目瞼也。從目僉聲也。

嗛誚　上正嗛字。已見前釋。下樵曜反。孔注尚書云：誚，讓也。字書正從焦作譙。蒼頡篇云：訶責也。

崎嶇　上起基反，下曲俱反。埤蒼云：崎嶇，不安也。博雅云：傾側也。或從阜作陭嶇，音同上也。

慊言　上篋簟反。前高僧傳第三卷已釋也。

有蕈　下尋荏反。字書云：蕈，菌也，又地菌也。説文云：蕈，桑菌也〔九〕。從草覃聲。蕈音同上也。

殫言　上旦難反。孔注尚書云：殫，盡也。説文云：殫，極盡也。從歺單聲。歺音五達反。

摛恩　上耻知反。鄭注爾雅序云：摛翰者之華苑也。摛，張也。説文：從手离〔一〇〕聲。离音同上。下絲恣反。字書云：正體思字也。

煬帝　上羊尚反。隋帝謚號也。

金鑰　下養酌反。字書正從門作闟。前釋教録已釋。傳從竹作籥，俗字也。亦通用之也。

積毀　上隊雷反。前第四卷已釋。下揮委反。説文云：缺也。從土毀〔一一〕省聲。古文從王作毀〔一二〕。

磑碾〔一三〕　上吴對反。世本云：公輸初作石磑。説文云：磑，䃺也。從石從豈。䃺音摩破反。下女騳反，去聲字。考聲云：碾，石碾米也。從石㞋聲，形聲字也。

及殄　下祝融反。埤蒼云：殄，殁也。廣雅云：殄，極也。鄭玄注禮記云：老而死者曰殄。説文：從歺冬聲也〔一四〕。

脇不親物　上杴劫反。左傳云：聞其駢脇。説文云：脇，即肚兩膀也。從肉從劦聲〔一五〕。劦音嫌頰反。

爆聲　上包貌反。廣雅云：爆，熱〔一六〕也。考聲云：燒柴竹聲也。説文：灼也。從火暴音抱冒反。

刺股　上正體刺（刺）〔一七〕字，此恣反。下音古。前第十三卷已釋。

斑駮　上八蠻反。字統亦從辡作辬，與斑義同，云「斑駮文雜」也，又云「彣章皃」。辡音弁。傳文從刀作班，俗字也。下邦邈反。漢書云：黑白雜合謂之駮。説文云：馬不純色也。從馬爻聲。傳文從交作駮，俗字也。

淳粹　下雖醉反。前高僧傳第八卷已釋也。

續高僧傳　第十八卷

慧瓚　下殘旱反，僧名也。

權會　逵員反，人姓也。傳文從心，非也。

一嫗　下紆芋反。顧野王云：今時謂女子者爲嫗。説文云：嫗，老母稱也〔一八〕。從女區聲。

鬆角　上宗孔反。鄭注禮記云：鬆，女子髻高皃也。文字典説云：櫛束髮也。從髟忽聲。傳文作鬆〔一九〕，俗字也。

遂竄　下粗筭反。竄，逃也，走也。傳第七卷已釋。

深賾　下峥責反。前釋教録已釋。

擘而　上音百。顧野王云：擘，手擘破也。廣雅云：分也。説文：擣也。從手辟聲也。

痊復　上七宣反。已見前釋。

迸淚　上百孟反。前第十卷已釋。

同榻　下貪盍反。廣雅云：榻，枰也。釋名云：榻，即陿長牀也。文字典説云：榻，蹋牀也，從木𦐇聲者也。

紛紜　上孚文反。廣雅：紛亂也。説文：從糸分聲。下音云。考聲：紛紜，亂皃也。

風痿　畏危反。鄭注禮記云：痿，病也。蒼頡篇云：足痿不能行也。説文云：痿，痺也。從疒委聲。

覼縷　上盧戈反，下龍庾反。前第八卷已具釋訖也。

郪人　上切賁反。考聲云：梓州縣名也。

鐵鐓　下徒對反。禮記云：進鋌戟者，前其鐓後其刃。毛詩傳曰：鐓，戈鐏也。鐏者，存巽反。説文云：矛戟秘(柲)〔二〇〕下銅鐏也。從金敦聲。秘(柲)音秘。秘(柲)，矛柄也。

鐵槍　下鵲羊反。字書正從木作槍。倉頡篇云：槍，木鋭兩頭也。文字典説云：槍，拒也，兵器也。從木倉聲也。傳文從金作鎗，非也。

憫然　上珉殞反。前高僧傳第八卷已釋。

刊石　上渴安反。杜預注左傳云：刊，除也。定也。鄭注禮記云：削也。説文云：從刀從干也。

淋落　上立金反。字統云：淋，以水沃地也。

服餌　上音伏。字書正服字，已見前釋。下而志反。蒼頡云：餌，食也。説文云：餌，即餅也。從食耳聲〔二一〕。

芟改　上音杉。毛詩傳云：芟，除草。顧野王云：芟，刈草者也。

隙氣　上卿戟反。説文云：壁際孔也。從阜從白上下從小也。

貧窶　下衢縷反。爾雅云：窶，貧也。毛詩傳云：窶，無禮居也。

衣桁　下航浪反。考聲云：桁，衣架也。

躡女裙　上黏輒反。方言：躡，登也。廣雅云：履也。説文云：陷(蹈)〔二二〕也。從足聶聲。女音汝。下郡君反。説文云：裠，衣下裳也。從衣君聲。或作帬、裙，亦通者也。

可怪　下正恠字也。説文：恠，異也。從心圣聲。顧野王云：凡奇異非常皆曰怪。傳文從左作恠〔二三〕，古字也。或作恠，俗字也。

夐遠　上火娉反。劉兆注公羊傳云：夐，深遠也。廣雅云：夐，猶遠視也。説文：營求也。從旻，古人在穴上〔二四〕，會意字也。旻音威。

妻孥　下音奴。尚書云：予則孥戮汝也。文字典説：從子奴聲。傳文從巾作帑，湯朗反，非也。

童丱　下關患反。前第三卷已具釋形。

錙銖　上滓師反。鄭注禮記云：八兩爲錙。説文：從金甾聲。甾音淄。下音殊，從金從朱聲。傳文作淄，洙水名，非也。

勇悍　上容腫反。字書：正作勇字。下寒岸反。廣雅：善也〔二五〕。説文云：悍，抵也〔二六〕。從心旱聲。

整夓　下初色反。前第七卷釋也。

續高僧傳　第十九卷

智璪　下音早，僧名也。

鷙鳥　上音至。鄭玄注禮記云：鷙，猛鳥也。廣雅云：鷙，執也。楚辭云：鷙鳥不群。若鷹鸇之屬也。古今正字：從鳥從執。

郃陽　上音合。同州縣名也。爾雅云：郃，猶合也。古今正字：從邑合聲也。

笳吹　上音家，下吹瑞反。案笳，雙管小篳篥也，即胡笳樂名。

古今正字：笳，從竹加聲也。

嚼法師　上焦曜反。白也，僧名。又音嚼也。

刷心　上踈刮反。爾雅云：刷，清也。郭璞注云：掃，刷也。所以清涼也。廣雅云：刷，刮也。説文：從刀㕞省聲。㕞音所劣也。傳文從寸作㓊[二七]，誤也。

愀然　上酒由反。禮記云：夫子愀然改容。考聲云：愀，猶憂也。古今正字：從心秋聲也。

盩[二八]厔　上肘流反。肘，知柳反。説文云：盩，謂引擊也。從幸攴從皿。轉注字也。右扶風縣名也。下珍栗反。㚔音女陟反也。

交迾　下連哲反。鄭注禮云：迾，遮也。前第十三卷已釋也。

竚聆　上除吕反，下歷丁反。前高僧傳第十三卷已具釋也。

樫栢　上敕貞反。木名也。砂磧中小樹木名也。古今正字：赤莖細葉木也。從木聖聲也。

梁滬　下胡古反。河圖：滬水名，在秦川也。

如瀉　下星野反。文字集略云：瀉，水行皃也。古今正字：從水寫聲也。

獵犺烽爟　上覆容反。字書正作烽。史記：烽舉燧也。郭璞注方言云：烽，燧火也。説文云：烽，候，邊有警急則舉火也。從火夆聲[二九]。下官亂反。説文云：爟，火舉也。從火雚聲。

溘然　上堪合反。前第四卷已具釋。

煢煢　葵營反，音瓊。孔注尚書云：煢，單也。毛詩傳云：煢煢，單無所依也。又云憂遑之皃也。説文：從卂從熒省聲也。

隳壞　上血規反。字書正作墮。孔注尚書云：隳，廢也。杜預注左傳云：隳，毀也。損也。方言云：壞也。説文：從𨸏從左聲[三〇]。下懷買反。

麏麚　上音君。劉兆注公羊傳云：麏，麞也。下音加。郭注爾雅云：麚，雄鹿也。説文云：鹿以夏至日解角也。麏麚二字並從鹿，形聲字也。

邘溝　上羽俱反。杜注左傳云：邘城，河内縣名也。説文云：邘，周武王子所封。從邑于聲。傳從言作講，非也。

置臬　下言列反。考聲云：臬，射準也。亦橛也。橛音權月反也。

疏瀹　下芋略反。孟子云：瀹水源通利也。聲類云：瀹，物塹内湯兩[三一](而)出也。文字典説云：漬也。從水龠聲。

雄悍　下音汗。説文云：悍，抵也[三二]。從心旱聲。考聲云：悍，勇者也。

奮發　上分問反，下蕃襪反。已並見前釋。説文中皆正體字也。

吸欶　上歆邑反。廣雅云：吸，飲也。毛詩傳：引氣也。説文：息也[三三]。從口及聲。下雙捉反。蒼頡篇云：欶，歃也。説文：欶，吮也。從欠束聲也。

泛舸　下歌我反。方言云：舸，船名也。説文亦船也，從舟從可。

鎗鍠　上楚耕反。説文云：鎗鎗，金聲也[三四]。從金倉聲。下音轟。毛詩云：鼓鍾鎗鍠。毛萇傳：鍠，聲和也。從金皇聲。傳文作錚鏶，誤。籒文從音作諻，亦作喤，音義亦同也。

礓石　上音薑。考聲云：礓，石色白而似薑，因以爲名也。埤蒼云：土化爲石也。文字典説：從石畺聲。

砰磕　上拍萌反。廣雅云：砰、磕，石聲也。字書云：石大聲也。下坩合反。文字典説云：砰正作硑。磕從艹作礚，皆水石之歎訝聲也。傳文作礚，俗字也。

峯嶆　上正峯字，下昂各反。已見前釋訖。

擎以　上競迎反。廣雅云：擎，舉也。古今正字亦舉也，從手敬聲。或從廾（廾）〔三五〕作弊，音訓同。傳作檠，非也。

續高僧傳　第二十卷

繽紛　上匹民反，下妨文反。韓詩外傳云：繽繽，往來皃也。王逸注楚辭云：繽，盛皃也。亦繁衆。

艤棹　上儀几反，下宅教反。考聲正作檥，云「整船向岸」也。傳文從舟作艤。

臨峭　下七笑反。前弘明集已釋訖。

梗澀　上耕杏反，下森戢反。前第六卷並已釋訖。傳文從二澀〔三六〕作澀，誤。

詧事　上剡札反。字書云與察字義同。衛宏從言作詧，音義並同。傳文從久作夅，誤也。

簣上　上音責。鄭玄注禮記云：簣，牀簣也。古今正字：從竹責聲者也。

諠撓　上音喧，下孥絞反。諠，字書正作讙，並已前釋訖。

獲麟　下栗珍反。春秋：西狩獲麟是也。字書正從豸作麟。傳文作麟，俗字也。

伉儷　上康浪反。左傳云：不能庇其伉儷。杜預注左傳云：伉，敵也。下黎帝反。埤蒼云：儷，猶伴也。廣雅云：侶也。古今正字：伉儷二字並從人，亢麗亦聲也。

合巹　下巾隱反。字書從草作蒷。儀禮云：四爵而合巹。鄭玄注云：巹，劏瓠而合謂之巹。說文云：巹，蠡也。從巳從丞亦聲也〔三七〕。會意字也。

訹勸　上詢聿反。考聲云：訹，誘也。說文亦誘也。從言术聲。

蓐食　上儒燭反。杜預注左傳云：早食於寢蓐也。方言云：厚也。說文云：陳草復生曰蓐。從草辱聲。

掐〔三八〕珠　上口甲反。賈注國語云：掐，扣也。考聲云：手指爪掐數珠也。說文：從手從爪從臼，會意字也。

插者　上楚洽反。已見前釋。傳文作極，誤。

齓齒　上初僅反。已見前釋。傳文從几作齓，非者也。

莓苔　上妹裴反，下待孩反。考聲云：莓苔，水衣也。案莓苔，今古堦、竹徑、幽静之地生焉，或緑或蒼也。

僅免　上音覲。廣雅云：僅，少也。何休注公羊傳云：劣〔三九〕也。說文從人堇聲。堇音謹也。

蔗芋　上遮夜反，下干遇反。前高僧傳第八已釋。

姓靳　下巾覲反。已見前釋。僧徹姓也。

巖隒　下嚴檢反。郭注爾雅云：隒，山形如累兩甑也。說文云：厓也。從阜兼聲。兼，正兼字。傳文作隒，俗字也。

充噎　下煙結反。傳文從門作闉，俗謬字也。毛詩云：中心如噎。毛萇傳云：噎，氣不息也。考聲云：氣塞胸也。說文：噎，飯窒也，從口壹聲。窒音珍栗也（反）〔四〇〕。

叵階　上坡我反。字統云：反可爲叵。字書云：叵，謂不可也。已見前釋訖。

矛盾　上音謀。已見前釋。傳文作牟。字書從口作牟，牛聲也，非本義，今不取。矛，戈類，長丈二尺。古文亦從戈作𢦌，音同上。下脣準反。盾，瞂也。二字並前高僧傳第一卷已釋訖。瞂音伐。

愆負　去虔反。孔注尚書云：愆，過也。字書正作愆，亦過也。衛宏從言作諐。古文作寋、𡨴（遐）〔四一〕、愆，音並同上，俗

作愢。

差難　上楚迦反。王逸注楚辭云：差，内恕己而量人也。亦楚人語辭也。

褊淺　上鞭沔反。郭璞注爾雅云：褊，急也。説文云：褊，小也。從衣扁聲。扁，邊辮反。傳文從犬作猵，非也。考聲云：褊，狹也。衣小也。或作㣈(偏)〔四二〕也。

窊隆　上烏瓜反。説文云：窊，下也〔四三〕。從穴瓜聲。瓜，寡花反。下陸沖反。説文：隆，豐大也，從阜夅從土。

續高僧傳　第二十一卷

法鏘　下鵲陽反。僧別名也。

交阯　下音止。交州交阯郡。已見前釋也。

劇談　上擎戟反。蒼頡篇云：劇，篤也。顧野王云：甚也。文字典説云：從刀豦聲。豦音渠也。

譎詭　上音決，下音鬼。前第十七卷已釋訖。詭，高僧傳第二卷訓釋訖。

聲颺　下藥章反。説文正作颺，風所飛也。從風昜聲。傳文作颺。

凝澱　下田見反。郭注爾雅云：澱，滓也。古今正字：從水殿聲也。

薉矣　上於喙反。字書亦正從禾作穢。穢，蕪也。亦不清潔也，又惡也。古今正字義同，從禾歲聲。亦從草作薉，與傳文同也。

慧巘　下言蹇反。僧名也。

挫拉　上租卧反，下藍蛤反。前第三卷已釋訖也。

耎語　上儒兖反。傳文從車作軟，非也。前高僧傳第三已釋也。

慧潀　下琮孔反。僧名也。亦音總。

蟲豸　上仲中反，下馳理反。説文云：豸，獸長脊行曰豸〔四四〕，象形字。郭注爾雅云：無足曰豸蟲是也。

續高僧傳　第二十二卷

髫年　上狄聊反。前高僧傳第一卷已具釋訖。

眣澮　上涓泫反，下壞外反。説文云：澮，水流澮澮也〔四五〕。字書：正從二|〔四六〕作‖(巜)〔四七〕。方百里有‖(巜)，廣二尋深二仞也。

巫覡　上音無，下形激反。前高僧傳已具釋訖也。

鄜城　上撫無反。漢書云：鄜城即鄜州也，在渭水北也。説文：從邑麃聲。麃音蒲交反也。

積陊　上兑回反。前第四卷已釋訖。下馳可反。古今正字云：陊，落也。從阜從多聲。亦音豸。又從它作陀，音義並同。它音陀。

兔彪　上他路反。傳文從草作菟，亦通，皆狐兔字也。説文：兔，獸也。象踞，後點象其尾〔四八〕。下彼休反。傳文作彪，俗字也。説文：彪，虎之文字也〔四九〕。從虎從彡，象其文也。

阬阱　上客耕反。傳文從土作坑，俗字也。前第十三釋訖。下情郢反。傳文從穴作穽。前第七卷已釋訖也。

元䵍　下桃到反。前高僧傳第三卷已釋訖。

續高僧傳　第二十三卷

僧勐　下莫杏反。僧名也。俗猛字也。

静謐　下民畢反。爾雅釋詁云：謐，寧静也。説文云：謐，静也。從言盌聲。盌音同上。

流宕　下唐浪反。説文云：過[五〇]也。一曰洞屋也。從宀從碭省聲。碭音堂。

懲艾　上音澄，下我蓋反。

捊地　上鮑包反。考聲云：以手指捊也。古作摭，俗掊字，同。傳文作抱，非也。

掐（搯）[五一]淈　上討刀反。傳文從水作洮。孔注尚書云：洮，洗手也，非本義，今不取。搯，左傳云：左旋右搯。周書云：師乃掐（搯）兵拔刺擊之。説文云：㨖（搯）[五二]，搯音椀活反。從手舀聲。舀音滔。下音鶻骨二音。字書：淈，攪令濁也。蒼頡篇云：水通皃。治水之淈又作汩。爾雅云：流汩[五三]，治也。賈逵注國語云：通其川也。廣雅云：流也。説文：從水屈聲。淈汩（汩）[五四]皆音同也。

雜糅　下女救反。前續高僧傳第二卷已釋訖。

淪湑　上音倫。孔注尚書云：淪，没也。下胥吕反。埤蒼云：湑，流也。説文云：湑，浚也。從水胥聲也。

盜跖　下征石反，已見前釋。

炎羲　下喜飢反。傳文作曦，俗字也。字書正作羲。孔注尚書云：羲和，日御也。又山海經云：天帝之妻羲和生十日也。王逸注楚辭云：羲，光明皃也。説文：從兮義聲也。

甄鸞　上質人反。人姓也。

恂恂　須匀反。匀，聿旬反。孔注論語云：恂恂，温恭之皃也。説文：從心旬聲也。

眩曜　上玄練反。蒼頡篇云：眩，視不明也。説文：從目（目）[五五]玄聲。下曜，從日。傳從目，非也。

胎㲉　下苦角反。前高僧傳第四卷已釋訖。

更遞　上音耕，下啼禮反。前第一卷已釋訖。

剫析　上被眉反，下音昔。案：剫析，即皮剥之謂。析，猶分析文解也。字書並無從刀作剫字，蓋俗用字者也。

深渦　下烏和反，水流皃。亦水名，在譙郡也。

續高僧傳　第二十四卷

迴蹕　下賓蜜反。前高僧傳第八卷已釋訖。

天睠　厥倦反。字書正作眷。毛詩傳云：眷，猶顧也。説文亦顧也，從目卷省聲。傳文作睠，俗字也。

獫狁　上音險，下音尹。字書正作玁狁。前高僧傳第十二卷已釋訖。傳文作獫，亦通。

誠慤　下腔角反。前第二卷已具釋訖也。

唄贊　上音敗，下音讚。前高僧傳第一卷已具釋。

妻媵　下繩證反。前高僧傳第二卷已釋訖。

驍捍　上皎堯反。許叔重曰：驍，勇急也。漢書云：驍騎將軍。廣雅云：健也。説文云：驍，良馬也。從馬堯聲。下寒旦反。前第十九卷已釋訖。亦從心作忓，義同也。

推刻（劾）[五六]　上出隹反，下恒尅反。顧野王云：劾，案獄相告證之辭也。亦辯獄之文案也。鄭注周禮云：辯獄訟異形[五七]之罪要之，故史記云劾。説文云：劾，法有罪也。從刀[五八]亥聲。傳從刃作刻，誤也。

頒告　上八蠻反。字書正作頒。前第一卷已具釋訖。

蘧蒢　上拒魚反，下音除。前第八卷已釋訖也。

聃術　上他含反。老子名也。傳文從舌作䑙，非本義。前辯正

論已釋訖。説文：從耳冄。正字或從身作躭。

古諜　下恬協反。字書從片作牒。傳文從言諜，非。已見前釋。

捄世　上音求。俱前第九卷已釋訖。

之憓　下携桂反。前高僧傳第十二卷具釋記（訖）[五九]。

稾[六〇]街　上高道反。顧野王云：稾，猶草也。説文：從禾高聲。下界諧反。顧野王：街，四通道也。漢書云：稾街，蠻夷之邸也。古今正字：從行圭聲。

氛祲　上音紛，下子鴆反。鄭注周禮云：祲，陰陽氣相浸漸以成災。杜注左傳云：祲，祆[六一]氣也。説文云：祲，氣感祥也。從示侵省聲也[六二]。

薰蕕　上訓雲反，下酉周反。前釋教録已釋者也。

素嫉　下音疾。已見前釋也。

罔上　傳文從言作誷，謬字。爾雅云：罔，無也。論語：可欺也，不可罔也。馬融注：誣也。説文作罔，象交文也[六三]。

葦悰　下族宗反。人名。

藏妻　字書正妻字。説文云：婦也。與己齊者也[六四]。説文：從女從又持事妻職也從屮聲。屮，敕列反。

縟錦　上儒燭反。陸機文賦云：炳若縟繡。説文云：縟，繁采飾也。從糸辱聲也。

霮靄　上淹險反。毛詩傳云：霮，陰雲皃。古今正字：從雨奄聲。下哀蓋反。考聲云：靄，雲霧皃也，從雨謁聲。傳文從草作藹，義乖也。

麴多　上音菊，梵語也。麴多，言福也。

將弭　下彌比反。毛詩傳云：弭，止也。何休注公羊傳云：未息也。賈注國語云：忘也。説文云：弭，弓末也[六五]。亦云：弭，反也。從弓耳聲。

狙詐　上七余反。廣雅云：狙，獼猴也。蒼頡篇云：狙，伺候也。説文云：狙，玃屬，從犬且聲。且音子余反。下責駕反。

續高僧傳　第二十五卷

蝡蝡　而尹反。説文：蝡，動也。從虫耎聲。已見前釋。

賭馬　上都魯反。吳志云：賭，競戲求利也。古今正字：從貝者聲。

色綫　下仙箭反。字書正線字。已見前釋訖。

睞眼　上僭葉反。字書正作睫。莊子云：睞，目毛也。文字集略：從毛作毽。文字典説云：睞，目傍毛也，從目夾聲。毽音同上。

欠賸　下乘證反。説文云：賸，以財送人也。從貝𦨶聲。一曰賸，以物增加也。𦨶音朕。傳文作賸，俗字也。

癵急　上戀圓反。已見前釋。

袴褶　上音庫，下音輒。鄭注禮記：褶，猶袷也。釋名云：袴褶者，褶覆也。古今正字：從衣習聲也。

轒𨌺　上扶分反。漢書音義云：轒轀，匈奴車也。故楊（揚）雄長楊賦云：轒碎轀破，取穹廬也。轀音氳。説文云：淮楊（揚）名車穹隆。從車從賁聲。賁音濆。下觸春反。杜注左傳云：𨌺，戰車也。説文云：陣車也[六六]。從車，童亦聲。

袜額　上蠻八反。考聲云：袜，束也。字鏡又從巾作帓，義與袜同。韻詮亦從巾作帓。傳文作袹，音麥，非，乖，今不取。下硬革反。字書正額字。傳作額，俗字也。

埶钁　上正埶字，已見前釋。下誑籰反。淮南子：斸也。説文云：钁，從金從矍聲。矍音同上，籰音于約反。

峯䓴　上正鋒字。下昂各反。並已見前釋訖。

巉巖　上仕衫反。王逸注楚辭云：巉巖，險阻也。廣雅云：高也。古今正字云：巉巖二字皆從山，毚嚴亦聲也。

神鉦　下隻盈反。前第十卷已釋訖。

薳縱　上爲委反。考聲云：薳，辭也。古今正字：從草遠聲。

聲嗄〔六七〕　上正聲字，下所詐反。考聲云：嗄，聲破也。字書並不載。廣蒼：從欠作歟，音訓並同也。

嚼噍　上牆略反。字書云：嚼，咀也。顧野王云：噍也。文字典説云：嚼，茹也。從口爵聲。下樵笑反。禮記云：數噍而無口容〔六八〕。文字典説云：齧也，嚼也。從口焦聲也。

窴噎　上殿年反。傳文從門作闐，俗字也。博雅云：窴，塞也。説文云：塞也。從穴從真聲也。

矬陋　上坐戈反。廣雅云：矬，短也。古今正字：從矢坐聲。下樓候反。説文云：陋，隘陋也〔六九〕。從阜㔶聲。㔶音同。

偲法師　上采鰓反。鰓，賽才反。僧名也。字書正思字。偲從思，故者也。

撼之　上含感反。説文云：撼，搖也。從手感聲也。

拗捩　上烏絞反，下憐涅反。案：拗捩，今以手摧折物者也。

志褭　下保毛反。已見前釋。傳文作裒，誤也。

柩所　上音舊。已見前釋。傳文作柩，誤。

欬嗽　上開愛反，下叟豆反。已見前釋。傳文作嘅，俗謬字。

續高僧傳　第二十六卷

曇瑎　下駭皆反。僧名也。字書云：瑎，黑玉也。

泥濘　上禰抵反。孔注尚書云：泥地泉濕也。顧野王云：泥即塗也。土得水而爛者也。古今正字：從水尼聲。下寧定反。左傳云：旋濘而止。杜預注云：濘，泥也。廣雅云：清也〔七〇〕。説文：滎濘也。從水從寧聲。

齆差　屋貢反。埤蒼云：齆，鼻塞病也。古今正字義同，從鼻邕聲。

衆夥　下和果反，上聲字。郭注方言云：楚人爲〔七一〕多爲夥。説文：從多從果聲。

法楷　下客駭反。僧名也。

迴瞰　下堪濫反。埤蒼云：瞰，視也。亦從門作闞。已見前釋也。

瀛州　音盈。已見前釋。

靉靆　上哀岱反，下臺賚反。埤蒼云：靉靆，雲氣不明也。考聲云：雲皃也。

吟嘯　下消弔反。字書正從欠作歗，云歌也。蹙口卷舌出聲也。故詩云：其歗歌也。説文云：吟也〔七二〕。從欠肅聲。傳文作嘯，俗字也。

續高僧傳　第二十七卷

涪陵　上音浮。漢書云：廣漢有涪陵縣。今峽中涪州也。

獽三百　若章反。文字集略云：獽，戎屬也。考聲云：獽，戎號也。從犬襄聲。

俳戲　上敗埋反。博雅云：俳優，樂人名也。考聲云：俳優，倡也。説文云：俳，戲也。從人非聲。下希義反。毛詩傳云：戲，逸豫也。郭注爾雅云：戲，謔也。説文：從戈䖈聲。䖈音羲。

懔然　上林錦反。前高僧傳第五卷已釋訖也。

不瞬　下書閏反。説文云：瞬，目揺動也〔七三〕。從目舜聲。亦從寅作瞚，音同。

身踣　下朋北反。周禮云：凡煞人者踣諸市。鄭玄注云：踣，僵口(尸)〔七四〕也。杜注左傳云：踣，斃也。郭注爾雅云：踣，前覆也。説文：從足咅聲。咅，土口反。亦從走作趏，音同上也。

棖觸　上宅耕反。韻略云：棖亦觸也。古今正字：從木長聲也。

怕(帊)〔七五〕裹　上拍覇反。廣雅云：怕(帊)，幞(幞)也〔七六〕。古今正字：從巾巴聲。下音果。傳文作裹，誤也。

落拓　下湯諾反。考聲云：落袥(拓)〔七七〕，失節皃也。亦開也。字書從衣作袥，非。傳文度義乖，今不取者也。

嶠山　音撟。山名也。或音橋廟反。山形高皃，恐非。

青麖　上正青字。説文云：青，東方色也。木生火，故從丹。下景卿反。爾雅云：麖，大鹿〔七八〕。説文：麖，從鹿京聲者也。

箬笭　上穰略反。文字典説云：箬，竹皮也。從竹從叒省。叒，古文若字。考聲云：箬，竹箭葉也。下歷丁反。廣雅云：笭，即籠也。説文云：籯也〔七九〕。從竹令聲也。

屋甍　下麥烹反。説文：甍亦屋棟也。從瓦從夢〔八〇〕省聲也。

蝝觸　上悔迴反。埤蒼云：蝝，豕蝝〔八一〕地也。古今正字義同，從豕虫聲。

眄睞　上眠遍反。説文云：眄，邪視也。從目丏聲。丏音沔。下來岱反。蒼頡篇云：睞，目視也。説文云：瞳子不正也〔八二〕。從目來聲。或作睐，音同。

虓虎　上孝交反。前第十五卷已具釋訖。

又烙　下郎各反。傳文作烙〔八三〕，俗字也。字書正從金作鉻，云燒也。考聲云：熨，烙也。古今正字：從金各聲。説文亦從刀作剳，下文並同。

下棚　下白盲反。博雅云：棚，棧也。説文：從木朋聲也。

蒲屬　下音脚。已見前釋訖。

結咆　下鮑包反。楚辭云：虎豹鬬，熊羆咆。廣雅云：咆，鳴也。説文云：咆，亦嘷也，從口包聲。羆音悲，嘷胡高反。

名頸　下汀頂反。知命別名。

咆休　下孝交反。詩云：汝咆烋于中國。鄭箋云：自矜氣健之皃。與虓字義同。考聲云：猛厲皃也。古今正字義同，從火休聲者也。

頭顱　下魯胡反。考聲云：顱，頭骨也。説文云：頊顱也〔八四〕。從頁盧聲。頊音鐸者也。

頟頷　上牙格反。方言云：頟，顙也。中夏謂顙爲頟。下含感反。方言云：頷，頤也。説文：頟、頷二字皆從頁，各、含亦聲。傳文作顡領，皆誤之也。

瀅中　上烏定反。傳作瀅。前第十卷已釋訖。

旋渦　上宣泫反，下烏戈反。考聲：渦，水旋流也。古今正字：從水過聲。

怪其　上古怪字。已具前釋訖。

門阬　下俗謬阬字。傳文多載此字，故書已明之，前後皆同。

皮鞕　下牙更反。古今正字：正從革從更，堅牢也。文字典説義同。考聲又從石作硬，今通用字也。傳文從卬〔八五〕作鞕，音昂。字書云：鞕，鞮屬。非本義，今不取也。

呻噤　上失人反。鄭玄注禮記云：呻，吟也。説文：從口申聲。下琴禁反。楚辭云：噤閉而不言。王逸注楚辭云：閉口

也。古今正字：呻噤二字並從口，申禁亦聲也。

刳剔　上苦姑反。蒼頡篇：刳，屠也。方言云：刳，㔟也。説文云：判也。從刀夸聲。顧野王云：刳，空腹也。夸音誇。下汀歷反。廣雅云：剔，屠也。字書正作㔟。義與剔同。古今正字：治也。從刀從易聲也。

奴儓　下岱來反。左傳云：儓，僕臣名。士自阜隷至儓僕，凡十品也。［方〔八六〕］言云：儓，敵，匹也。又南楚罵庸賤謂之儓。郭璞注云：儓，駑鈍也。古今正字：從人臺聲。

呻號　上音身。已見前釋。下号高反。杜注左傳云：號，哭也。博雅云：號，謼，大聲也。説文：號，呼也。從号虎聲。傳文作嘷，即獸鳴也。非本義，今不取也。

劓刵　上宜器反。孔注尚書云：劓，截鼻也。説文云：劓，肤鼻也〔八七〕。從刀臬聲。肤音決，臬音藝。字書與尚書皆臬聲。劓，俗通用，音同上。下音餌。孔注尚書云：刵，截耳也。説文：刵，斷耳也。從刀從耳聲也。

深淀　下田練反。左太冲魏都賦云：握（掘）〔八八〕鯉之淀。呂延濟注云：淀亦水名。在河間繹幕縣西。淀者，如淵而淺。淵音烏玄反。古今正字義同。從水從定聲。

堋而　上崩懵反。懵，墨鄧反。傳文從古作堋，非也。左傳云：日中而堋。杜預注云：堋，葬下地也，從土朋聲。朋，正用字。字書又作窲，音同上。

贅疣　上隹汭反。毛詩傳云：贅，猶聚也。説文云：贅，疣也〔八九〕。從貝敖聲。下有休反。字書云：疣，病也。考聲云：皮上風結也。

沆瀣　上航朗反，下諧界反。楚辭云：飡六氣而飲沆瀣。王逸注云：夏食〔九〇〕沆瀣。沆瀣，北方夜半子氣也。廣雅云：常氣也。古今正字亦云：飡六氣飲沆瀣。二字皆從水，亢韰亦聲。韰音同上。説文：韰從韭㕡省聲。㕡音槩。

續高僧傳　第二十八卷

驚訝　下牙駕反。考聲云：訝，猶驚歎也。古今正字：從言牙聲。

砭疾　悲驗反。字書正從卩作⿰石卩。又作砭，刺也。廣雅云：砭謂之刺也。文字典説云：砭，石針，用刺病也，從石乏之聲。説文亦云：以石刺病也。從石乏聲也。

陻山　壹鄰反。孔注尚書云：陻，塞也。字書下作垔，或作堙。

驪戎　上里知反。已見前釋。

苾芬　上毗必反。西域之香草。已見前釋也。

鈔擿　上策教反。方言云：鈔，强也。强取物也。説文云：故取物也〔九一〕。從金少聲。一云掠也。或爲抄字。下陟革反。已見前釋也。

慧銓　下音詮。僧名也。傳文作鈐，誤。

宋公瑀　下音宇。梁特進名也。

續高僧傳　第二十九卷

昬霾　下買牌反。毛詩傳云：霾，雨土也。爾雅云：風而雨土曰霾。説文：從雨貍聲。故詩云：終風且霾。

襁負　上壃仰反。包咸注論語云：襁，以器負者曰襁。淮南子云：成王在襁褓之中。説文：負兒衣也。從衣强聲。

獺弁　上攤葛反，下別變反。案鹿弁，隱淪之士以獺皮爲冠，鹿

皮爲弁也，冕也。説文云：弁，冕也。正作覍，從皃，象形字也。篆文從𦥑作弁，𦥑音拱，今通作弁是也。

陭岸　上倚義反。考聲云：陭，坂也。與猗字同。案傳文本義合從山作崎。崖崎，猶險側也。見博雅。又王逸注楚辭云：崎，即山陵嶔岑皃。義疑，故兩存也。

鐵礦　上正鐵字。已見前釋。下虢猛反。廣雅云：鐵璞謂之礦。説文云：銅樸也〔九二〕。從石黄聲。亦作鑛，音同也。

塹瑑　上雜甘反。考聲云：塹，鐫也。説文云：塹，小鑿也。從金從斬聲。下陟角反。毛詩傳云：治玉曰瑑。郭璞注爾雅云：瑑玉也。從玉豖聲。豖音寵玉反。

郗恢　上耻知反，下苦迴反。人姓名也。

轀輬　上穩魂反，下略張反。史記云：秦始皇居轀輬車中。制如車，有窗牖，閉即温，開則凉，其形廣大，以羽飾之。又漢霍光薨，載柩以轀輬車，如轜車有四輪。自漢已來唯載梓宫也。輬字亦從良作輹。説文云：轀輬，卧車也。二字並從車，昷、京亦聲。昷音温之也。

珩珮　上幸耕反。鄭衆注大戴禮云：珩，珮玉所以節行止也。又珮玉上有雙璜。下裴妹反。鄭注禮記云：珮玉，所帶玉也。説文：珩珮二字皆從玉，行凧亦聲。佩，從人凡聲。佩必有巾，巾謂之飾。

鎣飾　上縈定反。博雅云：鎣謂之飾。蒼頡篇云：治也。説文云：治器也〔九三〕。從金熒省聲。

陽鄚　下鷄戾反。禮記云：武王克商，下車封黄帝之後於鄚。漢書：陽鄚縣，燕國邵公所封也。古今正字：從契作契(鄭)〔九四〕，音訓同。玉篇作鄚，音訓亦同。

鄱陽　上箔波反。漢書云：豫章郡有鄱陽縣也。古今正字：從邑從番聲。番音潘也。

猶闋　下犬決反。蒼頡篇云：闋，閲也。字統云：闋，事上(止)〔九五〕也。鄭注禮記云：升堂之樂闋也。考聲：息也。亦作闋。衛宏作闋，音同。説文：從門從癸聲。

鎖自然　上梭果反。傳文作鏁，俗字也。前高僧傳第九卷釋也。

薔〔九六〕薇　上匠陽反，下尾非反。前弘明集已釋訖。傳文作藘，誤。

啜菽　上川爇反，爇音儒拙反。説文：啜，嘗也。或作歠，音同上。傳文作啜，俗字也。下詩育反。毛詩傳云：菽，豆也。考聲：正作尗。傳作菽，俗字也。

褫落　上池耳反。前第四卷已釋訖。

緊韌　吉引反。説文：緊，纏絲急也。從絲從臤聲。臤音牽。下仁振反。埤蒼云：韌，柔也。説文：從韋從刃聲也。

接踵　下鐘隴反。傳文作蹱，誤。考聲云：踵，躡前跡也。説文云：相繼跡也〔九七〕。從彳從重聲。

糜餧　上音眉，下威僞反。廣雅云：餧，飤也。飤音寺。從食從委，委亦聲也。

淩澌　上力澄反。鄭注周禮云：凌，聲也。下賜資反。説文云：澌，流水也〔九八〕。從冫從斯聲。

鑪錘　上正鑪字，下墜追反。已見前釋也。

惰窳　上碢卧反。碢，徒戈反。孔注尚書云：惰，猶懈怠也。廣雅云：嬾也。説文云：惰〔九九〕，不敬也。從心從隋省。正從陸作惰，音義同。下踰主反。字書正從二瓜作胍。徐廣注史記云：窳，嬾也。説文：胍從二瓜。傳從宀作窳，誤也。

祭酹　上正祭字，下雷外反。説文云：酹，餟祭也。從酉從寽聲。寽，戀月反，餟音輟。

不揆　下葵季反。孔注尚書云：揆，度也。說文：從手癸聲。傳文作揆，誤也。

續高僧傳　第三十卷

貌裁　上正皃字，下才載反。案貌裁，即形儀像似之謂。今俗有胡裁語是也。傳文從人作儭，未詳。

操枹　上草遭反。說文：操，把持也。從手喿聲。喿，先到反。傳搽搽[一〇〇]，書誤。下匹謀反。說文云：枹，擊鼓搥也[一〇一]。從木包聲。考聲云：亦從木從包。擊鼓槌也。傳作桴，非也。

閫側　上坤本反。鄭注禮記云：閫，門限也。說文又從木作梱。古今正字：從門從困聲也。

林檎　下及今反。書正作檎字。考聲云：林檎，果名也。傳文作擒，俗字也。

傳綷　下音宰。人名也。已見前釋。

滉瀁　上黃廣反，羊掌反。案滉瀁，水皃也。瀁或作漾，音同也。

恡懘　上唐各反。字書正從度作懩，又作恡，音並同。廣蒼云：恡，懲者也。許叔重云：慽，憂也。又企也。古今正字義同上，從心宅聲。下敕厲反。顧野王云：懘介，猶休陽也。子虛賦云：胸中曾不懘介是也。說文云：極也，從心帶聲也。

房櫳　下弄同反。傳文作櫬，非。已見辯正論訖。

謦欬　上輕挺，下開蓋反。前高僧傳十四卷已釋訖也。

研磕　上普棚反，下看葛反。前第十九卷已釋訖。

櫺扇　上歷丁反。方言：屋梠之謂櫺。蒼頡篇云：横竹在軥下。亦檻也。說文：楯間子。楯音順。從木霝聲。霝音同。傳文作檽[一〇二]，書誤也。

鄙郢　上悲美反。杜注左傳云：鄙，野也。史記云：陋也。王逸注楚辭云：小也。說文：從邑啚聲。啚音同上。下梨耳反。何休注公羊傳云：郢，猶鄙也。故漢書云：質而不郢。如淳注云：閭里之鄙言也。說文：從邑里聲。傳文從人作俚，俗用字也。

逞衒　上敕領反。賈逵注國語云：逞，快也。說文云：通也。從辵呈聲。下音縣。古今正字：從言從行作衒。云行且賣也。傳文從玄作「衒」[一〇三]，俗字也。

豔飾　上以贍反。左傳大夫辭云：美而豔。說文云：好而長也。從豐盍聲。豐，正豊字。盍，正體盇[一〇四]字也。下昇弋反。說文云：飾，猶刷也。從巾食聲[一〇五]。刷音梳八反。

湮埋　上音因。已見前釋也。

琰暧　上鹽冉反，下哀蓋反。並僧名也。

續高僧傳　卷第三十

一切經音義　卷第九十四

校勘記

[一] 說文云：係，結束也　今傳本說文：「係，絜束也。」

[二] 系　據文意當作「糸」。

[三] 說文云：害人草也　今傳本說文：「毒，厚也，害人之草。」

〔四〕猶　獅作「狾」。
〔五〕二　獅作「三」。
〔六〕亢聲　原闕，據今本説文補。
〔七〕歧　據文意似作「岐」。
〔八〕全　據文意似當作「㐱」。
〔九〕説文云：蕈，桑菌也　今傳本説文：「蕈，桑萸也。」段注：「萸之生於桑者曰蕈，蕈之生於田中者曰菌。」
〔一〇〕嵩　今傳本説文作「离」。
〔一一〕毁　今傳本説文作「毇」。
〔一二〕毁　據文意似當作「毁」。
〔一三〕碾　即「碾」。
〔一四〕説文：從夊冬聲也　今傳本説文：「終，从糸冬聲。」
〔一五〕説文云：脇，即肚兩膀也。從肉從劦聲　今傳本説文：「脅，兩膀也。」
〔一六〕熱　今傳本廣雅作「爇」。
〔一七〕剌　據文意似當作「刺」。
〔一八〕説文云：嫗，老母稱也　今傳本説文：「嫗，母也。」
〔一九〕鬆　據文意似作「鬆」。
〔二〇〕秘　今傳本説文作「柲」。段注：「柲，欑也。欑，積竹杖也。」下同。
〔二一〕説文云：餌，即餅也。從食耳聲　今傳本説文：「鬻，粉餅也。从鬻耳聲。餌，鬻或從食耳。」
〔二二〕陷　今傳本説文作「蹈」。
〔二三〕恠　獅作「恠」。
〔二四〕古人在穴上　今傳本説文：「人在穴上。」

〔二五〕勇　據文意似作「猷」。廣雅：善也　今傳本廣雅：「悍，勇也。」
〔二六〕説文云：悍，抵也　今傳本説文：「悍，勇也。」
〔二七〕刮　獅作「尉」。
〔二八〕鰲　即「鰲」。
〔二九〕説文云：烽，候，邊有警急則舉火也。從火夆聲　今傳本説文：「㷭，燧，候表也。邊有警則舉火。从火逢聲。」
〔三〇〕説文：從阜從左聲　今傳本説文「隳」作「陸」，「從𨸏差聲」。
〔三一〕兩　據文意似當作「而」。
〔三二〕説文云：悍，抵也　今傳本説文：「悍，勇也。」
〔三三〕説文：息也　今傳本説文：「吸，内息也。」段注：「内息，納其息也。」
〔三四〕説文云：鎗鎗，金聲也　今傳本説文：「鎗，鍾聲也。」
〔三五〕丱　據文意似作「廾」。
〔三六〕踀　慧卷十三作「刃」。
〔三七〕説文云：巹，蠡也。從巳從丞亦聲也　今傳本説文：「巹，蠡也。從豆蒸省聲。」
〔三八〕掐　據文意似當作「掐」。下同。
〔三九〕劣　獅作「少」。
〔四〇〕也　據文意當作「反」。
〔四一〕羵　據文意似當作「遞」。
〔四二〕惼　據文意似作「惼」。
〔四三〕説文云：窊，下也　今傳本説文：「窊，污衺下也。」

〔四四〕説文云：豸，獸長脊行曰豸　今傳本説文：「豸，獸長脊，行豸豸然，欲有所司殺形。」
〔四五〕説文云：澮，水流澮澮也　今傳本説文：「澮，水。出靃山西南，入汾。」
〔四六〕丨　據文意似當作「く」。
〔四七〕‖　獅作「巜」。下同。
〔四八〕説文：兔，獸也。象踞，後點象其尾　今傳本説文：「兔，獸名，象踞，後其尾形。」
〔四九〕説文：彪，虎之文字也　今傳本説文：「彪，虎文也。」
〔五〇〕過　此字下有「十」，似爲麗本的標記，獅無。今傳本説文亦無。
〔五一〕掐　獅作「掐」。下同。
〔五二〕稻　獅作「稻」。
〔五三〕汩　今傳本爾雅作「淈」。
〔五四〕泊　據文意當作「汩」。
〔五五〕日　獅作「目」。
〔五六〕刻　獅作「刻」。漢語大字典引篇海類編器用類刀部：「刻，与刻同。」
〔五七〕形　古刑字。段注説文：「形，假爲刑罰字也。」
〔五八〕刀　今傳本説文作「力」。
〔五九〕記　獅作「訖」。
〔六〇〕稟　即「稟」。下同。「稟」通「稟」。
〔六一〕祆　獅作「祓」。
〔六二〕説文云：祲，氣感祥也。從示侵省聲也　今傳本説文：「祲，精氣感祥。從示侵省聲。」

〔六三〕說文作网，象交文也　今傳本說文：「网，庖犧所結繩以漁。从冂，下象网交文。」

〔六四〕說文云：婦也。與己齊者也　今傳本說文：「妻，婦与夫齊者也。」

〔六五〕說文云：弭，弓末也　今傳本說文：「弭，弓無緣可以解轡紛者。」段注：「小雅：象弭魚服。傳曰：象弭，弓反末也。所以解紛者。箋云：弓反末彆者，以象骨爲之。以助御者解轡紛宜骨也。」

〔六六〕楊雄　據文意當作「揚雄」。淮楊，據文意作「淮揚」。說文云：陣車也　今傳本說文：「䡴，陷敶車也。」段注：「敶者，列也。見支部。於此可見，古戰陳字用此矣。用陳者，段借字也。作陣者，俗字也。」

〔六七〕嗄　今傳該經大正作「哢」，資福徑山普寧等作「弄」。

〔六八〕禮記云：數噍而無口容　今傳本禮記：「數噍毋爲口容。」

〔六九〕說文云：陋，隘陝也　今傳本說文：「陋，阸陝也。」

〔七〇〕廣雅云：清也　今傳本廣雅：「濘，清也，泥也。」

〔七一〕爲　據文意似當作「謂」。「爲」通「謂」。

〔七二〕說文云：吟也　今傳本說文：「嘯，吹聲也。」

〔七三〕說文云：瞬，目搖動也　今傳本說文：「瞚，開闔目數搖也。」

〔七四〕口　今傳本周禮鄭玄注作「戸」。

〔七五〕怕　據文意當作「帊」。下同。

〔七六〕廣雅云：怕，幞也　今傳本廣雅：「幭、帊、幡、襎、帣、幞也。」

〔七七〕祏　據文意當作「拓」。

〔七八〕麖　同「麠」。周祖謨爾雅校箋：麠，大麃，牛尾一角。〔郭注〕麃即麞。

〔七九〕說文云：籯也　今傳本說文：「笭，車笭也。一曰笭籯也。」

〔八〇〕薨　今傳本說文作「夢」。

〔八一〕蝝　據文意似作「掘」。類篇：「蝝，呼回切，豕發土也。」

〔八二〕說文云：瞳子不正也　今傳本說文：「睞，目童子不正也。」

〔八三〕垎　獅作「培」。

〔八四〕說文云：頊顱也　今傳本說文：「顱，頊顱，首骨也。」

〔八五〕印　中華大藏經本作「印」。

〔八六〕方　各本無，據文意補。

〔八七〕說文云：劓，肷鼻也　今傳本說文：「劓，刑鼻也。」

〔八八〕握　據文意似作「掘」。

〔八九〕說文云：贅，疣也　今傳本說文：「贅，以物質錢。」

〔九〇〕夏食　今傳本王逸注楚辭作「冬飲」。

〔九一〕說文云：故取物也　今傳本說文：「鈔，叉取也。」段注：「今謂竊取人文字曰鈔，俗作抄。」

〔九二〕說文云：銅樸也　今傳本說文：「磺，銅鐵樸石也。」

〔九三〕說文云：治器也　今傳本說文：「瑩，玉色也。」段注：「引申爲磨。瑩亦作鎣。」

〔九四〕契　據文意似作「挈」。

〔九五〕上　據文意似作「止」。

〔九六〕薔　即「嗇」。

〔九七〕說文云：相繼跡也　今傳本說文：「踵，追也。」

〔九八〕說文云：澌，流水也　今傳本說文：「澌，流仌也。」

〔九九〕惰　今傳本說文作「憜」。

〔一〇〇〕傳掾掾　據文意似爲「傳作掾」。

〔一〇一〕說文云：抱，擊鼓揰也　今傳本說文：「枹，擊鼓杖也。」

〔一〇二〕檽　據文意似作「楄」。

〔一〇三〕衙　各本無，據文意補。

〔一〇四〕𥁰　據文意似作「盇」。

〔一〇五〕說文云：飾，猶刷也。從巾食聲　今傳本說文：「飾，刷也。从巾从人食聲。」

一切經音義　卷第九十五

翻經沙門慧琳撰

音弘明集十四卷　此卷音初四卷

弘明集　第一卷

陶鑄　上道牢反，下朱孺反。顧野王：陶，作瓦器也。孟子云：舜自耕稼陶漁是也。廣雅云：陶，化也。韓詩傳云：變也。說文作匋，云瓦器也。從缶包省聲。又云從尸(自)〔一〕作陶，是地名，亦帝堯号也。今通已久。左傳云：鑄鼎象物。謂煬銅爲器也。考聲云：鎔瀉也。說文：銷金也。從金壽聲。鎔音容也。

埏埴　上扇延反，下承力反。老子云：埏埴以爲器，當其無，有器之用也。宋忠云：埏，和也。許叔重云：抑也。聲類：柔也。考聲：揉也。說文：從手延聲。尚書云：厥土赤埴。孔注云：黏土曰埴。釋名云：埴，膩也。如脂之膩也。說文：黏土也。從土直聲也。

鶡旦　寒葛反。山海經云：煇諸之山多鶡。郭璞云：似雉而大，青色，有毛角，鬭死乃止。出上黨郡。漢書音義云：鶡鳥，一名蘇。以其尾爲武士帽也。說文云：似雉。從鳥曷聲。下丹汗反。方言云：自關而東謂之鴠。說文云：從鳥旦聲。集本去鳥，或恐誤也。煇音暉也。

眡聽　上時指反。說文云：視皃也。亦古視字也。字書云：瞻也。從目氐聲。氐音低也。

涓埃　上決玄反。顧野王云：涓，小流也。說苑云：涓涓不絕，將成[河]〔二〕是也。說文亦小流也。從水肙聲。下愛瑸〔三〕反。莊子：塵埃也，野馬也。蒼頡篇云：埃，垢也。風揚塵也。王逸注楚辭云：塵也。古今正字云：從土矣聲。

瀛岱　上郢精反。考聲云：瀛，海也。列子云：東北有大壑，其中有五山焉，三曰瀛州。蓋謂此也。古今正字云：從水嬴聲。下臺賚反。尚書「二月東巡狩至于岱宗」是也。范甯云：泰山也。五岳之長也。說文云：從山代聲也。

墨翟　庭歷反。人姓名也。著書於世，所謂墨子，是悲素絲者也。

笮融　上爭启反。人姓名也，吴中郎將也。

被秣　莫鉢反。鄭箋詩云：秣，養也。古今正字云：飼也。從禾末聲。亦作䬴。

舩櫪　上正服字。下零的反。考聲云：櫪，槽也。古詩云：老馬思伏櫪。說文云：櫪櫛也。從木歷聲。櫛音西也。

擾攘　上饒沼反，下如掌反。賈逵注國語云：擾攘，𢿱也。肆志從欲之皃也。說文云：擾，煩也。攘，推也。二字并從手，夒、襄亦聲。夒音乃刀[反]〔四〕，襄音相。

琴簧　晃光反。毛詩云：並坐鼓簧。世本云：女媧作簧。説文云：笙中簧也。從竹黄聲。

歔欷　上許於反，下虚依反。王逸注楚辭云：歔欷，啼皃也。一云出氣也。何休注公羊云：欷，悲也。蒼頡篇云：泣餘聲也。説文二字並從欠，虚、希聲也。

絺綌　上耻尺反，下卿逆反。説文並葛也。細曰絺，又作㛷〔五〕。粗曰綌。絺，從糸希聲。綌，從糸谷聲，亦作㣣〔六〕。

蜿蟺　上冤阮反，下蟬戰反。上林賦云：象與蜿蟺放西清〔七〕。顧野王案：蜿蟺，詘曲迴轉美皃也。文字典説云：從虫宛聲。或作蜿。説文云：蟺，蜿蟺也〔八〕。從虫亶聲。集本作蜒，非也。亶音丹嬾反。

毫氂　上号高反，下里之反。周易云：失之毫氂，差以千里。十毫曰氂。文字典説作毫，從毛高聲。説文云：氂，强曲毛，可以著起衣也。從犛省來聲也。古文作厤，氂省也。集本作豪，是獸也，狀豚而白，毛大如笄而黑端，名曰豪也。氂，通用字也。犛音茅也。

瓦礫　零的反。已具釋金光明最勝王經中也。

山阜　浮有反。爾雅云：高平曰陸，大陸曰阜。蒼頡篇：山庳而大也。廣雅：丘無石也。説文：大陸山無石也。象形也。正作𠂤。古文作𨸏〔九〕，亦作𠂤。集作阜，通用字也。

跛羊　上波可反。顧野王云：跛，蹇也。周易：跛能履，不足以與行也。説文：行不正也。從足皮聲。

麒麐　上巨之反，下栗真反。考聲：麒麐，瑞獸也。公羊傳：仁獸也。爾雅：麐身，牛尾，鹿蹄，一角。郭云：角端有肉。顧野王曰：牝曰麒，牡曰麐。有聖德王者，澤及鳥獸，則至其郊。説文作麐〔一〇〕麐，説與爾雅同，二字並從鹿，其、吝聲也。或作麟，非也。集本作騏驎，是駿馬名也。

之雛　仕于反。爾雅云：生哺鷇，生噣鶵（雛）〔一一〕。郭云：生而能自食者也。説文：雞子也。從隹芻聲。芻音楚愉反。

扁鵲　上邊辯反。已具釋高僧傳中。

老聃　塔甘反。案老聃，即老君也。史記云：姓李名耳，爲周柱下史。國語謂之伯陽，亦謂之老聃。説文：聃，耳曼也。從耳冉聲。亦作𨈖。集本從身作𨈖，通俗字也。

馲駝　上湯洛反，下度何反。考聲云：胡畜也。顧野王云：有肉鞌，能負重，善行致遠，北饒之。文字典説二字從馬，乇它亦聲。正作驝。乇音竹厄反，它音同上也。

皐陶　上音高，下音遥。堯臣也，爲士師。集本作臯，非也。

馬喙　暉穢反。説文云：喙，口也。從口彖聲也。彖音辭此反。

背僂　力主反。廣雅云：僂，曲脊。説文：尫也。從人婁聲。婁音同上也。

捽頭　上在骨反。賈逵注國語云：捽，擊也。文字典説：持頭髮也。從手卒聲也。

夫訕　山諫反。孔注論語云：訕，謗毁也。蒼頡篇：非也。禮記：爲人臣者，有諫而無訕是也。説文：謗也。從言山聲也。

虓虎　上孝交反。毛詩傳云：虎之自怒虓然也。説文：虎鳴也。從虎九聲也。

搢紳　上音晉，下音申。已具釋高僧傳訖。

惇庬　上頓温反。賈逵注國語云：惇，大也。爾雅：厚也。方言：信也。郭璞亦誠信皃。説文作𢙢，厚也。從心𦎫聲。集本作敦，通用字也。下忙江反。毛詩傳云：庬，厚也。方言：凡物大皃曰庬。聲類：𦎫音順倫反。厂音罕，尨音

同上之也。

聖喆　下知烈反。爾雅云：喆，智也。尚書云：知人則喆。説文作哲，知也。從口折聲。古文嚞從三吉也，亦作悊。集本從𠱓者，字書哲字也。

枹加　上房牛反。顧野王云：枹，鼓椎也。左傳云「援枹而鼓之」是也。説文：擊鼓柄也。從木包聲。集本作桴，是屋棟字之也[一二]。

頑嚚　上五鰥反。孔注尚書云：心不測[一三]德義之經曰頑。廣雅：頑，鈍也。説文：從頁元聲。頁音頡。下魚巾反。左傳云：口不道忠信之言曰嚚也。蒼頡篇：嚚，惡也。字書：嚚亦頑也。説文：語聲也。從㗊臣聲。㗊音壯立反。

詐紿　臺乃反。何休注公羊云：紿，疑也。劉兆云：相欺負也。説文：從糸台聲也。

嚴公　上壯霜反，借用，魯君謚也。公羊、穀梁二傳并同，避漢帝諱也。

槖籥　上湯各反。王弼云：槖，排槖也。顧野王：冶鑄者所用吹火也。蒼頡篇：囊之無底者也。説文：槖也[一四]。從槖[一五]省石聲。下羊灼反。爾雅云：大管謂之籥。

讖緯　上楚譖反。蒼頡篇云：讖書河洛也。淮南「讖書著之」是也。顧野王：謂占後有效驗也。説文：驗也。從言韱聲。下韋貴反。大戴禮云：東西爲緯也。説文：横織絲也[一六]。從糸韋聲也。

旍旗　上井盈反。周禮云：折(析)[一七]羽爲旍。鄭玄云：折(析)羽，以五色繫之於旍上也。杜注左傳：章也。下渠宜反。鄭注周禮云：徵衆刻日樹旗期其下也。顧野王：以鳥隼龜虵也。杜注左傳亦旗表也。説文二字并從㫃，令、其亦聲。亦作旌旂。㫃音偃。

䔥賓　上蕤隹反。禮記月令：蕤賓，律名也。亦作蕤，下文同也。

商鞅　鴦兩反。春秋後語：秦孝公時丞相名也。姓公孫氏，封於商邑也。

蘧瑗　上巨居反，下袁眷反。人姓名也，爲衛大夫，字伯玉，君子人也。

豫且　子余反。人姓名。

丘垤　田結反。毛詩傳云：垤，螘冢也。方言：垤、場，封也。楚郢以南蟻土謂之垤。説文：螘封也。從土至聲也。螘音牛倚反，蚍蜉也。

雖溫　穩渾反。顧野王云：溫，漸熱也。説文：從水昷聲。集本作熅，誤也。昷音同上也。

蹀躞　上恬協反，下先浹反。考聲云：蹀躞，步小皃也。淮南子：足蹀陽阿之儛也。説文作𧾷。從足執聲。集本作燮，通也。

瓢瓠　上驃摽反。考聲云：瓢，半瓠也。鄭玄：取甘瓠，割其蔕，以其齊爲酒樽也。方言：陳、楚、宋、魏之間或謂蚤[一八]爲瓢。説文作瓢[一九]，蠡也。從瓜票聲。下古胡反。馬融注論語：觚，禮器也。一升曰爵，二升曰觚。説文：饗飲之爵。一曰觚受三升者觚[二〇]。從角瓜聲。票音必遥反也。

八僊　薛延反。説文云：僊，長生僊去也。從人䙴，䙴亦聲。亦作仚、仙。䙴音千。

虎鞹　曠郭反。毛詩傳云：鞹，革也。論語：虎豹之鞹，猶犬羊之鞹。孔注：皮去毛也。説文云：從革郭聲也。

蕞殘　上在外反。考聲云：蕞，小劣皃也。蒼頡篇：聚皃也。文字典説：從艹最聲。集本作蓛，誤也。

請禱　刀考反。鄭玄云：求福也。禱，包咸注論語：禱，請也。請於鬼神也。廣雅：謝也。説文：告事求福爲禱。從示壽聲也。

郲魯　上陟于反。下正魯字，下從日。案春秋，并國名也。

盜跖　征石反。考聲云：足下也。亦作蹠，人名也。莊子云：柳下季弟也。

宰嚭　不美反。人名也。春秋吴有太宰官名也。

葅醢　上阻疏反。説文：葅，醋藏菜也[二一]。從草俎聲。下音海。爾雅云：醢，肉醬也。從酉㿻聲。集本從盖作醢，非也。㿻音于救反。

窊木　上烏瓜反。説文云：窊，污邪下也。從穴瓜聲。

罻羅　上氳勿反。鄭注禮記云：罻，小網也。説文：從网尉聲也。

踧然　上子六反。廣雅云：踧踖，畏敬也。禮記：夫子踧然避席是也。説文：從足叔聲。集本作蹴[二二]，通用。

矇瞽　上木蓬反。毛詩傳云：有眸子而無見曰矇。説文：不明也。從目冡聲。下音古。論語云：未見顔色而言謂之瞽也。説文：目但有眹[二三]也。如鼓皮。從目鼓聲。集本作曚，通用久。

正誣論

聚麀　郁尤反。考聲云：牝鹿也。毛詩云：麀鹿麌麌。曲禮：人倫無禮，故父子聚麀也。説文：從鹿牝省。麌音虞雨反也。

貪婪　臘耽反。考聲云：貪，殘也。不謹潔也。説文：杜林云：説卜者黨相詐驗爲婪。從女林聲。亦作惏、㦡也。

有舋　欣覲反。杜注左傳云：舋，動也，罪也，瑕隙也。賈逵注國語：舋，兆也。言有禍兆也。説文：血祭也，象祭竈。從爨省，所以祭也，分聲。集本作舋，俗字也。

哀陴　婢彌反。左傳云：守陴者皆哭。杜云：城上埤堄也。説文：城上垣，陴倪也[二四]。從阝卑聲。籀文作𩏠。集本從金作錍，非也。埤音陛，堄音霓傒反。亦作隉，音同也。

盡坑　客庚反。顧野王云：坑，陷也，壑也，塹也。[文[二五]]字典説：從土亢聲也。

杜郵　下有求反。文字集略云：郵，驛亭所經過也。春秋後語：杜郵在咸陽西十里。白起死於此也。説文：從邑垂聲。集本作邮，訛誤也。

眩愚　上玄絹反。賈逵注國語云：眩，惑也。蒼頡篇：視不明也。説文：目無常主也。從目玄聲也。

殽亂　上效交反，下正亂字也。賈逵注國語云：殽，雜也。廣雅云：亂也。説文：相錯也[二六]。從殳肴聲。集本從水作淆，通用。殳音殊，肴音同上也。

蜫蟲　上骨魂反。鄭注禮記云：昆，明也。明蟲者陽而生，陰而藏者也。説文：蜫，小蟲也。從虫昆聲。正作蚰，從二虫。虫音毁也。

追譴　遣戰反。廣雅云：譴，責也。説文：問也[二七]。從言遣聲。

黼黻　上音甫，下音弗。考工記云：白與黑謂之黼。爾雅云：章也。斧謂之黼。郭云：畫爲斧形。鄭注禮記：以羔與狐白雜爲黼文也。黑與青謂之黻。杜注左傳云：兩已相戾也。二字并從黹，甫、犮聲。集本作黼黻，俗字也。黹音竹几反，犮音盤鉢反也。

錫鸞　上養將反。周禮云：錫馬面當顱，列金爲之，所謂鏤錫也。鄭箋毛詩：眉上曰陽，列金飾之，金當顱也〔二八〕。説文：馬頭飾也。從金陽聲。正作鐊字。

旂旗　上渠希反。周禮云：蛟〔二九〕龍爲旂。爾雅：旗之有鈴者曰旂。郭璞云：懸鈴於竿頭，畫蛟龍於旒也。説文：從㫃斤聲。㫃音偃。

鼓鼙　下陛迷反。周禮云：旅師執鼓，鍾師掌鼓，縵樂也。鄭玄：作縵樂擊鼙以和之。説文：騎鼓也。從鼓卑聲。字書亦作鞞也。

蹏筌　上第泥反。正體字也。王弼云：蹏者，所以在兔，得兔而忘蹏。顧野王云：所以取兔具也。説文：從足虒聲。下七緣反。莊子云：筌，所以在魚，得魚而忘筌。顧野王云：捕魚笱〔三〇〕也。文字典説：從竹全聲。虒音同上。集本作蹄字，行之久也。

炳蔚　上兵皿反。廣雅云：炳，明也。説文同，從火丙聲。下威謂反。考聲云：蔚，翳也。文彩明也。説文：從艹尉聲也。

清醇　下順綸反。孔注尚書云：醇，粹也。廣雅：厚也。説文：從酉𦎫聲。𦎫者，純也。

泯然　上蜜引反。毛詩傳云：泯，滅也。爾雅：盡也。説文：從水民聲。下文同。

屬纊　上鍾辱反。説文云：屬，連也。從尾蜀聲。集本從尸作屬，通用也。下音曠。鄭注禮記云：纊，綿也。言新綿易動，屬於病者之口，以候氣也。説文：從糸廣聲也。

弘明集　第二卷

遑恤　上胡光反。古今正字云：遑，暇也。從辵皇聲。辵音丑略反。下息聿反。

井鼃　胡媧反。説文云：鼃，蝦蟇也。從黽圭聲。或作蠅。集本作蛙，通也。

撫踵　下鍾勇反。聲[類]〔三一〕：跟音根也。

温潔　上穩魂反，下音結。言温潤而潔清也。今集本作濕絜者，恐年代寖遠，傳寫誤錯，有乖義理。

鑾屬　上麥班反，下殊欲反。今集本作戀觸者，深乖於義也。恐傳寫誤，讀者詳其義焉。

炫目　上玄絹反。廣雅云：炫，明也。埤蒼：光皃也。説文亦耀也。從火玄聲也。

絫瞳　上正累字，力水反。下音童。尚書大傳云：舜目四瞳。埤蒼云：目珠子也。説文：從目童聲也。

誕于　達坦反。考聲云：誕，生也。説文云：從言延聲。

蚌蛤　上龐講反，下甘合反。吕氏春秋云：月望虛(則)蚌蛤實，月晦則蚌蛤則(虛)〔三二〕。説文：蚌，蜃屬也。蛤有三，皆生於海。蛤屬千歲鳥所化也，秦謂之牡厲。海中蛤者，百歲鷰化也。魁蛤，一名復累，老服翼所化也。二字并從虫，丰、合聲。丰音同上也。

釁遘　上欣靳反，下溝候反。義已具釋第一卷中。

倜儻　上汀歷反，下湯朗反。博雅云：倜儻，卓異也。史記有奇偉倜儻。説文：并從人，周、黨皆聲也。

蓂莢　上覓瓶反，下兼協反。白虎通云：日曆得其分度，則蓂莢

生於庭。從月。一曰日生一葉，至十六日，日落一葉，以象月虧圓也。堯時生於庭，以爲瑞草。説文並從草，冥夾皆聲也。

倏然　上舒六反。王逸注楚辭云：倏，忽疾皃也。説文：從犬攸聲。亦作倐。集本作儵，通用。

翕欻　上歆邑反。説文云：翕，縮鼻也〔三三〕。從合羽聲。下勳鬱反。薛琮注西京賦：欻，忽然皃也。説文云：從炎欠聲。

奄曖　上淹儼反。毛詩傳云：奄，大也。顧野王云：亦匿也，隱翳也。説文：覆也。大有餘。一曰久也。從大從电（申）展〔三四〕。下哀袋反。王逸注楚辭云：曖，闇昧皃也。説文：從日愛聲。或作靉。

成燗　閻驗反。義已具釋雜事律中。

眒息　上音舜。説文正作瞚，云：開闔目數摇也。從目寅聲。俗作瞬字也。

朏然　上妃尾反。説文云：朏，月未盛之明也。從月出聲。又音普每反。未詳。

茫眇　上莫傍反。毛詩傳云：茫茫，廣大皃也。杜注左傳：遠皃也。古今正字：從水芒聲。下彌了反。説文云：目小〔三五〕。從目少。少亦聲也。

杳漠　上伊了反。説文云：香（杳）〔三六〕，冥也。從木曰聲。下茫博反。顧野王云：漠，猶家（寂）〔三七〕静也。爾雅：清明也。説文：從水莫聲。

濛汜　上漠蓬反，下辭里反。爾雅：四極西至于太濛。郭云：即聲濛汜也。説文二字並從水，蒙巳皆聲也。

世蘄　渠衣反。考聲云：蘄，求也。説文：從艸斳聲。音同上。亦作祈也。

洙泗　上樹儒反，下音四。二水名。杜注左傳云：洙在魯國卞縣西南。禮記：曾子責子夏云，吾與爾事夫子於洙泗之間是也。説文二字並從水，朱、四皆聲也。

共轍　池列反。杜注左傳云：轍，車跡也。説文：從車徹省聲。集本從足作蹾，誤也。

蟠木　上伴寒反。鄭云：委也。顧野王：紆迴也。案：山海經：蟠木，大大（木）〔三八〕也。東北大荒之中有大壑，壑中有洲，洲上有木，即蟠木也。亦謂之蟠桃，一名度索。説文：從虫番音潘。度音唐路反，索音桑各反也。

大隗　吴罪反。大隗，山名，在河南陽翟縣界。説文云：隗，高也。從阝鬼聲也〔三九〕。

姑射　音亦山名。已具釋辯正論中。

具茨　自資反。案：具茨皆山名，在河南陽翟縣界。

所摭　征石反。説文：摭，拾也。陳宋語也。亦作拓。從手庶聲也。

殉世　上旬俊反。臣瓚云：亡身從物曰殉。應劭云：營也。孔注尚書云：求也。説文：從歺旬聲也。歺音殘。

偎人　上烏灰反。山海經云：北海之隅有國曰偎。郭云：偎亦愛也。説文：從人畏聲也。

臨淄　滓師反。郡名，在齊地。集本從艹作菑，誤也。

慭然　上銀覲反。魯哀公誄夫子云：天不慭遺一老。考聲云：慭，傷也。説文：從心猌聲，猌音同上也。

誠瞰　堪濫反。考聲云：視也。字書：望也。文字典説：從耳（目）〔四〇〕敢聲。亦作矙、闞也。

鐙王　上等能反。聲類云：無足曰鐙。説文：鐙，錠也。從金登聲也。從火作燈，俗字也。錠音丁佞反。

而怴(怴)[四一]乎　中隊聿反。何休注公羊云：怴(怴)者，狂也。字書：戇也。考聲：愚也。說文：從心戉聲。戇音卓巷反也。

雞彘　除例反。爾雅云：彘，猪也。說文：豕，後蹄廢謂之彘。彘足與鹿足同，從彑從比矢聲[四二]。彑音居例反。

蛛蝥　上音誅，下謨侯反。方言云：自關而西秦晉之間謂蝥爲蜘蛛。說文：從虫敄聲。集本作蟱，非也。敄音武也。

邴吉　上兵皿反。漢丞相姓名也。

田蚡　扶粉反。人姓名，漢丞相。

豚臭　上突論反，下正魚字。王弼云：豚，獸之微賤者也。方言：豕子謂之豚。說文：正作豚，小豕也。從彖者，象形也。從持月，目給祠祀[四三]。從肉作豚，篆文字。集本從毛作肫，俗亦作犿。

啁噍　上陟交反，下音焦。顧野王云：小鳥鳴也。說文：嘐也。從口周聲。噍，從口焦聲。嘐音火交反。

豺獺　上仕諧反。禮記月令：季秋豺乃祭獸。廣雅云：豺，狗也。說文：狼屬，狗足。從豸才聲。下他怛反。月令：孟春，獺祭魚。鄭云：獺將食之，先以祭也。說文：如小狗，水居食魚。從犬賴聲。豸音宅賣反。

無礙　斅愛反。斅音五哀反。說文云：礙，止也。從石疑聲。集本作碍，非也。

敻居　上火娉反。劉兆云：敻，深遠也。說文：營求也。從旻，人在穴上也。旻音火劣反。下文敻內同。

羿　上霓計反。孔注論語云：羿，有窮國君善射者也。被其臣寒浞煞之。說文：帝嚳射官也。夏少康滅之也。從弓幵聲。集本作羿，雖通，俗用久，然失之遠矣。幵音牽，浞音仕捉反，嚳音苦屋反。

彀中　上鈎候反。考聲云：挽弓也。孟子云：羿之教人射，必志於彀。說文：張弩。從弓㱿聲。㱿(㱿)[四四]音腔角反也。

其胖　潘漫反。考聲云：牲之半體也。文字典說云：從肉半聲。

詫乎　上丑亞反。郭璞云：詫，誇也。毛詩傳云：止也。說文：從言宅聲也。

蹭蹬　上倉贈反，下騰隥反。考聲云：行步失所皃也。文字典說云：二字并從足，曾登皆聲也。

蜎飛　上一緣反。爾雅云：井內小赤蟲也。恐非義。案：合是翾字，音許緣反。說文云：小飛皃。稍合於義，幸詳焉。

蝡動　上而允反。考聲云：無足蟲也。說文云：動也。從虫耎聲。耎音而兖反。

孩齔　初僅反。周禮：未齔者不爲奴。鄭玄云：齔，毀齒。七歲而齔。從齒匕聲。集本作齓[四五]，非之也。

以詬　呼遘反。鄭注禮記云：詬，猶耻辱也。杜注左傳：詬，罵也[四六]。說文：從言后聲。

弘明集　第三卷

翻翥　諸庶反。方言云：翥，舉也。郭云：謂鶱翥也。說文：飛舉也。從者羽聲也。

鄙俚　力止反。考聲云：南夷種在廣州也。孟子云：南方蠻屬也。說文：從人里聲。

所莅　離雉反。毛詩傳云：莅，臨也。爾雅：視也。文字典說：從艹位聲也。

錙銖　上滓師反，下樹朱反。鄭注禮記云：八兩爲錙。許注淮南子云：十二粟而重一分，十二分爲一銖。說文云：錙，六

銖也。銖，權(權)分十黍之重也[四七]。二字并從金，甾、朱聲。甾音同上。

菍驥　几利反。論語云：驥，不稱其力而稱其德也。說文云：千里馬也。孫陽所相者也。從馬冀聲。

之僃　排買反。顧野王云：僃，疲劣也。廣雅：極也。說文：從心備聲。

懸餧　奴罪反。鄭注論語：餧，餓也。說文云：亦餓也。從食委聲。

曁于　其冀反。杜注左傳云：曁，至也。字書：及也。說文曰：頗見[四八]。從旦既聲。

癕疽　上氳恭反，下七余反。司馬彪注莊子云：浮熱爲㾴，不通爲癕。說文：腫也。疽，久癕也。二字并從疒，雍、且聲。㾴音必遥反。

春蒐　所尤反。爾雅云：春獵爲蒐。郭云：蒐，索取不任者也。說文：從艹鬼聲也。

韜弓　上討高反。杜注左傳云：韜，藏也。說文：劍衣也。從韋舀聲。舀音弋小反。

授戉　于月反。說文云：大斧也。司馬法云：夏執玄戉，殷執白戚。周左仗黄戉，右秉白旄。從戈乚聲。集本從金作鉞，通俗字。乚音居劣反。

刓剔　上吾丸反。王逸注楚辭云：刓，削也。說文：㓷也。從刀元聲。下汀亦反。聲類云：剔，治也。解也，剃髮也。文字典說：從刀易聲。

袪之　上去居反。考聲云：袪，開也。韓詩云：去也。高誘注吕氏春秋云：袪，猶舉也。說文：從衣去聲。

石碏　切藥反。衛大夫名，春秋時人也。

骸放　上昆穩反。考聲云：禹父名也。殛之於羽山。文字典說：從骨系聲。亦作鯀。集本作觥，誤也。

遐裔　餘藝反。杜注左傳云：裔，遠也。廣雅：表也。方言：裔，夷狄之總名也。說文：從衣、冏音女滑反。

維縶　砧立反。毛詩傳云：縶，絆也。杜注左傳：拘也。古今正字謂拘執也。從糸執聲。

龍衮　古本反。鄭箋毛詩云：衣而畫以龍也。郭注爾雅：衮，衣有黻文也。說文：天子享先王，卷龍繡於下裳幅(幅)，一龍蟠阿[四九]。從衣公聲也。

櫛梳　上臻瑟反。考聲云：梳也。說文云：梳比之總名也。從木節聲也。

之轡　悲媚反。顧野王云：轡，所以制馭車中馬也。說文：馬轡也。從絲叀。車與連同。叀音衛，車軸頭鐵也。集本作轡，非也。

蠢蝡　上春允反，下而允反。義已具釋第一卷。

滰毓　上子沁反。考聲云：滰，清[五〇]也。是正浸字。下餘六反。賈注國語云：生也。爾雅：養也。鄭注禮記云：産也。說文：正育字。𠫓：養子使善也。從𠫓肉聲。同也。

礿祀　上陽削反。何休注公羊云：麥始可礿而祭也。說文云：夏祭名也，從示勺聲。亦作禴。集本作䄍，是草名也。

排擯　上敗埋反。廣雅云：排，推也。司馬彪云：擯，棄也。說文二字并從手，非、賓皆聲。

方睨　倪計反。孔子云：睨而視之猶以爲遠。說文：睨，邪視。從目兒聲也。

徼於　上皎堯反。杜注左傳云：徼，要也。賈逵云：求也。孔注論語云：抄也。抄人之意，以爲己有也。說文：循也。從彳敫聲。集本作傲，誤也。彳音丑亦反，敫音叫。

落簪　戢林反。蒼頡篇云：簪，笄也。說文作兂，云：首笄也。從人，象形也。集本作簪，俗字也。

糜損　上美悲反。廣雅云：糜，壞也。王注楚辭：碎也。說文：從米麻聲。

菲食　上非尾反。馬注論語云：菲，薄也。說文：從艸非聲也。

大謔　香虐反。郭注爾雅云：謔，相啁戲也。說文：亦戲也。從言虐聲也。

緘默　上古咸反。說文云：緘，束篋也。從糸咸聲。

駭怛　上諧駭反，下丹遏反。

沖粹　上逐中反，下雖醉反。廣雅云：粹，純也。王注楚辭云：精也。說文：不雜也。從米卒聲也。

盱衡　上詡于反。郭云：盱，謂舉眼也。漢書云「盱衡厲色」是也。蒼頡篇：張目也。司馬彪云：視而無知之皃也。說文亦張目也。從目亐聲也。

之賙　之由反。毛詩傳云：賙，救也。字書：贍也。鄭箋詩云：權救其急也。古今正字：從貝周聲也。

讜言　上當朗反。古今正字云：讜，直也，善言也。從言黨聲。

辯覈　衡厄反。義已具釋前高僧傳中。

髡道　上困昆反。考聲云：刑名也。去其髮曰髡。說文：髡，鬄也[五一]。從髟兀聲。鬄音他計反，髟音必遥反。

赭衣　上遮野反。已具釋根本雜事中。

日磾　抵泥反。人名，前漢侍中姓金氏。

於複　[豐]目反[五二]。說文云：複，重。從衣复聲。一云褚衣。

洗汏　上西禮反，下達帶反。考聲云：汏，洒也。濤湅。

螟蛉　上覓萍反，下歷亭反。爾雅云：螟蛉，桑蟲也。郭云：桑蟃，一曰戉[五三]女。說文二字並從虫，從冥令聲。亦作蠕字也。

蜾螺　上戈火反，下盧果反。毛詩傳云：蒲盧也。郭云：即細腰蜂也。俗呼爲蠮螉也。說文：正作蠃。蠃，從虫𣎆聲。集本作蜾螺，通俗字。⿰鬲戈音戈，𣎆音盧禾反，蠮音伊繼反，螉音翁也。

不悛　取緣反。孔注尚書云：悛，改也。說文：止也。從心夋聲。夋音七荀反。

之埜　耶者反。與野字同。考聲云：郊外曰牧，牧外曰埜。埜是古字也。

玕琪　上葛安反。山海經云：崑崙山有琅玕樹。說文亦琅玕也。從玉干聲。古文作𤦲。爾雅云：東方之美者，有醫無閭之珣玗(玕)琪焉。郭云：玉屬也。說文作璂[五四]，從玉綦聲。亦作瑧[五五]，音同上也。

歃朱　上衫袷反。已具釋雜事律中。集作歃，失也。

黄能　乃來反。考聲云：獸名也。爾雅云：鼈三足曰能。說文：能，屬也，足似鹿。從肉㠯聲。能獸堅中故稱賢能，而强牡(壯)[五六]稱能傑也。集本作熊，誤。

弘明集　第四卷

侔造化　上莫侯反。鄭注考工記云：侔，等也，均也。說文：齊等也。從人牟聲。牟音同上也。

蒭豢　上楚于反，下還慣反。鄭注周禮云：養犬豕曰豢。說文：穀圈養豕也[五七]。從豕卷省聲。圈音權阮反。

庀物　上紕止反。鄭衆注周禮云：庀，具也。杜注左傳：治也。文字典說：從广匕聲。广音儼。

蠉蝡　上呼詮反，下如允反。已具釋第一卷。

麛卵　上米雞反，下鸞管反。說文云：麛，鹿子也。從鹿弭聲。

數罟　上色角反，下音古。說文：罟亦网也。從网古聲也。

罠隸　上麥耕反。毛詩傳云：罠，民也。鄭注周禮云：罠，猶懵懵無知之皃也。劉注孟子云：遠郊之界稱罠。說文：從亡民聲。集本作泯，恐誤。

劑此　上齊細反。爾雅云：劑，齊也。今南方人呼剪刀爲劑刀。古今正字亦同聲〔五八〕也。從刀齊聲。

枯荄　古來反。考聲云：草莖也。方言：東齊謂根曰荄。說文：草根也。從艹亥聲也。

深誚　樵曜反。考聲云：讀讓也。說文：從言肖聲。讀音責也。

鍪斧　上弭卑反。字書云：青州人謂鎌爲鍪。古今正字：從金弥聲也。

封刳　上闋圭反，下苦孤反。廣雅云：刲，屠也。顧野王云：刳，空其腹也。說文：刲〔五九〕，刺也。刳，判也。二字並從刀，圭、夸聲。夸音苦華反。

之蠹　都故反。說文云：木中蟲也。從蚰橐聲。蚰音昆，橐音託。

爓瀹　上餘瞻反，下羊灼反。劉熙云：瀹，通利之器也。說文：清（漬）〔六〇〕也。從水龠〔六一〕聲。

禋瘞　依例反。爾雅云：祭地曰瘞埋也。郭云：謂幽藏也。說文：幽薶也。從土瘱聲。瘱音丘輒反。

曉薌　享良反。禮記孔子云：燔燎羶薌也。文字典說云：與香字同。從艹鄉聲也。

獀狩　上所留反。正作此搜，恐誤也。以意求之，合作此挖字。云求索也，於義爲得。下收呪反。已具釋第二卷中。

蹲膜　上徂孫反，下茫蒲反。穆天子傳云：膜拜而受也。郭璞云：今之胡禮佛舉手加頭，稱南膜拜者，即此也。說文：從肉莫聲也。

遯世　上徒頓反。鄭注禮記云：遯，逃也。廣雅：避也。王逸云：隱也。說文：從辵豚聲。辵音丑略反，豚音徒門反。

蹻跖　上姜略反，下征石反。莊蹻、盜跖二人名也。

蘋蘩　上音頻。毛詩傳云：大萍也。下音煩。毛詩傳云：皤蒿也。古今正字云：二字并從艹，頻、繁皆聲。皤音婆。

芝荼　念協反。郭象注莊子云：凡物各以所好役其形，至疲困，不知所好此之歸赴也〔六二〕。言此之事不道也。古今正字：從艹尒聲也。

欲嗛　謙簟反。淮南云：至味不嗛。許叔重：嗛，銜也。口有所銜食也。郭注爾雅云：頰裏貯食也。猿猴等頰中藏食也。說文：從口兼聲也。

一切經音義　卷第九十五

校勘記

〔一〕尸　獅作「下」。據文意似作「自」。

〔二〕河　各本無，據文意補。

〔三〕孩　據文意似作「孩」。

〔四〕反　各本無，據文意補。

〔五〕悕　據文意似作「晞」。

〔六〕㤼　據文意似作「㤼」。

〔七〕象與蛩蟺放西清　今傳本上林賦爲「象與蛩蟺於西清」。

〔八〕說文云：蟺，蛩蟺也　今傳本說文：「蟺，宛蟺也。」段注：「宛，轉臥也。引申爲凡宛曲之稱。」

〔九〕𠂤　今傳本說文作「[illegible]」。

〔一〇〕麔　今傳本說文作「麒」。

〔一一〕鄒　今傳本爾雅作「雛」。

〔一二〕是屋棟字之也　據文意似爲「是屋棟之字也」。

〔一三〕測　今傳本尚書作「則」。

〔一四〕説文：槖也　今傳本説文：「槖，囊也。」

〔一五〕槖　據文意似作「橐」。

〔一六〕説文：横織絲也　今傳本説文：「緯，織横絲也。」

〔一七〕折　今傳本周禮作「析」。下同。

〔一八〕蚤　今傳本方言作「蠡」。錢繹方言箋疏：「蠡，正字；蚤，壞字；其作蠡者，猶瓠之别作瓟也，亦俗字也。」

〔一九〕瓢　今本説文：「瓢，蠡也。从瓠省，㶾聲。」

〔二〇〕説文：饗飲之爵。一曰觚受三升者觚　今傳本説文：「觚，饗飲酒之爵。一曰觴受三升者謂之觚。」

〔二一〕説文：葅，醋藏菜也　今傳本説文：「葅，酢菜也。」

〔二二〕跦　據文意似作「趺」。

〔二三〕眹　今傳本説文作「眹」。

〔二四〕説文：城上垣，陴倪也　今傳本説文：「陴，城上女墻，俾倪也。」段注：「女墻即女垣也。俾倪，疊韵字。或作睥睨，或作埤堄，皆俗字。」

〔二五〕文　各本無，據文意補。

〔二六〕説文：相錯也　今傳本説文：「殺，相雜錯也。」

〔二七〕説文：問也　今傳本説文：「譴，謫問也。」

〔二八〕周禮云：鍚馬面當顱，列金爲之　今傳本周禮：「鍚馬面當盧，刻金爲之。」鄭箋毛詩：眉上曰陽，列金飾之，金當顱也　今傳本鄭箋毛詩：「眉上曰鍚，刻金飾之，今當盧也。」

〔二九〕蛟　今傳本周禮作「交」。

〔三〇〕筍　據文意似作「笱」。

〔三一〕纇　各本無，據文意補。

〔三二〕吕氏春秋云：月望虚蚌蛤實，月晦則蚌蛤則　今傳本吕氏春秋：「月望則蚌蛤實，羣陰盈。月晦則蚌蛤虚，羣陰虧。」

〔三三〕説文云：翕，縮鼻也　今傳本説文：「翕，起也。」

〔三四〕從大從电展　今傳本説文：「从大從申。申，展也。」

〔三五〕説文云：目小　今傳本説文：「眇，一目小也。」

〔三六〕香　今傳本説文作「杳」。

〔三七〕家　據文意似作「家」，即「寂」。

〔三八〕大　獅作「木」。

〔三九〕説文云：隗，高也。從卩鬼聲也　今傳本説文：「隗，陮隗也。从𨸏鬼聲。」

〔四〇〕耳　據文意似當作「目」。

〔四一〕惐　據文意似作「惐」。下同。

〔四二〕説文：豕，後蹄癈謂之彘，彘足與鹿足同，從彐從比矢聲　今傳本説文：「彘，豕也，後蹏廢謂之彘，从彑从二匕矢聲，彘足與鹿足同。」

〔四三〕説文：正作豚，小豕也。從彖者，象形也。從持月，目給祠祀　今傳本説文：「豚，小豕也。从彖省，象形，从又持肉，以給祠祀。」

〔四四〕弢　獅作「殼」。

〔四五〕齔　據文意當作「齓」。

〔四六〕詬，駡也　今傳本杜注左傳爲「詬，詈辱也」。

〔四七〕銖，擢分十黍之重也　獅本作權。今傳本説文：「銖，權十分黍之重也。」

〔四八〕説文曰：頗見　今傳本説文：「暨，日頗見也。」

〔四九〕説文：天子享先王，卷龍繡於下裳幅，一龍蟠阿　今傳本説文：「衮，天子享先王，卷龍繡於下幅，一龍蟠阿上鄉。」

〔五〇〕清　據文意似作「漬」。

〔五一〕説文：髡，鬀也　今傳本説文：「髡，鬄髮也。大人曰髡，小兒曰鬀。」段注：「鬀俗作剃。剔亦作鬀。」

〔五二〕豐　各本無，據文意補。豐目反　獅爲「芳六反」。

〔五三〕戌　今傳本爾雅作「戎」。

〔五四〕玗　據文意當作「玕」。璂　據文意當作「琪」。

〔五五〕璂　據文意當作「瑾」。

〔五六〕牡　今傳本説文作「壯」。

〔五七〕説文：穀圈養豕也　今傳本説文：「豢，以穀圈養豕也。」

〔五八〕聲　據文意似作「義」。

〔五九〕剗　即「刲」。

〔六〇〕清　今傳本説文作「漬」。

〔六一〕蕭　今傳本説文作「肅」。

〔六二〕凡物各以……歸赴也　今傳本爲「凡物各以所好役其形骸，至於疲困茶然，不知所以好此之歸趣云何也」。

一切經音義　卷第九十六

翻經沙門慧琳撰

音弘明集　從第五盡十四　計十卷

弘明集　第五卷

混淆　效交反。考聲云：淆，雜亂也。字書：混淆，濁水也。古今正字：從水肴聲。亦作殽也。

七竅　敲弔反。字書云：孔也。説文云：空也。從穴敫聲。敫音叫。

堅毳　齒芮反。鄭注周禮云：毳，毛之細縟者也。説文：獸細毛也，從三毛。

灺垂　上邪野反。廣雅云：炭、爈、㶳、熸，炧也。説文：燭炭也[一]。從火也聲。亦作炨。爈音子慄反。㶳，辭刃反。熸，子勞反。集本作炨(炨)[二]，非也。

枯腊　星亦反。鄭注周禮云：乾肉也。古今正字：脩腊，小物也，全乾也。從肉昔聲。

之爇　熱蟬反。陸佐公闕銘云：刑酷爇炭。説文云：燒也。作然字，義同。諸字書撿並無此字。亦有從艹作蘸，其義亦同也。

而炷　音注。

桎梏　上真日反，下公屋反。義已釋高僧傳也。

大塊　枯潰反。莊子云：大塊噫氣，其名爲風。司馬彪云：大塊，謂天也。説文：從土鬼聲也。

人鞆　几宜反。與羇同義，古字也。考聲云：勒也，繫也。玉篇：從革奇聲也。

緬素　上綿褊反。賈注國語云：緬，思皃也。説文：從糸面聲也。

輿櫬　上與諸反。蘇林云：輿，猶載之意。説文：從車舁聲。下初恡反。説文云：櫬，棺也。從木親聲。

罅隙　上受尤反，下卿逆反。賈注國語云：隙，舋也。顧野王云：隙，猶間隙也。亦云有怨憾也。説文從𨸏𡭴，音同上。集本作郄，人姓也，非罅義也。

遺惐　綺淹反。考聲云：惐，恃險意也。説文：不安皃也。從心咸聲也。

弘明集　第六卷

釋剥論　中邦角反。考聲云：剥，取也。凡革用總稱也。集本作此駮字，是獸名也。非釋剥之義。

鑪錘　住韋反。廣雅云：錘，謂稱錘也。古今正字：從金垂聲。案鑪錘之間是鍛者，合從追作鎚，於義爲得。

孜汲　上子斯反，下金岌反。孔注尚書云：孜孜，不怠也。説文：汲汲也。從文[三]子聲。作此資給，亦通。

憮然　上音武。考聲云：憮，失意皃也。何注論語：爲其不達己意而非之也。説文：愛也。一曰不動也。從心無聲也。

咄異哉　上都訥反。説文云：咄，相謂也。從口出聲。

皦潔　上澆了反。毛詩傳云：皦，白也。説文：玉石之白也。從白敫聲。敫音叫。下音結也。

婉孌　上宛阮反。毛詩傳云：婉，從也，亦美皃也。杜注左傳云：約也。説文：從女宛聲。下劣囀反。字書云：孌，婉順皃。説文：慕也。從女䜌聲。䜌音劣專反。

凶愎　憑逼反。杜注左傳云：愎，戾也。佷也，不仁也。古今正字：從心复聲。复音復。

騅騂　恤營反。毛詩傳云：赤黄色曰騂。古今正字：從馬從辛聲。亦作牸、觲也。

犂色　上履脂反。何注論語云：犂，雜文也。古今正字：從牛𥝢聲。㓞音利也。

騁功　上敕領反。毛詩傳云：騁，施也。杜注左傳云：馳也。説文：從馬甹聲。甹音匹盈反。

⿰歹畏壘　上烏賄反。字書云：⿰歹畏，不智人也。古今正字：從歹畏聲。集作猥〔四〕，通。下雷猥反。考聲云：壘，頭禿皃。左傳有酅魁壘也。説文：從土畾省聲。畾音雷也。

爽塏　上霜兩反。説文云：爽，明也。從㸚從大。篆文作爽。下開亥反。杜注左傳云：塏，燥也。説文：高燥也。從土豈聲。豈音愷也。

峭峻　上鍫醮反。許叔重云：峭亦峻也。説文：判也〔五〕。義同。從卩肖聲。

剖腋　上普厚反，下征亦反。顧野王云：剖，破也。説文：判也。從刀、音音偷豆反。

羽蛻　始鋭反。説文云：蛻，蟬解皮也〔六〕。從虫兑聲。下文同。

横馗　匱龜反。説文云：馗，九達道，似龜背，故謂之馗。從九首聲。亦作逵也。

捫珠　上没奔反。聲類云：捫，摸也。説文：撫持也。從手門聲。摸音門博反。

有埤　婢彌反。賈逵云：埤，猶補也。説文：增也。從土卑聲也。

斐暐　上孚尾反。毛詩傳云：斐，文皃也。説文：分別文也。從文非聲。易曰：君子豹變，其文蔚也。下于鬼反。説文云：暐，盛明皃也。從日韋聲是也。

亹亹　微匪反。已具釋續高僧傳中也。

豪⿰禾會　口外反。字書、蒼頡篇、説文並云：糠也。從禾會聲。集本作檜，誤也。

烏聒　官活反。杜注左傳云：聒，讙也。蒼頡篇：擾耳也。説文：讙語也。從耳舌（昏）〔七〕聲。集本作聒，誤之甚也。舌（昏）〔八〕音滑。

獸呴　呼垢反。廣雅云：呴，鳴也。顧野王云：獸聲也。賈逵：呼呺也。聲類：嗥也。古今正字作㖃，義同。亦作吽。從牛句聲。集作呴，通也。

醍醐　上第奚反，下户孤反。考聲云：醍醐，蘇中不凝者也。集本從水作湜（湜）〔九〕湖字，非也。

飾繢　上音式，下迴内反。古今正字云：似綦，赤色。從糸貴聲也。

貿珍　上矛候反。顧野王云：貿，猶交易也。爾雅云：市也，賣也。説文：易財也。從貝丣聲。丣音古。下正珎字也。

弘明集　第七卷

簪佩　下陪昧反。鄭注周禮云：珮玉，所帶玉也。大戴禮：珮上

有葱衡，下雙璜，衡(衝)〔一〇〕牙璸珠以納其間。天子珮白玉，公侯玄玉，大夫水蒼玉，世子瑜玉，士瓀玫，孔子珮象環五寸。顧野王：凡帶物在身皆謂珮。説文：大帶也。從人几(凡)聲。佩必有巾。〔一一〕巾謂之帀〔一二〕。亦從玉作珮也。

擎跽　上競迎反，亦作弊。下奇几反。莊子云：擎跽曲拳，人臣之禮也。説文：長跽也。從足忌聲也。

奄强　上跨花反。考聲云：奄，大也。説文：奢也。從大丮〔一三〕聲。丮音口寡反。

梟鴆　沈賃反。考聲：毒鳥也。山海經云：女几之山多鴆。郭注云：大如鵰，紫緑色，長頸赤喙，食蛇。杜注左傳：鴆羽有毒，以畫酒飲之則死。説文：從鳥冘聲。冘音淫。

鬱柲　上正鬱字。下悲媚反。梵語也。

鉾穳　上謨侯反。下倉亂反。考聲云：遥投矛也。廣雅云：穳，謂之鋋。古今正字義同。從矛贊聲。下文同也。

詣摽(標)〔一四〕　必遥反。顧野王云：摽(標)，謂揭表以識之也。説文：亦表也。從木票聲。集作檦，俗字也。票同音也。

蹙之　上酒育反。廣雅云：蹙，迫也。鄭云：促也。案以手摵之，合從手作戚(摵)〔一五〕。考聲云：推逼也。古今正字：從手戚聲。

弘明集　第八卷

劉勰　嫌頰反。人姓名也。晋桓玄記室參軍。

增靄　埃蓋反。考聲云：靄，氣增靄則昏昧不明也。集本作靄，恐失，諸字書作霿也。

焥燼　上烏垓反。廣雅云：焥，熱也。熾也。古今正字：從火矣聲。下辭胤反。正作𤇾。鄭箋毛詩云：火餘也。古今正字：從火盡聲。

閩數　上密斌反。周禮云：掌方氏掌七閩之民。七者，周之所般(服)〔一六〕國數也。山海經：閩，在海中也。説文：南越蛇種也。從虫門聲。下蘇口反。

河鉤　狗侯反。郭注爾雅云：水曲如鉤流盤桓也。般鉤者，黄河曲名。文字典説：從金句聲。集本作鍭，音侯，非其義也。

查槮　上乍加反。毛詩傳云：查，水中浮草木也。古今正字：從木且聲。亦作楂。集本作渣，非也。下所錦反。爾雅云：槮，謂之涔。郭注云：今之作槮。叢積〔一七〕。此積柴於水中，魚得而入其裏藏，因捕取之。説文：積柴捕魚名罧〔一八〕，音力今反。

禁錮　古護反。説文云：錮，鑄塞也。從金固聲也。

嗑齒　上胡臘反。王弼注周易云：嗑，合也。説文：從口盍音同上。後有者並同。

蕩花　上黨浪反。埤蒼云：蔄蕩，草名也。説文：從艸碭聲。蔄音浪，碭音蕩。

觵魅　號横反。説文：兕牛角可以飲者。從角黄聲。或作觥，與集本同。下音媚。

溷漫　上魂困反。古今正字云：溷，亂也。從水圂聲。圂音同上。下蠻諫反。

浹辰　上尖葉反。鄭注周禮云：從甲至癸謂之浹日。韓詩：通也。説文：從水夾聲也。

姱僈　上跨瓜反。古今正字云：奢也。從女夸聲。下蠻襻反。考聲：僈，佼也。字書作嫚。説文：從人曼聲。

硠屐　上朗當反。廣雅云：硠，堅也。石聲也。說文：從石良聲。下渠戟反。說文：屩也。從尸收省聲〔一九〕。屩音腳也。

劈裂　上甹覓反。廣雅云：劃也。裂也。說文：破也。從刀辟聲。

犎牛　上福逢反。考聲云：野牛也。領有隆肉者也。出蜀中。山海經云：禱過之山多犎牛。埤蒼：野牛也。說文：從牛封聲。

凶獷　瓜猛反。說文云：犬獷獷不可附也。從犬廣聲。

弘明集　第九卷

倶倦　權院反。顧野王云：倦，疲也。廣雅：極也。說文云：疲〔二〇〕也。從人卷聲。集作勧，恐誤也。

砥礪　上之履反，下離刈反。

蛟螭　上音交，下耻離反。山海經云：限水有蛟，其狀魚身而蛇尾，鴛鴦食之，可以爲痔。又況水多蛟。郭云：似蛇，四腳，小頭，細頸，頸有白纓。大者十數圍，卵生，子如一二斛甕，能吞人。說文：龍屬也。沱（池）魚，滿二（三）千六百，蛟來爲之長，率魚而飛。置苟（笱）韭水中即蛟去也。從虫交聲也〔二一〕。

鋒鍔　上捧容反，下昂各反。釤也。

鈍刃　上豚困反。

骨骼　皆額反。鄭注禮記云：骨枯曰骼。說文：禽獸之骨曰骼。從骨各聲。集本作髂，音客亞反，誤。

凉燠　憂六反。說文：燠，熱也〔二二〕。從火奥聲。

痛痒　羊蔣反。考聲云：痒，痛之微者也。說文作蛘，義同。從虫羊聲。下文並同。

孫臏　頻泯反。人姓名。

西檽　歷丁反。方言云：屋梠謂之檽。蒼頡篇：檽，檻楯間也。說文：楯間子也。從木需聲。梠音呂。楯音順也。

忖度　上村損反，下宕各反。

瑉似　上敏斌反。鄭注禮記云：瑉，美石次玉也。山海經：岐山多瑉。說文：從玉昏聲〔二三〕。集本作碈，通俗字。昏音敏。

驎駬　上栗珎反。郭璞云：色有淺深，斑駁隱驎，今謂連錢驄也。字書曰：馬黑脣也。古今正字：從馬粦聲。下吾剛反。楚辭云：駬駬若千里之駒。埤蒼云：馬摇頭也。古今正字：馬怒皃。從馬卬聲。卬音昂也。

女媧　寡花反。古帝号也。

多稌　兔魯反。爾雅云：稌，稻也。鄭衆云：稉也。說文：牛宜稔（稌）〔二四〕。從禾余聲。

無垠　獃根反。考聲云：涯畔也。古今正字：從土艮聲。獃音吾哀反。

播殖　上波磨反，下時力反。鄭箋毛詩云：播，猶種也。說文亦種也。一云布也。從手番聲。集本作簸，是箕屬，非播種字也。

迷瞀　矛候反。鄭注禮記云：瞀瞀，目不明也。說文：低目謹也〔二五〕。從目敄聲。敄音武也。

蛩蟁　上局顒反，下强魚反。爾雅云：西方比肩獸焉，與蛩蛩蟁虚爲比，蟁虚齧甘草，即有難，蛩蛩蟁虚負而走，其名謂之蟨〔二六〕。呂氏春秋云：北方有獸，其名蟨，前足似兔，趍則頓，走則顛。然則蛩蛩蟁虚亦宜鼠後而兔前，前高不得甘

草，故須蟨食之。今鴈門廣武縣夏屋山有獸，形如兔而大，相負共行，土俗名之爲蟨鼠。說文：蛩，獸也。從虫巩聲[二七]。蟁，從蚰巨聲。集本作駏，如馬，非此獸也，失之甚矣。蟨音居衛反，巩音同上，蚰音昆。下文同也。

廟祧　他彫反。禮記云：遠廟爲祧。鄭云：祧之言超也，上去意也。遷廟之主以昭穆，合藏二祧之中。古今正字：從示兆聲。

壇墠　上堂丹反，下蟬闡反。孔注尚書云：築土爲壇，除地爲墠。說文云：壇，祭場也。墠，野也[二八]。二字竝從土，亶、單皆聲。後有准此也。

弘明集　第十卷

瘡痏　爲軌反。蒼頡篇云：歐傷也。說文：疻痏也。從疒有聲。疻音施也。

滯甃　皺[二九]瘦反。說文：甃，井甓也[三〇]。從瓦秋聲。甓音鼙覓反。

之鼃　烏媧反。考工記云：所謂以脰鳴者也。說文：蝦蟆也。從黽圭聲。黽音猛。亦作蛙也。

舟航　鶴郎反。毛詩傳云：航，渡也。顧野王云：今謂所以濟渡之舟爲航。古今正字義同。從舟亢聲。亦作斻，音剄也。

嘉抃　別變反。考聲云：抃，撫掌也。說文作拚，云：拊手也。從手弁聲。弁音同。集本作扑，通也。

無斁　盈迹反。孔注尚書云：斁，鬲也。說文：懈也。古今正字：終也。從攴睪聲。睪亦集本作歎，誤。下文同也。

踳淪　上春準反。司馬彪注莊子云：踳雜不同也。許叔重：相背也。古今正字：差也。從足春聲。亦作舛、偆。淮南子作僢，音義並同也。

擱納　上居碧反。諸字書並無此字，意謂俗字也。

招僁　堨焉反。孔注尚書云：僁，過也。杜注左傳云：失也。說文云：此籀文僁字，正作愆，義同。從心衍聲。或作𡩟、愆、䢥(逓)[三一]、趄，並同也。

儃佪　上展連反，下音迴。考聲云：儃，轉也。佪，施也。古今正字作邅，義同。從辵亶聲。徊，從彳回聲。集本作儃佪，誤也。辵音丑略反，彳音敕也。

擠其　上齊系反。字書云：擠，墜也。方言：滅也。廣雅：推也。說文：排也。從手齊聲。

徐緄　昆本反。人姓名，梁黃門侍郎也。

王暕(暕)[三二]　姦限反。人姓名。

栁惲　上正栁字，下鬱吻反。人姓名也。吻音聞粉反。

栁憕　音澄，人名。

摛機　上敕知反。考聲云：摛，陳布也。左思蜀都賦：摛藻掞天。說文：舒也。從手离聲。离音同上。

惵惵　恬叶反。顧野王云：惵，猶懼也。東京賦云「惵惵黔首」是也。古今正字義同。從心枼聲。枼音葉。

碌碌　盧谷反。埤蒼云：碌碌，多砂石也。古今正字義同。從石录聲。录音祿。

滮泉　上皮彪反。毛詩傳云：滮，流皃也。廣雅義同。說文：從水彪省聲。彪音彼尤反。

鈎深　上苟侯反，下審林反。周易繫辭云：鈎深致遠。考聲云：鈎，求也。取也。引也。字書云：深，邃也。測也。今集本作拘深，於義乖舛，恐傳寫訛謬也。改從鈎深於義爲

得，亦請詳焉。

諄諄　準純反。鄭注禮記云：誠懇皃。謂告之丁寧也。說文：告曉之熟也。從言𦎫聲。集本作諄諄，通俗字也。𦎫音純也。

終懵　墨堋反。堋音崩。懵也〔三三〕。

蠡度　上盧戈反，下堂洛反。

何炟　丹達反。人名。集作炟，誤也。

僾然　上哀岱反。毛詩傳云：僾，唈也。鄭箋云：使人唈然也。說文：髣髴〔三四〕也。從人愛聲。唈合作悒，音邑。

嫗煦　上紆愚反，下吁句反。顧野王云：嫗，謂俛伏使温也。韓詩傳云：煦，暖也。鄭注禮記：以氣曰煦，以體曰嫗。說文作昫，日出温也。從日句聲。嫗，從女區聲。區音驅。

蚑行　上詰以反。顧野王云：謂麏鹿之類。蚑，踵行者也。亦作跂，云：翹足也。古今正字云：蟲行。從虫支聲。

翾飛　上血緣反。考聲云：翾，小飛皃也。古今正字：從羽睘省〔三五〕聲也。

蕭眕　真忍反。人名也。

伏恒　組鄧反。人名也。組音古登反。

侄行　上珍栗反。考聲云：侄仡，不前皃也。亦癡皃也。文字典說：從人至聲。

飲憓　下檇銳反。鄭注周禮云：賙衣食曰惠。說文：惠，仁也，從心叀音衛。集本作憓，同也。

煩首　上針稔反。蒼頡篇：煩，垂頭皃也。聲類云：項中有所枕也。考聲：腦後骨也。今謂之玉煩。說文：項枕也。從頁冘聲。案：枕支之枕，即從木作枕爲得也。冘音淫也。

豁〔三六〕然　上歡栝反。廣雅云：豁，空也。顧野王云：豁達，大度量也。亦開皃也。古今正字：從谷害聲。集作渮字，誤也。

愾然　上希既反。鄭箋詩云：愾，歎息也。廣雅云：懣也。說文：大息也。從心氣聲。懣音悶。

相舛　川彎反。廣雅云：舛，相背也。說文：對卧也。從夂㐄聲。夂音雖，㐄音跨。

蟪蛄　上攜桂反，下古吳反。方言云：蛚蟧爲蟪蛄也。莊子云：蟪蛄不知春秋。古今正字並從虫，惠、古皆聲。蛚音刀，蟧音勞。

重雰　孚云反。蒼頡篇：雰，霧也。說文作氛，義同。從气分聲也。

躧足　上師滓反。蒼頡篇云：躧，徐行皃。古今正字云：從足麗聲。亦作屣。

天璪　音早。鄭注周禮云：皆五采曰璪。雜文之名也。說文：飾如水藻也〔三七〕。從玉喿聲。喿音蘇到反。

望覘　諂廉反。說文云：覘，闚也。視也。從見占聲也。闚音詰規反也。

還晣　之折反。毛詩傳云：晣，明也。說文：昭晣亦明也。從日折聲也。

齊鑣　下表驕反。說文：鑣，馬銜也。從金麃聲。或作鑣，麃音薄交反也。

弘明集　第十一卷

詆呵　上低禮反。蒼頡篇云：欺也。廣雅：毁也。聲類：呰也。說文：訶也。從言氏聲。氏音低也。

周顗　宜豈反。人名也。

殷覬　音冀，人名也。

較談　上江岳反。考聲云：較，略也。廣雅云：明也。漢書云：較然易知。説文：從車交聲也。

毀讟　同鹿反。杜注左傳云：讟，誹也。廣雅：惡也。郭璞云：謗毀，怨痛也。説文：痛怨也。從誩賣聲。誩音競。集本作讀，通俗字。下第十卷内同也。

李淼　彌褾反。人名也。

蠰佉　上而章反，下欺迦反。

鄒魯　上經蒐反，下正魯字。考聲云：鄒，魯邑，古邾國，魯穆公改爲鄒。夫子之父爲鄒大夫，故云。集本作陬，俗字也。

臨淄　滓師反。郡名，在齊。集本作菑，非。

瞥想　上片蔑反。説文云：瞥，纔見〔三八〕。從目敝聲也。

絓諸　上瓜華反，音卦。廣雅云：絓，止也。聲類：有所礙也。方言：持也。説文：繭滓絓頭作囊絮〔三九〕。從糸圭聲。

孱然　上棧焉反。考聲云：孱顔，不齊皃也。愞弱也。説文：穿也。一云呻吟也〔四〇〕。從孨在尸下。孨音剪。

䂮統　上音略。僧名也。

頡頏　上賢結反，下鶴郎反。考聲云：頡頏，乍高乍下也。説文：頡，直項也。從頁吉聲。古今正字：頏，咽也。從頁亢聲也。

邯鄲　上汗蘭反，下怛蘭反。漢書云：縣名，屬趙。杜注左傳：廣平縣也。

匍匐　上步摸反，下朋北反。顧野王云：手據地伏行也。説文：匍，手行也。匐，伏也〔四一〕。二字並從勹，甫畐聲。勹音包，畐音丕逼反。

暴鰓　上袍報反，下賽才反。

鰥絶　上慣還反。顧野王云：老而無妻曰鰥。賈逵注國語：嫁娶不時曰鰥。釋名言：愁悒不能寐，目常鰥鰥然，故其字從魚，魚栖〔四二〕不閉者也。説文：從魚環省聲。集本作鰥，誤之矣。

耄耋　上毛報反，下田結反。杜注春秋云：耄，亂也。鄭注禮記云：惛忘也。爾雅云：耋，老也。孫炎云：老人面色如鐵者也。説文作薹，年九十也。從老蒿省聲。耋，年八十也，從老省聲。亦作耊。

崦嵫　上猗廉反，下子斯反。山海經云：鳥鼠同穴。山西南三百六十里曰崦嵫之山。王逸注楚辭云：下有濛水，水中虞淵，日所入也。古今正字義同。二字並從山，弇茲皆聲。亦作崦。

濛汜　上音蒙，下音似。已具釋第二卷中也。

鸑鷟　上顔角反，下崇學反。廣雅云：鳳屬，神鳥也。説文義同。又云：周之興也，鳴於岐山。江中有鸑鷟，似鳥〔四三〕而大，赤目。二字並從鳥，獄族皆聲。

徽牘　上音暉，下徒鹿反。説文云：牘，書版也，從片賣聲。

弘明集　第十二卷

閬風　上音浪。廣雅云：崑崙之墟有三山，閬風、板桐、玄圃也。楚辭云：望閬風之板桐也。説文：從門良聲。

僉悟　上妄閻反。廣雅云：僉，多也。孔注尚書：皆也。郭璞：劇也。説文：亦皆也，從亼從吅從从。亼音才入反，吅音

喧，从音慈容反。

萬竅　詩弔反。已釋第五卷。

怒唬　号刀反。考聲云：唬，謼也。説文：從口虎聲。亦作嗥。集本作哷，誤也。謼音呼故反。

肥腯　屯訥反。鄭注禮記云：腯，充皃也。方言：盛也〔四四〕。説文：牛羊曰肥，豕曰腯。從月盾聲也。

覜仰　上祧弔反。廣雅云：覜，視也。郭璞云：察視也。説文義同。從見兆聲。集作覜，誤也。

之轍　纏列反。杜注左傳云：轍，迹也。古今正字：從車敵省聲。集作蹾，俗字也。下文宗蹾，同此也。

轒熒　上字撿諸字書並不見，恐傳寫錯誤。唯有從車作轒，音光，庶幾相近，於義或未爲得。又從圭作鞋，音胡寡反。説文：鮮明皃也。稍近義焉，未知通否。

俱躓　知利反。顧野王云：躓，頓也。説文：從足質聲。

不韙　違鬼反。杜注左傳云：韙，是也。説文義同，從是韋聲。

欬嚏　上開愛反。顧野王云：欬，嗽也。逆氣也。從欠亥聲。集本作咳，音亥哀反，恐誤。下丁計反。蒼頡篇云：嚏，噴鼻也。説文：悟解氣也。從口疐聲。疐音竹利反。

若猥　隈隗反。許叔重云：猥，揔凡也。蒼頡篇：頓也。廣雅：衆也。説文云：從犬畏聲。

裨諶　上婢彌反，下甚壬反。鄭大夫。

冕旒　上音免，下音流。已具釋高僧傳中也。

褚翜　衫甲反。人名也。集本作翜〔四五〕，誤也。下文同。

炤炤　之曜反。蒼頡篇云：炤，燭也。廣雅云：明也。古今正字：從火召聲。亦作照。

慺慺　漏頭反。字書云：慺，謹敬皃也。古今正字：從心婁聲也。

張敞　昌兩反。人名也。

剩戶　上瘡爽反。字書云：剩，剮也。古今正字：從刀爽聲。集作剄〔四六〕。撿字書並無此字，雖有剩字，於義猶未得通，故兩出之也。

濠上　上号高反。顧野王云：濠，水名。莊子與惠子遊於濠梁之上也。古今正字：從水豪聲。

餼羊　希既反。古今正字云：生曰餼，熟曰饔。從食氣聲。饔音於容反。

僚屬　上了彫反，下正屬字。孔注尚書云：僚，官也。又左傳云：大夫臣士，士臣阜，阜臣輿，輿臣隷，隷臣僚。顧野王：第九品人也。説文：從人尞聲。亦作寮。

穢黷　上紆廢反，下同鹿反。賈逵云：黷，媟也。聲類：黑也。廣雅：蒙也。説文：握持垢也。從黑賣聲。

流漣　列纏反。顧野王云：漣漣，淚下之皃也。説文：從水連聲。

弘明集　第十三卷

郗嘉賓　上恥知反。人姓也。

王該　改哀反。人名也。

蝡動　上而允反。

倏忽　上詩陸反。集本作儵，俗用字。

愆著　上起焉反。已具前釋訖。集作僁，古字。下豬慮反。

盼鮒　扶務反。廣雅云：鮒，魚也。周易「井谷射鮒」是也。説文

亦魚也。從魚付聲也。

韞韣　上鬱吻反，下音獨。考聲云：韞，包藏也。鄭注禮記云：韞，韜也。蒼頡篇：束縛也。古今正字義同。二字並從韋，昷、蜀聲。昷音温也。

檛棰　上鵽瓜反，下佳累反。古今正字云：檛，棰也。棰，擊也。二字並從木，過、垂皆聲。

繾綣　上牽善反，下闕阮反。毛詩傳云：繾綣，反覆也。杜注左傳云：不離散也。古今正字義同。二字並從糸，遣、卷聲也。

祉緣　上抽里反。毛詩云：祉，福也。説文義同。從示止聲。

閘愚　上烏甲反。説文云：閘，開閉門也。從門甲聲也。

苲蒪　上藏各反。考聲云：西南夷號。亦作莋。下卬各反。花趺也。集云：苲蒪之檻。其義未詳也。

巨鑊　黄郭反。鄭注周禮云：鑊，鼎也。又云：煮肉器也。説文云：鑴也。從金蒦聲音紆縛反。蒦音胡圭反。

三朸　凌職反。説文云：朸，木理也。從木力聲。亦未詳此義也。

利觜　醉髓反。考聲云：鳥口也。説文：從此束聲。亦作嘴。集本作呰，是毁呰字，非也。呰音子，朿音七四反。

攙槍　上仕銜反，下鵲養反。考聲云：逆刺也。古今正字並從木，毚、倉皆聲，毚音同上。

狡狗　上交卯反。山海經云：有獸狀如犬而豹文，角如牛，名狡。音如犬吠。匈奴地有狡犬，巨口黑身。杜注左傳云：狡，滑也。廣雅：健也。説文：少狗也。從犬交聲也。

斐亹　上妃尾反，下微匪反。已與釋第六卷中。

苾芳　上頻蜜反。字林云：苾，大香也。從艹泌聲。亦作馝字。

爍爍　商灼反。顧野王云：銷也。古今正字云：人民淫爍不固也。從火樂聲。

遐延　紙盈反。顧野王云：遠也。説文：行也(四七)。從辵正聲。辵音丑略反。亦作征也。

椿菌　上黜屯反。莊子云：有大椿者，以八百歲爲春，八百歲爲秋也。古今正字：從木春聲。下逵殞反。郭璞云：菌，地蕈也，似蓋。莊子云：朝菌不知晦朔。司馬彪云：天芝也。天陰生糞上。説文義與郭同，從艹囷省聲。囷音屈倫反，蕈音深荏反。

駉末　上古熒反。説文云：駉，牧馬苑也。從馬同聲。同音同也。

慧黠　閑軋反。方言云：自關而東趙魏之間謂慧爲黠。郭璞云：慧，了也。説文：堅黑也。從黑吉聲。軋音烏黠反。

喁喁　虞恭反。淮南子云：群生莫不隅然仰其德也。説文：衆口上見也(四八)。從口禺聲音禺。

蓼蘇　上音了。説文云：蓼，辛菜也。從艹翏聲。下素胡反。爾雅云：蘇，桂荏也。説文義同。從艹穌聲。翏音力救反，蘇音同上。

熠燿　上淫挹反，下怡照反。毛詩傳云：熠燿，燐也。即熒火也。説文義同，並從火，習、翟聲也。亦作煜蠷，音義並同。燐音吝也。

高翬　毁違反。説文云：翬，大飛也，從羽軍聲也。

匠椹　縶林反。已具釋雜事律也。

睒倏　上苫染反。考聲云：目不定也。古今正字：從目炎聲。下舒育反，已具釋訖。

瞥若　普蔑反。已具釋雜事律中。

眴目　上玄絹反。王逸云：眴，視皃也。顧野王云：如今人動目密相試語也。説文：目揺（搖）也〔四九〕。從目旬聲也。

烱電　上公迥反。蒼頡篇云：烱，明也。説文：光也。從火同聲。同音扃。下文烱，烱音並同此。

石飆　俾姚反。爾雅云：扶搖謂之飆。郭云：暴風從上下者也。説文義同，從風猋聲。猋音同上也。

鵬鶤　上音朋，下音昆。案莊子云：鵬，鯤魚所化，其背不知幾千里，摶扶搖而上九万里。楚辭云：鶤鷄嘲哳而悲鳴。顧野王云：狀如鶴而大。説文云二字並從鳥，用（朋）〔五〇〕、昆皆聲。亦作鵾。

弘明集　第十四卷

璿璣　上似緣反，下音機。尚書云：璿璣玉衡，以齊七政。孔注云：正天文之器運轉者也。説文義同，二字並從玉，睿、[幾〔五一〕]聲。集作璇，俗字也。

翱翔　上敖〔五二〕高反，下象羊反。毛詩傳云：翱翔，猶彷徉也。鄭云：逍遥也。郭璞云：鳥飛布翅也。説文：迴飛也。二字並從羽，皐、羊皆聲。集作翺，俗也。

毒氣　上音獨，下欺既反。考聲云：陰陽之所生，香臭之所聞也。説文：雲气也。象形。亦作氣。集本作炁，古文字。下文同此也。

黿鼉　上阮袁反，下度河反。説文云：黿，大鼈。從黽元聲。山海經云：江水出鼉。郭璞云：似蜥蜴，大者長丈，有鱗采，皮可以爲鼓。説文：水蟲也。餘義同。郭從黽單聲也。集本作魭鮀，俗字也。鼈音卑滅反，黽音萌梗反。

狙玃　上七餘反。廣雅云：狙，獼猴類也。説文：玃屬。從犬且聲。下居籰反。郭注爾雅云：似獼猴而大，蒼黑色，能攫持人，好顧眄。説文云：母猴也。從犬矍聲。攫音俱縛反，籰音王矍反，矍音吁籰反。

惒羅子　上音禾。梵語也。

曀染　上伊計反。毛詩傳云：陰而風曰曀。説文：從日壹聲也。

歸慪　縈侯反。字書云：慪，歌也，喜也，吟也。古今正字義同，從心區聲。或作謳，亦作嘔。音義並同也。

後隊　徒對反。杜注左傳云：隊，部也。百人爲一隊。説文作隊，從阝㒸聲。集作隤，於義乖失，非也。

蕛稗　上弟泥反。郭云：蕛似稗，布也而生穢草也〔五三〕。説文：從草稊聲。下排懈反。杜注左傳云：草之似穀者也。古今正字義同也。從禾卑聲也。

跋扈　上槃末反，下胡古反。漢書音義云：跋扈，自縱恣皃也。薛琮云：勇健皃也。跋字已釋訖。説文：扈，從邑户聲也。

高驤　想羊反。説文云：馬低仰也。從馬襄聲。下文同也。

嵯峨　上昨何反，下我哥反。廣雅云：高皃也。王逸云：山高峻蔽日也。古今正字並從山，差、我皆聲。集[作]〔五四〕嵳。俗字也。

熯晨　上然善反，亦音漢。蒼頡篇云：火乾也。説文云亦乾皃也。從火漢省聲也。

祖禰　泥禮反。鄭衆云：禰，父廟也。古今正字義同。從示爾聲。

畷䄍　上知衛反。毛詩傳云：畷，表也。鄭注禮記云：田畯所督約百姓於井間之處也，所以表行列。説文：兩陌間道也，

廣六尺。從田叕聲。下查駕反。禮記云：天子大䄍八，伊耆氏始爲䄍。䄍也者，索也。歲十二月而合聚萬物而索饗之。䄍之祭也。主先嗇而祭司嗇也，祭百種以報嗇也。仁之至也，義之盡也。黄衣黄冠而祭息田夫也。鄭玄云：祭謂既䄍臘先祖五祀，於是勞農以休息之。有八者，一先嗇、二司嗇、三農、四表畷、五猫虎、六防、七水潚、八昆虫。廣雅云：祭也。夏曰清祀，殷曰嘉平，周曰大䄍，秦曰臘。古今正字：從衣昔聲。集作蜡，亦通。

基址　之耳反。説文云：址，基也。從土止聲〔五五〕。集本作墌，恐誤也。

聃適　荻甘反。老君也。

燔燼　上伐袁反。説文云：燔，燒也〔五六〕。從火番聲。下似進反。鄭箋詩云：火餘曰燼。説文作𦘺，亦云火餘也。從火聿聲。

一切經音義　卷第九十六

校勘記

〔一〕説文：燭炭也　今傳本説文：「炪，燭𦘺也。」

〔二〕奸　據文意似作「奸」。

〔三〕文　據文意似作「攵」。

〔四〕堄　獅作「掜」。

〔五〕説文：判也　今傳本説文：「陗，陖也。」

〔六〕説文云：蜕，蟬解皮也　今傳本説文：「蛇蟬所解皮也。」

〔七〕舌　今傳本説文作「昏」。

〔八〕舌　據文意當作「昏」。

〔九〕腿　獅作「湜」。

〔一〇〕衡　據文意當作「衝」。三禮圖集注：詩傳曰，佩玉上有葱衡，下有雙璜，衝牙蠙珠以納其間。

〔一一〕説文：大帶也。從人几聲。佩必有巾　今傳本説文：「佩，大帶佩也。从人从凡从巾。佩必有巾，巾謂之飾。」

〔一二〕帀　據文意似作「飾」。

〔一三〕屮　今傳本説文作「亍」。

〔一四〕摽　據文意當作「標」。下同。

〔一五〕戚　據文意當作「摵」。

〔一六〕般　據文意當作「服」。

〔一七〕周祖謨爾雅校箋：「今之作槮者，聚積柴木於水中，魚得寒入其裏藏隱，因以簿圍捕取之。」

〔一八〕説文：積柴捕魚名罧　今傳本説文：「罧，積柴水中以聚魚也。」

〔一九〕從尸收省聲　今傳本説文：「从履省支聲。」

〔二〇〕疲　今傳本説文作「罷」。

〔二一〕説文：龍屬也。沱（池）魚，滿二（三）千六百，蛟來爲之長，率魚而飛。置苛（笱）韭水中即蛟去也。從虫交聲也　今傳本説文：「龍之屬也。池魚滿三千六百，蛟來爲之長，能率魚飛。置笱水中，即蛟去。从虫交聲。」

〔二二〕説文：燠，熱也　今傳本説文：「燠，熱在中也。」

〔二三〕説文：從玉昏聲　今傳本説文：「珉，石之美者，从王民聲。」段注：「瑉碈字皆玟之或體，不與珉同字。其僞亂久矣。」

〔二四〕説文：牛宜稔　今傳本説文：「稌，稻也。周禮曰：牛宜稌。」

〔二五〕説文：低目謹也　今傳本説文：「督，低目謹視也。」

〔二六〕爾雅云：西方比肩獸焉，與蛩蛩駏虚爲比，齧虚齧甘草，即有難，蛩蛩駏虚負而走，其名謂之蟨　周祖謨爾雅校箋：「西方有比肩獸焉，與蛩蛩駏虚比，爲邛邛岠虚齧甘草，即有難，邛邛岠虚負而走，其名謂之蟨。」

〔二七〕從虫卭聲　今傳本説文：「从虫巩聲。」

〔二八〕墠，野也　今傳本説文：「墠，野土也。」

〔二九〕鰍　慧卷八十六作「鄒」。

〔三〇〕說文：甃，井甓也　今傳本說文：「甃，井壁也。」

〔三一〕猊　據文意似當作「逦」。

〔三二〕睞　獅作「睞」。

〔三三〕憒也　據文意似爲「憒，不明也」。

〔三四〕髣髴　今傳本說文爲「仿佛」。

〔三五〕省　衍。

〔三六〕谿　即「豁」。

〔三七〕說文：飾如水藻也　今傳本說文：「璪，玉飾如水藻之文。」

〔三八〕說文云：瞥，纔見　今傳本說文：「瞥，過目也。又目翳也」。段注說文：「瞥，過目也。又目翳也。一曰財見也。財，今之纔字。」

〔三九〕說文：繭滓絓頭作囊絮　今傳本說文：「繭滓絓頭也。一曰以囊絮練也。」

〔四〇〕說文：穿也。一云呻吟也　今傳本說文：「屖，迮也。一曰呻吟也。」

〔四一〕匐，伏也　今傳本說文：「匐，伏地也。」

〔四二〕恓　今傳本釋名作「恒」。

〔四三〕鳥　今傳本說文作「梟」。

〔四四〕方言：盛也　今傳本方言：「晠，腯也。」

〔四五〕娶　據文意似爲「婆」的俗字。

〔四六〕剅　據經文作「缺」。

〔四七〕說文：行也　今傳本說文「延，正行也。」

〔四八〕隅　今傳本淮南子似作「喁」。說文：衆口上見也　今傳本說文「喁，魚口上見。」

〔四九〕說文：目搖也　今傳本說文：「旬，目搖也。」

〔五〇〕用　據文意當作「朋」。

〔五一〕幾　各本無，據文意補。

〔五二〕敖　慧卷一百作「傲」。

〔五三〕布也而生穢草也　今傳本爾雅郭注：「布地生穢草也。」

〔五四〕作　各本無，據文意補。

〔五五〕說文云：址，基也。從土止聲　今傳本說文「阯，基也。從𨸏止聲。」

〔五六〕燔，燒也　今傳本說文「燔，爇也」。

一切經音義　卷第九十七

翻經沙門慧琳撰

音廣弘明集上卷　從第一盡十二

廣弘明集前序　終南山釋道宣撰

澆淳　皎遥反。許叔重注淮南子云：澆，猶薄也。説文：從水堯聲也。

情溷　下魂本反。廣雅：溷，濁也。説文：亂也。從水圂聲。圂音魂困反。序從昆作混，説文謂水豊流皃也，非義。

旋踵　鍾勇反。王注楚辭云：踵，繼也。説文：以踵爲足跟〔一〕。以此爲追逐之踵也。從足重聲。或從止作歱。跟音艮痕反。

覈此　衡革(革)〔二〕反。説文：凡考事於襾(襾)〔三〕笮之處，邀遮其辭得實覈也。從襾(襾)敫聲。襾(襾)音呀賈反，敫音擊。

之蔽　必袂反。杜注云：蔽，彰(障)〔四〕也。廣雅：隱也。説文：從草敝聲。

辯駮　邦邈反。顧野王云：駮謂不調一也。古今正字：從馬交聲也。

窮較　江岳反。鄭玄注尚書大傳云：較，猶見也。古今正字：從車駮省聲。正作較。

標舉　必遥反。考聲：標，舉也。説文從木票，票亦聲。

諒資　良(良)尚反。考聲、詩傳：信也。説文：從言京聲也。

愚叜　蘇厚反。方言：叜，考(老)〔五〕也。説文：從又灾聲。

尋繹　盈隻反。方言：繹，理也。郭注云：繹繹，謂解釋。從糸。

佞倖　上寧定反。説文：從女仁聲。集作佞，俗字也。下衡耿反。王逸注楚辭云：婞，很也。説文：從人幸聲。或從女作婞。很音痕懇反。杜注左傳云：很，猶戾惡也。

拔萃　蒲八反。顧野王云：拔，猶引也。説文：擢也。從手犮聲。音盤鉢反。下全遂反。周易：萃者，聚也。説文：從草卒聲也。

濛泉　木公反。毛詩傳云：濛，雨皃也。説文：從水聲也。

鄭藹　哀改反。人名也。

綴篇　上追芮(芮)〔六〕反。賈注國語云：綴，連也。説文：從糸叕，叕亦聲。

涅緇　上年鐵反。廣雅：泥也。孔注論語云：涅可以染皂也。説文：黑土在水中曰涅。從土曰聲。下滓師反。毛詩傳云：緇，黑色也。説文：從糸甾亦聲。序從水作淄，水名，出太山也。

藻鏡　遭老反。孔注尚書云：藻，謂水草之有文者。説文：從艸澡，澡亦聲〔七〕。王此藻。

揣義　初蕘反。顧野王云：揣謂相量度也。説文：度高曰揣。從耑聲。耑音端。

廣弘明集　歸正篇第一

太宰嚭　丕美反。吴太宰名也。説文從喜。

大駭　衡矮反。蒼頡篇：駭，驚也。説文：從馬亥聲。

之墟　去魚反，丘也，亦作虚。

偎人　烏回反。山海經：北海之隅有國曰偎人也。説文：從人畏聲。

琛麗　敕林反。毛詩傳云：琛，寶也。説文：從玉深省聲。

緘於　甲銜反。説文：束篋也。從糸咸聲。

蔡愔　揖淫反。人名也。

煨燼　上猥回反。廣雅：煨〔八〕，猶煨熅也。下似進反。杜注左傳云：燼，火餘也。唐御製孝經序云：煨燼之末也。説文：煨，從火畏聲。燼正作𤎅。集作燼，俗字。

婕好　上諮妾反，下與諸反。文字典説云：婕好，婦官也。並從女，疌、予皆聲。疌音潛葉反。

范曄　炎劫反。人名也。

精粗　醋蘇反。亦麁也，借音用字也。

遽然　渠據反。杜注左傳：遽，猶畏懼也。考聲：正作遽。集作懅，經中俗用字也。

大牴　丁禮反。廣雅：牴，略也。又云言大略也。文字典説或作氐，又從牛作牴。集從手作抵，與此義乖也。

鼎峙　上丁領反。集作鼎，俗字。下池里反。考聲：峙，謂特立也。説文：從山寺聲。又作峙〔九〕。

茅茨　上卯色（包）〔一〇〕反，下字而反。廣雅：茨，覆也。説文：以茅覆屋也〔一一〕。從艸次聲也。

闞澤　坷濫反。人姓名。

周顗　宜豈反。

郤超　卿逆反。集作此郄，俗字也。

王坦　灘罕反。

王謐　彌必反。

戴逵　櫃追反。

殷覬　飢義反。已上並人姓名也。

蓍龜　始移反。蒼頡篇：蓍，策也。顧野王云：策用以筮者，四十九枚楪（揲）〔一二〕之爲卦也。周易云：定天下之吉凶，莫見乎蓍龜也。白虎通曰：蓍者，信也。説文：蒿屬也，生千歲，三百莖也。從艸耆聲。揲音時設反。揲，猶數也。説文：閲待（持）〔一三〕。

廣弘明集　第二卷

戡濟　苦甘反。或作戏，又作堪、勘。

綜覈　宗宋反。宋忠注太玄經玄〔一四〕：綜，絶也。説文：從糸宗聲。

妙賾　峥革反。劉瓛注周易云：賾者，幽深極之稱也。説文：從臣責聲。臣音以之反。

栴罽　上戰延反。考聲：栴檀，香木名也。下居厲反。説文：罽，謂西胡毳布也。從糸罽聲。罽音同上。集作罽，亦通也。

繪飾　回外反。孔注尚書云：繪，會五彩色也。鄭注論語云：繪，畫也。説文：從糸會聲。集從貴作繢，謂織絲餘也，非餘義也。

綰攝　彎板反。許叔重注淮南子云：綰，猶貫也。説文：從糸官聲。鯇音還板反。

世祖肅　徒到反。帝名也。

姚泓　烏宏反。人名也。

跣行　先殄反。説文：以足親地也。從足先聲也。

騷擾　上掃遭反。毛詩傳曰：騷，動也。郭注爾雅云：謂動摇皃。説文：從馬蚤聲。蚤音早。

祆蠥　上天驕反，下言竭反。考聲：蠥亦妖災也。説文：衣服、謌謡，草木之怪謂之妖。禽獸、虫蝗之怪謂之蠥。妖或從衣(礻)作祆，蠥或從虫作蠥[一五]。考聲或從女作孼，並通也。

寬弛　廣雅：弛，緩。杜注左傳：弛，猶解也。説文：從弓㐌聲[一六]。或作弛。㐌音淹，與此它同也。

讒死　仕咸反。集文作讒[一七]，俗字也。

轞車　咸黤反。考聲：載囚車也。説文：從車監聲。集從木作檻。説文：櫳，圈也[一八]。非轞車義也。

行浚　所流反。顧野王云：少浚，謂小便尾(屎)[一九]也。説文：從水叜聲。集作溲，俗字。叜，音蘇走反。

骼骼　傲高反。考聲正作骼字。毛詩云：鳴鴈于飛，哀鳴嗸嗸也。説文：從口敖，敖亦聲。集作嗷，俗字。

縊之　伊二反。杜注左傳云：縊謂經死。説文亦經也。從糸益聲。正體作益。集作縊，俗字也。

遺訣　涓穴反。韻詮云：訣謂死别也。

蹷然　眷月反。考聲：蹷謂跳起皃也。説文：從足厥聲。或從走作蹶。

所鐫　子宣反。廣雅：鐫，鑿也。説文：從金雋聲。雋音泉兖反，從弓所射隹也。或作雋。集從乃作雋，非。

爲龕　苦甘反。廣雅云：龕，盛也。文字典説云：所以著佛象處也。從龍今聲。從合作龕(龕)[二〇]者，非也。

榱棟　上所追反，下冬弄反。爾雅云：桷謂之榱，棟謂之桴。郭注云：榱，屋椽也。桴，謂穩也。周易云：上棟下宇，以待風雨也。説文：棟，謂屋極也[二一]。並從木，衰、東皆聲。桴音扶留反，穩音殷謹反。穩謂檁也。檁音臨錦反。

楣楹　上美悲反。爾雅：楣謂之梁。郭注云：門上横梁也。下亦征反。杜注左傳云：楹，柱也。説文云並皆從木，眉、盈皆亦聲也。

湫隘　上椒小反。考聲：湫，地下而隘也。杜注左傳云：湫，下也。下厄戒反。顧野王云：隘，猶迫迮也。説文：湫，從水秋聲。隘，從𨸏益聲。

鄴城　上嚴劫反，地名也，在魏。説文：從邑業聲。

道晞　許衣反。

慧顒　愚恭反。並僧名。

猥濫　烏罪反。考聲：不正而濫也。説文：從犬畏聲。

帝嚳　空穀反。考聲：古帝号也。案王道珪帝紀云：帝嚳，高辛氏。黄帝曾孫，喬極之子，少昊之孫也。都亳[二二]。説文：從告學省聲也。

惘然　無昉反。包咸注論語云：不思其義則罔然也。或作此罔也。

周髀　蒲禮反。古造筭經人。

旗幟　上渠基反。杜注左傳云：旗，表也。説文：從於(㫃)其

聲。下昌志反。史記：人持一表(赤)〔二三〕幟。廣雅：幟，幡也。說文：從巾戠聲。㫃音偃，戠音之習反。

崔頤　以之反。人名也。

祁纖　息廉反。亦人名。

櫛比　上側瑟反。文字典說：櫛，梳批〔二四〕之總名也。從木節聲也。

鉅鹿　渠舉反。郡名也，在邢州也。

餘熸　子廉反。杜注左傳：吴、楚之間謂火滅爲熸也。說文：從火朁聲。朁音接念反。

廣弘明集　第三卷

溟涬　衡耿反。埤蒼云：溟涬，水盛皃也。說文：從水幸聲。俗作此涬也。

女媧　寡華反。考聲：古女帝号也。顧野王云：女媧，蛇軀也。說文：古之神人聖女曰媧，變化萬物者也。從女咼聲。咼音口花反也。

涿鹿　丁角反。漢書：涿郡在上谷。今有涿鹿縣。案涿鹿者，古之黄帝與蚩尤戰所也。說文：從水豖聲。豖音寵緑反，蚩音齒之反。

羿乃　研計反。孔注論語云：羿，有窮國之君，善射者也。被其臣寒浞煞之也。說文：從羽幵聲。幵音堅。集作羿，俗字也。

夲(夸)父　苦蝸反。栝(括)〔二五〕地志云：夲父與日逐走，入日，渴，北飲大澤，未至，道渴而死也。沖虚經云：夲父死棄其尸，膏肉所浸生鄧林之彌數千里也。孫綽子云：鄧林有木，圍三萬尋，直上千里，傍蔭數國也。

誠亶　展連反。王弼注周易云：亶，難也。桂苑珠叢云：亶，謂患難之事。考聲：謂迍邅行不前也。或從辵作邅也。

蓐收　儒燭反。考聲：蓐收，西方之神也。說文：從艸辱聲。作收，俗字也。

豢龍　音患。鄭注周禮云：養犬豕曰豢。說文：從豕类聲，类音眷也。

臨洮　討刀反。漢書：臨洮，縣名也，在隴西郡。文字典說：從水兆聲。集作洮，俗字也。

鍾虡〔二六〕　渠呂反。爾雅云：木謂之虡。郭注云：懸鍾磬之木也。鄭注禮記云與郭注爾雅義同。說文：鍾鼓之樹，飾爲猛獸。從虍異，象其下足也。虍音虎孤反，柎音撫也。集從丘作虗〔二七〕，古文字。

倭國　烏波反。郭注山海經云：倭國在帶方東大海内，以女爲俗，無針工，以丹朱塗身也〔二八〕。說文：亦東海中國也。從人委聲。

海漘　述倫反。毛詩傳云：漘，涯也。郭注爾雅云：涯上平坦而下水深者爲漘。說文亦水涯也，從水脣聲。

跂踵　上棄止反，下鍾勇反。山海經：有跂踵國，人兩足皆大。郭注云：其人行，脚跟不著地也。說文並從足，支、重皆聲。跟音根。

猝除　村没反。考聲：倉猝，暴疾皃也。說文：從犬卒聲。

偝違　裴妹反。顧野王云：背謂違叛也。說文：或從月作背也。

渫何　仙列反。毛詩傳云：泄，去也。廣雅：泆也。說文：從水枼聲。正作渫。枼音牒也。

潮汋　常灼反。爾雅云：井一有水一无水爲瀱汋。郭注山海

經：天井夏有水冬无水也。說文：從水勺聲。⿱罒匊音居例反。

之夥　胡果反。方言云：凡物盛多，齊宋之郊楚魏之際謂之夥。說文：從多果聲。正作錁也。

筦維　官短反。鄭注禮記云：筦，猶苞也。從竹完聲。完音桓。或有集中從笂作筦，無此字。

凍餒　奴罪反。國語云：君加惠於臣，使不凍餒也。說文：餓也。從食委聲。

盜跖　之石反。古之凶人也。

莊蹻　强略反。

欺詭　歸毁反。考聲：詭，詐也。說文：從言危聲。集作此詭，俗字。

不啻　尸志反。文字典說云：啻，過多之辭也。從口帝聲也。

黔首　巨廉反。史記云：始皇二十六年更名民曰黔首也。說文：從黑今聲。

儴佉之國　上壤羊反，下却迦反。梵語西國名也。

秔米　格衡反。文字典說：稻屬也。從禾亢。亢音康浪反。

妻孥　怒都反。考聲：孥，妻子總稱也。說文：從子奴聲。或作帑。

愉樂　庾(庚)[二九]朱反。爾雅云：愉亦樂也。說文：從心俞聲也。

皇頡　賢結反。蒼頡云：古造書字人也。說文：從頁吉聲也。

方冊　初革反。說文：荷命也。諸侯受於王，象其礼(札)一長一短，中有二編[三〇]。或作箣，古文字也。

綴旒　上竹鋭反。賈注國語云：綴，連也。說文：從叕糸聲[三一]。叕音誅劣反。下音由也。

嬴正　驛征反。考聲：嬴，秦姓也，始皇正名也。說文：從女嬴省聲。

挾書　嫌頰反。爾雅：挾，猶藏也。說文：從手夾聲。夾音甲。

伋歆　上居立反，下翕金反。兩字並人名也。

荀勗　上恤旬反，下吁玉反。人名也。

淆亂　上效交反。考聲：淆，雜也。廣雅亦亂也。或作殽也。

謝朏　妃尾反。人名也。

搜進　瘦鄒反。文字典說：搜，求也。從手叜聲。叜音蘇走反，鄒音側鳩反也。

祖暅　居鄧反。人名也。

緗囊　息良反。考聲：緗謂淺黄色也。從糸也。

搢紳　上津信反。周禮：搢大珪。鄭注云：臿之於紳帶之間，若今之帶劒也。說文：從手晉聲。正晉字。下音申。孔注論語云：紳，大帶也。鄭注禮記：所以自申約也。說文：從糸申聲。

標榜　博朗反。桂苑珠叢云：榜，署也。從木也。

覆醢　訶改反。郭注爾雅云：醢，肉醬也。說文：從酉𥁓聲。𥁓音右也。

睨鹿牀　上倪計反。禮記：睨而視之，猶以爲遠也。文字典說云：目視也。從目兒聲也。

麕麚　上居筠反。劉兆注公羊曰：麕，麞也。說文：從鹿困省聲。下革瑕反。爾雅云：麚，雄鹿也。說文：從鹿叚聲。

驂馭　上岔含反。毛詩箋云：在旁曰驂。說文：駕之馬也[三二]。下魚據反。顧野王云：馭，謂指撝使馬也。說文並從馬，參、又皆聲。

騄驥　上龍燭反。穆天子傳云：周穆王駿馬名騄耳也。下飢義

反。說文：冀（驥）[三三]謂千里之馬。孫陽所相者也。並從馬，彔、冀皆聲。彔音祿也。

妍神 魚堅反。集作姸，俗字。

鄱陽 蒲波反。縣名，在豫章也。

致饋 逵位反。說文：饋，餉也。從食貴聲。餉音傷亮反。

賵贈 上豐諷反。穀梁傳曰：贈死曰賵。杜注左傳云：賵，贈喪之物也。說文：從貝冒聲。

廣弘明集 第四卷

莞席 活官反。顧野王云：莞，似蒲而圓也。說文：草也，可以爲席也。從艸完聲。完音桓，又作莧。

草屨 俱遇反。蒼頡篇：屨，即履也。說文：從履省婁聲。俗作屨也，誤。

爔火 漿削反。呂不韋云：爝以爟火也。說文：即苣火也。從火爵聲。爵字正從𣪊從又。集作爵，俗字。爟音孤玩反。

沙門衣盋 半末反。與此鉢字同。

詺我 名併反。考聲：詺，名也。

麴櫱 上芎鞫反，下言竭反。孔注尚書云：酒醴須麴櫱以成也。說文：櫱，牙米也。從米辥聲。集從麥作䴬，非。

箴帝 上汁深反。杜注左傳：箴，諫也。說文：從竹咸聲。

確乎 上苦角反。周易云：確乎其不可拔也。說文：堅皃也[三四]。從石隺聲。隺音同上。

縶以 張立反。詩曰：縶之維之。說文：拘執也。從糸執聲。集作縶，俗字。

灞上 百駡反。考聲：求名也，正作霸字。從䨣從月。䨣音革。集中作灞，俗字。

泝水 古文流字。

連鑣 表驕反。說文：鑣，馬銜也。從金麃，音薄交反也。

埳井 堪感反。埤蒼：埳，坑也。或從欠作坎也。

榆枋 上庾朱反，下音方。莊生寓言也。未詳其義。

詎有 渠呂反。考聲：詎，未也。古今正字：從言巨聲。

總萃 聚醉反。說文：萃，聚也。從草卒聲。

禹偰 先列反。偰，舜臣名也。說文：高辛氏之子，殷之先也。從人契聲。

筌蹄 上音詮，下弟低反。莊子云：得魚忘筌，得兔忘蹄。顧野王云：筌則取魚笱也。蹄，取兔之具也。古今正字：筌，從竹全聲。蹄，從足帝聲。或作蹏。

蹙頞 上子六反，下安葛反。孟子云：舉疾首蹙頞而相告也。說文：鼻莖也。或從鼻作齃，或作𩒲也。

赭衣 之野反。郭注方言云：赭，衣赤也。考聲亦赤色也。說文：赤土也。從赤者聲也。

俚耳 離止反。何休注公羊傳云：俚，鄙也。或從邑作郢。

出夐 血娉反。劉兆注公羊傳云：夐，深遠皃也。說文：從人旻在穴中。旻音勳劣反。

惇史 都門反。爾雅云：惇，厚也。正作此𢡎。說文：從心𦎫聲。𦎫音時春反。集作惇，俗字。集作史[三五]，亦俗字。

牆茨 上匠羊反，下字而反。說文：從草次聲。集作此墻，俗字也。

蒹葭 上音兼，下革遐反。說文：兼[三六]葭，荻蘆未秀者也[三七]。蒹曰荻，葭曰蘆。並從草，兼、叚皆聲也。

嚫施 初藽反。集從貝作䞋，誤也。藽，居釁反。

銓衡　上音詮。郭注爾雅云：法律所以銓量輕重也。廣雅：銓，具也。稱謂之銓。説文亦衡也。從金全聲。

聳於　粟勇反。考聲：聳，高也。

鬷蔑　上總公反，下眠結反。人名也，在春秋時也。

𠂢流　普賣反。説文：𠂢，謂水分流也，從反水（永）[三八]。集從水作派，俗用也。

噲参　苦怪反。人名也。

亢龍　康浪反。

秋㺀　先典反。爾雅云：秋獵爲㺀。郭注云：順煞氣也。説文：從犬璽聲。璽音徙。

襁褓　上姜兩反，下補道反。淮南子云：成王幼在襁褓之中也。説文：襁，負兒衣也。褓，小兒被也。並從衣，强、保皆聲。集從糸作繈緥，非也。

僅辭　勤靳反。賈逵注國語云：僅，猶言纔能也。説文：從人堇聲。堇音謹。或作廑、勤也。

步蠖　注郭反。説文：蠖，屈伸蟲[三九]。從虫蒦聲。蒦音乙虢反。

翳蟷　下音當。集中作甞，非也。案翳蟷者，地穴中蜘蛛蟦蟷蟲也。居止地穴，常閉其户，故號翳蟷。背明而居黑暗，喻無明羅刹死王貪食衆生惠命，故云覺翳蟷之附後。豺狼喻貪慾之心，故云見野狼之對前。知危亡之期逼切，貪情遂息，即能守持齋戒。

廣弘明集　第五卷

怳焉　吁往反。説文：怳，失音兒也[四〇]。從心兄聲。

懾龍　詹涉反。賈逵注國語云：懾，猶服也。説文：從心聶聲。聶音尼輒反。

硉硉　聾穀反。埤蒼云：硉硉，猶砂石之皃也。説文：從石录[四一]录聲也。

迢然　庭聊反。考聲：遠皃也。文字典説：從辵召聲。集從草作迢，非也。

濠上　上晧高反。莊子與惠子遊於濠梁之上也。顧野王云：濠，水名也。説文：從水豪聲。在鍾離郡也。

玁狁　上脅撿反，下聿笋反。考聲云：唐虞謂之獯粥，周謂之獫狁，漢謂之匈奴，皆以恶名加之也。文字典説云：北狄名也。並從犬，僉、允皆聲。獫或從嚴作玁。獯音勳，粥音融祝反。

殲殄　接廉反。毛詩傳云：殲，盡也。説文：從歹𢧢（韱）[四二]聲。歹音五割[反][四三]，𢧢音息廉反。集作殱弥，並俗字也。

楥榆　上喧願反。爾雅：楥謂柜，可爲飲也。説文：從木爰聲。

郗儉　敕知反。人名也。

猱猨　上奴高反，下越元反。毛詩傳云：猱，亦猨屬也。郭注爾雅云：猨似獼猴而大，臂長便捷也。説文並從犬，柔、爰皆聲。

爲蛤　甘合反。禮記云：季秋雀入大水爲蛤。説文：蛤有三，皆生海。海蛤者，百歲鷰所化也。一名蒲螺，老服翼所化也。蛤蠣者，千歲鴽所化也。從虫合聲。集云雉化爲蛤，用事誤。

爲蜃　辰忍反。鄭注周禮云：蜃，大蛤也。大戴禮夏小正：雉入淮爲蜃。説文：從虫辰聲。集云鷂入海爲蜃，誤也。

摹而　木胡反。聲類：摹，法也。埤蒼：掩取象也。説文：規也。從手莫聲。或作摸。

形躁　遭到反。謚法曰：好變動民曰躁。説文：從足喿聲。喿音掻到反。集作趮，俗字。

愒所　枯滯反。杜注左傳云：愒，貪也。郭注爾雅云：愒，謂貪羨也。説文：從心曷聲。曷音寒葛反，羨音延戰反。

駢拇　蒲田反，下莫厚反。莊子云：駢拇之指。文字典説：從馬并聲。拇，從手母聲。

譸張　肘留反。孔注尚書云：譸張，誑也。無有相欺或幻者也。説文：從言壽聲。集從車作輈。輈，車轅也，非其義。幻音患也。

戎貊　盲百反。周禮：職方掌九貊之人。鄭衆注云：北方曰貊。説文：從豸百聲。考聲或作此貊。集作狛，音碧，非義。

馺然　蘇合反。郭注方言：馺馺，疾皃也。説文：從馬及聲。

梟鴆　上皎堯反。説文：不孝鳥也。夏至之日捕斬梟首懸於木上。磔音竹厄反。從鳥在木上也。下沈禁反。杜注左傳云：鴆羽有毒，以畫酒飲之則死。説文：從鳥冘聲。冘音餘針反。

盜鄶　公外反。杜注左傳云：鄶在滎陽密縣東北，故鄶國也。説文：從邑會聲。

棓擊　龐講反。許叔重注淮南子云：棓，大杖也。説文：從木咅聲。咅音土口反也。

譎怪　涓穴反。鄭注毛詩云：譎諫詠歌，依違不直言也。説文：謬也〔四四〕。欺天曰譎。從言矞聲。矞音維橘反。

蕞爾　摧內反。杜注左傳云：蕞，小皃也。説文：蕞爾，小國皃也。從草最聲。最音子會反。集從取作菆，音側留反，謂麻莖也，非集義。

偓齪　上於角反，下牕捉反。王逸注楚辭云：偓促，拘愚之皃也。考聲：褊小皃也。古今正字：偓，從人屋聲。考聲或作齷。集從齒作齷。字書無此字也。文字典説：齪，急促皃也。從齒足聲。或作蹜也。

狄鞮　丁奚反。禮記：五方之人，言語不通，嗜欲不同，達其欲，西方曰狄鞮也〔四五〕。説文：從革是聲也。

納贄　脂二反。文字典説云：贄，幣也。從貝執聲。集作贄，俗字。

歉腹　謙簟反。鄭注禮記云：歉，恨不滿之皃也。説文：不飽也〔四六〕。從欠兼聲。集從口作嗛，謂口銜食也，非集義。

秋獮　息淺反。前第四卷已釋訖。

麛卵　音迷。鄭注周禮云：麛，麋鹿之子也。説文：從鹿弭聲。弭音彌旨反，麋音美悲反。

不燎　力詔反。毛詩傳云：火田爲燎。説文：放火也。從火尞聲。尞音同上。集作燎，俗字也。

酣醟　榮命反。説文：醟，酗也。酗，醟醉也〔四七〕。從酉熒〔四八〕省聲。酗音吁句反，或從凶作酗。

封刲　上缺圭反。廣雅：刲，屠也。説文：刲，刺也。從刀圭聲。下苦孤反。蒼頡篇云：刳亦屠也。説文：從刀夸聲。夸音丘瓜反。

通閡　魚蓋反。與此礙同。或有從亥作硋者，非也。

廣弘明集　第六卷

廝徒　徒〔四九〕移反。顧野王云：廝謂賤役也。説文：從广斯聲。或從人作㒋。广音儼也。

蕛稂　上徒奚反。郭注爾雅云：似稗，布地生穢草也。説文：從

草梯聲。梯，體鷄反。郭注爾雅云：荑類也。或作蕛也。

釋佛明第五〔五〇〕

有隙　卿逆反。顧野王云：有怨憾也。説文：從自𡭴，𡭴亦聲。集作郄，晉邑也，非隙義。

王歸　虧鬼反。道士名。

王堡人　補道反。或作堢，地名，在郊東也。

伏釐　理知反。

名燾　桃到反。後魏世祖名。

翼鞬　建言反。亦人名。

愛賕　渠留反。蒼頡篇：賕，再請也。説文：以財枉法相謝也。從貝求聲也。

靡盬　孤五反。

扞城　寒旦反。杜注左傳：禦也。説文：從手干聲。或作桿〔五一〕。

菲食　孚尾反。馬融注論語云：菲，薄也。説文：從草非聲。

子贇　委雲反。後周帝名也。

剒斮　莊略反。孔注尚書：斮，斬也。廣雅：斷也。説文：從刀𢿫省聲也〔五二〕。

韻竣　七倫反。人名也。

薰蕕　上訓雲反，下酉周反。説文：薰，香草也。蕕，臭草也。並從草，薰、猶亦聲。正從屮作熏。

鞅掌　上央仰反，下章壤反。毛詩箋云：鞅，猶荷也。掌，猶捧也。説文：從革央聲。集從日作映，音於朗反，謂映曭，不明皃也，非鞅義。

王紘　音宏。人名。

剛愎　憑逼反。杜注左傳：愎，戾也，很也。説文：從心复聲。复音伏。

島夷　刀老反。孔注尚書云：南海島夷也，在揚州分界也。説文：從山鳥聲。

日磾　丁奚反。漢書云：有侍中金日磾。

空峒　毒公反。爾雅云：北戴北〔五三〕極爲空峒也。古今正字：從山同聲。

褊隘　鞭緬反。廣雅云：褊，狹也。楚辭：智淺褊能也。説文：從衣扁，扁亦聲。集從犬作猵，誤。

砮得砥　上怒都反，下之耳反。孔注尚書云：砥，細於礪石也。砮，中矢鏃，丹朱類也。文字典説並從石，氏、奴皆聲。氏音是。集作砥，俗字也。

執志　針入反。集作縶，誤也。

虞愿　原眷反。人名也。

詆訶　上低禮反。廣雅云：詆，毀也也。郭注方言：訶也，謂相責也。説文：詆亦訶也。並從[言〔五四〕]，氏、可皆聲。氏音同上。集作詆，俗字也。

廣弘明集　第七卷

會盾　脣準反。説文：所以扞身蔽目，象形字也。

悒怏　陰急反。説文：不安也。從心邑聲。考聲云：悒，恨也。蒼頡篇云：悒謂不舒皃也。下央仰反。廣雅云：怏，強也。説文：不服懟也。從心央聲。懟音大内反。懟，怨也。

荐食　錢箭反。杜注左傳云：荐，猶數也。説文：從草存聲。

禘祫　上蹄帝反。鄭注禮記云：禘，大祭也。下咸甲反。白虎通曰：三年一祫，五年一禘。說文並從礻〔五五〕，帝、合皆聲。

礿祭　羊灼反。爾雅云：夏祭曰礿。鄭注云：謂新菜可灼也。說文：從礻〔五六〕勺聲。集從禾作秎，非也。

愀然　椒小反。鄭注禮記云：愀謂變動皃也。文字典說云：愀然，不快也。從心秋聲也。

衣盋　音鉢。

豺武　上音柴。說文：狼屬也，從豸才。集從犬作犲，非也。下音舞。本是虎字，今作武者，爲避廟諱也。

張弛　詩紙反。說文：弓解也。於弓〔五七〕。

范縝　尺鄰反。人名也。

轢帝王　零的反。說文：轢，踐也〔五八〕。從車樂聲。

掛旛　上媧畫反。或從糸作絓。下孚袁反。或從巾作幡。

擊欜　湯洛反。鄭衆注周禮云：欜謂戒夜者所擊也。周易云：重門擊欜，以待暴客。說文：從木橐，橐亦聲。集作拆〔五九〕，亦俗用。

䖵蟲　上骨昏反，下直中反。說文：䖵，蟲之總也，從二虫也。

終窶　劬乳反。爾雅：窶，貧也。說文：從宀婁聲。宀音綿也。

芒屩　居略反。許叔重注淮南子云：屩，履也。說文：從履省喬聲也。

殫生　多寒反。孔注尚書：殫，盡也。說文：從歺單聲。歺音五遠反。集作此殫〔六〇〕，俗字也。

稾秸　上高老反，下閒八反。應劭注漢書云：秸，謂稾本也。說文：禾稾去其皮，祭天以爲稭也。並從禾，高、吉皆聲。秸從皆作稭。

苛察　賀哥反。賈逵注國語云：苛，猶煩也。說文：從草可聲。

淆亂　音肴。前釋訖。

帑藏　湯朗反。說文：金布所藏之府〔六一〕。此從巾奴聲。下昨浪反。

縑纊　上頰嫌反，下枯謗反。說文：縑，絹也。纊，綿也。並從糸，兼、廣皆聲也。

煬帝　羊向反。隋帝号也。謚法曰：逆天虐人曰煬也。

婉孌　上鴛遠反，下攣眷反。毛詩云：婉孌，少美皃也。說文：從女宛聲。孌或作嫋也。

冠屨　上管桓反。白虎通云：冠文〔六二〕弁冕之總名也。下俱芋反。蒼頡篇云：履屬也。說文：從履省婁聲。

徵〔六三〕刻　恒德反。說文：刻，謂法罪有也。從刀亥聲〔六四〕。集從力作劾，非也。

須覈　衡革反。前第一卷已釋訖。

浹旬　僭叶反。鄭注周禮云：從甲之酉謂之浹。文字典說文（云）〔六五〕：從水夾聲。

蕭瑀　于矩反。

薛蹟　仕責反。並人名。

廣弘明集　第八卷

卸騶　側牛反。廣雅云：騶，馬屬也。說文：從馬芻聲。芻音惻于反。

縊高　伊賜反。杜注左傳云：縊謂自縊〔六六〕也。說文：從糸益聲。

覘候　諂驗反。鄭注禮記：謂窺視也。杜注左傳云：覘，伺也。說文：從見占聲。

懍厲　臨甚反。孔注尚書云：懍，危懼皃也。古今正字：從心稟聲。稟音筆錦反。

恂恂　音旬。孔注論語云：次序皃也。或作循字。

亹亹　微匪反。考聲：亹亹，美也。集作亹，俗字。

何异　移利反。孔注尚書云：异，已退也。說文：從収已聲。正體字也。集作异，俗字。収音俱勇反。

胎縠　枯角反。考聲：卵空也。

落苓　上郎各反，下歷丁反。楚辭云：惟草木之苓落也。考聲云：苓，謂草葉落也。說文：草曰霝，木曰落。或作霝。

敻期　火娉反。說文：遠也。字義前釋訖。

續鳧　輔膚反。毛詩傳云：鳧，水鳥也。說文：從鳥几聲。几音殊。

橐籥　上湯洛反，下陽灼反。御注老經〔六七〕云：橐，猶鞴也。籥，笛也。說文：橐，從橐省石聲。籥，從竹龠，龠亦聲。鞴，排賣反，橐音户本反。

悝商　苦回反。

嶮巇　喜宜反。王逸注楚辭云：嶮巇，猶危也。文字典說：從山戲聲。集作巇，非也。

大椿　黜倫反。莊子：大椿之木，八百歲爲一春，八百歲爲一秋。古今正字：從木春聲也。

羽蜕　式鋭反。說文：蜕，謂蛇蟬所解皮也。從虫兑聲〔六八〕。

班勇　容腫反。西域傳云：後漢安帝時西域反叛。延光年中，班勇爲西域長史，討定諸國也。集從犬作⿰犭勇者，非也。

摠論　賽才反。廣雅：摠，動也。字書：振也。說文：從手悤聲。集作揔，俗字也。

薦祉　癡理反。毛詩傳云：福也。左傳云：祿也。說文：從示止聲。

具茨　字咨反。案具茨，山名也，在陽翟縣也。翟音宅。

巫覡　刑擊反。說文：能齊肅事神也〔六九〕。在男曰覡，在女曰巫。從巫見聲。

洸洸　孤黄反。文字典說云：洸洸，水涌光也。從水光聲也。

部袠　陳栗反。或作帙，古作秩。集作袠，非。

蜫蟻　上骨魂反。說文：蜫蟲總名。正作蚰。下宜倚反。或從豈作螘也。

爝螢　上將藥反。前第四卷已釋訖。下迴營反。爾雅云：螢火即照也。文字典說：從虫熒省聲也。

未旭　吁玉反。毛詩傳云：旭謂日始出昕之時也。說文：從日九聲。

瀛博　亦成反。案瀛博，地名也，在趙。集作嬴，俗字。

愀然　椒小反。前第七已釋。

覬欲　飢義反。說文：覬，望也。從見豈聲。

硌硌　郎各反。老經云：硌硌如石也〔七〇〕。說文：從石各聲也。

信侅　改哀反。考聲：侅，奇也。謂人事奇異也。說文：奇侅，非常也。從人亥聲。

廣弘明集　第九卷

鷹鸇　上臆令反。或作雁。下浙然反。郭注爾雅云：鸇，鷂屬也。說文：從鳥亶聲。亶音旦。

眂帊　普嫁反。廣雅云：帊，幞也。說文亦幞也。從巾巴聲也。

刳命　苦孤反。蒼頡篇云：刳，猶屠也。說文：從刀夸聲。夸音丘于反。

鬲戾　上耕厄反。說文：隔，障也。從𠂤鬲聲。考聲云正作鬲。

廣弘明集　第十卷

樸散　普角反。王弼注老經〔七一〕云：樸，眞也。或從卜作朴。集作散，俗字也。

祕賾　鋤革反。劉瓛注周易云：賾者，幽深之極稱也。說文：從臣責聲也。

培塿　上蒲后反，下樓苟反。杜注左傳云：培塿，小阜也。說文並從土，咅、婁皆聲。音音吐苟反。

隆崫　羣物反。說文：山短高皃也。從山屈聲。或作崛也。

磧礫　上清迹反，下零的反。顧野王云：磧，礫之坻也。廣雅云：磧謂水淺石見也。說文：礫，小石也。並從石，責、樂皆聲。坻音遲。集作磩，謂石聲也，非此義也。

渤澥　上蒲没反，下諧買反。說文云：渤澥，東海名也。並從水，勃、解皆聲。

泓澄　烏宏反。廣雅云：泓泓，深也。說文：深大也〔七二〕。從水弘聲。

理襲　尋立反。顧野王云：習謂積習也。或作習字，並通。

氓俗　麥耕反。劉熙注孟子云：遠郊之界稱氓。說文：䍙(氓)〔七三〕，民也。從亡民聲。集作甿，俗字。

舉厝　粗路反。鄭注禮記云：措，猶施也。或從手作措，又作錯。

耐酒　乃伐(代)〔七四〕反。顧野王云：耐，猶能也。說文：從而從寸。

覆巢　鋤充(交)〔七五〕反。毛詩箋云：鵲之作巢。說文：鳥在木上。巢從木，象形也。集從手作摷，音責交反，非巢義字。正體作此巢。

攘災　若羊反。方言：攘，止也。說文：除也。從手襄聲。集從禾作穰，非。

慕藺　鄰刃反。人姓也。案：六國時趙將藺相如也。前漢司馬長卿有慕藺之志德，故亦名相如也。

逭服　活翫反。郭注爾雅云：逭謂更易也。方言：謂轉也。說文：從辵官聲也。

肴乾　效交反。毛詩箋云：凡非穀而食之曰肴。說文：從肉爻亦聲。集作餚，俗字也。

卮(巵)〔七六〕滿　只移反。鄭注禮記：卮(巵)，酒漿器也。說文：圜器也。所以節飲食。象人形也，巴(卪)〔七七〕在其下也。圜音還。

麛卵　米雞反。前第五卷已釋訖。考聲或作麑。

杒樹　蒙卜反。說文：杒，斫桑也。從刀木，木亦聲。

僅稱　勤靳反。前第四卷已釋訖。

廣弘明集　第十一卷

氣悸　葵季反。說文：心驚動也〔七八〕。從心季聲。或作痵也。

墨翟　亭的反。人名也。

羽翊　餘識反。說文：翊，飛皃也。從羽立聲。或作翼也。

緱氏　狗侯反。縣名，在河南。

苲融　藏作反。人姓也。

跱立　馳里反。廣雅云：跱，止也。或從止作峙。

哇哥　於佳反。蒼頡篇云：哇，謳也。或從欠作欳。謳音烏侯反。

庖犧　上鮑茅反，下音希。説文序云：庖羲氏之王天下。即三皇也。庖從广包聲，羲從兮義聲。或作羲。

墋黷　上楚錦反，下同禄反。陸機漢祖功臣頌云：茫茫宇宙，上墋下黷也。李善注云：言亂常也。墋，謂不清澄之皃也。黷，媟也。媟，猶慢也。媟音思列反也。

波振　真刃反。集從辱作搙，誤寫。

式閭　升力反。孔注尚書云：商容賢人，紂所貶退。武王式其閭巷以禮賢也。考聲：袁(表)〔七九〕也。説文：從工弋聲。集作軾，謂車前横木也，非義。

絓是　胡卦反。文字典説：絓，挂也。從糸圭聲。

斯訃　麩付反。鄭注禮記：訃，至也。或作赴，又作趴，又作逋，並通。

阪泉　拔慢反。地名。栝(括)〔八〇〕地志云：杜注左傳阪泉在廣寧涿縣也。或作阪。字書不定，不審孰是。

繳大　章若反。顧野王云：繳，即矰矢射也。説文：從糸敫聲。敫音羊灼反。

洶水　凶鞏反。顧野王云：洶，謂波滕之皃也。説文：從水匃(匈)〔八一〕聲也。

昏墊　點念反。[孔]〔八二〕注尚書：墊，溺也。説文：從土執聲。集作墊，俗字也。

採芑　欺紀反。毛詩云「薄言採芑」是也。又文章名也。採或作采。集從巳作芑字，誤。

汧渭　掔堅反。汧水出扶風汧縣，西北入渭也。從水幵，幵亦聲。集作汧，俗字。

浞篡　仕角反。孔注論語云：寒浞，羿臣也。説文：從水足聲也。

綈衣　弟奚反。説文：厚繒也。從糸弟聲也。

桐宮　動東反。孔注尚書云：桐宮(宮)〔八三〕，湯葬地也。集從邑作郮。字書無此郮字也。

沕滑　旻筆反。

磅礴　上蒲忙反，下旁博反。考聲：磅礴，廣大皃也。

尺鷃　鵶澗反。莊子云：窮髮之北有鳥名曰鵬，翼若垂天之雲，摶扶搖而上九萬里。尺鷃笑之曰，我騰躍上不過仞，下翱翔蒿萊之間，此亦飛之至也，而彼且奚適也。春秋運斗樞曰：機星散爲鷃，常晨鳴如鷄也。尺或作斥也。

井蛙　烏蝸反。説文：蝸，即蝦蟇也。或從黽也，作鼃，象形字也。黽音盲耿反。

匏瓜　鮑包反。何晏注論語云：匏，瓠也。説文：從夸從包，取其固可包藏物也。包亦聲。夸音丘于反也。

詎述　渠御反。前釋訖。

玉牒　恬協反。説文：牒，扎(札)〔八四〕也。從井(片)〔八五〕枼聲。枼音同上。集從言作諜。杜注左傳云：諜，簡(間)〔八六〕也。非玉牒義也。

並騖　無付反。顧野王云：騖，疾馳也。説文：從馬敄聲。敄音武。

饔人　擁恭反。鄭注周禮云：饔者，割烹煎和之稱也。説文：熟食也。從食雍〔八七〕聲。

廣弘明集　第十二卷

紆屈　迂于反。説文：紆亦屈也〔八八〕。從糸亐聲。

惇史　頓昆反。爾雅云：惇，厚也。賈注國語云：大也。或爲敦字。

斮髓　莊略反。廣雅：斮，斷也。説文：從斤昔聲也。

旁習　蒲黄反。孔注尚書云：四方旁求之也。説文：從上方聲[八九]。集作從人作仿，音芳往反，謂仿佛也，非集義。佛音符勿反也。

覶縷　力戈反。顧野王云：覶縷，猶委曲也。説文：從見𤔔聲。考聲正作覶。𤔔音[亂][九〇]。

臠膾　上攣免反。顧野王云：謂切肉爲胾也。説文：胾亦臠也。從肉䜌聲。䜌音戀員反，胾音側記反。下骨外反。説文：細切肉也。從肉會聲也。

醑醪　上息旅反。考聲：醑，酒清而美也。毛詩云：有酒湑我。文字典説：從水胥聲。集作醑。考聲即有此字，玉篇無。下老刀反。世本云：儀狄作酒醪變五味也。宋忠注云：儀狄，禹時人也。説文：從酉翏聲。

田埜　驛者反。毛詩傳云：郊外謂之野。集作埜，古文字也。

雙穟　朔江反。説文：隹二枚也。從雔，又持之。集從夊作雙，俗字。下隨醉反。毛詩傳曰：穟，苗好美也。説文：從禾遂聲。

殫紀　多安反。前第七卷釋訖。

絣繩　上百盲[九一]反。考聲：絣，絡也。説文：從糸并聲。下食蠅反。宋忠注世本云：繩，所以取直也。説文：從糸蠅省聲。集作繩[九二]，俗字。

鞭撻　必綿反。顧野王云：鞭，用革朾罪人也。説文：從革便聲。下灘達反。孔注尚書云：撻，笞也。説文：從手達聲。集從革作韃，非也。

第纂　撮卵反。

閬州　音浪。説文：巴郡有閬中縣也。案：即今之閬州也。

酒鮭　户佳反。蒼頡篇：食肴也。説文：膎，脯也[九三]。或從月作膎也。

乾腒　巨魚反。鄭注周禮：腒，乾雉也。説文：北方謂鳥腊音昔曰腒。從月居聲。集從𠫓作𦛨。字書無此字也。

妍醜　齧堅反。廣雅云：妍，好也。説文：從女幵聲。幵音堅。

桑穀　公禄反。説文：從禾㱿聲。㱿音苦角反。集作槃，俗也。

腒貯　舉魚反。廣雅云：腒，賣也。説文：從貝居聲。

笈多　渠輒反。西國僧梵名也。集作岋，非。

張泮　普半反。人名也。

弗省　星井反。禮記：省，猶察也。説文：從眉省中（屮）[九四]聲。作省，古文字。集從心作惺。字書無此字也。

長惛　昏困反。廣雅云：惛，癡也。毛詩箋云：無所知之人也。説文：從心昏聲也。

鶂響　倪擊反。杜注左傳云：鶂，水鳥也。孟子云「惡用是鶂者爲哉」也。劉熙注云：鶂，謂鵝鳴聲也。或作鷊鶃鷁。下香仰反。或從言作嚮（響）[九五]，又作嚮，正從音作響。集從向作嚮，非也。

殃疣　尤救反。蒼頡篇云：疣，病也。説文：從疒尤聲，或作疚、肬。集作疣，俗字。

一切經音義　卷第九十七

校勘記

〔一〕說文：以踵爲足跟　今傳本說文：「踵，追也。」
〔二〕草　獅作「革」。
〔三〕西　據文意當作「西」。下同。
〔四〕彰　據文意似作「障」。
〔五〕艮　獅作「良」。考　今傳本方言作「老」。
〔六〕芮　據文意當作「芮」。
〔七〕說文：從艸溴，溴亦聲　今傳本說文：「藻，从艸从水，巢聲。」「藻，藻或从溴。」王此藻此似涉說文「藻」下釋「菉，王芻也」而誤。
〔八〕煨　王念孫廣雅疏證：「煨，温也。」
〔九〕峙　據文意當作「峙」。
〔一〇〕色　據文意當作「包」。
〔一一〕說文：以茅覆屋也　今傳本說文：「茨，以茅葦蓋屋。」
〔一二〕楪　據文意當作「揲」。
〔一三〕待　今傳本說文作「持」。
〔一四〕玄　獅作「云」。
〔一五〕說文：衣服、謌謡、草木之怪謂之妖　今傳本說文：「祆，地反物爲祆也。」妖或從衣作袄　據文意似爲「妖或從衤作袄」。
〔一六〕說文：從弓包聲　今傳本說文作「弛」，「从弓从也」。
〔一七〕讒　龍龕手鏡：「讒，俗。讒，正。」
〔一八〕說文：櫳，圈也　今傳本說文：「檻，櫳也。一曰圈。」
〔一九〕尾　據文意當作「屎」，即「尿」。
〔二〇〕龕　據文意當作「龕」。
〔二一〕說文：棟，謂屋極也　今傳本說文：「棟，極也。」段注：「極者謂屋至高之處。」
〔二二〕毫　據文意似作「亳」。
〔二三〕於　今傳本說文作「㫃」。　表　今傳本史記作「赤」。
〔二四〕批　據文意似作「枇」。
〔二五〕夸　即「夸」。下同。栝　據文意當作「括」。
〔二六〕虡　即「虡」。
〔二七〕樹　今傳本說文作「柎」。虛　據文意當作「虛」。
〔二八〕郭　注山海經云……以丹朱塗身也　今傳本郭注山海經：「倭國在帶方東大海内，以女爲主。其俗露紒衣服無針助，以丹朱塗身。」
〔二九〕庚　獅作「庚」。
〔三〇〕說文：荷命也。諸侯受於王，象其札一長一短，中有二編　今傳本說文：「册，符命也。諸侯進受於王也，象其札一長一短，中有二編之形。」
〔三一〕從叕糸聲　今傳本說文：「从糸叕聲。」
〔三二〕說文：駕之馬也　今傳本說文：「驂，駕三馬也。」
〔三三〕冀　據文意當作「驥」。
〔三四〕說文：堅皃也　今傳本說文：「确，磬也。」
〔三五〕史　據文意似作「屯」。
〔三六〕兼　今傳本說文：「蒹，雚之未秀者。」
〔三七〕葭，荻蘆未秀者也　今傳本說文：「葭，葦之未秀者。」
〔三八〕水　今傳本說文作「永」。
〔三九〕注　據文意似作「汪」。
蟲　今傳本說文：「蠖，尺蠖，屈伸蟲。」　說文：蠖，屈伸
〔四〇〕說文：恍，失音皃也　今傳本說文：「恍，狂之皃。」
〔四一〕录　衍。
〔四二〕截　今傳本說文作「戳」。
〔四三〕反　各本無，據文意補。
〔四四〕說文：謬也　今傳本說文：「譎，權詐也。」
〔四五〕禮記：五方之人，言語不通，嗜欲不同，達其欲，西方曰狄鞮也　今傳本禮記：「五方之人，言語不通，嗜欲不同，達其志，通其欲，東方曰寄，南方曰象，西方曰狄鞮，北方曰譯。」
〔四六〕說文：不飽也　今傳本說文：「歉，歉食不滿。」
〔四七〕酌，醬醉也　今傳本說文：「酌，醉醬也。」
〔四八〕滎　今傳本說文作「熒」。
〔四九〕徒　據文意似作「徙」。
〔五〇〕釋佛明第五　此似爲衍文。
〔五一〕桿　據文意似作「捍」。
〔五二〕說文：從刀敱省聲也　今傳本說文：「从斤昔聲。」
〔五三〕北　今傳本爾雅作「斗」。
〔五四〕毀也也　獅爲「毀也」。言　各本無，據文意補。

〔五五〕衤　據文意似作「衤」。

〔五六〕衤　據文意似作「衤」。

〔五七〕於弓　獅爲「從弓從也」。

〔五八〕說文：轢，踐也　今傳本說文：「轢，車所踐也。」

〔五九〕拆　據文意似作「柝」。

〔六〇〕殫　據文意似作「殫」。

〔六一〕說文：金布所藏之府　今傳本說文：「帑，金幣所藏也。」

〔六二〕文　據文意似作「絭」。今本說文：「冠，絭也。所以絭髮，弁冕之總名也。」文，古多假借作「紊」、「紊」、「絭」形近而誤。

〔六三〕徵　今傳本廣弘明集作「懲」。

〔六四〕說文：刻，謂法罪有也。從刀亥聲　今傳本說文：「劾，瀌有辠也。从力亥聲。」

〔六五〕文　據文意似作「云」。

〔六六〕縊　據文意似作「經」。

〔六七〕老經　即「老子道德經」。

〔六八〕從虫兊聲　今傳本說文：「从虫捝省。」

〔六九〕說文：能齊肅事神也　今傳本說文：「能齊肅事神明也。」

〔七〇〕老經云：硌硌如石也　今傳本老子道德經爲「落落如石」。

〔七一〕老經　即「老子道德經」。

〔七二〕說文：深大也　今傳本說文：「泓，下深皃。」

〔七三〕眠　今傳本說文作「氓」。

〔七四〕伐　據文意當作「代」。

〔七五〕充　獅作「交」。

〔七六〕戹　據文意似當作「戹」。下同。

〔七七〕巴　今傳本說文作「㔾」。

〔七八〕說文：心驚動也　今傳本說文：「悸，心動也。」

〔七九〕袁　據文意似當作「表」。

〔八〇〕栝　據文意當作「括」。

〔八一〕匃　據文意當作「匃」。

〔八二〕孔　各本無，據文意補。

〔八三〕官　據文意當作「宮」。

〔八四〕扎　獅和今傳本說文作「札」。

〔八五〕井　今傳本說文作「片」。

〔八六〕簡　據文意似當作「間」。

〔八七〕雍　今傳本說文作「雝」。

〔八八〕說文：紆亦屈也　今傳本說文：「紆，詘也。」

〔八九〕說文：從上方聲　今傳本說文：「旁，溥也。从二闕方聲。」

〔九〇〕亂　各本無，據文意補。

〔九一〕肓　據文意似作「盲」。

〔九二〕繩　據文意似作「繩」。

〔九三〕說文：朕，膈也　今傳本說文：「朕，脯也。」段注：「朕，俗作鮭。」

〔九四〕中　獅作「中」。

〔九五〕響　據文意似作「響」。

一切經音義　卷第九十八

翻經沙門慧琳撰

音廣弘明集　音中卷　從十三盡二十三凡十一卷

廣弘明集　第十三卷

楺等　柔帚反。

雲萃　情醉反。周易云：萃者，聚也。說文：從草卒聲。

種禎　知盈反。蒼頡篇云：禎，善也。說文：祥也。從示貞聲。

渦水　果和反。考聲：水名也。

玁粥　上許雲反，下融祝反。考聲：匈奴別名也。前釋訖。

太史儋　德甘反。人名也。

駑與驥足　上怒胡反。顧野王云：駑，六種馬中最下者也。下飢義反。說文：驥，千里馬也。並從馬，奴冀皆聲。

紺睫　上甘暗反。說文：深青而楊（揚）〔一〕赤色也。從糸甘聲。下僭葉反。說文：目旁毛也。或從夾作睞。釋名作䀹。

蒙倛　集中曹植注云：孔子面如蒙倛。撿字書無此字，未詳音義。

斷蓄〔二〕　曹注集云：周公於（身）如斷蓄〔三〕。字書亦無此字。

孟娵　足逾反。王逸注楚辭云：娵，美也。說文：從女取聲也。

僶廉　人姓名也。未詳其音。

狗踞狐蹲　踞音居御反，下徂〔四〕昆反。說文：踞亦蹲也。案二字互相訓也，並從足，居、尊皆聲。

金貂　鳥聊反。漢書云：箸（著）貂黃金附蟬也〔五〕。說文：從豸召聲。豸，直里反。

樵野　疾霄反。杜注左傳云：樵，薪也。說文：從木焦聲。集從草作蕉，非也。

蕙帶　攜桂反。廣雅云：蕙草，葉綠紫花也。山海經云：天帝之山其下多蕙。郭注云：蕙，香草。文字典說：從草惠聲。

磕齒　堪合反。說文：從石盍聲。盍，胡臘反，從大從血。從去作盇者，非也。

弗聆　歷丁反。蒼頡篇：聆，聽也。說文：從耳令聲。

瘖聾　邑金反。說文：瘖，不能言也。從疒音聲。

暈虧　雲訓反。說文：暈謂日月傍氣也〔六〕。說文：從日軍聲也。

剞劂　上飢蟻反，下眷月反。王逸注楚辭云：剞劂，鏤刀也。說文：曲刀也。並從刀，奇、厥皆聲。或從屈作剾也。

銑鋈　上蘇典反。郭注爾雅云：即美金最有光澤者也。下烏穀反。毛詩云：鋈，白金也。並從金，先、沃皆聲。沃音同上也。

滬瀆　胡古反。考聲：水名也。山海經云：陽虛之山臨玄滬之水也。古今正字：從水扈聲。

闌甃　嬾單反。案：今之井闌也。集從木作欄。考聲：木欄，木名也。非此義。下側救反。説文：甃，井塼也〔七〕。從瓦秋聲。甓音瓶壁反。郭注爾雅：甓謂瓴塼也。

箕踞　上記疑反，下居御反。莊子云：方箕踞鼓盆也。顧野王云：謂却踞如箕狀也。禮記云：無箕坐。鄭玄注云：不敬也。説文：從竹其聲。集從足作踑，非也。

蝙蝠　上遍眠反，下音福。説文：蝙蝠，即伏〔八〕翼也。並從虫，扁、畐皆聲也。

機紝　任蔭反。考聲：機織縷也。杜注左傳云：織紝，織布者也。説文：機上縷也。紝或作絍也。

耩地　江項反。考聲：耩謂耕也。古今正字：從耒冓聲。耒音雷對反。冓，從講省聲。

怵心　椿律反。顧野王云：怵惕，猶悽愴也。説文：從心從术聲。

驪珠　里知反。莊子云：夫千金之珠必在九重之淵驪龍頷下，若能得珠，遭遇其睡也。如使驪龍悟，子安得哉也。説文：從馬麗聲。

三襲　尋立反。爾雅云：三山襲，陟〔九〕。郭注云：襲亦重也。

猱猨　上奴刀反，下音袁。毛詩傳云：猱亦猨屬也。郭注山海經云：似獮猴而臂長便捷，色有黄者、黑者。黄者鳴，其聲哀也。説文：並從犬，柔、爰皆聲。

蓺也　魚曳反。古今正字：蓺，種樹也。蒔也。從草執聲也。

道嘔　烏侯反。説文：謳，歌也〔一〇〕。或從言作謳，或從口作嘔。

橧（擔）〔一一〕簦　得恒反。賈逵注國語云：簦，備雨器也。史記音義曰：簦，考聲織竹爲蓋也。説文：簦，蓋也。從竹登聲也。

地胇　妃吠反。國語云：土乃服登〔一二〕。賈注云：脈，理。或作衇，又作脈。集從月作胇，無此字也。

蠹木　都故反。説文：木中蟲也。從蚰橐省〔一三〕聲。橐音他各反。譚長或作蝕，象蟲在木間，象形也。

鼢鼠　扶粉反。郭注爾雅云：鼠，地牛〔一四〕（中）行鼠者也〔一五〕。説文：百勞所化也〔一六〕。從鼠分聲。或作蚡，又作蚠。

蔽襜　鴟詹反。爾雅云：衣蔽前謂之襜。郭注云：即今之蔽膝也。説文：從衣詹聲也。

之籙　龍躅反。案籙者，道家三洞籙也。

偏裨　上匹綿反，下婢彌反。方言：偏亦裨也。顧野王云：若今偏將軍也。説文：偏，從人扁從〔一七〕聲。裨，從衣卑聲。扁音邊殄反。集從糸作編，謂編織也，非此義也。

璿璣　隨緣反，紀宜反。孔注尚書云：璿美玉璣衡玉者，正天文之器運轉者也〔一八〕。説文並從玉，睿、幾皆聲。睿音悦歲反。集作斑。考聲謂碁局也，非此義也。

孱然　子仙反。韋昭注史記云：孱，仁謹皃也。説文亦謹也。或從三子作孨也。

黥劓　上極迎反。周禮云：黥，謂墨刑者也。考聲：如今之印面也。説文：墨刑在面也。從黑京聲也。考聲或作剠。集從刀作剠，音亮。亮（剠）〔一九〕，猶奪也，非刑義。下魚記反。鄭注周禮云：劓謂截鼻也。説文：決鼻者也〔二〇〕。或從臬作劓。臬音齧也。

矯足　驕夭反。王逸注楚辭：矯，舉也。集從糸作繑，音綺妖反。考聲：謂袴細〔二一〕也。未詳其義。

斯諺　言建反。左傳云：周諺有之也。考聲：傳古語也。説文：傳言也。從言彦聲。或作彥。彦，從彣厂聲。彣音文，厂音罕。集從口作喭，非也。彦，從立作彦，俗也。

蘼蕪　上靡悲反，下武膚反。山海經云：洞庭之山多蘼蕪。郭注云：香草也，似蛇床也。又云江離也。本草云：即芎藭苗也。說文並從草，靡、無皆聲。

剖析　上普口反。孔注尚書云：剖，破也。杜注左傳云：中分爲剖。蒼頡篇：剖亦析也。說文：判也。從刀音聲。音音土口反。下星績反。孔注尚書云：析，分也。聲類云：劈也。說文：破木也。從木斤聲。或作析〔一二〕也。

大撓　女絞反。世本云：大撓作甲子。宋忠注吕氏春秋云：大撓，黄帝太師也。

坳塘　烏交反。莊子云：覆水於坳堂之上。顧野王云：坳謂不平也。古今正字：從土幼聲。

廣弘明集　第十四卷

稊莠　上第泥反，下由酒反。前釋訖。

爽塏　開改反。考聲：爽塏，地高燥皃也。杜注左傳云：爽，明也。塏，燥也。說文：從土豈聲也。

賑恤　真忍反。郭注爾雅云：隱賑富有也。說文亦富也。從貝辰聲。

矧敢　尸忍反。毛詩傳云：矤，况也。說文：或從弓作矤。

八蜡　查詐反。廣雅：䄍，祭也。夏曰清祀，殷曰嘉平，周曰大蜡，秦曰臘也。禮記云：天子大䄍八，伊耆氏始爲䄍也。歲十二月而合聚萬物，而索之饗也。古今正字云：八䄍者，索也。從示昔聲。集作蜡，亦通也。

譎誑　涓穴反。鄭注論語云：譎，詐也。方言：自關而東西或謂詐爲譎也。說文：權詐，孟梁曰謬，欺天下曰譎。從言矞聲〔一三〕音巨聿反。

狙之　七餘反。莊子：猨與狙交。廣雅：狙，獮猴也。說文：狙，玃屬也。從犬且聲。

媲不　批閉反。爾雅云：媲，配也。說文：從女𣬉聲。𣬉音蒲齊反。集從昆作娓者，非也。

妲妃　單達反。孔注尚書云：妲己惑紂，紂信用之也。考聲：紂妻也。從女。

理攄　褚猪反。廣雅：攄，張也。顧野王云：舒也。說文：從手慮聲。集作攄，俗字。

皤皤　蒲何反。考聲：皤，老也。說文：老人白也。從白番聲也。

荷篠　上何箇反。顧野王云：荷爲負任擔荷也。下條了反。包咸注論語云：篠，草器名也。說文並從草，何、條皆聲也。

篠簜　上霄了反，下黨朗反。孔注尚書：篠，小竹。簜，大竹也。水去已布生也。說文：簜可爲幹，篠可爲矢也〔一四〕。並從竹，攸、湯皆聲。考聲：篠正作此筱也。

蘭茝　昌禮反。郭注爾雅云：茝，香草也。考聲：似蘭。一名𦳝〔一五〕。說文：楚謂之蘺，晉謂之虈〔一六〕音香妖反。茝音夷。

之闃　傾役反。王弼注周易云：闃，謂棄其所處自藏深也。埤蒼：静也。說文：從門狊音扃役反。集從貝作閴〔一七〕，非也。

毛嬙　匠羊反。古今正字云：嬙謂婦官也。從女嗇聲。集作嫱，俗字。嗇音同上。

睚眦　上崖懈反，下柴戒反。廣雅云：睚，裂也。顧野王云：謂裂眦瞋目皃也。史記：謂睚眦之怨必報。說文並從目，

厓，此皆聲。集從柴作眯，誤也。

如澗響　姦鴈反。爾雅云：山夾水曰澗也。下香兩反。孔注尚書云：吉凶之報，若響之應聲也。集從山作㵎，非也。字書並無此字。

重襧　陟紀反。爾雅云：黹，紩也。郭注云：今人呼縫紩衣爲黹。廣雅：紩，納也。說文：緘縷所黹紩也〔二八〕。或作黹，黹從㡀丵省聲。丵音仕角反，紩音袟。集從爾作襧，寫誤也。

一臞　局俱反。爾雅：臞，瘠也。郭注云：齊人謂瘠爲瘦也。說文：肉少也〔二九〕。從肉瞿聲。瘠音情亦反。或作臞〔三〇〕。集從疒作癯，非也。

華佗　達何反。古善醫人也。

伸傴　上失眞反。顧野王云：伸者，不屈之稱也。埤蒼：展也。廣雅：直也。下紆禹反。考聲：曲腰也。廣雅亦曲也。說文並從人，申、區皆聲。集作申，亦通。從疒作⿸疒區，非也，並無此字。

廣弘明集　第十五卷

褫龍　池尔反。考聲：解衣也。蒼頡篇：撤衣也。說文：脱衣也〔三一〕。從虒聲。虒音斯也。

躧褐　踈滓反。說文：躧，履也〔三二〕。或作蹝，或作屣、韃。集從草從竹作蓰、簁者，皆非也。

情悸　葵季反。考聲：心驚動也。說文：心動也。從心季聲。或從疒作痵也。

麗咈　孚味反。王逸注楚辭云：咈，光皃也。皓皓如日光也。說文：從日弗聲也。

蔚有　慍勿反。考聲：草木盛皃也。文字典說：茂也。從草尉聲。

天喈　界諧反。毛詩傳云：喈喈，和聲之遠聞也。又曰：喈喈，猶鏘鏘也。說文：從口皆亦聲也。

砥操　上脂雉反。亦作厎，前已釋訖。集作砥，俗字。下草竈反。顧野王云：持志貞固曰操也。說文：從手喿聲。喿音先到反。

葳蕤　上委歸反，下蕤壘反。說文：葳，草木花盛皃也。蕤，草花心也。並從草，威、縈皆聲。縈音女壘反。集作蕊。玉篇無此字。

珉瑶　上密彬反。鄭注禮記云：珉，石之似玉者也。或作瑉。集從目作眠，誤也。下曜昭反。毛詩傳云：瑶，美玉也。說文：石之美者也。集從蚤作瑵，音側絞反，誤書也。

縹眇　上漂眇反。說文：縹，青白色〔三三〕。下妙小反。王逸注楚辭云：遠視眇然也。司馬彪注莊子云：眇，高也。說文：從目少聲。

磐紆　上伴官反。王弼注周易云：磐，山石之安者也。聲類：大石也。說文：從石般聲。下迂于反。

蒞中　離志反。毛詩傳云：蒞，臨也。說文：從草位聲也。

映蔚　阿朗反。字指：映謂不明皃也。說文：從日央聲也。

廣弘明集釋正集第十一

頡頏　上賢結反，下航浪反。考聲：頡頏，乍上乍下也。毛詩傳曰：飛而上曰頡，飛而下曰頏也。頡或作翓，頏或作䚘，並

通用。

首開　寒旦反。菩薩號。

迹隕　云敏反。爾雅云：隕，落也。説文：從𠂤員聲。集作磒，俗字。

高嵎　遇俱反。

一簣　逵[三四]貴反。包咸注論語云：簣，土籠也。説文：從竹貴聲。集從艸作蕢，亦通。

房櫳　禄東反。蒼頡篇云：櫳，疏也。廣雅：櫳，舍也。説文：謂房室之疏也。從木龍聲。集作攏[三五]，謂牢也，非義。

淪湑　息余反。韻略云：湑，沉也。文字典説：從水胥，胥亦聲。集作湑，俗字。

理恧　安[三六]六反。郭注爾雅：心慙曰恧。説文亦慙也。從心而聲。

鄮縣　矛候反。漢書云：會稽，縣名也。説文：從邑貿，貿亦聲。

基墌　征亦反。韻略：墌亦基也。

高悝　枯壞反。人名也。

趺載　付于反。鄭注禮云：趺，足上也。或作跗。

拗舉　烏絞反。考聲：拗，拉也。

惟礎　初舉反。許叔重注淮南子云：楚人謂柱碣曰礎。説文：從石楚聲。碣音思畟反，亦作舄。

葑葵　捧容反。考聲：碣[三七]，菜名也。鄭注禮記云：陳宋之間謂蔓菁爲葑。説文：從草封聲。

潏露　涓穴反。顧野王云：潏，水流皃也。説文：從水喬聲。喬音巨聿反。

玉蔕　低隸反。考聲云：蔕謂果子及葉所系也。説文：從草帶聲。

八埏　演氈反。漢書音義云：八埏，地之際也。古今正字：謂地之八際也。從土延亦聲。

蹍而　女展反。司馬彪注莊子云：蹍，蹈也。古今正字：履也。從足展聲。

莫咥　田結反。廣雅云：咥，齧也。説文：從口至聲。

抵玉　支氏反。考聲：抵謂投也。説文：擊也[三八]。從手氏聲。

愈睟　雖季反。孟子曰：其色睟然見於面，不言而喻也。古今正字：從目卒聲。

東暾　吐敦反。楚辭云：暾將出乎[三九]東方。王逸注云：謂日始出，其形暾暾而盛大也。或從屯作吨。

西弇　淹撿反。鄭注禮記云：揜，猶隱翳也。或作奄，又作揜，又作掩，並同用也。

挂縟　儒燭反。考聲云：縟，彩色深皃也。説文：謂繁采飾也。從糸辱亦聲也。

緹綺　弟泥反。鄭注周禮云：緹，縓色也。説文：謂帛赤黃色[四〇]。從糸是聲。縓音詮選反。下綺正作綺。集作綺，俗字。

狙詐　七餘反。漢書云：騁狙詐之兵也。蒼頡篇：狙，伺也，謂伺候也。説文：從犬且聲。

溘死　口合反。楚辭云：寧溘死以流亡。王注云：溘，猶奄也。古今正字：從水盍聲。盍，正從大從血。從去作盇，俗字也。

西崦　淹撿反。王注楚辭云：崦嵫，山名也。下有豪水[四一]，中虞淵，日所入也。或作此崦。

阽危　余兼反。考聲：臨厓旁也。楚辭云：阽余身以危死。王注云亦危也。説文亦危也。從𠂤占聲。集作此阽，俗字

也，行用已久，不可改張，今且從俗是也。

祧墠　上眺彫反，下禪闡反。孔注尚書云：築土爲壇，除地曰墠。考聲：墠謂除也，爲祭處也。説文：從土單亦聲。

僾然　哀代反。禮記：入室僾然必有見於其位。説文：髣見也[四二]。從人愛聲。

緹幟　上弟泥反。前釋訖。集從彳作徥，音池尔反。説文：行也[四三]。恐非此義。下昌志反。廣雅：幟，幡也。説文從巾也。

廣弘明集　第十六卷　慧琳撰

嗤往　齒之反。説文：嗤，笑也。從口蚩亦聲。集從虫作⿰虫蚩，非也。字書並無此字也。

顧疌　潛葉反。人名也。

櫚宇　葉詹反。文字集略云：屋前後垂也。或作檐。又從竹作簷。

杻陽　女九反。驗韻略：杻，木名也。准集文：杻陽，即是出銅之所地也。説文：地名。耶字從邑作邪，未詳孰是。

飈爾　漂遥反。郭注爾雅云：暴風從下上者也。尸子云：暴風頹飈也。説文：飈，颯颻風也。從風猋亦聲。爾雅亦此猋字也。

躍鞘　霄曜反。方言：劍削也。關東謂之削，關西謂之鞞。顧野王云：所以貯刀劍之刃也。考聲：鞘，刀劍室也。或從韋作韒，或從刀作削，並通用。鞞音壁茗反，茗音冥並反。

邠鄉　筆旻反。人名也。

崇甍　麥綳反。杜注左傳云：甍，屋棟也。説文：從瓦從夢省聲。綳音百盲反。

鳥跂　詰紙反。方言：跂，登也。説文：從足支聲。

褰裧　上羌言反。考聲：褰，舉也。下鵮贍反。鄭玄注儀禮云：裧，車裳帷也。埤蒼作此惔[四四]，聲類作幨，並通也。

琪璐　上渠飢反。郭注爾雅云：琪，玉屬也。下盧姤反。王逸注楚辭云：璐，美玉也。説文並從玉，其、路皆聲。或作璂也。

湮祥　[伊][四五]眞反。郭注爾雅云：湮，謂沉落也。説文：從水垔，垔亦聲。集從阜作陻，非也。

崖巘　言偃反。毛詩傳曰：小山別大山者也。郭注爾雅云：山形如累兩甑也。古今正字：從山獻聲也。

游泳　榮命反。爾雅云：泳亦遊也。或從舟作⿰舟永也。

淥海　龍燭反。考聲：淥，水色也。集從草作⿱艹淥，非也。字書無此字。

栴香　戰延反。考聲：栴檀，香木名也。集作栅，音策。又別本作枏，音南，並非香義也。

駐罕　上誅注反，下虛稈反。漢書音義曰：罕、罼，冈也。説文：從冈[四六]干聲。冈，古网字也。

停罼　賓蜜反。毛詩傳：罼，謂掩而羅之也。罼或作畢。集從足作蹕。鄭衆注周禮云：謂警蹕也。非罕畢之義也。

隆窊　烏蝸反。説文：窊謂邪下也[四七]。從穴瓜聲。或作窪。集作窳，音瑜主反，非。

幽摛　耻離反。説文：摛，舒也，或擒也。

城闉　一真反。毛詩傳云：闉，曲城也。説文：城曲重門也[四八]。從門垔，垔亦聲也。

彤雲　毒冬反。廣雅：彤，赤色也。説文：從丹從彡。彡象

畫也。

淮涘　事史反。毛詩傳云：涘，漢水涯也。説文：從水矣聲。

藹藹　哀代反。廣雅：藹藹，盛皃也。説文：從言葛聲。集從言從愛作譪，非也。

膴膴　無甫反。毛詩傳曰：膴膴，美也。韓詩或作腜字。

葺蕙　七立反。左傳：叔孫雖一日，必葺其牆屋也。文字典説：葺，茨也。補治(四九)也。從草咠亦聲。集從草咠，俗用。

嶠甍　上音喬。爾雅云：山鋭而高曰嶠。郭注云：謂纖峻也。釋名云：形似橋也。古今正字：從山喬聲。集作嶠，俗字也。又作𡾊。下陌絣反。卷初已音。

蓬蘀　湯洛反。毛詩云：十月隕蘀。傳曰：蘀，落也，又槁也。箋云：葉槁得風乃落也。説文：從草擇聲。

廣弘明集　第十七卷

共睹　都魯反。廣雅：覩，視也。説文：見也。古文覩字也。

執珽　惕鼎反。禮記云：天子搢珽方正於天下也。鄭注：此笏也。説文：大圭長三尺也。從玉廷聲。廷音𨁟定反也。

銀盌　烏管反。或作椀。聲類又作㼝。

睗蜆　袄典反。文字集略云：𧕅，似蛤而小也。或作𧕅。袄，顯天反也。

鐵壓　黯甲反。杜注左傳云：壓，損也。説文：壞也。從土厭聲。集從穴作窨。説文：刺脉穴也。非鎮壓之義也。

净縚　討刀反。僧名也。

蟠屈　犮寒反。顧野王云：蟠，紆迴轉也。説文：從虫番聲。犮音蒲末反。

覆炤　昭曜反。廣雅：炤，明也。蒼頡篇：炤，燭也。或作照。

廣弘明集　第十八卷

咀春草　上疾與反。蒼頡篇云：咀，噍也。聲類或從齒作齟。噍音樵笑反。

臽穽　上音陷。廣雅：臽，坑也。説文：臽，小阱也。從人在臼上，象形也。集從自作陷，謂從高墜下也，非穽義。下晴性反。説文：穽亦坑也(五〇)。從𣦼井聲。考聲作阱。集從穴作穽，俗字也。𣦼音殘也。

鑒能　甲懺反。廣雅云：鑒謂之鏡也。考聲：夜以照月便水也。説文：鑒諸，所以取明水於月也。從金監聲。監音公纜反。集作鑑，亦通。考聲或作鑒也。

精粗　醋租反。鄭玄注禮記云：粗，大也。借音字也。正作麤，俗作麁。

異轍　纏列反。杜注左傳云：轍，車跡也。説文：從車徹省聲。集從足作躑，非也。

造膝　上草竈反，下新疾反。孝經云：養親生之膝下也。説文作厀。從卩(五一)桼聲。桼音七。集作胨，不成字也。

嶠阻　上渠驕反。郭注爾雅云：嶠，峻也。下側吕反。郭注爾雅云：阻，險難也。説文：從𨸏且聲。集從山作岨，非也。

嘿已　眉北反。顧野王云：嘿，謂不言也。古今正字：從口黑聲也。

辛諝　息旅反。人名也。

炙輠　華瓦反。

聯環　上列遭反。廣雅：連續也。説文：聯亦連也，或作連。下

患闢反。鄭衆注周易云：環，旋也。説文：從玉睘聲。睘音巨營反。

掞藻　閻瞻反。漢書云：掞（長）麗前掞光耀明也[五二]。顧野王云：掞，猶豔也。文字典説：從手炎聲也。

梗槩　上更杏反，下該凝反。薛綜注東京賦云：梗槩，猶不纖密也。説文並從木，更、既皆聲。該音居哀反，纖音思廉反。

羅縠　紅穀反。釋名：縠謂紗縠也。説文：從糸㱿音苦角反也。

周顗　疑紀反。

王濛　木東反。

王謐　彌必反。三字皆人名也。

廣弘明集　第十九卷

輪騖　無付反。廣雅：騖，奔也。説文：從馬敄聲。敄音武也。

春鮪　韋鬼反。考聲云：魚名也。至仲春月，自鞏縣穴出，來赴龍門也。周禮云：春獻王鮪也。郭注山海經云：鮪，即鱣也。又注爾雅云：鱣，大魚也。口在頷下，無鱗甲，其肉黄。大者三二丈，江東謂之黄魚也。説文：從魚有聲。鱣音哲連反。

鼓枻　羊制反。文字集略：枻，皆檝屬也。古今正字：從手世聲。世音勢。

同鑣　彼驕反。文字集略云：馬勒也。説文亦銜也。從金麃聲。麃，薄交反。集從馬作驃，音禄，謂野馬也，非義也。

葐蒀　上憤聞反，下鬱雲反。王逸注楚辭云：葐蒀，盛皃也。左思蜀都賦云：鬱葐蒀以翠微。張銑注云：馧香也。古今正字並從草，盆、昷皆聲。

昭晰（晣）[五三]　之逝反。毛詩傳云：晰（晣），明也。或作晢也。

實痗　音每。爾雅云：痗，病也。古今正字：從疒每亦聲也。

駔馬　臧朗反。考聲：駔，謂今之馬行和市人也。吕氏春秋云：段干木爲晉國之駔也。説文：從馬且聲。且音即余反。

緇其　側基反。毛詩傳云：緇，黑色也。説文：白衣黑色也。從糸甾亦聲。集從水作淄，水名也，在齊地。已下同。

重莌　悦税反。古今正字云：莌，小也。凡草初達謂之莌，謂鋒萌始出也。從草兊聲。兊音彖活反也。

沾濠　晧高反。前釋訖。

璣璜　胡光反。鄭注周禮云：半璧曰璜也，象冬閉藏，城上無事[五四]，唯天半見耳。説文：從玉黄聲也。

罿䋄　觸鍾反。郭注爾雅云：罿謂今之翻[五五]車也。韓詩云：張羅車上曰罿。説文：從网童聲。

無躔　徹連反。郭注方言：躔，猶踐也。又注爾雅云：謂脚所踐處也。説文：從足廛，廛亦聲也。

援西　越元反。毛詩傳曰：爰，於也。説文：以爰易士居之曰爰也[五六]。或從受從于作爰。爰音平（于）[五七]袁反。

迻在　異支反。蒼頡篇：迻，徙也。説文：遷也。或從禾作移，義同也。

擁帚　周手反。世本：少康作箕帚。宋忠注云：少康，夏后祖子也，即杜康也，葬長垣。顧野王云：帚，所以掃除糞穢也。説文：從又持巾掃門（冂）内也。

愈縟　上逾主反。毛詩箋云：逾，益也。孔注論語云：勝也。説文：從心俞聲。下襦燭反。考聲：彩色深皃也。説文：繁采飾也。從糸辱，辱亦聲。

睟容　雖醉反。顧野王云：睟然，謂潤澤之皃也。説文：從目卒聲。

鈃山　脛經反。脛音刑鼎反。

戰讋　詹葉反。賈逵注國語云：懾謂服也。鄭注禮記：懾，猶怯也。爾雅：懼也。或作懾，又作慴。

慺慺　勒侯反。説文云：慺謂謹敬皃也。從心婁聲。集作慺〔五八〕，俗字也。

暍烏　蔫菨反。顧野王云：暍，謂暴傷熱煩悶欲死也。説文：從日曷聲也。

淪漪　於宜反。毛詩傳云：漪謂重波也。説文：從水猗亦聲也。

就迾　列滯反。考聲：謂駕前清路也。鄭注禮記云：遮也。説文：從走列聲也。

棨戟　溪禮反。考聲：棨，兵欄也。形似戟，有幡，上有書，吏執以爲信。韋昭注漢書云：棨亦戟也。説文：謂傳信也。從木啟省聲也。

綸紱　粉勿反。蒼頡篇云：紱，綬也。説文：從糸犮聲。犮音蒲末反。

植葆　褒道反。漢書：建幢棨，植羽葆。字書：葆，五彩羽也。顧野王云：合聚五色羽名爲葆也。文字典説亦羽葆也。或作狍也。

膜拜　目逋反。郭注穆天子傳云：今之胡禮拜，舉手加頭稱南膜拜者也。説文：從肉莫聲。

綰挈　上彎板反。許叔重注淮南子云：綰，貫也。下牽結反。劉兆注穀梁傳云：挈，縶也。説文：挈，謂懸持也。從手韧聲。集作楔，俗字也。韧音慳黠反也。

喁喁　玉恭反。淮南子云：群生莫不喁然仰其德。説文：衆口上見也。從口禺聲。禺音愚也。

饔人　擁凶反。鄭注周禮云：饔者，割烹煎和之稱也。説文：熟食。從食雍亦聲。

廣弘明集　第二十卷

洧水　爲鬼反。杜注左傳云：洧水出塵縣東南，至平入潁〔五九〕。漢書云：出陽城東南也。顧野王云：鄭水也。説文：從水有聲。集作鮪，魚名也。

孟陬　奏侯反。爾雅云：正月爲陬也。説文：從𨸏取聲。集作陬〔六〇〕，俗字。

珩珮　核耕反。顧野王云：珩，謂玉珮上衡也。大戴禮云：佩玉上有雙珩，下有雙璜也。説文：所以節行止也。從玉從行也。

渢渢　伏風反。左傳云：美哉，渢〔六一〕渢乎！杜注云：渢渢，中庸也。或作此汎也。

緗縹　上西羊反。釋名：緗，素也。素，物生之色。考聲：淺黄色也。下漂眇反。説文：縹，帛青白色也。並從糸，相、票皆聲。票音必消反。

命衮　昆本反。毛詩箋云：衮謂玄衣而畫以文也。郭注爾雅：衮衣有黻文也。説文：從衣公聲。黻音甫勿反，下同。

文翬　毀違反。爾雅云：伊洛而南，素質五綵皆備成章曰翬。説文：從羽軍聲。

河溓　力詹反。顧野王云：王者之政太平，則有河溓海夷之瑞。説文：薄水也。從水廉省聲〔六二〕。

若飴　翼之反。毛詩箋云：甘如飴也。方言：飴謂之餳。説

文：米糵煎也。從食台聲。餳音夕盈反，糵音言羯反。

玉棹　槔敖反。莊子：有械(械)〔六三〕於此。鑿水(木)〔六四〕爲機，後重前輕，挈水若流。其名爲棹也。說文：從木皐聲。皐，從半從白。挈音堅節反。埤蒼：挈棹所以汲水也。集作皐，非義也。

似幎(幎)　冥壁反。說文：幎，幔(幔)〔六五〕也。從巾冥，冥聲。凡從冖作冪，通用。集從冈作羃，非也。

磥硌　上雷罪反，下郎各反。郭注山海經云：磊硌，大石皃也。說文：磊，衆石皃也。或從三石。硌從石。

之琛　癡林反。毛詩傳云：琛，寶也。或從玉作琛。

受脤　臣忍反。鄭注周禮：脤，皆社稷宗廟之肉也。杜注左傳云：宜社之肉，盛之以脤器，故曰脤。公羊傳云：生曰脤，熟曰膰。說文：從示作祳。膰音煩也。

掩胔　疵賜反。月令：掩骼埋胔。胔者，骨之尚有餘肉也。鄭注周禮：胔謂死人骨也。胔從骨作骴，又作骴。骼音革。鄭注禮記云：枯骨曰骼也。

巃嵸　上禄董反，下才孔反。埤蒼云：巃嵸，高皃也。王逸注楚辭云：崟岑，參差，雲蓊鬱也。說文並從山，龍、從皆聲。蓊音翁董反也。

玄枵　虛驕反。考聲：星名也。爾雅云：玄枵，虛也。郭注：玄虛在正北，北方色黑。枵之言耗，耗亦虛意也。說文：從木号聲。

巀嶭　上前節反，下妍結反。毛詩傳曰：巀嶭，高峻皃也。文字典說：並從山，截、辥皆聲。巀或作嶻〔六六〕，嶭或作嵲、峴。集作截，俗字。作此嶭，非也。

華榱　所歸反。爾雅云：桷謂之榱。郭注云：即屋椽(椽)〔六七〕也。說文：從木衰聲也。

蜿垂　冤院反。古今正字：蜿，龍皃也。從虫宛聲。

繞廇　流宙反。爾雅云：宎廇謂之梁。郭注云：屋大梁也。說文：從广留聲。宎音亡。考聲亦梁也。集作榴，非也。

黮䨴　上潭感反，下徒對反。文字集略云：黮，黑皃也。䨴，雲狀皃也。說文：黮，從黑甚聲。䨴，從雨也。

佽飛　此利反。服虔注漢書云：周時度江，越人在舡下負舡將覆，佽飛入水殺之。漢因以爲材力官名也。說文：從人次聲也。

轔轔　力陳反。毛詩傳云：轔轔，謂衆車聲也。古今正字：從車粦，粦亦聲也。

沾淬　崔碎反。郭璞注上林賦云：淬，深也。文字典說：從水卒聲。

幺麽　上杳堯反，下魔跛反。考聲云：幺、麽並小細也。漢書：久(又)洗(況)幺麽尚不及數字(子)〔六八〕。說文：幺，小也。象子初生之形。麽，從幺麻聲。

其鏜　託郎反。鄭玄注尚書大傳云：鼚謂聲皃也。埤蒼：大聲也。說文亦聲也。或從壴。音注作鼚。又從鼓作鼞。字林：或作闛、鼞。韻〔六九〕作闓也。

駐趕　賓蜜反。說文：正〔七〇〕行也。或從足作蹕。字書或爲譁字。

嘻陽　虛宜反。毛詩傳曰：熙，光明也。或作喜，又作嬉。集作嘻，並通。

緣跗　付俱反。鄭注儀禮云：跗謂足上也。說文：從足付聲。

便娟　上毗綿反，下一緣反。王逸注楚辭云：便娟，好皃也。古今正字：從女肙聲。肙音一縣反。

翓翃　上賢結反，下航浪反。毛詩傳云：鳥飛而上曰翓，飛而下曰翃。或從頁作翓頏。集從鳥作頡鴻，並非也。

憙曼　上音德，古文字也。下韈販反。毛詩傳云：曼，長也。說文：曼，引也。從又冒聲音毛報反。

靉靆　上哀亥反，下臺乃反。埤蒼云：靉靆，時不明也。王逸注楚辭云：日月晻黕無光也。古今正字並從雲，愛、逮皆聲。集從黑作黛黱，皆非。

並掞　閻贍反。前第十八卷已釋訖也。

珉玉　閔彬反。鄭注禮記云：珉，石以玉者也。字本從民。爲避廟諱，故改從氏作珉。或作瑉、碈也。

悱憤　上妃尾反，下扶粉反。鄭玄注論語云：心憤憤，口悱悱。說文：並從心，非、賁皆聲。賁音扶文反。

西漸　接閻反，借音字也。孔注尚書云：漸，入也。此言五服之外皆與王者聲教而朝見也。

如貔　鼻紕反。孔注尚書云：貔，虎屬猛獸也。說文亦豹屬也。從豸𣬉聲。𣬉音同上。集從犬作貔〔七一〕，俗字。

秋籥　羊灼反。鄭玄注周禮云：籥如笛，三孔也。又注云：文舞有持羽籥者，所謂籥舞。文王世子秋冬學羽籥〔七二〕。詩：左手執籥，右手秉翟也。文字典說：從品，象其三孔也。從侖，調和其聲以倫理也。尚書云：八音克諧，無相奪倫，即其義也。集從草作蘥。郭注爾雅云：謂燕麥，非義。

操鈹　上草刀反。說文：把持也。下普碑反。文字集略云：劍而似刀也。說文：劍而刀裝也。從金皮聲。

東毻　音移。韻英云：日行皃也。東毻，縣名也。古今正字：從日施聲也。集從目作䀔，錯之甚也，不成字。

抵玉　之是反。說文：擊也〔七三〕。從手。

鳳琯　官椀反。大戴禮云：虞舜以天德嗣堯，西王母獻其白琯也。古今正字：以玉爲琯也。漢零陽文學於道舜祠下得笙〔七四〕，以爲王琯，故神人以和鳳凰來儀也。從玉官聲。

蟠竄　犮謾反，下昌鋭反。

汙綍　粉物反。

蟻垤　田結反。毛詩傳云：垤，蟻冢也。方言：楚郢已南蟻穴謂之垤。說文：從土至聲也。

繁夥　和果反。方言：凡物盛多，齊宋之郊楚魏之際謂之夥，或作夥也。

喝咽　上於界反。廣蒼云：喝謂聲之幽也。下燕見反。說文並從口，曷、因皆聲也。

瞻蔔　上音詹，下蒲北反。西國香名也。

廣弘明集　第二十一卷

驪駒　上理知反，下矩虞反。

犛牛　卯包反。山海經云：潘侯之山有獸，狀如牛而四節生毛，名曰犛牛也。說文：西南夷長髦牛也。從牛𠩺聲。𠩺音離。或作氂。集從毛作牦者，非也。

蕭勱　陌拜反。人名也。

研覈　上齧堅反。集作研，俗字。下衡格反。前第一釋訖。

斗杓　匹宵反。考聲：杓，斗柄。第一星名也。說文亦斗柄也。從木勺聲。

挾八　嫌頰反。何休注公羊傳云：挾，懷意也。說文：從手夾聲也。

粉鄉　扶聞反。

觀矚　鍾辱反。考聲：視之甚也，衆目所歸也，從目。

廣弘明集　第二十二卷

昺明　兵景反。廣雅：昺亦明也。聲類：或從火作炳。正從囧作明〔七五〕。囧音居永反。

遞襲　上提禮反。爾雅云：遞，迭也。郭注云：謂更易也。或作递，俗作遞〔七六〕。

飲齕　無韻，痕之入聲。說文：齕，猶齧也。從齒乞聲。

未鍜（鍛）〔七七〕　端亂反。蒼頡篇：鍜（鍛），椎也。說文：小冶也。椎音馳追反也。

骨骼　庚額反。鄭注禮記云：骨枯曰骼。說文：從骨各聲。集從客作骼，音客亞反。已下同，非也。

鯀叜　上昆穩反。禹父也。或作鮌，鯀，集從角作觘，非也。下蘇走反，舜父也。或俗作叟。集作叜，非也。

鐵銳　接鹽反。廣雅：鐵亦銳也。或俗作尖，非也。集作災，音灾，深誤也。

鎣明　縈定反。廣雅云：鎣，摩也。顧野王云：謂摩拭珠玉使發光明也。說文：從金熒省聲也。

溘死　坎合反。王逸注楚辭云：溘，猶奄也。文字典說：從水盇聲。盇（盍）〔七八〕，從大從血。集從去作盍，俗字也。

孀孩　所莊反。古今正字云：楚人謂寡婦曰孀。從女霜亦聲也。

必孱　音撰。孔注尚書云：孱，見也。說文：從人孨聲。孨音仕眷反。集從厂作孱，非也。厂音罕也。

鬲子　庚額反。地獄名也。

餘熸　僭廉反。杜注左傳云：吴楚之間謂火滅爲熸。古今正字：從火朁聲。朁音接念反。集作熸，俗字也。

相煽　設戰反。埤蒼：煽，熾也。文字典說：從火扇聲。或從人作傓。

煨𦘔　似進反。杜注左傳云：火餘木也。集作燼，俗，通行用也。

捨撤　纏列反。杜注左傳云：撤，去也。鄭注儀禮：除也。或從彳作徹（徹）〔七九〕。

軌躅　厨録反。漢書音義云：躅，迹也。或從蜀作躅也。

長餤　鹽贍反。說文：火行微餤餤也。考聲或作燗。

婓婓　婓非反。說文：往婓婓也〔八〇〕。從女非聲。

覶縷　魯戈反。顧野王云：覶縷，猶委曲也。說文：從見𤔔聲。音同上。

捃摭　上君運反，下征石反。方言：捃、拓並取也。說文並拾也。捃或作攟，摭或作拓也。

廣弘明集　第二十三卷

窊隆　烏蝸反。說文：邪下也。或作窪也。

林巘　言建反。前釋訖。

爲蔌　素禄反。文字典說云：蔌，菜之總名也。從草欶聲。欶音所六反。

嵔⿱山畾　上烏賄反，下雷罪反。考聲：山皃也。集從褱從累作⿰山褱⿰山累。玉篇無此字。

夫峭　七笑反。埤蒼：峭，峻也。或從𠂤作陗也。

玄轍　纏列反。杜注左傳云：轍，迹也。古今正字：從車徹省聲。集從足作蹴，無此字。

腷臆　上憑逼反，下鷹極反。顧野王云：愊臆，猶盈滿也。郭注

方言：愊臆，氣滿也。玉篇：腷或從心作愊。說文：臆，正從乙作肊。考聲：或從骨作髓。集作臆，俗，通用。

窅以　已皎反。或作杳也。

芳絢　血縣反。馬注論語云：絢，文皃也。說文或從筍作綯也。

辭懥　橫陌反。廣雅：懥，惠也〔八一〕。考聲：惠了也。說文：從心畫聲。集從盡作儘，誤。

蘭蓀　損尊反。古今正字：蓀，香草也。從草孫聲。

惄是　寧的反。爾雅云：惄，思也。文字典說或作愵。

遡來　蘇故反。方言：遡，行也。說文亦訴字也。爾雅云：逆流而上曰泝洄也。

靦彙　韋貴反。廣雅：彙，類也。類彙，相牽引也。說文：從希胃省聲。希音悌，古文字也，今作彙是也。

蘭畹　冤遠反。楚辭云：滋蘭之九畹。王注云：十二畝爲畹。說文或三十畝爲畹也。從田宛聲。集從日作晼，寫誤也。

鳶樓　悦專反。毛詩箋云：鴟之類也。古今正字：從鳥弋聲。集作鳶〔八二〕，俗字。

嶇嶔　上曲俱反，下泣金反。廣雅及上林賦云：嶇嶔，並崎傾側也。古今正字：嶔岑，山自之勢也。並從山，區、欽皆聲。

戴顒　愚凶反。

遐澨　時曳反。杜注左傳云：澨，水涯也。說文：從水筮聲也。

王虓　孝交反。人名也。

一切經音義　卷第九十八

校勘記

〔一〕楊　今傳本說文作「揚」。

〔二〕蓄　即「菑」。

〔三〕周公於（身）如斷蓄　天中記：「周公之狀身如斷菑。」

〔四〕徂　獅本作「但」。

〔五〕漢書云：箸貂黄金附蟬也　今傳本漢書：「郎中侍從者著貂羽黄金附蟬。」

〔六〕說文：暈謂日月傍氣也　今傳本說文：「暈，日月气也。」

〔七〕說文：甃，井塼也　今傳本說文：「甃，井壁也。」

〔八〕伏　今傳本說文作「服」。

〔九〕三山襲，陟　今本作「山三襲陟」。

〔一〇〕說文：謳，歌也　今傳本說文：「謳，齊歌也。」

〔一一〕檐　今傳本廣弘明集作「擔」。

〔一二〕國語云：土乃服登　今傳本國語：「土乃脉發。」

〔一三〕省　衍。

〔一四〕牛　獅作「中」。

〔一五〕地牛行鼠者也　周祖謨爾雅校箋：「地中行者。」

〔一六〕說文：百勞所化也　今傳本說文：「地行鼠，伯勞所作也，一曰偃鼠。」

〔一七〕從　衍。

〔一八〕孔注尚書云：璿美玉璣衡玉者正天文之器運轉者也　今傳本孔注尚書：「以璿爲璣，以玉爲衡者，是爲王者正天文之器也。」

〔一九〕亮　據文意當作「剠」。

〔二〇〕說文：决鼻者也　今傳本說文：「劓，刑鼻也。」

〔二一〕細　據文意似作「紐」。

〔二二〕析　據文意似作「枏」。

〔二三〕說文：權詐，孟梁曰謬，欺天下曰譎。從言矞聲　今傳本說文：「權詐也。益梁曰謬，欺天下曰譎。从言矞聲。」

〔二四〕說文：簜可爲幹，篠可爲矢也　今傳本說文：「簜，大竹也。夏書曰：瑶琨筱簜。簜可爲幹，篠可爲矢。」

〔二五〕躑　據文意似作「蘔」。

〔二六〕虈　今傳本説文：「虈，楚謂之蘺，晉謂之虈，齊謂之茝。」段注：「此一物而方俗異名也。茝，本草經謂之白芷。茝、芷同字。」

〔二七〕閬　獅作「閬」。

〔二八〕説文：鍼縷所𦃇紩也　今傳本説文：「𦃇，箴縷所紩衣。」

〔二九〕説文：肉少也　今傳本説文：「臞，少肉也。」

〔三〇〕臞　據文意似作「臞」。

〔三一〕説文：脱衣也　今傳本説文：「褫，奪衣也。」

〔三二〕説文：躧，履也　今傳本説文：「躧，舞履也。」段注：「舞不納履，故凡不著跟，曳之而行曰躧履。」

〔三三〕説文：縹，青白色　今傳本説文：「縹，帛青白色也。」

〔三四〕達　據文意似作「逵」。

〔三五〕攏　據文意似作「櫳」。

〔三六〕安　據文意似作「女」。

〔三七〕碣　此字涉前條「惟楚」中「碣」誤寫，據文意似作「葑」。

〔三八〕説文：擊也　今傳本説文：「抵，側擊也。」

〔三九〕乎　今傳本楚辭作「兮」。

〔四〇〕説文：謂帛赤黃色　今傳本説文：「緹，帛丹黃色。」

〔四一〕豪水　今傳本王逸注爲「蒙水」。

〔四二〕説文：髣見也　今傳本説文：「僾，仿佛也。」

〔四三〕行也　今傳本説文：「徥，徥徥行皃。」

〔四四〕惔　據文意似當作「裧」。

〔四五〕伊　麗無，據獅補。

〔四六〕四　古网字。段注：「五經文字曰：説文作网，今依石經作四。」

〔四七〕説文：窊謂邪下也　今傳本説文：「窊，汚衺下也。」

〔四八〕説文：城曲重門也　今傳本説文：「闉，城內重門也。」段注：「闉闍，城曲重門也。」

〔四九〕洽　獅作「治」。

〔五〇〕説文：穽亦坑也　今傳本説文：「阱，陷也。」穽，似即「穽」。

〔五一〕養親生之膝下也　今傳本孝經爲「故親生之膝下，以養父母曰嚴」。卩　獅作「卩」。

〔五二〕掞麗前掞光耀明也　今傳本漢書：「長麗前掞光耀明。」

〔五三〕晰　獅作「晣」。

〔五四〕城上無事　今傳本鄭注周禮爲「地上無物」。

〔五五〕翻　據文意似作「幡」。

〔五六〕説文：以爰易士居之曰爰也　今傳本説文：「爰，引也。」

〔五七〕干　據文意似作「于」。平　據文意似作「于」。

〔五八〕慺　據文意似作「楼」。

〔五九〕洧水出塵縣東南，至平入潁　今傳本杜注左傳爲「洧水出滎陽密縣東南，至潁川長平入潁」。

〔六〇〕陬　獅作「阪」。

〔六一〕汎　通「渢」。

〔六二〕從水廉省聲　今傳本説文：「從水兼聲。」

〔六三〕械　今傳本莊子作「械」。

〔六四〕水　今傳本莊子作「木」。

〔六五〕愼　據文意似作「幁」。慢　據文意似作「幔」。

〔六六〕巇　據文意似作「巇」。

〔六七〕椽　據文意似作「椽」。

〔六八〕漢書：久洗幺麽尚不及數字　今傳本漢書：「又況幺麽尚不及數子。」

〔六九〕韻　據文意似爲「韻集」或「韻英」。

〔七〇〕正　今傳本説文作「止」。

〔七一〕貌　據文意似作「貌」。

〔七二〕文舞有持羽龠者，所謂龠舞。文王世子秋冬學羽龠　今傳本鄭玄注周禮：「文舞有持羽吹籥者，所謂籥舞也。文王世子曰：秋冬學羽籥。」

〔七三〕説文：擊也　今傳本説文：「抵，側擊也。」

〔七四〕漢零陽文學於道舜祠下得笙　宋書：「漢章帝時零陵文學奚景於舜祠得笙。」

〔七五〕明　據文意似作「朙」。

〔七六〕遞　據文意似作「通」。

〔七七〕鍛　據文意似作「鍛」。下同。

〔七八〕盍　據文意似作「盇」。

〔七九〕撤　獅作「徹」。

〔八〇〕説文：往斐斐也　今傳本説文：「斐，往來斐斐。」

〔八一〕憒，惠也　廣韻：「憒，不慧。」

〔八二〕鳶　據文意似作「鴟」或「鳶」。

一切經音義　卷第九十九

翻經沙門慧琳撰

廣弘明集　音下卷從二十四盡三十

廣弘明集　第二十四卷

沙汰　台帶反。廣雅：汰，洒也。考聲云：濤涑（涑）[一]也。說文：澗也[二]。澗亦洗也。從水太[三]聲。澗音簡，濤音桃，涑（涑）音練也。

蔬蔌　素禄反。文字典說：蔌，菜總名也。從草欶聲。欶音所角反。

蹙頞　安葛反。蒼頡篇：鼻上也。說文：鼻莖也。從安頁聲。或從鼻作齃也。

爲黥　劇迎反。前釋義訖。

傃和　蘇故反。鄭注禮記云：傃，猶向也。廣雅：經也。或從辵作遡也。

斐然　孚尾反。集從心作悱。字書無此字。

鉛槧　慚敢反。考聲：槧，牘材也。說文：牘撲（樸）[四]也。文字典說：削牘版也。從木斬聲。集從慚作槧，誤也。

怏嘿　上天顯反。方言：怏，慚也。荆、楊、青、徐之間謂慚曰怏。下忙北反。顧野王云：嘿謂不言也。說文或爲默字也。

集從心作𢡃，非也。

凶訃　孚務反。鄭注禮記云：訃，至也。

瘡痏　韋美反。蒼頡篇云：痏，傷也。說文：從疒有聲。集作痏，俗字。

清瀨　來帶反。說文：水流沙上也。從水賴，賴亦聲也。

坱鬱　惡朗反。王逸注楚辭云：坱，霧氣映昧也。考聲云：吴越謂塵起爲坱。說文：從土央聲。

泱流　阿儻反。文字典說云：泱，謂水廣皃也。從水央聲。

巑岏　上徂鸞反，下吾骨反音兀。文字典說：巑岏，高鋭皃也。並從山，贊、兀皆聲。

嶾嶙　上殷謹反，下鄰軫反。考聲：嶾謂降高也。嶙，山皃也。集作隱，俗字。

隱賑　真忍反。吕延濟注左思吴都賦云：隱賑謂多也。從貝。集從肉作脤，音慎，非也。

洶涌　凶鞏反。說文：洶亦涌也。謂水波滕之皃也。從水匈聲。集作涚，非也。

漕瀆　曹竈反。

溜寫　留救反。考聲：水流皃也。說文：從水畱聲。集作溜，俗字。

綆汲　上耕杏反。杜注左傳云：綆，汲水繩也。方言：自關而

東，周、洛、韓、魏之間謂索爲綆。説文：從系（系）〔五〕更聲。下金岌反。文字典説：汲，引水也。從水及聲。集從系作級，是階級、首級也，非汲水義。

盥漱　上官椀反。説文：澡手也。從臼水臨皿也。集從水作淴，非也。下踈救反。文字典説：水净口也，又蕩口也。從水欶聲。欶音朔。

瓶匜　以之反。杜注左傳云：沃盥器也。説文：似羹魁，柄中有道，可以注水也。從匚聲〔六〕。匚音方也。

楓櫖　上福逢反。説文：厚葉，弱枝，善摇。或從林作䕚。郭注山海經云：即今楓香木也。下吕豬反。考聲：諸櫖，木名也。爾雅云：諸櫖也，虆。郭注云：今江東呼虆爲藤，似葛而粗大。文字典説：從木慮聲。集從虚作樝，非也。虆音律追反。虆亦櫖也。

棓〔七〕櫪　上懿宜反。毛詩傳云：椅，梓屬也。韓詩云：梓實桐皮曰椅。郭注爾雅云：即楸也。或作椅。下零的反。或作櫟。

朹白蔕　上渠鳩反。爾雅云：朹，檕梅。郭注云：似梅子，如指頭，赤色。又似小棕，可食也。從木。下低計反。考聲云：果子及葉所繫曰蔕。爾雅云：桃李曰蔕。文字典説：從草帶聲。

橚苯蕁　上所昱反。考聲：橚，林木皃也。説文：長木皃也。從木肅聲。中盆本反，下尊損反。顧野王云：苯蕁，謂茸茸也。説文：草茂聚也。並從草，本尊皆聲。茸，㲲風反。茸音辱容反也。

泫露　玄犬反。文字典説云：泫謂露光。從水玄聲。集從貝作贙。字書皆云狩名也，非泫露義。

抗莖　上康浪反。廣雅云：抗，强高也。杜注左傳云：舉也。説文：從手亢，亢亦聲。下核庚反。蒼頡篇：草本曰莖。説文：從草巠聲。巠音經。

雨鷇　口候反。文字典説云：鳥子初生出卵者也。從鳥殸聲。殸音苦角反。

鷄鶩　蒙卜反。郭注爾雅：鶩，野鴨也。文字典説：從鳥敄聲。敄音武。

鳴蟬　時然反。月令：仲夏之月蟬始鳴，聲清亮。應劭注漢書云：蟬居高食潔，目在腋下。説文：以旁鳴者也。從虫單聲。集從玄作蚿，音弦。考聲：蚿謂百足蟲也，非鳴蟬之義。

飛鼯　五孤反。爾雅云：鼯，鼠也。已見前釋。

嘈啐　上皂槽反，下殘怛反。埤蒼云：嘈啐，聲皃也。廣雅與埤蒼義同。古今正字或作囋。集從贊作囋，音贊怛反，非本義。

飀亮　柳舟反。文字典説作飂，風聲。從風翏聲。集作飀，俗字也。下良悵反。集從口作喨，非也。

左眷　厥願反。孔注尚書云：眷，視也。毛詩傳云：眷謂反顧也。説文：從目关，关亦聲。集從目作睠，非也。

右睇　提帝反。鄭注禮記云：睇，傾視也。夏小正：睇者，眄也。古今正字：從目弟聲。

跕屣　添叶反。考聲：徐行曳屣也。張晏注史記云：跕屣也〔八〕。説文：從足占聲。下師滓反。或作躧、蹝，並通。

摳衣　口鉤反。廣雅云：摳，舉也。顧野王云：謂以手擧衣前也。説文：從手區聲。擧音欺言反。

菌榭　上逵殞反，下夕夜反。文字集略云：榭，臺上屋也。説文

云：從木射聲。

餌星髓　而志反。蒼頡篇：餌，食也。説文：從食耳聲。集從取作餌，非也。

潨瀉　上在公反，又旨容反，並通。毛詩傳：水會也。箋云：水外高者也。從水從衆。會意字也。

湓涌　普悶反。蒼頡篇：湓，水聲也。古今正字：從水盆聲。集從奔作渀，無此字。

泱咽　於黨反。杜注左傳云：泱泱，弘大之聲也。説文：從水央聲也。

檀欒　上但蘭反，下亂官反。山海經云：雲雨之山有木名曰欒，黄本赤枝青葉也。説文：欒似欄也。從木䜌聲。䜌音攣。

蕭颰　彼力反。廣雅：颰，風也。説文：從風必聲也。

區畛　之忍反。鄭注周禮云：十夫二鄰之田也。説文：井田間陌也。從田㐱聲。㐱音軫。集從尒作畛，俗字也。鄰音贊。

肥腴　庾朱反。説文：腴亦肥也[九]。從肉臾聲。

冬葚　時稔反。毛詩傳云：葚，桑實也。或作椹也。

霜鵽　追刮反。郭璞注爾雅云：鵽，大如鴿，似雌雉，鼠脚，無後指，岐尾，爲鳥憨，群飛，出北方沙漠也。説文：從鳥叕聲。叕音竹劣反。

短褐　上端管反，下寒葛反。許叔重注淮南子云：楚人謂袍爲短褐。説文：短，從矢豆聲。褐，從衣曷聲。集從木作梪，音豆。郭注爾雅云：梪謂禮器也，非集義。

菀蔣　上寃遠反。本草云：紫菀也。一名青菀。説文：菀，蘂也。下爵羊反。説文：蔣，苽也。並從草，宛、將皆聲。苽音孤也。

菅蒯　上澗顔反，下古壞反。左氏傳：雖有絲麻，無棄菅蒯。郭注爾雅云：菅，茅類也。聲類：蒯，草中爲索也。説文：並從草，官、蒯皆聲，音苦恠反。集作蒯，亦通。

讙呶　上吁袁反，下奴交反。毛詩傳曰：號呶，讙呶也。考聲：嘐呶，聲皃也。説文：從口奴聲。嘐音丑交反。

晟論　成政反。廣雅：晟，多也。或作盛，兩字義同。

箱庾　想羊反。毛詩傳曰：大車之箱也。説文：從竹相聲。文字典説或亦從草作葙。下臾主反。賈逵注國語云：大曰倉，小曰庾。庾，積也。謂禾稼積也。説文：倉無屋曰庾。從广臾聲。

嗢噱　上烏骨反。廣雅：嗢，笑也。埤蒼：大笑也。下强脚反。考聲：嗢噱，大笑不自勝也。説文：並從口，昷、豦皆聲。昷音温。

僶俛　蜜牝反，下眉辨反。考聲：僶俛謂不倦息也。毛詩傳云：僶俛，勉也。説文：俛從人免聲。僶或從冈作黽。

亟䟚[一〇]　欺記反。亟，數也。數音朔也。考聲：攺字正從攴作玫(䟚)[一一]。

網屨　俱遇反。蒼頡篇：屨，履也。集作屨，俗字。

摛瑠璃　耻離反。説文：摛，舒也。從手离聲。瑠音留，正體字。集作琉，俗字。

璩公　巨魚反。人名也。

而咏　榮命反。説文亦詠字。

辭鶯　厄衡反。毛詩傳云：鶯，有文章鳥也。文字典説：從鳥熒省聲也。

蔽衸(衸)[一二]　上必袂反，下皆械反。廣雅云：衸(衸)，刺膝也。考聲謂袴也。説文：衸(衸)，袥也。亦刺膝也。從衣

介亦聲。祏音湯洛反。

廣弘明集　第二十五卷

瞻睹　都魯反。與此覩字同。

流遯　突頓反。與遁字同。

輶軒　酉周反。毛詩傳：輶，輕也。說文：從車酋聲。

憧惶　掌羊反。考聲：憧惶，怖懼皃也。

簪紱　上戢森反。韻集云：簪，笄也。或作兂，古作篸。集作簪。說文以爲俗字。下粉勿反。蒼頡篇：紱，綬也。或作練(紼)[一三]。

宸扆　上愼人反。考聲：宇也。紫微宮曰紫宸，天帝所居處也。說文：從宀辰聲。下依豈反。爾雅云：户牖之間謂之扆。郭注云：窗東户西也。說文：從户衣聲。牖音由柳反也。

芟薙　上音衫，下梯計反。文字典說云：薙，除也。從草雉聲也。

膜拜　上忙博反。前第十九卷釋訖。

懸邈　尨剥反。邈然，曠遠之皃也。從辵貌聲。集從心作懇，非也。尨音木邦反。

鷩弁　必袂反。考聲云：冕名也。鄭注周禮云：畫鷩雉，所謂華蟲也[一四]。說文：從鳥敝聲。敝音毗袂反。

彥悰　族宗反。僧名也。

長撎　伊二反。考聲：撎，揖也。說文：拜，舉手下也[一五]。從手壹聲。

廣弘明集　第二十六卷

喁喁　王[一六]恭反。前第十九卷已釋訖。

哨類　七醮反。考工記云：哨，小也。文字典說：從口肖聲。

蠶衣　雜含反。周禮云：内掌之職。仲春詔后帥外内命婦，始蠶于北郊。說文：蠶，吐絲也。從䖵朁聲。朁音千感反。集從天作蚕，非也。下同。

瀹繭　上羊灼反。說文：瀹謂内肉菜湯中出之也。或從鬲作鬻[一七]。鬲音歷。集從火作爚，亦通。下堅顯反。說文：蠶衣也。從糸從虫從芇，像蛾兩角相當也。芇音眠。集作璽(璽)[一八]，俗字。

遄彼　殊緣反。毛詩傳云：遄，疾也。爾雅：速也。說文：從辵耑聲。集從欠作歂，音同上。說文：謂口氣引也。未審孰是。

撲揥　上普卜反。顧野王云：撲謂打捶之也。下低戾反。聲類：揥，損也。說文並從手，菐、帝皆聲。菐音同上。

牲牷　上所耕反，下絶緣反。鄭箋毛詩云：牛羊豕曰牲。孔安國注尚書云：色純曰犧，體完曰牷。鄭衆注周禮云：牷，純色也。說文並從牛，生、全皆聲。

血膋　了彫反。鄭注禮記云：膋，腸間脂也。說文或作膫。

礿祭　羊灼反。爾雅云：夏祭曰礿。郭注云：謂新菜可灼也。或作禴。集從竹作籥，謂管籥，字非此義。

賣鱓　蟬展反。考聲：魚名也。山海經云：滑魚也。郭注云：鱓魚似蛇也。說文：從魚單聲。

抪設　普逋反。字書：敷也。顧野王云：敷，舒也。或作鋪。

罝罘　糵邪反。郭注爾雅云：罝，猶遮也。考聲：罝，兔網也。說文或作組罝。下扶留反。鄭注禮記云：取獸罘也。說文亦取兔罟也。鄭注周禮云：罟即網。

蝍蛆　上甑力反，下子餘反。許叔重[注][一九]淮南子云：蝍蛆一

名昊公也。說文並從虫，即、且皆聲。

甘螮　怛太反。考聲：螮，蛇也。唐韻亦蛇也。或作帶也。

豺犬　床皆反。郭注爾雅云：豺，脚似狗也。說文：狼屬也。從豸才聲。豸音池尔反。集從犬作犲，無此字，非也。

野干　葛寒反。郭璞曰：射干能緣木也。廣志云：採果於危巖高木也。集從犬作犴，非也。

是瘍　盈隻反。考聲：歷瘍，皮上病也。正從疒。集作瘍，俗字也。

是瘤　柳周反。廣雅云：瘤，病也。顧野王云：腫結不潰散也。說文：腫也。從疒畱聲。集作瘤，俗字。

是瘻　樓豆反。郭璞山海經云：瘻，癰也。說文：頸腫也。從疒婁聲。集作瘻，俗字。

廣弘明集　第二十七卷

螺蚔　上力和反，下直離反。周禮云：祭祀供蚔，以受醢人。鄭衆注云：蚔，蟻卵也。說文：從虫氏聲。氏音低。

濠梁　胡高反。水名。前釋訖。

飢惄　寧的反。郭注爾雅云：惄如調飢也。或作愵〔二〇〕。

晬容　思季反。前釋訖。

諫爲　姦眼反。人名也。

西郵　有求反。爾雅：郵，過也。郭注爾雅云：道路所經過也。廣雅：驛也。說文：從邑垂聲。集作郵，非也。

汪濊　上烏黄反，下威衛反。顧野王云：汪濊，猶滂沱盛皃也。廣雅：水也。濊或作濊(瀻)〔二一〕也。沱音達何反。

憮然　無甫反。何晏注論語云：憮然，謂其不達己意而非之也。說文：從心無聲。

因彭　情井反。賈逵注國語云：靜潔也。說文：清飾也。或從立作靖。

兩袠　陳栗反。或作帙，古作袟。集作袠，非也。

跬步　窺癸反。禮記：君子跬步不敢忘也。方言：半步爲跬。顧野王云：謂舉一足也。兩跬爲步。考聲作趌，集作跬，通用也。

懍厲　上林錦反，下憐計反。埤蒼：懍亦悷也。轉相訓也。說文：懍，從心稟聲。厲或作捩也。

刵耴　下如志反。孔注尚書云：刵謂截耳也。文字典說：從刀耳聲。

固鍇　上音固。集作周，誤也。下界諧反。言：鍇，堅也。說文云：九江謂鐵爲鍇。從金皆亦聲。

穠華　女龍反。考聲：花盛皃也。

愒日　枯帶反。左傳云：玩歲而愒日。杜注云：愒，貪也。何注公羊傳云：愒，急也。說文：從心曷聲。

歊赫　上希嬌反。顧野王云：歊謂熱氣也。說文：囂歊，氣出皃也〔二二〕。下虛厄反。說文：從二赤。集作焃，非也。

揔揔　賽來反。廣雅：揔，動也。古今正字：擡揔，振迅也。從手思聲。考聲：正作揔。集作揌，俗字。

媲偶　上批閉反，下魚狗反。郭注爾雅云：亦謂偶媲也。即轉訓字也。說文：媲，妃也。從女毘聲。毘音蒲犁反，妃音配。

高懟　鎚類反。說文：懟，怨也。從心對聲。或從言作譵也。

寒凘　賜諮反。王逸注楚辭云：凘，解冰也。說文：流冰也。從

冫斯聲。集從水作澌(澌)[二三]，水名也，在北海。

纔驗　在來反。顧野王云：纔，猶近也。或作裁。集作絻，非也。或作纔，俗字也。

脩嫭　胡固反。廣雅：婟，好皃也。或作婟也。從雩作嫮，俗字也。

睇人　啼計反。鄭注禮記：睇謂傾視也。字義前釋訖。

瓊睕　冤阮反。前已釋訖。

剡州[二四]　涉冉反。越地名也。

徐鑣　表驕反。説文：馬銜也。從金麃聲。麃音鮑交反。集從馬作驃，音褾，野馬也，非義。

廣弘明集　第二十八卷

荼蓼　上獨奴反。爾雅云：荼，苦菜也。下聊鳥反。毛詩傳云：蓼，水草也。説文：辛菜也。並從草，余、翏皆聲。翏音劉救反。

歉腹　謙簟反。劉兆注穀梁傳云：歉謂食不飽也。從欠兼聲。集從口作嗛，謂口有所銜也，非歉腹也。

長塍　食仍反。蒼頡篇：塍，畔也。埤蒼：埒也。或從田作畻。又作堘也。

能瘉　瑜主反。顧野王云：瘉謂小輕也。説文：瘉，病也[二五]。或亦作愈也。

青緹　悌奚反。鄭注周禮云：緹，縓色也。説文：赤黃色也[二六]。從糸是聲。縓音宣絹反。

向詡　吁禹反。人名也。

怏惱　上於早反。文字集略云：懊憹，悲心内結也。怏或作懊。集從土作坱，非也。惱或作憹。集從三止作惱，非。

無礙　魚蓋反。凡經文作㝵，或作閡。集從亥作硋，非也。

鏦金　楚雙反。子虛賦云：鏦金鼓也。埤蒼云：摐(摐)[二七]，猶撞也。或從手作摐(摐)也。

槮龜　森錦反。郭注爾雅云：今之作槮者，聚柴木於水中，魚得寒入其裏，因捕取之。説文：從木參聲。

嘯吒　讁亞反。顧野王云：吒，猶呵叱也。説文：從口乇聲。乇音竹革反。

登陑　二之反。考聲云：陑，河東地名也。孔注尚書云：陑在河曲之南也。從𠂤，或作隭也。

蓼莪　我哥反。詩云：蓼蓼者莪。郭注爾雅云：今之莪蒿也。説文：從草我聲。

簨業　詢允反。鄭注禮記云：簨，所以懸鍾磬(磬)[二八]者，横曰簨，飾之以鱗屬，以大版爲之業。或從木作栒。集作箕，非也。

虞倕　睡隹反。郭注山海經云：倕，堯巧工人也。

炮熿　上鮑苞反。韻英云：火熟物也。或作炰。下襖蒿反。集訓云：熱炙煨物令熟。或作燠，亦作爊。古文作衮。集中從鳥作鴝鵝，未詳。

弗傲　敖誥反。杜注左傳：傲謂不敬也。考聲、爾雅作傲，亦作嫯[二九]。集從心作慠，非也。

介品　皆械反。鄭注周禮云：介，龜鼈之屬，水居者也。説文：從八從人。集從魚作魪，魚名也。非介品之義。

種彙　韋貴反。周易：彙，類也。前釋義訖。

噆膚　上子荅反。莊子云：蟁虻食膚，通夜不寐也。埤蒼：齧

也。說文：吚，銜也〔三〇〕。或考聲正作吚。

網罭　爲逼反。爾雅云：九罭，魚網也。郭注云：即今之百囊罔也。說文：從罓或聲。

衆錁　和果反。方言：凡物盛多爲夥。前已釋訖。

慊慊　謙簟反。考聲：慊，情切也。說文：從心兼聲也。

闃其　傾役反。埤蒼云：闃，靜也。從狊，音俱役反。前已釋訖。

應訃　敷務反。與赴字同也。

廣弘明集　第二十九卷

屠馘　穫獲反。毛詩傳云：馘，獲也。不服者煞而獻其耳曰馘。或從國作䤋，又從耳作聝，古文又作戜。

貙虎　云誅反。字指：寵貙，人出公牛氏，能爲虎。異物銘云：貙出公牛，變化若神，當其爲虎，不識爲人也。說文：從豸區聲。豸音雉也。

舳艫　上蟲六反。方言：舟後曰舳。舳，制水者也。郭注云：今江東呼拖爲舳。說文：從舟由省聲〔三一〕。拖，它可反。下魯都反。李斐注漢書云：船前刺櫂處也。說文：船頭也。從舟盧聲。

入艙　貪合反。考聲：兩船併也。文字集略云：兩曹大舟也。集作艜，俗字。

成眚　生梗反。孔注尚書云：眚，過也。說文：從目生聲也。

慆耳　討高反。蒼頡篇云：慆，和悅皃也。說文：悅也〔三二〕。從心舀聲。舀音同上。

堙心　一鄰反。孔注尚書云：堙，塞也。或作垔。

馞起　盆没反。廣雅：馞馞，香也。埤蒼：大香也。說文：從香孛聲。孛音同上。孛從市〔三三〕又從子，市音沸也。

婉娩　上冤遠反，下無返反。考聲：婉娩，婦人柔順皃也。鄭注禮記云：娩，媚也。說文：婉，順也。並從女。集從日作晼，日部無此字。晚謂日暮也，未詳其深義。

蹠實　征石反。淮南子云：鳥排空而飛，獸蹠實而走也。許叔重注云：蹠，蹈也，又曰行也。或作蹠字。集從庶作蹠，非。

竛竮　上冷丁反，下匹并反。字書：竛竮，行不正也。並從立。集從足作跉，通。作跰，非也。

妳媪　上搦矮反。考聲：謂乳兒嫗也。下烏晧反。文穎注漢書云：幽州及漢中皆謂老嫗爲媪。說文：女老稱也。並從女，尔、𥁕皆聲。𥁕音温，嫗音紆矩反。

遼敻　隳迥反。前釋義訖。

蟭螟　上子消反，下覓瓶反。列子云：殷湯問於夏革曰，夫物有巨細乎？荅(答)〔三四〕曰：蟭螟者，江浦之間名爲麼蟲，羣飛，巢於蚊睫之上，栖宿去來蚊不覺也。並從虫，麼音魔跛反。麼謂小也。革音矜憶反。

鯤鵬　上骨魂反，下蒲甫〔三五〕反。莊子云：北溟有魚，其名曰鯤。化而爲鳥，其名曰鵬。鵬背不知其幾千里也。司馬彪注云：鯤，大魚也。說文：從魚昆聲。集從虫作蜫，非也。鵬，從鳥朋聲。

升岵　胡古反。毛詩傳云：山無草曰岵。韓詩云：山有木無草曰岵。說文：從山古聲。

魏闕　巍貴反。淮南子云：心居魏闕。周禮云：謂天闕爲象魏。魏，高大之稱也。從委鬼聲。集從馬作騩，音貴，字統云馬淺黑色也，非魏闕義。

颲颲　連哲及(反)〔三六〕。聲類云：颲，風利也。說文：從風列

亦聲。

孤鶵　仕瑜反。郭注爾雅云：鳥生而能自食者曰雛。説文或從隹作雛。集作鶵，俗字也。

捦之　及金反。埤蒼：捦，捉也。説文：急持衣襟也。或從支作鈙，又從禁作襟。

隗通　吾猥反。人姓名也。猥音烏罪反。

蟲鳥　上逐隆反。下彫了反。義是蟲，與鳥是兩字也。集連作「蟲鳥」，寫人深誤也。

騰騁　上特登反。考聲：超也。正作騰。集作騰，俗字也。下桯領反。集從央作駚，誤也。桯音逞貞反。

並幰　軒偃反。顧野王云：今謂布張車上爲幰也。釋名：車幰所以禦熱也。説文：從巾憲聲。集作幔，寫誤也。

磕磕　坎合反。説文：石相磕聲也。從石盍聲。盇音合。盇，從大從血。今俗通作磕。集從盖作礚，非也。

嶮峭　上希撿反。字指：嵰嶮，不平也。考聲：山高危皃也。古今正字：從山僉聲。僉音妾鹽反。嵰音欺儼反。下鍫醮反。聲類：峭，峻也。或從自作陗。

巉絶　床銜反。考聲：巉巖，山皃也。或作嶃，又作塹。集作巉，俗字也。

颶颶　雲密反。説文：大風皃也。從風日聲。

蓁芿　上櫛巾反。毛詩傳云：蓁蓁，草盛皃也。廣雅：茂也。文字典説：從草秦聲。下仍證反。考聲：草密不剪也。説文亦草密也。從草仍聲，或從仍省。

紆岊　上傴于反。杜注左傳云：紆，曲也。説文：屈也。從糸于聲。下子結反。張銑注六都賦云：山曲曰岊。説文：從山巳，巳亦聲[三七]。

浮磬　上扶尤反。尚書云：泗濱浮磬[三八]。孔注云：水中見石，可以爲磬(磬)[三九]。説文：從水孚聲。集從手作捊，音蒲溝反。韓詩云：捊，聚也。非磬義。

吐溜　流救反。集作澑，俗字也。

漣漪　上列纏反。毛詩云：河水清且漣漪。傳曰：風行而水成文曰漣。下倚宜反。毛詩傳：古直漪重波也。説文：漣漪，水波也。並從水，漣(連)[四〇]猗皆聲也。

玞石　甫無反。郭注山海經云：武玞石似玉。今長沙臨湖縣出之。青地白文，色蔥蘢不可了也。顧野王云即珷石，或琰也。説文：從玉夫聲。

神質　真逸反。韓康伯注周易云：質，猶體也。宋忠注太玄經云：質，軀也。説文：從貝所聲。所音銀。集從竹作質，非也。

岧嶤　上徒聊反，下鵭消反。考聲：岹嶢，山並立皃也。郭注方言：嶢，高峻之皃也。廣雅：岧，危也。考聲或作岹嶢。鵭音霓激反。

㠥峞　上雷猥反，下磑猥反。考聲云：嵔峞，山皃也。或作嵔、嵬、嵬。古今正字：峞，從山危聲。或作峞。

巃嵸　上籠董反，下葱總反。埤蒼：巃嵸，高皃也。字義前釋訖。

敞怳　上昌掌反。蒼頡篇：敞謂高顯也。説文：平治高土，可以遠望也。説文：從攴尚聲。下黄廣反。考聲：怳，虚曠皃也。與集中字同。文字典説云：遠望也。或作慌。

嶢屼　吾骨反。字指云：屼，禿山皃也。古今正字：從山兀聲。或作「山兀」，亦通，俗。

市鄽　徹連反。集從門作闡，非也。

澄渟　狄丁反。埤蒼：水止也。字書：水滯也。文字典説：從水

亭聲也。

歊暑　希嬌反。顧野王云：歊謂熱氣。説文：歊歊，氣出皃也。字義前釋訖。

白鷴皛　黠姧反。考聲：白鷴，鳥名也。似雉，白色，有細黑文，頰赤，頂有青毛如絲[四一]，腹下烏。孫愐唐韻云：尾長五六尺也。文字典説：從鳥閑聲。下胡烏反。蒼頡篇云：皛，明也。從三白。

溪圻　忌宜反。孔注尚書云：圻，界也。説文：從土斤聲。

黄葍　丕逼反。考聲：草名也。埤蒼云：葍，蔓生，實可食也。古今正字：從草畐，畐亦聲也。

紅莓　梅輩反。許叔重注淮南子云：莓，實似桑葚，生江濱。蒼頡篇：可食也。郭注爾雅云：即藨音皮表反莓也，子似覆葐而大，赤(亦)[四二]醋甜可食。説文：馬莓也。或作苺也。

蘡薁　上伊貞反，下於六反。毛詩傳云：蘡薁，草名也。考聲云：似葡萄而小，子黑也。説文並從草，嬰、奥皆聲。奥音同上。

青荄　界諧反。爾雅云：荄，根也。方言：東齊謂根曰荄。説文：草根也。從草亥聲。

蟬引　常然反。集從口作哂，音施忍反。禮記云：笑不至哂也。非蟬義。

啁哳　上陟交反，下礫戛反。顧野王云：嘲哳，大鳥鳴也。考聲：嘲哳，鳥聲皃也。啁或作嘲，哳(哳)[四三]或作嘶，並通用。

廣廡　無甫反。説文：堂下周屋也。從广無聲。广，嚴舟反。

列徥柱　徥音池耳反。郭注云：言徥，行皃也。説文：從彳是聲。彳音逞尺反也。

亘飛　居鄧反。毛詩傳：亘，遍也。集從糸作絚，古文字也。

瞪對　直證反。埤蒼：直視也。説文：從目登聲。

爽塏　開改反。杜注左傳云：爽，明也。塏，燥也。説文：高燥皃也。字偏旁前釋訖。

剗貪　察簡反。廣雅：剗，削也。聲類：剗，平也。説文：從刀戔聲音殘也。

光爚　羊灼反。字指云：爚，電光皃也。説文亦光也。從火龠，龠亦聲。集從僉作爓，无此字，書寫誤。

彭而　情井反。與靖同。前釋偏旁訖。

環釧　穿眷反。考聲：以玉金爲環以貫臂也。集從王作玔，非也。

伶俜　上音靈，下匹丁反。或從立作竛竮，前釋訖。

青緌　蕤隹反。鄭注儀禮云：緌，冠飾也。郭注爾雅：纓也。説文：謂繼冠纓也[四四]。紫青色也。從糸委聲也。

載鍚　藥章反。鄭注周禮云：馬面上當顱也。刻金爲之，所謂鏤鍚也。毛詩箋云：首上曰鍚也[四五]。或作錫。

神莂　變抽反。考聲：莂謂審其善惡也。埤蒼云：莂謂概種移蒔之出也。案與分別義同。或作謝，莂，並通也。

峛崺　上離紙反，下移尔反。字指：峛崺，卑而長也。爾雅云：邐迤沙丘。郭注云：謂旁行速[四六]延也。或從辵作邐迤。旁音蒲忙反。

貏豸　上皮彼反，下池紙反。考聲：貏豸，陂阪皃也。從豸。陂音叵波反。

硱磳　上虧雲反，下崱陵反。王注楚辭云：硱磳，謂崔嵬巘嵎也。

說文：從石，困曾皆聲。崔音徂迴反，嵬音吾回反，𡾊音子余反，嵎音玉俱反。

磈硊　上威鬼反，下危鬼反。埤蒼：硱磳磈硊，謂迟曲也。說文並從石，鬼危皆聲。迟音鄉逆反。磈，集從言作謉，音屈。周易：申也。硊，從言作詭，音鬼。許注淮南子：詭，詐也。並非硱磳磈硊之義，未詳其祕奥也。

坂坻　上發晚反。謂險也。下雉知反。詩云：如坻如京也。說文坂亦坡，或從自作阪。坻，從土氏聲。氐音帝奚反。集從犀作墀，謂天子丹墀也，非坻坂義。

巀嶭　上前節反，下研結反。毛詩傳云：巀嶭[四七]，高峻皃也。說文：巀字從山截，截亦聲。嶭或作嵲，又作嵲，從中。

泓澄　烏宏反。廣雅云：泓，深也。說文亦深大也。從水弘聲。

碝石　儒兗反。山海經云：扶猪之山多碝石。郭注云：今鴈門山中有碝石，白者如氷，半有赤色。說文：石似玉也[四八]。或從玉作瑌。

摛白　耻知反。張銑注蜀都賦云：摛，發也。說文：舒也。偏旁前釋訖。集作摛，俗字。

篔簹　上運君反，下黨郎反。左太冲吴都賦云：竹則篔簹箖箊。考聲：皆竹名也。文字典說並從竹，員當皆聲。箖音林，箊音於也。

的皪　上丁歷反，下零的反。說文：玓瓅。明珠色也。或並從玉作玓瓅也。

垂蔆　捴東反。方言：齊、兖、冀人謂小枝爲蔆。或從竹作蔆[四九]。

濎濘　上丁冷反，下寧定反。考聲：濎（濎）濘，水皃也。廣雅：濘，清也。說文：滢也[五〇]。從水寧聲。濎或作濎。

獨鵅　上同禄反，下東（束）[五一]鍾反。考聲：鳥名也。鄭注禮記云：求旦之鳥也。方言：周、魏、宋、楚之間謂之獨舂，或謂之定甲。一名鶡音渴鴠音旦。郭注云：似雉，五色，冬無毛，赤倮，晝夜鳴也。集作獨鶩，俗撰字也。

鷗香　烏鈎反。南越志云：江鷗，一名海鷗也。蒼頡篇云：大如鳩也。說文：鷗，水鴞也。一名鷖也。從鳥區聲。鴞音移驕反。

鸊鷉　上并役反，下體低反。方言：野鳧小而没水中者，南楚之外謂之鸊鷉，其大者謂之鶻蹏[五二]。郭注爾雅云：膏可以瑩刀也。說文並從鳥，辟、虒皆聲。虒音同上。集作鷉，俗字也。

昦廣　號老反。說文：昦，謂先氣皓皓也[五三]。從日從夰。夰，音公老反，字從大而八分也。從日從天者，俗也。集或作昊，或作莫，或作皛，皆非也。

荇蔆　上音杏。郭注爾雅云：荇，叢生水中，葉圓，莖端長短隨水深淺。江東食之，呼爲荇。或作莕。下力蒸反。郭注爾雅云：蔆，今之水中芰也。說文：從草淩，淩亦聲。芰音其記反。

菡萏　上含感反，下覃感反。爾雅云：荷，芙蕖。其花菡萏，已發者爲芙蓉也。從草函聲。或作萏函音鴨陷反。萏，從草閻聲，或作萏。集作䏧欿，不成字也。

硉矹　上論兀反，下吾骨反。考聲：硉矹，大石皃也。或從山作峍屼。

隤陀　上徒回反。說文：墜下也[五四]。或從心作憒。下堂何反。賈注國語云：山崩曰陀。說文：從自它，它亦聲[五五]。集作陀，俗字也。

髿髮　上娶銜反，下踈加反。考聲：髿髮，髮垂皃也。並從髟，音必遥反。
熠燿　上尋立反，下遥照反。説文：熠燿，盛光也。並從火。
天潢　晃光反。左傳：潢汙行潦之水也。一曰薦於鬼神也。説文：從水黄聲。
曭朗　湯朗反。古今正字：曭莽，不明皃也。從日黨聲。
香馝　頻蜜反。埤蒼：馝，大香也。説文：從香必聲也。
敫敫　羊灼反。説文：敫敫，光流皃也。從白從放也。
之軷　槃末反。
燔炙　上伐蕃反。毛詩傳曰：毛曰炰音蒲交反，加火曰燔，炕火曰炙。説文云：從火番聲也。
听然　魚謹反。説文：听，笑皃也。從口斤聲。
培塿　上蒲口反，下婁走反。或從土作培塿。
彫牆　上鳥聊反。孔注尚書：彫，畫也。説文：從彡周聲。集從鳥作鵰，非也。下匠羊反。集從土作墻，俗字也。
碌礈　上籠蔦反，下葱祿反。考聲：碌礈，石不平皃也。集從草作蔍。字書無此字。作蔟，謂聚老蠶也，未詳其字理，恐乖誤也。
氣譶　詹葉反。説文：失氣而言也，從言龖〔五六〕省聲音潭合反。亦前釋訖也。
踧踖　上啾六反，下精亦反。馬注論語云：踧踖，恭敬皃也。廣雅：踧踖，畏敬也。踧或作蹴〔五七〕。説文：踖，從足昔聲。集作蹙，謂聚也，非踧踖義。
江芄　音才〔五八〕，地名也。亦号人名也。
結縎　昆兀反。廣雅：結縎，不解也。説文：縎亦結也。或從心作愲也。
憯悽　錯感反。説文：憯，痛也。從心。
外陁　徒何反。方言：陁，毀也。集從人作他，未詳。
内圮(圮)〔五九〕　皮美反。孔注尚書：圮(圮)，毀也。從土。
欻逢　吁勿反。薛綜注西京賦：欻，忽也。説文：從欠炎聲。集從邑作郯，音彈甘反。地名也，非忽義。
遰高　蹄計反。劉逵注吴都賦云：遰望懸絶也。説文：去也。從辵帶聲。
殞欷　欣既反。何休注公羊傳云：欷，悲也。蒼頡篇注：餘聲也。説文：從欠希聲。
傃殷　蘇故反。鄭注禮記云：傃，猶向也。從人。
覛往　萌虆反。説文：覛，謂邪視也。從見𠂢聲，𠂢音普拜反。集從永作覛，俗字也。
葆鬖　補道反。漢書云：人頭鬖如蓬葆之皃也。説文：從草保，保亦聲。
昏痼　孤誤反。説文：痼，久病也。正體作㾶。
有殫　但干反。考聲：盡也。
巨犉　潤純反。爾雅：牛高七尺曰犉。毛詩傳曰：黄牛黑脣，犉。亦曰犉也。説文：從牛。
蕞爾　摧外反。説文：蕞，小皃也，從草最聲。集從手作撮，誤也。
競鼜　毒冬反。韻集及字書並云：鼜，謂鼓聲也。或作鼟也。
捉弦　頡堅反。文字集略云：弦謂引弓也。集從革作鞃，非也。
望旹　是之反。古文時字也。集從中作旹，非也。
駷順　粟勇反。何休注公羊傳云：謂挽銜走馬也。説文：從馬束聲也。

婚孌　悲媚反。集作孌，不成字也。巳下同也。
崎嶇　上綺宜反，下曲俱反。
寱語　霓計反。聲類：不覺忘言也。說文：眠語也〔六〇〕。從㝱省臬聲。臬音研結反。集從口作囈，非也。
悲浹　僭葉反。鄭注周禮云：浹，從甲至癸謂之浹。毛詩傳云：達也。爾雅云：徹也。從水。
涾沱　上潭荅反。說文：涾，溢也〔六一〕。從水沓亦聲。集作沓，非也。下徒何反。考聲：謂滂沱水多皃也。集作阤，不成字。
磵響　姦晏反。假名，將軍號也。
剗跡　察限反。廣雅：剗，削也。聲類：平也。或從金作鏟。集作剷，非也。
列陣　連徹反。顧野王云：列，猶施列行次也。集作迾，音例，非陣義。
駿駃　移質反。說文：馬有疾足也。從馬失聲。
嵞頂　毒都反。考聲：山名也。或作塗，假託用義也。集從金作⿱金屾，無此字也。
伊耋　田結反。爾雅：耋，老也。毛詩傳曰：八十曰耋。說文：從老至聲也。
奰怒　皮祕反。毛詩傳云：不醉而怒曰奰。說文：正作奰，從三犬（大）〔六二〕三目。二目爲䀠，三目〔奰〕〔六三〕，益也。䀠音眷。
間隙　卿逆反。說文：從自㡀亦聲。集從𢁉作郤，地名也。非間隙義也。
策疑　楚革反。禮記：君車將駕，則僕執策，立於馬前也。顧野王云：策，所以箠馬也。從竹。

姡卒　胡奪反。方言：姡，狡也。說文：靦面也〔六四〕。從女昏省聲。考聲：正作姡。姡音胡刮反。靦音天顯反。靦亦不知慚也。
飄猋　漂遙反。郭注爾雅云：暴風從下也。或從風作飇。集從三火作焱，音艷，非義也。
趑趄　上七諮反。廣雅：趑趄，難皃也。顧野王云：謂意疑低佪也。考聲：正從走作趑，又作䞘。集作欶。字書无此字。下覷余反。考聲：正作趄。廣雅：從目作睢。韻集作跙，與集中字同。
淜泳　上皮冰反。爾雅：憑河徒沙（涉）〔六五〕也。說文：謂无舟檝渡河也。亦爲憑字。下榮命反。郭注爾雅云：泳，謂潛水底行也。說文：〔從〕〔六六〕水永聲。
阻涘　鋤滓反。爾雅：涘爲厓。郭注云：謂水邊也。說文：從水矣聲。
爲泭　撫膚反。考聲：謂縛竹木於水上泭也。文字典說：泭，編竹木也。從水付聲。論語作桴，或作㴸。集從自作附，誤也。
抱蹋　談合反。說文：蹋，踐也。從足𦐇聲，音貪合反。集從弇作蹹〔六七〕，字書無此字。
盻水　奚計反。說文云：盻，視也。從目兮聲也。
孜孜　子辭反。孔注尚書云：孜孜，不怠也。說文：從攴子聲。集中或作敬字，非也。
攕羅　息閻反。毛詩傳云：攕攕，猶纖纖也。孔注尚書：纖，細也。與此纖同。

廣弘明集　第三十卷

櫂柂　上宅教反。王逸注楚辭云：櫂，楫也。方言：楫亦謂之櫂。或作棹。下達可反。釋名：船尾曰柂。柂亦拽[六八]也。考聲：拽亦柂，轉相訓。説文作柁。集作柂，俗字。

契明幬　上溪計反。顧野王云：凡相約束皆曰契。杜注左傳云：契要之辭也。説文：從大㓞聲。㓞音口八反。集從手作楔(揳)[六九]，誤也。

糲心　蘭達反。或作糲。

鳴禽　及金反。集作獱，非也。

隙牖　卿逆反。集作郄，地名也。非牖隟義。

神巒　鄙媚反。集作巒，俗，非也。

咍雙玄　海哀反。王逸注楚辭云：咍，笑也。楚人謂笑爲咍也。或作咍。

苕苕　狄彫反。

隗隗　吾猥反。説文：高皃也。從𠂤鬼聲。

縹瞥　上漂眇反，下偏滅反。王逸注楚辭云：縹謂視彗星光瞥瞥也。説文：縹，青白色[七〇]。從糸票聲。瞥謂纔見也。從目敝聲。票音匹消反。

染沌　垂綸反。亦純字也。

崑崿　上音昆，下昂各反。集作崿，俗字。

椅明翩　上倚宜反。郭注爾雅云：椅，即楸也。説文：從木奇聲。

婉孌　上宛遠反，下攣遠反。集作戀，誤也。

豜度　遣堅反。集作开，俗字。

峥嶸　查箏反，下獲萌反。集從營作嵤，誤也。

摹太　目胡反。

承蜩　亭聊反。毛詩傳曰：蜩，蟬也。説文：從虫周聲也。

纍危　僳委反。或作絫。

標静　必消反。顧野王云：標，表也。説文：從木票聲。

捲華　厥苑反。考聲：捲，收也。或作卷也。

蕭倅　崔碎反。

文驪　里知反。考聲：千里馬也。説文：從馬麗聲。

朏朏　芳尾反。孔注尚書云：朏，明也。説文：從月出聲。

間𡴭　音世。或有集本作𡴭[七一]。撿諸書無此字。作𡴭，又與本韻不同，未詳其述。

桂橑　勞早反。王逸注楚辭云：橑，榱也。説文：橑，椽也。從木尞聲。尞音遼。

石隥　登鄧反。郭注穆天子傳云：隥，阪也。或從足作蹬。

蔄未　譚感反。考聲：花未開曰蔄。字義前第二十九卷釋訖。集作菡，亦通。

欺紿　臺乃反。劉兆注穀梁傳云：紿謂相欺負也。説文：紿，疑也[七二]。從糸台聲。

舒箈　臺改反。郭注爾雅云：箈，箭筍也。説文：從竹怠聲。

珠琲　陪每反。顧野王云：琲謂貫珠之名也。百珠爲貫，五貫爲琲。或作𤦲也。

龍澳[七三]　於六反。毛詩傳云：澳，限也。説文：從水奥，奥亦聲也。

彫摵　子六反。廣雅：摵，至也。説文：從手摵[七四]聲。

緹幔　弟奚反。前釋義訖。

潍溆　徐與反。考聲：溆，浦也。

彩毦　而志反。顧野王云：謂毛羽爲毦飾也。説文：從毛取〔七五〕聲。

沇痗　梅葦反。毛詩傳云：痗，病也。正作痗。集作痗〔七六〕，俗字也。

金錍　閉迷反。

駸駸　磣森反。説文：馬行疾皃也。説文：從馬侵省聲。

澡身　遭老反。顧野王云：澡，猶洗潔也。説文：從水喿聲。喿音蘇到反。

山鶯　厄耕反。毛詩傳云：鶯然有文章也。考聲：鳥毛文皃也。

瀏亮　上柳周反，下良障反。集從水作湸，非也。

鳴枹　扶謀反。考聲：枹，擊鼓椎也。集從孚作桴。馬注論語云：桴，編竹木也。名非枹鼓義。

蘿蔦傍　上音羅，次音鳥。毛詩云：蔦與女蘿施於松柏也。説文：蔦，寄生草也。從草鳥聲。下蒲曠反。説文：傍，附行也。從彳旁聲。集從草作蒡，非也。

輜軒　滓箕反。説文從車甾，甾亦聲。集作輺，不成字，非也。

下迁　切先反。説文：迁，進也。從辵千聲也。

嫯〔七七〕奴　瑟臻反。考聲：國名也。

佽飛　此利反。漢時材力官名也。字義前釋訖。

亟留　欺記反。考聲：數也。雙捉反。集作函〔七八〕，是咸字。

百朖　郎黨反。毛詩傳云：朖，明也。亦作朗腡，並通。

遥遯　徒頓反。説文：遁，遷也。或作遁，又作逯、遯。集從逐作遯，誤寫。

法頵　欝云反。僧名也。

颰灑　蘇合反。

閩海　密彬反。山海經云：閩在海中，其西北有山也。説文：東南越也。從虫門聲。

砭石　法廉反。蒼頡篇云：死(石)〔七九〕刺也。説文：以石刺病也。正作砭。

槭槮　上小條反，下山林反。説文：槭槮，木長皃也。並從木，肅、參皆聲。集從蕭作橚，誤也。

寥寂　了條反。集從水作潦，非也。

一切經音義　卷第九十九

校勘記

〔一〕涑　據文意似作「涑」。下同。

〔二〕澗也　今傳本説文：「汏，淅澗也。」

〔三〕太　獅作「大」。

〔四〕撲　據文意當作「樸」。

〔五〕系　據文意當作「糸」。

〔六〕從匸聲　今傳本説文：「從匸也聲。」

〔七〕棓　據文意似作「椅」。

〔八〕跕屣也　今傳本史記集解爲「張晏曰：跕屣也，瓚曰蹑跟爲跕也」。

〔九〕説文：胦亦肥也　今傳本説文：「胦，腹下肥也。」

〔一〇〕攺　即「改」。

〔一一〕玟　據文意似作「攺」。

〔一二〕衸　據文意當作「衸」。下同。

〔一三〕綀　據文意似作「紼」。

〔一四〕畫鶩雉，所謂華蟲也　今傳本鄭注周禮：「鷩，畫以雉，謂華蟲也。」

〔一五〕說文：拜，舉手下也　今傳本說文：「撎，舉手下手也。」
〔一六〕王　據文意似作「玉」。
〔一七〕瀹謂內肉菜湯中出之也　今傳本說文：「瀹，漬也。」段注：「瀹與鬻同音而義近，故皆假瀹爲鬻。」鬻　據文意似作「鬻」。
〔一八〕璽　據文意似作「璽」。
〔一九〕注　麗無，據文意補。
〔二〇〕怒　據文意似作「忞」。
〔二一〕濊　據文意似作「濊」。
〔二二〕說文：嚚𠼝，氣出皃也　今傳本說文：「歊，歊歊，气出皃。」
〔二三〕澌　據文意似作「澌」。
〔二四〕剡州　可洪卷二七：「或云閻浮，或云贍部。」
〔二五〕說文：瘉，病也　今傳本說文：「瘉，病瘳也。」
〔二六〕說文：赤黃色也　今傳本說文：「緹，帛丹黃色。」
〔二七〕樅　據文意似作「摐」。下同。
〔二八〕聲　獅作「罄」，據文意似作「磬」。
〔二九〕嫯　獅作「嫯」。
〔三〇〕說文：吒，銜也　今傳本說文：「嚼，嗛也。」
〔三一〕拖　據文意似作「柂」。下同。省，衍。
〔三二〕說文：悅也　今傳本說文：「慆，說也。」
〔三三〕市　據文意似作「朩」。下同。
〔三四〕苔　據文意當作「荅」。
〔三五〕甫　據文意當作「朋」。
〔三六〕及　據文意當作「反」。
〔三七〕說文：從山巳，巳亦聲　今傳本說文：「岊，从山从卪。」
〔三八〕磬　獅作「罄」。
〔三九〕磨　今傳本孔注尚書作「磬」。
〔四〇〕漣　據文意當作「連」。
〔四一〕絲　獅作「絲」。
〔四二〕赤　據文意當作「亦」。
〔四三〕晰　據文意當作「晰」。
〔四四〕說文：謂繼冠纓也　今傳本說文：「緌，系冠纓也。」
〔四五〕首上曰錫也　阮元校刻十三經注疏爲「眉上曰錫」。
〔四六〕速　今傳本爾雅郭注作「連」。
〔四七〕辪　獅作「辪」。
〔四八〕說文：石似玉也　今傳本說文：「碝，石次玉者。」
〔四九〕蔆　據文意當作「篗」。
〔五〇〕湏　據文意當作「湏」。　說文：瀅也　今傳本說文：「濘，滎濘也。」
〔五一〕東　獅作「束」。
〔五二〕其大者謂之鶻啼　今傳本方言：「大者謂之鶻鷉。」
〔五三〕說文：昦，謂先氣晧晧也　今傳本說文：「昦，春爲昦天，元氣昦昦。」
〔五四〕說文：墜下也　今傳本說文：「隫，下隊也。」
〔五五〕說文：從𠂤它，它亦聲　今傳本說文作陁，「从𠂤也聲」。
〔五六〕龖　獅作「龍」。
〔五七〕跛　據文意似作「跦」。
〔五八〕扌　獅作「戈」，據文意似作「丸」或「求」。
龍龕手鏡草部：「艽，音求，獸蓐（蓐），又地名。」
〔五九〕坦　據文意當作「圯」。下同。
〔六〇〕忘　據文意似作「妄」。說文：眠語也　今傳本說文：「寱，瞑言也。」段注：「寱，亦作囈。俗作讆。」
〔六一〕說文：涾，溢也　今傳本說文：「涾，涫溢也。」
〔六二〕犬　今傳本說文作「大」。
〔六三〕𩕳　麗無，據說文補。
〔六四〕說文：靦面也　今傳本說文：「婟，面醜也。」
〔六五〕沙　今傳本爾雅作「涉」。
〔六六〕從　各本無，據文意補。
〔六七〕蹹　據文意似作「蹹」。集韻：「踏，踐也。或作蹹。」
〔六八〕抴　據文意似作「枻」。下同。
〔六九〕楔　據文意似作「揳」。
〔七〇〕說文：縹，青白色　今傳本說文：「縹，帛青白色。」
〔七一〕垂　今傳本作「紲」。
〔七二〕說文：紿，疑也　今傳本說文：「紿，絲勞即紿。」段注：「古多叚爲詒字。言部曰：詒者相欺詒也。」
〔七三〕龍澳　獅無此條。
〔七四〕摵　據文意似作「慼」。
〔七五〕取　據文意似作「耳」。
〔七六〕痗　據文意似作「痗」。
〔七七〕婁　即「嫀」。
〔七八〕函　獅作「凾」。
〔七九〕死　據文意似作「石」。

一切經音義　卷第一百

翻經沙門慧琳撰

音法顯傳一卷
慧超傳三卷
無行法師書一卷
肇論二卷
止觀門論二卷
安樂集二卷
寶法義論一卷
寶王論三卷
金錍决瞙論一卷
比丘尼傳四卷
觀心論一卷
群疑論七卷
十疑論一卷
浴像法一卷
罪福要行一卷
受用三水一卷
放生儀一卷

此卷除舊音者更新加四十一卷並未音皆上記

右十七集傳論法等共三十六卷同此卷音

法顯傳一卷

慨律藏　上開愛反。鄭箋詩云：慨，歎息也。古今正字：從心既聲。

慧嵬　外猥反。僧名。

耨檀國　上農屋反，次但丹反。鮮卑語人名也。

張掖　下盈益反。張掖，砂漠地郡名也。說文：從手夜聲也。

燉煌　上徒魂反，下音黄。漢書云：燉煌，郡名。武帝後元年分酒泉，置杜林，以爲古瓜州也。作屯皇，誤也。

崎嶇　上起儀反，下曲隅反。已釋求法傳第一卷中。此傳中從足作踦䟺，非也。

粗與　上組魯反。顧野王云：粗，猶略也。說文：從米且聲之也。

氈褐　上戰然反。說文：從毛亶聲。傳作栴，亦通。下寒遏反。毛詩傳云：褐，毛布。撚驢毛織爲衣也。從衣曷聲。曷音同上也。

焉夷國　上謁乾反。前西域記已說。

唾壺　上吐卧反，下音胡。説文云：壺，昆吾圜器也，象形。從大，[象]〔一〕其蓋也。今作壷〔二〕。

鑿石　上藏洛反。前卷已具釋。

梯者　上體低反。考聲云：梯，隥也。可以登也。古今正字：從木弟聲。傳文從足作踍，非。

懸絚　古恒反。説文云：絚，大索也。從糸恒聲。傳作絙，音桓，非，亦書寫脱去心也。

曬衣　上色懈反。考聲云：曬，暴也。説文：從日麗聲也。

貿鴿　上矛候反。顧野王云：貿，猶交易也。爾雅云：貿，市也。説文云：易財也。從貝丣聲。傳作貿，俗字也。

罽膩色迦王　上居例反，次尼利反。梵語王名也。

圓椹　上音員，下知林反。蒼頡篇云：椹，鈇椹也。郭注爾雅云：斫木質也。古今正字：從木甚聲。亦作碪、戡，並同。

敲銅鈸　上巧交反。説文云：敲，擊也。從攴高聲。下盤鉢反。考聲云：樂器名，形如小疊子，背有鼻，以口相擊，以和樂也。

噤戰　上琴錦反。王逸注楚辭云：閉口爲噤。説文：從口禁聲。亦作此唫也。

銅盂　羽俱反。何林注公羊云：盂，飲器也。方言：無足椀謂之盂。説文：飲器。從皿亏聲。傳作杅，俗字也。

霹靂　上匹覓反，下零的反。傳作礔礰，並非也。

蔚然　上委物反。蒼頡篇云：蔚，草木盛皃也。廣雅：翳也。古今正字：從草尉聲也。

旃柘摩那　上之然反，次音遮。此梵語外道女名。

劈裂　上匹覓反，下音列。

嬈固　上乃鳥反。説文云：嬈，苛也。一云：相擾戲弄也。從女堯聲。

羅犮私婆迷　犮音盤末反。梵語婆羅門子名也。

承櫨　鹿胡反。説文云：櫨，柱上枓〔三〕也。從木盧聲。枓音當狗反。

二匹　繽蜜反。爾雅云：匹，合也。淮南子云：五音之數五，以五乘八節，五八四十，故四丈而爲疋。疋者中人之兩手度也。説文：四丈也。從匸從八，八疊〔四〕一匹。八亦聲也。傳作疋，俗字也。

殘跛　上才安反，下波我反。顧野王云：跛，蹇也。説文：行不正也。從足皮聲。

搏山　奔莫反。

險巇　上杴儼反。顧野王云：險，猶阻也。賈注國語云：險，危也。方言：高也。説文：阻難也。從𨸏僉聲。傳作嶮，非也。下喜奇反。王逸注楚辭云：險巇，猶顛危也。古今正字：從山戲聲。

乳糜　下美悲反。即以牛乳煑粥也，稠如餻糜，俗號乳糜，非典語。

天獻吉祥草　獻音軒建反。鄭箋詩云：獻，奉也，進也。鄭注周禮云：古者奉物於君及尊長曰獻。説文：從犬鬳聲。鬳音言建反。傳作捊，非也，今不取。下文賈客獻麨亦準此，釋不復再出也。

麨蜜　上昌沼反。正體字。傳從少作麨，俗字。

一掬　鳩陸反。廣雅云：掬，杼(抒)〔五〕也。説文：人匊云兩手撮也〔六〕。從手從匊省聲。匊音同上。聲類作匊。古文作臼，義並同。撮音倉捋反。

碓臼　上堆誨反，下音舊。顧野王云：碓，所以用舂也。説文：從石隹聲。臼亦舂穀也。古者掘地爲臼，其後鑿木或石而作，中點象形也。

百甖　厄庚反。亦作罌。

榛木　上仕臻反。考聲云：草木茂盛也。

拘鱗　上音俱，下粟珍反。梵語，古譯名俱倫也。

拘睒弥　中苦冉反，下蜜卑反。梵語也。

逹覵　上正達字，下初靳反。

梯隥　上體低反。前已釋。下登鄧反。傳作蹬，俗用字。

挑眼　上眺彫反。從手兆聲。

白氎　恬協反。正合作氎。今傳本盡作褺，音砧立反，非也。詳其義例，合是白氎，應從衣作褺，於義亦失。今宜作氎是也。

蒙積　資肆反。説文云：積，聚也。從禾責聲。傳從草作蕵，俗字也。

輀車　上尔之反。釋名云：與〔七〕棺之車曰輀。説文：喪車也。從車而聲。傳作轜，俗用，非也。

君墀　音馳。梵語，即銅瓶也。

藜藿　上禮奚反，下荒郭反。郭注爾雅云：藿，小豆葉也。考聲云：藿，豆苗也。古今正字云：菽之少者。從草靃聲也。

李嶷　魚殛反。人名也。

惠超往五天竺國傳　上卷

閣蔑　眠鼈反。崑崙語也。古名林邑國〔八〕，於諸崑崙國中此國最大，亦敬信三寶也。

撥帝　上音鉢。

葛䩐都　中郎葛反。蕃語也。

蓱流　音瓶。泛舶遠遊，猶如蓱草浮於水上，隨風不定也。

鬄鬚　上體計反，下相臾反。南方夷人裝飾各異，或鬄髮，或剪髮，或文身，或椎髻，穿耳跣足，朝霞哥〔九〕縵，例皆如此。其字或從弟作鬀，或從刀作剃，今傳文從髟作鬄鬚爲正也。

抄掠　上初教反，下音略。兩字並借用，非本字。

屯戹　上追倫反。韻詮云：屯，塞也。周易：難也。傳文從辵作迍，是迍邅也。下正體戹字。從戶乙聲。

迥路　熒熲反。廣雅：迥，遠也。從辵冋聲。冋象遠界。

翩翩　音篇。翩翩者如鳥飛行之皃也。

杳杳　腰小反。韻詮云：杳杳，空遠也。深幽也。

掛錫　古畫反。韻詮云：掛，懸也。又，吴音怪，訓釋總同。或作挂。

盼長路　攀慢又(反)〔一〇〕。字書：盼，邪視也。説文云：詩曰美目盼兮。從目分聲。

撩亂　上音遼，下音亂。

山岜　怕巴反。考聲：照曜也，花白皃也。從白巴聲。傳文從山作岜，非也。岜亦山阿也。

倥傯　上苦貢反，下總貢反。考聲云：倥傯，無歡情皃。或從手作控揔〔一一〕，心速也。

牙嫩　奴鈍反。考聲云：小弱也。或作腝也。

參差　上楚今反，下厠緇反。或前後左右也。

邀祈　上音囂，下音其。或云祈禱也。於靈神賢聖處乞願求福也。

恰如　上坑甲反。相似也。

輥芥　昆穩反。韻詮云：手轉之令下也。或從手作掍，以手轉也。或作緷。考聲云：如車轂轉也。

崎嶇　上起宜反，下曲愚反。前法顯傳中已釋。並從山。

槍稍　上七羊反，下霜捉反。長矛。

麞鹿　上音章，無角鹿也。或名麃鹿，麃音炮。或名麂鹿，麂音几。皆麞之類也。

玳瑁　上音大，或作瑇。下音妹。考聲云：龜類，甲有文而鎣。或作金色，光淨無文理。

龜鼈　上音歸。甲蟲之最靈者，其類頗多，具如爾雅說。下編滅反。黿之小者，形圓，龜之類而腹下無甲者。

迸水　百孟反。韻詮云：迸，散落也。

嶷然　疑棘反。出崖壁立高峻皃。

渤澥　上盆没反，下諧買反。大海噴湧也，或云大鼇名也。

湓穹蒼　上普悶反。大波上湧也。穹蒼，虚空天也。

𧺆竄　上正體走字。從夭從止。下倉亂反，鼠走奔穴曰竄。

黿鼉　上音元，大鼈也。久則有神，能害人，亦魅人。下音陀，水介蟲也。形似守宫，四足有尾，身長五六尺，皮堪爲鼓，背有方鱗，如碁局文。

椰子漿　上音野遮反。南方果樹名也，形如芭蕉，葉堪爲席，皮堪爲索，以縳船舶耐水而不爛，且堅，大舶盡用。其果大如盃𥁞，有刺，㲉甚堅，爲蠡杓。其内瓤白而甜如蜜味，南方上味果也。

木柵　下音策。蕃人山居野處，竪木爲牆，名爲木柵。柵字，從木冊聲，冊音同上，象穿簡也。

杆欄　上音干，下音蘭。以木横圍住處，防禽獸等，名曰杆欄也。

錐頭　上音隹。針之大者曰錐。

壓舶　上音押，下音白。海中大船。

抛打　上普包反。以物遥投也。下得冷反。韻英云：捶也。

峻滑　上笋閏反。山壁立也。下還刮反。不澀。

聒地　上官活反。聲聒耳也。從耳舌聲。

惠超往五天竺國傳　中卷

裸形國　魯果反。赤體無衣曰裸。或從人作倮，亦從身作躶。

擿笴國　上張革反，下音哥。蕃語也。今避俗諱，音胡瓦反，上聲。

吠䁱　所界反。

杖撥　半沫反。從手。

迄乎　香乙反。

跣足　先典反。

鶻略　胡骨反。魯字彈舌呼。

自撲　龐邈反，與雹音同。邈音瘧剥又(反)[一二]，瘧音馬邦反。

墳壠　上扶聞反，下力冢反。

手掬　弓六反。

波羅痆斯　痆音儜黠反。梵語也。文中從日作昵，非之也。

阿戍笴　音哥。梵語也。此云無憂王。

插頭　楚匣反。從手從千從臼，會意字。

頹毀　上徒雷反。摧壞也。

淼淼　彌褾反。大水皃。

一毯　他敢反。

毛褐　寒割反。

土堝　古禾反。土釜是也。

惠超往五天竺國傳　下卷

婆簸慈　波箇反。胡語也。

犛牛　卯包反。長毛牛也。傳作猫皃字，非也。

牙齧蟣蝨　上研結反。蟣音几。蝨音瑟，傳文俗字相傳作風(虱)〔一三〕，不成字也。

磽磕　上巧交反，下堪合反。土陿山隘，多石皃也。

作傔　篋念反。韻英云：傔，從也。事主而隨行者也。

手搓　倉何反。或從手作搓，二手相摩也。傳中從足作蹉，是蹉陀字，非此用。

餧五夜叉　萎僞反，聲同畏。與食也。

溢捻　念協反。手把衣角曰捻。

抛身　拍包反。投身入水池也。

靉靆　上哀改反，下臺乃反。欲雨之雲奮發而密厚也。

謝䫻　雲爵反。胡語也。或云謝越國，屬吐火羅界。

羶穢　上扇然反。羊臭。

氈裝　上章然反，下音壯。以氈爲衫也。

匙箸　上音時，飯匕也。下除慮反。古今正字：從竹從著省聲也。傳文中從助作筯，非正，俗字也。

胡篾　眠鼈反。胡語也。

播蔑　上波箇反。地名也。

峭嶷　上千笑反，下宜棘反。山高險峻。

擘地裂　上音百。

瀑布　上音僕。懸流水也。

頤貞　上音夷。人名，安西節度使。

張莫党　當浪反。番語人名也。

迦師佶黎　佶，勤乙反。胡語。唐云葱嶺鎮。

薺芘　上齊祭反，下泥底反。藥名也。言阿魏根似此藥，而臭如大蒜，煎成阿魏藥。

囟〔一四〕沙　上撓交反。白色石藥也。鍍金，作用似白礬而爽也。

剋捷　下潛葉反。

明惲　威粉反。僧名。

姓麴　穹六反。羌姓也。

邵子明　音紹，亦人名也。

荆州沙門無行從中天附書於唐國諸大德

倏經　上昇六反。考聲云：倏忽，光動皃。集訓云：不覺光陰移改，迅疾過時之也。

翹英　祇遥反。英字從草。

解纜　上皆駭反，上聲字，若音賈者，非也。下藍淡反。繫船索也，從糸，形聲字。

殉命　旬俊反。韻詮云：亡身從物曰殉。

竇嶼　徐與反，上聲字。海中洲。與聲也。

兩輨 纏列反。韻英云：車輪行轍跡也。說文云：從車徹省聲也。

翎羽 歷丁反。韻英云：鳥羽也。從羽令聲也。

玄飈 摽姚反。考聲云：疾風也，自下而上也。從風猋聲也。猋音同上。

滄溟 上音倉，海，東海之別名也。溟，即北海之名也。亦有南海。

肇論序 小招提撰 慧琳音

僧叡 唯芮反。僧名也。

善覈 行革反。漢書：其審覈之務也。說文：考實事也。從襾（襾）〔一五〕敫聲。襾（襾）音呼賈反。論文從雨作覈，非也。

精揆 瘦鄒反。杜注左傳：揆，閱也。字書：求也。聲類：索也。說文：從手叜聲。論文作搜，俗字，非也。

懿典 猗器反。爾雅：懿，美也。謚法云：柔克有光曰懿，體和居中曰懿。毛詩傳：大也。說文：從壹恣聲也。論文從恣作懿，古文也。

淵海 上恚涓反。毛詩傳云：淵，深水也。說文：回水也。從水，象形，水在左右岸中也。古作囦。或省水[作]〔一六〕㴊。論文作渕，訛誤。

猥生 烏賄反。許慎注淮南子：猥，總凡也。蒼頡篇：頓也。廣雅：衆也。說文：犬吠聲也。從犬畏聲。

爰暨 其器反。孔注尚書：暨，與也。杜注左傳：至也。爾雅：及也。說文：頗見也〔一七〕。從旦既聲也。

諺云 上言變反。考聲云：諺，傳古語也。左傳「周諺有之」是也。說文：傳言。從言彥聲。

所詭 歸委反。毛詩云：無縱詭隨。韻詮云：詐也。廣雅：欺也。說文：責也。從言危聲。一本云：衆端所說。詭說二字未知孰是也。

俟來 事滓反。爾雅：俟，待也。說文：從人矣聲也。

罄佛 上輕徑反。毛詩云：罄無不宜。說文：器中空也。從缶殸〔一八〕聲。

翰牘 上寒幹反。毛詩云詞翰、文翰、藻翰、翰墨者，取其文彩如鷄也。鄭箋云：發舉如鳥之飛。翰，其中豪俊者。文字典說：大鷄羽也。從羽倝聲也。

肇論 上卷

漚和 烏侯反。梵語也。此云智也。

迭遷 上田結反。杜注左傳：迭，更也。方言：代也。說文：從辵失聲。

噫聖 上於其反。孔注論語云：噫，歎恨聲也。文字典說：痛傷聲也。從口意聲。蒼頡篇從言作譩，訓同。

愕然 上五各反。字書：愕，驚也。說文：直言也。從心咢聲。論文作愣，俗字，通用也。

聆流 上歷丁反。蒼頡篇：聆，聽也。文字典說訓同。從耳令聲。

踟跦 雉知反，下柱誅反。博雅：踟跦，猶豫也。正作躊躇也。文字典說云：蹢躅也。並從足，知、朱皆聲也。跦字，論文作蹰，俗字僞也。

殆非 上臺改反。鄭箋毛詩云：殆，近也。鄭注禮記云：幾也。

説文：危也。從歹台聲也。

滌除　上亭歷反。孔注尚書：滌，除也。説文：洒也。從水條聲也。

虚豁　呼适反。漢書云：高祖意豁如也。顧野王云：豁達大量也。文字典説：通谷也。從谷害聲。

韜光　上討刀反。蒼頡篇：韜，杜〔一九〕衣也。説文：劍衣也。從韋舀聲。

渾而　上胡衮反。郭注爾雅：渾，水落皃也。廣雅：大也。文字典説云：無分别皃也。從水軍聲也。

明踰　庾朱反。毛詩傳云：踰，越也。説文：度也〔二〇〕。從足俞聲。或作逾，訓同。

弊瘵　側界反。毛詩傳云：瘵，病也。文字典説：從疒祭聲。

企懷　上詰以反。毛詩傳云：如人之企也。司馬彪注莊子云：企，望也。説文：舉踵而望也〔二一〕。從人止聲。或作𨀤。

恂恂　侚勻反。孔注尚書：恂，信也。王肅注論語云：温恭皃也。廣雅：敬也。文字典説云：均也。從心旬聲。或音詢也。

清儁　遵峻反。許叔重注淮南子云：才過千人曰儁。古今正字：從人雋，音旋兖反。論文從乃作僞，誤也。

塹其　杉減反。鄭注禮記云：塹之言芟也。倉頡篇：稍也。説文：塹也。從丰(手)〔二二〕斬聲。或作漸〔二三〕。

雖緬　綿衍反。賈注國語云：緬，思皃也。説文：從糸面聲。

無恙　羊亮反。爾雅：恙，憂也。説文：從心羊聲。

致慨　開愛反。淮南子云：慷慨不得志。憤壯也，歎也。文字典説：惋憤。從心既聲。或作愾，亦作嘅也。

城塹　僉厭反。左傳：塹，防門而守之。周書：無渠塹而守。書：一曰城隍也。説文：圪也〔二四〕。從土斬聲。圪音語訖反。

惘悒　上亡倣反。爾雅：惘〔二五〕，無也。文字集略：亦切誣也。亦作罔。説文作㓁。籀文作网。下音於汲反。大戴禮云：終身守此悒悒也。王注楚辭：悁，悒也。説文：不悦也。從心邑聲也。

肇論　下卷

静躁　遭到反。謚法曰：好變動民曰躁。賈注國語：擾也。論語云：未及之而言謂之躁。文字典説：動也。從足喿聲。

渺漭　上彌褾反。文字典説：渺，漫也。古今正字：渺漭，大皃也。從水眇聲。下茫牓反。王注楚辭：漭，平也。淮南子云：濛澒，漭沆，莫知其門也。顧野王云：廣大皃也。文字典説：泱漭也。從水莽聲。

廓然　上苦郭反。鄭注禮記：廓然，憂悼在心之皃也。廣雅：空也。説文：從广郭聲。

慌惚　上呼廣反，下昏骨反。老子云：道之爲物，惟慌惟惚。王注楚辭云：失意皃也。文字典説云：昏亂皃也。並從心，巟、忽〔二六〕皆聲。

窈冥　上邀皎反。郭注毛詩云：窈，幽静也。説文：深遠也。從穴幼聲。論文作窔，誤也。下莫瓶反。毛詩傳：冥亦窈也。郭注爾雅云：幼稚者，冥昧也。文字典説云：幽也，十六日[而]〔二七〕月始虧也。從日從六從冖聲也。

怏怏　央亮反。蒼頡篇：怏，懟也。史記「其意怏怏不服」是也。

廣雅：强也。說文：從心央聲。
劃然　上花麥反。孟子云「毀瓦畫墁」是也。說文：以錐刀劃也。從刀畫聲。援音喧也〔二八〕。
蔚登　上威颰反。蒼頡篇：蔚，草木盛也。周易：其文蔚也。顧野王云：文綵繁數也。文字典說云：茂也。從草尉聲也。颰音雲欝反。
竅體　上詰弔反。鄭注禮記：竅，孔也。說文：穴也。從穴敫聲。
提搒　百萌反。廣雅：搒，擊也。漢書「臣搒百」是也。聲類：笞也。說文：掩也。從手旁聲也。
憩七覺　上欺罽反。毛詩傳云：憩，息也。文字典說義同。從心作愒，訓用同。
神驥　飢致反。驥，不稱其力而稱其德。說文：千里馬也。從馬兾聲。
玄樞　吹珠反。周易云：樞機[之]〔二九〕發。韓康伯曰：樞機，制動之主也。廣雅云：本也。文字典說：扇樞也。從木區聲。
桎梏　上真日反，下公屋反。鄭注周禮：在手曰桎，在足曰梏〔三〇〕。文字典說云：桎，手械也。梏，足械也。並從木，至、告皆聲者也。
胎縠　苦角反。字書：縠，鳥孚卵皮也。說文：卵已孚也。從卵殼聲也。
不撓　鐃絞反。左傳云：撓亂我同盟。廣雅云：亂也。聲類：攪也。說文：擾也。從手堯聲。
規矩　上癸隳反。顧野王：規，猶圓也。說文：從夫從見。下俱禹反。爾雅：矩，常也。馬融注論語云：法也。文字典說云：規，矩也。從矢巨聲。亦作榘。
譎怪　上古穴反。鄭注論語：譎，詐也。方言：自關而東謂詐為譎。說文：權詐。梁益曰謬天下曰譎。從言矞聲。或作憰也。
不該　改哀反。賈注國語：該，備也。廣雅：譖也。方言：咸也。文字典說：皆也。從言亥聲。
髣髴　上芳冈反，下芳勿反。漢書：蔓陰，髣髴相似也。西京賦云：髣髴，甚如蔓是也。文字典說：聞見不諦也。並從髟，方、弗皆聲也。
恬澹　上疊兼反。孔注尚書云：恬，安也。文字典說：靜也。從心甜省聲也。
莫窺　跬規反。說文：窺，小視也。從穴規聲。或作闚，同也。
人戢　簪蕺反。毛詩傳云：戢，聚也。字林：凡收藏物曰戢。說文：從戈咠聲。
融冶　音野。說文：冶，銷金鑄也〔三一〕。從冫台聲。
囊括　上諾當反。毛詩傳云：大曰囊。字書：有底曰囊。說文：從槖襄省聲。槖音託，襄音相也。
汪哉　烏光反。杜注左傳：汪，池。王注楚辭：大水廣無極也。漢書：汪汪，萬頃之陂也。說文作湟，水深廣也〔三二〕。從水王聲。下音灾。韻詮：語助也。說文：言之間也。從口𢦏(𢦏)〔三三〕聲。𢦏(𢦏)音同。俗作哉。

止觀　上卷　沙門慧琳撰

智顗　魚豈反。爾雅：顗，靜也。聲類：閑習也。字書：好皃也。說文：謹莊皃也。從頁豈聲。造論禪師名也。

嫉妒　下都固[反][三四]。説文：婦妒夫也。爲名利起妒，準此應知。從女從户。形聲字也。有從后，或從石，皆非也。

由藉　情夜反。從草耤聲。

説易行難　易音移施反，行音幸耕反。

階梯　上音皆。考聲云：登堂級也。説文：階[三五]也。從𨸏皆聲。下體兮反。賈注國語云：梯，階也。説文訓同賈逵。形聲字。

知觸　衝燭反。止觀中⿱⺈車，俗字也。下文更有，並准此知之。

掉悔　條曜反。考聲：動也。説文：摇也。從手。止觀中從心作悼，非也，是書寫人錯誤也。

戲謔　上羲義反。爾雅：戲亦謔也。考聲：弄也。説文：從戈䖒聲。䖒音羲。下香虐反。郭注爾雅云：謂相啁戲也。説文：謔，即戲也。從言虐聲。説文：虐字，上從虍，下從仰爪作山。從亡者，通俗字也。

掻動　掃遭反。考聲云：擾（擾）[三六]動也。或從馬作騷，義亦通。説文：括也。從手蚤聲。蚤音早，上從叉作蚤，古文爪字也。括音關滑反。

二喘　川耎反。儀禮云：喘，轉也。漢書云「邴吉見牛喘」是也。説文：疾息。從口耑聲。

唌流　祥延反。或作涎，並俗字也。説文：正作次。時人不審知，爲與次字相濫，諸儒隨意競作不同。束晳作唌。賈誼作漾。史籀大篆作㳄，從二水，最太古不入時用。説文本作次。從水從欠。集訓云：唌者，口中滓液。今依説文，餘皆不取。

煩躁　遭到反。時用字也。賈注國語云：躁，擾也。鄭注論語云：不安静也。顧野王云：躁，動也。説文：從走喿聲。喿音桑到反。

鑽火　祖端反。火燧也。世本云：燧人氏鑽木出火。從金贊聲。止觀中從手作攢，非也。

儔量　宙流反。量字從童也。

對治　上對字，正從丵丵音牀學反從土從寸。今俗從至，非也。下音持。

憕懵　上登鄧反，下黑（墨）[三七]堋反，並去聲字。考聲云：懵，精神不爽也，並從心。止觀從目作瞪瞢，並非也。堋音北瞢反。

止觀　下卷

視瞬　水潤反。説文：目動也。亦作瞚。止觀中從旬作眴，是縣字。俗用從旬，亦非也。

萎⿰韋單　上委圍反。字鏡云：草木萎悴也。或從歹作⿰歹委，亦同也。下多可反。韻詮云：草木萎垂皃也。止觀委陀，恐非也，失經意也。

精魅　眉祕反。考聲云：神鬼爲怪也。説文：老物精也。從彡鬼聲也。或從未作魅，或從勿作魆，並俗字也。今止觀中從女作媚，非也。媚，悦也，美也，愛也，非經義。

堆惕　上都回反，下廳亦反。説文：堆字正作𠂤，象形。止觀中從土作垍，非也。惕字，從心從易。堆，惡鬼名也，不求字義。

虎兕　上呼古反。説文：山獸之君也。從虍，足似人足，故下從人。下音似。説文云：獸也。如野牛，青色，象形，與禽离頭同。止觀從犬作⿰犭兇，非。

兔麈　上土固反。說文：獸名也。象踞，兔頭與㲋頭同，故從㲋省，後丿象其尾也。下音主。說文：鹿屬也，大而一角。從鹿主聲。丿音篇篋反。

龍鼉　唐何反。說文：水蟲也。長丈許，似蜥蜴而大。從黽單音鄲，從吅從里。有從單者，誤也。止觀中下從龜，非也。

蛇蟒　上時遮反，下莫牓反。蛇之最大者謂之蟒也。

猴玃　上音侯，下鬼籰反。說文云：大母猴也，善顧眄。玃，持人猴者。猿猴俗曰胡孫。

狩精彪　上音收呪反。亦錯用，獸守爲正者也。〔三八〕

匍匐　上音蒲，下朋北反。說文：手行也。並從勹，勹音包，形聲字也。

剩食其人下文又云剩可爲夫妻　剩音承證反，俗字也，亦楚郢之間語辭也。言剩如此者，意云豈能便如此，是此意也。蓋亦大師鄉音楚語也。

枯瘠　上苦孤反，下情亦反。何注公羊傳云：瘠，病也。齊人語也。從疒，女戹反。形聲字。

噎塞　上烟結反。考聲：氣塞胷喉也，食不下也。下僧則反。說文：窒也。從井音拱從宀宀音綿從𡈼從土。宀象屋，𡈼猶齊也。𡈼音展也。

安樂集兩卷音義　上卷　慧琳撰

敹柬　上了彫反。考聲：敹，理也。通俗文作撩，今時用多作撩。說文：敹，擇也。從手尞聲。敹雖正體字，爲涉古難用，集中從米從斤作料，非也。下姦眼反。考聲：柬，擇也。說文：分別柬之也。從柬〔三九〕從八。八者，分別也。俗用或從手從柬作揀，誤也。集中作蕳，非義也。下文准此應知。

辯諸　上別勉反。鄭注禮記：辯謂考問得其定也。說文：辯，治也。從言辡聲。辡音變勉反。集中作弁，非此用也。

鑽溼木　上祖酸反。論語：鑽燧改火。漢書：鑽，猶鐫鋭也。說文：所以穿也。從金贊聲。集本從木作欑，非也。下尸入反。顧野王云：霑潤也。考聲：濡也。說文：幽，溼也。從一。一，覆也。覆土而有水，故溼也。從㬎省。集中作濕，俗字，非也。

析乾薪　上星亦反。孔注尚書：析，分也。聲類作劈也。說文：破木也，從木斤。集中從手從片作㭊〔四〇〕，俗字，非也。

倣前　上放冈反。考聲：倣，效也。公羊傳：依也。說文從人作仿，相似也。從人放聲。籀文作俩。

昞然　上兵皿反。廣雅：昞，明也。說文：從日丙聲。或作昺，亦一也。

捜原　上瘦鄒反。前肇論中已具釋訖。

偏局　共獄反。廣雅：局，近也。爾雅：局，分也。大戴禮：諸侯各以其局就位也。毛詩傳：局，曲也。左傳：各司其局。鄭注禮記：部分也。說文：局，促也。從口在尸下復勹之〔四一〕。象形字也。

貿得　上矛候反。爾雅：貿，市也，賣也。顧野王云：貿，貿猶市易也。古今正字：從貝丣聲。丣音夘。集中作貿，訛也。

倏爾　上舒育反。王逸注楚辭云：倏忽如電也。廣雅：倏，光也。蒼頡篇：忽也。古今正字：往來倏忽也。從火攸聲。或從犬作倏，同用是也。

鴆鳥　上沈甚反。考聲：毒鳥也。郭注爾雅：大如小鶡，紫綠

色，長頸，赤喙，食蛇，俗名潭鳥。杜注左傳：羽有毒也。古今正字：從鳥冘聲。冘音淫。集本從酉作酖，非也。

可穌　素租反。考聲云：穌，悟也。孔注尚書：息也。鄭注禮記：更息曰穌也。聲類：更生也。古今正字：從禾魚聲。集作甦。大周朝僞字，非也。

馳騁　下程郢反。說文：直馳也，形聲字。甹音匹丁反。集中從兮作騁，誤。

漱掌　叟皺反。集訓云：漱，盪也。盥洒其掌也。說文：從水欶聲。欶音同。

安樂集兩卷音義　下卷

險徑　上希撿反。顧野王云：險，猶阻也。賈注國語：危也。方言：高也。古今正字：難也。從阜僉聲。阜音輔。集從山作嶮，非也。下經定反。廣雅：徑，邪也。徑，過也。徑，迹也。不循大道任曲而行曰徑。顧野王云：小徑〔四二〕路也。說文：步道也。從彳巠聲。

用磑　下五會反。郭注爾雅云：物堅也。考聲云：磨麥具也。世本說：公輸初作磑。說文：磨也〔四三〕。從石豈聲。

駃雨　上師厠反。蒼頡篇：駃，疾也。文字典說：馬行疾也。從馬史聲也。

金幢　濯江反。從巾，不從心。

禳此　上壤章反。鄭注周禮：却變異曰禳。廣雅：謝過也。說文：從礻襄聲。集中從手作攘，非此義也。礻音祇。

如餉　傷唱反。廣雅：餉，遺也。說文：饟也。從食向聲。饟音餉。

棘（棘）刺（刺）〔四四〕　上兢嶷反。廣雅：棘（棘），針也。杜注左傳：棘（棘），戟如也。古今正字：小棗叢生也。從並束（朿）〔四五〕。集本從草作蕀，非也。下雌四反。廣雅：鍼，刺也。從刀求〔四六〕聲。集本作莿，非也。

霹靂　上片壁反，下零的反。前已具釋訖。

毒獸　上正毒字也，下收呪反。說文：從犬嘼聲。集作狩，冬獵也，非此義。

翱翔　上傲高反，下象羊反。鄭箋毛詩云：翱翔，逍遥也。韓詩云：遊也。說文：並從羽，皐、羊皆聲。

昏耄　下毛報反。禮記云：八十、九十曰耄。杜注左傳：亂也。古今正字：從老毛聲。

煢煢　葵營反。考聲：煢，孤也。孔注尚書：單也。毛詩傳云：無所依也。說文：從卂熒省聲。集作焭，俗字也。

忪忪　蒼紅反。埤蒼云：忪忪，遽也。聲類：速也。又音鍾。集訓云：忪忪，心動也。古今正字：怔忪，遑遽也。從心公聲。遽音渠御反，遽猶急也。

寶法義論　稠禪師撰　慧琳音

瞽俗　公午反。考聲云：無目謂之瞽。釋名：瞽，眠也。眠眠然如瞽皮目象以名之〔四七〕。說文云：目但有眹（眹）〔四八〕如鼓。從目鼓聲。

深阱　情郢反。鄭注周禮云：穿地爲壍，所以捕獸也。禮記：斷而內諸窖〔四九〕，獲陷阱之中。廣雅：坑也。古文作汬。說文云：陷也。從自從井，井聲也。

僉曰　上妾閻反。郭注方言云：僉，同也。廣雅云：多也。說

文：皆也，從亼從吅從从。亼音浸入反，吅音萱，从音從也。

遞爲　上提禮反。爾雅云：遞，迭也。古今正字：更易也。從辵虒聲。或作逓，古文也。虒音徙貲反。論文作逓，俗用，不成字也。

黏外　上䵒廉反。考聲云：黏，黏[五〇]也。蒼頡篇云：合也。説文：相著也。從黍占聲。論作粘，俗字，通也。

之黐　敕知反。廣雅：黐，黏也。古今正字：有樹脂黏著可捕鳥者爲黐樹也。從黍离聲。論文作穲，俗字訛略也。

殞矣　上雲窘反。考聲云：殞，死也。文字典説：歿也。從歹負聲。或作隕。論文作殞，當此義也。

絧鞔　末盤反。絧鞔者，如來手十指間有肉絧相連，如鵝王足而有文彩，猶如羅文，名曰絧鞔。

念佛三昧寶王論三卷　上卷　慧琳

明齅　下休宥反。説文云：以鼻就臭曰齅。從鼻臭聲也。

錙銖　上滓師反，下音殊。案孫子九章算經云：凡稱之所起，始於黍，十黍爲一絫，十絫爲一銖，六銖爲一錙。錙即分也，音汾問反。四分爲一兩，十六兩爲一斤，三十斤爲鈞，四鈞爲一石，即一百二十斤也。謹撿諸字書説錙而有三別。案風俗通義云：銖六則錘，二錘則錙，二錙則兩。計此説，則半兩名錙，一分名錘，二十四銖爲一兩，唯此一書獨異於衆典，諸字書多同一説。謹案字林、字統、字苑、字鏡、韻集、韻略、韻譜、韻英、文字集略、文字典説、古今正字，及案説文、九章算經一十三家並同以六銖爲錙，即四錙成兩也。鄭玄注禮記：以八兩爲錙。集訓、韻詮效鄭生言八兩，未詳此義何所從來，今故疏出諸家異同，取捨任隨所見。今且謹依九章算[經][五一]及取多説，以六銖爲錙定矣。風俗通義及以鄭玄未詳其由，莫測古人幽旨也。

慢幢　下濁江反。案慢幢者，欺侮不敬也。傲慢放逸，吾我自高，猶如幢刹，故喻焉。

稜層　上勒恒反，下賊恒反。高舉之皃也。

糠穭　上抗罔反。聲類云：糠，穀皮也。古今正字：從米康聲。下口外反。字書云：粗糠也。説文亦糠也。從禾會聲。論文作穭，俗用字，誤也。

罹此　上里知反。郭注爾雅：罹，憂也。考聲云：被也。遭也。古今正字云：思慘毒也。從网惟聲。論文從皿作罹，俗字也。

之稱　昌證反。下文同。

嬖女　上篦謎反。廣雅云：嬖，接，媚，親也。劉熙注謚法云：以色事人也。説文云：便嬖，思愛也[五二]。從女辟聲。篦音閉迷反，謎音迷嬖反。

顛蹶　俱月反。

鈇質　上甫于反。公羊傳云：不忍加之鈇質也。又云：斬腰之罪也。禮記：諸侯賜鈇鉞，然後殺也。古今正字：莝斫也。從金夫聲。莝音七座反。

刳腸　上苦胡反。顧野王云：刳，空其腹也。蒼頡篇云：屠也。説文云：剔也。從刀夸聲。夸音丘于反，剔音聽的反。

俎肌　上葅所反。方言：俎亦肌也[五三]。字書云：俎，几肉[五四]也。文字典説云：盛物器也。從半肉在且上也。

聆佛　上歷丁反。蒼頡篇云：聆，聽也。説文義同。從耳令

聲也。

怨仇　下舊尤反。孔注尚書：仇亦怨也。説文：讎。從人九聲。

逐塊　下魁會反。考聲云：塊，土塊也。鄭注禮記云：土堛也。説文：從土鬼聲。或作由(凷)〔五五〕也。

念佛三昧寶王論三卷　中卷

袪有漏　上去魚反。考聲云：袪，去也。文字典説文(云)〔五六〕：披斬其袪也。從衣去聲也。

不眴　玄絹反。王逸注楚辭：眴，視皃也。文字典説：當扈馬食之不眴也。從目旬聲也。

泜啚　上支〔五七〕氏反。考聲云：泜，上(止)〔五八〕也，著也。説文：山(止)也〔五九〕。從水氏聲。或作坻，同也。

駸駸　七林反。毛詩云：載驟駸駸也。説文：馬行疾皃也。從馬㑴聲。㑴音上同。

木槵　還慣反。考聲：木名也。

辟散　上并癖反。杜注左傳：辟，理也。韓詩云：除也。文字典説：法也。從户〔六〇〕從辛從口。會意字。

隤年　上隊雷反。考聲云：隤，邪也。韓詩云：遺也。從阜貴聲也。論文作穨，非此義也。

朝睟　雖翠反。孟子云：其生色睟然。顧野王云：潤澤之皃也。又文[字〔六一〕]典説：從目卒聲也。

念佛三昧寶王論三卷　下卷

以枹　音孚。顧野王云：枹，擊鼓鎚也。説文：擊鼓杖柄也。從木包聲。論文作桴，非此義也。

苑囿　尤救反。考聲云：囿，園也。鄭注周禮：今之苑也。説文：苑囿有垣者也。從囗有聲也。

搰搰　魂骨反。考聲云：搰搰，用力不已也。文字典説云：穿也。從手骨聲者也。

逆楔　下先節反。説文：櫼也。從木契聲。

閼伽　上安曷反。梵語。

騁棘　上敕領反。韓詩云：騁，施也。杜注左傳云：走也，馳也。廣雅：奔也。説文：駈也。從馬甹聲，音四〔六二〕丁反。論文作聘，非也。

之誚　上樵耀反。考聲云：誚，笑也。尚書云：責讓也。蒼頡篇云：訶也。文字典説也從言肖聲。

懵學　上墨崩反。説文：懵，不明也。從心瞢聲。瞢音同上。

金錍决瞙論一卷　慧琳撰

探賾　上錔南反。文字典説云：探，遠取也。考聲云：探，試也。下峥責反。考聲云：賾，深也，深貪也。易曰：聖人有以見天下之至賾。賾，幽深稱也。從臣責聲者也。

巩聲　上撿未得，應是字錯也。

怳然　上況往反。考聲云：怳忽、㦗怳，魂失守也。狂也。老子云：道之爲物，惟怳惟忽。楚辭云：臨風怳兮。王逸曰：怳，失意也。説文：狂皃。

剥皮　上邦邈反。文字典説云：裂也，割也。易曰：山附於地剥剥也〔六三〕。從力(刀)〔六四〕录聲。

析骨　上先狄反。文字典説云：斫木也。詩曰：析薪如之何？

匪斧不克。又分析也，從木斤。考聲云：或從片侖〔六五〕作扸，非也。

剜身 上椀丸反。文字典説：刻削也。從刀宛聲。

貿香 上矛候反。文字典説云：貿，易財也。正作貿。詩曰：抱布貿絲。從貝丣聲。論作貿，通俗也。

陷他 上咸蹈反。考聲云：陷，穴也，潰也。正作陷。論作陥〔六六〕，通俗也。

長罹 下麗知反。詩曰：民莫不穀，我獨于罹。正作罹，古作罹，從网。

令緝 下侵習反。正作緝。緝，續〔六七〕也。書曰：聿求元聖，與之勠力，緝寧邦家。詩曰：穆穆文王，緝熙敬止。從糸也。

矰繳 上子登反。周禮：矰矢用諸弋射。鄭玄注曰：結繳於矢謂之矰。矰，高也。考工記：矰，矢弓所用也。矢羽名矰。論作繒，非也。下之略反。生絲縷也，弋繳也。正作繁。或作此繳。

纔分 上在哉反。考聲云：纔，暫也。正作纔。論作此纔〔六八〕，通俗用。

比丘尼傳序 慧琳撰

之儔 長流反。韻英云：儔，匹也。

慕驥 上慕字，下從心。驥音冀。考聲云：駿馬也。説文云：千里之馬也。從馬異（冀）〔六九〕聲。冀字從北也。

貽厥 以之反。考聲云：貽，遺也。厥，其也。遺及子孫。

蟬聯 上善然反，下列纏反。連綴也，不斷絕也。

訛紊 上五戈反。下音問。訛，謬也。紊，亂也，從糸文聲也。

岳跱 上牙角反。五岳高山也。下持里反。集訓云：衆山特立者也。

捜記 搜鄒反。考聲云：求也。形聲字也。

比丘尼傳 第一卷

虹霓 上音紅，下藝鷄反。韻詮云：虹霓，螮蝀也。

東莞 活官反。地也，在吴越也。

志槩 該礙反。考聲云：槩，節也。謀略也。從木。

綰髮 彎睆反。韻英云：繫也。考聲云：結也。説文：從糸官聲。睆音關患反，上聲字。

亟開 兢力反。俗字也，正體作苟。考聲云：自急敕也。韻英云：敬也。從艹從句者也。

烏巢 柴爻反。烏窠曰巢，象形。在傳中作摷，不成其字也。

慊至 謙簟反。鄭注禮記云：慊，厭也。孟子：不慊於心。劉熙云：快也，是也。從心兼聲也。

沾濡 上知廉反，下音儒。考聲云：沾濡，溼者也。

賑給 之忍反。爾雅：賑，富也。説文：從貝辰聲也。

鏗鏘 上客耕反，下七羊反。禮記子夏曰：樘擊鍾鼓之聲。並形聲字也。

王忱 甚林反。人名也。

比丘尼傳 第二卷

玄藻 音早。韻英云：文藻也。從草。

慧瓊　葵營反。玉之美者。説文云：赤玉也。從玉也。
孟顗　宜豈反。考聲云：顗，静也，謹敬也。從頁豈聲也。
闔衆　上音合。閉也。
襈衣　仕眷反。埤蒼云：緣屬也。釋名云：青絳色。從衣從巽聲也。
亹亹　音尾。考聲云：美也。勉也，進也。從文從西從爨省。轉注字也。
羸憊　上力追反。弱也。下音敗。考聲云：病甚也。力極也。從心備聲。備音被也。
歐陽　上嘔侯反。虜達官姓一也。
歔欷　上音虚，下音希。韻英云：哀泣也。
擕一　惠圭反。提接也。
駭艆　諧芥反。馬驚也。下服字，從舟反。艮音並同上。
鮭米　上核皆反。陸玩〔七〇〕上疏云「給其鮭粮」是也。或作膎，乾魚。
不闚　犬規反。集訓云：門中竊見也。
顙額　桑朗反。考聲云：額也。文字集略云：面上也。從桑。
確然　腔岳反。考聲云：堅固也。古今正字：不〔七一〕也。從石從隺省聲。搉音角。或從高作碻也。

比丘尼傳　第三卷

言謔　香約反。爾雅：戲笑也。
燈爥　鍾辱反。從火屬聲。文中從属作熽，非。
剖毫析滯　上普口反，次胡高反。析音星亦反，俗字也。正從木從斤，或從片。

蔬糲　闌怛反。韻詮云：脱粟米也。從米厲聲也。
締構　上音挺計反，下鈎后反。
涅不緇　上年結反，下滓師反。
磨不磷　上音摩，從石。下力陣反。孔注論語云：磷，薄也。白者染之而不黑，故涅不緇也〔七二〕。
氳靄　上欝雲反，下哀蓋反。煙靄雲垂布皃。
高祖毓　音育，人名也。韻詮云：毓，稚。從每㐬聲。

比丘尼傳　第四卷

粉黛　音大。韻英云：黛，青色。女人可以畫眉也。或黑色也。
鼾睡　上寒岸反。寢息聲。
覘視　敕餤反。考聲云：覘，候也，竊視也。會意字也。
葉粽　上閻接反。菸葉也。下音惣，蜀人作去聲，呼粽子，亦俗字也。正體從米從㚇作糉，即五月五日楚人所尚糉子是。
㟟賾　上恚緣反。韻詮：㟟，深也。下柴格反。韻英云：深邃難知也。從臣責聲。
不斆　爻教反。韻英云：斆，學也。
雩㟧　上音于，下音乘。雩㟧，小山名也，在乾州。前高僧傳弟四卷中已具説。亦是縣名也。傳中從山作嵎嵊，並非，俗字也。

觀心論　大通神秀作　慧琳音

涓流　決緣反。顧野王云：涓涓，小流也。説苑云「涓涓不壅，將

成江河」是也。並從水。

波濤　道勞反。蒼頡篇云：濤，大波也。許叔重注淮南子云：潮水踴起，還者爲濤。從水從壽聲。

羶腥　上傷然反。韻英云：羊羯臭也。下音星。魚腥穢也。見集訓。或作胜也。

糠麩　上可郎反。字書云：穀皮也。下音敷。集訓云：磨麥爲屑，羅去細麪。粗者名麩，麥皮也。

鑄寫　上朱孺反。考聲：鎔寫也。顧野王云：洋銅爲器曰鑄也。

趸驟　上正體走字也，下愁瘦反。考聲：聚數也。集訓云：馬疾步小走也。從馬聚聲也。

畫碌　上華罵反，借音用也，本音獲。從聿𦘔，筆也從田從一一，界也，會意字。下音龍燭反。彩色也，出石中。形聲字也。

群疑論七卷　闕本未音

十疑論一卷　慧琳撰

羽翮　上羽字，象形字也。下衡革反。爾雅：羽本謂之翮。説文：翎羽之根莖也〔七三〕。從羽鬲聲。

膖脹　上朴邦反，下張亮反。

爛壞　郎旦反，從火。下懷怪反。自破曰壞也。

具録西國浴像儀軌　慧琳集并音

銅鑞鍮石　銅則赤銅、白銅。鑞音拉，即白鑞鉛錫。鍮音偷，石吹（次）〔七四〕於金。皆充器。

贏磬　上魯和反，海贏也，吹爲法音供養。磬音輕逕反。鍾類也，或銅或石，取聲。

搵取　溫困反。頭没水也。

翹指　祇姚反。頭起也。

甜脆　上定閻反。甘也。下詮歲反。從月危聲。

倮體　華瓦反。赤露身體。

小杓　常斫反。有柄盂。

之儔　音稠。

説罪要行法

齧半　研結反。淺咬也。從齒㓞聲。㓞音慳八反。

謦欬　上輕郢反，下開愛反。韻英云：喉中聲氣通也。

奥箄迦　梵語。文中自解箄音匕。

特敧拏伽他　敧音欺也。

脱屣　師滓反。屣，履也。

筒槽　上音同，下音曹。

七塊　苦外反。

塼板　上音專，下班簡反。

受用三水要法

濾漉　上音慮，下音鹿。

鎗杓　楚庚反。考聲云：鼎類也。俗作鐺。下常藥反。俗字也。古文正體單作勺，象形。

負擔　上扶武反。下躭濫反，從手。

護命放生法

蚍蟲　上音昆，下逐融反。經中作蜫，俗字，非也。

銅鈕　尼肘反。

擡系　上音臺，以手舉物也。下奚計反，可以提攜也。從糸從丿者也。

鐵鐶　音還。

一切經音義　卷第一百

校勘記

〔一〕象　麗無，據今傳本説文補。
〔二〕壺　據文意似作「壸」。
〔三〕枓　今傳本説文作「柎」。
〔四〕疊　今傳本説文作「擛」。
〔五〕杼　據文意似作「抒」。
〔六〕鞠　今傳本説文：「鞠，撮也。」「在手曰匊，從勹米。」段注：「俗作掬。」
〔七〕與　據文意似作「輿」。
〔八〕林邑國　獅爲「邑心國」。
〔九〕哥　據文意似作「歌」。
〔一〇〕又　據文意當作「反」。
〔一一〕挨　據文意當作「揔」。
〔一二〕又　據文意當作「反」。
〔一三〕風　獅作「虱」。
〔一四〕囪　即「囟」。
〔一五〕西　據文意當作「襾」。下同。
〔一六〕作　各本無，據文意補。
〔一七〕説文：頗見也　今傳本説文：「暨，日頗見也。」
〔一八〕磬　今傳本説文作「㱿」。
〔一九〕杜　據文意似作「杠」。
〔二〇〕説文：度也　今傳本説文：「踰，越也。」
〔二一〕説文：舉踵而望也　今傳本説文：「企，舉踵也。」
〔二二〕丰　獅作「手」。
〔二三〕漸　據文意似作「撕」。
〔二四〕説文：圪也　今傳本説文：「塹，阬也。」
〔二五〕㒺　獅作「㓂」。今傳本爾雅作「罔」。
〔二六〕忽　據文意當作「忽」。
〔二七〕而　麗無，據獅補。
〔二八〕説文：以錐刀劃也　今傳本説文：「劃，錐刀曰劃。」援音喧也　衍。
〔二九〕之　麗無，獅空闕，據周易繫辭上補。
〔三〇〕在手曰桎，在足曰梏　今傳本鄭注周禮爲「在手曰梏，在足曰桎」。
〔三一〕説文：冶，銷金鑄也　今傳本説文：「冶，銷也。」
〔三二〕説文作洼，水深廣也　今傳本説文：「汪，深廣也，一曰汪池也。」段注：「俗作汪。」
〔三三〕戔　據文意似作「戋」。下同。
〔三四〕反　各本無，據文意補。
〔三五〕階　今傳本説文作「陛」。
〔三六〕櫌　據文意似作「擾」。
〔三七〕黑　獅作「墨」。
〔三八〕亦錯用，獸守爲正者也　據文意似爲「亦错用守，獸爲正者也」。
〔三九〕束　今傳本説文作「束」。
〔四〇〕枅　據文意似作「拚」。
〔四一〕從口在尸下復勹之　今傳本説文：「从口在尺下，復局之。」
〔四二〕徑　似衍。
〔四三〕説文：磨也　今傳本説文：「磑，䃺也。」
〔四四〕棘　據文意似作「棘」。下同。剌　據文意似作「刺」。
〔四五〕東　據文意似作「束」。
〔四六〕求　據文意似作「束」。
〔四七〕釋名：瞽，眠也。眠眠然如瞽皮目象以名之　今傳本釋名：「瞽，鼓也。瞑瞑然目平合如鼓皮也。」
〔四八〕眣　據文意似作「眹」。
〔四九〕禮記：斲而內諸窖　今傳本禮記：「驅而納諸罟。」

〔五〇〕黏　據文意似作「黐」。
〔五一〕經　各本無，據文意補。
〔五二〕説文云：便嬖，思愛也　今傳本説文：「嬖，便嬖，愛也。」
〔五三〕方言：俎亦肌也　今傳本方言：「俎，几也。」
〔五四〕肉　衍。
〔五五〕由　據文意當作「甶」。
〔五六〕文　據文意似作「云」。
〔五七〕支　據文意當作「攴」。
〔五八〕上　據文意當作「止」。

〔五九〕説文：山也　今傳本説文：「汦，著止也。」
〔六〇〕户　據文意似作「尸」。
〔六一〕字　各本無，據文意補。
〔六二〕四　據文意似作「匹」。
〔六三〕易曰：山附於地剥剥也　今傳本易：「山附于地，剥上以厚下安宅。」
〔六四〕力　據文意當作「刀」。
〔六五〕龠　衍。
〔六六〕陷　據文意似作「埳」。
〔六七〕續　據文意似作「績」。

〔六八〕纔　據文意似作「纔」。
〔六九〕異　據文意似作「冀」。
〔七〇〕坈　據文意似作「抗」。
〔七一〕不　據文意似作「堅」。
〔七二〕白者染之而不黑，故涅不緇也　此句應是上條「涅不緇」的釋文。
〔七三〕説文：翎羽之根莖也　今傳本説文：「翮，羽莖也。」
〔七四〕吹　據文意似作「次」。龍龕手鏡：「鍮，吐侯反。鍮石次於金也。」

希麟音義

目録

續一切經音義序

燕京崇仁寺沙門希麟集

蓋聞殘純樸而薄道德，仁義漸開；廢結繩而定著龜，文字乃作。仰觀玄象，俯視成形。蒼頡始制於古文，史籀纂成乎大篆。相沿歷世，更變隨時。篆與古文，用之小異。逮周禮保氏掌國子學，以道教之六書，謂象形、指事、會意、形聲、轉注、假借。六者造字之本，雖蟲篆變體，古今異文，離此六書，並爲謬惑。春秋之末，保氏教廢。秦并海内，丞相李斯考較籀文，别爲小篆。吏趨省易，變體稍訛，程邈改文，謂之隸本。漢興書學，揚雄作訓纂八十九章，班固加十三章，群書用字略備。後漢許慎集古文籀篆諸家之學，出目録五百四十篇，就隸爲訓注，作説文解字。時蔡伯喈亦以滅學之後，請刊定五經備體，刻石立於太學之門，謂之石經。仍有吕忱作字林五篇，以補許蔡之漏略。洎有唐立説文、石經、字林之學，至大曆中，命孝廉生顔傳經、國子司業張參等刊定五經文字正體，復有字統、字鏡、陸氏釋文、張戩考聲、韻譜、韻英、韻集、韻略。述作既衆，增損互存，並乃傍通三史，證據九經。若斯文而有旨，即彼義以無差。音義之興，其來有自，況乎釋尊之教也。四含妙典，談有相於權門；八部真宗，顯無爲於實際。真俗雙舉，唐梵兩該。借以聲名句文爲能詮，表以菩提涅槃爲所證。演從印度，譯布支那。前後翻傳，古今抄寫。論梵聲則有一文兩用，誤上去於十二音中；數字同歸，疑體業於〔一〕八轉聲内。考畫點乃祇如棪以冉掞舒贍亂於手木，帳知亮悵丑仗雜於心巾，伭都奚伭直尼著彳著人，祼古玩祼胡瓦從衣從示，謟吐刀諂丑冉不分舀以小臽音陷，壯側亮牡莫后罔辨牛語求爿疾良，少斫昧於戍哉，無點虧於寫富。如斯之類，謬誤實繁，若不討詳，漸乖大義。故唐初有沙門玄應者，獨運先覺，天縱生知，明唐梵異言，識古今奇字，首興厥志，切務披詳，始於古花嚴經，終於順正理論，撰成經音義二十五卷。次有沙門慧苑撰新花嚴音義二卷，復有沙門雲公撰涅槃音義二卷，復有大慈恩寺基法師撰法華音訓一卷。或即未周三藏，或即偏局一經，尋撿闕如，編録不次。至唐建中末，有沙門慧琳，内精密教，入於總持之門；外究墨流，研乎文字之粹。印度聲明之妙，支那音韻之玄。既瓶受於先師，亦泉瀉於後學。棲心二十載，披讀一切經，撰成音義總一百卷。依開元釋教録，始從大般若，終於護命法。所音衆經，都五千四十八卷，四百八十帙。自開元録後，相繼翻傳經論，及拾遺律傳等。從大乘理趣六波羅蜜多經，盡續〔二〕開元釋教録，總二百六十六卷，二十五帙。前音未載，今續者是也。伏以抄主無礙大師，天生睿智，神授英聰，總講群經，遍糅章抄，傳燈在念，利物爲心，見音義以未全，慮撿文而有闕。因貽華翰，見命菲才。遣對曦光，輒揚螢燭。然或有解字廣略，釋義淺深，唐梵

對翻，古今同異，雖依憑據，更俟來英。冀再披詳，庶無惑爾。

校勘記

〔一〕於　中華大藏經本和獅本作「向」，此據臺灣大通書局影印麗本。

〔二〕續　臺灣大通書局影印麗本作「讀」。

續一切經音義　卷第一

音大乘理趣六波羅蜜多經一帙十卷

右從第一盡十此卷續音

大乘理趣六波羅蜜多經　第一卷　并經序中字

大朴　上徒蓋反。蒼頡篇云：大，巨也。易曰：大哉乾元，萬物資始。下普剥反。正作撲（樸）[一]字。説文云：木素也[二]。聲類云：凡物未雕刻曰樸。王弼云：樸，真也。猶氣像未分也。莊子云：純樸不殘，孰爲犧罇。又曰：夫殘樸以爲器，工匠之罪也。毁道德爲仁義，聖人之過也。

萬籟　上無怨反，合作万[三]字。筭經云：十千曰万。今作萬。本蟲名、州名、人姓也。相承借爲万字。下落大反，樂器名也。説文云：大籟小簫[四]。郭璞注爾雅云：大簫二十三管，長尺四寸；小者十六管，長尺二寸，一名籟也。字從竹賴聲也。序文從艸作藾，蒿名也，非此用。

紛綸　上芳文反。廣雅云：紛，衆多皃也。考聲：亂也。下律迍反。易曰：綸，經理也。注太玄經云：綸，絡也。今案紛綸，即雜遝交絡盛皃也。説文二字並從糸，分、侖聲也。

旭日　上凶玉反。切韻云：日初出也。説文云：日旦出也。考聲云：旭，明也。從日九，九亦聲也。下仁一反。説文曰：實也，太陽精不虧也。從□一聲也[五]。□音雨非反，像口匝之形也。

罽賓　上居乂反。西域國名。或云個溼蜜羅，亦云迦葉彌羅，皆梵語訛轉也。正云羯溼弭羅，此翻爲阿誰入。謂此國未建都時有大龍池，人莫敢近也，有一羅漢見地形勢宜人居止，從龍乞容一膝地。時龍許之，羅漢變身漸大，膝滿龍池，龍以言信，捨之而去。羅漢復以神力乾竭其水，遂建城郭。衆人咸言，我等不因聖師，阿誰敢入，因有此語，乃立國名。

空謽　上苦紅反。切韻：大也。又通也。説文云：從穴工聲。下符仲反。字書云：理也。考聲云：明也。亦皮變反。切韻云：訓也。今案空謽二字，僧名也。

梗槩　上古杏反。爾雅云：梗，直也。廣雅云：略也。鄭注禮記云：平斛也。薛注東都賦云：梗槩，不纖密也。釋文：大略也。二字並從木，更、既聲。

薄伽梵　上傍各反。梵語。或云婆伽婆，亦云薄伽伴，正云婆誐鍐。婆音蒲賀反，鍐音亡范反。翻經沙門慧琳云：古譯爲世尊，謂世出世間咸尊重故。又十號之中第十號也。大智度論云：如來尊號有無量名。略言六種，謂自在、熾盛、端嚴、名稱、吉祥、尊貴。今言薄伽梵，具此六義，故翻經

者但存梵語也。

迦蘭多迦　上下皆薑佉反。舊云迦蘭陀，或云迦蘭鐸迦，皆梵音訛轉也。正云羯𡡋馱迦，此譯云好聲鳥。謂王舍城側有大竹林，此鳥多棲此大林中，因以爲名。即說此理趣般若處也。

阿僧企耶　企音輕以反，耶音以遮反，正梵語也。舊云阿僧祇，此譯爲無央數，謂數之盡名也。古華嚴音義云：一百二十數中，無央數當一百二十也。又依小乘數，慈恩法師引俱舍說：本數六十，傳失其八，無央數當第五十二數也。

依怙　上於希反。玉篇云：倚也。切韻云：從也。論語云：依於仁也。說文：從二人相依倚，會意字也。下胡古反。爾雅云：怙，恃也。韓詩外傳云：怙，賴也。毛詩云：無父何怙。從心古聲也。

羈鞅　上居宜反。字書云：絆也。韻集云：絡馬頭革帶也。說文：從革冈馬〔六〕。會意字也。下於兩反。玉篇云：强也。切韻云：車鞅荷也，又云牛項索也。字從革央聲也。

明星　上，說文從囧作朙，蔡邕從目作明(眀)〔七〕，古文從日作明。三體皆通，經典多用古文明字。囧音鬼永反。下星字，古文作曐。爾雅曰：明星謂之啓明。郭璞注云：太白星也。晨見東方爲啓明，昏見西方爲大白。

洄澓　上音回，下音復。爾雅曰：逆流而上曰泝洄。郭注云：謂旋者也。三蒼云：澓，深也。謂河海旋流處也。

迦嚕羅　中離古反。或云迦婁羅，亦云楬路茶，正云蘖嚕拏。此云妙翅，亦云金翅，亦名龍冤。案起世經云：金翅鳥與龍各具四生。卵生金翅鳥只食卵生龍，以力小故。乃至化生金翅鳥，具食四生龍，以威力大故。餘二生准知。

傴者　上力主及(反)〔八〕。杜注左傳云：傴，傴也，背曲也。廣雅云：身曲也。說文云：尩也。從人𨽁省聲也〔九〕。

裸者　上華瓦反，避俗諱作此音，本音郎果反。顧野王云：裸者脫衣露袒也。說文從衣果作裸，字書從身作躶，玉篇從人作倮。三體並通，經文從示作祼，音灌，書誤也。

聾瘂　上祿東反。左傳云：耳不聽五音之和謂之聾。杜預云：聾，暗也。說文：從耳龍，形聲也。經文作聾，不成字也。下鵶賈反。考聲云：不能言也，雖有聲而無辭也。古今正字：瘂，瘖也。說文：從疒疒音女厄反亞聲也。經文從口作啞，音厄，笑聲也，非經義。

魍魎　上音罔，下音兩。賈注國語云：水恠娛鬼也。淮南子云：魍魎狀如三歲小兒，赤黑色，赤目赤爪，長耳美髮。有本作蝄蜽，亦通用。

砥掌　上脂履反。杜注左傳云：砥，平也。蒼頡篇云：磨礪石也。經文從手作抵，擊也，非平如砥掌義。

隘陿　上鵶介反。廣雅：迫也。王逸注楚辭云：隘，險陒也。或作陒。下咸甲反。顧野王云：迫陒也。說文：從𨸏從匧聲也〔一〇〕。經文從犬作狹，謂狹習也，非此用。

廛里　上直連反。考聲云：市空地。又居也。經文作壥，俗字也。下良史反。周禮云：五家爲鄰，五鄰爲里。風俗通云：里，止也，謂五十家共止也。

鸚鵡　上烏耕反。下又作鴞，二體同，音武。山海經云：黄山有鳥，青羽赤喙人舌，能作人語，名曰鸚鵡。禮記云：鸚鵡能言，不離飛鳥是也。二字並形聲字也。

犛牛　上音茅，西南夷牛名，亦名長髦牛也。下語求反。世本云：黄帝臣骸〔一一〕得仙服牛。史記云：紂倒曳九牛。

犎牛　上音封。山海經云：南方野牛。集注爾雅云：今交趾所獻丞相牛是也。郭璞注釋畜云：領上犦胅起，高二尺許，如駝肉鞍。今俗謂之峰牛是也。犦音雹，胅田頡反。

熊羆　上羽弓反。毛詩云：惟熊惟羆。說文云：獸也，似豕，山居，冬蟄。䏶足掌。其掌〔一二〕蹯，音煩。下音悲。爾雅云：羆如熊，黃白文。郭璞曰：似熊，長頭高脚，猛憨〔一三〕多力，能拔樹木也。

虎豹　上呼古反。說文云：獸君也。從虍（虍音呼）從人。以虎足似人足故也。下包皃反。說文云：似虎，團（圜）文〔一四〕。黑花而小於虎。字從豸，從包省聲也。豸音雉。

豺狼　上牀皆反。爾雅云：豺，狗足也。說文云：狼屬也。從豸才聲。經文從犬作犲，非也。案豺有二類。大曰豺郎，小曰豺奴。小者先行，共獵麞鹿。殺已守之，不敢即食，以待豺郎後至先食，飽已，豺奴啖其殘肉。故月令云：後五日豺祭獸，即其是〔一五〕也。

箜篌　上音空，下音侯。樂器名也。釋名云：師延所作，後出於桑間漢（濮）〔一六〕上之空地也。蓋空國之侯所存也。又云：師堅（涓）〔一七〕爲晉君所鼓，鄭衛分其地而有之，遂號鄭衛之淫樂也。

蚖蛇　上五官、愚轅二反，下社遮反。抱朴子曰：蛇類甚多，唯蚖蛇中人最急。以刀割其所螫處肉棄於地，肉自沸似火炙，須臾焦盡，人方得活也。二字並從虫，元、它聲。

蝮蠍　上芳伏反。爾雅曰：蝮虺博三寸，首大如擘。郭璞注云：如人擘指。史記云：蝮螫手，則斬也。下軒謁反，四方通語也。說文云：毒蟲也〔一八〕。尾上拳。玉篇云：蠆也。字從虫歇，形聲字也。經文作蝎，音褐。蝎，蛣蝠也，乖蝮蠍義也。

奐鼈　上語居反。說文：水蟲也。爾雅云：魚尾謂之丙。郭注云：似篆書丙字，俗作魚字。下鞭滅反。說文云：水介蟲也〔一九〕。從黽敝聲也。經文從魚作鱉，俗字也。黽音猛。

黿鼉　上音元。說文云：大鼈也。大者如車輪，小者如盤，有神力能制水族，魅人而食之。下唐多反。山海經云：江水多鼉。郭注云：似蜥蜴，有鱗。大者長丈許，小者四五尺。說文云：水介蟲也〔二〇〕。從黽單省聲也。黽音猛，單音那。經文二字下並從龜作𪚴𪛆，俗字，非也。

鳳凰　上馮貢反，下音皇。爾雅曰：鶠，鳳，其雌凰。郭璞注云：瑞應鳥也。許慎說文云：神鳥也。出東方君子之國，翱翔四海之外，龍文龜背，鷰頷雞喙，五彩備舉。非梧桐不棲，非竹實不食。朝鳴曰發明，晝鳴曰上朔，夕鳴曰滿昌，昏鳴曰固常，夜鳴曰保長，見則天下大安。

蘇莫遮冒　下毛報反。說文云：小兒及蠻夷頭衣。從冃曰（冃）〔二一〕聲也。曰（冃）音同上。文字集略：從巾作帽，亦通。案蘇莫遮，胡語也，本云颯么遮，此云戲也。出龜茲國，至今由有此曲，即大面〔二二〕、撥頭〔二三〕之類是也。

船筏　上順專反，舟也。方言云：自關而西謂舟爲船。案說文：從舟，從沿省聲也。今舩，俗字。有作舡，非也。下煩韈反，俗字也，縛竹木浮于水也。廣雅從舟作般（艕）〔二四〕。說文作橃，從木發聲也。

瀑河　上蒲冒反。考聲云：猝雨也。說文：疾雨水也。又瀑霣也〔二五〕。字從水從日從出從廾音拱從米音滔也。

毫氂　上胡高反，下力馳反。九章筭經云：凡度之始，初於忽。十忽爲絲，十絲爲毫，十毫爲氂。說文云：毫氂二字並從

毛。毫字從豪省，氂字從犛省。經文作豪犛二字，誤也。

輕懱　下眠鼈反。説文云：輕傷[一二六]。從心，變體作忄，從蔑，音同上。經文從竹作篾，竹皮也，非經義。有本從手作摗，樂名也，今不取。

大乘理趣六波羅蜜多經　第二卷

迦遮鄰底迦　上下二字皆薑佉反。底音丁以反。西國瑞鳥名也，身有毳毛，非常輕耎，績以爲衣。轉輪聖王方御此服，即今彼國見有此鳥流類，毛粗不如輪王時所得者也。

不瞚　下水閏反。説文云：瞚，謂目開闔數揺動也。從目寅亦聲也。俗作瞬。古文作眴。今經文從目旬作眴，亦通。魯史春秋云：萬世猶如一眴也。

嗢鉢羅　上烏骨反，正梵語也。舊云優鉢羅，或云漚鉢羅，此譯云青蓮華，最香最大，人間絶無，出大雪山無熱惱池也。

鉢特磨　梵語，不正也。或云波頭摩，或云鉢弩摩，正云鉢納摩。此譯云紅蓮華，謂華之上者也。

拘牟頭　或云拘勿頭，或云拘摩那，皆梵語訛轉爾。正云拘某陀，此譯云赤色蓮華，人間亦少，多出彼池。

奔茶利　古云芬陀利，皆訛也。正云奔去聲荼奴雅反哩迦。此云白色蓮華也。人間無，亦出彼池也。

曼茶羅　或云曼吒羅。具足應云摩賀曼拏。上聲攞（羅）[一二七]，此云大壇，即衆聖集會所。案金剛頂經有十七大曼荼羅，一一皆具四曼荼羅，廣如彼説。

蓊鬱　上屋孔反，下温律反。説文：鬱，艸也[一二八]。字從林缶芳久反冖音人凶匕彡作鬱。經文作欝，俗用，非也。漢書司馬相如云：蓊鬱，草木盛皃也。

唵愔　上烏甘反，下於淫反。真言中字也。

呬醘　上馨以反，下呼雞反。

㲋迷　上奴溝反。案字，兔子。

⿰乞頁叉　上苦骨反。案字，白禿。

伱⿰口尸　下音許兮反。真言中字也。

沃屹　上烏酷反，下魚訖反。自庵愔至沃屹，並真言，用影梵文，不求字義。

賑恤　上真刃反。爾雅曰：賑，富也。下思律反。鄭注周禮云：賑恤，憂貧也。顧野王云：賑，救也。恤，憋也。説文云：恤，從心血聲也。

心肺　白虎通云：心，禮也。南方火之精，赤鋭而有瓣，如未敷蓮華。王叔和脈經云：心與小腸、大腸合爲府，其藏神，其候口，故心有病則失音不能言。下芳廢反。白虎通云：肺，義也。西方金之精色白。王叔和脈經云：肺與膀胱合爲府，其神魄，其候鼻，故肺有病則鼻不聞香臭。説文云：從肉朩聲也[一二九]。朩音肥味反。經文從市作肺，俗用，非。

腸胃　上除良反。釋名云：腹内暢氣之府也。説文：從肉塲省聲也。下或作腸，俗字也，正作胃。白虎通云：脾之府色黑。説文云：穀府也。從肉。象形字也。

肝膽　上音干。白虎通云：肝，仁也。東方木之精。王氏脈經云：肝與膽合爲府，其神魂，其候目，故肝熱則目赤。説文：從月干聲也。下荅敢反。白虎通云：膽者，肝之府主仁，是以仁者有勇。王氏脉經云：膽之病則精神不守。説文云：從肉詹聲也。詹音占。

脾腎　上婢彌反。白虎通云：脾者，信也。中央土之精色黃。王

氏脈經云：脾與胃合爲府，其候舌，故脾有熱則舌病脣不收。下臣忍反。白虎通云：腎者，智也。北方水之精，色黑，其形偶。脈經云：腎與三焦合爲府，其候耳，故腎虚則耳聾。説文：從肉臤。臤音啓絃反。

大乘理趣六波羅蜜多經　第三卷

穿脇　下許業反。説文云：肚兩旁脇也〔三〇〕。從肉劦聲也。劦音叶，從三力。經文從三刀作刕〔三一〕，非也。

啄噉　上音卓。廣雅云：啄，噣也。説文云：鳥喰〔三二〕也。從口豕聲也。豕音丑緑反。經文從彖作喙，音吁穢反，鳥口也，非此義。下唐濫反。噉亦食也。或作啖，亦同。

鉆鉗　上儉嚴反。説文云：鐵鉗。夾取物也。從金占聲。經文從甘作鉗，乃小兒鐵枷也，非夾取義。下黏輒反。説文：鉗亦鉆也。攝也。從金耴聲也。耴音同上。經文從三耳作鑷，車下鐵纂，非本字。

磔裂　上陟革反。字書云：磔，開也，又張也。説文云：殺而張膊也〔三三〕音匹各反，謂劏肉也。周禮云：磔，牲祭以禳灾也。郭璞注爾雅云：今俗磔狗當大道中，云止風也。

焚燎　下聊弔反。鄭注禮記云：照也。説文云：放火也。從火尞，形聲字也。

相拶　下賛粹反。集訓云：拶，逼也。考聲云：排也。説文云：從手㚒聲。㚒音才粹反，粹音闌怛反。

偃仆　上去(云)〔三四〕蹇反。廣雅云：偃，仰也。從人匽聲。下明(朋)〔三五〕北反。或作踣，同。考聲云：前倒也，覆面也。説文：傾頓也〔三六〕。又芳遇反。

斸斫　上冢緑反。考聲云：斸，掘也。钁，斸也。説文：斸，斫也。從斤屬聲也。經文作斵，俗字。下章若反。刀斫也。

韁轡　上音薑，下音袐。顧野王云：制馭車馬勒也。説文：形聲字也。轡字從絲，從軎，音衛，會意字也。有從口從亡，非。

鞭撻　上必綿反。説文云：馬策也。從革便聲。下他葛反。鄭注周禮云：抶也。抶，猶打擊也。抶音耻栗反。説文：撻，從手達聲也。

髲下　上音被，謂髲垂也。説文：從髟皮聲。髟音必遥反。

鳧鴈　上輔于反〔三七〕。爾雅曰：舒鳧，鶩。鶩音木。郭璞注云：鴨也。考聲云：野鴨之小者也。字從鳥几聲。几音殊。几者，鳥之短羽飛几几然，形聲字也。下顔諫反。毛詩傳云：大曰鴻，小曰鴈，隨陽鳥也。月令云：季秋之月，鴻鴈來賓。説文：鴈，鵞尸(鳫)〔三八〕也。亦名鴚，音歌。

蜴蜥　上音亦，下西歷反。爾雅云：蜥蜴，蝘蜓，即守宫也。説文云：在壁曰蝘蜓，在草曰蜥蜴。方言云：秦晉謂之守宫，南楚謂之蛇醫，或謂之蠑螈。説文云：蜴字或作易。蜥字從虫析聲。經文從斤作蚚，乃音祈，非蜴蜥字。

蟣蝨　上居擬反。韻英云：蝨卵也。下所乙反。説文：嚙人蟲也。從卂蚰作蝨。經文從乁作虱，俗用，非也。卂音信，蚰音昆也。

蚤等　臧老反。説文：嚙人跳蟲子也。從蚰從叉亦聲也。經文作蚤，俗字。叉音爪。

螟蛉　上覓瓶反，下歷丁反。爾雅曰：螟蛉，桑蟲。毛詩蟲魚疏云：桑小青蟲也，似步屈。今蜾蠃所負爲子者是也。蜾蠃，蜂也。一名蠮螉，許慎云：細腰蜂也。郭璞云：俗謂

螟蛉爲桑蟃。蜾音果，蠃音魯果反。蠮音煙繼反，螉音烏公反。蟃音万。

蟊螣　上莫侯反，下螣德反。皆蝗蟲類也。毛詩傳曰：食根蟊，食葉螣。或作蚮。爾雅作蟘。說文曰：官吏乞貣則生蚮〔三九〕。二字皆形聲字也。

阜螽　上音負，下音終。說文作蠜，音同上。許慎曰：負螽，蝗蟲類也。在草中，不食苗。毛詩曰：趯趯阜螽。爾雅作阜螽，皆形聲字。趯音他曆反。

蛺蝶　上兼葉反，下恬頰反。說文：蟲名也。一名胡蝶，莊周所夢者是也。二字並從虫，虫音許鬼反，夾、枼聲。夾音古洽反，枼音葉。

蜣蜋　上佉良反，下音良。爾雅云：蛣蜣，蜣蜋也。郭璞注云：黑甲蟲也，噉糞土者。蛣音詰。

蠅蝱　上孕蒸反，下麥彭反。鄭箋毛詩云：蠅之爲蟲，汙白爲黑。方言云：秦晉陳楚之間謂之蠅，東齊謂之羊，聲訛轉也。郭璞曰：江東呼羊似蠅也。

驝駝　上又作馲，同。音湯落反，亦音郎各反。下亦作駞，同。音唐何反。考聲云：胡地畜也。山海經云：背有肉鞍，力負千斤，日行三百里，能知水泉所在也。說文：二字皆形聲也。經文作駱，音洛。爾雅云：白馬黑鬣曰駱，非馲駝字也。

尪羸　上烏光反。考聲云：破〔四〇〕也。杜注左傳云：瘠病也。說文云：曲脛也。從大〔四一〕，象偏曲一脚，王聲也〔四二〕。經文從兀作尫，誤也。下力追反。賈注國語云：羸，病也。杜預注左傳云：弱也。說文：羸，瘦也。從羊從羸，音力戈反。

剫剝　上音皮，下邦角反。字書：剝落也，傷害也。上剫字，相承音皮，檢字書無此字，未達。案：合作皷，音疋靡反，傷也，打折也。

皴劈　上七遵反。埤蒼云：皴，皵也。皵音七略反。考聲云：凍裂也。說文：從皮夋，形聲字也。夋音七旬反。下劈，音匹亦反。廣雅云：劈，裂也。說文：劈，破也。從刀辟聲也。古文作脈，從片從𠂢，分散形也。

乞匃　下垓礙反。說文云：人亡財物則行乞匃也〔四三〕。匃亦求也。字從人從亾，不從包也。

勞倦　下渠卷反。疲也，懈也。尚書云：猒倦也。說文云：從人卷聲。或作勌，亦通。經文作倦〔四四〕，無此字也。

弓弰　下所交反。埤蒼云：弓兩端末也。考聲云：弰謂弓兩頭。從弓肖聲。

孤惸　上古胡反。考聲云：孤，獨也。說文云：無父曰孤。從子音結從瓠省聲也。下葵營反。考聲云：孤單也。文字典說云：無兄弟曰惸。說文作𥄕，從卂營省聲。或從人作㷀，或作煢，皆通用也。

鰥寡　上寡頑反。禮記云：老而無妻曰鰥。尚書云：有鰥在下，謂舜年過而無室也。下寡，音關瓦反。考聲云：獨也，謂婦人無夫也。寡字下從分。經文從灬音必遥反作寡，書寫誤。

囹圄　上歷丁反，下魚舉反。周時獄名，夏曰夏臺，殷曰羑里，周曰囹圄也。謂囚禁罪人之所，二字並形聲也。

鈇鉞　上甫于反，又音斧。禮記：諸侯賜斧鉞，然後得殺。鄭玄注云：得其器乃敢行其事。說文：鈇，剉也。從金夫聲。下袁厥反。崔豹古今注云：諸侯得黄鉞者，許斬持節將。

說文：從金戉（戊）[四五]聲也。戉字從乚音厥從戈。經作戊，非也，音茂。

蠱道　上音野。鄭注周禮云：野毒蟲也。說文云：腹中蟲，能痛害人。從蟲皿聲。或云：蠱毒，蠱音古字。

護魔法　護魔二字或云呼么，梵語也。唐云火祭。案瑜伽護魔經有四種爐，謂半月形、滿月形、方與八角應。四種法，謂勾召、降伏、息灾、敬愛等。加持雖别，皆以三白食及雜花果等於爐中焚燎，用祭賢聖，如此方燔柴之祭。

燖去　上祥簷反。考聲云：燂，煮也。謂以湯沃毛令脱也。說文云：從火覃聲也。經文作燖，俗字也。正作燅。古文作⿰炙夭[四六]，今人罕用。

騣髦　上子東反。蔡邕云：騣馬上毛也。古今典說云：馬騣也。從馬㚇聲也。下音毛。㚇音同上。

剜眼　上椀莞反。埤蒼云：剜，削也。考聲云：剜，由（曲）[四七]刻也。說文云：從刀宛，形聲也。

刵耳　上而志反。孔注尚書云：刵，截耳也。廣雅亦云截耳也。說文云：斷耳也。從刀耳聲也。

劓鼻　宜器反。孔注尚書云：劓，割也。說文云：截也[四八]。從刀鼻聲也。

魁膾　上苦瓌反。孔注尚書云：魁，師（帥）[四九]也。鄭注禮記云：首也。史記云：壯夫也。從斗鬼也。下瓌外反。廣雅云：膾，割也。案魁膾者，屠殺兇惡之師也。字從肉會聲也。

罘網　上縛謀反。鄭注禮記云：罘，獸罟也。韻英云：罝也。說文：兔罟也。從网不聲。罟音古，罝音姐耶反。下無倣反，亦作网，正作罔也。

矰繳　上則登反。鄭注周禮云：結繳於矢謂之矰也。考工記云：矰，矢弓所用也。又云：矢羽名也。說文：從矢曾聲也。經文作繒，音疾陵反，誤書也。下章苦（若）[五〇]反。廣雅云：繳，纏也。說文云：生絲縷也。從糸敫聲也。敫音羊灼反。作繁字，亦通用。

薜荔多　上蘗閉反，下黎帝反，梵語訛也。正云畢隸多，此云餓鬼也。亦三途中鬼趣總名也。

大乘理趣六波羅蜜多經　第四卷

乳哺　下蒲慕反。許慎注淮南子云：口中嚼食與之，似鳥與兒食曰哺。說文：從口甫聲也。今經文從食作餔，米糊也。又逋、布二音，非乳哺義也。

嚬㘎　上毘寅反，下子六反。文字集略云：嚬者，㘎眉也。顧野王云：憂愁思慮不樂之皃也。古文作顰，亦作矉。下或作蹙。經文從足作蹵，非也。

谿澗　上啓奚反。爾雅曰：水注川也。說文云：川瀆無所通者也。從谷奚聲。亦作溪字。下閒晏反。毛詩傳曰：山夾水曰澗。說文云：從水閒聲也。又作㵎，亦作磵，皆通用也。

汎漲　上芳梵反。王逸注楚辭云：汎，淹也。說文：浄（浮）也[五一]。從水凡聲。下張亮反。郭璞注江賦云：漲，大水也。說文：從水張聲也。

噏取　上歆急反。顧野王云：噏，氣息入也。說文云：内息也。從口翕聲。亦作吸字。歆音許金反。

鐶釧　上滑關反。博雅云：指鐶也。文字典說云：小拇指鐶也。

說文：從金還省聲。下川眷反。文字典說云：臂釧也。說文：腕環也[五二]。從金川聲也。

耳璫　下音當。釋名云：穿耳於珠曰璫。埤蒼云：耳飾也。說文云：從王當聲也。

俳優　上敗埋反。博雅云：俳亦優也。說文云：戲也。從人非聲也。下於尤反。顧野王云：優，樂人所爲戲笑。杜注左傳云：調戲也。蒼頡篇云：優亦樂也。說文云：從人憂聲也。

尼殺曇分　梵語，數法之極也，或云優波尼沙陀。慧苑法師音義引瑜伽大論譯爲微細分，如析一毛以爲百分，又析彼一分爲百千萬分，又於析分中如前析之，乃至鄰虛，至不可析處，名爲鄔波尼殺曇分也。

窣堵波　上蘇骨反，梵語也。或云蘇偷婆，或云塔婆，皆梵言楚夏耳。此譯云高勝方墳也，即安如來舍利，塼石鐵木等塔是也。俗語或云浮圖也。

赧而　上拏揀反。方言云：赧亦媿也。說文云：面慙赤也。字從㞋聲也。㞋音展。經文從皮作赧，誤書也。

瘡疣　上楚霜反。禮記云：頭有瘡則沐。說文云：創，傷也。古文作用(刅)[五三]，象刀入形也。下有求反。蒼頡篇云：病也。又小曰疣，大曰贅也。古今正字亦作疚。贅音隹芮反。

大乘理趣六波羅蜜多經　第五卷

夢寐　上，說文作寢，從宀從爿夢。周禮：以日月星辰占六寢之吉凶，一曰正寢，二曰噩寢，三曰思寢，四曰悟寢，五曰憘寢，六曰懼寢。下彌臂反。寐寢也。說文：從寢未省聲也[五四]。

寤寤　上又作覺，同，音教。博雅云：覺，知也。下五故反。毛詩云：寤亦覺也。說文云：從寢省，吾聲也。

陷穽　上咸鑒反。考聲云：陷，穴也。王逸注楚辭云：陷，没也。從阜臽聲。亦單作臽字。下情性反。鄭注周禮云：穿地爲深坑，捕禽獸也。說文：從穴井聲。或作阱，亦作𡨦、汬，皆古字也。

游泳　上酉幽反。顧野王云：游浮於水上而進也。鄭注周禮云：備沉溺也[五五]。說文：從水斿聲[五六]。下榮命反。毛詩云：潛行水中爲泳。郭注爾雅云：水底行。說文云：從水詠省聲也[五七]。

鉤餌　下仍吏反。說文云：粉餅也。又食也。案鉤餌，即以魚所食物施於鉤用取魚。

黑蜂　下敷容反。爾雅云：土蜂，木蜂。郭注云：今江東呼大蜂，於地中作房者。爲馬蜂，啖其子者也[五八]。爾雅正作蠭。今俗作蜂。或俗音蓬也。

旋嵐　下臘南反，梵語也。即劫灾起時大猛風也。

談謔　上蹈南反。顧野王云：談，言論也。說文：從言炎聲。下香虐反。爾雅曰：謔浪、笑敖，戲謔也。說文亦云戲也，從言虐，形聲也。

枯槁　上苦姑反。說文云：枯亦槁也。從木古聲也。下苦老反。考聲云：槁，乾也。說文作槀，木枯也。從木高聲。亦作殦字也。

眼睛　下子盈反。考聲云：目珠子也。說文云：從目青聲。經文有作精，善也，正也，非眼睛義也。

廝下　上息資反。何休注公羊傳云：廝，賤人也。廣雅：命使者也。説文云：從广斯聲。亦作㕨。

大乘理趣六波羅蜜多經　第六卷

旃荼羅　梵語也，或云旃陀羅。此譯云嚴熾，謂屠殺者種類之名也。一云主殺獄卒也。西域記云：其人行則摇鈴自標，或柱破頭之竹。若不然者，王即與其罪也。

梯隥　上體奚反。賈注國語云：梯，階也。説文解同，從木第〔五九〕聲也。下登鄧反。博雅云：隥，履也，依而上之也。説文云：從阜登聲也。

蟺穴　上宜倚反。爾雅曰：蚍蜉，大蟺，小者蟺。郭注云：大者俗呼馬蚍蜉。説文：從虫豈聲也。經文作蟻、蟻，皆俗字也。

捐棄　上悦玄反。考聲云：捐，棄也。俗作捐〔六〇〕，從手涓省聲也。下輕異反。説文：棄，捐也。從廾音拱從華音鉢安反從𠫓音土骨反，云逆子也，倒書子字，推而棄之，會意字也。

革鞢　上耕額反。革，獸皮也。下所綺反。考聲云：屨之不攝跟者，名爲革鞢。説文：鞮屬也。從革徙聲。經文從尸作屣，或作鞋，俗字也。鞮音都奚反。

媿恧　上歸位反。杜注左傳云：媿，慙也，耻也。説文云：從女鬼聲。或從心作愧，亦通。下女六反。爾雅云：心媿爲恧。説文云亦慙也。從心而音同上，而字無下畫也。

大乘理趣六波羅蜜多經　第七卷

窳惰　上俞主反。史記云：窳亦嬾惰也。爾雅：勞也。郭注云：勞苦者多惰窳，言嬾人不能自起，如瓜瓠繫在地，不能起立。故窳字從二瓜，喻嬾人在室中不出。説文從穴，會意字也。下徒臥反。考聲云：惰，嬾也。説文云：從心隋聲也。亦作憜字。

耕墾　上古衡反。蒼頡篇云：耕亦懇〔六一〕田也。山海經云：後稷之孫叔均始作耕。郭景淳（純）〔六二〕注云：始用牛犁也。説文云：從耒從井，像耕壟之形。古作畊。下康佷反。蒼頡篇云：墾亦耕也。廣雅：理也。説文：從土豤聲。

擐甲　上本音患。杜注左傳云：擐甲執兵是也。説文云：穿貫衣甲也〔六三〕。從手還省聲。

芬馥　上芬文反。考聲云：香氣也。古文從屮作芬。屮音丑列反。説文云：草初生，香氣分布。從屮分聲。今隸書從艸作芬。芬，和也。經文從香作馚，非本字。下馮目反。韓詩云：芬馥，香氣皃也。

阿迦膩吒　梵語也。具足應云阿迦尼瑟吒，此譯云色究竟也，言其色界十八天中此最終極也。又云無小。餘天互望亦大亦小，此之一天，唯大無小，故以爲名。

阿鼻　梵語也。或云阿毘，或云阿鼻旨，此云無間。無間有二義，一身無間，二受苦無間。此地獄縱廣深等二万由旬。故俱舍論云「此下過二万，無間深廣同」也。

贍部洲　上時染反，梵語也。此大地總名。古經或名琰浮，或名閻浮提，皆訛轉耳。立世阿毘曇論云：此洲北泥民陀羅河南岸，正當洲之中心，有贍部樹下水底南岸下，有贍部黄金，古名閻浮檀金是也。樹因金而立名，洲因樹而得號，故名贍部洲也。

勝身洲　古云弗于逮，或名弗婆提，或云毘提訶，皆梵語輕重異

也。正云補囉嚩尾尼賀，譯云身勝。毗曇云：以彼洲人身形殊勝，體無諸疾，量長八肘，故以爲名。

牛貨洲　古云瞿伽尼，或云瞿耶尼，或名瞿陀尼，皆訛轉也。正云過嚩柅，義譯爲牛貨。毗曇云：以彼多牛，用牛貨易故，因以爲名。

俱盧洲　古名鬱單越，或名鬱怛羅，或名鬱多羅拘樓，亦名郁多羅鳩留，皆訛轉也。正云嗢怛羅矩嚕。此譯云高勝，謂此一洲人無中天，定壽千歲。

畟方　上初色反。説文：正方，四面齊等。

竦慄　上相勇反。杜注左傳云：悚，懼也。考聲：心不安也。説文：從立從束，言自申束也。經文從心作悚，俗字也。下鄰吉反。郭注爾雅云：慄，憂戚也。尚書云：危懼也。説文：從心栗聲。

賙給　上之由反。毛詩傳云：賙，救也。鄭箋云：權救其患也。説文云：從貝周聲也。下金立反。顧野王云：給，權供也。賈注國語云：給，及也，足也，備也。説文：相供足也。從糸合聲。

大乘理趣六波羅蜜多經　第八卷

慣習　上關患反。杜注左傳云：慣亦習也。説文作遺，云習也。從辵貫聲。辵音丑略反。經文有本作串，音釧，俗字也。

躁動　上早到反。賈注國語云：躁，擾也。鄭注論語云：不安静也。考聲：性急也。玉篇云：躁亦動也。説文云：從足喿聲。經文從粂作跺，非也。喿音蘇到反，粂音倉含反。

犛牛　上茆包反。山海經云：潘侯之山有獸，狀如牛而四節生毛，名曰犛牛。郭璞注云：牛背、膝、胡、尾皆長毛也(六四)。胡，臆前項下。説文：西南夷長髦牛也。字從𠩺牛。𠩺，力之反。

作燧　下隨醉反。左傳云：風駕出燧。杜注云：取火具也。淮南子云：陽燧見日則熿而爲火也。説文云：從金隊聲。經文作燧，或作㸂，皆俗字，乃候望之烽火也，非經用。熿音然善反。

蟒蛇　上莫牓反。爾雅云：蟒，王蛇也。郭注云：蛇之大者，故曰蟒蛇。説文云：從虫莽聲。莽字，説文從犬茻聲。茻音同上，從重艸，篆作茻。經文從卉作莽，誤也。下射遮反。毛詩云：惟虺惟蛇。周易：蛇，豸屬也。説文：從虫它聲。經文作蛇，俗字也。它音徒何反，豸音雉也。

墋毒　上楚錦反。砂墋不可服。説文：從土參聲。參從彡，音衫。經文從小作叅，謬也。又從石作磣，俗字。毒字，説文從屮，音丑列反。屮，草也，云草初生有毒也。

瞢瞢　上音騰。考聲云：瞢瞢，臥初起皃也。下墨崩反。鄭注周禮云：目無精光，不明也。杜注左傳云：悶也。二字皆從夢省，登、目亦聲也。

麄澀　上麄字，正作麤，從三鹿。説文：不細也。今省去二鹿作此麄字。下色立反。説文云：澀，不滑也。字從四止，二止倒書，二止正書。經文從水三止作澁，非。

捫摸　上沒奔反。毛詩注云：捫，持也。聲類亦摸也。説文云：從手門聲。下忙博反。方言云：摸，揉，摩挲也。説文云：從手莫聲。經文從莫下著手作摹，音謨，亦摩挲也。摸或亦音謀字也。

大乘理趣六波羅蜜多經　第九卷

憾恨　上含紺反。孔注論語云：憾亦恨也。説文：從心感聲。下胡艮反。蒼頡篇云：恨，怨也。從心艮聲也。

暎蔽　上於敬反。李注文選云：暎，傍照也。孫緬云：隱也。從日英聲。經文從央作映，音烏浪反，非此用也。下卑袂反。史記云：蔽，障也。説文云：從艸敝聲也。敝音同上。

火煖　下奴管反，俗字也。賈注國語云：煖，温也。正作煗。經文作㬉，非也。説文：從火耎聲。

飇火　上必遥反。爾雅云：扶摇謂之飇。郭注云：暴風從下而上也。説文云：摇風也。從風猋聲也。猋字三犬也，音同上。經文從三火作飈，非也。爾雅亦單作猋字。

大乘理趣六波羅蜜多經　第十卷

拇指　上莫譜反。韻英云：拇謂手足大指。説文云：從手母聲。母字從女，中二點像母兩乳形。有作母（毋）〔六五〕，音無，止之辭。母、母（毋）全别。

菡萏　上含感反，下覃感反。毛詩注云：花未開者曰芙蓉，已開者曰菡萏。爾雅曰：荷，芙渠，其花菡萏。爾雅作菡萏字。經文作菡萏二字，皆不成字也。又作蔰，亦非。

撮磨　上蒼括反。廣雅云：撮，持也。應劭注漢書云：三指撮。下莫何反，研磨也。無垢稱經云：是身如聚沫，不可撮磨。言浮幻虚脆，不可撮持而磨也。説文云：從手最聲。

芭蕉　上霸麻反，下子消反。王注楚辭云：香草名也。生交阯，葉如席，煮可爲紡績也。不堅草也。故無垢稱云：是身如芭蕉，中無有堅。二字並從草，巴、焦皆聲也。

絡腋衣　上郎各反，次音亦。案有部律名僧脚崎，舊云僧祇支，唐云掩腋衣也。净三藏寄歸傳云：本製恐汗污三衣，先用掩右腋，下交絡於左肩上，後披袈裟。相承用爲覆膊者，誤行已久。經文作掖，亦通用。

稼穡　上加暇反，下所側反。馬注論語云：樹五穀曰稼。鄭注周禮云：稼，有似嫁女相生也。毛詩傳云：種曰稼，斂曰穡。説文云：稼，禾之秀實也。一云在野曰稼，穀可收斂曰穡。二字並從禾，家、嗇皆聲也。嗇音同上。

續一切經音義　卷第一

校勘記

〔一〕撲　據文意似作「樸」。

〔二〕説文云：木素也　今傳本説文：「朴，木皮也。」

〔三〕万　獅本作「萬」。

〔四〕説文云：大籟小簫　今傳本説文：「籟，三孔龠也。大者爲之笙，其中爲之籟，小者謂之箹。」

〔五〕説文曰：實也，太陽精不虧也。從口一聲也　今傳本説文：「從口一，象形。」段注：「口象其輪郭，一象其中不虧。」

〔六〕説文：從革冈馬　今傳本説文作「䩭」，「从网从馽」。段注：「今字作羈，俗作羇。」

〔七〕明　據文意當作「明」。

〔八〕及　據文意當作「反」。

〔九〕從人婁省聲也　今傳本説文：「從人妻聲。」

〔一〇〕説文：從阜從匧聲也　今傳本説文作陜，

「從自夾聲」。

〔一一〕觥　即「觵」。

〔一二〕其掌　獅和臺灣大通書局本無，此據中華大藏經本。

〔一三〕獺　今傳本作「憨」。

〔一四〕說文云：似虎，圜文　今傳本說文：「豹，似虎，圜文。」

〔一五〕是　據文意似作「事」。

〔一六〕漢　今傳本釋名作「濮」。

〔一七〕堅　據文意當作「涓」。

〔一八〕說文云：毒蟲也　今傳本說文：「蝎，蝤蠐也。」

〔一九〕說文云：水介蟲也　今傳本說文：「鼈，甲蟲也。」

〔二〇〕說文云：水介蟲也　今傳本說文：「鼉，水蟲，似蜥易，長大。從黽單聲。」

〔二一〕曰　據文意當作「冃」。下同。

〔二二〕大面　北齊至隋唐時期的一種歌舞節目。

〔二三〕撥頭　唐代一種戴假面具的樂舞，來自西域。又名拔頭、缽頭。

〔二四〕般　獅作「⿰舟發」。

〔二五〕說文：疾雨水也。又瀑霣也　今傳本說文：「瀑，疾雨也。一曰沫也，一曰瀑資也。」段注：「霣，雨也。齊人謂靁爲霣。」

〔二六〕說文云：輕傷　今傳本說文：「懱，輕易也。」

〔二七〕攞　據文意當作「羅」。

〔二八〕說文：鬱，艸也　今傳本說文：「鬱，木叢生者。」

〔二九〕布　今傳本說文作「市」。

〔三〇〕說文云：肚兩旁脇也　今傳本說文：「脅，兩膀也。」

〔三一〕劦　據文意當作「脇」。

〔三二〕喰　今傳本說文作「食」。

〔三三〕說文云：殺而張膊也　今傳本說文：「磔，辜也。」段注：「凡言磔者，開也，張也，刳其胸腹，而張之，令其乾枯不收。」

〔三四〕去　據文意似當作「於」或「云」。

〔三五〕明　據文意似當作「朋」。

〔三六〕說文：傾頓也　今傳本說文：「仆，頓也。」

〔三七〕反　各本無。獅本注云：「于下反脫。」臺灣大通書局影印本在一旁補入此字。

〔三八〕尸　據文意似當作「鳫」。

〔三九〕說文曰：官吏乞貣則生蚃　今傳本說文：「螟，蟲食苗葉者，吏乞貸則生螟。」

〔四〇〕破　據文意似當作「跛」。

〔四一〕大　據文意似當作「九」。

〔四二〕說文云：曲脛也。從大，象偏曲一脚，王聲也　今傳本說文：「尢，尳曲脛也。從大，象偏曲之形。」

〔四三〕說文云：人亡財物則行乞匃也　今傳本說文：「匃，气也。」

〔四四〕倦　據文意似作「徻」。

〔四五〕說文：鈇，剉也　今傳本說文：「鈇，莝斫刀也。」戊　今傳本說文作「戉」。

〔四六〕⿰革炎　即「⿱埶炎」。⿰糸夭　即「緂」。

〔四七〕由　據文意似當作「曲」。

〔四八〕說文云：截也　今傳本說文：「劓，刑鼻也。」

〔四九〕師　今傳本孔注尚書作「帥」。下同。

〔五〇〕苦　據文意似作「若」。

〔五一〕說文：净也　今傳本說文：「汎，浮皃。」

〔五二〕說文：腕環也　今傳本說文：「釧，臂環也。」

〔五三〕用　據文意當作「办」。

〔五四〕說文：從㝱未省聲也　今傳本說文：「從㝱省未聲。」

〔五五〕鄭注周禮云：備沉溺也　今傳本鄭注周禮：「備波洋卒至沈溺也。」

〔五六〕說文：從水斿聲　今傳本說文：「從㫃汓聲」。

〔五七〕說文云：從水詠省聲也　今傳本說文：「泳，從水永聲。」

〔五八〕郭注云：今江東呼大蜂，於地中作房者。爲馬蜂，啖其子者也　今傳本郭注：「今江東呼大蠭，在地中作房者爲土蠭，啖其子即馬蠭，今荆巴間呼爲蟺，音憚。」

〔五九〕第　今傳本說文作「弟」。

〔六〇〕捐　據文意似作「掮」。

〔六一〕懇　據文意當作「墾」。

〔六二〕郭景淳　據文意當爲「郭景純」。

〔六三〕說文云：穿貫衣甲也　今傳本說文：「擐，貫也。」

〔六四〕郭璞注云：牛背、膝、胡、尾皆長毛也　周祖謨爾雅校箋：「犣牛。」郭注：「旄牛也。髀、膝、尾皆有長毛。」

〔六五〕母　據文意當作「毋」。下同。

續一切經音義　卷第一

燕京崇仁寺沙門希麟集

續音新大方廣佛花嚴經四十卷

右第一盡十五此卷續音

新大方廣佛花嚴經　第一卷

室羅筏　下音伐。梵語西域國名也。具足應云室羅筏悉底。此翻爲豐德，或曰聞物，即舊云舍衛國也。謂此城中多出人物，好行道德，五天共聞，故曰聞物。又云：昔有老仙於此習仙道，後有少仙從其受學，厥號聞物。老仙没後，少仙於此建立城郭，因以爲號也。

翳障　上於計反。顧野王云：隱也。亦奄也。説文云：羽葆也〔一〕。舞者所執以蔽身也。從羽殹聲也。下又作鄣，同。之亮反。切韻：障，遮也，隔也。字書：掩也。玉篇云亦作瘴。説文云：從阜章聲。

揀擇　上古眼反。字書云：揀，選也，擇取好者。説文云：從手柬聲。柬，從束，八在中，音同上。經文從東作揀，書字人誤也。下音澤。擇亦揀也。説文云：選也〔二〕。從手澤省聲字。

閻浮檀　梵語也。或名琰浮，或云贍部。立世論云：有贍部樹生於泥民達羅河南岸，正當此洲之中心，北臨水上。於樹下水底南岸有贍部黄金，即閻浮檀金是也。南贍部洲因此彰名。

門闥　下他達反。漢書集注云：闥謂小門也。説文：從門達聲。門字，説文從二户也。

牕牖　上楚江反。説文云：在牆曰牖，在屋曰牕。從片悤聲，像交眼之形。經作牕，或作窻，皆俗字。下由酒反。説文云：穿壁以木交爲窻也。從片户甫聲也。悤音同上。

階墀　上音皆，下直尼反。玉篇曰：階謂登堂之道也。説文曰：墀謂以丹塗地謂之丹墀。又道也，亦階也。

欄楯　上勒丹反，下述尹反。説文曰：欄，檻也。王逸注楚辭云：縱曰檻，横曰楯。［楯］〔三〕間子謂之櫺。間字去聲。

湍激　上吐官反，下古歷反。説文曰：湍，瀨也〔四〕。淺水流於砂上曰湍也。水文凝〔五〕邪疾急曰激。並從水，耑、敫聲也。凝字去聲，耑音端，敫音同上也。

洄澓　上户恢反。爾雅曰：逆流而上曰泝洄。下符福反。三蒼云：澓，深也。謂河海中洄旋之處也。説文並從水，回復皆聲也。

菡萏　上含感反，下覃感反。毛詩注云：未開曰芙蓉，已開曰菡萏也。經文作菡萏，二字皆謬也。

布濩　下音護。顔注漢書曰：布濩，猶言布露，謂於缺露之處皆遍布也。經文從言作護。切韻云：助也，治也。非此用。

氤氳　上於真反，下音於云反。切韻云：二字元氣盛也。又香氣分布皃。説文云：從气，因、昷[聲]〔六〕。形聲字也。气音氣，昷音温也。

繽紛　上匹賓反，下芳分反。考聲：繽紛，亂也。書云：繽紛，衆多皃。集訓云：繽綫(紛)〔七〕，盛皃。並從糸，賓、分聲也。糸音覓。繽，正作繽字。

鐶釧　上又作環，同。滑關反。博雅云：指鐶也。文字典説：小拇指鐶也。説文：從金還省聲。下川眷反。文字典説云：臂釧也。説文：腕環也〔八〕。從金川聲也。

拘蘇摩　梵語花名，正云俱蘇摩那，此云悦意也。其花色美氣皆香，形狀端正，見聞之者無不悦意也。

跏趺　上音加，下音府無反。三蒼云：趺，謂足趺也。鄭注儀禮云：足上也。案瑜伽儀有降魔、吉祥之坐，其跏字只合單作加。先以右足趺加於左髀上，又以左足趺加於右髀上，令二足掌仰，此名降魔坐。又吉祥坐，先以左足趺加右髀上。準前應知此乃吉祥坐爲上，其降魔坐次也。

天竺　下相承音竹，或有亦音篤。山海經云：身毒之國。郭璞注云：即天竺國也。或云賢豆，或云印度，皆梵語訛轉也。正云印特羅，此翻爲月。西域記云：言諸羣生，輪迴不息，無明長夜，莫有司存。其猶白日既隱，宵月斯繼。良以其土賢聖，繼軌導凡，御物如月照臨，故以名焉。

烏長國　正云烏仗那，梵語。西域記云：國周五千餘里，崇重佛法，敬信大乘。舊有伽藍一千四百所，僧徒一萬八千人，並學大乘，寂定爲業。善誦其文，戒行清潔，特閑禁咒也。

支那國　或云真那，或云震旦，亦云摩訶支那，皆梵語輕重也。舊翻爲漢國，或云即大唐國也，或翻大夏國，又云思惟國，謂此國人多有智略，能思惟故，皆義翻也。

新大方廣佛花嚴經　第二卷

違諍　上雨非反。字書云：背也，亦逆也。説文：離也。從辵韋聲。韋字從舛從口，上下相背之形。舛音喘，口音韋，辵音丑略反。下側迸反。説文：諫止也〔九〕。從言争聲也。争音同上。

阿㲹　上音遏，下奴溝反。梵語也，不求字義。

裸露　上華瓦反，順俗音。此正音魯果反。説文云：裸露，肉袒也。從衣果聲。古文作躶，或作倮，並通用。經文多有從示作祼，乃音灌，書寫人誤也。

羸瘦　上累危反。杜注左傳云：羸，弱也。許叔重注淮南子云：劣也。從羊羸聲。下所救反。切韻云：瘦，損也。説文云：從疒叟聲。正作瘦。經作瘦〔一〇〕，俗字。疒音女厄反。

顦顇　上情遥反，下情燧反。韻英云：顦顇，瘦惡皃。經作憔悴。考聲云：憂也，惕也。非瘦義。漢書作癄瘁，病也。左傳作蕉萃，萎也。毛詩作譙誶，武帝作嫶妦，皆非正字也。

豺狼　上牀皆反，山獸也。爾雅云：豺，狗〔一一〕足。説文云：亦狼屬也。從豸才聲。經文從犬作犲，非。案豺有二種，一曰豺郎，二曰豺奴。小者先行，共獵得獸，殺已不敢即食，以待豺郎。故月令云「豺祭獸」是其事。下洛當反。説文云：狼似犬，鋭頭白頰，猛獸也。從犬良，形聲字。

枯涸　上康故反。考聲云：木乾死也。或從歺作殆，古字也。下

河各反。賈注國語云：涸，竭也。廣雅云：盡也。說文云：從水從固聲。

瞖膜　上於計反。郭璞云：瞖，掩也，覆也。說文云：目病也。從目殹聲也。經文從羽作翳，非目瞖。下音莫。考聲云：皮内肉外曰膜。說文：從肉莫聲。經文作瞙，亦通。

假寐　下彌庇反。毛詩傳曰：寐，寢也。顧野王曰：假寐者謂具衣冠而坐眠也。說文云：寐，從未從寢省聲[一二]。

賑給　上章刃反。馬注論語云：賑窮乏也。考聲云：賑亦給也。說文：從貝辰聲。下居立反。切韻：供也，散與也。說文云：從糸從合聲也。上賑又音之[一三]忍反。

地獄　下虐録反。史記：皐陶始作獄。杜預注周禮云：争財曰訟也，争罪曰獄。風俗通云：三王爲獄。夏曰夏臺，殷曰美里，周曰囹圄。自秦漢已後通名爲獄。說文：從犾言，二犬相噬，言以訟之，會意字也。今經中言地獄者，地底也，謂在贍部之下，故言地獄。故俱舍論云：此下過二萬，無間深廣同，上七捺落迦，八增皆十六。廣如論釋。

新大方廣佛花嚴經　第三卷

頻申　上瓶寅反。毛詩傳曰：頻，急也。申，舒也。謂以手足胸背左右上下，或急蹙，或舒展，自解其勞倦也。

聚落　上疾喻反。韋昭漢書云：小鄉曰聚，蕃籬曰落。以人所居故也。聚字，說文云：從乑從取聲。乑音吟，從三人。

旋澓　下符福反。三蒼曰：澓，深也。謂河海中洄旋之處也。說文云：從水復聲。

雷震　上魯迴反。王充論衡曰：以天地爲爐，陰陽爲氣，相擊成聲也。說文正作靁，從雨畾聲。下章認反。切韻云：動也，起也。說文云：從雨辰聲。

新大方廣佛花嚴經　第四卷

赫奕　上亨格反。爾雅曰：赫赫，迅也。郭璞曰：威疾皃也[一四]。方言：赫，發也。廣雅：赫，明也。說文：大赤皃，從二赤。下羊益反。或從大作奕。毛詩傳曰：奕奕，大皃也。說文云：從火亦聲。經文從廾作弈，亦通。廾音拱也。

熙怡　上虚之反，下與之反。說文：熙怡，和悅也[一五]。方言云：怡，喜也。湘潭間曰紛怡，或云熙怡。經中或作嬉，音同。說文云：嬉，樂也。蒼頡篇云：笑也。非此用也。

池塹　上直离反。廣雅曰：亭水曰池。下僉焰反。顧野王云：城池爲塹，即今城外壕坑也。字書云：城隍也。說文云：坑也。從土斬聲也。或從漸作壍，亦同。

垣牆　上遠元反。毛詩傳曰：垣亦牆也。下匠羊反。聲類云：牆亦垣也。尚書曰：無敢逾垣牆。說文：垣，牆敝(蔽)[一六]也。從嗇爿聲。爿音同上。經文或作牆[一七]、廧、墻、牆四形，皆俗用字，非也。

諂誑　上丑斂反。周易云：君子上交不諂，下交不瀆也。何注公羊傳云：諂，猶佞也。莊子云：希意道言謂之諂。說文云：諂，諛也。從言臽聲。瀆音獨。下居況反。賈注國語云：誑，惑也。郭注爾雅云：欺，誑也。說文云：從言狂聲也。

羂索　上癸兗反。桂苑珠叢云：以繩繫物謂之羂也。或作罥。下蘇各反。字書：索，大繩也，亦綆也。又盡也，散也。

羈鞅　上居宜反，下於兩反。王逸注楚辭云：以革絡馬頭也。釋名云：羈，撿也。所以撿持縻絆。

茵蓐　上於真反，下如欲反。毛詩傳曰：茵，虎皮也。玉篇云：以虎皮爲蓐曰茵。又作鞇。郭注爾雅曰：蓐，席也。聲類曰：蓐，薦也。又作褥字，同。案：茵蓐二字若以皮爲即從艸作，若以革爲即從革作鞇也。

瘡疣　上楚霜反。禮記云：頭有瘡則沐。説文作創，傷也。古文作刅，像刀入。下有求反。小曰疣，大曰贅也。古今正字作疣。贅音隹茵反。

誘誨　上與久反。考聲云：引也，導也。論語曰：夫子循循善誘人。説文云：教也。從言秀聲。下荒外反。教也，亦訓也。論語云：誨人不倦，何有於我哉？説文云：從言每聲也。

新大方廣佛花嚴經　第五卷

鹹味　上遐巖反。尚書洪範云：潤下作鹹。爾雅曰：鹹，苦也。説文云：北方味也〔一八〕。從鹵咸聲也。經文從酉作醎，非也。

欻然　上許勿反。切韻：暴起也。亦忽也。字從炎吹省也。下如延反。字書云：而也。説文云：從月音肉從犬從灬音摽。灬，火行皃。犬逐其肉以然之，會意字也。

泳游　上榮柄反。爾雅曰：潛行爲泳。郭璞注云：水底行也。晏子春秋曰：潛行逆流百步，順流七里。下以周反。爾雅曰：順流而下曰泝游。説文云：從水斿聲。經文作游，俗字，非正。

旋澓　下符福反。三蒼曰：旋澓，謂河海中回流深處是也。前已釋竟。

捃拾　上居運反。漢書集注曰：捃，收也。切韻云：捃，拾取也。下是汁反。切韻云：斂也。亦收拾也。

楞伽　上勒登反，俗字也。正作棱，從木夌聲。正梵語應云駿誐，是寶名也。梵語不求字義。駿，勒鄧反。

嘯和　上蘇弔反。説文云：呼吟也〔一九〕，謂聚唇出聲也。亦作歗。下胡卧反。爾雅曰：徒吹謂之和，即相應和也。

罣礙　上又作罫、絓二形，同。胡卦反。字書云：罣亦礙也，謂罥礙也。下五槩反。切韻：止也。亦作硋、㝵、閡，皆俗字也。

捫摸　上没奔反。毛詩注云：持也。聲類云：捫亦摸也。説文云：從手門聲。下忙博反。方言云：摸搽，摩挲也。説文：從手從莫。形聲也。

達邏　下來箇反。梵語不求字義也。

遽即　上其倨反。字書云：急疾也。切韻云：戰慄也。説文云：從辵豦聲也。豦音同上。經文作遽，俗，非也。

普霔　下之戍反。切韻：時雨霔下也。説文：從雨注，形聲字。亦作澍，正體字也。

新大方廣佛花嚴經　第六卷

船舫　上食川反。玉篇曰：舟曰船。下府妄反。又補浪反〔二〇〕。玉篇亦舟也。通俗文云：連舟曰舫，雙並兩舟也。

船橃　上述緣反。方言曰：自關而西謂舟爲船。説文云：船，舟也。從舟沿省聲也。下煩韈反。考聲云：縛竹木浮於水

上也。集訓云：木橃也。從木發聲也。俗從竹[作]〔二一〕筏，通用。廣雅作撥，古文也。經文作栰，謬作也。

惑箭　上胡國反。切韻云：心迷亂也。説文云：從心或聲也。下前線反，俗字。正體作箾，從竹從止從舟從刂。説文云：止舟爲歬，音前。蔡邕：加刂(〈〈)〔二二〕，音古外反。刂(〈〈)，水也，可以行舟。後因行草書字變止作𠂉，變舟作月，變刂(〈〈)爲刀，作前字。考聲云：箭本竹名。此竹葉似葦，叢生，高五六尺，莖實可以爲矢笴，因名矢爲箭。笴音干旱反。

袈裟　上音加，下音沙。梵語訛也。具足應云迦邏沙曳，此云染色，或云壞色，以西域俗人皆著白色衣，故簡異之。袈裟二字本非衣名，不合從衣。

臍輪　上情奚反。字書云：當腹之中曰臍。説文云：膍臍也。從肉齊聲也。或作齊〔二三〕，亦通。經文單作齊，古文借用也。下力迍反。周禮曰：軫之方以像地，蓋之以像天，輪圓以像日月也。輪三十幅也，從車侖聲。

兩脇　下或作脅，同。香業反。説文云：肚兩傍也〔二四〕。從肉從劦聲音叶，從三力。經文從三刀作脇，非也。

廣陿　下遐甲反。禮記云：廣則容姦，陿則思欲。考聲云：陿，隘也。玉篇云：迫隘也，不廣也。經文從犬作狹，誤謬也。乃是狹習字，犬馬所以馴狹之。又輕傷也，甚非廣陿義也。有經作陜，亦非。乃陜州字，陜音式染反，即周書「分陜之地」是也。

漁捕　上語居反。説文：漁謂捕魚也。世本云：古以天下多水，故教人漁。下蒲故反。切韻云：捉也。顧野王云：捕，逐也。説文云：從手甫聲也。甫音俯。

屠獵　上唐胡反。考聲云：殘殺也。説文：刳也。從尸都省聲也〔二五〕。下廉葉反。考聲云：犬逐獸也。爾雅曰：獵，虛(虐)〔二六〕也。又取也，亦謂畋獸爲獵。説文云：從犬巤聲也。巤音同上。

新大方廣佛花嚴經　第七卷

暎蔽　上於敬反。考聲云：暉也，隱也。韻英云：傍照也。古文作映〔二七〕。下卑袂反。韻英云：掩也。考聲云：鄣也。説文云：從草敝聲也。

善軛　下於格反。俗作軶。正作軶〔二八〕，從戸乙聲也。鄭衆注考工記云：軛，轅端壓牛領木也。

閻羅王　或云焰魔，或云爓魔，皆訛略梵語也。正云琰魔羅，義翻爲平等王，謂典生死罪福之業，主守八寒八熱大地獄，役使鬼卒於五趣中，追攝罪人，平等治罰捶拷故。三啓經云「將至琰魔王，隨業而受報」是其事也。

垣牆　上遠元反。毛詩傳曰：垣亦牆也。下匠羊反。聲類云：亦牆垣也。尚書云：無敢逾垣牆。説文：牆敝也〔二九〕。從嗇爿聲也。經中或作墻、墻、牆，並俗。

氛氳　上符云反，下於云反。王逸注楚辭云：氛氳，盛也。謂香氣遠布皃也。

延袤　下莫候反。字書云：廣袤也。切韻云：東西曰廣，南北曰袤也。又，袤亦長也。説文云：從衣矛聲。

甍棟　上莫耕反。切韻：甍亦棟也。下多貢反。爾雅曰：棟謂之桴。郭璞注曰：屋檼也。桴音浮。檼，於靳反〔三〇〕。甍從瓦從夢〔三一〕省聲也。

鳧雁　上輔於反。爾雅曰：舒鳧，鶩音木。郭璞注云：鴨也。考聲云：野鴨之小者也。字書云：從鳥從几(几)〔三一〕，几(几)音殊聲也。下顔諫反。毛詩傳曰：大曰鴻，小曰鴈。即隨陽鳥也。禮記月令云：季秋之月，鴻雁來賓。方言云：自關而西〔三二〕謂雁爲鴚鵝。鴚音歌。

鴛鴦　上於袁反，下於薑反。毛詩曰：鴛鴦于飛。傳曰：鴛鴦，匹鳥也。言其止爲匹偶，飛則雙飛。說文從夗央，皆形聲字也。

白鶴　何各反。郭璞注山海經云：色白，長喙，壽滿千歲，頂背朱色。字書云：神仙鳥也。見則爲祥瑞也。抱朴子曰：鶴鳴九皋，聲聞於天。淮南子云：雞知將曉，鶴知夜半也。說文云：從鳥隺聲。隺音何各反。又解：隺，從冂音癸營反從隹隹即鳥也。鳥高飛至欲出冂也，會意字。

理翮　上良始反。字書云：通也。切韻：料理也。說文云：從王里聲。下行格反。顧野王云：鳥羽翮也。說文：從羽鬲聲。鬲音革也。

耳璫　下都郎反。釋名云：穿耳施珠曰璫。埤蒼云：耳飾也。說文：從玉當聲。

新大方廣佛花嚴經　第八卷

蓊鬱　上烏孔反。漢書相如傳從竹作篛。下于物反。切韻云：香草也。又作欝，俗字也。玉篇云：蓊鬱，草木盛皃也。

葱翠　上倉紅反，下七醉反。上合作總字。青黄色作葱，葱乃葷菜也。說文云：翠，青羽雀也。今言總翠，謂雜色晃曜也，非是葱菜之翠也。

優鉢羅　或云漚鉢羅，正云嗢鉢羅，此云青蓮華。其花青色，葉細陿長，香氣遠聞，人間無此華。唯無熱惱大龍池中有也。嗢，烏骨反。

波頭摩　或云鉢頭摩，或云鉢弩摩，亦云鉢特摩，皆梵聲訛轉。正云鉢納摩，此云紅蓮花。人間亦有，或名赤黄色蓮華也。

拘物頭　或云拘牟那，正云拘某陀，此云赤蓮華。其花深朱，甚香，亦大，人間亦無，唯彼池有。

芬陀利　或云奔荼利迦，正云本拏哩迦，此云白蓮華。其花如雪如銀，光掩人目，甚香，亦大，多出彼池。拏音奴雅反。

牽我　上企堅反。廣雅云：牽，連也，挽也。說文云：引前也。從冂音癸營反，像牛之縻也，從牛玄聲也。俗從去手作搴〔三四〕，非也。

新大方廣佛花嚴經　第九卷

波濤　上博和反。爾雅云：大波爲瀾，小波爲淪。切韻云：水波也。下唐豪反。蒼頡篇云：濤，大波也。說文云：濤謂潮水涌起也〔三五〕。從水壽省〔三六〕聲。

湧浪　上容悚反。說文云：湧亦騰起也〔三七〕。從水勇聲也。亦作涌。下來宕反。切韻云：浪亦波也。說文云：從水朗省聲。

欄楯　上落干反。慈恩音義云：鉤欄也。或作闌。說文云：門遮也。下食尹反。說文云：楯，欄檻也〔三八〕。王逸注楚辭云：檻楯也。縱曰檻，橫曰楯。字從木盾聲也。

窻牖　上楚江反。釋名曰：窻，聰也。謂內視於外聰明也。下餘

帚反。玉篇：道也，向也。爾雅曰：牖户之間謂之扆是也。

廛里　上直連反。注周禮云：廛，居也。鄭注禮記云：廛，市邸舍也[三九]。玉篇云：城中内畝半空地謂之廛。經文作厘，或作堙，皆非。下良耳反。周禮：五家爲鄰，五鄰爲里。里亦居也。

頣頷　上以伊反，下含感反。方言云：頣頷，互名也。文字集略云：頦也。説文云：輔車骨也。從頁頁，頭也，臣、含聲也。經文作頥，非也。臣音夷也。

肩髆　上古賢反。切韻云：頂傍也，髆上也。下牓莫反。字林：髆，胛也。説文云：肩胛也。從骨博省聲也。經文作膊，音普博反。郭璞云：披割牛羊五藏謂之膊，非肩髆義。胛音甲。

傭圓　上丑凶反。考聲云：上下均也。韻英：傭，直也。説文云：均直也。從人庸聲也。經文作牗，俗字也。

胸臆　上香邕反。説文云：胷，膺也。膺即臆。或作匈，亦通。下應力反。説文：臆亦胷骨也。從肉億省聲也。

過膝　下胥逸反。玉篇：膝，脛上頭也。説文：脛骨節頭也。正體從卩從桼作厀。此膝字時用已久。有經作膝字，全乖。

網鞔　下莫盤反。鄭注周禮云：革絡鞔也。廣雅云：鞔，補也。案網鞔，謂如來十指之間如羅網鞔覆也。

鹿腨　上來谷反。切韻：獸名也。下遄耎反。文字集略云：脛之腸也。説文：足跰腸也[四〇]。或作蹲、踹、膞，並同。今從肉遄省聲。遄音船。案鹿腨者，謂毉泥耶鹿王身毛種種異色，光潤鮮明，腨膝傭纖，故引爲喻也。

足跟　下綱恩反。字統云：足後曰跟。説文曰：足踵也。從足根省聲也。踵音腫。

不瞬　又作瞚，同。式閏反。韻英云：動目數摇動也。吕氏春秋曰：萬世猶如一瞬目也。或作眴，亦通。

雍肅　上於容反。爾雅曰：雍雍，和也。郭璞注云：和樂也。又作邕。爾雅：正作雝，皆同。下息竹反。爾雅云：肅肅，恭也。郭注云：容儀謹敬也。肅字從聿從淵，聿音女輒反，槁屬。淵，古文泉字，兩傍像岸，橫畫像水，以聿插在中間，肅然也，會意也。

新大方廣佛花嚴經　第十卷

河渚　上音何。爾雅曰：江河淮濟爲四瀆。山海經曰：河出崐崘西北隅。郭注云：潛流地中，汨漱沙壤，宜其濁黄也。下章與反。爾雅曰：水中可居者曰洲，小洲爲渚。王逸注楚辭云：水涯曰渚。爾雅從阜作陼，義同。

風癎　上音封。説文云：風動蟲生，故蟲八月而化。從虫凡聲也。下限姦反。聲類云：小兒病也。從疒間聲也。疒音女厄反，像倚臥之形也。

痟瘦　上相焦反。説文作消，盡也。切韻云：渴病也。下正作瘦，同。所救反。切韻云：損也。説文云：瘦，瘠也。瘠音藉。

門闥　上門字，或作門。説文云：從二户也。下他達反。漢書集注云：闥謂小門也。切韻云：闥謂門道也。又通也。

百洛叉爲一俱胝　洛叉、俱胝，皆梵語數法名也。或十萬爲一洛叉，百萬爲一洛叉，或萬萬爲一洛叉。依此方孫子算經云：十十爲百，十百爲千，十千爲万，自万至億有三等，上

中下數變之也。依黃帝算經總有二十三數，謂一二三四五六七八九十百千万億兆京姟[四一]秭壤[四二]溝澗正載也，亦從万已去有三等數，謂其下者十十變之，中者百百變之，上者億億變之。慧苑法師云：經言俱胝，當此億也。阿庾多，兆也。那由他，京也。餘準例知。自億已去，皆以能數量爲一數，復數至本名數量，乃至不可説轉是。

獶鉢彌　上奴刀反，下迷比反。

邏伽　上盧賀反。

皤訶　上音婆，下音可。

睹馳　下里也反。

伱吚　下許伊反。

瓢孽哆　上毘摽反，中魚謁反，下多可反。

印黏　下甯吉反。

怛羅　上音怛，從旦。經從且，非也。

鞞麼　上音毘，下音莫可反。自獶鉢彌至鞞麼，皆真言中字。但借音就字，影對梵聲，不求訓釋也。

新大方廣佛花嚴經　第十一卷

衢路　上具于反。爾雅曰：四達謂之衢。郭璞注云：謂交道四出也。下盧故反。爾雅曰：路，旅途也。郭璞注云：途即道。

藤根　上徒能反。切韻云：弦藤，草名也。韻英云：藤，蘿也，依樹蔓生。説文：從艸滕聲也。

雉堞　上池履反。字書云：雉，院也。公羊傳云：五板爲堵，五堵爲雉，百雉爲城。何休注云：二万尺也。考聲、禮記並云：天子城千雉。蓋受百雉之城十也。公侯城百雉，伯城七十雉，子男五十雉，但諸侯之城缺其南以授過也。下徒頰反。杜注左傳云：堞者，城上女牆也。説文：女垣也[四三]。從土枼聲也。

鬻香　上以六反。鄭注周禮云：鬻，賣也。顧野王云：賣物也。説文：從䰜毓聲也。䰜音格，毓音育。下香，正從黍甘作香字。

竅隙　上啓叫反。鄭注周禮云：竅，孔也。説文云：空也。從穴敫聲也。下鄉逆反。廣雅云：隙，裂也。賈注國語云：璺也。説文云：壁際小孔也。從𨸏從白上下小也。經文作隟，非。

倉篅　上七崗反。切韻云：倉，稟也。釋名云：倉，藏穀物所也。下市緣反。切韻：篅亦倉也。説文：從竹耑省聲也。經文或作圌，俗字。

挻埴　上傷延反，下承力反。淮南子云：陶人之挻埴也。許注云：抑也。孔注尚書云：埴，黏土也。如淳曰：挻，擊也。埴，柔也，和也，謂柔土作器也。説文挻字從手，埴字從土，並形聲字。經文二字皆從土作埏埴，上字誤也。

坏器　上芳盃反。切韻云：未燒瓦器也。説文作坏。下去冀反。史記云：舜作什器於壽丘。説文云：器皿也，飲食之器總名也。從犬㗊音庄立反。㗊，衆皿(口)[四四]，犬以守之，會意也。

燥溼　上蘇皓反。切韻云：乾也。説文云：火乾也[四五]。從火喿聲。下身入反。切韻云：水霑也。説文作濕，俗用，非也。

卹惸　上新律反。切韻云：賑卹也。下葵營反。考聲云：孤單也。文字典説云：無兄弟也。

嫡嗣　上丁歷反。切韻：正也。字書云：長也。爾雅曰：長婦爲

嫡也。下祥志反。爾雅：嗣，續也。

日躋　上人一反。説文曰：實也。言太陽之精不虧也。下祖兮反。爾雅曰：躋，登也。公羊傳曰：躋者何？陞也。或作隮。陞音升。

駕駟　上古訝反。切韻：駕，乘也。毛詩曰：駕我其(騏)〔四六〕馵。下息利反。四馬共乘也。爾雅曰：天駟，房也。郭璞注云：龍爲天馬，故房四星謂之天駟。李淳風注天文經云：天駟，一名天馬。二星爲右服右驂，二星爲左服左驂也。馵，之句反。

新大方廣佛花嚴經　第十二卷

祠祭　上似兹反。爾雅曰：春祭曰祠。郭璞注：祠之言飤也。飤音似。下子例反。切韻：享薦也。爾雅曰：祭天曰燔柴，祭地曰瘞埋。論語曰：祭神如神在。説文：祭字從月音肉從又音手從示音視。謂手持肉以示，即爲祭矣。經作祭，非本字。

巡狩　上祥倫反。切韻云：偏也，察也。下舒救反。韻英云：狩，獵也。尚書曰：二月東巡狩，至于岱宗，柴〔四七〕。孔注云：諸侯爲天子守土，故巡行之。順春故先東巡，夏秋冬例然，巡狩四嶽，然後歸告大廟。又曰：五載一巡狩，羣后四朝覲也。

罄志　上苦定反。爾雅曰：罄，盡也。顧野王云：器中空也。下職吏反。孫緬云：念也，意也，誠也。説文：從心㞢聲也。㞢音之。案罄志，謂空其心盡其誠也。

曆筭　堯典云：曆像日月，敬授人時。孔注云：曆像其分節，敬記天時以授人也。下蘇貫反。世本云：黄帝時隷首所作也。劉洪九章、孫子五曹皆計數術也。説文云：筭長六寸，計曆數者。

髫齔　上音條。考聲云：小兒剃頭留兩邊也。字書曰：髫，小兒垂髮也。從髟召聲。下初覲反。鄭注周禮云：男八歲、女七歲即毁齒。説文：從齒匕聲。或從匕、乚作齔、齓(亂)〔四八〕二形，皆非本字也。

緯候　上云貴反，經緯也。經音古定反。下胡遘反。韻譜云：伺也。案五星曆云：二十八宿爲經，日月五星爲緯。行度有躔次，故候占吉凶也。

弼諧　上房密反。爾雅曰：弼，輔也。廣韻：備也。古文作弼(弜)〔四九〕。下户皆反。爾雅曰：諧，和也。書曰：允迪厥德，謨明弼諧也。

原隰　上牛遠反。爾雅曰：廣平曰原。又曰：可食者曰原。郭注云：可種穀給食也。下似入反。爾雅云：下溼曰隰。郭注引公羊傳云：下平曰隰。

儱戾　上籠董反，下音麗。又作俍。切韻云：不調皃也。皆俗用字。案字書本無此字也。

兇殘　上許容反。考聲云：頑也。説文云：惡也。從人在凶下也。下昨芉反。韻譜云：傷也，害也。説文：從歺戔聲。歺音五割反，戔音殘。易曰：束帛戔戔也。

豐登　上方戎反。玉篇：稔，茂也。韻集云：大也，多也。下都滕反。切韻：成也，又升也。禮記月令云「仲秋之月禾乃登」也。

嶷然　上魚力反。字指曰：嶷崱，山峰皃也。謂住立端直如山峰也。

驕侈　上舉喬反。説文云：馬高六尺也。孝經云：在上不驕，高而不危。御注云：無禮爲驕也。下尺氏反，又作奓。説文：奢也。切韻：泰也。

股肱　上公户反，髀也。下古弘反，臂也。尚書云：股肱惟人。孔注云：手足具乃成人也。又曰：股肱良哉。

非辜　下古胡反。爾雅曰：辜，辠也。辠音罪。言人自取其辛苦，即爲辠矣。因秦始皇冀累世爲皇，嫌辠字似皇字，故改爲罪也。辜，説文從辠省古聲也。經文從手作享，傳寫誤也。字書無文也。

韛囊　上排拜反。蒼頡篇云：韛，韋皮也。顧野王曰：謂吹火鑄冶令熾也。從韋葡聲也。葡音備也。

攘臂　上如羊反。孟子曰：攘臂而下車。顧野王云：謂除去衣袂出臂也。袂音弥罽反，袖也。

齧齒　上五結反。韻英云：噬也，咬也。説文云：從齒契省聲。經文從口作嚙，俗字。契音苦結反。

刖挑　上魚厥反。爾雅曰：跀，刖也。郭注云：謂斷足也。説文作跀，刑足也。下吐彫反。亦作抭，俗字。韻譜：撥也。

膖脹　上璞邦反。埤蒼云：膖亦脹也。文字典説：從肉夆聲音芳逢反。經文從逢作𦢊，俗字。下張亮反。杜注左傳云：脹，腹滿也。

腸胃　上除良反。白虎通云：小腸者，心之府也。腸者，肺之府也。釋名曰：腸，暢也。謂腹内暢氣之府也。下韋畏反。白虎通云：胃，脾府也。説文：穀府也，從月胃，形聲字。或作胃字。

筋脈　上居銀反。周禮云：醫師以辛養筋。説文曰：肉之力也。從肉竹。竹者，物之多筋者也。從力者，力像筋之形。經或從草作葋，從角作筋，皆非正字。下麻伯反。周禮：以鹹養脉。説文云：血理分行於體中謂之脉。正從血從𠂢作䘑。𠂢音普賣反。經文從永者，俗字也。

鞭笞　上必綿反。顧野王云：用革以扑罪人。字書云：搗馬杖也。説文：從革便聲。下丑之反。律書云「笞杖徒流死」是也。笞刑有罪之人。下者，説文：笞，撻也。從竹台聲音怡。

新大方廣佛花嚴經　第十三卷

澄垽　上直陵反。考聲：水清也。下魚靳反。爾雅曰：澱謂之垽。郭注云：滓澱也。江東呼垽。

蓊鬱　上烏孔反，下蕰勿反。字書云：草木盛皃。正作鬱字。經作欝，非。

俾倪　上普米反，下五礼反。説文作埤堄，又作陴院。廣雅云：城上小垣也。考聲：女牆也。釋名云：於牆孔中伺候非常也。二字亦通。去聲呼。經本或作脾脱，非也。

寶塹　下七燄反。説文云：塹，坑也。經本有從水作漸者，謬也。

洲渚　上音州，下章與反。爾雅曰：水中可居者曰洲，小洲曰渚。或作陼字。小陼曰沚音止。

裸露　上華瓦反。避俗諱作此音也。本音郎果反。顧野王云：脱衣袒也。説文從衣果聲。字書從身作躶。玉篇從人作倮，與經文同也。

啗肉　上又作啖，同。徒濫反。或作噉，音徒敢反。字書皆訓食物也。又嚼啗也。從口臽音陷聲。下肉字，正作肉〔五〇〕，像筋肉之形也。

諂誑　上丑琰反。又作閻，同。諛也。說文：從言臽聲。臽音陷。經文從舀作謟，音他刀反，非經義。舀音以沼反。下居況反，欺也。字書：從言狂聲。說文：從心作𢗀，義同。

新大方廣佛花嚴經　第十四卷

竊自　上千結反。郭注爾雅云：竊，淺也。切韻：盜也。字書云：私竊也。從穴釆卨聲也。卨音薛。經文有作竊字，非也。

拘尸那　梵語西國城名也。此云耎草城，或云香茅城，以多出此草故也。有於中印度境，周千餘里，即如來於此入大涅槃處。

般涅槃　上音補末反。梵語也。舊云泥洹，並訛略也。正云摩訶波利你嚩喃，此云大圓寂也。謂三點圓伊、四德圓果等是也。

漉諸　上盧谷反。切韻云：瀝也。郭注爾雅云：漉，出涎沫也。亦作盝。韻英云：去水也。

托動　上音呼高反，俗字也，正作撓。切韻：攪也。亦動也。撓音奴巧反。今此不取。

廛店　上直連反，居也。考聲云：市空地曰廛。下都念反。切韻：店，舍也。崔豹古今注云：店，置也，所以置貨鬻也。從广占聲也，广音儼，形聲字也。鬻音揚菊反。

巖岫　上五銜反。切韻云：峯險也。毛詩云：惟石巖巖。注云：峻也。下似右反。爾雅曰：山有穴爲岫。郭璞云：謂巖穴也。

鬻香　今俗作鬻，同。餘六反。字書云：賣也。下香字，正香。詩云：黍稷惟馨。說文云：從黍甘，會意字也。

晷落　上音軌。說文云：日景也。從日從处(咎)[五一]音舊。經文從各作晷，俗，誤也。下盧各反。爾雅云：降、墜、湮、下，落也。案經晷落，即日景沉下也。

澀滑　上色立反。韻英云：不通也。說文云：不滑也。從四止，二正二倒作澀。經文從三止作澁，脫略也。下户八反。切韻：利也。從水骨聲也。

新大方廣佛花嚴經　第十五卷

陂池　上彼爲反。尚書云：澤障曰陂。爾雅曰：陂者曰阪。郭注云：地不平也。下直离反。切韻：停水曰池。鄭箋詩云：池水之浸潤也。

優鉢羅　此云青蓮華。

波頭摩　此云紅蓮華。

拘物頭　此云赤蓮華。

芬陀利　此云白蓮華。此四種華，如前袟第八卷中已具釋之。

蹈之　徒倒反。切韻：踐履也。

箏笛　上側莖反。說文云：鼓絃筑身樂也。本大瑟二十七絃，秦人無義，二子争父之瑟，各得十三絃，因名爲箏。下徒歷反。說文：笛七孔。俗云：羌笛，即三孔也。風俗通云：笛，滌也。言滌邪穢，納雅正也。又，漢武帝時丘仲善作笛也。

箜篌　上音空，下音侯。釋名云：此師延所作。靡靡之樂也。後出於桑間濮上之空地，蓋空國之侯所存，因以爲名也。

琵琶　上房脂[反][五二]，下蒲巴反。本出西戎，胡樂名也。釋名

云：推手爲琵，引手爲琶，取其鼓時爲名也。説文二字並從珏，比、巴聲也。珏音角。

簫瑟　上蘇彫反。爾雅云：大簫謂之管。郭注云：編二十三管，長尺四寸。小者十六管，長尺二寸。風俗通云：舜作簫以像鳳翼也。下所櫛反。爾雅云：大瑟謂之灑。郭璞注云：長八尺一寸，廣一尺八寸，二十七絃。世本云：庖羲氏始作瑟。

瞬目　上舒閏反。韻英云：目摇動也。説文作瞚，經本作眴，皆通用。下莫六反，眼瞳子也。釋名云：目，默也。謂默而内識也。

脣吻　上食倫反。字書亦作脣。下無粉反。切韻云：口吻也。三蒼云：脣之端也。

門閫　下苦本反。切韻云：閫，門限也。案爾雅云：橛謂之闑。郭璞注：即門閫也。今案，則門中心礙門木。

遞相　上特計反。爾雅釋言云：遞，迭。郭注云：謂更迭也。迭音田結反。經文作遆，不成字也。

續一切經音義　卷第二

校勘記

〔一〕説文云：羽葆也　今傳本説文：「翳，華蓋也。」

〔二〕説文云：選也　今傳本説文：「擇，柬選也。」

〔三〕楯　原闕，據文意補。

〔四〕説文曰：湍，瀨也　今傳本説文：「湍，疾瀨也。」

〔五〕凝　據慧卷十八作「凝」。

〔六〕聲　麗無，據文意補。

〔七〕綫　據文意當作「紛」。

〔八〕説文：腕環也　今傳本説文：「釧，臂環也。」

〔九〕説文：諫止也　今傳本説文：「諍，止也。」

〔一〇〕瘦　據文意當作「瘦」。

〔一一〕猶　獅注「猶當作狗」。

〔一二〕説文云：寐，從未從寢省聲　今傳本説文：「從寢省未聲。」

〔一三〕之　獅作「文」，據文意似作「丈」。

〔一四〕郭璞曰：威疾皃也　周祖謨爾雅校箋：「郭注：皆盛疾之貌。」

〔一五〕説文：熙怡，和悦也　今傳本説文：「怡，和也。」

〔一六〕敝　據文意似作「蔽」。

〔一七〕牆　據文意似作「牆」。

〔一八〕説文云：北方味也　今傳本説文：「鹹，銜也。北方味也。」

〔一九〕説文云：呼吟也　今傳本説文：「嘯，吹聲也。」

〔二〇〕反　各本無，獅本注云「浪下反脱」，臺灣大通書局影印本在一旁補入此字。

〔二一〕作　各本無，據文意補。

〔二二〕刂　即「巜」，下同。

〔二三〕齊　據文意似作「齋」。

〔二四〕説文云：肚兩傍也　今傳本説文：「脅，兩膀也。」

〔二五〕從尸都省聲也　今傳本説文：「從尸者聲。」

〔二六〕虗　今傳本爾雅作「虐」。

〔二七〕映　獅作「腊」，據文意似作「映」。

〔二八〕皰　據慧卷十五作「皰」。

〔二九〕説文：牆敝也　今傳本説文：「牆，垣蔽也。」

〔三〇〕反　各本無，獅本注云「靳下反字脱乎」，臺灣大通書局影印本在一旁補入此字。

〔三一〕夢　獅作「甍」。

〔三二〕几　據文意當作「几」。下同。

〔三三〕西　今傳本方言作「東」。

〔三四〕奉　據文意似作「夅」。

〔三五〕説文云：濤謂潮水涌起也　今傳本説文：「濤，大波也。」

〔三六〕省 衍。

〔三七〕説文云：湧亦騰起也 今傳本説文：「湧，滕也。」

〔三八〕説文云：楯，欄檻也 今傳本説文：「楯，闌楯也。」

〔三九〕鄭注禮記云：廛，市邸舍也 今傳本鄭注禮記：「廛，市物邸舍也。」

〔四〇〕説文：足跐腸也 今傳本説文：「腨，腓腸也。」

〔四一〕姟 獅注「姟異作垓」。

〔四二〕壤 據文意當作「穰」。

〔四三〕説文：女垣也 今傳本説文：「堞，城上女垣也。」

〔四四〕皿 據文意似作「口」。説文：「吅，衆口也。」

〔四五〕説文云：火乾也 今傳本説文：「燥，乾也。」

〔四六〕其 今傳本毛詩作「騏」。

〔四七〕柴 通「祡」。

〔四八〕齓 據文意似當作「齓」。

〔四九〕弼 獅作「弻」。

〔五〇〕肉 據文意似作「肉」。

〔五一〕处 據文意似作咎。「处」似爲「咎」省形訛字。

〔五二〕反 各本無，據文意補。獅注「脂下反脱」。

續一切經音義　卷第三

燕京崇仁寺沙門希麟集

續新音大方廣佛花嚴經從第十六盡四十

新譯十地經九卷

十力經一卷

迴向輪經一卷

右四經三十六卷同此卷續音

新大方廣佛花嚴經　第十六卷

補陀落迦　亦云補怛洛迦，舊云寶陀羅，皆梵語楚夏也。此云小花樹山，謂此山中多有此花樹，其花甚香，即南海北岸孤絶山，觀自在菩薩所居宮。

蓊鬱　上烏孔反。玉篇云：蓊鬱謂茂盛。

⿰月庸圓　上丑容反。爾雅曰：⿰月庸〔一〕，均也。郭注云：謂齊等也。爾雅作傭字。

弓矢　上居戎反。釋名云：弓，穹也，謂穹穹然。説文云：像形字也。下又作矢、笶，皆音式是反。世本云：黄帝、夷牟作矢也。

寶璫　上博抱反，衆珍之總名也。亦作珤，從玉缶聲。下都郎反。説文云：穿耳施珠也〔二〕。韻英云：耳飾也。從玉當聲。

髑髏　上同禄反，下勒候反。埤蒼云：頭骨也。説文云：頂骨也。並從骨，獨婁省聲字〔三〕。經文有作顕顛，俗字，非正體也。

依怙　胡古反。爾雅曰：怙，恃也。詩云：無母何怙也。

慞惶　上諸良反。切韻云：懼也。下胡光反。考聲云：慞惶，恐懼也。韻英：遽也，悚懼失次也。

驚駭　上舉卿〔四〕反，怖也。下侯揩反。切韻云：駭亦驚也。説文云：從馬亥聲。孫然注爾雅云：禹疏九河，北河功難，衆懼不成，因名徒駭也。

捔力　上古岳反。合單作角。考聲云：競也。切韻云：角，抵戲也。今作捔。説文云：掎，捔也〔五〕。有經作捔椓。又作斠，平斗斛槩也。皆非角力義。掎音居綺反。

新大方廣佛花嚴經　第十七卷　無可音訓。

新大方廣佛花嚴經　第十八卷

捶楚　上隹〔六〕蘂反。説文云：以杖擊也。從手垂聲。或從竹作箠，策也。從木作棰，棓也。下瘡所反。切韻云榎楚也，楸木名，亦荊。從林疋聲。疋音踈。榎音賈。

開闡　下昌演反。韓康伯注周易云：闡，明也。廣雅云：辟也。聲類云：大開也。説文云：從門單聲也。單音善。

揀擇　上姦眼反。文字集略云：擇也。從手柬聲。説文作柬，分别也〔七〕。從束八。下音澤。韻英云：擇亦揀也。從手澤省聲也。

主稼　爾雅曰：師〔八〕、職，主也。廣雅云：主，守也。字從王丿〔九〕，丿音竹句反。下加暇反。馬融注論語云：樹五穀曰稼，即苗稼也。此神守之，不令有損也。

新大方廣佛花嚴經　第十九卷

覺寤　上音教。蒼頡篇：寤，覺也。經文作㝅，俗字。下吾故反。考聲云：寤中有所見，覺而有信謂之寤。從㝱省吾聲也。

號泣　上胡刀反。切韻：哭也。爾雅曰：舞號，雩也。郭璞注云：雩祭吁嗟請雨也。説文作唬。下去急反。切韻：哭泣也。考聲云：無聲出涕曰泣。從水立聲也。

稻梁(粱)〔一〇〕　上徒皓反。切韻云：秔稻也。本草云：秔米主益氣，止煩泄。稻米主温中，令人多熱。字林云：秔稻不黏，糯稻黏。説文云：糯即稻也。下音良，或作粱。切韻云：稻梁(粱)也。廣志云：遼東有赤梁(粱)米也。

嬉戲　上許其反。聲類云：美也，遊也。從女喜聲。下香義反。切韻云：弄也，謔也。郭注爾雅云：謂調戲也。謔音虚虐反也。

新大方廣佛花嚴經　第二十卷

淳熟　上時倫反。正作湻。説文：清也〔一一〕。下常六反。考聲云：熟，成也。方言云：爛也。

際畔　上子例反。玉篇：邊也。切韻云：畔也。下蒲半反。説文云：田界也。從田半聲也。

新大方廣佛花嚴經　第二十一卷

廛里　上直連反。考聲云：市空地也。又居也。經作壥、㕓，皆俗字。下良史反。周禮云：五家爲隣，五隣爲里也。風俗通云：里，止也。謂五十家共止爲里也。

新大方廣佛花嚴經　第二十二卷

惛寐　上呼昆反。考聲云：不明也。字林：又音呼困反，昧也。經文單作昏。爾雅云：昏，强也。切韻日暮也。非此用。下民致反。玉篇：寢卧也。孝經曰：夙興夜寐。説文：從㝱省聲也。

檢策(筞)〔一二〕　上錦儼反。爾雅曰：檢，同也。釋名云：檢，禁也。説文云：從木僉聲。下楚革反，或作筴。賈注國語云：策(筞)，計也。字書云：策(筞)，謀筭也。説文：從竹朿(朿)〔一三〕，音此志反。經文從宋作筞，誤書字也。宋音送。

新大方廣佛花嚴經　第二十三卷

旋澓　上似泉反。爾雅曰：旋、澓，返也。謂廻還也。下音復。爾雅釋水云：逆流而上曰泝洄，即澓也。三蒼云：澓，深

也。謂河海中旋流處。

枯槁　上苦姑反。切韻云：朽也。考聲云：木乾死也。下苦皓反。切韻云：槁亦枯也。説文云：從木高聲。

船筏　上食川反。方言云：關東曰船，關西曰舟。説文云：從舟沿省聲也。沿，與專反。鉛錫之鉛，沿流之沿，皆同。經文作舩，或作舡。皆非本字。下又作橃，亦作䑺，同。扶月反。方言云：簰也。編竹木浮於河運物也。簰音蒲住(佳)[一四]反。

瞖瞙　上於計反，目病也。下音莫。字統云：目不明也。二字皆從目，殹、莫聲也。經作膜，謂皮内肉外也。

寶繩　下食蠅反。世本曰：倕作準繩。尚書曰：繩愆糾謬，格其非心也。又曰：木從繩則正。説文：索也。從糸蠅省聲也。

妃嬪　上芳非反。韻英云：喜偶也。郭璞注爾雅云：相偶媲。媲音疋閉反。案毛詩傳云：關鴡，后妃之德也。下符真反。爾雅釋親云：嬪，婦也。禮記云：生曰父母妻，死曰考妣嬪也。堯典曰：降二女於嬀汭，嬪于虞。孔傳曰：使行婦道於虞氏也。

新大方廣佛花嚴經　第二十四卷

煢獨　渠營反。尚書云：無虐煢獨。孔安國曰：煢，單也。謂無兩(所)[一五]依也。無子曰獨也。亦作惸字。

溝阬　上苟侯反。考工記云：井間廣四尺，深四尺，謂之溝。鄭注周禮云：十夫二隣之田，所以通於川也。説文云：水瀆也。從水冓聲也。下客庚反。爾雅云：阬，虚也。蒼頡篇云：阬，壑也，陷也，塹也。古今正字從阜亢聲。經作坑，俗字也。

堆阜　上當雷反。考聲云：堆土之高也。説文云：小阜也。從土隹聲也。經文作塠，俗字，非也。下房務反。爾雅曰：大陸曰阜。考聲云：丘類也。釋名云：阜，厚也。從𠂤土省聲。古文作𠂤。大篆作厓(𨸏)[一六]。經文作阜、埠，皆非也。

荆棘　上舉卿反。切韻：荆，木名，可以染也。從草刑聲也。下紀力反。考聲云：酸棗木名也。切韻云：箴也。從二朿也。朿音刺也。

鬚蘂　上相俞反。切韻：小髻也。下如捶反。廣雅云：花也。謂花鬚頭點也。説文云：從三心作惢。云花外曰萼，花内曰蘂。經從三止，或從木作蘂，皆非。

新大方廣佛花嚴經　第二十五卷

婬佚　上余針反。切韻云：邪也，蕩也。説文云：貪也[一七]。從女㸒聲也。㸒字從爪壬音同上。下寅質反。切韻云：佚，樂也。説文云：從人失聲也。

囹圄　上歷丁反，下魚舉反。獄名，周禮：三王始有獄。釋名云：囹，領也。圄，禦也。謂領録囚徒禦禁之。説文云：囹，獄也。圄，守也。外形内聲字。

搒笞　上白忙反。顧野王云：搒，擊也。字書云：捶也。説文：從手旁聲。下恥持反。説文云：苦(笞)[一八]，擊也。從竹台音怡聲也。

臏割　上蒲忍反。大戴禮云：人生暮(朞)[一九]而臏生，然後行也。説文云：膝骨也[二〇]。尚書傳曰：決關梁，踰城郭，略

而盗者，其刑臏。顧野王曰：斷足之刑也。即吕刑跸刑之類也。或從骨作髕。下古達反。爾雅曰：割，裂也。切韻云：剥截也。從刀害聲也。

宮闈　上居戎反。世本云：禹作宮室。爾雅曰：宮謂之室。禮記云：由命氏以立父子皆異宮〔二一〕。案古者貴賤同稱宮。自秦漢以來唯王者所居之稱。下雨非反。爾雅曰：宮中之門謂之闈。郭璞注云：謂相通小門也。其小者謂之閨〔二二〕也。

犀牛　上音西。爾雅曰：犀似豕。郭璞注云：似水牛，豬頭大腹庳脚，脚有三蹄，色黑。三角，一角頂上，一角額上，一角鼻上。鼻上者即食角也。小而不橢，好食棘。亦有一角者。從牛尾省聲。經文作犀，誤也。橢音他果反。

新大方廣佛花嚴經　第二十六卷

肝膽　上古安反，木之精也。白虎通云：像木有葉。王叔和云：肝與膽爲府，其侯目，故肝實熱，則目赤暗也。下答敢反。白虎通云：膽者肝之府。脈經云：膽病則神不守是也。二字並從肉，干、詹聲也。詹音占，形聲字也。

腸胃　上除良反。釋名云：腸，腹内暢氣之府。下或作胃，正作胃。白虎通云：脾之府，色黑。說文云：穀府也。從肉作胃，像形字。

環珮　上户關反。切韻：玉環也。爾雅曰：肉好若一謂之環。郭注云：謂邊孔適等也。下蒲妹反。切韻云：玉佩也。禮記云：古之君子佩以比德也。

母脇　上莫厚反。爾雅曰：父爲考，母爲妣，父之妣爲王母。郭注云：加王者，尊之也。蒼頡云：字從女，兩點像婦人乳形也。下香業反。或作脅，亦同。說文云：肚兩傍也。從肉劦聲。劦音叶，從三力也。

慙愧　上徂含反，下軌位反。說文：愧亦慙也。禮記云：君子不以所能者而病於人，不以所不能者而愧於人。廣雅曰：慙，耻也。爾雅云：愧，慙也。二字互相訓也。說文作媿。亦作謉、聭二形，皆古字也。

新大方廣佛花嚴經　第二十七卷

沮壞　上慈與反。毛詩傳云：沮，猶壞也。廣雅：溼也。說文云：從水且聲也。且音子余反。下懷瞶反。考聲云：崩摧也。說文：從土褱聲。古文作⿰黑土。

焚爇　上符分反。切韻：燒也。下又作焫，同，如雪反。韻英：放火也，亦燒也。

新大方廣佛花嚴經　第二十八卷

翼從　上與職反。切韻：恭也，助也。爾雅云：翼，敬也。論語云：趨進，翼如也。孔注云：言端謹也。下疾用反。切韻云：後也，侍也。經文或作翊，俗用，亦通。

延袤　上以然反，下莫候反。延，長也；袤，廣也。如前第七卷經已釋訖。

殞滅　上爲敏反。聲類云：殞，没也。爾雅云：落也。亦作隕。左傳：星隕如雨是也。下亡烈反。說文作烕。解云：火從十月亥受氣，至九月戌乃死，故從火戌也。蔡邕加水

作滅。

佞媚　上乃定反。切韻云：諂也。論語云：雍也，仁而不佞。郭注爾雅云：佞人似信者也。下明秘反。考聲云：悦也，美也。切韻云：姿媚也。論語云：王孫賈問曰，與其媚於奧，寧媚於竈也。

愆違　上去乾反。又作諐、僁、䇬三形，皆同。爾雅曰：逸、諐，過也。書云：監於先王，其永無愆。孔注云：過也。下雨非反。字林：背也。切韻：違，逆也，拒也。

乞匃　下垓艾反。顧野王云：匃亦乞也。考聲云：求也。古今正字云：人亡財則匃也。説文云：從人亾，會意字也。古作勹、几二形，並音人。

猨狖　上雨元反。爾雅曰：猱猨，善援也。下余救反。山海經云：鬲山多蜼〔二三〕，音同上。郭璞注云：似獼猴而大，蒼黑色，尾長四五尺，似獺尾，頭有兩歧。天雨則倒懸於樹，以尾塞鼻。江東養之捕鼠。切韻云：蟲名也。亦作鼬、貁、狖，古字。有作狆，非。

新大方廣佛花嚴經　第二十九卷

袨服　上玄絹反。文字集略云：盛服也。考聲云：袨，美服。字書云：袨，衣服鮮者也。從衣玄聲。

慳悋　上苦閒反。切韻云：悋也。爾雅曰：慳，固也。郭璞云：慳然，牢固也。下良刃反。切韻云：鄙財曰悋。考聲云：惜也。或作悋、吝、𠫊，皆俗字。

繒纊　上疾綾反，下苦謗反。説文曰：繒，帛也；纊，綿也。小[爾]雅曰：絮之細者曰纊也〔二四〕。

迫窄　上博陌反。切韻：逼近也。考聲：附急也。古文作敀。下又作迮，側伯反。切韻：陿也。亦迫也。

洗滌　上先礼反。古文亦作洒。切韻云：盡也。浴，洗。亦肅敬皃。下徒歷反。玉篇：除也。韻英：净也。毛詩曰：十月滌場。傳云：滌，掃也。

新大方廣佛花嚴經　第三十卷

開闢　上苦哀反。韻集云：解也，張也。字從門幵聲。幵音牽。下房兒反。切韻：開也。舜典曰：闢四門。孔傳云：開闢四方之門。説文云：從門辟聲也。

瑩徹　上烏定反。蒼頡云：瑩，治也。賈注國語云：徹，明也。或作鎣撤二字，亦通。

禦捍　上魚舉反。爾雅曰：禦，圉禁也。韻英云：當也。切韻：示敵也。説文：亦禁也，從示御聲也。下胡幹反。切韻云：抵也。又拒也。從手旱聲也。

新大方廣佛花嚴經　第三十一卷

婀字　阿可反。

攞字　盧可反。

哆字　多可反。已上三字皆梵語，作觀秘門，不求字義。

咸綜　上胡嵒反。切韻云：皆也。同也。下宗送反。説文云：機縷持交絲者也〔二五〕。從糸宗聲。糸音覓。

癲癇　上丁堅反。廣雅云：癲，狂也。聲類云：大風疾。説文作瘨。下限姦反。聲類云：小兒病也。説文云：癇，風病

也[二六]。從疒閒聲。疒音女厄反。姦音閒。

鉛錫　上與專反。説文云：青金也。尚書云：青州貢鉛錫。下先戚反。爾雅曰：錫謂之鈏。郭璞注云：白鑞也。鈏音余刃反。

讖緯　上楚譖反。釋名云：讖，纖也。謂其義纖微也。下緯字，前已釋。

該練　上古哀反。廣雅云：咸也。包也。切韻云：備也。古文作晐[二七]字。下練字，桂苑珠叢云：煮絲令熟曰練。鎔金作鍊字。

新大方廣佛花嚴經　第三十二卷

沃田　上烏酷反。切韻云：地肥美曰沃。顔注漢書云：沃謂溉灌也。

鬻金　上余六反。切韻云：賣也。説文作鬻（鬻）[二八]，從毓聲也。毓音與上同。

補特伽羅　舊經云富伽羅，亦云弗伽羅，舊翻爲數取趣。謂諸有情數造集因，數取苦果。又云，或翻爲入，言捨天陰入人陰等。

奢摩他　梵語也。案慧苑法師花嚴音義云，此云止息，亦曰寂静，謂正定，離沈掉等也。

毗鉢舍那　或云毗婆設那。此云觀察，謂正慧決擇也。即止觀二名也。

新大方廣佛花嚴經　第三十三卷

闗鑰　上古還反。説文曰：以横木持門曰闗[二九]。從門𢇍聲也。經文作閞，音弁。爾雅曰：閞，謂之槉[三〇]。非此用。下羊斫反。説文作闟，謂闗之鎖也。或作籥，非也。

搏噬　上補各反。切韻云：手擊也。爾雅曰：暴虎徒搏也。郭注云：謂空手執也。下時制反。切韻：齧，噬也。又建（逮）[三一]也。從口筮聲也。

犗牛　上古邁反。切韻：牛去勢曰犗，即犍牛也。從牛從害聲也。

紹繼　下古詣反。爾雅曰：紹、胤、嗣、續、係，繼也。説文：從糸𢇍，會意字。𢇍[三二]，古文絶字。經文作継，或作継，皆不成字也。

浣染　上逭管反。公羊傳注云：去舊垢曰浣。鄭箋毛詩云：浣謂洗滌也。説文云：澣，濯[三三]。從水幹聲。下如琰反。廣雅云：染，污也。説文云：以繒染爲綵[三四]也。從水杂聲。杂音同上。

新大方廣佛花嚴經　第三十四卷

佷戾　上胡懇反。切韻：佷亦戾也。下郎計反。切韻云：乖也。尚書云：罪也。爾雅云：辜、辟、戾，辠也。説文云：曲也。從犬出户下也。

草積　下子賜反。切韻云：委，積也。説文云：聚也。正作積，從束音刺聲也。字書相承隷省作積。亦音子惜反。經文從草作積，俗字。

青瘀　下於據反。考聲云：謂皮肉中凝血也。文字典説云：積聚血也。

胮脹　上疋江反。又作胖。切韻云：胮亦脹也。下知亮反。説

文云：滿也。肚脹也。或作痮，亦同。經文作膖，俗字。

新大方廣佛花嚴經 第三十五卷

爾燄 下又作焰。梵語也。此云所知，謂智所知境，非預識境，故云過爾燄也。

哽噎 上加杏反。説文曰：食肉有骨噎在喉内，悲憂噎塞者[三五]。故借爲喻言。

擐甲 胡串反。杜注左傳曰：擐，貫也。賈注國語云：衣甲也。衣音意。案五經文字：擐亦音古患反。

穽陷 上疾政反，古文作阱，阬也。書云：敜乃穽。字書云：陷獸曰穽。下户蘸反。切韻云：入也，隤没也。考聲云：墮也。説文作臽，小阬也。蘸音庄陷反。臽字從⺈在臼上也。⺈音人。謟燄之類，皆從此。或從爪作舀，音羊小反。韜蹈之字從於此。敜音躡。

利鐮 下力炎反。切韻：刈刀也。釋名云：鐮，廉也。取其廉薄也。從金廉，形聲字也。經從兼作鎌，俗用字也。

金錍 下府移反。切韻云：錍，鏃之薄者也。又音疋迷反。今案金錍合作釵鎞之鎞也。

鉗鑷 上儉嚴反。合作鉆。説文云：鐵夾也[三六]。鉆取物者也。經文作鉗，乃小兒鐵枷也。下黏輒反。合作銸。説文云：銸亦小鉆也。從金耴聲。耴音同上。經文從聶作鑷，車下鐵纂也。二字皆非經義。

貿易 上莫候反。爾雅曰：貿，賈市也。切韻：交易也。考聲云：賣也。下羊益反，變也。

支提 梵語也。或云制底，或云制多，皆訛略。應云制底耶。此翻爲積聚，謂於如來涅槃及説法經行等處，起塔廟臺閣，令無量人天，積集福善之所。此義翻也。舊亦翻爲高墳，或云靈廟。

新大方廣佛花嚴經 第三十六卷

瘢痕 上薄官反。切韻云：瘡，瘢也。下户恩反。隱也，即瘢痕隱也。

沈溺 上直林反。切韻云：沈，没也，濁也。爾雅曰：祭川曰浮沈。下乃歷反。古文作休。説文云：人没水也。

鎧仗 上苦亥反。切韻云：甲之别名也。字書：從金豈省聲。下直兩反。字書云：儀仗也。

銷秏[三七] 上相焦反。切韻云：鑠金也，亦冶金也。作消，盡也，滅也。下呼倒反。玉篇：減也，又損也。或云秏亦稻屬，今不取。

竄伏 上倉亂反。玉篇曰：竄謂逃藏也。廣雅云：隱匿也。説文云：從鼠在穴中則竄矣。下伏字，按説文：從犬從人，云犬見人則伏矣。

卵鷇 上落管反。玉篇：鳥卵也。説文云：無乳生鷇者曰卵也[三八]。下苦角反。切韻云：鳥卵鷇也。説文云：從卵㱿聲。㱿音同上。有本作聲（㲉）[三九]，甚乖於義。

貓狸 上莫交反。詩云：有貓似虎。切韻云：捕鼠獸也。下力之反。切韻云：野貍也。爾雅曰：貙似貍。郭注云：貙，虎類也。大如貓[四〇]，文如貍也。二字皆從豸。經文從犬作猫狸，非正字也。

磁石 上疾之反。切韻：磁石可以引針也。

延齡　上以然反。爾雅曰：永、羕、引、延，長也。下歷丁反。廣雅曰：齡，年也。禮記云：古者謂年爲齡。

滲漏　上所禁反。水潛没也。下盧候反。字書云：漏，落也。又刻漏以銅盤盛水，滴漏百刻，以定晝夜也。

新大方廣佛花嚴經　第三十七卷

金屑　上金字，説文曰：五色金也。黄爲長，久薶不生，百鍊不輕，從革不違，西方之行，生於土。從土今(四一)，左右注，像金在土中形，今聲。下先結反。切韻：盡也，清也，不安皃。按經意，合作糏粖之糏。

三摩鉢底　梵語也。此云等至。琳苑二法師云：謂由加行伏沈掉力至其受位，身心安和也。亦云等持。謂平等持心也。

法螺　下盧和反，俗字也，正作蠃。説文：介蟲也(四二)。有經作蚉，音禮，皆非法蠃字。

平坦　他袒反。説文云：坦，安也。廣雅云亦平也。論語云「君子坦蕩蕩」是。

陿劣　上咸甲反。顧野王曰：陿，迫隘不廣大也。説文曰：從阝匚夾聲也。經文從犬作狹，乃習犬馬也，非經意。下戀惙反。考聲云：弱也，少力也，會意字也。古文作乎(四三)。阝音自，匚音方，夾音田(甲)(四四)。

新大方廣佛花嚴經　第三十八卷

霈然　上普蓋反。雨盛皃。切韻云：霶霈也。説文：從雨沛聲。沛音同上。

新大方廣佛花嚴經　第三十九卷

沮壞　上慈與反，下懷賸反。前經第二十七卷已釋。

新大方廣佛花嚴經　第四十卷

啗肉　上徒濫反。又作啖。切韻：食，啗也。或作噉，音徒敢反。下肉字，説文作肉([illegible])(四五)，像筋肉之形。

卉木　上輝貴反。説文云：百草總名，從三屮作芔。屮音丑列反。屮如草初生之形，並二屮爲艸，音草。四屮爲茻，音莽。今變芔，從三十(屮)(四六)也。

燈炷　下朱遇反。近代字也。案陸氏釋文、切韻、許慎説文、玉篇、字林、古今正字並無。唯孫緬廣韻收在注字内。

新譯十地經　第一卷　並經前記

天竺　相承音竹，準梵聲合音篤。古云身毒，或云賢豆，新云印度，皆訛轉也。正云印特伽羅，此翻爲月也。月有千名，斯乃一稱。西域記云：良以彼土佛日既隱，賢聖誕生，相繼開悟，導利群生，如月照臨，故以爲名也。

踈勒國　梵語訛略也。正云佉路數怛勒，此翻爲惡性國。以其國人性多獷戾故。或云彼國有佉路數怛勒山。因山立稱也。在北印度境也。

乾陀羅　上音虔。舊云健馱羅，此云持地。昔此國多有得道聖賢住持，其境不爲他國侵害故也。又云香氣遍，謂此國多

生香氣之花，遍其國内，以爲名也。其國在中印度北，北印度南境也。

迦濕彌羅　或云迦葉蜜羅，舊云罽賓，訛略也。此翻爲阿誰入，謂此國未建時有大龍池，人莫敢近。其後有羅漢，見地形勝，宜人居止，從龍乞容一膝地。時龍許之。羅漢變身漸大，膝滿龍池，龍以言信捨之而去。羅漢後以神力乾竭其水，遂建城郭。衆人咸言，我等不因聖師，阿誰得入。故因此語，乃立國名。其國北印度境也。

披緇　上敷羈反。説文云：開也〔四七〕。散也。或作帔，襘也，巾也。又作被，音平義反，服也，加也，衣也。今合從後作。下側持反。説文云：緇，黑色繒也〔四八〕。論語云：涅乎不緇。注云：涅謂黑泥，可以染皂者也。涅音奴結反，從水日炙土也。

鄔波弛耶　鄔，烏古反。弛，亭也反。正梵語也。舊云郁波弟耶。此云近誦，謂以弟子年小，不離於師，常近隨逐受經而誦也。或翻爲親教。龜兹、于闐等國訛云和闍，或云鶻社。今云和上，本非梵語，亦非唐言，蓋葱右諸國訛轉音耳也。

蒙鞮　下都奚反，非正梵語，蓋罽賓國寺名也。未詳翻對。案鞮字，履屬也。

拗怒　上於六反。博雅云：止也。説文云：從手幼聲。又音於絞反，今不取。下乃故反。字書：恚也。切韻：嗔也。又音弩，亦嗔目皃也。

僅全　上渠靳反。切韻云：能也，少也。顧野王云：僅，纔也。下正作仝〔四九〕，音疾緣反。韻英云：完也。説文云：具也。從工入〔五〇〕，會意字也。亼，才入反，三合之形也。

那爛陀　或云娜那爛多，西域寺名也。此云施無猒。西域記云：歷代帝王共建，合爲一寺，東闢其門，常供千僧。自興建已來，未有一人犯間疑者，故五印度境捨施無猒，因以爲名也。在中印度境。

泠泠　郎丁反。序中人名，不求字義。

提堤犀魚　次都奚反，三音西。非印度言，龜兹語也。此云蓮花精進，彼國三藏法師名也。

郭昕　下許斤反。人名也。案字，日欲出也。釋名云：昕者，忻也。言皎日將出，萬物忻然也。

滴霤　上都歷反。切韻云：水滴也。説文云：涯也。從水滴省聲也〔五一〕。下力救反。案：滴霤合作溜。説文云：水溜也〔五二〕。字書云：小流也。今作霤。説文云：霤，神名也，非此用。

程鍔　上直貞反。人姓也。本自顓頊重黎之後，周宣王時程伯休甫入爲大司馬，封于程，後以爲氏也。下五各反。人名也。案字，劍口端也。説文云：從金咢聲也。咢音同上。

所齎　下祖西反。考聲云：持物行也。韻英云：送也。切韻云：付也，遺也。説文：從貝齊聲也。俗作賫，訓同，非正字也。

鍊冶　上音郎甸反。又作煉。説文云：鎖金也。從金柬聲。柬音揀，從東八。下羊者反。切韻：銷金也。尹子曰：蚩尤作冶。説文：從仌音冰台音怡。考聲云：冰熱則冶，遇寒則凝也。

悦豫　上余雪反。爾雅曰：悦、懌，服也。切韻：喜樂也。説文云：從心説省聲。下羊恕反。爾雅曰：愉、豫、愷、康，樂也。又曰：豫，安也。玉篇：逸，豫也。説文云：從象予聲也。

新譯十地經　第二卷

珂貝　上恪何反。玉篇：珂，螺屬也。出於海者，其白如雪，所以纓馬膺也。下博蓋反。亦珂類也。爾雅曰：貝居陸，贆；在水者，蜬。郭注云：水陸異名。貝中肉如科斗，但有頭尾耳。説文：貝，像形。案貝，古者用以市物也，故財貨買賣之流皆從貝也。贆音標，蜬音含也。

璧玉　上必益反。爾雅云：肉倍好謂之璧。璧大六寸謂之瑄。郭注云：肉邊也，好孔也。白虎通曰：外圓像天，内孔方法地，君執爲信，以祭天也。下語欲反。爾雅曰：以玉者謂之珪。禮記曰：執玉不趨。舜典曰：修五禮五王（玉）[五三]。孔注云：五等諸侯，各執其玉。白虎通云：玉像君子之德，燥不輕，溼不重也。説文云：玉有五德。

資粮　上即夷反。玉篇：助也。考聲：取也。切韻：資亦貨財也。説文：從貝次聲也。下呂張反。亦作糧。説文云：糧，儲也[五四]。切韻云：倉粮也。爾雅曰：粻，糧也。郭注：今江東通呼粮爲粻。

麤獷　上倉孤反。切韻：疏也，大也。字統云：鹿之性相背而食，虞人獸害之，故從三鹿。俗省作麁，義同。下古猛反。切韻：大也。字書云：猛也。説文云：從犬廣聲。又音俱永反。

蛆螫　上陟列反。字書云：蠍蛆、蜂蠆，毒也。古文作虴[五五]。下商隻反。切韻：蟲行毒也。云虵有螫毒，不可觸其尾。考聲云：螫，噬也，嚙也。古文作蠚。

磣刺　上楚錦反。又作墋。説文云：土石砂磣也。經文作磣，非。下郎渴反。上言磣，下言刺，合作糲。切韻云：粗也。米之脱粟者也。作此剌字，辢也，戾也，非磣糲義也。

捺落迦　梵語也。或云那落迦，此云苦器，或云苦具，即治罰罪人之器具，地獄總名也。故俱舍論云：此下過二萬，無間深廣同，上七捺落迦，八增皆十六。

湍馳　上他端反。説文云：淺水流沙上也。字書云：疾瀨也，音落大反。下直离反。玉篇云：馳，逐也。字書云：馳，鶩也。説文：疾也。從馬池省聲也。

淪溺　上力迍反。字書：沈也，没也。爾雅曰：小波爲淪。郭注云：謂蘊淪也。下乃曆反。切韻云：溺，水也。説文：没也。從水弱聲也。古文作休，云人墮水也。

灘渚　上他單反。玉篇云：河灘也。爾雅曰：太歲在申曰涒灘。下章與反。爾雅云：水中可居者曰洲。小州曰渚，小渚曰沚。又作陼，音同上。沚音止。

新譯十地經　第三卷

捫摸　上莫盆反。毛詩傳曰：捫，持也。韻詮云：捫，搎也。下音莫。説文云：摸，㨋也。案：捫、搎、摸、㨋，猶摩挲也。搎音孫，㨋音索，挲音娑。

蚊蚋　上音文。莊子云：蟭螟巢於蚊眉。下而税反。小蚊，蚋。説文云：秦人謂之蚋，楚人謂之蚊。通俗文云：蜎化爲蚋也。蜎音血緣反。又作蚉、蟁二形。

蜣蜋　上去羊反，下呂張反。爾雅釋蟲云：蛣蜣，蜣蜋。郭璞注云：黑甲蟲也。噉糞土者。

筞（策）[五六]勵　上楚革反。韻集云：謀也，籌也。顧野王云：馬

楤也。釋名曰：策（筞）者，教令於上，驅策（筞）諸下也。下力制反。字書云：免（勉）〔五七〕也。廣雅云：勸，勵也。説文云：力也〔五八〕。從力厲。形聲字。厲音同上。猛也，列也。又嚴整也。

慍暴　上於問反。切韻云：怒也。論語云：人不知而不慍。何晏注云：慍，怒也。凡人有所不知，君子不怒。下蒲報反。五經音義云：謂侵暴。説文云：從日共音拱氺音別作暴。經文從田恭作暴，甚乖字義也。

新譯十地經　第四卷

箭鏃　上子賤反。郭璞注爾雅云：竹箭篠也。字書云：竹高一丈，節間三尺，可爲矢也。下作屋反。爾雅曰：金鏃翦羽謂鍭。郭注云：今之錍箭是也。篠音蘇鳥反，錍音普兮反。

溟渤　上莫經反。考聲云：深也。山海經云：北海謂之溟。説文云：從水冥聲。下蒲没反。玉篇：渤，澥也。字書云：海水渤渤然也。

厚膜　上胡口反。切韻云：重也，廣也。下音莫。字統云：皮内肉外謂之膜。説文：肉間胲膜也。胲音古哀反。

纏裹　上直連反。考聲云：繞也，束也。説文云：纏，約也〔五九〕。從糸廛聲。下光火反。考聲云：包也。説文云：裹，纏也。從衣果聲也。俗作褁，訛略字也。

印璽　上正作𢀳。釋名曰：印，信也，因也，封物因付信也。下斯氏反。蔡邕獨斷曰：天子之璽，以玉螭虎劍，古者諸侯共之。月令曰：秦以前諸侯卿大夫皆曰璽。自兹以降，天子獨稱璽，諸侯不敢用也。傳璽譜云：秦王子嬰上高祖傳國璽，李斯所篆，其文曰「受命於天，帝壽永昌」也。螭音敕支反。

癲癇　上丁堅反。廣雅云：癲，狂也。毛詩箋云：癲，病也。聲類云：癲，風病也。或作瘨。下音閑。集訓云：小兒癲病。説文云：風病也。從疒閒聲。或作癇，亦通。

蟲毒　上直躬反。説文：從三虫音許鬼反。並二虫爲蚰音昆。爾雅曰：有足謂之蟲，無足謂之豸音丈尔反。今俗借虫爲蟲。下徒沃反。切韻：痛也，害也。考聲云：苦也。説文云：從屮作毒。屮音丑列反。

呪詛　上文作祝、詶二形，音之受反。説文云：詶亦詛也。下側據反。古文作𥛮。釋名云：祝屬也。以善惡之辭相屬著也。詛謂使人行事阻限於言也。説文云：從言且聲，音子余反。經文從口作咀，音才與反，非。

眩瞖　上玄絹反。賈注國語：眩，惑也。蒼頡篇：示（視）〔六〇〕之不明也。説文云：目無常主。下於計反。郭璞云：瞖，掩覆也。考聲云：目中瞖也。説文云：從目殹聲也，音一奚反。經文從羽作翳，非眩瞖義也。

溉灌　上基懿反。韻英云：澆灌也。説文：溉亦灌也。顧野王云：溉，猶灌注也。下古玩反。切韻云：漬也，亦澆灌也。二並形聲字。

號嗥　二字同音，胡刀反。上號，爾雅曰：舞號，雩也。説文：哭也〔六一〕。作唬，同。下嗥，玉篇云：叫也。説文作獋，虎怒聲也。亦作嘷字也。

喟歎　上口愧反。説文：大息歎聲〔六二〕。又作嘳。爾雅曰：息也。又音口怪反。下他旦反。切韻云：歎，息也。又作

嘆，傷也。

吁嗞　上況于反。切韻：疑怪之詞也。下子之反。切韻云：嗞嗟，憂聲也。爾雅作咨，云：嗟、咨，䔹也。郭注云：今河北人云䔹歎。䔹音嗟。

新譯十地經　第五卷

廁填　上初史〔六三〕反。切韻：廁，間也。下唐賢反。宜作瑱字。漢書訓纂云：謂珠玉壍坐爲飾也。又音唐見反。今經作填，乃是填塞之填，非間飾義。

瞬息　上式閏反。說文云：目動睫也〔六四〕。考聲云：目摇動也。謂眸子轉也。又作瞚、眴，義同。下相即反。藥證病源云：凡人晝夜共一万三千三百息，一息有差即爲病矣。梵云阿那鉢那。此云出息入息也。

新譯十地經　第六卷

寤寤　上音教。正作覺。蒼頡篇云：寐起也。下吾故反。說文：覺而有信也。寤亦晤也。經文二字從穴作窹窹，非也。說文：從㝱晤省〔六五〕。

開闡　上可哀反。韻集云：開，闢也。說文：啓也。從門开聲。從井作開，俗用，非正。下昌善反。玉篇亦開也，揚也。韻英：明也，教也。

遽務　上渠預反。賈注國語云：遽，疾也。玉篇云：遽，急也。下亡遇反。切韻：事務也。爾雅云：鶩、務，强也。郭注云：馳鶩事務，皆自免〔六六〕强也。

駛流　上所吏反。蒼頡篇云：駛，速疾也。從馬史聲也。經文作駃，音古穴反。駃騠，馬名，非駛疾義。下流字，說文：從水從㐬音他忽反，倒子也。子音子。經文作流，非也。古文又作沠。騠，音杜奚反，良馬也，生走及母。

新譯十地經　第七卷

那庾多　中羊主反。梵語也。或云那由他，西域數名也。案黃帝筭經：有二十三數。自萬已去，皆有上中下三等數也，謂萬億兆京姟秭壤溝澗正載也。下數十十變之，中數百百變之，上數億億變之。案慧苑音義、花嚴經阿僧祇品云：一百洛叉爲俱胝，即當此億也。俱胝俱胝爲阿庾多，即當此兆也。阿庾多阿庾多爲那由他，即當此京也。餘皆準知配之。

幽邃　上於虯反。切韻：深也，隱也。爾雅曰：幽，深也。說文：從山丝聲。丝音同上。說文云：微也。下私醉反。說文云：邃，深遠也。古文又作㒸，音訓同。

羈繫　上居宜反。釋名云：絡馬頭曰羈，縻馬足曰絆。下古詣反。玉篇云：繫，縛也。又閇也。

誨誘　上荒外反。韻英云：訓也，教也。論語云：誨人不倦也。下與久[反]〔六七〕。論語云：循循善誘人也。玉篇云：引導也。切韻：詃也。音古泫反。泫，胡詃反。又教也。說文：從言秀，形聲也。

新譯十地經　第八卷

暉昱　上許歸反。切韻：日光也。又作煇、輝，皆同。下余六反。

靉靆　爾雅云：昱，明也。切韻云：光也。說文：從日立聲。

上音愛，下音逮。廣雅曰：靉靆，翳薈也。薈音烏外反。謂雲興盛也。通俗文云：雲覆日爲靉靆也。

駭蹙　上閑揩反。廣雅曰：駭，起也。夫驚者其心必舉，舉即起也。說文：從馬亥聲。下子六反。切韻云：促近也。說文云：迫急也。從戚足聲也。

新譯十地經　第九卷

棽儷　上敕林反。玉篇曰：木枝而儷也。說文：木長儷也〔六八〕。從林今聲。下郎計反。字統云：伉儷也，亦宏壯也。棽又音森林二音，今並不取。

摩醯　下又作醯，同。呼雞反。梵語也。具足應云摩醯首羅。此云大自在也。即色界主，大自在天王是也。

鈿厠　上徒年反。玉篇：金花鈿也。下初吏反。切韻云：間下也。說文云：雜厠也〔六九〕。

十力經一卷

刹別　上案玉篇音初八反。案經合作差字。故經云：種種欲樂勝解差別。今云刹別，恐因聲誤寫。請諸高識，再詳經意。

迴向輪經一卷

資糧　上即夷反。玉篇：助也。切韻云：資亦貨財也。下呂張反，亦作粮。案：資粮謂諸大士欲趣菩提、涅槃二轉依果，先修福德、智慧二種資粮也。

無怙　上亡夫反。古文奇字作无，像天屈西北角也。有本作无，音既，非无字也。下胡古反。爾雅曰：怙，恃也。詩云：無父何怙，無母何恃。

忿恨　上正作忿，音敷粉反。切韻：怒也。亦音敷問反。下胡艮反。切韻：恨，怨也，恚也。

竝將　上音蒲迥反。正體並字也。切韻：比也。說文云：二人同立也。下即羊反。爾雅曰：將，送也。考聲：將，大也，助也。說文云：從夕寸爿聲也。夕音肉，爿音牆。經文作捋，俗字，非正。

續一切經音義　卷第三

校勘記

〔一〕臃　今傳本爾雅作「傭」。

〔二〕說文云：穿耳施珠也　今傳本說文：「瑱，華飾也。」

〔三〕說文云：頂骨也。並從骨，獨樓省聲字　今傳本說文：「髑，髑髏，頂也。從骨蜀聲。髏，髑髏也。从骨婁聲。」

〔四〕鄉　據文意似當作「卿」。

〔五〕說文云：掎，捔也　今傳本說文：「掎，偏引也。」

〔六〕隹　獅注「隹，朱惟反。」

〔七〕說文作朿，分別也　今傳本說文：「朿，分別簡之也。」

〔八〕師　今傳本爾雅作「尸」。

〔九〕丿　獅注「丿當作丶」。下同。

〔一〇〕梁　據文意似當作「粱」。下同。

〔一一〕説文：清也　今傳本説文：「淳，淥也。」

〔一二〕策　據文意當作「策」。下同。

〔一三〕束　據文意當作「束」。

〔一四〕住　據文意當作「佳」。

〔一五〕兩　據玄卷一作「所」。

〔一六〕匡　據文意當作「匿」。

〔一七〕説文云：貪也　今傳本説文：「私逸也。」

〔一八〕苦　今傳本説文作「筶」。

〔一九〕暮　今傳本作「朞」。

〔二〇〕説文云：膝骨也　今傳本説文：「臏，厀耑也。」

〔二一〕禮記云：由命氏以立父子皆異宫　今傳本禮記：「由命士以上父子皆異宫。」

〔二二〕閴　今傳本爾雅作「闃」。

〔二三〕蜼　説文段注：「左思吴都賦劉注引異物志説狖，與郭説蜼同。狖，余幼切。正因蜼有余救一切，而别製字耳。」

〔二四〕綿　今傳本説文作「絮」。　小雅　據文意似爲「小爾雅」。

〔二五〕説文云：機縷持交絲者也　今傳本説文：「綜，機縷也。」

〔二六〕説文云：痼，風病也　今傳本説文：「痼，病也。」

〔二七〕眩　據文意似當作「眩」。

〔二八〕鬻　據文意似當作「鬻」。

〔二九〕説文曰：以横木持門曰關　今傳本説文：「關，以木横持門户也。」

〔三〇〕橅　今傳本爾雅作「楰」。

〔三一〕建　據文意似作「逮」。方言卷七：「噬，逮也。」

〔三二〕鹽　今傳本説文作「鹽」。

〔三三〕説文云：澣，濯　今傳本説文：「澣，濯衣垢也。」

〔三四〕綵　今傳本説文作「色」。

〔三五〕説文曰：食肉有骨噎在喉内，悲憂噎塞者　今傳本説文：「哽，語爲舌所介也。」

〔三六〕説文云：鐵夾也　今傳本説文：「鉗，以鐵有所劫束也。」

〔三七〕秏　即「耗」。

〔三八〕説文云：無乳生觳者曰卵也　今傳本説文：「卵，凡物無乳者卵生。」

〔三九〕聲　據文意似當作「蟧」。

〔四〇〕貓　今傳本爾雅作「狗」。

〔四一〕今　今傳本説文無。

〔四二〕説文：介蟲也　今傳本説文：「蠃，螺蠃也。」

〔四三〕乎　據文意似當作「捊」。臺灣大通書局影印本改作「捊」。

〔四四〕田　據文意似當作「甲」。

〔四五〕肉　篆文作「[illegible]」。

〔四六〕十　據文意似當作「中」。

〔四七〕説文云：開也　今傳本説文：「披，從旁持曰披。」段注：「俗解訓披爲開。」

〔四八〕説文云：緇，黑色繒也　今傳本説文：「緇，帛黑色也。」

〔四九〕全　據文意似當作「仝」。説文：「篆文仝从玉，純玉曰全。」

〔五〇〕説文云：具也。從工亼　今傳本説文：「仝，完也，从入从工。」

〔五一〕説文：「滴，水注也。從水滴省聲也　今傳本説文：「滴，水注也。从水啇聲。」

〔五二〕説文云：水溜也　今傳本説文：「霤，屋水流也。」

〔五三〕王　今傳本舜典作「玉」。

〔五四〕説文云：糧，儲也　今傳本説文：「糧，穀也。」

〔五五〕蚍　據文意似作「蚝」或「蛆」。

〔五六〕策　據文意似當作「策」。下同。

〔五七〕免　據文意似作「勉」。

〔五八〕説文云：力也　今傳本説文：「勸，勉力也。」

〔五九〕説文云：纏，約也　今傳本説文：「纏，繞也。」

〔六〇〕示　獅注：「示恐視乎。」

〔六一〕説文：哭也　今傳本説文：「號，呼也。」

〔六二〕説文：大息歎聲　今傳本説文：「喟，大息也。」

〔六三〕史　據文意似當作「吏」。

〔六四〕説文云：目動睫也　今傳本説文：「瞚，開闔目數摇也。从目寅聲。」

〔六五〕説文：從寢晤省　今傳本説文：「從寢省吾聲。」

〔六六〕免　據文意似作「勉」。

〔六七〕反　據獅本補。

〔六八〕説文：木長儷也　今傳本説文：「棽，木枝條棽儷皃。」

〔六九〕説文云：雜厠也　今傳本説文：「厠，清也。」

續一切經音義　卷第四

燕京崇仁寺沙門希麟集

續音大乘本生心地觀經八卷

守護國界主陀羅尼經十卷

大乘瑜伽曼殊室利千臂千鉢大教王經十卷

右三經二十八卷同此卷續音

大乘本生心地觀經　並序

噫夫　上於其反。切韻：憶也。考聲云：恨聲也。鄭注禮記云：噫，不寤之聲也。下房無反。考聲云：語端之詞。禮記曰：夫爲人子者。又曰：夫三年之喪。又曰：夫不舍晝夜。皆語端也。

筌蹄　上七緣反。考聲：取魚竹器也。亦籠屬也，亦名魚笱。莊子云：筌者所以在魚，得魚忘筌也。下弟奚反。莊生云：蹄[者][一]，所以取兔，得兔而忘蹄也。從足帝聲。玉篇作罤，云兔網也。

逵路　上求危反。爾雅曰：九達謂之逵。郭璞注云：四道交出，復有傍通。下洛故反。爾雅曰：一達謂之道路。郭注云：謂長道也。逵又作馗，音訓同。

耆闍崛山　上音祇，次視遮反。梵語訛略也。正云姞栗䭾羅矩吒，此云鷲峰，亦云鷲臺。此山峰多棲鷲鳥，又類高臺，故以爲名。姞音巨乙反。

或祼　下古玩反。詩云：祼將於京。論語云：禘自既祼。孔注云：酌鬱鬯以祼太祖。與灌同訓。案經序云：潛導之功，或祼於理。説文：祼字從示音視。神祇禱祝祭祀之類，皆從示。今序從衣作裸，音華瓦反。謂脱衣露躰也。智者詳之。

醴泉　上來啓反。爾雅曰：甘雨時降，萬物以嘉。謂之醴泉。瑞應圖曰：王者飲食純和，則醴泉出，飲之令人壽。東觀漢記云：光武中元元年，醴泉出京師，飲之痼疾皆愈。説文：從酉豊聲也。

醍醐　上徒奚反，下户姑反。説文作䣕䤁二形。云：酪中出酥，酥中清液也。案本草：治熱毒，去衆風疾，凉藥也。

大乘本生心地觀經　第一卷

阿若憍陳如　上烏葛反，次如者反。梵語訛略也。應云阿若多憍陣那。阿若多，此云解也。以初解法，故先彰其名。憍陣那是婆羅門姓。那是男聲，顯從其父。故新翻經云解憍陣那是也。

阿史波室多　梵語也。舊云阿濕縛，此云馬勝，羅漢名也。

澄澈　上直陵反。字書：澄，水清也。下直列反。爾雅曰：波澈也。說文：澈亦澄清也。從水撤省聲。

薜舍　上蒲計反。梵語。或云毘舍，又云吠舍，西域四姓一也。巨富多財，通於高貴，或商旅博貨，涉歷異邦，畜積資財，家藏珍寶。或稱長者，或封邑號者也。

戍達羅　上式句反，亦梵語也。舊云首陀，訛略也。此之一姓，務於田業，耕墾播植，賦稅王臣，多爲民庶，並是農夫，寡於學問，四姓之中最下也。

鸚鵡　上烏耕反，下音武。下又作鴞，同。山海經云：黄山有鳥，青羽赤喙人舌，能作人語，名曰鸚鵡。曲禮曰：鸚鵡能言，不離飛鳥。

蠶繭　上雜含反。說文：紝絲也。從蚰朁聲。經文作蝅、蠺，非。或作蚕，音天顯反。蚯蚓之類，甚乖字義。下古典反。說文：從虫糸芇，像繭蛾之形。三啓經云：譬如蠶作繭，吐絲還自縛也。經作蠒，非本字也。

蘇迷盧　舊云須彌，或云彌樓，皆訛也。正云蘇迷盧，此云妙高山。琳引俱舍論云：東面白銀，北面黄金，西面頗黎，南面青琉璃。大論云：四寶所成曰妙，出過衆山曰高。亦名妙光，謂以四色寶光明，各異照世，故名妙光，出水八萬踰繕那量也。

瞻蔔迦　舊云瞻蔔，正云瞻博迦，舊翻爲鬱金花。大論云：黄色花也。其樹高大，花氣遠聞。西國多有此樹也。

極爆　上極字。說文：從木亟聲。亟，從二人又口。云：人在天地之間，所急者莫越手、口。二，即天地也。勹，古人字。又，即手也。下補教反。說文：爆，灼也。廣雅：熟也。考聲：燒柴作聲火烈也。韻英云：火炮也。韻詮：火烈聲也。

胷臆　上香邕反。說文：胷，膺也。案胷亦臆也。或作匈。下應力反。說文：臆，胷骨。從肉意[一]省聲也。

沉淪　上直林反，玉篇：没也。切韻：大也，濁也。下劣迍反。亦没水波也。爾雅曰：小波爲淪。

盲龜　上武庚反。切韻：無目也。文子曰：師曠瞽盲也。字書云：盲，無所見也。下居追反。說苑曰：靈龜五色，似金似玉，背陰向陽，上高像天，下平法地。大戴禮云：甲蟲三百六十四，神龜爲之長。爾雅曰：一曰神龜也。山海經云：大苦山多三足龜。

大乘本生心地觀經　第二卷

吮乳　上徐兖反。韻英云：嗽也。從口允聲。經作吮，草變字。下儒主反。切韻：柔也。酪屬也。考聲：嬭汁曰乳。說文：從乙孚聲。

瀑漲　上薄報反。爾雅曰：瀑雨謂之涷。郭注云：江東呼夏月瀑雨爲涷雨也。涷音東。下知亮反。切韻：大水滿也。說文：水盛也。從水張，形聲字也。

矛矟　上莫侯反。吕氏春秋云：蚩尤作矛。考聲：酋矛，戈之類也。說文：矛長二丈，建於兵車也。有作鉾，俗字。下雙卓反。博雅云：矟亦矛也。古今正字：矟長丈八尺。文字典說：今之戟矟也。有作槊、㮶，皆非正字。

髓腦　上雖柴[三]反[四]。說文：骨中脂也。從骨隨省聲。下能老反。文字集略云：頭中髓也。說文：𡿺字從匕，從囟

(囟)〔五〕囟(囟)音信，小兒𡿺〔六〕會也，從巛，巛像髮，匕謂相匕著也。今經作腦字，或作膲、膸、腦、𡿺、惱五形，皆訛謬字也。

大乘本生心地觀經　第三卷

蚊蝱　上勿汾反。説文作蟁，吴音閩，齧人飛蟲子。經作蚉，俗字。下莫耕反。聲類云：似蠅而大。説文云：山澤草花中化生也。亦生鹿身中。形大者曰蝱，小者曰䗂音暫字也。

攢鏠　上在桓反。切韻：合也。字統云：攢，聚也。謂合聚一處也。下敷容反。韻集云：劍刃也。考聲：鏠，利也，鋭也。從金夆聲也。

象蹋　上徐兩反。爾雅曰：南方之美者，有梁山之犀象焉。郭注云：大獸也。長鼻大耳，三歲一乳。或作㒸。下徒合反。韻英云：蹴也。考聲：足踐也。經作踏，音他合反，著地行也，非經意。又作踏，不成字也。

跏趺　上音加，下音夫。二字皆相承俗用也。正作加跗二形。鄭注儀禮云：跗，足上也。顧野王云：足面上也。案金剛頂瑜伽儀云：坐有二種，謂全加、半加。結加坐即全加也，加跗坐即半加也，謂降魔、吉祥等也。如前已釋也。

船橃　上述緣反。方言云：自關而西謂舟爲船。説文：船，舟也。從舟沿省聲。下煩韈反。考聲云：縛竹木浮於水上。集訓云：木橃也。或作筏、栰(椷)〔七〕，俗謬也。古作橃字。

萎悴　上於媯反。韻英云：萎，蔫也。説文：從草委聲。言草委在地也。下情醉反。案萎悴宜作瘁顇。爾雅云：病也。悴，憂也。經作悴，俗字。

大乘本生心地觀經　第四卷

螻蟻　上落候反。郭注爾雅云：蛄螻，即螻蛄也。説文：螻蛄。或即今石鼠也，頭似兔，尾有毛，青黄色，好田中食粟豆。下又作螘。或作蟻，同。魚綺反。爾雅曰：蚍蜉，大螘。小者螘。字林云：北燕謂蚍蜉爲蟻也。

迦蘭陀　梵語也。或云迦蘭多，或云迦蘭鐸迦，此云好聲鳥。謂此竹林多棲此鳥，故以爲名。在王舍城也。

貨鬻　上呼卧反。切韻：賄貨也。字書云：市財也，亦賣也。從貝化聲。下余六反。切韻：鬻，賣也。爾雅曰：鬻，糜也。説文作鬻，從毓鬻省聲也。

廛肆　上直連反。正體字也。經文作鄽，或作壥、㕓，三形皆訛。案周禮云：廛，謂市中空地也。考聲：一畝半也。韻英云：居也。下息利反。爾雅曰：肆，故，今也。廣韻：陳也，放也。亦作肆〔八〕也。

貿易　上莫侯反。爾雅曰：貿、賈，市也。考聲：貿，買也。又交易也。下音半〔九〕益反。謂交還貨易也。説文：從日勿聲也。

蔓延　上無怨反。韻英：蔓，謂菰瓠之苗也。下延，爾雅曰：延，長也。延，引也。案蔓延如蔓草，連延長引不絶也。下延又作莚，音餘戰反。廣雅云：蔓，長也。莚，遍也。二字皆從草。

窗牖　上楚江反。案説文作𥦗〔一〇〕。在牆曰牖，在屋曰𥦗。從片囪，像交眼之形。經中或作牕、窓二形，皆謬。下由酒反。

說文：穿壁以木交爲牖。從片戶甫聲。悤音楚江反。

欻然　上輝律反。薛綜曰：欻，急(忽)〔一一〕也。蒼頡篇：猝起也。說文：吹起也〔一二〕。從炎吹省，會意字也。下然字，從肉犬灬。灬音標，火行皃也。云：犬逐其肉，灬以然之，亦會意字也。

蓬勃　上蒲公反，亂也。下蒲没反，勃成(盛)〔一三〕也。案：如蓬草之亂盛也。今經文作熢焞二形。上音峯，謂候望者夜火也。字書無蓬音。下焞，煙起也。若塵起作埻，若香氣作馩，若心逆者作悖，若水廣浡，皆非亂盛卒起皃也。今合作蓬勃也。

牝馬　上頻忍反。爾雅曰：牝曰騇。郭注云：草馬名也。魏志云：教民畜牸牛草馬也。詩云「騋牝三千」也。下馬字，說文：像形也，頭尾四足，王在其上也。騇音舍，騋音來。

槌胷　上直追反，俗字也，正作椎。說文：擊也。從木隹聲。下朂恭反。說文：膺也。亦作匈。字書云：椎胸者，悲恨之極，自毀其身也。

大乘本生心地觀經　第五卷

鉾矟　上正作矛，音莫侯反。下雙卓反。前第二卷經中已訓釋訖。

霹靂　上音擊反，下郎擊反。說文曰：霹靂，析震戰也。所擊輒破若攻戰也。王充論衡云：陰陽氣盛相擊之聲，即迅雷也。

阿練若　或云阿練兒，或云阿蘭若，或云阿蘭那，皆梵語訛轉耳。正云阿蘭孃，義譯云寂静處，或云無諍地。所居不一，或住砂磧山林壙野，或塚間寒林，皆出聚落一俱盧舍之外，遠離喧噪之處也。

虎豹　上呼古反。說文云：山獸君。山海經云：幽都山多玄虎玄豹。淮南子云：虎嘯則谷風生也。下博教反。郭注爾雅云：豹似熊，小頭庳脚，黑白駮，能舐銅鐵竹骨等。白色者別名貘，音陌。

豺狼　上士諧反。爾雅曰：豺，狗足。郭注云：脚似狗。切韻：狼屬也。禮記云：豺祭獸也。下音郎。爾雅曰：牝〔一四〕貛，牝狼。說文：似犬，鋭頭而白頰。從犬良聲。

優曇　下徒含反，梵語也。或云烏曇，應云優曇鉢羅，此云妙瑞花，或云祥瑞花。人間本無天妙花也，或時一見。

大乘本生心地觀經　第六卷

隙光　上綺戟反。切韻：閑也。考聲：壁孔也。說文：空閑皆曰隙〔一五〕。從阜日上下小也。經文作隟，或作隕，皆非。下古皇反。爾雅曰：光，充也。切韻：明也，大也，顯也。古作灮字。

飛蛾　上芳非反。韻英云：翔也。說文：像鳥羽翻飛之形也〔一六〕。下五何反。說文：蠶蛾也〔一七〕。爾雅作䖸，同。正作䖸字也。

牝鹿　上頻忍反。爾雅曰：鹿，牡麚，牝麀，其子麛。案：別雌雄，辨子母也。麚音加，麀音於牛反，麛音迷。下鹿字，正從比。

芳餌　上敷亡反。考聲：芳草之香者也。又美盛也。下仍吏反。韻英：食也。說文云：粉餅也。從食耳聲也。

牆壁　上疾良反。說文：垣也〔一八〕。五版爲堵。釋名云：牆，障

也。所以自障蔽也。從嗇爿聲。經作墻、墻、壥，皆非。

下比激反。説文：屋牆也[一九]。釋名曰：壁，辟也。謂辟禦風寒也。從土辟聲。

坏瓦　上芳杯反。説文云：未燒瓦器也。下五寡反，又作，像形也。古考史曰：夏時昆吾氏始作瓦也。

芭蕉　上霸麻反，下即消。王注楚辭云：香草名也。生交阯，葉如席，煮漬可紡績也。不堅草也，自外至内，並無有實，故經中多引爲喻。浄名云「是身如芭蕉，中無有堅」是也。

蝦蟆　上胡家反，下莫遐反。切韻：水蟲也。又作蟇。本草云：蝦蟆，一名蟾，一名去甫。爾雅云：鼁𪓰，蟾蜍。郭云：似蝦蟆，居陸地。淮南謂之去蚥，音甫。

大乘本生心地觀經　第七卷

洟唾　上他計反，下他卧反。説文：鼻液曰洟。從水夷聲也。口津曰唾[二〇]，從口埵省聲。經文作涕，音他禮反。説文：目汁也。涕泣悲聲也，非洟唾義也。

大乘本生心地觀經　第八卷

猿猴　上王元反。爾雅作蝯，云：猱蝯善援。郭注云：便攀援也。下音侯。獼猴也。從犬侯聲也。

埃坌　上烏開反。説文：細塵也[二一]。從土矣聲。下蒲悶反。考聲：污也。字書：塵埃著物也。

青蠅　下餘陵反。考聲云：飛蟲也。鄭箋毛詩云：蠅之爲蟲，污白色使黑，喻佞人變亂善惡也。又曰：白珪之玷尚可磨也，斯言之玷不可爲也。

吠憚　真言中字也。上借音微一反，下音但，不求字義。

守護國界主陀羅尼經　第一卷

炳曜　上兵永反。考聲：明也。説文：焕明也[二二]。從火丙，形聲字。下弋肖反。韻英云：日光也。切韻：照也。又作耀、燿二形，光耀炫耀也。

沙滷　上所加反。爾雅曰：潬沙出。郭注云：江東呼水中沙堆爲潬。西有沙州，即鳴沙山也。下郎古反。爾雅曰：滷，苦也。郭注云：謂苦地也。案：沙漠鹹滷之地也。二字並合從水。經文作砂，乃砂石也。作鹵，乃鹵簿樂名，引天子車駕者也。並非沙滷字也。

菡萏　上胡感反，下覃感反。爾雅釋草云：荷，芙蕖。其花菡萏。毛詩傳云：未開曰芙蓉，已開者菡萏。説文：菡，從草函聲音含。萏，從草臽聲音陷。經文作菡萏二形，皆訛謬也。

羯邏　上居謁反，下盧賀反。梵語不求字義。

拊擊　上孚武反。切韻：拍也。下古歷反。切韻：打也。尚書舜典曰：擊石拊石，百獸率舞。孔傳曰：拊亦擊也。二字並從手，付毄皆聲也。

守護國界主陀羅尼經　第二卷

波濤　上博科反。切韻云：水波濤也。爾雅曰：大波爲瀾，小波爲淪也。説文：從水波省聲[二三]。下徒刀反。考聲：濤，浪浪[二四]也。説文：三波曰濤。從水壽省聲[二五]。

魁膾　上苦瓌反。孔注尚書云：魁，帥（帥）[二六]也。鄭注禮記

云：首也。史記云：壯夫也。從斗鬼聲。下瓌外反。廣雅曰：膾，割也。案魁膾者，屠殺兇惡之帥也。從肉會聲也。

旋澓　上又作漩，音似緣反。考聲：洄也。爾雅曰：旋、復，返也。下符福反。三蒼：澓，深也。謂河海中洄旋之處。從水復聲。

癡膜　上丑之反。切韻：癡，愚也。下慕各反。切韻：肉薄皮也。考聲云：皮内肉外曰膜。從肉莫聲。

守護國界主陀羅尼經　第三卷

叢林　上徂紅反。孔注尚書云：叢，聚也。字書云：凡物之聚曰叢也。説文：草木聚生曰叢。從丵取聲。丵，士角反。下力金反。玉篇：木竦也。説文並二木也。

莽字　上莫朗反。説文：上下草，犬在中也[二七]。經作莽，俗字。

滌垢　上徒歷反。切韻：凈也。玉篇：除也。考聲云：洗滌也。説文：從水條聲也。下古厚反。韻英云：塵也。考聲：染污也。説文：垢，圿也[二八]。從土后聲。圿音姦八反。

怡暢　上與之反。切韻：和樂也。爾雅曰：怡，懌、悦、欣，樂也。下丑亮反。玉篇：通，暢也。韻英云：達也。脉經云：腸爲暢氣之府也。從申腸省聲。

守護國界主陀羅尼經　第四卷

諦聽　上都計反。説文云：諦，審也。從言帝聲。下他定反。考聲：待也。説文云：審也[二九]。字書：謀也，又聆也。説文：從悳耳壬聲也。悳音得，壬音他頂反。謂以耳審得其聲也。壬即聲。又他丁反。

瀑流　上薄報反。廣韻：甚雨也[三〇]。爾雅云：瀑[三一]雨謂之涷。郭云：江東呼夏月瀑雨爲涷，音東。玉篇：疾也。從水暴聲。下流字，説文：從水㐬。㐬，他忽反，倒書古文孚字，孚音子。經文作流，非。

危險　上魚爲反。玉篇云：隤也。字書云：殆也。考聲亦險也。字林云：從人在厄上。下虛撿反。説文：危，阻也。韻集云：險，難也。又邪惡也。從阜僉聲。

卉木　上許貴反。毛詩云：卉木萋萋也。傳云：衆[三二]也。爾雅云：卉，草。郭注云：百草總名也。説文：從三屮作芔，二屮爲艸也。屮丑列反。草木初生之形也。艸今爲艹，音草。

憍陳如　上舉喬反。略梵語也。具足云阿若多憍陳那。阿若多，此云解也，謂最初悟解法故以彰其名。憍陳那，婆羅門姓也。那是男聲，顯從父得。新譯經云「解憍陳那」是也。

多陀阿伽度　或云阿伽度，梵語魯質也。正云怛他誐多，此云如來。十號之中第一號也。

阿羅訶　下音呵，梵語訛略也。正云遏囉曷帝，此云應供，謂應受人天妙供故，即十號之中第二號。

三藐三佛陀　藐，本音莫角反，爲就梵語，借音彌藥反。正云三藐三沒馱，三字去聲。此云正等覺，亦云正遍知，即第三號也。

珎膳　上正作珍，陟鄰反。考聲：貴也。説文：重也[三三]。儒行云：儒爲席上之珍也。下時戰反。説文：食具也[三四]。周

禮云：膳夫，上士二人掌王之膳。方言云：膳，美食也。從肉善聲。或作饍，俗字，非。

守護國界主陀羅尼經　第五卷

擐甲　上胡慣反。説文云：穿甲也[三五]。案説文、字林、玉篇皆音胡慣反，唯五經文字音義音古患反。下古洽反。説文：兵器也[三六]。音譜作鉀，云鎧鉀也，又辰名也。爾雅：太歲在甲曰閼蓬也。

遲緩　上直知反。切韻：久晚也。爾雅曰：遲遲，徐也。郭注云：安徐也。下胡管反。切韻：舒也。爾雅曰：綽綽、爰爰，緩也。郭注云：皆寬緩也。説文：從糸爰聲也。

奢摩他　梵語也。此云止，即持心定也。

毗鉢舍那　亦梵語。此云觀，謂觀照慧也。即定慧二名。

守護國界主陀羅尼經　第六卷

謇澀　上九輦反。説文：謇，吃也，謂語難也。或從言作謇。下色立反。案澀字，合從人作儸。字書云：嚞儸，語不正也。今從水作澀。説文：水塞不通也。非謇儸義。嚞音初音反。

廝破　上先妻反。説文：病聲散也[三七]。又作誓，悲聲也。經作嘶。字書云：馬鳴嘶也。非廝破義也。

熙怡　上許其反。字書云：和也。切韻：敬也，養也。爾雅曰：緝、熙，光也。下與之反。爾雅曰：怡，悦也。考聲：和樂也。説文：從心台。台音怡。

觱篥　上卑吉反，下力質反。本胡樂名也。毛詩云：一之日觱發，二之日篥烈。傳云：一之日周之正月也，觱發寒風。二之日殷之正月，篥烈寒氣也。經文作篳篥二字，同。説文：從竹，畢、栗聲也。

鶴唳　上下各反。説文：鶴，色白而喙長，朱頂，壽滿千歲，神仙鳥也。抱朴子曰：鶴鳴九皋，聲聞於天。淮南子曰「雞知將曉，鶴知夜半」是也。説文：從鳥隺聲。隺，音何各反。云從冖隹。隹，鳥也。鳥飛高至欲出於冂音癸營反。下郎計反。切韻：鶴鳴也。

箏笛　上側莖反。説文：鼓絃筑[三八]身樂也。本大瑟二十七絃。秦人不義，二子争父之瑟，各得十三絃，因名爲箏。下徒歷反。説文：笛七孔[三九]。俗云羌笛。風俗通云：笛，滌也。言滌去邪穢，納正氣也。

蠃聲　上洛戈反。切韻：蚌屬也。爾雅曰：蠃，小者蜬。郭璞注云：大者如斗，出日南漲海中，可爲酒杯。説文：從虫羸聲。俗作螺。或有作蠡，二形並音禮鹿（麗）[四〇]。案，蠃本古樂器名也，吹以和樂，故經中多云蠃聲，或云法蠃，用表法聲，普聞含識。

谷響　上古屋反。切韻：山谷也。老子云：谷神不死，是爲玄牝。下虚兩反。考聲云：崖谷應聲也。或作嚮、響、嚮三形，亦通也。

守護國界主陀羅尼經　第七卷

藤蘿　上徒登反。字書云：藤似葛而蔓生。玉篇云：藟也音壘。下洛何反。爾雅曰：唐蒙，女蘿。女蘿，菟絲也。韻英

云：蘿，蔓也。上藤字，經文作藤，音詩證反。乃苣藤字，胡麻別名也，非藤蘿義。苣音巨。

羖羊　上公户反。爾雅曰：夏羊，牡羭，牝羖（四一）。郭注云：黑羖䍽也。今人云羘羖也。羭音羊朱反，羘音子桑反。羖或作羜，同。

石礦　上常尺反。釋名云：山體曰石。下古猛反。切韻：金玉璞也。説文：未煉金也。從石廣聲。有作鉚。紫鉚，藥名也。經文從金廣作鑛，俗用字也。

鈴鐸　上郎丁反。切韻：鈴似鐘而小。下徒洛反。釋名云：鐸，度也。謂號令之限度也。謂金鈴鐵舌，振以用武。金鈴木舌，振以興文教令。案：振以警悟群生，表傳法語也。

驎陀　上良忍反，下徒何反，梵語也，即赤色花名。案字，驎，青驪馬名。

辯捷　上皮件反。切韻：引也，理也。字書：辯，惠也。説文：從言辡聲（四二）。辡音辯。下疾葉反。韻英云：速也，勝也。考聲：疾也。爾雅：際、接、翜，捷也。郭注云：捷，謂接續也。即經中詞無礙辯也。

守護國界主陀羅尼經　第八卷

謇訥　上九輦反。説文：語吃也。從言寒省聲。或作讓。經文從足作蹇，足跛也，非此用。下奴骨反。字書亦謇也。

筏喻　上房越反。方言曰：箄謂之䈶。䈶謂之筏。秦晉通語也。案暫縛柴木，水中運載者曰筏也。又作橃、𦪌。箄音牌。

歌吹　上古俄反。切韻：歌，謡也。詩云：我歌且謡。爾雅曰：徒歌謂之謡。下尺僞反。爾雅曰：徒吹謂之和。説文作龡。

守護國界主陀羅尼經　第九卷

巡狩　上祥倫反。切韻：偏也，察也。下舒救反。韻英云：狩，獵也。尚書曰：二月東巡狩，至于岱宗，柴。孔傳云：諸侯爲天子守土，故巡行之。順春先東巡，次夏秋冬例然。巡狩四嶽，然後歸告太廟。

孤惸　上古胡反。考聲云：獨也。説文：無父曰孤。從子從瓜省聲（四三）。下葵營反。考聲云：孤單也。文字典説：無兄弟曰惸。説文作㷀，從卂營省聲。或從人作儝，或省作煢，皆通用字。

黿鼉　上魚袁反。三蒼云：似鼈而大也。下徒何反。山海經云：江水足鼉。郭璞注云：似蜥蜴。大者長丈，有鱗彩，皮可以爲鼓。詩云：鼉鼓蓬蓬也。字從黽音猛單音那聲也。經文從龜作[䵷𪓰]（四四）二字，大謬。字書無此䵷𪓰字。

株杌　上知虞反。韻英：木根也。考聲：木本也。下五忽反。切韻：樹無枝也。説文二字並從木，朱、兀聲。

糠麫　上又作穅，同。苦崗反。説文：米皮也（四五）。下與職反。切韻：麥麫也，即麥上粗皮也。

閥閲　上房越反，下翼雪反。考聲：容受也。字書云：簡閲具其數，自序功狀也。史記云：人臣功有五。各明其等曰閥，積閲曰閲（四六）。説文：二字並從門，伐、悦省聲也。

掐（搯）（四七）珠　上苦洽反。切韻：爪掐（搯）物也。説文：從手，爪在臼上，會意字。下音朱，即數珠也。

臘沓子　沓，徒合反。考聲：合也。説文：從水，音别。與雜遝

字義同。經文從水。舊作沓，或作沓，誤書也。案臘沓子者，以五穀雜合一處，用以加持，如今俗言臘雜子也。

缾缸　上薄經反。字書云：汲器也。或作瓶。下下江反。切韻：罌類也。考聲云：酒器。說文從瓦作瓨，古字也。

孽捶　上魚列反，下七何反，正梵語也，此云去。阿孽捶云不去。捶或作搓。

啞啞而笑　上烏陌反。顧野王云：啞啞，笑聲。下私妙反。說文：犬戴其竹，君子樂然笑也。經作咲、咲、咲，皆非本字，傳寫誤。

守護國界主陀羅尼經　第十卷

旱澇　上胡笴反。切韻：雨少也。字書：陽極也。從日干聲。下郎到反。切韻：淹。又水澇也。或作潦字，亦同。又音老。

饑饉　上居疑反，下巨靳反。爾雅曰：穀不熟爲饑，蔬不熟爲饉。郭注：五穀不成也。凡草菜可食者通名爲蔬。又云：仍饑爲荐。郭注：連歲不熟。

雷霆　上魯迴反。切韻：雷，電也。易曰：天雷，無妄也。論衡云：陰陽氣繫[四八]成聲。古文作靁。下特丁反。考聲云：疾雷也。字書：迅雷也。

篡奪[四九]　上初患反。字書：篡亦奪也。韻英：殺也。說文：從厶算聲。厶音私，算音筭。云：奪其君位，事不敢公，私而算也。下奪字，說文正作奪，强取也。云：手持一鳥，大鳥在上奪去也。從寸亦通，無從木者。

逃竄　上徒刀反。字書云：走也，避也。切韻：亡也。亦竄也。下七亂反。考聲：藏也。說文云：鼠在穴中，則爲竄矣也。

椰子　上以嗟反。切韻：果木名也。出交州，其葉背面相類。案：食之止渴。

仆面　上蒲北反。爾雅曰：斃，仆也。郭注云：謂前覆也。亦作踣。案仆面，謂面覆於地也。

舐脣　上神氏反。切韻：以舌取物也。說文作舓，俗又作舐，訓同。下食倫反。切韻：口脣也。字書亦作唇字也。

拳手　上巨圓反。廣雅曰：拳，奉持也。切韻：屈手也。從手卷省聲。經文從足作踡。字書云：踡跼，行不進也。非拳手義。

咀沫　上慈吕反。切韻：咀，嚼也。字林：咀，齧也。亦作齟。蒼頡篇：咀，噍也。下莫割反。即水沫也。案咀沫，即口中涎沫也。

大乘瑜伽千鉢文殊大教王經　第一卷

阿闍梨　梵語也。或云阿遮梨，或云阿左梨，此云軌範師。謂以軌則儀範，依法教授弟子。

和尚　正梵語搗波地耶。此云近讀[五〇]，謂此尊師，爲弟子親近習讀者也。舊翻爲親教，良以彼土流俗云殟社。此方訛轉謂之和尚，相承既久，翻譯之者順方俗云。

摩醯首羅　梵語訛也。正云么醯濕伐羅也。么醯，此云大也。濕伐囉，此云自在天也，即大自在天王也。謂此天王於大千界中，得自在故。

蠢動　上尺允反。亦動也。爾雅曰：蠢、震，動也。郭注云：皆

摇動皃。又曰：蠢，作也，即動作也。説文云：動也[五一]。從䖵春聲。會意字。䖵音昆也。

屠兒　上達胡反。考聲：屠，殺也。説文：屠，刳。分割牲肉也。下汝移反。正從囟[五二]儿。上音信，腦會也。下音人，云腦會未合，人以承之。

魁膾　上苦回反。切韻：帥也，首也。下古外反。説文：割也，切肉也。細切爲膾。或作儈，音與膾同，市人合也，非此所用也。

田獵　上徒年反，正作畋。白虎通云：畋爲田除害，故曰畋獵。如經文作田，非。案字書作畋。古者肉食，取禽獸曰畋。下良涉反。爾雅：獵，虎(虐)[五三]也。郭注云：淩獵暴虐也。從犬巤聲也。

漁捕　上語居反。説文：漁，捕魚也。尸子曰：燧人之世，天下多水，故教人漁。古文作𢿥，亦捕也。或作魰，謂魰獵也。下薄故反。切韻：捉也。

駞驢　上徒何反。説文：駱駞，胡地獸也。背有肉鞍，負重千斤，日行三百里，能知水泉所在。下力居反。切韻：畜也。釋名云：驢，盧也。取其盧盧之聲也。從馬盧，形聲字。

猪狗　上又作豬。爾雅曰：豕子，豬也。郭注云：今亦曰彘，江東呼豨。禮記檀弓注云：南方謂猪爲都。字從豕都省聲。下古厚反。切韻：犬也。爾雅云：犬，未成毫狗也。從犬句，形聲字。

瘖瘂　上飲今反。説文：不能言也。瘖，猶無聲也。下烏賈反。考聲云：不能言也。瘂人雖有聲無詞也。古今正字：瘂，瘖也。從疒亞聲。疒，女厄反。

熙怡　上虚飢反。字統云：熙，和也。考聲云：美也。從灬巸聲也。巸音同上，灬，必遥反。有作凞、煕二形，皆非。下以之反。考聲：怡，喜悦也。説文云：和也。從心台聲。台音以之反。

嗢鉢羅　上烏骨反。舊云優鉢羅，或云漚鉢羅，此譯云青蓮花。其花最大最香，人間全無，出大雪山無熱池中。

芬陀利　或云奔荼利，皆訛。正云奔拏里迦，此云白色蓮花也。人間無，亦出彼池。

鉢頭摩　或云波頭摩，或云鉢弩摩，亦云鉢特摩，皆訛。應云鉢納麽，此云紅色蓮花。上者人間雖有，不及彼池出者。

俱物頭　或云拘牟頭，亦云拘摩那，梵音輕重也。正云俱某陀，此云赤蓮花，亦出彼池，人間希少。

大乘瑜伽千鉢文殊大教王經　第二卷

颰陀　上蒲鉢反，梵語也。古或云跋和，正云跋捺羅。此翻爲賢也，或云賢善。

殑伽　上凝等反，下魚佉反，梵語也。舊云恒河是也，即無熱惱大池，流出四河，南面一也。旋流一匝，流入南海者。涅槃經中恒河女神也。案殑伽，河神名，因神彰名也。慧苑、慧琳皆作此説。

大乘瑜伽千鉢文殊大教王經　第三卷

糝帽地　上桑感反，次音冒，梵語也。舊云三菩提，此云正等覺也。

菀憾　上借音無遠反，下胡感反。梵音祕密不可翻傳也。

大乘瑜伽千鉢文殊大教王經　第四卷

啀喍　上五佳反，下音柴。犬鬪也。玉篇：犬相啀也。埤蒼云：相啀拒也。玉篇作齜齱，褰唇露齒之皃也。

嘷吠　上胡刀反。古文作獔。說文、玉篇：咆吠，犬鳴也。切韻：熊虎聲也。經文作號，悲哭聲，非嘷吠義。

腐爛　上房武反。切韻：敗也。字書：臭也。考聲：朽也。下郎肝反。切韻：火熟也。從火闌聲。

卜筮　上博木反。尚書云：我卜河朔。孔傳曰：卜必先墨畫龜，然後灼之，兆順食墨，吉也。下時制反。說文：蓍曰筮[五四]，決也。世本云：巫咸作筮，故從竹從巫也。

繽紛　上疋仁反。玉篇：繽繽，往來皃。或盛也，又衆也。下孚云反。玉篇：紛，亂也。廣雅：繽繽，衆也。紛紛，亂也。謂衆多亂下也。經文從草作蕡，音賁，乃蕡賁字，五月管名也。作芬，草芳盛也。二字皆非也。

大乘瑜伽千鉢文殊大教王經　第五卷

毗盧遮那　梵語訛也。應云吠嚕左曩，舊譯云光明遍照，新翻爲大日如來，云如大日輪無幽不燭。

阿閦　下又作閦，同。初六反。梵語不妙。古云阿插一也，應云惡蒭，此云無動，即東方佛名也。

懶惰　上亦作嬾，同。勒坦反。下又作憧，同。徒卧反。考聲云：不勤也。說文：不敬也。並從心，賴、隋聲也。

棲椎　上渠焉反。爾雅曰：椹，謂之棲。郭注云：斫木櫍也。下直追反。說文：擊也。從木隹聲。經文作楗槌。或作揵稚。梵語薜吒迦，此云所打，即或銅或木，擊以警衆也。

揀擇　上姦眼反。文字集畧云：揀，選也，亦擇也。從手柬聲。說文：柬字，從八在柬中。下音澤。切韻：擇，亦揀也。從手澤省聲也。

大乘瑜伽千鉢文殊大教王經　第六卷

瑩明　上烏定反。顧野王云：瑩，飾也。考聲：瑩，光也，亦明也。或從金作鎣，訓同。明或作朙，又作明，同。

纏縛　上直連反。俗又作纒。切韻：繞也。考聲：纏亦縛也。又音直戰反。下符約反。切韻：繫也。字書：縛亦纏也。三啓經云：如蠶作繭，吐絲自縛也。從糸博省聲也。經作縛也。爾雅云：十羽謂之縛。書誤也。

諂諛　上丑琰反。又作諂。切韻：諛也。論語云：非其鬼而祭之者，諂也。鄭注云：諂媚求其福。下以朱反。說文：諛亦諂也。從言臾聲。經文單作[臾][五五]，乃須臾字也。

休廢　上許尤反。切韻：善也，美也。考聲：息也。說文：從人倚木息也。下芳肺反。爾雅曰：廢，舍也。郭注云：舍，放置也。切韻：止也。經文作癈。癈，病也，非休止義。

大乘瑜伽千鉢文殊大教王經　第七卷

爾燄　梵語也。此云所知。花嚴七十七云：過爾燄海也。苑法師釋云：謂智所知境非預識境，共轉也[五六]。

秉顯　上兵永反。爾雅曰：秉，拱執也。說文云：手持一禾曰

秉。下呼典反。説文、玉篇、字林並云：光也，明也。案經云「五智秉顯」，宜作炳。或作昞字。未詳秉顯義。

大乘瑜伽千鉢文殊大教王經　第八卷

濟拔　上子計反。切韻：惠也，定也。爾雅曰：濟，渡也。濟，成也。濟，益也。郭注云：廣異訓，各隨事爲義。下蒲八反。切韻：擢也。又盡也。從手犮聲。

大乘瑜伽千鉢文殊大教王經　第九卷

逼迮　上彼力反。切韻：逼，迫也。考聲云：逼，近也。下側伯反。玉篇：陿也，亦迫也。或作窄，亦同。

登入　上都滕反。爾雅曰：躋、登，陞也。切韻：進也。禮記月令：禾乃登，即成也。

大乘瑜伽千鉢文殊大教王經　第十卷

祼形　上華瓦反，本音郎果反，爲避俗諱作上音。顧野王云：脱衣露袒也。説文：從衣果聲。案：坼衣半上半下，果在中即爲裹，並衣在一邊即爲祼。會意字也。經文從示作裸，音灌，非此用也。

祠祭　上似兹反。爾雅曰：春祭曰祠。郭注曰：祠之言飤也。下子例反。切韻：享薦也。論語云：祭神如神在。如前花嚴經第十二已釋。

廝破　上息移反。切韻：病聲散也。考聲云：聲嗄也。經作嘶，馬嘶鳴也，非破義。

綟急　上練結反。切韻云：小結也。字書：拗綟也。與捩意同。下急字，從人手心也。云人之急者，心之與手。𠂊，古人字。ヨ，古手字。會意也。

詆債　上又作詆，同。都禮反。切韻：呰也。詆亦訶也。考聲：欺也，毁也。下側懈反。切韻：徵財也。從人責聲。

拘賒梨子　具足應云末伽梨拘賒梨子。末伽梨是姓，拘賒是母名也。此外道計苦樂不由因，即自然外道。

毗羅胝子　具足應云毗羅胝子珊闍邪，毗羅胝，母名也。珊闍邪，此云等勝。此外道不須修道，經八萬劫，自盡生死，如轉縷丸也。

鳩馱迦延　具足應云迦羅鳩馱迦旃延。迦羅鳩馱，此云黑領。迦旃延，姓也。此外道應物而起，人若問有答有，若問無答無也。

富蘭那迦葉　富蘭那，此云滿也。迦葉，姓也。此云龜氏。此外道計無因也。

尼乾陀若提子　尼乾陀，此云無繼。若提，母名，亦云親友，母名親友也。此外道計苦未有定因，要必須受，非道能斷。

阿耆陀翅舍欽婆羅　阿耆陀，此云無勝。翅舍欽婆羅，此衣名。此外道以人髮爲衣，五熱炙身也。

續一切經音義　卷第四

校勘記

〔一〕 者　據今本補。
〔二〕 意　獅注：「意恐億乎？」
〔三〕 柴　據文意當作「柴」。
〔四〕 反　各本無，獅本注云「柴下反脱」，臺灣大通書局影印本在一旁補入此字。
〔五〕 凶　臺灣大通書局影印本作「㐫」，據文意當作囟。下同。
〔六〕 堖　據文意當作「㛴」。
〔七〕 栻　據文意似當作「栰」。
〔八〕 肆　據文意似當作「肄」。
〔九〕 半　據文意似當作「羊」。
〔一〇〕 牕　今傳本説文作「窻」。
〔一一〕 急　據慧卷一作「忽」。
〔一二〕 説文：吹起也　今傳本説文：「欻，有所吹起。」
〔一三〕 成　獅作「盛」。
〔一四〕 牝　今傳本爾雅作「牡」。
〔一五〕 説文：空閑皆曰隙　今傳本説文：「隙，壁際孔也。」
〔一六〕 説文：像鳥羽翻飛之形也　今傳本説文：「飛，鳥翥也。」
〔一七〕 説文：蠶蛾也　今傳本説文：「蛾，蠶化飛蟲。」
〔一八〕 説文：垣也　今傳本説文：「牆，垣蔽也。」
〔一九〕 説文：屋牆也　今傳本説文：「壁，垣也。」
〔二〇〕 口津曰唾　今傳本説文：「唾，口液也。」
〔二一〕 説文：細塵也　今傳本説文：「埃，塵也。」
〔二二〕 説文：煥明也　今傳本説文：「炳，明也。」
〔二三〕 説文：從水波省聲　今傳本説文：「从水皮聲。」
〔二四〕 浪　衍。
〔二五〕 説文：三波曰濤　今傳本説文：「濤，大波也。从水壽聲。」
〔二六〕 師　今傳本孔注尚書作「帥」。
〔二七〕 説文：上下草，犬在中也　今傳本説文：「莽，南方謂犬善逐兔艸中爲莽。从犬从茻，茻亦聲。」
〔二八〕 説文：垢，圿也　今傳本説文：「垢，濁也。」
〔二九〕 説文云：審也　今傳本説文：「聽，聆也。」
〔三〇〕 廣韻：甚雨也　今傳本廣韻：「瀑，瀑雨也。」
〔三一〕 瀑　今傳本爾雅作「暴」。
〔三二〕 衆　今傳本毛傳作「草」。
〔三三〕 説文：重也　今傳本説文：「珍，寶也。」
〔三四〕 説文：食具也　今傳本説文：「膳，具食也。」
〔三五〕 説文云：穿甲也　今傳本説文：「擐，貫也。」
〔三六〕 説文：兵器也　今傳本説文：「東方之孟，陽氣萌動。从木戴孚甲之象。」
〔三七〕 説文：病聲散也　今傳本説文：「㾷，散聲。」
〔三八〕 筑　今傳本説文作「竹」。
〔三九〕 説文：笛七孔　今傳本説文：「笛，七孔筩也。」
〔四〇〕 鹿　獅注：「鹿恐麗乎？」
〔四一〕 牡羭，牝羖　今傳本爲「牝羭，牡羖」。
〔四二〕 説文：從言辡聲　今傳本説文：「辯，治也，从言在辡之間。」
〔四三〕 從子從觚省聲　今傳本説文：「从子瓜聲。」
〔四四〕 [illegible]　各本無，據文意補。
〔四五〕 説文：米皮也　今傳本説文：「穅，穀皮也。」
〔四六〕 各明其等曰閥，積閥曰閲　今傳本史記：「明其等曰伐，積日曰閲。」
〔四七〕 搯　據文意似作「掐」。下同。
〔四八〕 繫　據文意似作「擊」。
〔四九〕 奪　獅作「棄」。
〔五〇〕 讀　據文意似作「誦」。
〔五一〕 説文云：動也　今傳本説文：「蠢，蟲動也。」
〔五二〕 囟　獅作「㐫」，注云「㐫當作囟。」
〔五三〕 虎　今傳本爾雅作「虐」。
〔五四〕 説文：蓍曰筮　今傳本説文：「筮，易卦用蓍也。」
〔五五〕 臾　各本無，據文意補。
〔五六〕 共轉也　慧苑爲「由其轉若南聲爲爾鹽故也」。

續一切經音義　卷第五

燕京崇仁寺沙門希麟集

新譯仁王護國般若波羅蜜多經卷上　並序

皇矣　毛詩傳曰：皇，大也，匡也。爾雅曰：皇、匡、王，正也。下於紀反。説文：語已詞也，從厶古文已字矢聲也[一]。厶音以。

綿絡　上彌編反。切韻：微也，歷也。下音洛。説文：織絡亦網羅也[二]。從糸各聲。

羅罩　上魯何反。爾雅云：鳥罟謂之羅。下竹教反。説文：捕魚器也。方言：籠，罩也。説文：羅罩二字並合從网作也。

泳沫　上音詠。爾雅曰：泳，游也。郭注云：潛游水底也〔三〕。下滿鉢反。考聲：沫，止也。水上浮沫也。又終也，杪也。二字形聲也。杪音亡沼反。

五始　案三五歷記云：氣像未分謂之太易，元氣始萌謂之太初也，氣像之端謂之太始，形變有質謂之太素也，質形已具謂之太極也，斯爲五始也。

徹枕　上纏列反。字書云：徹，去也，除也。考聲：抽也。説文：通也。從彳攴育聲也。下之荏反。韻詮云：枕，所以承頭也。從木冘聲。冘音淫，彳音丑尺，攴音普十(卜)〔四〕反。

遏寇　上安葛反。蒼頡篇云：遏，遮也。毛詩傳曰：遏，止也。尚書云：遏，絶也。下口搆反。考聲：寇，賊也。韻詮云：盛多也。説文：暴也。字書：寇字從攴完。

著星辰　上張盧反。周易曰：玄〔五〕像著明，莫大乎日月也。禮記云：著而莫息者天也，著而不動者地也。又曰：著，明也，立也，成也。古今正字：從草署省聲。下星字，古文作曐。説文云：萬物之精，上爲列宿也。又，星即五星，躔行二十八宿也。案七曜天文經云：紫微、太微、干(天)〔六〕市三垣，及列宿中外官，總一千四百六十四星，應占用者，辰即北辰也。論語云：爲政以德，譬如北辰也。

緬尋　上綿典反。賈注國語云：緬，思也。説文：微絲也。從糸面聲。下徐林反。字書：常也。考聲：覓也，逐也。字從彐音手從口工寸，會意也。

懿夫　上於記反。考聲云：懿，哀痛聲也。又發嘆詞也。從壹次口作懿。今序中從心作懿，俗用字。下夫音扶。壹音竹句反。

波斯　波斯匿王名，梵語略也。正云鉢羅犀那逝多，此云勝軍。即請佛説，内護外護之請主。

永袪　下去魚反。考聲云：袪，袖也。集訓：舉也。韓詩云：袪，去也。説文：從衣去聲。

迺津　上奴改反，古文乃字也，亦語詞也。下井寅反。鄭注周禮云：津，潤也。爾雅曰：津，梁也。廣雅亦津，濟也。

緹油　上弟奚反。鄭注周禮云：縓色繒也。又云淺紅也。説文：帛赤黄色也〔七〕。下油，謂絹油也。古人用色絹油，以書記事也。

大輅　下洛故反。白虎通云：天子大輅也。字書：古者椎輪，今飾之華麗也。大戴禮云：古之車輅蓋圓像天，二十八轑以像二十八宿，軫方像地，三十輻像日月之數。仰則觀天文，俯則察地理。前視睹鑾和之聲，側視觀四時之運也。釋名云：天子所乘曰輅也。以金玉象，隨飾名之也。

捘綴　上色鄒反。考聲云：捘，求也，索也。下追衛反。賈注國語云：綴，連也。切韻：續也。説文：從糸叕聲也。叕音陟劣反。

褰裳　上去乾反。考聲云：摳衣也。爾雅曰：深則厲，淺則揭。揭者，揭衣也。郭注云：謂褰裳也。揭音去謁反。下市羊反。字書：上曰衣，下曰裳也。

沃朕　上烏穀反。尚書曰：啓乃心，沃朕心。賈注國語云：沃，美也。廣雅曰：沃，漬也。説文：沃，溉灌也。下朕字，爾雅曰：朕，予，言我也。案古者貴賤同稱，自秦始皇唯天子獨稱朕也。

襲予　上尋立反。廣雅：襲，及也。司馬彪注莊子云：襲，入也。郭注爾雅云：襲，重也。下以諸反。爾雅曰：予，我也。

之籟　下洛大反。廣雅曰：籟，簫也。大者二十四管，長尺四寸。小者十六管，長尺二寸，有二底。説文云：三孔簫〔八〕也。從竹賴聲也。

欒棘〔九〕　上盧桓反。禮記：天子墓樹松，諸侯柏，大夫欒，士楊。説文：欒木似欄。從木䜌省聲。下矜力反。毛詩傳曰：棘，酸棗也。郭注爾雅云：顛棘〔一〇〕，葉細有刺。説文：似棗叢生，從二朿。廣雅云：棘，箴也。朿音刺。

弼我　上貧蜜反。孔注尚書云：弼，輔也。爾雅曰：弼，崇重也。尚書大傳云：天子有四鄰。左輔右弼，前疑後承。廣雅：弼，備也。大戴禮云：潔廉而切直，匡過而諫邪，謂之弼也。説文云：字從㢸音巨支反，從𠫓音添念反。或從攴作弻，或作弜字，皆古文也。

良賁　下彼義反。韻英：微也，卦名也。易云：賁亨小利，利有攸往。案良賁，即助譯此仁王經僧名也。

常衮　下公穩反。即翰林學士姓名也。

握槧　下才敢、七艷二反。釋名云：槧，版也。長二尺。韻詮云：以版爲書記也。説文：牘樸也。從木斬聲。集訓云：削版而記事者也。又音僉字。

邃賾　上雖醉反。王逸注楚辭云：邃，深也。下柴革反。劉巘〔一一〕注周易云：賾者，幽深之稱也。説文：從臣責聲也。臣音夷。序文作頤，頤，俱非。

較然　上音角。考聲：略也。廣雅：明也。爾雅：直也。尚書大傳：較其志見其事。太玄經云：君子小人之道，較然見矣。漢書云：較然易知也。

鉤索　下所革反。説文：入家搜也。從宀索聲。考聲云：取也，求也。今俗省去宀，但從市從糸作索也。宀音弥仙反。

躡金　上黏輒反。方言云：躡，登也。廣雅：履也。説文：蹈也。從足聶聲也。聶音同上。

惋撫　上烏貫反。考聲云：歎恨也。桂苑珠叢云：驚歎而藏於心也。下芳武反。爾雅曰：撫者掩也，拍也。

旃蒙歲　上之然反。爾雅曰：太歲在乙曰旃蒙，在巳曰大荒落。案唐帝年曆云：代宗皇帝廣德三年甲辰改永泰元年，二年乙巳，即旃蒙歲也〔一二〕。到今統和五年丁亥，得二百二十三年矣。

木槿榮月　次巾隱反。爾雅曰：椴木槿也。郭注云：似李樹。孫炎疏云：花如蜀葵，紫色，朝生夕殞也。此花夏五月方榮盛也。仁王般若念誦儀經前記云：夏四月於南桃園乃譯此經。

鷲峯　舊云耆闍崛山，正梵云姞栗䭾羅矩吒，此云鷲峯，或云鷲臺。此山峯上多棲鷲鳥，又類高臺故也。在王舍城側，説此經處也。姞音巨乙反。

室羅筏　舊云舍衛國，正云室羅筏悉底，此云好道，或云聞物，即波斯匿王所治之境也。

技藝　上渠綺反。考聲：能也。集訓：技亦藝也。又工巧也。從手支。或從人作伎，俗用也。經文從女作妓，女樂也，非技藝字。下魚祭反。切韻：才能也。論語云：遊於藝也。何注云：六藝也，謂禮、樂、書、數、射、御也。

比丘　梵語，不正也。應云苾蒭。此云怖魔一，乞士二，净命三，净戒四，破惡五也，具此五義，故存梵語不譯也。

比丘尼　五義如前。尼即女聲。

優婆塞　古梵語也。正云鄔波索迦。鄔波，此云近也。迦，此云事也。索是男聲，即近事男也，謂受五戒，親近承事於三

寶者也。

優婆夷　正云鄔波斯迦。鄔波迦，如前釋，斯是女聲呼也。

贍部洲　上時染反，梵語也。此大地之總名。古譯或云譫浮，或云琰浮，或閻浮提，或云琰浮利，正云⿰弓晉謨。立世阿毗曇論云：有贍部樹生此洲北邊，泥民陀羅河南岸，正當洲之中心，北臨水上。於此樹下水底有贍部黄金。樹因金而得名，洲因樹而立號，故名贍部洲。譫音之葉反，⿰弓晉音蠶覽反。

那庾多　中音以主反，梵語。或云那由他，西域數名也。此上（云）〔一三〕億。

新譯仁王護國般若波羅蜜多經卷下

杻械　上勑久反，下胡戒反。玉篇：桎，梏也，穿木爲也。在手曰杻，在足曰械也。二字從木，丑、戒皆聲也。

枷鎖　上音加。考聲：梏也。穿木爲孔，加於頸也。因繫罪人之具。下桑果反。以鐵爲索，縻繫罪人也。

檢繫　上居儼反。廣雅曰：檢，匣也，括也。謂括束不得開露也。又，察也，謂察録繫縛也。從木僉聲。

摩訶迦羅　梵語也。摩訶，此云大。迦羅，此云黑。經云摩訶迦羅大黑天神，唐梵雙舉也。此神青黑雲色，壽無量歲，八臂各執異仗，貫穿髑髏以爲瓔珞，作大忿怒形，足下有地神女天以兩手承足者也。

瘡疣　上惻莊反。韻英云：瘡，痍也。或作創。古文作刅。下有憂反。蒼頡篇：疣，病也。或作肬，亦通。古文或作疚也。

日月失度　下徒故反。案青岑子云：日，太陽之精，一歲一周天。月，太陰之精，一月一周天。金匱經云：月主憂患，日主福德。故月爲刑奇，日爲德奇。常以冬至日在斗二十一度四分度之一，春分之日在奎十四度，夏至之日在東井二十六度，秋分之日在角二度四分度之一，差此則爲失度也。

搏蝕　上補各反。説文云：擊也〔一四〕。下音食。釋名云：月虧則蝕，稍稍侵虧，如蟲食草木葉也。九曜五行曆云：羅睺，一名蝕神，頭常隱不見，逢日月則蝕。又日月同色，月掩日曰蝕。又云：日〔一五〕衝大如日，日光不照，謂之暗虚，值月則月蝕也。

彗星　上隨鋭反。考聲：妖星也。爾雅曰：彗星爲欃槍。郭璞注云：亦謂之孛星，言其形孛孛似掃彗。或云掃星，或云孛星，或云欃槍星，或云彗星，一也。

木星　五星行藏曆云：木之精也，其色青，其性仁，順度行則爲福，逆行所守則爲災。十二年一周天，凡八十三年七十六終而七周天。

火星　火之精也，色赤，其性禮，執法之像也。履道而明則民安國泰，失度緊小則中外兵發。大抵二年一周天，七百八十日一見伏。凡七十九年三十七終而四十二周天。

金星　太白，金之精，其色白，其性勇，將軍之象。一年一周天見，二百四十四日。初，夕見西方。其行稍急，日行一度，少半漸遲，二百四十九度。乃留八日，逆行十日，夕伏十二日，遂晨見東方。大抵八年五終，五度夕見，五度晨見。

水星　水之精，其色黑，其性智，四時皆出入。光明潤澤則國豐民樂，不爾則水旱作沴。常以四仲見，一年一周天，去日極遠，不過二十六度，故人多不見。凡三十三年一百四

終，七十四度晨見，二十六度應見不見。

土星　土之精，其色黃，其性信，女主象也。順軌光明有福，亂行變色赤白，天下有兵。其行最遲，二十九年半一周天，三百七十八日一伏。凡五十九年十七終而再周天，初見東方也。

泛漲　上芳梵反。賈注國語云：泛，浮也。毛詩傳云：泛，流皃。説文從凡作汎。下張亮反。考聲云：水增大，砂岸崩摧入水曰漲。從水張聲。俗音上聲，非也。

亢陽　上康浪反。考聲：極也。字書：高也。切韻：旱也。易曰：上九，亢龍有悔。謂陽極也。

降澍　下朱戍反。集訓云：時雨所灌澍，潤生萬物也。經文作霔。字書並無。筆受者率意妄作也。

梱盛　上閫嚴反。考聲云：木匧也，或作槭。經文作凾，俗字。本函谷關名。下音成。説文曰：黍稷在器〔一六〕。從皿成聲也。

記籍　上居吏反。釋名曰：記，識也。從言己聲。下秦昔反。切韻：簿籍也。尚書序曰：造書契以代結繩之政，由是文籍生焉。

大威力烏樞瑟摩明王經卷上

摩醯首羅　正梵語應云么係濕嚩囉，此云大自在也，即色界天主，於大千界得自在故。

逶迤　上於爲反。切韻：雅也，行皃也。下弋支反。切韻：溢也。漢書云：水曲。案逶迤，迂曲邪行皃。下又音達羅反，訓同上。

烏樞瑟摩　次音昌朱反，梵語也。或云烏芻沙摩，此云穢跡，舊翻爲不净潔，皆謬。新翻爲除穢忿怒尊也。案瑜伽依二種輪現身攝化：一教令輪，現端嚴身；二威怒輪，現極怖身。爲調難調諸有情故，現可畏身也。

線絣　上私箭反。周禮曰：線〔一七〕人掌王宮縫線之事。切韻：縷，線也。又作綫，同。下北萌反。切韻：振繩墨〔一八〕使直也。俗從手作拼，使也。經文從木作栟，音并，乃栟櫚木名，並非線絣字。

顰蹙　上苻真反。切韻：顰，蹙眉也。或作頻。説文：憂〔一九〕。又嚬笑也。經文作頻。切韻：數也，近也。非此用。下子六反。玉篇：迫也。説文：急也。從戚足聲〔二〇〕。

關鍵　上古還反。説文曰：以横木持門曰關，聲類曰：關所以閉也。切韻：扃也。説文：從門𢇍聲也。經文作開，音弁。爾雅曰：開謂之椷。非關鍵義。下其輦反。切韻：鍵，籥。字書：横曰關，竪曰鍵也。

躑躅葉　上呈戟反，次重録反。藥草名也。本草云：羊躑躅也。葉花皆有大毒。三月採花，其花色黃，亦有五色者。羊誤食其花葉，躑躅而死，因以爲名。古今正字：躑躅，行不前也。二字並從足，鄭、蜀皆聲也。

用氎　徒叶反。切韻：白氎也。西域所尚也。經文從糸作緤，俗用，非也。

瘢痕　上簿官反。切韻：瘡瘢也。下户恩反。切韻：瘢，痕也。考聲：瘢之微者曰痕也。

遁形　上徒損反。切韻：遁，逃也。謂潛隱也。案一字頂輪王經安怛袒那法，此云隱形也。良以彼國邪正雜信，異道間居，更相是非，佛以神力，故説斯要，令修瑜伽者隨意自

在，速成悉地。

鍱裹　上與協反。切韻：鐵鍱也。金銀銅等鍱皆同。從金葉聲也。下古火反。切韻：包也。又纏縛也。從坼衣，果在中，形聲字。經文作裹〔二一〕，俗用，不成字。

制帝　梵語也，或云支提，或云制多，應云制底邪。此翻爲積集，或云生浄信，或云靈廟，皆義譯也。謂於佛闍維處及經行説法處建置墳廟臺閣，總名也，令諸人天積集福善之所也。

紫鉚　下古猛反，藥名也。案本草云：出西戎，以樹皮葉共煎成也。可入藥用也。經作鑛、礦二形，金玉樸也，非紫鉚字也。

煼稻　上初爪反。切韻：熬也。又作𤎅。説文作䰗〔二二〕。經文作炒，俗字。下徒晧反。本草云：粳米止煩泄，稻米主温中，令人多熱。説文：糯即稻也〔二三〕。字從禾舀聲也。

麻糩　上莫霞反。切韻：紵麻也。説文云：林，所人治在屋下也〔二四〕，故從广林也。經從林作麻，俗用變體也。林音疋賣反。下側加反。切韻：麻糩也。又糩糁。考聲：滓也。從米虘聲也。

羖羊　上公户反。爾雅曰：牡羭，牝羖〔二五〕。切韻：羖，羝也。或作羖，同。經文作股。説文：股，髀也。非羖羊字也。

齩牙　上五狡反。説文：齩，齧也〔二六〕。從齒交聲。經文從口作咬。交交、咬咬，鳥鳴也，非此用也。

齧齒　上五結反。考聲：齧，噬也。字書云：淺齩也。從齒契省聲。經文從口作嚙，非本字。

虎皮褌　下古渾反。切韻：褌，袴也。字林從巾作幝，古文作裩，皆云下衣也。

木橛　其月反。切韻：杙也。爾雅曰：樴謂之杙。郭注云：橛也。又云：在地〔二七〕者謂之梱。注云：門橛也。或作槷。梱音暉也。

摒量　上丑格反。切韻：毀也。考聲：以手拓物也。經文作拆，俗用，變體。

痃癖　上又作胘，同。胡堅反。切韻：肚痃也。下芳辟反。玉篇：腹病也。藥證病源云：恣飡生冷魚肉雜果，晝眠夜食，胃冷脾虚，不消化，因兹結聚爲癥塊，發即築心吐酸水。

鴉翅　上烏加反。切韻：鴉，烏別名也。廣雅云：純黑而返哺者曰烏，小而不返哺者鴉也。從鳥亞聲也。下施智反。玉篇：翅，羽也。又作翄。古文作翨。説文：翮也〔二八〕。從羽支聲也。

滷土　上郎古反。爾雅曰：滷、矜、鹹，苦也。説文：沙滷也。從水鹵聲。經文單作鹵。太常鹵簿樂名，非滷土義。

大威力烏樞瑟摩明王經卷下

蛇蜕　上食遮反。切韻：毒虫也。爾雅曰：蟒，王蛇也。下湯外反，又舒芮反。説文：蟬蛇所解皮也。廣雅：蝮蛸，蜕也。蝮扶六反蛸餘六反，蟬未脱者。

澀吠帝　上失人反，次借音尾一反，梵語也。經中有作涅，誤也。

吽吽　呼感反。從齎輪氣海引聲合口連呼。

馺嚩　上蘇合反，下無可反。梵語不求字義也。

瑟鹻　下本音古斬反，鹹土也，爲就梵音，借音竹感反。

薄誐鑁　上音傍各反，下亡范反，梵語也。舊云薄伽梵，或云婆加伴，古翻爲世尊。今云具六義故，總云薄誐鑁，謂自在、

熾盛、端嚴、名稱、吉祥、尊貴六也。

稻穀稽　下苦會反。蒼頡篇云：粗糠也。

撚彼　上奴典反。切韻：以手指緊撚物也。從手然聲。

金剛頂真實大教王經卷上

繒幡　上疾陵反。說文：帛也。又繒，綵也。下孚袁反。說文：幡，幟也。釋名云：幡，翻也。飜飛然也。

唅　借音胡感反，梵聲，不求字義。

嗢陀南　上溫骨反，次徒何反。或云嗢柁南。柁，唐賀反。舊翻為偈頌也。琳法師引瑜伽大論翻為足跡。又云集總散，義譯也。

趺折羅　上盤末反，次職列反，梵語也。舊云伐闍羅，皆訛也。正云嚩音無滿(蒲)〔二九〕反日羅，此云金剛也。

邏惹　上盧箇反，下自攞反，梵語也。此云王。經文作運字，不曉梵音人誤書。

纔發　上昨哉反。說文：暫也〔三〇〕。切韻：僅也。下發字，說文：從弓癹也。癶從止业作址，音鉢。隸書變址作癶。癹音殊，业音撻，癶音鉢。

金剛頂真實大教王經卷中

應拼　下百萌反。說文：拼，撣也。從手并聲。亦作抨。古文作拼、抨。撣音但丹反。

鈿飾　上堂練反。字書：寶瑟鈿以飾器物也。從金田聲。又音田。花鈿也。

噁　烏各反，借音也。真言種智字也。

金剛頂真實大教王經卷下

曼荼羅　上莫盤反，梵語也。或云曼吒羅，或曼拏羅。此義譯云衆聖集會處，即今壇場也。

心臆　下應力反。說文：臆亦胷也，亦膺也。從肉意(億)〔三一〕省聲也。

詵遮鉿　上所臻反，下牟含[反]〔三二〕，梵語，不求字義。

沮壞　上慈與反。毛詩傳云：沮，猶壞也。廣雅云：濕也。說文：從水且聲。且音子余反。下懷聵反。考聲云：崩摧也。說文：敗也。從土褱聲。聵音吾恠反。古文作敹。

搊擲　上蒭鄒反。考聲云：以手指鉤也。經作搊、扫，非本字。下直炙反。切韻：振也，投也。古文作擿。案搊擲，以右手弄金剛杵也。

幖幟　上逋遥反。說文云：幖，幟頭上也〔三三〕。從巾票聲。經從手〔三四〕作摽。摽，舉也。木末也。下尺志反。切韻：幡也。字書云：旌表也。博雅作帜，同。經文從心作幟，微誤。

弱吽鑁斛　上借音慈洛反，吽音呼感反，鑁音亡範反，下胡谷反。皆取梵聲也，即金剛鉤索鎖鈴，四攝種智字也。

薅佉　上借音奴屋反，下丘迦反。梵語，不求字義也。

掣那　上昌制反，去聲。

金剛頂修習毗盧遮那三摩地法一卷

閼伽　上安葛反，或作遏字，梵語也。即盛香水杯器之總名也。

鞞嘌多　上望發反，次音栗。梵語，不求字義也。

上腭　我各反。字書云：喉上也。説文：齗也。又作腭、齶。

紗縠　上所加反。切韻：絹屬也。考聲：似絹而輕者也。下胡谷反。玉篇云：羅縠也，似羅而輕者也。

燥溪　上蘇到反，下苦雞反。真言中字，不求訓解也。

巘盪　上魚蹇反，下徒朗反。梵語也，此云塗香也。

金剛恐怖最勝心明王經一卷

蠱毒　上音古。鄭注周禮云：蠱者，蠱〔三五〕物病害人也。字書云：腹中蠱也。爾雅云：蠱亦毒也。考聲：蠱，魅也。文字典説：從蟲皿也。

澡罐　上子老反，下官喚反。案澡罐即銅缾也。

胥條　下吐刀反。切韻：靴條也。字書：條亦繩也。字林作縚。

花搵　下温困反。韻詮云：内物水中也。考聲云：拄也。從手昷聲。

鑱鉞　上士銜反。切韻：鋭也。方言云：吴人謂犁鐵爲鑱也。下音員厥反。切韻：鉞，斧。尚書：王左仗黄鉞。字林云：鉞，玉斧也。説文：從金戉聲。戉音同上。戉字從乚戈。乚音厥，戈音過。

斧槊　上方矩反。切韻：斧，鉞也。周書曰：神農治斤斧。下正作矟字，音雙角反。切韻：刀槊也。通俗文云：矛長丈八者謂之槊也。

三甜　下牒兼反。切韻：美也，甘也。一字頂輪王經云：三甜謂蘇、乳、酪也，即西域所尚者也。

機杼　上居衣反，下除旅反。方言云：杼、軸，織具也〔三六〕。説文：杼，持緯也〔三七〕。二字從木，幾、予聲也。

不動使者陀羅尼秘密法一卷

惡獸　下舒救反。切韻：守也。國語云：獸三爲群。字林云：兩足曰禽，四足曰獸。説文：從犬嘼聲。嘼音丑救反。經文作狩，冬獵也，非此用。

龍湫　上力鐘反。切韻：君也。禮記云：龜、龍、麟、鳳四瑞也。易曰：雲從龍。論衡云：龍亦畜也。古有捕龍氏，若非畜安捕哉？下即由反。切韻：水神名也。考聲：湫，聚也。謂不流水也。

犢牸　上徒木反。爾雅曰：其子犢。郭璞注云：今青州人呼犢爲㸴。音火口反。下疾吏反。切韻：牛牝曰牸。從牛字聲。字亦愛也，養也。

篦攪　上邊兮反。考聲：竹篦也。下古巧反。切韻：以手動也。從手覺聲也。

指擘　下補革反。三蒼云：擘，大拇指也。陸氏釋文云：手足大指俱名擘也。今經云大如指擘，即形段如大拇指也。

劍把　上居欠反。釋名云：劍，撿也。所以防撿非常也。廣雅云：龍泉、太阿、干將、莫耶、斷蛇、魚腸等十餘名，皆劍異號也。下必駕反。切韻：刀劍把也。經文作靶。説文：轡飾也〔三八〕。非此用。有從金作鈀，全非。

邂逅　上胡賣反，下胡遘反。考聲：邂逅，依俙也。詩云：見此邂逅也。

普遍智藏般若波羅蜜多心經一卷

靈鷲　下疾秀反。案靈鷲，西域山名也。或云鷲峰，亦云鷲臺。如前已釋。

捴持　上作孔反。切韻：合也，都也，皆也，普也。字書云：捴，衆也。下直之反。切韻：執也。案梵語陀羅尼，此云捴持，謂文義咒忍是也。

觀自在多羅菩薩經一卷

篾戾車　上眠彌反，次音梨結反，下齒耶反，梵語訛也。正梵語畢栗蹉，此譯爲下賤種也。謂樂垢穢業，不知禮義，淫祀鬼神，互相殘害也。彌音邊篾反。蹉音倉何反。

净灑　下色下反。切韻：水灑也。考聲：灑水也。字書：以水散地也。從水矖省聲字。

薩陀波崘　下盧昆反，梵語也。舊翻爲常啼是。

月厭　下於艷反。韻略：魅也。案月厭，神殺名也。正月建寅，月厭在戌，以此逆推至十二月，月厭在亥。經文作黶，面上黑子也，非月厭字。

組織　上則古反。爾雅曰：組似組，東海有之。郭注云：組，綬也。禮記：綬長一十二尺，十二月也。廣三尺，天地人三才也。

蘿菔　上音羅，下蒲北反。爾雅曰：葖〔三九〕，蘆菔。郭注云：紫花大根，俗呼雹葖。葖音他忽反。本草：蘿菔性冷，利五藏，除五藏中惡氣，服之令人白净肌細。從草服聲。經文作蔔，乃葡萄字。

一字奇特佛頂經　卷上

軷師迦花　舊云婆師迦花，梵語訛也。正云軷嘌沙迦，此云雨時花也，或云夏生花。其花白色，甚香，半夏時生，因名云。

鹹滷　上胡緘反。爾雅曰：鹹，苦也。切韻：不淡也。亦作醎，俗字。下郎古反。說文云：西方鹹地。爾雅：滷，苦也。從水鹵聲。經文單作鹵，音雖同，鹵簿欒也。

礓石　上居良反。字書：石也。釋名云：礓，薑也。言石似薑而堅也。從石薑（畺）〔四〇〕，形聲字。經文作彊，爾雅音强，作彊，界也，陲也，皆非礓石字。

縷氎　上力主反。玉篇：緒也。切韻：綫也。下徒叶反。切韻：白氎布也。經文作緤，俗用字，非也。

藕絲　上五口反。爾雅：荷，芙蕖。其根藕，其實蓮。案藕即蓮根也。下絲字，從二糸。糸音覓。

結纇　下盧對反。切韻：粗絲也。字書：纇，結纇，從糸頪。

芙蓉　上防無反，下餘封反。郭璞注爾雅云：江東呼芙蓉爲荷。鄭箋毛詩云：未開者曰芙蓉，已開者曰菡萏也。

撚綫　上年典反。方言云：撚，續也。顧野王云：謂相接續也。說文：撚，執也。從手然聲。下先薦反。人（又）〔四一〕作線。字書云：合縷。

𪎊麥　上虢猛反。考聲云：𪎊，大麥也。文字典說：麦，𪎊也。

或作穬，稻末也。又麥芒也。

霹靂　上疋壁反，下音曆。顧野王云：大雷震動也。論衡云：陰陽氣相擊聲也。皆從雨，辟、歷聲。有作礔礰二字，非。

樺皮　上華化反。或作𣘻。切韻：山中木名也。多出陰山，其皮赤、白二色，白者爲上。西域用書梵夾也。

吃哩爹　上居乙反，次音里，下陟耶反。梵語，不求字義。

牙齹　下昨何反。又作䶩。切韻：齒本也。顧野王云：䶩𪘏者，齒參差也。

一字奇特佛頂經　卷中

繕縫　上時戰反。切韻：補也。考聲云：繕，修也。下符容反。説文：縫，紩也[四一]音直日反。亦縫也，平聲。又音扶用反。

三槩　其月反。爾雅曰：橛謂之杙。郭注云：杙，槩也。又作橛。爾雅曰：門閫也。

嚧地囉　上借音來古反，下彈舌呼羅字。梵語，此翻爲血也。

瞻睹　上職廉反。爾雅曰：瞻，視也。考聲：察也。下丁古反。切韻：見也，視也。玉篇：覩也。正作覩，從見者省（聲）[四二]。經作睹，俗通用。

劑膝　上在詣反。切韻：分劑也。下息七反。切韻：曲膝骹骨也。説文：從肉桼聲。經文作脨，誤書也。桼音七，骹音苦交反。古今正字：從卪作厀。

没嘌多　中音栗，彈舌呼之，餘依字。梵語也。此翻爲死屍也。

摩努沙　中借音，尼古反，鼻音呼，梵語也。此翻爲人，人之總名也。

紫鈔　下古號反，藥名也。本草云：出西域，以樹皮葉及膠煎成，入藥用。亦堪膠黏寶鈿珠璣等物。膠，去聲。

居鎖　上徒玷反。切韻：閉户也。字書：小關礙門扇，令不開也。古文作戾，又作𢍮。下正作鎖，音同，蘇果反。切韻：鐵鎖。

阿唎多羅阿嚕力經一卷

角勝　上古岳反。切韻：角，競也。角，觸也。漢書故事云：未央（央）[四四]庭設角牴戲者，使角力相牴，即今之相撲也。經文從手作捔，即掎捔，非此用。

坏椀　上配盃反。考聲云：瓦器未燒者。坏，從土，從盃省聲。或作坯（坯）[四五]字。下烏管反。切韻云：器物也。古文作盌字，同。

鍮石　上音偷。埤蒼云：鍮石似金而非金也。西域以藥煉銅，所成有二種鍮石，善惡不等，惡者挍白爲灰折，善者挍黄名爲金折，亦名真鍮，俗云不博金是。

捏塑　上奴結反。切韻：手捏搦也。下桑故反。切韻：以泥塑像也。古今奇字作塐。經文作素，非。

黍米　上舒吕反。説文云：禾屬而黏者也。以大暑而種，故謂之黍。從禾雨省聲。孔子曰：黍可爲酒，禾入水也。經文作𥝢，不曉字義，誤書也。下莫禮反。説文：穬粟實也，象禾實之形也[四六]。

豌豆　上一桓反。切韻：豆名。下田候反。切韻：穀豆也。物理論云：粜豆謂之菽也。

金剛頂瑜伽文殊師利菩薩經一卷

一俱胝　下丁尼反。梵語數名，此翻爲億也。黄帝筭經：總有二十三數，億當十四數。自萬已去有三等，謂上、中、下也，即十萬、百萬、千萬，依次配之。

幖幟　上必遥反。廣雅云：幖，幡也。說文云：幖亦幟。從巾票聲。下昌志反。韻詮云：幟，旗也。以表物也。集訓云：幟亦幡也。從巾戠聲。戠音織也。

瑩徹　上又作鎣，同。烏[四七]定反。切韻：鎣，飾也。考聲云：光也。下直列反。切韻：徹，通也，明也。字書云：道也，達也。作徹，俗。

腰髆　下膀莫反。字林云：髆，胛也。說文云：肩胛也[四八]。從骨從博省聲。經從月作膊，音普博反。郭璞云：披割牛羊五藏也，非經義。専，從甫寸也。

花蘂　下如捶反。玉篇曰：蘂爲花鬚頭點也。從草糸惢聲。經有從三止作蘂，非也。惢音桑果(累)[四九]反。

底哩三昧耶不動使者念誦經一卷

底哩　上借音丁逸反。哩，彈舌呼。梵語也。此云三，謂此經中說三種三昧，即金剛、蓮花、佛部是也。

磔開　上陟格反。切韻：張也，開也。周禮：牲祭以禳灾也。爾雅：祭風曰磔。今經從手，搩非經義。

先彎　下烏關反。切韻：挽弓曲勢也。考聲：彎，環曲皃也。

縛撲　上符钁反。說文：繫也。字書：執縛。從糸博省聲。經文從専作縛，音傳，非也。下蒲角反。考聲：撲，打也。切韻：相撲也。經文作掩，非。

辮髮　上薄泫反。考聲：辮，結也。字書：編也。從糸辡聲。辡音弁。泫音胡畎反。畎音古泫反。

蹙眉　上子六反。切韻：近也，從[五〇]也。考聲：逼急也。從戚足聲。經文從就作蹴。切韻：逐也。又音七宿反。非蹙眉義。

鵶鵄　上烏加反。切韻：烏別名也。說文作鴉，云陽烏也。下處脂反，又作鴟。郭注爾雅云：鴟，鵂也。今江東通呼此屬爲怪鳥，又云鵄鴟也。

梟翎　上古堯反。郭注爾雅云：土梟也。切韻：食母不孝鳥也。故冬至捕梟磔之也。字從鳥頭在木上也。下郎丁反。文字音義云：鳥翎，即毛翎、翎羽也。經文作鴒。詩云：鶺鴒[五一]在原。爾雅：鵰鴒，鶌渠也。郭云：雀屬也。非翎羽義也。

大方廣觀音菩薩授記經一卷

暫瞬　上藏濫反。考聲：纔也。下舒閏反。切韻：目動也。亦作瞚字。

熙怡　上虛之反，下與之反。說文：熙怡，和悅也[五二]。方言云：怡，喜也。前已廣釋。

菩提場所說一字頂輪王經　第一卷

目鍵連　中音健，梵語訛也。或云目揵連。或作捷，音渠焉反。正云摩訶目特伽羅。此云大採菽氏，或云萊豆子母，是採

菉豆仙人種也，從母得名也。從父應云俱利迦也。

脛踝　上形定反。玉篇：脛，足䟳腸前大骨也。説文：足胻也。胻，音幸。從肉巠省聲〔五三〕。下華瓦反。蒼頡篇云：在足側高處也。聲類云：足外附骨也。説文云：從足裸省聲也〔五四〕。

塢波塞迦　上烏古反。舊云優婆塞，新云鄔波索迦。鄔波，此云近。迦，此云事。索，即男聲也，即近事男也。謂親近承事三寶者，故云。

謨呼律多　上莫胡反，梵語也。或云牟乎嘌多，此云分。俱舍論云：一百二十刹那爲一怛刹那，六十怛刹那名臘縛，三十臘縛名一牟呼嘌多，三十牟呼嘌多爲晝夜也。

傘蓋　上古文也。今作繖，同。蘇旱反。下葢字。説文：從草盇聲。俗作盖字，非。盇音胡臘反。

團圞　上徒官反。切韻：團，圓也。下落官反。切韻：團，圞也。字書：圞亦團也。二字並從囗，專、䜌聲。經文從木作欒，木名也。説文：似木欄也。

筋脈　上謹欣反。周禮：醫師以辛養筋。説文：肉之力也，從肉竹竹者，物之多筋也。力像筋形。經文多從草從角作葝〔五五〕，非也。下盲伯反。周禮：以鹹養脈也。説文：血理之分行於體中也。或作衇，又䘑二形，正體字。俗用脉，已久也。

菩提場所説一字頂輪王經　第二卷

搓縷　上士何反。切韻云：手搓物也。字書：搓，挼也。挼，奴禾反。從手差聲。經文作縒，非也。下力主反。切韻：絲縷也，亦綫也。

織氈　上之翼反。切韻：組織也。下徒協反。切韻：細毛布也。又白氎，巾氎也。從毛疊，形聲字。經文作緤，俗用，非。

珊瑚　上蘇安反，下户吴反。廣雅曰：珊瑚，珠也。説文云：珊瑚生海中而赤色，有枝無葉也。

絹縠　上古掾反。切韻：縑也。廣雅曰：繁（縏）總（繐）〔五六〕，鮮支，縠絹也。下胡谷反。切韻：羅縠也。考聲：似羅而疏也。從糸縠省聲。

蟒虵　上莫朗反。切韻：虵之最大者也。爾雅曰：蟒，王虵也。下食遮反，毒虫也。古文作蛇，同。

隘窄　上烏懈反。玉篇：隘，迫也。下争索反。考聲云：窄亦陿小也。古今正字：從穴乍聲也。經文作阨責二形，皆非。

濾漉　上盧著反，下聾屋反。顧野王云：漉，猶瀝也。郭璞注方言云：漉，滲水極盡也〔五七〕。説文云：滲也〔五八〕。又水下皃也。二字從水慮、鹿，皆形聲字。

水蛭　下之日反。本草云：水蛭，一名蚑也。一名至掌。俗呼馬蚑。博物志云：水蛭三段而成三物。字林音猪秩反，訓義同。

駞驢　上徒何反。説文：駱駞，獸名。外國圖云：大秦國人身長一丈五尺，好騎駱駞。又作駝字。下力居反。切韻：畜也。漢書西域傳云：烏桓國有驢無牛也。

蟣蝨　上居扆反，蝨轂也。下所櫛反。考聲：齧人小蟲也。淮南子云：湯沐具而蟣蝨相弔也。從蚰卂聲也。蚰音昆。卂音色臻反。經文作虱，非。

蚊寅　上音文，下陌祊反。莊子云「蚊寅嗜痛（膚）」〔五九〕是也。聲類云：寅似蠅而大也。説文：齧人飛蟲也。正從蚰育省作蝱。今作寅，略也。

菩提場所説一字頂輪王經　第三卷

人莽娑　中莫朗反，下桑歌反。梵語也。此云是未壞人肉也。

嚩唼　上補各反。切韻：嚩，嗛也。嗛音姉入反。下子荅反。説文作咂，入口也。考聲：嗍也。從口帀聲。嚩從口博省聲。經文作博，非此用。

鎚銅　上直類反。廣雅云：半熟合鎚〔六〇〕也。玉篇：鐵鎚也。下徒紅反。説文云：金之一品〔六一〕。

甲麝　上古狹反，下神夜反。切韻：麝香，獸香也。爾雅曰：麝父，麕足。郭注云：脚似麕而有香也。案本草：甲亦獸，甲煎而成香。經言甲麝，今據壇法。甲麝雖香，爲傍生身分，故不用也。

爲幢　下猪孟反。文字指歸云：開張畫繒也。從巾窒聲也。窒音中莖反。經從木作楨，音貞，幹也，非此用也。

希熙　上古文希字，下許其反。和也，悦也。案：二字合作熙怡也。怡音與之反，和悦。

菩提場所説一字頂輪王經　第四卷

厀踝　上息七反。古文膝字，從卩音節從桼音七聲。今從肉作膝。説文：骹骨也〔六二〕。下華瓦反。前經第一卷已釋。

如蠃　下落戈反。説文：水介虫也。爾雅云：蠃小者蜬。郭注云：蝸牛也。又作螺，俗用。切韻：蚌屬也。或作蠡，通。又音礼。經文作螽，不成字也。

無瑕　下胡加反。切韻：過也。説文：玉病也〔六三〕。從玉叚省聲。經文作瘕，音加，癥瘕，肺病，非經所用。

木槵　下胡慣反。切韻：無槵，即木名也。

鄉黨　上許良反。釋名：鄉，向也，謂衆所向。下多朗反。釋名云：黨，長也。謂一聚所尊長也。鄭注論語云：萬二千五百家爲鄉，五百家黨也。

令殞　下于敏反。切韻：没也。爾雅曰：殞，落也。左傳云：星殞如雨。或作隕、磒二形，亦通也。

作縳　下直兖反。爾雅云：十羽謂之縳。左傳云：縳，謂卷物也。案經以髮作縳，即卷髮爲結也。今作篆字，乃周宣王太史所作大篆，秦相李斯小篆，並字書名，甚乖經旨也。

蜴蜥(蜥)〔六四〕　上音亦，下星歷反。説文：在壁曰蝘蜓，在草曰蜥(蜥)蜴。方言：澤中曰蜥(蜥)蜴，南楚謂之虵醫，或謂之蠑螈。字從虫，易、析皆形聲也。經文下作蜡，音乍，乃十二月終大蜡祭名也。執筆之人誤書也。析音先戚反，昔音私積反。

菩提場所説一字頂輪王經　第五卷

卑溼　上府移反。切韻：下也。下失入反。切韻：水沾也。經文作濕，俗字。

葱蒜〔六五〕　上倉紅反。玉篇：葷菜也。爾雅云：茖葱，細莖大葉。下蘇貫反。字書云：葷菜也。漢書云：張騫使西域所得也。本草云：蒜，性熱，除風，殺虫，久服損眼目也。

金剛頂瑜伽分别聖位經一卷

警覺　上京影反。孔注尚書云：警，戒也。亦覺也。字書云：寤

也。古今正字：從言敬聲。

能羸　下力追反。賈逵注國語云：羸，病也。杜注左傳云：弱也。許叔重云：劣也。字書：疲也。從羊羸聲也。

淤涅　上依倨反。韻英：濁水中泥也。下奴低反。説文：涅，塗也。從土泥聲。經文作泥。説文：水名也〔六六〕。非淤涅也。

十一面觀自在菩薩祕密儀軌經

纔受　上昨哉反。説文：纔，僅也。考聲：暫也。五經音義：從糸毚音士咸反，狡兔也。從㲋兔也。㲋音丑略反。纔、攙、讒之類並同。

洲渚　上職流反，下章與反。爾雅：水中可居者曰洲。小洲曰渚，小渚曰沚。又作陼。釋名云：渚，遮也。所以遮水迴流也。

瘰癧　上力果〔六七〕反，下音歷。切韻：病也。考聲：筋結病也。上又作癳〔六八〕，音同上。

鑠鑁　上書藥反，下亡梵反。真言中字也。

烏芻沙摩　或云烏樞瑟摩，梵語輕重也。此云穢跡，舊云不净潔金剛，俗呼火頭金剛是也。

鈴鐸　上郎丁反。切韻：似鐘而小也，金鈴也。下徒落反，大鈴也。左傳：金鈴鐵舌振武也。以木爲舌，振於文教也。釋名云：鐸，度也。謂號令限度也。

車輅　上九魚反，下洛故反。戴禮云：古之車也。蓋圓像天，二十八轑以像烈(列)〔六九〕宿也。軫方像地，三十輻像日月。仰則觀於天，俯則察於地。釋名云：天子所乘曰輅，有五飾，金飾、象飾、寶、革等五，隨飾各爲名。

悉皾　下音亭夜反。字書無文。翻譯之家用影梵聲。

煥爛　上呼貫反。説文：火光也。下郎旦反。説文：大熱也〔七〇〕。考聲：光也，明也。從火闌聲。

虹霓　上户公反。爾雅云：螮蝀，虹也。郭注云：俗云美人虹。下五兮反。爾雅云：霓爲挈貳。郭云：雌霓也。釋文云：雄曰虹，雌曰霓。亦作蜺字。

䑙掠　上神帋反。字書云：舌取物也。又作舓。經文作舐，俗字。下又作擽，同。音離斫反。字統云：擊也。又刮掠也。從手諒省。

出生無邊門陀羅尼經一卷

殑伽沙　上疑等反，下魚佉反。舊云恒河沙，梵語西國河神名也。涅槃經云恒河女神是。

臈鞨　上盧盍反，下胡葛反。梵語，不求字義。

猶豫　上翼州反，下餘據反。考聲云：猶豫不定之辭也。集訓云：心疑惑也。禮記云：所以決嫌疑定猶豫。

大吉祥天女無垢大乘經一卷

毗舍　或云吠舍，梵語也。此乃巨富多財通於高貴，或稱長者，或封邑號者也。

首陀　梵語不正也。應云戍達羅。此姓之徒務於田業，耕墾播植，賦於王臣，多爲民庶。

大吉祥天女十二名號經一卷　無字可音訓。

一切如來金剛壽命陀羅尼經一卷

膂臆　上香邕反。説文：膂，膺也。膺，即臆也。或作匈，亦通。下應力反。説文云：臆亦膂骨也。從肉從憶省聲也。

拒敵　上其呂反。切韻：捍也，格也。玉篇：違也。下徒歷反。爾雅：敵，匹也。切韻：當也。又主也，輩也。從攴適省聲也。

金剛頂瑜伽十八會指歸一卷

幖幟　上必遥反。廣雅云：幖，幡也。説文：幖亦幟也。下昌志反。韻英云：幟，旗也。以表物也。集訓云：幟亦幡也。從巾戠聲也。戠音織。

摩醯首羅　醯音馨奚反，梵語也。此云大自在，即上界天王名也，住色究竟之最上頂也。

瑜伽念珠經一卷

普賢行願讚一卷

大集地藏菩薩問法身讚一卷

金剛頂理趣般若經一卷　上四經無字可音訓。

續一切經音義　卷第五

校勘記

〔一〕從厶古文已字矢聲也　今傳本説文：「从矢以聲。」

〔二〕説文：織絡亦網羅也　今傳本説文：「絡，絮也。一曰麻未漚也。」

〔三〕郭注云：潛游水底也　今傳本爾雅郭注：「潛行游水底。」

〔四〕十　據文意似當作「卜」。

〔五〕玄　今傳本周易作「縣」。

〔六〕干　據文意似作「天」。

〔七〕説文：帛赤黄色也　今傳本説文：「緹，帛丹黄色。」

〔八〕籥　今傳本説文作「龠」。

〔九〕棘　據文意似當作「棘」。

〔一〇〕從木鸞省聲　今傳本説文：「欒，从木䜌聲。」　棘　今傳本爾雅作「棘」。

〔一一〕獻　據文意當作「瓛」。

〔一二〕廣德三年甲辰　「三」似當作「二」，廣德三年即永泰元年乙巳。

〔一三〕上　據文意似當作「云」。

〔一四〕説文云：摯也　今傳本説文：「搏，索持也。一曰至也。」

〔一五〕日　據文意似作「月」。

〔一六〕説文曰：黍稷在器　今傳本説文：「盛，黍稷在器中以祀者也。」

〔一七〕線　今傳本周禮作「縫」。

〔一八〕纆　今傳本切韻作「墨」。

〔一九〕説文：憂　今傳本説文：「蟹，涉水蟹蹙。」

〔二〇〕説文：急也。從戚足聲　今傳本説文：「蹙，迫也。从足戚聲。」臺灣大通書局影

印本爲「以横木，足聲」。
〔二一〕裹　據文意似當作「褁」。
〔二二〕説文作鬸　今傳本説文作「鬻」。
〔二三〕説文：糯即稻也　今傳本説文：「稻，稌也。」
〔二四〕所人治在屋下也　今傳本説文爲「人所治也，在屋下」。
〔二五〕牡羭，牝羖　今傳本爲「牝羭，牡羖」。
〔二六〕説文：齡，鬶也　今傳本説文：「齡，鬶骨也。」
〔二七〕地　今傳本爾雅作「牆」。
〔二八〕説文：翮也　今傳本説文：「翄，翼也。」
〔二九〕滿　據文意似作「蒲」。
〔三〇〕説文：暂也　今傳本説文：「纔，帛雀頭色。一曰微黑色如紺。」
〔三一〕説文：臆亦胷也　今傳本説文：「肊，胷骨也。」　億　獅注云「意當作億」。
〔三二〕反　各本無，據文意補。
〔三三〕説文云：嘌，幟頭上也　今傳本説文：「嘌，幟也。」
〔三四〕手　據文意似作「木」。
〔三五〕蟲　今傳本鄭注作「蟲」。
〔三六〕方言云：杼、軸，織具也　今傳本方言：「杼，柚，作也。東齊土作謂之杼，木作謂之柚。」
〔三七〕説文：杼，持縷也　今傳本説文：「杼，機之持緯者。」

〔三八〕説文：轡飾也　今傳本説文：「靶，轡革也。」
〔三九〕窔　今傳本爾雅作「葖」。下同。
〔四〇〕薑　據文意當作「畺」。
〔四一〕人　據文意當作「又」。
〔四二〕説文：縫，紩也　今傳本説文：「縫，以鍼紩衣也。」
〔四三〕省　據文意似作「聲」。
〔四四〕央　據文意當作「央」。藝文類聚引漢武故事曰：「未央庭中設角抵戲。」
〔四五〕坏　據文意當作「坯」。
〔四六〕説文：穬粟實也，象禾實之形也　今傳本説文：「米，粟實也。象禾實之形。」
〔四七〕鳥　據文意當作「烏」。
〔四八〕説文云：肩胛也　今傳本説文：「髆，肩甲也。」
〔四九〕果　獅注云「果當作累」。臺灣大通書局影印本作「累」。
〔五〇〕從　據文意似作「促」。
〔五一〕鶺鴒　今傳本詩經爲「脊令」。
〔五二〕説文：熙怡，和悦也　今傳本説文：「怡，和也。」
〔五三〕説文：足胻也。胻，音幸。從肉逕省聲　今傳本説文：「脛，胻也。从肉巠聲。」
〔五四〕從足裸省聲也　今傳本説文：「踝，从足果聲。」

〔五五〕觔　據文意似作「筋」。
〔五六〕緐悆　今傳本廣雅作「緊憓」。
〔五七〕郭璞注方言云：漉，滲水極盡也　今傳本方言：「漉，極也。」郭璞注：「滲漉極盡也。」
〔五八〕説文云：滲也　今傳本説文：「漉，浚也。」
〔五九〕痛　今傳本莊子作「膚」。
〔六〇〕鎚　今廣雅無此釋義。
〔六一〕説文云：金之一品　今傳本説文：「銅，赤金也。」
〔六二〕説文：骹骨也　今傳本説文：「厀，脛頭卪也。」
〔六三〕説文：玉病也　今傳本説文：「瑕，玉小赤也。」
〔六四〕蜥　據文意當作「蜥」。下同。
〔六五〕蒜　即「蒜」。
〔六六〕説文：水名也　今傳本説文：「泥，水。出北地郁郅北蠻中。」
〔六七〕果　臺灣大通書局影印本作「累」。獅校：「果合作累。」
〔六八〕癴　龍龕手鏡：「瘰，俗；癴，或作；瘰，正，郎果反。」張涌泉敦煌俗字研究：「癴，王二哿韻：瘰，亦作癴。按癴亦瘰之俗省。」
〔六九〕烈　據文意似作「列」。
〔七〇〕説文：大熱也　今傳本説文：「爤，孰也。」

續一切經音義　卷第六

燕京崇仁寺沙門希麟集

續音佛母大孔雀明王經三卷
大雲輪請雨經二卷
大乘緣生稻䕸喻經一卷
佛說穰虞利童女經一卷
一切如來寶篋印陀羅尼經一卷
授菩提心戒儀一卷
大樂不空般若波羅蜜多理趣釋一卷
大寶廣博樓閣善住秘密陀羅尼經三卷
菩提場莊嚴陀羅尼經一卷
文殊問字母品一卷
觀自在菩薩說普賢陀羅尼經一卷
佛說除一切疾病陀羅尼經一卷
能除一切眼病陀羅尼經一卷
三十五佛禮懺文一卷
八大菩薩曼荼羅經一卷
葉衣觀自在菩薩經一卷
毗沙門天王經一卷
呵利帝母真言法一卷
救拔焰口餓鬼陀羅尼經一卷
金剛頂蓮花部心念誦法一卷
金剛頂瑜伽千手千眼觀自在菩薩念誦儀一卷
金剛頂勝初瑜伽普賢菩薩念誦法一卷
無量壽如來念誦修觀行儀軌一卷
金剛頂經一字頂輪王念誦儀一卷
金剛頂瑜伽金剛薩埵五秘修行念誦儀軌一卷
金剛王菩薩祕密念誦儀軌一卷
一字頂輪王念誦儀軌一卷
大虛空藏菩薩念誦法一卷
佛頂尊勝陀羅尼念誦儀軌一卷
阿閦如來念誦法一卷
最勝無比大威熾盛光陀羅尼經一卷
右三十一經三十六卷同此卷續音

佛母大孔雀明王經　卷上

禳禱　上於琰反。切韻：禳，禳也。從示厭聲。經文作厭，音於

鹽反，棄也，惡也，非𧞤禳字。下都皓〔一〕反。切韻：求福也。論語云：禱於上下神祇也。

伺斷　上相吏反。切韻：伺，候也。玉篇：察也。釋名：伺，思也。下徒管反。韻英云：絶也。説文：截也，從斤𢇍，古文絶字也。經文作斷，或作断，皆訛也。

螫彼　上商隻反。説文云：蟲行毒也。又作蠚。經文作螫，音呼各反，亦通。

拇指　上莫補反。古今正字云：拇者，足大指也。從手母聲也。

蛇蠍　上社遮反，下軒謁反。方言云：自關而西秦晉之間謂蠆蠍，或謂之蠍。蠍，即四方通語。釋名云：蠍，歇也。謂歇其尾也。字從虫歇聲。經文作蝎。爾雅：音曷，蝤蠐也。

毗鉢尸　或云毗婆尸，或云微鉢尸，梵語輕重也。此譯云勝觀如來，或云浄觀，或云勝見，亦云種種觀，過去莊嚴劫中佛也。

尸棄　梵語訛略也。正云式棄那，此云持髻，或云有髻，即持髻如來也。

毗舍浮　或云毗溼婆部，皆古譯梵語。此云遍一切自在也，謂於一切得自在故。或云一切有也。

拘留孫　或云拘留秦〔二〕，應云迦羅鳩忖馱，此云所應斷已斷也，即賢劫千佛之首也。

羯諾迦牟尼　或云拘那含牟尼，或云迦那迦牟尼，此云金色仙，或云金山如來也。

迦攝波　亦作葉字。此翻爲飲光，一家姓氏也。

釋迦牟尼　釋迦，能姓也。牟尼，寂默也。如下廣釋。

喬荅摩　舊云瞿曇。案慈恩法師引釋迦譜云：釋迦帝王，歷代相承。逆賊中興，賊王恐奪社稷，遂誅釋迦之種，殄滅親族，令無胤嗣。時有仙人，遍觀遺族，見有娠孕者，後必生男，乃預陳詞，冀將繼統。母允其請，後果生男。長至髫年，釋星復見。賊王恐懼，尋訪所居。知居山中，伺仙不在，密令擒捉，長竿穿之，告示國人，令息異意。仙人還至，不見其子，乘急追訪，覩其若斯，乃作神通救之。知命不濟，仍降微雨，少令醒覺，化現一女，勸令交會，必若不從，能姓便絶。兒從父誨，乃共交通，遺體既流，墮染泥土。仙人收取，牛糞裹之，置甘蔗園中，日暖光炙，時滿十月，變成一男。仙人還養，後得爲王。自此釋迦重得繼位。故喬荅摩者，此云甘蔗種，或曰日炙種。若毀之曰牛糞種、泥土種也。喬荅摩，摩是男聲。或云喬曇弥，弥是女聲也。

佛母大孔雀明王經　卷中

陂池　上彼爲反。爾雅云：陂者曰阪。尚書云：澤障曰陂。下直離反。切韻：停水曰池。廣雅曰：沼也。從水馳省聲。

坎窟　上苦感反。切韻：險也。小罍也，形似壺也。下苦骨反。玉篇云：穴也。從穴屈聲也。

羯泚　下千礼反，梵語也。案字，水深，又清水也。

苗稼　上武儦反。切韻：田苗也。爾雅云：夏獵爲苗。未秀者也，從草在田，會意字。下古訝反。詩云：俾民稼穡。鄭注論語云：樹五穀曰稼。從禾家聲。

祠祀　上似慈反。爾雅云：春祭爲祠。郭注：祠又言飤也。釋名云：祠，詞也。謂陳詞以請也。下詳里反。切韻：祭祀也。爾雅云：商曰祀。郭注：取四時一終也。二字皆從

示音視也。

涎洟　上敘連反。切韻：涎，口液也。下以脂反。説文：鼻液也。二字並從水，延、夷聲也。又音他計反。

疥癩　上公薤反。切韻：瘡疥也。顧野王云：疥，瘙也。即風瘙也。又作疥〔三〕。下落代反。字書云：惡疾也。説文作瘷〔四〕。經文作癩，俗字也。

痔漏　上治里反。切韻云：漏病也。顧野王云：後分病也。

癰疽　上又作癕，同。於恭反。字書云：癰，瘍也。玉篇：腫也。從疒雍聲。下七余反。顧野王云：疽亦癰也。説文：從疒且聲音子余反。

瘡癬　上楚良反。瘡，痍也。禮記云：頭有瘡則沐。下息淺反。切韻：疥也。顧野王云：乾瘍也音羊。

踰繕那　上羊朱反，繕音善，梵語也。古云由旬，或云由延，或云踰闍那，皆訛略也。案西域記云：踰繕那者，自古聖王軍行程也。舊傳一踰繕那四十里，印度國俗乃三十里，聖教所載唯十六里。考其異端，各有所據。或取聖王行時，或取肘量，或取古尺，終是軍行一日程也。今宜依西域記三十里爲定。蓋玄奘法師親考遠近，撰此行記，奉對太宗皇帝所問，實以憑焉。此並依慧琳法師及慈恩音訓釋。

佛母大孔雀明王經　卷下

微鉢尸　或云毗婆尸，梵語一也。如上卷已釋。

羯句忖那　舊云拘留孫，亦云迦羅鳩孫駄。如前已釋。

琰魔　上以冉反。梵語也。舊云閻羅，或云燗魔，義翻爲平等王。或云雙世，謂典生死罪福之業，主守八寒八熱等地獄，於五趣中追攝罪人，捶拷治罰，決斷善惡，更無休息也。

索訶世界　舊云娑婆，梵語也。此云堪忍，即釋迦如來所主忍土也。

鑠底　上商灼反，又作爍字。下丁以反。梵語。此云槊，即槍戟也。

脂膏　上旨夷反。釋名云：脂，砥也。著面軟滑如砥石也。爾雅：冰，脂也。郭注：肌膚如冰雪。冰雪，脂膏也。下古蒿反。切韻：膏，肥也，澤也。禮記云：天子〔五〕降膏露也。

吠陜　上借音微閉反，下失冉反。梵語，不求字義也。

大雲輪請雨經　卷上　闍那崛多譯者同本

澍雨　上朱樹反。淮南子云：春雨之灌萬物，無地而不澍，無物而不生也。説文：從水尌聲。尌音同上。下雨字。説文云：一像天，冂像雲覆也，丨即下也，四點像雨，空中雱霏也。冂音覓，丨音古本反。會意字也。

顰泯達羅　上寧頂反，次民忍反。梵語也。舊云尼民陀羅，訛也。此云持邊，謂七金山最外第七重山也。此依慧苑法師釋。

蛟龍　上音交。郭注山海經云：蛟似蛇而四脚，小頭細頸，卵生。大有十數圍子，如一二斛甖，能吞人。説文：蛟亦龍屬也。下力鐘反。説文云：鱗蟲之長也。能幽能明，能巨能細，春分而登天，秋分而潛淵也。[illegible]，飛形，從肉從童省聲也。或從尨作，俗也。

盎祁羅　上烏浪反，下巨支反。梵語龍王名也。

大雲輪請雨經　卷下

雲雹　下龐邈反。白虎通云：雹之言合也。陰氣專精凝合爲雹也。鄭注禮記云：陽爲雨，陰氣脅之凝爲雹也。從雨包聲。

叢林　上族公反。説文：叢，聚也。從丵音士角反取聲也。

大乘緣生稻䕸喻經一卷

稻䕸　上徒皓反。説文：稻，即糯也〔六〕。禮記云：祭宗廟之禮。稻曰嘉蔬。下古旱反。切韻：衆草之莖。

竅隙　上企曜反。鄭注禮記：竅，孔也。説文：空也。從穴敫聲也。敫音羊灼反。下鄉逆反〔七〕。廣雅云：隙，裂也。顧野王云：隙，穿穴也。説文：壁孔也。從阜、白上下小也。

沃潤　上烏穀反。考聲云：沃，灌也。説文問(曰)〔八〕：從水夭聲。下如順反。切韻：潤，澤也。又益也。從水閏聲。閏字從王在門内也。鄭注禮記云：天子每月就明堂而聽朔。閏月非常月也，聽其朔，故於明堂門内也。

佛説穰虞利童女經一卷

蚖蝮　上玩丸反，蛇類也。玄中記云：蚖蛇身長三四尺，有四足，形如守宫，尋脊有針，利如刀，甚毒惡，中人不逾半日即死。下芳服反。陸氏釋文云：蝮蛇鼻上有針。大者百餘斤。一名返鼻，一名蝮虺。二字並從虫元、復(复)〔九〕，形聲字。

訥泚　上奴骨反，下青禮反。真言字也。

頗⿰齒來　上普我反，下卓皆反。真言中字，不求訓解。

耳璫　下都郎反。考聲云：耳飾也。説文云：穿耳施珠也。從玉當聲也。

被螫　下舒隻、呼各二反，皆得。説文：蟲行毒也。又蛇有螫毒，不可觸其尾也。

一切如來寶篋印陀羅尼經一卷

肴膳　上效交反。賈注國語云：肴，俎也。鄭箋毛詩云：俎，醢也。凡非穀而食曰肴。説文：肴，啖也。從肉爻聲。爻音同上。下時戰反。玉篇：膳，美食也。從肉善聲。經文二字並從食作餚饍，俗用字，非。

蓁草　上士臻反。字書：木叢生也。考聲：草木雜生也。從草臻聲。經文從木作榛，音臻，似栗而小，非秦(蓁)〔一〇〕草義也。

土堆　下對雷反。王逸注楚辭云：堆，高皃。又正體作𠂤，云小阜也。今俗從追作塠，非也。古文作雁，今時不用。

泫然　上玄絹反。韻詮云：泫，泣皃。又露光也。説文：從水玄聲。下然，語詞也。字從肉，犬逐之，下灬以然之。灬音必揺反。

鸚鵡　上厄耕反，下音武。山海經云：黄山有鳥，其狀如鴞，青羽赤喙，人舌能言，名曰鸚鵡。郭注云：今鸚鵡似小兒舌，脚指前後各兩爪。扶南外出毛羽五色者，亦有純白者。説文二字皆從鳥，嬰、武聲。下或作鴞，音同。

鴝鵒　上具俱反，下音欲。周禮云：鴝鵒不度濟。淮南子云：鴝

鴿，一名寒皐。異苑云：重午日掐鴝鴿，重舌能學人語。二字皆從鳥，句、谷聲。經文作鸜。鸜，鵲名，非此用也。

蜂蠆　上敷容反，又音薄紅反。郭注爾雅云：在地中作房者爲土蜂，啖其子即馬蜂也。下丑芥反。切韻：毒蟲也。孝經援神契云：蜂蠆垂芒，爲其毒在後也。説文：從䖵夆聲。䖵音昆，夆音同上。爾雅從逢作蠭，皆同。

癧瘻　上郎擊反。切韻：瘰癧，病也。下力鬪反。玉篇：癕瘻也。顧野王云：中多蟲也。瘰音力果反。癕音於恭反。

傘蓋　上音蘇旱反。古文繖字也。從人音才入反，三合之形也。𠆭音華夏之華。會意字。下古太反。切韻：覆也，掩也。通俗文云：張帛也。禮記曰：弊蓋不棄爲埋狗也。字從艹盍。艹音草，盍音合。

授菩提心戒儀一卷　無字可音。

大樂不空般若波羅蜜多理趣釋一卷

抽擲　上敕鳩反。韻譜云：拔也。切韻：引也，去也。或作紬，音同。説文：從手由聲。下直炙反。古文作擿。玉篇：投也。切韻：振也。案抽擲二字，即大樂金剛薩埵以左拳安腰側，右手執金剛杵，擲弄作密印法也。

熙怡　上許其反。切韻：熙，和也，廣也。詩曰：學有緝熙於光明。爾雅云：緝、熙，熲，光也。下與之反。玉篇云：和也，悦也。爾雅云：怡、懌、悦、欣，樂也。上熙字，説文：從灬巳𦣝聲〔二〕。經文作凞，或作熙，皆非。下怡，從心台聲，台音同上。

驕佚　上舉妖反。玉篇：馬六尺也。諸侯章云：在上不驕。御注云：諸侯，列國之君，貴在人上而能不驕，則免危也。下夷質反。切韻：佚，樂也。作逸，過也，縱也，同音。

脚踏　上正作腳，音居勺反。釋名曰：脚，却也。以其坐時却後也。下又作蹋，同。徒盍反。切韻：踐，蹋也。考聲：以足蹈也。説文：從足𦐇聲。𦐇音塔。

揮斫　上許歸反。切韻：揮，霍也。考聲：奮灑也。韻英：振也，動也。下之若反。韻英云：刀斫物也。

沈淪　上直林反。切韻：没也。考聲：濁也。説文：從水冘聲。冘音淫。經文作沉〔三〕，音胡浪反，非本字。下力迍反。爾雅云：大波爲淪。切韻：淪亦没也。考聲云：溺也。説文云：從水侖聲。侖音同上也。

大寶廣博樓閣善住秘密陀羅尼經　卷上

瀑流　上蒲報反。切韻：瀑，雨也。蒼頡解詁云：水濆起也。説文：從水暴聲。下流字，説文：從水㐬音他忽反。㐬，倒書𠫓字也。𠫓，古文子字也。

竦竪　上息栱反。爾雅曰：竦，懼也。切韻：敬也。顧野王云：上也，跳也。國語云：竦善抑惡也。下又作豎，同。臣庾反。庾音以主反。玉篇：立也。又童僕之未冠者。

誹謗　上非味反，下補浪反。大戴禮云：立誹謗之木，設諫諍之鼓也。應劭注漢書云：橋梁邊板，所以書政治之愆失也。杜注左傳云：謗，詛也。以言咒詛人也。許氏説文二字互相訓，從言，皆形聲字。

魁膾　上苦壞反。孔注尚書云：魁，帥也。廣雅：主也。鄭注禮

記云：首也。史記云：壯大也。從斗鬼聲。下瓌外反。廣雅：膾，割也。案魁膾者，屠殺兇惡之帥也。從肉會聲也。

聾瞎　上魯東反。說文云：耳不通也〔一三〕。從耳龍聲。經文作韸，不成字。下呼八反。字書云：目不見物也。又云：一眼無睛也。從目害省〔一四〕聲字。

傴瘂　上於武反。切韻：不伸也。玉篇：傴也。孫卿子曰：周公背傴也。下又作瘂、啞二形，皆非本字。音烏雅反。考聲云：口不能言也。說文：從疒亞聲。疒音女厄反。

蚊蝱　上勿分反。字統云：蚊，齧人飛蟲也。說文作蟁，以昬時而出也。故從䖵音昆昏省聲。經文從文，蚊，俗字。下孟彭反。聲類云：蝱似蠅而大。說文：亦齧人飛蟲也。從䖵亡聲也。經文作蝱，非也。

飛蛾　上甫非反。切韻：飛，翔也。說文云：如鳥翻飛〔一五〕。像形字也。經本有作蜚，音費，臭蟲也。下五何反。大戴禮云：蠶食桑者，有絲而變形而飛爲蛾也。說文：從虫我聲也。

螻蟻　上勒候反。下又作螘，同，音宜豈反。小[爾]雅云：大者蚍蜉，亦大螘也。小者螘子。說文、爾雅皆從豈作螘。經從義作蟻，俗字。今俗通總呼螻蟻。一云：大曰螻，小曰蟻子也。

痳痢　上力尋反。切韻：尿病也。藥證病源：痳有五種，謂冷、勞、氣、食、血也。玉篇：痳，小便難也。從疒林聲。經從水作淋，以水沃也，非此用。下力至反。切韻：痢，病也。顧野王云：瀉痢也。說文云：從疒利聲。疒，女厄反。

痔病　上直里反。玉篇云：後分病也。集訓云：下部病也。說文云：後病也。從疒峙省聲也。疒，女厄反。

瘻瘡　上盧侯反。切韻：瘡，瘻也。下楚良反。禮記云：頭有瘡則沐也。集訓云：瘡久不瘥也。說文二字並從疒，婁、倉皆聲。疒音女厄反。

髀脛　上蒲米反。古文又作䠋。說文：股外也。又音方尒反。說文：從骨卑聲。經文從肉作脾，俗字。下刑定反。玉篇云：足𨁏腸前大骨也。說文云：足胻也〔一六〕。胻音幸，𨁏音肥也。

瘰癧　上郎果反。字書曰：筋結病也。二字並從疒，騾、歷省聲。

疥癬　上皆隘反。周禮云：夏時有養〔一七〕疥之疾。集訓云：風瘡也。文字集略從虫作蚧。說文云：搔也。從疒介聲。下先前反。集訓云：癬，徙也。謂侵淫移徙也。說文：乾瘍也。從疒鮮聲。搔音掃刀反。隘音櫻介反。瘍音羊也。

疱癩　上薄教反。說文：從皮作皰，面生熟瘡也〔一八〕。亦作靤，俗作䤖。下來大反。廣雅：癩，傷也。蒼頡篇：痛也。說文正作癘，惡疾也。從疒厲省聲也。厲，來大反。疒音女厄反。

優曇鉢羅　次徒含反，梵語也。舊云優曇，正云烏曇鉢羅，此云祥瑞雲，奇異天花也，世間無此花。若如來下生，金輪出現，以大福德力故，感得此花出現也。

制底　下丁以反。或云制多，古云支提，皆梵音訛轉也，其實即一也。舊音義翻爲廟，謂寺宇塔廟等也。

涅揑　上奴低反。說文：涅，塗也。言水土相雜也。尼即聲也。經文作泥，水名也。毛詩疏云：泥本中衛之小邑〔一九〕。非經用。下奴結反。切韻：以手搦也。又捺也。從手涅省聲也。

插箭　上楚洽反。切韻：刺人也。又作揷，皆非。説文：從手臿作插。臿，音同上，以干入臼(臼)〔二〇〕也。下煎線反，俗字也。正作箭，本竹名也。似葦而藂生，可爲矢笴，因名矢爲箭。從竹前聲。笴音干旦反。

大寶廣博樓閣善住秘密陀羅尼經　卷中

厭禱　上於琰、於艷二反。切韻：著也，作也。字書：魅也。下刀老反。鄭注周禮云：求福曰禱，謂禱於天地社稷也。包咸注論語云：謂請於鬼神也。説文云：告事求福也。從示𠷎省聲也。𠷎音桃也。

撚成　上年典反。方言云：續也。顧野王云：謂相接續也。説文：從手然聲。下市征反。切韻云：畢也，就也。説文云：從戊丁聲。

輻輞　上方六反。字書：車輻也。道德經云：三十輻共一轂而無轂之用。下文兩反。切韻：車輞也。説文二字並從車，福、罔省聲〔二一〕。

大寶廣博樓閣善住秘密陀羅尼經　卷下

苗稼　上武儦反。切韻：田苗。考聲云：未秀者也。説文云：從草在田上也。下古訝反。詩云：俾民稼穡。書云：種曰稼，斂曰穡。説文：從禾家省聲〔二二〕。

躭嗜　上又作妉，同。丁含反。爾雅云：妉、般，樂也。切韻：過樂也。下常利反。書云：甘酒嗜欲。嗜亦躭也。又作餢，同。説文從耳作耽。

鐶釧　上又作環，同。患關反。鄭注禮記云：旋也，繞也。説文云：璧，肉好若一謂之環。郭注爾雅云：肉邊也，好孔也。謂邊孔適等也。下川戀反。東宮舊事云：釧，臂飾也。古今正字：從金川聲。

諠丈　上俗作喧，説文作讙，三形同。况袁反。韻英：諠嘩語聲也。字書：諠亦丈也。下奴教反。切韻：不靜也。考聲：猥丈也。從人在市內也。又作閙。俗作内，省略也。

踣地　上蒲北反。又作仆，同。爾雅曰：疐，仆也。郭注云：頓躓倒仆也。切韻：踣，斃也。謂前倒也。疐音竹利反，與躓音義皆同。

捇開　上恥革反。考聲云：捇亦開也。字書：裂也。古今正字作捇，從手赤聲。亦作㧚。經文作摖，非也。若從石作磔，音張革反，亦開也。

菩提場莊嚴陀羅尼一卷

筏羅痆斯　痆音儜軋反，梵語國名也。或云婆羅痆斯。古經云波羅奈國是。

踰繕那　上羊朱反，次音善，梵語也。或云踰闍那，古云由旬，皆訛略也。正云踰繕那，即上古聖王軍行一日程也。諸經論中互説里數不同，或云四十里，或云三十里，或唯十六里。蓋以或聖王行有遲速，或取肘量，或以古尺，雖各有異見，終是王軍一日行程也。案西域記，三十里爲定，以玄奘法師親考遠近，撰此行記。奉對太宗皇帝所問，其言不謬矣。

樺皮　上胡罵反。文字集略云：山木名也。堪爲燭者，其中有

赤、白、粗、細。彼五天竺國元無紙素，或裁以貝多葉，或多羅，或白細樺皮，用書梵夾，如中國古人用竹簡之類也。字從木華聲也。

輪樘　下澤耕反。字書云：樘，柱也。亦作橕。説文亦云柱也〔三〕。從木堂聲。案輪樘，即塔上持露盤之柱杆也。十二因緣經云：八人得起塔，從如來下至輪王八露盤已上，皆是佛塔，自輪王已下安一露盤，見之不得禮，以非聖塔故。

均亭　上居匀反。字書：均，平也。下特丁反。考聲：亭亦平也。今亭子取其四面亭均也。均，從土匀聲。亭，從高丁省聲。經從金作鈞謂三十斤也，亭從人作停謂儞也，並非畫壇四角均亭字也。

文殊問字母品一卷　此是梵字悉談無可訓釋。

觀自在菩薩説普賢陀羅尼經一卷

纔聞　上正作纔，從毚，音在栽反。廣雅：纔，暫也。東觀漢記云：僅也，不久也。毚音士咸反。

摩捫　上莫婆反。玉篇：以手摩挲也。挲音素柯反。下莫奔反。説文：捫，即撫持也。聲類云：捫亦摸也。二字並從手，麻、門聲也。

佛説除一切疾病陀羅尼經一卷

痰癊　上淡甘反。考聲云：鬲中水病也。説文：從疒炎聲。下邑禁反。字林作瘖，心中淡水病也。韻詮云：癊亦痰也。二字互訓，從疒陰聲也。經文從草作蔭，非也。

痔病　上直里反。説文云：後病也。前寶樓閣經上卷中已釋。

瘷瘧　上桑奏反。考聲云：瘷，氣衝喉病也。蒼頡篇：寒熱爲病也。文字典説：從疒欶聲。欶音同上。經文從口作嗽，非。下魚約反。切韻：痁疾也。字書：從疒虐聲。經文單作虐，苛酷也，非痁疾義。苛音何，酷音哭，痁音失廉反。

三十五佛禮懺文一卷　無字可音訓。

能除一切眼疾陀羅尼經一卷

瞖瞙　上於計反。説文：目中瞖也。從目殹，形聲字也。經文從羽作翳，非眼瞖字。下音莫，字書云：目不明也。釋名云：瞙，幕也。如隔障幕也。文字集略：從目作瞙。經文從月作膜，謂皮内肉外筋膜也。

眼脈　上五限反。釋名云：眼，限也。謂視物有限也。從目限聲。下莫獲反。切韻：血脈也。釋名云：脈，幕也。謂絡幕一體也。説文：從肉派省聲。經文作脉，俗字也。

八大菩薩曼荼羅經一卷　並讚

曼荼羅　上母官反，梵語也。或云曼拏攞，或云滿拏羅，亦云曼吒羅，一也。此云衆聖集會，義翻也，即今壇是也。

拓鉢　上他各反。切韻：手承物也。下北末反。字書或作盋，

同。即盂器也。圖澄傳云：澄燒香呪鉢，須臾生青蓮花。西域志云：佛鉢在乾他越國也。

三界冥　下莫經反，又莫定反。爾雅：晦也。切韻：暗也，夜也。說文云：月從十六日始冥。故字從六日冖[二四]音覓聲也，亦覆蓋之形也。經從水作溟，即溟濛，小雨皃。又溟，海也。非冥暗也。又有從宀具作寘，非本字。宀音莫仙反。

葉衣觀自在菩薩經一卷

祝詛　上之受反。說文作詶，亦詛也。今作咒，俗字。下側據反。古文作䛸。釋名云：祝，屬也。以善惡之辞相屬著也。詛，阻也。謂使人行阻限於言也。經文從口作咀，音才與反，咀嚼也，非經義也。

鉞斧　上員厥反，下方矩反。字林云：鉞，玉斧也。尚書牧誓云：王左杖黃鉞。孔氏傳云：鉞，以黃[金][二五]飾斧也。左手杖鉞示無事於誅也。說文：從金戉聲。戉，音同上，從戈乚聲。乚音厥。

蹋處　上徒合反。切韻：蹴也。顧野王云：蹋，踐也。字林：躡也。經文從沓作踏，亦通。沓，音同上，從氺不從水。氺[二六]，古文別字也。

上鐫　下子泉反。切韻：鑽也，斲也。說文：破木也[二七]。又曰：琢金石也。從金雋聲。雋音徂兗反，從隹、卧弓。有作隽，非本字。

粉捏　上芳刎反，米糏也。博物志云：紂燒鉛作胡粉也。下奴結反。字書：以手按搦也。從手呈聲。呈音同上。

毗沙門天王經一卷

毗沙門　梵語也。或云毗舍羅娑拏，或云吠室羅末拏，此譯云普聞，或云多聞。其王最富寶物，自然衆多人聞故也。主領藥叉羅刹。藥叉，此云傷，謂能傷害人。

振多摩尼　或云真多末尼，梵語輕重也。此譯云如意珠是也。

呵利帝母真言法一卷

呵利帝　梵語也。或呵里底。上借音呼可反，底音丁以反。此譯云歡喜，或云天母也。

斷緒　上徒管反。切韻：絶也。說文：截也。從斤㡭，會意字。㡭，古文絶字。繼字亦從㡭。經文作斷，省略。或作断，俗用也。下徐吕反，引緒也。切韻：由緒也。字書：續也。又繭緒也。從糸著省聲。

甘脃　下詮歲反。廣雅：脃，弱也。玉篇：愞也。說文：肉耎易斷也[二八]。從肉絶省聲。古文作膬，亦同。經文從危作脆，非。

救拔焰口餓鬼陀羅尼經一卷

針鋒　上職林反。又作鍼，同。說文云：綴衣針也[二九]。管子曰：女子有一針一刀一錐，然後成爲女也。下敷容反。切韻云：劍刃也，亦利也。從金夆聲也。

枯醮　上苦姑反。切韻：朽也。從木古聲也。下即消反。說文

云：面皮枯黑也〔三〇〕。從面焦，形聲字。經文從火作燋，謂燒物傷火也。

金剛頂蓮花部心念誦法一卷

户樞　下昌朱反。郭璞注爾雅云：門户扉樞也。韓康伯云：樞機，制動之主也。廣雅：樞，本也。說文：從木區聲。區音豈俱反，域也。

左笪　下且夜反。埤蒼云：逆插搶也。從竹且聲也。

掣開　上昌世反。說文：引而縱之也〔三一〕。爾雅曰：掣，曳也。郭注云：謂牽拕也。曳音餘世反。拕音他。二字俗，或入聲。

搊擲　上篘鄒反。考聲：以手指鉤也。經文作掫，俗字，非。

撼手　上含感反。廣雅：撼，動也。說文云：搖也。從手感聲。

金剛頂瑜伽千手千眼觀自在菩薩念誦儀一卷

沈溺　上直林反。切韻：没也。字書：濁也。又，下也。說文：從水冘聲也。冘音淫。經文作沉，非。下正作溺。古文作休，同。乃曆反。說文：溺亦没也。從人没在水也。

掣拍　上昌列反，挽也。又音昌世反。前已釋訖。下普伯反。以手撫也。

捶擊　上之累反。考聲云亦擊也。下古歷反。切韻：打也。說文：從手毄聲也。

賀糝　下音桑感反。經作糝。真言句也，不求字義。

谷響　上古屋反。切韻：山谷也，又養也。老子云：谷神不死，是爲玄牝也。又音欲。下許兩反。字林：聲響也。切韻：響，應也。說文：從音鄉聲。

捬闢　上耻革反。考聲云：捬亦開也，又裂也。古今正字作拺，從手赤聲。古文作捬，音同上〔三二〕。下正體門字也。說文：從門开聲也〔三三〕。二户爲門，二千爲开。开音牽。

不憚　下徒旦反。切韻：憚，怒也，又惡也。論語云：過則勿憚改。注云：憚，難也。說文：從心單聲也。

鉞斧　上袁月反，下方矩反。前葉衣觀自在經中已釋。

鷄雁　上又作雞，同。古奚反。說文云：鷄，知時之畜也。郭注爾雅云：陽溝、巨鶤皆古之鷄名也。鶤音昆。下五晏反。禮記曰：孟春之月，鴻雁來賓。鄭箋毛詩云：大曰鴻，小曰雁。爾雅曰：舒雁，鵝也。

金剛頂勝初瑜伽普賢菩薩念誦法一卷

阿閦鞞　閦或作閦，同。初六反。鞞或作韓，同。薄迷反。梵語也。古云阿插。皆非正音也。依梵本，惡芻毗夜，此云無動，即東方無動如來也。毗夜二字都合一聲呼也。

珂雪　上苦何反。說文：貝屬也。從玉可聲也。字書：以白貝飾馬腦也。下雪字，從彐，音手也。

彎弓　上綰關反。蒼頡篇云：引弓也。古今正字：開弓放箭也。從弓䜌聲也。䜌音攣。下弓字，說文：像弓之形。釋名云：弓，穹也。張之穹隆也。經作弓〔三四〕，或作弓〔三五〕，皆誤書字也。

箜篌　上苦紅反，下胡溝反。樂器名也。世本云：師延所作，靡靡之音也。漢書云：靈帝好胡服，作胡箜篌也。二字並從

竹，空，㑋皆聲也。

攜索　上户珪反。切韻：提也，又離也。說文：從手巂聲也。經文作携，或作擕，皆非本字。下蘇各反。方言：繩之別名也。

無量壽如來念誦修觀行儀軌一卷

茅薦　上莫包反。切韻：草名也。爾雅曰：茅，明也。郭注引左傳云：前茅慮無也。下作甸反。考聲云：薦，進也。切韻：草薦，席也。古今正字：並從草，[矛]〔三六〕薦聲。薦音同上。

庳脚　上音婢。切韻：下也。玉篇：短也，屋下也。左氏：宫室卑庳，無臺觀也。說文：從土作埤，伏舍也。又音卑。經文從示作裨，助也，非經義也。

指㩞　下古了反。切韻：以絹㩞脛也。亦纏㩞也。從巾敫聲。敫音羊灼反。經文從糸作繳，音灼，非指㩞義。

牆形　上匠羊反。聲類云：牆，垣也。說文：垣牆敝也〔三七〕。從嗇爿聲也。爿音同上。經文作墻、廧、墻三形，皆非。

車輅　上九魚反。切韻：車輅也。詩云：輶車鑾鑣。下洛故反。釋名曰：天子所乘曰輅。大戴禮云：古之車輅也。從車路省聲也。

金剛頂經一字頂輪王念誦儀一卷

怯弱　上去刼反。切韻：怯，怕也。字林云：懼也。從心去、弱聲也。下而斫反。顧野王云：弱，尫也。韻英云：劣也。

從弜氷省。弜音强，氷音别。

固悋　上古誤反。切韻：堅也，又牢也。說文：蔽也〔三八〕。郭注爾雅云：堅然，牢固之意也。堅音慳。下良刃反。字書：鄙財物也。或作恡，亦通。上固，經文作顧，謂迴視也，非本字也。

荳蔻　上徒候反，下呼候反。切韻：荳蔻，藥名也。本草云：實如李實，味辛而香，可食，令人益氣止瀉。二字並從草，豆、寇皆聲。經文單作豆，乃穀豆之字，非藥名也。

盪滌　上徒朗反。切韻云：盪，摇動也。易曰：八卦相盪滌也。考聲：洗盪也。從皿湯在其上，會意字。皿，明丙反。經文從草作蕩，藥名也，非此用。下徒歷反。切韻：净也。亦除也。洗滌也。

嬋娟　上市連反，下於線反。切韻：嬋娟，舞皃也。考聲云：好姿態皃。二字並從女，嬋、捐省聲也。

馝馞　上蒲結反。又作䬳，或作飶。玉篇云：火(大)〔三九〕香也。又音普蔑反。下蒲骨反。玉篇：大香也。二字並從香，必、孛聲也。孛音勃。

殃咎　上於良反。玉篇云：禍惡也。韻英云：凶也。亦咎也。從歹央聲。歹音五達反，央音同上。下其夕〔四〇〕反。爾雅曰：咎，病也。切韻：愆惡也。說文：從人各，謂人各心相違，即咎生也。經文從一點作各，或從卜作咎，皆誤書也。

鞭撻　上卑連反。字書：捶馬杖。又策也。下他達反。尚書云：撻以記之也。禮云：成王有過，周公則撻伯禽也。說文云：從手達聲。

掐珠　上苦洽反。切韻：以爪掐物也。說文：從手臽聲。臽音

陷。經文從舀作掐，音他刀反，非經用也。舀音以小反。

金剛頂瑜伽金剛薩埵五祕修行念誦儀一卷

假藉　上古雅反。切韻：且也，又借也。下慈夜反。説文：以蘭及草藉地祭也[四一]。從草耤聲。耤音情亦反。經文從竹作籍，非也。

調擲　上徒聊反。集訓云：謂和也。亦調弄也。下直隻反。古文作擿，振也。説文：投，擲也。從手鄭聲。

置胯　上竹吏反。玉篇：安也，又委也。説文：從罒直聲。罒音綱。下苦化反。腰胯也。切韻：兩股間也。從肉夸聲。夸，苦花反。

金剛王菩薩祕密念誦儀一卷

顰眉　上符真反。考聲：顰，蹙眉也。下莫丕反。説文云：目上毛也。像眉之形也。玉篇云：寢眉而聽也。經文從口作嚬，笑也，非顰眉字也。作眉、眉[四二]，皆通用已久，時世共傳也。

緋裙　上甫微反。説文：繒色[四三]也。下又作帬、裠二形，同。渠云反。字林：衣也。釋名云：上曰裠，下曰裳也。從衣君聲。

藕絲　上五口反，蓮根也。爾雅曰：荷，芙渠。其實蓮，其根藕也。下息茲反。説文云：蠶所作也。從二糸。糸音覓。

繽紛　上疋賓反。切韻：繽，盛也。下撫文反。切韻云：大也。衆多皃。又紛紜亂下也。

一字頂輪王念誦儀軌一卷

竝豎　上蒲迥反。説文云：雙立也[四四]。切韻：比也。從二立。今經作並，俗字也。下殊主反。玉篇：小童未冠者也。切韻：立也。説文從豆。經文從立，俗用字。

網橛　上文兩反。説文云：庖羲氏結網以漁也[四五]。從糸罔聲，罔音同上。或作网、罔，像交結形也。下其月反。爾雅曰：樴謂之杙。郭璞注云：橛也。又作橜。樴音特。杙音羊式反，從木弋。

⿰麥廣麥　上古猛反。考聲：麥芒也。又曰：稻未舂者也。作穬，亦通。下麥字，俗作麦也。白虎通：麦，金也。金王而生，火王而死也。從來夂作麥也。

噦嗌　上乙劣反。説文：逆氣上也[四六]。下伊昔反。韻集云：喉上也。爾雅從齒作齸。郭璞注云：江東名咽爲齸也。漢書：宣帝崩，邑王至京師城下不哭，云嗌痛也。

欬瘷　上苦槩反。説文云：謦欬也[四七]。從欠亥聲也。下蘇奏反，肺病也。説文：從疒欶聲。疒，女厄反。欶音同上。經文從口作咳嗽二形，皆非本字。

大虚空藏菩薩念誦法一卷

反蹙　上府遠反，不順。切韻：覆也。從又厂聲。又音手，厂音罕。下井育反，就也。二手中指蹙上節如寶形印法也。説文：從戚足聲也。經文或從就作蹵，本字也。

佛頂尊勝陀羅尼念誦儀軌一卷

絣之　上伯萌反。字書云：振黑[四八]繩也。集訓云：絣，撣也。或從手作拼，亦通。字詁作絣，古字也。撣音彈。

庳脚　上皮媚反。周禮：庳，猶短也。顧野王云：卑，下也。從广從卑聲也。广音呵旦反。

抝左指　上駢蔑反。考聲：拗，抝也。拗音鴉絞反。拗抝手指作印法也。

爲鞘　下霄曜反。考聲云：刀劍室也。從革肖聲也。或從韋作韒，亦通。

蟠於　上伴僈反。廣雅云：蟠，曲也。方言云：龍未昇天，蟠在穴中，謂之蟠龍也[四九]。説文：從虫從番聲。番音同上，僈音母官反。

阿閦如來念誦法一卷

莾莫枳　上莫牓反，下經以反。或云莫計，或云莫鷄，皆梵語輕重也。即金剛部母名字也。

赫奕　上呼格反。切韻：赤也。又明盛也。從二赤也。下羊益反。玉篇：大也。案赫奕，即盛大皃也。經文從火作焃，非。

最勝無比大威德金輪佛頂熾盛光陀羅尼經一卷

熾盛　上尺志反。考聲：熾亦盛也。説文：猛火也[五〇]。字書：明光也。從火熾省聲[五一]。下承政反。切韻：長也。方言云：廣大也。説文：多也。從皿成聲。

羅睺　下胡鉤反。案字，方言云：一瞻也。今云羅睺，即梵語也。或云攞護，此云暗障，能障日月之光，即暗曜也。

計都　亦梵語。或云鷄兜，或云計覩。此云蝕伸，亦暗曜也。案羅睺、計都，常隱不現，遇日月行次即蝕，亦名建墜二曜也。蝕音食。

彗孛　上徐醉反，下蒲没反。爾雅云：彗星爲攙槍。郭璞注云：彗亦謂之孛，言其形孛孛似掃彗也。李淳風云：彗、孛所犯皆凶。攙，初銜反。搶，楚庚反。

太白　五星傍通祕訣云：太白，西方金之精，一名長庚，徑一百里，其色白而光明也。將軍之像，出入循軌，伏見以時，將軍有功。與熒惑合，有兵。其行一年一周天，去日不過五十度。

火星　一名熒惑，南方火之精。一名罰星，徑七十里，其色赤光，其行二年一周天，所守犯皆凶也。

鎮星　中央土之精也。一名地侯，徑五十里，其色黄，其行遲，二十九年一周天。下星字，説文從晶作曐，云萬物之精也。古文作曐，像形也。晶音精，亦精光也。

忿怒　上敷粉反。説文云亦怒也[五二]。從心分聲。又音敷問反。下乃故反。玉篇：恚也。切韻：嗔怒。亦音弩。今案忿怒像，金剛頂瑜伽經云：諸佛菩薩依二種輪，現身有異。一者法輪，現真實身，所修行願，報得身故；二者教令輪，現忿怒身，由起大悲，現威猛故也。

設咄嚕　次都忽反，下離古反。或云窣覩嚕，皆梵語輕重。此云冤家，即於一切善法作冤害者。

厭禱　上於艷、於琰二反。字書作禶，謂禶禳也。考聲云：厭，魅也。又著也。說文作猒，從犬甘肉也[五三]。下都皓反。切韻：請也。字書云：祈於天神也。論語云：請於上下神祇也。

呪詛　上又作祝，或作詶，同。之受反。說文云：詶亦詛也。下側據反。古文作禮。釋名云：祝，屬也。謂以善惡之辭相屬著也。詛，謂使人行事阻限於言也。說文云：從言且聲，音子余反。經從口作咀，音才與反，謂嚼也，非此用。

續一切經音義　卷第六

校勘記

〔一〕晧　廣韻作「皓」。

〔二〕秦　大通書局本作「桊」，此據中華大藏經本。

〔三〕疥　據文意似作「疥」。

〔四〕瘷　今傳本說文作「瘯」。

〔五〕子　衍，今傳本無。

〔六〕說文：稻，即糯也　今傳本說文：「稻，稌也。」

〔七〕反　中華大藏經本無，獅本注云「逆下反脱」，此據臺灣大通書局影印本。

〔八〕問　據文意似作「曰」。

〔九〕復　說文：「夏，行故道也。」段注：「復行而夏廢矣。」

〔一〇〕秦　據文意似作「蓁」。

〔一一〕說文：從灬巳臣聲　今傳本說文：「熙，燥也。從火巸聲。」

〔一二〕沉　據文意似作「沆」。

〔一三〕說文云：耳不通也　今傳本說文：「聋，無聞也。」

〔一四〕省　衍。

〔一五〕說文云：如鳥翻飛　今傳本說文：「飛，鳥翥也。」

〔一六〕說文：股外也　今傳本說文：「髀，股也。」說文云：足胻也　今傳本說文：「脛，胻也。」

〔一七〕養　今傳本周禮作「痒」。

〔一八〕說文：從皮作皰，面生熟瘡也　今傳本說文：「皰，面生气也。」

〔一九〕泥本中衛之小邑　今傳本毛詩疏爲「泥中衛邑也」。

〔二〇〕曰　據文意當作「臼」。

〔二一〕福、罔省聲　據文意似爲「畐、罔聲」。

〔二二〕說文：從禾稼省聲　今傳本說文：「稼，从禾家聲。」

〔二三〕說文亦云柱也　今傳本說文：「樘，衺柱也。」

〔二四〕說文云：月從十六日始冥。故字從六日一　今傳本說文：「冥，幽也。从日从六一聲。日數十，十六日而月始虧幽也。」

〔二五〕金　原闕，據今傳本尚書孔注補。

〔二六〕氷　據文意似當作「穴」。

〔二七〕說文：破木也　今傳本說文：「鐫，穿木鐫也。」

〔二八〕說文：肉耎易斷也　今傳本說文：「脃，小耎易斷也。」

〔二九〕說文云：綴衣針也　今傳本說文：「鍼，所以縫也。」

〔三〇〕說文云：面皮枯黑也　今傳本說文：「醮，面焦枯小也。」

〔三一〕說文：引而縱之也　今傳本說文：「㨖，引縱曰㨖。」段注：「俗作掣。」

〔三二〕考聲云：擗亦開也，又裂也。古今正字作捇，從手赤聲。古文作𤗉，音同上　獅和臺灣大通書局影印本無，此據中華大藏經本補。

〔三三〕說文：從門开聲也　今傳本說文：「開，從門從开。」

〔三四〕弓　據文意似作「弓」。

〔三五〕弓　據文意似作「弓」。

〔三六〕矛　原闕，據文意補。

〔三七〕說文：垣牆敝也　今傳本說文：「牆，垣蔽也。」

〔三八〕説文：蔽也　今傳本説文：「固，四塞也。」

〔三九〕火　今傳本玉篇作「大」。

〔四〇〕夕　據文意似作「久」。

〔四一〕説文：以蘭及草藉地祭也　今傳本説文：「藉，祭藉也。一曰：艸不編狼藉。」

〔四二〕眉眉　據文意即「寢眉」義。

〔四三〕説文：繒色　今傳本説文：「緋，帛赤色也。」

〔四四〕説文云：雙立也　今傳本説文：「竝，併也。」

〔四五〕説文云：庖羲氏結網以漁也　今傳本説文：「网，庖犧氏所結繩以漁。」

〔四六〕説文：逆氣上也　今傳本説文：「噦，气啎也。」

〔四七〕説文云：謦欬也　今傳本説文：「欬，屰气也。」

〔四八〕黑　據文意似作「墨」。

〔四九〕方言云：龍未昇天，蟠在穴中，謂之蟠龍也　今傳本方言：「未陞天龍謂之蟠龍。」

〔五〇〕説文：猛火也　今傳本説文：「熾，盛也。」

〔五一〕從火熾省聲　據文意似爲「從火戠聲」。

〔五二〕説文云亦怒也　今傳本説文：「忿，悁也。」

〔五三〕説文作猒，從犬甘肉也　今傳本説文：「猒，飽也。从甘肰。」

續一切經音義　卷第七

燕京崇仁寺沙門希麟集

續音仁王般若波羅蜜念誦儀軌一卷
瑜伽蓮花部念誦法一卷
金剛頂瑜伽護魔儀軌一卷
觀自在多羅念誦儀軌一卷
觀自在如意輪菩薩念誦法一卷
甘露軍荼利菩薩供養念誦儀一卷
三十七尊禮懺文儀一卷
大聖文殊師利菩薩讚法身禮一卷
都部陀羅尼目一卷
金剛壽命陀羅尼念誦法一卷
大方廣佛花嚴經入法界四〔二〕十二字觀門一卷
觀自在菩薩真言觀行儀軌一卷
大聖文殊師利菩薩佛刹功德莊嚴經三卷
大樂金剛薩埵修行儀軌一卷
成就妙法蓮花經王瑜伽儀軌一卷
大藥叉女歡喜母幷愛子成就法一卷
金剛頂瑜伽金剛薩埵念誦儀一卷
普遍光明無能勝大明王大隨求陀羅尼經二卷

聖迦抳忿怒金剛童子成就儀軌經三卷
文殊師利根本大教王經金翅鳥王品一卷
五字陀羅尼頌一卷
不空羂索大灌頂光真言經一卷
金剛頂超勝三界文殊五字真言勝相一卷
金剛手光明無動尊大威怒王念誦儀一卷
觀自在大悲成就蓮花部念誦法一卷
觀自在如意輪瑜伽一卷
修習般若波羅蜜菩薩觀行念誦儀一卷
金剛頂他化自在天理趣會普賢儀軌一卷
末利〔二〕支提婆華鬘經一卷
金輪佛頂要略念誦法一卷
大孔雀明王畫像壇儀一卷
瑜伽金剛頂釋字母品一卷
大聖天雙身毗那夜迦法一卷
仁王般若陀羅尼釋一卷
金剛頂瑜伽降三世極三密門一卷
大乘緣生論一卷
右三十六經四十一卷同此卷續音

仁王般若波羅蜜念誦儀軌一卷　只音序中字

篹歷　上作管反。韻英云：集也。爾雅釋詁云：篹，繼也。說文云：從糸算聲也。算，音蘇管反。經文從莫作纂，不成字也。下郎的反。切韻：經，歷也。爾雅曰：歷，數也。說文：從止厤聲，厤音同上。經文作曆，乃曆日字，非篹歷也。

迺辟　上奴改反。切韻：語辭也。爾雅曰：仍，迺。郭璞注云：迺即乃也。釋文云：古乃字也。下必益反。命也。考聲：召也。切韻：除也。

良賁　下彼義反。韻集云：賁，微也。又卦名也。易曰：賁亨，小利，利有攸往也。案良賁者，即助譯仁王經沙門名也。

常袞　下公穩反。禮記玉藻云：天子龍袞以祭。鄭注云：袞，畫龍於衣上也。案：常袞即潤文翰林學士姓名也。

瑜伽蓮花部念誦法一卷

户樞　下昌朱反。爾雅曰：樞，謂之椳。郭璞注云：門扉樞機。廣雅：樞，本也。謂户扇轉處。說文云：從木區聲也。

拄腭　下我各反。口中上腭也。說文云：口上河(阿)也〔三〕。作谷谷音强略反。口上畫重八，像腭形也。

擘開　上絣麦〔四〕反。廣雅云：擘，分也。說文云：撝也〔五〕。亦開也。從手辟聲也。

聯鎖　上輦饘反。聲類云：聯，不絶也。說文：連綴也。從耳耳連於頰也從絲連不絶，會意字也。下蘇果反。字書云：鈎鎖相連也。

金剛頂瑜伽護魔儀軌經一卷

持鍬　下七消反，俗字也。亦作鍫，正作鐰，古文作斛。爾雅云：斛謂之疀。郭注云：鍬，鍤字也。方言云：趙魏之間謂鍤爲鍬，江東呼鍫，巴蜀謂鍬爲鍤，皆方俗異名也。鍫音片蔑反，鍤音插也。

蹲踞　上音存，下居御反。考聲：狐蹲也。釋名：蹲，存也。謂存其後不著於席也。踞，箕踞也。禮云：無箕踞也。箕音基。

屈蔓草　上軍律反，下力句反。似白茅而蔓生也。今俗呼爲長命草也。

㪔一杓　上居怨反。切韻：器⿰臼欠〔六〕物也。又云：抒水也。從斗䜌聲。䜌音戀。⿰臼欠音以沼反。今⿰臼欠㪔字也。

觀自在多羅念誦儀軌一卷

阿闍梨　中音士遮反，梵語也。或云阿遮梨，正云阿折里耶，此譯云親教，謂親能教授諸餘學者故。

臍腰　上徂奚反。切韻：膍，臍也。下以霄反。玉篇：腰，脊也。上(下)〔七〕作署字。

二空　案瑜伽持明儀作諸印契，用五輪十波羅蜜。五輪謂地水火風空，二手各以小指爲頭，依次輪上，經言並二空，即並竪二大拇指也。經作二腔，音苦江反，乃羊腔字，書寫誤

也，甚乖經義。

觀自在如意輪菩薩念誦法一卷

虎狼　上呼古反。説文云：山獸君也。淮南子云：虎嘯谷風生也。從人虍聲，虍音呼。虎爪似人[足]〔八〕，故從人。或作虎，廟諱不成字。又作虝，俗變，非體。下魯堂反。説文云：似犬，白頰鋭頭。爾雅曰：牝狼，其子獥也〔九〕。獥音胡狄反。

枷鎖　上古牙反。釋名云：枷，加也。以木加於項也。在手曰桎，在足曰梏，在項曰枷，即拘罪人五木也。下蘇果反。切韻：鐵索也。謂聯環也。

指𢤱　下古了反。如前已釋。

甘露軍荼利菩薩供養念誦儀一卷

洗滌　上先禮反，又作洒。字書：洗，盪也，刷也。下徒曆反。切韻：浄也，除穢也，又盪滌也。

愆咎　上去乾反，又作悊。爾雅作諐，釋言云：逸、諐，過也。下其久反。切韻：過也，災也。爾雅云：咎、顇，病也。説文：人各相違也。從人各〔一〇〕。經文作咎、咎，皆非本字。

鈴鐸　上郎丁反。金鈴也。切韻：似鐘而小。下徒洛反。今大鈴也。左傳：金鈴木舌，振於文教也。又云：上軍尉鐸遏寇也〔一一〕。

駕馭　上古訝反。字書：駕，乘也。詩云：駕我其㚔〔一二〕。音之成反。下牛倨反。切韻：駕也。世本云：骸服牛，乘馭馬。周禮：有五馭，鳴和鑾，逐水曲，過表止，舞交衢，逐禽佐也〔一三〕。説文：從馬又。又即手，會意字也。經文作御，侍也，使也，非駕馭字也。

烏樞瑟摩　梵語。或云烏芻沙摩，舊譯云穢跡金剛。此言有失，似毀於聖者也。新翻爲除穢忿怒尊，謂以金剛慧現威怒身，降伏難調穢惡有情故也。

傲誕　上五倒反。切韻：慢也，倨易也。考聲云：自高也。爾雅曰：傲，謔也。下徒旦反。字書云：大也。切韻：信也。顧野王云：欺也。從言延聲也。謔音香虐反。

臭穢　上尺救反。切韻：凡氣總名也。考聲云：腥臭也。説文：從犬自。自即鼻也，會意字。古文作殠，俗作臰。經文從口作嗅，無此字。

三十七尊禮懺儀一卷

妙灋　下方乏反，古文法字也，今多用法字。説文：則，法也〔一四〕。切韻：常也，又數也。

大聖文殊師利菩薩讚法身禮一卷

馭宇　宇，玉矩反，宇宙也。集訓云：寰宇也。切韻：大也，又邊也。從宀于聲。宀音莫仙反。

沃盪　上烏酷反。韻詮云：沃，灌也。聲類云：以水淋下也。下徒朗反。切韻：滌，盪也。又摇動也。從皿湯聲。

都部陀羅尼目一卷

絣地　上北萌反。切韻：振黑繩〔一五〕也。從糸並聲。經文從手作拼，音普耕[反]〔一六〕，彈也，非此用。

蘇摩呼　梵語也，此云妙臂也。

金剛壽命陀羅尼念誦法一卷

魔醯首羅　古舊梵語也。正云魔係濕嚩囉，此云大自在，即色界天主也。

揾蘇　上烏困反。切韻：按也。方言云：揾，抐物入水也。抐音奴困反。下素姑反，紫蘇草也。案經，揾蘇字合作酥。切韻：酥，乳酪也。

擲於　上直炙反。切韻云：投也，振也，又抛擲也。古文作擿。

大方廣佛花嚴經入法界四十二字觀門一卷

經中自釋四十二梵字，餘無可音訓。

觀自在菩薩心真言觀行儀軌一卷

身帔　下丕義反。考聲云：巾帔也。切韻：衣帔也。説文云：從巾皮聲。或音披，襘也。非霞帔也。

輕縠　下胡谷反。韻詮云：縠似羅而細也。切韻云：羅，縠也。從糸㲄聲。㲄音谷。

交縫　下扶用反。爾雅曰：緎羔裘之縫也。説文：紩衣也〔一七〕。從糸逢聲。緎音域，紩音袟，縫亦音逢。

大聖文殊師利佛刹功德莊嚴經　卷上

門閫　下苦本反。聲類云：閫，閾也。集注云：謂限門木也。顧野王云：門限也。説文云：門限也。從門困聲。

商佉　上失良反，下羌奢反。梵語也。或作餉佉，上音失量反。此云蠃，即所吹法蠃也，俗作螺字。

澄睟　上直陵反。切韻：水清也。考聲云：澄，定也。説文云：凝也〔一八〕。亦作徵〔一九〕字。下雖遂反。玉篇：深視也。字書云：潤澤也。從目醉省聲。作晬，俗字也。

奢摩他　梵語也。此譯爲止心寂静，即定也。

披擐　上音被。字書云：加也。考聲：服也。下音患。桂苑珠叢云：以身貫穿衣甲也。五經音義亦音古患反。

謦欬　上口冷反。説文：謦亦欬也。下苦戴反。説文云：逆氣返也〔二〇〕。亦瘷也。有作謦，音口定反，樂器也。或作咳，音胡來反，嬰咳也。皆非此用。瘷，蘇奏反。

遍捫　下莫奔反。聲類云：捫，摸也。集訓云：撫摩也。説文：撫持。從手門聲。

險詖　上香撿反。説文云：阻難也。從阜僉聲。下彼義反。切韻：佞也。説文云：險詖也〔二一〕。從言彼省聲也。

麤獷　上倉蘇反，正體字也，俗作麁。鄭注禮記云：麤，踈也。廣雅云：惡也。説文云：從三鹿。下虢猛反。集訓云：如犬獷惡不可近也，故從犬。經或作礦字，非也。

大聖文殊師利佛刹功德莊嚴經　卷中

鈿飾　上堂練反。韻集云：以寶瑟鈿以飾器物也。下昇織反。考聲云：糚飾也。文字典説：修飾。古今正字：從巾飤聲音似。

準繩　上之允反。切韻：度也，平準也。下食陵反。玉篇：索也。字書：直也。尚書曰：木從繩則正也。世本云：倕作準繩也。

熙怡　上虚之[反]〔二二〕，下與之反。説文云：熙怡，和悦也。爾雅云：悦服也。方言云：怡，喜也。經或作嬉，非。

大聖文殊師利佛刹功德莊嚴經　卷下

蘇彌盧　舊云須彌，或云彌樓，皆梵言訛也。今正云蘇彌盧，此翻爲妙高也，即俱舍論云「妙高層有四」是也。又云蘇彌盧，欲天、梵世各一千。唐梵互舉一名也。

踰繕那　舊云由旬，或云踰闍那。此無正翻，義翻一程也，即自古聖王軍行一日程也。前孔雀王經中已廣釋。

疲厭　上音皮。賈注國語：疲，勞也。廣雅：勌也。從疒皮聲。下伊焰反。考聲：飽也，亦倦也。説文云：從犬甘肉作猒〔二三〕。犬甘於肉也。今俗變作厭字，通用。

摩伽陀　梵語也。或云摩竭陀，或云摩竭提，或云墨竭提，一也。此云無毒害，謂此國法不行刑戮，其有犯死罪者，但送置寒林也。或云大體國，言五印度中此國最大，統攝諸國故也。又云遍聰慧，言聰慧之人遍其國内也。皆隨義立名也。

一婆訶　下音呵，梵語也。此云圖，又作篅，同。音市緣反。即倉圌也。

大樂金剛薩埵修行儀軌一卷

置胯　上竹吏反。切韻：安也。説文云：委也〔二四〕。從罒直聲。下開化反。考聲：兩股間也。或作跨，越也，非此用也。

側捩　上阻力反。切韻：傍，側也。下練結反。玉篇云：拗，捩也。從手戾聲。戾音同上。説文作戾，犬在户下也。經文從糸作綟。廣韻：麻小結也。非側捩手指結印義。

彎弓　上烏關反。韻集云：挽弓曲勢也。前已釋。

箜篌　上音空，下矦音。樂器名也。前已釋訖。

成就妙法蓮華經王瑜伽儀軌一卷

瑜伽　梵語也。或云瑜祁，或云庾誐，皆訛也。此云相應。案大論有四種相應，謂乘相應、境相應、行相應、果相應也。

記莂　下方列反。切韻：分，莂也。考聲：决也。説文從言作詶，亦同。經文從草作莂。埤蒼云：概種移蒔也。非記莂字。

奢摩他　梵語也。此云止。

毗鉢舍那　梵語。此云字(止)〔二五〕觀也。案止觀，即定慧二名也。如前新花嚴音義已釋。

洲渚　上音州，下章與反。爾雅曰：水中可居者曰洲，小洲曰渚，小渚曰沚也。詩云：在河之洲也。方言云：洲，灘也音他

丹反。沚音止。渚或作陼。

欠陷　上去劍反。說文云：少也〔二六〕。下户韽反。韽，於陷反。玉篇：入也。切韻：潰没也。又墮也。說文云作臽，小坑也。從人在臼音舊。

墊下　上都念反。尚書曰：下民昏墊。孔傳云：言天下民昏瞀墊溺也。玉篇云：墊，下也。瞀音務。

雜插　上徂合反。切韻云：集也，穿也。字林：衆也。下楚洽反。考聲：刺入也。從手臿聲。臿音同上。作揷、挿，皆非本字。

大藥叉女歡喜母并愛子成就法一卷

真多摩尼　梵語。或云振多末尼，或云質多麽抳，一也。此云如意珠也。抳音尼。跫〔二七〕。

㹀牛　上疾吏反。顧野王：畜母也。方言云：牛牝曰㹀，牡曰特，其子曰犢也。皆從牛，形聲也。

甘脃　上甘美也，嘗也。說文作甘，口含一也。下七醉反。玉篇：弱也。考聲云：嫩也。古今正字：從肉絶省聲。言肉凝易破也。經文多從危作脆，俗字也。

㝱寐　上莫弄反。說文云：寐而有覺也。從宀從爿夢。周禮：以日月星辰占六㝱之吉凶也。一曰正，二曰咢，三曰思，四曰悟，五曰憘，六曰懼也。下蜜二反。寢也，息也。從㝱省未聲也。經文單作夢，俗用，亦通也。

嚕地囉　上離古反，下借音離加反。梵語也。此云血，呼玦反。

郤送　上正體却字也。

金剛頂瑜伽金剛薩埵念誦儀一卷

憎字　莫亘反，影梵聲也，不求字義。亘，古鄧反。

睫瞤　上即葉反。說文云：目傍毛。釋名云：睫，插也，謂插於目匡也。又云：瞼上毛也。從目捷省聲也。下如均反，又作眴。切韻：目瞼動也。從目閏聲。

普遍光明無能勝大明王大隨求陀羅尼經　卷上

耶輸陀羅　輸，式朱反。梵語也。或云耶戍達羅，正云以成多囉，此翻爲持譽也。

齧損　上研結反。禮記云：無齧骨。說文云：齧，噬也。從齒㓞聲。㓞音口黠反。經文作囓，非。

筏羅捺斯　筏音伐。或云波羅痆斯，亦云波羅奈，梵語西域國名也。

雷電　上魯迴反。說文作靁。易曰：天雷無妄。論衡云：陰陽氣激也。下堂練反。玉篇云：閃電也。釋名曰：電，殄也。謂乍現則殄滅也。說文：陰陽激輝也〔二八〕。從雨电音申。

霹靂　上疋覓反，下靈的反。文字典說云：霹靂，大雷擊物也。論衡云：天地爲爐，陰陽爲氣，相擊之聲也。說文云：從雨辟，歷聲也。經本有從石作礔礰二形，俗用，非本字也。

蚊蝱　上勿汾反。方言云：秦謂蚋爲蚊。齧人飛蟲子也。說文作蟁，吳音閩。經文作蚉，俗字。下莫耕反。聲類云：蚊蚋之屬也，似蠅而大。說文：山澤草花中化生也。亦生鹿

身中，大者曰蝱，小者曰蠁音蟹也。

蝗蟲　上音皇。考聲：飛蝗也。爾雅曰：食苗心螟，食葉蟘，食節賊，食根蟊。案：並蝗蟲異名也。下正體蟲字。爾雅曰：有足謂之蟲，無足謂之豸。

旱澇　上胡笴反。笴，各旱反。切韻云：雨少也。説文云：從日從干[29]。下郎到反。玉篇：水澇也。切韻：淹也。或作潦，又音老，泊水也，非此用。

普遍光明無能勝大明王大隨求陀羅尼經　卷下

鉞斧　上員月反，下方矩反。尚書云：王左杖黃鉞。孔注云：以黃[金][30]飾斧也。從金戉聲。戉音同上，從戈乚聲。乚音厥。作戊，非也。

擗地　上房益反。字林云：擗，撫擊也。爾雅云：擗，撫心也。郭注云：謂椎胸也。

驚愕　下五各反。韻集云：愕亦驚也。説文：從心咢聲。咢音同上。説文云：正作咢字也。

趒驀　上他弔反。切韻：趒，越也。説文：從走兆聲。經文從足作跳，或作跳，皆俗字。下莫伯反。聲類云：踰也。切韻：謾，驀也。説文云：騙馬上也[31]。從馬莫聲也。

聖迦柅忿怒金剛童子成就儀軌經　卷上

縛撲　上符玃反。玃，王縛反。考聲云：繫也。説文云：束也。從糸搏省聲。經文從專作縛，音傳，誤書也。下簿角反。韻集云：相撲也。或作撲，音普卜反，非相撲字。

乾燥　上古寒反。字樣云：本音虔，今借爲乾溼字也。古文從水作漧。下蘇道反。玉篇：火乾也。切韻云：乾亦燥也。

蘇摩呼　上蘇字借上聲呼，梵語也。此云妙臂。

蚯蚓　上音丘，下音引。切韻：蟲名也。下亦作螾。禮記月令云：孟夏月蚯蚓出。爾雅云：螼蚓。郭璞注云：江東呼寒蚓也。螼音羌引反。

牛尿　下奴弔反。考聲云：溺也。説文云：從水尾省聲[32]。今經文作尿，俗字，通用。

髆傭　上音博。考聲：股上胛也。説文云：肩，髆也[33]。從骨專聲。經文從肉作膊，音普博反，謂乾脯也，非經義。下丑龍反。鄭箋毛詩云：傭，均也。説文云：均直也。從人庸聲。有作牅，俗用字，亦通也。

迸竄　上北諍反。韻集云：迸，散也。考聲云：逃也。説文云：從走作逬。下七亂反。字林云：逃，竄也。切韻亦誅也。尚書云：竄三苗於三危也。説文云：藏也[34]。從鼠在穴中，會意字也。

聖迦柅忿怒金剛童子成就儀軌經　卷中

腰絛　上又作腰，同。於宵反。下吐刀反。字林云：以絲織如繩也。從糸從條省聲也。字統作縚，亦通用。縚又音他到反。

搵嚕地囉　搵，烏困反。韻集云：搵，抐按物入水也。抐音嫩也。嚕，離古反。囉，離吒反。嚕地囉三字梵語，此云血也。

沮壞　上情與反。左傳云：沮亦壞也。説文云：從水且聲。且音子魚反。下懷怪反。考聲云：崩摧也，敗也。古今正字云：自破曰壞。從土褢聲也。褢音懷，包也。説文云：懷

（裦）〔三五〕字從衣眔音談合反。眔，上從横目，下從氺，音別。經文作壞，傳寫人誤書也。

黿鼉　上音元。説文云：鼊也。下達河反。説文云：水蟲也。形似蜥蜴，長五六尺。從黽單聲。黽音猛，單音那，形聲字也。

龜鱉　上鬼爲反。説文云：龜，舊也。外骨而内肉者也。從它。龜頭似它，天地之性也。廣肩無雄，龜鱉之類也。以它爲雄，像四足頭尾之形也。下卑滅反。説文云：水介蟲也。從黽敝聲。有從魚作鱉，非也。

噤口　上渠飲反。字統云：寒而口閉也。説文云：從口禁聲。有作類，怒而切齒也，非噤口字也。

樺皮　上胡罵反。木名也，皮堪爲燭者，其中有赤白麁細。白細者堪書梵夾，以彼土無紙，多以貝多葉或多羅葉及樺皮書字也。

蔓藤　上無怨反。韻集云：瓜蔓也。下徒登反。切韻云：弦藤草也。考聲云：藤，蘿也。

聖迦抳忿怒金剛童子成就儀軌經　卷下

所齧　下研結反。説文云：從齒㓞聲。㓞音口黠反。經文作嚙，非也。

驅擯　上豈俱反。考聲云：奔也，又逐也。詩云：弗馳弗驅。説文云：從馬區聲。經作駈，俗字。下必刃反。切韻云：擯，斥也。集訓云：棄也。説文云：從手賓聲。

篸子　上作貪反。韻集云：插頭者也。又音作憾反。篸，綴也。從竹參聲也。

脚鋜　下仕角反。顧野王云：鎖足也。韻略云：足，鋜也。從金浞省聲。經文作鐲，俗。或亦音朔，戈屬，非此用也。浞音同上。

箭鏃　下作木反。爾雅云：金鏃翦羽謂之鍭。郭璞注云：今之錍箭是也。鍭音侯，錍音批。

聖閻曼德迦威怒王立成大神驗念誦法一卷

槊印　上，説文云作矟，雙角反。通俗文曰：矛長丈八尺謂之槊。經文從金作鎙，俗用，非也。下於刃反。韻集云：符，印也。釋名云：印，信也，因也。封物因付信也。從爪從卩。古文作𠨮字。卩音節。

熒惑日　即火星直日也。一名罰星，徑七十里，其色赤光，其行二年一周天。五星傍通祕訣云：熒惑，南方火之精也。仁王經中已具釋訖。

捨覩嚧　或云率覩嚕，亦云設咄嚕，皆梵語訛轉也。此云怨家也。

文殊師利根本大教王經金翅鳥王品一卷

幖幟　上必遥反。考聲云：幖，舉也。或從木作標。經從手作摽，俗字。下昌志反。字書云：幟謂標上幡也。從巾戠聲也。

濺灑　上煎線反。説文云：從贊作濽，污灑也。下沙雅反。亦散灑，與濺字訓同。

薏苡　上音意，下音以。顧野王云：即干珠也。本草云：薏苡性平，主筋骨拘攣不可伸屈者，又益氣。二字並從艸，意、以

皆聲。

縈繞　上伊營反，下饒少反。毛詩傳云：縈，縱[三六]也。說文云：收韏也。從糸熒省聲。繞，纏也。從糸堯聲。

五字陀羅尼頌一卷

竦慄　上息拱反。爾雅曰：竦，懼也。詩云：不戁不竦。下力質反。考聲：戰懼也。詩云：惴惴其慄。說文云：從心栗聲也。

涕泣　上他禮反。韻集云：目汁也。古今正字：從水弟聲也。下去急反。切韻：哭，泣也。集訓云：無聲出涕曰泣也。

泚那　上千禮反，梵語也。案字，水深清泚皃也。

不空羂索大灌頂光明真言經一卷

虵蠍　上射遮反。毛詩云：惟虺惟蛇。周易云：蛇，豸屬也。說文：從它作蛇。它音徒何反。下許謁反，毒蟲名也。

米鞞羅　鞞音多可反。梵語也，此云死人屍也。

金剛頂超勝三界文殊五字真言勝相一卷　無可音訓。

金剛手光明無動尊大威怒王念誦儀一卷

痠憷　上素官反。韻集云：痠，疼痛也。考聲云：骨痛也。說文云：從疒酸省聲。下瘡舉反。音譜云：憷，痛也。顧野王云：心利也。從心楚聲。又音初去反。經文或單作楚，荊楚也，又州名，非本字。

芙蓉　上防無反，下餘封反，即荷蓮也。爾雅曰：荷，芙渠。郭注云：別名芙蓉，江東呼荷。毛詩傳云：未開者曰芙蓉，已開者曰菡萏也。

婆誐鍐　上去聲，下亡范反。經作鍐，俗，梵語也。舊云婆伽婆，或云薄伽梵，亦云薄伽伴，皆訛。此翻爲世尊，六義總名。

鑠訖底　上書灼反，下丁禮反，梵語也。此云戟。經中云「手操鑠訖底」，即威怒王所持戟槊也。下底字，經文或作底[三七]，音止，非梵語本音。

嚩日囉　上音無蒲反。日囉二字合聲呼，正梵語也。舊云伐闍羅，或云跋折羅，此云金剛。案經云「或執嚩日囉」，即無動尊所持金剛持(杵)[三八]是也。

觀自在大悲成就蓮花部念誦法一卷

糠粃　上苦剛反，亦作穅。韻略云：米皮也。下補几反，亦作秕。顧野王云：穀不成也。國語云：軍無秕稈[三九]也。並從禾，同。

棘(棘)[四〇]刺(刺)[四一]　上紀力反。韻集云：小棗木名也。下又作刺，音七賜反。爾雅云：茦，刺(刺)也。郭璞注云：草刺(刺)針也。茦音初革反。方言云：凡草木而刺人者也。

脹顋　上知亮反。考聲云：滿也。切韻：肚脹也。從肉張省聲。下蘇來反。說文：顋，頷也。頷音胡感反。字書云：頰也。經文作腮，俗字也。

跣足　上蘇典反。集訓云：足親於地也。從足先聲。下即玉反。

爾雅曰：足，趾也。從口止作足。經文作疋，書寫人草變，非也。

應踏　下徒合反。說文云：著地行皃[四二]。從足沓聲。沓音同上。又作蹋。切韻云：蹴，蹋也。案經合作蹋字。作踏又音他荅反。

緺佩　上烏恢反。說文云：五色絲飾也。從糸咼聲。下蒲妹反。韻英云：玉佩也。禮記云：古之君子必以佩玉比德也。

香緌　上許良反。說文云：香，芬也[四三]。正從黍甘作馫，或作薌，穀氣也。經文從艸作萫，非本字。下儒隹反。玉篇云：冠纓也。爾雅曰：褘，緌也。郭注云：香纓也。交絡帶繫於體，因名褘緌也。從糸委聲。經文作蕤，乃葳蕤，藥名也。又蕤賓，五月律管名。案經以緺珮香緌嚴飾大悲觀自在身也，作萫蕤字，甚乖經意。

氛氳　上符分反，下於云反。說文：氛氳，祥氣。或作雰，元氣也。二字並從气，分、昷聲。气音氣也。

擐甲　上胡串反。字林：貫也。釋文音訓並同。五經字樣音古患反。下甲字，或從金作鉀，亦通。

觀自在如意輪瑜伽一卷

澗谷　上古晏反。韻集云：溝，澗也。爾雅云：山夾水曰澗。或作㵎[四四]字，俗用亦通。下古鹿反。玉篇：山谷也。爾雅曰：水注谿曰谷。又：谷，養也。老子云：谷神不死，是爲玄牝也。

裸形　上華瓦反。避俗諱作此音也。案說文云：本音郎果反。顧野王云：裸者，脱衣露體也。從衣在果邊也。經文從身作躶，亦作倮，皆俗用字。有經從示作祼，音灌，不達字義，書誤也。

修習般若波羅蜜菩薩觀行念誦儀一卷

掣擊　上昌列反。韻詮云：挽也。字書云：引也。又音昌制反。下古歷反。切韻：擊，打。說文云：從手毄聲也。毄音喫。

金剛頂他化自在天理趣會普賢修行儀軌一卷

藕絲　上五口反，蓮根也。爾雅曰：荷，芙渠，其根藕也。郭注云：別名芙蓉，江東呼荷也。

鉀鍣　上古狎反。音譜云：鎧鉀（鉀）[四五]也。五經文字並單作甲，云兵甲也。下他刀反。又作絛、幍二形，云綿絲繩也。又音他到反。

末利支提婆花鬘經一卷

指攪　上職雉反。韻略云：手指也，又指撝也，斥也。下古巧反。玉篇：手動也。說文云：從手覺聲也。

馺䮌[四六]　上蘇合反，梵語也。案字，馺䮌，馬疾行皃也。

槲樹　上胡谷反。木名也。考聲：葉似松而細。爾雅云：樕樸心。郭注云：槲，樕別名。從木斛聲。經文作𣙜，亦通用。

金輪佛頂要略念誦法一卷

大孔雀明王畫像壇儀一卷

瑜伽金剛頂釋字母品一卷

已上三經並無可音訓。

大聖天雙身毗那夜迦法一卷

毗那夜迦　舊云頻那夜迦，皆不正。梵語應云吠音微一反那野怛迦，此云障礙神，謂現人身象頭，能障一切殊勝事業故。

銅杓　上徒紅反。切韻云：金一品也。山海經云：女林之山其陽多赤銅。說文云：赤金也。從金同聲。下市若反。韻略云：杯杓也。從木勺聲。勺音斫。

⿱䜌斗油　上居怨反。字書云：⿰臼欠，⿱䜌斗物也。從斗䜌聲。⿰臼欠音以沼反，亦⿱䜌斗也。

蘿蔔　上音羅，下蒲北反，俗字也。爾雅作蘆菔。郭璞注云：蘆菔，蕪菁屬也，紫花大葉。根可啖也。本草云：性冷，利五藏，能除五藏中惡氣，服之令人白净。又制麪毒，若飲食過度，可生食之。

仁王般若陀羅尼釋一卷

金剛頂瑜伽降三世極三密門一卷

大乘緣生論一卷

已上三經並無可音訓。

續一切經音義　卷第七

校勘記

〔一〕四　獅無，注云「十上四字脫」。

〔二〕利　獅無，注云「末下利字脫」。

〔三〕說文云：口上河也　今傳本說文：「谷，口上阿也。」

〔四〕麦　據文意似當作「麥」。

〔五〕說文云：揮也　今傳本說文：「擘，撝也。」

〔六〕⿰臼欠　即「舀」。

〔七〕上　獅注云：「上當作下。」

〔八〕足　原闕，據文意補。

〔九〕爾雅曰：牝狼，其子獥也　今傳本爾雅：「狼，牡貛牝狼，其子獥。」

〔一〇〕說文：人各相違也。從人各　今傳本說文：「咎，災也，从人从各，各者相違也。」

〔一一〕上軍尉鐸遏寇也　今傳本左傳：「鐸遏寇爲上軍尉。」

〔一二〕詩云：駕我其⿱馬廾　今傳本詩：「駕我騏⿱馬廾。」

〔一三〕周禮：有五馭，鳴和鑾，逐水曲，過表止，舞交衢，逐禽佐也　今傳本周禮：「五馭，鳴和鸞，逐水曲，過君表，舞交衢，逐禽左。」

〔一四〕說文：則，法也　今傳本說文：「灋，刑也。平之如水，从水。廌，所以觸不直者去之，从去。」

〔一五〕黑繩　獅注云：「黑繩，本作繩墨。」

〔一六〕反　各本無，據文意補。

〔一七〕説文：紩衣也　今傳本説文：「縫，以鍼紩衣也。」

〔一八〕説文云：凝也　今傳本説文：「澂，清也。」

〔一九〕徵　據文意似作「澂」。

〔二〇〕説文云：逆氣返也　今傳本説文：「欬，屰气也。」

〔二一〕説文云：險詖也　今傳本説文：「詖，辯論也。」

〔二二〕反　麗無，據文意補。

〔二三〕説文云：從犬甘肉作猒　今傳本説文：「猒，飽也。从甘从肰。」段注：「猒厭古今字，猒饜正俗字。」

〔二四〕説文云：委也　今傳本説文：「置，赦也。」

〔二五〕止　中華大藏經本無，臺灣大通書局影印本和獅作「字」，據文意似當作「止」。

〔二六〕説文云：少也　今傳本説文：「欠，張口气悟也。」

〔二七〕跫　衍。

〔二八〕説文：陰陽激輝也　今傳本説文：「電，陰陽激燿也。」

〔二九〕説文云：從日從干　今傳本説文：「从日干聲。」

〔三〇〕金　原闕，據今傳本尚書孔注補。

〔三一〕説文云：騙馬上也　今傳本説文：「驀，上馬也。」

〔三二〕説文云：從水尾省聲　今傳本説文：「从尾从水。」

〔三三〕説文云：肩，髆也　今傳本説文：「髆，肩甲也。」

〔三四〕説文云：藏也　今傳本説文：「竄，墜也。」

〔三五〕懷　即「褱」。段注：「褱，藏之義也。在衣曰褱，在手曰握。今人用懷挾字，古作褱夾。」

〔三六〕縱　今傳本毛詩傳作「旋」。

〔三七〕底　據文意似作「疷」或「氐」。

〔三八〕持　據文意似當作「杵」。

〔三九〕稈　今傳本國語作「政」。

〔四〇〕棘　據文意似當作「棘」。

〔四一〕刺　據文意似當作「刺」。下同。

〔四二〕説文云：著地行皃　今傳本説文：「蹋，踐也。」段注：「俗作踏。」

〔四三〕説文云：香，芬也　今傳本説文：「香，芳也。」

〔四四〕澗　據文意似當作「潤」。

〔四五〕⿰足甲　據文意當作「鉀」。

〔四六〕駱　中華大藏經本和獅作「婆」，獅注云「婆異作駱」。此據臺灣大通書局影印本。

續一切經音義　卷第八

燕京崇仁寺沙門希麟集

續音根本一切有部毗奈耶藥事二十卷

右從第一盡第二十同此卷續音

根本説一切有部毗奈耶藥事　第一卷

痿黄　痿，於隹反。考聲：溼病也。集訓云：足不及也。釋名云：痿，萎也。如草木葉萎死於地也。從疒委聲。下胡光反。爾雅云：玄黄，病也。郭注云：虺頽、玄黄皆人病之通名，而説者便爲馬病，失其義也。

顦顇　上齊遥反，下情遂反。考聲云：顦顇，瘦惡。蒼頡篇作憔悴，云愁憂也。毛詩從言作譙誶。班固從疒作癄瘁。漢武帝李夫人賦從女作嫶婑。左傳從艸作蕉萃。諸書無定一體，今經文多作顦顇。

蘡薁　上益盈反，下於六反。考聲云：草名，可食，似葡萄而小，其子黑色。説文云二字並從艸，嬰、奥俱聲也。

椶櫚　上子紅反，下力居反。韻集云：栟櫚，木名也。考聲云：栟櫚，木有葉無枝。二字從木，㚇、閭聲。栟音并。

椰子　上以遮反。韻集云：椰子，果木名也。其葉背面相類，出交趾及海島，子大者可爲器。從木耶聲。

菖蒲　上尺良反，下薄胡反。切韻：菖蒲，草名。似藺，可以爲席也。本草云：菖蒲，藥名。八月採根百節者爲良也。藺音良刃反。

𪍿麥麲　上古猛反。説文：麥皮也。方言云：即今大麥也。下與職反。字書無此字，新字林云：麲，麥芒也。案麥字從來夊。白虎通云：麥，金也。金王而生，火王而死也。𪍿，從礦省聲。麲，從弋諧[一]聲也。夊音雖。

江㹠　上古腔反。下徒論反，俗字，正作豚。言江㹠，即江海水中大魚也，其形類豬，故以爲名。風波欲起，此魚先出水上，出没須臾，有風浪起也。

鮫魚　上古肴反。説文云：海魚名也，皮有文，可以飾刀劍也[二]。從魚交聲。下語居反。説文云：水蟲也。從⿱𠂊囟水作象。爾雅曰：魚腸謂之乙，魚尾謂之丙。郭注云：皆似篆書字，因以名焉。

瘡疥　上楚良反，古文作創、刅、办，破也。釋名云：瘡，傷也。言體有傷破也。禮云：頭有瘡則沐。下音介，又作疥。説文云：瘙也。從疒介聲。作疥[三]，亦同。

紝婆　上又作絍，音女林反，梵語果木名也。

騷毗羅　上蘇刀反。梵語，此云漉水囊。

釘橜　上丁[四]定反。考聲：以丁釘木也。下其月反。韻略云：

羯闌鐸迦　下音蘆佉反。舊名迦蘭陀，亦云迦蘭鐸迦，皆梵語訛轉也。本云羯嬾馱迦，此云好聲鳥，謂王舍城側有大竹林，此鳥棲止多在其林，因以名焉。

患痔　上胡慣反。考聲：病也。集訓云：憂也。切韻：苦也，惡也。説文云：從心串聲。串音古患反。下直里反。切韻：漏病也。考聲云：後病也。説文云：從疒峙省聲。疒，女戹反。

薛舍離　上蒲計反。梵語。或云吠舍離，古云維耶離，亦云毗耶離，皆訛略也。此翻爲廣嚴城，謂此城於中印度境最大，廣博嚴浄，因名焉。

婆羅痆斯　痆，女黠反。亦云波羅捺斯，舊云波羅奈，亦梵語西域國名也。

荻苗　上徒歷反，亦西域國名。彼國多出此草，因以爲名焉。

樗蒲　上丑居反。爾雅云：樗，山樗也。下薄胡反。爾雅曰：楊，蒲柳。郭注云：可以爲箭也。案樗蒲二字，戲也。博物志云：老子入胡，因作樗蒲。

鉛錫　上與專反。玉篇：鉛，青金也。尚書云：青州貢鉛。説文云：從金㕣聲。經文作鈆，俗字。下先戚反，亦鉛類也。爾雅云：錫謂之鈏。郭璞注云：白鑞也。説文云：銀鍚之間[八]。從金易聲也。鈏音弋忍反。

間錯　上古莧反。爾雅云：間，代也。玉篇：間，厠。切韻：間，迭也，隔也。下倉各反[九]。韻集云：雜也。考聲：東西爲交，上下爲錯。律文從糸作繝，與橌同。切韻：梠也。非杙也。爾雅云：在地者謂之臬。郭璞注云：即門橜也。或作橛字。

歐逆　上烏口反。切韻：吐也。又作嘔，同。食療本草云：豬膽止乾嘔也。

杙上　上羊式反。爾雅曰：樴，謂之杙。郭注云：即橜也。又作弋，訓同。樴音持。方言：北人謂橜爲樴也。

家貲　上古牙反。爾雅云：牖户之間謂之扆，其内謂之家。説文云：家，居也。字從宀，豭省聲也。宀，莫仙反，深屋皃。豭音古牙反。下即移反。説文云：貲，貨也，又財也[五]。從貝此聲。

鄔波馱耶　上安古反。或云郁波第耶，梵語輕重也。此翻爲近誦，爲以弟子年小不離於師，常逐常近受而誦也。鄔波馱耶，亦翻爲親教。舊譯爲知罪知無罪，名爲和尚。或云和闍，並于闐等國訛轉也，本非印度之雅言。

割䏶　上正割字。爾雅云：割，裂也。韻集：割，剥也。又斷截也。下傍禮反。俗字也。正作髀。切韻：股也。從骨坒聲。坒音比。

飢饉　上古文作飥，又作饑，同。音几治反。下音覲。爾雅云：穀不熟爲饑。郭注云：五穀不成也。又曰：蔬不熟爲饉。注云：凡草、菜可食者通名爲蔬。春秋穀梁傳云：二穀不升謂之饑，三穀不升謂之饉，五穀不升謂之災也。災，正灾字。

剜割　上烏桓反。埤蒼云：剜，猶削也。廣雅義同。説文云：剜，挑也[六]。從刀從夗音琓。經文作剜[七]字，俗。

間錯義。

嫂怪　上蘇皓反。爾雅釋親云：兄之妻爲嫂，弟之妻爲婦。說文云：從女叟聲。又作㛮，古字。律文從更作㛐，俗用字也。下古壞反。切韻：怪，異也。又作恠字。

恍惚　上虎晃反，下呼骨反。字林云：心不明也。老子云：恍恍惚惚，其中有物。二字並從心，光、忽聲。下或作忽。

根本說一切有部毗奈耶藥事　第三卷

嗢柂南　上烏没反，次徒可反，梵語也。此翻爲集總散，亦云足跡，或云攝施，皆隨義譯，即偈頌也。

獷戾　上古猛反。字書：惡也。顧野王云：犬不可附也。下郎計反。爾雅云：罪也。切韻：乖違也。說文云：曲也。字從犬出户下也。二字並從犬。律文從禾作穬，乃禾芒也，非獷戾也。

羅弶　上魯何反。韻略云：網，羅也。詩云：逢此百羅〔一〇〕。爾雅云：鳥罟謂之羅。或作羅〔一一〕。下其亮反。說文：取獸具也。從弓諒省聲也。

毗訶羅　訶音呵。或云微賀羅，梵語聲轉也，此云寺也。或云僧伽藍摩，此云衆園。律云造五百毗訶羅，即五百寺也。

船舶　上食川反。方言云：關東曰船，關西曰舟。說文云：從舟沿〔一二〕省聲。沿，與專反。沿路之沿，鈆錫之鈆，皆放此。律文從公作舩、作舡，皆俗字。下傍陌反。切韻：海中大船也。從舟白聲。

一撮　倉适反。适，古活反。字書云：以手撮物也。筭經云：六十四黍爲一圭，四圭爲一撮。從手最聲。又音臧适反，謂手提〔一三〕也。

傘插　上蘇旱反。廣韻：傘，蓋也。陸氏本作繖。下楚洽反。說文：剌入也〔一四〕。從手臿聲。臿音同上，從干入臼也。律文作挿，或作揷，皆誤書也。

根本說一切有部毗奈耶藥事　第四卷

土榻　上他古反。尚書曰：土爰稼穡。說文云：土，吐也。能吐生萬物也。從二。二，地之數也。丨，象地中物出也。丨，古本反。下亦作㯓、傝，同。吐盍反。字書云：牀榻也。從木㙮聲。㙮音同上。

陂湖　上彼宜反。尚書云：澤障曰陂。爾雅曰：陂者曰陂(阪)〔一五〕。郭注云：地不平也。說文云：從𨸏皮聲。下户吴反。切韻：江，湖也。廣雅曰：湖亦池也。從水胡聲也。

逃避　上徒刀反。集訓云：亡也，去也。說文云：竄也〔一六〕。切韻：走避也。從辵兆聲。辵，丑略反。亦作迯字。下毗義反。韻集：藏也，違也。又去也，迴也。孝經：曾子避席。注云：起荅(答)〔一七〕也。

天竺國　竺音篤。或云身毒，或云賢豆，或云印度，皆訛。正云印特伽羅，此云月。西域記云：謂諸群生輪迴不息，無明長夜，莫有司存〔一八〕，其猶白日既隱，宵月斯繼，良以彼土，賢聖繼軌，導凡利物，如月照臨，故以名焉。

摩揭陀　或云摩竭提，亦云墨竭提，皆梵語訛轉也。自古翻傳，隨義立名。或云不至，言其國鄰敵不能侵至也。又云遍聰慧，言聰慧之人遍其國内也。又言無毒害，言其國法不

行刑殺，其有犯死罪，但送寒林耳。

稻䕸　上徒皓反。切韻：秔，稻也。禮記云：嘉稻曰蔬〔一九〕。本草云：粳米主益氣，止煩泄；稻米主温中，令人多熱。明是二物也。説文云：沛國呼稻爲穤。字林云：稻米黏，秔米不黏也。下古按反。字書云：莖，幹也。

根本説一切有部毗奈耶藥事　第五卷

拓頰　上他洛反。集略云：手拓物也。下古叶反。切韻：面頰也。案：拓頰與揞頤義同也。頰，籀文又作𩑶，古字也。

門閫　上莫昆反。爾雅云：正門謂之應門。顧野王云：在堂房曰户，城郭曰門。説文云：從二户作門〔二〇〕。下苦本反。説文云：門限也。從門困聲也。

嗢鉢羅　上温骨反。舊云漚鉢羅，或云優鉢羅，亦云烏鉢羅，皆梵語輕重也。此云青蓮華，其花青色，葉細陿長，香氣遠聞，人間罕有，唯大無熱惱池中有此花也。

拘物頭　梵語。或云拘某陀，亦云拘牟那，此云赤蓮華。其色深朱，甚香，亦大，人間無，亦出彼大龍池。

分陀利　梵語訛略也。或云奔荼利迦，或云奔絮哩迦。此云白蓮華，其花如雪，如銀光奪人目，甚香，亦大，多出彼池，人間亦無。絮音奴雅反。

聾瘂　上禄東反。左傳云：耳不聽五音之和謂之聾。杜注云：聾，暗也。蒼頡篇云：耳不聞也。説文云：從耳龍聲。下鵶賈反。考聲云：口不能言也。古今正字：瘂，瘖也。從疒亞聲。疒，女厄反。律文從口作啞，音厄。周易云「笑言啞啞」也。非聾瘂字。

杻械　上勑久反，下胡戒反。玉篇云：桎梏也。考聲云：所以拘罪人也。在手曰杻，在足曰械，並從木，丑、戒聲也。

栗姑毗　姑，吐涉反。梵語。舊云離車子，亦云梨車毗。此云貴族，即公子王孫也。

無藁　下古老反。切韻：禾稈也。又藁本謂草創之本也。説文云：草也。從艸槀聲。槀音同上。

車輅　上九魚反，下洛故反。釋名云：天子所乘曰車輅。大戴禮云：古之車輅也。蓋圓像天，軫方像地，二十八轑像二十八宿，三十輻像日月之數。仰則觀天文，俯則察地理，前視鑾〔二一〕和之聲，側觀四時之運也。

摩納婆　梵語也。或云摩那婆，此云儒童，即修習聖道者也。

殑伽河　上其亮反。梵語。舊云恒河。應云殑伽，音魚等反。西域河名，此河本出無熱惱池南面，以彼沙細最多，故引爲喻。

阿遮利耶　舊云阿闍梨，或云阿左梨，梵語聲轉也。此云正行，又云軌範，謂於善法中教受，令知軌範也。

翅翮　上又作翄，同。施智反。集訓云：鳥翼也。下胡革反。玉篇云：鳥羽〔根〕〔二二〕也。爾雅云：羽本謂之翮。郭璞注云：鳥羽也。從羽，支、鬲皆〔二三〕聲也。

根本説一切有部毗奈耶藥事　第六卷

福鞔　下母桓反。説文云：覆蓋也〔二四〕。案律文云：以百福鞔萬字手，即諸經律百福莊嚴網鞔手也。律文從車作輓，音挽。説文云：引車也。甚乖律意。

聰叡　上倉紅反。説文作聰。尚書云：聽曰聰。孔傳云：耳聰

明審也。說文云：察也。從耳悤聲。悤音同上。悤字從心，匆音楚紅反。律文作聪，俗字。下悅惠反。洪範云：叡作聖。鄭注禮記云：思之精也。廣雅云：智也。古今正字：深明也。從𣦼從目從谷省。𣦼音殘。律文作叡，不成字也。

技藝　上渠綺反。切韻：藝，能也。說文云：從手支聲。律文作伎，非。下魚祭反。考聲云：才也。切韻：能也。廣雅云：常也。論語云：游於藝也。

鐵矟　上他結反。說文云：黑金也。從金𢧜聲。律文作鐡，俗字。下雙捉反。博雅云：兵器也。韻詮云：長矛也。從矛肖，形聲字也。律文有作槊，俗字。

笧立　上楚革反。說文作冊，云符命也。謂上聖符信，教命以授帝位。像簡冊連掇之形。律文作策，驅策也。說文云：馬撾[二五]也。非笧立字。

餉伽　上式亮反，梵語。或作商佉二字。此云贏，即今所吹法贏是也。

赫赫　呼格反。韻集云：明也，盛也。考聲云：發也。詩云：赫赫師尹。爾雅云：赫赫，迅也。郭注云：謂盛疾皃。律文從火作焃，火赤色也，非赫赫義也。

鄔波索迦　上烏古反，索蘇各反。梵語也。舊云優婆塞，訛也。此云近事男，即七衆之一也。

鸚鵡　上烏耕反，下音武。或作䳇。山海經云：黃山有鳥，青羽赤喙人舌，能作人語，名曰鸚鵡。並從鳥嬰、武，皆形聲字。

惡鴟　下處脂反。爾雅云：怪鴟也。郭注云：即鴟鵂也。今江東通呼怪鳥。又曰梟鴟。注云：即土梟也。或作鵄，俗字也。律文作鵶，非也。

搦殺　上女伯反。字統云：捉搦也。從手溺省聲。又音女角反。切韻：持也。下所八反。爾雅云：斬、刺，殺也。作煞，俗字也。

腳踏　上居約反。俗作脚。切韻：手脚也。釋名云：脚，却也。以其坐時却在後也。下徒合反。考聲云：著地行也。又作蹋。字林云：蹴也。

根本說一切有部毗奈耶藥事　第七卷

青輅　上倉經反。東方色也。羅浮山記云：男青女青，皆木名。今不取。下洛故反。釋名云：天子所乘白[二六]輅，以金玉象等，隨所飾名之。前第五卷已釋。

懷迂　上户乖反。爾雅云：懷，來也。切韻：安也。說文云：從心褱聲。褱音同上。下玉俱反。顧野王云：迂，大也，遠也。韻集亦云：遠也。案懷迂，思來遠賢也。

曲磵　上丘玉反。切韻：委，曲也。下古晏反。或作澗。爾雅云：山夾水曰澗。顧野王云：百磵也。

罐綆　上古玩反。集訓云：汲水器。從缶雚聲。缶音芳久反，雚音貫。下古杏反。玉篇云：汲繩也。說文云：汲井綆也。從糸更聲。糸音覓字。

簸之　上布火反。說文：揚也[二七]。從箕皷省聲。又音布箇反。今之簸箕是也。

綢色　上古莧反，宜作間字也。律文前第二卷已廣釋訖。

孚附　上方無反。詩云：萬邦作孚。玉篇：孚，信也。又悅也。說文云：鳥孚卵也。從爪從子，象形[二八]。下符遇反。切

韻云：寄也。又著也。考聲：相依附也。從付自聲也。

柴爪　上卒髓反。廣雅云：柴，口也。字書云：喙也。說文：從此朿(朿)〔二九〕聲。亦作觜、咮二形。朿(朿)音千四反，喙音暉衛反。下側絞反。切韻：爪，距也。又手爪也。說文云：覆手曰爪。象三指形。又作叉字。

褒灑陀　上保毛反，中沙鮓反。梵語也。舊云布薩，訛略也。此云長浄，謂十五日説戒，增長浄業也。

根本説一切有部毗奈耶藥事　第八卷

鷦鷯　上即霄反。爾雅云：桃蟲鷦。郭注：桃雀也。俗呼巧婦。下洛簫反。切韻云：鷦鷯，小鳥也。莊子云：鷦鷯巢於深林，不過一枝也。說文云二字並從鳥焦、尞，皆形聲字也。

婆羅門　不正梵語也，應云没囉憾摩，此云净行，或云梵行。自相傳云：我從梵王口生，獨取梵名。世業相傳，習四圍陀論，例多博智守志貞白，其中聰明穎達者多爲帝王之師。

刹帝利　上初八反。亦梵語也。此譯云田主，即上古已來王族貴種，亦習四圍陀論。博聞强記，仁恕弘慈。其有德貞福勝者，衆立爲王也。

薛舍　亦梵語也。薛，毗桂反。或云吠舍，此云商主。雖有大福，多有珍財，不能通達典墳，貨遷蓄積。或賜封邑，多爲長者，榮鎮國界，以救貧乏。

戍達羅　亦梵語不正也。應云戍捺囉。此有多名，一義譯爲衆雜，或廣務田疇，播植蓄産，或工巧雜藝，或漁獵採捕，或庸作賃力。四姓之中，此最居下也。

甥甥　上音外，下音生。釋親云：妻之父爲外舅，妻之母爲外姑。郭注云：謂我舅者，吾謂之甥。又曰：姑之子爲甥，舅之子爲甥。郭注云：甥，猶生也。

蚊蟻　上亡分反，俗又作蚉，正作蟁。說文云：齧人飛蟲也。字從昏省，以昏時而出也。下牛倚反。說文作螘，蚍蜉也。爾雅云：蚍蜉，大螘。小者螘。從虫豈聲也。今作蟻，俗字。

阿笈摩　笈，其獵反。或云阿含暮，或云阿鋡，皆梵語輕重異也。此云藏，亦云傳，謂佛祕藏累代傳行。或翻爲教，即長、中、增一、雜，第四種阿含也。

熙怡　上虚飢反。字統云：熙，和也。考聲云：美也。從灬𦣞聲也。灬，必遥反，𦣞音同上。下以之反。考聲云：喜悦也。說文：和也。從心台聲。台音怡。見爾雅，又古文以作台字。

篣籬　上步光反。字林云：篣，箕也。似箕而小，以竹爲之。從竹旁聲。旁音同上。下音離。韻略云：笊籬。笊音側教反。

筐箕　上去王反。玉篇云：籠屬也。春秋傳曰：筐筥綺釜之器也。方言云：圓曰筐，方曰筥。筥音居許反。錡音魚倚反。下居之反。世本云：少康作箕帚也。

根本説一切有部毗奈耶藥事　第九卷

擐甲　上古患反。左傳云：擐，貫也。桂苑珠叢云：以身貫穿衣甲曰擐。衣，去聲，謂著也。本音胡慣反。說文云：從手睘聲。下甲字，有本作鉀，非也。

柿(柹)〔三〇〕樹　上鋤里反。切韻：果木名也。本草云：乾柿厚

腸胃，建(健)〔三一〕脾，消宿血。又紅柿補氣續經脈。又醂柿澁下焦建(健)脾，能化面上黑皯，久服甚良。醂音力感反。

帷幕　上洧悲反。釋名云：帷，圍也。言以自障圍也。説文云：在傍曰帷。從巾隹聲也。下摩各反。顧野王云：覆上曰幕。説文音訓同。從巾莫聲。

網輓　下母桓反。説文：輓，覆蓋也〔三二〕。案網輓，即如來手足指間，如鵝王〔三三〕相聯緜無缺也。律文作輞車輞也作縵音莫叛反，二字並誤。

器皿　上丘利反。説文：皿也。從㗊從犬。㗊，衆口也，音戢，像器之形，犬以守之。下武永反。玉篇：器總名也。説文作並(皿)〔三四〕，盛物之形也。

雌獮猴　上正作雌，音此移反。切韻：雄雌也。説文云：牝曰雌。從隹此聲也。次作獮，音武移反。顧野王云：獮，即猴孫也。

根本説一切有部毗奈耶藥事　第十卷

分析　上府文反。切韻：割也，賦也，與也。考聲：分，遍也。説文云：别也。從八從刀，分割之形。下先戚反。爾雅曰：析木之間漢津也〔三五〕。説文：破木也，從斤。斤可以破木，會意字。

爲讎　下市流反。切韻：怨也，匹也。考聲：仇敵也。説文云：猶譍也。從言雔聲也。雔音同上。

鞞闌底　上簿迷反，下丁禮反。梵語，未詳翻對。

僧伽胝　梵語。舊云僧伽梨，亦云僧伽致。此譯云合重，謂割之合成重作也。此一衣必割截成也，餘二衣或割，不割。若法密部、説一切有部等多不割。若聖辯部、大衆部等則割之。若不割者，直安怗角。此依玄應法師解也。

轂輞　上古鹿反。考聲云：車轂也。説文云：車壑也〔三六〕。詩云：文茵暢轂。從車𣪊聲。下文兩反，正輞字。從車罔聲。律文作輞，俗用字也。

温渜　上烏昆反。切韻云：和也，善也。玉篇：良也。考聲云：温，柔也。下乃管反。説文云：湯渜也。又作暖、煖、㬉三形，皆暄暖也。律文作燸，撿無此字。

根本説一切有部毗奈耶藥事　第十一卷

草庵　上亦作艹。説文云：百卉也。從屮，音丑列反，像草木初生之形也。並二屮，艸也。早聲。下烏含反。切韻：小草舍也。韻英云：庵，廬也。玉篇亦舍也。從广奄聲也。

灘渚　上他單反。爾雅云：太歲在申曰涒灘。玉篇：河灘也。方言云：江東呼水中沙堆爲潬。河北呼灘。下章與反。爾雅云：水中可居者曰洲，小洲曰渚。又作陼字。涒音他昆反。

撈出　上魯刀反。玉篇云：取也。字林云：撈，摸取物也。從手勞聲。律文從水作澇，音郎到反，非撈出義。下尺律反。切韻：進也，遠也。説文云：出字從古文出字，像四出之形。律文從二山作出，誤書也。

漩濄　上辭選反。説文云：水回淵也。從水旋，形聲字〔三七〕。律文單作旋，謂旋旋次了也，非此用。下烏和反。字林：水迴流處也。説文云：從水過聲。律文作渦，音戈，水名也，非漩濄義也。

蝦蟇　上胡加反，下莫加反。説文云：水蟲也。晉書：慧帝於華林園聞蝦蟆聲，謂左右曰，鳴者爲官爲私乎？古今正字：蛙屬也。從虫叚省〔三八〕聲。下又作蟆。從虫莫亦聲。

婚禮　上呼昆反。爾雅云：婦之黨爲婚兄弟也，壻之黨爲姻兄弟。禮記云：娶婦也。婦，陰也。以昏時而入，故曰婚也。下盧啓反。考聲云：儀也。釋名云：禮，體也，謂知物大體。周禮有五禮，謂吉、凶、賓、軍、嘉禮也。論語云：不學禮，無以立也。古文作礼字。

根本説一切有部毗奈耶藥事　第十二卷

黑瘦　下所祐反。切韻：瘦，損也。説文云：瘦，臞也。爾雅云：臞，瘠也。郭璞注云：齊人謂瘦爲臞音衢。或作癯字。瘦或作痩字。

腹脹　上方六反。切韻：心、腹也。爾雅云：竺、腹，厚也。顧野王云：髀爲腹，所以容重也。亦五藏也。從肉复聲。复音復。下猪亮反。切韻：脹，滿也。左傳：痛也。字書作痮，同上音。

瘡殨　上楚良反。切韻：瘡，痍也。古文作創。釋名云：瘡，傷也。謂身有所傷也。禮記云：頭有瘡則沐。下胡對反。集訓云：肉爛也。案瘡殨，即肉爛殨膿也。膿音奴涷反。律文作潰。玉篇：散亂也。非瘡殨義也。

皴澀　上七倫反，又皺。説文云：皮細起也。從皮夋聲。夋音同上。下色立反。字書：塞不通也。説文云：從四止，二正二倒作歰。又作濇，音同上。説文云：不滑也。

隍壕阬　上胡刀反，又作濠。説文云：城池也。字書云：隍，濠也。律文從土作壕，俗字。無水曰隍，有水曰濠。下客庚反。切韻：阬，壍也。爾雅云：阬，虚也。郭注云：阬，壍也。律文作坈、坑，皆俗，傳誤也。

汎漲　上孚劍反。韻英：汎，多也。玉篇：濫也。切韻云：浮也。又作泛。下知亮反。考聲云：漲，大水滿也。從水張聲也。

湊聚　上倉候反。考聲：聚也。説文云：水會也〔三九〕。從水奏聲。下慈庚反。切韻：集會也。考聲：衆也。説文云：集也〔四〇〕。從乑取聲。乑音吟，三人共立也。

冊立　上初革反。説文云：土〔四一〕冊符命也。謂上聖符信，教命以授帝位，像簡冊穿連之形也。今或從竹作篅。下立字，切韻云：住也，成也。又行立。

耕墾　上古幷〔四二〕反。玉篇：犁也。周書曰：神農時天雨粟，神農耕而種之。説文：從耒井〔四三〕。像耕之形。耒音盧對反。説文：曲木也〔四四〕。世本云：神農作耒。下康佷反。玉篇：治田也。考聲云：耕也。切韻云：力也。從土貇聲。貇音同上。

贍部金　上時染反。贍部，梵語也。金即唐言，舊梵云閻浮提，或云閻浮利，訛。正云彌謀。立世阿毗曇論云：有贍部樹，生此洲北邊，泥民陀羅河南岸，於此樹下水底，有贍部黃金，古名閻浮檀金也。彌音蠶覽也〔四五〕。

根本説一切有部毗奈耶藥事　第十三卷

指擿　上職雉反。説文：手指也。從手旨聲。下他曆反。玉篇：撥也。切韻：發動也。案律以指挑擿也。從手適聲。

古文又音擲，又張革反。今不取，但依初。

撚綫　上年典反。方言云：撚，續也。倉頡篇云：搓綫也。從手然聲。下又作線，俗作綖，音私箭反。説文云：縷，綫也。周禮云：線人掌王宮縫線之事也，以役女御也。

根栽　上古痕反。切韻云：根柢也。爾雅云：天根，氐也。郭注云：角亢下繫於氐，若木之有根也。下祖才反。説文：種也〔四六〕。從木𢦏省聲。律文作栽，俗字，無據也。

乾燥　上古寒反。字樣云：本音虔，借爲乾溼字。下蘇老反。説文：火乾也〔四七〕。從火喿聲。喿音噪。

緤蔾　上徒叶反。切韻作氎，白氎布也。下尼居反。玉篇：草名也。韻集云：緼麻也。從草絮音同上。

根本説一切有部毗奈耶藥事　第十四卷

祭祠　上子例反。考聲：享也。玉篇：祀也。爾雅云：禘，大祭也。郭注云：五年一大祭。説文云：從手持肉以示祭矣。又即手，月即肉也。下似兹反。爾雅云：春祭曰祠。郭璞注云：祠之言食也。音餕飤反〔四八〕。

堨地羅　上褰孽反。梵語。西方木名，無正翻對。類此方苦練木也，爲〔四九〕堅硬堪爲橛釘也。舊云佉陀羅木是也。

攪池　上交巧反。毛詩傳云：攪，亂也。字書云：撓也。説文云：動也。從手攪（覺）〔五〇〕聲。下直離反。廣雅云：池，沼也。又曰：停水曰池也。

懷妊　上户乖反。切韻：安也，止也。玉篇：和也，情懷也。考聲：懷，抱也。從心褱聲。下汝鴆反。考聲云：身妊也。説文云：懷孕也〔五一〕。從女壬聲。又音如林反，訓同。

輦輿　上力展反。説文云：人輓車也〔五二〕。在前人引之形，從扶音伴，二夫也。古者卿大夫亦乘輦，自秦漢以來天子乘之。玉篇云：天子皇后所乘曰輦。下余據、與居二反。説文云：車輿也。玉篇：衆載也。又舉也。一曰車無輪曰輿。從車舁，會意字。律文中作轝，非。

左腋　下之亦反。玉篇云：腋，胳也。亦脇下也。又音亦，從肉掖省聲。

根本説一切有部毗奈耶藥事　第十五卷

儒語　上人朱反。切韻：直也。説文：柔也。禮記：哀公問於孔子儒之行也。從人需聲。下魚與反。説文云：直言曰論，論難曰語〔五三〕。從言吾聲。案律文「徐徐儒語」，即和柔之語也。作此濡字，乃水名也，非儒語用也。

悦豫　上翼雨〔五四〕反。玉篇云：樂也。爾雅云：悦，服也。孝經云：敬一人則天下人悦。説文云：從心説省聲也。下羊茹反。韻集云：備也，先也。爾雅云：豫，樂也。尚書云：王有疾弗豫。孔傳云：伐紂明年，武王有疾不悦豫也。

薜室羅末拏　上蒲計反，下尼加反，正梵語也。舊云毗沙門是也，此云多聞，即北方天王主領藥叉者，最大富饒也。

舌舓　上時烈反。説文云：在口所以言也〔五五〕。從干口，口亦聲也。下時紙反。説文云：舌取食也。從舌易聲。或作䑛、舐，皆俗。律文作蚔，音岐，非，誤書字。

談話　上徒含反。切韻：言論也，又戲調也。説文云：語也。從言炎聲也。下胡快反。玉篇：語，話也。説文云：合會善

言也。詩云：慎爾出話。從言舌，即會意字。

跋窶　上蒲末反，下其矩反，梵語也。或云跋渠，此翻爲聚，謂篇章品類之異也，即四分律中揵度，義同也。

根本説一切有部毗奈耶藥事　第十六卷

畫牆　上胡罵反。爾雅云：畫，形也。釋名云：畫，挂也。以五色挂於物上也。説文云：從聿田。四界，聿所以畫也。一即地也〔五六〕。律文作畫，俗字。下而羊反。説文：垣也〔五七〕。從嗇爿聲。律文作墻，或作墙，皆非本字。

腳跌　上又作脚，音居約反。集訓云：手脚也。釋名云：脚，却也。以其坐時却在後也。下徒結反。切韻：跌，蹋也。蹋，他歷反。韻詮云：差跌也。廣雅云：行有失也。説文：從足失，會意字也。

搖颺　上餘昭反，下餘亮反。説文：動也。爾雅云：扶搖謂之猋也。猋音必遥反。郭注云：暴風從下上也。颺謂風飛揚物也。從風昜聲。又音羊。

蠅蛆　上餘陵反。玉篇：蟲名也。詩云：營營青蠅。説文云：從虫黽聲。黽音猛。下七予反，蠅所乳者也。考聲：肉中蛆也。説文從肉作胆。律文作蛆，俗字也。

裸露　上胡果〔五八〕反。考聲云：脱衣露肉也。本音郎果反。又作倮、躶二形，同。説文云：從衣果聲。律文從示，書誤也。下洛故反。切韻云：露，泄也，敗漏也。説文云：露，潤澤也。從雨路聲也。

根本説一切有部毗奈耶藥事　第十七卷

降誕　上古巷反。爾雅云：降，下也。玉篇：歸也。考聲：落也。尚書云：降二女於嬀汭也。下徒旱反。切韻云：誕，大也，信也。玉篇：欺也。廣雅云：誕，育也。説文云：從言延聲。亦作譠。

恍迷　上虎晃反。玉篇云：恍，惚也。老子云：恍兮惚，其中有物。御注云：物上道也。自有而歸無，還復至道，故云其中有物也。考聲：恍，心迷昧也。從心光聲。下莫奚反。切韻云：錯也。説文云：惑也。從辵米聲。辵音丑略反。作辶，變體也。

阿泥盧馱　下唐佐反。梵語也。或云阿㝹樓馱，舊云阿那律，正云阿泥律陀。此云無滅，羅漢名也。謂天眼第一者也。

根本説一切有部毗奈耶藥事　第十八卷

彎弓　上烏關反。韻集云：彎謂挽弓曲勢也。説文云：從弓䜌聲也。下居戎反。切韻云：弓，矢也。釋名云：弓，穹也。謂張之穹穹然。世本云：黄帝臣揮作弓。説文云：像弓之形。

衝突　上尺容反。切韻：當也，向也。考聲：動道也，又交道也。玉篇亦衝，揬也。下徒骨反。考聲云：欺也。韻英云：觸也。説文云：犬從穴下欲出也。

舞蹈　上無主反。切韻：歌舞也。左傳云：舞者所以節八音而行八風也。爾雅云：舞虢(號)〔五九〕，雩也。説文：從舛無

省聲〔六〇〕。律文從人作儛，非。下徒到反。切韻：踐履也。説文云：從足舀聲也。案：手謂之舞，足謂之蹈也。律文作踏，音徒荅反，非舞蹈義也。舛音川兗反。

根本説一切有部毗奈耶藥事　第十九卷

知諳　上陟离反。切韻：覺也。考聲：曉達也。説文：從口矢聲也。下烏含反。玉篇云：諳，信也。韻英云：記憶也。從言音聲。

持篲　上直之反。説文云：執持也〔六一〕。從手寺聲。下囚歲反。爾雅釋草云：葥，王篲也。郭注云：似藜，其樹可爲掃篲也，江東呼爲落帚。郭璞序云：輒復擁篲清道也。或作彗，亦通。律文從手作㨹，非。

轥傷　上良斤反。玉篇云：車聲也。考聲云：車輾也。又作躪，蹂踐也。古今正字云：從車閵聲也。閵音同上。下失良反。切韻：損也，痛也。或作慯。

穿舶　上昌緣反。切韻云：通也。韻集云：穿，破也。玉篇云：漏也。下音白。考聲云：海中大船也。從舟白聲也。

木槍　上木字。説文云：木，冒也。謂冒地而生也。作朩，下像其根，上像枝也。下七羊反。字林云：槍，稍也。從木倉聲。

根本説一切有部毗奈耶藥事　第二十卷

皤私　上蒲波反。具正云婆私瑟乇，梵語也。此云勝上，或云最勝也。

觜端　上即委反。埤倉作觜，説文同〔六二〕。鳥喙也。律文從口作嘴。字書無此字。下多官反。切韻云：緒也，正也。考聲：直也。説文：始也〔六三〕。從立耑聲。耑音同上，云：像物初生未舉其頭〔六四〕。與豈字義同，不從山。

絞頸　上古巧反。考聲云：絞，縛也。爾雅云：絢，絞也。郭注云：糾絞繩索也。下居郢反。説文云：項頸也〔六五〕。從頁巠聲也。

稱賣　上又作秤，音處陵反。説文云：詮也〔六六〕。又舉也。亦音昌孕反，知輕重也。從禾爯聲。爯音同上。下莫懈反。切韻云：敗（販）〔六七〕賣也。考聲云：貨賣也。從士買聲也。

續一切經音義　卷第八

校勘記

〔一〕諳　中華大藏經本作「皆」，此據臺灣大通書局本。

〔二〕説文云：海魚名也，皮有文，可以飾刀劍也　今傳本説文：「鮫，海魚，皮可飾刀。」

〔三〕癠　據文意似當作「痑」。

〔四〕丁　中華大藏經本誤改作「下」，此據臺灣大通書局本。

〔五〕説文云：貲，貨也，又財也　今傳本説文：「貲，小罰以財自贖也。」

〔六〕説文云：剜，挑也　今傳本説文：「剜，削也。」

〔七〕夗　據文意似作「宛」。　剜　據文意當作「𠛾」。

〔八〕説文云：銀錫之間　今傳本説文：「錫，銀鉛之間也。」

〔九〕反　中華大藏經本無，獅本注云「各下反脱」，此據臺灣大通書局影印本。

〔一〇〕羅　今傳本詩作「罹」。

〔一一〕羅　據文意似當作「罽」。
〔一二〕沿　今傳本説文作「鉛」。
〔一三〕提　臺灣大通書局影印本和獅作「撮」，此據中華大藏經本。
〔一四〕説文：刺入也　今傳本説文：「插，刺肉也。」
〔一五〕爾雅曰：陂者曰陂　今傳本爾雅：「陂者曰阪。」
〔一六〕説文云：竄也　今傳本説文：「逃，亡也。」
〔一七〕荅　據文意當作「答」。
〔一八〕存　今傳本西域記作「晨」。
〔一九〕禮記云：嘉稻曰蔬　今傳本禮記：「稻曰嘉蔬。」
〔二〇〕門　獅作「冂」。
〔二一〕鑾　據文意當作「鸞」。
〔二二〕根　原闕，據今傳本玉篇補。
〔二三〕皆　臺灣大通書局影印本和獅作「諧」，此據中華大藏經本。
〔二四〕説文云：覆蓋也　今傳本説文：「鞔，履空也。」
〔二五〕撾　今傳本説文作「箠」。
〔二六〕白　今傳本釋名作「曰」。
〔二七〕説文：揚也　今傳本説文：「簸，揚米去糠也。」
〔二八〕説文云：鳥孚卵也。從爪從子，象形　今傳本説文：「孚，卵孚也。從爪從子。一曰信也。」
〔二九〕束　據文意當作「東」。下同。
〔三〇〕柿　據文意當作「柹」。下同。
〔三一〕建　據文意當作「健」。下同。
〔三二〕説文：鞔，覆蓋也　今傳本説文：「鞔，履空也。」

〔三三〕王　據文意似當作「足」。
〔三四〕並　據文意當作「䀀」，即「皿」。
〔三五〕爾雅曰：析木之間漢津也　今傳本爾雅：「析木謂之津」。郭注：「即漢津也。」
〔三六〕説文云：車堅也　今傳本説文：「轂，輻所湊也。」
〔三七〕説文云：水回淵也。從水旋，形聲字　今傳本説文：「漩，回泉也。从水旋省聲。」
〔三八〕省　衍。
〔三九〕説文云：水會也　今傳本説文：「湊，水上人所會也。」
〔四〇〕説文云：集也　今傳本説文：「聚，會也。」
〔四一〕土　衍，或據文意似爲「王」。
〔四二〕幷　獅作「莖」，注云「莖異作並」。
〔四三〕説文：從耒井　今傳本説文：「耕，从耒井聲。」
〔四四〕説文：曲木也　今傳本説文：「耒，手耕曲木也。」段注：「耕曲木。」
〔四五〕也　據文意似作「反」。
〔四六〕説文：種也　今傳本説文：「栽，築牆長版也。」
〔四七〕説文：火乾也　今傳本説文：「燥，乾也。」
〔四八〕反　中華大藏經本無，獅本注云「飤下反脱」，此據臺灣大通書局影印本。
〔四九〕爲　據文意似作「甚」。
〔五〇〕攬　今傳本説文作「覽」。
〔五一〕説文云：懷孕也　今傳本説文：「妊，孕也。」
〔五二〕説文云：人輓車也　今傳本説文：「輦，輓車也。」
〔五三〕説文云：直言曰論，論難曰語　今傳本説文：「語，論也。」

〔五四〕雨　據文意似作「雪」，獅注「雨異作雲，共誤，正作雪。」
〔五五〕説文云：在口所以言也　今傳本説文：「舌，塞口也。」
〔五六〕説文云：從聿田。四界，聿所以畫也。一即地也　今傳本説文：「畫，界也。象田四界，聿所以畫之。」
〔五七〕説文：垣也　今傳本説文：「牆，垣蔽也。」
〔五八〕果　獅脱，中華大藏經本作「瓦」，此據臺灣大通書局影印本。
〔五九〕跳　今傳本爾雅作「號」。
〔六〇〕説文：從舛無省聲　今傳本説文：「从舛無聲。」
〔六一〕説文云：執持也　今傳本説文：「持，握也。」
〔六二〕説文同　今傳本説文：「觜，鴟舊頭上角觜也。一曰觜觿也。」
〔六三〕説文：始也　今傳本説文：「端，直也。」
〔六四〕像物初生未舉其頭　今傳本説文：「耑，物初生之題也。上象生形，下象其根也。」段注：「題者額也。人體額爲最上。物之初見即其額也。古發端字作此，今則端行而耑廢，乃多用耑爲專矣。」
〔六五〕説文云：項頸也　今傳本説文：「頸，頭莖也。」
〔六六〕説文云：詮也　今傳本説文：「稱，銓也。」段注：「稱俗作秤。爯，并舉也。偁，揚也。今皆用稱。稱行而爯偁廢矣。」
〔六七〕敗　據文意當作「販」。

續一切經音義　卷第九

燕京崇仁寺沙門希麟集

續音根本説一切有部毗奈耶破僧事二十卷
根本説一切有部毗奈耶出家事五卷
根本説一切有部毗奈耶皮革事二卷
根本説一切有部毗奈耶安居事一卷
根本説一切有部毗奈耶羯耻那衣事一卷
根本説一切有部毗奈耶隨意事一卷
右六經三十卷同此卷續音

根本説一切有部毗奈耶破僧事　第一卷

薄伽梵　或云薄伽伴，古云婆伽婆，正云婆誐鍐。舊翻爲世尊，謂世出世間，咸尊重故。大智度論云：如來尊號，有無量名，略而言之，有其六種也。佛地論頌云：自在熾盛與端嚴，名稱吉祥及尊貴；如是六種義差別，應知總名薄伽梵。爲含多義，故譯主但存梵語也。

胄族　上直又反。尚書云：命汝典樂教胄子。孔傳云：胄，長也。謂元子已下至卿大夫子弟也。字林：胤也。説文云：從由冃聲〔一〕。冃音亡報反。下昨木反。韻詮云：宗族也。爾雅云：父之從祖祖父爲族曾王父，父之從祖祖母爲族曾王母。又曰族昆弟之子相謂爲親同姓。郭璞注云：同姓之親無服也。

糠穢　上苦崗反。玉篇云：米皮也。又作穅字，亦同。説文云：穀皮也。從禾康〔二〕聲。下於廢反。切韻云：惡也。字書云：雜，穢也。顧野王云：不潔也。又作薉，音訓皆同也。

嫁娶　上古訝反。字書云：嫁，家也。考聲云：婦人謂嫁曰歸。爾雅釋親云：同出爲姨。郭注云：謂俱已嫁也。下七句反。廣韻：納婦也。公羊傳云：諸侯娶一國，二國往媵之。爾雅云：媵，送也，音孕。娶，從女取聲也。

慵懶　上蜀容反。説文云：惰也〔三〕。字書云亦嬾也。下落旱反。切韻作懶，心惰也。郭注爾雅云：勞苦者多惰，音徒果反。

疆界　上居良反。爾雅云：疆、界、邊、衛、圉〔四〕，垂也。郭注云：疆埸、境界、邊旁、守衛，皆在外垂也。説文云：疆，從土彊聲也〔五〕。界，從田介，像分界之形。律文作彊，正體强字，非也。

黶子　上於琰反。切韻云：面上黑黶子也。字書云：從黑厭聲也。有作黡，俗字也。

瘡疱　上楚良反。玉篇云：瘡，痍也。禮記云：頭有瘡則沐。古文作創。下防教反。切韻作皰，面瘡也。説文正作皰〔六〕，

皮起也。今律文作疱，俗字也。

曾孫　上作登反。爾雅釋親云：子之子爲孫，孫之子爲曾孫。郭注云：曾，猶重也。又曰：曾孫之子爲玄孫，玄孫之子爲來孫，來孫之子爲昆孫，昆孫之子爲仍孫，仍孫之子爲雲孫也。昆，古文昆字。郭注云：昆，後也。

百轘　下莫半反。案百轘，即釋迦上祖王名。

餘壻　下又作聟、聓二形，皆俗字，音蘇計反。説文云：女夫也[七]。爾雅釋親云：女子子[八]之夫爲壻。婦之父母，壻之父母，相謂爲婚姻。兩壻相謂爲亞。郭注云：江東呼同門爲僚壻也。

根本説一切有部毗奈耶破僧事　第二卷

跣脚　上蘇典反。考聲：徒跣謂脚觸於地也。下脚字，前根本藥事已具釋。

犇馳　上博昆反。文字集略云：犇，驚也。説文作奔，走也。爾雅云：大路謂之奔。郭注云：謂人行步趨走之處也。下直离反。切韻云：馳，逐也。字書云：馳，鶩也。説文云：從馬池省聲字[九]。

誹謗　上方未反。説文云：誹亦謗也。又音方微反。下補曠反。考聲云：謗，毀也。從言，旁、非皆聲。

晡刺拏　舊云富蘭那，訛也。具正應云晡刺拏迦葉波。晡刺拏，此云滿。迦葉波，姓，此云龜氏也。此是計無因外道名也。

末揭梨子　舊云末伽梨，具足云末揭梨拘舍梨子，末揭梨是姓，拘舍梨是母名也。此計苦樂不由因，是自然外道也。

珊逝移　舊云删闍夜。具足云珊逝移毗羅胝子。珊逝移，此云等勝，毗羅胝即母名，此是不須修外道也。經八萬大劫，自然生死，如轉縷丸。

阿末多　舊云阿耆多鷄舍甘婆羅。阿耆多，此云無勝。鷄舍，此云髮。甘婆羅，此云衣。此外道以人髮爲衣，五熱炙身也。

脚陀迦旃延　舊云迦羅鳩馱，此云黑領。迦旃延，姓也。此外道應物而起，人若問有答有，問無答無也。

昵揭爛陀　舊云尼乾陀若提子。尼乾陀，此云無繼，是外道總名也。若提，此云親友，母名，此計苦未有定因，要必須受，非道能斷。

跟趺　上古痕反。切韻云：足後，跟也。下方無反。玉篇：脚趺也。謂脚面也。説文又從付作跗也。

根本説一切有部毗奈耶破僧事　第三卷

摩納薄伽　梵語，舊云摩納婆，亦云摩那婆，此云儒童仙也。

薜陀咒　上蒲計反，梵語也。舊云韋陀，或云吠陀。此云明，即明咒也。

薜舍離　舊云維耶離，或云毗耶離，正云吹舍釐，此云廣嚴，在恒河南中天竺也。

轟然　上呼宏反。説文云：群車聲。字從三車。

圮(圯)[一〇]岸　上平鄙反。字書云：覆也。圮(圯)亦毁也。韻略云：岸毁也。尚書云：方命圮(圯)族。説文云：從土巳(已)聲。下五旰反。切韻：河岸也。爾雅云：重涯，岸。謂兩涯累者也。

背傴　上補妹反。切韻云：脊背也。爾雅云：鮐背，壽也。郭注云：背皮如鮐魚者猶耆也[一一]。下力主反。字書云：傴僂，疾也。切韻云：僂，曲也。玉篇：曲行也。從人婁省聲。鮐音台。

瘦瘠　上所救反，下秦昔反。切韻：瘦損瘠病。說文云：瘦，臞也。爾雅云：臞、脙，瘠也。郭注云：齊人呼瘠瘦為臞脙，音衢求。說文作瘦也。

根本說一切有部毗奈耶破僧事　第四卷

洟唾　上他計反。切韻云：鼻洟也。說文云：鼻液也。從水夷聲也。律文從弟作涕，音他禮反。說文云：目汁也。非洟唾義。下託臥反。說文云：口液也。禮記曰：讓食不唾。說文云：從口埵省聲[一二]。

諂語　上丑琰反。字書云：諂，詐，從言臽，音陷。說文云：從閻作讇，云諛也。下魚舉反。切韻云：言話也。說文云：語，論也。從言吾聲。

攀鞦　上普班反。說文云：引也。切韻：戀也。從手樊聲。下七遊反。韻英云：車鞦也。從革秋聲。又作鞧、緧、緅三形，音訓並同也。

哽噎　上古杏反，下烏結反，氣塞也。玉篇云：如骨在喉也。律文作咽，音烏見反。又音烟，非哽噎義也。

歔欷　上朽居反，下許既反。考聲：悲也。韻略云：泣也。顧野王云：歔欷，泣餘聲也。說文云：並從欠，虛、希聲也。欷，去聲。

攢搓　上在丸反。考聲云：叢生也。韻集云：合也。說文云：正體從贊作攢。下七何反。字林云：手搓物令緊也。二字並從手。

忙遽　上莫郎反。切韻云：忙，怖也。說文作忙。下其倨反。玉篇云：急也。字書云：戰慄也。又窘也。從辵豦聲作遽，俗。辵，丑略反，豦音倨也。

拉摺　上藍荅反。何注公羊傳云：拉，折也。古今正字：摧也。從手立聲。說文作搚。下之涉反。玉篇云：亦折也。字林云：摺疊衣服也。

鐵柴　上他結反。說文云：黑金也。神異經云：南方有獸名曰齧鐵，大如水牛，其糞可作兵器也。下又作觜。字林云：鳥喙也。律文作嘴，非。

鞴袋　上又作韛，同。蒲拜反。說文：韋囊也。考聲云：吹火具也。律文作排，船後木名也，非此用。下徒耐反。說文作帒，盛物帒也[一三]。

皴腫　上七綸反。說文云：皴，皮細起也。或作皵，同。律文從足作踆。說文云：退也。非此用。下之隴反。說文云：病也[一四]。釋名云：腫，鍾也，謂熱所鍾也。從肉重聲。

根本說一切有部毗奈耶破僧事　第五卷

箜篌　上苦紅反，下胡鉤反。字苑云：箜篌本胡樂也。漢書云：靈帝好胡服，作胡箜篌也。世本云：師延所作，靡靡之音也。出於濮上，取空國之侯名也。

黕色　上都感反。字書：滓垢也。字林：黑色也。下所力反。切韻云：顏色也。又色澤美好也。

妙翅　下施智反。說文云：鳥羽也[一五]。又作翄，同。案妙翅，

即金翅鳥也。梵語。舊云迦婁羅，正云誐魯拏。此云金翅，亦云妙翅。此鳥具四生胎卵等，能食四生龍，如前已釋。

恐嚇　上丘隴反。切韻云：驚也。爾雅云：恐，懼也。從心巩聲。巩音拱。下呼格反。玉篇云：嚇，怒也。字書云：呼怒聲也。從口赫聲也。

囂埃　上許嬌反。韻英云：喧，囂也。説文云：聲也。謂气出頭上也。從㗊、頁。頁，頭也。㗊音戢，气音氣。下烏開反。説文云：細塵也〔一六〕。從土矣聲也。

獯狐　準律文，合作鵂鶹二字。上音勳，下音胡。集訓云：鵂鶹、鵂鶹，怪鳥也。形如土梟，晝伏夜出，好食蛇鼠也。今作獯，即獯鬻，匈奴別名也。作狐，即鬼所乘獸也。律次下文云：或作野狐頭是。

斤斲　上舉折(沂)〔一七〕反。説文云：斫木也，象斤之形。切韻：十六兩也。下竹角反。集訓云：削也。説文云：斲亦斫也。從斤㽞聲。字書作斵，音訓同。或作斵、斲二形，皆非本字。

捫摩　上莫奔反。字書：摸也。考聲云：摩捫，摸㨶也。從手門聲。下莫何反。韻英云：摩挲亦捫摸也。

踰繕那　舊云由延，或曰由旬，亦云踰闍那，梵語聲轉也。此無正翻，或云十六里，或云四十里，即自古聖王軍行一日程也。

根本説一切有部毗奈耶破僧事　第六卷

囈言　上魚祭反，又作寱。説文云：睡語驚也〔一八〕。從口藝聲。作寱，從㝱省，臬聲也。臬，魚結反。下言字。説文云：從口辛〔一九〕聲也。辛音愆也。

根本説一切有部毗奈耶破僧事　第七卷

祭祠　上子例反。切韻：享也，祀也。爾雅云：祭天曰燔柴。説文云：字從手持肉以示也。下音詞。爾雅云：春祭曰祠。郭注云：祠，猶食也。音飤也。

浣濯　上作澣，同。胡管反。字書云：洗，浣也。下直角反。切韻云：濯亦洗也。禮記云：浣衣濯冠以朝。説文云：從水幹聲也〔二〇〕。

鄔波馱耶　上烏古反，三音唐荷反。梵語。此云親教，舊云和尚，訛也。前已釋訖也。

輪轂　上力迍反。切韻云：車輪。周禮云：軨〔二一〕方以象地，蓋之象天，輪圓以象日月也。下古屋反。玉篇：車轂。詩云：文茵暢轂。老子云：三十輻共一轂也。

優樓頻螺　梵語訛略也。具正云鄔盧頻螺迦葉波。鄔盧頻螺，此云木瓜，爲胸前有癃，似木瓜果，因以爲名。迦葉波，此云飲光，即姓也。

根本説一切有部毗奈耶破僧事　第八卷

澡漱　上子皓反。説文云：澡，洗也〔二二〕。禮記云：儒有澡身浴德，陳言而伏靜。下蘇奏〔二三〕反。切韻：漱口也。晉書：孫楚謂王武子曰，所以漱石欲礪其齒。律文作藻，謂蘋藻水艸交爲文也，非澡漱義也。

警寤　上居影反。考聲云：警，戒也。說文云：寤也[二四]。字書云：覺察也。禮記云：將上堂其聲揚。鄭注：謂警內人也。下吾放[二五]反。說文云：寤，覺也[二六]。從㝱省吾聲也。律文作驚。說文：馬逸也。作寤，楚人謂竈也，並非警寤字也。

未曙　上，說文：未，味也。五行木老於未，象重支葉也[二七]。木有滋味也。支音枝。下常恕反。切韻云：曉也。考聲云：明也。說文云：謂旦日未出[二八]。從日署聲。

馭牝　上牛據反。說文云：駕也。周禮：有五馭，謂鳴和鑾，逐水曲，過袁止[二九]，舞交衢，逐禽左也。世本云：骸(胲)服牛，相王(土)乘[三〇]，韓哀作馭也。下毗忍反。爾雅云：牝，騇。郭注云：草馬也。騇音舍。

車輅　上九魚反。詩云：輶車鑾鑣也。下洛故反。周禮：有五輅，隨飾爲名，天子所乘大輅也。文選序云：椎輪爲大輅之始也。

鄔波索迦　鄔音烏古反，索蘇各反，迦薑佉反，梵語也。舊云優婆塞，訛也。此云近事男，即持十善戒白衣也。

襞褺　上必益反，下徒叶反。字書云：襞捺重褺衣裳也。並從衣，辟、執聲。律文下作捺，音荼，謂捺度物也，非襞褺義也。

鞭撻　上卑連反。考聲云：打馬杖也。字書云：擊也。尚書云：撻以記之也。禮記云：成王有過，周公則撻伯禽也。從手達聲也。律文從革作韃，非體也。

靉靆　上音愛，下音代。埤蒼云：靉靆翳薈，雲興盛皃。切韻：雲皃。通俗文云：雲覆日爲靉靆也。薈音烏外反。

霏霏　芳非反。切韻云：雰霏雪落皃。從雨非聲也。雰音撫文反。

根本說一切有部毗奈耶破僧事　第九卷

躓害　上陟利反。說文云：礙[三一]也。字書云：躓，頓也。從足質聲。下户艾反。說文云：傷也。從宀宀，家也。口，言也。丯聲。害從家中起也。律文作害，俗字。丯音介。

怪愕　上古壞反。論語云：子不語怪。王肅注云：怪，異也。律文作恠，亦通。下五各反。切韻：驚也。從心咢聲也。咢音同上。

瓦礫　上五寡反。爾雅云：瓦豆謂之登。古考史云：昆吾氏始作瓦。下郎擊反。字林：砂礫也。釋名云：礫，小石子也。律文作㿜，石聲也，非瓦礫義也。

窻牖　上楚雙反。釋名云：窻，聰也。於內視外聰明也。說文云：在屋曰窻[三二]。下與久反。說文云：穿壁以木爲交窻也。禮記云：儒有蓬户甕牖。說文云：從片户甫聲。

根本說一切有部毗奈耶破僧事　第十卷

捲打　上，玉篇：渠圓反。顧野王云：無捲無勇也。捲，力也。切韻作拳，屈手也。廣雅云：拳拳，憂也。下，切韻：都挺反。擊也。秦音得耿反。說文云：以杖擊也。又去聲。

牸豺　上疾吏反。切韻：牛牝也。玉篇：母牛也。下士諧反。爾雅云：豺，狗足。郭注云：脚似狗。禮記云：豺乃祭獸也。從豸才聲。豸，丈尔反。

捺洛迦　下姜佉反，或云那落迦，梵語異也。此云苦器，或云苦具，謂受苦之器具，即八寒、八熱、無間等大地獄總名也。

咍然笑　上呼來反。方言言：楚人謂笑曰咍。下私妙反。禮記云：執紼不笑，臨喪不笑。説文云：欣笑也。從犬，戴其竹樂然後笑。有作咲、咲二形，皆非。

橜杙　上其月反，下與職反。爾雅云：樴謂之杙。郭注云：橜也。在地者謂之臬。郭注云：即門橜也。又作橛。樴音特。臬，魚列反。

迸血　上北諍反。説文：迸，散也[三三]。或作逬字。下呼玦反。切韻云：濃血也。釋名云：血濊也。謂流濊汙也。濊，呼栝反，水聲。

爬摑　上蒲巴反。切韻：搔，爬也。或作把。下古獲反。玉篇云：掌耳也。音譜云：以手摑搭也。從手國聲也。

火燎　上呼果反。尚書云：火日炎上。世本云：燧人鑽木作火也。下力小反。説文云：炙也。考聲云：火逼也。從炙尞聲。律文從火作燎，亦通。尞音聊，燧音遂。

薄伽畔　下薄半反。梵語。或云薄伽梵，舊翻爲世尊，謂世出世間，咸尊重故。六義如前已釋，即十號之中第十號。

呾他揭多　上當割反。梵語。舊云多他阿伽度，或云但他誐多，此云如來也。即十之中第一號也。

雱霈　上普郎反，下普蓋反。切韻云：雱霈，大雨也。字書云：雨盛皃。二字並從雨，滂、沛，形聲字也。律文作滂沛，水流皃，非大雨義。

索訶界　上蘇各反，次音呵。梵語。舊云裟婆，此翻爲堪忍界也。

旭上　上許玉反。切韻云：早朝也。説文云：旦日出皃。又明也。從日九聲。下時掌反。説文云：登也[三四]。古文作上[三五]字，又作尚，二音同上。

朝曦　上陟遥反。切韻：曉也。爾雅云：朝、旦，早也。老子云：飄風不終朝。下許羈反。切韻：日光也。從日羲聲也。

貧窶　上符巾反。字書：窮也，乏也。古文作穷。下其矩反。切韻：貧無禮也。爾雅云：窶，貧也。郭注云：謂貧陋。

样來　样音羊。廣雅云：槌也。字書引廣雅作椎字。老子云：椎輪車。

繩棬　上食陵反。切韻：索也，又直也。尚書云：木從繩則正。下丘員反。切韻云：器似斗，屈竹爲也。案繩棬，即以繩作棬形，用搭物也。律文作帣，與署同，小樻也。

貆貈　上呼官反，下下各反。爾雅云：貈子，貆。穆天子傳云：天子獵於漆澤，得玄貈，以祭河宗。律文作貛貉二字，音同，俗字，亦通用。

匱乏　上求位反。説文云：竭也[三六]。切韻云：亦乏也。下房法反。説文云：貧也，亦匱也。左傳云：反正爲乏也。字不從之也。

伉儷　上苦浪反，下郎計反。字書云：等也，又敵也。顧野王云：不能庇其伉儷是也。

倏歸　上式竹反。切韻：倏，忽也。説文云：疾[三七]也。從犬攸作倏。犬倏走疾也。律文作儵。爾雅云：儵儵、嘒嘒，離[三八]禍毒也。又青黑繒也，非倏疾義。下舉韋反。切韻云：還也，就也。又安静也。

根本説一切有部毗奈耶破僧事　第十一卷

猶豫　上以周反。切韻：仍也。下羊洳反。字書云：先也，備

也。考聲云：猶豫不定也。爾雅云：猶，如麂。陸氏釋文云：隴西謂犬子爲猶，行時豫在人前。

誤舛　上五故反。切韻云：錯誤也。説文作悞[三九]，同。下昌兖反。説文云：乖也，亦錯也。云：對臥也。從夕音苦瓦反牛音陟駕反。律文作舛，非本字也。

卒歲　上子聿反。説文云：終也[四〇]。切韻云：盡也，既也。字從求[四一]一聲也。律文作猝。爾雅云：猝、徂、落、殪，死也。義乖於卒歲。下相鋭反。爾雅云：夏曰歲。郭注云：取歲星行一次也。説文云：從二止作步，戌聲也。

殉命　上辭閏反。廣韻云：以生人送葬也。亦求也。顧野王云：用力[四二]從死也。凶身從物爲殉也。下眉病反。切韻云：使也，教道也。玉篇云：信也。説文：從口令即聲[四三]。

褰衣　上去乾反。顧野王云：齊魯謂捨曰褰。禮記云：暑毋(毋)[四四]褰裳。鄭注云：褰袪也。下於機反。世本云：黄帝臣胡曹始作衣也。上曰衣，下曰裳也。

㧜廠　上丑格反，俗作坼，同。切韻：裂也。亦破毁也。下尺亮，又尺兩二反。字譜云：車廠。字林云：露舍也。從广敞聲也。广音儼。

草苫　下失占反。爾雅云：白蓋謂之苫。郭注云：白茅苫也。今江東呼爲蓋，音胡臘反。

根本説一切有部毗奈耶破僧事　第十二卷

踰城　上與俱反。考聲云：踰，越也，過也。顧野王云「無踰我里」也。又作逾，同。下市征反。崔豹古今注云：城者，盛也。所以盛受人物也。説文云：所以盛民也。從土成聲也。

𡖇甥　上五會反，下音生。爾雅云：姑之子，舅之[子][四五]爲甥。甥，[郭璞][四六]曰謂我舅者，吾謂之甥。説文作𤳚[四七]，訓同爾雅也。

窺覘　上去規反。玉篇：小視。説文云：從穴規聲也。字書又作闚，同。下丑占反。切韻云：窺也。玉篇云：公侯之信伺也。又音勑艷反也。

瓦鍋　上五寡反，又作冗[四八]，像瓦之形。下古和反。字書云：鐵器也。説文作鬴，云釜，有足有喙，以土爲之也。又作堝。切韻云：甘堝也。今作鍋。或云：温器也。

鄔波馱耶　上烏古反。馱音唐賀反，梵語也。此云親教，前已釋訖。

跳躑　上亭遥反。蒼頡篇云：跳，踴也。廣雅云：跳，躍也。下呈炙反。踴身投地騰躍也。跳躑二字並從足，兆、鄭皆聲也。

根本説一切有部毗奈耶破僧事　第十三卷

癰瘡　上於容反。又作癕。切韻：癰，疽瘡也。下楚良反。玉篇：瘡，痍也。古文作創。禮記云：頭有創則沐。

秔米　上古行反。釋文云：稻米也。本草云：炊作乾飯，食之止痢。又作粳，俗字。下莫禮反。説文：穬粟實也，象禾實之形也。

或歍　下音烏。切韻云：以口相就也。字書云：從欠烏聲也。律文從口作嗚，謂嗚呼哀歎聲，非歍唼義也。

根本說一切有部毗奈耶破僧事　第十四卷

旃荼羅　上諸延反。梵語。或云旃陀羅。此云殺人，謂屠殺者種類總名也。亦云嚴熾惡業。西域法：其人若行，自持標幟，或摇鈴，或杖破頭之竹，若不然者，王與之罪。

摩納婆　梵語也。此云儒童仙也。

牀橫　上士莊反。考聲云：牀，榻也。又作床，俗字，通用也。說文云：從木爿聲。爿音牆。下古皇反。字書云：牀，橫也。謂橫木也。律文作桄，謂桄榔木名也。今俗亦用爲桄字也。

歐變　上謳口反。考聲云：歐謂欲吐也。字書云：胃中病也。說文云：吐也。從欠區聲。律文作嘔，音烏侯反。亦於侯反。謂久漬，非歐義。下彼眷反。化也。切韻：通也。說文：從攴䜌聲。

根本說一切有部毗奈耶破僧事　第十五卷

鵂鶹　上朽尤反，下音留。考聲云：怪鳥也。集訓云：鵂鶹，即鶝鵋，惡鳥也。爾雅云：鵅，鵋鵙。郭注云：今江東呼鵂鶹爲鵋鵙也。鵅音格，鵋音忌，鵙音欺。案此鳥晝伏夜飛，鵂鶹、鶝鵋皆取所鳴爲名也，形如角鷹，蒼黑色，好食蛇鼠也。

摘取　上陟革反。考聲云：手摘物也。說文作揥（擿）〔四九〕，取也。律文作擿。又音他曆反。下七庚反。切韻：收也，覓也。從耳從又。又即手也。律文作取，俗字也。

衣裓　下古得反，衣前襟也。又云：婦人之衣大帶也。

躊躇　上紂流反，下音除。考聲云：躊躇，心不決定，不即行也。韓詩外傳云：躊躇，猶俳佪不進也。廣雅云：猶豫也。二字並從足，壽、著聲也。

駙馬　上符遇反。駙馬，官名也。字書：副也。皇侃云：周穆王好養馬，有人能調良者以女妻之，出近天子之馬，因名駙馬。漢書：金日磾善掌御馬，有此官名。

婚媾　上呼昆反。禮云：婦，陰也。娶婦以昏時入，故曰婚也。爾雅云：婦之黨爲婚，壻之黨爲姻也。下古侯反。字書云：重婚曰媾也。

根本說一切有部毗奈耶破僧事　第十六卷

髀肉　上傍禮反。切韻云：股髀也。說文：從骨卑聲也。又作髀，亦通。律文作胜，非。下，說文作肉，象筋肉之形。今變體作肉字。

寶輅　上博抱反。切韻：珍也，瑞也。亦賝也。禮記云：地不藏寶也。古文作珤，從玉缶聲。下洛故反。即大輅也。案五輅隨飾爲名，以寶飾曰寶輅也。

目瞤　上某鹿反。玉篇云：離爲目，目者氣之精明也。說文云：象目之形也。古文作囼。下如輪反。考聲：目瞼動也。又作眴。律文作瞤，音而緣反，目皮垂也，非瞤動義。

鶉鳥　上常倫反。字林云：鵪鶉也。淮南子云：蝦蟇化爲鶉也。爾雅云：鳥之雌雄不可別者，以翼右掩左雄也。

根本説一切有部毗奈耶破僧事　第十七卷

鞌轡　上烏寒反。切韻：鞌，韉也。或作鞍，俗字，非。下兵媚反。說文云：馬轡也。詩云：六轡如絲。從絲、叀作轡，象形也。從口、從亾作轡、轡，皆非。

欶癰　上所角反。字書云：口噏也。或作嗽。律文作嗍，非。下於容反。切韻云：癰，疽瘡也。律文作癕，俗字。

吁嗟　上況于反。考聲：吁，疑怪之詞也。從口于聲。律文作噓，音朽居反，吹噓也，非吁嗟字。下子邪反。切韻云：咨嗟。發嘆詞也。

薜室羅末拏　上音蒲計反，下尼加反。梵語。舊云毗沙門是也。此云多聞，即北方天王名。

根本説一切有部毗奈耶破僧事　第十八卷

金帽　下莫報反。切韻：巾，帽也。說文作冃，云：小兒蠻夷頭衣也。或作冐，覆也，並也，用也。

腳跟　下古痕反。切韻：足後，跟也。

跳躑　上亭遥反，下呈亦反。前第十二卷中已訓釋訖。

野干　梵語悉伽羅，此云野干。案青黃色，形如狗，羣行夜鳴，聲如狼。郭注莊子云：野干能緣木。廣雅云：巢於危岩高木。又音夜干，與狐異也。禪經云：見一野狐，又見野干，明是二物也。律文作犴，音岸，又𢦏寒反。說文：胡地犬也。非野干字。

牽拋　上苦堅反。切韻：引也，挽也。考聲云：進也。說文云：從一牛玄聲也。一葵營反。作牽，非。下疋皃反。字書云：拋車所以飛塼石者也。又音普包反。今不取也。

梗樹　上房連反。字指云：桼類。爾雅云：楄無疵。郭注云：梗屬，似豫章。釋文又音婢善反。楄音倫，同。

妊胎　上汝朕反，又如林反。說文云：孕也。切韻：身妊也。從女壬聲也。律文作姙，俗字。下湯來反。考聲云：胞胎孕也。爾雅云：胎，始也。郭注云：胚胎未成，亦物之始也。

根本説一切有部毗奈耶破僧事　第十九卷

重裹　上直容反。切韻云：複也。考聲云：重疊也。下古火反。切韻云：包裹也。聲類云：裹束纏縛也。從衣果聲也。

韡鞵　上許肥反。肥，於韡反。釋名云：韡，本胡服。趙武靈王所好服也。從革華聲也。或作靴，亦通。下户佳反。切韻云：鞵屩，履屬也。從革奚省。今作鞋，通用。奚音同鞵，佳音古鞋反。

獰惡　上乃庚反。切韻云：獰，惡也。或作儜。考聲云：人不善情也。下烏各反，正作惡。又烏故[反][五〇]，今不取。

鵮啄　上苦咸反。說文云：鳥鵮[五一]物也。又作㪉。律文作㖗，他篚[五二]反，嘗也。又而涉反。非鵮義也。下竹角反。切韻云：鳥啄物也。說文云：從口豖聲。豖，丑玉反。琢、涿皆從此也。

弶柵　上其亮反。韻英云：取獸具也。從弓京聲也。下楚革反。切韻：材柵也。說文云：堅[五三]木也。從木冊聲。冊音同上。

根本説一切有部毗奈耶破僧事　第二十卷

抖擻　上都苟反，下蘇走反。考聲云：抖，上舉也。擻，亦振也。二字從手，斗、數皆聲也。律文作抺，非本字也。

老猫　下莫交反。切韻：食鼠獸名。方言云：似虎而小，人家養以捕鼠也。

掊地　上薄交反。字林音[五四]：手掊也。律文作爮。説文云：似瓠，可爲飲器也，非掊地字也。

蘇呾羅　呾音怛。梵語也。舊云修多羅，亦云素怛纜。義翻爲經也。

毗奈耶　或云鼻奈耶，或云毗那耶，皆梵語輕重也。此云調伏藏，即律也。

阿毗達磨　舊云阿毗曇，訛也。此云對法，即論藏也。

饕餮　上吐刀反，下他結反。字林云：貪財曰饕，貪食曰餮也。

詃誘　上決袞[反][五五]，下音酉。韻略云：詃誀，誘引也。玉篇云：相勸動也，又教也。並從言，形聲字。

根本説一切有部毗奈耶出家事　第一卷

禦捍　上魚舉反。切韻：禁也，止也。考聲云：應當也。爾雅云：禦，圉，禁也。郭注云：禁制也。圉音語。下胡旰反。玉篇云：扺，捍也。旰，古案反。

敗績　上蒲邁反。廣韻云：自破曰敗也。爾雅云：圮、敗，覆也。郭注云：謂毀覆也。從攴貝聲。下子曆反。爾雅云：績、功，勳也。郭注云：謂功勞也。字書：積，業也，成也。説文作續字。

馭馬　上牛據反。前破僧事第八卷已具釋。

股肱　上公户反。髀也。下古弘反。臂也。案股肱即手足也。尚書云：股肱惟人。孔傳云：手足具乃成人。又曰：元首明哉，股肱良哉是也。

怨讎　上於袁反。玉篇云：枉也。下市流反。切韻：怨也。禮記云：父之讎弗與共戴天也。鄭注云：父者子之天也。殺己之天與共戴天，非孝子也。

薜陀論　上蒲計反。薜陀，梵語。舊云韋陀，或云吠陀，此翻爲明，即西域四明論也。

楔木　上先結反。切韻云：木楔也。即以楔去楔也。律文作榍，謂門閫也，非木楔義。

根本説一切有部毗奈耶出家事　第二卷

珊逝移　上蘇乾反。梵語。外道名也。前破僧事第二卷中已具解釋也。

褒灑陀　上補牢反。梵語也。舊云布薩，此云長净也。

俱瑟耻羅　梵語羅漢名。具足應云摩訶俱瑟耻羅。此云大膝，以膝蓋大故，因以爲名也。

根本説一切有部毗奈耶出家事　第三卷

摩窒里迦　窒，丁結反。或云摩但里迦，或云摩得勒伽，皆梵語輕重也。此云本母，即論藏。

鉢喇底木叉　喇，郎遏反。舊云波羅提本叉，此云別解脱，即七

衆別解脱戒，即律藏也。

佇立　上直吕反。切韻云：久立也。又作竚。爾雅作宁。釋宫云：門屏之間謂之宁。郭注云：人君視朝所宁立處也。

根本説一切有部毗奈耶出家事　第四卷　諸藏撿本未獲

根本説一切有部毗奈耶出家事　第五卷

疲倦　上符羈反。韻集云：勞也。字書：亦倦也。説文云：從疒皮聲也。下渠卷反。切韻云：疲也，猒也。玉篇：懈也。或作勌，亦同。

榻席　上吐盍反。説文云：牀，榻也。又作傝〔五六〕字，同。下祥石反。薦席也。大戴禮云：武王踐祚有席銘。詩云：我心匪席，不可卷也。説文：從巾庶聲〔五七〕。庶音疾。有作蓆，非也。

白鸖　下下各反。説文云：似鵠，長喙。字從隺聲也。左傳：衛懿公好鸖，有乘軒鸖。隺音同上。前已釋訖。

鸚鵡　上烏莖反，下又作鵡，音武。説文云：能言鳥也。前已具釋。

氍毹　上具愚反，下數初反。舊音義云：西戎胡語也。考聲云：織毛爲文彩，即毛布也。聲類云：毛席也。或作氆氇字。

揵稚　梵云臂吒揵稚。臂吒，此云打。揵椎，所打木也。

鷹隼　上於陵反。切韻：鳥名也。月令云：驚蟄之日鷹化鳩也。下息允反。考聲云：今之鶻也。廣雅云：鷙鳥也。爾雅云：鷹隼醜，其飛也翬音暉也。

侏儒　上音朱，下乳朱反。鄭注禮記云：侏儒者，短人也。韻英云：小也。古今正字：並從人，朱、需形聲也。

根本説一切有部毗奈耶皮革事　卷上

耕墾　上古莖反。周書云：神農時天雨粟，神農耕而種之。下康很反。蒼頡篇云：墾，耕種也。字從土豤聲也。豤，坤穩反也。

祆祠　上呼煙反。胡神官名。方言云：本胡地，多事於天，謂天爲祆，因以作字。

槃狗　上力脂反。字林音力奚反。黄黑色也。通俗文云：班黑曰槃也。下狗，説文云：從犬句作狗。律文作猗，非本字。

謦欬　上口冷反。説文云：亦欬也。下苦戴反。説文：逆氣也。亦瘷也，音蘇奏反。有作咳，音胡來反，非。

兄嫂　下蘇晧反。爾雅云：兄之妻爲嫂。禮記云：叔嫂不通問。説文云：從叜作嫂。

羖羊　上音古。爾雅云：夏羊，牝羖。郭注云：黑羖攊也。或作羖字。

堅鞕　下五孟反。切韻云：堅，牢也。説文云：從革更聲也。或從石作硬，亦通用。

根本説一切有部毗奈耶皮革事　卷下

腳跌　徒結反。切韻：差跌也，謂腳失也。從足失聲也。

烏鷲　上鄔都反。説文：孝鳥也。純黑而反哺者曰烏，小而不哺者鵶也。下疾溜反。考聲云：黑色鳥也。從鳥就，形聲字也。

犛牛　上莫交反。説文云：西南夷長旄牛也。案諸經律並作犛牛字，謂如犛牛愛尾也。今律文作貓，乃捕鼠獸名，非此用也。

兩骽　下吐猥反。切韻云：骽，股。説文云：股髀也。又作腇，同。律文作腿，俗字，非。

革屣　上古核反，改也。字書云：獸皮去毛也。又更也。説文云：三十年一世可更革也，故從三十、口。口即國也。下所綺反。切韻云：履不躡跟也。舊音義云：言革屣者，西域皮底鞋也。

疿子　上方未反。切韻云：熱生細瘡也。律文中脚生佛子，如芥子顆。今詳佛字與疿字，書寫人誤，不可。比丘脚上生佛子，甚乖律意也。

鞥頭　上烏紅反。廣韻云：吳人謂鞾靿曰鞥。案：即鞾靺等鞥也。律文作緫，非。

腡踝　下胡瓦反。説文云：足跟也。顧野王云：架衣負繩及踝也。從足果聲。

根本説一切有部毗奈耶安居事一卷

阿遮利耶　梵語也。舊云阿闍利，訛也。此飜爲軌範師也，或云教受。

鄔波馱耶　上烏古反。梵語也。舊云和尚，訛。此云親教，謂親能教受餘弟子，故以名焉。

式叉摩拏　下尼加反。梵語。舊云式叉摩那。此翻爲正學女，即學戒尼也，謂持六法者也。

剔頭　上他歷反。案剔頭應作鬄字。説文云：除髮也。今作剔，謂割肉解骨也，非除髮用也。

根本説一切有部毗奈耶羯恥那衣事一卷

羯恥那　或云迦絺那，舊云加提，皆梵聲訛轉也。此云功德衣，即自恣竟所受衣也。

浣染　上又作澣，胡管[反]〔五八〕。禮記云：浣衣濯冠也。下如撿、而贍二反。切韻：染物也。字書云：以色染繒也。

繚緣衣　上力小反。切韻：繚，繞也。下以絹反。玉篇云：衣緣也。考聲云：緣，飾也。爾雅云：衣有緣者謂之純。郭注云：衣緣飾也。

根本説一切有部毗奈耶隨意事一卷

瘂默　上烏雅反。説文云：不能言也。從疒亞聲。又作啞，俗用，非。本音厄，笑聲也。

制底　梵語。或云支提，或云制多，亦云制帝，一也，無正翻。義譯云靈廟，謂安佛舍利等塔廟也。或云積聚，謂人天積聚求福之所。

奥箄迦　皆如字呼。梵語也。此云可爾，或云應如是也。

娑度　梵語也。律文云：答云娑度，此云善哉也。

褒灑陀　上保毛反，次沙假反。梵語也。此云長净，即半月和合説戒增長净法也。舊云布薩，訛也。

虎豹　上呼古反。説文云：山獸君也，字從人虍音呼。虎足似人足也。律文作虒，非本字。下博教反。廣志云：豹死守山。説文云：獸名作豹〔五九〕。律文從犬作犳，非也。

右上所音，有部雜律，文字多有差誤者，蓋以翻譯之時執筆者，隨聞便上，不根其義也。故開元釋教録云：義净法師於正譯之餘，又於說一切有部，譯出諸跋渠約六七十卷，未遑刪覆，遽入泥洹，斯文遂寢，即今續音者是其本也。恐後覽者，不知元始，返恠希麟，撿非字誤，故此序引云。

續一切經音義　卷第九

校勘記

〔一〕說文云：從由冃聲　今傳本說文：「冑，从冃由聲。」
〔二〕康　今傳本說文：穅，穀皮也。从禾从米庚聲。穅，或省。
〔三〕說文云：惰也　今傳本說文：「慵，嬾也。」
〔四〕圍　今傳本爾雅作「圉」。
〔五〕說文云：疆，從土彊聲也　今傳本說文：「畺，界也。从畕三，其界畫也。畺，或从彊土。」
〔六〕皰　今傳本說文：「皰，面生气也。」
〔七〕說文云：女夫也　今傳本說文：「婿，夫也。」
〔八〕子　衍。
〔九〕說文云：從馬池省聲字　今傳本說文：「馳，大驅也。从馬也聲。」
〔一〇〕圮　據文意當作「圯」。下同。
〔一一〕爾雅云：鮐背，壽也。郭注云：背皮如鮐魚者猶耆也　今傳本郭注：「黄髮，髮落更生黄者。齯齒，齒墮更生細者。鮐背，背皮如鮐魚，耇猶耆也。皆壽考之通稱。」
〔一二〕說文云：從口埵省聲　今傳本說文：「唾，从口垂聲。」
〔一三〕說文作帒，盛物帒也　今傳本說文：「帒，囊也。」
〔一四〕說文云：病也　今傳本說文：「腫，癰也。」
〔一五〕說文云：鳥羽也　今傳本說文：「翄，翼也。」
〔一六〕說文云：細塵也　今傳本說文：「埃，塵也。」
〔一七〕折　臺灣大通書局影印本和獅作「忻」。
〔一八〕說文云：睡語驚也　今傳本說文：「寱，瞑言也。」
〔一九〕辛　今傳本說文作「辛」。
〔二〇〕說文云：從水幹聲也　今傳本說文：「濯，澣也。从水翟聲。」
〔二一〕軨　今傳本周禮作「軫」。
〔二二〕說文云：澡，洗也　今傳本說文：「澡，洒手也。」
〔二三〕秦　據文意當作「奏」。
〔二四〕說文云：寤也　今傳本說文：「警，戒也。」
〔二五〕放　據文意當作「故」。
〔二六〕說文云：寤，覺也　今傳本說文：「寤，寐覺而有信曰寤。从㝱省，吾聲。一曰晝見而夜㝱也。」
〔二七〕說文：未，味也。五行木老於未，象重支葉也　今傳本說文：「未，味也，六月滋味也。五行木老於未，象木重枝葉也。」
〔二八〕說文云：謂旦日未出　今傳本說文：「曙，曉也。」
〔二九〕袁止　今傳本爲「君表」。
〔三〇〕有五馭……逐禽左也　今傳本周禮爲「五馭，鳴和鸞，逐水曲，過君表，舞交衢，逐禽左」。骸　據文意當作「胲」。王，據文意當作「土」。據事物紀原引世本曰：「臣胲作服牛，相土作乘馬，腸作駕。宋衷云皆黄帝臣。」
〔三一〕礙　今傳本說文作「跲」。
〔三二〕說文云：在屋曰窻　今傳本說文：「窻，通孔也。」
〔三三〕說文：迸，散也　今傳本說文：「迸，散走也。」
〔三四〕說文云：登也　今傳本說文：「上，高也。」
〔三五〕上　據文意當作「丄」。
〔三六〕說文云：竭也　今傳本說文：「匱，匣也。」
〔三七〕疾　今傳本說文作「走」。
〔三八〕離　今傳本爾雅作「罹」。
〔三九〕悮　今傳本說文作「誤」。
〔四〇〕說文云：終也　今傳本說文：「卒，隸人給

事者衣爲卒。卒，衣有題識者。」

〔四一〕求　據文意似當作「衣」。段注：「古以染衣題識，故从衣一。」

〔四二〕力　據文意似當作「人」。

〔四三〕說文：從口令即聲　今傳本說文：「命，从口从令。」

〔四四〕母　今傳本禮記作「毋」。

〔四五〕子　原闕，據今傳本爾雅補。

〔四六〕郭璞　各本無，據文意補。

〔四七〕㘸　今傳本說文作「㘸」。

〔四八〕冗　中華大藏經本作「凡」，獅亦作「凡」，注云「凡當作冗」。集韻：「瓦，施瓦於屋也。或作『冗』。」

〔四九〕揥　據文意當作「摘」。今傳本說文：「摘，拓果樹實也。从手啻聲。一曰指近之也。」

〔五〇〕反　各本無，據文意補。

〔五一〕鴿　今傳本說文無「鴿」字。

〔五二〕筐　據文意似當作「篋」。

〔五三〕竪　今傳本說文作「豎」。

〔五四〕音　似衍。

〔五五〕反　各本無，據文意補。

〔五六〕傝　據文意似作「榻」。龍龕手鏡：「榻，通；榻，正。音塔，床榻也。」

〔五七〕說文：從巾庐聲　今傳本說文：「从巾庶省。」

〔五八〕反　各本無，獅注云「管下反脫」，今據文意補。

〔五九〕說文云：獸名作豹　今傳本說文：「豹，似虎圜文。」

續一切經音義　卷第十

燕京崇仁寺沙門希麟集

續音護法沙門法琳別傳三卷

續開元釋教録三卷

右二集六卷同此卷續音

琳法師別傳　卷上　並序中字

誥誓　上古到反。誥，告也。周書云：成王將黜殷，作大誥。孔傳云：陳大道以誥天下衆國也。下時制反。説文云：約也[一]。周書：武王伐殷作泰誓。孔傳云：大會以誓衆也。爾雅云：誥，誓，謹也。郭璞注云：皆所以約勒謹[二]戒衆也。

典謨　上多殄反。爾雅云：典，常也。虞書：將遜位於虞舜作堯典。孔傳云：言堯可爲百代常行之道也。下莫胡反。謨，議也。虞書：臯陶失厥謨，大禹成厥功，作大禹臯陶謨。孔傳云：大禹謨九功，臯陶謨九德也[三]。禹稱大，大其功。謨，謀也。

班彪　上布還反。姓也。出扶風。風俗通云：楚令尹鬬班之後也。下甫休[反][四]。説文云：虎文也。案：班彪，即人姓名也。

慷慨　上苦朗反，下苦槩反。説文云：慨，太息也。文字集略云：慷慨，竭誠也。二字並從心，康、既皆聲也。

襟腑　上居音反。切韻：衣襟也。字書云：袍襦袂也。爾雅云：衣眥謂之襟。即交領。下方矩反。切韻：肺[五]腑也。王叔和脉經云：心如未敷蓮花，與大腸、小腸合爲腑也。或作府。

胷臆　上許容反。説文云：胸，膺也。下於力反。切韻：胸，臆也。臆亦膺也。或作䏭，謂胷骨也。亦作匈字。

將弛　弛，詩紙反。切韻：釋也。爾雅云：弛，易也。玉篇云：名解也。顧野王云：去離也，弓解也。又作號(弨)。爾雅作弛[六]也。

纂龍樹　上作管反。切韻云：集也。爾雅云：纂，繼也。謂嗣續也。説文云：從系算聲。下龍樹二字，西域造論菩薩名也。算音蘇管反。

悰上人　上藏宗反。切韻云：慮也。説文：樂也。從心宗聲也。即大唐彥悰法師名。

捃摭　上君運反。方言云：捃，取也。下之石反。説文云：拾也。考聲云：收取也。從手庶省。下亦作拓，從手石聲也。

狄道　上徒曆反。案：狄道，隴西地名也。唐書云：高祖神堯皇

帝姓李，隴西狄道人也。有本作秋字，甚乖。

從寓　上斯氏反。説文云：移也。切韻云：遷也。爾雅云：遷運，徙也。郭注云：今江東通言遷徙。説文云：從彳二止，半行也。下牛具反。玉篇云：寄也。從宀，禺聲也。禺音同上。

抽簪　上勑鳩反。切韻云：去也。考聲云：除也。又拔也。説文云：從手由聲。下側岑反。考聲云：㮣冠簪飾也。説文云：從竹朁聲也。朁音潛，又才紺反。

殫玉講　上當〔七〕安反。孔注尚書云：殫，盡也。説文訓同。從歺單聲。案本傳云：究金言殫玉牒，或作牒字。破邪論中琳公啓與此同，亦作牒字，即白牒梵夾經論也。今此别傳作玉講，於義未詳矣。

隱遁　下屯嫩反。王注楚辭云：潛隱也。鄭注禮記云：逃遁。廣雅云：避世也。或從辵豚作遯也。豚音徒魂反。

鏗鍠　上客行反。禮記云「子夏曰鐘聲鏗鏗」是也。又撞擊之聲也。下音宏。毛詩傳云：鐘鼓鍠鍠。爾雅云：鍠鍠，樂也。説文云：鐘鼓聲也。從金皇聲也。傳文作鍧，音呼宏反，鐘鼓相雜聲也。

隤紐　上徒雷反。廣雅云：隤，壞〔八〕也。韓詩云：遺也。考聲云：物下墜也。説文云：從阜貴聲。下女九反。説文云：綵也。結可解者也〔九〕。從糸丑聲。

韜韞　上吐刀反。説文：藏也〔一〇〕。切韻云：寬也。下於粉反。切韻云：韞，藏也。論語云：韞匵而藏諸。説文云：從韋𥁕，𥁕皆聲。韋音違。韋，説文云：柔皮也〔一一〕。

還莅　上户關反。切韻云：退也，返也。玉篇同。爾雅云：復也。下力至反。切韻云：臨也。爾雅云：臨、莅，視也。

又作涖、蒞二形，並同。

箴規　上職林反。切韻云：箴，戒也。考聲云：規，諫也。從竹咸聲。又作葴，草名也。下居𥧌反。玉篇：圓也。考聲：視也。字從夫、見也。字統云：大夫識見必合規矩，故從夫也。有作䂓，非也。

蠢蠢　尺允反。切韻云：出也。爾雅云：蠢，作也。又云：蠢，不遜也。説文云：蟲動也。從䖵春聲。䖵音昆，蟲緫名也。

衮龍　上古本反。禮記玉藻云：天子龍衮以祭。鄭注云：先王之服雜采曰藻。衮，畫龍於衣也。禮記或借卷字作衮讀。

禿丁　上他谷反。説文云：無髮也。從人在禾下也。文字音義云：蒼頡出，見禿人伏於禾下，因以制字也。

三元　史記云：五氣徧運，二靈體分。以陽發故，氣冲爲天；以陰凝故，氣沉爲地。天地形别，爲之兩儀，以人參之，三元備矣。

五運　下王問反。爾雅云：遷、運，徙也。史記云：伏羲以木德，或曰春皇；神農以火德，木生火故也；黄帝以土德，以火生土故；少昊以金德，土生金故；顓頊以水德，金生水故。以木火土金水五行相生，終而復始，謂之五運。又周以木德，漢以火德，秦非正運王，在木火之間也。

勛華　上訓雲反，下畫瓜反。即堯舜二帝名，堯曰放勛，舜曰重華。虞書云：放勛欽明。孔傳云：放上世之功化而以敬明也。舜典云：重華協於帝。孔傳云：華謂文德，言其光文重合於堯，俱聖明也。

接踵　下之隴反。切韻云：足後也。考聲云：繼也，又往也。儀禮云：舉前曳踵也。或作歱。説文云：相躡行也〔一二〕。即繼前跡。

褫運　上池爾反。蒼頡篇云：褫，徹也。説文云：奪也〔一三〕。易曰：以訟受服，終朝三褫也。從衣虒聲，音私。

戲譚　上香義反。切韻云：戲，弄也。爾雅云：戲，謔也。郭注云：謂調戲也。下徒含反。切韻云：誇也，大也。又作談，音徒甘反。廣韻云：言論戲調也。與譚稍異也。

荐雷　上前薦反。爾雅云：荐，㜸，再也。周易云：洊雷，震。王弼注云：荐，重也。周易或作洊。説文作瀳〔一四〕。三形雖異，訓義一也。

蟄户　上直立反。説文云：藏也。一曰蟲豸聲也。禮記月令云：驚蟄之日桃始花。説文云：從虫執，形聲也。

憤懣　上汾吻反。論語云：不憤不發。下門本反。王逸注楚辭云：懣亦憤也。蒼頡篇云：悶也。説文：煩也。從心滿聲。古文亦作𢠸字。

惄焉　上寧曆反。毛詩傳云：惄，愁也。爾雅云：念、惄，思也。説文云：憂也。從心叔聲也。叔，正體尗字也。

磣黷　上初錦反，下音獨。陸機漢祖功臣頌云：茫茫宇宙，上磣下黷，波振四海，塵飛五嶽。今此傳云：二義磣黷，四海沸騰，波振塵飛。義與彼同。又破邪論中亦琳公啓作磣黷二字。今別傳作驂毒二字，並誤。

原燎　上牛袁反。爾雅云：廣平曰原。下力召反。尚書云：若火之燎於原也。説文云：放火也。從火尞聲也。

烽燧　上敷容反，又作逢。字書云：候望火也。下徐醉反。釋名云：夜曰烽，晝曰燧。説文云二字並從火，夆、遂聲。

羽檄　上王句反。説文云：鳥羽也。下胡狄反。爾雅云：無枝爲檄也。説文云：符檄三尺書也〔一五〕。從木激省聲。或從手，非。

刁斗　上鳥聊反，下當口反。孟康〔注〕〔一六〕漢書云：以銅爲之，受一斗。晝炊飲食，夜擊警衆，持行隨軍也。今改爲金鉦是。古今正字云：斗有柄，並象形字也。

昊天　上胡老反。爾雅云：夏爲昊天。郭注云：言氣皓旰也。説文作昦，從日夰聲。夰音皓。下天字。釋名云：以舌腹言之，天，顯也。在上高顯也。又天之言坦也，坦然高遠，故字從一大也。旰音月〔一七〕旦反。

胥悅　上息余反。孔注尚書云：胥，相也。公羊傳曰：胥盟者何日相盟也。鄭箋詩云：皆也。説文：從肉疋聲，音疏。傳文作胥，俗字，非體也。

庠序　上似羊反。禮記云：有虞氏養國〔一八〕老於上庠，養庶老於下庠。上庠太學，下庠小學。説文：從广詳省聲〔一九〕。下徐舉反。玉篇云：東序西序之學也。爾雅云：東西牆謂之序。郭注云：所以序別内外。

無辜　下古胡反。爾雅云：辜、辟、戾，罪也。郭注云：皆刑罪也。説文云：從辛古聲。或有從手作𢪏，變體誤書也。

躃踊　上房益反。爾雅云：辟，撫〔二〇〕心也。郭注云：椎胸也。或作擗。禮記作辟。下餘隴反。切韻云：踊，跳也。或作踴。禮記云：歎斯辟。鄭注云：辟，撫心也。又云：辟斯踊矣。鄭注云：踊，躍也。晏子云：踴貴屨賤。

太宰嚭　下音不鄙反。鄭注禮記云：大宰，行人官名也。説文云：從喜否聲〔二一〕。傳文從壴丕作𡠌，俗字。壴音竹句反。

謗讟　上博傍反。孔注論語云：謗，訕也。杜注左傳云：謗，毀也。説文：從言旁聲。下同目反。杜注左傳云：讟，誹謗也。廣雅云：惡也。郭注方言云：謗誣怨痛曰讟。説文

云：從言讀聲。

大駭　下侯揩反。説文云：驚也。孫炎云：禹疏九河，北河功難，衆懼不成，故曰徒駭。字從馬亥聲。

赫胥　上呼格反，下息余反。古帝號也。史記云：女媧、共工、大庭、栢皇、中央、栗陸、驪連、赫胥、尊盧、渾沌、昊英、有巢、朱襄、葛天、陰康、無懷氏等，除共工，十五世皆襲伏犧之號。雒書甄曜度曰：伏犧、女媧紀各一萬六千八百歲也。

密譖　下側讖反。説文云：毁也〔二二〕也。字書云：讒也。論語云：浸潤之譖。字從言朁聲也。朁音潛。傳本作譛，俗字，非體。

穿鑿　上昌緣反。切韻云：通也。下在各反。考聲云：鑿也。古考史云：孟莊子作鑿。説文云：所以穿木也。從金糳省聲。糳音作也。

倫媲　上力迍反。切韻：比也。考聲云：道理也，又類也。下疋閉反。爾雅云：妃，媲也。郭注云：相偶媲也。説文云：配也〔二三〕。從女𣬉聲。𣬉音閉迷反，妃音配。

狡猾　上古巧反。切韻云：疾也。説文云：狂也〔二四〕。從犬交聲。下户八反。尚書云：蠻夷猾夏。孔傳云：猾，亂也。説文云：從犬骨亦聲也。

於莒　下居許反。玉篇云：草名也。釋文云：國名。春秋時所封，亦嬴姓之後也。

壈坎　上盧感反，下苦感反。説文云：險陷也。謂難進也。從土，稟、欠皆聲。

腠理　上倉奏反。鄭注儀禮云：腠，皮膚理也。考聲云：皮膚内也。古今正字：從肉奏，形聲字也。

搢紳　上津信反。鄭注禮記云：搢，猶插也。注周禮云：搢謂插笏於紳帶之間，若帶劍也。下失真反。考聲云：紳，大帶也。廣雅云：紳，猶束也。論語云：子張書諸紳。説文云：從糸申聲也。

志緝　下七入反。切韻云：緝，續也。爾雅云：緝、熙，光也。注引詩云：學有緝熙于光明也。字從糸口耳，會意字也。

汲郡　上金邑反。考聲云：汲郡，今衛州〔二五〕是。説文云：從水及聲。

闃然　上苦覓反。字書云：寂静也。説文云：從門狊聲。狊音古覓反，犬視也，從犬目。

遒華　上就由反。毛詩傳云：遒，周〔二六〕也。考聲云：盡也。切韻云：聚也。説文云：從辵酋聲。酋音同上。

郁郁　於六反。切韻：文也。論語云：郁郁乎文哉。或作戫。古文作彧。皆文彩皃也。

悚慴　上粟勇反。杜注左傳云：悚，懼也。説文作愯〔二七〕。今作悚。俗字，通用。下之涉、徒叶二反。爾雅云：恐、慴，懼也。切韻云：伏也。與懾義同。

⿰扌⿱穴求賾　上他頷反。考聲云：通也。韻詮云：引取也。從手⿱穴求。⿱穴求音深。⿱穴求，從穴求也。傳本作探，俗字。下柴責反。韻英云：深幽也。古今正字：幽深也。從𦣞責聲。𦣞，以而反。責，正作賫字。

筌蹄　上七緣反。説文：取魚竹籠也。亦名魚笱，音苟。從竹全聲。下束〔二八〕奚反。説文作蹏〔二九〕。莊子云：筌，所以取魚，得魚而忘筌；蹄者，所以取兔，得兔而忘蹄也。

碑誄　上彼皮反。釋名云：碑本葬時所樹，臣子追述君父之功，書其上也。下力軌反。考聲云：誄，壘也。述亡者而叙哀情也。説文云：誄，謚也。從言耒聲也。耒音盧會反。

辛諝　上息鄰反，姓也。夏啓封支子於莘。莘、辛聲相近，因爲辛氏。下胥旅反。鄭注周禮云：有才智之稱也。案辛諝，即唐太子中舍姓名。

靦容　上天典反。爾雅云：靦，姡也。郭云：面姡然也。姡音户刮反。鄭箋毛詩云：姡然有面目也。考聲云：不知慚也。説文云：從面見聲也。

爝火　上音爵。字書云：火炬也。説文：以火拂除祓也〔三〇〕。從火爵聲也。下呼果反。書云：火曰炎上也。

寰中　上口(户)〔三一〕關反。説文云：寰，宇也〔三二〕。字書：以四海爲寰中也。今傳文云：非夫契彼寰中，孰能爲兹高論也。作此鐶字，恐非此用。

尺鷃　上或作赤，同。下音晏。爾雅云：鳸，鷃。郭注云：鷃，雀也。或作鴳。考聲云：小鳥也。地穴作巢者。從鳥晏聲也。鳸音户。

大鵬　下音朋。大鳥也。莊子云：北溟有魚曰鯤，化爲鳥曰鵬，又垂天之翼搏風九萬里也。説文：從鳥朋聲也。

王謐　音蜜。爾雅云：謐，寧，静也。案：此即人名。

劉璆　渠幽反。爾雅云：西北方之美者，有璆琳、琅玕焉。郭注云：璆琳，美玉名。今案劉璆，人姓名也。

礪鉛　上力制反。説文云：砥，礪也〔三三〕。考聲云：磨石也。顧野王云：崦嵫山多砥礪也。下與專反。切韻云：錫也。尚書云：青州貢鉛。説文云：青金也。從金沿省聲〔三四〕。案：沿路舟船之字皆同也，今作鈆，俗。

琳法師別傳　卷中

貽訓　上與之反。切韻云：貺也。爾雅云：貽，遺也。郭注云：相歸遺也。説文：從貝台聲。台音同上。下許運反。説文：誡也，又導也〔三五〕。廣韻云：男曰教，女曰訓。尚書序云：典謨、訓誥、誓命之文凡百篇，以弘至道也。

流遁　上力求反。考聲：放也。切韻云：遷也。字苑云：流，移也。説文云：從水㐬。㐬音他忽反。倒書古文孚字，孚音子。下又作遯。説文：逃也。字書云：隱也。從辵豚聲。

本系　上，説文云：作本，從木一，如木之有根。下胡計反。切韻云：緒也。爾雅云：系，繼也。説文云：從糸丿聲。糸音覓。丿音曳，延丿〔三六〕也。

沙汰　上音所加反。切韻：沙亦汰也。下音太。考聲云：濤汰，洗也。案沙汰，即如沙中濤洗其金取精妙者也。

推劾　恒得反。顧野王云：案獄相告證之辭也。説文：推有罪人也〔三七〕。從力亥聲。或從刃、從刀作𠜾、刻二形，皆非。

縲絏　上累追反，下先拽反。孔注論語云：縲，黑繩也。絏，攣也。所以拘罪人也。古今正字並從糸，累、曳皆聲也。俗亦作紲字。

檮昧　上音桃。杜注左傳云：檮，杌也。謂無所知貌也。從木壽省聲也。下昧字。説文云：爽旦明也〔三八〕。從日未聲也。杌音五骨反。

叨簉　上討刀反，下搊瘦反。杜注左傳云：簉，副也。考聲云：廁也，齊也。説文云：從草造聲。造，七到反。傳文從竹，俗。

餔糟　上補乎反。切韻：咬食也。離騷云：餔其糟，歠其醨。又音步，今不取。下音遭。説文亦作醩〔三九〕，酒滓也。從酉曹聲也。

歠醨　上川劣反。切韻：大欲也音呼合反。下吕支反。説文云：薄酒也。從酉离聲也。

菁華　上即盈反。毛詩云：菿菲，即蕪菁也。字書云：菁，美也。又與精義同。從草青聲也。

逗遛　上頭候反，下音留。説文云：逗亦止也。又引也。字書云：逗，遛也。説文云：二字並從辵，豆、留皆聲也。

媒衒　上莫杯反。説文云：媒，娉也〔四〇〕。字書云：謀也。言謀合於親姻也。從女某聲。下黄絹[反]。考聲云：行且賣也。説文正作衙，自媒也〔四一〕。

橘柚　上居聿反。説文云：果名也〔四二〕。周禮云：踰江淮北化爲枳，地氣然也。下余救反。字書云：似橘而大，皮厚。廣志云：成都柚大如斗。郭注爾雅云：柚似橙而酢，生江南也。二字並從木，矞、由皆聲也。

樝梨　上側加反。爾雅云：樝梨曰鑽之。郭注云：樝似梨而酢澁也。下力脂反。説文云：果名也。魏文詔云：真定之梨，大如拳，甘如蜜也。

皦然　上古了反。説文云：明也〔四三〕。又玉篇云：白皃。字從白敫聲音羊酌反。從白放光也。

負扆　下於豈反。爾雅云：牖户之間謂之扆。禮記疏云：如綈素屏風畫以斧文，亦謂之斧扆也。説文云：從户衣聲。

苻姚　上房無反。前秦姓也。史記云：健本洛陽臨渭人，因其家池中蒲生有異，遂以蒲爲姓。後孫背上草付字，御爲苻氏。下餘昭反，後秦姓也。自姚越(弋)〔四四〕仲至泓立三十四年，爲劉裕所滅。

諤諤　五各反。説文云：譡諤〔四五〕也。字書云：直臣言也。從言咢聲。咢音同上。

拓跋　上他各反，下盤末反。後魏姓也。魏書云：黄帝昌意少子受封於北地，以土德王。北人謂土爲拓，謂后爲跋，故以拓跋爲氏。至孝文帝，因讀周易見乾卦云「元者，萬善之始」，遂改爲元氏也。

劉向　下式亮反。漢書云：劉向，高祖親弟劉德之子。本名更生，後改爲向，字子政。武帝時爲中壘校尉之官也。

闞澤　上苦濫反，人姓名也。

太微　星名也。七曜天文經云：太微宫垣十星，在翼北主天子，南宫爲帝王十二諸侯之府，入翼九度，去北辰七十六度。

鐫石　上子緣反。字書云：鑽也。説文云：琢金石也。從金雋聲也〔四六〕。雋音徂兖反，從隹卧弓。雋字從此，有本作鐫，誤書也。

扈多　上胡古反。跋扈縱恣也。今案扈多，人姓名。

敻遠　上休娉反。劉兆注公羊傳云：敻亦遠也。説文：視也。又深遠也。從𥄎人在穴上也〔四七〕。𥄎音火劣反，亦視也。

琳法師別傳　卷下

邕邕　或作雍，或作廱，並略同。爾雅云：雍雍、優優，和也。郭注云：和樂也，於容反。説文作邕，和也〔四八〕。

徼妙　上古弔反。考聲云：邊外也。韻詮云：小道也。道德經云：常無欲以觀其妙，常有欲以觀其徼。御注云：性失於欲，迷乎道，無欲觀妙本，則見邊徼矣。

李聃 下他甘反。老子姓名也。史記韓非列傳云：姓李名聃，苦縣人也。周定王元年乙卯生於李樹下。簡王二年爲守藏令，十三年爲柱下史，敬王元年壬午，年八十五，西出散關。或云葬於槐里。

盪瘵 上徒朗反。易云：盪，滌也。又洗除也。説文：從皿湯聲。皿，明丙反。傳文作蕩，非。下齊薤反。毛詩傳云：瘵，病也。爾雅亦病也。從疒祭聲。

夕殞 上祥石反。説文：暮也，從月半見也。下于敏反。切韻：殞，没也，又死也。從歺員聲歺音五達反。

麟麏 上栗[四九]珍反。公羊傳云：麟者，仁獸也。有聖王則至其郊。爾雅云：麟，麏身，牛尾，一角，角端有肉。下軌筠反。公羊傳云：有麏而角也。説文云：此籀文麏字。俗通作麐字。

天利 案帝年曆，後周武帝立十九年，保定五年，天和七年，建德六年。自建德三年二月普滅佛法也。今傳文作天利五年，誤書也，應爲和字也。

掏攪 上道刀反。埤蒼云：掏，抒也。古今正字：從手匋聲。匋音同上。下交咬反。説文云：手動也[五〇]。從手覺聲。

較試 上江岳反。説文云：較，見也。又明也[五一]。爾雅云：直也。古今正字：試優劣也。從車爻聲。傳文從交作較，俗字，亦通也。

騰驤 上徒登反。考聲云：馳也。奔勇也。玉篇云：躍也。説文：從馬滕省聲。下息良反。字書云：馬騰躍也。考聲云：逸也。説文云：馳也[五二]。從馬襄聲。襄音同上。

桀紂 上具列反。夏之末王號也。史記云：帝發之子，爲湯所伐，死於鳴條之野。謚法曰：賊仁多傷曰桀。下直久反，殷之末帝也。史記云：帝乙之子也，爲武王所伐，敗於牧野，懸首白旗。謚法曰：殘善損善曰紂。紂，諱辛也。

燉煌 上遁魂反，下音皇。漢書云：燉煌郡，即沙州也。武帝元年分酒泉郡置之。杜林注云：燉煌以爲古瓜州也。古今正字二字並從火，敦、皇皆聲。

癃跛 上六忠反。蒼頡篇云：癃，痼疾也。説文云：從疒隆聲也。下布火反。切韻：足跛也。從足波省聲也。

皋繇 上古勞反，下音姚。尚書：皋陶爲帝舜謀。古文作皋繇二形，今作皋陶二形。説文：從白夲聲。今或從自，非也。夲音滔。案：皋陶即舜之臣也。

八埏 下衍仙反。漢書音義云：八埏，即地之八際也。古今正字：從土延聲。

潸然 上所姦反。毛詩云：潸然，涕淚下也。從淋目，會意也。

沃朕 上烏酷反。説文云：沃，灌也。從水夭聲也[五三]。下直稔反。爾雅云：朕，我也。史記云：古者貴賤悉稱朕，自秦始皇二十年始天子獨稱也。説文云：從舟作朕。

淑忒 上殊六反。爾雅云：淑，善也。説文云：清湛也。從水叔聲。俗作淋。詩云：淑，不善逆也。下他德反。爾雅云：爽，忒也。郭注云：用心差錯，不專一也。

撞擊 上宅江反。説文云：撞，突也[五四]。字書云：撞亦擊也。從手童聲也。

杜衡 上徒古反，下户庚反。山海經云：天帝之山有草焉，其狀如葵，其臭如蘪蕪，名曰杜衡。郭璞注云：香草也。本草云：蘪蕪，即虵牀也，音麋無二字。杜衡，有本作杜衡[五五]，誤書，甚乖也。

蘩皤 上附袁反，下薄波反。爾雅云：蘩，皤蒿也。郭注云：白

蒿。又云：蘩之醜，秋爲蒿也。

懕懕　伊占反，平聲。爾雅云：懕懕、媞媞，安也。郭注云：好人安静〔五六〕之容也。説文云：從心厭聲也。傳文單作厭，音於艷反，見〔五七〕也，非此用。媞音大兮反。

蔓母　上暮蒲反。古時醜女也，一云黄帝后。

鸋鴂　上佞丁反，下古穴反。爾雅云：鴟鴞，鸋鴂。郭璞注：鴟類也。説文：從鳥，寧、夬聲也。夬音古快反。

汨灑　上冥壁反，下音羅。江水名也，在長沙郡也。上，説文：從水冥省聲。下灑字，傳文單作羅，非。又，上汨字，傳文或從曰作汩，即汩没字，音骨，全别也。

薜荔　上蒲計反。説文：薜，蘿也，蔓生者也〔五八〕。下郎計反。字書云：香草名也。

蘭葩　下怕巴反。説文云：葩，花也。從艸，白、巴俱聲也。

續開元釋教録　卷上　並序中字音

纘祖宗　上作官反。説文云：纘，繼也。字書云：承繼也。從糸贊聲。説文作贊字。祖音則古反。爾雅云：祖，王父也。又曰：父之考爲王父，王父之考爲曾祖王父，曾祖王父之考爲高祖王父。郭注云：加王者尊之，曾猶重也。言高者最在上也。宗音作冬反。説文云：尊也。白虎通云：宗廟，先祖之宗皃也。孝經云：爲之宗廟以鬼享之也。

納麓　下盧谷反。虞書云：納於大麓。孔傳云：麓，録也。納舜使大録萬機之政也。晉中興書云：九月癸卯，皇太后臨朝稱制，司徒王導録尚書也。字從林鹿聲也。

保釐　上博抱反。切韻云：保，安也。考聲云：養也。説文云：使也〔五九〕。下力脂反。尚書云：允釐百工。孔傳云：允，信；釐，治也。又曰：帝釐下土。孔傳云：言舜理四方。

淳源　上常倫反。廣韻云：朴也。説文云：水清也〔六〇〕。作潭，又作淳字也。下愚袁反。説文云：水泉曰源。山海經曰：河出崐崘西北隅。李巡云：河水始出其色白。郭璞注爾雅云：潛流地中，汩漱沙壤，衆水溷淆，宜其濁黄也。

薨變　上呼弘反。爾雅云：崩、薨，死也。郭璞注云：古者死亡尊卑同稱，故尚書云：堯曰「殂落」，舜曰「陟方乃死」。字書云：天子曰崩，諸侯曰薨。説文云：從死瞢省聲。瞢音莫登反。

杳邈　上烏皎反〔六一〕。切韻：杳，冥也。考聲云：深也。顧野王云：寬廣貌。御注老子云：杳冥不測也。下莫角反。説文：遠也。韻集云：邈，漸也。從辵貌聲。録文作邈〔六二〕，俗字。

珠璫　上音朱。字書云：蚌中之精也。下都郎反。文字集略云：耳飾也。説文：穿耳施珠曰璫。從玉當聲。

涇渭　上音經。山海經云：涇水出長城北山，北入渭。郭璞注云：今涇水出安定朝那縣西岍頭山，東南經新平、扶風至京兆高陵縣入渭水也。下音謂。山海經云：渭水出鳥鼠同穴山，東注河入華陰北。郭璞注云：鳥鼠同穴山，今隴西首陽縣也。

驪珠　上里知反。莊子云：夫千金之珠，必在九重之淵，驪龍頷下。若能得之，遭其睢（睡）〔六三〕也。彼驪龍悟時，子安得哉？説文云：從馬麗聲也。

燕珉　上於田反。切韻云：古國名。爾雅云：燕曰幽州。下武巾反。考聲云：美石次玉。山海經云：岐山之陰多白珉。

郭璞注云：珉石似玉也。説文云：從玉民聲。有作琨字，爲唐朝廟諱民，書不就也。

趙璧　上直小反。切韻：郡名也。下必益反。晏子云：曾子將行，晏子送之曰：和氏璧，井里之朴，良工修之則爲國寶。爾雅云：肉倍好謂之璧。郭注：肉，邊也。好，孔也。

縱櫂　上子用反。説文云：縱，緩也。一曰舍也。從糸從聲。下亦作棹，音直教反。説文：船檝也〔六四〕。方言云：吴人謂棹爲橈，音饒，所以進舟也。從木濯省聲也。

駟馬　上息利反。爾雅云：天駟房也。郭注云：龍爲天馬，故房四星謂之天駟。説文云：從馬四聲也。下莫下反。説文云：馬字四點像足，頭尾具，王以乘之，像形字也〔六五〕。論語云：齊景公有馬千駟。注云：四千匹也。

狂瞽　上渠王反。字書云：病也。韓子曰：心不能審得失之地則謂之狂。説文：從犬王聲也。下公户反。孔注尚書云：無目曰瞽，舜父有目不能分别好惡，故時人謂之瞽也。

蓍龜　上式之反。説文云：蓍生千歲三百莖，筮者以爲策也。周易云：蓍之德圓而神。下居追反。説苑云：靈龜五彩，似玉似金，背陰向陽，上高像天，下平法地。禮記云：故先王秉蓍龜以決吉凶也。

大頀　胡故反〔六六〕。字書云：大頀，殷湯樂名也。

泥洹　上奴低反，下胡官反。或云般泥洹，或云泥越，或云般涅槃，或但云涅槃，皆梵言訛略也。正云波利你嚩南，此云圓寂。嚩音無可反。

編摭　上卑連反。説文云：編，次簡也。謂古以竹簡書字，故排連編次也。下之石反。字書云：摭，拾也。玉篇：摭，取也。亦作拓字。

稻䕸　上徒皓反。本草云：稻米主温中，令人多熱；秔米主益氣，止煩泄。説文：沛國謂稻爲穤。今江東通呼秔米爲稻米也〔六七〕。下古旱反。説文：衆草莖也。從艸幹聲。

穰麌梨　上借音如兩反，次音虞矩反。梵語也。此云蘗王，或云蘗君也。

摩訶支那　訶音呵。舊云振旦，或云真那，應云摩賀振那。此云大唐，或云大漢，舊云大夏。皆隨代義翻也，即今中華國是。

彬彬　鄙申反。論語云：文質彬彬，然後君子。包咸注云：彬彬，文質相半之貌也。

舥爛陀　上正那字。梵語西域寺名也。此翻爲施無猒，在中印度境。

霹靂　上普擊反，下郎擊反。説文云：霹靂，折震戰也。所擊輒破，若攻戰也。字書云：迅雷也。二字並從雨，辟、歷皆聲也。

弇輿　上，説文作弇字，音衣檢反。爾雅云：弇日爲蔽雲。郭注云：暈氣五彩覆日也。又釋言云：弇，蓋也。説文：從廾合。廾音拱。今録文作揜。説文：閉也。又音烏敢反。手大物也。於此用疎也。

拗怒　上於六反。廣雅云：拗，止也。又烏絞反。今不取。案録文云：時首領普告衆曰，誰將舍利異寶，不爾龍神何斯拗怒？有即投入海中，無令衆人受兹惶怖。據此即龍神方怒未止，應作或（欭）〔六八〕字。説文云：吹氣聲也〔六九〕。從欠或省聲。或音同上。

龜兹　漢書音義：上音丘，下音慈。國名也。或云屈支，亦云月支，或云鳩茨，或名烏孫，皆一也。案西番諸國多因王名，

或隨地隨山，故有多名也。即安西之地。

勿提堤犀魚　堤音低，犀音西。龜茲國番語三藏名也。録自注云：此云蓮花精進也。

牛昕　上語求反。姓也。姓苑云：本自殷周封微子於宋，其裔司寇牛父帥師敗於狄，子孫以王父字爲氏也。下火斤反。説文云：旦明日將出也。從日斤聲也。

所賷　下祖兮反。切韻：付之。考聲云：遺也。字林云：送物也，又裝也。説文：從貝齊聲。俗作賫，非也。

索綏　上蘇各反。姓也。燉煌人也。下息遺反。案字，安也。説文：車絡也[七〇]。今案即人名也。

弱齡　上而斫反。字書云：弱，劣也。玉篇云：不强。下郎丁反。顧野王云：古謂年爲齡。説文云：從齒令聲。案弱齡，即未冠之前也。故禮記云：男子二十冠而字。鄭云：成人矣也。

膠輵　上古肴反。爾雅云：䵒，膠也。郭注云：膠，黏䵒也。字林云：謂相著也。下古遏反。玉篇作轇輵二字。廣韻云：戟形也。䵒音女六反。

芟夷　上所銜反。字書云：伐草也。考聲云：剪也。説文云：從艸殳，會意字。殳音殊。下以脂反。切韻云：等也。考聲云：滅也。爾雅云：易也。説文云：從大弓作夷。有從戈作戋，非也。

續開元釋教録　卷中

姥陀羅尼　上莫補反。字書云：老母也。説文云：女師也。又作姆字，同上。今案姥，即觀自在菩薩部姥陀羅尼名號。

輸波迦羅　上式逾反，迦音姜佉反。梵語。即唐開元朝西域三藏梵名也，此云善無畏。

殉法　上辭閏反。説文云：以生人送葬也。顧野王云：亡身從物爲殉也。字從歹旬聲。歹，午達反，歺骨殘也。歺音朽。

屢奮　上良遇反。字書云：數也。考聲云：疾也。爾雅云：亟也。郭注：亟亦數也。下方問反。字書云：動也。韻集云：揚舉也。説文：翬也。從大鳥在田翬奮其羽也。隹即鳥也。翬音暉。

悼屈原　上徒到反。字書云：哀也。考聲云：傷也，又憐也。從心掉省聲也。屈，九勿反。姓屈名原，字典[七一]平，楚爲三閭大夫，王甚重之。爲靳尚等妒其能共譖毁之，乃被流放。後游於湘潭，行吟澤畔，著離騷，云「滄浪之水清，可以濯吾纓；滄浪之水濁，可以濯吾足」也。

撫膺　上孚武反。爾雅云：撫，掩之也。郭注云：撫掩，猶撫拍也。下於淩反。説文云：胷也。案撫膺合作拊字。爾雅云：辟，拊心也。郭璞注云：謂椎胷也。椎音直追反。

捃拾　上居運反。字書云：取也。聲類云：拾穗也。又從禾作穮(攈)[七二]。下是汁反。考聲：斂也。切韻云：取，拾也。從手給省聲。

津涯　上將鄰反。切韻云：津，液也，又潤也。説文云：濟也[七三]。郭璞云：津，涉也。謂涉渡也。下五佳反。切韻云：水際也。郭注爾雅云：水邊曰涯，峻而水深者曰岸也。

紛綸　上芳文反。字書云：衆也。又亂也，紛紜也。下力迍反。説文云：糾青絲也[七四]。二字並從糸，分、侖皆聲也。

繁賾　上附袁反。切韻云：概也。字書云：繁，多也。下正作

賸，音實證反。考聲云：增也。廣韻云：益也。或作賸。又音孕。説文云：送也。

玄惲　下於粉反。重也，謀也，又厚也。今案玄惲法師本名世道，爲避廟諱，故稱其字。

續開元釋教録　卷下

紕繆　上疋彌反。考聲云：繒欲破也。下明救反。字書云：亂也。訛也。禮記云：一物紕繆，民不得其死也。鄭注云：紕，錯也。字林作紕繆字，謬悞(誤)〔七五〕也，失也。繆又音武休反。

宂雜　上而隴反。考聲云：散也。漢書云：桓帝置宂從僕射。聲類云：宂，散雜無食之人也。字林作毴，云：猥雜貌也。

詭説　上歸偉反。毛詩云：無縱詭隨。鄭箋云：無聽放詭，隨人爲惡也。淮南子云：蘇秦以百詭成一信。許叔重注云：詭，慢也。説文云：責也。從言危聲。

瑣屑　上蘇果反。爾雅云：瑣瑣，小也。郭璞注云：謂才器細陋。説文作肖，小皃也。下先結反。切韻云：盡也。又云：末也。

源派　上愚袁反。説文云：水泉曰源。字書云：水本也。漢書云：張騫使西域，窮〔七六〕河源，其山多玉石，而不見崐崘。西域傳云：河有兩源，一出葱嶺，一出于闐也。下匹封(卦)〔七七〕反。考聲：分流也。説文云：邪流作𠂢，同。有作派，俗字，非也。

承祧　上署陵反。字書云：承，次也。考聲云：承，奉也。説文從卪手収作承。卪音節，収音拱。下吐彫反。字書云：祧，遠祖廟也。

褒貶　上保毛反。顧野王云：褒謂揚其美也。鄭注禮記云：進也。説文云：衣博裾裾。從衣保聲。下兵奄反。鄭注周禮云：減也。考聲云：黜(黜)〔七八〕也。説文云：貶，損也。從貝乏聲也。

歐噦　上謳狗反。左傳云：伏弢歐血是也。説文云：歐，猶吐也。從欠區聲。弢音滔。下冤越反。禮記云：子侍父不敢噫噦嚏欬也。説文云：噦，猶氣悟〔七九〕也。從口歳聲。噫，厄界反。嚏音帝。欬音開蓋反。

雜糅　上徂合反。切韻云：雜，集也，又穿〔八〇〕也。考聲云：衆也。下女救反。説文云：糅亦雜也，謂相參雜也。字書從丑作粈，又作鈕字。尼輒反。

深穽　上式針反。爾雅云：濬、幽，深也。字書云：深，遠也。下疾政反。尚書云：敜乃穽。傳云：穽，陷也。考聲云：阬也。謂陷獸阬也。從穴井聲。又作阱字，音訓同。敜音

濩落　上胡郭反，下郎各反。廣雅云：濩落，寬廣無涯濟〔八一〕也。字書云：殞濩落㵳〔八二〕失志皃也。

毗郍〔八三〕夜迦　梵語也。舊云頻郍夜迦，或毗郍夜但迦，或云吠郍野迦。吠，借音微一反。此云障礙神，謂人形象頭，能與一切作障礙故。

續一切經音義　卷第十

丁未歲高麗國大藏都監奉敕雕造

校勘記

〔一〕說文云：約也　今傳本說文：「誓，約束也。」

〔二〕謹　臺灣大通書局影印本和獅無，此據中華大藏經本和今傳本爾雅郭璞注。

〔三〕大禹謨九功，皋陶謨九德也　今傳本孔傳爲「大禹謀九功，皋陶謀九德」。

〔四〕休　據文意似作「烋」。反　各本無，據文意補。

〔五〕胏　獅注云：「諸本作肞，誤。正『藏』。」廣韻：「腑，藏腑。本作府，俗加月。」

〔六〕號　據文意似作「虢」。弛　據文意似作「弛」。

〔七〕當　臺灣大通書局影印本和獅誤作「營」，此據中華大藏經本。

〔八〕壞　臺灣大通書局影印本誤作「壞」，此據中華大藏經本。

〔九〕說文云：絲也。結可解者也　今傳本說文：「紐，系也。一曰結而可解。」

〔一〇〕說文：藏也　今傳本說文：「韜，劍衣也。」段注：「引申爲凡包藏之稱。」

〔一一〕說文云：柔皮也　今傳本說文：「韋，相背也。从舛□聲。獸皮之韋可以束，枉戾相韋背，故借以爲皮韋。」

〔一二〕說文云：相躡行也　今傳本說文：「追也。从足重聲。一曰往來皃。」

〔一三〕說文云：奪也　今傳本說文：「褫，奪衣也。」

〔一四〕濿　今傳本說文作「荐」。

〔一五〕說文云：鳥羽也　今傳本說文：「羽，鳥長毛也。」說文云：符檄三尺書也　今傳本說文：「檄，二尺書。」

〔一六〕注　麗無，據文意補。

〔一七〕月　據文意似作「干」。

〔一八〕國　中華大藏經本和獅無，獅注云「本老上有國」。此據臺灣大通書局影印本。

〔一九〕說文：從广詳省聲　今傳本說文：「庠，从广羊聲。」

〔二〇〕撫　今傳本爾雅作「拊」。

〔二一〕說文云：從壴否聲　今傳本說文：「从喜否聲。」

〔二二〕說文云：毀也　今傳本說文：「譖，愬也。」

〔二三〕說文云：配也　今傳本說文：「媲，妃也。」

〔二四〕說文云：狂也　今傳本說文：「狡，少狗也。」

〔二五〕州　臺灣大通書局影印本和獅作「川」，此據中華大藏經本。

〔二六〕周　今傳本毛傳作「固」。

〔二七〕慺　今傳本說文作「慺」。

〔二八〕東　據文意似作「弟」。

〔二九〕蹏　段注：「俗作蹄。」

〔三〇〕說文：以火拂除祓也　今傳本說文：「爝，苣火祓也。」

〔三一〕口　臺灣大通書局本和獅作「口」，中華大藏經本作「户」，據文意似作「户」。

〔三二〕說文云：寰，宇也　今傳本說文：「寰，王者封畿内縣也。」

〔三三〕說文云：砥，礪也　今傳本說文：「礪，礲也。」

〔三四〕說文云：青金也。從金沿省聲　今傳本說文：「鉛，从金㕣聲。」

〔三五〕說文：誡也，又導也　今傳本說文：「訓，說教也。」

〔三六〕丿　似衍。

〔三七〕說文：推有罪人也　今傳本說文：「劾，法有辠也。」

〔三八〕說文云：爽旦明也　今傳本說文：「昧，闇也。」

〔三九〕醩　今傳本說文作「糟」。

〔四〇〕說文云：媒，娉也　今傳本說文：「媒，謀也，謀合二姓。」

〔四一〕反　各本無，據文意補。說文正作衙，自媒也　今傳本說文：「衙，行且賣也。」

〔四二〕說文云：果名也　今傳本說文：「橘，果出江南。」

〔四三〕說文云：明也　今傳本說文：「皦，玉石之白也。」

〔四四〕越　據文意當作「弋」。

〔四五〕謣　今傳本說文無。

〔四六〕說文云：琢金石也。從金雋聲也　今傳本說文：「鐫，穿木鐫也。从金雋聲。一曰琢石也。」

〔四七〕說文：視也。又深遠也。從夐人在穴上也　今傳本說文：「夐，營求也。从夐从人在穴上。」

〔四八〕說文作邕，和也　今傳本說文：「邕，四方有水自邕城池者」。

〔四九〕栗　大通書局本作「西」。

〔五〇〕手動也　今傳本說文：「攪，亂也。」

〔五一〕說文云：較，見也。又明也　今傳本說文：「較，車騎上曲銅也。」

〔五二〕說文云：馳也　今傳本說文：「驤，馬之低仰也。」

〔五三〕說文云：沃，灌也。從水夭聲也　今傳本說文：「渋，溉灌也。从水芺聲。」段注：「隸作沃。」

〔五四〕說文云：撞，突也　今傳本說文：「撞，卂擣也。」

〔五五〕杜衡　據文意似爲「土橫」。

〔五六〕静　今傳本爾雅作「詳」。

〔五七〕見　據文意似作「足」。

〔五八〕說文：薛，蘿也，蔓生者也　今傳本說文：「薛，牡贊也。」

〔五九〕說文云：使也　今傳本說文：「保，養也。」

〔六〇〕說文云：水清也　今傳本說文：「淳，渌也。」

〔六一〕反　中華大藏經本和獅無，獅注云「皎下反脱」。此據臺灣大通書局影印本。

〔六二〕迫　中華大藏經本作「迫」，獅作「邈」，臺灣大通書局影印本作「邈」，據文意似作「退」。

〔六三〕睢　今傳本莊子作「睡」。

〔六四〕說文：船櫂也　今傳本說文：「櫂，所以進船也。」

〔六五〕說文云：馬字四點像足，頭尾具，王以乘之，像形字也　今傳本說文：「馬，怒也，武也。象馬頭髦尾四足之形。」

〔六六〕反　中華大藏經本和獅無，獅注云「故下反脱」。此據臺灣大通書局影印本。

〔六七〕說文：沛國謂稻爲糯。今江東通呼秔米爲稻米也　今傳本說文：「稻，稌也。」

〔六八〕或　據文意當作「欸」。

〔六九〕說文云：吹氣聲也　今傳本說文：「欸，吹氣也。從欠或聲。」

〔七〇〕說文：車絡也　今傳本說文：「綏，車中把也。」

〔七一〕典　衍。

〔七二〕又從禾作穊　據文意似爲「又從扌作攗」。

〔七三〕說文云：濟也　今傳本說文：「津，水渡也。」

〔七四〕說文云：糾青絲也　今傳本說文：「綸，青絲綬也。」

〔七五〕悮　據文意當作「誤」。

〔七六〕窮　大通書局本作「穿」。

〔七七〕封　據文意當作「卦」。

〔七八〕點　據文意當作「黜」。

〔七九〕悟　據文意當作「牾」。

〔八〇〕穿　臺灣大通書局影印本和獅作穽，此據中華大藏經本。

〔八一〕濟　據文意似作「際」。

〔八二〕蘀　臺灣大通書局影印本和獅作「萍」。「萍」似爲「蘀」的省形字。此據中華大藏經本。

〔八三〕郍　即「那」。五音集韻：「郍，俗那。」

附録：佛經音義研究論著目録

徐時儀

本目録按作者姓氏音序排列，大致爲作者、論著題目、出處或出版機構、出版時間。由於我們所見有限，或有掛漏訛誤，敬祈海内外方家刊謬補闕。

白兆麟展示佛經文獻之瑰寶，填補漢語研究之空白——評玄應衆經音義研究，學術界 2006 年第 3 期。
白兆麟評玄應衆經音義研究，中國語文 2007 年第一期。
阪井健一希麟續一切經音義反切考，中國文化研究會會報第 5 期第 1 卷，1955 年。
北山由紀子顧野王玉篇與玄應一切經音義的關係，開篇 Vol. 26，2007 年。
畢慧玉敦煌寫本六度集經音義校補，敦煌學研究 2006 年第一期。
藏園老人校本一切經音義跋，中國公論第 5 卷第 6 期，1941 年。
陳定民慧琳一切音義中之異體字，中法大學月刊第 3 卷第 1—5 期和第 4 卷第 4 期，1933—1934 年。
陳金木正續一切經音義引論語鄭氏注之考察，彰化師範大學國文系集刊 1996 年第一期。
陳王庭玄應音義目録，藏外佛教文獻第二編（總第十五輯），2010 年第 3 期。
陳五雲、梁曉虹、徐時儀可洪音義字形研究，漢字傳播與中越文化交流，國際文化出版社 2004 年。
陳五雲、梁曉虹孔雀經單字漢字研究，中國文字研究 2007 年第二輯。
陳五雲、徐時儀、梁曉虹慧琳一切經音義所用「正體」「正字」等術語研究，東亞文獻研究，2007 年。
陳五雲、徐時儀、梁曉虹佛經音義與漢字研究，鳳凰出版社 2010 年。
陳垣玄應慧苑兩音義合論和慧琳希麟兩音義合論，經世日報・讀書周刊第 39 期，1947 年。
陳垣中國佛教史籍概論，中華書局 1962 年。
陳源源妙法蓮華經釋文所引慧苑華嚴經音義考，漢語史學報第六輯。
陳作霖一切經音義通檢序，1896 年（正續一切經音義第 5665 頁，上海古籍出版社 1986 年）。
池田證壽新譯華嚴經音義私記について先行音義との關係，北海道大學文學部國語學講座編辭書・音義（北大國語學講座二十周年記念論輯），汲古書院，昭和 63 年（1988）版。

池田證壽高山寺藏新譯華嚴經音義和宮内廳書陵部藏宋版華嚴經，日本學・敦煌學・漢文訓讀の新展開—石塚晴通教授退職紀念，汲古書院，平成 17 年（敦煌學・日本學——石塚晴通教授退職紀念論文集，上海辭書出版社 2005 年版）。

儲泰松可洪音義劄記，古漢語研究 2004 年第 2 期。

儲泰松唐代音義所見方音考，語言研究 2004 年第 2 期。

儲泰松唐五代關中方音研究，安徽大學出版社 2005 年。

戴維揚編輯慧琳一切經音義引用書索引之經過，國學季刊 1937 年第 6 卷第 1 期。

黨懷興、陶生魁慧琳音義徵引説文的文獻學價值探賾，中國語言文學研究春之卷（總第 27 卷），2020 年。

鄧福禄、韓小荆試論可洪音義在字典編纂方面的價值，河北科技大學學報 2007 年第一期。

丁鋒慧琳一切經音義改良玄應反切考，海外事情研究第 31 卷第 1 號，2004 年。

丁鋒慧琳改訂玄應反切聲類考，音史新論，學苑出版社 2005 年。

丁鋒慧琳改訂玄應反切反映的唐代長安聲調狀況，漢語史學報第六輯，2006 年。

丁鋒唐代音韻史新資料——東渡唐僧道璿華嚴傳音義音韻研究，勵耘語言學刊第 28 輯，2018 年。

丁鋒福州藏五種經本隨函音義所注直音反映的北宋音韻演變現象，民俗典籍文字研究第 27 輯，2021 年。

丁鋒慧琳音義中四家文本引切韻考，岩田禮教授榮休紀念論文集，日本地理言語學會 2022 年。

丁福保一切經音義提要，1924 年正續一切經音義第 5796—5857 頁，上海古籍出版社 1986 年。

丁福保重刊正續一切經音義序，1924 年，正續一切經音義第 5791—5794 頁，上海古籍出版社 1986 年。

丁慶剛摩訶僧祇律之慧琳「音義」考校，殷都學刊 2017 年第 3 期。

丁慶剛十誦律之慧琳「音義」考校，天中學刊 2017 年第 4 期。

丁慶剛玄應一切經音義名物詞考釋五則，農業考古 2017 年第 6 期。

丁慶剛中古律部漢譯佛典俗語詞例釋，成都大學學報 2021 年第 4 期。

董志翹孜孜以求　雙玉合璧——評玄應和慧琳一切經音義研究，中國訓詁學報，2013 年。

范舒吐魯番本玄應一切經音義研究，敦煌研究 2014 年第 6 期。

范祥雍遺稿，范邦瑾整理，跋徐乃昌過録段玉裁、王念孫校玄應一切經音義，經學研究集刊，2017 年。

方廣錩慧琳音義與唐代大藏經，藏外佛教文獻第八輯，宗教文化出版社 2003 年。

方一新玄應一切經音義卷一二生經音義劄記，古漢語研究 2006 年第 3 期。

馮先思可洪音義所見五代玉篇傳本考，古籍研究（總第 63 卷），2016 年。

鋼和泰音譯梵書與中國古音，國學季刊第 1 卷第 1 期，1923 年。
高田時雄可洪隨函録與行瑫隨函音疏，中國語史的資料與方法，京都大學人文科學研究所 1994 年。
高永安唐五代佛典音義資料的巡禮——評黃仁瑄唐五代佛典音義研究，華中國學（總第 9 卷），2017 年。
耿銘玄應賢愚經音義校讀札記，覺群佛學，宗教文化出版社 2006 年。
耿銘佛經音義字體考，普門學報第 44 期，2008 年。
耿銘玄應音義文獻與語言文字研究，上海人民出版社 2016 年。
谷英姿正續一切經音義與説文考異——關於説文説解中的逸句，才智 2009 年第 8 期。
顧滿林慧琳音義與道地經校讀劄記，漢語史研究集刊第十九輯，2015 年。
郭萬青一切經音義三種引國語例辨正，中國俗文化研究 2010 年第 5 期。
郭照川運用語言文字規律校勘説文解字芻議——以一切經音義引説文箋爲例，廊坊師範學院學報第 27 卷第 5 期。
顧齊之新收一切藏經音義序，正續一切經音義第 25 頁，上海古籍出版社 1986 年。
韓小荆可洪音義與佛典整理，長江學術 2006 年第 2 期。
韓小荆可洪音義注釋失誤類析，西南交通大學學報 2007 年一期。
韓小荆可洪音義與大型字典編纂，古漢語研究 2007 年第 3 期。
韓小荆據可洪音義解讀龍龕手鏡俗字釋例，語言科學 2007 年第 5 期。
韓小荆試析可洪音義對玄應音義的匡補，中國典籍與文化 2007 年 4 期。
韓小荆以可洪音義補大型字書未收俗字，中國文字研究 2007 年第二輯。
韓小荆可洪音義與龍龕手鏡研究，湖北大學學報 2008 年第 5 期。
韓小荆可洪音義研究以文字爲中心，巴蜀書社 2009 年。
韓小荆慧琳音義注釋疏誤舉例，長江學術 2012 年第 2 期。
韓小荆慧琳一切經音義注釋疏誤類析，中國典籍與文化 2012 第 2 期。
韓小荆玄應一切經音義注釋指瑕，湖北大學學報，2012 年第 3 期。
韓小荆可洪音義引「説文」考，長江學術 2013 年第 4 期。
韓小荆可洪音義引字樣研究，中國文字研究第十九輯，2014 年。
韓小荆試論可洪音義所引玉篇的文獻學語言學價值，中國典籍與文化，2015 年第 3 期。
韓小荆可洪音義研究以引書爲中心，中國社會科學出版社 2019 年。

韓小荆：佛經音義同形字輯釋，漢字漢語研究 2019 年第 4 期。
韓小荆：佛經疑難字新考，文獻語言學 2020 年第 1 期。
河野六郎：慧琳衆經音義反切的特色，中國文化研究會會報 1955 年第 5 卷第 1 期。
侯佳利：漢語大字典引一切經音義辨誤，湖北第二師範學院學報 2013 年第 10 期。
侯佳利：北師大藏玄應一切經音義殘卷版本考，湖北第二師範學院學報 2014 年第 3 期。
侯佳利：高麗藏初雕本玄應一切經音義版本初探，民俗典籍文字研究第 21 輯，2018 年。
黄淬伯：慧琳一切經音義反切考韻表，國學論叢 2 卷 2 期，1930 年。
黄淬伯：慧琳一切經音義反切聲類考，歷史語言研究所集刊 1 本 2 分册，1930 年。
黄淬伯：慧琳一切經音義反切考，歷史語言研究所專刊之六，1931 年。
黄淬伯：唐代關中方言音系，江蘇古籍出版社 1998 年。
黄淬伯：慧琳一切經音義反切考，中華書局 2010 年。
黄坤堯：音義闡微，上海古籍出版社 1997 年。
黄仁瑄：慧琳一切經音義中的假借，南陽師範學院學報 2003 年第 2 期。
黄仁瑄：玄應一切經音義中的「假借」、「借字」，南陽師範學院學報 2003 年第 7 期。
黄仁瑄：玄應一切經音義中的字意，河南師範大學學報 2004 年第 4 期。
黄仁瑄：慧琳一切經音義中的轉注字，古漢語研究 2005 年第 1 期。
黄仁瑄：慧琳一切經音義中的轉注兼會意字，語言研究 2005 年第 2 期。
黄仁瑄：玄應音系中的舌音、唇音和全濁聲母，語言研究 2006 年第 2 期。
黄仁瑄：玄應一切經音義中的近字，河南師範大學學報 2006 年第 5 期。
黄仁瑄：唐五代佛經音義中的借用，南陽師範學院學報 2006 年第 7 期。
黄仁瑄：希麟音系的聲紐對音及其語音系統，華中科技大學學報 2007 年第 1 期。
黄仁瑄、聶宛忻：慧苑音系聲紐的研究，古漢語研究 2007 年第 3 期。
黄仁瑄：高麗藏本慧苑音義引說文的異文問題，語言研究 2008 年第 3 期。
黄仁瑄、聶宛忻：可洪音義引大藏經述，南陽師範學院學報 2008 年第 11 期。
黄仁瑄：高麗藏本慧苑音義引說文的衍、脱、誤問題，語言研究 2009 年第 4 期。
黄仁瑄：唐五代佛典音義中的「楚夏」問題，南陽師範學院學報 2010 年第 1 期。

黄仁瑄唐五代佛典音義引文選述，古漢語研究 2010 年第 4 期。
黄仁瑄唐五代佛典音義音系中的唇音聲母，語言研究 2010 年第 4 期。
黄仁瑄唐五代佛典音義音系中的全濁聲母，語言科學 2010 年第 4 期。
黄仁瑄唐五代佛典音義研究，中華書局 2011 年。
黄仁瑄唐五代佛典音義音系中的牙音聲母，漢語學報 2011 年第 1 期。
黄仁瑄可洪新集藏經音義隨函録引許慎説文舉例，語言研究 2011 年第 2 期。
黄仁瑄慧琳一切經音義再校勘舉例，語文研究 2012 年第 2 期。
黄仁瑄瑜伽師地論之玄應音義校勘舉例，古漢語研究 2012 年第 2 期。
黄仁瑄慧琳添修之妙法蓮花經音義的訛、倒、衍問題，語言研究 2012 年第 2 期。
黄仁瑄玄應大唐衆經音義校勘舉例，語言研究 2013 年第 2 期。
黄仁瑄、聶宛忻四分律之玄應音義校勘舉例，語文研究 2013 年第 3 期。
黄仁瑄、劉興基於慧琳一切經音義的異體字數字化研究，語言文字應用 2013 年第 4 期。
黄仁瑄妙法蓮華經之玄應音義校勘舉例，漢語學報 2013 年第 4 期。
黄仁瑄慧琳一切經音義校勘十例，語言研究 2014 年第 3 期。
黄仁瑄唐五代佛典音義引楚辭章句校勘舉例，長江學術 2014 年第 3 期。
黄仁瑄慧琳删補之大般涅槃經音義校正，國學學刊 2015 年第 1 期。
黄仁瑄唐五代佛典音義的引書分類，華中國學第三卷，2015 年。
黄仁瑄大般若波羅蜜多經之慧琳音義訛、脱舉例，語言研究 2015 年第 3 期。
黄仁瑄玄應大唐衆經音義校勘舉例（續一），語言研究 2016 第 2 期。
黄仁瑄正本清源，翻對唐梵——大唐衆經音義校注前言，華中國學（總第 6 卷），2016 年。
黄仁瑄高麗藏本慧苑音義的訛、脱、倒問題，漢語史與漢藏語研究（第一輯），2017 年。
黄仁瑄、聶宛忻經律異相之慧琳音義的訛、脱、倒問題，語言研究 2017 年第 4 期。
黄仁瑄大唐衆經音義校注，中華書局 2018 年。
黄仁瑄辯正論之慧琳音義校勘舉例，漢語史學報（第二十輯），2019 年。
黄仁瑄新譯大方廣佛華嚴經音義校注，中華書局 2020 年。
黄仁瑄、賀穎弘明集之慧琳音義校正舉例，語言研究 2020 第 4 期。

黃仁瑄續一切經音義校注，中華書局 2021 年。
黃仁瑄、瞿山鑫希麟續一切經音義中的脱字問題，漢語史研究集刊第二十八輯，2020 年。
黃仁瑄希麟續一切經音義訛字校正，北斗語言學刊第 6 輯，2020 年。
黃仁瑄大唐慈恩寺三藏法師玄奘傳之慧琳「音義」的訛、脱、倒問題，華中學術第 32 輯，2020 年。
黃仁瑄略論佛典音義校勘的原則和方法，文獻語言學第十三輯，2021 年。
黃小芃釋僧祐胡漢譯經文字音義同異記，中華文化論壇 2017 年第 8 期。
吉池孝一倭名類聚抄所引的考聲切韻逸文的所切和慧琳音義的反切，汲古第 13 期，汲古書院 1988 年。
計麗慧琳音義反切用字校勘六則，文教資料 2021 年第 15 期。
金愛英、李在敦、李圭甲新集藏經音義隨函録言語研究，中國語文學論集 18 輯，2001 年。
金愛英新集藏經音義隨函録辭彙初探，中國語文學志 10 輯，2001 年。
金愛英慧苑音義字形研究，中國言語研究 19 輯，2004 年。
金愛英、金鉉哲新譯大方廣佛華嚴經音義研究，中國語文學論集 27 輯，2004 年。
姜磊玄應一切經音義校勘大徐本例説，寧夏大學學報 2006 年第 2 期。
江石大佛頂經音義所見的特殊語音現象，懷化學院學報 2009 年第 7 期。
蔣禮鴻玄應一切經音義校録，蔣禮鴻語言文字學論叢，浙江古籍出版社 1994 年版。
蔣紹愚慧琳一切經音義中的口語詞，*Studies on Chinese in honor on Erik Zucher*，Gaant Hoijand，1993 年。
解冰慧琳一切經音義轉注、假借考，貴州大學學報 1992 年第 2 期。
景審一切經音義序，正續一切經音義第 19 頁，上海古籍出版社 1986 年。
柯慧俐、亓娟莉一切經音義音樂史料考論，人民音樂 2022 年第 1 期。
李蓓蓓、都興宙磧砂藏隨函音義韻部研究，現代語文 2016 年第 1 期。
李博一切經音義引周易新考，歷史文獻研究（總第 41 輯），2018 年。
李福言玄應音義引説文考，中國文字研究第二十五輯，2017 年。
李福言玄應音義引尚書考，河池學院學報 2018 年第 4 期。
李福言慧苑音義引廣雅考，河北民族師範學院學報 2019 年第 3 期。
李福言玄應音義引廣雅考，內江師範學院學報 2019 年第 7 期。
李廣鋒、黃仁瑄高僧傳之慧琳「音義」的訛、脱、倒問題，語言研究 2018 年第 4 期。

李廣寬磧砂藏隨函音義所見宋代福建方音考，長江學術 2016 年第 1 期。
李廣寬磧砂藏隨函音義止蟹二攝的合流，漢語史研究集刊第二十一輯，2016 年。
李廣寬論磧砂藏對思溪藏隨函音義音切的修訂，人文論叢 2016 年。
李廣寬磧砂藏隨函音義開口二等喉牙音字的演變及相關問題，漢語史研究集刊第二十四輯，2018 年。
李廣寬磧砂藏隨函音義產生時代考，人文論叢 2019 年。
李廣寬、陸燕從磧砂藏隨函音義看唐宋時期知莊章三組聲母的演變路徑，語言研究 2021 年第 1 期。
李圭甲劃分與其他正字同形的異體字與誤字之界——以可洪音義所見字形爲主，漢語史學報第十六輯，2016 年。
李圭甲日本金剛寺本玄應音義的誤字與異體字，語言研究 2016 年第 2 期。
李吉東一切經音義中所見的幾處周易經文異文，周易研究 2006 年第 2 期。
李京正續一切經音義引經典釋文考，大慶師範學院學報 2017 年第 2 期。
李麗靜慧琳音義引聲類佚文考，南陽師範學院學報 2010 年第 1 期。
李啓平一切經音義(上)所見陽原方俗詞語研究，河北廣播電視大學學報 2013 年第 1 期。
李啓平一切經音義(中)所見陽原方俗詞語研究，河北廣播電視大學學報 2014 年第 3 期。
李文珠一切經音義中幾個俗字術語辨析，南陽師範學院學報 2007 年第 4 期。
李昕皓類聚名義抄所引佛經音義字形字用研究，北方工業大學學報 2022 年第 3 期。
李秀芹慧琳一切經音義重紐反切結構特點，語言研究 2008 年第 4 期。
李曌華、王育林，于雷正續一切經音義中病癥名稱義疏舉隅，北京中醫藥 2011 年第 5 期。
李曌華、王育林淺析三種一切經音義與漢語醫學詞彙中的複音詞研究，中醫學報 2014 年第 3 期。
黎養正重校一切經音義序，大正新修大藏經第 54 册第 933 頁，臺灣新文豐公司 1996 年。
梁三姍、韓小荆玄應一切經音義之再勘，漢語史研究集刊第二十九輯，2020 年。
梁曉虹佛經音義與漢語雙音化研究，南山大學アカデミア文學・語學編第 71 號，2002 年。
梁曉虹從佛經音義的「同義爲訓」考察同義複合詞的發展，南山大學アカデミア文學・語學編第 75 號，2004 年。
梁曉虹、徐時儀、陳五雲佛經音義與漢語詞彙研究，商務印書館 2005 年。
梁曉虹、陳五雲、徐時儀從佛經音義的辨識看外來詞的漢化過程，南山大學文學語學篇第 77 號，2005 年。
梁曉虹佛經音義研究的新收穫，普門學報第三十一期，2006 年。
梁曉虹新譯大方廣佛華嚴經與新譯華嚴經音義私記之詞匯比較研究，南山大學アカデミア文學・語學編第 79 號，2006 年。

梁曉虹、陳五雲孔雀經單字漢字研究，南山大學アカデミア文學・語學編第 81 號，2007 年。
梁曉虹、陳五雲四分律音義俗字拾碎，南山大學文學語學篇第 83 號，2008 年。
梁曉虹石山寺本大般若經音義（中卷）俗字研究，中國語言學集刊（Bulletin of Chinese Linguistics）第三卷第一期，2008 年。
梁曉虹日本古寫本佛經音義與漢字俗字研究，中國文字學報第 2 期，2008 年。
梁曉虹石山寺本大般若經音義（中卷）俗字研究（續），南山大學アカデミア人文・社會編第 88 號，2009 年。
梁曉虹、陳五雲新譯華嚴經音義私記俗字研究（上），東亞文獻研究第 4 輯，2009 年。
梁曉虹、陳五雲新譯華嚴經音義私記俗字研究（中），東亞文獻研究第 5 輯，2009 年。
梁曉虹、陳五雲新譯華嚴經音義私記俗字研究——疑難字考釋（下），東亞文獻研究第 6 輯，2010 年。
梁曉虹新華嚴經音義與新譯華嚴經音義私記之俗字比較研究，南山大學アカデミア文學・語學編第 88 號，2010 年。
梁曉虹奈良時代日僧所撰華嚴音義與則天文字研究，歷史語言學研究第四輯，2011 年。
梁曉虹石山寺本大般若經音義（中卷）與慧琳本之詞彙比較研究，漢語史學報第十二輯，2012 年。
梁曉虹法華經音訓與漢字異體字研究，圓融內外　綜貫梵唐——第五屆漢文佛典語言國際學術研討會論文集，臺灣花木蘭文化出版社 2012 年。
梁曉虹、陳五雲法華經釋文與漢字訓詁研究——以仲算「今案」爲中心，南山大學アカデミア文學・語學編第 93 號，2013 年。
梁曉虹新華嚴經音義（大治本・金剛寺本）與漢字研究，古文獻研究集刊第七輯，鳳凰出版社 2013 年。
梁曉虹日僧所撰大般若經音義綜述，東亞文獻研究第 12 輯，2013 年。
梁曉虹四部日本古寫本佛經音義述評，域外漢籍研究集刊第九輯，2013 年。
梁曉虹日本「篇立音義」與漢字研究——以浄土三部經音義爲中心，南山大學アカデミア文學・語學編第 95 號，2014 年。
梁曉虹、陳五雲、苗昱新譯華嚴經音義私記俗字研究（上下），臺灣花木蘭文化出版社 2014 年。
梁曉虹、陳五雲順憬殘存音義考——以法華經釋文爲中心，何志華、馮勝利主编，承繼與拓新：漢語語言文字學研究（下），商務印書館（香港）有限公司 2014 年。
梁曉虹日本中世「篇立音義」與漢字研究，歷史語言學研究第八輯，2014 年。
梁曉虹日本古寫本單經音義與漢字研究，中華書局 2015 年。
梁曉虹大般若經字抄與漢字研究，中國俗文化研究第九輯，2015 年。
梁曉虹藤原公任大般若經字抄在日本佛經音義史上的地位，東亞文獻研究第 15 輯，2015 年。
梁曉虹天理本大般若經音義漢字研究，第二十七屆中國文字學國際學術研討會論文集，2016 年。

梁曉虹《無窮會本大般若經音義與異體字研究》，《漢語研究的新貌——方言、語法與文獻》，香港中文大學中國文化研究所吴多泰中國語文研究中心，2016 年。
梁曉虹《從無窮會本大般若經音義「先德非之」考察古代日僧的漢字觀》，《漢語歷史語言學的傳承與發展——張永言先生從教六十五周年紀念文集》，復旦大學出版社 2016 年。
梁曉虹《高山寺藏古寫本華嚴傳音義論考》，《東亞文獻研究》第 18 輯，2016 年。
梁曉虹《日本早期異體字研究——以無窮會本大般若經音義爲例》，《中國文字學報》第七輯，2017 年。
梁曉虹《日僧湛奕著〈净土論注音釋〉考論》，《文獻語言學》第四輯，2017 年。
梁曉虹《日本信瑞〈净土三部經音義集〉引〈説文〉考》，《許慎文化研究(三)(第三届許慎文化國際研討會論文集)》，江西人民出版社 2017 年。
梁曉虹《大般若經文本研究——以大般若經校異并付録爲中心》，《東亞文獻研究》第 20 輯，2017 年。
梁曉虹《日本金光明最勝王經音義與異體字研究》，《漢字漢語研究》2018 年第 1 期。
梁曉虹《古代日僧所撰三種大般若經音義異體字研究》，《近代漢字研究》創刊號，2018 年。
梁曉虹《日本佛經音義與中日俗字研究——以〈新譯華嚴經音義私記〉爲例》，《澳門語言文化研究——「語言與現代化」學術研討會論文集》，2018 年。
梁曉虹《日本佛經音義與古代漢語言文字工具書整理研究》，《東亞文獻研究》第 22 輯，2018 年。
梁曉虹《日本漢字資料研究——日本佛經音義》，中國社會科學出版社 2018 年。
梁曉虹《醍醐寺藏〈孔雀經音義〉(平安中期寫本)漢字研究》，《南山大學アカデミア文學・語學編》第 105 號，2019 年。
梁曉虹《日本早期佛經音義特色考察——以醍醐寺藏〈孔雀經音義〉古寫本爲例》，《歷史語言學研究》第十三輯，2019 年。
梁曉虹《日僧撰〈俱舍論音義〉的語料價值——以漢字研究爲中心》，《文獻語言學》第九輯，2019 年。
梁曉虹《日本早期佛經音義特色考察——以〈大乘理趣六波羅蜜經釋文〉爲例》，《文獻語言學》第十一輯，2020 年。
梁曉虹《天理本、六地藏寺本〈大般若經音義〉之比較研究——以訛俗字爲中心》，《歷史語言學研究》第十四輯，2020 年。
梁曉虹《日本保延本〈法華經單字〉漢字研究：跨文化視野與漢字研究》，社會科學文獻出版社 2020 年。
梁曉虹《無窮會本〈大般若經音義〉疑難異體字例考(上)》，《東亞文獻研究》第 25 輯，2020 年。
劉春生《慧苑及〈華嚴經音義〉的幾點考證》，《貴州大學學報》1992 年第 2 期。
劉林魁《〈慧琳音義〉所見〈利涉論衡〉、〈道氤定三教論衡〉考》，《宗教學研究》2015 年第 2 期。
陸宗達《〈一切經音義〉引用書索引跋》，《正續一切經音義》第 5661—5664 頁，上海古籍出版社 1986 年。
落合俊典《敦煌寫本以及日本古寫經中的玄應撰〈一切經音義〉》，《轉型期的敦煌學》，上海古籍出版社 2007 年。

呂冠南慧琳一切經音義所引韓詩佚籍實爲薛君韓詩章句考——兼論原本玉篇殘卷與經典釋文中的韓詩，文獻 2018 年第 4 期。
苗昱新譯華嚴經音義私記和訓例釋，南京曉莊學院學報 2013 年第 4 期。
苗昱、陶家駿慧苑音義韻部研究，南京曉莊學院學報 2008 年第 5 期。
苗昱、梁曉虹新譯大方廣佛華嚴經音義私記整理與研究，鳳凰出版社 2014 年。
聶鴻音慧琳譯音研究，中央民族學院學報 1985 年第 1 期。
聶鴻音黑城所出續一切經音義殘片考，北方文物 2001 年第 1 期。
聶宛忻玄應一切經音義中的借音，南陽師範學院學報 2003 年第 11 期。
聶宛忻、黄仁瑄慧琳一切經音義中的一些轉注字，南陽師範學院學報 2004 年第 10 期。
聶宛忻高麗藏本慧苑音義徵引的方言，語言研究 2009 年第 3 期。
聶宛忻慧琳一切經音義訛、脱舉例，語言研究 2013 年第 3 期。
聶宛忻、黄仁瑄唐五代佛典音義引史記述，南陽師範學院學報 2013 年第 5 期。
聶宛忻、黄仁暄大唐西域記之慧琳「音義」校勘舉例，華中國學（總第 13 卷），2019 年。
聶志軍日本杏雨書屋藏玄應一切經音義殘卷再研究，古漢語研究 2013 年第 1 期。
潘牧天敦煌 BD03445 妙法蓮華經考斠，東亞文獻研究第 13 輯，2013 年。
潘小松雙語詞典之源：一切經音義，博覽群書 2010 年第 9 期。
彭喜雙慧琳一切經音義引爾雅鄭玄注質疑，漢語史學報第八輯，2008 年。
平田昌司略論唐以前的佛經對音（26 屆國際漢藏語言及語言學大會論文集，1994 年）。
喬輝慧苑音義價值略論，語文知識 2011 年第 4 期。
喬輝高麗藏本慧苑音義與玄應一切經音義之「大方廣佛華嚴經音義」相較説略，語文學刊 2011 年第 6 期。
喬輝華嚴經音義匯校考索，陝西人民出版社 2014 年。
切通しのぶ續一切經音義における希麟音切の考察，九州中國學會報第四十二卷，2003 年。
慶谷壽信敦煌出土の音韵資料（上）——stein 6691vについて，東京都立大學中國文學科人文學報 78 號，1970 年 3 月。
慶谷壽信敦煌出土的音韵資料（中）——首楞嚴經の文獻學的考察，東京都立大學中國文學科人文學報 91 號，1973 年 2 月。
慶谷壽信敦煌出土的音韵資料（下）——首楞嚴經の反切聲類考，東京都立大學中國文學科人文學報 98 號，1974 年 3 月。
Robert E. Buswell, *Prakritic Phnological Elements in Chinese Budhist Transcriptions: Data From Xuanying s Yiqiejing Yinyi* (Collection of Essays 1993 Buddhism Across Boundaries—Chinese Buddihism and the Western Regions by Erik Zurcher, Lore

Sander, and others, Taipei, 1999)
三保忠夫大治本新華嚴經音義の撰述と背景,南都佛教第 33 號,昭和 49 年(1974)。
三保忠夫元興寺信行撰述の音義,東京大學國語國文學會國語と國文學 1974 年第六號(月刊),至文堂出版。
森博達玄應音義三等韻的分合,均社論叢第 5 卷第 2 期,1978 年。
山田孝雄一切經音義刊行的始末,大治寫本一切經音義,1933 年。
上田正玄應音義諸本論考,東洋學報第 63 卷,1981 年。
上田正慧琳音論考,日本中國學會報第 35 期,1983 年。
上田正玉篇、玄應、慧琳、希麟的反切總覽四種,汲古書院 1987 年。
邵天松新譯大方廣佛華嚴經音義私記引小學書考,常熟理工學院學報 2018 年第 3 期。
申龍新集藏經音義隨函錄聯綿詞考釋四則,安慶師範學院學報 2013 年第 2 期。
邵瑞彭一切經音義校勘記一卷,載邵次公遺著,藏浙江省圖書館,稿本。
神田喜一郎緇流的二大小學家,支那學第七卷第一號,昭和八年(1933),補訂後又載於昭和九年支那學說林。
神尾弌春慧琳一切經音義的摸索,東京槿風莊 1976 年版。
神尾弌春慧琳一切經音義反切索引,東京槿風莊 1976 年版。
沈紅宇、楊軍慧琳一切經音義的重紐問題——從景審序說起,中南大學學報 2015 年第 2 期。
施俊民慧琳音義與說文的校勘,辭書研究 1992 年第 6 期。
獅谷寶洲新雕慧琳藏經音義紀事,正續一切經音義第 29 頁,上海古籍出版社 1986 年。
石塚晴通玄應一切經音義的西域寫本,敦煌研究 1992 年第 2 期。
石塚晴通、池田證壽列寧格勒本一切經音義——以 Φ230 爲中心,訓點語與訓點資料 86,1991 年。
石塚晴通、池田證壽彼得堡本一切經音義——Φ230 以外的諸本,訓點語與訓點資料 96,1995 年。
矢放昭文慧琳音義所收玄應音義的一個側面,均社論叢第 6 卷第 1 期,1979 年。
矢放昭文慧琳音義反切的等韻學特點,均社論叢第 8 卷第 10 期,1981 年。
史光輝信瑞淨土三部經音義集在語言研究方面的價值,中國社會科學院研究生院學報 2012 年第 4 期。
水谷真成慧琳音義雜考,大谷大學支那學報 1955 年第 1 期。
水谷真成慧琳音義的語言系屬,佛教文化研究 1955 年第 5 號。
水谷真成慧苑音義音韻考,大谷大學研究年報 1958 年第 11 期。

水谷真成《慧琳的語言譜系》，《漢語史研究》1959 年。
水谷真成《佛典音義書目》，《中國語史研究》，三省堂 1994 年版。
蘇芃《玄應一切經音義所引玉篇考——以梁諱改字現象爲線索》，《文史》2018 年第 4 輯。
孫慧《近 15 年慧琳音義研究述評》，《黎明職業大學學報》2018 年第 3 期。
孫建偉《慧琳音義斷句標點商榷》，《甘肅聯合大學學報》2013 年第 3 期。
孫建偉《慧琳一切經音義各版本文字差異例釋》，《中南大學學報》2013 年第 4 期。
孫建偉《也談玄應音義的「近字」》，《海南師範大學學報》2013 年第 5 期。
孫建偉《慧琳音義文字校正五則》，《語言科學》2014 年第 4 期。
孫建偉《慧琳一切經音義所釋文字考辨六則》，《國學學刊》2015 年第 3 期。
孫建偉《慧琳音義的作者、成書、流傳及版本綜論》，《重慶師範大學學報》2016 年第 4 期。
孫建偉《慧琳一切經音義「字書並無」類文字現象研究》，《齊齊哈爾大學學報》2016 年第 7 期。
孫建偉《慧琳一切經音義疑難俗字考辨七則》，《西南交通大學學報》2017 年第 1 期。
孫建偉《慧琳音義所釋疑難俗字考探十則》，《國學學刊》2017 年第 2 期。
孫建偉《慧琳一切經音義所釋疑難俗字考辨八則》，《青海師範大學學報》2017 年第 3 期。
孫建偉《慧琳一切經音義俗字考辨九則》，《重慶師範大學學報》2017 年第 4 期。
孫建偉《慧琳一切經音義版本文字勘正五則》，《寧夏大學學報》2018 年第 6 期。
孫建偉《慧琳音義所釋文字考辨》，《寧夏大學學報》2018 年第 2 期。
孫建偉《慧琳音義版本異文考論》，《民俗典籍文字研究》第 21 輯，2018 年。
孫建偉《慧琳一切經音義字際關係考探七則》，《青海師範大學學報》2019 年第 4 期。
孫建偉《字料庫理論在佛經音義類辭書文字整理與研究中的應用》，《民俗典籍文字研究》第 24 輯，2019 年。
孫立新《關於陝西方言對一切經音義的傳承問題》，《陝西歷史博物館論叢》第 27 輯。
孫秀青《玄應音義疑難詞釋疑》，《學術探索》2012 年第 3 期。
孫致文《玄應與窺基對妙法蓮花經語詞解釋之比較研究》，《經學文獻研究集刊》第二十三輯，2020 年。
太田齋《玄應音義中玉篇的使用》，《東洋學報》第八十卷第三號（何林譯，《音史新論》，學苑出版社 2005 年）。
太田齋《玄應音義與玉篇反切的一致》，《開篇》Vol. 17。
譚翠《可洪音義宋元時代流傳考——以磧砂藏隨函音義爲中心》，《中國典籍與文化》2009 年第 3 期。

譚翠磧砂藏隨函音義與漢文佛經校勘，西南交通大學學報 2010 年第 1 期。
譚翠磧砂藏隨函音義研究價值發微，古漢語研究 2011 年第 2 期。
譚翠英藏黑水城文獻所見佛經音義殘片考，文獻 2012 年第 2 期。
譚翠磧砂藏隨函音義研究，中國社會科學出版社 2013 年。
譚翠磧砂藏隨函音義所見宋元語音，古漢語研究 2015 年第 2 期。
譚翠思溪藏隨函音義與漢語俗字研究，西南交通大學學報 2016 年第 6 期。
譚翠從思溪藏看可洪音義在宋代的流傳——兼與磧砂藏隨函音義比較，中國典籍與文化 2017 年第 3 期。
譚翠思溪藏隨函音義俗字舉隅，西南交通大學學報 2019 年第 3 期。
譚翠思溪藏隨函音義俗字釋例，古漢語研究 2020 年第 2 期。
譚翠思溪藏隨函音義研究，中國社會科學出版社 2021 年。
湯用彤讀一點佛書音義——讀書劄記(1961 年)，載湯用彤集，中國社會科學出版社 1995 年版。
唐蘭韻英考，申報 1948 年 5 月 29 日。
唐榕培正續一切經音義引許叔重注淮南子幾個問題的探討，酒城教育 2016 年第 4 期。
田潛一切經音義引説文箋，江陵田氏鼎楚室北京刻本，1924 年。
萬獻初慧琳一切經音義八千次「直音」考析，漢語史學報第十四輯，2014 年。
汪銀峰慧琳音義研究綜述，煙臺師範學院學報 2004 年 1 期。
王彩琴説文新附考異——觀正續一切經音義後，許昌師專學報 1990 年第 1 期。
王國維天寶韻英、元廷堅韻英、張戩考聲切韻、武玄之韻詮分部考，觀堂集林卷八，中華書局，1959 年版。
王華權試論一切經音義刻本用字的學術價值，黄岡師範學院學報 2009 年第 2 期。
王華權一切經音義引書考論，長沙鐵道學院學報 2009 年第 3 期。
王華權一切經音義高麗藏版本再考，咸寧學院學報 2009 年第 4 期。
王華權龍龕手鏡所收一切經音義用字考探，黄岡師範學院學報 2010 年第 1 期。
王華權一切經音義通假字辨析，唐山師範學院學報 2010 年第 3 期。
王華權高麗藏本一切經音義所引周易異文考，湖北社會科學 2010 年第 6 期。
王華權高麗藏本一切經音義所引詩異文略考，中南大學學報 2011 年第 6 期。
王華權高麗藏本一切經音義引韓詩考探，寧夏大學學報 2011 年第 6 期。

王華權一切經音義所記載佛經用字考略，漢語史學報第十一輯，2011 年。
王華權一切經音義刻本用字研究，廣西師範大學出版社 2011 年。
王華權一切經音義文字研究，上海人民出版社 2014 年。
王健潔慧琳一切經音義研究綜述，遼東學院學報 2019 年第 2 期。
王健潔正續一切經音義異文正訛關係考探，遼寧工業大學學報 2020 年第 1 期。
王健潔正續一切經音義引書考小議，遼東學院學報 2020 年第 2 期。
王玨一切經音義引山海經之神異動物——與畢沅校本異文比較，集美大學學報 2009 年第 4 期。
王玨據一切經音義補苴漢語大詞典涉文字學術語，現代語文 2018 年第 9 期。
王力玄應一切經音義反切考，武漢師院學報 1980 年第 3 期，又語言研究 1982 年第 1 期，龍蟲并雕齋文集第三册，中華書局 1982 年版 123—134 頁。
王仁俊希麟音義引說文考，籀鄦誃雜著十種本。
王紹峰慧琳一切經音義訂誤十則，漢語史學報第二十四輯，2021 年。
王少樵玄應書引說文校異五卷。
王少樵慧琳書引說文校異十二卷。
王曦玄應音義磧砂藏系改動原文文字情況考察，合肥師範學院學報 2011 年第 4 期。
王曦試論玄應音義校勘中慧琳音義的版本價值，天中學刊 2011 年第 6 期。
王曦玄應音義磧砂藏系與高麗藏系異文比較，古漢語研究 2012 年第 3 期。
王曦論玄應一切經音義喉音聲母曉、匣、雲、以的分立，中南大學學報 2014 第 3 期。
王曦試論歷史語音研究中破音字常讀音考察的方法——以玄應音義中破音字常讀音研究爲例，古漢語研究 2014 年第 3 期。
王曦試論玄應一切經音義中的舌音聲母，湖北大學學報 2015 年第 1 期。
王曦玄應一切經音義重紐韻舌齒音考察，湖南師範大學社會科學學報 2015 年第 3 期。
王曦玄應一切經音義脣音聲母考察，中國語文 2016 年第 6 期。
王曦玄應音義從邪分立考，國學學刊 2017 年第 3 期。
王豔紅、畢謙琦續一切經音義的重紐，漢語史學報第十三輯，2013 年。
王育林、李曌華、于雷論正續一切經音義病證名兼考「癲癇」「痰飲」，北京中醫藥大學學報 2011 年第 3 期。
王育林、李曌華三種一切經音義內科病證名研究，中醫文獻雜誌 2011 年第 4 期。

望月真澄慧琳音義反切的特徵，金澤大學文學部論集（文學科篇）第5期。
望月真澄慧琳經音義所據之字書説，神奈川大學言語研究第22期，1999年。
尉遲治平武玄之韻詮考，語言研究1994年增刊。
尉遲治平韻詮五十韻頭考，語言研究1994年第2期。
尉遲治平悉曇學和韻詮研究，南大語言學第二編，商務印書館2006年。
尉遲治平玄應音義性質辨正——黄仁瑄大唐衆經音義校注序，國學學刊2016年第3期。
魏南安主編重編一切經音義，臺灣中華佛教百科文獻基金會1997年版。
魏曉豔可洪音義研究現狀綜述，河南理工大學學報2013年第1期。
魏曉豔可洪音義的成書内容與版本流傳，漢字文化2017年第2期。
文亦武慧琳一切經音義成書年代考實及其他，古籍整理研究學刊2000年第4期。
吴焕瑞慧琳一切經音義引爾雅考，大同學報1976年第6期。
吴繼剛玄應音義中的案語研究，五邑大學學報2009年第2期。
吴繼剛七寺本玄應音義文字研究，上海古籍出版社2021年。
吴敬琳玄應音義的音系及其方音現象，花木蘭文化出版社2012年。
吴群金藏慧苑音義誤引説文考，綿陽師範學院學報2017年第6期。
西脅常記柏林所藏吐魯番的漢語文書，京都大學學術出版會2002年版。
夏能權一切經音義校勘記辨正五則，安徽文學2008年第4期。
蕭瑜販書偶記「子部・釋家類・一切經音義二十六卷」條辨疑，古籍整理研究學刊2005年第6期。
小林芳規一切經音義解題，古辭書音義集成第九卷，汲古書院1981年。
謝美齡慧琳反切中的重紐問題（上下）大陸雜誌第八十一卷第1—2期。
辛睿龍俄藏黑水城新集藏經音義隨函録再考，西夏學2017年第2期。
辛睿龍俄藏黑水城佛經音義文獻再考，保定學院學報2017年第4期。
辛睿龍可洪廣弘明集音義誤釋舉例，中國典籍與文化，2018年第1期。
辛睿龍高麗新藏本可洪廣弘明集音義校勘舉例，北斗語言學刊第1輯，2019年。
辛睿龍高麗新藏本可洪廣弘明集音義説字校勘舉例，殷都學刊2019年第1期。
辛睿龍高麗新藏本可洪廣弘明集音義詞目用字校勘舉例，古籍研究第71卷，鳳凰出版社2020年。

辛睿龍高麗新藏本可洪廣弘明集音義異文用字校勘舉例，西南交通大學學報 2022 年第 1 期。
熊楊慧琳音義所引穆天子傳考，唐山師範學院學報 2017 年第 3 期。
徐時儀、梁曉虹、陳五雲佛經音義中有關織物的詞語，漢語史學報第 2 輯，2002 年。
徐時儀、梁曉虹、陳五雲佛經音義概論，大千出版社 2003 年。
徐時儀、陳五雲、梁曉虹略論佛經音義編纂的時代背景，覺群學術論文集第 5 輯，2005 年。
徐時儀、陳五雲、梁曉虹佛經音義研究——首屆佛經音義研究國際學術研討會論文集，上海古籍出版社 2006 年。
徐時儀慧琳與他的一切經音義，1987 年，中國佛教學術論典第 66 冊，佛光山文教基金會出版社 2002 年。
徐時儀慧琳生平考述，喀什師院學報 1989 年第 2 期。
徐時儀慧琳一切經音義版本流傳考，古籍整理研究學刊 1989 年第 6 期。
徐時儀慧琳一切經音義的學術文獻價值，文獻 1990 年第 1 期。
徐時儀慧琳一切經音義流傳到國外的時間考辨，古籍整理出版情況簡報第 210 期。
徐時儀慧琳一切經音義評述，上海師範大學學報 1989 年第 3 期。
徐時儀慧琳一切經音義引用考證、切韻考辨，古籍整理出版情況簡報第 221 期。
徐時儀慧琳一切經音義注音依據考，徽州師專學報 1989 年第 3—4 期合刊。
徐時儀慧琳音義編纂理論和方法初探，辭書研究 1989 年第 4 期。
徐時儀試論慧琳一切經音義在近代漢語辭彙研究中的價值，喀什師院學報 1991 年第 2 期。
徐時儀慧琳音義研究，上海社會科學院出版社 1997 年。
徐時儀慧琳一切經音義引切韻考論，日本中國語學研究開篇 Vol. 20，2000 年。
徐時儀佛經音義中有關乳製品的詞語考探，南陽師院學報 2002 年第 2 期。
徐時儀希麟音義引廣韻考，文獻 2002 年第 1 期。
徐時儀一切經音義引切韻考，中國語言學報第 11 期，商務印書館 2003 年。
徐時儀佛經音義引切韻考，日本中國語學研究開篇 Vol. 22，2003 年。
徐時儀慧琳改訂玄應所釋音切考探，香港中國語文通訊總 68 期，2003 年。
徐時儀略論玄應音義在文字學研究上的學術價值，中國文字研究第四輯，2003 年。
徐時儀玄應一切經音義所釋方言詞考，慶祝施蟄存百年誕辰論文集，上海古籍出版社 2003 年。
徐時儀玄應音義各本異切考，跬步集——古籍研究所成立二十周年紀念集，2003 年。

徐時儀切韻逸文考補正，聲韻論叢第十三輯，2004年。
徐時儀佛經音義所引説文考探，中華文史論叢第74輯，2004年。
徐時儀玄應一切經音義所釋方音考，日本中國語學研究開篇Vol. 23，2004年。
徐時儀玄應音義各本異同考，文史2004年第4期。
徐時儀玄應衆經音義所釋常用詞考，語言研究2004年第4期。
徐時儀玄應音義中的新詞新義例釋，覺群學術論文集第3輯，商務印書館2004年。
徐時儀佛經中有關麵食的詞語考探，普門學報第23期，2004年。
徐時儀玄應衆經音義所釋西域名物詞考，漢語史研究集刊第七輯，2004年。
徐時儀玄應衆經音義方俗詞考，上海師範大學學報2004年4期。
徐時儀敦煌寫本玄應音義考補，敦煌研究2005年第1期。
徐時儀玄應衆經音義方言俗語詞考，漢語學報2005年第1期。
徐時儀玄應衆經音義口語詞考，南開語言學刊第5期，2005年。
徐時儀玄應衆經音義俗語詞考，長江學術第七輯，2005年。
徐時儀玄應音義版本考，中國學術第十八輯，商務印書館2005年。
徐時儀玄應衆經音義所釋名物詞考，中國語文研究第十九期，2005年。
徐時儀玄應衆經音義所釋吴方言詞考，吴語研究，上海教育出版社2005年。
徐時儀玄應衆經音義引方言考，方言2005年第1期。
徐時儀佛經音義所釋外來詞考，漢學研究第23卷第1期，2005年。
徐時儀慧琳一切經音義所釋俗字考，中國文字研究第六輯，2005年。
徐時儀玄應音義所釋方俗詞考，日本中國語學研究開篇Vol. 24，2005年。
徐時儀玄應衆經音義所釋詞語考，南陽師範學院學報2005年第7期。
徐時儀玄應衆經音義所釋俗字考，漢字研究第一輯，學苑出版社2005年。
徐時儀玄應衆經音義的成書和版本流傳考探，古籍整理研究學刊2005年第4期。
徐時儀玄應衆經音義研究，中華書局2005年。
徐時儀金藏、麗藏、磧砂藏與永樂南藏淵源考——以玄應音義爲例，世界宗教研究2006年第2期。
徐時儀開寶藏和遼藏的傳承淵源考，宗教學研究2006年第2期。

徐時儀一切經音義引說文考，日本中國語學研究開篇Vol. 25，2006年。
徐時儀玄應衆經音義引方言考，燕京學報新二十期，2006年。
徐時儀敦煌吐魯番寫本玄應音義考補，敦煌學研究2006年第1期。
徐時儀略論一切經音義與大型字典的編纂，中國文字研究第七輯，2006年。
徐時儀一切經音義與漢字研究，覺群佛學，宗教文化出版社2006年。
徐時儀慧琳音義所釋方俗詞語考，勵耘學刊2006年第三輯。
徐時儀慧琳一切經音義各本異文考，傳統中國研究集刊第三輯，上海人民出版社2007年。
徐時儀敦煌寫卷放光般若經音義考斠，敦煌佛教與禪宗學術討論會文集，三秦出版社2007年。
徐時儀窺基妙法蓮花經音義引切韻考，覺群佛學，宗教文化出版社2008年。
徐時儀俄藏敦煌寫卷放光般若經音義考斠，古籍整理研究學刊2008年第3期。
徐時儀略論一切經音義字典的編纂，中國文字研究第十輯，2008年。
徐時儀希麟續一切經音義引方言考，國學研究第二十二卷，2008年。
徐時儀一切經音義引玉篇考，日本中國語學研究開篇Vol. 27，2008年。
徐時儀略論慧琳音義各本的異同，長江學術2008年第3期。
徐時儀玄應一切經音義寫卷考，文獻2009年第1期。
徐時儀略論慧琳音義的校勘，長江學術2009年第1期。
徐時儀一切經音義俗字考，中國文字研究第十二輯，2009年。
徐時儀一切經音義與古籍整理研究，古籍整理研究學刊2009年第1期。
徐時儀略論一切經音義與詞彙學研究，陝西師範大學學報2009年第3期。
徐時儀略論一切經音義與音韻學研究，杭州師範大學學報2009年第6期。
徐時儀玄應和慧琳一切經音義研究，上海人民出版社2009年。
徐時儀、梁曉虹、陳五雲佛經音義研究通論，鳳凰出版社2009年。
徐時儀敦煌寫卷佛經音義俗字考探，藝術百家2010年第6期。
徐時儀華嚴經音義引切韻考，南陽師範學院學報2010年第10期。
徐時儀略論佛經音義的校勘——兼述王國維、邵瑞彭、周祖謨和蔣禮鴻所撰玄應音義校勘，杭州師範大學學報2011年第3期。
徐時儀、陳五雲、梁曉虹編佛經音義研究——第二屆佛經音義國際學術研討會論文集，鳳凰出版社2011年。

徐時儀：敦煌寫卷佛經音義時俗用字初探，中國文字研究第十四輯，2011年。
徐時儀：慧琳一切經音義考略，龜茲學研究第五輯，2012年。
徐時儀：佛經音義所釋外來詞考探，内陸歐亞歷史語言論集，蘭州大學出版社2014年。
徐時儀、梁曉虹、松江崇編：佛經音義研究——第三屆佛經音義研究國際學術研討會論文集，上海辭書出版社2015年。
徐時儀：一切經音義引説文考論，許慎文化研究（二），中國社會科學出版社2015年。
徐時儀：法藏敦煌寫卷玄應音義探略，中西文化交流學報第七卷第2期，2015年。
徐時儀：玄應音義研究，德國金琅出版社2016年。
徐時儀：段玉裁説文解字注引玄應音義考，宏德學刊第五輯，江蘇人民出版社2016年。
許端容：可洪新集藏經音義隨函録敦煌寫卷考，第二屆敦煌學國際研討會論文集，漢學研究中心編，1991年。
許𣂷：一切經音義校勘記，河南圖書館館刊1933年第1期。
許建平：杏雨書屋藏玄應一切經音義殘卷校釋，敦煌研究2011年第5期。
許啓峰：龍璋輯字書所據玄應音義版本考，西華大學學報2010年第4期。
嚴北溟：談談一部古佛教辭典——一切經音義，辭書研究1980年第3期。
嚴承鈞：慧琳一切經音義論略，湖北大學學報1988年第5期。
揚之水：一切經音義之佛教藝術名物圖證，中國文化第三十一期，2010年。
楊逢彬：真力彌滿萬象在旁——玄應一切經音義研究讀後，武漢大學學報2012年第2期。
楊軍：慧琳一切經音義的重紐問題——從景審序説起，中南大學學報2015年第2期。
楊軍、許麗：從中古語音演變論慧琳「能」字的注音，中國語文2020年第3期。
楊思範：慧琳音義引儒家經典價值考，古籍整理研究學刊2011年第2期。
姚永銘：試論慧琳音義的價值，古漢語研究1997年第1期。
姚永銘：慧琳一切經音義與漢語詞書的編纂，中國語文通訊第47期，1998年。
姚永銘：漢語大字典闕義字考，中國語文通訊第49期，1999年。
姚永銘：慧琳一切經音義與切韻研究，中國語文通訊第52期，1999年。
姚永銘：慧琳一切經音義與俗語詞研究，中國語文通訊第53期，2000年。
姚永銘：慧琳一切經音義與古籍的解讀，中國語文通訊第55期，2000年。
姚永銘：慧琳音義與切韻研究，語言研究2000年第1期。

姚永銘一切經音義與詞語探源，中國語文 2001 年第 2 期。
姚永銘慧琳音義與大型字書編纂，辭書研究 2002 年第 2 期。
姚永銘慧琳音義與辭書編纂史研究，辭書研究 2002 年第 5 期。
姚永銘慧琳一切經音義研究，江蘇古籍出版社 2003 年版。
姚永銘慧琳一切經音義研究，鳳凰出版社 2003 年。
葉桂郴、羅智豐一部漢語俗字和佛經音義研究的力作——評鄭賢章博士的新集藏經音義隨函録研究，桂林航天工業高等專科學校學報 2011 年第 1 期。
俞莉嫻慧苑音義刻本與寫卷考，文獻 2015 年第 2 期。
虞思徵日本金剛寺藏玄應一切經音義寫本研究，傳統中國研究集刊第十一輯，2013 年。
于亭論「音義體」及其流變，中國典籍與文化 2009 年第 3 期。
于亭玄應一切經音義研究，中國社會科學出版 2009 年。
虞萬里黑城文書遼希麟音義殘葉考釋與復原，吳其昱先生八秩華誕敦煌學特刊。
虞萬里「音義」「佛典音義」和一切經音義三種校本合刊，漢語史研究集刊第十三輯，2010 年。
張金泉許建平敦煌音義匯考，杭州大學出版社 1996 年。
張金泉敦煌佛經音義寫卷述要，敦煌研究 1997 年第 2 期。
張金泉P. 2901 佛經音義寫卷考，杭州大學學報 1998 年第 1 期。
張磊新出敦煌吐魯番寫本韻書、音義書考，浙江社會科學 2014 年第 3 期。
張澍一切經音義引説文異同稿本一卷，陝西省博物館。
張文冠一切經音義字詞校釋二則，漢語史學報第十六輯，2016 年。
張小斌、譚代龍知大唐之音，識玄應之義——讀黃仁瑄大唐衆經音義校注，華中國學(總第 12 卷)，2019 年。
張新朋韓小荆可洪音義研究——以文字爲中心評介，寧波大學學報 2011 年第 5 期。
張鉉慧琳音義的方音注音體例及其價值，山東大學學報 2010 年第 3 期。
張鉉再論慧琳音義中的「吴音」，語文學刊 2010 年第 4 期。
張義、黃仁瑄阿毗達磨俱舍論之玄應「音義」校勘舉例，漢語學報 2016 年第 2 期。
張義、魏金光計算淹博現精證　考據細微出卓見——評黃仁瑄唐五代佛典音義研究，遵義師範學院學報 2018 年第 2 期。
張穎從佛經音義看唐五代敦煌的佛教信仰，西北師範大學 2013 年第 3 期。
張穎敦煌佛經音義聲母演變的中古特色，敦煌學輯刊 2017 年第 3 期。

張涌泉敦煌本楞嚴經音義研究，敦煌吐魯番研究第八卷，中華書局2005年。
張涌泉敦煌本一切經音義敘錄，漢語史研究集刊第十輯，2007年。
張在雄慧苑音義聲母體系研究，中國言語研究18輯，2004年。
沼本克明石山寺藏字書音義，石山寺研究，法藏館，昭和五十三年(1978)版。
趙超跋高麗藏本新集藏經音義隨函録與紹興重雕本大藏音，北京教育學院學報2002年第4期。
趙翠陽論尤韻與幽韻的關係及在韻圖的排列——參照慧琳一切經音義，浙江科技學院學報2012年第2期。
趙翠陽慧琳一切經音義韻類研究，中國社會科學出版社2014年。
趙家棟慧琳聖教序、述三藏記音義版本及文獻價值，四川師範大學學報2011年第2期。
趙陽黑水城出土新集藏經音義隨函録探微，吐魯番學研究2016年第1期。
趙洋新見旅順博物館藏一切經音義研究——兼論玄應音義在吐魯番的傳播，西域研究2018年第1期。
真察新雕大藏音義序，正續一切經音義第3頁，上海古籍出版社1986年。
真大成論漢文佛經用字研究的意義，古漢語研究2020年第2期。
鄭妞慧琳音義引説文省聲字考，人文論叢2017年。
鄭妞慧琳音義引典與玉篇關係考，漢語史研究集刊第二十七輯，2019年。
鄭妞慧琳音義校勘十則——兼論慧琳音義引書與玉篇的關係，勵耘語言學刊第32輯，2020年。
鄭賢章龍龕手鏡所引經音義、音義考，漢語史學報第4輯。
鄭賢章可洪音義俗字札記，漢字研究，學苑出版社2005年。
鄭賢章以可洪隨函録考漢語俗字若干例，古漢語研究2006年第一期。
鄭賢章可洪音義與現代大型字典俗字考，漢語學報2006年第2期。
鄭賢章可洪隨函録與漢文佛經校勘，古籍整理研究學刊2006年第5期。
鄭賢章以可洪隨函録考漢語俗字，古漢語研究2007年第1期。
鄭賢章、谷舒可洪藏經音義隨函録與漢語俗字研究，湖南師範大學學報2007年第一期。
鄭賢章新集藏經音義隨函録，湖南師範大學出版社2007年。
鄭賢章新集藏經音義隨函録研究，湖南師範大學出版社2007年。
鄭賢章郭迻經音研究，湖南師範大學出版社2010年。
鄭賢章漢文佛典疑難俗字匯釋與研究，巴蜀書社2016年。
鄭賢章新集藏經音義隨函録同形字考辨，漢字漢語研究2018年第4期。

鄭賢章、張福國新集藏經音義隨函録同形字劄考，古漢語研究 2019 年第 1 期。
鄭賢章新集藏經音義隨函録同形字續考，北斗語言學刊第 5 輯，2020 年。
鄭賢章新集藏經音義隨函録「又音」與同形字考辨，中國文字研究第三十輯，2020 年。
鄭賢章新集藏經音義隨函録辨字闕失考，語文研究 2020 年第 4 期。
周法高從玄應音義考察唐初的語音，學原第 2 卷第 3 期，1948 年。
周法高玄應反切考，歷史語言研究所集刊第二十册上册，商務印書館 1948 年。
周法高玄應反切字表，香港崇基書店 1968 年刊。
周法高玄應反切再論，大陸雜誌第六十九卷第五期，1984 年。
周法高隋唐五代宋初重紐反切研究，第二屆國際漢學會議論文，1986 年。
周法高玄應一切經音義經名索引，歷史語言研究所專刊之四十七玄應一切經音義反切考附册。
周運琪、肖瑜讀韓小荆可洪音義研究——以文字爲中心，文教資料 2019 年第 13 期。
周祖謨校讀玄應一切經音義後記，問學集，中華書局 1966 年。
周祖謨武玄之韻詮，唐五代韻書集成輯逸，中華書局，1983 年版。
曾良校勘精審　澤惠學林——讀一切經音義三種校本合刊，中國文字研究第十二輯，2009 年。
曾昭聰慧琳音義中的詞源研究，韶關學院學報 2004 年第 10 期。
曾昭聰佛經音義研究的最新成果，書品 2006 年第一期。
曾昭聰玄應衆經音義中的詞源探討述評，語文研究 2007 年第 3 期
曾昭聰、王博佛經音義研究的又一力作——徐時儀玄應和慧琳一切經音義研究讀後，中國文字研究第十三輯，2010 年。
築島裕大般若經音義の研究——本文篇，勉誠社，昭和五十二年(1977)。
左瑩瑩慧琳音義慧琳案語探析，唐山師範學院學報 2014 年第 6 期。

後　記

中國傳統學問的精髓是樸學，迄今爲止一切有價值的人文學術，無論是理論的闡發還是文本的解析，幾乎在所有的層面上都必須也必定是以樸學實證研究作爲基礎的。佛經音義的研究同樣也必須以實學實證研究作爲基礎。玄應音義、慧琳音義和希麟音義是解釋佛經中字詞音義的訓詁學著作，也是我國傳統古典文獻中的瑰寶，内容宏富，三書前後相承，上溯墳典，下稽方俗，摭拾甚廣，集説文系字書、爾雅系詞書、切韻系韻書及古代典籍注疏的字詞訓釋於一體，詮釋佛經中需要解釋的字詞，既有所釋佛經的點上的語料，又有各個點間的繫聯綫索，反映了漢文佛典詞語的研究狀況，包孕了大量不爲其他高文典册所載的語言材料，在反映語言的演變上要比佛經本身的記載更勝一籌，在某種意義上可以説是對漢唐所用詞語的一個較爲全面的總結，保存了唐時所傳古代典籍的原貌，且涉及宗教、哲學、語言、文學、藝術、中外交往史等社會文化的方方面面，在文獻學、語言學和傳統文化研究等方面都具有重要的學術價值。近年來佛經的文獻研究和語言研究已取得較多成果，佛經音義的研究也日益受到學術界的重視。二〇〇五年九月二〇日至二二日首届佛經音義研究國際學術研討會在我校隆重召開，來自中國大陸各地和港臺地區以及韓國、日本的二十餘位專家學者出席會議，就佛經音義的版本、校勘、文字、音韻、詞彙等諸方面的研究進行了認真的討論和交流，展示了佛經音義研究的最新成果，促進了佛經音義研究的進一步深入。佛經音義研究已成爲國際漢學研究中的一個新熱點。

我從一九八五年撰寫碩士論文慧琳和他的一切經音義起，至二〇〇三年撰成博士論文玄應音義研究，迄今從事佛經音義的研究已有二十多年。就文獻的校勘和考證而言，如果與儒家傳世典籍相比，佛經文獻不同版本之間存在的大量異文還没有得到認真的研究，佛經文獻的語言學利用基本上没有建立在必要的文獻學校勘和考證基礎之上，引據立論多有錯訛。玄應音義、慧琳音義和希麟音義的語言學利用也同樣如此，迄今尚無較好的校勘本問世，而文本的真實可靠和準確無誤是語言研究的前提。精審周密的校勘是文獻學術價值的核心所在，校勘的功夫不在於羅列異同，而在於勘定是非，没有精審周密的校勘，就無法切實保證所作研究的準確可靠。本書是我二十多年爬羅剔抉考斠玄應、慧琳和希麟所撰這三種一切經音義的校勘和研究成果，也是教育部人文社會科學重點研究基地基金資助項目、全國高等院校古籍整理研究工作委員會研究項目和國家社會科學基金項目所獲成果。

本書的整理分三個階段：一、準備工作；二、撰寫初稿；三、修改定稿。一九八五年開始搜集資料和標點初校，最初擬出版一個整理校注本。一九九九年曾與中華書局李解民先生聯繫，初擬了整理校注凡例和撰寫了樣稿。此後陸續作了一些整理校勘工作，撰成部分初稿。二〇〇五年又與中華書局徐真真女史和上海古籍出版社李明權先生聯繫，兩家出版社皆有意出版，上海古籍出版社先

予首肯落實出版事宜，考慮到玄應、慧琳和希麟這三部一切經音義詮釋了一千四百多部佛經，又徵引了經史子集數百種古籍，校注的篇幅太大，遂商定就我們的研究所得在校勘記中保留一些必要的考證和注釋，出版一個要而不繁的整理校注本。因此本書與一般的點校本不同，酌情作有一些校注。由於玄應音義麗藏本闕磧藏本卷十三八師經、羅雲忍辱經、四輩經、須摩提長者經、貧窮老公經、餓鬼報應經和卷二十提婆菩薩傳等數種經，慧琳音義獅谷白蓮社本所據麗藏本有闕頁，臺灣大通書局影印麗藏本和中華大藏經本又有異同，且所釋各經卷次的標注不一，因而本書也酌情作了一些必要的整理和編纂。

本書有關字形的處理最初擬依底本照録，然考慮到同一字往往有多種寫法，且傳抄刻印中又多有錯訛，不酌情加以改正，勢必徒增許多校勘記，而考察當時的用字狀況則可用影印本來對照，因此改爲凡不涉及辨析字形的異體字、俗字，或若逐字照録反增惑亂的異體字、俗字，酌情改用通行的繁體字或習見字。

此書的點校凡例承徐文堪、李明權、王立翔、楊蓉蓉、虞萬里等先生過目，根據各位先生提出的一些建議於二〇〇五年十月修改擬定。全書以我二十多年搜集的資料和所作校勘及有關研究爲基礎，由我負責點校和注釋。書稿在交上海古籍出版社前已先後作了六次校勘，協助此書校勘的友生有郎晶晶、畢慧玉、耿銘、許啓峰、王華權、徐長穎等。具體的分工如下：玄應音義由我初校、三校和六校，慧琳音義和希麟音義由我二校、四校和六校，玄應音義的二校、四校和五校及慧琳音義、希麟音義的初校、三校和五校由友生協助，其中郎晶晶爲玄應音義一—四卷和慧琳音義一—十八卷、六十四—六十五卷，畢慧玉爲玄應音義五—九卷和慧琳音義十八—三十三卷、六十五—六十六卷，耿銘爲玄應音義十—十三卷和慧琳音義三十四—五十一卷，王華權爲玄應音義十七—二十一卷、慧琳音義六十二—六十三卷、八十四—一〇〇卷和希麟音義，許啓峰爲玄應音義二十二—二十五卷和慧琳音義六十—六十一卷、六十七—八十三卷，朱敏卓協助初校了玄應音義十四—十六卷和慧琳音義五十二—五十九卷，這部分後來的校勘由耿銘和我分擔。俞莉嫻協助我作了慧琳轉録慧苑部分的二校，畢慧玉協助我作了玄應音義的三校，徐長穎協助我作了慧琳音義和希麟音義的四校。出版社排出初樣稿後，我們又先後作了兩次校核，初校爲郎晶晶、畢慧玉、耿銘、許啓峰、王華權、徐長穎，我作了復校，補正了前幾校中的一些疏失，修改成定稿。出版社排出的二校樣和三校樣及四校樣由我校核，王華權協助我核校了玄應音義和慧琳音義的四校樣。出版社排出終校樣後，我又作了一次通讀。全書由初稿到定稿，反復核校數過，投入了大量的時間和精力。由於這部書稿的校勘和校對的工作量相當大，各位友生爲此付出了辛勤的勞動，此書可以説是我們十多年汗水和心血的結晶，大家從中也學到了許多知識。有耕耘就有收穫，可以説友生們爲成爲這方面研究的專家打下了扎扎實實的基礎，所撰畢業論文功力厚實，言之有據，填補了這一領域研究中的空白。如郎晶晶所撰碩士論文字林研究對玄應音義所引字林進行了窮盡性搜羅整理，詳細比較了玄應音義不同版本所引字林與任大椿字林考逸輯本的異同，通過辨析補正了任氏的一些誤闕。許啓峰所撰碩士論文字書研究對玄應音義、慧琳音義、希麟音義所引字書作了窮盡性比勘，釐清了字書與一般泛指字書的區别，論述了字書的體例、内容和價值。畢慧玉所撰碩士論文日本藏玄應一切經音義寫卷考在比勘日本寫卷、敦煌寫卷、高麗藏、磧砂藏各本玄應音義異同的基礎上，對日本寫卷在文獻學、語言學等方面的價值作了探討。王華

權所撰碩士論文一切經音義(麗藏本)刻本用字研究和博士論文一切經音義文字研究對玄應音義、慧琳音義、希麟音義用字的構形類型、特點、源流和訛誤類型等作了深入的考察，并撰成专著出版。耿銘所撰博士論文玄應衆經音義異文研究在比勘玄應音義高麗藏本和磧砂藏本異文的基礎上全面地考察和梳理了慧琳音義所收玄應音義的經目，並對玄應音義高麗藏本和磧砂藏的用字作了進一步的探考，也撰成專著出版。不過憑心而論，這畢竟是十分辛苦的工作，且大家能不受時下外界種種誘惑而甘於和我一起坐冷板凳，這是我特别感動的，尤其是師生有緣，教學相長，回味師生間課時課後情真意摯的交流和學問上孜孜不倦的切磋，更令我再三感歎人生真正相知相契的難得，在此謹對各位友生協助我校注此書致以真誠的謝意。

本書的編纂和出版得到季羡林先生、許威漢先生、徐文堪先生、王邦維先生、虞萬里先生、王立翔先生、李明權先生、李祚唐先生、宗舜法師、張涌泉先生和郝春文先生等的關愛，列入上海市重點學科漢語言文字學、上海市高水平特色項目上海師範大學宗教學科建設，教育部人文社會科學重點研究基地和上海市重點學科建設項目，并得到上海古籍出版社申報的2006年度國務院古籍整理出版補貼。季羡林先生欣然慨賜手澤，題寫了書名，關愛獎掖之情溢於筆墨，使本書增輝生色，也使我們後學之輩更增強了研究好這三部佛經音義文獻瑰寶的信心。在此特别要感謝的是徐文堪先生、李明權先生和李祚唐先生。徐文堪先生一直鼎力褒勉扶持，熱心慨助，并撥冗賜序，情真意切，感人肺腑。李明權先生和李祚唐先生精心審閱了拙稿，提出了許多使拙稿進一步完善的修改建議，尤其佛教義理和歷史地理方面不是我的主攻專業，更不是我的擅長，我在這方面的研究還很欠缺，所以書稿中有關佛教義理的内容以及佛教人名、地名標示的最後確定主要仰仗李明權先生審定。李祚唐先生則憑藉數十年的審讀經驗使拙稿更臻於完善。兩位李先生爲拙稿的順利問世付出了大量精力和心血。在此我還要向所有給過我指教和關愛的前輩學者和同行專家致以衷心的謝意和敬意。今後我仍將一如既往，繼續努力求索，冀在學業上有更大的長進，以不負諸位先生的厚望和關愛。

玄應音義、慧琳音義和希麟音義的内容包涵廣博，版本多有差異，頗多魯魚亥豕，且源流錯綜複雜，訓釋所及又兼涉佛學與語言學等多個學科，玄應、慧琳和希麟引書又往往憑記憶意引，因而在這三種一切經音義的校勘中涉及到許多難點，也或多或少有一些不是我們所熟悉的内容，如佛教義理和佛教人名、地名等，這些難點都必須勉爲其難地逐一解决，不能繞過去不校。古人云校書如同掃落葉，旋掃旋生，掃一遍就會發現一些疏失。學無止境，點校古書也同樣無止境，點校後我們才深感自己學識不足之甚，體驗到要把這項工作(尤其是其中涉及到的古今字、通假字、異體字和俗訛字等的處理方面)做到盡善盡美無可挑剔乃是難以達到的目標。我們雖力圖臻於完善，然限於學識和能力，點校中的錯訛在所難免，且這三種一切經音義的篇幅龐大繁雜，難免前後有失照應，或有誤點誤校之疑，有些俗字的考定亦或有臆測之嫌，而整部書稿由我注釋，校勘和點校皆由我審定，自當文責自負，容有機會時再作修訂。凡書中若有錯訛不當之處，皆由我負全責，與協助此書校勘者無關，謹在此請相關各學科領域的方家多多指正，以便修訂時能够更爲完善。以下再就本書有關異體字、俗字和新舊字形的凡例略作説明：

凡例三：「書中凡不涉及辨析字形的異體字、俗字，或若逐字照録反增惑亂者，參簡化字總表、第一批異體字整理表、漢語大字典所

附異體字表和高麗大藏經異體字典等，酌情改用通行的繁體字或習見字……如音義不同須辨析者則予以保留。」然而簡化字總表、第一批異體字整理表、漢語大字典所附異體字表和高麗大藏經異體字典等在異體字的處理方面皆有不盡如人意之處。如麤、粗、觕的詞義本不相同，現麤、觕爲粗的異體。考説文：「麤，行超遠也。」段注：「鹿善驚躍，故從三鹿，引伸之爲鹵莽之偁。篇韻云：不精也，大也，疏也。皆今義也。俗作麁。今人概用粗。粗行而麤廢矣。」説文：「粗，疏也。」段注：「大雅：『彼疏斯粺。』箋云：『疏，麤也。謂糲米也。』麤即粗，正與許書互相證。」「按引伸假借之，凡物不精者皆謂之粗。」説文：「𧣾，角長皃。从角爿聲。」段注：「按此字見於經史者皆譌爲觕，從牛角。公羊傳曰：『觕者曰侵，精者曰伐。』何曰：『觕，麤也。』公羊隱元年注曰：『用心尚麤觕。』漢藝文志曰：『庶得麤觕。』以麤觕連文，則觕非麤字也。麤觕若今人曰粗糙，雙聲字也。𧣾從爿聲，古蓋讀如倉。轉寫譌其形作觕，其音讀才古反，又或讀七奴反矣。其義則本訓角長，引伸之爲鹵莽之義。因之觕與精爲對文。月令：『其器高以粗。』吕覽粗作觕。廣韻：『觕，但古切。牛角直下也。於本義近。』集韻曰：『𧣾角長曰衛。或作觕。鋤庚切。於本音近。』」「今字别觕𧣾爲二，𧣾音士角切。」張自烈正字通：「觕乃粗義，非粗音也。」「古蓋各造粗字，至漢分之：麤爲塵起之皃，平聲；觕爲一切之粗，上聲。」

王念孫廣雅疏證釋「粗」云：「粗，曹憲音在户反。管子水地篇云：『非特知於麤粗也，察於微眇。』春秋繁露俞序篇云：『始於麤粗也，終於精微。』正説篇云：『略正題目麤粗之説，以照篇中微妙之文。』粗字亦作𧣾。説文：『𧣾，角長皃。从角爿聲。』讀若麤觕。淮南子氾論訓云：『風氣者，陰陽麤觕者也。』漢書藝文志曰：『庶得麤觕。』隱元年公羊傳注云：『用心尚麤觕。』晏子春秋問篇云：『縵密不能麤苴學者詘。』論衡量知篇云：『夫竹木麤苴之物也。』並與麤粗同。麤，倉胡反。粗，在户反。二字義同而音異，故廣雅以麤粗並列，管子、晏子、淮南子、春秋繁露、漢書、論衡諸書皆以麤粗連文，後人亂之久矣。」

麤，以三鹿重叠會意，本指行超遠，因「鹿善驚躍」，故「引伸之爲鹵莽之偁」。粗，從米，本指糙米或粗糧，引申則有「凡物不精者皆謂之粗」。由於麤、粗古音相同，皆爲清母魚部，故往往通用，造成表義的混亂。第一批異體字整理表以「粗」爲正體，「觕麤」爲異體。

凡例八：「本書一般採用新字形，如須辨析者則保留舊字形。」然而新舊字形對照表在新舊字形的處理方面也有不盡如人意之處。如説文：「𥁕，仁也。从皿以食囚也。官溥説。」段注：「凡云温和、温柔、温暖者，皆當作此字。温行而𥁕廢矣。」黄侃手批説文解字指出：「因皿者，使其氣不渫。」意謂器皿覆蓋的嚴密，使内中熱氣不消散。𥁕，由此引申而有「温暖」義，後寫作「温」。昷，三國吴孫休第三子孫壾的字。三國志吴志孫休傳：「戊子，立子𩅦爲太子。」裴松之注引吴録：「孙今爲四男作名字：太子名𩅦……次子名壾，壾音如草莽之莽，字昷，昷音如舉物之舉。」漢語大字典釋「昷」云：「同『温』。玉篇皿部：『昷，和也，或作温。』」未收釋「昷」的「三國吴孫休第三子孫壾的字」義。漢語大詞典釋「昷〔一〕」云：「『温』的古字。温暖。」釋「昷〔二〕」云：「三國吴孫休第三子的字。」新舊字形對照表以「昷」爲新字形，「𥁕」爲舊字形。

簡化字總表、第一批異體字整理表、新舊字形對照表等的這些不盡如人意之處還有待進一步探討和完善。此外，我們在看清樣時還發現了點校中一些前後有失照應的不盡如人意之處，有些作了適當的變通調整，有些則牽一髮而動全局，且點校這麼大規模的一部

古籍在中途哪怕變動一點點也可能導致全書前後体例的不一致，因此即使有這樣那樣的不盡如人意之處，我們還是從便於爲廣大讀者提供一部較好的整理本這一角度出發而權以凡例作爲依據，已發現的和可能還存在的不妥之處（如臺灣大通書局影印的高麗藏本與中華書局出版的中華大藏經所據高麗藏本的異同未能一一注出；又如有些梵語記音詞底本分列，爲大致保持底本原貌，未作合并，造成同一詞割裂爲兩條詞目；再如瑜伽師地論第十九卷「波羅延」條中所釋「阿氏多」似可分列出兩條詞目等），容今後有機會出版詳注的校注本時一併修正。由於這三種音義中涉及到大量的異寫字和俗訛字，校對的工作量又相當大，我們在校勘整理中難免會有一些不盡一致處（如鬱和郁、凶和兇、污和汙、岳和嶽、準和准、黏和粘、棄和弃、敲和敲、柹和柿、罣和罜、蓋和盖、萬和万、咒和呪、禮和礼、無和无、蟲和虫、屬和属、麥和麦、顧和頋等一般據底本而不改，淨、眾、毀、纒、龜、註、為、煑、陁、坘、夹、刾、挟、頬、袛、奸、祢一般改爲浄、衆、毁、纏、龜、注、爲、煮、陀、坻、夾、剌、挾、頰、祇、姦、禰，户和戶、産和產、別和别、吴和吳、奂和奐、录和彔、争和爭、晋和晉等酌情據新字形，但也或有未改或漏改），爲此我們在凡例後附有部分常見異體字，以通行或習見字爲正字，餘爲異體字，依首列通行或習見字筆畫多少爲序，以便讀者查對，冀以彌補前後處理方面或多或少存在的有失照應之處。陳原先生辭書與信息曾説編詞典「這個事情是吃力不討好的。你鑽進去有無窮的趣味，你不鑽進去簡直是味同嚼蠟。」此是從詞典編纂的甘苦而言，古籍的校勘和點校也同樣如此，正如禪宗祖師所説：「如人飲水，冷暖自知。」然而儘管點校此書本是一件吃力不討好的工作，但套用佛教的説法，這也是一種功德，確也是可見功力之作，與當今時下一些急功近利趕時髦的泡沫之作不啻有天壤之别。

知無涯，學無涯，學問之道重在傳承，治學之道貴在創新。没有傳承，存在就失去了基礎；没有創新，發展就失去了動力。二者是相輔相成的，没有傳承就没有發展，原創性理論就没有生長的土壤，學術上也不會有什麽建樹。古人留給我們的文化遺産是十分豐厚的，據初步統計，現存古籍至少在十萬種以上。前人留下的文獻典籍是我們的寶貴財富，也有待我們逐一發掘，勤勉鑽研。我們這次的整理校注以高麗藏本爲底本，凡高麗藏本不誤而他本誤者，一般不出校勘記，删去了大量磧砂藏本誤而高麗藏本不誤的校勘記，未能注出高麗藏和磧砂藏本等各本的所有異同以及慧琳所録玄應音義部分與玄應音義各本的所有異同，也未能注出這三部一切經音義所釋一千四百多部佛經和所引經史子集數百種古籍與今傳本的所有異同，還有待在此基礎上再出會校會注的校注本。這樣的校注本將是一個工作量更大的功德，然而也是今後條件允許時必須再做的工作。一分汗水，一分收穫，有志者事竟成。值此書問世之際，我更深切地緬懷諄諄教我勤勉治學、真誠做人的父親，謹以此書紀念舐犢情深、知我愛我而我却無以爲報的父親。路漫漫其修遠，吾將繼續不懈地上下求索，謹以此與學術界同仁共勉。

徐時儀

二〇〇八年十二月於上海師範大學古籍研究所

二〇二一年春於上海師範大學光啓國際學者中心